# DICTIONNAIRE

## DE

# PROCÉDURE CIVILE

## ET COMMERCIALE.

TOME I.

A.—C.

CET OUVRAGE SE TROUVE AUSSI

A Bordeaux. . Chez THEYCHENEY, LAWALLE.
Strasbourg. . . DESRIVEAUX, LAGIER.
Marseille. . . MOSSY.
DIJON. . . . . LAMARCHE, DECAILLY, BENOIST.
Toulouse. . . LEBON, DAGALIER.
Rennes. . . . MOLLIEX, Mad. DUCHÊNE.
Aix. . . . . . AUBIN.
Nantes. . . . FOREST.
Rouen. . . . . EDET, LEGRAND.
Grenoble. . . PRUD'HOMME.
Le Mans. . . BELON.
Besançon. . . . BINTOT.
Caen. . . . . . CLERISSE, HUET-CABOURG.
Poitiers. . . . BOURCES, FRADET.
Colmar. , . . REIFFENGER.
Bruxelles. . . BERTHOT.

IMPRIMERIE DE J.-B. GROS, SUCCESSEUR DE J. GRATIOT,
Rue du Foin-Saint-Jacques, 18, Maison de la Reine Blanche.

# DICTIONNAIRE

# DE PROCÉDURE

## CIVILE ET COMMERCIALE,

CONTENANT LA JURISPRUDENCE, L'OPINION DES AUTEURS, LES USAGES DU PALAIS,
LE TIMBRE ET L'ENREGISTREMENT DES ACTES, LEUR TARIF, LEURS FORMULES ;
ET TERMINÉ PAR UN RECUEIL DE TOUTES LES LOIS SPÉCIALES QUI COMPLÈTENT
OU MODIFIENT LE CODE DE PROCÉDURE, ET PAR UNE TABLE DE CONCORDANCE
DU DICTIONNAIRE AVEC LES ARTICLES DE CE CODE ET LES LOIS SPÉCIALES;

### PAR M. BIOCHE,

Docteur en droit, Avocat à la Cour royale de Paris;
M. GOUJET, avocat à la Cour royale de Paris,
ET PLUSIEURS MAGISTRATS ET JURISCONSULTES.

**DEUXIÈME ÉDITION**, revue, corrigée et augmentée.

### TOME PREMIER.

PARIS,

VIDECOQ, LIBRAIRE-ÉDITEUR,

PLACE DU PANTHÉON, N° 6.

1839.

*Chaque volume de cette édition sera numéroté, revêtu du cachet de l'administration, et signé par l'auteur, comme il suit.*

Nº 841.     *Cachet de l'administration, Signature de l'auteur.*

*On ne reconnaîtra pour non contrefaits que les volumes ainsi numérotés, timbrés et signés.*

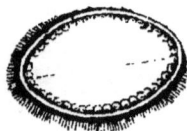

# AVIS DE L'ÉDITEUR.

Cette *seconde édition* suit de bien près la première : peu d'ouvrages de droit ont eu un succès aussi rapide que le *Dictionnaire de procédure civile et commerciale*.

Le nouveau travail de MM. Bioche et Goujet se recommande de plus en plus à la bienveillance du public. Ce n'est point une réimpression qu'ils se sont proposée ; ils ont refondu tous les matériaux, aggrandi leur cadre (1), mis à contribution la collection du *Journal de procédure*, et constaté sur tous les points avec les développemens nécessaires, les progrès de la législation, de la doctrine et de la jurisprudence.

La législation surtout a subi bien des modifications récentes et qui intéressent particulièrement les officiers ministériels ; la compétence des *justices de paix*, la compétence des *tribunaux de première instance*, les *faillites*, etc. Nulle part on ne trouvera un commentaire plus complet de ces nouvelles lois.

Un coup d'œil pratique, des notions complètes et les plus variées, la facilité des recherches, la modicité du prix, tels étaient les avantages généraux que présentait déjà la première publication.

Il existe beaucoup d'ouvrages sur la procédure ; mais, à vrai dire, aucun ne satisfait pleinement aux besoins des fonctions spéciales auxquels ils sont destinés.

Sans parler de la distribution des matières qui rend souvent les recherches difficiles, il leur manque à tous :

1º L'ensemble des règles sur la *procédure commerciale*. On se borne à l'explication de celles contenues dans le Code de procédure.

2º Le Timbre, l'Enregistrement et le Tarif des actes. Quoi de plus utile cependant pour le juge, l'avocat ou l'officier ministériel, que ces notions usuelles qui les forcent à chaque instant de recourir à des recueils spéciaux !

3º Les Formules de *tous* les actes, dans le meilleur style.

4º Les usages du Palais, ou les modifications introduites par la pratique dans la conduite des affaires ;

5º Les lois nouvelles, qui complètent ou modifient le Code de procédure, notamment celles sur la *contrainte par corps*, sur l'*expropriation pour utilité publique*, sur la *compétence des juges de paix et des tribunaux de première instance*, sur les *faillites*, les *aliénés*, les *vices redhibitoires*, etc., etc...

6º Le résumé de l'opinion des auteurs et de la jurisprudence la plus récente, sur toutes les questions jugées ou susceptibles de controverse.

7º Enfin, une table de concordance des articles du Code de procédure et des lois spéciales avec les propositions disséminées dans l'ouvrage ; ce qui peut tenir lieu de *Code annoté*.

--------

(1) La seconde édition aura cinq volumes. — La première n'en avait que quatre.

Ces diverses lacunes ont été comblées par le *Dictionnaire de Procédure.*

Parmi les ouvrages qui existent, les uns, sous la forme de *Traités* ou *Commentaires*, ne contiennent guère que des discussions théoriques; les autres, sous la forme de *Répertoires*, n'offrent qu'une série de décisions judiciaires recueillies dans un grand nombre de volumes et à beaucoup de frais, sans une subdivision assez détaillée de la matière, et sans que les principes soient nettement dégagés des arrêts qui les consacrent. Les rédacteurs du *Dictionnaire de Procédure* ont évité, avec un égal soin, tous ces inconvéniens; et, pour eux, la *pratique* a été un troisième point de vue indépendant de la doctrine et de la jurisprudence.

Une pensée les a principalement dirigés dans leur travail: c'est qu'ils s'adressent à une classe de lecteurs que leurs habitudes rendent indifférens à de vagues théories, et qui, pressés par la multiplicité des affaires, ont besoin de trouver sur-le-champ l'indication qu'ils cherchent.

Les rédacteurs n'ont rien négligé pour la concision et la clarté du style. Ils se sont appliqués à distinguer, dans une série de solutions, le principe et ses conséquences: le principe est d'abord posé avec tous les argumens et toutes les autorités qui le justifient; les conséquences suivent, dans une déduction rigoureuse et sans répétition du motif. On évite par là beaucoup de redites.

C'est dans le même but qu'on a rapporté le plus souvent les décisions judiciaires sous la forme de propositions brèves et analytiques, en conservant la substance de tous leurs motifs. Le texte n'a été reproduit que lorsque la décision avait une grande importance, ou qu'il n'était pas possible d'en exprimer mieux la pensée. Du reste, on a renvoyé aux recueils généraux de jurisprudence.

Un grand nombre d'articles ont été confiés à des collaborateurs spéciaux: on y reconnaîtra le cachet d'une longue expérience. C'est ainsi qu'ont été traitées, avec un soin tout particulier, les questions qui se rattachent à l'institution, aux attributions et à la responsabilité des divers officiers ministériels.

La rédaction concise, la combinaison des renvois, le système des abréviations, et le petit texte adopté pour les formules, ont permis de réunir dans le Dictionnaire tout ce qui peut intéresser le praticien et le jurisconsulte.

————

*Compte rendu du* DICTIONNAIRE DE PROCÉDURE CIVILE ET COMMERCIALE, *par M. de Vatimesnil, dans la* Gazette des Tribunaux *du* 8 décembre 1856.

.... C'est... un ouvrage éminemment utile, non-seulement pour les hommes du Palais, mais encore pour tous ceux qui s'occupent, soit de leurs propres affaires, soit de celles d'autrui, qu'un recueil clair, méthodique, complet, et pourtant abrégé, de toutes les lois, de tous les arrêts, de toutes les opinions doctrinales en matière de procédure. Le livre que nous annonçons réunit ces divers genres de mérite; il en présente d'autres encore. Les auteurs sont des esprits judicieux qui joignent la théorie du droit à la pratique des affaires; ils ne se bornent pas à enregistrer les décisions d'autrui ; ils émettent aussi sur chaque question leur avis personnel, et cet avis est presque toujours le plus conforme à la saine raison. Entrons dans quelques détails, pour faire connaître tout ce qu'il y a de bon, d'utile, et même de neuf, dans le plan qu'ont suivi MM. Bioche et Goujet.

Chaque branche de la législation a ses principes généraux ; ceux du droit civil se trouvent en partie écrits dans le Code civil. Ce Code n'est pas seulement un recueil de prescriptions légales, il est encore, jusqu'à un certain degré, un ouvrage doctrinal : on y trouve des définitions, des divisions, des règles d'interprétation. Il n'en est pas ainsi du Code de procédure. La Cour de cassation avait proposé de placer en tête de ce Code un titre qui aurait tracé les principales règles des *actions* et de la *compétence des Tribunaux ;* cet avis ne fut pas adopté. Les maximes fondamentales que le Code de procédure n'a pas érigées en loi sont pourtant observées par les Tribunaux ; un répertoire de procédure doit donc les contenir.

Sous ce rapport, le travail de MM. Bioche et Goujet ne laisse rien à désirer. Les articles *action* et *compétence* suppléent de la manière la plus satisfaisante à l'insuffisance de la loi ; il en est de même de l'article *prorogation de juridiction* et de plusieurs autres.

Pour intenter et diriger des procédures, on a besoin de posséder en jurisprudence des notions fort étendues. S'agit-il de former une demande, il faut examiner si le titre est valable, s'il est en forme probante, s'il n'est pas éteint par prescription ou autrement, si le demandeur a qualité pour intenter l'action et capacité pour ester en jugement, si la personne que l'on se propose d'assigner est habile à défendre à la demande ; s'il n'y a pas quelque préalable, soit judiciaire, soit administratif à remplir avant de saisir le Tribunal. Nous n'indiquons ces difficultés qu'à titre d'exemple, parce qu'il y en a une multitude d'autres. Il ne s'en rencontre guère moins quand il est question de procéder à l'exécution d'un jugement ou d'un titre paré. On doit donc s'étonner de ce que le législateur n'a exigé des candidats aux fonctions d'avoué qu'un *Certificat de capacité* (Loi du 22 ventôse an 12, art. 25.). La connaissance du droit n'est pas moins indispensable aux avoués que celle de la procédure ne l'est et ne l'a toujours été aux avocats, malgré l'anathème prononcé par Boileau contre les *Cicérons qui se faisaient chez P. Fournier.* Toutes les règles du droit civil nécessaires, pour entamer et suivre une procédure, sont exposées avec infiniment de netteté et de précision dans le Dictionnaire de MM. Bioche et Goujet. Par exemple, on trouve au mot *Communes* l'indication des dispositions législatives et des décisions de la jurisprudence, relatives aux contestations dans lesquelles les communes se trouvent engagées. Au mot *Ministre public*, les exceptions à la loi commune que les exigences du droit des gens ont forcé les Tribunaux d'admettre en matière de procès intentés ou de poursuites dirigées contre des agens diplomatiques. Les auteurs du *Dictionnaire de Procédure* combattent l'une de ces exceptions ; ils soutiennent que c'est à tort que l'on a jugé qu'un huissier ne pouvait assigner un ambassadeur étranger dans son hôtel. Ce point est du très petit nombre de ceux sur lesquels nous différons d'opinion avec MM. Bioche et Goujet ; mais nous n'en rendons pas moins hommage à la discussion aussi forte que concise à laquelle ils se sont livrés sur cette intéressante question. On voit que la procédure, si cavalièrement traitée dans les salons et au théâtre, sait pourtant, lorsqu'il le faut, s'élever jusqu'au droit public. On trouve aux mots *Étranger* et *Exécution des jugemens*, des questions du même ordre et également intéressantes, tant par elles-mêmes que par la manière dont elles sont traitées.

Tout ce qui concerne l'organisation judiciaire, la discipline des Tribunaux et les diverses classes d'officiers ministériels, se lie à la procédure civile, quoique le Code de procédure ne contienne rien à ce sujet. Ces matières et d'autres analogues sont l'objet d'excellens articles. ( Voir les mots : *Organisation judiciaire*, *Cassation*, *Discipline*, *Avoué*, *Notaire*, *Huissier*, *Commissaire - priseur*, *Agent de change*, et une foule d'autres qu'il serait trop long de citer. )

Il y a aussi des procédures spéciales réglées par des lois qui ne font pas partie de nos Codes. Telle est la procédure en expropriation forcée pour cause d'utilité publique. Toutes ces matières exceptionnelles sont traitées avec le plus grand soin dans le Dictionnaire de la procédure.

On voit que MM. Bioche et Goujet ont mieux fait d'adopter la forme d'un répertoire que celle d'un commentaire sur le texte du Code de procédure, car on trouve dans leur ouvrage une multitude d'articles ou de passages qu'il leur aurait été impossible de rattacher à ce texte. N'oublions pas, d'ailleurs, de dire qu'ils donnent la définition de tous les termes de droit et de pratique.

Les articles qui ont une certaine étendue sont divisés par sections et paragraphes. En tête de l'article se trouve placé un sommaire des sections et des paragraphes. Rien n'est plus méthodique et plus propre à abréger les recherches.

MM. Bioche et Goujet commencent leurs principaux articles par un exposé historique de la législation de la matière, depuis le droit romain jusqu'au droit actuel.

Chaque article est terminé par l'énonciation complète et détaillée des dispositions relatives aux droits de timbre et d'enregistrement qui s'y rapportent, et par des formules ou modèles des actes de procédure nécessaires pour l'exécution de la loi et l'exercice du droit des parties.

Sur les diverses questions qu'ils traitent, MM. Bioche et Goujet indiquent avec la plus scrupuleuse fidélité, les autorités qui militent dans chaque sens. Armés de la plus courageuse patience, ils ont tout lu, tout analysé, auteurs et arrêts.....

Quand on a lu le livre de MM. Bioche et Goujet, et que l'on consulte ses impressions, celle qui domine, c'est l'étonnement qu'ils aient pu renfermer tant de choses utiles dans l'espace de 4 vol. in-8º.

Cet ouvrage a le double mérite d'être excellent en lui-même, et de pouvoir tenir lieu de beaucoup d'autres. Résumer et discuter sont deux facultés que ses auteurs possèdent à un égal degré.

H. DE VATIMESNIL,
*Avocat à la Cour royale de Paris.*

# DICTIONNAIRE

DE

# PROCÉDURE CIVILE

## ET COMMERCIALE.

### A.

ABOUTISSANS ( *Tenans et* ). Confins d'un héritage. *Abou-tissans* se dit particulièrement des *bouts* ou des limites de la longueur ; *tenans*, des *côtés* ou des limites de la largeur.

Ils doivent être indiqués dans les assignations en matière réelle ou mixte (C. pr. 64), dans les procès-verbaux de saisies-brandons et de saisies immobilières (*ib.* 627, 675), etc. Cette énonciation a pour but de mieux désigner l'immeuble dont il s'agit. Est-elle exigée à peine de nullité ?—V. *Ajournement*, n° 71 ; *Saisie-brandon, Saisie immobilière, Vente judiciaire.*

ABRÉVIATION. Retranchement, soit de quelques lettres ou syllabes dans l'écriture d'un mot, soit d'un ou de plusieurs mots dans une phrase.

1. Les abréviations sont généralement réprouvées : — spécialement pour les actes de l'état civil. C. civ. 42 ; — le livre-journal des commerçans. C. comm. 10 ;—le registre que tiennent jour par jour les agens de change et courtiers ; — les actes notariés. L. 25 vent. an 11, art. 13 ; — Les noms propres, les sommes et les dates doivent être écrits en toutes lettres, à peine de 100 fr. d'amende contre le notaire contrevenant. *Ib.*

Ainsi, on ne peut employer dans un acte notarié les signes abrégés dont on se sert quelquefois pour désigner les mois, tels que : 7$^{bre}$, 8$^{bre}$, pour septembre, octobre ; et ceux-ci : so$^e$ pour somme, no$^{re}$ pour notaire, oblig$^{on}$ pour obligation, etc.

2. Certaines abréviations sont tolérées par l'usage. Par exemple, M$^e$ pour maître, en parlant des officiers ministériels, M$^d$ pour marchand ; de même, dans les énonciations d'hypothèque, le volume et le numéro des inscriptions s'abrègent par *Vol.* et *N°*; dans celles d'enregistrement, la case se désigne par *C,* le recto ou le verso de la page par *R°* ou *V°*. Ces abréviations ne sauraient nuire : il est impossible en les altérant de changer le sens des phrases dans lesquelles on les emploie.

3. Des chiffres, dressés en tableaux, peuvent rappeler les énonciations portées en toutes lettres dans le corps de l'acte. Colmar, 18 mai 1829, S. 29, 301. — Il n'y a pas contravention lorsque, dans une liquidation notariée, après avoir exprimé en toutes lettres les sommes composant les masses actives et passives, on énonce en chiffres les sommes revenant à chaque partie.

4. La loi n'interdit que les abréviations qui, portant sur une partie intégrante de l'acte, pourraient en altérer le sens. Colmar, 28 juill. 1827, S. 28, 83. — V. *Vente de meubles*.

5. Les abréviations exposent seulement à une amende, à la différence des mots surchargés, interlignés ou ajoutés, qui peuvent entraîner nullité. L. 25 vent. an 11, art. 16.

6. Toutefois, si le mot, par suite de l'abréviation, est illisible, il y a nullité. — Le notaire, outre l'amende, serait passible de dommages-intérêts.

7. Les avoués et les huissiers font usage de certaines abréviations dans les actes qu'ils signifient; aucun texte formel ne s'y oppose. — Les copies de pièces données en tête des exploits sont susceptibles de toutes les abréviations qui ne rendent pas la phrase inintelligible. — V. *Blanc, Copies de pièces, Exploit*.

ABSENCE-ABSENT. Le mot *absent* est vulgairement synonyme de *non présent* ( C. civ. 840 et 2265; C. pr. 911 et 942); mais il désigne dans le sens légal celui qui a cessé de paraître au lieu de son domicile ou de sa résidence, dont on n'a pas de nouvelles et dont l'existence est plus ou moins incertaine.

1. Le Code civil, par le titre *des Absens*, a rempli une lacune de la législation : le droit romain leur accordait plusieurs avantages ( *Inst., de excusat. tut.*, § 2; *quib. mod. patr. potest. solv.*, § 5 ; *D. ex quib. caus. maj. restit.*), sans déterminer le mode de constater l'absence et de pourvoir à l'administration des biens. En France, l'usage et la jurisprudence seulement avaient introduit quelques règles. — V. *inf.* n. 40 et 51.

2. La procédure prescrite par le Code s'applique au cas d'une absence antérieure, mais dont on ne demande la déclaration que depuis le Code. Poitiers, 11 pluv. an 13, S. 5, 322; Limoges, 18 août 1823. — V. *Effet rétroactif, Code procédure*.

## DIVISION.

## § 1. — *Présomption d'absence.*

**3.** S'il y a *nécessité* de pourvoir à l'administration de tout ou partie des biens laissés par une personne présumée absente, et qui n'a ni procureur fondé, ni mandataire légal, le trib. statue sur la demande *des parties intéressées.* C. civ. 112.

Il en est de même si le mandat laissé vient à cesser, si la mesure jugée nécessaire excède les pouvoirs contenus dans la procuration, ou s'il y a opposition d'intérêts entre l'absent présumé et le fondé de pouvoir. Metz, 15 mars 1823, S. 23, 307.

**4.** Il y a *nécessité,* s'il s'agit de faire déclarer des congés valables, de faire payer des loyers, de louer des biens, de pratiquer des saisies-arrêts sur des débiteurs insolvables, d'interrompre des prescriptions sur le point de s'accomplir, de vendre des denrées sujettes à dépérissement, etc. On ne doit pas, sans de graves motifs, s'immiscer dans les affaires d'une personne absente. Locré, *Exposé des motifs.* — En général on n'accorde que des autorisations spéciales, pour chacun des actes urgens.

**5.** Par *parties intéressées* dans l'art. 112, on entend tous ceux qui ont intérêt à la conservation des biens, tels que les créanciers, les associés, le conjoint de l'absent. Proudhon, 1, 131; Toullier, 1, n. 394; Locré, 1, 323; Biret, *Absence*, p. 62.

**6.** Il suffit même d'un intérêt *éventuel,* s'il est constant; l'héritier présomptif, les donataires et légataires, le substitué, le créancier conditionnel, le vendeur à réméré, ont qualité. Les termes de la loi ne sont pas restrictifs. Il s'agit d'ailleurs d'une mesure conservatoire : or, un intérêt né et actuel n'est pas nécessaire pour faire un *acte conservatoire.* — ( *V.* ce mot). Duranton, 1, n° 401; Carré, art. 860; Demoly, *Absence*, n° 100. — *Contrà*, Toullier, Proudhon, *ib.*

Toutefois, il faut que l'intérêt éventuel procède d'un droit acquis sous condition; il ne suffirait pas d'un intérêt d'affection. Seulement les parens ou amis pourraient provoquer par voie de réquisition l'action du ministère public. *Mêmes auteurs.*

**7.** Le ministère public est spécialement chargé de veiller aux intérêts des personnes présumées absentes; il doit être entendu sur toutes les demandes qui les concernent ( C. civ. 114). Il peut donc provoquer les mesures conservatoires. Riom, 20 mai 1816; Colmar, 24 déc. 1816, D. 17, 46; Arg. Cass. 6 juin 1820, S. 20, 372. — Metz, 15 mars 1823, S. 23, 307; Locré; Duranton; Delvincourt, 1, 83.

**8.** Le trib. de 1re inst. du domicile ou de la dernière résidence du présumé absent est seul compétent pour déclarer la *présomption d'absence* : c'est à ce domicile ou à cette résidence que toutes les recherches doivent être faites; il s'agit d'ailleurs d'une sorte de question d'état (C. pr. 59, 1°). Toullier, n° 390; Del-vincourt, 1, 83; Duranton, n° 404; Carré, art. 860.

Les mesures conservatoires peuvent être ordonnées par le même trib., quel que soit le lieu de la situation des biens : il est facile d'obtenir les renseignemens nécessaires, par exemple, en ordonnant une enquête sur les lieux. — Mais le trib. de la situation, sur le vu du jugement qui déclare la présomption d'absence, pourrait lui-même ordonner les mesures nécessaires. *Mêmes auteurs.*

**9.** La loi ne fixe aucun délai pour se pourvoir; le trib. est juge des cas de *nécessité* alléguée, en même temps que des mesures à prescrire relativement à l'administration des biens. Il a la plus grande latitude à cet égard. Toullier, n° 338; Duranton, n° 399.

**10.** Le poursuivant présente au président du trib. une requête signée d'un avoué. On joint à cette requête toutes les pièces et documens propres à constater la disparition du présumé absent; par exemple, un acte de notoriété signé par les parens ou voisins appelés d'office par le juge de paix de son dernier domicile (C. civ. 155), un procès-verbal d'apposition ou de levée de scellés, un certificat du maire de son dernier domicile ou du commissaire de police de son quartier. C. pr. 859.

**11.** Au bas de la requête le président rend une ordonnance qui commet un des juges à l'effet de faire le rapport au jour indiqué. *Ibid.*

**12.** Après le rapport et les conclusions du procureur du roi, le trib. statue en la chambre du conseil. C. pr. 859.

**13.** Le trib., s'il le juge convenable, ordonne que la requête et les pièces seront communiquées à la famille de l'absent, qui donnera son avis devant le juge de paix, pour être ensuite statué ce qu'il appartiendra. Arg. C. pr. 856; Pigeau, 2, 367.

**14.** Les frais de l'instance sont à la charge du présumé absent, si la demande a été accueillie, et même si elle ne l'a pas été, dans le cas où c'est le ministère public qui agit d'office. Duranton, n° 407.

**15.** Si le présumé absent est intéressé dans des inventaires, comptes, liquidations et partages, le trib., sur la requête de la partie la plus diligente, commet un notaire pour le représenter dans ces opérations. C. civ. 113.

**16.** On commet un notaire seulement pour les successions ouvertes avant la disparition ou lorsque l'existence de l'absent n'est pas contestée. Mais dans les successions ouvertes depuis la disparition d'un absent dont l'existence n'est pas reconnue, les cohéritiers présens ne sont pas tenus de souffrir qu'il soit représenté par un notaire à la levée des scellés. Arg. C. civ. 113, 135, 136; C. pr. 942. Paris, 27 mai 1808, S. 8, 193;

Bruxelles, 20 juill. 1808, S. 9, 160; Turin, 15 juin 1808, S. 10, 538; Bordeaux, 16 mai 1832, S. 32, 432; Toullier, 1, n° 478.

Selon d'autres, au contraire, le non présent devrait être admis à la levée des scellés ou à l'inventaire; si ces opérations avaient lieu avant la présomption d'absence encourue, il y aurait lieu de nommer un notaire, non en vertu de l'art. 113 C. civ., mais en vertu des art. 931, 942 C. pr. Paris, 26 fév. 1826, S. 27, 16; Riom, 20 mai 1816, S. 18, 210; Duranton, 1, n° 394; Demante, Encyclopédie du droit, v° *Absence*, n° 115.

**17.** Les fonctions du notaire se bornent à représenter l'absent lorsque les demandes en compte, partage, etc., sont régulièrement provoquées; à moins d'un mandat spécial, il est sans qualité pour intenter une action en reddition de compte, au nom du présumé absent. Bruxelles, 8 avr. 1813, S. 14, 16; Biret, *Absence*, p. 64; Merlin, *Rép.*, v° *Absent*, ch. 1, art. 113, n° 4; Toullier, 1, p. 341. — *Contrà*, Delvincourt, 1, 84.

**18.** A plus forte raison, n'a-t-il pas qualité pour défendre à une action en revendication d'un immeuble. — Il faudrait un curateur *ad hoc*. Cass. 8 avr. 1812, D., v° *Absent*, sect. 1.

**19.** Le trib. peut-il nommer un curateur à l'absent? — Pour la négative, on dit : le Code n'a point maintenu formellement cet ancien usage. C. pr. 1041. — Pour l'affirmative, on répond : Si quelques esprits se laissent préoccuper par cette idée que la nomination d'un *curateur*, dont les fonctions semblent embrasser l'universalité des biens, est peu en harmonie avec notre système nouveau sur les absens présumés (V. *sup.*, n° 3), il ne faut pas donner au mot curateur la signification qu'il comporte habituellement; cette expression est synonyme de celles : mandataire, gérant ou administrateur. Proudhon, n° 137; Toullier, 1, 305, n° 135, 139; Duranton, 1, n° 400; Delvincourt, note 9, sur la page 47; Pigeau, 2, p. 367, v° *Absent*.

Jugé qu'un administrateur autre qu'un notaire peut être nommé à l'absent. Cass. 8 avr. 1812; 25 août 1813, S. 15, 134.

Les jugemens rendus contre le curateur sont obligatoires pour le présumé absent. Cass. 25 août 1813, S. 15, 131; Duranton, 1, n° 400.

**20.** Si ce curateur exerce des poursuites contre les débiteurs du présumé absent, ces débiteurs sont non-recevables à contester la nomination du curateur. Bruxelles, 5 juin 1819; Merlin, *Rép.* v° *Absent*, ch. 1, art. 112, n° 2.

**21.** Il a qualité pour interjeter appel dans l'intérêt de l'absent. Cass. 25 août 1814, S. 15, 131.

### § 2. — *Déclaration d'absence.*

**22.** Si le présumé absent qui n'a pas laissé de fondé de pouvoir a cessé de paraître au lieu de son domicile ou de sa résidence, et n'a pas donné de ses nouvelles depuis quatre ans, les parties intéressées peuvent se pourvoir devant le trib. de 1^re inst. pour faire déclarer l'absence. C. civ. 115.

**23.** Quand le présumé absent a laissé un fondé de pouvoir, on ne peut se pourvoir en déclaration d'absence que dix ans après sa disparition ou ses dernières nouvelles, lors même que dans l'intervalle la procuration vient à cesser. C. civ. 121, 122.

Si les droits du présumé absent et ceux du fondé de pouvoir se trouvent en opposition, on nomme un notaire pour représenter le présumé absent. Metz, 15 mars 1823, S. 23, 307.

**24.** Si la procuration laissée a été donnée pour un temps excédant dix années, on peut toujours poursuivre la déclaration d'absence, sauf au trib. à juger des motifs de non présence. Duranton, n° 413.

Il faut que la procuration soit assez générale pour qu'on puisse en induire la prévoyance d'un assez grand éloignement. Delvincourt, p. 83; Duranton, n° 412. — Cependant MM. Locré, Toullier, n. 424; Moly, p. 125, prétendent qu'une procuration spéciale suffit.

**25.** Les *parties intéressées*, à la différence de celles dont parle l'art. 112, ne sont ici que les parties qui ont le droit d'obtenir l'envoi en possession, puisque la déclaration d'absence n'a pas d'autre but. Les créanciers seraient sans capacité à cet effet.

**26.** Le trib. compétent est celui du domicile de l'absent; il aura plus facilement les renseignemens nécessaires. Le domicile est-il inconnu, c'est celui de la résidence. Arg. C. civ. 110 et 822; Duranton, n^os 421 et 422. — V. *sup.* n° 8.

Selon M. Demante, p. 48, n. 38, le trib. du domicile de l'absent, n'est pas exclusivement compétent, et, suivant les circonstances, la déclaration d'absence peut être poursuivie devant le trib. de la situation des biens.

**27.** Pour faire déclarer l'absence, on présente au trib. une requête signée par un avoué, et accompagnée de pièces et documens. — V. *sup.* n° 10.

**28.** Sur le vu de ces pièces, et s'il y a lieu (C. civ. 117), le trib. ordonne qu'une enquête sera faite contradictoirement avec le procureur du roi, dans l'arrondissement du domicile de l'absent et dans celui de sa résidence, s'ils sont distincts l'un de l'autre. C. civ. 116. — V. *Enquête.*

**29.** Le trib. du domicile ordonne seul l'enquête. Dans le cas où la résidence et le domicile sont distincts, l'enquête est faite dans le lieu de la résidence, en vertu du jugement du trib. du domicile. — Discuss. au Conseil-d'état.

**30.** L'enquête ne peut être faite sommairement et à l'audience. Le C. civ. en cette matière exige la plus grande solen-

nité. Ordonn. de 1567; Colmar, 15 therm. an 12, S. 7, 956;—
Toutefois, suivant M. Moly, p. 179, on n'est pas obligé de suivre toutes les formes et délais prescrits par le C. pr. L'art. 118
semble l'indiquer, en ne permettant de déclarer l'absence qu'un
an après le jugement qui a déclaré l'enquête.—Au surplus, c'est
dans l'intérêt de l'absent, et lorsqu'il s'agit de faire déclarer
l'absence, qu'il faut suivre strictement les formes d'enquête tracées par le C. civ. ; mais, s'il s'agit uniquement de l'intérêt d'un
tiers, si, par exemple, l'absence régulièrement déclarée, un
tiers vient demander la préférence sur celui qui a obtenu l'envoi en possession, et que cette préférence soit subordonnée à
l'époque des dernières nouvelles, les juges peuvent, pour déterminer cette époque, se contenter d'un simple acte de notoriété, sans enquête contradictoire avec le ministère public. Cass. 14
nov. 1811, S. 12, 85 ; Biret, p. 401.

**51.** On a égard aux motifs de l'absence et aux causes qui ont
pu empêcher les nouvelles (C. civ. 117); tels, par exemple,
qu'une guerre, une épidémie.

**52.** Si l'enquête n'amène aucun résultat, le trib. du domicile prononce un jugement préparatoire de déclaration d'absence.

**55.** Le jugement préparatoire ou définitif qui déclare l'absence est transmis par le procureur du roi au garde-des-sceaux,
qui est chargé de le rendre public. C. civ. 118.

**54.** Un extrait de ce jugement suffit, pourvu qu'il contienne
les noms, prénoms, qualités, domiciles et professions des parties requérantes, ceux de l'absent, l'époque, les motifs présumés de l'absence et le dispositif sommaire du jugement. Circ.
min. 5 mai 1825.

**55.** Le jugement de déclaration d'absence ne doit être rendu
qu'un an après le jugement qui a ordonné l'enquête. C. civ. 119.

**56.** Les frais occasionés par la demande en déclaration d'absence restent en général à la charge des héritiers, en cas de retour de l'absent : c'est en effet dans leur intérêt que cette absence
a été déclarée, et ils sont d'ailleurs indemnisés par la portion
des revenus qui leur est attribuée. Colmar, 4 mars 1815.

Néanmoins, si le jugement déclaratif d'absence avait été rendu
dans l'intérêt de l'absent lui-même, dont les biens souffraient
du défaut d'administration, et que l'envoi fût si récent que l'héritier ne trouvât pas une compensation dans sa jouissance, le
trib. pourrait les mettre à la charge de l'absent.

**57.** L'absent ne peut former tierce-opposition au jugement
qui a déclaré son absence : il y a été représenté par le ministère
public, seul contradicteur légal en cette matière. Colmar,
4 mars 1815, S. 16, 38. — V. *Tierce-opposition.*

## § 3. — *Envoi en possession provisoire.*

**38.** En vertu du jugement qui déclare l'absence, les héritiers présomptifs peuvent se faire envoyer en possession provisoire des biens qui appartiennent à l'absent, au jour de son départ ou de ses dernières nouvelles, à la charge de donner caution pour la sûreté de l'administration. C. civ. 120.

**39.** Si cependant l'absent était marié et commun en biens, son conjoint peut, en demandant la continuation de la communauté, empêcher l'envoi en possession. C. civ. 124.

Lorsque c'est la femme qui est absente, le mari comme administrateur est libre de disposer des biens de la communauté, sauf les restrictions contenues aux art. 1422, 1423. — Il n'a pas besoin de se faire autoriser à gérer cette communauté ; mais l'autorisation est utile au mari pour obtenir l'administration des biens de la femme. D. v° *Absent*, n° 311.

**40.** Dans l'ancienne jurisprudence, si l'absence s'était prolongée pendant *dix ans* sans nouvelles, l'héritier présomptif de l'absent, à cette époque, pouvait demander l'envoi en possession provisoire de ses biens moyennant caution ; la femme de l'absent répétait sa dot. Denisart, v° *Absent.*

**41.** Pour obtenir l'envoi en possession provisoire, on présente une requête au président du trib. (C. proc. 859) qui a déclaré l'absence. Arg. C. civ. 110, 116, 822. — V. sup. n° 26. — On y joint les pièces et documens et le jugement qui a déclaré l'absence. Locré, t. 2, p. 293; Proudhon, p. 156; Toullier, n° 426; Carré, art. 860.

**42.** Le président commet au bas de cette requête un juge, à l'effet d'en faire son rapport, et au jour indiqué par le rapporteur il est statué par le trib., après communication au procureur du roi. C. proc. 859, 860.

**43.** L'absence peut même être déclarée et l'envoi en possession provisoire ordonné par un seul et même jugement. Le texte de l'art. 120 C. civ. semble exiger deux jugemens ; mais la loi ne prescrivant aucun délai entre la déclaration d'absence et l'envoi en possession, nul motif ne justifie cette rigoureuse interprétation. Cass. 17 nov. 1808, S. 9, 105; Merlin, § 7; Carré, art. 860. — *Contrà*, Locré, 1, 373.

**44.** Si le testament de l'absent institue des légataires sujets à délivrance, ils doivent la demander conformément à l'art. 1011 C. civ. Pigeau, 2, 373. — V. *Envoi en possession.*

**45.** Ils doivent en outre demander l'envoi comme le font les héritiers présomptifs. Cet envoi est ordonné dans l'intérêt de l'absent, et la délivrance n'est requise que dans l'intérêt des héritiers. Le ministère public, chargé de veiller aux intérêts de l'absent, n'est point partie dans le jugement de délivrance.

**46.** Toutefois, les légataires pourraient obtenir cet envoi par le jugement de délivrance, s'il était rendu sur les conclusions du ministère public. Pigeau, *ibid.*

**47.** Lorsque, après la déclaration d'absence, l'envoi en possession n'est pas demandé, on peut nommer un administrateur aux biens de l'absent. Cass. 18 mars 1829, S. 29, 211. — Toutefois, quelques auteurs n'admettent que des autorisations spéciales pour les actes urgens. — V. *sup.* n° 4.

**48.** Si les héritiers présomptifs meurent sans s'être fait envoyer en possession, leurs héritiers conservent le droit de demander cet envoi, mais aux mêmes conditions que leurs auteurs. C. civ. 120, 724 et 759. Paris, 11 fév. 1813, S. 13, 139; Colmar, 12 août 1814, S. 15, 242.

Jugé, également, que les droits accordés sur les biens de l'absent à celui qui a obtenu l'envoi en possession, sont transmissibles, comme tous autres droits, soit par succession, soit par testament; ainsi, après la mort de l'envoyé en possession, les autres parens ne peuvent réclamer ses biens qu'en prouvant qu'il a survécu à l'envoyé en possession. C. Turin, 5 mai 1810, S. 11, 95.

**49.** La caution exigée par les art. 120, 123 et 124 C. civ. est présentée et admise dans la forme ordinaire. — V. *Caution.*

**50.** Les contestations relatives à l'envoi en possession des biens des absens et à l'autorisation des femmes pour absence de leurs maris, sont réservées à la chambre du président. Décr. 30 mars 1808, art. 60.

## § 4. — *Envoi en possession définitif.*

**51.** Si l'absence a continué pendant trente ans, à compter de l'envoi en possession provisoire, ou s'il s'est écoulé cent ans depuis la naissance de l'absent, quoiqu'il n'y ait pas eu d'envoi en possession provisoire, les ayant-droit peuvent demander le partage des biens de l'absent, et faire prononcer par le trib. (V. *sup.* n° 27) leur envoi en possession définitif. C. civ. 129.

Autrefois, l'héritier présomptif ne recueillait définitivement les biens qu'après cent ans écoulés depuis la naissance de l'absent; l'héritier testamentaire était privé de la possession provisoire des biens, jusqu'à ce qu'il eût prouvé le décès de l'absent ou que celui-ci eût atteint l'âge de cent ans. Denisart, v° *Absent.*

**52.** La demande a-t-elle pour motif qu'il s'est écoulé cent ans depuis la naissance de l'absent, deux faits sont à constater : 1° l'époque de sa naissance; 2° la continuation d'absence, s'il y a eu envoi provisoire; autrement l'absence même devrait être prouvée.

**53.** Avant de prononcer l'envoi en possession définitif, les juges peuvent ordonner une nouvelle enquête. Pigeau, 2, 377. — A Paris, on se contente d'un acte de notoriété dans les envois définitifs qui se prononcent par suite d'anciennes sentences du Châtelet.

### § 5. — *Effets de l'envoi en possession.*

**54.** *Envoi provisoire.* — Lorsque les héritiers présomptifs ont obtenu l'envoi en possession provisoire, s'il existe un testament, il est ouvert à la réquisition des parties intéressées, ou du procureur du roi, si elles ne sont pas connues, et les légataires, donataires ou autres, qui auraient sur les biens de l'absent des droits subordonnés à la condition de son décès, peuvent les exercer provisoirement, en donnant préalablement caution. C. civ. 123.

Faut-il nécessairement que les héritiers présomptifs aient été envoyés en possession pour que les légataires, donataires, etc., puissent exercer leurs droits ? — Le texte de l'art. 123 semble l'exiger, mais l'intention de la loi a été simplement d'indiquer une époque, et non d'établir un préalable indispensable subordonné au caprice des héritiers ; il serait injuste que leur insouciance, le défaut d'intérêt, ou leur mauvaise foi pussent paralyser indéfiniment l'exercice de droits légitimes ; il suffit que les tiers aient interpellé les héritiers. Arg. L. 13 janv. 1817, art. 11; Duranton, t. 1, nº 419. — *Contrà*, Aix, 8 juill. 1807, S. 8, 50.

**55.** L'envoi en possession provisoire ne confère à ceux qui l'obtiennent qu'un droit d'administration sur les biens de l'absent. En conséquence, ils ne peuvent ni les aliéner, ni les hypothéquer ; mais ils ne sont tenus de restituer qu'une portion des fruits, dans le cas où l'absent reparaît. C. civ. 125, 127, 128.

**56.** Néanmoins, s'il y a des dettes à payer ou des réparations urgentes à faire, ils sont autorisés par le trib., dans la même forme que les tuteurs, à emprunter avec hypothèque sur les immeubles, ou à les aliéner. C. civ. 2126. Persil, *Rég. hyp.*, art. 2124.

**57.** Le trib. peut aussi ordonner la vente de tout ou partie du mobilier, et en cas de vente, l'emploi du prix et des fruits échus. C. civ. 126.

Jugé que l'envoyé en possession provisoire a même le droit, durant l'administration, d'aliéner les biens meubles de l'absent sans autorisation de justice. L'art. 128 C. civ. n'interdit que l'aliénation des immeubles. Paris, 27 avr. 1814, S. 14, 555. Dans l'espèce, l'héritier avait cédé une créance de la succession, consistant dans la portion du prix d'un immeuble restant due par un adjudicataire. — M. Duranton, nºˢ 479, 485, soutient au contraire, que l'aliénation des meubles incorporels, tels que créances, n'est pas permise aux envoyés en possession provisoire, sans formalités de justice, parce que l'art. 126 C. civ. oblige à faire emploi du prix ; cependant, il admet que la vente d'effets mobiliers serait valable, à l'égard des tiers, parce qu'en fait de meubles la possession vaut titre (C. civ. 2279), pourvu que les acheteurs fussent de bonne foi. Arg. C. civ. 1141, 2268.

**58.** Les envoyés en possession provisoire doivent, comme comptables, faire procéder à l'inventaire du mobilier et des titres de l'absent, en présence du procureur du roi, ou d'un juge de paix par lui commis. C. civ. 126.

**59.** Ils peuvent même requérir qu'il soit procédé, par un expert, à la visite des immeubles, pour en constater l'état. Le rapport est homologué par le trib., et les frais de l'expertise sont pris sur les biens de l'absent.

**60.** *Envoi définitif.* — L'envoi en possession définitif transporte, mais sous condition résolutoire, la propriété des biens de l'absent. En effet, s'il reparaît, ou si son existence est prouvée, même après cet envoi, il recouvre ses biens dans l'état où ils se trouvent, ou le prix de ceux qui ont été aliénés, ou les biens provenant de l'emploi du prix des biens vendus. C. civ. 132.

**61.** Après la déclaration d'absence, les droits à exercer contre l'absent ne peuvent être poursuivis que contre les envoyés en possession ou l'administrateur légal. C. civ. 134. — Mais il n'est pas nécessaire de poursuivre tous les envoyés en possession, s'il s'agit d'une chose indivisible. C. civ. 134, 1221, 5°; Rennes, 7 juin 1816.

Lorsque, après la déclaration d'absence régulièrement prononcée, un tiers réclame les biens contre celui qui a obtenu l'envoi en possession, et qu'il s'élève une contestation pour fixer l'époque précise des dernières nouvelles, il n'est point, dans ce cas, nécessaire d'ordonner une nouvelle enquête. L'époque des dernières nouvelles peut être fixée par le trib., d'après les circonstances, sur des attestations consignées dans des actes de notoriété, ou autres documens. Cass. 14 nov. 1811, S. 12, 83.

## § 6. — *Absence des militaires.*

**62.** L'absence des militaires a été successivement régie par diverses lois des 11 vent., 16 fruct. an 2, 6 brum. an 5, 13 janv. 1817.

**63.** La loi du 11 vent., étendue par celle du 16 fruct. aux officiers de santé et à tous les citoyens attachés au service des armées, réputait les militaires toujours vivans pour leur faire recueillir les successions ouvertes à leur profit. Cass. 9 mars

1819, S. 19, 343; Duranton, n° 430. — Le juge de paix qui avait mis les scellés sur les effets d'une succession échue à un militaire devait lui en donner avis sur-le-champ ainsi qu'au ministre de la guerre. A défaut de nouvelles dans le délai d'un mois, un conseil de famille convoqué sans frais nommait un curateur à l'absent. — V. *Curatelle.*

64. La loi du 6 brum. an 5 prescrivait des mesures pour la conservation des droits et des propriétés des défenseurs de la patrie : aucune prescription ne courait contre eux; ils ne pouvaient être dépossédés de leurs immeubles. On avait prétendu que cette loi devait revivre toutes les fois qu'il y aurait état de guerre; ainsi un militaire qui avait fait la dernière guerre d'Espagne invoquait cette loi pour repousser une exception de prescription, qui aurait couru de 1821 à 1823. Ce système ne fut point admis. Grenoble, 22 déc. 1824, S. 26, 42.

65. Les lois des 11 vent. et 16 fruct. an 2 n'ont pas été abrogées par le C. civ. (Bruxelles, 24 mai 1809, S. 9, 382; Toullier, 1, n° 407; Biret, p. 346); mais par la loi du 13 janv. 1817. (Cass. 9 mars 1819, S. 19, 343; Nîmes, 28 janv. 1823, S. 25, 81; Duranton, 1, n° 432).—Jugé au contraire que cette loi n'est pas abrogée, Nancy, 1er mars 1827, S. 29, 63; Poitiers, 5 juill. 1826, S. 27, 173. — Les dispositions du Code non contraires à la loi du 13 janv. 1817, et notamment les art. 135 et 136 C. civ., régissent les successions ouvertes au profit des militaires, depuis la promulgation de cette loi. Art. 13; Paris, 27 août 1821, S. 50, 302; Duranton, *ibid.* — Mais le militaire ne commence à être soumis aux effets ordinaires de l'absence déterminée par le C. civ. que lorsque l'absence a été déclarée d'après la loi du 13 janv. 1817. Arg. Cass. 9 mars 1824, S. 24, 203; Orléans, 12 août 1829, S. 29, 329.

66. La loi de 1817 s'applique à toutes personnes inscrites au bureau des classes de la marine, ou attachées aux services de santé et d'administration des armées de terre et de mer, ou portées sur le contrôle régulier des administrations militaires; aux domestiques, vivandières, ou autres personnes étant habituellement à la suite des armées, si leur profession et leur sort sont suffisamment constatés par les rôles d'équipage, les pièces produites, les registres de police, permissions, passeports, feuilles de route et autres registres déposés aux ministères de la guerre et de la marine. L. 1817, art. 12.

67. Le militaire continue d'être réputé tel et de jouir du bénéfice de cette loi, encore bien qu'un certificat du ministère de la guerre constate que dans telle ou telle campagne il est resté en arrière de son corps et a été rayé des contrôles du régiment. Cass. 9 mars 1819, S. 19, 343.

**68.** Lorsqu'un militaire ou un marin en activité pendant les guerres du 21 avr. 1792 au 20 nov. 1815 a cessé de paraître avant cette dernière époque à son corps et au lieu de son domicile ou de sa résidence, ses héritiers présomptifs ou son épouse peuvent *de suite* se pourvoir au trib. de son dernier domicile pour faire déclarer son absence. Même loi, art. 1ᵉʳ.

Les militaires qui ont cessé de donner de leurs nouvelles avant le 21 avril 1792, et ceux qui en ont donné depuis le 20 nov. 1815, sont soumis au droit commun.

**69.** Les créanciers ou autres parties intéressées, un mois après avoir interpellé les héritiers ou l'époux présent, peuvent se pourvoir eux-mêmes en déclaration d'absence. Art. 11.

**70.** La requête et les pièces à l'appui, communiquées au procureur du roi, sur l'ordonnance du président, sont adressées par le procureur du roi au ministre de la justice, qui les transmet, suivant les cas, aux ministres de la guerre ou de la marine, chargés de donner les renseignemens. Même loi, art. 2.

**71.** Le ministre de la justice rend la *demande* publique par l'insertion au *Moniteur*. Il transmet les pièces et les renseignemens au procureur du roi. Art. 3.

**72.** Si le procureur du roi obtient l'acte de décès, il le transmet immédiatement. C. civ. 98. — Il remet le surplus des pièces au greffe, après avoir prévenu l'avoué de la partie requérante. L. 1817, art. 3.

**73.** A défaut d'acte de décès, le procureur du roi donne ses conclusions, et le trib. statue sur le vu des pièces : elles consistent notamment dans un exemplaire du *Moniteur* où l'insertion a eu lieu, et dans le certificat du ministre de la guerre constatant l'époque de la disparition. Art. 4.

**74.** On *peut* déclarer l'absence avec ou sans enquête préalable, si l'individu a disparu sans qu'on ait eu de ses nouvelles ; savoir, depuis deux ans, quand le corps dont il faisait partie servait en Europe, ou depuis quatre ans, quand le corps se trouvait hors d'Europe, sans distinguer s'il y a ou non procuration. Art. 4.

**75.** Le trib. de Vervins, en avr. 1833, a décidé que l'enfant né deux ans après le jugement de déclaration d'absence du militaire époux de sa mère, pouvait obtenir immédiatement l'envoi en possession provisoire des biens de ce militaire. Mais si cet enfant est considéré comme fils légitime de l'absent, c'est que la loi présume, jusqu'à preuve contraire, la cohabitation des époux à l'époque de la conception, ce n'est donc qu'après l'expiration du délai de deux ou quatre ans, à dater de la conception, que l'enfant peut demander la déclaration d'absence et l'envoi en possession provisoire.

**76.** Aucune déclaration ne peut intervenir qu'un an après l'annonce officielle. Art. 6.

Le dossier comprenant la requête à fin de déclaration d'absence, les documens et pièces à l'appui, restent au parquet du procureur du roi pendant ce délai. — L'avoué prendra note du dépôt et sollicitera le procureur du roi de mettre de nouveau les pièces sous les yeux du trib. après l'expiration du délai, pour faire prononcer le jugement de déclaration d'absence.

**77.** En cas de déclaration d'absence des militaires, les jugemens contiennent uniquement les conclusions, les motifs sommaires, le dispositif et jamais la requête. Art. 7.

**78.** Les parties peuvent se faire délivrer par simple extrait le dispositif des jugemens interlocutoires, et, s'il y a lieu à enquête, ils sont mis en minute sous les yeux des juges. Art. 7.

**79.** Le procureur du roi, qui dans cette matière agit par voie d'action, et les parties intéressées, sont recevables à appeler des jugemens interlocutoires ou définitifs. Art. 8.

**80.** L'appel du procureur du roi doit être formé dans le délai d'un mois, à dater du jugement signifié à la partie ou au domicile de son avoué.

**81.** Les appels sont portés à l'audience sur simple acte, sans aucune procédure. Art. 8.

**82.** En cas d'absence déclarée, l'envoi en possession provisoire peut être demandé sous caution, sans attendre le délai fixé par les art. 121 et 122 C. civ., mais à la charge de restituer, en cas de retour, sous les déductions de droit, la totalité des fruits perçus perdant les dix premières années de l'absence. Art. 9.

**83.** Les parties requérantes peuvent se cautionner sur leurs propres immeubles. Art. 9.

## § 7. — *Enregistrement.*

**84.** Les héritiers, légataires et tous autres appelés à exercer des droits subordonnés au décès d'un individu dont l'absence est déclarée, doivent faire, dans les six mois du jour de l'envoi en possession provisoire, la déclaration à laquelle ils seraient tenus s'ils étaient appelés par l'effet de la mort, et acquitter les droits sur la valeur même des biens ou droits qu'ils recueillent. L. 28 avr. 1816, art. 40.

**85.** Il en est de même si les héritiers présomptifs se mettent de fait en possession des biens de l'absent, les afferment ou les aliènent, soit en totalité, soit en partie. Déc. min. fin. 17 flor. an 13, 27 déc. 1816, 12 janv. et 14 août 1818; Cass. 27 avr. 1807, 22 juin 1808, S. 9, 276; 2 juill. 1823, S. 23, 401.

**86.** Peu importe que les héritiers conviennent de rendre les biens à l'absent, dans le cas où il reparaîtrait : cette stipulation ne détruit pas le fait de la prise de possession. Cass. 26 juill. 1814, S. 15, 250.

**87.** Mais n'équivalent pas à une mise en possession de fait : — 1° La nomination d'experts chargés de procéder au partage des biens de l'absent. Trib. Florac, 19 mars 1817. — 2° L'ouverture du testament de l'absent et son enregistrement.

**88.** Celui qui, d'après l'art. 136 C. civ., succède, à défaut du parent dont l'existence n'est par reconnue, ne doit que le droit de la mutation intermédiaire, à moins qu'il ne soit prouvé que l'absent existait au moment de l'ouverture de la succession, et que son décès soit arrivé postérieurement. Cass. 18 avr. 1809, 17 fév. 1829, S. 9, 246; 30, 238; délib. Régie, 29 juin 1809, inst. gén. n° 1293.

**89.** Toutefois, si le cohéritier de l'absent lui faisait un lot pour le cas où il reparaîtrait, et jouissait provisoirement de ce lot, il serait réputé s'être mis en possession des biens de l'absent, et comme tel, passible des droits de mutation.

**90.** L'héritier présomptif de l'absent, qui cède ses droits dans la succession, même aux risques et périls du cessionnaire, doit également les droits de mutation; seulement il n'est tenu de les payer que sur la portion de la succession qu'il a cédée. Délib. cons. adm. 21 fév. 1821, app. par le min. fin.

**91.** Le délai pour acquitter les droits de mutation court, soit à compter du jugement d'envoi en possession provisoire, soit à compter de la mise en possession de fait. Inst. gén. Régie, 7 juin 1808, n° 386 ; délib. 20 mai 1818; Cass. 9 nov. 1819, S. 20, 89; 2 avr. 1823, S. 23, 300.

**92.** Si l'absent reparaît, les droits de mutation sont restitués sous la seule déduction du droit auquel a donné lieu la jouissance des héritiers. L. 28 avr. 1816, art. 40.

**93.** Semblable restitution est faite à l'héritier présomptif qui, après avoir obtenu l'envoi en possession, se trouve évincé par un héritier plus proche, à l'époque du décès, légalement prouvé, de l'absent. Mais alors ce dernier doit passer déclaration et acquitter le droit pour la mutation qui s'opère irrévocablement en sa faveur. Déc. min. fin. 24 fruct. an 12; inst. gén. Régie, 3 fruct. an 13, n° 290, 72°.

**94.** Ces restitutions se prescrivent par deux ans, à compter du jour de la remise faite à l'héritier le plus proche ou à l'absent qui a reparu. L. 22 frim. an 7, art. 61 ; délib. de la Régie, 26 août 1820.

**95.** Les actes et procès-verbaux des juges de paix constatant les causes de la disparition des militaires, et le défaut de moyens d'existence de leurs veuves et de leurs enfans, sont exempts du timbre et de l'enregistrement. Inst. Rég. 6 mars 1824, n° 1124.

96. Les extraits de jugemens relatifs à l'absence —( V. *sup.* n° 34 ) sont donnés sur papier libre. Circ. min. 3 mai 1825.

## § 8. — FORMULES.

### FORMULE I.

*Requête pour faire pourvoir à l'administration des biens d'un présumé absent.*
(C. civ. 112. — C. pr. 859. — Tarif, 78. — Coût, 7 fr. 50 c.)

A MM. les Président et Juges du trib. de 1re instance
du départ. de la Seine.

La dame Julie Benoît, épouse du sieur Paul Lenoir, marchand mercier, à Paris     , ayant pour avoué M<sup>e</sup>
A l'honneur de vous exposer que son mari est absent depuis le
sans qu'il ait laissé de procuration ; que, depuis ce temps, on n'a point reçu de ses nouvelles, et qu'on ignore même le lieu de sa résidence ; — Que ces faits sont constatés par l'acte de notoriété, reçu par M. le juge de paix du
arrondissement de Paris, dûment enregistré ; — Que le sieur Lenoir faisait le commerce de mercerie en détail, et qu'il est urgent de pourvoir à ce que ce commerce ne soit pas interrompu, à ce que d'ailleurs ses biens soient administrés.
*(Les motifs varient suivant les circonstances. Il convient d'indiquer les preuves de l'absence, d'expliquer les causes qui nécessitent des mesures pour l'administration des biens de l'absent.)*
Pour quoi il plaira au tribunal, attendu que l'exposante est commune en biens avec ledit sieur Lenoir, ainsi qu'il résulte de son contrat de mariage, passé devant M<sup>e</sup> C      et son collègue, notaires à Paris, le     , dûment enregistré,
Vu les art. 112 C. civ. et 859 C. pr. ; autoriser la requérante à continuer de faire le commerce de mercerie qu'exerçait ledit sieur Lenoir avant son absence ; en conséquence et à cet effet l'autoriser à vendre les marchandises, signer tous billets et lettres de change, les acquitter, recevoir le montant de ceux qui seraient sous-crits, ester en justice, soit en défendant, soit en demandant, pour raison dudit commerce et des affaires personnelles qui surviendraient à son mari ou à elle, et gé-néralement faire tous les actes d'administration nécessaires, et vous ferez justice.

*(Signature de l'avoué.)*

### FORMULE II.

*Requête pour faire représenter un présumé absent dans les inventaires, comptes, partages et liquidations.*

— V. *Scellés.*

### FORMULE III.

*Requête à fin d'avoir permission de faire enquête pour constater l'absence.*
(C. civ. 115. — Tarif, 78. — Coût, 7 fr. 50 c.)

A MM. les président et juges du trib., etc...

Les sieurs Charles et Jules Lenoir, demeurant à      ayant pour avoué M<sup>e</sup>
Ont l'honneur de vous exposer que le sieur Paul Lenoir leur frère, marchand mercier, à Paris, y demeurant, rue      et ayant sa résidence à
est absent depuis le      (*il faut au moins quatre ans*), sans avoir laissé de procuration, et sans avoir donné de ses nouvelles ; que déjà la présomp-tion de son absence a été constatée par un acte de notoriété, reçu par M. le juge de paix de      dûment enregistré et ci-joint, et que depuis lors on n'a reçu aucune nouvelle dudit sieur Paul Lenoir ;

Pour quoi les exposans concluent à ce qu'il plaise au tribunal, attendu qu'ils sont les seuls présomptifs héritiers dudit sieur Paul Lenoir, ainsi que le constate l'acte de notoriété ci-dessus daté ;

Vu l'art. 115 du C. civ., déclarer l'absence du sieur Paul Lenoir, et avant faire droit, ordonner qu'il sera procédé contradictoirement avec M. le procureur du roi aux enquêtes nécessaires pour constater ladite absence, et vous ferez justice.

*(Signature de l'avoué.)*

FORMULE IV.

*Requête pour obtenir le jugement de déclaration d'absence.*

(C. civ. 119. — Tarif, 78. — Coût, 7 fr. 50 c.)

A MM. les président et juges du trib., etc.

Les sieurs Charles et Jules Lenoir, demeurant à                    , ayant pour avoué M<sup>e</sup>

Ont l'honneur de vous exposer que, par jugement du          .          il a été ordonné, avant faire droit sur la demande en déclaration d'absence du sieur Paul Lenoir, ayant son domicile à          , et sa résidence à          , que deux enquêtes seraient faites contradictoirement avec M. le procureur du roi, dans l'arrondissement du domicile et dans celui de la résidence, qu'il résulte des procès-verbaux d'enquête, dressés, le premier à Paris, devant M. juge-commissaire, en date du          ; le deuxième à Beauvais, en date du          que ledit sieur Lenoir est absent de son domicile depuis le          , sans qu'on ait reçu aucune nouvelle de lui, et qu'on puisse connaître le lieu de sa résidence actuelle ;

Que des exemplaires du journal du *Moniteur* dûment légalisés et enregistrés, constatent les insertions et publications faites conformément à la loi par le ministre de la justice ;

Attendu que lesdites enquêtes sont régulières en la forme, et justes au fond ;

Pour quoi il plaira au tribunal adjuger aux exposans les conclusions par eux prises en leur précédente requête, dûment enregistrée; en conséquence déclarer l'absence dudit sieur Lenoir, à compter du jour de sa disparition, et les envoyer en possession provisoire des biens, droits et actions dudit absent, et vous ferez justice.

*(Signature de l'avoué.)*

FORMULE V.

*Requête à fin de faire déclarer l'absence d'un militaire.*

(L. 13 janv. 1817, art. 1 et 4. — Arg. Tarif, 78. — Coût, 7 fr. 50 c.)

A MM. les président et juges du trib., etc.

Les sieurs                                        présomptifs héritiers du sieur                    Lenoir leur frère,

Ont l'honneur de vous exposer que ledit sieur Lenoir, demeurant à          est parti en 1812, comme lieutenant au 10<sup>e</sup> régiment de dragons, qu'il a fait diverses campagnes, notamment celle de Moscou, à la fin de ladite année 1812 ; — Que depuis sa dernière lettre, datée de Moscou, du 29 octobre 1812, il n'a donné aucune de ses nouvelles;

Pour quoi il plaira au trib. ; — Vu, 1° la lettre susdatée ; — 2° le certificat délivré par le chef du corps auquel il était attaché, en date du          . —constatant qu'à la date du          il a cessé de reparaître au corps, et a été rayé des contrôles ; — Lesdites pièces dûment timbrées et enregistrées ;

Vu les art. 1 et 4, loi du 13 janv. 1817;

Attendu qu'il s'est écoulé plus de deux ans depuis sa disparition du corps auquel il était attaché et ses dernières nouvelles;

Déclarer l'absence dudit sieur Lenoir ; —En conséquence envoyer ses présomptifs héritiers susnommés en possession provisoire de tous ses biens, meubles et immeubles, à la charge de donner caution, conformément à la loi ; — Et ce sera justice.

*(Signature de l'avoué.)*

*Nota.* On peut conclure de suite à l'envoi en possession dans la requête ; mais l<sup>e</sup> trib. ne doit le prononcer qu'après les formalités et délais exigés par la loi.

Quelquefois on se sert d · la première requête ; — mais si l'absence est déclarée et l'envoi en possession prononcé par deux jugemens différens, il paraît plus régulier de présenter une requête avant chaque jugement.

FORMULE VI.

*Conclusions du conjoint de l'absent, qui s'oppose à l'envoi en possession.*
(C. civ. 124. — Tarif, 72. — Coût, 2 fr. par rôle orig., le quart par chaque copie.)

*Conclusions.*

Pour la dame Lenoir, ayant pour avoué M<sup>e</sup>
Contre les sieurs                            se disant héritiers du sieur Lenoir, ayant pour avoué M<sup>e</sup>
· Plaise au tribunal ,
Attendu que les sieur et dame Lenoir ont été mariés sous le régime de la communauté, aux termes de leur contrat de mariage du
Attendu qu'en cette qualité de commune en biens, ladite dame Lenoir a le droit, aux termes de l'art. 124 C. civ., d'empêcher l'envoi en possession provisoire des biens de son mari, en optant pour la continuation de ladite communauté ;
Recevoir l'exposante partie intervenante sur la demande, à fin d'envoi en possession formée par les sieurs                            se disant présomptifs héritiers du sieur Lenoir, et statuant sur ladite intervention ;
Donner acte à la dame Lenoir de ce qu'elle déclare opter pour la continuation de la communauté de biens existante entre elle et le sieur Lenoir, son mari :
Ce faisant déclarer les susnommés, purement et simplement non recevables dans leur demande, à fin d'envoi en possession provisoire des biens du sieur Paul Lenoir, déclaré absent par jugement du
En conséquence autoriser la requérante à continuer d'administrer les biens de la communauté dont il s'agit, passer tous baux, les renouveler, donner congé, vendre, aliéner le mobilier ; lorsqu'il en sera besoin , faire tous recouvremens, recevoir les revenus et les capitaux, en donner quittance, faire tous placemens, et généralement faire tous les actes d'administration quelconques que nécessitera la gestion des biens de ladite communauté, aux offres que fait la requérante de faire procéder contradictoirement avec M. le procureur du roi, ou le juge de paix, par lui requis, en présence des défenseurs, ou eux dûment appelés, à l'inventaire fidèle et exact des meubles, effets, titres, papiers et renseignemens appartenant au sieur Paul Lenoir, et à la communauté ; Condamner les défendeurs aux dépens.

*(Signature de l'avoué.)*

FORMULE VII.

*Procès-verbaux de présentation de caution devant le juge commissaire et de soumission de la caution au greffe.* — *V. Caution.*

FORMULE VIII.

*Requête pour être autorisé à vendre tout ou partie du mobilier.*
(C. civ. 126. — Tarif, 78. — Coût, 7 fr. 50 c.)

A MM. les président et juges du trib., etc.

Les sieurs Charles et Jules Lenoir, ayant pour avoué M<sup>e</sup>
Ont l'honneur de vous exposer que, par jugement rendu au tribunal sur les conclusions de M. le procureur du roi, le                , dûment enregistré , ils ont été envoyés en possession provisoire des biens du sieur Paul Lenoir, leur frère déclaré absent ; — Qu'en exécution dudit jugement, ils ont fait procéder, en présence de M. le procureur du roi , et par le ministère de M...., notaire, et de L...., commissaire-priseur, à l'inventaire, description et prisée des meubles et effets appartenant audit sieur Lenoir ; — Que, parmi ces meubles et effets, il se trouve une grande quantité d'objets de mercerie, dont les requérans ne peuvent

se servir, et qui ne peut être conservée en nature, sans se détériorer et perdre de sa valeur ;

Pour quoi les exposans requièrent qu'il vous plaise, MM., les autoriser à faire procéder, dans les formes prescrites par le Code de procédure civile, et par le ministère de L...., commissaire-priseur, qui a fait la prisée, à la vente de tous les effets de mercerie trouvés en la maison dudit absent, et décrits en l'inventaire fait par          , le          . Laquelle vente se fera dans les lieux où se trouvent les effets, pour éviter tous frais de déplacement et de dépérissement, pour les deniers à provenir de ladite vente, et ceux provenant des fruits échus des immeubles appartenant audit sieur Lenoir, être placés en rentes sur l'Etat par l'agent de change qui sera commis à cet effet ; et vous ferez justice.

*(Signature de l'avoué.)*

FORMULE IX.

### Requête pour estimer les immeubles.

(C. civ. 126. — Arg. tarif, 78. — (Coût, 7 fr. 50 c.)

A MM. les président et juges du tribunal, etc.

Les sieurs Charles et Jules Lenoir, présomptifs héritiers du sieur Lenoir, et envoyés en possession provisoire des biens appartenant audit sieur Lenoir, par jugement rendu en ce tribunal, le          dûment enregistré ;

Ont l'honneur de vous exposer que, parmi lesdits biens, se trouve une maison sise à Paris, rue Saint-Antoine, n° 7, qui a besoin de plusieurs réparations urgentes ;

Pour quoi il vous plaira, vu l'art. 126 du C. civ.,

Ordonner qu'il sera procédé, par tel architecte expert qu'il vous plaira nommer, à la visite de ladite maison, rue Saint-Antoine, n° 7, lequel après avoir prêté préalablement serment, devant celui de MM. les juges que vous commettrez à cet effet, constatera l'état actuel de ladite maison et dépendances, les dégradations qui peuvent exister et réparations qui peuvent y être nécessaires ; et leur importance ; de tout quoi, il dressera procès-verbal, qui sera déposé au greffe dudit tribunal, pour, ensuite être par les exposans, conclu ce qu'il appartiendra, et vous ferez justice.

*(Signature de l'avoué.)*

FORMULE X.

### Requête pour être envoyé en possession définitive.

(C. civ. 129. — Arg. tarif, 78. — Coût, 7 fr. 50 c.)

A MM. les président et juges du tribunal, etc.

Les sieurs Charles et Jules Lenoir, demeurant à

Ont l'honneur de vous exposer qu'ils ont été envoyés en possession provisoire des biens du sieur Paul Lenoir, par jugement rendu en ce tribunal le          dûment enregistré ; qu'il s'est écoulé plus de 30 ans depuis cet envoi en possession ;

Qu'il résulte d'un acte de notoriété reçu par M. le juge de paix de le          dûment enregistré, que, dans l'intervalle, le sieur Paul Lenoir n'a pas reparu ; pour quoi les exposans requièrent qu'il plaise au trib., vu l'art. 129 du C. civ.,

Envoyer les exposans en possession définitive de tous les biens meubles et immeubles dudit sieur Lenoir, dont ils pourront disposer, comme de chose leur appartenante, comme aussi ordonner que les cautions qui avaient été fournies pendant l'envoi en possession provisoire desdits susnommés, seront et demeureront déchargées ; et vous ferez justice.

*(Signature de l'avoué).*

## ABUS de confiance.

1. Les peines portées par l'art. 408 C. pén. sont applicables : — 1° Au gardien judiciaire, s'il détourne les objets remis à sa garde. Cass. 19 mai 1813, D. 12, p. 1047 ;

2.

**2.** 2° Au syndic d'une faillite, s'il détourne, au préjudice de la masse des créanciers, les marchandises ou effets à lui remis en sa qualité de syndic, sous la charge de les rendre ou d'en faire emploi déterminé. Cass. 29 avr. 1825, D. 25, 309 ;

**3.** 3° Au notaire, s'il détourne les fonds qui lui sont remis, soit pour les placer, soit pour les employer au paiement d'une acquisition faite dans son étude. Paris, 6 janv., 22 mai 1832, D. 52, 120. — Dans l'espèce de cet arrêt, le notaire était poursuivi devant le tribunal civil, il n'y avait pas de plainte ni de poursuite en police correctionnelle ; la C. de Paris a pensé néanmoins que le notaire pouvait être condamné par corps, en vertu de l'art. 408 et 52 C. pén. (Art. 175 J. Pr.).—V. nos *observations. Ib.*

Le notaire ne peut pas être considéré comme dépositaire public dans le cas même où il aurait reçu le dépôt, en vertu d'une clause contenue dans l'acte passé devant lui en qualité de notaire, pas plus que dans le cas où il aurait reçu le dépôt, indépendamment de cette clause ; dans l'un et l'autre cas, il n'est dépositaire que par la volonté du prêteur, et nullement en vertu d'une délégation de la loi.

**4.** Mais le détournement des minutes des actes passés dans son étude par le notaire, rentrerait dans le cas de l'art. 255 C. pén.; ici il est institué dépositaire public.—Cass. 31 juill. 1817, 15 avr. 1813, S. 17, 24.

**5.** Il faut distinguer entre le cas où l'officier ministériel a reçu un dépôt par une suite nécessaire de ses fonctions et des attributions qu'il tient de la loi, et celui où il ne le reçoit que par l'effet d'une confiance entièrement libre, que ses fonctions ont bien pu contribuer à inspirer, mais qu'elles ne commandaient pas nécessairement.

**6.** La poursuite du délit de violation de dépôt ne peut être admise qu'autant que le dépôt est convenu ou prouvé. S'il est dénié, la preuve du dépôt constitue une question préjudicielle à laquelle sont subordonnées l'action publique et l'action civile. Cass. 2 déc. 1813, S. 14, 30.

**7.** La preuve du délit et la violation du dépôt ne pouvant être séparée de celle de l'acte de dépôt, la compétence sur le délit qui forme l'action principale entraîne nécessairement la compétence sur le contrat dont la dénégation n'est qu'une exception contre cette action. — La juridiction correctionnelle, compétente pour connaître de la violation du dépôt, a aussi caractère pour prononcer sur la préexistence du dépôt. *Même arrêt.*

**8.** Pour juger si le dépôt a été fait, ou s'il y a commencement de preuve par écrit, et si la preuve testimoniale est admissible, la juridiction correctionnelle est assujettie, comme le serait la juridiction civile aux règles fixées dans les art. 1341 et 1347 C.

civ. — *Même arrêt;* Cass. 26 sept. 1823, S. 24, 127; 5 mai 1831, D. 31, 243.

**9.** L'abus de confiance par soustraction de titres, pièces ou mémoires, produits dans une contestation judiciaire, est puni d'une amende de 25 fr. à 300 fr. C. pén. 409.

**10.** Cet article n'est applicable que lorsque la pièce, le titre ou le mémoire ont été soustraits par celui même qui les avait produits. Commise par tout autre, elle constituerait un vol.

**11.** Il faut une intention frauduleuse, c.-à-d., la pensée de retirer à la justice un moyen de s'éclairer, et aux adversaires les moyens de contester certaines prétentions. Celui qui de bonne foi aurait retiré une production qu'il pouvait croire inutile ne pourrait être frappé d'aucune peine.

**12.** Relativement à l'existence du titre, on ne peut admettre la preuve testimoniale que de la manière et dans les cas où elle serait permise par la loi civile. Cass. 5 avr. 1817, S. 17, 301.

**13.** Si le titre ou la pièce ont été produits devant une juridiction exceptionnelle, devant des juges administratifs par exemple, ou même devant un juge de paix, ce trib. seul peut apprécier le délit lui-même et les circonstances qui lui donnent de la gravité, comme celles qui l'excusent ou l'effacent; juger quelle était la portée de cette pièce. M. Delapalme, Encyclopédie du droit, v° *Abus de confiance*, n° 6.

**14.** La peine est prononcée ( — V. *sup.* n° 9) par le tribunal saisi de la contestation (C. pén. 409.)—Cette disposition est non seulement attributive d'une compétence particulière, mais encore exclusive de toute autre juridiction.

**ACCEPTATION** *de succession.* Elle est pure et simple ou bénéficiaire.

Pure et simple, elle est tacite ou expresse, dispensée de toutes formalités.

Quant à l'acceptation bénéficiaire, — V. *Bénéfice d'inventaire.*

**ACQUIESCEMENT.** C'est l'adhésion donnée par une partie à un acte, à une demande ou à un jugement.

**1.** L'acquiescement n'est énoncé qu'une seule fois dans l'ordonn. de 1667; l'art. 5, tit. 27, porte : « Les sentences et jugemens qui doivent passer en force de chose jugée, sont ceux rendus en dernier ressort et dont il n'y a pas appel, ou dont l'appel n'est pas recevable, soit que les parties y eussent formellement *acquiescé*, ou qu'elles n'en eussent interjeté appel dans le temps, ou que l'appel n'ait été déclaré périmé. » — Si l'on excepte l'art. 464 C. civ., le mot *acquiescement* ne se trouve dans aucun de nos Codes. — Quelques articles seulement le supposent.—V. C. civ. 1338, 1351; C. pr. 173, 443; C. inst. cr. 322. — La nécessité, pour le juge, de suppléer au silence

du législateur, d'apprécier des nuances de faits extrêmement
délicates, laisse beaucoup à la controverse.

## DIVISION.

Section I. — *Caractères de l'acquiescement, ses différentes espèces.*

**2.** L'acquiescement proprement dit suit l'acte, la demande,
ou le jugement auquel il se réfère. — Quelquefois, dans l'u-
sage, on qualifie d'acquiescement l'adhésion à des décisions futures, par exemple, au jugement conforme aux conclusions de
la partie (Cass. 14 juill. 1813, D. 1, 91); ou même à des
actes ou à des jugemens que l'on a provoqués. — V. *inf.*
n° 52, 64. — Il s'agit plutôt alors d'un acquiescement à une
demande, d'une prorogation de juridiction, ou d'une fin de
non recevoir résultant du défaut d'intérêt à critiquer une décision sollicitée, que d'un acquiescement proprement dit à un
jugement. — Il y a en droit cette différence, que l'acquiescement à un jugement couvre les vices de forme dont il est entaché, tandis qu'un consentement anticipé laisse ouverte l'action en nullité.

**3.** L'acquiescement est exprès ou tacite. Cette distinction
est utile sous plusieurs rapports. — V. *inf.* n° 133.

*Exprès*, il peut émaner de la partie ou de son fondé de pouvoir spécial. Arg. C. civ. 1988.

**4.** *Tacite*, il n'est valablement donné que par la partie elle-
même. — Il résulte, soit de son silence, prolongé au-delà du
délai accordé pour attaquer les procédures ou jugemens, soit
le tout acte émané d'elle, et exclusif de l'intention de se pourvoir contre une procédure ou jugement. Cass. 15 juill. 1848,
1, 18, 22.

**5.** La demande de l'une des parties consentie par l'autre
importe acquiescement, sans qu'il soit besoin d'autre accepta-

tion : le consentement de l'adversaire est censé donné par la production ou l'émission des actes ou jugemens auxquels l'acquiescement a rapport. Cass. 13 therm. an 12; Pigeau, 1, 551; Berriat, p. 36.

**6.** L'erreur du juge donne-t-elle ouverture à cassation. — Il faut distinguer : — s'agit-il de reconnaître et de constater les faits allégués à l'appui de l'acquiescement, les trib. ont un pouvoir souverain. — Mais s'agit-il de savoir si ces faits une fois constatés constituent ou non un acquiescement, il y a là une question de droit. — La solution peut constituer une violation des art. 443 et 454 C. pr. et tomber sous le contrôle de la C. cass. Cass. 22 oct. 1811, S 11, 364. — V. d'ailleurs *inf.* n° 114.

**7.** L'acquiescement ne peut en général intervenir sur des matières d'ordre public, à moins qu'il ne résulte du silence de la partie, prolongé au-delà des délais accordés pour attaquer l'acte ou le jugement. Cette exception se justifie par la nécessité de mettre un terme aux procès. Il y a d'ailleurs une différence entre s'abstenir d'exercer un droit, et faire l'abandon direct de ce droit.

Toutefois une grande controverse existe en jurisprudence sur l'application du principe. — V. *inf.* n° 17.

**8.** L'acquiescement a de l'analogie avec la transaction, l'expédient, le désistement, la prorogation de juridiction; mais il en diffère sous plusieurs rapports.

**9.** Ainsi, 1° la *transaction* est toujours expresse (C. civ. 2044), elle suppose des conventions synallagmatiques, et n'a jamais pour objet des matières qui intéressent l'ordre public.

**10.** 2° L'*expédient* ne peut avoir lieu que par jugement. — V. *Expédient.*

**11.** 3° Le *désistement*, proprement dit, emporte seulement renonciation à la procédure. — V. *Désistement.*

**12.** 4° Enfin la *prorogation de juridiction* précède nécessairement le jugement. — V. *Prorogation de juridiction.*

La déclaration de s'en rapporter à justice constitue-t-elle *prorogation de juridiction ?* — V. ce mot.

**13.** L'erreur de fait est une cause de nullité de l'acquiescement. — Ainsi on a pu se pourvoir en cassation contre un jugement arbitral, rendu en l'an 2, et exécuté avant la loi du 12 prair. an 4, jusqu'à laquelle l'opinion commune était que cette voie n'était pas ouverte contre les jugemens arbitraux. Cass. 9 pluv. an 13 ; — 24 mars 1807, S. 7, 239. — L'acquiescement suppose toujours l'intention d'exécuter le jugement qui en est l'objet.

Mais l'erreur de droit ne vicierait pas l'acquiescement. Arg. C. civ. 2052; Cass. 15 mess. an 13, S. 7, 941.

## Section II. — *Matières susceptibles d'acquiescement.*

**14.** Toute matière est, en général, susceptible d'acquiescement.

**15.** Excepté celles qui intéressent l'ordre public ou les bonnes mœurs. C. civ. 6, 1172. — V. toutefois *inf.* n° 17.

**16.** Ainsi est nul comme contraire à l'ordre public l'acquiescement, 1° au jugement qui statue sur des questions d'état (qui prononce main-levée du divorce). Cass. 17 août 1807, P. 3ᵉ édit., 6, 264; Pigeau, 1, 488; Merlin, Rép., v° *Jugement.*, § 3, n° 6.

**17.** Spécialement, au jugement qui prononce la séparation de corps. Arg. C. civ. 1443; Caen, 15 déc. 1826, S. 27, 190; Cass. 2 janv. 1823, S. 23, 88. — *Contrà*, Aix, 14 déc. 1837 (Art. 1094 J. Pr.). — Dans ce dernier système, on dit: l'acquiescement par voie d'exécution ne doit pas être confondu avec la prorogation de juridiction. Tant que le jugement n'est pas rendu, on ne peut pas l'apprécier, toute renonciation à l'appel, en pareille matière, est inadmissible. — Le jugement une fois rendu, est présumé être la vérité, les parties ont la faculté, mais ne sont pas dans l'obligation, d'interjeter appel. Pourquoi les astreindre à attendre l'expiration des délais d'appel pour exécuter?

Aucune loi ne défend un règlement amiable sur les intérêts pécuniaires après la séparation de biens prononcée en justice. En conséquence le désistement de l'opposition à un jugement par défaut, en cette matière, a été déclaré valable. Cass. 29 août 1827, D. 27, 483.

Au reste il ne faut pas confondre les actes de procédure ou les jugemens préparatoires avec les jugemens de séparation proprement dits : — Ainsi, est obligatoire l'acquiescement du défendeur au jugement qui admet le demandeur à la preuve des faits articulés, lorsque les circonstances écartent toute idée de fraude et de collusion. — Bruxelles, 5 juill. 1809. S. 14, 408.

**18.** Mais est nul l'acquiescement à un jugement, 1° qui prononce l'interdiction. — *Contrà*, Arg. Bordeaux, 5 juill. 1829, S. 29, 298.

**19.** 2° Qui nomme un conseil judiciaire. — (V. *Audience solennelle*, n° 1). — *Contrà*, Turin, 6 janv. 1812.

**20.** 3° Qui prononce la *contrainte par corps.* — V. ce mot.

**21.** 4° Qui prononce l'adjudication d'un immeuble *dotal.* Autrement des époux parviendraient facilement, par une voie détournée, à valider, contrairement au vœu de la loi, la vente d'un immeuble déclaré inaliénable C. civ. 1554. — Vainement on objecte que, sous le régime dotal, le mari a le droit

d'exercer les actions pétitoires (C. civ. 1549), et qu'en se défendant mal, il peut arriver à l'aliénation de l'immeuble dotal.
Dans ce cas les trib. doivent apprécier le mérite de la demande,
et ils déjoueront presque toujours la collusion qui leur sera signalée par le ministère public chargé spécialement de veiller
aux intérêts de la femme. — Pigeau, 1, 550. — *Contrà*, Cass.
15 juill. 1807, P. 6, 208; Riom, 30 avr. 1840, S. 11, 314.

**22.** Le défaut de protestation du tuteur contre la composition irrégulière d'un conseil de famille, par exemple, lorsque
des amis ont été appelés et qu'il y avait des parens, ne couvre
point la nullité. Arg. Angers, 29 mars 1821, S. 21, 260.

**23.** Mais serait valable l'adhésion à une sentence d'un juge
de paix sur un intérêt excédant les limites de sa compétence :
c'est une conséquence du droit qu'avaient les parties de consentir une prorogation de juridiction. Toulouse, 24 fév. 1821;
S. 22, 273. — *Contrà*, Riom, 21 juill. 1824, S. 25, 175.

**24.** En serait-il de même de l'acquiescement à un jugement
rendu par des juges incompétens ? — L'affirmative est évidente,
s'il s'agit d'une incompétence *ratione personœ*. Cette solution
s'applique au cas où une chambre des vacations a statué sur une
affaire qui ne requérait pas célérité : les vacances ne sont insti-
tuées que pour le repos des magistrats, et l'ordre public ne
s'oppose point à ce qu'une affaire ordinaire soit jugée pendant
leur durée. Cass. 22 janv. 1806, S. 6, 2, 90 (Art. 924 J. Pr.).

**25.** La question est grave, s'il s'agit d'une incompétence
*ratione materiœ.* — Pour la négative, on dit : Tout ce qui concerne les juridictions intéresse l'ordre public; il n'y a conséquemment d'acquiescement possible que celui résultant du silence de la partie pendant le temps accordé par la loi pour se
pourvoir contre les jugemens; c'est d'ailleurs une conséquence
de l'art. 425 C. pr. portant que les dispositions sur la compétence
pourront *toujours* être attaquées par la voie d'appel. Limoges,
21 nov. 1835 (Art. 976 J. Pr.). Toutefois on répond : L'art.
425 signifie seulement que les jugemens relatifs à la compétence ne seront jamais rendus en dernier ressort par les trib.
de 1re inst., et non pas que l'appel en sera recevable en tout
temps; les délais d'appel une fois expirés, ils seront évidemment inattaquables. D'ailleurs, s'il est vrai que l'ordre public
soit intéressé à ce que les différens trib. n'empiètent pas sur
leurs attributions respectives, la loi remédie à cet inconvénient
en donnant au ministère public le droit de faire casser, dans
l'intérêt de la loi, les décisions incompétemment rendues;
mais rien ne s'oppose à ce que les parties renoncent au bénéfice
des juridictions introduites en leur faveur, et se soumettent à
une sentence émanée de juges incompétens. En effet, l'art. 88,
27 vent. an 8, ne permet le pourvoi dans l'intérêt de la loi

que contre les jugemens passés en force de chose jugée. Cass.
15 flor. an 9, P. 1, 4; Paris, 17 mai 1813, D. 25, 199;
Dijon, 21 juill. 1827, D. 29, 7 ; Lyon, 3 avr. 1819. — Contrà, Poitiers, 20 mai et 9 juin 1829, S. 29, 348.

**26**. L'acquiescement, même en matière d'ordre public, résulte du silence de la partie prolongée au-delà des délais des
recours.

**27**. Ainsi le jugement qui rejette une demande en élargisse-
ment non attaqué dans le délai légal a force de chose jugée. Cass.
16 juill. 1817, S. 18, 133.

### Section. III. *Personnes capables d'acquiescement.*

**28**. L'acquiescement emporte aliénation. Il n'est donc valablement donné que par les personnes capables de disposer de
leurs droits et de la chose qui fait l'objet de l'acquiescement.

**29**. Ainsi ne peuvent acquiescer, 1º le mineur, à moins qu'il
ne soit émancipé et que la demande n'ait pour objet une chose
qui rentre dans son administration ; par exemple, l'abandon
d'un droit à un bail. Arg. C. civ. 481 :

**30**. 2º L'interdit. C. civ. 509.

**31**. 3º Le tuteur, sans l'autorisation du conseil de famille et
l'homologation du trib., s'il s'agit d'une demande immobilière.
C. civ. 457, 458 et 464 ; Bruxelles, 23 nov. 1806, J. P. 5, 48 ;
Douai, 17 janv. 1821, Pigeau, 1, 549.

Mais il a qualité pour consentir à une demande en partage :
les copropriétaires du mineur ou de l'interdit ne sont pas forcés
de demeurer dans l'indivision. C. civ. 405, 815.

**32**. *Quid*, s'il s'agit de consentir à une demande ou à un jugement en matière mobilière ? — V. *Mineur*.

**33**. 4º *La femme mariée*. — V. ce mot.

**34**. 5º Les envoyés en possession provisoire des biens d'un
absent, et les curateurs à des successions vacantes, s'ils n'obtiennent l'autorisation de la justice. C. civ. 125, 128, 813.

**35**. 6º Les maires et les administrateurs d'établissemens publics. Besançon, 22 déc. 1808, 1ᵉʳ fév. 1828, S. 28, 251. — V.
toutefois, Dijon, 27 janv. 1829, D. 29, 119 ; *Commune, Établissement public.*

**36**. 7º Les préposés inférieurs de la régie, par exemple, un
receveur, à moins d'un pouvoir spécial. Cass. 21 germ. an 12,
S. 8, 135. — Il en est autrement des administrateurs. Cass. 23
déc. 1807, S. 8, 136.

**37**. 8º Le ministère public, dans les affaires qui intéressent
l'État : les préfets ont seuls caractère pour le représenter. Bordeaux, 21 août 1829.

**38**. 9º Le mandataire, s'il n'est porteur d'un pouvoir spécial.

C. pr. 552; Berriat, p. 560.—Ou du moins d'une autorisation contenant le pouvoir général d'acquiescer.

L'autorisation donnée (à un établissement public) pour plaider, par exemple sur la demande en validité d'un legs, n'emporte pas la faculté d'acquiescer au jugement qui déclare le legs nul. Colmar, 31 juill. 1823, S 24, 35.

**39.** L'avoué peut-il acquiescer pour sa partie, sans un mandat spécial, sauf le désaveu?—V. *Avoué, Désaveu.*

**40.** 10° Le mari, relativement aux biens personnels de sa femme. Bordeaux, 23 nov. 1829, S. 30, 220.

**41.** Au contraire, le consentement donné par le représentant légal de la partie est irrévocable. Ainsi un émigré amnistié ne peut attaquer les jugemens auxquels l'autorité administrative a acquiescé avant l'amnistie. Cass. 24 avr. 1826, S. 27, 216.—V. d'ailleurs *sup.* n°s 7 et 26.

**42.** Le failli, les syndics peuvent-ils acquiescer? — V. *Faillite.*

L'acquiescement donné par l'un des co-intéressés oblige-t-il les autres? — V. *inf.* Sect. V.

Section IV. — *Formes de l'acquiescement.*

§ 1. — *De l'acquiescement exprès.*

**43.** L'acquiescement exprès a lieu par acte authentique ou sous seing privé, même par lettre missive. Cass. 25 prair. an 6, S. 20, 449; Merlin, *Rép.*, v° *Viduité.* — Ou par adhésion mise à la suite de l'expédition d'un jugement. Cass, 6 fév. 1816, S. 16, 158.

**44.** Toutefois, l'appelant a le droit de demander acte à la Cour de l'acquiescement que donne l'intimé, soit par acte d'avoué à avoué, soit de toute autre manière que par acte notarié en minute. En effet, s'il venait à perdre la copie signifiée ou le titre original qui lui aurait été remis, il se trouverait exposé à des contestations nouvelles, dans lesquelles il devrait succomber : le jugement dont il avait appelé ayant acquis force de chose jugée. L'intimé est d'ailleurs non recevable à se plaindre des frais occasionés par l'arrêt, puisqu'il reconnaît lui-même la justice des prétentions de son adversaire. Bruxelles, 20 avr. 1809; D. 5, 153, Caen, 19 fév. 1823, S. 25, 95.

**45.** Lorsque l'acquiescement a lieu par acte d'avoué à avoué, doit-il, à peine de nullité, être signé de la partie?—Pour l'affirmative on dit : l'acquiescement exprès excède le mandat légal de l'avoué et doit émaner de la partie elle-même. La signature est exigée pour le désistement (C. pr. 402). Dalloz, v° *Acquiescement*, 1, 98.—On peut répondre : l'omission de la signature entraînât-elle la nullité du *désistement* (—V. ce mot), il n'en serait pas de même à l'égard de l'acquiescement.—Aucun texte n'exige qu'il soit signé de la partie, et les nullités ne doivent pas se suppléer par analogie ( C. pr. 1030 ). La partie au nom et sans le consentement de laquelle un acte d'acquiescement a été signifié, ne peut le faire tomber qu'en désavouant l'officier ministériel qui l'a signé ; tant que le désaveu n'est pas formé, foi doit être ajoutée à cet acte.

Jugé dans ce dernier sens à l'égard d'un exploit renfermant acquiescement à une demande en péremption. Orléans, 2 mai 1823, D. *ib.*

Dans l'usage on a soin de faire apposer la signature de la partie ; on prévient ainsi le désaveu et l'on se dispense de justifier d'un pouvoir spécial.

**46.** L'*huissier* qui signifie un acte a-t-il qualité pour constater l'acquiescement émané de la partie adverse ? — V. ce mot.

### § 2. — *De l'acquiescement tacite.*

#### Art. 1er. — *Notions générales.*

**47.** L'acquiescement tacite résulte du silence de la partie, ou d'actes émanés d'elle, renfermant un consentement implicite.

**48.** Le silence de la partie emporte acquiescement aux actes de procédure et aux jugemens, lorsqu'elle laisse écouler les délais accordés pour les attaquer ; par exemple, le délai de huitaine, sans former opposition au jugement par défaut contre avoué ( C. pr. 157 ) ; celui de trois mois, sans appeler du jugement contradictoire ( C. pr. 443 ), etc.

**49.** Il en est de même si l'on ne propose pas une exception péremptoire de forme avant de poser des conclusions au fond ( C. pr. 173 ) ; — Ou des nullités antérieures à l'adjudication préparatoire avant le jugement d'adjudication sur saisie immobilière ( C. pr. 733 ), etc.

**50.** L'acquiescement résultant de certains actes est soumis à quelques règles, qu'on peut résumer ainsi :

1° L'acquiescement doit être volontaire ; — Nul n'est présumé facilement renoncer à son droit. Il faut que la volonté d'acquiescer ressorte d'une manière non équivoque des faits ;

2° Il faut qu'il émane de la partie ;

3° Il résulte de l'exécution par elle consentie ;

4° Les réserves et protestations détruisent en général l'effet de l'exécution ;

5° Cependant si l'exécution est libre et *spontanée*, les réserves sont inutiles. *La réserve contraire au fait n'opère pas.*

#### Art. 2. — *De l'acquiescement aux jugemens en premier ressort.*

**51.** L'acquiescement aux jugemens en premier ressort résulte de tous les actes qui font nécessairement supposer une renonciation à l'appel ; — par exemple de la déclaration sous-

crite par la partie condamnée en premier ressort qu'elle se tient
le jugement pour signifié et promet de s'y conformer. Cass.
16 fév. 1816, S. 16, 158.

**52.** La jurisprudence fait résulter un acquiescement *anticipé*
au jugement : — 1° d'une adhésion sans restriction aux conclusions de l'adversaire. Grenoble, 20 nov. 1829, D. 29, 59;

2° De la demande par le défendeur d'un sursis à l'exécution
du jugement que le trib. va rendre. Grenoble, 1er pluv. an 9,
J. P., 2, 92; — 3° de la reconnaissance de la légtiimité de la
dette réclamée, et de l'offre de payer dans un certain délai qui
lui est accordé. Cass. 22 juill. 1812; 11 juill. 1816; 19 avr.
1818. — Ainsi décidé dans une espèce où le délai ne fut accordé qu'en partie. Grenoble, 21 germ. an 9, P. 2, 153; —
Où les offres ne furent pas entièrement acceptées (Nîmes, 11
flor. an 13, P. t. 4, 514): l'acceptation des offres aurait terminé le procès, il fallait attribuer le même effet au jugement
qui avait pour objet unique de les valider.

Une partie est non recevable à interjeter appel d'un jugement
rendu conformément aux conclusions prises par son avoué en
première instance; — Peu importe qu'elle déclare vouloir le
désavouer. Grenoble, 30 janv. 1823; — Si le désaveu était
formé, il y aurait aussitôt lieu de surseoir (C. pr. 357) au jugement.

**53.** Des conclusions subsidiaires loin d'indiquer une renonciation aux conclusions principales, prouvent que le demandeur insiste sur les premières: ce sont deux demandes distinctes,
successives, mais non exclusives l'une de l'autre. L'admission
des conclusions subsidiaires n'exclut donc pas l'appel du jugement qui a rejeté les conclusions principales. Cass. 9 niv. an 3,
J. P. 1, 82; Gênes, 5 fév. 1812, D. 1, 91.

**54.** *S'en rapporter à justice*, ce n'est pas acquiescer d'avance
au jugement et renoncer à l'appel. — V. *Prorogation de juridiction.*

**55.** Mais des conclusions tendantes à la confirmation pure
et simple du jugement de première instance, rendent l'intimé
non recevable à appeler incidemment de ce jugement. Si l'art.
443 porte que l'intimé peut appeler incidemment *en tout état
de cause*, quand même il aurait signifié ce jugement sans protestation, la loi a voulu seulement le relever de la déchéance
qu'on aurait pu faire résulter contre lui d'un acte antérieur à
l'appel de son adversaire; elle a considéré l'acquiescement de
l'intimé comme conditionnel. L'exécution ne se réalisant pas,
le droit réciproque d'appel n'est pour l'intimé que celui d'une
légitime défense (Bigot de Préameneu). Mais l'acquiescement
de l'intimé, postérieurement à l'appel principal, n'en est pas
moins une fin de non recevoir contre son appel incident. Cass.

11 fruct. an 9, 16 frim. an 13, 31 oct. 1809, 23 janv. 1810,
S. 7, 2, 763, 10, 169; Bruxelles, 3 fév. 1813; Amiens, 30
juin 1824; Poitiers, 27 juill. 1824; Aix, 13 janv. 1826; Bourges, 30 janv. 1827; Bordeaux, 28 juill. 1827, S. 27, 176;
Paris, 22 mars 1833; Merlin, Quest. dr., v° *Appel*, § 5; Carré,
art. 443; Berriat, p. 419; Favard, Rép., v° *Appel*, sect. 1,
§ 2. — *Contrà*, Metz, 24 août 1813; Toulouse, 23 nov. 1824.

56. Il en est de même à plus forte raison si l'intimé a obtenu un arrêt confirmatif par défaut, et conclu à ce que les
appelans fussent déboutés de leur opposition à cet arrêt. Cass.
23 janv. 1810; Bourges, 8 mars 1812 et 16 juin 1813. — Ou
si l'exécution du jugement dont est appel a été ordonnée par
un second jugement rendu sur la demande de l'appelant. Metz,
9 mai 1820.

Mais la seule obtention d'un arrêt par défaut ne rendrait
pas l'intimé non recevable à interjeter appel incidemment sur
l'opposition de son adversaire. En prenant un arrêt par défaut,
l'intimé n'a fait que poursuivre l'exécution pure et simple du
jugement de première instance; du moment que l'opposition de
son adversaire remet la chose jugée en question, il doit être
relevé de l'acquiescement conditionnel qu'il avait donné. Bourges, 30 janv. 1827, S. 27, 147; Cass. 5 juill. 1828, S. 28,
265. — Par les mêmes motifs, l'intimé qui a conclu au fond
et obtenu un arrêt par défaut, peut, sur l'opposition, soutenir
que le jugement était en dernier ressort. Toulouse, 3e, 18 déc.
1835 (Art. 495, J. Pr.).

Celui qui a fait signifier un jugement et qui a conclu à sa
confirmation sur l'appel, est néanmoins recevable à interjeter
appel incident de ce jugement, alors que l'adversaire à postérieurement interjeté appel d'un premier jugement dont le second n'était que la confirmation. Cass. 9 avr. 1835 (Art. 106
J. Pr.).

57. L'appelant qui a relevé trois chefs d'appel, mais qui
n'en a reproduit que deux dans ses conclusions signifiées pendant le procès, peut être réputé avoir renoncé au troisième.
Orléans, 13 mars 1837, P. 37, 2, 313.

Lorsque deux moyens de nullité ont été soumis aux premiers
juges qui ont accueilli l'un (celui résultant du défaut de protêt
au domicile du tiré) et repoussé l'autre (celui résultant du défaut
de notification à la personne indiquée au besoin), la C. roy. ne
doit statuer que sur le premier moyen, si l'intimé se borne à
conclure à la confirmation pure et simple du jugement. Cass.
20 janv. 1835 (Art. 7 et 8 J. Pr.)

58. *Signification des qualités d'un jugement.* — Elle n'emporte
point acquiescement; cette signification est un préalable nécessaire à la levée du jugement. Cass. 20 juill. 1831, S. 31, 282.

**59.** *Signification du jugement à* avoué. — Cette signification ne peut être en général considérée comme un acquiescement au jugement; elle est insuffisante pour rendre le jugement exécutoire (art. 147 C. pr.), et rien n'empêche celui qui l'a faite de changer de volonté tant qu'il n'a pas manifesté son intention par un acte plus formel. Turin, 20 mai 1809, S. 10, 258; Grenoble, 6 fév. 1808, 20 janv. 1817; Chauveau, 136; Limoges, 23 juin 1849; Poitiers, 13 juin 1822; Cass. 20 nov. 1826, S. 27, 170.

Il en est autrement dans le cas où la signification à partie n'est pas nécessaire pour faire courir les délais de l'appel; alors les mêmes motifs de décider n'existent plus. Berriat, p. 360; Liége, 16 janv. 1811; Chauveau, 4, 32. — V. *inf.* n° 120.

**60.** *Signification du jugement à* partie. — Cette signification contient implicitement la soumission de la part de celui qui l'a faite d'exécuter le jugement. Cass. 22 vend. an 12, 13 nov. 1813, 12 août 1817, S. 17, 359; 24 avr. 1833.

**61.** Au reste l'acquiescement résultant de la signification du jugement est conditionnel, il ne produit effet qu'autant que l'adversaire consent à l'exécution et n'interjette pas appel : autrement l'intimé peut interjeter appel incident en tout état de cause, quand même il aurait signifié le jugement sans protestation. C. pr. 443; Cass. 12 fév. 1806, S. 6, 2, 917. — V. toutefois Cass. 27 juin 1820, D. 20, 497.

**62.** *Signification d'un exécutoire de dépens.* — Cette signification faite par l'avoué, avec commandement de payer, ne suffit pas pour lier la partie; il n'est même pas nécessaire d'un désaveu : l'avoué agit alors dans son propre intérêt, et ne peut être considéré comme mandataire. Rouen, 10 mars 1824.

**63.** Mais la taxe des dépens compensés entre les parties, faite par l'avoué, si l'on prouve que l'avoué a reçu de son client un mandat spécial à cet effet, emporte acquiescement. Paris, 17 germ. an 11, P. 3, 230.

**64.** L'exécution du jugement par celui qui l'a obtenu, par exemple, une sommation, un commandement, une saisie mobilière, et, en général, tout acte de mise à exécution rend le poursuivant non recevable à interjeter appel de ce jugement. — V. d'ailleurs *inf.* n° 97.

**65.** L'exécution volontaire par la partie condamnée emporte acquiescement au jugement. Mais à quels caractères reconnaître que l'exécution est volontaire?

Elle ne peut s'induire que d'un fait ou d'un acte positif de la partie, et non pas de ce qu'elle aurait subi ou toléré un acte de son adversaire, fait en vertu du jugement qui la condamne. Cass. 24 août 1830, S. 30, 341.

Le paiement reçu par l'État, à la suite d'un jugement qui ordonne le remboursement d'un capital, n'emporte acquiescement à ce jugement, de la part de l'Etat, qu'autant qu'il est prouvé que les paiemens ont été faits en exécution de ce jugement. Cass. 20 juin 1820, S. 21, 272.

**66.** Les mesures conservatoires n'emportent pas acquiescement. — Ainsi ce n'est point acquiescer au jugement qui prononce la saisie de marchandises, que de les mettre en vente, dans le but annoncé d'en prévenir le dépérissement. Cass. 20 juill. 1831, D. 31, 275.

**67.** L'entrée en jouissance de l'adjudicataire d'un immeuble, suivie d'actes de propriété, tolérés par le saisi, n'exclut pas l'appel du jugement d'adjudication. Arg. C. pr. 714; Cass. 24 août 1850, S. 50, 341. — En serait-il de même en cas de *licitation?* — V. ce mot.

**68.** Le copartageant qui tire les lots acquiesce au jugement qui ordonne le partage. Agen, 12 avr. 1821.

**69.** Le mineur qui, après une sentence arbitrale réglant un compte de tutelle, reçoit de son ancien tuteur les pièces et titres relatifs à la tutelle, et lui en donne décharge ainsi que du compte lui-même, est non recevable à former opposition à l'ordonnance d'*exequatur* de cette sentence. Cass. 1er mars 1814.

**70.** L'acquiescement résulte encore, 1° du paiement par la partie des dépens de première instance, en exécution du jugement; l'appel aurait suspendu cette exécution; si donc la partie satisfait aux condamnations prononcées contre elle, elle doit être réputée y acquiescer.

**71.** Il en serait autrement si le jugement, quoiqu'en premier ressort, avait été qualifié en dernier ressort : vainement on dirait que ce jugement était passible d'appel, et que la C. roy. aurait accordé des défenses d'exécuter. Il ne dépend pas uniquement de la partie, mais bien des juges, de faire que l'exécution du jugement soit suspendue. Cass. 19 avr. 1850, S. 50, 198.

**72.** 2° De la promesse de payer, si on accorde un délai, faite par le débiteur en réponse au commandement qui lui est signifié. Cette réponse indique reconnaissance de la dette, et le besoin de temps pour se libérer. Le débiteur est présumé solliciter une grâce de son créancier, et non pas faire un acquiescement *conditionnel.* Pau, 4 mars 1831, S. 32, 119. — Dans l'espèce, il ne s'agissait pas de jugemens exécutoires par provision. — V. toutefois, Rennes, 8 avr. 1835 (Art. 252 et 294 J. Pr.)

Il en est de même, à plus forte raison, du paiement des dépens, après avoir demandé des délais et obtenu des réductions. Cass. 8 fév. 1831, D. 31, 72.

**73.** Demander un sursis à l'exécution d'un jugement en dernier ressort, à l'effet de produire une pièce au moyen de laquelle on prétend rendre sans objet la condamnation prononcée, ce n'est même pas acquiescer au jugement. Cass. 24 janv. 1837, S. 27, 182.

**74.** Mais solliciter un délai pour satisfaire à une condamnation, ce n'est point acquiescer au *mode* d'exécution du jugement, surtout lorsque le délai demandé n'a pas été accordé. Bruxelles, 15 mai 1811, S. 14, 283..

**75.** 3° De l'offre du débiteur de payer le principal, si on lui fait remise des frais.

Toutefois, cet acquiescement n'est que conditionnel, et n'oblige le débiteur que dans le cas où il est accepté dans son entier. Poitiers, 9 mars 1827, S. 28, 54.

**76.** L'exécution doit émaner de la partie elle-même. (—V. *sup.* n° 50). En conséquence la simple présence de l'avoué à la première publication du cahier des charges ne rend pas la partie non recevable à appeler du jugement qui a ordonné une licitation. Bordeaux, 15 janv. 1831.

**77.** N'emportent pas non plus acquiescement, 1° la réponse du débiteur qu'il ne peut payer, lors d'un procès-verbal de carence dressé en vertu d'un jugement de condamnation. Cette déclaration ne suppose pas nécessairement reconnaissance de la créance. Toulouse, 14 janv. 1828, S. 28, 200.

**78.** 2° La demande faite par le débiteur saisi d'être constitué gardien. On peut objecter que le débiteur a le moyen d'arrêter facilement la saisie, en déclarant qu'il appelle du jugement en vertu duquel elle est pratiquée; que si, loin de s'opposer à cette saisie, il se rend gardien des objets saisis sans aucune protestation, il adhère au jugement. Mais l'art. 159 C. pr. ne fait résulter l'exécution que de la vente des meubles. Le débiteur peut demander à être gardien de ses effets saisis, pour éviter les frais de garde, et surtout le désagrément de voir introduire un étranger dans sa maison. Sa conduite n'implique donc pas un acquiescement au jugement. Poitiers, 9 mars 1827; Cass. 31 janv. 1828, S. 28, 296. — *Contrà*, Limoges, 22 déc. 1812, S. 14, 374, Agen; 18 janv. 1828, S. 28, 243.

**79.** 3° L'opposition à la taxe formée par le condamné : vainement on oppose que celui qui se plaint seulement de la taxe est censé approuver tacitement la condamnation (Pigeau, 2, 358). L'opposition à la taxe, contenue dans un jugement, devant être formée, à peine de déchéance, dans les trois jours, ne peut pas être considérée comme renfermant une exécution volontaire. Paris, 10 juin 1812, S. 12, 405.

**80.** 4° La consignation par la partie condamnée, entre les mains du greffier, d'une somme pour l'enregistrement du jugement dont elle demande une expédition : autrement ce serait lui refuser le moyen d'avoir une connaissance positive du jugement, jusqu'à ce qu'il plût à son adversaire de le lui signifier, ce qui est inadmissible. Cass. 12 nov. 1827, S. 28, 124.

81. 5° Le paiement fait, à l'avoué de la partie adverse, des dépens dont la distraction a été prononcée à son profit. — Surtout lorsqu'on a été débouté par un second jugement de l'opposition formée à l'exécutoire de ces dépens : en effet, l'exécution n'est pas volontaire, et d'ailleurs elle n'a eu lieu que vis-à-vis l'avoué, et non à l'égard de la partie, qui ne saurait conséquemment s'en prévaloir. Arg. Cass. 15 juill. 1818, S. 18, 422.

Jugé que la partie condamnée, qui paie les dépens à l'avoué de la partie adverse, sur la signification qui lui est faite du jugement, avec commandement d'y satisfaire, mais avant que la taxe lui ait été notifiée, acquiesce au jugement et élève une fin de non recevoir contre l'appel qu'elle aurait précédemment interjeté. Montpellier, 24 juill. 1810, P. 8, 482.

82. La partie qui ne satisfait que sur poursuites aux condamnations prononcées contre elle par un jugement exécutoire par provision, n'acquiesce pas à ce jugement. Paris, 3ᵉ, 12 juill. 1837 (Art. 894 J. Pr.). Elle ne fait alors qu'obéir à la justice et céder à la force. Agen, 3 frim. an 12; Paris, 22 fév. 1810; Montpellier, 3 fév. 1816; Metz, 28 avr. 1818; Cass. 4 mai 1818; Poitiers, 25 mai 1824.

83. Toutefois le garant qui, au lieu de payer à son créancier direct qui l'a sommé de s'acquitter, paie au créancier originaire, par compensation dans un compte courant, a été réputé avoir acquiescé au jugement, et déclaré non recevable à appeler de ce jugement même exécutoire par provision. Rennes, 27 mai 1835 (Art. 280 J. Pr.).

84. L'exécution qui précède toutes poursuites emporte acquiescement. — Vainement on objecterait que dans cette circonstance l'appel n'étant pas suspensif, faire ce que l'on serait tenu d'exécuter quelques jours plus tard, c'est un acte de nécessité : si la partie condamnée n'attend pas que son adversaire la contraigne à l'exécution, on doit en conclure qu'elle reconnaît la justice de la sentence et qu'elle renonce à l'attaquer. Bordeaux, 8 mai 1829, S. 29, 325.

85. Peu importerait que le jugement n'eût pas été signifié. Si l'art. 147 C. pr. prohibe l'exécution du jugement avant l'intimation à personne ou domicile, c'est uniquement pour empêcher l'exécution contre la partie condamnée avant de lui en avoir donné une connaissance exacte, et non pour lui défendre d'éviter les frais de mise à exécution par une satisfaction immédiate. Cass. 3 fruct. an 13, S. 7, 763. — Contrà, Grenoble, 19 août 1817, 2 fév. 1818, D. 18, 563.

86. *Effet des réserves.* Les réserves ou protestations détruisent en général la présomption d'acquiescement, lorsqu'elles

indiquent l'intention de la partie de conserver ses droits intacts.

87. Ainsi la réserve de l'appel est nécessaire, mais suffit pour empêcher l'acquiescement de résulter : — 1° de la signification du jugement à avoué dans le cas où cette signification fait courir les délais d'appel. — V. *sup.* n° 59.

88. 2° De la signification du jugement à partie. Gênes, 7 mars 1812, S. 14, 259 ; Cass. 9 août 1826, S. 27, 88. — V. *sup.* n° 60.

L'effet des réserves insérées dans la signification à avoué serait détruit par une signification faite postérieurement à la partie sans réserves. Gênes, 26 juin 1812, S. 14, 260.

Mais l'omission de réserves dans la signification du jugement ne peut être opposée, si elles sont énoncées dans les qualités du jugement : la signification les renferme alors implicitement. Gênes, 7 mars 1812, S. 14, 259.

D'un autre côté, la réserve quoique faite dans la signification du jugement, n'empêche pas l'acquiescement, si cette signification est suivie d'un commandement qui ne contienne pas la même réserve ; ce dernier acte est réputé exprimer la volonté définitive de la partie. Grenoble, 26 mars 1817. — Si le commandement contenait aussi des réserves, il n'y aurait pas acquiescement. Rennes, 20 mai 1820.

89. 3° Du paiement des frais entre les mains de l'huissier. Si la quittance énonce la réserve d'appel, non seulement l'intention du débiteur est alors clairement exprimée ; mais le consentement donné à cette réserve par l'adversaire doit produire son effet. Nîmes, 9 déc. 1809, P. 7, 914. — Toutefois, jugé que la partie qui paie les sommes dont la condamnation a été prononcée contre elle par un jugement, et qui reçoit les pièces de la procédure des mains de l'adversaire, est réputée avoir acquiescé au jugement, bien qu'elle ait déclaré ne payer que pour éviter l'exécution dont elle était menacée par un commandement, et qu'elle ait fait réserve expresse de tous ses droits contre le jugement. Riom, 10 juin 1817, S. 18, 62.

Le paiement spontané, et sans réserves, des dépens par la partie condamnée emporte acquiescement au jugement même exécutoire nonobstant tout recours. Cass. 9 nov. 1829, S. 29, 403.

90. 4° Du paiement des dépens à l'adversaire (par forme de consignation). Montpellier, 6 fév. 1810, S. 14, 351.

Le paiement des dépens n'entraîne pas acquiescement, surtout lorsqu'il n'a lieu que sur commandement. Cass. 22 oct. 1811, S. 11, 364 ; — ou même sur itératif commandement, bien que le jugement ne fût pas exécutoire par provision. Cass. 2 janv. 1816, S. 16, 558. — Ce débiteur, en payant le montant des condamnations prononcées contre lui, comme forcé et contraint sur un itératif commandement, et pour éviter une saisie qui aurait pu porter préjudice à son crédit, et sous la réserve expresse de l'appel, avait suffisamment annoncé qu'il entendait profiter du délai de l'art. 443 C. pr.

Il en est de même, à plus forte raison, si celui qui paie n'a été condamné qu'en qualité de président d'une administration, et s'il a eu pour but d'empêcher la saisie de ses biens personnels. Cass. 27 août 1829, S. 29, 433.

Mais la mention insérée dans la quittance que le paiement n'a lieu que pour éviter une saisie serait insuffisante, si l'on ne s'était formellement réservé le droit d'appeler. Arg. Montpellier, 24 juill. 1810, 5 juin 1824, S. 25, 161; Berriat, p. 362.

Toutefois, l'offre de payer, renfermée *dans un acte d'appel*, faite pour éviter des poursuites, contient une réserve implicite. Arg. Cass. 6 prair. an 13, P. 4, 350.

Celui qui est contraint d'exécuter le principal peut, sans compromettre ses droits, payer les dépens auxquels l'exécution provisoire ne serait pas applicable. Cass. 19 mai 1830, S. 30, 326.

**91.** 5° De la consignation du montant des condamnations en principal, intérêts et frais. Arg. Cass. 4 mai 1818, S. 18, 288. — Il s'agissait, dans l'espèce, pour le débiteur incarcéré, d'obtenir sa liberté, alors la réserve d'appel nous paraît même surabondante.

**92.** On ne saurait induire l'acquiescement de l'exécution d'un jugement mal à propos qualifié en dernier ressort, si la partie a fait réserve de tous ses droits, notamment de se pourvoir en cassation. Ce jugement, il est vrai, n'est pas définitif, mais la partie condamnée se trouve sous le coup d'une exécution imminente, et la réserve particulière du recours en cassation, loin de nuire aux protestations générales, ne fait que donner une nouvelle preuve de l'intention d'attaquer le jugement. Cass. 22 oct. 1811, S. 11, 364.

**93.** Il en serait de même de la demande en sursis à l'exécution provisoire demandée *sous toutes réserves* par la partie condamnée, avec ordre de payer le montant des condamnations lorsqu'elles seront liquidées. Dans ce cas, l'appel n'étant pas suspensif, on ne peut pas dire que la demande d'un délai entraîne la reconnaissance de la dette; et l'offre de payer après liquidation de la dette ne doit être considérée que comme un moyen de justifier la demande en sursis, fondée précisément sur ce que la dette n'est pas liquide. Turin, 9 janv. 1808; Cass. 21 janv. 1827, S. 27, 182.

**94.** On aurait tort d'exiger des réserves dans les cas prévus sous les n<sup>os</sup> 58, 59-1°, 62, 67, 79, 80, 81, 82.

La réserve d'appel dans l'acte de signification des qualités n'a pas besoin d'être renouvelée dans la signification du jugement à partie. — V. *sup.* n° 88.

Dans tous les cas, il est plus prudent de faire des réserves.

**95.** Les réserves ne produiraient aucun effet, en vertu de la maxime : la réserve contraire au fait n'opère pas, lorsque l'exécution est *libre* et *spontanée* : l'intention des parties devient manifeste, toutes les protestations cessent d'être exclusives de l'acquiescement. Cass. 27 et 28 juill. 1829 ; Colmar, 1<sup>er</sup> et 11 avr. 1835 (Art. 231 J. Pr.).

**96.** Ainsi seraient inutiles les réserves expresses insérées dans la sommation d'exécuter le jugement : celui qui poursuit spontanément l'exécution d'un jugement y adhère de la manière la plus formelle. Paris, 11 mars 1813, S. 14, 378 ; Nîmes, 7 mai 1813 ; Cass. 25 juin 1820. — *Contrà*, Rennes, 20 mai 1820.

**97.** Toutefois la réserve d'appel pour le cas d'inexécution complète du jugement de 1<sup>re</sup> inst. de la part de l'adversaire, le cas arrivant, produirait effet. L'acquiescement était conditionnel ; le refus de l'autre partie fait rentrer la première dans la plénitude de ses droits. Cass. 9 août 1826, S. 27, 89.

Art. 3. — *De l'acquiescement aux jugemens en dernier ressort.*

**98.** Les actes d'exécution qui, relatifs à un jugement en premier ressort rendent l'appel non recevable, suffisent lorsqu'ils s'appliquent à un jugement en dernier ressort, pour empêcher le recours en cassation : par exemple, si l'on paie les dépens sans y être contraint par des poursuites, surtout si l'on exige la remise de toutes les pièces de l'adversaire. Cass. 23 nov. 1829, S. 29, 403.

Toutefois, il a été jugé que la remise des pièces exigée par la régie, lors du paiement des sommes qu'elle avait été condamnée de restituer, n'emportait pas acquiescement, attendu qu'il ne tenait qu'à l'adversaire de reprendre ces pièces des mains du receveur de la régie. Cass. 31 mars 1819, S. 19, 353.

**99.** Le recours en cassation n'étant pas suspensif, les règles relatives à l'acquiescement aux jugemens exécutoires par provision s'appliquent aux jugemens en dernier ressort. — V. *sup.* n° 82.

**100.** Conséquemment ne rendent pas le pourvoi non recevable : 1° l'exécution sans réserves d'un jugement en dernier ressort, faite sur les poursuites de l'adversaire (Cass. 22 flor. an 9, S. 1, 322) ; par exemple le paiement des frais. Cass. 25 août 1810 ; — 2° L'exécution, même postérieure au pourvoi, s'il y a eu des réserves. Cass. 18 vend. an 5 ; — 5° La demande en sursis contre la régie pour produire une décision ministérielle qui autorise une perception moins élévée. Cass. 24 janv. 1827 , S. 27 , 182.

### Art. 4. — *De l'acquiescement aux jugemens interlocutoires.*

**101.** L'exécution d'un jugement interlocutoire emporte-t-elle acquiescement à ce jugement? — Faut-il distinguer si ce jugement est ou non exécutoire par provision? — Si l'exécution a eu lieu avec ou sans réserves? — V. *Appel.*

Dans quels cas le concours de la partie ou de l'avoué aux différentes phases de la procédure, en matière d'arbitrage, d'*enquête,* d'*expertise,* de prestation de *serment,* peut-il être considéré comme une exécution du jugement qui ordonne ces opérations? — V. ces mots.

### Art. 5. — *De l'acquiescement au jugement qui rejette une exception.*

**102.** Cet acquiescement s'induit de l'exécution volontaire, par exemple, à l'égard d'un jugement relatif à la compétence, de la plaidoirie, au fond, sans réserves, soit devant le trib. qui s'est déclaré compétent. Cass. 15 flor. an 9, P. 2, 174; Lyon, 5 avr. 1819, D. 25, 199; Dijon, 21 juill. 1827. — *Contrà,* Poitiers, 20 mai et 9 juin 1829, S. 29, 349 ; — soit devant le trib. auquel les premiers juges ont renvoyé l'affaire. Bruxelles, 7 déc. 1807. — V. toutefois, *Tribunal de commerce.*

**103.** Peu importe qu'avant de plaider au fond la partie ait interjeté appel du jugement sur le déclinatoire; en présentant plus tard ses moyens de défense, elle est réputée se désister de son appel. Metz, 12 mai 1818, S. 19, 103.

**104.** Il en est de même s'il s'agit du rejet d'un moyen de nullité Cass. 26 vend. an 12; 14 frim. an 12, P. 3, 476, 524; Rennes, 24 mai 1812; Grenoble, 27 août 1813; Amiens, 8 et 14 mai 1821 ; — ou de la présentation d'une nouvelle fin de non recevoir, quoique le jugement qui a repoussé la première ait ordonné de plaider au fond.

**105.** Mais la partie qui plaide au fond, *sous toutes réserves,* est réputée ne plaider que pour obéir à la justice, et non pour renoncer à ses droits. Cass. 1er mai 1814, S. 11, 247. — Toutefois la C. de Lyon (20 juin 1825, D. 25, 199) a décidé que les mots vagues: *sous toutes réserves,* sans autre spécification, ne pouvaient pas se rattacher au moyen d'incompétence qui avait été rejeté. — Il est donc prudent de mentionner l'objet spécial des réserves.

**106.** A plus forte raison la plaidoirie au fond, *avec des réserves,* n'empêche-t-elle pas le recours en cassation : la partie ne fait alors qu'obéir à une décision exécutoire malgré le pour-

voi ; son intention, formellement exprimée, de ne pas y acquiescer, doit conserver ses droits. Cass. 4 flor. an 9, 4 brum. an 11,
P. 2, 166; 3, 28; 27 juin 1820, S. 21, 4.

**107.** Jugé que les défenses qui indiquaient l'intention de
résister au jugement pouvaient remplacer les réserves. Cass.
4 flor. an 4, S. 2, 440.

**108.** L'acquiescement ne résulte pas de la demande en renvoi de la cause, faite par l'avoué, après un jugement qui rejette
des moyens de nullité : le délai est évidemment demandé pour
savoir si l'on interjettera appel. Cass. 17 déc. 1823, S. 24, 241.

**109.** Lorsqu'un exploit a été annulé, la signification d'un
nouvel exploit vaut-elle acquiescement au jugement qui a prononcé cette nullité? — Il faut distinguer.

Si le nouvel exploit est signé de la partie, ou de son avoué
(sans qu'il y ait eu de désaveu), il y a acquiescement. Rennes,
14 déc. 1810, P. 8, 706.—Peu importe qu'on ait interjeté appel
du jugement ; vainement on soutiendrait que la réitération de
l'exploit a eu lieu pour le cas seulement où la sentence des premiers juges serait confirmée. — *Contrà*, Chauveau, 42, 72.

Si le nouvel acte n'émane ni de la partie ni de son mandataire spécial, il n'y a pas d'acquiescement. Rennes, 27 juill. 1810,
P. 8, 492.

**Art. 6.** — *De l'acquiescement en matière d'adjudication; de contribution
et d'ordre.*

**110.** *Adjudication.* — L'acquiescement résulte : 1° à l'égard
du jugement d'adjudication, de la réclamation par le saisi, des
fruits et des meubles qu'il prétend lui appartenir. Agen, 28
pluv. an 12, S. 7, 763.

**111.** 2° A l'égard d'un arrêt qui rejette des moyens de nullité, invoqués contre la procédure antérieure à l'adjudication
préparatoire, de la présentation faite ultérieurement et sans réserves de moyens de nullité contre la procédure postérieure à
cette adjudication. La procédure se trouvant viciée à dater du
premier acte entaché de nullité, attaquer sans protestations des
actes postérieurs à l'adjudication, c'est implicitement reconnaître la validité de tous ceux qui l'ont précédée. Cass. 4 fév.
1811, S. 11, 224.

**112.** 3° Par rapport au saisi qui a appelé d'un jugement statuant sur des nullités antérieures à l'adjudication préparatoire,
de sa présence, sans protestation ni opposition à l'adjudication.

**113.** 4° Relativement aux jugemens qui servent de titre au
créancier poursuivant, de la demande en conversion de la vente
sur saisie immobilière en vente sur publications volontaires : en
attaquant ces jugemens, le saisi arrêterait les poursuites ; demander la conversion, c'est se reconnaître débiteur. Paris,
26 mai 1807, P. 6, 113.

**114.** Mais la demande d'un délai, faite par le saisi au jour fixé pour l'adjudication définitive, sur le motif qu'il est en mesure de payer dans l'intervalle, ne nuit pas au pourvoi formé antérieurement contre un arrêt rejetant des moyens de nullité : le pourvoi n'est pas suspensif, et l'exécution de l'arrêt est poursuivie contre le saisi : il peut être réputé n'avoir agi que comme contraint et forcé. Cass. 18 nov. 1828, S. 29, 240.

Cependant l'arrêt qui voit dans une demande de cette nature une renonciation à l'appel d'un jugement exécutoire par provision, ne contient qu'une interprétation de fait. Il échappe à la censure de la C. cass. Cass. 16 nov. 1818, S. 20, 377.

**115.** La présence de l'avoué à la première publication du cahier des charges ne constitue pas, à l'égard de la partie, un acquiescement qui la rende non recevable à interjeter appel du jugement par lequel a été ordonnée la vente de l'immeuble en justice. Bordeaux, 15 janv. 1831. — V. *sup.* n° 76.

**116.** Le créancier hypothécaire qui, après avoir demandé le partage d'une succession échue à son débiteur, a laissé saisir et vendre par un autre créancier l'immeuble attribué à ce débiteur, est réputé avoir acquiescé à la saisie. Lyon, 21 déc. 1831, D. 32, 134.

**117.** *Ordre.* — L'adjudicataire de l'immeuble exproprié n'acquiesce pas au jugement qui le condamne à payer son prix aux créanciers du vendeur par cela seul qu'il paraît dans l'ordre, s'il n'y figure que comme contraint. (Paris, 17 prair. an 13, S. 7, 765) ; — ou pour faire valoir les droits qu'il croit avoir sur le prix. Coffinière, Encyclopédie, du droit, *hoc verbo*, n° 66.

**118.** Le créancier surenchérisseur qui se présente à l'ordre et demande à être colloqué, sous toutes réserves, n'est pas censé acquiescer au jugement qui a déclaré la surenchère nulle. Cass. 28 nov. 1809, S. 10, 83.

**119.** Jugé que les créanciers inscrits, par la poursuite de l'ordre ne sont pas réputés acquiescer au jugement d'adjudication. Cass. 23 déc. 1806, S. 7, 65. — Dans l'espèce, l'adjudicataire voulait faire résulter, du jugement d'adjudication, la dispense de payer les intérêts de son prix, et les créanciers, de leur côté, soutenaient, dans l'ordre, qu'il devait comprendre le principal et les intérêts de ce prix.

**120.** *Distribution par contribution.* — L'acquiescement résulte de la signification faite d'avoué à avoué, sans réserves, du jugement qui statue sur des difficultés relatives à une contribution ou à un ordre : cette signification remplace la signification à partie ou à domicile et fait courir les délais d'appel. C. pr. 443, 669, 763; Cass. 24 avr. 1833, D. 33. 205. — V. *Distribution.*

Si le pupille, devenu majeur, provoque des compte, liquidation et partage du prix des biens vendus pendant sa minorité, en vertu d'un jugement homologatif, d'une délibération du conseil de famille, d'après laquelle la vente a été autorisée, il est réputé acquiescer à ce jugement. Cass. 20 nov. 1828, S. 29, 204.

SECTION V. — *Effets de l'acquiescement. Sa divisibilité.*

**121.** L'acquiescement emporte aliénation du fonds, du droit, et produit une fin de non recevoir péremptoire proposable en tout état de cause. — V. *Exception.*

**122.** L'acquiescement oblige 1° à satisfaire à l'objet de la demande ou au dispositif du jugement : il emporte renonciation à l'objet réclamé ; 2° à payer les frais. Arg. C. pr. 403, Pigeau, 1, 547.

**123.** Le jugement auquel il a été acquiescé obtient l'autorité de la chose jugée en dernier ressort.

En conséquence, le majeur qui a acquiescé à un jugement rendu contre lui en minorité, ne peut plus appeler de ce jugement. Montpellier, 3 janv. 1811. — Lors même qu'il alléguerait que le montant des condamnations a été compris dans une obligation souscrite postérieurement à son acquiescement, au profit de son créancier, il doit s'imputer de n'avoir pas inséré dans cette obligation qu'elle contenait une novation de la créance résultant du jugement auquel il avait acquiescé, et ce jugement doit continuer à produire ses effets comme ayant acquis force de chose jugée. Cass. 6 fév. 1816, S. 16, 158.

**124.** Lorsque l'objet d'une demande se trouve réduit à 1,500 f. ou même à une somme moindre, par l'acquiescement partiel du défendeur, le trib. saisi doit-il statuer en dernier *ressort ?* — V. ce mot.

**125.** L'acquiescement à un jugement par défaut, donné par acte sous seing privé dans les six mois de sa prononciation, peut-il être opposé aux tiers s'il n'a acquis une date certaine avant l'expiration des six mois ? — V. *Jugement par défaut.*

**126.** Le jugement par défaut, périmé pour inexécution dans le délai de six mois, peut-il acquérir force de chose jugée, s'il est acquiescé par le défaillant, même après l'expiration de ce délai ? — V. *Jugement par défaut.*

**127.** L'acquiescement emporte renonciation à un droit. Il doit donc être renfermé dans son objet. Il importe de ne pas donner trop d'extension à l'intention formelle ou présumée de la partie. Dans le doute l'adhésion ne doit pas être supposée Toutefois l'acquiescement à un jugement est une espèce de contrat judiciaire. Or d'après l'art. 1135 C. civ. les conventions obligent non seulement à ce qui y est exprimé, mais encore à toutes les suites que l'équité, l'usage ou la loi donnent à l'obligation d'après sa nature.

**128**. Ainsi l'acquiescement à un jugement rend non recevable à attaquer un autre jugement qui n'est que la conséquence et l'exécution du premier. Spécialement lorsqu'un débiteur poursuivi en vertu de jugemens passés en force de chose jugée, a demandé et obtenu qu'il serait procédé à un compte entre lui et ses adversaires, et qu'en conséquence ces derniers produiraient les pièces justificatives de leurs créances : l'acquiescement donné à l'arrêt qui prescrit cette production de pièces, rend les créanciers poursuivans non recevables à attaquer plus tard, comme violant la chose jugée par les premières condamnations prononcées à leur profit, un second arrêt par lequel il est enjoint à un tiers de représenter des pièces pouvant servir au règlement du compte ordonné entre les parties. Cass. 4 janv. 1831, S. 52, 62. — V. d'ailleurs *Prorogation de juridiction.*

Jugé que lorsqu'un arrêt rejette une requête civile et néanmoins ordonne la restitution de l'amende consignée, la partie qui retire l'amende, en vertu de l'arrêt, est réputée y acquiescer et se rendre non recevable à se pourvoir en cassation. Cass. 15 therm. an 12, S. 4, 173. — Dans l'espèce, les deux chefs de l'arrêt étaient indivisibles. La Cour n'ayant ordonné les restitutions de l'amende que parce qu'une omission de forme ne lui permettait pas d'apprécier le mérite de la requête civile : il s'agissait non d'une exécution tolérée, mais d'une exécution provoquée par les demandeurs.

**129**. Acquiescer à une des dispositions d'un jugement, c'est acquiescer, par cela même, à toutes les autres dispositions indivisibles.

Ainsi, lorsque, sur des difficultés relatives à la consistance d'une succession, les juges décident d'abord que certains biens sont la propriété de l'un des cohéritiers, à la charge néanmoins par lui de prêter serment, et ensuite, qu'une somme réclamée par celui-ci ne doit pas lui être allouée, les dispositions se lient. — De telle sorte que si l'héritier prête le serment à lui déféré, sans faire aucune réserve, il acquiesce par cela même à la seconde disposition du jugement, et se rend dès lors non recevable à l'attaquer par appel. Toulouse, 7 mars 1825, S. 26, 65.

**130**. Mais lorsqu'un jugement contient plusieurs chefs distincts, on peut adhérer à l'un de ces chefs et se réserver le droit d'appeler des autres. Amiens, 12 juin 1822 ; Poitiers, 3 juin 1828 ; Bruxelles, 7 juill. 1812 ; Agen, 10 août 1812 ; Bordeaux, 19 fév. 1850 ; Cass. 3 juin 1818, S. 18, 560 ; 16 déc. 1828, 25 juin 1832, D. 32, 146. — Le jugement n'obtient pas l'autorité de la chose jugée, relativement aux chefs non consentis, et l'acquiescement est divisible comme le jugement lui-même. Cass. 5 prair. an 10, S. 7, 829 ; 17 frim. an 11, S. 3, 101.

**131.** Des réserves expresses ne sont même pas indispensables pour conserver à la partie qui acquiesce aux dispositions favorables d'un jugement, le droit d'appeler plus tard des dispositions du même jugement qui lui sont contraires. Cass. 26 prair. an 11, S. 3, 310; 23 fruct. an 12, S. 7, 764; 30 déc. 1818, S. 19, 203; Paris, 29 fév. 1812, S. 12, 416.

Toutefois il est prudent, lorsqu'on ne veut consentir qu'à certaines dispositions d'un jugement, de faire des réserves formelles, de se pourvoir contre les autres dispositions.

**132.** Dans le doute, les juges devront décider que l'acquiescement à une disposition n'entraîne pas acquiescement aux autres dispositions.

**133.** M. Coffinière, Encyclopédie du droit, v° *Acquiescement,* n° 114, distingue si l'acquiescement a été exprès ou s'il ne résulte que d'un acte d'exécution.

**134.** Ainsi, la partie qui *acquiesce* formellement, même sans réserve, à la disposition d'un jugement qui lui est favorable, serait recevable à appeler de la disposition de ce même jugement qui lui est contraire. Limoges, 1er juill. 1817, S. 17, 306.

**135.** Mais l'exécution de l'un des chefs du jugement constituerait un acquiescement, même quant aux chefs non exécutés, s'il n'y a eu réserve expresse quant à ces derniers chefs. Turin, 30 nov. 1811, S. 14, 42.

Jugé que la comparution d'un associé devant des arbitres nommés sans sa participation par un arrêt qui fixe aussi l'époque de la dissolution de la société, emporte acquiescement à cette dernière disposition. Paris, 10 avr. 1810.

Une partie qui avait *payé* le montant des condamnations principales sans réserves a été déclarée non recevable à appeler du chef du même jugement qui prononçait contre elle des dommages-intérêts. Paris, 17 mai 1813, P. 37, 340. — Toutefois cette décision, qui peut être juste dans l'espèce où elle a été rendue, ne nous paraît pas admissible en principe.

Jugé que, 1° la signification du jugement faite dans le but unique d'obtenir le séquestre pendant le procès ne rend pas l'appel non recevable, quant aux autres chefs. Nîmes, 25 nov. 1836 (Art. 656 J. Pr.).

2° La partie qui prête serment sur un chef distinct, peut appeler des autres chefs du jugement. Cass. 22 flor. an 8; Montpellier, 21 déc. 1825; Nancy, 14 déc. 1827.

**156.** L'acquiescement tacite ne peut être étendu d'un chef à un autre, 1° Si cet autre chef n'est pas susceptible d'acquiescement. — V. *Contrainte par corps.*

2° Lorsque l'exécution du jugement par une partie, dans les dispositions qui lui sont favorables, n'est qu'une mesure de précaution dans l'intérêt de toutes les parties. Cass. 20 juill. 1831, S. 31, 282; 25 juin 1832. — V. *sup.* n° 66.

**157.** L'exécution d'un jugement n'empêche pas qu'on ne puisse en demander la réformation pour omission de prononcer. — Ainsi après avoir exécuté un jugement en ce qu'il ordonne un règlement par experts, on peut en demander la réformation en ce qu'il a omis de prononcer sur une demande à fin de contrainte par corps. Paris, 29 fév. 1812, S. 12, 416; Bordeaux, 19 fév. 1830.

**158.** La partie qui a provoqué l'exécution d'un arrêt dont elle a ensuite demandé l'interprétation, est également recevable à se pourvoir contre les dispositions qu'elle a soutenu n'être pas dans l'arrêt, quoique la Cour ait reconnu l'existence de ces dispositions : l'acquiescement doit être volontaire, et il est évident que celui qui prétend qu'une disposition n'est pas renfermée dans un arrêt, ne peut être réputé avoir adhéré à cette disposition en exécutant l'arrêt. Cass. 27 janv. 1829; D. 29, 119.

**159.** L'acquiescement à un jugement ne s'étend pas à tous ses motifs : on n'exécute pas les motifs d'un jugement, mais seulement son dispositif.

**140.** Alors surtout que le motif allégué est inutile pour justifier la condamnation prononcée par le jugement. Colmar, 5 mai 1813, S. 14, 361.

**141.** Si un jugement par défaut est qualifié, par les juges, par défaut contre avoué, tandis qu'en réalité il n'est que par défaut contre partie, les conséquences de cette erreur peuvent être rectifiées nonobstant toute exécution : il s'agit ici d'une erreur de droit toujours réparable quand elle est signalée et reconnue. Cass. 18 janv. 1830, S. 30, 143.

**142.** L'acquiescement est divisible à l'égard des personnes qui le donnent et de celles en faveur desquelles il est consenti. Les contrats n'ont de force qu'entre ceux qui les ont faits ; en outre, la considération de la personne peut avoir été une des causes déterminantes de l'acquiescement ; celui à qui il n'a pas été donné n'a donc aucun titre pour s'en prévaloir. Arg. C. civ. 2053.

**143.** L'acquiescement résultant de la signification du jugement à partie ne peut être opposé que par celui des adversaires à qui la signification en a été faite. Arg. Grenoble, 15 janv. 1813.

**144.** *Quid*, si les condamnations sont solidaires, et que le jugement consiste dans un fait indivisible ? — L'acquiescement de l'une des parties condamnées qui a exécuté le jugement ne peut nuire aux autres parties et les priver du droit d'interjeter appel. Cass. 15 niv. an 10, P. 2, 403.

**145.** L'acquiescement de l'ayant-cause n'est point opposable à celui dont il tient ses droits. — *Même arrêt.*

**146.** La réitération de la demande en cession de biens, faite par le débiteur devant le trib. de comm., en l'absence de ses créanciers, n'emporte pas acquiescement de la part de ceux-ci au jugement de cession, surtout lorsqu'ils ont protesté contre cette réitération par leur acte d'appel. — Nîmes, 12 janv. 1811.

### Section VI. — *Enregistrement.*

**147.** L'acquiescement pur et simple, par acte extrajudiciaire, est passible du droit fixe de 2 fr. Loi 28 avr. 1816, art. 43, n° 1. — Si l'acte est passé au greffe, il est dû 3 fr. *Ibid.* art. 44.

**148.** Cependant il donne lieu au droit proportionnel, s'il en résulte une transmission mobilière ou immobilière.

**149.** Lorsque plusieurs personnes acquiescent simultanément soit à un ou plusieurs actes, soit à une ou plusieurs opérations intéressant chacune d'elles, il n'est dû qu'un seul droit. Dir. rég., 22 fév. 1828.

**150.** Mais si le même acte contient, de la part de deux individus, acquiescement à deux opérations, à l'une desquelles l'un d'eux n'a aucun intérêt, il y a lieu de percevoir deux droits : il y a alors en réalité deux acquiescemens différens.

**151.** Lorsque la demande donnant lieu à l'acquiescement est fondée sur un titre non enregistré et susceptible de l'être, le droit dont l'objet de cette demande serait passible s'il eût été convenu par acte public, doit être perçu indépendamment du droit dû pour l'acquiescement. L. 22 frim. an 7, art. 62, § 2, 9°.

### Section VII.
### FORMULES.

#### FORMULE I.
##### *Acquiescement à une demande judiciaire.*

Je, Paul Lefranc, propriétaire demeurant à Paris, rue Bleue, n° 5, soussigné, déclare par ces présentes acquiescer purement et simplement à la demande en paiement de la somme principale de mille francs, formée contre moi pour fourniture de son état, à la requête de M. Pierre Guibert, marchand tapissier, demeurant à Paris, rue Saint-Martin, n° 53, par exploit de Daune, huissier à Paris, en date du vingt avril dernier, enregistré :

M'obligeant en conséquence à payer ladite somme principale de mille francs, et les intérêts tels que de droit, audit sieur Guibert, à sa première réquisition.

Fait à Paris, le　　　　　　　　　　　　　*(Signature.)*

#### FORMULE II.
##### *Acquiescement à un jugement.*

Je, Claude Galy, négociant, demeurant à Paris, place Dauphine, n° 2, soussigné, déclare par ces présentes acquiescer purement et simplement au jugement contradictoirement rendu entre moi et le sieur Louis Picard, banquier, demeurant à Versailles, rue de l'Orangerie, n° 12, par le tribunal de commerce de Paris, le dix janvier mil huit cent trente, enregistré, portant contre moi condamnation au profit dudit sieur Picard, au paiement d'une somme de deux mille francs, pour argent prêté, avec les intérêts et les dépens :

Renonçant en conséquence à interjeter appel dudit jugement, et à l'attaquer par aucune voie légale, je m'engage à l'exécuter en toutes ses dispositions.

Fait à Paris, le          etc.

*Nota.* Pour l'acquiescement extrajudiciaire signifié par huissier, on suit les formes générales de l'*exploit.* — V. ce mot.

Si l'acquiescement est donné par acte d'avoué à avoué, on se conforme aux règles de ces sortes d'actes. — Il est bon de le faire signer par la partie, de même que le désistement, surtout lorsque l'avoué n'a pas de pouvoir spécial.

Si l'on n'entend acquiescer qu'à l'un des chefs du jugement, on le spécifie et l'on fait ses réserves pour les autres chefs.

Lorsque le jugement auquel on acquiesce est par défaut contre partie, on ajoute : *dispensant des actes d'exécution.*

ACTE. Écrit constatant qu'une chose a été faite ou convenue.

**1.** *Acte*, dans son sens général, exprime le fait ou la convention même des parties, abstraction faite de l'écrit qui sert à constater le fait ou cette convention. L. 19, D. *du verb. signif.*

**2.** La double acception du mot *acte* produit souvent une confusion que l'on retrouve dans la loi elle-même. C. pén. 175 ; Cass. 18 avr. 1817 ; S. 17, 257.

**3.** Dans l'usage, les mots *contrat* ou *convention obliga-toire*, *titre* ou *cause* du droit, sont quelquefois synonymes du mot *acte*. Ainsi l'on dit indifféremment un contrat de vente ou un *acte* de vente, un titre de propriété, un acte de propriété ; un titre exécutoire, un acte exécutoire. C. civ. 1317, 2265 ; C. pr. 545, 557 et suiv.

**4.** Les actes sont *publics* ou *privés*. — V. ces mots.

**5.** Les actes publics sont ou *judiciaires*, ou *extrajudiciaires*, ou simplement *authentiques*. — V. ces mots.

**6.** On distingue encore les actes en *originaux* et en *copies*. — V. *Copie.*

**7.** Les actes doivent être rédigés avec clarté et précision. — Il faut d'ailleurs se conformer aux prescriptions de la loi, quant aux désignations officielles des poids et mesures, valeurs monétaires et dates. LL. 1er vend. an 4, 17 flor. an 7. — V. *Calendrier, Langue française, Monnaie, Poids et Mesures.*

**8.** *Timbre et enregistrement.* — Tous les actes, à moins d'une dispense expresse, sont assujettis au timbre et à l'enregistrement.

Les actes administratifs sont, en général, dispensés du timbre et de l'enregistrement, cependant ils y sont soumis si on veut les produire en justice.

Le défaut de timbre ou d'enregistrement n'entraîne pas la nullité de l'acte, il donne lieu seulement à des doubles droits ou à des amendes.

— V. *Enregistrement, Exécution, Exploit, Formalités, Légalisation, Nullité, Timbre, Visa.*

ACTE *administratif.* — V. *Action possessoire, Exécution, Tribunal administratif.*

ACTE *d'appel.* — V. *Appel.*

ACTE *authentique*. C'est celui que a été reçu par un officier public ayant le droit d'instrumenter dans le lieu où l'acte a été rédigé et avec les solennités requises. C. civ. 1317.

Ainsi sont authentiques les jugemens, les actes de procédure faits par le ministère d'huissiers, les extraits délivrés par les greffiers et les officiers de l'état civil, les procès-verbaux des commissaires-priseurs, les actes notariés, etc.

V. *Enregistrement, Exécution, Faux, Légalisation.*

ACTE *d'avoué à avoué*. Se dit de tous les actes que les avoués se signifient réciproquement dans le cours d'une instance, par le ministère d'un huissier audiencier.

On distingue plusieurs espèces d'actes d'avoué à avoué. 1° Les requêtes ou conclusions motivées en matière ordinaire. Elles sont grossoyées. — V. *Conclusions, Requête.*

2° Les écritures non grossoyées, telles que les qualités, les conclusions motivées en matière sommaire. — V. *Qualités.*

3° Les *simples actes*, tels que constitution, avenir, sommation pour se régler sur des qualités, etc. — V. *Avenir, Constitution, Qualités.*

La notification des actes d'avoué à avoué est-elle soumise aux formalités des exploits? — V. *Exploit.*

ACTE *en brevet*. — V. *Brevet, Minute.*

ACTE *de commerce*. Acte fait dans un but de trafic ou spéculation.

## DIVISION.

§ 1. — *Caractères des actes de commerce. Leurs différentes espèces.*

1. Il importe de reconnaître si tel ou tel acte est ou non commercial : les actes de commerce sont régis par une législation spéciale. — V. *Code de commerce;* — Soumis à des juges d'exception. — V. *Tribunal de commerce;* — A une procédure particulière : les condamnations en cette matière sont exécutoires par corps. — V. *Contrainte par corps;* — Les actes de commerce attribuent la qualité de commerçant à celui qui en fait sa profession habituelle. C. comm. 1; — Ils sont incompatibles avec certaines professions. — V. *Agent de change, Avocat, Organisation judiciaire.*

**2.** Le désir d'un bénéfice constitue *la spéculation* et forme le caractère général de l'acte de commerce.

Aussi, certaines négociations sont essentiellement commerciales, parce qu'elles supposent nécessairement, de la part de ceux qui s'y livrent, le désir de faire un bénéfice, tels sont : le change, les contrats maritimes, etc. — V. *inf.* n°⁵ 154, 149.

Au contraire, d'autres négociations sont, tantôt civiles, tantôt commerciales, d'après le but que se sont proposé les parties entre lesquelles elles sont intervenues. Dans cette classe, rentrent la vente, le louage, le prêt, etc.

Les caractères spéciaux aux différens actes de commerce seront indiqués dans les paragraphes suivans.

**3.** Il résulte des mêmes principes qu'un acte peut être commercial à l'égard de l'un des contractans, et non commercial à l'égard de l'autre. — V. *inf.* n° 27.

**4.** Les actes de commerce faits par les mineurs ou les femmes mariées, sans autorisation, ne sont considérés à leur égard que comme des actes civils. — V. *Femme mariée, Mineur.*

**5.** Tout acte qui n'est pas essentiellement commercial par sa nature, est réputé civil, à moins qu'on n'établisse qu'il a été fait dans un but de spéculation. Jusqu'à preuve contraire, on présume que les parties n'ont pas eu l'intention de se livrer à une opération commerciale.

**6.** Cependant, si l'engagement est intervenu entre deux individus dont le commerce est la profession habituelle, la présomption contraire devient la plus naturelle, et par suite, on décide que l'opération est commerciale, à moins que les parties n'établissent qu'elle a une cause étrangère à leur commerce.

**7.** Ainsi, tous engagemens entre commerçant sont réputés commerciaux dans quelque forme qu'ils aient été contractés. C. comm. 631. — Peu importe qu'il ne s'agisse que d'un simple cautionnement. Paris, 18 fév. 1830, S. 50, 170 ; — Ou d'un mandat donné à l'effet de poursuivre le remboursement de créances. Lyon, 17 fév. 1833, D. 33, 221.

**8.** Cette règle s'applique aux engagemens verbaux comme aux engagemens écrits, aux obligations synallagmatiques comme aux obligations unilatérales. — Aux comptes courans, factures acceptées, arrêtés et règlemens de comptes, en un mot, à toutes les obligations, sous quelque forme qu'elles existent. Paris, 6 août 1829, S. 29, 316 ; Amiens, 4 avr. 1826, S. 27, 169 ; Bourges, 29 mai 1824, S. 25, 147 ; Douai, 4 juill. 1821, S. 26, 150. — *Contrà*, Poitiers, 22 mai 1829, D. 29, 247.

**9.** Tout billet souscrit par un négociant est également présumé fait pour son commerce. C. comm. 638. — Encore bien qu'il n'énonce pas la valeur fournie. Paris, 18 fév. 1830, S. 30, 170.

**10.** *Billet* s'entend de toute obligation pour argent prêté, soit par un autre commerçant, soit par un simple particulier. Rouen, 3 mai 1808 ; Paris, 6 déc. 1814 ; Paris, 9 avr. 1825 ; Amiens, 4 avr. 1826 ; — Et cela, quand bien même la dette aurait été reconnue par acte notarié et qu'une hypothèque lui aurait été affectée. Douai, 27 fév. 1825 ; 11 juill. 1821, S. 26, 150 ; Bourges, 22 mai 1829, S. 29, 194 ; Paris, 6 août 1829, S. 29, 310 ; Cass. 6 juill. 1836 (Art. 599 J. Pr.). — V. d'ailleurs *inf.* n° 17.

**11.** Cette présomption de la loi ne peut être détruite par aucune preuve contraire, si ce n'est par l'indication dans le billet lui-même d'une cause purement civile. — Notamment, par l'énonciation qu'il est souscrit pour cautionnement gratuit d'une dette ordinaire contractée par un non commerçant. Bordeaux, 27 janv. 1829. — Il est presque impossible d'établir à quel usage a servi l'argent reçu par un négociant, et les contestations qui s'élèveraient à ce sujet entraîneraient toujours les parties dans des procès, qu'il était sage de prévenir par une règle invariable.

**12.** Mais les mêmes difficultés ne se représentent plus lorsqu'il s'agit de déterminer le caractère d'un engagement autre que celui résultant d'un billet, et dès lors il est permis au commerçant de combattre, par tous les moyens de droit, la présomption de la loi, et de démontrer que l'opération à laquelle il s'est livré, soit avec un simple particulier, soit avec un autre commerçant, n'a pas été faite dans un but de spéculation, et qu'elle n'a rien de commercial.

**13.** Ainsi, ne constituent pas un acte de commerce : 1° les acquisitions faites par un commerçant de denrées et marchandises pour son usage particulier ; 2° les arrangemens de famille qui interviennent entre négocians pour partage de successions ; 3° les ventes ou locations d'immeubles, à quelque objet qu'ils soient destinés ; 4° les transmissions de biens à titre gratuit ; 5° l'acte par lequel un syndic emprunte au nom de la masse et promet sa garantie personnelle ; 6° les obligations souscrites par un commerçant pour frais et honoraires d'avoués, agréés, ou autres mandataires, à l'occasion de contestations relatives à son commerce. Cass. 9 vend. an 13 ; 12 juill. 1809 ; 8 janv. 1812 ; Metz, 9 avr. 1816, S. 19, 56 ; Liége, 21 janv. 1813, S. 14, 312 ; Toulouse, 5 mars 1825, 15 janv. 1833, S. 26, 75 ; Pardessus, n° 51 ; Locré, *Esprit C. comm.*, art. 632.

**14.** Il en est de même de l'action intentée par un commerçant contre un autre commerçant, en réparation du préjudice causé par un délit ou un quasi-délit, quoique ce délit ou quasi-

délit ait porté sur des marchandises à livrer. Cass. 13 vend.
an 13, S. 5, 2, 27 ; Pardessus, n° 55.

**15.** Il résulte de ces divers principes que la qualité des contractans ne modifie en aucune façon la nature de l'acte ; c'est
uniquement le but dans lequel il a été fait qui lui confère le
caractère d'acte civil ou d'acte commercial ; seulement, quand
les parties ne sont pas commerçantes, la spéculation ne se présume pas. — Au contraire, lorsqu'elles sont commerçantes, on
la suppose, jusqu'à preuve contraire. — Toute la différence
consiste, en général, en ce que, dans le premier cas, la preuve
doit être faite par celui qui soutient que l'acte est commercial,
tandis que, dans le second, c'est l'inverse. — Il est bien vrai
que, dans le cas de billets souscrits par un commerçant, la présomption légale ne peut être détruite par aucune preuve extrin-
sèque (— V. sup. n° 11); — mais c'est uniquement parce que l'on
suppose que les sommes reçues ont servi au commerce du débiteur. C'est donc à tort, selon nous, que la plupart des auteurs
divisent les actes de commerce en actes de commerce par leur
nature, et actes de commerce à raison de la qualité des parties,
cette qualité ne saurait en effet conférer le caractère commercial à un acte qui serait reconnu n'avoir pas été fait dans une
intention de trafic.

**16.** La cessation de la qualité de commerçant de la part de
celui qui l'était au moment où il s'est engagé, ne modifie point
les effets de l'acte par lui souscrit. Pardessus, n° 50.

**17.** De même, une dette originairement commerciale ne
devient pas purement civile par cela seul qu'elle est reconnue
par acte notarié et garantie par une hypothèque, encore que le
créancier remette au débiteur les titres commerciaux dont il
est porteur : un pareil acte n'opère pas novation de la dette,
surtout s'il a été stipulé que les intérêts seraient servis à 6 p. 0/0
comme pour prêt commercial. Cass. 21 fév. 1826, S. 27, 6.

**18.** Une obligation n'est pas présumée commerciale par cela
seul que la partie ou l'une des parties qui l'ont souscrite a pris
la qualité de commerçant, si cette qualité ne lui appartient pas.
C'est au trib. de comm. à vérifier au préalable sa véritable profession. Turin, 20 mai 1807, S. 7, 672.

**19.** Les receveurs, payeurs, percepteurs ou autres comptables de deniers publics, sont en partie assimilés aux commerçans. Les billets par eux souscrits ou *endossés* ( Poitiers, 24
janv. 1832, S. 32, 520. — *Contrà*, Colmar, 23 août 1814,
S. 16, 109) sont censés faits pour leur gestion, lorsqu'une
autre cause n'y est point énoncée, et les rendent justiciables
des trib. de comm. — Même s'il s'agit d'un billet causé pour
prêt amiable. Aix, 30 mai 1829, S. 59, 83.

**20.** Mais cette assimilation, établie dans la vue d'accélérer l'exécution des engagemens des comptables et d'augmenter leur crédit, exception à la règle générale, qui ne permet pas de considérer ces agens comme commerçans, ne doit pas être étendue au-delà des termes de la loi, en conséquence, les comptables ne sont pas justiciables des trib. de comm. à raison de leurs engagemens *verbaux*; on ne peut ni leur imposer les obligations prescrites aux commerçans, ni leur appliquer les présomptions relatives à ces derniers. Pardessus, n° 54.

**21.** Sont réputés comptables publics ceux qu'une administration financière, créée par l'État, prépose aux recettes dont elle est chargée, et qui versent ces recettes dans les caisses publiques. *Ib.*

**22.** Quoi qu'il en soit, le billet souscrit pour une somme devant former le cautionnement d'une place de receveur des deniers publics à obtenir par l'emprunteur, n'émanant pas d'un receveur, ne constitue pas un acte commercial. Paris, 22 juill. 1826, S. 27, 187.

**23.** Ne donne point ouverture à cassation la déclaration que des billets ont une cause commerciale (Cass. 13 janv. 1829); — Ou qu'un individu, en sa qualité de maître de poste et d'associé dans une entreprise de diligences, est commerçant. Cass. 6 juill. 1836 (Art. 599 J. Pr.). — Il y a là une appréciation de fait.

**24.** Le C. de comm. définit les actes qui doivent être réputés commerciaux. — Ces actes peuvent être divisés en cinq classes selon qu'ils ont pour objet les achats et les ventes, le louage, soit d'objets mobiliers, soit d'industrie, les opérations de change, les opérations de banque, le commerce maritime.

**25.** Enfin, d'autres actes sont commerciaux quoiqu'ils ne soient pas textuellement compris dans l'énumération faite par la loi, et qu'en général il ne soit pas permis d'ajouter à cette énumération; ce sont les assurances à prime contre l'incendie, contre la grêle, sur la vie des hommes, et autres semblables : l'analogie de ces assurances avec les assurances maritimes, les chances aléatoires qu'elles présentent, et le but de spéculation dans lequel elles sont formées, ne permettent pas de les ranger dans la classe des contrats civils, et les règles tracées pour les assurances maritimes, seules connues en France à l'époque de la promulgation du Code, doivent leur être appliquées, sauf quelques légères modifications commandées par la nature même des choses. Rouen, 24 mai 1825; Paris, 23 juin 1825, S. 25, 252; Cass. 8 avr. 1828; Vincens, 1, 348; Malpeyre, *Sociétés commerciales*, p. 8.

**26.** Mais cette solution ne s'applique qu'aux sociétés d'assurances à prime : les assurances mutuelles ne pouvant, dans aucun cas, procurer des bénéfices aux assureurs, ne sauraient être considérées comme commerciales. Rouen , 9 oct. 1820, S. 22, 225 ; Cass. 15 juill. 1829 ; Douai , 4 déc. 1820 , S. 21, 250.

## § 2. — *Achats et ventes.*

**27.** Il n'y a pas de vente sans achat ni d'achat sans vente : ces deux mots sont corrélatifs ; mais quand il s'agit de savoir si l'achat ou la vente ont un caractère commercial, il devient nécessaire de les considérer abstractivement l'un de l'autre ; la même négociation peut en effet être commerciale, en ce qui concerne l'un des contractans, et civile à l'égard de l'autre.

**28.** Par exemple, un propriétaire vend le blé qu'il a récolté à un meunier qui l'achète pour le revendre après l'avoir converti en farine. La vente est civile de la part du propriétaire et commerciale de la part du meunier ; car, le premier ne se livre à aucune spéculation, il se borne à donner son blé pour une somme d'argent qui en représente la valeur, tandis que le second n'achète que dans l'espoir de revendre à un prix plus élevé, et d'obtenir ainsi un bénéfice. — Réciproquement, ce meunier fait encore acte de commerce quand il vend la farine qu'il a confectionnée, et le particulier qui la lui achète pour sa consommation particulière ne fait de son côté qu'un acte civil. Dans cette seconde hypothèse, c'est donc l'achat qui est civil, et la vente qui a au contraire un caractère commercial. — De même le fermier qui vend des blés à une personne faisant le commerce de grains , peut la traduire pour le paiement devant le trib. de comm. et ne peut pas y être actionné. Delvincourt. *Dr. comm.*, note 2, p. 514.

**29.** *Achats.* La loi répute acte de commerce — *tout achat de denrées et marchandises pour les revendre soit en nature, soit après les avoir travaillées et mises en œuvre, ou même pour en louer simplement l'usage.* C. comm. 632.

**30.** Deux conditions sont donc indispensables pour conférer à l'achat un caractère commercial. Il faut 1° que cet achat ait pour objet des denrées ou marchandises ; 2° qu'il soit fait dans l'intention de revendre la chose achetée, ou du moins d'en louer l'usage.

**31.** En général, on entend par *denrées* les choses destinées à la nourriture des hommes ou des animaux, telles que les grains, les foins, les vins. Pardessus, n° 8.

**32.** Sous le nom de *marchandises* on comprend les objets mobiliers destinés à des besoins moins pressans et qui ne sont pas susceptibles d'être consommés ou dénaturés par le premier usage. — Par exemple les draperies, les soieries, les objets d'ameublement, les métaux, les animaux, etc...

**33.** Cette expression embrasse même des choses purement intellectuelles comme l'achalandage d'un magasin (Cass. 8 fruct. an 5 ; 7 déc. 1825); —Des secrets de fabrique; les factures en vertu desquelles on peut exiger la livraison de denrées ou de marchandises, etc.

**34.** Les créances de sommes d'argent ne sont considérées comme marchandises que dans le cas où le titre qui les constate ou la négociation qui les a transmises, rentrent dans la classe des opérations de change ou de banque. Cass. 14 déc. 1819 ; Pardessus, n° 9.

**35.** Il a été jugé que les achats ou reventes, soit fictifs, soit sérieux, d'effets publics quelque réitérés qu'ils soient, ne constituent pas par eux-mêmes des actes de commerce. Paris, 2ᵉ ch., 7 avr. 1835 (Art. 53 J. Pr.); — Que celui qui fait habituellement à la Bourse des marchés à terme ne peut, par cela seul, être réputé négociant, et qu'il n'y a pas lieu pour lui d'obtenir un concordat. Paris, 15 avr. 1809, P. 7, 493.—V. dans le même sens, Paris, 13 fruct. an 13.

Ces décisions sont controversables.

S'il est vrai que l'achat et la revente d'une inscription de rente pour effectuer un placement ne soit pas un acte de commerce (—V. Paris, 27 août 1831, D. 31, 230),—d'un autre côté il faut admettre avec les auteurs (Merlin, Rép., v° *Effets publics*, n° 14 ; Pardessus, *Dr. comm.*, n° 10 ; Vincens, 1, 135 ; D., v° *Commerçant*, p. 693, note 2; Mollot, *Bourses de commerce*, 350; Chauveau, 48, 504 ; Coin-Delisle, *Contrainte par corps*, p. 76 ), avec plusieurs arrêts (Cass. 29 janv. 1806, S. 6, 524 ; Paris, 29 déc. 1807 ; 14 fév. 1810, P. 8, 104 ; 25 avr. 1811), que l'achat d'effets publics en vue de spéculer ou de revendre est une opération commerciale : la négociation de ces titres est soumise à des formes commerciales ; la variation journalière de leurs cours en fait de véritables marchandises.— Celui qui se livre habituellement à des achats d'effets publics pour les revendre peut être considéré comme commerçant. Cass. 18 fév. 1806, S. 6, 220 ; 29 juin 1808, D. *ib.* 724.

**36.** Les immeubles, au contraire, ne sont pas réputés marchandises.

Ainsi ne constitue pas un acte de commerce, 1° l'achat d'immeubles, même pour les diviser et les revendre par portion ou pour y placer des établissemens industriels. Ce genre de spéculation, moins commun à l'époque de promulgation du Code qu'il ne l'est devenu depuis, n'a pas été rangé parmi les actes de commerce. Le négoce proprement dit ne s'exerce que sur des choses qui par la voie du trafic, par des échanges faciles et spontanés, sont susceptibles de passer rapidement sans formes ni conventions régulières et solennelles de main en main, sur des objets fugitifs et mobiles dont la simple tradition forme le titre et rè-

gle les droits des possesseurs. Les immeubles susceptibles d'hypothèque et dont la transmission ne peut avoir lieu que par des
contrats qui se règlent d'après les principes du droit civil, ne
sont pas susceptibles d'être classés dans la catégorie des marchandises, des objets mobiles et commerciaux, qui dans les conventions nées de leur tradition sont, au contraire, réglés d'a-
près les principes du droit des gens.

En conséquence il a été décidé, — qu'une société formée pour
acheter et revendre des immeubles n'est point commerciale.
Cass. 28 brum. an 13, P. 4, 246 ; — Les associés fussent-ils
commerçans de profession. Metz, 18 juin 1812, S. 12, 417 ;
Merlin, Quest. dr., v° *Commerce (acte de)*, § 4 ; — Ni à plus forte
raison celle formée par divers particuliers dans le but de revendre les immeubles qui leur appartiennent respectivement. Paris,
8 déc. 1830, D. 31, 140 ; — Que l'achat d'une manufacture, fait
avec l'intention de la revendre, ou suivi de la revente, ne serait
pas un acte de commerce, quelque considérables que fussent les
instrumens ou ustensiles qui formeraient l'accessoire. Pardessus,
n° 8 ; — Qu'on ne peut réputer commerçant celui qui se livre habituellement à l'achat et à la vente d'immeubles. Arg. Bourges,
4 déc. 1829, D. 50, 35.

Aujourd'hui, les spéculations sur les immeubles ont pris un
grand développement, et, peut-être, devraient-elles être rangées
par la loi au nombre des actes de commerce. — Une jurisprudence
récente paraît tendre à cette doctrine. — Ainsi il a été jugé, — que
la demande en paiement d'honoraires pour construction d'une
maison, formée par un architecte, était de la compétence du trib.
de commerce, attendu que le défendeur achetait habituellement
des terrains pour y élever des constructions et les revendre.
Paris, 1re ch., 11 fév. 1837 (Art. 642 J. Pr.). — Déjà, sous l'ordonn. de 1673, on avait considéré comme effets de commerce
soumis à la juridiction commerciale, des billets à ordre causés
valeur suivant le règlement de ce jour, souscrits par suite d'une
vente d'immeubles faite en vue d'opération de négoce. Paris, 11
mars 1806, P. 5, 219. — V. d'ailleurs *inf.* n° 93.

**37.** 2° L'acquisition d'immeubles destinés à être démolis. Vainement on prétendrait que cette acquisition n'est réellement
qu'un achat de matériaux. Il faut qu'il s'agisse de denrées et marchandises actuelles, et non pas d'objets susceptibles de le devenir. — V. *inf.* n° 93.

**38.** Mais on doit réputer acte de commerce l'achat d'une
coupe de bois fait par un marchand, encore bien que les bois
n'aient pas encore été séparés du sol au moment de la vente. Si,
dans leur rapport avec les propriétaires du sol, les bois ne deviennent meubles qu'à mesure qu'ils sont abattus, il n'en est pas

de même dans leur rapport avec les acquéreurs de la coupe. Grenoble, 2 juill. 1850, D. 52, 214.

**59.** L'achat d'un fonds de commerce constitue-t-il un acte commercial? — Oui, selon nous : l'intention de l'acheteur n'est pas seulement d'exploiter ce fonds, mais encore de l'améliorer et de le revendre après un certain temps. Or, la loi n'exige pas que la revente soit immédiate. — En outre, la loi déclare expressément acte de commerce toute entreprise de manufacture, commission, agence d'affaires, en un mot toute entreprise ayant pour but une série d'opérations commerciales : former un établissement de ce genre c'est sans aucun doute faire un acte de commerce, en acheter un tout formé ne saurait donc être un acte purement civil. Nîmes, 27 mai 1829, S. 50, 212; Paris, 11 août 1829, S. 29, 529; 7 août 1852, S. 55, 52; 12 avr. 1854, S. 54, 616. — Contrà, Paris, 25 avr. 1828, S. 28, 188; 12 mars 1829 (S. 29, 104); 15 nov. 1852, D. 55, 152; 18 août 1854, S. 54, 615; Caen, 28 juin 1850, D. 51, 61.

**40.** L'achat d'une charge d'agent de change ou de courtier sera considérée ou non comme un acte de commerce, selon que l'on rangera ou non ces officiers ministériels dans la classe des commercans. — V. *Agent de change.*

**41.** L'achat fait dans le but de revendre, est le second caractère de l'acte de commerce. Si cette intention ne peut être ni prouvée, ni présumée, soit à cause de la qualité de l'acheteur, soit à raison de la nature de la chose achetée, l'opération n'est pas commerciale. Metz, 19 avr. 1825, S. 25, 542.

**42.** C'est l'intention primitive qu'il faut seule considérer. Il s'agit de déterminer le but que s'est proposé l'acheteur au moment de l'acquisition. De là deux conséquences :

1° L'achat fait avec l'intention de revendre ne perd pas son caractère commercial, parce que la revente n'a pas lieu ;

2° Le seul fait de la revente est insuffisant pour rendre commercial l'achat fait avec l'intention de conserver. Ainsi, le non commerçant qui achète des denrées au-delà de sa consommation ordinaire, à titre de provision, et qui profite d'une occasion favorable pour s'en défaire, ne fait pas un acte de commerce. Pardessus, n° 12.

**43.** Ne sont point actes de commerce :

1° La prise à ferme des droits d'octroi : le fermier n'achète pas ces droits pour les revendre. Toulouse, 5 mars 1825, S. 26, 75.

**44.** 2° La prise à bail des droits établis sur les places des marchés d'une ville. Metz, 9 fév. 1816, S. 19, 56.

**45.** 3° La société formée pour la perception et la répartition du péage d'un pont déjà construit : celui qui achète ce droit de péage n'est pas réputé avoir l'intention de le céder ultérieurement. Cass. 23 août 1820, S. 21, 572.

**46.** 4° Le billet à ordre souscrit par un non négociant, *valeur reçue en marchandises :* on présume que les marchandises n'ont pas été achetées pour être revendues. Paris, 10 déc. 1829, S. 30, 109; 19 mars 1831; Lyon, 26 fév. 1829, S. 29, 119. A moins que le contraire ne soit prouvé. Angers, 11 juin 1824.

**47.** L'achat d'une chose, même avec l'intention de la revendre, n'est point un acte de commerce s'il n'a pas eu lieu dans un but de spéculation, et que l'intérêt public l'ait seul motivé, comme dans le cas où l'État, une ville, une commune achètent, par crainte de la disette, des grains qu'ils se proposent de débiter, et qu'ils revendent quelquefois avec bénéfice.

**48.** La revente doit être l'objet principal. N'est-elle qu'accessoire à des opérations civiles, l'achat reste dans la classe de ces négociations. Au contraire, se rattache-t-elle à une opération de commerce, l'achat est commercial. Cette distinction sert à résoudre un grand nombre de questions.

**49.** Ainsi ne font pas acte de commerce :

1° L'auteur, sa veuve ou ses héritiers, en achetant le papier et les autres matières nécessaires à l'impression d'un ouvrage. Paris, 4 nov., 1ᵉʳ déc. 1809, S. 7, 1152; Paris, 3 fév. 1836, (Art. 604 J. Pr.); Aix, 28 avr. 1837 (Art. 853 J. Pr.); Vincens, 1, 133; Pardessus, n° 15; Locré, *Esprit C. comm.*, art. 632. A moins toutefois qu'ils n'aient formé une société en nom collectif pour l'impression de cet ouvrage ou qu'ils n'aient joint une agence d'affaires à l'établissement qui l'exploite : ces sociétés en nom collectif et les agences d'affaires constituent des actes éminemment commerciaux. Arg. C. comm. 19, 20 et 632 combinés; Paris, 31 janv. 1837 (Art. 643 J. Pr.).

**50.** 2° Le peintre, en achetant les couleurs et la toile de son tableau. Paris, 1ᵉʳ déc. 1809, S. 7, 1152. *Mêmes auteurs.*

**51.** 3° L'instituteur, en achetant des marchandises ou denrées pour les besoins de sa pension : la nourriture de ses élèves n'est que l'accessoire de l'instruction qu'il leur donne. Douai, 14 fév. 1827, S. 28, 79. Paris, 11 juill. 1829, S. 29, 219; 19 mars 1831, S. 31, 306; 16 janv. 1835 (Art. 86 J. Pr.); 16 déc. 1836 (Art. 886 J. Pr.); Pardessus, *ib.*; Vincens, 1, 133. — *Contrà*, Rouen, 30 mai 1820, D. 26, 147.

**52.** 4° L'acteur en achetant des costumes et des parures. Pardessus, n° 19. — V. toutefois *inf.* n° 68.

**53.** 5° Le commis-voyageur en achetant ou en louant un cheval. Bordeaux, 5 mars 1831.

**54.** 6° Les officiers de santé en achetant les médicamens que la loi du 21 germ. an 11 (art. 27) leur permet de fournir eux-mêmes aux malades : ce n'est là qu'un accessoire de la profession qu'ils exercent. Limoges, 6 janv. 1827, S. 28, 27; Bourges, 9 août 1828, S. 29, 285.

**55.** 7° L'artisan en achetant les outils et instrumens nécessaires à son industrie : ces outils ne sont pas destinés à être revendus ; s'il les loue, ce n'est que comme l'accessoire de son industrie. Pardessus, n° 19.

**56.** 8° Le vigneron en achetant des tonneaux pour les revendre avec les produits de sa vigne. Pardessus, n° 13.

**57.** 9° Le propriétaire en achetant les instrumens nécessaires à l'exploitation de son fonds, lors même que les produits du fonds consistent en objets façonnés de main d'hommes, tels que les produits des carrières ou mines. Arg. L. 21 avr. 1810, art. 52; Pardessus, *ib.*

**58.** 10° Le fermier, dans les mêmes circonstances : le droit qu'il achète de recueillir les fruits n'est pas une marchandise qui puisse donner à ses opérations le caractère commercial. Pardessus, *ib.*

**59.** 11° Le cultivateur qui achète des animaux maigres pour les revendre, après les avoir engraissés : cet achat est une dépendance de ses opérations agricoles, et ne constitue pas précisément une spéculation commerciale. Pardessus, n° 14.

**60.** 12° Celui qui achète des animaux pour en vendre les produits, tels que la laine, le lait, le fumier, la cire. Locré, 8, 275.

**61.** 13° Le débitant de tabac : bien qu'il achète du tabac de la régie pour le revendre plus cher, son gain est moins un bénéfice mercantile qu'une remise ; il vend plutôt comme délégué de la régie que comme commerçant. Bruxelles, 5 mai 1813; Pardessus, n° 16.

Les mêmes raisons étaient applicables au titulaire d'un bureau de loterie. Pardessus, *ibid.* — *Contrà*, Paris, 26 août 1814, S. 11, 369.

**62.** 14° Les commis facteurs ou préposés qui achètent pour le compte et par ordre de leurs maîtres : ils n'agissent que comme mandataires. — Il en serait autrement des commissionnaires qui agissent en leur propre nom.—V. *inf.* n°s 126 et 127.

**63.** 15° Ceux qui achètent pour le gouvernement, lorsqu'ils sont commissionnés par lui ou par une administration qu'il a créée : c'est le gouvernement qui achète par eux, et le gouvernement n'est présumé acheter que pour ses besoins. Cass. 13 pluv. an 8, 8 mess. an 11, J. Pr. 1, 386, 5, 342; Pardessus, n° 20.

**64.** Au contraire font acte de commerce : 1° le libraire-éditeur ou le créancier qui prend en paiement un droit d'édition : leur but principal est la revente de l'ouvrage. Pardessus, n° 15.

**65.** 2° Le directeur qui achète le papier nécessaire à la publication d'un journal destiné à rendre compte d'événemens ou d'objets en quelque sorte du domaine public. Il ne peut être assimilé à celui qui compose un ouvrage ; son objet principal est de faire une spéculation. Pardessus, n° 15. — *Contrà*, Bruxelles, 13 déc. 1816.

Il en serait autrement d'une feuille établie principalement dans un but scientifique ou littéraire. Le caractère d'auteur prédominerait.

C'est aux tribunaux qu'il appartient de reconnaître dans quel but le journal a été fondé.

66. 3° Le restaurateur, l'aubergiste, le cabaretier, en achetant des marchandises ou denrées pour les besoins de ceux qu'ils reçoivent au mois et à l'année, dans le but unique ou du moins principal de les nourrir où loger. Cass. 23 avr. 1813, S. 16, 165 ; Pardessus, n° 15.

67. 4° Celui qui tient un cabinet de lecture : il achète les livres pour les louer ; il ne peut être assimilé à l'instituteur, dont le but principal est l'éducation des élèves.

Toutefois, l'entrepreneur d'un cercle de lecture, de jeux de cartes, de billard, n'a pas été considéré comme commerçant, même sous le rapport des rafraîchissemens qu'il avait fournis aux abonnés, seulement dans le local même du cercle. Grenoble, 12 déc. 1829, S. 33, 19.

68. 5° Les acteurs associés pour une entreprise de théâtre, qui achètent des décorations et autres objets nécessaires à leur établissement. Pardessus, n° 19.

69. 6° Ceux qui s'associent pour acheter le droit d'exploiter des mines appartenant à autrui. Bruxelles, 5 mai 1801, S. 7, 1206 ; Cass. 30 avr. 1828, S. 28, 418.

Mais l'exploitation des mines n'est pas considérée comme un commerce, et n'est pas sujette à patente (L. 21 avr. 1810, art. 32), lorsqu'elle a lieu sous la direction et pour le compte des concessionnaires.

70. 7° Le distillateur qui achète des vins ou autres liquides pour composer des liqueurs.

71. 8° Le fermier qui, outre le produit de ses récoltes, achète des grains et autres fruits de cette espèce, pour les revendre avec ceux qu'il recueille : dans ce cas, il ne se renferme pas dans sa profession d'agriculteur. Cass. 3 flor. an 6 ; J. Pr. 1, 194 ; Pardessus, *ib.*

72. 9° Le meunier qui au lieu de se borner à convertir en farine le blé qui lui est confié, en achète et vend la farine qu'il en retire. Cass. 26 janv. 1818, D. 18, 204 ; Pardessus, *ib.*

73. 10° L'artisan qui achète une marchandise pour la travailler et la revendre ensuite, peu importe qu'il ne travaille que pour des commandes journalières en détail, il y a achat pour revendre et, par conséquent, acte de commerce. C. comm. 632 ;

Vincens, 1, 126.—*Contrà*, Circ. min. just. 7 avr. 1811, S. 11, 2, 352. — Ainsi, font acte de commerce : — Le tailleur de pierre qui achète des pierres pour les travailler. Cass. 15 déc. 1830, D. 31, 360; Pau, 31 janv. 1834, D. 34, 191. — Le charron, qui achète du bois pour confectionner des voitures. Amiens, 4 avr. 1826, S. 27, 169.

**74.** 11° Ceux qui achètent pour le gouvernement, après s'être engagés envers lui à faire les fournitures à prix convenus : ce sont de véritables entrepreneurs; leur assujettissement aux règlemens que l'administration impose à ses employés ne change pas leur qualité. Cass. 13 mess. an 12; J. Pr. 4, 81 ; Pardessus, n° 20.

**75.** 12° Le fabricant qui achète les instrumens nécessaires pour mettre sa manufacture en activité : cette acquisition se rattache à l'entreprise principale.

**76.** 13° Le manufacturier qui achète des matières servant à la fabrication des choses qu'il vend, quoique ces matières se détruisent par la fabrication, comme le bois, la houille, etc. Pardessus, n° 17; Merlin, *ib.*, § 2. — Jugé cependant qu'il n'y a pas acte de commerce dans l'achat fait, par un manufacturier, de quinquets et lampes pour l'éclairage de ses ateliers. Rouen, 6 août 1822, D. 26, 147.

**77.** 14° Le cultivateur qui achète habituellement de jeunes chevaux, pour les revendre lorsqu'ils sont propres au travail. Paris, 13 juin 1837 (Art. 805 J. Pr.).

**78.** Il importe peu que les choses soient revendues en même état qu'elles ont été achetées, ou qu'elles aient été modifiées avant la revente par le travail et la mise en œuvre.

**79.** La simple location peut, comme la *revente*, constituer un acte de commerce; mais il faut la réunion des mêmes circonstances.

**80.** En conséquence, il est nécessaire, 1° que la chose ait été *achetée;* 2° qu'elle l'ait été dans l'*intention* principale de la louer; 3° qu'elle soit mobilière.

**81.** Ainsi serait acte de commerce, 1° l'acquisition de meubles pour l'exploitation d'un hôtel garni, d'une auberge ou d'un café. Pardessus, n° 18.

**82.** 2° Celle de chevaux et de voitures, faite par un entrepreneur de diligences pour en louer l'usage aux voyageurs.

**83.** Peu importerait que l'acheteur tînt du gouvernement, comme les maîtres de poste ou les entrepreneurs des pompes funèbres, le droit exclusif de louer au public les objets par lui achetés. Cass. 9 janv. 1810, S. 10, 126; Caen, 27 mai 1818, S. 18, 350; Paris, 6 oct. 1813, S. 14, 315; Pardessus, n° 16. — *Contrà*, Bruxelles, 11 janv. 1808, S. 8, 95.

**84.** Il en est autrement de l'acquisition d'un troupeau par le propriétaire d'un immeuble, pour le donner à cheptel au fermier : il a bien acheté ce troupeau pour en tirer parti au moyen de la location qu'il en fait ; mais il n'est qu'un accessoire de la location de l'immeuble qui constitue un acte purement civil. Locré, *Esprit C. comm.*, art. 632.

**85.** Au contraire, celui qui, n'étant pas propriétaire du fonds affermé, achète un troupeau pour le donner en cheptel au fermier d'autrui, fait un acte de commerce.

**86.** *Ventes.* Le Code se borne à déclarer actes de commerce les achats pour revendre, sans parler des reventes. Cependant la revente a également un caractère commercial quand elle a été précédée d'un achat fait dans un but de spéculation : vendre est le corrélatif nécessaire d'acheter pour revendre. Toulouse, 24 déc. 1824, S. 25, 413 ; Vincens, 1, 125. — *Contrà*, Nîmes, 19 août. 1808 ; S. 10, 548 ; Metz, 19 avr. 1823, S. 23, 512.

**87.** Mais il faut que la vente réunisse les conditions exigées pour donner à l'achat le caractère commercial. — V. *sup.* n⁰ˢ 41 et suiv. — Ainsi, elle doit être précédée d'un *achat,* ou du moins de l'*intention* d'un achat de *denrées* ou *marchandises,* comme lorsque le vendeur n'a pas encore en sa possession les choses qu'il vend. — Il faut en outre que l'achat ou l'intention d'achat ait été accompagné de l'intention de revendre.

**88.** En conséquence ne serait pas un acte commercial celui qui vendrait, soit un objet qu'il aurait acquis à titre gratuit, soit les fruits qu'il aurait recueillis comme propriétaire ou fermier. Cass. 14 janv. 1820, D. 20, 727. — Même après les avoir manufacturées : par exemple, le propriétaire qui vend du sucre fabriqué avec les betteraves qu'il a récoltées. Douai, 22 juill. 1850.

**89.** Il est cependant certaines ventes que leur nature fait ranger parmi les opérations commerciales, sans qu'il soit nécessaire d'établir qu'elles ont été précédées d'un achat ; ce sont les entreprises de fournitures ou engagemens par lesquels un individu s'oblige à livrer à un tiers, à une époque fixe, une quantité déterminée de denrées ou marchandises (C. comm. 652). La loi présume que l'entrepreneur ne tire pas de son propre fonds les objets fournis, et qu'il se livre à une opération commerciale, s'il ne prouve pas que ces objets sont le produit de sa culture. Pardessus, n⁰ 21.

**90.** Telles sont encore les entreprises connues sous le nom de souscriptions, lorsqu'elles ne sont pas faites par l'auteur. *Ib.*

**91.** Les entreprises de fournitures peuvent n'avoir pour objet qu'une simple location, par exemple des magasins ou appartemens loués pour des fêtes ou amusemens. *Ib.*

**92.** Ces opérations conservent leur caractère commercial, lors même qu'elles ont pour objet un service public, ou que l'exercice en a lieu par concession de l'autorité publique ou municipale. *Ib.* — Par exemple, les entreprises d'arrosage et d'éclairage d'une ville.

**93.** La revente peut même quelquefois être commerciale ; quoique l'achat qui l'a précédée n'ait pas eu ce caractère ; ainsi la vente des bois et matériaux provenant d'un bâtiment acheté dans l'intention de le démolir constitue un acte de commerce, encore bien que l'acquisition de l'immeuble soit réputée pure-ment civile. Bourges, 19 mars 1831, S. 32, 33 ; — V. *sup.* n° 37.

Il en est de même de la vente en détail des bestiaux dépendant de l'immeuble, surtout par un négociant. *Même arrêt.*

### § 3. — *Louage.*

**94.** Le louage, soit de choses (C. civ. 1709), soit d'ou-vrages ou d'industrie (C. civ. 1710), peut avoir pour but une spéculation, et par suite constituer des actes de commerce.

**95.** *Louage d'objets mobiliers.* Fait acte de commerce : 1° ce-lui qui donne à loyer des objets mobiliers qu'il a achetés dans un but de spéculation ; 2° celui qui prend à loyer des objets mobiliers dans le but de les sous-louer ; 3° enfin celui qui sous-loue des objets mobiliers qu'il a loués à cet effet.

**96.** Les règles relatives aux achats et aux ventes sont appli-cables aux louages ainsi faits sans autres modifications que celles résultant de la différence entre le contrat de vente et celui de louage.

La location d'un immeuble pour le sous-louer ensuite à plu-sieurs personnes ne saurait constituer un acte de commerce, parce que l'achat des immeubles, même dans l'intention de les revendre, est considéré comme un acte civil. — V. *sup.* n° 36.

**97.** *Louage d'industrie.* Ce contrat n'est pas essentiellement commercial par sa nature ; mais ses rapports fréquens avec le commerce le font ranger parmi les actes commerciaux, dans une foule de circonstances.

**98.** Le louage d'industrie peut, comme la vente et le louage de choses mobilières, être commercial de la part de celui qui loue ses services, et civil de la part de celui qui les emploie, ou bien réciproquement commercial à l'égard de ce dernier, et ci-vil à l'égard du premier. C'est également le but que se propo-sent les parties qui détermine le caractère du contrat. Il faut toujours rechercher s'il y a ou s'il n'y a pas spéculation.

**99.** Ainsi la convention par laquelle un entrepreneur s'engage à faire certains ouvrages pour le compte d'un propriétaire est commerciale en ce qui le concerne, et civile pour ce qui regarde le propriétaire; tandis que le contrat par lequel un entrepreneur loue le service d'ouvriers pour l'aider dans son entreprise est commercial vis-à-vis de lui et civil vis-à-vis de ces derniers.

**100.** D'après ces principes, sont réputés actes de commerce, 1° les entreprises de manufactures ou de travaux de construction ou de terrassement; 2° les conventions d'apprentissage; 5° les entreprises de transport par terre ou par eau, soit de personnes, soit des marchandises; 4° les entreprises de commissions relatives au commerce; 5° les opérations de courtage; 6° les bureaux d'agences d'affaires; 7° les établissemens de ventes à l'encan et spectacles publics. C. comm. 632.

**101.** *Les entreprises de manufactures.* Peu importe que l'entrepreneur confie directement aux ouvriers la matière première qui lui appartient, ou qu'il la reçoive de celui qui veut faire fabriquer, et se charge, moyennant un prix, de cette fabrication, qu'il fait exécuter par des ouvriers à ses ordres. Pardessus, n° 35.

**102.** Dans l'un comme dans l'autre cas le but du manufacturier est de retirer un bénéfice des fonds qu'il avance pour le salaire des ouvriers qu'il emploie et dont il sous-loue en quelque sorte l'industrie : il y a donc spéculation de sa part, conséquemment acte de commerce. Vincens, 1, 129; Pardessus, *ib.*

**103.** On doit encore réputer acte de commerce entre les parties contractantes la convention par laquelle le manufacturier charge une autre personne, soit de gérer son établissement, soit de faire à la fabrication l'application de certains procédés chimiques. Liége, 27 déc. 1811, S. 13, 142. Bourges, 4 mars 1825, S. 25, 359.

**104.** Tout ce qui précède n'est applicable qu'au manufacturier qui fait exécuter des travaux par ses ouvriers. Le simple ouvrier qui se borne à travailler la matière première qu'on lui fournit ne peut être réputé faire un acte de commerce. Rome, 5 sept. 1811, S. 12, 165; Bordeaux, 21 fév. 1826, S. 27, 64; Nancy, 9 juin 1826, D. 27, 43; Pardessus, n° 36.

Quand bien même il ferait quelques fournitures, pourvu qu'elles fussent d'un prix modique et de beaucoup inférieur à celui de son travail.

**105.** On ne doit pas non plus donner la qualification de manufacturier à celui qui, s'occupant d'essais pour arriver à quelque découverte, achète des matières, et fait fabriquer sous ses yeux les instrumens qu'il invente ou qu'il s'occupe de perfectionner, avant d'en faire l'emploi lui-même. Tel serait l'artiste ou l'artisan qui ferait fabriquer des ustensiles, des instrumens qu'il aurait inventés ou qu'il chercherait à perfectionner pour l'exercice de son art ou de son industrie, pourvu que d'ailleurs il ne dût pas être réputé commerçant. D. v° *Acte de commerce.*

**106.** Il faut aussi distinguer entre les *arts mécaniques*, c'est-à-dire ceux dans lesquels on travaille plus des mains que de l'esprit; et les *arts libéraux* qui ont pour objet principal des travaux d'esprit. L'exercice de ces derniers ne peut jamais en effet avoir un caractère commercial.

**107.** Ainsi un peintre ne saurait être réputé avoir fait acte de commerce, parce qu'il aurait payé un aide pour lui préparer ses couleurs, ou acheté la toile destinée à recevoir un tableau qu'il se serait engagé à fournir. Il ne spécule pas en effet sur le salaire de son aide, on ne peut pas dire qu'il ait l'intention de sous-louer son industrie comme le fabricant sous-loue celle des ouvriers qu'il emploie. C'est le cas d'appliquer le principe d'après lequel l'achat n'est considéré comme commercial que lorsqu'il est destiné à former l'objet principal d'une revente. — V. *sup.* n° 50.

**108.** Toutefois les progrès de l'industrie tendent à effacer, dans une foule de circonstances, la distinction entre les arts mécaniques et les arts libéraux, et pour déterminer dans laquelle des deux classes doit être rangé tel ou tel genre d'ouvrage, les juges ne s'arrêteront pas à la qualification habituellement donnée à l'entrepreneur, mais seulement à la nature des travaux que ce genre d'ouvrage a exigés.

**109.** Les *entreprises des travaux* diffèrent des *entreprises* de manufactures proprement dites en ce qu'elles ont pour objet des constructions attachées au sol, telles que des aqueducs, des ponts, des chemins, etc. Mais elles doivent leur être complètement assimilées quant au caractère commercial : celui qui s'engage envers un propriétaire, une commune, ou l'État, à exécuter des ouvrages de cette nature, a évidemment l'intention de percevoir un bénéfice sur les salaires qu'il sera forcé de payer aux ouvriers par lui employés et sur les dépenses accessoires qu'il sera obligé de faire, d'où il suit qu'il se livre à une spéculation.

**110.** Cependant il a été jugé que l'art. 633C. comm., qui déclare acte de commerce toute *entreprise de construction* et tous achats, ventes et reventes de bâtimens pour la navigation intérieure et extérieure, était limitatif, et par suite que toute construction qui n'avait pas pour objet des bâtimens de mer devait être réputée purement civile. Rouen, 14 mai 1825, S. 26, 135; Bruxelles, 15 mars 1846; 22 mai 1819, 5 nov. 1848; D. 2, 737.

**111.** Mais ces décisions nous paraissent erronées. En effet, s'agit-il de la construction d'un objet mobilier, comment refuser d'appliquer à l'entrepreneur la disposition de l'art. 632, relative au *manufacturier ?* On ne le pourrait qu'autant que la matière première, si c'est le constructeur qui l'a fournie, n'aurait qu'une faible valeur, et surtout qu'il ne se serait aidé, dans la confec-

tion de son ouvrage, que du concours d'un ou de deux ouvriers.
—V. *sup.* n° 100.

**112.** S'agit-il, au contraire, d'entreprises de constructions non mobilières, mais attachées au sol sur lequel elles reposent? Il nous est difficile de n'y pas voir un acte de commerce de la part d'un entrepreneur qui se charge, dans la vue d'un bénéfice, d'un ensemble d'opérations commerciales. Pardessus, n° 36.

**113.** Du reste, cette dernière opinion a été consacrée par de nombreux arrêts.

Ainsi il a été décidé qu'il y avait acte de commerce, 1° de la part du maçon qui se charge de l'entreprise de la construction des cuves et chaudières pour une usine. Toulouse, 15 juill. 1825, D. 26, 21 ;

2° De la part de l'entrepreneur qui construit un haut-fourneau. Lyon, 14 août 1827, D. 33, 142 ;

3° De la part de l'entrepreneur qui se charge d'élever des fortifications. Bruxelles, 23 juill. 1819.

**114.** Sont également réputées commerciales : 1° l'entreprise qui a pour objet la réparation de chemins publics. Caen, 27 mai 1818, D. 19, 14 ; 2° Celle pour le nettoiement des rues ; Turin, 26 fév. 1814; 3° Celle pour le curage des canaux, égouts, etc.; Pardessus, n° 36.

**115.** Le caractère de l'opération ne change pas, parce qu'au lieu d'exécuter tous les travaux on n'en fait qu'une partie. Ainsi, l'engagement de confectionner une partie des travaux de terrassement d'un chemin de fer, consistant, par exemple, en transport de terres appartenant à la compagnie concessionnaire du chemin, constitue un acte commercial. —*Contrà*, Lyon, 5 mars 1832, D. 33, 76.

**116.** Mais si les travaux étaient effectués par les propriétaires des terrains eux-mêmes, les locations d'ouvriers et les achats soit d'outils, soit de matériaux faits par eux, ne constitueraient que des actes purement civils, parce que leur intention ne serait pas de spéculer sur ces achats ou locations : ils n'auraient d'autre but que de réparer ou d'améliorer un immeuble.

**117.** Ainsi il a été jugé que les réparations qu'un manufacturier fait exécuter à son usine ne constituent pas de sa part une opération commerciale. Aix, 9 mars 1827, S. 28, 15.

**118.** *Les conventions d'apprentissage.* Les rapports immédiats de ces conventions avec le commerce les font regarder comme commerciales à l'égard du maître qui, d'ailleurs, se sert de l'apprenti pour l'exploitation de son négoce. Pardessus, n. 34.

Néanmoins le *juge de paix* est compétent. L. 25 mai 1838, art. 5, n° 3. — V. ce mot.

**119.** *Les entreprises de transport.* Ces expressions embrassent tout engagement de transporter par terre ou par eau, d'un lieu dans un autre, soit des personnes, soit des marchandises, ou des objets, de quelque nature que ce soit. Il faut seulement que l'engagement ait été contracté dans un but de trafic.

**120.** Ainsi font acte de commerce : 1° Les bateliers ou voituriers, soit que les bateaux ou voitures qu'ils emploient pour les transports leur appartiennent en toute propriété, soit qu'ils les aient loués pour en sous-louer l'usage. Bordeaux, 31 août 1831, D. 32, 20; Aix, 6 août 1829; S. 29, 312, Vincens, 1, 130.

**121.** Peu importe qu'il s'agisse de transports civils ou militaires. Lyon, 30 juill. 1827.

**122.** 2° Les commissionnaires chargeurs ou de roulage, même lorsque n'ayant pas de voituriers qui voyagent à leur compte, ils se bornent à servir d'intermédiaires entre les expéditeurs de marchandises et les voituriers : cette entreprise est pour eux une spéculation à forfait.

**123.** Mais il en est autrement des personnes chargées par le gouvernement, à quelque titre que ce soit, d'effectuer des transports dont il s'est fait lui-même l'entrepreneur, par des motifs de sûreté ou d'intérêt général (— V. *sup.* n° 61.). Par exemple, des fermiers des bacs. Nîmes, 13 avr. 1812, S. 14, 103.

**124.** A plus forte raison n'y aurait-il pas entreprise de transport et acte commercial de la part de celui qui, employant habituellement ses chevaux et ses voitures à son propre usage, les louerait dans une occasion particulière.

**125.** *Les entreprises de commission.* Le commissionnaire n'agit que pour le compte d'autrui, et moyennant une certaine rétribution ; mais il contracte avec les tiers en son propre et privé nom, et ne se propose d'autre but en louant ainsi ses services à ceux qui les réclament, que de se procurer un bénéfice. Il doit donc être assimilé au négociant proprement dit. Vincens, 1, 130; Pardessus, n° 39 ; Locré, art. 632.

**126.** Le mandat diffère de la commission; néanmoins un mandat ayant pour objet des opérations de commerce, peut avoir aussi lui-même un caractère commercial. Montpellier, 21 mars 1831, D. 31, 328.

**127.** Le courtage diffère de la commission principalement, en ce que le courtier se borne à mettre les parties en présence, sans contracter aucune obligation personnelle, tandis que le commissionnaire ne fait pas connaître le nom de ceux pour lesquels il agit, et engage sa propre responsabilité vis-à-vis des tiers. Mais le courtier, comme le commissionnaire, spécule sur son industrie, et fait par conséquent acte de commerce. — V. cependant *Courtier de commerce.*

**128.** *Les bureaux et agences d'affaires.* — V. *Agent d'affaires.*

**129.** *Les établissemens de ventes à l'encan et spectacles publics.*

L'établissement de ventes à l'encan constitue une véritable agence, la spéculation du directeur fût-elle bornée à la disposition du local offert au public. Ce genre d'entreprise est d'ailleurs susceptible de commissions et maniement de fonds. Vincens, 1, 153. — Les entrepreneurs de spectacle louent l'industrie des acteurs pour la revendre au public : ils font donc acte de commerce.

150. Doivent être assimilés aux entrepreneurs de spectacles : 1° Les directeurs des établissemens de lieux de danses et autres divertissemens offerts au public. Pardessus, n° 46 ; — 2° Les aéronautes qui, moyennant un salaire, donnent au public le spectacle d'une ascension en ballon. Paris, 1er août 1832, D. 34, 50.

151. Mais il en est autrement des administrateurs nommés par le gouvernement pour la direction de certains théâtres, qui sont gérés à son compte et n'appartiennent à aucun particulier. Ib.

152. Les engagemens des acteurs envers les entrepreneurs constituent-ils de leur part des actes de commerce ? L'affirmative (Paris, 31 mai 1808, S. 8, 256 ; 10 juill. 1825, S. 26,96) paraît peu conforme au texte et à l'esprit de la loi : l'art. 632 n'attribue le caractère commercial qu'aux entreprises de spectacle ; d'ailleurs, l'acteur, simple gagiste, ne fait que louer son industrie ; ce qui ne saurait constituer un acte de commerce. Il n'y a aucune analogie entre son engagement et celui du directeur. Vincens, 1, 135.

153. Les entreprises de prêt sur gages, même autorisées par le gouvernement, ne sont pas commerciales. Bruxelles, 28 mai 1803, S. 7, 312.

### § 4. — Opérations de change.

154. On distingue deux opérations de change : l'une consiste à échanger des monnaies d'une espèce contre d'autres monnaies d'une espèce différente. Elle prend le nom de *change local* ou *manuel*. — L'autre a pour but une remise d'argent de *place* en *place* : elle constitue le contrat de change par lequel une personne qui reçoit dans un lieu une somme d'argent s'oblige à faire payer cette somme dans un autre lieu à la personne qui la lui remet ou à son ordre.

155. La loi déclarant d'une manière générale *acte de commerce* toute opération de change (C. comm. 632) semblerait repousser toute distinction entre le change manuel et la remise d'argent de place en place.

Jugé cependant que le simple change des monnaies étrangères contre d'autres valeurs ne constituait pas un acte de commerce (Paris, 11 mars 1833, S. 33, 227), et cette décision nous paraît plus conforme à l'esprit de la loi ; il résultait des circonstances de la cause que la partie qui avait fait le change n'avait pas acheté les monnaies étrangères dans l'intention de les revendre avec bénéfice. — Comment en effet voir une spéculation, et par suite un acte de commerce dans l'acte d'un particulier qui échange des valeurs quelconques contre une monnaie dont il a besoin pour son usage personnel. Entendre ainsi le texte de l'art. 632, ne serait-ce pas fausser son esprit ?

**136.** On entend par *place* une ville de commerce où se fait le négoce d'argent. C'est aux trib. qu'il appartient de décider si une ville mérite cette qualification. Lyon, 21 juin 1826, S. 27, 256.

**137.** La remise faite d'une commune rurale sur une place de banque ne constitue pas remise de place en place. *Même arrêt.*

**138.** La proximité de deux villes n'empêche pas qu'elles ne soient considérées comme deux *places* différentes. Ainsi jugé pour Paris et la Villette. Paris, 1er mars 1832, S. 32, 392.

**139.** Sont actes de commerce : 1° les lettres de change qui servent à opérer remise de place en place, entre toutes personnes. C. comm. 632.

Cependant si elles émanent de femmes et filles non négociantes ni marchandes publiques ; elles ne sont considérées à leur égard que comme simple promesse. C. comm. 113.

Il en est de même des lettres de change contenant supposition, soit de nom, soit de qualité, soit de domicile, soit des lieux d'où elles sont tirées, ou dans lesquels elles sont payables. Elles cessent alors de constituer par elles-mêmes des actes de commerce, et ne conservent plus ce caractère qu'autant qu'elles sont souscrites ou endossées par des commerçans, et à l'égard seulement de ces signataires. C. comm. 112, 637.

**140.** 2° La lettre de change nulle, comme n'exprimant pas la valeur fournie, pourvu qu'elle soit souscrite par un négociant au profit d'un autre. Toulouse, 28 mai 1825, S. 25, 308.

**141.** 3° L'endossement de la lettre de change. Cass. 21 fév. 1814, S. 14, 177. — Son irrégularité ne lui enlèverait même pas ce caractère. Cass. 24 oct. 1825, S. 26, 412.

**142.** Il importe peu qu'une lettre de change ne contienne pas l'indication d'un tireur et d'un payeur distincts l'un de l'autre, et que ces deux qualités soient réunies dans la même personne. Si elle opère remise de place en place, elle est acte de commerce. Nîmes, 30 mess. an 13, S. 5, 629 ; Paris, 4 nov. 1806, S. 8, 53 ; Cass. 1er mai 1809, S. 9, 194.

**143.** 4° Le billet à ordre, s'il y a remise de place en place. Bruxelles, 28 nov. 1812, S. 13, 244 ; 17 fév. 1807, S. 7, 2, 702 ; Lyon, 8 août 1827, S. 27, 258 ; Bourges, 4 déc. 1829,

S. 30, 84. — Autrement il est simple promesse. Cass. 28 janv. 1827, S 28, 37.

**144.** Le billet souscrit en échange d'une lettre de change n'est pas pour cela un billet de change. Paris, 22 juill. 1827, S. 27, 2, 187.

**145.** On ne peut considérer comme opération de change le mandat donné par un non négociant à un négociant d'une autre ville, de fournir à un tiers l'argent nécessaire pour faire un voyage, ou le crédit ouvert à ce tiers. Paris, 13 juin 1828, S. 28, 256. — V. *Effets de commerce* et *Agent de change.*

### § 5. — *Opérations de banque.*

**146.** La loi déclare actes de commerce toutes les opérations de banque, soit celles relatives au change de place en place, dont les banquiers font leur profession habituelle, soit les opérations des banques publiques qui mettent en circulation des billets qu'elles remboursent sur leur présentation. C. comm. 632.

**147.** Toutefois, on ne saurait considérer comme un acte de commerce la société formée par des non négocians, pour faire, avec un gouvernement, un traité par lequel ils se chargent, sous la garantie d'une vente d'immeubles à réméré, et sous la condition d'une prime, en cas d'exercice de la faculté de rachat, d'acquitter le montant d'une contribution de guerre due à un autre gouvernement. Cass. 14 déc. 1819, D. 20, 22.

**148.** Il en est de même, vis-à-vis d'un non commerçant, de l'ouverture à son profit d'un crédit chez un banquier. Il n'y a réellement opération de banque que de la part de celui qui ouvre le crédit, et non pas de la part de celui qui l'accepte. Paris, 5 août 1811.

### § 6. — *Actes relatifs au commerce maritime.*

**149.** La loi répute actes de commerce toute entreprise de constructions et tous achats, ventes et reventes de bâtimens pour la navigation intérieure ou extérieure, toutes expéditions maritimes, tout traité entre l'armateur et les actionnaires intéressés à l'entreprise (Paris, 1er août 1810, S. 14, 146); tout achat ou vente d'agrès, apparaux, avitaillement, tout affrétement ou nolissement, emprunt ou prêt à la grosse, toutes assurances et autres contrats concernant le commerce de mer, tous accords et conventions pour salaires et loyers d'équipages, tous engagemens de gens de mer pour le service des bâtimens de commerce. C. comm. 633.

—V. *Contrainte par corps, Faillite, Tribunal de commerce.*

**ACTE** *conservatoire.* Cet acte tend à conserver une chose ou un droit

**1.** Les actes conservatoires se divisent en deux classes, selon qu'ils nuisent ou non à la jouissance du débiteur ou détenteur.

**2.** Ceux qui nuisent à la jouissance du débiteur ou détenteur sont les saisies mobilières et immobilières, etc.

Les saisies, sous certains rapports, rentrent même dans la classe des *actes d'exécution.* —V. ce mot.

**3.** Les actes conservatoires de la seconde espèce sont l'inscription hypothécaire, les inventaires, l'assignation donnée par le créancier d'une succession à l'héritier pendant les délais pour faire inventaire et délibérer, spécialement à fin de reconnaissance de la signature du défunt, sauf à ne poursuivre qu'après l'expiration des délais. Cass. 10 juin 1807, S. 7, 291.—V. *inf.* n° 55.

**4.** Les actes conservatoires, loin d'entraîner l'aliénation d'un droit, tendent à le conserver. Suivre la procédure établie à cet effet, c'est conserver l'action, ce n'est pas l'intenter. L'exercice des actes conservatoires diffère sous plusieurs rapports de l'exercice de l'*action.* — V. ce mot.

**5.** Ainsi, pour faire des actes conservatoires, un droit soumis à un terme ou à une condition suffit. Arg. C. civ. 1180. — V. *inf.* n°ˢ 28, 54, 55.

**6.** Un simple administrateur peut faire des actes conservatoires, par exemple : 1° les pères et les tuteurs dans l'intérêt des enfans mineurs, des pupilles et des interdits ( C. civ. 589 , 450 , 509); 2° le mari dans l'intérêt de sa femme (C. civ. 1549); 3° les syndics d'une faillite pour la masse des créanciers (C. comm. 462 et suiv.) ; 4° les directeurs des hospices et autres établissemens publics pour leurs administrés ( Ordonn. 2 avr. 1817); 5° le maire dans l'intérêt de sa *commune.* — V. ce mot.

**7.** Peuvent encore faire des actes conservatoires : 1° L'habile à succéder, dans l'intérêt de la succession, et sans qu'on puisse en induire acceptation. C. civ. 779, 796. Même dans le cas où il y a un légataire universel, tant que ce légataire ne lui a pas notifié son titre, ou même tant que ce titre est attaqué par l'héritier. Amiens, 7 mai 1806, S. 7, 1057.

**8.** 2° L'enfant naturel. Trib. Paris, 14 fruct. an 11, S. 4, 34.

**9.** 5° La femme demanderesse en *séparation de biens.* C. pr. 869. — V. ce mot.

**10.** 4° Les hospices, avant l'autorisation du gouvernement pour accepter les dons et legs. Ordonn. 2 avr. 1817.

**11.** Les actes faits par un prête-nom profitent au véritable créancier, par exemple, l'inscription hypothécaire. Cass. 7 avr. et 15 juin 1813, S. 13, 386.

**12.** Le pouvoir d'exercer des actes conservatoires donne celui de former une saisie-arrêt.

**13.** Les actes conservatoires ont pour objet des immeubles ou des meubles.

**14.** Un titre exécutoire est nécessaire pour pratiquer la *saisie immobilière*, la *saisie-brandon*, la *saisie-exécution*, la *saisie des rentes*. — V. ces mots.

**15.** Pour la saisie-arrêt, il suffit d'un titre sous seing privé ou de la permission du juge. C. pr. 557, 558. — V. *Saisie-arrêt.*

**16.** Mais il n'est pas toujours besoin de titre ou de permission du juge pour la *saisie-gagerie*.— V. ce mot.

**17.** En général, on peut faire les actes conservatoires, soit avant, soit pendant l'instance.

**18.** On exerce des actes conservatoires comme propriétaire ou comme créancier.

**19.** *Comme propriétaire.* Jusqu'au jugement, les parties doivent rester avec les mêmes avantages qu'avant le procès : il n'est pas permis de se faire justice à soi-même, et le possesseur est présumé propriétaire jusqu'à preuve contraire. Pigeau, 1, 176.

**20.** Ainsi, s'agit-il d'un immeuble : jusqu'au jugement, le demandeur ne peut faire aucun acte conservatoire nuisible au possesseur. Autrement le défendeur aurait contre lui l'action en complainte.—V. *Action possessoire.*

**21.** Mais si le détenteur dégrade l'immeuble réclamé ou s'il est à craindre que la réclamation ne soit longue à juger, le réclamant peut demander que l'immeuble soit séquestré. C. civ. 1961; Pigeau, *ib.*; Favard, v° *Acte conservatoire.* — V. *Séquestre.*

**22.** Celui qui se dit propriétaire d'un immeuble peut s'opposer à la vente qu'un tiers veut faire de cet immeuble. Cette opposition n'est pas interruptive de la jouissance; mais il est non recevable à s'opposer au paiement des loyers ou fermages. Merlin, *Rép.*, v° *Acte conservatoire.*

**23.** S'agit-il d'une chose mobilière, le demandeur peut faire tous les actes qui tendent à lui conserver cette chose. Quand même il empêcherait le détenteur d'en jouir, il est à craindre que la chose ne vienne à disparaître. Pigeau, *ib.*; Favard, v° *Acte conservatoire*, n° 2.

**24.** La chose est-elle entre les mains de celui contre qui on vient la réclamer, il faut saisir-revendiquer.—V. *Saisie.*

**25.** Est-elle entre les mains d'un tiers, il faut ou saisir-revendiquer, ou former une saisie-arrêt entre les mains de ce tiers. —V. *Saisie, Saisie-arrêt.*

**26.** *Comme créancier.* L'exigibilité de la créance est nécessaire pour faire les actes conservatoires qui nuisent à la jouissance du débiteur ou détenteur.

**27.** Mais le créancier, en attendant le jugement définitif, s'il a privilége ou hypothèque, à le droit de prendre inscription sur les immeubles affectés à sa créance.—S'il n'a qu'un titre privé, il peut demander incidemment la reconnaissance des écriture et signature.

28. Le créancier ou le trib. peuvent avoir accordé un délai au débiteur. — Pendant le délai conventionnel, le créancier n'a le droit que de faire les actes conservatoires qui n'apportent aucun changement à la convention, aucun trouble à la jouissance du débiteur, comme des inscriptions hypothécaires : il est à présumer que le débiteur remplira son engagement à l'époque fixée.

29. Pendant le délai *de grâce*, le créancier ne peut exercer aucun acte conservatoire de nature à priver le débiteur du bénéfice du terme sur les biens possédés par le débiteur lors du jugement. Arg. C. civ. 1244.

30. Mais seulement sur les biens advenus à ce débiteur depuis le jugement : dans ce cas, il ne change pas l'état des choses, telles qu'elles existaient à l'époque du jugement.

31. Ainsi il peut, avant l'expiration du délai, saisir tous les meubles et immeubles acquis au débiteur depuis le jour où ce délai a été accordé. C. pr. 125. — Toullier, 6, n° 675.

32. Spécialement le créancier peut pratiquer des saisies-arrêts. Vainement on oppose que, dans le C. de pr., la saisie-arrêt a été placée parmi les voies d'exécution forcée des jugemens, les délais n'ont été accordés au débiteur que parce qu'il était dans l'impossibilité de payer ; le motif cesse dès que la rentrée des fonds qui lui sont dus le met dans une position différente. Carré, art. 126 ; Demiau, art. 125 ; Toullier, — n° 673.

33. Toutefois, si le débiteur vend ou détourne frauduleusement ses biens meubles, s'il aliène les immeubles sur lesquels le créancier n'a pas d'inscription, celui-ci peut le faire déclarer déchu du bénéfice du terme, et faire en conséquence tous les actes conservatoires qu'il juge utiles. Toullier, n° 674. — En un mot, le créancier a le droit d'attaquer en son nom les actes de son débiteur faits en fraude de ses droits. C. civ. 1167.

34. Le créancier conditionnel peut, même avant l'événement de la condition, exercer tous les actes conservatoires. C. civ. 1180. — N'en concluez pas qu'il ait le droit de faire des actes de nature à nuire à la jouissance du débiteur ; ce serait indirectement priver ce débiteur du délai qui lui a été accordé.

35. Mais le créancier conditionnel peut stipuler une hypothèque (C. civ. 2132) ; prendre inscription (2148, 4°) ; interrompre la prescription par un commandement ; produire à l'ordre, sauf à ne toucher la collocation qu'après l'accomplissement de la condition (Toullier, 6, n° 528) ; exercer, à titre d'actes

conservatoires, les droits de son débiteur, autres que ceux attachés à sa personne ( C. civ. 1166 ); prendre inscription au nom de ce dernier ( C. pr. 778 ); intervenir dans l'instance en séparation de biens introduite par la femme contre son mari ( C. civ. 1446 et 1447 ); requérir l'apposition ou la levée des scellés après le décès du débiteur ( C. pr. 909 et 930, Besançon, 9 fév. 1827, S. 27, 129 ); faire procéder à l'inventaire ( 941 , 930 et 909 ); intervenir dans les partages (C. civ. 882); demander la séparation des patrimoines de l'héritier débiteur d'avec ceux du défunt (878), etc. — V. *Créancier* , *Inventaire* , *Ordre* , *Partage* , *Saisie conservatoire* , *Séparation de biens* , *Scellés.*

ACTE *de dépôt.* — *Dépôt.*

ACTE ( *donner* ). Cette locution s'applique à la constatation des aveux, déclarations et consentemens des parties, faite par le juge ou par un officier public. C. pr. 194.

La déclaration du ministère public, qu'il consent à ce qu'il soit donné acte, n'a pas besoin d'être signée. Cass. 3 janv. 1833, D. 34 , 434.

Le jugement qui se borne à donner acte de la reconnaissance d'un écrit privé, est-il un titre exécutoire en vertu duquel on puisse faire l'exécution de ce titre? — V. *Vérification d'écriture.*

— V. *Contrat judiciaire* , *Expédient* , *Homologation* , *Jugement.*

ACTE *d'exécution.* Se dit de l'acte par lequel on accomplit les dispositions d'un jugement ou d'une obligation ; il désigne plus ordinairement l'acte qui tend à cet accomplissement, et que la loi assimile à l'exécution elle-même.

1. L'acte d'exécution est volontaire ou forcé. *Volontaire*, il émane de la partie condamnée ou obligée; il résulte de tout fait de la partie manifestant nécessairement son intention d'adhérer au jugement ou à l'obligation. — V. *Acquiescement.*

*Forcé* , il est provoqué par celui au profit de qui le jugement a été rendu ou l'obligation souscrite.

2. On distingue deux espèces d'actes d'exécution forcée.

3. 1° *Actes d'exécution proprement dits.* Ils ont pour effet de priver le débiteur de la disposition de sa personne, et de le dépouiller de ses biens, pour en attribuer le prix au créancier.

4. Telles sont : la *saisie-exécution* , la *saisie des rentes* , la *saisie-brandon* , la *saisie immobilière* ( — V. ces mots ) , enfin , l'arrestation du débiteur. — V. *Contrainte par corps.*

5. Le procès-verbal de carence rentre dans la même classe ; s'il n'y a pas de meubles, le créancier, en le faisant constater, a fait tout ce qui était en son pouvoir pour arriver à l'exécution. — V. *Jugement par défaut.*

6. Plusieurs conditions sont exigées pour faire des actes d'exécution proprement dits, savoir : un intérêt né et actuel , un titre exécutoire , un commandement préalable , etc.

**7.** A quels actes la loi attache-t-elle l'effet de faire réputer le jugement exécuté? — V. *ibid.*

**8.** 2° *Actes d'exécution improprement dits.* Ils ont pour effet de priver le débiteur de la disposition de ses biens, sans en attribuer immédiatement le prix au créancier. Ce sont des espèces d'*actes conservatoires* (—V. ce mot), comme la *saisie-arrêt*, la *saisie-gagerie*, la *saisie-foraine*, la *saisie-revendication*, qui tendent à conserver l'action plutôt qu'à l'exercer; elles empêchent qu'il ne soit porté préjudice au droit de celui qui les fait pratiquer.

**9.** Ces saisies peuvent se faire sans titre authentique et exécutoire, et en vertu d'une simple permission du juge, quelquefois même sans permission pour la saisie-gagerie. C. pr. 558, 819, 822, 826.

**10.** Mais le créancier ne peut faire procéder à la vente ou entrer en possession des objets saisis qu'après avoir fait déclarer la saisie valable. C. pr. 563, 824, 825, 830, 831.

ACTE *exécutoire.* V. *Exécution, Grosse.*

ACTE *extrajudiciaire.* — V. *Acte judiciaire.*

ACTE *fait en personne.* — V. *Formalités, Mandat.*

ACTE *en forme exécutoire.* C'est celui qui est revêtu de la formule qui confère l'exécution parée. — V. *Exécution, Grosse.*

ACTE *frustratoire.* — V. *Dépens, Frais, Taxe.*

ACTE *d'héritier.* — V. *Bénéfice d'inventaire.*

ACTE *imparfait.* — V. *Copie, Enregistrement.*

ACTE *judiciaire, extrajudiciaire.* On appelle acte judiciaire celui qui se fait en la présence ou sous la surveillance directe ou indirecte du juge. L'acte *extrajudiciaire* est celui auquel le juge ne participe ni par sa présence ni par sa surveillance.

**1.** Les actes judiciaires tendent à faire statuer le juge sur une contestation, tels sont : l'ajournement, l'acte d'appel, une réquisition d'ordre, etc.—Ils ne se passent pas tous en la présence du juge; mais le premier acte de toute procédure judiciaire, c'est-à-dire, la demande, soumet la contestation au juge, l'en saisit, et tous les actes ultérieurs sont censés faits ou en sa présence ou sous son autorité.

**2.** Le but principal des actes extrajudiciaires est de prévenir une contestation, de conserver un droit : telles sont les *offres réelles*, la *consignation.* — V. ces mots. — Quelquefois ils exigent l'intervention du juge; mais ils émanent toujours d'une juridiction gracieuse ou volontaire, comme les nominations de tuteur, les émancipations, les actes des notaires, etc.

**3.** L'acte extrajudiciaire étant privé de l'intervention directe ou indirecte du juge, ne saurait avoir les mêmes effets que l'acte judiciaire. — V. *Aveu, Commandement, Sommation.*

4. Par l'acte judiciaire, la partie, indépendamment des droits généraux accordés par la loi, jouit des droits particuliers qu'elle est censée recevoir de l'intervention directe ou indirecte du juge. Berriat, p. 641.

5. En général, ce n'est que sur une interpellation judiciaire que le silence peut être pris pour un aveu. — V. *Faux, Vérification d'écriture.* Un acte extrajudiciaire n'a point l'autorité de forcer qui que ce soit à s'expliquer sur les interpellations qu'il contient.

6. L'opposition à un jugement par défaut contre partie, formée par acte *extrajudiciaire,* doit être réitérée dans la huitaine par acte *judiciaire,* à peine de nullité. C. pr. 162.

7. L'assistance des avoués est nécessaire pour les actes judiciaires, et inutile pour les actes extrajudiciaires. — V. toutefois *Avoué, Bénéfice d'inventaire.*

8. Quels sont les actes judiciaires contre lesquels on peut se pourvoir par voie d'*appel* ou de *cassation?* — V. ces mots.

9. *Enregistrement.* — V. ce mot.

ACTE *non enregistré.* — V. *Copie, Enregistrement.*

ACTE *notarié.* — V. *Notaire.*

ACTE *de notoriété.* — Attestation d'un fait *notoire* par deux ou plusieurs personnes, devant un officier public. — Se dit encore de l'attestation d'un usage ou d'un point de jurisprudence. — V. *inf.* n°ˢ 4 et suiv.

1. Les actes de notoriété suppléent quelquefois aux actes de l'état civil. Ils sont alors reçus par les juges de paix. — V. *Acte de l'état civil,* § 2, *Juge de paix.*

2. Ordinairement ils sont destinés à établir l'identité d'une personne, ou à constater un fait dont il n'existe plus de preuves écrites. — Souvent les qualités et le nombre des héritiers d'un défunt se prouvent par des actes de notoriété. — V. *Inventaire.* Ils sont alors reçus par les notaires. Arg. L. 25 vent. an 11, art. 20.

3. La notoriété est une *croyance publique* (— V. *Enquête par commune renommée*) qu'il ne faut pas confondre avec le témoignage isolé de deux ou plusieurs personnes sur tel fait qui serait à leur connaissance particulière, sans qu'il fût notoire. Ce témoignage vaudrait comme simple certificat mais ne serait pas aussi imposant que l'acte de notoriété. Cet acte toutefois n'est qu'un renseignement qui peut être détruit par tout autre document qui en ferait reconnaître l'inexactitude.

4. Autrefois les actes de notoriété se donnaient sur des points *de droit* comme sur des points de *fait.* — Les officiers de justice ou les plus anciens avocats d'un siége attestaient un point de coutume ou d'usage. — Les trib. de comm. délivraient,

sous le nom de *parères*, des actes de notoriété sur des points de jurisprudence et d'usage du commerce. — *V. Parères.* — Ces actes de notoriété avaient lieu, soit en exécution d'un arrêt, soit à la requête des parties intéressées. — *V.* Denisart, v° *Acte de notoriété.* — Ils n'étaient autorisés par aucun texte de loi ; mais l'usage les avait rendus très fréquens.

5. L'usage des actes de notoriété sur des points de droit a été aboli par l'art. 1041 C. pr., et d'ailleurs « il est défendu aux juges de prononcer, par voie de disposition générale et réglementaire, sur les causes qui leur sont soumises. » C. civ. 5. — Un trib. ne peut ouvrir son audience que pour les affaires qui lui sont expressément dévolues par la loi ; il faut qu'il y ait contestation existante entre les parties, et soumise au jugement du trib. C. supr. Bruxelles, 10 mai 1816 ; Merlin, *ib.*, v° *Acte de notoriété.* — Ainsi, la C. cass., 14 avr. 1824, S. 24, 131, a annulé un acte de notoriété délivré par le trib. de Guéret pour attester que, d'après l'ancienne jurisprudence suivie dans le pays, on exécutait de telle manière l'ancien droit coutumier en matière de dot.

6. Les juges ne pourraient donc délivrer d'actes de notoriété, soit sur la demande des parties, soit en exécution d'un jugement rendu par un autre trib., même s'il s'agissait de constater l'existence d'un *usage*, dans les cas prévus par les art. 593, 643, 671, 674, 1648, 1736 et 1757 C. civ. — On devrait alors procéder à une enquête dans les formes ordinaires. Mêmes autorités. — *Contrà*, Bruxelles, 15 fév. et 24 juill. 1810, S. 40, 87 ; Favart, v° *Acte de notoriété* ; Pigeau, 1, 440.

Mais les parties, pour éviter les frais d'une enquête, peuvent produire, sauf discussion, et les trib. admettre, comme base de leur décision, les attestations de notables sur les usages du pays.

7. Lorsque les trib. français ont à prononcer d'après des lois étrangères, spécialement sur la question de savoir si un mariage contracté en pays étranger a été célébré dans les formes prescriptes dans le pays ; ou en matière de lettres de change tirées de France sur l'étranger, et de l'étranger sur la France ; la législation, la jurisprudence et les usages de ce pays peuvent être attestés aux juges français par un acte de notoriété délivré par les autorités locales, et dans les formes voulues par la loi du pays. Mais cet acte n'est considéré que comme un simple renseignement qui ne saurait lier les juges.

8. L'acte de notoriété a la force d'une preuve légale dans le cas des art. 70, 71, 72, 155 C. civ.

Il supplée l'intitulé de l'inventaire dans lequel se trouvent désignés les ayant-droit à une succession, il doit contenir les indications qu'aurait données l'intitulé lui-même sur la personne des héritiers, et les dispositions universelles et à titre universel que le défunt a faites.

**9.** Il est nécessaire, 1° au légataire universel, avant de se faire envoyer en possession, pour établir que le testateur est décédé sans héritier à réserve.

**10.** 2° A l'enfant naturel, et à l'épouse successible. Il ne suffirait pas, lorsqu'il n'y a point de parens ; un inventaire serait indispensable. C. civ. 769, 773.

**11.** L'acte de notoriété est également nécessaire, 1° pour rectifier les erreurs commises dans l'intitulé de l'inventaire, par exemple, quand on a exprimé d'une manière inexacte les noms, prénoms, professions et demeures de quelques-uns des héritiers et ayant-droit, ou leur degré de parenté avec le défunt ; quand on a commis quelques erreurs dans la quotité des biens de la succession revenant à un ou plusieurs des héritiers; quand on a omis complètement l'un des héritiers, soit qu'on l'ait dit mort, soit que n'étant pas sur les lieux où se faisait l'inventaire, son existence n'ait pas été reconnue.

**12.** 2° Pour rectifier un inventaire, lorsqu'il n'est pas possible de réunir les parties, et de leur faire passer, à la suite de l'inventaire, un acte établissant les rectifications.

Cette impossibilité se rencontre, par exemple, lorsqu'il s'agit de faire rejeter de l'inventaire un individu dont l'existence n'était pas reconnue au moment de l'ouverture de la succession (C. civ. 136), et que par conséquent on a admis au nombre des héritiers. Et la rectification, dans le cas, d'après l'usage du trib. de la Seine, est prononcée par jugement sur requête, sur le vu de l'acte de notoriété. —Si l'acte de notoriété concernait un héritier omis dans l'inventaire, il faudrait le faire suivre d'une action en pétition d'hérédité, au cas où les autres héritiers ne voudraient pas consentir à la rectification de l'intitulé d'inventaire, c'est-à-dire, reconnaître les droits du nouvel héritier.

Dans tous les cas, l'acte de notoriété doit être fait à la suite de l'inventaire, s'il est reçu par le même notaire, ou être représenté au notaire qui a la minute de l'inventaire. S'il a été reçu par un autre, il en est ordinairement fait mention en marge de l'intitulé afin qu'il ne puisse être délivré aucun extrait de cet intitulé, sans l'expédition de l'acte qui le rectifie. —V. *Inventaire.*

**13.** 3° Pour rectifier les erreurs commises au grand-livre de la dette publique, dans l'indication des nom et prénoms d'un créancier de l'État. L. 8 fruct. an 5, art 1er ; arrêté, 27 frim. an 11. — L'acte de notoriété doit être joint à la pétition que le créancier présente à cet effet. Il est délivré, sur la déclaration de deux témoins, par un notaire qui en garde minute.

**14.** 4° Pour faire inscrire, au nom d'un héritier, les rentes qu'une personne décédée avait sur l'Etat, lorsqu'il n'y a eu ni inventaire, ni partage, ni transmission gratuite par acte entre vifs ou par testament. L. 28 flor. an 7, art. 6. — Afin d'établir la qualité d'héritier de celui qui demande l'inscription en son nom. L'acte est délivré sur l'attestation de deux témoins par le juge de paix du domicile du défunt.

L'acte de notoriété, dans ce cas, prend aussi le nom de certificat de propriété; les mutations ne peuvent s'opérer que sur certificats de propriétés. — Dans l'usage, et sans difficultés de la part du trésor, l'acte de notoriété est reçu par un notaire qui délivre ensuite certificat de propriété, sans qu'il soit besoin d'avoir recours au juge de paix. Arg. Cass. 28 janv. 1828.

**15.** *Enregistrement.* Les actes de notoriété sont soumis à un droit fixe de 2 fr. L. 28 avr. 1816, art. 43. — Il n'est dû qu'un seul droit, encore bien que plusieurs faits soient attestés, relativement à la même personne ou au même objet.

— V. *Absence, Acte de l'état civil, Juge de paix.*

**16.** *Formules.* — V. *Acte de l'état civil, formule 1.*

ACTE *passé en pays étranger.* — V. *Etranger, Exécution.*

ACTE *privé.* Acte passé ou souscrit sans l'intervention d'un officier public. — V. *Copie, Enregistrement, Exécution, Timbre, Vérification d'écriture.*

ACTE *de procédure.* Acte fait pour l'instruction d'un procès.

ACTE *public.* Acte émané d'une autorité publique ou reçu par un fonctionnaire ayant qualité à cet effet.

ACTE *respectueux.* Acte par lequel un enfant demande, pour se marier, le conseil de ses père et mère ou autres ascendans.

**1.** *Enfans tenus de faire des actes respectueux.* Les enfans qui ont atteint la majorité fixée pour le mariage, c'est-à-dire 25 ans accomplis pour les fils et 21 ans pour les filles, doivent, avant de se marier, demander le conseil de leurs père et mère; lorsque leurs père et mère sont morts ou dans l'impossibilité de faire connaître leur volonté, ils doivent s'adresser à leurs aïeux et aïeules. C. civ. 151.

**2.** Jusqu'à trente ans pour les fils (C. civ. 153); — et *vingt-cinq ans* pour les filles, l'acte respectueux sans lequel il n'y a pas de consentement au mariage, est renouvelé deux autres fois de mois en mois. Bordeaux, 22 mai 1806, S. 7,769; Paris, 19 sept. 1815, S. 16, 343. — V. *inf.* n° 51.

**3.** Un mois après le troisième, il peut être passé outre à la célébration du mariage. Les fils, à l'âge de 30 ans, et les filles à celui de 25 ans accomplis, n'ont besoin que d'un seul acte, et leur mariage peut avoir lieu un mois après. C. civ. 153. Paris, 21 sept. 1813; Toullier, 1, n° 548; Hutteau, p. 234.

**4.** Il en est de même de l'enfant naturel légalement reconnu. C. civ. 158. — Mais seulement à l'égard de ses père et mère. C. civ. 756.

**5.** L'enfant adoptif n'ayant besoin pour se marier que du consentement de ses ascendans naturels, est, par cela même, dispensé d'adresser des actes respectueux à ses père et mère adoptifs. Arg. C. civ. 348; Duranton, 5, n° 308.

**6.** Lorsque les enfans sont dans l'impossibilité de requérir le conseil de leurs ascendans ; par exemple, si les ascendans sont absens ou dans un état d'interdiction judiciaire ou légale, il suffit qu'ils fassent constater cette impossibilité. Circ. min. just. 11 mess. an 12; Paris, 26 avr. 1856 (Art. 390 J. Pr.).

**7.** Toutefois, l'omission de l'acte respectueux n'est point une cause de nullité d'un mariage contracté, sauf la responsabilité de l'officier de l'état civil. C. civ. 157.

**8.** *Forme de l'acte respectueux.* Les notaires seuls peuvent rédiger les actes respectueux : dépositaires des secrets de famille, leur caractère les rend interprètes des enfans auprès de leurs ascendans. C. civ. 154. — Autrefois les huissiers faisaient quelquefois ces sortes d'actes. Denisart, v° *Sommation respectueuse.*

**9.** Doit-on suivre, dans la rédaction, les formalités indiquées par la loi du notariat de préférence à celles relatives aux exploits des huissiers? La loi du 25 vent. an 11 règle la forme de tous les actes qui sont reçus par les notaires : aucun texte ne déroge à cette loi pour les actes respectueux, et d'ailleurs, « cet acte, porte l'exposé des motifs, n'aura ni la dénomination ni les formes judiciaires. »

**10.** Ainsi les prohibitions de parenté entre les notaires ou avec les témoins, les qualités de ces derniers, les énonciations que doit renfermer l'acte respectueux, etc., tous ces points sont régis par la loi du notariat.

**11.** Le notaire n'emploiera que des expressions convenables au but qu'il se propose; des injonctions déplacées, des termes outrageans, détruiraient l'essence de l'acte : il cesserait d'être respectueux, et serait nul. *Exposé des motifs.*

**12.** Ainsi est nul l'acte par lequel l'enfant a *sommé*, *requis* ou *interpellé* ses parens de lui donner leur consentement, sans y joindre des expressions portant le caractère du respect : — Par exemple, s'il a *requis et sommé ses père et mère,* avec tout le respect qui leur est dû, de consentir au mariage *qu'il est dans la ferme résolution* de contracter, ajoutant que, malgré leur refus, *il agira comme s'ils avaient donné leur consentement* : pour quoi *il protestait.* Cass. 24 déc. 1807, S. 7, 1049 ; Besançon, 30 juill. 1825, D. Alp. 10, 42, n° 2 ; Bruxelles, 4 nov. 1824, D. *ib.*, 10, 40, 41, n° 1 ; Amiens, 8 avr. 1835, D. 53, 56.

**13.** Mais ne suffirait pas pour faire annuler l'acte : 1° Le mot *sommation,* s'il était accompagné de termes révérentiels. Cass. 4 nov. 1807, S. 8, 57 ; Rouen, 6 mars 1806, S. 6, 104.

**14.** 2° La *protestation* que, sur la réponse négative du père, l'enfant se pourvoira par toutes *voies de droit*, si d'ailleurs le reste de l'acte est rédigé dans des termes convenables. Cass. 24 déc. 1807, S. 7, 1049.

**15.** Doit-on annuler un acte respectueux, en tête duquel le notaire aurait mentionné la procuration donnée par l'enfant de faire *et réitérer tous actes respectueux requis* alors même que la procuration aurait été renouvelée? Peut-on considérer ces expressions comme manifestant l'intention de n'avoir aucun égard aux conseils que donnerait l'ascendant? Cette décision serait bien rigoureuse. De ce que l'enfant prévoit dans la procuration que tous les actes respectueux seront nécessaires, il n'en résulte pas qu'il repousse les conseils qui pourront lui être donnés sur le premier acte respectueux. — V. *inf.* n° 27.

**16.** C'est le *conseil* des père et mère qui doit être demandé. C. civ. 151. — Cependant la demande de leur *consentement* serait équivalente. L'une comme l'autre met l'ascendant à même de manifester sa volonté : d'ailleurs, la loi elle-même emploie indifféremment les deux expressions. C. civ. 153, *même arrêt;* Toulouse, 27 juin et 24 juill. 1821, S. 22, 98 et 99 ; Amiens, 8 avr. 1825, S. 25, 425. — Mais le notaire qui a reçu une procuration pour demander le conseil d'un ascendant, ne fait pas un acte respectueux valable lorsqu'il se borne à notifier une copie de cette déclaration, sans énoncer la demande de conseil. Bruxelles, 30 janv. 1813, D. 10, 38, n° 5. — V. d'ailleurs *inf.* n° 29.

**17.** L'acte respectueux doit contenir : 1° Les nom, prénoms, âge, qualité et demeure de l'enfant, sa présence ou celle de son mandataire, lorsqu'elles ont lieu, et l'objet de sa demande, avec les nom, prénoms, âge, qualité et demeure de la personne qu'il a l'intention d'épouser. — V. *inf.* n° 24. — 2° La notification de la demande aux ascendans et leur réponse. — 3° La remise des copies et les signatures de l'original et des copies.

**18.** L'acte respectueux et le procès-verbal de sa notification sont deux actes distincts qui doivent, chacun séparément, réunir les caractères essentiels à leur perfection. Aussi il a été jugé que l'acte respectueux reçu par un seul notaire devait, à peine de nullité, être signé par deux témoins. Il ne suffirait pas que leurs signatures fussent apposées à l'acte de notification. Toulouse, 2 fév. 1830, S. 30, 177.

**19.** *Notification de l'acte respectueux.* Elle a lieu, à peine de nullité, par deux notaires, ou par un notaire et deux témoins. Un huissier n'aurait pas caractère à cet effet. C. civ. 154. Favard, v° *Acte respectueux*, n° 3.

**20.** Le notaire en second ou les témoins doivent être présens. Tel est l'usage. Arr. règlem. parl. Paris, 27 août 1692.

**21.** La présence de l'enfant en personne n'est pas nécessaire; cette comparution, souvent difficile à raison de l'éloignement,

ne serait pas sans inconvéniens ; on ne peut suppléer au silence
de la loi. Bordeaux , 22 mai 1806 , S. 7, 768 ; Cass. 4 nov.
1807, S. 8, 57; Caen, 27 juill. 1818; D. A. 10, 38; Amiens, 10
mai 1821 , D. 10, 35 , n° 1 ; Rouen, 7 oct. 1824 ; Douai , 5
sept. 1835 ( Art. 202 J. Pr. ) ; Paris, 26 avr. 1836 ( Art. 390
J. Pr. ) ; Malleville , 1 , p. 174 ; Merlin, *Rép.* v° *Sommation
respectueuse; Duranton, 2 , p. 111. — Contrà, Caen , 1er prair.*
an 13, S. 5, 143; Pothier, *Mariage,* 11, 340; Delvincourt, 1, 118.

**22.** Un ascendant ne peut pas non plus exiger que l'enfant
qui fait notifier l'acte respectueux à son domicile, se transporte
en une maison tierce pour y recevoir sa réponse. Bruxelles,
18 juill. 1808, S. 9, 85.

**23.** Toutefois, si l'ascendant forme opposition au mariage
de sa fille en prétendant que ce n'est pas librement qu'elle lui
a fait adresser des actes respectueux, on peut ordonner qu'elle
sera entendue par le magistrat, en la chambre du conseil, à l'effet de savoir si elle persiste dans ses démarches : cette mesure
n'a rien de contraire à la loi ni à la liberté. Vazeille, n° 140.—
*Contrà,* Bruxelles, 4 avr. 1811; Rouen, 17 janv. 1820, D.
Alp. 10, 30 et 40, n° 1.

**24.** Il y a mesure arbitraire si les juges ordonnent que la fille
sera tenue de se retirer dans une maison qui lui est indiquée,
et d'y rester pendant un temps plus ou moins long, pour pouvoir s'assurer que sa volonté est libre, et sans pouvoir être visi-
tée par l'homme qu'elle veut épouser, ni par aucun membre de
la famille de ce dernier. Cass. 21 mai 1809, S. 9, 199; Caen,
26 août 1824, D. 10, 30, n° 1; Agen, 27 août 1829, D. 32,
37.—*Contrà,* Montpellier, 31 déc. 1821, S. 22, 247.

**25.** Mais les actes respectueux faits par une fille retirée avec
son amant peuvent être déclarés nuls pour défaut de liberté.
Aix, 6 janv. 1824, S. 25, 526.

**26.** La notification est valablement faite à la requête du fondé
de pouvoir de l'enfant. Paris, 10 mars 1825; Amiens, 17 frim.
an 12, S. 4, 86.

**27.** Il suffit d'une seule procuration pour les trois actes respectueux. Caen, 11 avr. 1822; 24 fév. 1827, S. 28, 51; Rouen,
7 oct. 1824; Merlin, *Quest. Dr.,* v° *Acte respectueux.* — *Contrà ,*
Bruxelles, 3 avr. 1823, S. 25, 375; Rouen, 19 mars 1828, S.
28, 114. — V. *sup.* n° 15, s'il est prouvé que l'enfant a connu
la réponse de ses père et mère. Douai, 8 janv. 1828. — V. *inf.*
n° 52.

**28.** Les notaires n'ont pas besoin d'un pouvoir spécial : la
loi ne l'exige pas. Ces officiers publics pour ces sortes d'actes
sont crus jusqu'à *désaveu.* (—V. d'ailleurs ce mot, n° 43). Liége,
2 déc. 1812; 20 janv. 1813; Hutteau, p. 238; Vazeille, p. 141.
— Pour prévenir toute difficulté, les notaires sont dans l'usage

de rédiger d'abord l'acte respectueux, et de le faire signer par l'enfant.

**29.** Le notaire constitué *mandataire* de l'enfant, à l'effet de dresser les actes respectueux, ne peut lui-même notifier ces actes. Le mandat qu'il reçoit lui fait perdre la qualité indépendante de fonctionnaire public. Douai, 8 janv. 1828.

**30.** L'acte respectueux doit être notifié à chacun des ascendans dont le consentement est nécessaire, parce que ce sont des personnes distinctes, ayant un conseil différent à donner, et qu'il est indispensable de constater leur dissentiment. C. civ. 148, 150 et 151; Bruxelles, 5 mai 1808, S. 9, 84.

**31.** La notification serait insuffisante si l'on s'était adressé au mari seulement, *tant* EN SON NOM qu'*en celui de son épouse*. Douai, 25 janv. 1815, S. 16, 114.

**32.** Toutefois, il suffit d'un seul original pour deux époux qui habitent ensemble. Bruxelles, 19 janv. 1822, S. 25, 376.

**33.** Mais s'ils sont séparés judiciairement, la notification doit se faire au domicile de chacun d'eux.

**34.** S'il existe une séparation de fait, comme la loi exige d'une manière spéciale que la volonté des ascendans soit recueillie d'une manière distincte, il est mieux de faire notifier l'acte tant au domicile du mari qu'à celui choisi par la femme. Arg. 148, 150, 151.

**35.** Lorsque la mère est remariée, l'acte doit être notifié à elle seule, et non à son nouveau mari, dont le consentement n'est nullement nécessaire pour le mariage.

**36.** L'acte n'a besoin d'être notifié qu'au domicile de l'ascendant et non à sa personne : en s'éloignant, l'ascendant éluderait le but de la loi, et rendrait le mariage impossible. Bruxelles, 21 frim. an 13, S. 5, 52; Caen, 12 déc. 1812, S. 13, 157; Douai, 22 avr. 1819, S. 20, 116; Toulouse, 27 juin et 24 juill. 1821, S. 22, 98, 99; Amiens, 10 mai 1821 et 8 avr. 1825, S. 25, 425; Pau 1er mai 1824; Lyon, 28 oct. 1827; Cass. 11 juill. 1827, S. 27, 473; Toullier, nos 494, 495; Vazeille, no 136; Delvincourt, 1, p. 204; Duranton, 1, no 549.

**37.** L'enfant n'est pas tenu d'adresser à ses ascendans une sommation pour les constituer en demeure de se trouver chez eux le jour et à l'heure de la notification qu'il se propose de leur faire; ce serait créer une formalité que la loi n'a point prescrite. Angers, 10 mars 1813, S. 15, 65; Toulouse, 12 juill. 1821, D. 22, 70.

**38.** Mais s'il était prouvé que l'enfant a pris des mesures pour que ses ascendans ne fussent pas rencontrés dans leur domicile, les juges seraient fondés à annuler l'acte. *Même arrêt.*

**39.** Il est convenable, mais il n'est pas nécessaire, que le notaire fasse ses efforts pour trouver les ascendans et leur adresser

personnellement la notification, et qu'il constate les démarches
qu'il a pu faire à ce sujet. Cass. 11 juill. 1827, S. 27, 475. —
*Contrà*, Caen, 12 déc. 1812; Bruxelles, 2 avr. 1825. S. 13,
157, 25, 574.

40. Quelques notaires sont dans l'usage, s'ils ne trouvent pas
l'ascendant, de lui laisser une copie dans laquelle on lui déclare
qu'on reviendra tel jour, à telle heure, chercher sa réponse. Si
au jour indiqué l'ascendant est alors absent de son domicile,
la copie lui est encore laissée, après avoir attendu quelque
temps; ce qui est constaté. Ces précautions sont moins nécessaires lorsque l'acte respectueux doit être renouvelé.

41. Si les ascendans ont changé de domicile, la notification
des actes respectueux doit avoir lieu à leur nouveau domicile. —
Peu importe qu'ils n'aient pas fait de déclaration de changement
de domicile, pourvu que l'enfant en ait eu connaissance. Paris,
10 mars 1825; Cass. 4 avr. 1857 (Art. 1028 J. Pr.).

42. La notification de l'acte respectueux est constatée par
un procès-verbal. C. civ. 154. — Ce procès-verbal doit être rédigé en minute et non en brevet. Hutteau, p. 238.

45. Les réponses des père et mère sont mentionnées séparément. — V. *sup.* 50 et 51.

44. Les père et mère dont l'avis serait contraire au mariage
ne sont pas obligés d'en donner les motifs. Le refus de répondre suffit; il en est fait mention. Toullier, 1, n. 549.

45. La loi n'impose pas l'obligation de laisser aux ascendans
copie des actes respectueux; mais la nature même de l'acte
exige cette formalité, qui est constamment accomplie dans l'u-
sage, et dont l'omission entraîne, d'après la jurisprudence, la
nullité de l'acte. Massé, 3, 13.

46. Mais est-il nécessaire qu'une copie soit laissée à chacun
des ascendans, lorsque ce sont deux époux? L'affirmative semble résulter de la nécessité de la notification de l'acte respectueux à chacun des deux époux : néanmoins, on ne voit pas
sous quel rapport une copie séparée serait utile à chacun des
deux époux, puisque l'acte respectueux ne peut donner lieu,
de la part des ascendans, qu'à une demande en nullité, demande
que la femme ne pourrait seule intenter. Bruxelles, 28 janv.
1824. — *Contrà*, Caen, 12 déc. 1812; Paris, 10 mars 1825.

47. Lorsque l'ascendant ne se trouve pas chez lui, la copie
doit être remise à ses parens ou domestiques, et, à défaut de
ceux-ci, au voisin ou au maire. C. pr. 68; Pau, 20 janv. 1824.
—Dans ce dernier cas, le visa du maire, exigé pour les exploits
en général, n'est pas nécessaire. Rouen, 17 oct. 1824.

48. La copie laissée aux ascendans doit-elle être signée tant
du notaire que des témoins? —Pour l'affirmative, on dit : aux
termes de l'art. 154 C. civ., l'acte respectueux doit être notifié

par un notaire et *deux témoins*. La loi ne se sert pas des mots en présence ou assisté de témoins. — Les témoins sont donc coopérateurs de l'acte, et leur coopération ne peut être prouvée que par leur signature tant sur l'original que sur la copie. — Mais on répond : les notaires ne sont point assujettis à faire signer les copies de leurs actes par les témoins qui y ont assisté ; il faudrait, dans l'espèce, une disposition expresse. Les huissiers eux-mêmes ne sont assujettis à faire signer par leurs recors les copies qu'ils délivrent que dans certains cas spéciaux prévus par la loi. Toulouse, 7 juin 1830, S. 30, 242 ; Paris, 26 avr. 1836 (Art. 390 J. Pr.).—*Contrà*, Bordeaux, 12 fruct. an 13, S. 7, 769 ; Paris, 12 fév. 1841 , S. 11, 471 ; Merlin, *Quest. dr.*, v° *Acte respectueux*, n° 6, Arm. D., v° *Actes respectueux*, n° 94.

**49.** S'il y a un notaire en second, l'usage est qu'il signe la copie ; mais le défaut de signature n'emporte pas nullité. **Pau,** 1er mai 1824.

**50.** La remise de la copie doit-elle être constatée par le procès-verbal de notification ? Cette formalité n'est pas exigée à peine de nullité. Bruxelles, 18 juill. 1808, S. 9, 85. — *Contrà*, Hutteau, p. 240.—Toutefois, c'est uniquement de l'acte respectueux et non du procès-verbal de notification qu'il doit être laissé copie. Bruxelles, 5 mai 1808, S. 9, 84.

**51.** *Renouvellement de l'acte respectueux.* Ce renouvellement (*V. sup.* n° 2 ) cesse d'être nécessaire toutes les fois que, en cas de dissentiment entre les ascendans, la voix prépondérante est pour le mariage (Arg. C. civ. 148, 150). Alors le dissentiment est suffisamment constaté par un seul acte respectueux fait à l'ascendant ou aux ascendans qui refusent de consentir. Lorsqu'il y a consentement du père, il suffit d'un acte respectueux à la mère. Vazeille, n° 134 ; Hutteau, p. 234 et 235.

**52.** Chaque acte doit constater la connaissance que l'enfant a eue de la réponse de ses père et mère, et indiquer que c'est malgré leurs conseils qu'il a persisté dans son projet de mariage. Douai, 8 janv. 1828, S. 28, 185.

**53.** Le délai d'un mois, qui doit exister d'un acte respectueux à l'autre, et du dernier acte à la célébration du mariage, s'entend *de quantième à quantième*, c'est-à-dire du jour où le précédent acte a été fait au jour correspondant du mois prochain. Ainsi, les actes seront valablement faits les 15 avr. , 15 mai et 15 juin. Ici ne s'applique pas la règle, *dies termini non computantur in termino.* Paris, 19 oct. 1809, S. 10, 274 ; Duranton, t. 2, n° 107 ; — *Contrà*, Delvincourt, 1, 118. Hutteau, 235.

**54.** Mais la notification du second ou du troisième acte respectueux est valablement faite plusieurs jours après l'expiration du mois. Les délais exigés entre les différens actes respectueux ont pour but de donner à l'enfant le temps de réfléchir

6.

sur·la détermination qu'il va prendre. Il n'y a donc aucun inconvénient à le prolonger. Liége, 20 janv. 1813. Cependant, il est dans l'esprit de la loi que les actes ne soient pas trop isolés les uns des autres, afin que, par leur succession non interrompue, les ascendans reconnaissent que leur enfant persiste dans son projet.

**55.** La demeure des témoins est ordinairement indiquée dans chaque acte de notification. Néanmoins, lorsque les témoins aux trois actes sont les mêmes, ces actes ayant une certaine relation entre eux, l'énonciation de leur demeure dans un seul a été jugée suffisante. Bruxelles, 11 avr. 1810, S. 10, 304; Paris, 12 fév. 1811, S. 11, 471. — *Contrà*, D., v° *Actes respectueux*, n° 118.

**56.** Tant que le mariage n'est pas célébré, les ascendans peuvent encore déférer aux tribunaux les motifs de leur refus, en faisant statuer sur leur opposition.

**57.** La nullité des actes respectueux peut être opposée *en* tout état de cause sur l'instance en opposition au mariage ; c'est une nullité d'ordre public. Rennes, 2 mars 1825.

**58.** *Timbre et enregistrement*. L'acte respectueux et la notification peuvent se faire sur une seule feuille de papier timbré.

**59.** Mais lorsqu'il y a lieu de réitérer l'acte respectueux, chaque acte doit être fait sur une feuille séparée.

**60.** La copie laissée aux ascendans peut être sur papier *minute*; tel est l'usage.

**61.** L'acte respectueux est soumis au droit fixe de 1 fr , L. 22 frim. an 7, art. 68 , § 1; Délib. rég. 10 janv. 1822. — Peu importe qu'il constate le consentement au mariage.

**62.** L'enregistrement a lieu dans le délai de 10 ou 15 jours, comme pour les actes notariés ordinaires.

**63.** La copie peut être délivrée avant l'enregistrement. Cette exception à la règle générale pour le notariat résulte nécessairement de ce que la remise doit être constatée par l'acte même.

## FORMULES.

### FORMULE I.

(C. civ. 151 et suiv. — Tarif, 168, 169. — Coût, 9 fr. par vacation de 3 h.)

*Acte respectueux.*

L'an          , le          , heure de          en l'étude de Me et par-devant le dit Me                    , et Me                    , son collègue, notaires à la résidence de                    , soussignés, est comparu M. Jules Leblanc, âgé de vingt-six ans, né à          le                    demeurant à rue          , fils de M. Charles Leblanc, propriétaire, et de dame Marie Gauthier, son épouse, demeurant à                    , rue

Lequel a, par ces présentes, déclaré qu'il supplie respectueusement lesdits sieur et dame          , ses père et mère, de lui donner leur conseil sur le mariage qu'il se propose de contracter avec mademoiselle Julie Desroches, demeurant à          rue                    , fille de Armand Desroches, propriétaire, et de dame Sophie Lambert, son épouse, demeurant à

Requérant qu'il soit procédé incessamment par les notaires soussignés (ou par M⁰         , notaire, en présence de témoins), à la notification du présent acte respectueux, conformément à la loi.

Fait et passé les jour, mois et an, et dans le lieu susdits.

Lecture faite, le comparant a signé avec les notaires.          *(Signatures).*

### Notification.

Et le *(mettre la date avec le jour de la semaine, qui ne doit pas être celui d'une fête légale),* heure de

Lesdits M⁰ˢ          notaires à la résidence de soussignés,

*(Ou bien ledit M⁰          notaire à la résidence de soussigné, assisté de M.          , demeurant à          , et de M.          , demeurant à          , témoins aussi soussignés ).*

A notifié, etc.          aux sieur et dame Leblanc, en leur demeure, sise à          , rue          nᵒ          , en parlant à leurs personnes

*( Ou parlant à une femme trouvée dans l'appartement, qui a dit être domestique des sieur et dame Leblanc, et a refusé de dire son nom ; Ou au sieur M.          , portier de la maison des sieur et dame Leblanc ; Laquelle ou lequel a déclaré que les sieur et dame Leblanc étaient sortis.)*

L'acte respectueux en la date du          , dont la minute est en tête des présentes ( ou du          , dont la minute précède, et qui sera soumis à la formalité de l'enregistrement, avant ou en même temps que le présent procès-verbal).

Les sieur et dame Leblanc, engagés à répondre à la demande contenue au même acte, ont dit, savoir : le sieur Leblanc, qu'il avait déjà donné à son fils les conseils qu'il semblait lui demander aujourd'hui, et que, par les motifs qu'il lui a fait connaître, il ne veut point donner son consentement à ce mariage,

Et la dame Leblanc, que son fils sait bien par quelle raison elle ne consent pas à ce mariage, et qu'il est inutile de les déduire ici ;

Et ont, les sieur et dame Leblanc, signé après lecture faite.          *(Signatures.)*

Fait et dressé en la demeure desdits sieur et dame Leblanc le présent procès-verbal, dont copie en forme, précédée de celle de l'acte respectueux, a été à l'instant laissée aux sieur et dame Leblanc, et à chacun séparément, par lesdits notaires *( ou par ledit notaire, en présence des témoins ),* lesdits jour et an.

Nota. *Dans la copie, au lieu des mots, dont copie en forme, on met : dont la présente copie.*

*Cette copie est signée des deux notaires ou du notaire, et des témoins qui l'assistent.*

*Dans le cas où les père et mère sont absens, on termine ainsi : dont copie a été laissée séparément aux sieur et dame Leblanc, entre les mains de ladite domestique ou dudit portier, laquelle ou lequel requis de signer, a répondu ne le savoir.*

*Si les père et mère ne veulent pas signer, ou ne savent pas signer, on met :*

*Lesdits sieur et dame Leblanc, requis de signer, ont déclaré ne le vouloir, ou ne le savoir.*

### FORMULE II.

### Acte et notification simultanés.

L'an          , le          dix heures du matin, sur la réquisition de M. Jules Leblanc, âgé de vingt-six ans, né à          le          , demeurant          etc., fils de M. Charles Leblanc, propriétaire, et de dame Marie Gauthier, son épouse, demeurant à          ;

M⁰          et M⁰          son collègue, notaires à          se sont transportés en la demeure des sieur et dame Leblanc ;

Et là, M. Leblanc, en présence des notaires soussignés, a supplié respectueusement les sieur et dame ses père et mère de lui donner leur conseil sur le mariage qu'il se propose de contracter avec mademoiselle Julie Desroches, demeurant à          , fille de M. Armand Desroches, et de dame Sophie Lambert son épouse, demeurant à          ; requérant qu'il lui soit donné acte ses dires et comparution, et que notification en soit faite aux sieur et dame ses père et mère ; et a signé après lecture faite. *(Signatures.)*

A quoi les sieur et dame Leblanc ont répondu que, etc., et ont signé après lecture faite. *(Signatures.)*

Et à l'instant les notaires soussignés ont clos ce présent procès-verbal, revêtu des signatures des parties, au-dessous de leurs dires respectifs, et qu'ils ont eux-mêmes signé; lecture faite; et duquel, en conséquence de la réquisition de M. Leblanc, ils ont, par la notification de l'acte respectueux qu'il renferme, et sans désemparer, laissé copie aux sieur et dame Leblanc, père et mère.

NOTA. *S'il y a un mandataire, on donne copie de la procuration qui est mentionnée et annexée au procès-verbal.*

FORMULE III.

*Renouvellement.*

Les renouvellemens ne diffèrent que par quelques légers changemens.

Dans l'acte respectueux, au lieu de cette formule : *lequel a, par ces présentes, déclaré supplier respectueusement,* on emploie celle-ci :

Lequel renouvelant les dispositions de l'acte respectueux qu'il a fait par le ministère des notaires soussignés, le         et qu'ils ont notifié le lendemain, selon leur procès-verbal enregistré ( ou *des actes respectueux qu'il a faits par le ministère des notaires soussignés, le         , et qu'ils ont notifiés les         , selon leurs procès-verbaux enregistrés* ), a, par ces présentes, déclaré de nouveau supplier respectueusement, etc.

Dans la notification, à ces mots : *l'acte respectueux en date du* on substitue ceux-ci : *l'acte respectueux fait par renouvellement en date du*

On y remplace la formule : « *Les sieur et dame Leblanc engagés à répondre* , par celle-ci : *Les sieur et dame Leblanc engagés à faire une nouvelle réponse,* ont dit, etc. »

ACTES *de l'état civil.* On appelle ainsi les actes destinés à constater les naissances, adoptions, reconnaissances d'enfans, mariages et décès.

## DIVISION.

§ 1. — *Notions générales.*

1. L'état des personnes intéresse la société tout entière ; des officiers publics le constatent sur des registres cotés par première et dernière , et paraphés sur chaque feuille par le président du trib. civil, ou par le juge qui le remplace.

2. Dans le mois de la clôture annuelle des registres, l'un des doubles , et les pièces y annexées, sont déposés au greffe

du trib. de 1re inst. de l'arrondissement : l'autre reste aux archives de la commune. C. civ. 43, 44.

3. Le procureur du roi est tenu de vérifier l'état des registres lors du dépôt, de dresser le procès-verbal sommaire de la vérification, et de poursuivre les contraventions ou délits commis par les officiers de l'état civil. C. civ. 53; ordonn. 6 nov. 1823.

4. Les registres sont publics; tous les citoyens ont le droit d'en requérir la communication, et de s'en faire délivrer des copies sans aucune formalité de justice (C. civ. 45), à la différence des actes notariés. — V. *Compulsoire.*

5. Les extraits sont délivrés par les dépositaires des registres, c'est-à-dire, soit par le greffier du trib. civil, soit par le maire ou par un adjoint; ils ne peuvent être signés par les secrétaires des mairies. Av. Cons. d'État, 2 juill. 1807.

Quant aux droits à percevoir par les dépositaires des registres pour la délivrance des extraits, — V. *Copie.*

6. Les extraits délivrés conformes aux registres et légalisés par le président du trib. civil, ou par le juge qui le remplace, font foi jusqu'à inscription de faux (C. civ. 45), non seulement à l'égard de ce que l'officier de l'état civil atteste *ex propriis sensibus*, mais encore à l'égard des déclarations émanées des témoins ou des déclarans. D., *Actes de l'état civil*, n° 84. — *Contrà*, Duranton, 1, n° 301. — Les trib. ne peuvent admettre la preuve testimoniale outre et contre ce qui y est contenu. Locré, 2, 56.

7. Ces actes ne sont pas le seul mode de preuves; l'état civil peut encore, suivant les circonstances, être constaté par la possession (C. civ. 198, 321), par des papiers domestiques et par témoins. *Ib.* 323, 324. — V. *inf.* § 2.

8. En général, l'irrégularité des actes de l'état civil donne lieu de les rectifier, et non de les annuler : il eût été injuste de faire dépendre l'état des citoyens de la négligence ou de la malveillance des officiers de l'état civil. Tronchet, *Procès-verbal*, 6 fruct. an 9; Locré, 1, 29; Toullier, 1, n° 341. — V. *inf.* § 3.

9. Les trib. civils sont seuls compétens pour statuer sur les réclamations d'état. C. civ. 326. — L'action criminelle contre un délit de suppression d'état ne peut commencer qu'après le jugement définitif sur la question d'état (*Ib.* 327). — V. toutefois, en matière de mariage, C. civ. 198.

10. Les questions d'état doivent être communiquées au ministère public. C. pr. 83.

11. Les noms patronimiques qui ne sont pas conformes à l'usage peuvent être changés par un jugement, rendu sur requête. L. 11 germ. an 11, tit. 1, art. 2 et 3.

Les noms de famille sont changés par ordonnance royale, rendue sur une requête motivée, le Cons. d'Etat entendu. — *Ib.* art. 4 et 5. — L'ordonnance est insérée au Bulletin des lois, et ne peut recevoir d'exécution qu'un an après cette formalité, art. 6. — Pendant ce délai, l'ordonnance peut être réformée et révoquée, sur les observations présentées par des tiers intéressés. art. 7.

### § 2. — *Mode de suppléer aux actes de l'état civil.*

**12.** En principe, la preuve des naissances, mariages et décès ne peut résulter que des actes inscrits sur les registres de l'état civil.

**13.** Toutefois, l'art. 46 C. civ. admet la preuve, tant par les registres et papiers émanés des père et mère décédés que par témoins, en cas de non existence ou de perte des registres.

**14.** Deux faits sont à constater : 1° la non existence ou la perte des registres ; 2° la naissance, le mariage ou le décès.

**15.** La première preuve peut se faire par témoins ; mais il convient de produire la déclaration du greffier du trib. et de l'officier de l'état civil, ou un procès-verbal de recherche, constatant qu'on ne trouve ni au greffe, ni aux archives de la commune, les registres de l'époque.

**16.** La seconde preuve peut encore avoir lieu par témoins, sans être soutenue de papiers domestiques : l'art. 46 admet la preuve *tant par titres que par témoins.* Duranton, 1, 294. — Il ne faut pas confondre la preuve de la naissance avec celle de la filiation. C. civ. 323.

**17.** L'art. 46 C. civ. n'est point limitatif. Cass. 21 juin 1814, S. 14, 281 ; 22 déc. 1819, S. 20, 281 ; 1er juin 1830, S. 50, 213. — Ainsi, l'irrégularité des registres équivaut à leur absence : l'intention de la loi n'est pas que le mauvais état des registres prive un citoyen de son existence civile ; le juge, s'il est régulièrement saisi, peut et doit réparer les omissions des actes de l'état civil. Arg. arr. consuls, 13 niv. an 10 et 12 brum. an 12 ; Merlin, Rép., v° *État civil.*

M. Duranton (1, 297) pense, au contraire, qu'appliquer l'art. 46 au cas où l'on prétendrait seulement que de simples négligences ou omissions ont été commises dans la tenue des registres, ce serait indirectement admettre la preuve testimoniale en matière de filiation.

Toutefois la jurisprudence a consacré le premier système : 1° pour le cas de filiation. Cass. 22 août 1831 ; 2° pour le mariage (Arg. C. civ. 198, 199), même dans l'intérêt des époux. Agen, 9 germ. an 13 et 19 juin 1821 ; Riom, 30 janv. 1840 ; Limoges, 26 juill. 1832, D. 52, 182 ; — 3° pour le décès. Bordeaux, 29 août 1811, S. 12, 39, et 9 mars 1812,

S. 12, 421; Caen, 22 fév. 1826, D. 27, 84 ; Cass. 5 fév.
1809, S. 9, 221; 17 juin 1830, D. 30, 278 ; 22 août 1831.

Surtout lorsqu'il ne s'agit que d'intérêts purement pécuniaires. Aix, 28 mars 1811 ; Cass. 12 mars 1807, S. 7, 261.

18. La loi du 13 janv. 1817, art. 5, autorise la preuve testimoniale du décès des militaires ou autres personnes considérées comme tels ( — V. *Absent*, n° 66), en cas de perte,
non tenue ou interruption des registres, prouvée par l'attestation du ministre de la guerre ou de la marine, ou par toute autre voie légale.

L'enquête a lieu contradictoirement avec le procureur du roi.
La position fâcheuse de plusieurs femmes de militaires ne suffirait pas pour les relever de l'obligation de rapporter une
preuve légale du décès de leurs maris. Av. Cons. d'État, 12
germ. an 13. S. 5, 2, 176.

19. Celui qui veut contracter mariage peut, par un acte de
notoriété, suppléer : — 1° A son acte de naissance. C. civ. 70.
— 2° A l'acte de décès de ses ascendans. — 3° Au jugement de
déclaration de leur absence. *Ib.* 155.

20. Au premier cas, l'acte de notoriété est délivré par le juge
de paix du lieu de la naissance ou par celui du domicile. C.
civ. 70.

21. Cet acte contient la déclaration faite par sept témoins,
de l'un ou l'autre sexe, parens ou non parens, des nom, prénoms, profession et domicile du futur époux, et de ceux de ses
père et mère, s'ils sont connus, le lieu, et autant que possible
l'époque de la naissance, et les causes qui empêchent d'en rapporter l'acte. C. civ. 71.

22. Les témoins signent l'acte avec le juge de paix. S'il en est
qui ne puissent ou ne sachent signer, il en est fait mention.
C. civ. 70.

23. Le trib. civil du lieu où doit se célébrer le mariage, le
ministère public entendu, donne ou refuse son homologation,
selon les circonstances. C. civ. 72.

24. L'acte de notoriété destiné à suppléer l'acte de décès des
ascendans de celui qui veut contracter mariage, contient 1° la
déclaration sous serment du futur qu'il ignore le décès et le
domicile de ses ascendans; 2° déclaration semblable de *quatre*
témoins. Av. Cons. d'Etat, 4 therm. an 13; Bulletin, 51, n° 858.

25. Enfin, l'acte de notoriété qui doit remplacer les jugemens
interlocutoires ou déclaratifs de l'absence de l'ascendant est reçu
par le juge de paix du lieu où l'ascendant a eu son dernier domicile connu. C. civ. 155.

26. Cet acte contient la déclaration de quatre témoins appelés d'office.

**27.** Si le lieu du dernier domicile de l'ascendant est inconnu, la déclaration des témoins produits par les parties est reçue par des notaires ou par d'autres juges de paix. Av. Cons. d'Etat, 4 therm. an 13.

**28.** Par une faveur accordée au mariage, l'acte de notoriété, à défaut d'acte de naissance, sert à constater l'âge, mais non la filiation du futur époux. Toullier, 1, n° 358.

**29.** En cas de perte des registres, il faut que l'acte de notoriété soit ordonné par les tribunaux.

**30.** L'acte de notoriété dressé extrajudiciairement devant le juge de paix d'après les art. 70, 72 C. civ., serait insuffisant spécialement pour établir la parenté d'un individu qui réclame des droits héréditaires. Trèves, 19 janv. 1807, P. 5, 632.

Ou pour prouver l'époque de la naissance et conséquemment qu'une obligation a été consentie par le débiteur en état de minorité, surtout lorsque l'acte de notoriété n'a pas été homologué. Metz, 4 mars 1817, S. 19, 84.

### § 3. — Rectification.

#### Art. 1. — Cas où il y a lieu à rectification.

**31.** Aucune lacune, omission, erreur dans les registres, ne peut être suppléée ou réparée qu'en vertu d'un jugement. Av. Cons. d'Etat, 13 niv. an 10, S. 3, 56 ; 12 brum. an 11.

Par exemple, s'il s'agit, 1° de réparer sur les registres l'omission d'un acte pour l'inscription duquel on n'aurait fait à l'officier de l'état civil qu'une déclaration tardive : s'il était permis à cet officier de recevoir sans aucune formalité des déclarations tardives et de leur donner de l'authenticité, on pourrait introduire des étrangers dans les familles ; cette faculté serait la source des plus grands désordres. Av. Cons. d'Etat, 8 et 12 brum. an 11, S. 3, 2, 58 ; Colmar, 25 juill. 1828, S. 29, 28.

2° De remédier à une omission, addition, transposition de noms, à une énonciation inexacte de circonstances. Pigeau, 2, 396.

3° Enfin de suppléer au défaut de signature. Av. Cons. d'Etat non inséré, 30 frim. an 12. Exceptez quelques règlemens transitoires. Décr. 19 flor., 21 fruct., 18 pluv. an 3 ; L. 16 frim. an 8 ; — relativement aux luthériens (Décr. 22 juill. 1806). — V. d'ailleurs inf. n° 41.

**32.** En cas de mariage, s'il ne s'agit que de faire corriger quelques erreurs, comme omission de prénoms ou une orthographe différente dans les noms des personnes mentionnées dans l'acte de l'état civil, on n'est pas obligé de se pourvoir en rectification: Av. Cons. d'Etat, 19 et 30 mars 1808, S. 8, 2, 140 (1).

---

(1) Le Conseil est d'avis, — que, dans le cas où le nom d'un des futurs ne serait pas orthographié dans son acte de naissance, comme celui de son père, et dans

**53.** Un jugement n'est pas nécessaire si l'acte n'a été omis que sur l'un des registres. Circ. proc. génér. Paris, 14 fév. 1818; Hutteau, p. 62.

Art. 2. — *Qui peut demander la rectification.*

**54.** Il convient de laisser aux parties intéressées le soin de faire rectifier les registres de l'état civil, sauf le droit du ministère public dans certains cas. Av. Cons. d'Etat, 12 brum. an 11.

**55.** L'intérêt doit être actuel. Celui qui est étranger à une famille n'a pas qualité pour attaquer les actes de l'état civil de cette famille. — V. *inf.* n° 49.

**56.** Un trib. peut-il d'*office* ordonner la rectification des actes de l'état civil? — M. Carré, n° 2897, fait résulter l'affirmative d'un arrêt de rejet du 19 juill., 1809, S. 10, 110. — Cet arrêt décide seulement que les trib. saisis d'une question dans laquelle une partie argumente des erreurs d'un acte, et l'autre les repousse en s'appuyant sur d'autres actes pour le faire lire autrement, peuvent déclarer dans la sentence que les erreurs se trouvent rectifiées par d'autres actes. C'est là une appréciation de fait qui ne constitue pas une rectification d'acte de l'état civil. — Ce jugement ne sera pas par cela seul transcrit sur les registres de l'état civil, comme dans le cas où la rectification est directement provoquée par les parties intéressées.

Toutefois, selon M. Coin-Delisle, *Acte de l'état civil*, p. 85, n° 4, quand on a réclamé un état que le titre refuse, ou qu'il n'établit que d'une manière inexacte, cette demande renferme implicitement celle de la réformation du titre, et le jugement qui autoriserait le demandeur à faire porter les rectifications sur les registres, loin de statuer sur les choses non demandées, ne ferait qu'expliquer les effets de l'adjudication des conclusions principales. — Ainsi, l'art. 198 C. civ. donne à la transcription sur les registres d'un jugement rendu au criminel

---

celui où l'on aurait omis quelqu'un des prénoms de ses parens, le témoignage des père et mère ou aïeux, assistant au mariage et attestant l'identité, doit suffire pour procéder à la célébration du mariage; — Qu'il doit en être de même dans le cas de l'absence des père et mère et aïeux, s'ils attestent l'identité dans leur consentement donné en la forme légale;—Qu'en cas de décès des père et mère, ou aïeux, l'identité est valablement attestée pour les mineurs par le conseil de famille, ou par le tuteur *ad hoc*, et pour les majeurs, par les quatre témoins de l'acte de mariage; — Qu'enfin dans le cas où les omissions d'une lettre ou d'un prénom se trouvent dans l'acte de décès des père et mère, ou aïeux la déclaration à serment des personnes dont le consentement est nécessaire pour les mineurs, et celle des parties et des témoins, pour les majeurs, doivent aussi être suffisantes, sans qu'il soit nécessaire dans tous les cas de toucher aux registres de l'état civil, qui ne peuvent être jamais rectifiés qu'en vertu d'un jugement; — En aucun cas, conformément à l'art. 100 C. civ., les déclarations faites par les parens ou témoins ne peuvent nuire aux parties qui ne les ont point requises, et qui n'y ont point concouru; — Les formalités susdites ne sont exigibles que lors de l'acte de la célébration, et non pour les publications qui doivent toujours être faites, conformément aux notes remises par les parties aux officiers de l'état civil.

et portant reconnaissance d'un mariage le même effet qu'à l'acte lui-même. .

**37.** Le projet du Code autorisait, dans tous les cas, le ministère public à faire rectifier d'office les registres. Cette mesure présentait de graves inconvéniens qui la firent rejeter Av. Cons. d'État, 15 niv. an 10; Décr. 18 juin 1811, art. 122; Bruxelles, 6 frim. an 14; Carré, art. 856.

**38.** Cependant le procureur du roi a la voie d'action dans les circonstances qui intéressent l'ordre public ; par exemple, s'il s'agit, 1° de poursuivre les contraventions commises dans la tenue des registres. Av. Cons. d'État, 12 brum. an 11 ;

2° Du rétablissement en masse d'un grand nombre d'actes d'état civil. Circ. du chanc. de France, 4 nov. 1814. — Les mesures extraordinaires alors prescrites ont dû cesser avec les circonstances spéciales qui les avaient nécessitées. Étendre ces mesures à toutes les irrégularités ou omissions qui peuvent avoir eu lieu depuis, ce serait donner à cette circulaire une intention qu'elle ne comporte pas. · Lettre du garde-des-sceaux au proc. gén. Toulouse, 20 fév. 1822.

3° Du remplacement de registres perdus, ou de registres qui n'auraient pas été tenus. L. 25 mars 1817, art. 75.

4° D'un individu qui, soumis à la loi du recrutement,tenterait de s'y soustraire, soit parce que son acte n'aurait point été porté sur les registres, soit parce qu'il renfermerait quelques erreurs. Circ. min. just., 22 brum. an 14, S. 13, 297 et 27 nov. 1821.

· 5° D'un crime de suppression d'état. C. civ. 198.

6° D'une rectification concernant un indigent. L. 25 mars 1817, art. 75. — V. *Indigent.*

Dans ces diverses circonstances, le procureur du roi ne doit agir qu'avec une extrême circonspection.

**39.** De ce que les registres de l'état civil dans un département sont infectés d'erreurs, d'omissions et de faux, il ne s'ensuit pas que la rectification doive en être prescrite par voie de mesure générale.

**40.** Mais si des registres entiers sont détruits par un malheur quelconque, ce n'est plus alors une partie intéressée qui réclame; toute la population se trouve privée de documens dont l'utilité ne s'aperçoit que dans l'avenir. Les mesures pour y suppléer par la confection de nouveaux registres sont d'intérêt public; la puissance publique doit les prescrire. Ordonn. 9 janv. 1815.

**41.** Ces mesures ont eu lieu pour la ville et une partie de l'arrondissement de Soissons. Ordonn. 9 janv. 1815.

Art. 3. — *Tribunal compétent pour connaître de la rectification.*

**42.** Plusieurs circonstances peuvent se présenter. La demande en rectification est-elle incidente, comme l'art. 856 .C. pr. veut que les parties soient appelées par acte d'avoué à avoué, c'est au trib. saisi de la contestation principale qu'il appartient de connaître de l'incident. Duranton, n° 342.

**43.** S'agit-il d'une rectification sur simple requête et sans contradicteurs, le trib. compétent est celui du lieu où l'acte a été passé; il a dans son greffe le registre à rectifier : là se trouvent les parens et autres personnes dont le témoignage peut être utile. Tous les auteurs sont d'accord sur ce point. Coin-Delisle, *ib.*, 87, n° 17.

**44.** S'agit-il d'une rectification contradictoire, la plupart des auteurs invoquent les mêmes motifs en faveur du trib. au greffe duquel sont les registres. Rodier, art. 10, tit. 20, ordonn. 1667; Carré, art. 855; Toullier, 1, 162; Duranton, 1, n° 542.

Mais ces considérations, suffisantes pour déterminer la compétence lorsque la loi ne s'explique point, ne sauraient prévaloir sur la règle qu'en matière personnelle le trib. compétent est celui du domicile du défendeur (C. pr. 59). On ne voit nulle part que l'acte de l'état civil soit attributif de compétence, et d'ailleurs, au moyen d'une commission rogatoire, les registres peuvent être visités et les témoins entendus sans déplacement. Lepage, *Quest.*, p. 569; Hutteau, p. 416.

Peu importe même que la demande ait été formée par requête, s'il est prouvé qu'on l'a fait pour éviter d'assigner les parties adverses qui ont droit de contester l'état du requérant. L'affaire pourrait être renvoyée devant le trib. du domicile du défendeur. Coin-Delisle, *ib.*

**45.** Néanmoins, la demande en rectification, formée par un Français contre un étranger, est de la compétence des trib. français. Arg. C. civ. 14; Hutteau, p. 419.

**46.** Peu importe que l'acte ait été reçu en pays étranger : le jugement qui serait rendu par un trib. étranger ne serait pas exécutoire en France. — V. *Exécution.*

Le demandeur doit se borner à lever en pays étranger une expédition de l'acte qu'il a intérêt de faire rectifier. Cass. 10 mars 1815; Merlin, *Rép.*, v° *Émigration*, § 18; *Addition*, — V. toutefois *Lettre proc. du roi*, Paris, 28 mai 1848.

**47.** *Quid*, de l'individu né Français, devenu Belge, et dont l'acte de naissance n'a pas été inscrit en France à l'époque où la Belgique faisait partie de la France ? Il formera une action en réclamation d'état devant les trib. belges, ou devant les trib. français, selon que les parties intéressées à contredire seront belges ou françaises.

### Art. 4.—*Procédure de rectification.*

**48.** Cette procédure varie suivant les circonstances.

Si l'état du réclamant est contesté, la rectification est précédée d'une question d'état qui est débattue avec les *parties intéressées.*

**49.** Les parties intéressées sont celles qui auraient intérêt à attaquer ou à défendre l'état de l'individu ou l'acte qu'il rapporte : par exemple, le père, la mère, le frère, la sœur ou tout autre parent, en un mot, les contradicteurs légitimes du demandeur. Carré, art. 853. — V. *inf.* n° 90.

**50.** Si la rectification est l'objet d'une instance principale, la demande est formée contre les parties intéressées par exploit, sans préliminaire de conciliation. C. pr. 856.

**51.** Si les parties sont en instance, elle a lieu par acte d'avoué à avoué.

**52.** S'agit-il seulement de régulariser l'acte qui prouve un état non contesté, par exemple, d'inscrire sur les registres un acte de naissance rédigé sur une feuille volante, il n'y a dans ce cas aucun procès : on procède de la manière suivante.

**53.** Le demandeur en rectification présente requête au président du trib. de 1re inst. C. pr. 855.

**54.** Au bas de cette requête, signée d'un avoué, et contenant les motifs de la demande, le président met son ordonnance de soit communiqué au procureur du roi, et de nomination du juge qu'il commet pour faire son rapport. C. pr. 83, 856.

**55.** Le tribunal, s'il l'estime convenable, ordonne la mise en cause des parties intéressées, et la convocation du conseil de famille. C. pr. 856.

**56.** Par exemple, lorsqu'un enfant inscrit comme né de père inconnu demande la rectification, il y a lieu d'appeler en cause ceux qui peuvent avoir intérêt à contester la rectification. Bordeaux, 11 juin 1828, S. 29, 29.

**57.** Si une enquête est nécessaire, le juge de paix du lieu doit être commis, afin d'éviter les frais de déplacement des témoins, ou d'un juge du trib. Circ. minist. just. 4 nov. 1814.

**58.** Souvent on a recours en cette matière à des actes de notoriété.

**59.** Le jugement est rendu sur rapport (C. pr. 856), et sur les conclusions du ministère public, soit qu'il y ait ou qu'il n'y ait pas de contestation. *Exposé des motifs.*

**60.** Si le demandeur en rectification n'a pas de contradicteur, la cause doit se juger dans la chambre du conseil. Quand le C. de pr. a voulu que les jugemens sur requête non communiquée fussent rendus à l'audience, il l'a dit formellement. Arg. C. pr. 525 et 858. Favard, v° *Rectification*, § 5 ; Duranton, 1, n° 344. — Tel est d'ailleurs l'usage du trib. de la Seine. — En province, dans certains trib., le jugement est rendu à l'audience publique après rapport fait en la salle d'audience.

**61.** Les erreurs ou omissions concernent le plus souvent la classe peu aisée de la société; pour épargner les frais qu'entraîne la convocation du conseil de famille, l'enquête ou la mise en cause des parties intéressées, on suit dans plusieurs trib. une procédure plus simple. La requête, présentée au président, est répondue par une ordonn. portant permission d'appeler les témoins à l'audience qu'il fixe. Le ministère public entendu, si le trib. admet la preuve, on procède immédiatement à une enquête sommaire; les parties et le ministère public concluent au fond, et le jugement est prononcé. — Si le ministère public agit d'office, il fait venir, sans permission préalable, les témoins à l'audience. — Cette marche n'est pas indiquée par la loi; mais son vœu est rempli par la publicité de l'instruction, avec une grande économie de temps et de frais. Arg. C. pr. 858. Favard, *ib.* n° 4; Thomine, n° 1001.

**62.** Le président pourrait-il dans le même but exiger par ordonn. rendue sur les conclusions du ministère public, la mise en cause des parties intéressées? La négative est certaine. Si l'art. 855 veut que la requête soit présentée au président, ce n'est qu'afin qu'il fasse son rapport ou commette un juge à cet effet; il ne peut rien ordonner auparavant, si ce n'est la communition de la requête au ministère public. La mise en cause des parties intéressées ne saurait être rendue obligatoire qu'en vertu d'un jugement. Demiau, p. 530; Carré, art. 856. — *Contrà*, Commaille, 5, 95.

**63.** Les conseils généraux de plusieurs départemens ont émis le vœu que les jugemens, surtout ceux rendus sur requête, fussent moins prolixes. Au lieu de transcrire en entier la requête, l'ordonnance de soit communiqué du président, les conclusions par écrit du procureur du roi et le texte des art. 99 et 101 C. civ., la régie devrait autoriser une simple analyse de ces diverses pièces. Le jugement de rectification n'est, dans le fait, qu'un acte de l'état civil; il devrait participer de sa simplicité. Les transcriptions seraient plus facilement faites et obtenues.

**64.** *Frais.* Les frais du jugement de rectification sont à la charge des parties qui le provoquent, ou de celles qui succombent dans la contestation.

**65.** L'officier de l'état civil, remplissant des fonctions gratuites, à moins de faute grave (C. civ. 50, 51, 52), ne doit pas supporter ces frais.

**66.** Les frais faits sur la poursuite du procureur du roi sont à la charge de l'État, sauf son recours contre ceux qui

ne sont pas dans le cas d'une exemption. Circ. min. just.
4 nov. 1814.

**67.** *Appel.* Tout jugement qui ordonne ou refuse une rectification, est sujet à l'appel : la demande est d'une valeur
indéterminée ; elle tient à l'état des personnes. C. civ. 99,
C. pr. 858.

**68.** L'art. 54 C. civ. dispose que les parties intéressées
pourront se pourvoir contre le jugement ; il ne s'ensuit pas que
les personnes qui n'ont point figuré au jugement aient le droit
de l'attaquer par l'appel. Toullier, 1, 284, n° 312. — *Contrà*,
M. Berriat, 734, note 23.

**69.** Mais si l'appelant a figuré en 1re inst., toute partie intéressée ayant le droit de former tierce-opposition au jugement,
pourrait intervenir en appel. Arg. C. pr. 466.

**70.** La procédure d'appel varie suivant les circonstances. S'il
n'y a pas d'autre partie que le demandeur en rectification, le
délai de l'appel est de trois mois depuis la date du jugement.
C. pr. 858.

**71.** L'appelant présente une requête au président qui indique
sur cette requête le jour auquel il sera statué. C. pr. 858.

**72.** Si au contraire le jugement a été rendu contradictoirement avec des parties intéressées, on suit les règles ordinaires.
Le délai de l'appel, qui est toujours de trois mois, ne commence
à courir que du jour de la signification du jugement, et l'appel
doit être interjeté par exploit. C. pr. 443 et 456 ; Carré, art. 443.

**73.** Le jugement est réputé rendu avec des parties intéressées,
lorsque le trib. a ordonné leur mise en cause ; peu importe
qu'elles n'aient pas comparu. Ceux qui laissent prendre défaut
n'en sont pas moins parties, que le jugement soit rendu contre
eux ou en leur faveur ; ils peuvent l'opposer de même qu'on
peut l'exécuter contre eux. Arg. C. civ. 100 ; Carré, art. 858.
— *Contrà*, Thomine, 2, 512.

**74.** Il n'est pas nécessaire de juger en appel comme en
1re inst. sur rapport ; l'art. 858 ne l'exige pas. — Ainsi, au
jour indiqué, l'avocat de l'appelant expose ses griefs ; le ministère public conclut par voie de réquisition et non comme partie
principale. Bruxelles, 6 frim. an 14, S. 7, 2, 766 ; — et la
Cour prononce. Carré, art. 858 ; Pigeau, 2, 400.

**75.** L'arrêt est rendu à l'*audience* : cette garantie est exigée
en appel, probablement à cause du refus de rectification de la
part des premiers juges.

**76.** La simple demande en rectification ne doit pas être jugée
devant la Cour en audience solennelle ; il en est autrement si
l'état du réclamant est contesté. — V. *Audience solennelle.*

### Art. 5.—*Comment s'opère la rectification.*

**77.** Lorsque la rectification est accordée, on n'ordonne pas que l'acte soit réformé ; autrement les registres, comme autrefois dans quelques trib., pourraient être complètement altérés, si plusieurs rectifications en sens opposé étaient successivement provoquées, les tiers ont intérêt à connaître les rectifications ; — Elles ne peuvent leur être opposées. — V. *inf.* n° 89. — L'état primitif des registres fait foi à leur égard jusqu'à inscription de faux.

**78.** Dans l'usage, on donne connaissance du jugement à l'officier de l'état civil de la commune où l'acte a été reçu, par la remise d'une expédition en forme.—La notification par huissier est plus régulière ; elle a pour effet de mettre l'officier de l'état civil en demeure de faire la transcription dans le délai prescrit.

**79.** L'officier public, sans assistance de témoins, inscrit le jugement sur le registre de l'année à laquelle l'acte se rapporte, ou sur le registre courant, s'il n'y a pas d'espace au premier.— Puis il mentionne ce jugement à la marge de l'acte rectifié, en indiquant le registre et le folio du registre sur lequel le jugement a été transcrit. Cette note marginale est destinée à faciliter la recherche du jugement lors de l'expédition de l'acte.

**80.** L'expédition du jugement de rectification demeure annexée au registre sur lequel ce jugement a été transcrit.

**81.** Il n'est dû aucun droit de transcription, pas même pour le timbre. Toute inscription sur les registres de l'état civil est essentiellement gratuite.

**82.** Le greffier ne peut opérer d'office la mention, puisqu'elle doit énoncer la transcription du jugement, transcription qui ne peut être faite que par l'officier de l'état civil ; mais ce dernier en donne avis dans les trois jours au procureur du roi, qui veille à ce que la mention soit faite d'une manière uniforme sur les deux registres. C. civ. 49. — Pour assurer cette uniformité, l'officier adresse une copie entière et littérale de la mention par lui opérée, au procureur du roi.

**83.** Le jugement porte ordinairement que mention en sera faite sur les registres, en marge de l'acte réformé. C'est un avertissement utile aux parties et aux fonctionnaires.

**84.** Les mentions du jugement qui serait réformé ultérieurement ne doivent pas être biffées. Arg. C.pr. 857 ; Hutteau, 435.

### Art. 6.—*Délivrance de l'acte rectifié.*

**85.** Doit-on délivrer l'acte comme si les rectifications avaient été opérées sur le registre, ou se borner à délivrer l'acte dans son état primitif, mais avec la mention expresse de sa rectification ?— On suivait à cet égard deux marches différentes. Le

greffier du trib., après avoir fait mention de la rectification en
marge de l'acte réformé, le délivrait avec la mention expresse
de sa rectification, et sans donner copie du jugement qui l'avait
ordonnée. — Au contraire, les maires et le préposé au dépôt de
la préfecture se bornaient à indiquer la date du jugement de
rectification en marge de l'acte réformé, et délivraient cet acte
dans son état primitif, en sorte que les parties n'étaient point
dispensées de lever une expédition du jugement de rectification.
— Le mode suivi par le greffier a été adopté comme plus expé-
ditif et plus économique. Av. Cons. d'État, 25 fév. 1808. —
Ainsi, la mention faite sur les registres doit présenter un extrait
assez complet du jugement de rectification pour que les parties
ne soient pas obligées d'en lever une expédition, lorsqu'elles
demandent la délivrance de l'acte. — L'expédition doit être absolument conforme d'un côté à l'original, et de l'autre au registre; elle portera la mention de la rectification. Carré,
art. 857. — C'est en ce sens que l'on doit entendre ces mots de
l'art. 857 : *L'acte ne sera délivré qu'avec les rectifications ordonnées.*

86. Si cependant on avait fait dans le corps de l'expédition les
changemens résultant du jugement, cette expédition ferait-elle
foi de son contenu en justice, encore bien qu'elle ne contînt
pas la mention de la rectification? — Malgré son irrégularité,
cette expédition serait authentique, et comme telle formerait
un titre suffisant pour fixer l'état de l'individu qui la présenterait, et ferait foi en sa faveur tant qu'elle ne serait pas attaquée
comme fausse. Cass. 10 juill. 1809, S. 10, 110; Carré, *ib.* —
Elle ne pourrait être déclarée telle qu'autant qu'elle contiendrait
des rectifications ou changemens qui ne seraient pas autorisés
par le jugement.

87. Le greffier qui délivrerait l'acte sans la rectification serait
passible de dommages et intérêts.

### Art. 7.—*Effets du jugement de rectification.*

88. Le jugement, tant qu'il n'est pas réformé ou au moins
attaqué, suffit pour attribuer à la personne, envers la société,
l'état qui lui a été reconnu.

89. Mais il ne peut dans aucun temps être opposé aux parties
intéressées qui ne l'auraient point requis ou qui n'y auraient
pas été appelées. Elles n'ont pas besoin de l'attaquer par la voie
de la tierce-opposition. C. civ. 100, 1351. — Ainsi, l'enfant
dont l'acte de naissance a été rectifié à la requête de celui qui
s'en prétend le père, est étranger à cette rectification, s'il n'y a
pas été appelé; elle ne peut le priver de l'état qui lui est donné
par son acte de naissance. Cass. 28 juin 1815, S. 15, 329.

90. Toutefois, le jugement rendu contre le contradicteur légitime, le seul qui dût alors être mis en cause, parce que seul

il avait qualité pour défendre à la demande, oblige les personnes mêmes qui n'ont pas figuré personnellement dans l'instance, et qui auraient intérêt un jour à récuser les conséquences de ce jugement : elles y ont été représentées. — Ainsi, Paul, dont l'acte de naissance n'a pas été inscrit, prétend être fils légitime de Pierre; il obtient contre ce dernier un jugement de rectification. Pierre meurt. Une succession collatérale s'ouvre au profit de Paul, en sa qualité de plus proche parent de Pierre. Les parens de Pierre, du degré le plus éloigné, ne peuvent écarter Paul. Duranton, 1, n° 346.

**91.** Le jugement de rectification ordonnant qu'un acte de naissance omis sur le registre de l'état civil y sera porté, peut avoir effet, même à l'égard des tiers intéressés qui n'y ont pas été appelés, s'il a été rendu contradictoirement avec le ministère public, quand il n'est produit que pour établir la qualité de Français résultant de sa naissance en France, sans lui attribuer ni famille, ni parens, ni aucun droit de ce genre. Poitiers, 26 juin 1829, S. 30, 99.

**92.** Si une partie non appelée voulait empêcher que l'expédition ne fût, à l'avenir, délivrée avec la rectification obtenue, elle devrait former tierce-opposition. Coin-Delisle, *ib.*, p. 90, n° 4.

### § 4. — *Enregistrement.*

**93.** Les actes de naissance, décès et mariage, et les extraits qui en sont délivrés, sont dispensés de la formalité de l'enregistrement. L. 22 frim. an 7, art. 70, § 3.

Sont soumis à l'enregistrement : 1° les actes de divorce, au droit fixe de 15 fr. *Ib.*, art. 68, § 6. — 2° Les actes de reconnaissance d'enfans naturels, au droit fixe de 2 fr. L. 28 avr. 1816, art. 43, 45.

Les droits sont dus sur chaque expédition. L. 22 frim. an 7, art. 7; L. 28 avr. 1816.

**94.** Pour les droits d'expédition des actes de l'état civil. — V. *Greffe (droits de)*, n° 146.

### § 5. — FORMULES.

FORMULE I.

*Acte de notoriété pour suppléer à un acte de naissance.*

(C. civ. 70 et 71. — Au juge de paix. — Tarif, 5. — Coût, 5 fr. Au greffier. Tarif, 16. — Coût, 3 fr. 40 c.)

L'an       le       heure       devant nous       , juge de paix du       a       arrondissement de Paris, assisté de M<sup>e</sup>       notre greffier,

Est comparu Jean Lefebvre, rentier, né à       demeurant à fils majeur de défunts Louis Lefebvre et Marie Lambert, son épouse,

Lequel nous a exposé qu'étant sur le point de contracter mariage, et se trouvant dans l'impossibilité de se procurer son acte de naissance, il a, en conséquence de l'indication par nous verbalement faite de ces jours, lieu et heure, amené par-devant nous les sept témoins ci-après nommés, pour recevoir leurs déclarations et attestations, à l'effet de suppléer à son acte de naissance, le tout conformément à la loi; et a signé.                    (*Signature.*)

7.

Et à l'instant sont comparus lesdits témoins, savoir *(on désigne les sept témoins de l'un ou de l'autre sexe par leurs noms, professions et demeures, et on indique leur qualité de parens ou amis)*, lesquels après leur avoir donné connaissance du motif de leur convocation, et fait lecture des art. 70, 71 du C. civ., nous ont déclaré et attesté connaître parfaitement ledit sieur Jean Lefebvre ici présent, ci-devant qualifié et domicilié, et savoir qu'il est né environ le 2 ou 3 mai 1795, en la commune de Palaiseau, arrondissement de    , et qu'il est fils majeur de défunt Louis Lefebvre et de Marie Lambert, et a été prénommé Jean ; qu'il est impossible audit Lefebvre de fournir l'acte de sa naissance pour le mariage qu'il est sur le point de contracter, parce que les registres de l'état civil de l'année où il est né ont été brûlés lors de l'invasion de 1814, faisant la présente déclaration pour rendre hommage à la vérité.

Desquelles comparution, déclaration et attestation, les comparans nous ont requis acte, que nous leur avons octroyé pour servir et valoir ce que de raison ; et avons renvoyé ledit sieur Lefebvre à se pourvoir à fin d'homologation, conformément à l'art. 72 du C. civ.

Fait à Paris, en notre demeure, rue     les jour, mois et an ci-dessus ; et avons signé avec les comparans et le greffier, après lecture faite. *(Signatures.)*

FORMULE II.

### *Requête à fin d'homologation de l'acte de notoriété.*

( C. civ. 72. — Tarif, 78. — Coût, 7 fr. 50. )

A MM. les président et juges du trib. de        le sieur
ayant pour avoué Me
A l'honneur de vous exposer

Qu'étant dans l'intention de contracter mariage, et se trouvant dans l'impossibilité de se procurer copie de son acte de naissance, il s'est pourvu, conformément à la loi, devant M. le juge de paix du     pour faire constater par un acte de notoriété qu'il était né à    , le     et qu'il était fils du sieur Jean Lefebvre et de la dame Marie Lambert, son épouse,

Pour quoi il requiert qu'il vous plaise, messieurs,

Vu l'acte de notoriété dressé par M. le juge de paix du     arrondissement de    , pour remplacer l'acte de naissance de l'exposant, conformément aux dispositions des art. 70, 71 du C. civ. ;

Attendu que ledit acte de notoriété est régulier en la forme, et juste au fond ;

Homologuer ledit acte de notoriété pour être exécuté selon sa forme et tenur. Et ce sera justice.        *(Signature de l'avoué.)*

FORMULE. III.

### *Requête pour obtenir la rectification d'un acte de l'état civil.*

( C. pr. 855 ; C. civ. 99. — Tarif, 78. — Coût, 7 fr. 50. )

A MM. les président et juges du trib. de    
Le sieur        ayant pour avoué Me

a l'honneur de vous exposer que, suivant son acte de naissance inscrit sur les registres de la mairie du    , à la date du     ses véritables nom et prénoms sont Charles-Louis Puteaux ; que c'est par erreur que, dans l'acte de naissance du sieur Joseph, son fils, en date du    , il a été dénommé fils de Louis-Charles Putot, au lieu de Charles-Louis *Puteaux*.

Pour quoi, il plaira, au tribunal,

Vu l'acte de naissance de l'exposant sus-énoncé ;

Vu également son acte de mariage, en date du     dans lequel ses noms et prénoms sont écrits de la même manière que dans son acte de naissance.

Ordonner que rectification sera faite de l'acte de naissance du fils de l'exposant ; et, en conséquence, qu'en marge dudit acte inscrit aux registres de la mairie du     à la date du     registre     no     il sera dit que c'est par erreur que son fils et lui ont été nommés *Putot*, au lieu de *Puteaux*, et qu'on l'a désigné sous le prénom de Louis-Charles, au lieu de Charles-Louis ;

Et ordonner en outre que le jugement à intervenir sera transcrit sur les registres de l'état civil, conformément à la loi ; que mention sera faite desdites rectifications en marge de l'acte réformé, et de toutes les autres expéditions qui pourront en être délivrées par la suite, à peine de tous dépens, dommages et intérêts contre l'officier qui les aurait délivrées ; et vous ferez justice.

*( Signature de l'avoué.)*

### FORMULE IV.

*Assignation aux parties intéressées pour voir ordonner la rectification d'un acte de l'état civil.*

(C. pr. 857 ; C. civ. 101. — Arg. Tarif, 29. — Coût, 2 fr. Orig., le quart par chaque copie. )

*Cette assignation est donnée dans la forme des ajournemens. — V. ce mot; elle est libellée comme la requête qui précède.*

### FORMULE V.

*Signification aux officiers de l'état civil du jugement ordonnant la rectification.*

( C. pr. 857 ; C. civ. 101. — Arg. Tarif, 29. — Coût, 1 fr. Orig., le quart par chaque copie. )

*Cette signification est faite dans la forme ordinaire des significations de jugemens. — V. Signification.*

### FORMULE VI.

*Appel d'un jugement rendu sur une demande en rectification d'acte de l'état civil, quand il n'y a pas d'autre partie que le demandeur en rectification.*

( C. pr. 858. — Tarif, 150. — Coût, 15 fr. )

A MM. les premier président, président et conseillers de la cour de

Le sieur Charles-Louis Puteaux, négociant, demeurant à          rue
ayant Me          pour avoué,

Expose que ses nom et prénoms sont Charles-Louis *Puteaux*, ainsi qu'il résulte de son acte de naissance inscrit sur les registres de la mairie du
à la date du

Que c'est par erreur que, dans l'acte de naissance du sieur Joseph, son fils, encore mineur, inscrit sur les registres de l'état civil de la mairie du          à la date du          registre          n°          , il a été dénommé fils de Louis-Charles Putot, au lieu de Charles-Louis Puteaux ;

Que, pour parvenir à faire rectifier cette erreur, l'exposant s'est pourvu, dans la forme indiquée par la loi, devant le trib. de première instance de
qui, par jugement en date du          enregistré, a ordonné qu'en marge dudit acte de naissance, il serait dit que c'est par erreur que le fils de l'exposant et lui ont été nommés Putot au lieu de *Puteaux*, leur véritable nom ;

Que c'est à tort que la rectification a été ordonnée autrement qu'elle n'avait été demandée ;

Pour quoi, il plaira, à la Cour,

Attendu que les véritables noms de l'exposant sont Charles-Louis Puteaux, et par conséquent le nom propre de son fils Puteaux ;

Attendu d'ailleurs que l'identité des personnes est prouvée par l'acte de mariage de l'exposant avec la demoiselle Leblanc, à la date du

Dire qu'il a été mal jugé, bien appelé du jugement rendu au tribunal de première instance          de          sur la requête présentée par le requérant au président dudit trib. ; émendant et faisant droit au principal, dire et ordonner que rectification sera faite de l'acte de naissance du fils de l'exposant, et qu'en conséquence, en marge dudit acte, inscrit à la date du          aux registres de l'état civil du          , il sera dit que c'est par erreur que son fils et lui ont été nommés Putot au lieu de Puteaux ainsi écrit, leur véritable nom, et que l'exposant a été désigné sous les prénoms de Louis-Charles au lieu de Charles-Louis ;

Et ordonner, en outre, que l'arrêt à intervenir sera transcrit sur les registres de l'état civil, conformément à la loi, et que toutes expéditions ou extraits dudit acte ne pourront être délivrés qu'avec mention des rectifications ci-dessus ; à quoi faire tous officiers, secrétaires et dépositaires des registres de l'état civil contraints ; et vous ferez justice.          *( Signature de l'avoué.)*

*Si le jugement attaqué a été rendu sur assignation en présence de tiers, l'appel doit en être interjeté dans la forme ordinaire. — V. Appel.*

*Il est libellé comme la requête qui précède.*

FORMULE VII.

*Mention à faire en marge de l'acte réformé.*

Acte réformé par jugement du          inscrit le          **sur**
le double registre des actes de          vol.          fol.

*( Formule indiquée. Circ. Préfet Seine, 4 janv. 1806.)*
*Il convient d'énoncer en outre sommairement la rectification ordonnée.*
Le jugement est signifié à l'officier de l'état civil.

*En marge de la transcription du jugement.*

Jugement portant réformation de l'acte inscrit le          sur le
double registre des actes de          n°          vol.          fol.

— V. *Adoption, Greffier, Ministère public.*

ACTE *de société.* — V. *Société.*

ACTE *sous seing privé.* — V. *Acte privé.*

ACTE *synallagmatique.* Acte constatant des obligations réci-
proques entre les parties.

ACTEUR. — V. *Acte de commerce, Tribunal de commerce.*

ACTIF. Désigne la totalité de l'avoir d'un particulier, d'une
succession, d'une communauté par opposition avec son passif,
c'est-à-dire avec le montant de ses dettes. Dans le même sens on
dit dettes actives, passives. — V. *Faillite.*

ACTION. Moyen légitime de réclamer en justice ce qui nous
appartient ou ce qui nous est dû. *Action* désigne encore le droit
de réclamer, *la demande* est l'exercice de ce droit.

**1.** La C. cass., dans ses observations sur le C. pr., avait
proposé un titre préliminaire qui aurait traité des actions et
de la compétence des trib. (S. 9, 1).

## DIVISION.

§ 1.—*Caractères des actions; leurs différentes espéces.*
 Art. 1er.—*Actions personnelles, réelles et mixtes.*
 Art. 2.—*Actions mobilières et immobilières.*
§ 2.—*Exercice des actions.*
 Art. 1er.—*Soins à prendre avant d'ester en jugement.*
 Art. 2.—*Demande.*
 Art. 3.—*Instruction.*

### § 1. — *Caractères des actions; leurs différentes espèces.*

**2.** Le droit précéde toujours l'action, qui n'est que le moyen
de l'exercer. Sans droit il ne peut pas exister d'action; mais
l'action ne résulte pas toujours du droit. — V. *inf.* n° 74.

**3.** A *Rome*, l'action s'entendait exclusivement du *droit* de
poursuivre ce qui nous est dû ou ce qui nous appartient. *Actio
nihil aliud est quàm jus persequendi in judicio quod tibi debetur. Inst.
pr. de act.* L. 51 *D. de oblig. et action.*

**4.** Trois systèmes de procédure ont été successivement en
usage chez les Romains, sous les noms *des actions de la loi, des
formules, des jugemens extraordinaires.* — Nous parlerons seulement du système des formules.

**5.** *Office du prêteur et du juge.* — Les affaires civiles étaient ordinairement jugées par un simple citoyen, nommé par le préteur, et appelé *judex*, juge ou juré. Les parties d'abord se présentaient devant le préteur qui résolvait conditionnellement le point de droit, c'est-à-dire qu'il prescrivait au juge ce qu'il devait décider, selon qu'il trouverait ou non tel ou tel fait constant; le renvoi des parties par le préteur devant un juge s'appelait indifféremment *dare actionem* ou *dare judicem*.

6. Le préteur étant juge du droit, on disait que les parties comparaissaient *in jure*, pour indiquer qu'elles comparaissaient devant ce magistrat; et l'on se servait des mots *in judicio*, pour indiquer qu'elles étaient devant le juge.

7. La comparution des parties devant le préteur se nommait encore *litis contestatio*, parce que dans l'origine elle était constatée par témoins. L'instance se trouvait engagée entre les parties, à compter de cette comparution. *Litiscontestation* avait une signification analogue dans l'ancien droit français.

8. *Formule de l'action.* — On sentit plus tard la nécessité de dresser un acte de la décision conditionnelle que rendait le préteur. C'est ce qu'on nomme la formule de l'action.

9. On distingue quatre parties dans la formule : *demonstratio, intentio, adjudicatio, condemnatio* (Caius, IV, 39).

1° *Demonstratio.* Cette partie de la formule a pour but de montrer ce dont il s'agit. *Quòd Aulus Agerius Humero Regidio hominem vendidit*, parce que Aulus Agerius a vendu un esclave à Humerus Regidius (Caius, IV, 4).

2° *Intentio.* Ici le préteur relate les conclusions du demandeur. Ex. *Si paret Humerum Regidium Aulo Agerio sestertium* x *millia dare oportere.* S'il vous paraît que Humerus Regidius doit donner à Aulus Agerius 10,000 sesterces.

3° *Adjudicatio.* Dans cette partie de la formule, le préteur permet au juge d'adjuger une chose à l'une des deux parties. *Quantum adjudicari oportet, judex, Titio adjudicato.* Juge, adjugez à Titius tout ce qui est à adjuger (Caius, IV, 42).

4° *Condemnatio.* C'est la partie de la formule dans laquelle le préteur donne au juge le pouvoir de condamner ou d'absoudre. *Judex Humerum Regidium Aulo Agerio sestertium* x *millia condemna, si non paret, absolve.* Juge, condamnez Humerus Regidius envers Aulus Agerius à 10,000 sesterces. Si le fait ne vous paraît pas tel, absolvez-le.

10. Du reste, toutes ces parties ne sont pas toujours réunies dans la formule; ainsi, dans les questions préjudicielles, comme les questions d'état, il n'y a que l'*intentio*.

L'*adjudicatio* n'a lieu que dans les trois actions de partage, savoir : *finium regundorum* entre voisins, *familiæ erciscundæ* entre cohéritiers, et *communi dividundo* entre copropriétaires.

La formule se compose ordinairement des deux premières et

de la quatrième partie; dans la vente, la formule entière est ainsi conçue : *Quòd Aulus Agerius Humero Regidio hominem vendidit, si paret Humerum Regidium Aulo Agerio sestertium x millia dare oportere, judex, Humerum Regidium Aulo Agerio sestertium x millia condemna; si non paret, absolve.*

**11.** *Exception.* La demande peut être contraire à l'équité, quoiqu'elle soit appuyée sur les dispositions de la loi, *enim accidit ut licet persecutio qua actor experitur justa sit, tamen iniqua sit adversus eum cum quo agitur.* Ainsi le demandeur a un titre de créance, mais l'adversaire allègue qu'il n'a consenti à son obligation que par suite de fraude ou de violence, ou bien que le demandeur lui a, par un pacte, fait la remise de son obligation. Alors le préteur insère dans la formule cette exception; à moins qu'il n'y ait eu dol dans cette affaire; à moins que le demandeur ne soit convenu de ne pas demander son argent, *si in ea re nihil dolo malo Auli Agerii factum sit, neque fiat..... Si inter Aulum Agerium et Humerum Regidium non convenit, ne ea pecunia peteretur,* si l'allégation du défendeur est justifiée, le juge doit le renvoyer absous (Caius, iv, 16).

**12.** Si l'exception n'a pas été proposée par le défendeur devant le préteur, et insérée dans la formule, le juge ne peut pas avoir égard à l'allégation du défendeur, à moins qu'il ne s'agisse d'un contrat de bonne foi, cas auquel il a un pouvoir à peu près discrétionnaire.

**13.** L'exception est dite péremptoire lorsqu'elle peut être opposée à quelque époque que l'action soit formée; telles sont les exceptions de pacte ou de dol dont nous venons de parler. Au contraire, l'exception est dilatoire, lorsqu'elle ne vaut que pendant un temps. Telle est l'exception résultant du pacte par lequel le créancier s'est obligé à ne pas redemander son argent pendant cinq ans (Caius, iv, 120, 121).

**14.** *Replicatio.* Le demandeur peut répliquer au défendeur par une seconde exception. Ex. : il peut alléguer que le pacte *ne pecunia peteretur* a été détruit par un nouveau pacte contraire. Le préteur ajoute alors à la formule les mots suivans : *si non postea convenerit ut eam pecuniam petere liceret* (Caius, iv, 126).

**15.** Enfin, cette allégation peut elle-même être repoussée par une autre du défendeur, et ainsi de suite; il y a lieu alors à autant d'exceptions qu'on nomme dupliques, tripliques, etc. (Caius, iv, 129, inst. IV, tit. XIV).

**16.** La faculté de poursuivre le droit en justice fait partie de notre patrimoine ; c'est un bien transmissible et divisible.

**17.** *Transmissible.* L'action passe aux héritiers. Réciproquement l'héritier est tenu de répondre aux actions qui grevaient son auteur. — Les titres exécutoires contre le défunt le sont

éga'ement contre la personne de l'héritier. C. civ. 877. — V.
toutefois *Exécution*.

**18.** *Divisible.* Chacun des héritiers, même avant le partage,
peut intenter et poursuivre l'action pour sa part afférente dans
la succession ; — il est tenu personnellement dans la même proportion. C. civ. 873.

**19.** Toutefois, l'action hypothécaire peut être exercée sans
division contre un des héritiers, sauf son recours pour ce qu'il
a payé au-delà de sa part comme détenteur. Sous ce rapport, le
principe de la divisibilité reçoit son application.

**20.** Le détenteur, qui n'est d'ailleurs tenu d'aucune obligation personnelle, peut agir en garantie. C. pr. 182.

**21.** L'action conduit à un *jugement.* — V. ce mot.

**22.** Les actions peuvent être considérées sous plusieurs aspects. — Quant à leur *origine*, elles sont *civiles* ou *criminelles.*

**23.** L'action *criminelle* ou *publique* appartient à l'État ; elle a
pour objet l'application de la loi pénale au fait réputé criminel,
et la réparation du dommage causé à la société ; elle est exercée
devant les juges criminels par les officiers du ministère public.

**24.** L'action *civile* ou *privée* a pour objet l'intérêt civil ou privé
du citoyen qui l'exerce ; elle est de la compétence du juge civil.

Toutefois si l'action est fondée sur un dommage résultant
d'un fait punissable, elle peut être poursuivie, soit devant le
juge criminel en même temps que l'action publique, soit séparément devant le juge civil. — V. *Dommages-intérêts.*

**25.** Sous le rapport des droits que l'on réclame, les actions
sont *personnelles*, ou *réelles* ou *mixtes.* — V. *inf.* § 1er.

Sous le rapport de leur objet, *mobilières ou immobilières.* —
V. *inf.* § 2.

Ces distinctions sont importantes à cause de la compétence,
de la prescription, et de la capacité d'ester en jugement.

**26.** En outre, chaque action peut être désignée sous des dé-
nominations particulières, suivant son objet spécial, le but de
la demande, les temps et les circonstances dans lesquels on
l'exerce, et la procédure plus ou moins étendue qu'elle occasione. — Ainsi, on distingue les actions en *confessoires*, *néga-
toires*, *hypothécaires*, *rédhibitoires*, *conservatoires*, *principales*, *incidentes*, *subsidiaires*, *reconventionnelles*, *préjudicielles*, *rescisoires*,
*ordinaires*, *sommaires.*

### Art. 1er.—*Des actions personnelles, réelles et mixtes.*

**27.** L'action est *personnelle* quand celui contre qui elle est
dirigée est obligé personnellement. Peu importe qu'il vienne à
cesser de posséder la chose réclamée ; autrement il pourrait se
jouer de ses obligations.

**28.** L'action est *réelle* quand le défendeur n'est pas obligé personnellement, et qu'il n'est tenu qu'en sa qualité de détenteur. S'il cesse de posséder avant d'être actionné, l'action passe exclusivement contre le nouveau possesseur.

**29.** L'action est *mixte* quand le défendeur est obligé personnellement et tenu comme détenteur; mais il faut qu'elle milite tout à la fois comme personnelle et réelle contre la même personne. Elle peut cependant se diviser par la suite, conserver son caractère personnel contre celui qui était obligé primitivement aux deux titres, et devenir réelle contre le tiers nouveau détenteur. Pigeau, 1, 129.

**30.** A Rome, l'action était ou *réelle (vindicatio)*, ou *personnelle (condictio)*. La conception de la partie de la formule appelée *intentio* servait à reconnaître le caractère de l'action. La formule *si paret Titium sestertium* x *millia* DARE OPORTERE, indiquait une action personnelle. Celle *si paret rem ex jure quiritium Auli Agerii* ESSE, indiquait une action réelle. L. 25, D. *de oblig. et action.* Caius, IV, 1 et suiv.—Cela posé, il paraît difficile d'admettre en droit romain la troisième branche de la division des actions connue en droit français sous le nom d'actions *mixtes*. Cependant certains auteurs attribuaient ce caractère aux quatre actions *familiæ erciscundæ, communi dividundo finium regundorum et de petitione hæreditatis.* —V. *inst. de action.*, § 1 et 20; Vinnius, *ib.*

**31.** Les mots *en matière mixte* se trouvent dans l'art. 59 C. pr. — Quel sens devons-nous y attacher ?

Plusieurs interprétations ont été proposées.

La première, fondée sur la loi 57, § 1, Dig. *oblig. et act.*, consiste à dire que les actions citées par les Institutes *sont mixtes,* parce que chacune des parties y joue à la fois le double rôle de demandeur et de défendeur (Thémis, 5, 368); —Elle est toute nouvelle, ainsi elle n'a pu servir de guide aux rédacteurs de l'art. 59, qui, d'ailleurs, en accordant au demandeur le choix entre le trib. de la situation et celui du domicile du défendeur, semble plutôt considérer comme *mixtes* les actions mélangées de réalité et de personnalité.

Dans la seconde interprétation, on dit : —Les actions mixtes sont à la vérité réelles et personnelles à la fois, comme l'indiquent les termes mêmes du § 20 : *quædam actiones mixtam causam obtinere videntur tam in rem quam in personam;* — Mais elles n'ont pas ce double caractère à l'égard d'une seule et même chose. Elles sont ainsi appelées, parce qu'elles renferment en même temps une sorte de revendication et une demande de prestations personnelles, telles que restitutions de fruits, indemnités pour dégâts ou remboursemens d'impenses faites dans l'intérêt commun. Ferrière, Vinnius, Inst., liv. 4, tit. 6, § 1er et § 20; Warkœnig, *Elémens de Droit romain.* p. 886. — V. aussi Ducauroy, § 20.

Quelque fondé que puisse être ce système, en droit romain,

ce n'est point, selon nous, celui que l'art. 59 C. pr. a adopté. La personnalité des conclusions accessoires ne peut pas altérer le caractère réel des conclusions principales. S'il en était ainsi, il n'existerait dans notre droit aucune action réelle, car toujours des conclusions secondaires supposant une obligation se trouvent jointes aux actions en revendication.—Il est plus naturel de penser que le C. pr. a voulu consacrer les idées de l'ancienne législation française au moment de sa promulgation. — Or, d'après Pothier, *Introduction générale aux coutumes*, § 121, les actions énumérées au § 20 des Instituts sont mixtes, en ce sens que les conclusions principales du demandeur y présentent le double caractère de réalité et de personnalité; elles sont réelles, parce que c'est en qualité de propriétaire ou de copropriétaire qu'on agit soit en bornage, soit en partage; elles sont personnelles, parce qu'elles naissent de l'engagement formé *quasi ex contractu* par le voisin de supporter le bornage et même de contribuer aux frais, et par le cohéritier ou communiste de subir le partage. — Cette obligation dont parle Pothier résulte dans le C. civ. des art. 815, en matière de partage, et 646 et 1370 en matière de bornage.

Mais les actions dont fait mention le § 20 des Instituts, sont-elles les seules que nous devions considérer comme mixtes ? — S'il en était ainsi, l'art. 59 serait d'une bien rare application, car l'action de partage entre cohéritiers doit être toujours portée au trib. de l'ouverture de la succession, en vertu de la disposition spéciale de l'art. 822 C. civ.; et l'action de partage entre communistes, quand il s'agit d'une société ayant un siège fixe d'opérations, au trib. où ce siège est établi (C. civ. 822 et 1872 combinés).—D'un autre côté, bien que le demandeur à fin de bornage soit libre de citer le défendeur devant son trib. ou devant celui de la situation, c'est en général ce dernier parti qu'il adoptera; le juge du lieu étant plus à même que tout autre de connaître de la contestation. Pothier nous servira encore de règle; il ajoutait aux *actions* citées par le § 20 des Inst., les actions en réméré, en rescision pour vilité du prix, et en résolution de vente pour non paiement ( *Vente*, n° 464). — Cette dernière action était aussi considérée comme mixte par les anciens auteurs et par les parlemens. Tiraqueau, § 8, glose 3; n° 10; Loyseau, liv. 2, ch. 1er, n° 3; Furgole, *Testament*, t. 2, ch. 7, sect. 3, n° 100.— Aucune discussion n'ayant eu lieu sur l'interprétation à donner au mot *actions mixtes*, lorsque l'art. 59 fut soumis aux assemblées législatives; c'est naturellement à celle de ces anciens auteurs qu'il faut se référer.

52. Comment doit être formée l'action en résolution de la vente d'un immeuble non payé ? — La marche à suivre varie selon que l'acquéreur a ou n'a pas revendu.

1re *hypothèse : L'acheteur n'a pas revendu.* — Devant quel trib. doit-il être assigné? Cette question dépend de celle de savoir si l'action en résolution est personnelle ou mixte.

Pour établir qu'elle est purement personnelle on dit : —L'acheteur, quoiqu'il n'ait pas payé, est propriétaire de l'immeuble; il est assigné non pas pour entendre dire que le bien appartient au vendeur, mais pour entendre prononcer la résolution d'un contrat qu'il n'a pas exécuté. Il n'est pas exact de prétendre que l'action en résolution ayant un double caractère de réalité et de personnalité est mixte; en effet, une action ne peut être à la fois réelle et personnelle, quant au même objet; par l'action réelle nous soutenons que la chose est NOTRE, *rem intendimus* NOSTRAM *esse;* tandis que par l'action personnelle nous demandons qu'on nous en transfère la propriété, *dare oportere.* Duvergier, *Vente,* n° 467 ; Carré, *Compétence,* 474.

Dans l'opinion contraire, on répond : L'action en résolution lorsqu'elle est intentée contre l'acquéreur qui n'a pas revendu l'immeuble non payé, n'est pas, il est vrai, mixte dans le sens des actions en partage et en bornage; mais elle n'est point non plus purement personnelle. Si en effet elle dérive du contrat de vente passé avec le défendeur lui-même, et participe ainsi de la nature des actions personnelles, elle aboutit aux conclusions d'une demande réelle quand cet acheteur a encore en sa possession la chose vendue. Elle tend en effet contre lui, à la dissolution du contrat et au délaissement de l'immeuble, et sous ce rapport, elle est mixte. — « Le vendeur, par cette action, dit Pothier, conclut à la résolution du contrat, et en conséquence, à la restitution de la chose vendue. »—Telle est aussi l'opinion de MM. Troplong, *Vente,* nos 625 et suiv. ; et Boitard, nº 59. — La C. cass. ( 2 fév. 1809, S. 9, 138 ) a, par les mêmes principes, considéré comme mixte l'action en délivrance de l'immeuble aliéné, formée par l'acheteur contre le vendeur.

Ainsi, nous pensons que le vendeur non payé pourra assigner en résolution l'acheteur devant le trib. de son domicile ou devant celui de la situation.

2me *hypothèse : L'acheteur a revendu.* — Suffira-t-il dans ce cas de l'assigner en résolution de la vente? et le jugement obtenu contre lui aura-t-il, à l'égard du second acquéreur l'autorité, de la chose jugée? — Nous ne le pensons pas. — Les jugemens relatifs à la propriété de la chose, obtenus contre le vendeur, le sont il est vrai contre l'acheteur, quand ils sont antérieurs à l'aliénation, et l'on doit alors appliquer la maxime : *Nemo plus juris in alium transferre potest quam ipse habet.* Dans ce sens, on peut dire que ce dernier est l'ayant-cause de celui duquel il a acquis; mais après la vente, le vendeur ne peut pas plus représenter l'acquéreur en justice qu'il ne saurait aliéner ou grever de ser-

vitudes l'immeuble vendu (Pothier, *Pandectes*, liv. 44, tit. 2).
Il en résulte que le premier vendeur non payé qui veut obtenir
la résolution du contrat doit non seulement assigner celui à qui
il a vendu, mais encore mettre en cause le second acquéreur.
— Il importe d'autant plus de l'appeler qu'il a sur la possession un droit propre en vertu duquel il peut faire les fruits
siens et dont il ne peut être dépouillé que par une procédure
directement instruite contre lui. Proudhon, *Usufruit*, n^os 1345
et suiv.; Duranton, 4, n° 259, 8, n° 543. — Si donc, le
premier vendeur non payé a seulement fait prononcer la résolution de la vente vis-à-vis de son acheteur, il pourra, il est vrai,
en vertu de ce jugement, agir en délaissement de l'immeuble
contre le second acquéreur; mais celui-ci sera en droit d'y
former tierce-opposition quand bien même il aurait eu connaissance de l'action intentée contre son vendeur, à moins cependant qu'il ne fût reconnu qu'il a dirigé le procès sous le
nom de celui-ci. — Caen, 2 mai 1811, D. 12, 655. — Il le
peut d'autant plus, qu'outre le préjudice que lui cause ce jugement, seule condition que l'arrêt de Cass. (ch. req.) du 9
déc. 1855 (Art. 306 J. Pr.) exige pour former tierce-opposition, il devait y être appelé, comme nous venons de le démontrer. Cass. 21 fév. 1816, S. 16, 153; 19 août 1818, S. 19, 24;
25 mars 1828, S. 28, 302; Douai, 5 juin 1820, S. 21, 100;
Duvergier, *Vente*, n° 466; Carré, 2, 421; Thomine, n° 1, 722.

S'il nous paraît irrégulier, de la part du vendeur non payé,
d'agir contre le premier acheteur seul, il le serait encore davantage d'actionner directement les tiers détenteurs en résolution,
à moins qu'ils n'eussent été chargés dans leur contrat de vente
par cet acheteur de payer leur prix à ce vendeur originaire, car
ce dernier serait alors en droit de les poursuivre personnellement. Cass. 12 mars 1829, S. 29, 146. — Hors ce cas particulier, ils seraient fondés à répondre qu'ils ne peuvent être
poursuivis que par une action réelle, et que cette action résulterait uniquement de la résolution prononcée contre l'acheteur,
qui est seul habile à y défendre. Troplong, *Vente*, n° 633.
— V. toutefois Duranton, t. 16, n° 361.

Mais devant quel trib. doit-on assigner le premier acheteur
et le tiers détenteur? — L'action formée contre eux continue-
t-elle à être mixte?

Plusieurs systèmes sont encore en présence: — M. Troplong,
n° 625, pense que l'action en résolution est mixte à l'égard de
l'acheteur, bien qu'il ait revendu, qu'elle est réelle au contraire
à l'égard du tiers détenteur. — M. Carré, *Compétence*, 1, 476,
adoptant l'opinion de Duparc-Poullain, *Principes du droit*, 8, 1,
n° 4, pense au contraire que l'action est personnelle à l'égard
de l'acquéreur, l'assignation étant donnée dans ce cas pour voir

dire que le contrat sera résolu et non pas que la chose est la propriété du vendeur; mais qu'elle est mixte à l'égard du tiers détenteur. « Elle n'est pas, dit-il, purement *réelle* quoiqu'elle ait la chose pour objet direct, puisqu'elle dérive du contrat même de vente; elle n'est pas non plus purement *personnelle* puisque le contrat n'est pas intervenu entre le vendeur qui agit et le tiers détenteur. » — Selon M. Poncet, *des Actions*, p. 170, n° 119, l'action est personnelle non seulement quand elle est intentée contre le premier acheteur, mais encore contre le tiers détenteur; celui-ci, en achetant un immeuble non payé s'étant tacitement engagé à restituer l'immeuble pour le cas où l'action résolutoire serait exercée contre lui.

Nous n'adopterons aucuns de ces trois systèmes. Quand le bien a été revendu, il nous paraît évident que l'action en résolution contre le premier acheteur est purement personnelle. On ne demande en effet contre lui que la dissolution du contrat de vente, et non le délaissement d'un immeuble qui ne se trouve plus entre ses mains. — Mais l'action formée par le vendeur contre le tiers détenteur à fin d'être réintégré dans la propriété de cet immeuble est réelle, car cette réintégration ne peut être que la conséquence d'un jugement qui, en annulant le contrat originaire, fait rentrer le vendeur dans tous ses droits de propriétaire. Vainement, dirait-on, cette action est mixte comme dérivant d'un contrat mélangé de *personnalité*. Une action ne peut être personnelle que vis-à-vis celui avec qui on a contracté. — *In personam actio est quâ agimus cum sponsore aliove qui nobis vel ex contractu, vel ex delicto obligatus est.* Caius, *Com.* liv. 4, n° 2. — Encore moins soutiendrait-on avec M. Poncet que cette action est purement personnelle sous le prétexte qu'elle suppose une obligation tacite de la part du tiers détenteur. Si l'on adoptait ce système, il n'existerait pas d'actions réelles; car on devrait dire que celui contre lequel l'action en revendication ou hypothécaire serait intentée, se serait obligé tacitement par son contrat d'acquisition de restituer au véritable propriétaire son immeuble ou de délaisser au créancier hypothécaire le bien soumis à son gage. Ajoutons d'ailleurs, que celui qui achète un immeuble sachant même que le prix n'en a pas été payé, espère que son vendeur désintéressera celui duquel il a acquis. Il n'entend donc prendre à l'égard de ce dernier aucun engagement. Ainsi, nous pensons que lorsqu'une seconde vente est intervenue, l'action devient personnelle vis-à-vis le premier acheteur, et réelle vis-à-vis le tiers détenteur. — V. Berriat, t. 1, p. 101; Duvergier, *Vente*, n° 467, dont le sentiment ne diffère du nôtre qu'en ce qu'ils considèrent l'action résolutoire intentée contre l'acheteur comme purement *personnelle*, même au cas où il n'a pas revendu.

L'opinion que nous soutenons est exprimée par M. Pigeau, t. 1, p. 81, dans une espèce analogue; il pense que l'action de l'acheteur pour contraindre le vendeur à lui livrer la chose est mixte tant que celui-ci n'a pas revendu, mais qu'elle se décompose lorsqu'une revente a eu lieu, qu'elle devient personnelle contre l'acquéreur et que l'action contre le tiers détenteur est réelle.

Il résulte de notre système, quant à la compétence, que le vendeur devra actionner en résolution l'acheteur devant le trib. de son domicile et en délaissement le tiers détenteur devant celui de la situation. — Toutefois, s'il veut les comprendre dans la même instance, comme cela nous semble nécessaire pour que le second acheteur ne puisse attaquer le jugement qui résoudra la vente, il lui sera libre, attendu la connexité des deux demandes, d'en saisir l'un ou l'autre trib. — Duvergier, n° 467.

Ainsi, en résumé, l'action en résolution est mixte, quand l'acheteur n'a pas revendu; elle sera donc portée au trib. du domicile du défendeur, ou à celui de la situation; dans le cas de revente, elle se subdivise en action personnelle vis-à-vis l'acheteur, et en action réelle vis-à-vis le tiers détenteur. Le demandeur agira prudemment en les mettant tous les deux en cause, et dans ce cas, il pourra saisir des deux demandes connexes le trib. du domicile du défendeur ou celui de la situation. — S'il fait seulement prononcer la résolution à l'égard de son acheteur, et qu'en vertu du jugement il agisse en délaissement contre le tiers détenteur, celui-ci sera en droit d'employer contre le jugement la voie de la tierce-opposition.

53. L'action personnelle diffère de l'action réelle sous le triple rapport de l'origine, du sujet, de la réclamation ou des conclusions.

54. L'action personnelle dérive nécessairement d'une obligation à laquelle sont soumis l'actionné ou ceux qu'il représente. Au contraire, l'action réelle peut provenir d'un droit acquis sans la moindre participation de l'actionné ou de ses auteurs.

55. L'action personnelle se dirige toujours contre la personne de l'actionné ou contre celle de ses représentans. Les biens de l'actionné sont, il est vrai, le gage de l'obligation; mais elle continue à être exercée contre la personne, même après l'aliénation des biens.

56. A l'inverse, l'action réelle se dirige toujours contre la chose. Si l'on s'adresse au possesseur, c'est à cause de sa détention; l'action suit la chose, en quelques mains qu'elle passe.

57. L'action personnelle a lieu dans toute son étendue contre l'héritier qui accepte la succession; lors même que le débiteur a aliéné une partie des biens. — De même un légataire d'im-

meubles, chargé de payer un legs, ne peut s'en dispenser, sous prétexte que ces immeubles n'ont pas été restitués par l'Etat, qui les avait confisqués. Il suffit qu'avant l'émigration il eût pris possession pour qu'il continue à être passible de l'action personnelle que le second légataire avait contre lui en vertu de son legs et que ce dernier ne soit pas forcé d'agir contre les possesseurs des mêmes immeubles. Cass. 17 mai 1809, P. 7, 567.

**38.** L'action réelle n'est recevable contre l'héritier que dans le cas où il est détenteur de l'objet réclamé.

**39.** Par l'action personnelle, on demande l'exécution d'une obligation. — Par l'action réelle, on demande la reconnaissance d'un droit, que la chose soit déclarée appartenir au réclamant, ou être affectée à son droit réel, tel qu'un droit de servitude. On conclut bien à ce que l'actionné soit tenu de délaisser l'héritage, ou de consentir au droit réel et aux suites de ce droit; mais si le possesseur délaisse, il est affranchi de toute action. C. civ. 656 et 699.

**40.** L'action *mixte* diffère des deux précédentes en ce qu'on réclame tout à la fois et l'exécution d'une obligation, et la reconnaissance d'un droit. Par exemple, on conclut à ce qu'un individu soit condamné à payer la somme de..., et que tel immeuble, par lui hypothéqué, soit déclaré affecté au paiement de cette somme.

**41.** De même, l'héritier qui forme une demande en partage conclut non seulement au partage des biens qui composent la succession, mais encore, 1° à ce que ses cohéritiers soient personnellement condamnés à lui faire part des fruits qu'ils ont perçus dans ces biens; 2° à l'indemniser pour sa portion héréditaire du dommage qu'ils ont pu lui causer; 3° à lui tenir compte des dépenses qu'il a faites pour la conservation de ces mêmes biens.

**42.** Par suite de ces principes, on doit considérer comme actions personnelles: 1° l'action en exhibition de titres que l'on prétend avoir précédemment remis à la personne à laquelle on en demande la restitution. — Peu importe que cette action soit formée comme base d'une demande en revendication d'immeubles, dont le défendeur est en possession. Cass. 3 fév. 1806, S. 6, 2, 705.

**43.** 2° Celle qui a pour objet, soit le paiement des arrérages d'une rente hypothéquée sur un immeuble, soit l'obtention d'un titre nouveau de cette rente : on ne peut dire qu'une telle action soit mixte, en ce qu'elle est dirigée autant contre l'immeuble hypothéqué que contre la personne du débiteur de la rente, Paris, 18 janv. 1825, S. 25, 145.

**44.** 3° La demande en nullité d'une vente formée par l'acquéreur ou ses représentans. Riom , 30 déc. 1825 , S. 27 , 31.

**45.** 4° Celle exercée par l'acquéreur d'une coupe de bois contre le vendeur, pour être autorisé à faire abattre les arbres qu'il a achetés, et spécialement les baliveaux qu'il prétend avoir laissés au-delà du nombre convenu. Les arbres achetés pour être coupés sont réputés meubles vis-à-vis l'acquéreur. Cass. 5 oct. 1813, S. 13, 465 ; Pothier, *Communauté*, n° 70 ; Merlin, *Rép.* , v° *Biens*, § 1.

**46.** 5° L'action en délivrance de l'immeuble vendu, dirigée contre le vendeur lui-même ou ses successeurs à titre universel. Ils sont obligés personnellement à effectuer cette délivrance. Poncet, *Des Actions*, 179. — Cependant, si le vendeur était encore en possession de l'immeuble, l'acquéreur ayant sur lui un droit réel, l'action deviendrait mixte. Cass. 2 fév. 1809 , S. 9, 158. — V. *sup.* n° 29.

**47.** 6' Celle par laquelle l'héritier du sang forme contre l'héritier testamentaire une demande en délaissement de la succession, motivée sur ce que le testament dont il excipe est nul. Cass. 18 janv. 1820, S. 20, 127 ; Orléans, 21, août 1829, S. 30, 94 ; Favard, v° *Action*, n° 5.

**48.** 7° L'action en réalisation de bail : un locataire n'a aucun droit dans la chose ou à l'occasion de la chose, *jus in re*; il n'a qu'un droit pour obtenir la jouissance de cette chose, *jus ad rem*. Il est détenteur précaire, et ne possède que pour le propriétaire. Celui-ci n'a aucun droit réel à exercer contre le locataire. Il ne peut que lui demander l'exécution de ses engagemens, au nombre desquels se trouve l'obligation de déguerpir quand le bail est expiré, et que le propriétaire lui a donné congé. Poncet, *Actions*, p. 183. — *Contrà*, Paris, 16 fév. 1808, S. 7, 771.

**49.** 8° Celle en représentation du prix de vente, intentée par les créanciers du vendeur contre l'acquéreur. Cass. 15 mars 1808, S. 8, 353.

**50.** Au contraire sont réelles , 1° l'action en revendication dirigée contre un tiers détenteur par un précédent propriétaire; — 2° celle en délaissement, formée par un créancier hypothécaire du vendeur.

**51.** Est encore réelle, l'action en ouverture d'ordre pour la distribution du prix d'un immeuble vendu, soit volontairement, soit avec expropriation forcée. Cass. 13 juin 1809, S. 9, 282.

**52.** Enfin sont mixtes, 1° l'action en rescision d'un contrat de vente pour cause de lésion : elle participe de l'action personnelle en ce que l'on demande le paiement du juste prix ; et de l'action réelle, en ce que l'on conclut à être réintégré dans l'immeuble en cas de non paiement de ce juste prix. Cass. 5

nov. 1806, S. 6, 512; 13 fév. 1852, S. 52, 684; Paris 13
mars 1817, S. 18, 99; Duvergier, *Vente*, n° 467; Carré,
*Compétence*, 474; Troplong, *Vente*, n°s 625 et suiv.; Boitard,
n° 59. — *Contrà*, Riom, 1er déc. 1808, S. 12, 197; Favard,
v° *Action*, § 1, 3. — V. *sup.* n°s 31 et 32.

Il en est de même de la demande en reconnaissance d'écriture
d'un acte sous seing privé et en réalisation de la vente devant
notaire. Paris, 26 août 1835, 31 mai 1837 (Art. 384, 992
J. Pr.).

**53.** 2° La demande tendant à la nullité du contrat, et par
suite à la radiation des inscriptions hypothécaires prises en vertu
de ce contrat. Ainsi l'action pourra être intentée, soit devant
le trib. du domicile du défendeur (Arg. Cass. 29 brum. an 13,
S. 7, 1001; 1er prair. an 12); — soit devant celui de la situation des biens. Arg. Paris, 9 mars 1813, S. 14, 136; Thomine, art. 59, n° 84; Merlin, *Rép.*, v° *Radiation d'hypothèques*,
n° 4. — Toutefois, dans le cas où l'on attaque la validité du
titre, alors même que l'on conclut simplement à la main-levée
de l'inscription, il est plus prudent de porter la demande au
trib. du domicile des créanciers. De quelque manière qu'on la
présente, elle prend toujours son fondement dans une nullité
de l'obligation, abstraction faite de tous vices de formes. On
ne peut venir à la main-levée de l'inscription sans faire prononcer la nullité de l'engagement. Ce qu'il y a de réel est entièrement subordonné à ce qui est personnel. Grenier, *Hypothèques*,
1, 188 et suiv.

**54.** 3° L'action intentée par les créanciers d'une succession
en nullité d'une vente de biens de mineurs, faite en fraude de
leurs droits. Elle porte à la fois sur la personne, pour la contraindre à anéantir un acte personnel, et sur une chose, pour en
obtenir la remise.

Cette action est personnelle, parce que l'héritier du débiteur,
en sa qualité d'héritier, est tenu de la dette; et en même temps
réelle, comme conférant un droit sur l'immeuble hypothéqué.
Cass. 10 déc. 1806, 24 août 1826, S. 6, 515; 27, 157. —
*Contrà*, Riom, 1er déc. 1808, S. 12, 197.

**55.** 4° La demande en paiement d'une somme pour prix
de la stipulation du droit de retour réservé au profit d'un donateur d'immeubles. Cass. 4 janv. 1820.

**56.** 5° L'action tendant à obtenir le délaissement d'un
immeuble et des dommages-intérêts à raison de l'indue possession du tiers détenteur. Vainement on objecterait que la demande
en dommages-intérêts n'est que l'accessoire de l'action en délaissement, qui est éminemment réelle. Cette allégation ne serait
pas juste : en effet, on aurait pu intenter l'action en dommages-
intérêts indépendamment de celle en délaissement. Il aurait

fallu, il est vrai, pour y statuer, attendre que la question de
propriété fût vidée ; mais l'action en dommages-intérêts n'en
serait pas moins restée une action personnelle principale. Grenoble, 29 avr. 1824, S. 26, 27. — *Contrà*, Amiens, 15 nov.
1824, S. 25, 211.

### Art. 2. — *Actions mobilières et immobilières.*

**57.** L'action suit la nature de la chose que l'on réclame ; elle
est *mobilière* ou *immobilière*, selon que l'objet de la demande est
lui-même mobilier ou immobilier. *Actio quæ tendit ad mobile,
mobilis est ; ad immobile, immobilis.* Dargentré.

**58.** Ainsi est purement mobilière, 1° l'action du créancier
hypothécaire contre le tiers détenteur en représentation du
prix de l'immeuble, par suite des lettres de ratification obtenues par ce dernier. Cass. 15 mars 1808, S. 8, 353.

**59.** 2° L'action en délivrance d'arbres vendus pour être coupés. Cass. 5 oct. 1813, S. 13, 465. — V. *sup.* n° 45.

**60.** Au contraire, est immobilière, 1° l'action relative aux
récoltes, fruits et bois non séparés du fonds, et formée avant
la vente de ces objets, à moins qu'ils n'aient été saisis-brandon-
nés. Arg. Cass. 1er juin 1822, S. 22, 308 ; Favard, v° *Action,*
§ 1, n° 2.

**61.** 2° Celle en revendication d'un immeuble ou d'une servitude, soit contre le vendeur, soit contre des tiers.

**62.** 3° L'action en rescision d'une vente d'immeubles pour
lésion : en effet, le vendeur ne peut demander que la rescision
du contrat, et par conséquent la restitution de l'immeuble.
L'acquéreur, il est vrai, a la *faculté* de payer le supplément
des neuf dixièmes ; mais, pour déterminer le caractère de l'action, il faut s'attacher exclusivement à l'objet de la demande.
Delvincourt, p. 164, note 2.—*Contrà*, Cass. 23 prair. an 12,
14 mai 1806, S. 4, 369 ; 6, 331.

### § 2. — *Exercice des actions.*

#### Art. 1er.— *Soins à prendre avant d'ester en jugement.*

**63.** La prudence veut qu'avant d'intenter une action ou d'y
répondre, on consulte ceux dont le ministère est d'éclairer les
citoyens sur leurs intérêts et de défendre leurs droits devant les
tribunaux. — V. *Avocat*, *Avoué.*

**64.** Il importe d'être édifié sur les points suivans : A-t-on
intérêt ? cet intérêt est-il fondé en droit ? A-t-on qualité pour
l'exercer ? des preuves pour le justifier ? une action pour le faire
valoir ? Quelle espèce d'action doit-on intenter ? devant quel tribunal ? contre qui ? Est-on capable d'ester soi-même en jugement ?
Si l'on est incapable, par l'intermédiaire de qui faut-il agir ? Est-

il nécessaire de subir le préliminaire de conciliation, de se faire assister d'un avoué ? Quelle procédure suivre ? Peut-on, avant la demande ou pendant l'instruction, faire des actes conservatoires?

**65.** *Intérêt. Point d'intérêt, point d'action.* Cette règle est fondée sur l'équité et sur la loi.

**66.** En général, l'intérêt doit être né et actuel ( Arg C. civ. 191), inhérent à la personne qui agit, à moins qu'elle ne représente la partie en qui l'intérêt réside.

**67.** Il suffit quelquefois d'un intérêt susceptible de se réaliser. Ainsi, l'habile à succéder peut, pendant les délais pour délibérer, exercer une action purement conservatoire.

**68.** *Droit.* Il faut que l'intérêt soit légitime, c'est-à-dire fondé sur le droit.

**69.** *Qualité.* Il faut avoir qualité, c'est-à-dire agir comme maître ou comme représentant du maître du droit. D'où la règle : *point de qualité, point d'action.*

**70.** L'héritier ou le créancier a qualité pour exercer les droits et actions de son auteur ou débiteur (C. civ. 1166); — A moins qu'il ne s'agisse d'un *droit personnel.* C. civ. 419, 1032, 957, 617 et 625, 1980, 552, 1208, 1294, 2036. — V. ce mot.

**71.** Nul ne peut exercer en justice les actions d'autrui sans un mandat exprès ou implicite.

**72.** Mais l'assignation donnée par le mandataire en son nom est-elle valable s'il ajoute qu'il n'agit qu'en vertu de la procuration qu'il énonce ? — V. *Exploit.*

**73.** *Preuves.* Souvent le droit périclite faute de preuve; les parties doivent donc examiner respectivement si elles peuvent justifier de leur qualité et de leurs moyens de défense, savoir : le demandeur, des faits qui servent de base à sa réclamation ; le défendeur, des exceptions qu'il oppose. Arg. C. civ. 1315. — V. *inf.* art. 5.

Si l'action à exercer a été transmise, soit par succession, soit par donation, vente ou transport, etc., le demandeur doit d'abord justifier de la transmission qui lui a été faite à titre universel ou singulier. Autrement, il serait déclaré non recevable par défaut de *qualité.*

**74.** *Action.* Quelquefois la loi refuse le moyen d'agir pour réclamer ce que le droit concède. Par exemple, si le droit résulte d'une obligation purement naturelle (Arg. C. civ. 1235, 1965, 1967); — Ou si les parties n'ont pas qualité. —V. *sup.* n° 69.

Jugé que la compagnie des agens de change n'a pas d'action en remboursement des prêts faits à un agent de change, avec connaissance de cause, pour le paiement de différences prove-

nant de jeux de bourse. Paris, 11 juill. 1836 ( Art. 521
J. Pr. ).

**75.** Il n'est pas toujours nécessaire d'exercer une action
pour profiter d'un droit. Certains avantages sont acquis *ipso
jure*, et sans qu'il soit besoin de les réclamer, tels que la subrogation légale ( C. civ. 1251), la saisine d'une succession.
*Ib.* 724.

**76.** Le créancier qui a un titre notarié exécutoire peut-il à
l'échéance, actionner le débiteur en paiement ? — On conçoit
l'intérêt qu'il aurait à obtenir jugement et par suite hypothèque judiciaire sur tous les biens du débiteur, pour garantir sa
créance contre les créanciers qui pourraient acquérir ultérieurement hypothèque ; il s'épargnerait ainsi les chances de nullité
d'un expropriation forcée et les avances d'une procédure dispen-
dieuse.

Mais on répond : Le créancier s'est contenté dans le titre primitif d'une garantie personnelle. Il n'a pas stipulé d'hypothèque, le débiteur n'a peut-être contracté qu'à cette condition.
L'intérêt du créancier doit s'apprécier d'après les conclusions ;
or, l'hypothèque judiciaire est bien la conséquence d'un jugement de condamnation, mais ne peut être un chef de conclusions. L'acte notarié exécutoire tient lieu de jugement au créancier. Il n'est pas juste de forcer le débiteur à faire les frais d'un
second titre. Delvincourt, 2, 556, note ; Toullier, 6, n° 660 ;
Duranton, 12, n° 89 ; Boncenne, 2, 518. — *Contrà*, Carré,
art. 1898 ; Arg. Orléans, 17 mars 1837 (Art. 810 J. Pr.).

Il doit en être autrement lorsqu'il s'agit d'un titre que-
rellable pour inobservation des formalités exigées. Cass. 1er
fév. 1830, S. 30, 137 ; — Ou prescrit. Cass. 6 nov. 1832, S.
32, 824 ; — Ou qui n'entraîne pas contrainte par corps ; —
Ou qui ne produit pas d'intérêts. Metz, 12 mai 1818, Carré,
art. 1898. —Toutefois, la Cour de Montpellier (12 janv. 1832,
S. 32, 528 ) a jugé que les créanciers porteurs d'un titre exécutoire contre une succession, ne peuvent se pourvoir par voie
d'action ordinaire contre l'héritier, mais qu'ils doivent agir par
voie d'exécution. Les créanciers dans l'espèce réclamaient des
intérêts.

Jugé que l'exception tirée de ce que le demandeur agirait
frustratoirement, pour se procurer un nouveau titre, ne peut
être proposée pour la première fois en appel, attendu que cette
exception, dirigée contre le mode d'exercice du droit et non
contre le droit lui-même, eût dû être proposée avant toute
défense au fond ( Arg. C. pr. 173 ). Bordeaux, 24 août 1831,
S. 32, 824 ; Orléans, 17 mars 1837 (Art. 810 J. Pr. ).

**77.** Souvent un avantage n'est acquis qu'autant qu'on le réclame. Par exemple, la saisine, s'il s'agit d'héritiers irréguliers

(C. civ. 724, 770, 775) ; — La *péremption*, — *V.* ce mot ; — La révocation des donations pour ingratitude. C. civ. 956, 957 ; — La rescision des conventions pour erreur, violence ou dol, et pour condition résolutoire sous-entendue. C. civ. 1117, 1184 ; — Les intérêts non accordés par la loi. C. civ. 1155 ; — Le droit du créancier d'exercer les droits utiles et de faire révoquer les actes frauduleux de son débiteur. C. civ. 1166, 1167, 1447, 1464.

**78.** Quelquefois la loi accorde des prérogatives à la partie la plus *diligente* (— *V.* ce mot), et prive le plaideur négligent du bénéfice attaché à certains actes. C. pr. 396, 566. — *V. Récusation, Règlement de juges.*

**79.** Les juges ne peuvent suppléer les demandes qui ne sont pas formées devant eux, lors même qu'ils ont à juger une contestation qui paraît connexe.

**80.** Mais ils doivent suppléer d'office les moyens de droit omis par les parties. *L. unic. C. ut quæ desunt advocatis partium judex suppleat.*

**81.** Ainsi, lorsque le défendeur offre de prouver qu'il a payé un billet causé pour dette de jeu ou pour un commerce illicite, le juge peut suppléer le moyen de droit tiré de la nullité de l'obligation, et déclarer le demandeur sans action.

**82.** *Choix d'action.* Si le droit d'agir est constant, il importe de choisir l'action qu'il convient d'intenter.

**83.** On distingue le *cumul* d'actions ou le droit d'intenter à la fois plusieurs actions, et le *concours* d'actions ou la faculté d'opter entre plusieurs.

**84.** Il importe de faire avec soin le choix de l'action qu'on veut intenter. — Souvent un mauvais choix cause un tort irréparable. — La nouvelle action peut être repoussée ou par une fin de non recevoir résultant de l'autorité de la chose jugée, ou par quelques moyens de forme ; ces moyens eux-mêmes peuvent entraîner la perte du droit, par l'application de cet axiome : *la forme emporte le fond.* — Dans beaucoup de cas, il n'est pas permis de traîner un citoyen d'un trib. à un autre, ni d'enlever une affaire à un juge qui en est saisi. L. 41, D. *de oblig. et act.* ; L. 130, R. J. ; Merlin, *Rép.*, v° *Action.*

**85.** Le demandeur au pétitoire n'est plus recevable à agir au possessoire. C. pr. 26. — *V. Action possessoire.*

**86.** Les dommages-intérêts peuvent être réclamés devant le juge civil ou devant le juge criminel ; mais la partie lésée doit opter pour l'une de ces deux voies. Merlin, *Rép.*, v° *Conversion.*

**87.** La règle de *non variation* reçoit des exceptions : par exemple, si depuis l'instance civile on découvre de nouveaux faits qui donnent à l'affaire un caractère criminel, on peut intenter une action criminelle.

**88.** Si le demandeur n'obtient pas entière satisfaction par l'exercice d'une seule action, il a le droit d'exercer en même temps toutes celles qui lui sont nécessaires. Toullier, 10, n°⁵ 170 et suiv. — V. d'ailleurs *Saisies.*

**89.** Ainsi, le vendeur d'un immeuble qui d'abord a tenté de se faire payer de son prix, soit par des poursuites, soit par sa comparution dans un ordre, est recevable à intenter ultérieurement l'action en résolution, s'il n'est pas désintéressé. Cass. 24 août 1831, S. 31, 315 ; Bordeaux, 29 mai 1835 (Art. 283 J. Pr.).

**90.** Le créancier, indépendamment de son action pour faire constater la créance et obtenir un jugement de condamnation contre le débiteur, peut former opposition entre les mains du débiteur de son débiteur, et assigner le tiers saisi en déclaration affirmative. — V. *Saisie-arrêt.*

**91.** Le créancier peut demander en même temps le principal et la peine, si elle a été stipulée pour le simple retard ; autrement il doit opter. C. civ. 1228, 1229.

**92.** Une chose m'est due à plusieurs titres, par exemple, en vertu d'une convention et d'un testament. Si je succombe dans mon action personnelle, en vertu du testament, je puis agir de nouveau par action personnelle en vertu de la convention. — Au contraire, si j'intente l'action réelle, me bornant à dire que la chose m'appartient, sans indiquer le titre de ma propriété, je suis censé invoquer toutes les causes de ma propriété. Si je succombe, je ne puis plus agir en vertu d'un titre spécial que je prétendrais n'avoir pas invoqué précédemment. — Une fois propriétaire d'une chose, je ne puis le devenir encore en vertu d'un autre titre. Au contraire, celui qui est obligé envers moi peut le devenir de nouveau, à d'autres titres, pour la même chose.

**93.** *Tribunal.* Le choix du tribunal est très important. L'incompétence du juge produit une fin de non recevoir. —V. *Compétence, Degré de juridiction, Exception, Organisation judiciaire, Ressort, Tribunaux.*

**94.** *Contre qui.* En matière réelle, on s'adresse au possesseur; en matière personnelle, à l'obligé ou à ses représentans.

**95.** Il est des circonstances où l'on ne peut attaquer les représentans de la même manière que l'auteur. Ainsi, l'héritier du débiteur n'est en général poursuivi que pour sa part héréditaire. C. civ. 873. — Les cautions ne peuvent pas toujours être actionnées avant le débiteur principal. C. civ. 2021.

**96.** *Capacité d'ester en jugement.* Celui qui veut intenter une action doit s'assurer de sa capacité et de celle de son adversaire. —V. *inf.* n° 109.

**97.** *Préliminaires.* — Long-temps il a fallu une autorisation du juge pour pouvoir assigner une partie; mais, depuis la loi du 11 sept. 1790, art. 20 et 21, tout citoyen peut citer en justice qui bon lui semble, sans autorisation; excepté dans les cas de *règlemens de juges*, de *prises à parties*, de *séparations*, de demandes en autorisation de *femme mariée*, etc. — V. ces mots, et ceux indiqués *inf.* n° 112.

Un fonctionnaire public ne peut être actionné sans une autorisation préalable du Cons. d'État, pour des faits relatifs à ses fonctions. Const. an 8. art. 75. — Même en dommages-intérêts à raison d'un quasi-délit. Colmar, 13 juin 1835 (Art. 249 J. Pr.).

Le défaut de cette autorisation est proposable en tout état de cause, et même d'office par le juge. *Même arrêt.*

Un notaire remplissant les fonctions de maire ne peut être poursuivi disciplinairement, à raison d'actes administratifs, sans l'autorisation préalable du gouvernement. Nîmes, 19 juill. 1836 (Art. 695 J. Pr.).

En général, la loi exige qu'avant d'introduire une instance on tente la voie de la *conciliation*. — V. ce mot.

Quelquefois il est nécessaire d'obtenir une permission ou autorisation du juge. — V. *Bref délai.*

**98.** *Avoué.* Dans presque toutes les affaires la loi veut que l'on soit assisté d'un avoué. — V. ce mot :

**99.** *Procédure.* Elle varie suivant les circonstances.

**100.** *Actes conservatoires.* Ils peuvent être faits, soit avant, soit pendant l'instance, si l'on a les titres ou permissions que la loi exige. — V. *Acte conservatoire.*

**101.** Si aucun écrit ne prouve le fondement de l'action, on ne peut se procurer des preuves que par les voies d'instruction, et conséquemment après la demande. — V. *inf.* art. 3.

**102.** Mais lorsque les circonstances du fait sont telles que les preuves pourraient dépérir, le juge a le droit de permettre de les faire avant ou lors de la demande, même en l'absence de l'adversaire, sauf à ce dernier à plaider ensuite, soit pour faire rejeter la preuve, soit pour faire la preuve contraire.

Ainsi, pendant le délai de la garantie, un cheval est atteint d'un vice *rédhibitoire* (— V. ce mot), le juge compétent, sur une requête qui lui est présentée, commet un artiste vétérinaire, qui en fait la visite et son rapport.

De même un malade se plaint de l'impéritie d'un chirurgien; on peut craindre que le mal, en empirant, ou d'autres circonstances, ne couvrent la vérité du fait; alors le juge nomme des chirurgiens experts pour visiter le malade et faire leur rapport, qui sera produit sur la demande.

**103.** Il est souvent utile de mettre l'adversaire en demeure par un *commandement* ou par une *sommation*. — V. *Dommages-intérêts*.

### Art. 2. — *De la demande.*

**104.** La *demande* est l'acte par lequel on commence une instance.

**105.** Les demandes sont *principales, introductives d'instance, ou incidentes, en garantie, reconventionnelles, nouvelles, préjudicielles ou subsidiaires, ordinaires ou sommaires, urgentes.*

**106.** Les conditions requises pour exercer l'action peuvent se résumer aux trois suivantes : Il faut que la demande soit recevable, fondée, formée par et contre une personne capable.

**107.** 1° *Recevable.* La demande est recevable si l'on n'a point de fin de non recevoir à lui opposer. — V. *Exception.*

**108.** 2° *Fondée.* La demande est fondée lorsqu'elle repose sur le droit. — V. *sup.* n° 68.

**109.** *Formée par et contre une personne capable.* La capacité, pour ester en jugement, varie selon la nature de l'action, et selon qu'il s'agit d'intenter l'action ou d'y défendre.

**110.** Toute personne peut actionner, à moins d'une exception expresse.

**111.** Ceux qui n'ont pas le libre exercice de leurs droits, ne peuvent actionner sans l'assistance ou l'intermédiaire d'un défenseur.

Tels sont l'accusé contumace, le condamné par contumace, le condamné contradictoirement aux travaux forcés à temps et à la réclusion, le mort civilement, le mineur non émancipé, le mineur émancipé pour certaines actions, l'interdit, celui qui est pourvu d'un *conseil judiciaire*, le failli, la femme mariée. Quelles personnes sont chargées d'exercer les droits de ces incapables ou de les assister? — V. *Condamné, Conseil judiciaire, Contumace, Faillite, Femme mariée, Interdit, Mineur, Mort civilement.*

**112.** Pour les actions concernant les *communes*, les *établissemens publics*, l'*état*, le *roi*, les *sociétés*, le *trésor*. — V. ces mots.

**113.** En général, celui qui est incapable d'actionner l'est aussi de se défendre. Toutefois il existe quelques exceptions. — V. notamment *Mineur.*

**114.** La demande se forme ordinairement par assignation, quelquefois par une requête.

**115.** L'acte introductif de la demande est désigné d'une manière plus spéciale, suivant les circonstances, par les mots *Acte d'appel, Ajournement, Citation, Pourvoi.* — V. *Ajournement, Appel, Cassation, Citation.*

**116.** Plusieurs actes, pour l'introduction d'une instance, sont considérés comme tenant lieu d'une demande : ce sont les appels, les saisies, les réquisitions d'ordres et de contributions, les contraintes pour contributions.

**117.** La demande renferme nécessairement des *conclusions*. On y expose l'objet précis de la réclamation.

**118.** La demande se notifie par le ministère d'un *huissier*. — V, ce mot.

La demande incidente ou reconventionnelle a lieu par requête signifiée d'avoué à avoué.

**119.** Si l'affaire est portée devant un tribunal de première instance, ou devant une Cour royale, les parties doivent, en général, constituer avoué. — V. *Avoué, Constitution.*

Devant la Cour suprême elles sont assistées d'un *avocat à la Cour de cassation.* — V. ce mot.

**120.** Pour les formalités de la demande. — V. *Ajournement, Appel, Cassation, Citation, Exploit.*

**121.** Lorsqu'il y a péril en la demeure, la demande peut être formée à des délais plus rapprochés que ceux établis pour les cas ordinaires.

Sous le rapport de l'urgence, on distingue trois espèces d'affaires 1° celles soumises au juge en son hôtel (— V. *Hôtel du juge*); 2° celles portées à l'audience des *référés* (— V. ce mot); 3° enfin celles que l'on porte à l'audience du tribunal à *bref délai.* — V. ce mot.

**122.** Si l'on découvre des vices de forme dans l'assignation, il faut recommencer, pour éviter les frais de la demande en nullité de la part de l'assigné. On déclare que l'on n'entend pas se servir de la première assignation. — V. *Désistement.*

**123.** Pour les effets de la demande. — V. *Ajournement.*

### Art. 3.—*De l'instruction.*

**124.** L'instruction embrasse les moyens de défense et les moyens de preuve. Elle désigne plus spécialement la série des actes qui précèdent le jugement. Ces actes sont destinés à éclairer le juge, et à le mettre en état de prononcer sur la contestation. Au nombre de ces actes est la *demande*, qui, dans certaines procédures, forme seule une grande partie de l'instruction.

**125.** La marche de l'instruction est ordinaire ou extraordinaire. La loi a tracé une marche particulière pour plusieurs espèces de causes. — V. *Délibéré, Enregistrement, Sommaire.*

**126.** *Moyens de défense.* Ils s'appliquent au demandeur comme au défendeur.

Parmi les moyens particuliers au défendeur, on distingue ceux qui ont pour résultat de faire déclarer la demande non recevable (— V. *Exception*), et les *moyens du fond* qui tendent à faire déclarer la demande mal fondée.

**127.** Les moyens, selon la nature de l'affaire, sont présentés par requête, ou par simples écritures, ou verbalement. — V. *Conclusions, Mémoires, Requête, Sommaire.*

**128.** *Voies d'instruction.* Si les faits qui servent de base aux divers moyens de défense sont contestés, la preuve doit en être administrée. — La preuve s'administre par le moyen des titres, des aveux, vérification d'écriture, enquêtes, accès de lieu, rapports d'experts et interrogatoires. — V. *Aveu, Communication de pièces, Comparution de parties, Copie, Descente de lieux, Enquête, Interrogatoire, Titre, Vérification d'écriture.*

La preuve résulte encore d'inductions tirées de points convenus ou constatés entre les parties, et des présomptions légales ou de faits.

**129.** *Incident.* La marche de la procédure peut être interrompue par des incidens. — V. *Décès, Désaveu, Démission, Destitution, Incident, Interdiction, Intervention, Récusation, Renvoi, Reprise d'instance.*

— V. *Compétence, Exception, Exécution, Jugement.*

**ACTION** *possessoire* (1). Action donnée au possesseur pour se faire maintenir ou réintégrer dans sa possession, en cas de trouble ou d'éviction.

**1.** La coutume de Paris (art. 96, 97, 98), et l'ordonn. de 1667, tit. 18, traitent des actions possessoires. Le titre *des jugemens sur les actions possessoires* manquait dans la loi de 1790 sur les justices de paix et dans le projet du C. de pr. ; il fut ajouté, sur le vœu du tribunat, et adopté sans discussion : son imperfection force souvent de recourir aux anciens principes ; ils nous serviront à résoudre de graves difficultés. — V. *inf.* nᵒˢ 30, 37, 65, 174.

## DIVISION.

§ **1.** — *Nature des actions possessoires ; leurs différentes espèces.*
   Art. 1ᵉʳ. — *Complainte.*
   Art. 2. — *Dénonciation de nouvel œuvre.*
   Art. 3. — *Réintégrande.*
§ **2.** — *Choses qui peuvent être l'objet des actions possessoires.*
§ **3.** — *Conditions requises pour leur exercice.*
§ **4.** — *Personnes qui peuvent intenter les actions possessoires ou y défendre.*
§ **5.** — *Tribunal compétent.*
§ **6.** — *Instruction et jugement des actions possessoires.*
   Art. 1ᵉʳ. — *Instruction.*
   Art. 2. — *Jugement.*

---

(1) Cet article, rédigé par feu M. Richomme, dans la première édition, a été revu par M. Lejouteux, avocat à la C. royale de Paris.

§ 7. — *Cumul du possessoire et du pétitoire. Exécution du jugement sur le possessoire.*

§. 8. — *Formules.*

§ 1. — *Nature des actions possessoires; leurs différentes espèces.*

**2.** Les actions *possessoires* sont uniquement relatives à la possession; celles qui ont trait à la propriété s'appellent *pétitoires.* Il y a entre ces deux espèces d'actions la même différence qu'entre la propriété et la possession. — V. *inf.* n° 68.

**3.** La nature de l'action se détermine par les conclusions du demandeur. Elle est *pétitoire* s'il réclame un droit de propriété, *possessoire* s'il s'agit uniquement d'un droit de possession.

**4.** On doit s'attacher plutôt à l'intention du demandeur qu'au sens littéral des mots employés dans l'assignation. — Ainsi, l'action ne cesse pas d'être possessoire par cela seul que le demandeur fournit, à l'appui de ses conclusions en maintenue de possession, des allégations tendant à établir sa propriété. Cass. 30 nov. 1818, S. 19, 206; 1er mars 1819, S. 19, 341; 15 juill. 1834, D. 34, 452. — Spécialement, s'il articule qu'il est non seulement *possesseur,* mais encore *propriétaire.* — Cass. 1er mars 1849.

**5.** Mais l'action est pétitoire, 1° si le demandeur invoque uniquement son titre de propriétaire : dans ce cas, c'est le droit à la propriété et non le fait de la possession qui forme l'objet du litige. Cass. 12 avr. 1813, D., v° *Action possessoire*, 273; Guichard, *Quest. possess.*, 380.

**6.** 2° Si le défendeur soutient que le terrain litigieux n'est pas le même que celui énoncé dans le titre du demandeur, qui ne rapporte pas d'autre preuve de sa possession annale que ce titre; l'action possessoire doit reposer sur des faits de possession et non sur des titres de propriété. Cass. 3 oct. 1840, S. 11, 23.

**7.** L'incertitude que présenterait l'exploit sur la nature de l'action peut être expliquée, 1° par des conclusions subsidiaires : quoique l'on se soit d'abord contenté de demander la restitution d'un objet enlevé sur un terrain avec dommages-intérêts, le juge peut déclarer que l'action est pétitoire. Arg. Rouen, 14 mars 1832, D. 34, 1, 118. — 2° Par le juge lui-même; lorsque le demandeur, sans conclure expressément au pétitoire, agit en répression d'une entreprise sur un cours d'eau, commise dans l'année, et en rétablissement des lieux dans leur premier état; si le trib. pense que la demande est possessoire, il peut renvoyer la contestation devant le juge de paix. Amiens, 3 juill. 1822, D. 276.

**8.** La nature de l'action ne se modifie pas par les moyens que plaide le défendeur pour repousser la demande. Cass. 23 fév., 13 juin 1814, 1er mars 1849, 9 fév. 1820, D. *ib.*, 270, 264, 274, 269.

Soutient-il que la propriété du fonds d'où vient le trouble ou sur lequel il a eu lieu lui appartient (Cass. 8 brum. an 13, 9 fév. 1820), allègue-t-il être fondé en titre pour exercer l'acte duquel résulte ce trouble (Cass. 10 juin 1816, D. 268), enfin s'appuie-t-il sur un acte administratif (Cass. 28 août 1810, S. 14, 60), l'action n'en est pas moins possessoire. Le juge de paix, qui, sur la présentation d'une exception de ce genre, ajourne le jugement du possessoire après la décision à intervenir sur le pétitoire, viole la règle qui veut que le possessoire soit jugé avant le pétitoire. Cass. 29 déc. 1828, D. 29, 88. — V. *inf.* § 7.

Il a été jugé, toutefois, que lorsque le défendeur invoque un titre auquel le demandeur lui-même aurait consenti, le juge de paix peut se déclarer incompétent. Tel serait le cas où plusieurs propriétaires de terrains indivis qui exerceraient en commun un droit de parcours, ayant dressé un acte de partage, l'un d'entre eux qui se prétend troublé dans sa possession par le fait de celui qui s'est clos, intente contre lui une action en complainte. Dans ce cas, l'acte même de partage lui serait opposable. Cass. 29 juin 1824, S. 25, 259.

**9.** *La possession fait présumer la propriété.* De là toute l'importance du jugement rendu au possessoire.

Celui qui obtient la possession, poursuivi au *pétitoire*, n'est pas tenu d'établir son droit à la propriété, mais seulement de discuter la prétention de son adversaire. Dans l'intervalle, il est présumé propriétaire. Cass. 5 juill. 1826, D. 26, 409; Pothier, *Possession,* n° 83; — il continue de jouir de la chose possédée d'en acquérir les fruits.

Et il ne peut même, s'il succombe au pétitoire, être condamné à restituer les fruits par lui perçus depuis le jugement au possessoire, ce jugement étant définitif sur les faits et les caractères de la possession. Celui qui obtient gain de cause au possessoire est aussi favorisé que le possesseur ordinaire qui fait les fruits siens, tant qu'on ne prouve pas sa mauvaise foi. *Même arrêt.*

Prolongée pendant un certain nombre d'années, sa possession peut même le rendre propriétaire incommutable. C. civ. 2249.

**10.** Mais il ne suffit pas d'usurper la possession pendant une courte absence du maître ou du possesseur pour rejeter sur lui le fardeau de la preuve. L'ancien possesseur peut agir contre le nouveau en prouvant l'antériorité de sa possession, s'il forme sa demande dans un certain délai, et si sa possession réunit certains caractères. — V. *inf.* § 3.

**11.** Comme le propriétaire a le droit de se plaindre des atteintes à sa propriété, et de la revendiquer s'il en a été dépouillé, de même le possesseur peut empêcher qu'on ne trouble sa possession, ou se faire réintégrer s'il a été dépossédé.

**12.** Dans le premier cas, son action prend, suivant les circonstatées, le nom de *complainte* ou de *dénonciation de nouvel œuvre*; dans le second, on l'appelle *réintégrande*. — V. *infrà*.

**13.** La complainte répond, dans notre législation, à l'interdit, *retinendæ possessionis*, donné à Rome par le préteur au possesseur, pour se faire maintenir dans une possession qu'il n'aurait pu réclamer par l'action réservée au propriétaire civil. On en trouve des traces dans la loi salique ( tit. 47 ), les Etablissemens de saint Louis et la coutume de Beaumanoir. Henrion, *Compétence*, ch. 53 et 54.

**14.** Il y a lieu à complainte toutes les fois que l'on est troublé dans une possession réunissant les caractères exigés par la loi. — V. *inf.* § 3.

**15.** Peu importe que le trouble ne cause aucun préjudice actuel. Cass. 1er déc. 1829, D. 30, 17. — Il suffit qu'il annonce, de la part du détenteur, l'intention d'acquérir la possession ou de la rendre équivoque en la personne du demandeur. Pothier, *Possession*, n° 103.

Jugé qu'il n'y aurait pas lieu à complainte s'il était établi que le demandeur n'avait aucun préjudice sérieux à craindre pour l'avenir. Cass. 14 août 1832, D. 247.

**16.** Le trouble est l'empêchement causé à la possession. Il est de fait ou de droit : *de fait,* lorsque des entraves réelles sont apportées à la jouissance. Tels seraient l'établissement d'un fossé, d'une haie, d'une clôture; le détournement d'un cours d'eau; et *de droit*, lorsque, dans un acte ou exploit, tel que sommation, citation, saisie, dénonciation, la possession est méconnue ou contestée. Duparc-Poullain, *Pr. de Jur.*, liv. 10, tit. *de la Compl.*; Rodier, *sur l'art.* 1, tit. 18 *de l'ordonnance*; Berriat, t. 1, p. 115; Henrion, ch. 57, p. 332 et suiv.; Merlin, *Rép.*, v° *Complainte*, § 4. — C'est ce qui a lieu si un tiers signifie congé à mon fermier ou l'actionne en réparations locatives. Boitard, p. 426.

Une simple sommation extrajudiciairesuffirait, à la vérité, pour interrompre la possession annale en l'empêchant d'être paisible. V. n° 83. — Mais si celui auquel une dénonciation serait faite possédait déjà depuis plus d'un an, elle ne pourrait lui nuire qu'autant qu'elle établirait en faveur de son adversaire une autre possession civile continuée pendant le temps requis par la loi. Tel est le cas où, sur la sommation faite au fermier d'un possesseur annal par une autre personne, ce fermier a payé pendant plus d'une année ses fermages à celle-ci. Alors, il est vrai de dire qu'il a cessé de détenir la chose pour son ancien maître, et que celui qui a notifié la sommation et reçu les fermages est devenu le véritable possesseur civil. — V. *inf.* n° 115.

**17.** Le trouble de fait ne résulte pas de la simple appréhension de la chose à laquelle il s'applique : la volonté de la posséder doit y être jointe. Pothier, *ib*., n° 59.

Par exemple, la coupe d'une certaine quantité de foin faite par un voisin, sans annoncer qu'il a l'*intention de posséder* le terrain sur lequel il l'a faite, et en général le simple dommage aux champs, fruits ou récoltes de la part de celui qui n'a pas entendu agir comme possesseur légal, ne donne pas lieu à une complainte : dans cette action, on considère le droit, et non le fait de la possession. Elle a pour but d'obtenir une maintenue de possession ; si la possession elle-même n'est pas troublée, il n'y a pas de motif pour l'intenter. Boitard, p. 425.

**18.** Nous croyons même, avec M. Carré, qu'il serait difficile d'admettre dans ce cas la réintégrande. Car, toute action possessoire suppose un débat sur le droit de possession. —*Contrà*, Arg. Cass. 28 déc. 1826 ( Art. 11 J. Pr. ). — Mais il y aurait lieu à une action en dommages-intérêts. C. civ. 1382, Boitard, *ib*.

Toutefois, lorsque le demandeur se plaint d'un enlèvement de récoltes, quelques doutes pouvant exister sur l'intention du voisin, l'action en complainte serait valablement intentée contre lui. Si devant le juge de paix le défendeur déclare qu'il n'entend pas contester la possession, il sera donné acte de son aveu, et le juge statuera sur les dommages-intérêts , s'ils n'excèdent pas sa compétence. C'est dans ce sens qu'il faut entendre l'arrêt de Cass. du 21 avr. 1834 ( D. 34, 214 ).

Mais nous pensons que le juge de paix devrait se déclarer incompétent si l'exploit même d'ajournement supposait évidemment que la possession n'est pas contestée.

**19.** Jugé que la complainte est recevable de la part du propriétaire d'un immeuble contre un tiers qui, malgré la résiliation de son bail, prétend avoir *le droit* de posséder cet immeuble en qualité de fermier, et qui fait acte de jouissance. Vainement on objecte que le fermier n'excipant que d'une possession à titre précaire, il n'y a réellement pas de trouble apporté à la possession du propriétaire. Il existe un trouble *de fait* qui suffit pour motiver la complainte, lorsqu'il ne se borne pas à un acte isolé. Cass. 6 frim, an 14, S. 7, 772. Il en de même si le trouble résulte des usurpations du fermier d'un propriétaire voisin, sauf à lui à appeler ce dernier en cause. Cass. 19 nov. 1828, S. 29, 110 ; Merlin, *Rép*., v° *Complainte*, § 7. — V. inf. n° 130.

**20.** Il y a également lieu à complainte : 1° Lorsqu'il a été dressé contre le possesseur un procès-verbal de contravention pour avoir ouvert un fossé sur un terrain qu'on prétend dépendre d'un chemin vicinal. Cass. 10 janv. 1827, D. 27, 114.

**21.** 2° Lorsqu'une opposition est formée par les prétendus

propriétaires entre les mains du fermier. Cass. 12 oct. 1814,
S. 15, 124.

**22.** 5° Quand on exécute sur rapport d'experts, et même
sur l'avis d'un arpenteur, une plantation de bornes ou haies
de nature à porter atteinte à la possession du voisin. Un pareil
acte ne peut être fait sans son consentement qu'en vertu d'un
jugement rendu au pétitoire. Cass. 27 août 1829, D. 29, 349.

Il en est de même du cas où l'on est troublé par un individu
auquel l'autorité administrative a affermé les biens que l'on possède : en effet, d'un côté, cet objet étant prescriptible, l'action
possessoire serait recevable contre l'Etat lui-même ; et, d'un autre côté, le bail est un acte de régie, et non un fait de juridiction
administrative. Cass. 9 sept. 1806, S. 14, 409.

**23.** Au contraire, la complainte est non recevable : 1° pour
le trouble apporté par l'exécution d'un jugement. On doit se
pourvoir par les voies établies contre les jugemens. Merlin,
*Quest. D.*, v° *Complainte*, § 1er; Duparc-Poullain, ch. 10. Carré,
*Just. de paix*, 2, 393.

**24.** 2° Pour celui causé par une assignation au pétitoire :
dans ce cas, en effet, on n'empêche pas la possession, qui subsiste
pendant l'instance au pétitoire. Arr. 12 août 1763 ; Denisart,
v° *Trouble*; Merlin, *ibid.*

**25.** 3° Pour celui résultant d'un acte administratif, par exemple de l'abornement et de l'apposition d'affiches, autorisée par la
loi du 9 vent. an 13, dans le but de rechercher les limites des
anciens chemins vicinaux. Ces actes ont uniquement pour objet
d'avertir les citoyens, et de les engager à présenter leurs réclamations à l'autorité administrative, sauf à faire statuer ensuite par
les trib. civils sur la propriété qu'ils se croiraient fondés à réclamer après la fixation définitive du chemin. Cass. 26 déc. 1826,
S. 27, 65 ; Av. Cons. d'Etat. 22 nov. 1826, S. 27, 2, 270 ;
Carré, *ib.*, 469; Guichard, *Quest. poss.*, 468.

**26.** 4° Pour celui résultant d'une exception de propriété opposée par le défendeur à une action correctionnelle. Cass. 20
janv. 1824, D. 24, 30.

La question de savoir si tel fait constitue un trouble pouvant donner lieu à complainte est abandonnée à l'appréciation
exclusive des juges du fond. Cass. 19 juill. 1825, D. 25, 419.

Si l'action est faussement qualifiée de réintégrande ils peuvent
la considérer comme complainte dans le cas où elle en aurait
tous les caractères. Cass. 16 avr. 1833, D. 33, 173.

C'est ce qui aurait lieu si le demandeur offrait de prouver
la possession annale. Dans ce cas, l'action ainsi convertie en
complainte peut être déclarée mal fondée, si la possession
est déclarée insuffisante. Cass. 16 mai 1827, S. 27, 457.

**27.** Le complaignant peut, outre la maintenue en possession, conclure, selon les circonstances, à des dommages-intérêts.

### Art. 2. — *De la dénonciation de nouvel œuvre.*

**28.** L'action en dénonciation de nouvel œuvre n'est explicitement reconnue ni par le C. de pr. ni par aucune loi, ordonn. ou coutume antérieure; mais elle a été admise, d'après le droit romain, par les anciens auteurs, par la jurisprudence antérieure à la loi du 24 août 1790, et elle est rangée par l'art. 6, § 1, L. 25 mai 1838, au nombre des actions possessoires (Art. 1166 J. Pr.).

*D'après l'ancienne jurisprudence*, la dénonciation de nouvel œuvre est une espèce d'action en complainte, par laquelle un voisin déclare à son voisin qu'il s'oppose à la continuation d'une nouvelle construction. Denizart, v° *Dénonciation de nouvel œuvre.* — Elle tend à faire maintenir et réintégrer celui qui l'exerce dans la quasi-possession qu'il a de ne pas souffrir le préjudice que lui causent les travaux faits par le voisin sur son propre terrain. — On peut la diriger non seulement contre le voisin immédiat, mais contre un voisin plus éloigné. L. 8, D. *de oper. nov. nunc.* — L'action ne peut être exercée après qu'on a laissé achever le nouvel ouvrage sans se plaindre. Henrion, ch. 38. — Son effet se borne à faire défendre la continuation d'un ouvrage commencé, jusqu'à ce que le juge du pétitoire ait décidé si le propriétaire qui a commencé l'ouvrage sur son propre fonds a le droit de l'achever, ou s'il doit le détruire.

**29.** A Rome, la dénonciation de nouvel œuvre obligeait, avant jugement, à suspendre l'œuvre commencé. Il en est autrement en droit français; les juges seuls ont le pouvoir de commander et de se faire obéir. Les parties intéressées ont bien le droit de mettre leurs adversaires en demeure de faire ce qu'elles prétendent exiger d'eux; mais de pareils actes rendent seulement passibles de dommages-intérêts ceux qui n'y ont pas déféré, lorsque la demande se trouve juste et bien vérifiée. Arg. C. pr. 1041; Henrion, ch. 38; Favard, v° *Complainte*, sect. 3, n° 3; Merlin, *Rép.*, v° *Dénonciation de nouvel œuvre*, § 3; Berriat, p. 87, note 31; Cass. 11 juill. 1820, D. v° *Action possess.*, 239.

**30.** La dénonciation de nouvel œuvre existe-t-elle dans notre droit telle qu'elle existait dans l'ancienne jurisprudence? Cette question est grave et d'un haut intérêt.

Pour l'affirmative, adoptée dans notre première édition, on dit: Le C. de pr. traite *des actions possessoires*, mais sans les définir; il est donc nécessaire en cette matière de recourir aux anciens principes ( — V. *sup.* n° 1). Si l'on veut se renfermer strictement dans les termes du C. de pr., il faut alors rejeter la réintégrande, ou du moins en soumettre l'exercice à la possession annale ; et cependant la chambre civile elle-même n'exige pas cette possession annale. — V. *inf.* n° 37.

Ainsi, prenant pour guide l'ancienne jurisprudence, on admet les dispositions suivantes :

1° Si les travaux commencés par le voisin ne sont pas achevés, on peut demander la *suspension* par l'action en dénonciation de nouvel œuvre.

2° Le juge de paix peut ordonner la suppression des travaux qui auraient été faits depuis son ordre de suspendre.

3° Si les travaux ont été terminés avant toute réclamation, le voisin ne peut plus agir au possessoire.

Dans les autres actions possessoires, le trouble se fait par une entreprise quelconque sur le fonds du possesseur ; mais ici, l'action est dirigée contre celui qui a fait sur son propre fonds quelque ouvrage nuisible au possesseur d'un fonds voisin.

Or, un propriétaire est libre de faire sur son terrain tous les ouvrages qu'il lui plaît : si le voisin le laisse achever sans se plaindre, il est à présumer qu'il n'a pas le droit de les empêcher ; la demande tendant à les faire *supprimer* ne peut donc être basée que sur un titre, et intentée au pétitoire ; autrement il y aurait violation du droit de propriété.

Cette doctrine, professée par MM. Henrion, Favard, Carré, Guichard, Dalloz, t. 26, p. 1 et 188, note 2, adoptée par la chambre des requêtes ( Arr. 14 mars 1827, 5 mars 1828), se trouve résumée dans l'arrêt du 15 mars 1826 (S. 26, 550), ainsi conçu :

Considérant qu'il s'agit, dans l'espèce, d'une dénonciation de nouvel œuvre ; qu'en thèse générale, cette action est de nature possessoire, en ce qu'elle tend à faire interdire la continuation de l'ouvrage commencé, et à faire ordonner que les choses demeurent provisoirement *in statu quo* ; — mais, attendu qu'il ne faut pas la confondre avec les autres actions possessoires, et qu'elle est caractérisée par deux différences qui lui sont propres, déterminées par le droit romain, consacrées par l'ancienne jurisprudence française, et conformes à la saine raison et au véritable esprit des lois nouvelles : 1° en ce que l'interdit *de novi operis nunciatione*, ne peut plus être exercé après qu'on a laissé achever le nouvel ouvrage sans s'en plaindre ; 2° en ce que, si l'interdit a été exercé avant la fin de l'ouvrage, son effet se borne à en faire défendre la continuation jusqu'à ce que le juge du pétitoire ait décidé si le propriétaire qui a commencé l'ouvrage sur son propre fonds a le droit de l'achever, ou s'il doit le détruire : question qui tient essentiellement à la propriété, et ne peut devenir l'objet d'une complainte ; attendu qu'autoriser, dans ce cas, un juge de paix à faire détruire des ouvrages commencés, et à plus forte raison des ouvrages terminés, ce serait l'investir d'une juridiction exorbitante, qui n'est ni dans la lettre ni dans l'esprit des lois nouvelles.

Toutefois on répond : Bornier, Jousse, Pothier ( *Possession* ), Pigeau ( *Procédure du Châtelet* ), ne traitent point de la dénonciation de nouvel œuvre. Ni le C. de pr., ni aucune loi, ordonnance ou coutume antérieure n'en ont parlé. Il faut conclure de ce silence que les rédacteurs du Code ont voulu abolir les règles spéciales à la dénonciation de nouvel œuvre, et l'assimiler à la complainte. En effet, c'est aux conclusions prises par le demandeur et non à la qualification donnée à son action qu'il faut s'attacher : si donc il a conclu au rétablissement de sa possession ou à la suppression des travaux, il intente une *véritable complainte*, et le juge, pour rétablir le demandeur dans sa possession, doit ordonner la destruction de ces travaux. Leur existence sur le fonds d'où vient le trouble n'empêche pas de pouvoir intenter la complainte. Il suffit que ce trouble soit constant. Cass. 13 avr. 1819, S. 19, 449; Favard, v° *Complainte*, sect. 3, n° 2. — En conséquence l'action possessoire est recevable, même *après l'achèvement* des travaux, et le juge de paix peut ordonner la *destruction* des travaux, bien qu'ils soient exécutés *sur le terrain du propriétaire.*

Ce système, adopté par la ch. civile de la C. de cass. (22 août 1810, S. 10, 440; 13 juin 1814, 13 avr. 1819, D. 240, 265; 11 juill. 1820, 28 avr. 1829, S. 29, 183); et par MM. Merlin, *Quest. dr.*, v° *Dénonciation*, § 5, Garnier, *Actions possessoires*, p. 28 et suiv. Augier, p. 87, a été reproduit par un arrêt de la section civile, du 22 mai 1833, ainsi motivé :

Attendu qu'il s'agissait, dans l'espèce, d'une véritable action possessoire, puisque Lautier demandait d'être maintenu et réintégré dans la possession plus qu'annale qu'il disait avoir du fossé mitoyen dont il s'agit, et du libre cours des eaux, dans laquelle il prétendait avoir été troublé par Bayle, depuis moins d'un an avant l'action; que le jugement attaqué a en effet reconnu que Lautier avait la possession du fossé et du libre cours des eaux, et que Bayle l'a troublé en cette possession en faisant refluer et séjourner les eaux dans le fossé au moyen d'une vanne qu'il avait adaptée depuis moins d'un an avant l'action, à une martelière par lui construite précédemment sur son fonds; mais qu'il a reconnu en même temps que la martelière n'est pas par elle-même un obstacle à l'écoulement des eaux; qu'il suit de là qu'en maintenant Lautier dans sa possession, et en ordonnant la *suppression* de la vanne sans ordonner celle de la martelière, le jugement attaqué, loin de violer les règles du pétitoire, n'a fait qu'une juste application des lois relatives à l'action possessoire; — *Rejette.*

— V. aussi dans le même sens Cass. 14 avr. 1830, D. 30, 209; 27 mai 1834, D. 34, 385; 25 juill. 1836, (Art. 507 J. Pr.); 5 fév. 1837 (Art. 1185 J. Pr.).

La loi nouvelle sur les justices de paix (— V. *sup.* n° 28), laisse la question entière.

**31.** Le seul préjudice causé à un voisin ne suffit pas pour rendre recevable l'action en dénonciation de nouvel œuvre. Il faut en outre que le propriétaire du terrain sur lequel ont lieu les travaux n'ait pas le droit de les faire. Cass. 28 fév. 1814, D. 263.

**32.** Ainsi, un voisin ne saurait se plaindre de ce qu'un propriétaire limitrophe élève un bâtiment qui masque sa vue, à moins qu'il n'ait sur son terrain un droit de servitude, ni de ce qu'il ouvre des jours sur son fonds, à moins qu'ils ne soient pas à la distance prescrite par la loi. C. civ. 675. — Dans le premier cas, d'ailleurs, le droit d'empêcher ce propriétaire de bâtir sur son terrain ne pourrait constituer qu'une servitude non apparente qui ne peut être prescrite, et donner lieu à une action possessoire.

**53.** Mais le propriétaire d'un étang peut intenter l'action en dénonciation de nouvel œuvre contre le voisin qui ouvre dans sa propriété une tranchée assez rapprochée de l'étang pour que les eaux filtrent au travers de la terre : ce voisin n'a pas le droit de s'approprier une portion des eaux de l'étang. Cass. 13 avr. 1819, D. 240.

**54.** Il en est de même du propriétaire d'un fonds bordant une rivière, à l'égard du propriétaire de l'autre rive, qui établit, sur la partie du lit de la rivière qui lui appartient, une digue dont l'effet est de rétrécir ce lit et de rejeter l'eau sur le bord opposé. Cass. 2 déc. 1829, D. 50, 17.

**55.** Des travaux faits par un propriétaire sur son terrain pour diminuer les inconvéniens d'une servitude ne donnent pas lieu à l'action possessoire, s'il n'en résulte aucun préjudice pour le fonds dominant. *Malitiis non est indulgendum.* Cass. 6 déc. 1827.

Le tribunal peut même se refuser à ordonner le rétablissement des lieux, lorsque les ouvrages faits sur le terrain d'un tiers dont la possession n'est pas contestée ne cause à celui-ci aucun préjudice, c'est ce qui a lieu, 1° lorsque celui qui fait enlever des terres sous les fondemens d'un édifice appartenant à autrui remplace ces terres par une construction en pierre qui en augmente la solidité. Cass. 27 août 1827, S. 28, 93. 2° Lorsque l'un des copropriétaires a fait sur le fonds commun des travaux, s'il n'en résulte pour les autres aucun dommage. Cass. 21 mai 1833, D. 33, 220. Même doctrine consacrée en matière de cours d'eau par arrêts de cass. des 14 août 1832; D. 32, 347, et 12 nov. 1833, D. 34, 17.

Toutefois nous pensons que les juges pourraient voir un trouble dans le fait seul de la part du défendeur d'avoir entrepris sur la propriété d'autrui.

### Art. 3. — *De la Réintégrande.*

**56.** Cette action a pour but de faire réintégrer dans sa possession celui qui en a été dépouillé par voie de fait ou violence.

**37.** Elle répond à l'interdit « *recuperandæ possessionis* des Romains. Admise dans notre législation par les établissemens de saint Louis, elle a été définitivement instituée par l'ordonn. de 1667, ainsi conçue : *Celui qui aura été dépossédé par violence ou voie de fait pourra demander la réintégration par action civile ordinaire ou extraordinaire, même par action criminelle; et s'il a choisi l'une de ces deux actions, il ne pourra se servir de l'autre, si ce n'est qu'en prononçant sur l'extraordinaire on lui réserve l'action civile.*

La question de savoir si la réintégrande est encore en vigueur est très controversée. — Pour la négative on se fonde sur les termes généraux de l'art. 23 C. pr., qui ne fait aucune distinction entre les actions possessoires, et exige que celui qui les intente ait la possession annale ; et sur ce que la réintégrande tient à un système de législation que la loi n'a point conservé. Toullier, 11, n° 124 ; Troplong, *Prescription*, 1, n°s 296 à 312 ; Demiau, Thomine, art. 23 ; Carré, *Lois*, 1, 47 ; Boitard, 2, 454 ; Augier, 87.

Dans l'opinion contraire, qui nous paraît préférable, on dit:

La loi du 24 août 1790, en ne définissant point le caractère des actions possessoires confiées au juge de paix, se réfère par là même à l'ordonn. de 1667 ; aussi l'art. 2060. C. civ. suppose-t-il l'existence de la réintégrande ; l'art. 23 C. pr. n'est applicable qu'aux actions possessoires ordinaires, qui, étant fondées sur une jouissance civile et légitime, doivent présenter une possession annale publique, paisible et non précaire, et non à l'action en réintégrande, qui, naissant d'une dépossession violente, a seulement pour but de rendre à celui qui a été dépouillé une jouissance matérielle et momentanée. Il serait, en effet, contraire à l'ordre social que le demandeur, victime d'une violence ou d'une voie de fait, ne fût pas avant tout réintégré. Ces principes n'ont point été modifiés par l'art. 6 — 1° de la loi du 25 mai 1838, qui dit avec juste raison que l'action en réintégrande doit être fondée sur des faits commis dans l'année, mais sans exiger que celui qui l'intente ait la possession annale. Cass. 26 déc. 1826, S. 27, 65 ; Favard, R. v° *Complainte*, § 6 ; Henrion, 446 ; Guichard, 309 ; D., 1, 231 ; Berriat, 117 ; Garnier, 42.

Il a même été jugé que l'action en réintégrande pouvait être intentée contre le propriétaire qui avait fait abattre un mur élevé dans l'année sur le fonds dont il avait la possession immémoriale. Cass. 16 nov. 1835 (Art. 241 J. Pr.).

Toutefois, ne serait-il pas contraire au droit de propriété que le seul fait du tiers qui élève des constructions sur le terrain de son voisin empêchât celui-ci de les détruire, quand ce fait ne remonte point à plus d'une année ? Ne serait-il pas injuste d'accorder au spoliateur une action aussi exceptionnelle que la réintégrande au préjudice du propriétaire ou du possesseur annal qui sont rentrés dans une légitime possession ?

Il résulte de la loi 30 D. *de vi et vi armatâ* que l'auteur de la voie de fait n'a point l'interdit contre le propriétaire qui l'expulse, et de l'art. 18 de l'ordonn. de 1667 que, «si le défendeur en réintégrande articule une possession contraire, le juge appointera à informer. D'où il faut conclure que le juge, en matière de réintégrande, ne doit pas se décider toujours par la possession du moment. Aussi Theveneau, sur les ordonn., p. 420, Boucheul, sur la cout. de Poitou, art. 599, et l'auteur des *Principes du droit français suivant les maximes de Bretagne*, t. 10, p. 704 à 706, enseignent-ils que le possesseur annal, dépouillé de sa possession, a le droit d'y rentrer de son autorité, pourvu qu'il le fasse dans l'année révolue depuis la spoliation qu'il a soufferte; et pourvu, ajouterons-nous, qu'il ne se livre à aucune violence. Parlement de Bretagne, avr. 1779; Merlin, *Voie de fait*, § 1$^{er}$, art. 2.

La réintégrande est donc inadmissible contre le propriétaire ou le possesseur annal qui emploie une voie de fait contre l'auteur du trouble; nous pensons même qu'elle ne peut être intentée, contre le possesseur non annal qui, victime d'une voie de fait, la repousse par une autre, par exemple, contre celui qui a fait abattre le fossé que son voisin a, depuis moins d'un an, établi sur sa propriété.

Mais cette action est valablement formée, 1° contre le propriétaire ou contre le possesseur annal qui s'est rendu coupable de violence; 2° Contre le possesseur non annal qui a expulsé par voie de fait ou violence celui qui est entré paisiblement en possession du fonds, bien que celui-ci n'eût point lui-même la possession annale : il est en effet évident que le demandeur en réintégrande, qui avait une jouissance actuelle au moment de cette voie de fait, se trouve dans une position plus favorable que son adversaire.

Observons que si plus d'une année s'est écoulée depuis que la voie de fait ou la violence ayant cessé, la partie lésée a pu agir, l'action en réintégrande n'est plus recevable. Pothier, n° 124 (Art. 11 J. Pr.).

58. La réintégrande diffère de la complainte sous plusieurs rapports.

1° En cas de réintégrande, le demandeur a le choix entre l'action civile et l'action criminelle.—V. *sup.* n° 57, *inf.* n° 133.

59. 2° Il n'est pas nécessaire que la possession réunisse les conditions exigées pour la complainte ou la dénonciation de nouvel œuvre, notamment qu'elle soit annale. Cette différence est motivée sur le principe d'ordre public qui ne permet à personne d'employer la violence et les voies de fait. *Spoliatus antè omnia restituendus.*

40. 3° Pour la complainte, il suffit d'être troublé dans sa possession. Celui qui l'intente peut être encore possesseur de fait et de droit, tandis que, pour la réintégrande, il faut qu'il y ait eu *dépossession* par *violence* ou *voie de fait*. Boitard, 424.

41. Ainsi, il y a lieu à complainte, et non à réintégrande, si mon voisin, pour faire acte de possession, s'est emparé des fruits ou récoltes de mon champ, s'il a arraché la borne de nos

deux héritages, s'il a planté des arbres en deçà de la distance voulue, s'il a curé un fossé mitoyen ou tondu la haie qui nous sépare. Dans tous ces cas, en effet, il n'y a point expulsion, mais simple trouble à la possession. Boitard, 425, 426.

La réintégrande serait-elle admise contre le propriétaire dont la maison menace ruine? — Nous ne le pensons pas; aucun acte de possession par violence ou voie de fait ne pouvant être reproché à ce dernier. Ne faudrait-il pas d'ailleurs que le voisin établît que le fait dont il se plaint remonte à moins d'une année; ce qu'il serait presque toujours dans l'impuissance de faire, l'état de dégradation des bâtimens provenant le plus habituellement de leur vétusté. — *Contrà*, Loiseau, *Action possessoire*, n° 74.

**42.** La violence suppose la résistance, ce que ne suppose pas la voie de fait. Jousse, *Comm. ord.* 1667.

Il y a violence lorsque l'acte par lequel une partie usurpe sur l'autre l'objet contesté, renferme une voie de fait grave, positive, et telle qu'on ne pourrait la commettre sans blesser la sécurité et la protection que chaque individu a droit d'attendre de la force des lois. Cass. 28 déc. 1826 (Art. 11 J. Pr.).

La voie de fait existe par cela seul que l'agresseur s'est emparé d'un héritage qu'il savait que le possesseur ne lui aurait pas abandonné sans contestation. Cass. 10 nov. 1819, S. 20, 209.

**43.** La voie de fait commise sans mauvaise foi de la part de celui qui en est l'auteur, ne donne pas lieu à la réintégrande. Cette action n'a pour objet que la répression d'un délit ou d'un quasi-délit. Si celui qui s'est emparé d'un héritage a eu l'intention d'user légalement de son droit, s'il n'a pas dû raisonnablement supposer que le possesseur s'opposerait à ce qu'il a cru devoir faire, il n'y a ni voie de fait ni violence dans le sens de la loi; — Ainsi, le cultivateur qui reprend une portion de terre labourée à son préjudice par un voisin, peut être condamné à des dommages-intérêts pour s'être fait justice à lui-même; mais l'action en réintégrande est non recevable contre lui.

Le demandeur n'a rien à démontrer que le fait de sa possession au moment où il a été dépouillé. C'est au défendeur à prouver ensuite sa bonne foi, s'il veut ne pas être condamné. Favard, sect. 2, n° 6.

**44.** 4° Celui qui succombe dans la réintégrande peut à son tour intenter la complainte, s'il avait auparavant le droit de la possession. Cette action ne tranche pas définitivement la question de la possession; elle est préjudicielle à l'action en complainte, comme celle-ci à l'action pétitoire. Cass. 25 mai 1822; Henrion, ch. 52.

**45.** Si celui qui est dépossédé par violence, au lieu de demander simplement à être réintégré dans la possession de la chose, conclut à ce que le juge reconnaisse sa possession annale, il est censé intenter non une réintégrande, mais bien une complainte. On applique alors les règles relatives à cette dernière action. Cass. 16 mai 1827, D. 27, 242.

**46.** Il faut remarquer que la réintégrande peut être intentée non seulement contre les auteurs de la violence, mais encore contre ceux qui ont donné l'ordre de l'exercer, ou qui l'ont approuvée après qu'elle a été commise. Pothier, 118 et 119.

Elle ne peut être formée, au contraire, contre celui qui, sans avoir pris part à la violence, se trouve en possession de la chose. Pothier, 122.

**47.** La demande en réintégrande peut être accompagnée d'une demande en dommages-intérêts.

La voie de fait est passible des peines portées par les art. 457 et 444 C. pén.. Motifs de l'arrêt de cass. du 26 déc. 1826 ; — Et la violence, si elle a existé, de celles des art. 309 et suiv.—La disposition de l'art. 605 Code de brum. an iv, qui rendait passible des peines de simple police l'auteur de rixes, voies de fait et violences légères, pourvu qu'il n'eût blessé ni frappé personne, n'a pas été reproduite dans le Code de 1810.

§ **2.** — *Choses qui peuvent être l'objet des actions possessoires.*

**48.** Dans le silence du Code et de la loi du 24 août 1790, il faut recourir à l'ordonn. de 1667. — L'art. 1er, tit. 18, de cette ordonn. autorise l'exercice de l'action possessoire *pour trouble en la possession et jouissance,* 1° ou *d'un héritage,* 2° ou *d'un droit réel,* 3° ou *d'une universalité de meubles.*

**49.** D'un *héritage,* fût-il meuble. La fiction légale est ici étrangère à l'action du trouble. Garnier, 209. — Fût-il même régi par des lois particulières, comme des marais salins ; il suffit que l'action possessoire réunisse les caractères voulus par la loi. Cass. 11 juin 1828, D. 52, 362 ; Garnier, 291.

**50.** La dénomination d'héritages comprend les accessoires des fonds de terre réputés immeubles par la loi, tant que la destination est conservée. C. civ. 528, 2118 ; Henrion, ch. 45, §§ 3 et 4.

C'est moins dans la possession de ces objets mobiliers que le demandeur conclut à être maintenu ou réintégré, que dans celle de l'immeuble à l'exploitation duquel ils servent ; peu importe que le défendeur déclare qu'il n'a aucune prétention à la possession de l'immeuble ou de la chose qu'il en a distraite. Il ne peut se plaindre d'être plutôt actionné au possessoire que par la voie criminelle.

Mais si l'auteur de la soustraction venait à vendre ces objets immeubles par destination, et que le tiers acquéreur fût de bonne foi, l'action possessoire ne pourrait être intentée contre ce dernier. Arg. C. civ. 2229, 2280.

**51.** Les héritages qui sont hors du commerce ne peuvent être l'objet d'une action possessoire; il faut, pour l'intenter, une possession à titre de propriétaire (V. *inf.* n° 93) dont ces sortes de biens ne sont pas susceptibles. C. civ. 2256.

**52.** Ainsi l'action possessoire ne peut être formée par celui qui serait troublé dans la jouissance d'une portion de rue, chemin ou place publique, ou bien dans celle d'une église ou chapelle, sur lesquels il aurait fait acte de possession depuis plus d'une année. Cass. 1er déc. 1823, S. 24, 61; Henrion, ch. 44.

On doit en dire autant d'une place dans la chapelle d'une église. Cass. 19 avr. 1825, S. 27, 89; Garnier, 340.

**53.** Mais si le demandeur en complainte ne reconnaît pas que l'héritage par lui possédé soit imprescriptible, l'action possessoire ne peut pas être déclarée non recevable. Cass. 10 janv. 1827, D. 27, 114.

A moins qu'il ne soit établi par un acte administratif que cet héritage soit hors du commerce. Av. Cons. d'État, 22 nov. 1826, S. 27, 2, 270. — Tels seraient une grande route et même un chemin vicinal. Ordonn. 5 sept. 1836 (Art. 971 J. Pr.); Cormenin, *Gazette des trib.* 25 janv. 1838. — V. Toutefois Augier, p. 94.

Mais le juge de paix ne pourrait se déclarer incompétent sous prétexte que, d'après la visite de lieux, le terrain litigieux lui aurait paru être un chemin vicinal. Ce serait entrer dans l'examen de la question de propriété. C. Cass. 4 déc. 1833, D. 34, 442; cons. d'État, 17 août 1836 (Art. 972 J. Pr.).

**54.** L'action en complainte est recevable de la part du propriétaire d'un terrain servant à la tenue des foires ou marchés, à raison des taxes qu'il est en possession de percevoir des marchands étalagistes. Ce terrain ne cesse point par sa destination d'être propriété privée. Cass. 1er août 1809, S. 10, 95; Garnier, 310; Henrion, 377. — V. décret du 27 mars 1814.

**55.** Il en est de même 1° des biens communaux. Ils sont susceptibles de prescription, et conséquemment donnent lieu aux actions possessoires. Cass. 1er avr. 1806, S. 6, 275; 10 nov. 1812; 6 juill. 1825, S. 13, 149; 26, 406; Favard, v° *Complainte*, 1, 594; Garnier, 309.

Il suffit d'après un arrêt de Cass., 7 août 1834, D. 34, 336, que le terrain communal ne soit ni une place publique, ni une rue ou objet servant à un usage public, pour que l'action, quant à la possession, soit portée devant les trib. et non devant l'autorité administrative.

On a même jugé que le possesseur dépouillé par voie de fait doit être réintégré par le juge de paix, bien qu'il soit prétendu que le terrain est un chemin public. Cass. 51 août 1856 (Art. 970 J. Pr.). Nous n'admettons cette décision qu'autant que le chemin serait purement communal, et par conséquent prescriptible. — V. *suprà* n° 55.

56. 2° Des clôtures. C. pr. 5. Cass.; 16 avr. 1835, D. 55, 175.

5° Des haies séparatives de deux héritages. Vainement on objecterait que l'art. 670 C. civ. ne reconnaît que deux espèces de droits par rapport aux haies, savoir : le droit de propriété pour ceux qui ont terrain clos, titre ou possession suffisante, c'est-à-dire possession trentenaire, et le droit de mitoyenneté, lorsqu'il n'existe point de signe de propriété exclusive. La prescription est admise en cette matière, et la possession susceptible d'opérer la prescription est toujours suffisante pour motiver les actions possessoires. Cass. 1er avr. 1806, 8 vend. an 14, S. 6, 75; Garnier, p. 220 et 225.

Jugé que, dans un pays où d'après l'usage des lieux toute haie mitoyenne doit avoir 7 pieds de largeur, il suffit qu'une entreprise tendant à altérer cette haie ou ses racines soit faite par l'un des riverains, dans la distance de trois pieds et demi du milieu de la haie, pour qu'il y ait lieu de la part de l'autre propriétaire à la complainte. Cass. 14 avr. 1850, D. 50, 209.

Si la haie est réputée mitoyenne, le voisin qui a succombé au possessoire peut au pétitoire réclamer le bénéfice de cette présomption. La possession trentenaire pourrait seule la détruire. C. civ. 670; Cass. 15 déc. 1856; 17 janv. 1858 (*le Droit*, 22 déc. 1856); 50 janv. 1858. — *Contrà*, Pardessus, n° 188; Merlin, *Rép.*, v° *Haie*; Delvincourt, 1, 549; Duranton, 5, n° 570.

57. 4° Des cours d'eau. Cass. 24 fév. 1808, 16 juin 1810, 1er mars 1815, S. 8, 495; 11, 164, 15, 120; 28 avr. 1829; 5 avr. 1850; Merlin, *Rép.*, v° *Complainte*, § 5, n° 8; Favard, v° *Justice de paix*, § 5; Henrion, 256 à 245. — Peu importe que les eaux soient vives ou mortes. Cass. 4 mai 1815, S. 15, 557, et qu'elles servent ou non à l'arrosement des prés. C. pr. 5; Cass. 2 mars 1809, D. 5, 289; Boitard, sur l'art. 5.—*Contrà*, Henrion, 288; Favard, § 5, n° 1. — V. Garnier, 240. — Ces décisions ne sont plus douteuses depuis que la loi du 25 mai 1858 a disposé formellement que le juge de paix connaît des entreprises commises dans l'année sur les cours d'eau servant à l'irrigation des propriétés et au mouvement des usines et moulins, sans préjudice toutefois des attributions de l'autorité administrative dans les cas déterminés par les lois et par les règlemens.

Jugé que la possession d'un barrage tendant à élever les eaux d'un ruisseau ne peut servir de base à la prescription et par conséquent être l'objet de la complainte. Cass. 19 déc. 1826, D. 27, 97. — Et décidé au contraire que la voie de fait contre la possession d'un bornage peut donner lieu à la réintégrande: Cass. 26 déc. 1826.

Le juge de paix connaît aussi 1° des contestations auxquelles donne lieu entre particuliers l'usage des eaux d'une rivière non navigable. Ordonn. 6 déc. 1820; — Ou même navigable en certains endroits, lorsqu'elle ne l'est pas dans l'endroit où naît le litige. Cass. 23 août 1819, S. 20, 63. — Si la diminution d'eau qui donne lieu au trouble provient d'une grande quantité de saignées pratiquées sur une étendue considérable, et qui ne fournissent à chaque propriété que l'eau strictement nécessaire à son irrigation, les parties doivent s'adresser au trib. civil, qui fait un règlement pour déterminer comment chaque propriétaire usera des eaux. Merlin, *Rép.*, 6, 595.

2° Des actions à fin de répression des entreprises sur les cours d'eau, commises dans l'année, encore qu'on y ait joint une demande en dommages-intérêts qui soit de la compétence des trib. civils. Amiens, 3 juill. 1822.

Jugé que, sur l'action possessoire pour trouble à l'exercice d'une prise d'eau, le juge de paix ne peut réduire le volume des eaux, et qu'il doit se borner à statuer sur la possession. Cass. 21 mars 1831, D. 31, 153.

**58.** 5° Des lais et relais de la mer; ils sont aliénables et prescriptibles. L. 16 sept. 1807. Cass. 3 nov. 1824, S. 25, 62; Pardessus, *Servitude*, n° 39; Vazeilles, *Prescriptions*, n°ˢ 69, 87; Garnier, 243, 244. — Il en serait autrement de la possession acquise sur les rivières navigables ou flottables. Garnier, 243.— V. d'ailleurs *État*.

**59.** *D'un droit réel.* On entend par droit réel celui qui existe sur une chose, abstraction faite de la personne qui peut la posséder. Pour qu'il donne lieu à une action possessoire, il faut, 1° qu'il s'applique à un immeuble; 2° qu'il soit réputé immeuble (Cout. Paris, art. 96); 3° qu'il soit susceptible d'une jouissance réelle. Pothier, *Possession*, n° 88. — 4° Qu'il soit prescriptible. Pothier, n° 90, 91.

Ainsi une action en revendication, quoique immobilière, ne saurait être l'objet d'une action possessoire, parce qu'elle n'est pas susceptible d'une jouissance réelle.

**60.** Mais peuvent donner lieu aux actions possessoires le droit de nue propriété. Arg. C. civ. 614.

Celui d'usufruit : l'usufruitier n'est détenteur précaire que par rapport à la chose. — Augier, p. 82; Boitard, sur l'art. 23.

Ceux de servitude d'usage : ils sont immeubles et forment l'objet d'une jouissance réelle. C. civ. 526; Pothier, n° 146.

Il en est de même des droits d'emphytéose et de superficie.

Cass. 26 juin 1822, S. 22, 362 ; Garnier, p. 508 ; Guichard, *Quest. poss.*, 247, 441 ; Carré, *Just. de paix*, 2, 352 ; Favard, v° *Emphytéose.* — *Contrà*, Chauveau, 43, 455.

Le droit de chasse : c'est un droit réel réputé immeuble ; il résulte d'une modification de la propriété. Pardessus, *Servitudes*, n° 12.

Le droit de pêche, celui de se promener dans un jardin.

Le droit de pâturage exclusif sur son propre terrain. Cass. 19 vend. an 2, D. 239.

Le droit acquis, en vertu d'une concession, de prendre des tourbes dans une tourbière, ou d'exploiter une mine. Carré, *ib.*, 3, 63.

**61.** La possession indivise d'une propriété commune autorise la complainte contre celui des communistes qui veut s'attribuer une jouissance exclusive. Cass. 27 juin 1827, D. 27, 285 ; 19 nov. 1828, D. 29, 22 ; 8 janv. 1835 ; 23 nov. 1836 (art. 357, 789 J. Pr.) — Même décision au cas où l'un des copropriétaires trouble la jouissance des autres, spécialement par l'établissement d'un fossé. Cass. 8 déc. 1824, Chauveau, 27, 312 ; Carré, 2, 486.

M. Henrion, ch. 43, § 3, pense en outre que la possession de la franchise d'un péage sur un pont ou un bac peut donner lieu, de la part des particuliers en faveur desquels elle existe, à une action en complainte contre le propriétaire du droit qui veut les soumettre à ce péage. — On peut dire en effet, lorsqu'une convention existe à cet égard, qu'il y aurait trouble à la possession même d'un droit de passage établi par titre.

**62.** Il en est autrement, 1° des obligations : ainsi la complainte ne serait pas recevable pour trouble apporté au droit d'obliger un ou plusieurs particuliers de faire des réparations à des maisons ou usines, d'en réparer les écluses. — Un pareil droit ne constitue qu'une simple obligation de faire, qui se réduit, en cas d'inexécution, à des dommages-intérêts : c'est un droit mobilier. Favard, v° *Complainte*, sect. 1, § 1, n°s 6, 7 ; Carré, *Just. de paix*, t. 2, p. 344. — *Contrà*, Henrion, ch. 33, § 3.

2° Des droits d'usage dans les bois ou pâturages ; ce sont aujourd'hui des servitudes discontinues : ils ne peuvent être l'objet d'une action possessoire (Cass. 22 nov. 1830, S. 31, 337 ; — à moins qu'ils ne soient fondés sur un titre. — L'art. 5 L. 28 août 1792, qui accordait aux usagers le droit de provoquer un partage pour se faire attribuer la propriété de partie du fonds, en renonçant à l'usage sur le reste, a été abrogé par les art. 63 et 64 C. for. — V. *inf.* n° 77.

M. Proudhon, *Usuf.*, 8, n° 3539, pense même que la redevance demandée ou acceptée par le propriétaire pourrait suppléer au titre en établissant que le droit d'usage n'a point été exercé par simple tolérance.

. 3° Des rentes foncières : elles ont été converties en simples créances (C. civ. 530), et ne constituent plus un droit réel. Merlin, *Rép.*, v°. *Rente fonc.*, § 2, art. 5, n° 2, 3; Garnier, p. 334. — *Contrà*, Guichard, *Quest. poss.*, p.114; Henrion, ch. 43, § 2. —Dans le système de ce dernier auteur, la saisine du créancier résulterait de deux prestations au moins, et l'année pour intenter la complainte courrait du jour où le débiteur sommé de payer déclarerait s'y refuser.

4° Des droits de champart ou droits de partager avec le propriétaire, dans une certaine proportion, les fruits d'un héritage : ils ne forment qu'une obligation personnelle. Cass. 29 juill. 1828, S. 28, 507, et 9 août 1831. Merlin, *Rép.*, v° *Complainte*, § 3, n° 1; Augier, p. 92. — *Contrà*, Henrion, ch. 43, § 2.

5° Des droits de complant ou droit de recueillir sur un fonds une espèce déterminée de fruits : ils sont également mobiliers. Cass. 16 janv. 1826, D. 26, 129; 11 fév. 1833. D. 33, 137.

6° Du droit de secondes herbes, établi même par titre au profit d'une personne sur un héritage. — Il en serait autrement s'il était établi au profit d'un autre héritage voisin. Dans ce cas, ce droit serait une véritable servitude. D. 25, 1, 419.

**63.** *Universalité de meubles.* Dans l'opinion contraire on dit : A l'égard des meubles, il ne peut s'élever que des questions de propriété, puisqu'en fait de meubles la possession vaut titre (C. civ. 2279). D'ailleurs l'art. 10 L. 1790 et l'art. 3. C. pr. ne parlent que d'objets immobiliers, et le même art. 3 suppose qu'il ne peut s'agir de meubles en exigeant que les actions possessoires soient portées devant le juge de la situation de l'objet litigieux.

. Mais on répond : L'art. 2279 doit se restreindre aux meubles corporels, et ne peut s'étendre à une universalité de meubles. La loi de 1790 et l'art. 3 C. pr. citent, à la vérité, plusieurs exemples d'actions possessoires s'appliquant aux immeubles; mais ces mêmes articles, en déférant aux juges de paix généralement *toutes les autres actions possessoires*, se réfèrent naturellement à l'ancien droit. Henrion, ch. 45, § 5; Merlin, *R.*, v° *Complainte*, § 3; Berriat, 118; Boitard, 452. — *Contrà*, Favard, v° *Complainte*, sect. 1, § 1; Carré, *Just. de paix*, 2, 460; Garnier, 189; Augier, 90.

**64.** Toutefois, ces mots : *pour universalité de meubles*, ne s'appliquent qu'à l'universalité d'une succession mobilière, et non pas, comme le pensait Rodier, à la totalité des meubles d'une maison, ou même à une partie indéfinie de meubles. Telle était la disposition du Coutumier général, ch. 21, liv. 2, reproduite dans l'art. 97 cout. de Paris, qui a servi de texte à l'ordonn. de

1667 ; Henrion, ch. 45 , § 5 ; Merlin. — V° *Complainte*, n° 3.

Mais il y aurait lieu à complainte de la part du détenteur légataire universel de meubles, contre un individu qui se prétendrait légataire au même titre, ou contre l'héritier qui poursuivrait les débiteurs de la succession. — Dans tous ces cas, le juge *de la situation*, seul compétent d'après l'art. 3, serait celui du domicile du défunt. Boitard, 452.

65. Les meubles pris isolément ne peuvent, dans aucun cas, faire l'objet d'une action possessoire. Ainsi, l'on serait non recevable à se pourvoir par complainte à l'occasion du trouble à la possession du titre d'un office ou d'une cure. Nîmes, 26 mai 1824, S. 25, 23. — Il en était autrement dans l'ancien droit, les offices et les bénéfices avaient alors un caractère immobilier.

De même, un marchand dont un voisin a usurpé et adopté l'enseigne, ne peut, pour ce fait, agir contre lui en complainte, cette enseigne faisant partie de l'achalandage, qui est chose mobilière.

66. Toutefois, font l'objet d'une action possessoire les meubles adhérens et cohérens, ou incorporés au fonds, qui sont réputés immeubles, comme les ustensiles tenant à fer et à clous, chevillés ou scellés en plâtre, et mis à perpétuelle demeure, qui ne peuvent être emportés sans fraction ni détérioration. Brodeau, *sur Paris*, art. 97 ; C. civ. 521 à 532.

67. L'art. 3 C. pr., n° 2, contient un exemple d'actions possessoires qui, au premier abord, paraît sortir de la règle que nous venons d'exposer. Cet article parle des déplacemens de bornes, des usurpations de terre, d'arbres, haies, fossés ou autres clôtures, commises dans l'année ; des entreprises sur les cours d'eau, commises pareillement dans l'année, et de toutes *autres actions possessoires*. Il est évident, dit M. Henrion, que les usurpations d'arbres ne peuvent donner lieu qu'à une action mobilière, à moins que l'auteur de cette usurpation n'ait en même temps envahi le terrain occupé par ces arbres ; ce qui ne paraît pas probable, parce que nous rentrerions dès lors dans le premier cas prévu, celui d'*usurpation de terres*. C'est donc improprement que l'on s'est servi, à la fin de cet article, des mots : *et autres actions possessoires*. Toutefois il en conclut que l'action pour usurpation d'arbres doit être soumise aux mêmes règles et à la même compétence que les véritables actions possessoires. Mais ne peut-on pas donner à cet article un sens plus juste en s'attachant à ses propres termes ? Ces mots : « *usurpation d'arbres* », sont suivis de ceux-ci : « d'arbres, haies, fossés *et autres clôtures*. » Il faut donc que ces arbres servent de clôtures ; et alors on comprend que leur usurpation pouvant rendre la propriété incertaine, trouble la possession et donne lieu aux actions possessoires. S'il s'agissait d'arbres qui ne servissent pas

de clôtures, il semble que l'action possessoire ne saurait être intentée.

§ 3. — *Conditions requises pour l'exercice des actions possessoires.*

**68.** La possession est la condition générale indispensable pour exercer utilement l'action possessoire.

**69.** Posséder une chose, c'est l'avoir en sa puissance, soit qu'on la détienne soi-même, soit qu'on la fasse détenir par autrui (C. civ. 2228). La détention est l'acte corporel par lequel on appréhende ou l'on retient une chose. Dans le langage ordinaire, ce fait est souvent confondu avec la possession ; mais la possession exige, outre le fait matériel de la détention, la volonté d'être propriétaire. La possession est donc la détention à titre de maître.

**70.** L'absence du possesseur ne suffit pas, en général, pour rendre la possession vacante ; elle continue à son profit. Ainsi, l'on dit avec raison que la possession ne se perd pas *corpore solo,* qu'elle se conserve *animo solo.*

**71.** Mais il faut se garder de trop étendre ce principe. *Thémis,* 3, 224, 445 ; 4, 234 ; Savigny-Warkœnig, 2e article.—En effet, si un étranger usurpait de fait la possession pendant l'absence du possesseur, ce dernier opposerait vainement qu'il avait l'intention de conserver la possession. Cette intention ne suffit pas pour retenir la chose contre ce tiers ; il faut qu'il agisse contre lui par l'action possessoire ; et notre droit, plus sévère que celui des Romains, fait courir le délai de cette action et la perte de la possession, non pas à compter de la connaissance de l'usurpation (LL. 6, § 1 ; 3, § 7, *de acq. vel amitt. poss.*), mais du jour du trouble. Cass. 12 oct. 1814, S. 15, 124.

**72.** Au reste, aucune déchéance n'est prononcée contre le possesseur qui s'absenterait pendant plusieurs années. Toutefois, dans la plupart des cas, le juge pourrait conclure de ce long laps de temps qu'il n'a pas persévéré dans la volonté de posséder, et que par conséquent il n'a pas conservé la possession. Ainsi, le juge du possessoire ne connaîtra en général que des faits de jouissance qui ont eu lieu pendant l'année antérieure au trouble, à moins qu'il ne s'agisse de biens non susceptibles d'être possédés chaque année par de nouveaux actes, tels que des bois et des fossés.

**73.** Mais si l'on excepte le cas de la réintégrande, la possession doit réunir les conditions requises pour la prescription, la durée exceptée. Locré, *Légist. civ.,* 21, 558 ; Merlin, *Rép.,* v° *Complainte,* § 2 ; Henrion, 416 ; Guichard, 76 ; Garnier, 104.

**74.** En conséquence, il faut qu'elle soit : 1° *continue et non interrompue,* 2° *paisible,* 3° *publique,* 4° *non équivoque,* 5° *à titre* *de propriétaire,* 6° *annale,* 7° *qu'elle n'ait pas cessé depuis plus d'une année.* C. civ. 2229 ; C. pr. 23.

**75.** 1° *Continue et non interrompue.* Ces mots ne sont pas entièrement synonymes ; non seulement toute possession discontinue n'est pas par cela même interrompue, c.-à-d. troublée par le fait d'un tiers ; mais par *continue* on doit entendre la possession d'un droit qui n'a pas besoin du fait actuel de l'homme pour être exercé (L. 4, ff. *de serv.*). Demante, *Programme,* 3, n° 1105. — Par exemple, un droit de vue, de conduite d'eau, et autres conduits du même genre, par opposition aux servitudes discontinues, telles que : droit de *passage, puisage, pacage,* qui ne peuvent être ni prescrites ni possédées civilement (C. civ. 688, 691 ; Cass. 1ᵉʳ brum. an 6, S. 1, 115 ; 21 oct. 1807, S. 8, 57 ; 23 nov. 1808, D., v° *Act. poss.,* 255 ; 10 sept. 1811, 28 fév. 1814, S. 15, 145 ; Carré, *Just. de paix,* 2, 576.

Jugé aussi que la servitude prétendue par le propriétaire du fonds inférieur sur des eaux que son voisin était dans l'usage de laisser écouler sur ce fonds, après les avoir recueillies dans un fossé fermé par une vanne, étant discontinue, ne peut donner lieu à l'action possessoire. Cass. 20 mars 1827, S. 27, 587.

**76.** Peu importe que la possession ait commencé avant le C. et sous l'empire du statut local qui autorisait la prescription de la servitude discontinue, cette possession ne pouvant servir à compléter la prescription non encore accomplie à l'époque de la promulgation de l'art. 694 C. civ.. Cass. 11 mars, 12 juin 1810, 17 fév. 1813 ; 3 oct. 1814, S. 15, 145 ; Rennes, 17 fév. 1815, S. 15, 145.

On doit le décider ainsi, quand même la possession annale de cette servitude eût été accomplie antérieurement. Cass. 10 fév. 1812 ; D., v° *Action possessoire,* 254 ; 3 oct. 1814, 2 juill. 1823, S. 23, 450 ; Merlin, *Quest.,* v° *Servitude,* § 5 ; Augier, 96. — *Contrà,* Cass. 13 août 1810, D. 253.

Au contraire, la possession annale d'une servitude déclarée prescriptible par le C., bien qu'elle fût imprescriptible d'après le statut local, peut autoriser la complainte quand cette possession a été acquise depuis la promulgation du C. Cass. 15 avr. 1822.

Si la servitude discontinue avait été acquise par la possession trentenaire sous la coutume qui l'autorisait, le propriétaire du fonds dominant, qui serait troublé dans l'exercice qu'il en ferait, devrait agir au pétitoire et non au possessoire ; le juge de paix ne pouvant, dans ce cas, apprécier le mérite de la possession, sans préjuger le pétitoire. Cass. 2 juill. 1823, D. 23, 25 ; Henrion, ch. 43, 3, 7.

La complainte ne serait recevable qu'après le jugement au pétitoire, qui viendrait alors appuyer la possession. Garnier, 315.

**77.** *Quid* s'il existe un titre? Le doute naît de ce que dans ce cas la possession n'en est pas moins interrompue de fait, lorsque le propriétaire n'exerce pas actuellement son droit. Mais il en est de même de toute possession qui peut être interrompue de fait *corpore solo*, pourvu que le possesseur conserve l'intention de posséder *animo domini*. Ces servitudes sont imprescriptibles, parce que les actes isolés qu'elles comportent sont généralement l'effet du précaire et de la *tolérance;* et cette raison ne peut plus être alléguée lorsqu'il y a titre. En outre, l'art. 707 C. civ. reconnaît à celui qui exerce, en vertu d'un titre, une servitude discontinue, une jouissance et une possession véritables qui empêchent le propriétaire voisin de prescrire pendant le même temps contre le titre de cette servitude. Cass. 24 juill. 1810, S. 10, 334; 6 juill. 1812, S. 13, 81; 13 juin 1814, S. 14, 153; 17 mai 1820, D. *hoc verbo* 257; 30 mars 1830, D. 30, 190; 9 mai 1831, D. 33, 95; Garnier, 245.

Cette décision serait surtout admise si le demandeur soutenait que le titre établit la destination du père de famille. Cass. 2 mars 1820, D. *hoc verbo* 258; Carré, t. 2, p. 255.

Jugé, d'après ces principes, que la possession en vertu d'un titre d'une prise d'eau sur un aquéduc communal peut servir de base à l'action possessoire, quand elle est annale, sans qu'il soit besoin d'examiner si les eaux communales sont ou non prescriptibles. Cass. 21 mars 1831, D. 31, 152.

Mais nous pensons que des travaux apparens pratiqués sur le fonds du voisin pour que la servitude discontinue puisse être exercée, ne peuvent suppléer au titre, et qu'ainsi l'action possessoire ne serait pas recevable à raison de leur suppression. — Vainement dirait-on qu'ils ont produit une véritable interversion de possession. C. civ. 2238. — Ils pourraient seulement rendre la servitude apparente, sans qu'elle cessât pour cela d'être discontinue, et par conséquent imprescriptible. Cass. 21 oct. 1807, D. *hoc verbo* 257.

Le caractère de la servitude discontinue ne peut être invoqué, au contraire, lorsque celui qui l'exerce est défendeur et non demandeur à l'action possessoire. Si celui qui est troublé dans l'exercice d'une servitude discontinue non établie par titre, comme un droit de passage, ne peut agir en complainte, c'est qu'il n'a point la possession civile. Mais il en est autrement du propriétaire troublé dans la jouissance du fonds qu'il possède par une servitude, même imprescriptible. Il est juste, en effet, qu'il se fasse maintenir dans la possession annale de la liberté de son fonds. Cass. Belgique, 4 juin 1833; Cass. 19 vend. an 11, S. 20, 456; Henrion, ch. 43, § 6. — L'arrêt de Cass. du 2 fév. 1820, qui semble contraire, statue dans une espèce où les conclusions du demandeur n'avaient pas saisi le juge de paix d'une question de trouble, mais de celle de savoir si la servitude existait ou non; il n'y avait donc point lieu à complainte.

En supposant même que le droit de passage fût fondé en titre, le propriétaire du fonds servant pourrait intenter la complainte contre celui qui abandonnerait la voie habituelle pour en prendre une plus dommageable. Cass. 24 juin 1828, D. 28, 289; Garnier, 348.

Si la servitude discontinue est établie par titre, et que depuis plus d'un an le propriétaire du fonds servant ait fait un acte contraire à cette servitude, pourra-t-il au possessoire en demander la suppression? Nous ne le pensons pas. Le juge de paix, dans ce cas, doit apprécier le titre qui sert de fondement à la servitude; or son extinction ne peut résulter que d'une possession contraire continuée pendant 30 ans. C. civ. 706.

**78.** Les servitudes naturelles et légales sont fondées en titre; leur discontinuité n'empêche donc pas qu'elles ne donnent lieu aux actions possessoires. Celui qui possède en vertu des dispositions de la loi, possède à aussi juste titre que celui qui possède en vertu d'un acte translatif de propriété. Ainsi peuvent agir au possessoire, 1° le propriétaire pour demander la suppression d'une digue faite dans l'année et qui empêche l'écoulement naturel des eaux pluviales de son fonds sur l'héritage inférieur. Cass. 13 juin 1814, S. 15, 259; 1er déc. 1820, D. 30, 17. — Peu importe que ces travaux aient été pratiqués sur un chemin vicinal. Cass. 22 juin 1835 (Art. 185 J. Pr.).

**79.** 2° Le propriétaire dont le fonds est enclavé et qui est en possession de passer sur le fonds voisin pour l'exploitation de son héritage. Vainement on dirait que cette servitude est imprescriptible comme discontinue; elle est acquise de plein droit à celui qui la réclame, sauf l'action en indemnité; elle doit donc être considérée comme une servitude légale. Cass. 7 mai 1829, 16 mars 1830, 9 mai 1831, D. 33, 95; 18 nov. 1832; Pardessus, n° 233; — *Contrà*, Cass. 8 juill. 1842, S. 12, 298. — Dans ce cas, le juge de paix, pour se fixer sur le caractère de la possession, peut vérifier le fait de l'enclave. Cass. 19 nov. 1832, D. 33, 46.

**80.** 3° Le propriétaire riverain d'un canal qui jouit d'un droit d'arrosage fondé entre autres titres sur le règlement des eaux du canal, si le maître du canal fait des constructions qui portent atteinte à sa jouissance. Cass. 3 déc. 1828, S. 29, 207. — V. aussi dans un cas analogue. Cass. 1er mars 1845, S. 15, 120.

**81.** Les chemins établis pour l'exploitation des biens ruraux sont en général moins des servitudes discontinues qu'une propriété commune pour laquelle on peut se pourvoir au possessoire. Cass. 29 nov. 1814, S. 14, 225 ; 11 déc. 1827, S. 28, 103 ; 19 nov. 1828, D. 29, 22 ; Lalaure, *Servitudes,* liv. 3, 233 ; Garnier, 319.

Mais cela dépend des circonstances. Ainsi, le trib. peut juger en fait que ce chemin constitue une servitude discontinue, ne pouvant donner lieu qu'à une action pétitoire. Cass. 20 mai 1828, S. 29, 126.

Au reste, tous les propriétaires d'héritages voisins, qu'ils soient ou non enclavés, doivent jouir du sentier d'exploitation. Il est à présumer, surtout lorsque cette jouissance remonte à de longues années, que le passage a été établi par une convention entre tous ceux auxquels il pouvait profiter. D., v° *Action poss.* 261. —*Contrà*, Lalaure, *ib.*

82. La possession annale suffit, quoique dénuée de titres, si le demandeur soutient être propriétaire d'un chemin, au lieu de se borner à *réclamer un droit de passage.* Cass. 26 août 1829, D. 29, 348 ; 24 juill. 1837 (Art. 967 J. Pr.).

83. 2° *Paisible.* Ce qui exclut la possession troublée par des contradictions de fait souvent réitérées (Vazeille, *Prescription,* n° 45), ou fondée sur des actes de violence.

84. En général, on se reporte à l'origine de la possession pour en apprécier le caractère. Cependant le possesseur peut exercer l'action en complainte, si la violence a cessé depuis plus d'une année, quand bien même la possession aurait commencé par des voies de fait. Arg. C. civ. 2233 ; Boitard, 436.

Quand la possession acquise paisiblement dans le principe a été retenue par violence, il faut distinguer : Si c'est malgré les continuelles entreprises d'un voisin qui la contestait, que cette possession a été retenue, elle est censée violente ; il en est autrement si c'est contre un tiers dont l'agression passagère a été repoussée. L. 1, § 28, *de vi et de vi armatâ;* Boitard, 438.

Du reste, nous pensons que le défendeur ne peut opposer la violence de la possession, si elle n'a point été employée à son égard, mais seulement à l'égard d'un tiers. *Quod ait prætor in interdicto, nec vi, nec clàm, nec precario; si quidem ab alio, prosit ei possessio : si verò ab adversario suo, non debeat eum propter hoc quod ab eo possidet, vincere.* Pothier, *Possession,* n° 96 ; Boitard, 436. — *Contrà,* Augier, 79.

85. 3° *Publique;* c'est-à-dire non clandestine, au vu et su de tous ceux qui l'ont voulu voir et savoir. Il faut que le possesseur antérieur puisse s'imputer de ne l'avoir pas connue. C'est pour cette raison que les servitudes non apparentes ne sont pas susceptibles de possession civile.

86. D'après Pothier, *Possession,* ch. 4, n° 18. et Favard,

vº *Complainte*, sect. 1, § 2, pour savoir si une possession est publique, il faut se reporter à l'origine de cette possession. Ainsi une possession qui a commencé par être clandestine sera toujours insuffisante pour donner lieu aux actions possessoires ; et, réciproquement, une possession publique dans le principe continuera de produire ses effets, quoiqu'elle soit devenue clandestine. L. 6, ff. *de acq. poss.* — Il nous paraît plus équitable de dire que la possession qui cesse d'être clandestine devient utile, tandis que celle qui perd le caractère de publicité qu'elle avait d'abord, ne peut plus servir pour la complainte. Arg. 2233 C. civ. L'art. 2229, en exigeant d'ailleurs que la possession soit publique, veut par là même qu'elle le soit pendant le temps nécessaire pour acquérir un droit ; mais il ne demande rien de plus. Augier, 80.

**87.** Des fouilles souterraines faites dans la propriété du voisin ne sauraient servir de base à une action possessoire. Parlem. Paris, 16 juin 1755 ; Pothier, *Prescription*, nº 37.

Il en est de même des usurpations de terre commises graduellement en labourant. Elles sont presque toujours imperceptibles, et par conséquent clandestines. Paris, 28 fév. 1821 ; D. 22, 72 ; Cass. 28 avr. 1814 ; S. 11, 312.

**88.** Il en est autrement si le voisin a reconnu le droit de propriété de son voisin ; il ne peut plus opposer la clandestinité de la possession : la présomption de la loi cède à sa reconnaissance.

Jugé que le propriétaire d'une fontaine qu'alimentent des canaux établis sous le terrain d'autrui peut, en cas de trouble à la possession de ces canaux, intenter la complainte, lorsque, par leur curage, des massifs en pierre ont été placés sur ce terrain depuis plus d'une année ; dans ce cas, il n'y a pas clandestinité ; la servitude est apparente. Cass. 9 déc. 1833, D. 34, 6.

**89.** 4º *Non équivoque.* Il doit être certain pour tous que l'on possède pour soi, et avec l'intention de s'approprier la chose détenue.

Des actes de pure faculté et de simple tolérance ne peuvent fonder ni prescription, ni possession. C. civ. 2232.

**90.** En conséquence, le propriétaire de l'héritage inférieur qui a joui, pendant an et jour, des eaux qui prennent leur source dans l'héritage supérieur et s'écoulent dans le sien, ne peut intenter une action possessoire à l'effet d'être maintenu dans la jouissance de ces eaux, s'il n'a fait un *ouvrage apparent* sur le *fonds supérieur* pour faciliter l'écoulement de ces eaux sur son héritage. C. civ. 641, 642. Les travaux faits sur son fonds ne suffiraient pas, parce qu'ils seraient faits *jure dominii* et non pas *jure servitutis*. Cass. 25 août 1842, D. 12, 599; 27 mars 1832, D. 32, 149.

Il ne suffit même pas, pour autoriser la complainte, que des travaux aient été faits sur le fonds supérieur, s'ils ne l'ont point été dans l'intérêt du terrain inférieur. Cass. 6 juill. 1825, S. 26, 406.

Mais, si les eaux dans la possession desquelles le propriétaire du fonds inférieur est troublé ne prennent pas naissance sur le fonds supérieur d'où vient le trouble, mais proviennent seulement d'un ruisseau qui traverse les deux héritages, l'action possessoire peut être intentée, bien qu'aucuns travaux n'aient été pratiqués : les art. 641 et 642 ne sont plus applicables. Cass. 5 avr. 1830, D. 30, 200. — Il en serait de même s'il s'agissait simplement d'une eau courante, celui dont elle traverse la propriété est tenu de la rendre à son cours ordinaire. Cass. 27 mars 1832, D. 32, 149; Augier, 77.

**91.** Celui qui se prétend troublé par le propriétaire d'un étang dans la possession du terrain que l'eau couvre quand elle est à la hauteur de la décharge de l'étang, est encore non recevable à agir au possessoire. Il peut seulement former une demande tendant à fixer les limites de la propriété. La loi *conserve toujours* ce terrain au propriétaire, quoique le volume de l'eau vienne à diminuer (C. civ. 558); conséquemment, la possession du voisin ne saurait être que précaire et de tolérance. Cass. 23 avr. 1811, S. 11, 312; Favard, v° *Complainte*, sect. 1re, § 2, n° 5; Carré, *Lois*, art. 23.

Jugé qu'il en est de même des actes de possession d'un riverain sur les berges d'un canal artificiel qui met en mouvement une usine. Paris, 12 fév. 1830.

**92.** Les servitudes négatives et discontinues ne peuvent, par les mêmes raisons, être l'objet d'une possession civile. — V. *sup.* n° 75.

Doit être considérée comme équivoque la possession annale du fermier, invoquée par le propriétaire, lorsque ce fermier était en même temps celui de l'auteur du trouble. Cass. 19 mars 1834, D. 34, 310.

Celle des habitans d'une commune auxquels l'autorité municipale a permis d'extraire du lit d'un torrent les pierres et le sable que les eaux y déposent. Cass. 29 août 1831, D. 31, 324.

Jugé, au contraire, que les possessions exercées sur des *brandes* (espèces de terres vaines et vagues) peuvent donner lieu à la complainte contre le prétendu propriétaire de ces terrains. Cass. 21 fév. 1827, D. 27, 147.

**93.** 5° *A titre de propriétaire.* Il faut que l'on ne puisse pas douter que le possesseur jouit de la propriété pour lui-même (C. civ. 2229; C. proc. 23). Ainsi, le dépositaire, l'antichré-

siste, le fermier, n'ont jamais une possession utile. C. civ.
2236. — *V. inf.* n°ˢ 124 et suiv. — Ce dernier a seulement,
lorsqu'il est troublé, une action en garantie contre son propriétaire, qui est obligé de le faire jouir (C. civ. 1726, 1727),
et en dommages-intérêts contre l'auteur du trouble (C. civ.
1382).

**94.** La possession est réputée à titre de propriétaire, lorsqu'elle est basée sur un titre translatif de propriété, tel qu'une
vente, un échange, une donation, etc. Peu importe que ce
titre n'émane pas du véritable propriétaire.

Mais elle n'est que naturelle et ne produit aucun effet, si
elle est fondée sur un titre nul en la forme; par exemple, une
donation entre vifs faite par acte sous seing privé, une vente
faite également sous seing privé et en un seul original. — C'est
le cas d'appliquer la maxime : *Melius est non habere titulum
quam habere vitiosum.* » — Mais ces fins de non recevoir ne pourraient être invoquées contre le possesseur, si son titre n'était pas
nul de droit, mais seulement susceptible de rescision. Toullier,
7, 624 et suiv.; Carré, 1, 45, n°ˢ 102 à 105.

**95.** On est toujours présumé posséder pour soi et à titre de
propriétaire, s'il n'est prouvé qu'on a commencé à posséder
pour un autre. C. civ. 2230.

Quand on a commencé à posséder pour autrui, on est toujours présumé posséder au même titre, s'il n'y a preuve du
contraire. C. civ. 2231.

Cette preuve existe lorsque le titre de la possession a été in-
terverti, soit par une cause venant d'un tiers, soit par la contradiction que le possesseur a opposée au droit du propriétaire.
C. civ. 2238.

**96.** Celui qui a plusieurs titres est censé posséder en vertu
de celui qui lui est le plus avantageux. A défaut de titre, c'est
la qualité que le détenteur a prise dans les actes d'administration
qui détermine le caractère de sa possession.

Toutefois, il faut se garder de confondre la possession qui
donne lieu à la complainte avec la possession de bonne foi à
l'aide de laquelle on peut prescrire la propriété par dix ou vingt
ans (C. civ. 2265). Il en est de la possession annale comme de la
prescription trentenaire qui n'a pas besoin d'être fondée sur la
bonne foi et le juste titre. Observations de M. le conseiller rapporteur. Cass. 26 juin 1822, S. 22, 362; Pothier, *Possession*,
n° 95; Augier, 80.

**97.** La possession qui est précaire entre les mains d'un individu, continue à rester telle entre les mains de ses héritiers
ou successeurs à titre universel. C'est une conséquence du principe en vertu duquel ils sont réputés continuer la personne de
leur auteur. C. civ. 2237.

98. Mais les mêmes motifs n'existant pas à l'égard des successeurs à titre particulier, tel qu'un acquéreur, un légataire, ils sont libres de joindre leur possession à celle de leur auteur, ou de s'en séparer s'ils le préfèrent. Pothier, *Possession*, n° 34. — V. *inf.* n° 104.

99. Celui qui, après avoir été condamné au possessoire par un jugement passé en force de chose jugée, a continué de posséder pendant un an et un jour, ne peut plus se pourvoir au possessoire, le jugement obtenu contre lui a rendu sa possession précaire. Cass. 12 juin 1809, S. 14, 89; Carré, 23; Berriat, 1, 115.

100. 6° *Annale.* C'est-à-dire qui dure au moins depuis une année. (C. pr. 23). Toutefois, il n'est pas nécessaire que le possesseur ait joui chaque jour de l'année. L'intervalle pendant lequel la possession a été suspendue par une cause de force majeure est compté pour en fixer la durée. Carré, *Just. de paix*, 2, 381.

Il est également indifférent qu'on ait joui par soi-même ou par un tiers qui possède pour vous et en votre nom, comme un fermier.

La possession devait être autrefois d'un an et un jour pour servir de base à la complainte. Il suffit aujourd'hui qu'elle ait duré pendant toute l'année qui a précédé le trouble. Cass. 19 mars 1834, D. 34, 310; Toullier, 9, n° 127; Aulanier, n° 9; Garnier, 86.

Est inadmissible l'action en complainte formée par celui qui ne prouve pas sa possession annale, sous prétexte qu'il justifie d'une possession ancienne et d'un titre de propriété qui tend à l'établir. Cass. 6 avr. 1824, D. 24, 247.

Bien que la possession doive être en général d'une année au moins, cependant il a été jugé qu'elle pouvait être moindre, si, d'après l'usage des lieux, elle s'exerce par une opération qui se fait une seule fois chaque année au retour d'une fête solennelle, lorsqu'entre les fêtes il s'est écoulé moins d'un an. Cass. 19 mars 1834, D. 34, 310.

Si le trouble a cessé avant l'expiration du délai moralement nécessaire pour la réclamation du possesseur ou sur la plainte de ce dernier, la jouissance annale n'a point été interrompue. Augier, 79.

Mais il y aurait interruption légale dans la possession alors même que le trouble, après avoir duré un certain temps sans réclamation, n'aurait pris fin que par la volonté de son auteur. *Ib.*

101. Pour déterminer la durée de la possession, on peut joindre à la jouissance personnelle du demandeur celle de son auteur. C. civ. 2235.

102. Toutefois, il n'y a lieu à joindre ces deux possessions que lorsqu'elles sont contiguës entre elles (Pothier, *Prescr.*,

n° 124), c'est-à-dire lorsqu'aucun tiers n'a possédé intermédiairement.

Mais la *détention* de l'héritier, qui précède celle du légataire, ne constitue pas une interruption de la possession. L. 13, § 10, *ff. de acq. vel amitt. poss.*

De même, en cas de résolution de vente, et de réméré, le vendeur qui rentre dans la chose peut s'aider de la possession intermédiaire de son acheteur. Ce dernier, qui connaissait l'éventualité du contrat, est réputé avoir possédé pour lui. LL. 13, § 2, *de acq. vel amitt. poss.* 10 ; *de usurp. et usuc.*

**103.** Il est encore indispensable, pour joindre la possession de l'auteur à celle du successeur, qu'elles soient toutes deux également justes ; l'ayant-cause ne peut s'aider de la possession vicieuse de son auteur, et, réciproquement, la possession de son auteur, fût-elle juste, ne peut lui servir, s'il n'a pour lui-même qu'une possession vicieuse. *Vitiosa non vitiosæ non accedit vel contrà, non est enim societas virtutis cum vitio.* Cujas, *ad tit. ff. de acq. vel amitt. poss.*

**104.** Mais si la possession de l'auteur est vicieuse, le successeur à titre singulier peut, en y renonçant, se prévaloir de la sienne propre. La jonction des deux possessions n'est qu'un bénéfice introduit à son profit, dont il peut à son gré user ou ne pas user. Pothier, *Possession*, n° 34.

**105.** Néanmoins il a été jugé que l'acquéreur qui a joui pendant plus d'une année ne peut demander, par action possessoire, à être maintenu dans la possession, si le vendeur avait déjà, avant la vente, succombé dans une action semblable. Cass. 17 mars 1819, D. 19, 243 ; Berriat, 115, n° 8 ; Garnier, 113. — Cette décision est controversable ; s'il faut reconnaître que les jugemens rendus contre le vendeur ont force de chose jugée quant aux droits transmis par le contrat de vente, il doit en être autrement des faits de possession qui sont propres à leur auteur. Loiseau, n° 228.

**106.** Au contraire, l'héritier représentant la personne du défunt continue nécessairement la possession avec ses qualités et ses vices. Ainsi, l'héritier d'un fermier ne peut, de même que son auteur, former l'action possessoire. C. civ. 2237.

Mais l'héritier d'un individu dont la possession était violente ou clandestine, peut se prévaloir de sa possession personnelle. La possession pouvant, comme nous l'avons dit, devenir à l'égard de la même personne, publique et paisible, d'occulte et violente qu'elle était. — V. n°ˢ 84 et 85.

L'un des héritiers serait fondé avant le partage à invoquer la possession de son auteur pour justifier sa complainte contre les tiers ; mais non vis à-vis ses cohéritiers, qui ont un droit légal au sien. Augier, 83.

Il en serait autrement après le partage, chaque héritier étant censé avoir succédé seul et immédiatement aux biens compris dans son lot. C. civ. 883.

Jugé même que l'héritier peut agir en complainte comme possesseur d'un immeuble, en vertu d'un partage provisoire fait entre lui et ses cohéritiers, bien qu'il existe, à l'époque de la demande, un partage définitif qui attribue cet immeuble à l'un d'eux, si ce partage n'a pas encore reçu d'exécution. Metz, 29 avr. 1823.

**107.** Quoique les autres successeurs à titre universel ne continuent pas la personne du testateur, on décide cependant la même chose à leur égard, parce que, n'ayant pas une cause de possession qui leur soit propre, ils succèdent à celle du défunt. L. 2. C. *de fruct.*; Pothier, *Possession*, n° 33; Demante, n° 1110. — V. *sup.* n° 103.

**108.** Entre deux acquéreurs d'un même immeuble, dont aucun n'a la possession annale, la préférence, quant à la possession, appartient à celui dont le titre a acquis le premier une date certaine, encore que l'autre en ait pris possession le premier : la jonction des deux possessions de l'acquéreur et du défendeur est une suite du contrat ; et en matière d'immeubles l'acte le plus ancien doit toujours prévaloir. Il importe donc peu que le second acquéreur se soit mis en possession de cet immeuble : ce fait ne peut être considéré de sa part que comme un trouble à la possession légale du premier acquéreur. Cass. 19 vend. an 11, 12 fruct. an 10, S. 2, 19, 428.

**109.** De ce que le propriétaire troublé et l'auteur du trouble tiennent leur fonds d'un même auteur, il ne faut pas conclure que le premier ne puisse pas se prévaloir de la possession de leur auteur commun, à l'effet de former une action en complainte. En conséquence, si le propriétaire troublé dans l'exercice d'une servitude prescriptible prouve qu'elle existait lors de l'aliénation des deux fonds et qu'il n'a cessé de l'exercer depuis, son action sera recevable, encore qu'il ait acquis ce fonds depuis moins d'un an. Cass. 15 déc. 1812. D. 248.

Également l'acquéreur peut intenter l'action possessoire contre celui qui, se prétendant fermier, le troublerait dans sa jouissance. Cass. 6 frim. an 14, S. 7, 172; Merlin, 2, 665, v° *Complainte*.

**110.** Mais le nu propriétaire ne peut joindre à sa possession celle de l'usufruitier : d'une part, l'usufruitier possède en son nom propre, et non pour le compte du propriétaire, et d'autre part, il ne possède que l'usufruit, qui est séparé de la propriété. Cass. 6 mars 1822, S. 22, 298; Favard, v° *Complainte*, sect. 1re, § 2. — *Contrà*, Augier, 80.

**111.** La possession annale est-elle indispensable dans tous les cas pour former la complainte ?—L'affirmative semblerait résulter de ce que l'art. 25 C. pr. porte, d'une manière générale , que les actions possessoires *ne seront recevables qu'autant* qu'elles seront intentées par ceux qui étaient en possession depuis *une année au moins.* Mais cette règle souffre nécessairement une exception dans le cas où la contestation s'élève entre deux individus dont chacun a la possession annale. Il est alors naturel de prononcer en faveur de celui qui est troublé dans sa possession actuelle , à moins qu'il ne le soit par le propriétaire ou le précédant possesseur annal. Duparc-Poullain , 10 , 705 ; Carré, art. 25 ; Merlin , v° *Voie de fait*, § 1, art. 2 ; Cass. 26 janv. 1824 , S. 24, 92. — *Contrà*, Poncet, *Actions*; Brossard, *Juridiction des juges de paix;* Aulanier ; Garnier, 78.

**112**. Il résulte des mêmes principes qu'une possession précaire ou clandestine suffit , malgré ses vices, pour agir au possessoire contre un tiers , qui ne peut même pas invoquer une semblable possession en sa faveur. Pothier, *Possession*, n° 96 ; Merlin , *ut suprà;* Carré, *Justice de paix*, 2 , 585 , 402. — V. *sup.* n° 84.

**113**. 7° *Qu'elle n'ait pas cessé depuis plus d'une année.* La possession civile est prescrite et ne peut pas produire d'effet lorsqu'un tiers s'est mis en possession du même objet et en a joui paisiblement pendant plus d'un an : ce tiers a lui-même acquis une possession civile qui ne saurait appartenir à la fois à deux personnes différentes. Pothier, *Possession*, n° 102.

Conséquemment, les actions possessoires ne sont en général plus recevables lorsqu'elles ne sont pas formées dans l'année du trouble. C. pr. 25.

Ainsi , l'action en élagage d'arbres dont les branches s'étendent depuis plusieurs années sur la propriété du voisin ne peut être jugée au possessoire. Cass. 29 déc. 1850, D. 51, 178. — V. toutefois Cass. 9 déc. 1847, Chauveau, 16, 654, et Merlin, t. 6, 691.

L'action en bornage n'est pas non plus recevable au possessoire quand la clôture qui donne lieu au trouble existe depuis un an. Besançon, 10 mars 1828 ; Chauveau, v° *Act. poss.*, n° 548.

Toutefois , d'après les art. 5-1° , et 6-2° de la loi du 25 mai 1858 , le juge de paix doit connaître de l'action en élagage d'arbres et de l'action en bornage quand la propriété n'est pas contestée.

La complainte ne pourrait plus être intentée par le propriétaire contre celui qui , depuis plus d'un an, exercerait sans titre une servitude discontinue , et par conséquent imprescriptible, comme un droit de passage. Cass. 11 nov. 1829, D. 29 , 585. — *Contrà*, Augier, 79. — V. *inf.* n° 116.

Toutefois , l'obstacle que le propriétaire mettrait à l'exercice de cette servitude, même après l'expiration de l'année, ne pourrait autoriser contre lui l'action possessoire. — V. n⁰ˢ 77 et 119.

Mais peut donner lieu à la complainte le dommage éprouvé depuis moins d'une année, par suite des travaux *mobiles* d'un barrage, encore bien que les travaux *permanens* dont se compose ce barrage fussent établis depuis plus d'un an. Cass. 9 janv. 1835, D. 55, 105.

**114.** Le jour où le trouble a eu lieu, *dies à quo*, n'est pas compris dans l'année. Il en est autrement du dernier jour du délai, fût-il férié. Garnier, 87.

**115.** Le délai d'un an court, non du moment où le trouble a été connu, mais bien du moment même où le trouble a pris naissance, peu importe qu'il s'agisse d'un trouble de droit résultant d'un acte signifié au fermier, et que celui-ci a négligé de dénoncer en temps utile au propriétaire. Le doute naît de ce que le droit d'exercer l'action en complainte appartient au propriétaire seul et non au fermier. Mais il est juste que l'on puisse perdre la possession, comme on peut l'acquérir, par le fait de ses préposés. Cela résulte d'ailleurs évidemment des art. 614 et 1768 C. civ., d'après lesquels les usufruitiers et les fermiers sont tenus, sous les peines de droit et dans le délai réglé pour les assignations, d'avertir le propriétaire de toutes les atteintes portées à son droit. Il n'est pas nécessaire que le trouble ait été connu de la partie intéressée, sinon la complainte pourrait être formée après un grand nombre d'années, ce qui serait contraire au but que le législateur s'est proposé. Cass. 12 oct. 1814, S. 15, 124; Merlin, *Quest.*, v⁰ *Complainte*, § 5; Favard, *ib.*, 1, § 2, n⁰ 6; Garnier, 91.

**116.** Néanmoins, si sur la demande formée par l'ancien possesseur contre l'auteur du trouble, celui-ci ne justifiait pas d'une possession civile ayant opéré saisine à son profit, le litige devrait être jugé en faveur du premier; car, en perdant de fait la jouissance depuis plus d'une année, il n'aurait pas perdu la possession.

Mais, s'il s'agissait d'un trouble de droit ou d'un trouble de fait qui n'eût pas consisté dans une dépossession effective, le défendeur n'ayant aucune possession, il deviendrait impossible de lui en opposer les vices, et par conséquent l'action au possessoire serait prescrite.

**117.** Le cours de cette prescription peut être interrompu de la même manière que celui des prescriptions ordinaires; par exemple, par une sommation à l'auteur du trouble, une citation en justice, etc. C. civ. 2244 et suiv.

L'interruption peut également être naturelle. Ainsi, elle résulterait de la destruction par le demandeur des travaux faits par le défendeur pour masquer sa possession. Pothier, *Possession*, n° 102.

**118.** Mais une action formée dans l'année du trouble devant le trib. correctionnel, à raison des faits de trouble, serait inefficace pour interrompre la prescription. Une telle action a, en effet, pour but la répression d'un délit, et non la possession. Cass. 20 janv. 1824, D. 24, 50.

Cette prescription court contre les mineurs comme contre les majeurs. L'art. 2252 C. civ. ne s'applique qu'*au fond* des droits que le C. civil a consacrés et non aux délais et déchéances de la procédure. Garnier, 105 ; Jousse, art. 18, ord. 1667.

**119.** Ces règles s'appliquent-elles à la réintégrande comme à la complainte et à la dénonciation de nouvel œuvre?

L'affirmative n'est pas douteuse pour ceux qui pensent que l'art. 25 C. pr. ne laisse subsister aucune différence quant aux conditions requises pour l'exercice de la complainte et de la réintégrande (—V. *sup.* n° 57). Mais ne pourrait-on pas, tout en reconnaissant l'empire de la maxime *spoliatus ante omnia restituendus*, qui dispense le possesseur dépouillé de justifier d'une possession annale, soutenir qu'il doit au moins justifier d'une possession légale dans les termes de l'art. 2229 C. civ., qui seul peut être la base des actions possessoires? Quel droit, en effet, si elle n'existe pas, l'auteur de la voie de fait aurait-il violé? Comment un fermier ou tout autre détenteur précaire qui ne possède véritablement pas pourrait-il intenter *une action possessoire?* N'est-il pas plus exact de reconnaître qu'il n'a qu'une simple action en dommages-intérêts contre l'auteur de la voie de fait? Pothier, *possession*, n° 115.—Jugé, en vertu de ces principes, que le trouble à l'exercice d'une servitude discontinue par la destruction de l'ouvrage qui y donne lieu ne peut autoriser à intenter la réintégrande. Cass. 5 mars 1828, S. 28, 355 ; 11 juin 1828.

Toutefois dans l'opinion contraire, on dit :

La *réintégrande* étant fondée sur un principe d'ordre public (—V. *sup.* n° 59), n'a pas besoin d'avoir pour base une possession civile ; il suffit pour l'intenter d'avoir, au moment de la spoliation, une possession paisible, matérielle et de fait. Vainement on argumenterait des termes de l'art. 25 C. pr., qui semblent confondre toutes les actions possessoires et les soumettre aux mêmes règles. Lorsque la violence a dépouillé celui qui jouissait, on doit ordonner préalablement la réintégrande, sauf ensuite à examiner les titres de son adversaire : le maintien de l'harmonie sociale, le respect dû à la possession, et le préjugé qui en résulte, conduisent également à cette conclusion. Aussi Beaumanoir appliquait-il la maxime *spoliatus ante omnia restituendus* quelle que fût la possession, bonne ou mauvaise, grande ou petite. Quelque vicieuse, dit Pothier *(de la Possession*, n° 114), que soit la possession dont quelqu'un a été dépossédé par violence, fût-ce une possession qu'il eût lui-même acquise par violence, il est reçu à intenter l'action en réintégrande contre un tiers qui l'en a dépouillé. Cass. 20 nov. 1819; 28 déc. 1826; Henrion, ch. 52; Favard, v° *Réintégrande*, sect. 2., n° 47. — *Contrà*, Toullier, 11, 178; Merlin, *Quest. dr.*, v° *Fermier*. V. — sup. n° 41; *inf.* 128.

§ **4.** — *Personnes qui peuvent intenter les actions possessoires ou y défendre.*

**120.** Les actions possessoires ne peuvent, en général, être exercées que par ceux qui ont la possession civile ou saisine, soit par eux-mêmes, soit par des tiers possédant pour eux et en leur nom.

**121.** Ainsi sont non recevables à agir au possessoire : —1° le dépositaire ou séquestre; —2° l'emprunteur; —3° le fermier ou locataire; —4° l'antichrésiste : son droit n'est pas réel, il peut seulement se faire payer sur les fruits de l'immeuble; en un mot, tous les détenteurs à titre précaire.

**122.** Le fermier, lors même qu'il est troublé dans l'exercice d'un droit nécessaire à son exploitation, ne peut intenter l'action possessoire; il a seulement une action en dommages-intérêts contre l'auteur de ce trouble, et une action en indemnité contre le propriétaire pour défaut de jouissance. Il n'est qu'un simple détenteur; c'est le propriétaire qui possède par sa personne. Cass. 5 pluv. an 11, S. 3,275; 7 sept. 1808, S. 8, 555; 16 mai 1820, S. 20, 430; 17 avr. 1827, S. 27,456; 10 mai 1829; Favard, v° *Complainte*, ch. 40, sect. 1re, § 3, n° 1, sect. 3, n° 7; Merlin, *Servitude*, § 35, n° 3; Carré, art. 23; Henrion, ch. 40; Guichard, 368; Poncet, n°s 62 et 114. — *Contrà*, Berriat, 114.

Toutefois, le propriétaire peut régulariser l'action en complainte intentée par son fermier, en intervenant dans l'instance. Cass. 8 juill. 1819, S. 20, 165.

**123.** Il en est autrement, 1° de l'emphytéote : il a un droit réel qui tient de celui de propriété; — 2° de l'usufruitier, relativement à l'usufruit; bien qu'il ne soit pas propriétaire du fonds, il l'est de son usufruit. Cass. 6 mars 1822, S. 22, 298; Pothier, *Possession*, n° 100; Proudhon, *Usufruit*, 1, 24; Favard, v° *Complainte*, sect. 1re, § 3, n° 3; Henrion, ch. 40. — L'un et l'autre peuvent exercer la complainte contre le propriétaire lui-même. Cass. 26 juin 1822, S. 22, 362; Duranton, 4, 502; Toullier, 3, n° 393; Proudhon, 2, 751; Garnier, 506.

**124.** Le propriétaire et l'usufruitier peuvent agir isolément par suite du trouble apporté à leur possession ; ils ont chacun un intérêt distinct à le faire réparer, et ces deux actions ne se confondent pas, puisqu'il s'agit d'une part de la possession de l'usufruit, et d'autre part de la nue propriété.

En cas de simultanéité d'action, il n'y a pas lieu de mettre le propriétaire hors de cause, sous prétexte que l'usufruitier a plus d'intérêt à conserver la possession. — *Contrà*, Poncet, n°s 79, 80.

L'arrêt de Cass. du 6 mars 1822 (D. 238), qui décide que le nu propriétaire ne peut exercer de son chef l'action possessoire s'il n'a possédé pendant un an au moins depuis la cessation de l'usufruit, ne s'applique qu'à l'action ayant pour objet la *maintenue dans le droit d'usufruit ;* dans ce cas, en effet, le propriétaire agirait sans qualité.— *Contrà*, Augier, 85. — Il en est autrement quand il agit pour être maintenu dans la possession de son droit de nue propriété.

Les droits de l'usufruitier et du nu-propriétaire étant distincts, celui-ci ne peut contraindre le premier à intenter l'action possessoire. Garnier, 302.

Il n'est pas nécessaire pour qu'elle soit exercée par l'usufruitier, qu'il ait fait dresser un état des immeubles et fourni caution. Garnier, 306.

**125.** L'action possessoire est-elle admissible entre copropriétaires et communistes ?—Il faut distinguer : lorsque la communauté est reconnue, l'action est non recevable, la possession ne pouvant être considérée que comme abusive et précaire. Mais si l'un des communistes fait acte de possession exclusive, l'action est donnée aux autres communistes contre lui, pour conserver leur possession et prévenir son usurpation. Cass. 10 nov. 1842; S. 13, 149; 27 juin 1827, S. 27, 134; 19 nov. 1828, S. 29, 109.

Le possesseur par indivis peut agir seul au possessoire contre l'auteur du trouble apporté à la possession de la chose commune. Carré, *Just. de paix*, 2, 422.

**126.** Chaque habitant d'une commune ayant un droit personnel à la jouissance des biens communaux, peut également agir au possessoire, soit contre un tiers, soit contre la commune qui l'aurait troublé dans un droit qu'il prétend lui appartenir. Cass. 2 fév., 7 juin 1820, S. 20, 244, 265. Carré, *ib.* 317.

Surtout s'il a possédé *exclusivement ;* dans ce cas, sa possession serait de nature à fonder une prescription. Cass. 1er avr. 1806, S. 6, 273.

**127.** Mais lorsqu'en vertu d'un règlement local les habitans d'une ville ont droit de jouir d'une chose tant qu'ils résideront dans l'enceinte de la ville, celui qui a été privé de ce droit par défaut de résidence, n'a pas l'action possessoire pour se faire maintenir dans la jouissance. Cette demande ne pouvant être motivée sur la possession, mais seulement sur le fait de la résidence, constitue une action personnelle ordinaire. Cass. 7 juin 1820, D. 20, 474.

**128.** Toutefois ces principes ne s'appliquent pas à la *réintégrande*, la possession civile n'étant pas nécessaire pour lui donner ouverture ( — V. *sup.* n° 119). — Et tout possesseur de fait, tel que le fermier et l'antichrésiste, peut l'intenter lorsqu'il a été dépossédé violemment ou avec voies de fait. Cass. 10 nov. 1819, S. 20, 209 ; 16 mai 1820, S. 20, 450 ; Henrion, ch. 52; Guichard, 249, 424 ; Favard, 609 ; Garnier, 557. — *Contrà*, Pothier, *possession*, n° 115 ; Carré, *Just. de paix*, 2, 408 ; Arg. Cass. 28 déc. 1826 (Art. 11 J. Pr.).

**129.** L'exercice de l'action possessoire n'est qu'un acte d'administration ; elle peut donc être intentée par un administrateur, sans qu'il ait besoin d'autorisation. — Spécialement : 1° par le mari, pour les biens de la communauté (C. civ. 1421), et pour les biens de la femme ( *ib.* 1428, 1549). — Mais la femme séparée de biens administre ses immeubles et exerce l'action possessoire avec l'autorisation maritale ou de justice ; il en est de même pour les biens paraphernaux. *Ib.* 1536, 1549, 1576. Pothier, *contrat de mariage*, n° 97. — La procuration donnée à la femme par le mari, d'administrer les biens de celui-ci, l'autorise à former les actions possessoires relatives à ces mêmes biens. Cass. 13 therm. an 7.

2° Par le tuteur ; — sans qu'il soit besoin d'obtenir l'autorisation du conseil de famille : l'exercice de la complainte n'est qu'un acte d'administration. Arg. C. civ. 1428. — *Contrà*, Carré, 2, 429.

Les maires et les administrateurs d'établissemens publics ont-ils besoin d'une autorisation ? — V. *Commune, Établissemens publics.*

S'il s'agit des biens de l'Etat, c'est aux préfets à intenter les actions possessoires et à y défendre avec l'autorisation des conseils de préfecture. L. 5 nov. 1790, art. 14, tit. 3.

Le débiteur saisi, bien qu'il ne puisse plus disposer de ses immeubles, peut néanmoins former l'action possessoire et y défendre. Les créanciers ont le même droit. Vaudoré, *Droit rural*, 2, n° 418, 38.

**150.** L'action doit être dirigée contre la personne qui prétend à la possession ou qui a le droit d'en profiter, dans le cas où elle cesserait d'appartenir au demandeur. Ainsi la complainte pour trouble causé par un maire, un locataire, un fermier, est formée contre la commune ou le propriétaire. Cass. 10 janv. 1827, S. 27, 284.

Toutefois, le fermier peut être actionné par voie de com-

plainte, et il n'est en droit de demander sa mise hors de cause
que lorsqu'il a appelé son propriétaire dans l'instance. (Arg. C.
civ. 1727) ; seulement le bailleur pourra attaquer par voie de
tierce-opposition le jugement rendu contre son fermier. Cass.
19 nov. 1828 , S. 29, 110. — La sentence de maintenue est
rendue seulement contre le fermier, si le propriétaire refuse de
prendre son fait et cause, à moins que la jouissance du fermier
n'ait eu lieu qu'aux termes de son bail ; dans ce cas, en effet, le
fermier peut être considéré comme le représentant du propriétaire.

Jugé de même que l'auteur du trouble doit être condamné
personnellement au rétablissement des choses dans leur ancien
état, bien qu'il prétende n'avoir agi qu'en qualité d'ouvrier et
de l'ordre du voisin dans l'intérêt duquel ce trouble a eu lieu,
s'il n'a pas appelé ce tiers en garantie. C. civ. 1384. Cass. 15
juill. 1834, D. 34, 452.

**131.** Si le droit dans la possession duquel on est troublé est
divisible comme un droit de passage, le demandeur en complainte n'est pas tenu de mettre en cause tous les copro prié-
taires du fonds servant, surtout lorsque l'opposition à l'exercice de son droit ne provient que du fait de l'un des copro prié-
taires. Rennes, 7 juin 1816.

### § 5. — *Tribunal compétent.*

**132.** Toutes les actions possessoires sont de la compétence des
juges de paix. L. 24 août 1790, tit. 3, art. 10. — Et surtout
l'art. 6. L. 25 mai 1838 ( Art. 1166 J. Pr. ) ; — Même celles
qui s'élèvent en matière de contentieux administratif. La connaissance du fond seulement est réservée à l'autorité administrative. Décr. 24 mars 1806 ; Cass. 15 prair. an 12, P. 4, 25 ; Berriat, 50, n° 43 ; Merlin, *Rép.* 2, 670, v° *Complainte*; Guichard, 359.

A plus forte raison lorsqu'une même affaire présente une question de grande voirie et une question de trouble à la possession
d'un passage, le juge de paix connaît de ce dernier objet. Av.
Cons. d'Etat, 30 sept. 1814.

Si le défendeur appelle en garantie le maire de sa commune,
qui prend fait et cause pour lui, et demande un sursis pour
faire autoriser la commune à plaider sur la propriété du champ
litigieux, le juge de paix ne pouvant statuer sur l'action en complainte sans prononcer en même temps sur l'exception de la
commune, il y a nécessité d'ajourner la cause indéfiniment. Cass.
18 janv. 1832.

Du reste. l'autorisation donnée ou refusée par l'administration, pour l'établissement du travail qui donne lieu à la complainte, ne change rien à la compétence du juge de paix. Cass.
14 août 1832, D. 32, 347.

**133.** Lorsque sur l'action possessoire il s'élève une question relative à l'interprétation d'un acte administratif, le juge de paix ne doit pas se déclarer incompétent d'une manière absolue, mais bien surseoir et renvoyer la question préjudicielle à l'autorité administrative. Cass. 3 nov. 1824, S. 25, 62 ; 11 mai 1831, D. 31, 192 ; 31 juill. 1832, D. 32, 398. — V: *inf.* n° 163.

De même si, sur l'action possessoire au sujet d'un chemin, un conflit est élevé par le préfet, et un sursis prononcé, le juge de paix peut connaître de l'action possessoire après le renvoi par l'autorité administrative, devant les trib., pour faire statuer sur le bornage et la largeur du chemin. Cass. 11 juin 1827, D. 27, 267.

Le conflit ne peut être élevé par le préfet devant le juge de paix, mais seulement sur l'appel devant le tribunal civil. C'est seulement alors que l'on remplit les formalités prescrites par l'ordonn. du 1er juin 1828. Ordonn. du Cons. d'Etat 5 sept. 1836 (Art. 971 J. Pr.).

**134.** Si le trouble dont on se plaint n'est que l'exécution d'un ordre administratif intimé au défendeur, le juge de paix est incompétent. Cons. d'Etat 22 nov. 1826; Cass. 13 flor. an 9, D. 3, 185 ; 7 juin 1836 (Art. 648 J. Pr.).

Cependant le trouble antérieur à l'arrêté administratif peut donner lieu à une action en dommages-intérêts dont le juge de paix devra connaître. Cass. 22 mars 1837 (Art. 900 J. Pr.).

Jugé aussi que l'acte administratif qui déclare un chemin vicinal, ne fait pas obstacle à ce qu'il soit statué au possessoire à raison du trouble prétendu par un riverain : il a intérêt à ce que sa possession et sa propriété soient reconnues, afin de réclamer l'indemnité à laquelle il a droit. Cass. 26 fév. 1835, D. 35, 144.

**135.** Sous l'ordonn. de 1667 la réintégrande pouvait, au choix du demandeur, être intentée soit au civil, soit au criminel ; mais aujourd'hui elle ne peut plus être portée en qualité d'action possessoire que devant le juge de paix de la situation de l'immeuble. Av. Cons. d'Etat 4 fév. 1812 ; Cass. 8 janv. 1813, S. 27, 75 ; 1er mai 1828, Merlin, *Quest.*, v° *Voie de fait*, § 1er ; Favard, v° *Complainte*, sect. 2, n° 5 ; Garnier, p. 346.— *Contrà*, Henrion, ch. 52 ; Berriat, 116.

**136.** Si l'usurpation de possession constitue un délit ; par exemple, s'il s'agit d'une destruction de récoltes, d'un déplacement de limites, ou d'une autre atteinte à la propriété, punie par le C. pén. (art. 444 et suiv.), la partie lésée peut se pourvoir en dommages-intérêts devant le trib. correctionnel ; mais après le jugement, si la partie condamnée veut rester en possession, le demandeur n'obtient sa réintégration que devant le juge de paix.

**137.** Ce magistrat ne saurait donc refuser de juger, sous prétexte que le fait dont se plaint le demandeur constitue un délit :

la partie lésée est libre de choisir la voie qu'elle préfère. Cass.
28 déc. 1826. — Seulement, si le trib. criminel est saisi, l'instance devant le juge de paix doit demeurer suspendue jusqu'à
ce qu'il ait prononcé. C. inst. crim. 3. — Réciproquement on
ne peut, pendant l'instance au possessoire, intenter une action
correctionnelle. Cass. 9 mai 1828, S. 28, 331.

Mais l'action possessoire n'est plus recevable lorsque le trib.
correctionnel a sursis à prononcer jusqu'à ce que les parties
aient fait juger devant les trib. civils la question préjudicielle
de propriété. Cass. 18 août 1823, S. 24, 811.

**138.** Doivent être portées devant le juge de paix les actions
possessoires formées, 1° entre les propriétaires indivis d'un terrain communal : la loi du 9 vent. an 4, qui soumettait ces actions à des arbitres forcés, est abrogée. Cass. 10 nov. 1812, S.
13, 149 ; — 2° contre les communes. Ordonn. 11 janv. 1826,
D. 27, 23. (Surtout si le demandeur nie que le terrain soit communal). Cass. 19 janv. 1831, D. 31, 122 ; — 3° contre l'acquéreur d'un domaine national, qui prend possession d'un terrain
qu'il prétend compris dans son adjudication. Cass. 24 mars
1806, S. 7, 792 ; 25 janv. 1807, D. A., 3, 224 ; 11 mai 1831,
D. 31, 192 ; — 4° par cet acquéreur troublé dans sa possession
annale. Cass. 28 août 1810, D., v° *Acte poss.*, p. 136.

On ne doit recourir à l'autorité administrative que lorsqu'il
s'élève des difficultés sur le fonds du droit. *Même arrêt.*

Jugé toutefois que l'action en complainte a pu être compé-
tamment jugée par le trib. de 1re inst., et en appel devant la
Cour roy., mais dans une espèce où le demandeur en cassation
était celui-là même qui avait saisi le trib. Cass. 12 fév. 1834,
S. 34, 190.

**139.** *Quid*, si les difficultés sur le possessoire s'élèvent pendant une instance au pétitoire ? — En faveur de la compétence
du trib. civil on dit : le trouble pendant le procès au pétitoire
est une atteinte à l'autorité saisie de la contestation ; lui seul
doit donc connaître de l'action pour trouble. D'ailleurs, il est
contraire aux règles de l'ordre judiciaire de soumettre à deux
trib. deux procès pour le même objet. — Mais on répond qu'on
ne peut assimiler une action possessoire à un incident. Elle constitue une demande distincte qui doit être décidée par d'autres
principes que la première. — On ajoute que le trib., dans le
système contraire, cumulerait le pétitoire et le possessoire s'il
statuait en même temps sur les deux chefs ; ou s'il prononçait
séparément, qu'il enlèverait la connaissance du possessoire à la
juridiction spéciale appelée par la loi à la juger. Cass. 7 août
1817, S. 18, 400 ; 14 août 1819, S. 20, 112 ; 28 juin 1825,
30 mars 1830, S. 30, 520 ; 17 avr. et 24 juill. 1837 (Art. 966,

967 J. Pr.); Carré, *Just. de paix*, 2, 466; Poncet, *Actions*, 158 et 155. — *Contrà*, Henrion, ch. 54; Guichard, 301.

140. Ainsi le juge de paix est seul compétent, 1° pour statuer sur des conclusions prises pendant une instance au pétitoire, et tendant à être maintenu, dans l'intervalle, [en possession de l'immeuble litigieux. C'est une véritable action possessoire : le trib. civil ne peut prononcer sur ces conclusions sans cumuler le pétitoire et le possessoire.

Le jugement qui statue sur cette possession n'est pas simplement préparatoire; il est définitif sur la demande en possession provisoire, et peut dès lors être attaqué par voie de cassation avant le jugement sur le pétitoire. Cass. 4 août 1819, D., v° *Act. poss.* 279; Carré, *Just. de paix*, 2, 491, n° 89; Guichard, 299.

141. 2° Pour connaître de l'action en suspension des travaux tendant à obstruer des jours, pendant une instance engagée au pétitoire, à fin de suppression de ces jours. Cass. 28 juin 1825, S. 26, 238.

142. Réciproquement, lorsque devant le juge de paix saisi d'une action possessoire, il s'élève un litige sur la propriété, ce juge ne cesse pas pour cela d'être compétent; seulement il doit se borner à statuer sur le possessoire. Cass. 23 fév. 1814, 10 juin 1816, S. 14, 199-17, 51; 30 nov. 1818, S. 19, 206; 9 fév. 1820, D., v° *Act. poss.*, 269.

143. Le juge de paix statue, en premier ressort seulement, sur l'action en complainte, lors même que les dommages demandés à raison du trouble n'excèdent pas 100 fr. Le doute naît de l'art. 10, tit. 3, L. 24 août 1790, portant que les actions possessoires sont jugées en dernier ressort, lorsqu'il s'agit d'une valeur inférieure à 50 fr. Mais la complainte comprend, outre les dommages-intérêts, la possession qui est une chose indéterminée, et qui souvent équivaut à la propriété elle-même. Cass. 14 mess. an 11, 24 prair. an 12, 25 mai 1813, 22 mai 1822, 11 avr. 1825, 14 fév. 1826, S. 3, 344-7, 781-13, 313-22, 375-26, 144-27, 154; 11 avr. 1827, S. 27, 91; Boitard, 2, 480. — *Contrà*, 2 therm., 23 fruct. an 12, 19 therm. an 13, 6 oct. 1807, 28 oct. 1808, 13 nov. 1811, 1er juill. 1812, S. 5, 155-7, 781-20, 456-12, 354; 13 août 1817. — V. d'ailleurs L. 25 mai 1838.

Peu importe que le défendeur ne conteste pas la possession : le demandeur n'en réclame pas moins la maintenue en possession, et ce sont ses conclusions qui déterminent la compétence du trib. Cass. 11 avr. 1827, S. 27, 394.

144. Mais le jugement serait-il rendu en dernier ressort, si le complaignant avait seulement demandé ou sa maintenue en possession ou une somme moindre de 100 fr.? Nous ne le pensons pas, quand bien même le juge aurait alloué les dommages-

intérêts, la compétence devant être déterminée par les conclusions qui étaient relatives à la possession.

**145.** Cette règle s'applique à la dénonciation de nouvel œuvre comme à la complainte. Seulement la demande en dénonciation de nouvel œuvre étant nécessairement indéterminée à cause de la suspension des ouvrages, réclamée par le plaignant, ne peut jamais être jugée en dernier ressort par le juge de paix.

**146.** En matière de réintégrande, le juge de paix statue-t-il en dernier ressort quand les dommages-intérêts sont inférieurs à 100 fr.? Pour l'affirmative on dit : la réintégrande n'ayant pas pour objet de faire statuer définitivement sur la possession, (— V. sup. n° 45) et n'ayant d'autre importance que la condamnation aux dommages-intérêts, c'est la quotité de la somme réclamée qui seule fixe la compétence du juge de paix : le jugement est donc rendu en dernier ressort, si la demande ne dépasse pas 100 fr. Arg. 31 juill. 1828, S. 29, 61. Mais on répond que les avantages qui résultent de la possession sont, dans la réintégrande comme dans la complainte, d'une valeur indéterminée. Cass. 5 mars 1828, D. 28, 163.

L'arrêt de cass., du 15 déc. 1824, S. 25, 215, qui décide qu'il n'y a pas lieu à l'appel, statue dans une espèce où il s'agissait d'une demande en dommages-intérêts, sans qu'il y eût instance au possessoire.

— V. d'ailleurs L. du 25 mai 1838.

**147.** Les actions possessoires étant réelles doivent être portées devant le juge de la situation de l'objet litigieux. C. pr. 3, 59; Berriat, 1, 115, note 31; Henrion, ch. 18.

### § 6. — *Instruction et jugement des actions possessoires.*

#### Art. 1er. — *Instruction.*

**148.** L'action possessoire se forme par citation.

L'*exploit* (— V. ce mot) est remis par l'huissier de la justice de paix, du domicile du défendeur (C. pr. 4), ou, quelquefois, en cas de dénonciation de nouvel œuvre, du lieu des travaux. — V. *inf.* n° 153.

**149.** A Rome, la dénonciation de nouvel œuvre avait lieu : soit par la parole du dénonciateur, soit par autorité du préteur, soit même par signe, en jetant une petite pierre sur le terrain. — En France, depuis le 15e siècle, on n'admet plus que la dénonciation par autorité du juge. Les parties étant ouïes par-devant lui, il ordonne si la dénonciation tiendra ou si les travaux commencés seront continué. Charondas, *Commune rurale*, liv. 2, tit. 32; Henrion, ch. 38.

**150.** La dénonciation de nouvel œuvre est précédée d'une sommation faite à l'auteur des travaux.

151. Cette sommation, même non suivie d'une ordonnance du juge, prolonge le délai pour agir au possessoire, — et, constituant le défendeur en demeure, le rend passible de dommages-intérêts plus considérables lorsque, plus tard, la demande se trouve juste et bien vérifiée. Cass. 11 juill. 1820.

Mais elle n'emporte pas par elle-même défense de continuer les travaux, comme si cette prohibition avait été prononcée par le juge. *Même arrêt.*

152. A Rome, la dénonciation de nouvel œuvre devait être faite en présence de l'œuvre même; s'il y avait des travaux commencés en plusieurs endroits, il fallait plusieurs significations. Il n'était pas nécessaire qu'elle fût faite au propriétaire lui-même, elle était valablement signifiée aux personnes qui se trouvaient sur les lieux, aux serviteurs du propriétaire, ou même aux ouvriers employés au nouvel œuvre.

153. Aujourd'hui la suspension des travaux ne pouvant être ordonnée que par le juge, il convient d'appeler le propriétaire du fonds par citation à personne ou domicile.

Toutefois, s'il ne se trouvait pas sur les lieux, et que son domicile fût trop éloigné, l'ordonnance du juge pourrait être rendue sur la sommation faite aux personnes par lui préposées au nouvel œuvre.

Mais dans le cas de continuation des travaux après l'ordonnance du juge qui les prohibe, on ne peut obtenir de jugement que sur citation régulière.

Seulement le juge de paix a le droit de permettre de citer le défendeur à bref délai, même à jour et heure indiqués. C. pr. 6.

Mais une seule citation suffit, bien que les travaux dénoncés aient lieu dans plusieurs endroits différens.

154. C'est au demandeur à prouver la possession et le trouble de son adversaire. — S'il n'établit pas que sa possession est annale et a cessé depuis moins d'un an, son action ne pouvant être fondée que sur un droit de propriété, devient pétitoire. Cass. 6 avr. 1824, S. 24, 281.

La possession du demandeur une fois justifiée ou reconnue, c'est au défendeur à prouver qu'elle est précaire : on est présumé posséder à titre de propriétaire.

Toutefois, si la possession du demandeur a commencé par être précaire, c'est à lui à prouver l'interversion.—V. *sup.* n° 95.

155. La preuve se fait tant par titres que par témoins.

On produit des baux, des actes de vente de récoltes, des cotes et quittances de contributions, des extraits de cadastre, etc.

156. Parmi les actes de jouissance, ceux-là doivent l'emporter, qui sont en plus grand nombre et le plus appropriés à la destination de la chose qui en est l'objet.

Le fait de la moisson prouve plus la possession que celui de

la culture ; — le fait d'avoir coupé l'herbe d'un pré que celui
d'y avoir fait paître des bestiaux, à moins qu'il ne s'agisse de la
possession non d'un pré, mais d'un pâturage. Merlin, Rép.,
v° *Complainte*.

La propriété d'un canal fait de main d'homme entraîne la
présomption de propriété des francs-bords ; le riverain qui a
planté et abattu des arbres sur ces francs-bords est présumé
faire des actes de tolérance. Paris, 12 fév. 1830.

**157.** Si la possession ou le trouble *sont déniés*, le juge ordonne une enquête. C. pr. 24.

**158.** On a conclu de ces mots : *si les faits sont déniés*, que si
le défendeur ne comparaît pas, il n'y a pas lieu à ordonner l'enquête, et que les conclusions du demandeur doivent lui être
adjugées. Mais ce serait une exception au principe consacré par
l'art. 150 C. pr., qui exige que le juge vérifie les conclusions
du demandeur avant de lui adjuger le profit du défaut, et
l'art. 24 n'est pas assez formel pour en tirer cette conséquence ;
il vaut mieux concilier ces deux articles, et dire que ces mots *si
les faits sont déniés* ne s'appliquent qu'au cas où l'affaire est contradictoire, parce qu'alors le défendeur qui ne dénie point les faits
les reconnaît tacitement, tandis que le défendeur qui ne comparaît pas est censé s'en rapporter à la justice qui n'en doit pas
moins examiner l'affaire. Garnier, 362 ; Favard, v° *Complainte*.
— *Contrà*, Augier, 4, 102 ; Carré, 1, 48.

**159.** Toutefois, si le juge de paix se trouve suffisamment
éclairé sur la possession, il n'est pas tenu d'ordonner une enquête : on a voulu induire le contraire de ces mots : l'enquête
*sera ordonnée*; mais il est évident que le législateur n'a point
entendu prescrire une procédure frustratoire. Cass. 25 juill.
1826, D. 26, 413 ; 28 juin 1830, D. 30, 366 ; 22 mai 1833,
D. 33, 218.

Il n'est pas tenu surtout d'ordonner la preuve de la possession exclusive du demandeur, lorsque celui-ci n'offre pas d'en
justifier, et que son adversaire prouve au contraire la sienne.
Cass. 31 août 1831, D. 31, 322.

Le jugement du juge de paix précise suffisamment ce qui est
à prouver quand il admet à la preuve d'une possession annale.
Cass. 7 janv. 1829 ; D. 29, 97.

**160.** L'enquête ne peut jamais porter sur le fond du droit;
elle n'a lieu que sur les faits de possession. — En conséquence,
le juge de paix ne saurait ordonner, qu'avant faire droit, le défendeur prouvera que le demandeur n'est pas propriétaire, et
qu'il n'exerce qu'un droit d'usage. Cass. 18 juin 1816, S. 17,
11 ; Favard, v° *Complainte*, sect. 1re, § 5, n°s 5 et 10.

Mais il pourrait ordonner une expertise pour vérifier si les
eaux litigieuses sont simplement pluviales, ces eaux n'étant pas

susceptibles d'une possession exclusive. Cass. 21 juill. 1825, D. 25, 366.

**161.** Lorsque l'action possessoire doit être fondée sur un titre (—V. *sup.* n° 77), le juge de paix a évidemment le droit d'exiger la représentation de ce titre et d'en apprécier le contenu. Cass. 10 mai 1813 et 17 mai 1820, D., v° *Act. poss.* 259.

Il ne peut statuer définitivement sur sa validité; mais il peut en ordonner l'exécution sous le rapport de la possession, en réservant les droits des parties au fond. Cass. 6 juill. 1812, D. p. 260.

**162.** Le juge de paix a également le droit, dans tous les cas où les faits de possession sont douteux, d'apprécier les titres de propriété des parties, sous le rapport de la possession, pour savoir si cette possession est précaire et de tolérance. Cass. 12 fruct. an 10, 24 juill. 1810, 23 avr. 1812, 21 déc. 1820, 26 janv. et 19 avr. 1825, 31 juill. 1828, S. 2, 428-10, 334-11, 287 et 342-21, 135-29, 61 ; Henrion, ch. 21 ; Merlin, *Quest.*, v° *Complainte.* — Tel serait le cas où il s'agirait de la possession annale d'un cours d'eau destiné à alimenter une usine. S'il y a titre d'acquisition, le défendeur ne serait pas fondé à prétendre que ce cours d'eau n'est pas susceptible d'une possession exclusive. Cass. 7 janv. 1829, D. 29, 99 et 28 juin 1830, D. 30, 360.

Il en est de même, lorsqu'il s'agit de déterminer si le possesseur a possédé pour lui-même ou au nom d'un tiers ; — lorsque l'une des parties, pour établir sa jouissance annale, se prétend en droit de joindre à sa propre possession celle du précédent possesseur. (Henrion, ch. 51) ;— lorsqu'il y a concours entre deux acquéreurs dont aucun n'a la possession annale : le juge de paix doit donner la préférence à celui dont le titre a le premier acquis une date certaine. Cass. 16 janv. 1821, S. 21, 142.

Il suffit que le titre ait été consenti par une personne capable et qu'il soit en due forme, pour que le juge de paix en fasse résulter la transmission de possession, peu importe qu'il fût sujet à rescision. Il en serait autrement s'il était nul de plein droit. Toullier, 7, 623 ; Carré, 1, 45. — V. *sup*, n° 94.

**163.** Peu importe que le titre qu'il s'agit d'apprécier quant à la possession, soit émané de l'autorité administrative ; la compétence du juge de paix embrasse toutes les actions possessoires, quelle que soit la nature des biens à l'occasion desquels elles sont intentées. Cass. 28 août 1810, S. 14, 61.

Si les parties ne s'accordent pas sur l'interprétation de l'acte, le juge de paix renvoie devant l'autorité administrative.—V *sup*. n° 133.

**164.** Mais le juge de paix saisi d'une demande en complainte de la part d'un propriétaire de bois contre de prétendus usagers, ne peut examiner que le fait de la possession annale, sans consulter les titres qui autoriseraient l'usager à exercer son droit d'usage, nonobstant la possession annale du propriétaire. Cass. 26 fév. 1824, S. 24, 92.

**165.** *Garantie.* Il n'y a jamais lieu à garantie en matière de réintégrande. C. civ. 1725, 1726, 1727.

**166.** En général, la garantie n'a pas lieu en matière possessoire; il ne s'agit que d'un simple fait dont la garantie ne peut être due par celui qui est garant du fonds du droit. Mais ce principe souffre exception : 1° en faveur du fermier, qui est même tenu, sous les peines de droit, de mettre en cause le propriétaire; 2° en faveur de l'acquéreur, pendant l'année de son acquisition : il est présumé avoir dû compter sur la possession de son vendeur ; 3° enfin en faveur de l'acquéreur, lorsqu'il est poursuivi pour le trouble ou la voie de fait de son vendeur. Cass. 11 janv. 1809, S. 9, 95 ; Duparc-Poullain, t. 8, p. 91 ; Henrion, ch. 41.

**167.** Dans ces divers cas, le juge de paix saisi de l'action possessoire connaît aussi de l'action en garantie ; elle n'est qu'un accessoire de l'instance principale. *Même arrêt.*

**168.** *Intervention.* La possession civile peut appartenir à un tiers ; ce dernier a le droit de prendre part au débat et d'agir par voie d'*intervention*: il serait non recevable à former une demande principale. *Complainte sur complainte ne vaut.* Berriat, p. 116, note 4 ; Henrion, ch. 47; Favard, v° *Complainte*, sect. 1, § 5, n° 9.

S'il n'a pas intenté sa demande avant le jugement, il peut former une complainte contre la partie qui obtient gain de cause. Carré, *Just. de paix*, 2, 450.

**169.** Ces mots *complainte sur complainte ne vaut* ont aussi cet autre sens, que celui qui, après avoir succombé au possessoire, a joui depuis un an et jour, ne peut plus demander à être maintenu dans cette possession qui n'est que précaire.—V. *sup.* n° 99.

### Art. 2. — *Jugement.*

**170.** Au jour indiqué pour l'audience, si le demandeur ne comparaît pas, le juge prononce un défaut-congé contre lui, et le défendeur, sans fournir aucune preuve, est laissé en possession. Favard, v° *Complainte*, § 5, n° 11.

Le défendeur fait-il défaut, les conclusions du demandeur ne lui sont adjugées qu'autant qu'elles paraissent justes et bien vérifiées. Arg. C. proc. 150; Favard, *ib.*, § 5, n° 11. — *Contrà*, Carré, art. 24. — V. *sup.* n° 158.

**171.** *Complainte.* Si la possession est suffisamment prouvée par l'une des parties, elle est maintenue en possession, et défenses sont faites à son adversaire de la troubler.

**172.** Lorsque la possession n'est prouvée par aucune des parties, le juge doit absoudre le défendeur. *Actor non probante reus absolvitur.* Carré, art. 24.

Toutefois, il peut, sans attribuer formellement la possession au défendeur qui ne justifie que d'une possession non paisible, se borner à rejeter l'action en maintenue du demandeur, faute par celui-ci d'établir sa possession. Cass. 23 juill. 1834, D. 34, 400.

**173.** *Quid*, si les deux parties prétendent réciproquement avoir la possession annale, et que le défendeur se porte reconventionnellement demandeur? Le juge *peut* ordonner le séquestre et renvoyer les parties à procéder au pétitoire : l'art. 1961 qui autorise le séquestre ne fait aucune distinction entre les trib. ordinaires et d'exception. Poitiers, 29 janv. 1813, S. 13, 218; Arg. 17 mars 1819, D. 19, 243; Carré, *ib.*; Merlin, Rép., v° *Complainte.*— *Contrà*, Garnier, 70 ; — ou les maintenir dans la possession respective du terrain contentieux. Cass. 28 avr. 1813, S. 13, 392; 14 nov. 1832, D. 33, 5.

Jugé aussi que lorsque les deux parties font également preuve d'actes de possession, le juge de paix peut accorder la maintenue à celle qui justifie le mieux de son droit de *propriété.* Cass. 19 juill. 1830, D. 33, 274; Henrion, ch. 51. — Il serait plus prudent de maintenir les parties dans leur possession respective de l'immeuble.

**174.** L'ancienne *recréance* est-elle encore admise? En d'autres termes, lorsqu'il existe en faveur de l'une des parties une notoriété plus imposante, des faits plus vraisemblables, le juge peut-il accorder *à cette partie* la possession provisoire en renvoyant au pétitoire?

Pour la négative, on invoque le silence du Code sur la recréance, l'abrogation des anciens usages en matière de procédure par l'art. 1041 C. pr., d'autant plus que dans l'espèce il s'agit d'attribuer aux juges de paix, juges d'exception, un pouvoir que les anciens usages n'accordaient qu'à la juridiction ordinaire. On insiste sur la maxime *actore non probante absolvitur reus*, sur l'injustice qu'il y aurait à attribuer une possession exclusive à l'une des parties quand elle n'a eu qu'une possession commune, sur les avantages du séquestre, qui, sans léser l'intérêt d'une partie au préjudice de l'autre, ne préjuge rien sur la question de propriété. Chauveau, 43, p. 630; Augier, p. 74; Garnier, p. 69.

Toutefois, nous adoptons l'affirmative avec l'ancienne jurisprudence, *in conflictu probationum titulata vel antiquior possessio vincit* (Dumoulin, art. 441, *Cout. Maine*), et les art. 1961 C. civ., 23 C. pr., ne sont pas contraires à cette interprétation : en effet, le premier permet au juge d'ordonner le séquestre, mais ne l'y oblige pas, et le second est muet sur la question. D'ailleurs on peut dire que la *recréance* est une espèce de séquestre

qui au lieu d'être confié à un tiers l'est à l'une des parties.
L'art. 1963 ne s'oppose pas à ce qu'il en soit ainsi. Ajoutons
que cette mesure, en épargnant des frais, est préférable à un séquestre entre les mains d'un tiers. Cass. 14 nov. 1852, S. 52,
816 ; Henrion, ch. 48.

**175.** Le juge de paix ne doit accorder la possession provisoire que lorsqu'il est dans l'impossibilité de statuer définitivement ; il n'entre pas dans l'esprit de la loi qu'il rende un
premier jugement provisoire pour prononcer ensuite sur la
possession annale. Cass. 4 août 1819, S. 19, 595; Favard,
vᵘ *Complainte*, § 5, n° 13.

**176.** Au reste, la possession provisoire accordée à l'une des
parties n'a pour effet que de lui donner le droit de jouir de
l'immeuble pendant la durée du procès au pétitoire, à la charge
d'en rendre compte à l'autre partie, si elle triomphe dans cette
instance. Elle ne dispense pas celui qui l'a obtenue de prouver
sa propriété : cet avantage n'est attribué qu'à la possession civile.
Pothier, *Possession*, n° 105.

**177.** La partie qui succombe au possessoire doit être condamnée à rendre à l'autre les fruits qu'elle a perçus et ceux
qu'elle a empêché de recueillir, sans préjudice des dommages-
intérêt, s'il y a lieu. Jousse, ordonn. 1667.

**178.** Le juge de paix peut ne pas liquider par son jugement
les restitutions et dommages-intérêts prononcés contre la partie
condamnée. S'il manque des élémens nécessaires pour opérer
cette liquidation, il ordonne qu'elle sera faite ultérieurement
(Arg. C. pr. 27). Les juges de paix, il est vrai, ne sont pas
compétens pour connaître de l'exécution de leurs décisions;
mais dans l'espèce il s'agit plutôt de compléter le jugement que
de l'exécuter.

Il n'est pas non plus nécessaire que le jugement établisse la
preuve du préjudice souffert, en condamnant à des dommages-
intérêts. Le fait seul de l'usurpation l'établit suffisamment.
Cass. 21 avr. 1834. D. 54, 214.

**179.** *Dénonciation de nouvel œuvre.* Le juge de paix peut-il,
en statuant sur la dénonciation de nouvel œuvre, ordonner la
suppression des travaux commencés? Ou doit-il se borner à
prescrire que ces travaux seront suspendus jusqu'au jugement
à rendre sur l'action pétitoire ? — V. *sup.* n° 30.

**180.** *Réintégrande.* Le jugement qui ordonne la réintégrande du possesseur dépouillé condamne en même temps l'auteur de la spoliation à restituer toutes les choses qui se trouvaient sur l'héritage au moment où il s'en est emparé, sans
préjudice des dommages-intérêts. Le spolié peut être cru jusqu'à concurrence d'une certaine somme, dans sa déclaration

sous serment sur l'existence de ces choses. Favard, n° 10 ; Pothier, n° 131.

Le spoliateur doit rembourser le prix de l'héritage spolié et des choses qu'il renfermait encore, bien qu'elles aient péri ou aient été perdues même sans sa faute. Arg. C. civ. 1302, *in fine* Il était en demeure de les restituer par le seul fait de la spoliation. Pothier, n°ˢ 127 et suiv.

La destruction des travaux dont l'établissement a donné lieu à la complainte ou à la réintégrande étant le seul moyen de faire cesser le trouble ou la spoliation, elle peut être ordonnée par le juge du possessoire. Cass. 30 janv. 1837 (Art. 990 J. Pr.).

181. La contrainte par corps peut être prononcée contre le défendeur qui succombe, tant pour le délaissement que pour la restitution des fruits perçus pendant son indue possession, et le paiement des dommages-intérêts (C. civ. 2060). Vainement on tenterait d'argumenter de ce que cet article se sert du mot *propriétaire*. En effet, le possesseur est réputé propriétaire ; d'ailleurs, l'art. 2060 n'aurait plus aucun sens si on l'entendait d'une autre manière.

182. La partie qui succombe au possessoire est condamnée aux dépens.

Si le juge de paix a renvoyé les parties à se pourvoir au pétitoire, dépens réservés, et qu'aucune des parties n'élève de réclamation, le défendeur au possessoire qui succombe au pétitoire doit être condamné aux dépens des deux instances. Cass. 8 déc. 1836 (Art. 650 J. Pr.).

183. Les jugemens rendus au possessoire n'ont aucune influence sur le pétitoire. En conséquence, des faits déclarés faux par le juge du possessoire peuvent être déclarés vrais par celui du pétitoire. Cass. 17 fév. 1809, S. 9, 316 ; Carré, art. 25.

Décidé que le jugement au possessoire rendu par un juge de paix étranger suffit pour rendre certain le fait de la possession, bien qu'il ne soit pas exécutoire en France. Cass. 21 fév. 1826, D. 26, 170.

184. Les jugemens sur les actions possessoires peuvent être attaqués par les voies établies contre les jugemens ordinaires. — V. *Appel, Jugement par défaut.*

§ 7. — *Cumul du possessoire et du pétitoire. Exécution du jugement sur le possessoire.*

185. Le possessoire et le pétitoire ne peuvent jamais être cumulés (C. pr. 25). La possession affranchit le possesseur de la nécessité d'intenter l'action pétitoire, et de prouver sa propriété. Il faut donc commencer par régler le fait de la possession, pour savoir qui sera demandeur au pétitoire.

186. Non seulement il est interdit au juge de prononcer

d'office la jonction du pétitoire et du possessoire; mais une
partie ne peut ni saisir un juge de paix de l'une et de l'autre
tout à la fois par une seule assignation, ni les intenter par des
assignations séparées, l'une pour le possessoire devant le juge
de paix, l'autre pour le pétitoire devant le trib. de 1re inst.
Cette disposition a toujours été entendue ainsi dans l'ancien
droit. Pigeau, 2,477; Carré, 1, 51.

187. Conséquemment le juge du possessoire ne peut pas :
1° déclarer qu'il existe en faveur de l'une des parties une possession immémoriale. Décider qu'une partie possède une chose
depuis un temps immémorial, c'est en effet décider implicitement qu'elle en est propriétaire, puisqu'une possession de cette
nature opère la prescription de la propriété à son profit. Cass.
2 juill. 1823, S. 25, 430; 15 juill. 1829, D. 29, 402;

2° Evoquer le pétitoire sous prétexte que l'appréciation des
titres de propriété est nécessaire pour juger la question de
possession. Cass. 29 déc. 1828, D. 29, 8;

3° Faire dépendre le droit de l'une des parties de la validité
ou de la nullité des titres de l'autre. Cass. 11 août 1819, D.,
*hoc* v°, 272. — Toutefois, nous pensons que le juge de paix
pouvant examiner les titres pour savoir, lorsqu'il y a doute,
quel est, quant à la possession, le droit le plus apparent, sa
décision ne serait attaquable qu'autant que dans le dispositif
elle validerait ou annulerait un titre. Augier, 160;

4° Statuer sur des faits antérieurs à l'année du trouble; par
exemple, ordonner la suppression d'un fossé établi depuis plus
d'un an. De semblables faits ne sauraient fonder qu'une action
pétitoire. C. pr. 23; Carré, *Just. de paix*, 2, 486;

5° Rejeter une complainte sous prétexte que les faits de
trouble sont motivés par un intérêt d'ordre public. Cass. 25
juin 1806, S. 6, 949;

6° Se fonder sur les dispositions des art. 644, 645 C. civ.
pour refuser la maintenue en possession provisoire de la pos-
sion d'un cours d'eau. Cass. 20 avr. 1824, D. 26, 296;

7° Se fonder sur un titre de transaction pour adjuger la possession au défendeur, sans dénier le fait de possession annale
invoquée par le demandeur. Cass. 7 août 1833, D. 33, 325;

8° Admettre le défendeur à prouver que le demandeur n'est
pas propriétaire du terrain litigieux, qu'il n'en a que l'usage
commun avec le public. C'est ordonner une enquête sur le
fond du droit contrairement à l'art. 24 C. pr. Cass. 18 juin
1816, S. 17, 15.

188. Mais le jugement rendu sur la possession n'est pas nul
par cela seul que dans quelques-uns de ses motifs il discute les
moyens du fond si le dispositif ne porte que sur la possession.
Cass. 18 mai 1813, S. 13, 555; 24 juin 1828, D. 28, 289;

31 juill. 1828, D. 29, 381; 20 mai 1829, S. 29, 352; 28 juin 1830.

**189.** Ni par cela seul que le juge, pour éclairer la possession, apprécie les titres respectivement produits, en déclarant quels droits résultent de ces titres pour chaque partie, si d'ailleurs le dispositif se restreint à une simple maintenue en possession. Ce n'est pas un titre qu'applique le juge, c'est une indication qu'il consulte; ce n'est pas le pétitoire qu'il juge, c'est le possessoire qu'il éclaire. Cass. 15 déc. 1812, D. 248; 30 nov. 1818, S. 19, 206; 21 déc. 1820, S. 21, 35; 26 janv. 1825, D. 25, 176; 19 juill. 1830; 31 août 1831, D. 31. 322; 19 déc. 1831, D. 32, 18; 26 juill. 1832, D. 52, 310, — V. toutefois Cass. 12 nov. 1828.

**190.** Il n'y a pas cumul du possessoire avec le pétitoire : 1° Lorsque le juge fait défense à l'auteur du trouble d'exercer à l'avenir des actes semblables à ceux qui ont donné lieu à l'action en complainte. Cette défense est une condamnation essentiellement provisoire, et elle est une conséquence immédiate de la décision qui maintient le demandeur en possession.

**191.** 2° Lorsque, se trouvant hors d'état de prononcer sur le mérite de la possession, il renvoie les parties à se pourvoir au pétitoire : le trib. n'est investi, par ce jugement, que du pétitoire sur lequel les parties doivent procéder par action nouvelle. Cass. 17 mars 1819, S. 19, 395.

**192.** 3° Lorsqu'il ordonne conformément aux conclusions de l'une des parties une plantation de bornes, pour empêcher qu'un trouble commis dans l'année ne se renouvelle. Cass. 27 avr. 1814, S. 14, 294; — ou pour tenir lieu d'arbres détruits dans l'année par l'auteur du trouble : il peut connaître en effet des actions pour déplacemens de bornes. C. pr. art. 3; Cass. 26 janv. 1825, D. 25, 397; Garnier, 214; Guichard, 304; Carré, *Just. de paix*, 2, 277. — *Contrà*, Chauveau, 43, 458.

Mais quand il s'agit de rechercher et fixer la limite de deux propriétés voisines le juge de paix serait incompétent pour ordonner une plantation de bornes. L'action est alors pétitoire. Cass. 9 août 1830, D. 30, 381; Boitard, 2, 415. — V. Toutefois *sup.* n° 113.

**193.** 4° Lorsqu'en rejetant la complainte au possessoire d'une partie, il se fonde sur ce qu'elle n'a pas prouvé son droit de copropriété, lui réservant d'ailleurs son droit d'agir au pétitoire. Cass. 9 nov. 1825, S. 26, 248; — ou lorsqu'il maintient au contraire le demandeur en possession parce qu'il établit sa copropriété. Cass. 4 mars 1828, D.28, 164.

**194.** Il n'y a pas non plus cumul du possessoire et du pétitoire: — 1° Lorsque le juge de paix a maintenu le demandeur en possession, en fondant sa décision tant sur la possession annale de

celui-ci que sur son droit de propriété. Cass. 1ᶜʳ mars 1819,
D. 271; peu importe du reste la manière dont le trouble a été
caractérisé. Cass. 24 juin 1828, D. 28, 289.

2° Lorsque le jugement pour déterminer laquelle de deux
parties a la possession, a déclaré que l'une ne possédait qu'à titre
de propriétaire, tandis que l'autre possédait à titre précaire.
Cass. 3, déc. 1827, D. 28, 41.

3° Quand le juge se borne à décider, d'après l'examen des titres, que la possession annale du demandeur était illicite comme
portant sur une propriété aliénable. Cass. 16 fév. 1837 (Art.
908 J. Pr.).

4° Enfin, dans une instance où l'on ne conteste ni la possession, ni la propriété. Cass. 27 août 1827, D. 27, 480.

Du reste il est évident que, si sur l'appel d'une sentence du
juge de paix qui se déclare incompétent, le trib. reconnaît qu'il
ne s'agit point d'une question possessoire, il peut statuer directement au pétitoire. Cass. 14 fév. 1832, D. 32, 527.

**195.** Le demandeur au pétitoire n'est plus recevable à agir
au possessoire (C. pr. 26). En intentant l'action pétitoire, il est
censé avoir reconnu qu'il n'était pas possesseur. Limoges, 19
janv. 1831, D. 31, 195. — Il en est de même si, après avoir
intenté l'action possessoire, il agit au pétitoire ; il est censé dans
ce cas abdiquer cette première action. Boitard, 2, 470.

**196.** *Quid*, s'il s'est désisté de sa première demande et que le
contrat judiciaire n'ait point été formé ? Le doute naît de ce
que l'art. 26, par ces mots, *le demandeur n'est plus recevable*,
semble attacher au seul fait de la demande l'interdiction du
droit d'agir au possessoire ; mais la réponse à cette objection
se trouve dans l'art. 403 C. pr. portant que, par le désistement,
les choses sont remises au même état qu'avant la demande.
Pigeau, 2, 507. — *Contrà*, Carré, art. 26 ; Augier, 103. — A
plus forte raison, la demande en conciliation formée sur le pétitoire ne fait pas obstacle à l'exercice de l'action possessoire,
Carré, *ib.*

**197.** Celui qui, assigné au correctionnel par le ministère
public, comme coupable d'anticipation sur un chemin vicinal,
se prétend propriétaire du terrain qu'on dit usurpé, et demande
le renvoi à fins civiles, n'est point censé, par cette défense, engager le pétitoire, surtout si la commune n'est pas partie dans
l'instance. En conséquence, il est recevable à intenter l'action
en complainte contre la commune, à raison du procès-verbal
qu'elle a fait dresser contre lui. Cass. 10 janv. 1827, S. 27, 284.

**198.** Le demandeur au pétitoire peut également se pourvoir au possessoire, à raison du trouble apporté à sa possession,
postérieurement à la demande. Comment lui reprocher de
n'avoir pas d'abord agi au possessoire, pour faire réparer un

trouble qui n'existait pas; il pouvait d'ailleurs avoir intérêt à faire reconnaître sa propriété, encore que sa possession ne fût pas troublée. Henrion, ch. 54. — V. *Rép.*, n° 139.

**199.** Il n'est même pas nécessaire qu'il ait payé les frais, ni exécuté entièrement le jugement rendu au possessoire. Il est traité plus favorablement que le défendeur qui serait dans le même cas, parce qu'on ne peut lui reprocher comme à ce dernier d'avoir usurpé ni troublé la possession d'autrui. — V. *inf.* n° 203.

**200.** Le défendeur au pétitoire peut toujours se pourvoir au possessoire. Il ne peut dépendre du demandeur de se soustraire à cette action en formant lui-même une action pétitoire. Vainement on dirait que le défendeur au pétitoire ayant reconnu, par le fait, la possession du demandeur, celui-ci est sans intérêt à agir au possessoire. Il reste toujours la réclamation de dommages, qui fait partie de l'action possessoire, et que le défendeur a intérêt à faire débattre devant le tribunal compétent. Il importe aussi à ce dernier que le demandeur ne soit pas maintenu *en fait* dans l'indue possession des fruits de l'immeuble jusqu'au jugement définitif. Cass. 8 avr. 1823, S. 23, 305; 30 mars 1830, D. 30, 190; Carré, art. 25; *Just. de paix*, 2, 463; Boitard, 2, 472.

Pendant l'instance au possessoire, on surseoit au jugement du pétitoire. Carré, art. 25.

**201.** Si le demandeur au possessoire est débouté de son action, il peut agir au pétitoire. Carré, art. 27. — Même décision, s'il se désiste. Carré, *ib.* — Pourvu toutefois que ce désistement soit accepté par le défendeur ou que le juge de paix en donne acte. Cass. 3 mars 1836 (Art. 412. J. Pr.).

De même le défendeur au possessoire peut se pourvoir au pétitoire après que l'instance sur le possessoire a été terminée (C. pr. 27), soit par la reconnaissance qu'il ferait de la possession de son adversaire, soit par le jugement.

**202.** S'il succombe, il doit, avant d'agir au pétitoire, satisfaire pleinement aux condamnations prononcées contre lui : vainement offrirait-il caution de les acquitter. Carré, art. 27. — Toutefois lorsque la partie qui les a obtenues est en retard de les faire liquider, le juge du pétitoire peut fixer pour cette liquidation un délai, après lequel l'action au pétitoire sera reçue (C. pr. 27). Il ne peut dépendre de la partie qui a gagné au possessoire de paralyser les droits de propriété de son adversaire, en abandonnant le produit des condamnations prononcées à son profit. Rodier, *sur l'ordonn.* 1667; Berriat, 112, note 24.

**203.** Cette règle reçoit cependant exception : 1° à l'égard de celui qui a défendu à une action possessoire, formée et jugée pendant qu'un ancien procès au pétitoire était resté sans poursuites; il peut reprendre ce procès sans être tenu de satisfaire préalablement aux condamnations possessoires. La défense de se pourvoir au pétitoire n'est pas la défense de reprendre les poursuites d'un procès déjà pendant au pétitoire. Riom, 29 juin 1809, S. 15, 147. — *Contrà*, Poncet, *Actions.*

**204.** 2° Dans le cas où l'action possessoire et l'action pétitoire, quoique relatives au même fonds, n'ont point de rapport entre elles. Toulouse, 25 janv. 1825, Cass. 50 mars 1850, D. 26, 119; 30, 190.

**205.** La fin de non recevoir, résultant de ce que le défendeur au possessoire n'a pas satisfait aux condamnations prononcées contre lui, n'est pas d'ordre public; en conséquence elle est couverte par le silence du défendeur en 1ʳᵉ inst. et en C. roy.; il ne peut s'en prévaloir pour la première fois en cassation. Cass. 5 juill. 1826, D. 26, 409. — Jugé même qu'elle est purement dilatoire et qu'elle serait couverte par la défense au fond. Cass. 15 avr. 1833, D. 33, 275.—V. d'ailleurs *sup.* n° 199.

**206.** Le défendeur qui succombe peut être condamné, 1° à la restitution du fonds qu'il a occupé par voies de fait; 2° à la restitution des fruits perçus pendant l'indue possession; 3° à l'indemnité du préjudice causé par la dépossession; 4° aux frais du procès.

Les trois premières condamnations entraînent la contrainte par corps en matière de réintégrande. C. civ. 2060, § 2.

## § 8. — FORMULES.

### FORMULE I.

*Citation sur une demande en complainte.*

(C. pr. 23. — Tarif, 21. — Coût 1 fr. 50 c., orig., le quart par chaque copie.)

L'an                          , à la requête de                          , demeurant
à              , je          huissier soussigné, etc.... ai donné assignation au
sieur              , demeurant à                          , où étant en son domicile et parlant à                          à comparaître le              à
heure du                    devant M. le juge de paix du canton de                          ,
département                          , au lieu ordinaire de ses séances à
pour, attendu que le requérant est en possession depuis plus d'une année d'une pièce de terre située à              , lieu dit                          , de la contenance de                          , touchant au nord              , au midi              ,
au levant                          , au couchant

Et que ledit sieur                          a usurpé tout ou partie de la pièce de terre, en l'ensemençant ( en coupant la récolte), dont il veut s'approprier le produit;
Voir donner acte au requérant de ce qu'il prend pour trouble à sa possession ladite usurpation; — Voir autoriser le requérant à reprendre la possession des deux raies de terre, dont le susnommé s'est emparé indûment; — Voir ordonner que défense lui sera faite de ne plus l'y troubler à l'avenir. Comme aussi, attendu le préjudice causé au requérant, par défaut de jouissance de ladite portion de terrain, — S'entendre ledit sieur              , condamner à payer au requérant la somme de trente francs, à titre de dommages-intérêts, — Et pour en outre répondre et procéder comme de raison afin de dépens.
Et j'ai au susnommé, en parlant comme dessus, laissé, sous toutes réserves, copie du présent, dont le coût est de,              *(Signature de l'huissier.)*

## FORMULE II.

*Citation sur une demande en réintégrande.*

( L. 6 juin 1838, art. 6. — Même coût. )

L'an à la requête de
Je soussigné ai cité le sieur
à comparaître devant le juge de paix etc.

Pour, attendu que le sieur s'est permis, le
de combler un fossé qui sert de fermeture à une prairie appelée située
à , de la contenance de , tenant et dont
le requérant était en possession paisible, et dont il jouissait depuis un temps immémorial par lui et par ses auteurs, et notamment depuis an et jour avant le
trouble apporté par ledit sieur même époque du trouble, qui vient
de lui être causé; que cette voie de fait donne lieu au profit du requérant, à l'action
en réintégrande;

En conséquence voir dire et ordonner que le requérant sera réintégré dans la
possession de ladite prairie, ensemble du fossé qui lui sert de clôture, lequel sera
rétabli aux frais du sieur dans le même et semblable état où il était
avant ladite entreprise, et faute de ce faire dans le délai de trois jours de la signification du jugement à intervenir, autoriser le requérant à faire faire lesdits travaux
aux frais du sieur ; condamner le sieur en soixante
francs de dommages et intérêts, *le tout même par corps,*

Et se voir également condamner aux dépens, et j'ai, etc.

## FORMULE III.

*Citation en dénonciation de nouvel œuvre.*

( L. 6 juin 1838, art. 6. — Même coût. )

L'an à la requête de
Je soussigné, ai signifié et déclaré au sieur
Que c'est à tort qu'il s'est permis d'établir un barrage sur la rivière de
dont le requérant avait la jouissance depuis plus d'an et jour;
Que ce barrage arrête le courant de la rivière et empêche le moulin du requérant
de fonctionner comme à l'ordinaire;
Pour quoi le requérant fait sommation au dit susnommé, de, dans vingt-quatre
heures pour tout délai, enlever et faire disparaître ledit barrage, et faute de l'avoir
fait dans ledit délai, j'ai huissier susdit et soussigné, à même requête etc.
soussigné, cité le sieur
A comparaître pour par les motifs ci-dessus déduits,
et attendu que le défendeur n'a pas le droit d'après ses titres d'établir le barrage qui
n'a jamais existé,
Voir ordonner que ledit barrage sera détruit, dans les trois jours du jugement à
intervenir;
Et, faute de ce faire, autoriser le requérant à le faire enlever lui-même aux frais
du requérant.
Et pour le préjudice causé au requérant, condamner le défendeur en cinquante
francs de dommages et intérêts, et aux dépens, et j'ai, etc...

— V. *Action, Citation, Juge de paix.*

ACTION *principale.*—V. *Demande principale.*

ACTION *récursoire.* — V. *Exception, Garantie.*

ACTION *rédhibitoire.* — V. *Redhibitoire (vice).*

ACTION *(résolutoire.)* — V. *Résolutoire.*

ADDITION. — V. *Exploit.*

ADIRÉ. Ce qui est perdu, égaré; se dit particulièrement des
pièces d'un procès qui ne se trouvent plus.

ADJOINT. — V. *Appel, Commune, Exploit, Maire, Saisie
immobilière.*

ADJUDICATAIRE, *Adjudication.* — V. *Saisie, Vente.*

ADMINICULE. Commencement de preuve. Circonstance

qui, insuffisante pour constituer une preuve, peut fortifier un argument. — V. *Enquête.*

ADMISSIBILITÉ. — V. *Recevabilité.*

ADMISSION (*Arrêt d'*). — V. *Cassation.*

ADOPTION. Acte par lequel la loi permet de créer des rapports de paternité et de filiation entre deux personnes qui ne sont pas de la même famille.

**1.** L'adoption est ou *ordinaire,* ou *rémunératoire,* ou *testamentaire.*

**2.** *Conditions.* Celles requises pour l'adoption ordinaire sont au nombre de neuf.

1° *L'adoptant* doit être âgé de plus de cinquante ans ; —2° sans postérité légitime ; — 3° avoir quinze ans au moins de plus que l'adopté (C. civ. 343) ; — 4° avoir donné à l'adopté, pendant sa minorité, des soins et des secours non interrompus pendant six ans au moins (345) ; — 5° jouir d'une bonne réputation (353) ; — 6° enfin, s'il est marié, avoir le consentement de son conjoint (344) ; — 7° *l'adopté* doit être majeur ; — 8° s'il n'a pas vingt-cinq ans accomplis, rapporter le consentement donné à l'adoption par ses père et mère ou par le survivant, et s'il est majeur de vingt-cinq ans, requérir leur conseil (346). — Un seul acte respectueux suffit (Delvincourt, 1, 99). Le consentement des ascendans autres que les père et mère n'est point exigé. D., v° *Adoption,* 40.

**3.** *Adoption rémunératoire.* Si l'adopté a sauvé la vie à l'adoptant, soit dans un combat, soit en le retirant des flammes ou des flots, il suffit que l'adoptant soit majeur, plus âgé que l'adopté, sans postérité légitime, et s'il est marié, que son conjoint consente à l'adoption. C. civ. 345. — Les conditions pour *l'adopté* sont les mêmes que dans le premier cas.

**4.** *Adoption testamentaire.* Le tuteur officieux qui n'a pas de postérité légitime peut, après cinq ans révolus depuis la tutelle, et dans la prévoyance de son décès avant la majorité du pupille, lui conférer l'adoption par acte testamentaire. C. civ. 366. — Le consentement du conjoint n'est pas nécessaire. C. civ. 344.

**5.** *Formes.* Elles sont les mêmes pour l'adoption ordinaire et pour l'adoption rémunératoire.

**6.** La personne qui se propose d'adopter et celle qui veut être adoptée se présentent devant le juge de paix du domicile de l'adoptant. C. civ. 353. — Ce magistrat est plus à portée de juger de l'opportunité de l'adoption, et de transmettre au trib. les renseignemens nécessaires : le juge de paix du domicile de l'adopté ne peut accepter la mission qui lui serait offerte par les parties. L'ordre public est intéressé à ce que sa compétence ne soit pas prorogée.

**7.** Les parties peuvent-elles se faire représenter par un mandataire *spécial ?* L'importance de l'adoption semblerait exiger une comparution en personne ; mais la loi ne s'est pas expliquée assez formellement, pour qu'on puisse refuser aux parties l'exercice de la faculté du mandat. Bruxelles, 22 avr. 1807, P. 6,44 ; — Delvincourt, 1, 261, note ; Favard, v° *Adoption*, sect. 2, § 2 ; Bousquet, n° 598 ; Levasseur, n° 299 ; — Victor Augier, v° *Adoption*, p. 112. — V. toutefois Grenier, *Adoption*, n° 18, et les conclusions du ministère public, lors de l'arrêt de Bruxelles (Art. 1127 J. N.).

La procuration, signée du mandataire, est annexée à la minute de l'acte d'adoption, et il faut en délivrer expédition à la suite de l'acte.

8. Si le juge de paix reconnaît que l'une des parties ne réunit pas les conditions requises, peut-il refuser de recevoir l'acte de leur consentement respectif ? La négative résulte de ce que sa mission se borne ici à constater le consentement respectif des parties, son ministère est forcé ; c'est aux trib. qu'il appartient de vérifier si les conditions exigées se trouvent réunies (C. civ. 355) ; Grenier, n° 17 ; Victor Augier, v° *Adoption*, p. 113. — *Contrà*, Bousquet, n° 596.

Peut-être faudrait-il excepter le cas où l'adopté serait mineur ou n'aurait pas le consentement de ses père et mère.

9. Si le juge de paix refuse de passer l'acte, l'adoptant peut l'assigner devant le trib. de son domicile pour déduire les motifs de son refus et se voir condamner, s'il y a lieu, à délivrer l'acte demandé.

10. Cette action n'appartient pas à celui qui veut se faire adopter. Il n'y a de droit ouvert à son profit qu'après la confection de l'acte d'adoption ; — et il peut seulement en poursuivre l'homologation (C. civ. 354).

11. Lorsque le juge de paix reçoit les déclarations des parties (C. civ. 353), le procès-verbal en est écrit par le greffier en présence du juge de paix, qui le signe avec les parties.

12. Dès que l'acte est rédigé, il y a contrat synallagmatique qui ne peut plus être dissous que par la volonté des deux parties, quoiqu'il puisse rester sans effet par le défaut d'accomplissement des formalités ultérieures. Toullier, 2, n°s 994, 1002, 1004 ; Delvincourt, 1, 261, notes ; Proudhon, 2, 135.

13. Le changement d'état des parties, survenu depuis cette époque, ne peut anéantir le contrat. Il n'est pas nécessaire que leur capacité continue d'exister jusqu'à l'inscription de l'adoption sur les registres de l'état civil (V. *inf.* n° 22). Arg. C. civ. 360 ; Delvincourt, 264 et suiv., notes ; Toullier, n° 1004 ; Grenier, n° 26. — *Contrà*, Proudhon, n. 36.

14. Mais l'adoption ne pouvant être connue des tiers que par

12.

l'inscription, elle ne produit d'effet contre eux qu'à dater de cette époque.

**15.** *Homologation.* Une expédition de l'acte doit être remise dans les dix jours, par la partie la plus diligente, au procureur du roi près le trib. de 1$^{re}$ inst. dans le ressort duquel se trouve le domicile de l'adoptant (C. civ. 354).

Le délai n'est pas de rigueur. Favard, v° *Adoption* ; Delvincourt, 1, 262, notes.

**16.** Le trib. réuni en la chambre du conseil, et après s'être procuré les renseignemens convenables, vérifie 1° si toutes les conditions de la loi sont remplies ; 2° si la personne qui se propose d'adopter jouit d'une bonne réputation (C. civ. 355). Il a la plus grande latitude quant à la nature des renseignemens qu'il peut demander et à la source où il les puise. Ainsi la fortune des parties, et les moyens possibles, pour chacune d'elles, de fournir aux charges qui résulteront de l'adoption, leur position sociale, leur âge, les convenances, doivent être appréciés par le trib.

**17.** Les père et mère, les parens et toutes autres personnes ont le droit de fournir aux juges tous mémoires et documens, soit en faveur de l'adoption, soit contre l'adoption ; ils peuvent même être entendus en la chambre du conseil, et hors la présence du greffier, mais sans prestation de serment, sans écritures, en un mot, sans aucune des formalités de l'enquête. Proudhon, 2, 132 ; Toullier, n° 997 ; — alors même qu'il n'y aurait pas de preuve écrite du fait allégué pour l'adoption rémunératoire. — Toutefois on a admis le demandeur en nullité de l'adoption pour défaut des conditions légales à la preuve testimoniale Cass. 24 août 1831, S. 31, 324 ; A. D. v° *Adoption*, n°$^s$ 95 et 96.

**18.** Ces formalités accomplies, le trib. toujours en la chambre du conseil, après avoir entendu le procureur du roi, et sans aucune autre forme de procédure, prononce, sans énoncer de motifs : « *Il y a lieu* ou *il n'y a pas lieu à l'adoption.* » L'énonciation des motifs pourrait en effet gêner la liberté des juges et nuire à la réputation de l'adoptant, par exemple, si le rejet de l'adoption était fondé sur son inconduite. Proudhon, 2, 131 ; Toullier, 2, n° 997 ; Delvincourt, 1, 262, notes.

**19.** Le jugement est rendu en la chambre du conseil, même lorsqu'il admet l'adoption, parce qu'il peut être infirmé par la Cour. Delvincourt, *ib.*

**20.** Si l'adoption est admise, le jugement est, *dans le mois de sa date* (ce délai n'est pas de rigueur), et sur les poursuites de la partie la plus diligente (soit l'adoptant, soit l'adopté), soumis à la Cour royale du ressort, laquelle, après avoir fait les vérifications prescrites en 1$^{re}$ inst., et sur les conclusions du procureur général, prononce aussi, sans énoncer de motifs : *Le juge-*

*ment est confirmé*, ou *le jugement est réformé; en conséquence il y a lieu*, ou *il n'y a pas lieu à l'adoption*. C. civ. 355, 356, 357.

**21.** L'arrêt qui rejette l'adoption est, comme le jugement de 1re inst., prononcé en chambre du conseil; mais si la Cour admet l'adoptionelle rend son arrêt à l'audience, et en ordonne l'affiche en tels lieux, et en tel nombre d'exemplaires qu'elle le juge convenable. C. civ. 358. — Cette solennité, que ne comporte pas le jugement de 1re inst., est nécessaire pour donner à l'adoption définitivement consommée, toute la publicité que son importance réclame. En effet, c'est un acte qui, par les rapports de paternité et de filiation qu'il établit entre l'adoptant et l'adopté, intéresse éminemment les tiers et la société elle-même. La prononciation de l'arrêt à l'audience est donc une condition essentielle de la validité de l'adoption; mais si la Cour s'était contentée de rendre sa décision dans la chambre du conseil, elle serait toujours à même de réparer cette irrégularité par une prononciation à l'audience, puisqu'elle n'est enchaînée par aucun délai.

**22.** Dans les trois mois qui suivent l'arrêt de la Cour, l'adoption doit être inscrite, à la réquisition de l'une ou de l'autre des parties, sur les registres de l'état civil du lieu où l'adoptant est domicilié. C. civ. 359. — Cette inscription n'a lieu que sur le vu d'une expédition en forme de l'arrêt de la Cour, et l'adoption reste sans effet si elle n'a été inscrite dans le délai. C. civ. 359.

**23.** L'inscription une fois opérée a pour effet de rendre l'adoption irrévocable; les parties ne peuvent plus dès lors, même d'un consentement mutuel, rompre les rapports de paternité et de filiation civile établis entre elles. Cass. 26 avr. 1808, S. 1, 33; Toullier, 2, n° 1003; Proudhon, 2, 136; Delvincourt, 1, 264, notes; Duranton, 3, n° 320.

**24.** Cependant les héritiers de l'adoptant ont la faculté, dans l'intérêt de leurs droits de succession, d'attaquer par action principale l'adoption *consommée* pendant la vie de leur auteur, et de la faire annuler, s'il y a lieu, par le tribunal qui l'a prononcée. Cass. 5 août 1823, S. 23, 353; Cass. 22 nov. 1825; Nancy, 13 juin 1826, S. 26, 142, et 2, 251; Paris, 26 avr. 1830, S. 30, 217; Delvincourt, t. 1, p. 263, notes; Grenier, *de l'Adopt.*, n° 22. — Mais cette action est toute différente du droit qui leur est accordé de prévenir une adoption qu'ils jugent inadmissible, dans le cas où l'adoptant est décédé pendant l'instruction. — V. *inf.* n°s 30 et 31.

**25.** Si l'adopté meurt avant que l'inscription ait été faite, tout est réputé non avenu entre les parties; l'adoption est sans résultat; les héritiers de l'adopté ne sont pas habiles à en recueillir le bénéfice. Au contraire, le décès de l'adoptant, à la même époque, ne change rien aux droits de l'adopté, qui peut toujours faire opérer l'inscription. C. civ. 360.

**26.** Il y a plus : L'adoptant fût-il décédé avant l'arrêt ou avant le jugement de 1re instance, si déjà l'acte d'adoption avait été porté devant les trib., l'instruction devrait être continuée et l'adoption admise, s'il y avait lieu, sauf le droit pour les héritiers de l'adoptant, s'ils croyaient l'adoption inadmissible, de remettre au procureur du roi tous mémoires et observations à ce sujet. C. civ. 360.

Peu importe même que l'acte d'adoption n'ait pas encore été porté devant les trib. ; une fois qu'il a été signé par l'adoptant, l'adopté peut en poursuivre l'exécution, et par conséquent il y a même motif de décider. Delvincourt, 1, p. 264, notes. — *Contrà*, Grenier, n° 24.

**27.** L'art. 360 ne distingue pas entre les héritiers légitimes et les héritiers testamentaires ; on doit donc en conclure que, comme ils ont le même intérêt, ils ont aussi le même droit.— V. *inf.* n° 32.

**28.** Si l'adoption pouvait préjudicier aux légataires particuliers, par exemple, si l'adoptant avait donné de cette manière au-delà de la quotité disponible, ces légataires pourraient aussi remettre au trib. telles notes qu'ils aviseraient. Mais ce droit ne saurait, dans aucun cas, être étendu à des personnes qui n'auraient pas un intérêt né et actuel.

**29.** En cas de rejet de l'adoption, peut-on se pourvoir contre l'arrêt ? Le doute naît de ce que les magistrats ont pu prendre pour base de leur décision des raisons de moralité dont ils sont dispensés de rendre compte ; il est impossible de savoir s'ils se sont déterminés par des moyens de forme ou de fond, leur jugement n'étant point motivé. Delvincourt, 1, 262 et 263, notes ; Grenier, n° 22 ; Duranton, 3, n° 330.

Cependant, un arrêt de la C. cass., du 14 nov. 1815 (S. 16, 45), semble admettre la possibilité du recours en cassation, en ce que l'un des motifs du rejet du pourvoi porte sur ce que le demandeur n'avait proposé aucun moyen tendant à prouver que les formes établies par la loi eussent été violées dans l'espèce.

Mais la demande peut être formée de nouveau : l'exception de la chose jugée n'est pas proposable ; les juges qui statueraient sur la demande nouvelle, ignoreraient les causes de la précédente dont le rejet ne serait pas motivé, et ne pourraient, par conséquent, savoir s'il y a identité à cet égard. Lyon, 6 fév. 1832, D. 33, 93.

**30.** Quand l'adoption est admise, les héritiers de l'adoptant, ou son conjoint, s'il a été passé outre sans son consentement (C. civ. 344), sont seuls intéressés à critiquer l'arrêt ; mais n'ayant pas figuré dans l'instance, ils ne sauraient user des

voies de réformation réservées aux parties, s'ils n'ont présenté
des mémoires ou observations pour faire rejeter l'adoption.

Dans ce cas ils pourraient se pourvoir en cassation, s'il y avait
des nullités : les motifs qui empêchent tout recours contre un
arrêt qui rejette l'adoption n'existent plus à l'égard de l'arrêt
qui la prononce; et si la loi a été violée, il est juste qu'on
puisse le faire réformer. Grenier, n° 22.

**51.** Mais dans toute autre circonstance ils ne peuvent agir que
par action principale devant le trib. qui a prononcé l'adoption.
(—V. les autorités citées sous le n° 24). Les jugemens ou arrêts
rendus en cette matière ne sont que des actes de juridiction *volontaire* et *gracieuse*, qui ne peuvent pas produire l'exception de
la chose jugée.

La tierce-opposition n'est pas recevable par le même motif.
Nanci, 13 juin 1826; Delvincourt, 1, 265, notes; Duranton,
3, n° 530.

**52.** Au reste, les héritiers institués et les légataires peuvent,
comme les héritiers *ab intestat*, demander la nullité de l'adoption qui préjudicie à leurs intérêts. Colmar, 28 juill. 1821,
S. 21, 288.—Ils peuvent agir conjointement, ou l'un à défaut des
autres, et lors même que ceux-ci consentiraient à laisser l'adopté
jouir de tous les effets de l'adoption. Cass. 22 nov. 1825,
S. 26, 142.

**53.** *Forme de l'adoption testamentaire.* Elle peut avoir lieu dans
un testament olographe ou mystique, comme dans un testament
par-devant notaire. Elle n'est soumise qu'à la forme des testamens, et n'a besoin, pour produire ses effets, ni de l'homologation de la justice, ni de l'inscription sur les registres de l'état
civil. Toullier, 2, n° 1005; Proudhon, 2, 134. Quelle que soit
en effet la forme du testament, la minute doit rester ou être remise dans l'étude d'un notaire; et ce dépôt est suffisant pour en
assurer l'existence. Proudhon, *ibid.*

**54.** *Enregistrement.* L'acte d'adoption, soit devant le juge de
paix, soit devant notaire, par testament, est soumis au droit
fixe de 1 fr. L. 22 frim. an 7, art. 68, § 1, n° 9.

**55.** Le jugement qui admet l'adoption est passible d'un droit
fixe de 50 fr. ; l'arrêt confirmatif, d'un droit de 100 fr. L. 28
avr. 1816, art. 48, 49.

**56.** Le jugement qui rejette l'adoption n'est soumis qu'au
droit fixe de 5 fr., et l'arrêt au droit de 10 fr. Même loi,
art. 45.

**57.** L'adopté, même lorsque l'adoption est testamentaire, et
que l'adoptant meurt avant qu'il ait atteint sa majorité, ne doit,
pour les biens qu'il recueille dans la succession de l'adoptant,
que les droits établis pour les successions en ligne directe. —
La donation ou le legs fait par l'adoptant, au profit de l'adopté,

ne donne également ouverture qu'aux droits dus en ligne directe. Cass. 2 déc. 1822.

## FORMULES.

### FORMULE I.
#### *Acte d'adoption.*

C. civ. 353. — Au juge de paix. — Tarif, 5. — Coût, 5 fr. Au greffier, tarif, 16. — Coût, 3 fr. 40 c.)

L'an       le       par-devant nous, juge de paix du canton de       arrondissement de       assisté de M^e       greffier,

Sont comparus (*noms, prénoms, professions et domiciles de l'adoptant et de l'adopté.*)

Lesquels ont fait les déclarations suivantes, 1° M.... voulant donner à M... une preuve de l'attachement qu'il a pour lui, nous a déclaré vouloir l'adopter, requérant acte de sa déclaration.

2° M.... a déclaré consentir à ladite adoption, et s'est engagé à remplir envers M... les devoirs qu'elle lui impose.

(*Si l'adoptant a un conjoint et si l'adopté a son père et sa mère, leur con-sentement est ainsi exprimé*): est aussi comparu (*indiquer la personne dont le consentement est requis*), lequel a déclaré donner son consentement à l'adoption faite par...

*Ou* M... nous a remis l'acte dûment en forme en date du       , constatant le consentement de (*indiquer la personne*) à l'adoption faite par       (*Si l'adopté a requis le conseil de ses père et mère, on l'énonce de la même manière.*) — V. *Acte respectueux.*

De tout ce que dessus, il a été dressé le présent acte dont nous avons donné lecture aux parties, après quoi elles l'ont signé avec nous, et le greffier, à les jours, mois et an susdits.       (*Signatures.*)

### FORMULE II.
#### *Requête à fin d'homologation de l'acte d'adoption.*

(C. civ. 354. — Arg. tarif, 79. — Coût, 15 fr.)

A MM. les président et juges du trib., etc...

Le sieur       ayant pour avoué M^e       a l'honneur de vous exposer, — que par procès-verbal reçu par M. le juge de paix du canton de       , le       , il a adopté M.       de son consentement (et de celui de ses père et mère) ainsi que cela résulte dudit procès-verbal;

Pour quoi il vous plaira, — attendu que toutes les conditions prescrites par la loi ont été remplies.

Dire qu'il y a lieu à l'adoption dont s'agit, en homologuant le procès-verbal susénoncé et daté, et ce sera justice.       (*Signatures de la partie et de l'avoué*)

### FORMULE III.
#### *Requête à fin de confirmation du jugement prononçant l'adoption.*

(C. civ. 357. — Tarif, 79 et 147. — Coût, 22 fr. 50 c.)

A MM. les président et conseillers de la Cour...

Le sieur M...., demeurant à       ayant pour avoué M^e

A l'honneur de vous exposer que sur la requête par lui présentée à fin d'homologation de l'acte reçu par M. le juge de paix du canton de       le       contenant adoption par l'exposant de M.       , le trib. de première instance de       a rendu le       un jugement portant qu'il y a lieu à l'adoption;

Pour quoi, il vous plaira, messieurs, attendu que ladite adoption a été faite conformément à la loi, ainsi que cela résulte des pièces ci-annexées, confirmer le jugement dont s'agit, et vous ferez justice.

(*Signatures de la partie et de l'avoué.*)

**AFFAIRE.** On distingue les affaires en *ordinaires, sommaires urgentes.* — V. ces mots.

**AFFICHE.** Placards apposés pour rendre publics les ordon-

nances, jugemens, et d'autres actes de l'autorité administrative
ou judiciaire.

**1.** Il y a plusieurs sortes d'affiches :

1° Les *affiches légales ou judiciaires*, ce sont celles prescrites
par la loi, par exemple les publications de mariage, les extraits
de jugemens prononçant *adoption, interdiction, séparation de biens;*
les annonces des *ventes* judiciaires, par suite de *saisie* ou autrement. — V. ces mots.

**2.** 2° Les *affiches* de *jugement* ou *arrêts*. — Les trib. civils
peuvent ordonner, sur la demande des parties, et *même d'office*,
l'affiche de leurs jugemens aux frais de la partie condamnée ;
— Mais seulement quand il y a lieu de prononcer des injonctions, de supprimer des écrits ou de les déclarer calomnieux.
C. pr. 1036.

Il en est de même du juge de paix dans le cas où il condamne
à une amende, pour insulte par récidive. C. pr. 10.

L'apposition est constatée par procès-verbal d'huissier. Carré,
art. 10.

Les trib. criminels, ou correctionnels, ou de police, ne peuvent ordonner *d'office* cette apposition d'affiches ; — Mais seulement sur la réquisition de la partie civile : cette condamnation
n'est plus alors considérée comme une peine; elle est la réparation
d'un préjudice causé.—La réquisition du ministère public, hors
les cas où la loi le permet expressément ne suffirait pas. Augier,
v° *Affiche,* n°s 2 et 3.

Jugé que l'on ne peut faire imprimer et afficher, même à ses
frais un plus grand nombre d'exemplaires que celui déterminé
par le trib. Paris, 1er juin 1831, S. 31, 205. — Cette décision
ne nous paraît porter aucune atteinte au droit de publier ses
opinions, ni par conséquent à la liberté de la presse (— *Contrà*,
Augier, *ib.*, n° 4)

L'impression et la distribution du jugement à la suite d'un
mémoire ont été assimilées à l'affiche. *Même arrêt.*

**3.** 3° Les affiches administratives.

**4.** L'amende de 11 à 15 fr. prononcée par l'art. 100 C. pén.
1832, contre ceux qui aurait méchamment enlevé ou déchiré les
affiches apposées par l'ordre de l'administration, s'applique au
cas des affiches légales ou judiciaires : les termes de la loi sont
énonciatifs. Augier, *ib.* n° 56 et 57.

**5.** Les lieux exclusivement destinés à recevoir les affiches des
lois et actes de l'autorité publique (— et les affiches légales et
judiciaires. Augier, *ib.* n°s 51 et 52), sont désignés par le maire.
L. 28 juill. 1791.

Ces lieux doivent être principalement les abords des pré-
fectures et mairies, les palais de justice, les marchés, etc.

Des lieux spéciaux sont désignés par la loi pour l'affiche de certains actes et jugemens. C. civ. 504; C. pr. 69-8°, 617 629, 645,682, 684; C. comm. 203, 442. — V. *Exploit, Faillite, Interdiction, Saisies, Ventes.*

On n'a pas le droit de mettre des affiches sur les murs et bâtimens des particuliers partout où on le juge convenable. L'enlèvement ne peut être puni d'amende si l'apposition n'était pas prescrite sur ces murs et bâtimens, surtout si le propriétaire ne veut pas souffrir que son mur soit couvert par des placards.

6. *Timbre.* Les affiches sont soumises au timbre de *dimension* ou au timbre *spécial.*

7. Le timbre de *dimension* est celui que la régie fait apposer sur les papiers destinés aux actes publics; il coûte 35 c., 70 c., 1 fr. 25 c., 1 fr. 50 c. ou 2 fr. la feuille. L. 28 avr. 1816, art. 62.

8. Toutes les affiches apposées aux lieux prescrits par la loi sont soumises au timbre de dimension : ce sont de véritables actes judiciaires. Circ. régie, 13 brum. an 9, n° 1908 ; Cass. 2 avr. 1818, S. 18, 267. — Il en est autrement des affiches imprimées, soit en entier, soit par extrait, pour les faire apposer dans d'autres endroits que ceux prescrits par la loi, ou distribuer à la main, afin de donner plus de publicité à l'acte qu'elles annoncent; pourvu qu'elles ne fassent qu'indiquer le nom de l'officier public, sans sa signature. — V. *inf.* n° 16.

9. En général, les affiches qui ne sont pas assujetties au timbre de *dimension* sont soumises au *timbre spécial*, quel que soit leur objet. L. 9 vend. an 6, art. 56; L. 28 avr. 1816, art. 50.

Le timbre *spécial* coûte 10 c. pour une feuille de 25 décim. carrés de superficie, et 5 centimes pour la demi-feuille (L. 26 avr. 1816, art. 65, 67.) Il est augmenté d'un centime pour chaque 5 décimètres carrés en sus de 25 décimètres. Le supplément est toujours d'un centime, encore bien que l'excédant soit inférieur à 5 décimètres carrés. Circ. min. fin., 11 août 1818.

10. La dimension du papier est laissée à la volonté des parties qui doivent le fournir avant l'impression. L. 13 vend. an 6. — La régie n'est chargée que du timbre. L. 15 mai 1818, art. 76. — Toutefois, le papier ne peut être de couleur blanche (L. 28 avr. 1816, art. 65), à peine de 20 fr. d'amende contre l'imprimeur. LL. 25 mars 1817, art. 77 et 16 juin 1824, art. 10.

11. Les affiches lithographiées sont assimilées pour le timbre à celles imprimées en caractères ordinaires. Déc. min. fin., 20 fév. 1818 et 24 déc. 1819.

12. Il en est de même des affiches *à la brosse* (c'est-à-dire imprimées au moyen de planches en cuivre à jour). Déc. min. fin., 24 juill. 1820.

**13.** Toutefois, ces affiches, ainsi que celles *manuscrites*, sont exemptes du timbre, lorsqu'elles sont uniquement apposées sur une maison pour annoncer qu'elle est à louer ou à vendre, ou qu'on y exerce tel commerce. Même décis., 18 juill. 1820 et 8 mai 1824.

**14.** Les affiches pour adjudication des biens des hôpitaux et maisons de charité, et celles pour location des biens de la Légion-d'Honneur, sont soumises, comme les autres, à la formalité du timbre. Déc. 28 vend. an 9, 24 vend. an 13.

**15.** Mais sont dispensées du timbre :
1° Les affiches d'actes émanés de l'autorité publique (L. 9 vend. an 6, art. 56); 2° celles relatives à la location et à la vente des biens de l'État; 3° celles contenant l'extrait d'un jugement annonçant l'ouverture d'une faillite. Décr. 15 mars 1814.

**16.** *Amendes.* L'emploi du timbre spécial, au lieu de celui de dimension, entraîne une amende contre l'officier ministériel signataire de l'affiche.

**17.** Toutes personnes convaincues d'avoir fait afficher et distribuer des affiches non timbrées, sont condamnées solidairement à une amende de 100 fr. L. 9 vend. an 6, art. 69. —Sans préjudice des peines de simple police contre les afficheurs. C. pén. 474.

**18.** Mais on ne peut condamner la personne qu'intéressent les affiches non timbrées qu'en prouvant qu'elles ont été distribuées par son ordre. Cass. 28 mai 1816, S. 17, 584.

**19.** Il est défendu aux imprimeurs de tirer des affiches sur papier non timbré, sous prétexte de les faire frapper d'un timbre extraordinaire, à peine de 500 fr. d'amende. L. 28 avr. 1816, art. 68.

**20.** *Enregistrement.* Les affiches ne constituent un acte qu'autant qu'elles sont signées. Dans ce cas seulement elles sont susceptibles d'enregistrement.

**21.** L'original du procès-verbal de l'huissier, constatant l'apposition des affiches, est sujet à l'enregistrement, au droit fixe de 1 fr.; mais les placards qu'il a apposés en sont dispensés. Déc. min. just. et fin. 5 et 15 déc. 1818.

**22.** Les certificats des notaires, greffiers, commissaires-priseurs et maires, lorsqu'il s'agit d'affiches apposées dans tout autre intérêt que celui de l'État, doivent également être enregistrés. Même décision.

**23.** Il en est de même des extraits de demandes ou jugemens de séparation de biens que les avoués font et signent pour être affichés dans la chambres de discipline; ils doivent être enregistrés avant d'être remis aux secrétaires des chambres. Délib. régie, 8 juin 1827.

**24.** Le visa des maires sur les procès-verbaux des huissiers, constatant l'apposition d'affiches, est exempt de l'enregistrement; il a pour objet l'intérêt public. Inst. régie, 5 juill. 1809, n° 436.

AFFICHEUR. Il est passible d'amende quand li affiche des placards non timbrés. L. 28 avr. 1816, art. 69.

AFFIRMATION. Attestation de la vérité d'un fait.

**1.** La simple mention que le rédacteur d'un procès-verbal l'a *déclaré sincère et véritable*, ne satisfait point au vœu de la loi. Cass. 20 et 29 fév., 20 mars 1812.

Lorsque l'attestation doit avoir lieu avec serment, elle constitue un véritable serment. — C'est à tort que dans les art. 1784 C. civ. et 191 C. for., le législateur s'est servi du mot affirmation, lorsqu'il aurait dû employer celui de serment. — La faute contraire a été commise dans l'art. 943, n° 8. C. pr. où il s'agit évidemment non d'un véritable serment mais d'une affirmation pure et simple. — V. *Serment.*

**2.** On affirme un inventaire (C. civ. 1456, C. pr. 943-8°), un compte (*ib.* 534), une créance (*ib.* 671, C. comm. 507), une dette saisie (C. pr. 571), un jet à la mer (C. comm. 413), un voyage (Tarif 146), l'avance des frais (C. pr. 133), etc. — V. *Dépens, Distribution, Faillite, Inventaire, Procès-verbal, Reddition de compte, Saisie-Arrêt,* etc.

**3.** Les procès-verbaux des préposés des douanes doivent avoir été affirmés. — V. *Douane.*

Les juges de paix et leurs suppléans, dans les lieux où ils résident (L. 28 flor. an 10, art. 11), ont le pouvoir de recevoir et de certifier l'affirmation des procès-verbaux.

FORMULE.

Aujourd'hui, le                              le sieur                         a affirmé le présent procès-verbal devant nous, et a signé avec nous la présente affirmation.

(*Signature*).

AGE. Selon qu'il est plus avancé, il donne certaines capacités; par exemple celle de disposer de ses biens ; d'ester en justice, d'être témoin. — V. *Enquête, Mineur, Témoin.*

**1.** L'âge est une des conditions requises pour l'exercice des fonctions publiques. — V. *Agent de change, Avocat à la Cour de cassation, Avoué, Commissaire-priseur, Courtier de commerce, Greffier, Huissier, Juge, Notaire,* etc.

**2.** Il confère aussi certains privilèges, comme celui de n'être plus soumis à la *contrainte par corps* à 70 ans (—V. ce mot) et certaines prérogatives, telles que celles attribuées à l'*ancienneté* dans une compagnie dont on est membre.

**3.** Le jour de la naissance se compte tout entier, soit qu'elle ait eu lieu à la première ou à la dernière heure de ce jour. La même règle s'applique au jour du décès. LL. 132, 124, D. *de verbor. signif,*

4. La preuve de l'âge se faisait autrefois par les registres de baptême, maintenant c'est par les *actes de l'état civil.* — V. ce mot.

AGENT. L'administration de la faillite est confiée aux syndics. Loi du 16 avr. 1838, art. 462 (Art. 1160 J. Pr.); — A l'exclusion des agens de la *faillite,* qu'avait établis l'art. 454 C. comm. de 1807. — V. ce mot.

AGENT *d'affaires.* Sa profession consiste à se charger d'affaires litigieuses ou non litigieuses, et à leur donner les soins qu'elles réclament.

1. Les *Bureaux* et *Agences d'affaires* sont en général consacrés chacun plus spécialement à un genre d'affaires, tel que poursuite des affaires contentieuses près des administrations publiques et particulières, gestion des fortunes, recouvrement des capitaux, placement de fonds, ventes amiables de meubles ou d'immeubles, liquidation et achat de créances, recette de rentes, etc.

2. Celui-là seul peut être considéré comme agent d'affaires, qui tient un établissement annoncé à la confiance générale par des circulaires ou autres moyens de publicité. Cass. 18 nov. 1813, S. 16, 51; Pardessus, n° 42.

3. Ainsi n'est point agent d'affaires le défenseur officieux devant les justices de paix, lorsque d'ailleurs il ne tient ni bureau, ni cabinet d'affaires. Amiens, 10 juin 1823, S. 26, 245.

4. Sont au contraire agences d'affaire : 1° les établissemens où l'on fait habituellement des traductions d'actes et documens écrits en langues étrangères, et dans lesquels on rédige des notes ou lettres en ces langues. Pardessus, n° 43.

5. 2° Les établissemens connus sous les noms de *Tontines, Caisses d'épargnes.* Cass. 15 déc. 1821; Paris, 4 mars 1825; Pardessus, n° 44.

Il en est autrement si les administrateurs de ces établissemens sont nommés par le roi ou ses délégués; le choix de l'autorité est une garantie suffisante pour les tiers. — V. *inf.* n° 6.

Ainsi, les tontines, originairement fondées par des individus, sans caractère public, sous les noms de *Caisse Lafarge, Caisse des Employés, Tontine du pacte social,* qui ont été confiées, par ordonn. du 7 oct. 1818, à trois administrateurs choisis par le préfet de la Seine parmi les membres du conseil municipal de Paris, ne sont plus considérées comme entreprises commerciales, ni leurs administrateurs comme agens d'affaires.

6. Les entreprises d'agences d'affaires sont des actes de commerce. C. comm. 632. — Le but de la loi est de donner des garanties au public, d'assurer et d'accroître la confiance des cliens dans les agens d'affaires, espèce de dépositaires nécessaires.

7. De là plusieurs conséquences : 1° Les agens d'affaires sont

justiciables des trib. de comm. ; contraignables par corps pour l'exécution des engagemens relatifs à leur agence. C. comm. 632.

2° Les billets qu'ils souscrivent sont censés faits pour leur agence, à moins qu'ils n'énoncent une autre cause. C. comm. 638. Paris, 6 déc. 1814, S. 16, 54. — V. *Acte de commerce.*

3° Les règles relatives aux faillites et banqueroutes leur sont applicables. Cass. 18 nov. 1813, 22 juin 1832, S. 16, 51 ; 32, 110. — V. *Faillite.*

4° La profession d'agent d'affaires est incompatible avec celle d'*avocat.* — V. ce mot. — Mais la qualité d'agent d'affaires donnée à un avocat n'est point une injure. Lyon, 26 août 1837 (Art. 994 J. Pr.).

**8.** Les agens d'affaires ne sont jamais présumés s'être chargés gratuitement de la gestion des affaires qui leur sont confiées ; l'art. 1986 C. civ. portant, que le mandat est gratuit s'il n'y a convention contraire, ne leur est pas applicable. Cass. 18 mars 1818, S. 18, 234.

**9.** L'agent d'affaires qui par ses soins a créé ou conservé la somme qui assure le remboursement de la créance de son client, a même un privilége pour ses honoraires sur le montant de cette créance. C. civ. 2102, n° 3 ; Cass. 4 mai 1824, S. 25, 58.

**10.** Mais le salaire, convenu d'avance avec le client, peut être réduit s'il est exagéré, ou si l'agent d'affaires est révoqué avant la fin de l'opération. Cass. 11 mars 1824, S. 25, 133.

Cette réduction doit être faite nonobstant la convention qui aurait assuré le salaire entier, malgré toute révocation ; le salaire n'est que le prix de la peine.

Une convention de cette nature ne saurait être considérée comme contenant un marché à forfait. *Même arrêt.*

**11.** La prescription de un et deux ans, établie par les art. 2272 et 2273 C. civ., pour les salaires des huissiers et avoués, n'est pas applicable aux salaires des agens d'affaires ; ils ne se prescrivent que par trente ans. C. civ. 2262 ; Cass. 18 mars 1818, S. 18, 234.

**12.** *Timbre.* Les agens d'affaires sont tenus d'avoir des registres timbrés. L. 13 brum. an 7, art. 13.

**13.** Ils sont soumis au paiement d'une patente. Même loi. — V. *Patente.*

AGENT *de change.* Agent intermédiaire, préposé à la négociation des effets publics et autres susceptibles d'être cotés.

**1.** Il y a des agens de change : 1° dans toutes les villes où il existe une bourse de commerce. C. comm. 75 ; — Et 2° dans d'autres places où le gouvernement a jugé leur ministère nécessaire aux besoins du commerce.

Leur nombre est déterminé par des ordonn. roy. — Il peut être augmenté ou diminué selon les besoins du service.

Dans chaque ville les agens de change forment une compagnie qui se choisit un syndic et des adjoints à la majorité absolue des voix.

Les fonctions de ces syndics et adjoints durent un an ; elles consistent : 1° A exercer une police intérieure destinée à rechercher les contraventions aux lois et règlemens et à les faire connaître à l'autorité ;

2° A donner leur avis sur les candidats présentés par les titulaires, ou leurs ayant-cause ;

3° A exercer une autorité disciplinaire sur leurs collègues. — V. *Discipline* ;

4° A donner leur avis sur les contestations élevées entre les agens de change ou entre les agens de change et les particuliers, relativement à l'exercice de leurs fonctions. Arr. 29 germ. an 9.

2. Les agens de change doivent-ils être réputés commerçans ? — Cette question est très importante : — La qualité de négociant reconnue à ces officiers ministériels les rendra habiles à figurer sur la liste des notables commerçans, des électeurs et des éligibles pour la composition des chambres et des trib. de comm.; leur contrat de mariage devra être publié conformément à l'art. 67 C. comm. — Enfin, ils deviendront justiciables des trib. de comm. ; au contraire, ces prérogatives et ces obligations cesseront si l'on n'attribue à leurs fonctions qu'un caractère purement civil.

D'un côté, l'on invoque l'ancien droit, la législation intermédiaire et les travaux préparatoires du C. comm.; pour établir que l'intention du législateur a été d'assimiler complètement les agens de change et les courtiers aux commerçans. L'ordonn. de 1773, dit-on, qualifie expressément leur profession de négoce. La L. du 8 mai 1791, qui supprime les anciens offices de cette nature, place sous la discipline des trib. de comm. les particuliers qui voudront se livrer aux mêmes opérations; ce sont ces trib. qui devront dresser un tarif des droits de courtage, régler le mode et constater le cours du change et des effets publics. L'art. 3 L. 15 germ. an 6, après avoir indiqué dans quelles circonstances les femmes ou filles sont soumises à la contrainte par corps, ajoute : cette disposition est applicable aux *négocians banquiers, agens de change, courtiers, facteurs* ou *commissionnaires,* quoique mineurs, *à raison de leur commerce ;* l'art. 16 L. 29 germ. an 9 veut que les contestations entre agens de change soient jugées par le trib. comm., en cas de non conciliation devant la chambre syndicale ; enfin, le trib. d'appel de Paris, consulté sur le projet de Code, dit en parlant des banquiers, agens de change, courtiers et commissionnaires : Tous ces hommes sont soumis à la juridiction commerciale, ou comme suppôts du commerce, ou comme *fai-sant une sorte de commerce eux-mêmes.*

Le C. comm. a du reste positivement consacré cette doctrine; il confère en effet aux agens de change et aux courtiers la déno-mination d'agens intermédiaires du commerce; il les place à côté des commissionnaires et des banquiers, il leur applique deux dispositions particulières aux seuls commerçans, l'art. 89 qui les punit comme banqueroutiers en cas de faillite, et l'art. 633 qui répute actes de commerce toute opération de change et de courtage. Peu importe que les actes de commerce en général leur soient interdits; il en résulte seulement qu'ils ne peuvent faire qu'un genre de commerce déterminé et non pas qu'ils ne soient point commerçans; le commerce comprend les entreprises de transport, commissions, bureaux d'affaires, en un mot, toutes les voies de négociations intermédiaires; or, com-ment ne pas ranger dans cette classe les agens de change et les courtiers? Leur profession est-elle donc autre chose qu'un louage de services? et s'ils sont nommés par le roi, si leurs droits sont tarifés n'est-ce pas une simple garantie donnée à leurs commet-tans, et cette circonstance peut-elle modifier la nature de leurs attributions?

Dans une foule de cas, le système contraire entraînerait des frais et des longueurs considérables dans la procédure, quel-quefois même des contrariétés de jugemens, puisque deux né-gocians qui auraient traité par l'entremise d'un agent de change ne pourraient pas l'appeler en garantie devant le trib. comm. dans une contestation survenue entre eux à l'occasion de cette opération, et qu'ils se verraient forcés d'élever un nouveau pro-cès devant la juridiction civile; la loi n'a pu vouloir sanctionner un pareil résultat. Mollot; *Bourse de commerce*, 94, 101; Vin-cens, 62; Pardessus, 1, n° 41.

Cependant ces raisons ne sont pas sans réponse : — D'abord on peut écarter les considérations tirées de l'ancienne législation en faisant observer que si les agens de change et les courtiers se livrent à des actes de commerce, ce qui est incontestable, ce n'est pas pour leur propre compte, et que c'est là ce qui constitue la difficulté; aussi le trib. d'appel de Paris se borne-t-il à dire, comme on a vu, qu'ils font *une sorte de commerce.* Ils sont, il est vrai, soumis à la surveillance des trib. de comm.; mais les greffiers et les huissiers attachés à la juridiction consulaire se trouvent dans une position identique, et personne n'a jamais songé à soutenir qu'ils fussent commerçans; vainement encore oppose-t-on l'art. 16, L. 29 germ. an 9, qui établit la compé-tence des trib. de comm. pour les contestations entre agens de change, car il ne s'ensuit nullement que la même compétence existe pour les différends entre les agens de change et les par-.

ticuliers. Enfin, l'existence d'une juridiction différente pour les parties commerçantes et l'agent appelé en garantie présentent bien quelques inconvéniens, mais ces inconvéniens se rencontrent dans un grand nombre de circonstances, par exemple toutes les fois qu'il s'agit d'un recours à exercer contre un huissier ou un notaire; il ne faut donc pas y attacher plus d'importance que de raison.

Restent par conséquent les art. 89 et 632 C. comm.

Le premier porte que les agens tombés en faillite seront poursuivis comme banqueroutiers. — Mais que décider à l'égard de l'agent de change, qui, resté complètement étranger aux spéculations qui lui sont interdites, devient insolvable par suite d'une responsabilité encourue dans l'exercice de ses fonctions! Si le seul exercice de sa profession est un acte de commerce, il devra être déclaré en état de faillite et puni des travaux forcés à temps. Voilà les conséquences où l'on est nécessairement amené par le système que nous combattons, et cependant la loi n'a voulu évidemment punir que l'agent de change qui, malgré la prohibition de l'art. 85 C. comm., se livre à des opérations de commerce pour son compte personnel. Celui-là seul doit être déclaré en état de faillite, parce que celui-là seul est commerçant.

L'art. 632 C. comm. range parmi les actes de commerce *toute opération de change ou courtage*, mais cette disposition s'applique-t-elle, comme nous l'avons déjà fait remarquer, aux agens intermédiaires nommés par le roi et qui restent dans les limites de leur profession? Nous ne saurions le penser; ces intermédiaires sont en effet des espèces d'officiers ministériels dont les fonctions sont incompatibles avec le commerce; il nous est impossible de concilier la qualité de commerçant avec l'observation des règlemens qui leur interdisent toute opération, pour leur compte, avec absence de toute spéculation, alors cependant que l'idée de trafic, de chance de perte ou de gain est inséparable de l'idée de commerce (Art. 518 J. Pr.).

3. *Conditions d'admission.* Pour être agent de change, il faut, 1° la jouissance des droits de citoyen français; 2° la réhabilitation, si l'on a fait faillite, abandon de ses biens ou atermoiement; 3° l'exercice antérieur de la profession de banquier ou négociant, ou un travail antérieur de quatre ans au moins dans une maison de banque ou de commerce, ou chez un notaire à Paris. Arrêté 29 germ. an 9, art. 6 et 7. (Le ministère ne tient pas la main à la justification d'un exercice antérieur de profession. Vincens, 1, 578); 4° la nomination par le roi. C. comm. 75.

4. D'après les anciens règlemens, les agens de change devaient être majeurs, c'est-à-dire âgés de vingt-cinq ans accom-

plis. Aucune disposition législative encore en vigueur ne parle de cette condition ; mais le gouvernement n'institue aucun agent de change mineur. Vincens, *ib.* — On pourrait d'ailleurs considérer la majorité comme implicitement exigée par la disposition précitée qui veut que l'agent de change jouisse des droits de citoyen. — V. *sup.* n° 3.

**5.** Avant d'entrer en fonctions, l'agent de change prête serment devant le trib. de comm. du lieu où il doit exercer ; il justifie du versement de son cautionnement, qui varie selon les différentes villes depuis 6,000 fr. jusqu'à 125,000 fr. Arr. 29 germ. an 9 ; L. 28 avr. 1816, art. 90 ; ordonn. 9 janv. 1818. — V. *Cautionnement.*

**6.** Il a le droit de présenter un successeur à l'agrément du roi, excepté dans le cas de destitution (L. 28 av. 1816, art. 91. — V. *Office*) ; il faut un avis motivé sur l'aptitude et la réputation de probité du candidat, délivré par le trib. de comm., et accompagné des observations du syndic des agens de change et de l'avis du préfet. Ordonn. 3 juill. 1816.

**7.** Lorsqu'une place est vacante sans que la transmission en soit faite par le titulaire ou son représentant, la nomination a lieu en la forme adoptée avant la loi de 1816, savoir, sur une liste double fournie par un jury de commerçans de dix membres, mi-partie de banquiers et de négocians, et à laquelle le préfet peut ajouter un quart en nombre et le ministre un autre quart, pourvu toutefois qu'il y ait au moins deux places vacantes. Arrêté 29 germ. an 9.

Par exception, les vacances à Paris sont remplies sur une liste triple, présentée par la compagnie des agens de change. Ordonn. 29 mai 1816.

**8.** Un agent de change peut-il s'associer une ou plusieurs personnes pour l'exploitation par profits et pertes de la charge à laquelle il a été nommé ? Cette association constitue-t-elle une société civile ou une société commerciale ?

La première de ces questions divise la jurisprudence et les auteurs. — Pour la validité, on peut citer : MM. Mollot, *Bourses de commerce*, n° 284 ; Chauveau, 1836, p. 90 ; Dard, *Code des officiers ministériels*, p. 328 et suiv. ; Frémery, articles insérés dans le *Droit*, des 2 et 7 fév. 1838.

Dans l'opinion contraire on invoque MM. Rolland de Villargues, *Jurisprudence du notariat*, 1838, 2ᵉ cahier ; Devilleneuve, 38, 2, 83 ; un arrêt infirmatif de C. Paris, 1ʳᵉ ch., du 2 janv. 1838 (Art. 1009 J. Pr.), ainsi conçu :

Considérant que l'agent de change est un officier public institué pour certifier la réalité, et assurer la sincérité de certaines transactions entre les citoyens ; que son titre ne lui est conféré par le roi qu'à des conditions de moralité attachées à la personne ; que les fonctions d'agent de change doivent être remplies par le titulaire seul ; que le droit de les exercer étant essentiellement personnel, ne peut constituer une sorte de propriété que pour celui qui les exerce ; que la loi lui fait un devoir de tenir ses opérations secrètes ; — Qu'ainsi la nature de cet office résiste à ce qu'il devienne l'objet d'une société, puisqu'on ne concevrait pas de société là où la chose sociale n'est susceptible ni de copropriété ni d'exploitation par plusieurs, et où les opérations de la société ne doivent être connues que du gérant ; — Que si, pour obtenir de celui à qui il prétend succéder, la présentation à la nomination du roi, et pour fournir un cautionnement, l'agent de change peut recourir à des bailleurs et engager une partie quelconque du produit de son office, les conventions relatives à ces emprunts et obligations quelles qu'elles soient ne sauraient avoir le caractère de société ; — Considérant que les parties ont violé ces principes d'ordre public dans l'acte du 27 fév. 1830, en établissant une société sur ce qu'elles ont appelé exploitation par profits et pertes de l'office d'agent de change dont Bureaux était titulaire ; — Qu'elles y ont contrevenu plus gravement encore en stipulant la faculté d'admettre ou rejeter les opérations de cet agent, et l'obligation pour lui de déléguer, en cas d'empêchement, ses pouvoirs à l'un des prétendus associés, de ne pas se démettre avant une époque déterminée, ou, en d'autres termes, de laisser gérer l'office sous son nom ; — Considérant que, s'il y a des comptes à régler entre les appelans et les intimés, à raison des rapports d'affaires qui ont existé entre eux, les parties n'ayant pu trouver la qualité d'associés dans les conventions qui ont réglé ces rapports, les contestations relatives à leurs comptes ne sauraient être portées devant les arbitres juges.

—V. d'ailleurs conférence des avocats de Paris du 3 mars 1838 ( Art. 1109 J. Pr. ).

Selon nous, il faut distinguer si l'association renferme ou non des conventions contraires aux obligations particulières prescrites pour les agens de change, si elle a pour objet la propriété de l'office ou seulement le partage des bénéfices ; si elle est formée entre le cédant et le cessionnaire, ou bien entre le titulaire et des collaborateurs, ou des bailleurs de fonds ( Art. 340 et 366 J. Pr. ). — V. *Office*.

La solution de la seconde question dépend uniquement du point de savoir si les agens de change sont ou ne sont pas commercans : si l'on se prononce pour l'affirmative, on doit décider que la société formée pour exploiter leur industrie est commerciale ; au contraire si l'on pense comme nous (—V. *sup.* nº 2), qu'ils exercent une profession purement civile, on ne saurait attribuer un caractère différent à l'association qui aurait pour objet le partage des bénéfices produits par cette profession (Art. 365 et 366 J. Pr. ).

9. *Attributions.* Les agens de change ont *exclusivement* le droit, 1º de négocier, comme intermédiaires des parties, les effets publics et autres susceptibles d'être côtés. C. comm. 76 ;

2º De constater le cours des effets et des matières métalliques. C. comm. 75 et 76.

3º De certifier le compte de retour qui doit suivre une lettre de change ou un billet à ordre protesté. C. comm. 184, 187.
— V. *Effet de commerce.*

Leurs fonctions sont distinctes de celles des courtiers. Néanmoins elles peuvent être cumulées avec celles de courtiers de marchandises ou d'assurances et celles de courtiers-interprètes,

conducteurs de navires, quand l'ordonnance du roi qui les institue en contient l'autorisation. C. comm. 81. — Mais elles ne
peuvent être réunies à celles de courtiers de transport par terre
ou par eau. C. comm. 82.

**10.** Dans tous les cas les agens de change peuvent, *concurremment* avec les courtiers de marchandises, faire les négociations et le courtage des ventes ou achats des matières métalliques. C. comm. 76.

**11.** Leur ministère est forcé pour la négociation des rentes
et autres effets publics et facultatifs pour les négociations de
lettres de changes, billets à ordre, etc. Arrêté 27 prair. an 10,
art. 4.

En général, ils ne peuvent se faire représenter que par un
de leurs confrères, munis de leur procuration, et dont ils demeurent responsables. Néanmoins, à Paris, ils sont autorisés à
se faire remplacer dans quelques-unes de leurs fonctions, par
un premier commis agréé par la compagnie et révocable à sa
volonté comme à celle de l'agent qui l'a proposé.

**12.** Celui qui s'immisce dans les fonctions des agens de
change est passible d'une amende au moins égale au sixième
du montant de leur cautionnement (L. 28 vent. an 9, art. 8),
indépendamment de tous dommages-intérêts. Paris, 20 juin
1828 ; Mollot, *Bourses de commerce*, p. 552, 482.

Il est exclu de la bourse, et en cas de récidive, incapable
d'être nommé agent de change. Arrêté 27 prair. an 10 ; art. 5 ;
avis Conseil d'État, 17 mai 1809 ; Ordonn. 29 mai 1816.

**13.** Les négociations sont en outre déclarées nulles. Arr. du
Conseil d'État, 26 nov. 1781 ; Cass. 26 août 1791 ; Arrêté 27
prair. an 10, art. 7 ; Mollot, 535. — Toutefois, cette nullité
s'oppose seulement à la preuve de l'opération par le registre et
le témoignage de celui qui s'est indûment constitué intermédiaire ; mais elle n'exclut pas toute action et exception. Pardessus, n° 125.

**14.** Ces prohibitions ne s'étendent pas jusqu'à empêcher les
particuliers de négocier entre eux et par eux-mêmes les effets
auxquels ils apposent leur signature, par voie d'endossement.
Edit de 1599 ; Arrêté 27 prair. an 10.

Il est plus sûr d'acquérir les rentes de Naples et autres valeurs étrangères par l'intermédiaire d'un agent de change, qui
doit énoncer sur les registres les numéros des valeurs, les noms
des vendeurs et acheteurs. — Autrement on est exposé à se voir
contester la propriété de ces valeurs. La personne qui vous
transmet pourrait avoir volé ou trouvé le titre au porteur
Arg. C. civ. 2279.

**15.** *Obligations.* L'agent de change doit garder le secret le
plus inviolable sur les négociations dont il est chargé (à moins

que la partie ne consente à être nommée, ou que la nature de l'opération ne l'exige). Arrêté 27 prair. an 10, art. 19.

De là plusieurs conséquences.

1° En réalité, la négociation ne s'établit qu'entre les deux agens de change, acheteur et vendeur, qui stipulent en leur *nom personnel :*

2° Ils ont seuls le droit d'agir pour leurs cliens innommés, afin d'obtenir l'exécution de la négociation ;

3° Les *parties* n'ayant entre elles aucune relation, sont sans action l'une contre l'autre ; la loi leur assure l'exécution du contrat en leur donnant une garantie contre les agens de change qu'elles ont respectivement chargés. Cass. 19 août 1823, S. 24, 54 ; Mollot, p. 140.

**16.** La loi exige de l'agent de change, 1° un livre timbré, coté et paraphé, sur lequel il doit consigner ou *faire consigner* (Mollot, 123), jour par jour, et par ordre de dates, sans ratures, interlignes ni transpositions, et sans abréviations ni chiffres, toutes les opérations faites par son ministère. C. comm. 84.

**17.** 2° Un carnet sur lequel il porte chaque négociation à mesure qu'elle est faite. Arrêté 27 prair. an 10, art. 12.

Il n'est pas nécessaire que ce carnet soit coté et paraphé. L'agent de change est même dans l'usage de l'écrire au crayon.

**18.** Les parties peuvent demander à l'agent de change un extrait de son journal le lendemain de l'opération, ainsi qu'une reconnaissance des objets qu'elles lui confient ; — Nul autre n'a ce droit si l'intéressé n'y consent.

**19.** Toutefois, les trib. et les arbitres-juges (à la différence de l'arbitre-rapporteur, Mollot, 130) peuvent exiger l'exhibition des livres et carnets des agens de change. Arg. C. comm. 15.

L'altération de ces livres et carnets constitue un faux en écriture publique. Cass. 11 fruct. an 13.

**20.** L'agent de change doit conserver son carnet et son journal pendant dix ans après la cessation de ses fonctions. Arg. C. comm. 111 ; Mollot, 130.

**21.** *Prohibitions.* La loi interdit aux agens de change :

1° Toute opération commerciale pour leur compte, tout intérêt, soit direct, soit indirect, ou par personnes interposées, dans des entreprises de même nature. C. comm. 85.

2° Toute société de banque ou en commandite. Arr. 27 prair. an 10, art. 10.

L'agent de change qui, malgré la défense de l'art. 85 C. comm., aurait contracté une société commerciale, ne saurait être nommé liquidateur de cette société, si la liquidation était susceptible d'entraîner de nouveaux engagemens commerciaux. Bordeaux, 9 juin 1830.

3° Les paiemens ou recettes pour leurs cliens ; c'est-à-dire qu'il ne doit point exister de compte courant entre les agens de change et leurs cliens : ce qui n'exclut pas les paiemens et recettes à chaque opération.

4° La garantie des marchés qu'ils opèrent. C. comm. 86 et 87.

5° La négociation des effets appartenant à un failli. Arr. prair. an 10, art. 10.

6° Le prêt de leur nom à des individus non commissionnés. *Ib.*

**22.** Toutefois, les actes faits en contravention à ces prohibitions, ne sont pas nuls, et ceux qui les ont souscrits ne peuvent se soustraire à leur exécution. Cass. 15 mars 1810, S. 10, 240 ; 18 déc. 1828.

**23.** Mais ils entraînent contre l'agent de change la peine de la destitution et une amende de 3,000 fr. au plus, prononcée par le trib. correctionnel, sans préjudice des dommages-intérêts des parties ( C. comm. 87 ) qui peuvent actionner devant le tribunal de commerce. *Ib.* 632.

Tout agent de change destitué en vertu de cette disposition ne peut être réintégré dans ses fonctions. C. comm. 88.

**24.** Les délinquans sont passibles de la contrainte par corps pour les amendes et dommages-intérêts encourus. C. pén. 52.

**25.** Ils ne sont affranchis de toutes poursuites qu'après trois ans, leur fait étant un véritable délit et non une simple contravention. Arg. C. inst. cr. 638 ; Mollot, 332, 482.

**26.** Il résulte de ces différentes prohibitions que l'agent de change ne peut tomber en faillite sans avoir forfait à ses devoirs. Aussi, lorsqu'il manque, il est nécessairement poursuivi comme banqueroutier. C. comm. 89 ; C. pén. 404.

**27.** *Responsabilité.* L'agent de change est soumis en général aux règles du mandat. — Ainsi il ne doit rien faire sans y être autorisé par le client. Cass. 22 juill. 1823 ; Pardessus, n° 126.

**28.** Mais il est responsable du paiement du prix des effets publics qu'il achète pour ses cliens, ou de la différence qui résulte des reventes faites sur eux, à défaut de paiement du prix ( Paris, 29 mai 1810, S. 11, 25 ); sauf son recours contre ses commettans, desquels il doit exiger les titres et sommes nécessaires à l'opération. Arr. prair. an 11, art. 13 ; acte 16 juin 1807, art. 13.

**29.** L'agent de change doit, dans les cinq jours, consommer les opérations de transfert sur le grand-livre. Décis. chamb. synd., 10 fruct. an 10, approuvée par le ministre de l'intérieur.

Nanti d'effets pour les vendre, il n'est libéré qu'en justifiant de la quittance du propriétaire de l'inscription, qui n'a besoin que du fait matériel de la vente opérée pour former sa demande en reddition de compte ; la signature du vendeur au transfert étant nécessaire pour la délivrance d'une nouvelle inscription au profit de l'acheteur, ne prouverait pas la libération de l'agent de change vendeur. Pardessus, n⁰ 129.

**50.** Si l'agent de change a dû acheter, la remise de l'acte de transfert de la créance inscrite au nom du client (par exemple, de l'inscription de rente ou valeur étrangère) opère sa libération envers ce dernier. Pardessus, *ib.*

**51.** L'agent de change est civilement responsable de la vérité de la dernière signature des lettres de change et autres effets qu'il négocie. Arr. prair. an 10, art. 14.

**52.** Dans l'usage, l'agent de change atteste cette vérité par sa signature qu'on nomme improprement *aval.* Sa garantie, réduite à cet objet est licite.

**53.** S'il s'agit de transfert de rentes sur l'État, il doit avoir lieu en présence de l'agent de change, qui est responsable pendant cinq ans, à dater de la déclaration du transfert, 1° de l'identité du propriétaire vendeur; 2° de la vérité de sa signature; 5° de la vérité des pièces produites. Acte 16 juin 1802, et ordonn. 14 avr. 1819. — Il doit certifier la signature du vendeur, sur un registre tenu à cet effet, dans les bureaux du ministère des finances.

**54.** Dans le cas d'un faux transfert de rente, l'agent de change est responsable non seulement à l'égard du trésor, mais encore à l'égard de la partie. Paris, 25 janv. 1833, S. 33, 410.

**55.** L'agent de change répond de l'identité des personnes.

**56.** Répond-il de leur incapacité?

L'affirmative n'est pas douteuse s'il a connu cette incapacité : par exemple, lorsqu'elle était mentionnée dans le titre lui-même. Mollot, n° 367. — On a déclaré responsable un agent de change qui avait négocié, sans fraude, des effets appartenant à un interdit, parce qu'il avait dû connaître l'interdiction, soit par la publicité légale qu'elle avait eue, soit par ses relations avec la famille. Cass. 3 brum. an 11, P. 3, 27.

Il a même été jugé que c'était à l'agent de change, investi d'un mandat légal, à s'assurer de la capacité du client (Paris, 24 janv. 1825, S. 25, 346; mais cet arrêt a été cassé (le 8 août 1827, S, 27, 425), — Attendu que la responsabilité des agens de change est limitée aux seuls cas spécifiés dans les lois qui déterminent la nature et l'étendue de leurs obligations envers le gouvernement ou le public; qu'ils doivent certifier l'identité du propriétaire de la rente, la vérité de sa signature, ainsi que celle des pièces produites (arrêté, art. 15), et qu'ils sont responsables de ces faits (art. 16); mais que ni cet arrêté, ni aucune loi, ni aucun règlement, ne les obligent d'attester la capacité civile de leurs cliens et ne les rendent responsables des erreurs qu'ils pourraient commettre à ce sujet. Mollot, n° 568.

**37.** La responsabilité de l'agent de change, pour faits de charge, s'exerce particulièrement sur son *cautionnement*. — V. ce mot.

**38.** Sont réputés tels ceux qu'il accomplit en sa qualité d'officier public ; par exemple, le défaut de livraison des effets qu'il a vendus. Paris, 29 mess. an 12, S. 14, 152 ; — Encore qu'il ait contracté non avec son propre client, mais avec un autre agent de change ou avec le client de ce dernier. — *Même arrêt.*

**39.** Certaines négociations peuvent exposer l'agent de change à des condamnations qui ne frapperaient pas son *cautionnement* — V. ce mot.

**40.** *Émolumens.* L'agent de change est un officier public, un mandataire forcé ; l'emploi qui est fait de son ministère emporte avec soi, et indépendamment de toute promesse spéciale, l'obligation de payer un salaire. Cass. 16 avr. 1833, D. 33, 200.

**41.** Ce salaire doit être fixé par ordonn. du roi. On suit provisoirement les usages locaux. Arr. 13 prair. an 10.

Il n'appartient pas aux tribunaux d'apprécier l'importance des opérations confiées à l'agent de change, pour lui assigner un salaire en proportion de son travail. *Même arrêt.*

**42.** Le tarif est, à Paris, d'un huitième au moins et d'un quart au plus pour cent sur chaque opération au comptant et à terme, et sur les négociations de lettres de change. Décis. ch. synd. 9 janv. 1819. Dans l'usage, on ne perçoit qu'un huitième, pour les négociations importantes.

**43.** L'émolument se perçoit non pas sur la *valeur nominale* des effets, mais sur le *produit net* de la négociation. Décis. ch. synd. Paris, 9 nov. 1822 et 8 juill. 1824 ; Mollot, n° 411.

**44.** A défaut de loi, d'usage local ou de convention particulière, les contractans acquittent les droits par moitié. Arg. Décr. 15 déc. 1813, art. 20 ; Pardessus, n° 127.

**45.** S'ils ont eu recours à deux agens différens, chaque partie paie celui qu'elle a employé.

**46** Pour simplifier ses écritures et sa position avec ses cliens, l'agent de change doit se faire payer immédiatement après chaque opération, ou sur mémoire de trois en trois mois. Mais aucune loi ne le déclare non recevable après l'expiration de ce délai. Mollot, 422.

Dans l'usage, l'agent de change rend compte de la vente ou de l'acquisition à son client peu de jours après. — En cas d'achat, le client qui lui a remis partie des fonds à l'avance, se présente quatre ou cinq jours après l'acquisition ; paie ce qu'il reste devoir et le droit de courtage en retirant la valeur achetée. En cas de vente, l'agent retient ses droits de courtage en remettant aussi au bout de peu de jours à son client le produit de la négociation.

S'il arrive que l'on fasse des opérations fréquentes de vente ou d'achat pour un client, qui n'habite pas le lieu de la bourse, alors il y a lieu à un compte qui peut n'être réglé que plusieurs mois après les opérations.

47. L'agent de change ne peut rien demander au-delà de ce qui lui est accordé par les tarifs ou l'usage des lieux, sous peine de concussion. Arr. 29 germ. an 9, art. 13 ; et 27 prair. an 10, art. 20.

48. Il n'a pas la faculté de convenir d'un taux moindre que celui du tarif ou de l'usage, sous peine de censure, de suspension de ses fonctions, et même de destitution. Décis. ch. synd. 9 janv. 1819.

49. En conséquence, un client est non recevable à refuser de payer à l'agent de change ses courtages sur le taux du tarif ou de l'usage, en alléguant une réduction convenue entre eux. Paris, 9 mars 1829.

50. Néanmoins, si la réduction convenue avait pour cause des opérations défendues, telles que les jeux de bourse, l'agent de change qui s'y serait sciemment prêté serait aussi mal fondé à discuter la quotité du courtage qu'à en réclamer le paiement, en cas de refus du client. Mollot, n° 416.

51. *Foi due aux actes de l'agent de change.* Les bordereaux ou arrêtés d'un agent de change, signés par les parties, constatent les ventes et achats (C. comm. 109,), et en général toutes les négociations qui sont dans ses attributions. Pardessus, n° 126.

52. La vérité des signatures des parties est assurée par l'attestation de l'agent de change ; il n'y a donc pas lieu, dans ce cas, à la vérification des écritures. Arg. C. comm. 79 ; Toullier, 8, n° 396.

— Cependant ces bordereaux ou arrêtés ainsi signés ne sont pas des actes publics qui emportent *exécution parée,* comme les actes passés devant notaires, et sont insuffisans pour conférer hypothèque. *Ibid.*

53. Les énonciations contenues dans le journal ou le carnet peuvent être opposées à l'agent de change. — Mais relativement aux parties, elles ne font foi que jusqu'à preuve contraire. Ce ne sont point des actes authentiques. Mollot. 129.

54. Lorsqu'il n'y a pas d'accord entre le journal et le carnet, il convient de donner la préférence au carnet, comme ayant été écrit au moment même de l'opération. Mollot, *ib.*

— V. *Bourse de commerce, Courtier, Effet de commerce.*

AGENT *diplomatique.* — V. *Ministre public.*

AGENT *de la force publique.* — V. *Exécution.*

AGENT JUDICIAIRE *du trésor public.* — V. *Trésor.*

AGRÉÉ. Se dit de ceux dont la profession est de défendre

les causes commerciales, et qui obtiennent à cet effet *l'agrément* du trib. de comm. — On les désigne encore dans plusieurs trib. par leur ancien nom de *postulans*.

**1.** Malgré l'interdiction du ministère des avoués devant les trib. de comm. ( C. pr. 414, C. comm. 617 ), ces trib. ont conservé la faculté de s'attacher des *particuliers* que leur *agrément* présente d'une manière spéciale à la confiance des justiciables. C'est ce qui résulte de la discussion au Cons. d'État de l'art. 627 C. comm. Locré, *Esprit du C. de comm.*, t. 9, p. 118 ; Horson, *Encyclopédie du droit*, v° *Agréé*, n° 5.

**2.** Cet agrément s'obtient, se conserve et se transmet à un successeur sous certaines conditions. Le trib. qui nomme les agréés a sur eux un droit de règlement et de police — ( V. *inf.* n° 17). — Ils ont une chambre syndicale. — V. *Tribunal de commerce.*

A Paris, le nombre des agréés est de quinze. Délibérations du trib. 1809 et 1813.

Au reste, les agréés n'ont aucun caractère public ; ce ne sont pas des officiers ministériels : de là plusieurs conséquences :

**3.** 1° Ils ne fournissent point de cautionnement.

**4.** 2° Leur ministère n'est pas forcé, et les parties sont toujours libres de choisir leurs défenseurs hors des agréés. Autrement ils deviendraient de véritables avoués, et l'institution qu'on a voulu interdire devant les trib. de comm. se trouverait rétablie sous une autre forme.

**5.** 3° Ils sont obligés, comme tous autres mandataires, à représenter un pouvoir *spécial* de leurs cliens, ou de se faire autoriser par eux à l'audience. C. comm. 627 ; ordonn. 10 mars 1825.

Dans l'usage, on les dispense de faire légaliser la signature de leurs cliens ; — Et même dans certaines localités l'enregistrement du pouvoir n'est pas exigé.

**6.** Il doit être fait mention expresse, dans la minute du jugement qui intervient, de l'autorisation donnée à l'agréé par la partie présente, ou du pouvoir spécial dont il est muni (ordonn. 1825); ce qui ne peut avoir lieu que lorsqu'il est enregistré.

**7.** Les trib. de comm. doivent veiller à la stricte exécution de ces dispositions, mais sans pouvoir prendre des arrêtés généraux dont l'objet serait de tracer d'avance au greffier ou à ceux qui se présenteraient munis des pouvoirs des parties, la conduite qu'ils ont à tenir : ce serait statuer par voie réglementaire, contrairement au vœu de la loi. Cass. 19 juill. 1825, S. 25, 395.

**8.** Ainsi, par le même motif, le jugement qui décidait, en termes généraux, que les pouvoirs pour défendre à toutes affaires de commerce devraient être admis par le greffier, a été cassé. *Même arrêt.*

9. La remise de l'original, de la copie de l'assignation, et de toute autre pièce, n'équivaut point à un mandat spécial. Ordonn. 10 mars 1825 ; Berriat, 380, 381 ; Pardessus, n° 1543. — *Contrà*, Favard, v° *Agréé*. Son ouvrage est antérieur à l'ordonnance de 1825.

10. La C. de Rennes a jugé, le 9 mai 1810, que dans le cas où le mari et la femme se trouvent simultanément assignés, l'agréé qui est muni de la copie de l'assignation peut être réputé les représenter tous deux, quoiqu'il ne soit attesté que de la femme, et que celle-ci seule ait signé le pouvoir qui se trouve au bas de l'assignation. — Mais cette opinion ne pourrait plus être adoptée depuis l'ordonnance de 1825.

11. Le pouvoir de l'agréé est exhibé au greffier, et visé par lui, sans frais, avant l'appel de la cause. C. comm. 627.

Ordinairement le pouvoir est au bas de l'assignation.

12. L'exploit, après le visa, est remis à l'agréé.

Les difficultés qu'entraîne cette remise dans la révision annuelle des droits d'enregistrement, par l'insuffisance des énonciations du plumitif rédigé par le greffier, ne peuvent être un motif assez grave pour dépouiller les agréés de leur titre. L'administration des domaines s'est plusieurs fois adressée aux trib. de comm. pour qu'ils ordonnassent le dépôt des exploits au greffe sans remise aucune aux agréés ; mais ces demandes n'ont pas été accueillies. — Toutefois, plusieurs trib. de province conservent l'original de l'exploit d'assignation, qui sert comme minute des qualités et pour la rédaction du jugement.

13. Les agréés peuvent-ils être désavoués, s'ils font, dans la procédure ou la plaidoirie, des offres ou aveux préjudiciables à la partie qu'ils représentent ? — V. *Désaveu.*

14. Ils sont non recevables à porter devant les trib. de comm. où ils postulent, les demandes formées pour frais contre leurs cliens. Ils n'ont contre eux qu'une action ordinaire, de la compétence des trib. civils. Cass. 5 sept. 1814, S. 14, 266 ; Favard, v° *Agréé*. — Elle dure trente ans.

Toutefois, le trib. de comm. de Paris s'est déclaré compétent pour connaître d'une demande en paiement de frais, formée par un agréé, en matière de faillite.

15. Les honoraires auxquels ils ont droit ne peuvent être compris dans les dépens mis à la charge de la partie qui succombe. Leur ministère n'est pas forcé ; le tarif n'a rien statué à leur égard.

Mais il a été jugé qu'il en est autrement de l'enregistrement du pouvoir qui leur est donné. Cass. 5 nov. 1855 (Art. 595 J. Pr.), — attendu que le pouvoir est nécessaire à l'agréé pour représenter sa partie ; que la formalité de l'enregistrement est exigée pour toutes pièces, tous actes à produire en justice. — Celte solution nous paraît contraire au principe, en matière de taxe, d'après lequel toute procuration facultative de la part d'une partie doit rester à sa charge.

Toutefois, certains trib. de comm. allouent même aux agréés des honoraires plus ou moins élevés.

**16.** Le jugement par défaut, rendu contre une partie ayant un agréé, est-il susceptible d'opposition après la huitaine de sa signification ? — V. *Jugement par défaut.*

**17.** En tant que mandataires ordinaires, les agréés ne sont ni suspendus, ni interdits par le trib. de comm. (Pau, 18 août 1818, S. 19, 193); mais ce trib. pourrait leur retirer son agrément.

AIEUL. — V. *Acte respectueux, Adoption, Alimens, Contrainte par corps, Parenté.*

AJOURNEMENT. Assignation devant un tribunal civil.

## DIVISION.

### Sᴇᴄᴛɪᴏɴ Iʳᵉ. — *Caractères de l'ajournement.*

**1.** L'ajournement ( *in diem dictio* ) est l'acte par leque un huissier dénonce une demande au défendeur, avec sommation de comparaître dans un certain délai devant un trib. civil de 1ʳᵉ instance.

Il a de l'analogie avec *l'assignation, l'acte d'appel* et la *citation,* mais il en diffère sous plusieurs points importans. — V. ces mots et *Exploit.*

**2.** Les formalités de l'ajournement sont ou intrinsèques ou extrinsèques.

*Intrinsèques.* Ce sont celles qui font partie intégrante de l'acte; il est comme non avenu, si l'une d'elles est omise ou non remplie d'une manière équivalente. C. pr. 61, 64, 68.

*Extrinsèques.* Ce sont celles qui ne sont prescrites qu'accessoirement ; par exemple : 1° l'enregistrement de l'exploit dans les quatre jours de sa date ( L. 22 frim. an 7, art. 24 ) ; 2° la mention du coût de l'exploit (C. pr. 67); 3° la copie des titres sur lesquels la demande est fondée (C. pr. 65-2°); 4° la copie du procès-verbal de non conciliation, ou de la mention de non comparution. C. pr. 65, — 1°.

3. Ces formalités sont quelquefois exigées à peine de nullité (C. pr. 65,—1°); le plus souvent leur omission ne donne lieu qu'à des amendes ou à la perte des frais.

4. Les frais sont supportés par l'huissier, lorsque la nullité ou l'irrégularité provient de son fait, sans préjudice des dommages-intérêts des parties. C. pr. 71, 1030, 1031. — V. *Exploit, Huissier, Responsabilité.*

5. L'ajournement irrégulier ne peut pas être rectifié par un acte postérieur. Il faut nécessairement signifier un nouvel ajournement, qui ne produit d'effet que du jour de sa date. — V. *Exploit.*

La nullité du premier ajournement entraîne pour le demandeur plusieurs conséquences : — 1° la nécessité de supporter, dans tous les cas, et sans répétition possible contre le défendeur, les frais de l'acte nul ; — 2° la perte des intérêts qui auraient dû courir, soit depuis le jour du premier ajournement, s'il eût été régulier (C. civ 1153), soit depuis la citation en conciliation devant le juge de paix (C. pr. 57), à moins qu'il ne se fût point encore écoulé un mois depuis ce dernier acte, auquel cas le demandeur pourrait réitérer l'assignation, sans éprouver aucune perte d'intérêts ; — 3° et enfin l'anéantissement de l'action dans certaines circonstances : si, par exemple, pendant l'espace de temps qui aurait existé entre le premier et le second ajournement, une prescription s'était accomplie au profit du défendeur. — V. *inf.* n° 103.

6. Indépendamment des formalités prescrites pour la validité de l'ajournement, il faut : — 1° que les parties existent au moment de la signification ; — 2° qu'elles soient capables d'introduire une demande ou d'y défendre. — V. *Action,* n° 109 à 113, et les mots de renvoi qui y sont indiqués.

7. Le défaut de mention dans l'ajournement des autorisations préalables aux demandes dirigées contre les préfets représentant le domaine de l'*État* ( — V. ce mot), et contre les *communes* ( — V. ce mot), si d'ailleurs elles ont été obtenues, n'entraîne pas nullité de l'acte. Toutefois, le préfet et le maire pourraient ne pas répondre à la demande, et il ne serait statué qu'après que le demandeur aurait justifié avoir rempli la formalité. — V. d'ailleurs *Femme mariée.*

Section II. — *Mentions que doit contenir l'ajournement.*

8. Ces mentions consistent dans : — 1° la date de l'exploit ; — 2° les noms, profession et domicile du demandeur ; — 3° les noms, demeure et immatricule de l'huissier ; — 4° les noms et demeure du défendeur ; — 5° l'indication de la *personne* à laquelle copie de l'ajournement est laissée ; — 6° l'indication du coût de l'ajournement ; — 7° la constitution d'un avoué pour le demandeur ; — 8° l'élection d'un domicile pour le demandeur ; — 9° l'indication du délai fixé pour la comparution ; — 10° l'indication du tribunal qui doit connaître de la demande ; 11° l'indication de l'objet de la demande, l'exposé sommaire des moyens et la signification des pièces à l'appui. — V. C. pr. 61 et 65, et *sup.* n° 7.

Parmi ces mentions les unes sont communes à tous les exploits. ( — V. *inf.*, § 1 ) ; les autres au contraire sont spéciales aux ajournemens. — V. *inf.* § 2.

### § 1. — *Mentions communes à tous les exploits.*

9. Les mentions exigées indistinctement pour la régularité de tous les exploits en général sont les six premières qui viennent d'être indiquées *sup.* n° 8. — Les règles relatives à ces diverses mentions sont exposées au mot *Exploit*, sect. II.

### § 2. *Mentions spéciales, à l'ajournement.*

10. Les mentions prescrites spécialement pour les ajournemens sont les cinq dernières indiquées, *sup.* n° 8. — Elles font l'objet des cinq articles suivans.

#### Art. 1er. — *Constitution de l'avoué pour le demandeur.*

11. En général, la constitution d'un avoué pour le demandeur doit être mentionnée dans l'ajournement, *à peine de nullité* (C. pr. 64). — V. Toutefois, *inf.* n° 23, et *Avoué*, § 3. Il est indispensable que le défendeur connaisse l'avoué chargé de suivre la demande introduite. L'ajournement une fois signifié, tous les actes d'instruction ordinaire se font par et entre les avoués des parties qu'ils représentent, et au nom desquelles ils ont seuls droit de conclure.

12. La loi n'a prescrit aucuns termes sacramentels pour la constitution. — Il suffit qu'elle soit énoncée par *équipollens* (Art. 497 J. Pr.) ; ainsi elle résulte suffisamment des mots : *ayant M<sup>e</sup> un tel pour avoué* (Cass. 24 déc. 1831, D. 32, 27) ; — ou de la déclaration par l'appelant qu'il constitue pour avoué celui qui avait été indiqué dans un précédent acte d'appel auquel il a renoncé (Cass. 12 juin 1833, D. 33, 300) ; — ou bien encore de la mention, dans l'acte d'appel, que tel avoué

*concluera à ce que le jugement soit mis au néant.* Bruxelles, 21 fév., 1814, D. 7, 755.

13. Enfin l'omission de la constitution d'avoué ne rend pas nul l'exploit en tête duquel se trouve inséré un acte contenant cette constitution, et en outre une réquisition faite à l'huissier, par l'avoué constitué, d'assigner le défendeur. Cass. 21 déc. 1831; 21 août 1832, D. 32, 27, 365.

14. Il a même été jugé qu'un acte d'appel portant déclaration de constituer avoué est valable, encore qu'il n'en désigne aucun, si d'ailleurs la signature d'un avoué se trouve en marge sur la copie. Rennes, 20 janvier 1813, D. 7, 752.

15. La loi n'exige que la constitution d'un avoué. Il n'est pas indispensable d'indiquer ses noms et demeure : le demandeur, surtout s'il demeure hors du ressort, peut ne pas les connaître ; d'ailleurs ces mentions sont facilement suppléées par d'autres énonciations, d'après lesquelles l'avoué du défendeur reconnaîtra sans peine celui de ses confrères constitué dans l'ajournement, pourra l'indiquer lui-même à son client, et faire à son égard tous les actes d'instruction.

Ainsi le défaut de nom n'est pas une nullité, alors surtout que la demeure de l'avoué constitué est indiquée, et qu'aucun autre avoué n'habite la même maison. Bordeaux, 17 juin 1831, D. 31, 177.

16. Est suffisante la constitution faite en ces termes : *le doyen des avoués, le plus ancien des avoués, le successeur de M⁺ tel* (Garré, art. 61). Cependant il ne faut employer ces désignations vagues que lorsqu'il n'y a pas moyen de faire autrement ; il est plus prudent d'indiquer le nom et la demeure.

17. Une erreur de nom dans la constitution d'avoué n'opère pas la nullité d'un acte, si d'ailleurs il est impossible, d'après les énonciations renfermées dans l'exploit, de se méprendre sur la personne du véritable avoué constitué. Angers, 2 janv. 1824. D. 7, 752.

18. Il en est de même de la simple erreur dans la qualification de la personne désignée comme devant occuper ; ces expressions : « M. N..., *avocat* constitué, » seraient suffisantes, si réellement ce dernier était avoué. Limoges, 30 déc. 1812, S. 14, 126. La plupart des avoués sont licenciés en droit, et prennent le titre d'avocat-avoué.

19. Mais il y a nullité si la personne constituée est réellement avocat et n'exerce point les fonctions d'avoué. Pau, 22 juill. 1809; Cass. 4 sept. 1809; Florence, 19 mai 1840, P. 8, 318; Limoges, 14 avr. 1813; Rennes, 21 oct. 1846; Cass. 5 janv. 1815, S. 15, 122; Merlin, *Quest. dr.*, v° *Appel*, § 10, n° 2.

20. La constitution d'un avoué qui a cessé ses fonctions est-

elle suffisante dans le cas où le demandeur ignorait cette circonstance? — Pour l'affirmative on dit : l'on ne doit pas punir
par une nullité souvent irréparable une erreur que l'éloignement, la rareté des communications et la surannation d'un al-
manach peuvent causer tous les jours : l'erreur de fait suffit
pour la rescision d'une transaction ou la rétractation d'un aveu
judiciaire. Comment ne serait-elle pas une excuse pour le redressement d'une faute inoffensive dont aucun droit n'a souffert.
Il faut qu'il y ait un manquement prévu, une disposition faussée,
une garantie éludée, un abus possible, pour qu'une telle sévé-
rité ne soit point déplacée.

Mais l'on répond : la prescription de la loi est formelle ; il
faut, à peine de nullité, que l'exploit contienne la constitution d'un avoué auquel le défendeur ait la faculté d'adresser
toutes les significations qu'il croit utiles à la cause ; or, l'absence
complète d'une constitution , ou la constitution d'un avoué qui
n'exerce plus est absolument la même chose : c'est au demandeur à bien prendre les informations et à savoir si la personne
qu'il constitue est encore avoué. D'ailleurs il peut, dans le
doute, avoir recours aux indications vagues que nous avons
indiquées *sup.* n° 16, et c'est même une précaution que la prudence lui commande toutes les fois que l'ajournement est signifié dans un lieu éloigné de celui où siège le tribunal compétent
pour connaître de la demande.

Ces raisons nous avaient paru concluantes lors de notre première édition, et nous avouons qu'elles sont encore à nos
yeux de la plus grande force.

Cependant l'opinion contraire a été adoptée, le 16 mai 1836,
par la C. cass., arrêt de rejet, ch. civ. (Art. 666 J. Pr.), en ces
termes : — «Attendu que, s'il résulte de l'art. 61 C. pr., com-
biné avec l'art. 456 du même Code, que tout exploit d'appel
doit contenir assignation, et que toute assignation ou ajournement doit indiquer le nom de l'avoué qui occupera, le tout à
peine de nullité, il n'est parlé dans aucun article de la loi des
cas où une constitution d'avoué porterait sur un individu décédé
ou démissionnaire de son office, que dès lors ce cas est nécessairement
ment laissé à la prudence du juge ; — Et attendu que l'arrêt
constate que Laborie, au nom duquel cette assignation était
donnée n'avoir pu connaître la démission de l'avoué Lombard
qu'il constituait, laquelle démission était alors toute récente ;
et que c'est de bonne foi que Laborie l'a constitué dans son acte
d'appel ; qu'en écartant cette exception de nullité proposée
contre l'appel dont il s'agissait, l'arrêt attaqué n'a violé aucune
loi , et a fait une juste application de l'art. 1030, C. pr.» — V.
Conf. Trèves, 4 déc. 1809, S. 10, 62 ; — Bourges, 29 juin
1808 ; — Nîmes, 24 août 1840 ; — Bordeaux, 30 mars 1824,

S. 24, 552 ; Boncenne, 2, 146 ; Carré et Thomine, art. 61, 456 ; — Contrà, Liége, 15 juin 1807 ; Rennes, 21 oct. 1816 ; D., A. 7, 753 ; Orléans, 16 déc. 1813 ; Riom, 17 avr. 1818, S. 19, 223 ; — Bourges, 11 mai 1813 ; Bourges, 1ᵉʳ mars 1831.

Quoi qu'il en soit, si l'on admet cette doctrine, il faut nécessairement reconnaître que les actes signifiés par le défendeur à l'avoué constitué dans l'ajournement sont valables tant qu'une nouvelle constitution régulière n'a pas eu lieu, car autrement le défendeur se trouverait paralysé dans sa défense, le but que s'est proposé le législateur ne serait pas atteint, le texte et l'esprit de la loi seraient tout à la fois méconnus.

21. L'élection de domicile chez un avoué ne supplée pas à la constitution. Montpellier, 5 août 1807 ; Bruxelles, 15 juin 1807, S. 7, 340 ; Amiens, 10 nov. 1821, S. 22, 246 ; Liége, 23 nov. 1814 ; Lyon, 29 mai 1816 ; Grenoble, 5 juill. 1828, D. 29, 8 ; Colmar, 26 janv. 1816, S. 16, 207 ; Grenoble, 5 juill. 1826, S. 29, 8 ; Lyon, 25 août 1828 ; Nîmes, 17 nov. 1828, S. 29, 13, 148 ; Carré, art. 456 ; Boncenne, 2, 141.

Toutefois, on a considéré comme valable un acte d'appel renfermant élection de domicile chez l'avoué, et précédé d'une copie de pièces signée de cet avoué. Cass. 21 août 1832 ; Paris, 17 août 1836 (Art. 497 J. Pr.). — V. dans le même sens Colmar, 24 mars 1810, S. 12, 378 ; Nancy, 16 août 1825, S. 25, 371 ; Thomine, 1, 158.

Au reste, quelle que soit la tendance de la jurisprudence la plus récente à admettre des équipollens pour la constitution d'avoué, nous ne saurions trop recommander aux officiers ministériels d'employer les termes mêmes de la loi.

22. C'est dans l'ajournement même que la constitution doit être faite : elle est une des formalités substantielles de l'acte ; elle ne peut avoir utilement un acte supplétif. — V. sup. n° 5.

La nullité n'est pas couverte par le seul fait de la constitution de l'avoué du défendeur, signifié à l'avoué indiqué dans l'acte supplétif : la constitution est toujours faite sans aucune approbation préjudicielle de la part du défendeur (—V. Constitution d'avoué). Et pour demander la nullité, il faut que celui-ci se fasse représenter par un avoué. Angers, 12 mai 1819. — Contrà, Paris, 28 mai 1812 ; Toulouse, 7 juill. 1823. — V. Exception.

23. L'obligation de constituer avoué cesse, 1° à l'égard de l'avoué qui agit en son nom ; — 2° pour certaines administrations publiques. — V. d'ailleurs Avoué, § 3.

Art. 2. — *Élection de domicile pour le demandeur.*

24. L'ajournement doit contenir une élection de domicile

pour le demandeur (C. pr. 61) dans le lieu où siége le trib. qui doit connaître de la demande ; faite hors de ce lieu, elle ne remplirait pas le but de la loi, qui est de mettre le défendeur à même de signifier à ce domicile *certains actes* avec plus de rapidité et moins de frais. *Certains actes*, c'est-à-dire les actes ordinaires qui se rattachent au procès, et non ceux qui doivent nécessairement être signifiés à la personne ou au domicile de la personne à laquelle ils sont adressés, ou à son mandataire spécial ; l'élection de domicile ne confère en effet qu'un mandat ordinaire.—V. *Domicile*, § 3 ; *Exploit.*

**25.** Toutefois une demande reconventionnelle peut être formée par exploit donné au domicile élu dans la demande principale. Paris, 21 fév. 1810, P. 8, 127. — Elle peut être également formée par acte d'avoué.

**26.** Le défaut d'élection de domicile n'entraîne pas la nullité de l'ajournement. Dans ce cas, il y a élection de droit chez l'avoué constitué. C. pr. 61.

Mais on peut constituer un avoué et élire domicile chez une autre personne. Cette dernière a qualité pour recevoir dans le cours de l'instance toutes les sommations, toutes les communications que la loi ne prescrit pas impérativement de signifier à la partie en personne ou à son domicile.

### Art. 3. — *Délai fixé pour la comparution.*

**27.** Le nombre de jours entre celui de la date de l'ajournement et celui auquel le défendeur est obligé de comparaître doit être indiqué dans l'ajournement, *à peine de nullité.* C. pr. 61, 4°.

Il faut que le défendeur connaisse le jour de la comparution, afin qu'il puisse réunir ses pièces et moyens de défense, et constituer un avoué en temps utile (V. *Constitution d'avoué*), et qu'il sache si on lui a accordé le nombre de jours voulu par la loi.

L'heure de l'audience est inutile à mentionner : les parties sont nécessairement assistées d'un avoué qui connaît les habitudes du trib. — V. *inf.* n° 68. — Il en est autrement pour les assignations devant le juge de paix et le trib. de commerce.

**28.** L'indication du délai se fait ordinairement, non pas en désignant le jour de la comparution par son nom et le quantième du mois, mais seulement en faisant connaître le nombre de jours dont il se compose, en ces termes, par exemple : à comparaître *d'aujourd'hui à huit jours, à huitaine.* Bruxelles, 21 août 1810 ; Cass. 7 janv., § 28, avr. 1812, D. 7, 764. — V. *inf. les Formules.*

**29.** Le délai doit être franc, c'est-à-dire comporter le nombre de jours voulus, sans compter celui de la signification, ni celui de la comparution (art. 1033). Ainsi, sur une assignation donnée le 1er d'un mois pour comparaître à huitaine franche, le demandeur ne peut prendre défaut que le 10 de ce même mois.

**50.** Il n'y a qu'une seule exception, c'est lorsque l'ajournement est donné à jour fixe, en vertu de l'autorisation du juge. — Dans ce cas, le jour de la comparution peut compter dans la supputation du délai; — V. *inf. no* 59.

**51.** Au surplus, il n'est pas indispensable d'énoncer dans l'ajournement que la huitaine est franche : l'assignation à comparaître *le huitième jour après la date du présent* remplit suffisamment le vœu de la loi. Cass. 25 fév. 1835 (Art. 65 J. Pr.).

**52.** On peut donner l'ajournement pour un jour déterminé, si d'ailleurs on observe le délai franc. Ainsi, la signification étant du jeudi premier de tel mois, le jour de la comparution peut être fixé par l'ajournement même au samedi dix de ce mois. Cette formule, quoique peu usitée en pratique, n'est autre chose que la mise à exécution de la règle générale.

**53.** L'ajournement donné à comparaître *dans le délai de la loi* est-il valable ? L'affirmative, adoptée aujourd'hui par une jurisprudence constante, se fonde sur ce que personne n'est censé ignorer la loi. Cass. 21 nov. 1810, 18 mars 1811, 24 juin 1812, 20 avr. 1814, S. 11, 48, 160; 13, 124; 15, 401; Bourges, 14 mars 1809; Liége, 30 mai 1809; Cass. 8 janv. 1811; Caen, 5 juin 1809; Cass. 27 avr. 1813; Poitiers, 18 juin 1830, S. 30; 247; Carré, no 315; Merlin, *Rép.,* vo *Délai.* — *Contrà,* Bruxelles, 3 juin 1809; Besançon, 4 juill. 1809; Pigeau, 1, 186, note; Boncenne, 2, 175 à 180. — Il est plus prudent d'indiquer d'une manière précise le délai pour comparaître.

**54.** On a annulé l'ajournement donné pour comparaître *après le délai expiré* (Rennes, 18 janv. 1811). Cette espèce diffère de la précédente en ce que l'exploit dont il s'agit ici n'indique pas que les délais soient ceux donnés par la loi; en sorte que le défendeur est absolument laissé dans l'incertitude sur le jour de la comparution. — D'après ces motifs, serait nulle l'assignation donnée pour la première audience utile. Carré, art. 64; — et celle à comparaître à l'audience ordinaire de la Cour. Bordeaux, 7 août 1829, D. 30, 74.

**55.** On a considéré comme valable l'assignation à comparaître *à la première audience après les vacations.* Bordeaux, 7 août 1829, D. 30, 77. — Il y avait d'ailleurs un délai suffisant entre l'assignation et le jour de l'audience.

**56.** L'ajournement est nul, s'il contient une fausse indication du délai : — par exemple, s'il est *à huitaine,* lorsqu'il y a lieu à augmentation de délai à raison des distances. Bruxelles,

12 juill. 1810, S. 14, 108 ; Poitiers, 50 nov. 1820 ; Bourges, 15 mars 1821, S. 22, 75 ; Grenoble, 29 mars 1824, S. 25, 213. — *Contrà*, Rennes, 15 et 26 juin 1812 ; Limoges, 10 déc. 1812, S. 14, 417 ; Carré, art. 456.

**57.** Jugé qu'il en serait autrement de l'assignation à *huitaine* FRANCHE : l'épithète indique alors que le défendeur peut profiter de tous les délais de la loi. Bourges, 21 mars, 12 mai 1821, S. 22, 157 ; Nîmes, 28 juin 1824, S. 25, 213 ; Cass. 20 fév. 1855, D. 55, 392. — *Contrà*, Poitiers, 5 juill. 1821, S. 25, 212 ; Bourges, 11 mai 1824 ; 15 juin 1828, D. 28, 185.

**58.** Un acte d'appel, contenant assignation à comparaître *le neuvième jour après la présente, jours suivans et autres utiles et nécessaires*, remplit également le vœu de la loi : il accorde par ces derniers mots, *et autres jours utiles et nécessaires*, le délai supplémentaire auquel a droit le défendeur. Cass. 25 avr. 1855 (Art. 65 J. Pr.).

**59.** La nullité de l'ajournement, pour le cas où l'on a accordé un délai trop court, est entièrement couverte par la constitution du défendeur, sans réclamation. — Si le défendeur constitue avoué et réclame, le trib. ne peut pas annuler l'ajournement ; il accorde seulement une prolongation de délai pour préparer la défense. — Mais si le défendeur n'a pas comparu, toutes les poursuites faites contre lui sont nulles, et le jugement rendu sur l'ajournement irrégulier doit être rapporté. Thomine, 1, 176. — V. d'ailleurs *Exception*.

**40.** Du reste, pour prévenir toute difficulté, il faut avoir le plus grand soin d'indiquer exactement le délai, de mentionner ceux qui peuvent être accordés au défendeur à raison des distances, et, ne fût-ce que par prudence, dans la supputation de ces derniers, comprendre pour un jour une fraction moindre de 5 myriamètres. Mieux vaut certainement donner au défendeur un jour de trop, que de le priver de la moindre partie du délai auquel il a droit. Montpellier, 2 janv. 1811, S. 14, 24.

**41.** Une assignation n'est pas nulle pour avoir été donnée à un délai plus long que celui que la loi détermine. Cass. 15 prair. an 2, et 15 déc. 1808 ; Carré, n° 522 ; Pigeau, *Comm.*, 1, 202 ; Boncenne, 2, 167 ; Berriat, 208, note 48. — Le défendeur n'en souffre aucun préjudice. — Si, par extraordinaire, la longueur du délai nuisait au défendeur, il pourrait constituer avoué et poursuivre l'audience.

**42.** Le délai de comparution est ou ordinaire ou extraordinaire.

**45.** *Le délai ordinaire* est celui fixé pour les demandes qui ne se trouvent pas rangées dans une classe exceptionnelle.

Il peut être considéré par rapport, 1° aux régnicoles demeurant dans le lieu où siège le trib. ; 2° aux régnicoles demeurant

hors du lieu de ce siége ; 3° aux personnes établies hors du territoire continental de France ou à l'étranger. C. pr. 72.

**44.** *Par rapport aux régnicoles domiciliés dans le lieu ou siège le
tribunal.* — Il est de huitaine franche. C. pr. 72.

Le mot *domiciliés* est employé ici dans un sens plus large que
celui que semblerait devoir lui attribuer l'art. 101 C. civ., et
peut s'appliquer à tous ceux qui ont, soit leur domicile réel,
soit leur demeure, soit même leur résidence, dans le lieu où
siège le tribunal. — V. *Exploit.*

**45.** Dans le cas de changement de domicile non légalement
constaté, le défendeur est valablement assigné à son ancien domicile, et sans que le demandeur soit tenu d'observer les délais
à raison du nouveau domicile. Paris, 24 brum. an 12 ; Cass. 13
germ. an 12.

**46.** *Par rapport aux régnicoles domiciliés hors du lieu où siège le
tribunal.* — Le délai est également de huitaine franche. C. pr. 72.

**47.** *Mais il est augmenté* d'un jour à raison de 3 myriamètres
(environ 6 lieues anciennes) de distance entre le lieu où siège
le trib. et celui où demeure la partie (C. pr. 1033).

Il résulte des termes de cet article 1° que le bénéfice du délai
est acquis seulement lorsque le défendeur demeure au-delà
d'un rayon de trois myriamètres ; 2° que si le nombre de myriamètres existant entre le domicile du défendeur et le trib. ne
peut pas se diviser exactement par trois, la fraction restante ne
doit pas donner lieu à l'augmentation d'un jour. Gênes, 29 août
1812, S. 14, 272 ; Besançon, 25 mai 1812 ; Riom, 8 janv. 1824.

Toutefois, comme le système contraire est adopté par de graves autorités (Bordeaux, 5 juill. 1825 ; Pigeau, 2, 55 ; Lepage,
118 ; Carré, 1, n° 21 ; Pardessus, n° 429 ; Chauveau, 13, 291),
il est plus prudent d'accorder au défendeur l'augmentation
d'un jour, quelque minime que soit la fraction des myriamètres.

**48.** Le défendeur, trouvé hors de son domicile, profite du
délai des distances, lors même que l'huissier, parlant à sa personne, lui remet la copie dans le lieu où siège le trib. : vainement on invoque l'art. 74 C. pr., qui restreint au temps ordinaire le délai de l'ajournement à la partie demeurant hors du
royaume, lorsque l'assignation lui est donnée en France ; cette
disposition rigoureuse ne peut s'étendre par voie d'interprétation. Par cela même que le défendeur a un domicile fixe en
France, il doit être présumé ne pas être muni de ses papiers
d'affaires. Enfin il y a une différence sensible entre la garantie
que présente au demandeur un domicile en France, et celui
établi hors du sol continental et même à l'étranger. Poitiers,
3 juill. 1821, S. 25, 212 ; Cass. 21 fév. 1857 (Art. 730 J. Pr.) ;
Berriat, 212 ; Carré, art. 74. — *Contrà*, Cass. 30 juill. 1828,
D. 28, 413.

**49.** Dans le cas où l'ajournement est signifié à un domicile élu, le délai de la comparution doit être calculé à raison de la distance entre le lieu où siège le tribunal et le domicile réel du défendeur. Autrement, le défendeur pourrait être condamné avant d'avoir pu fournir ses moyens de défense; ce qui n'a pas été l'intention des parties. En effet, l'élection de domicile ne confère pas un mandat réel à la personne chez laquelle elle est faite. Bordeaux, 8 mars 1806; Cass. 4 juin 1806, S. 6, 942; 7 av. 1807; Besançon, 17 déc. 1808; Nîmes, 15 mai 1811; Limoges, 10 déc. 1812, D. A. 7, 766; Bruxelles, 29 déc. 1815; Agen, 6 fév. 1810; Bruxelles, 6 juill. 1829, D. 31, 179.—*Contrà*, Cass. 25 prair. an 10; Paris, 26 fév. et 1er mars 1818, S. 8, 144; 2 juin 1812, D. 7, 761; 8 juill. 1836; Boncenne, 2, 222.

**50.** Il en est autrement, lorsque l'élection de domicile n'a été faite qu'en exécution d'une disposition spéciale de la loi, et précisément dans le but d'éviter les lenteurs et de restreindre les délais d'assignation, et, par exemple :—au cas d'assignation en nullité d'emprisonnement. Cass. 20 mars 1810; Toulouse, 13 janv. 1823; — ou de demande en radiation d'inscription. Colmar, 25 nov. 1809, P. 7, 886.

**51.** *Par rapport aux personnes établies hors du territoire continental de la France ou à l'étranger.* Des délais particuliers sont alors prescrits (art. 75); ils ne sont plus déterminés en proportion de la distance qui existe réellement entre le trib. et le lieu habité par le défendeur, mais seulement à raison de l'éloignement de l'État ou du pays en général dans lequel demeure *la partie* assignée; ils renferment alors et le délai de comparution, et le temps accordé pour faire le voyage : il ne faut pas seulement, dans ce cas, calculer le temps strictement nécessaire pour que le demandeur puisse transmettre ses instructions ou même se rendre au lieu où siège le trib.; il est juste encore de tenir compte du plus ou moins de difficulté des communications, et des préparatifs toujours considérables à faire lorsque l'on quitte soit un pays d'outre-mer, soit un pays étranger.

Ces délais sont : 1° de deux mois pour ceux demeurant en Corse, dans l'île d'Elbe, ou de Crapraja, en Angleterre, ou dans les États limitrophes de la France; 2° de quatre mois pour ceux demeurant dans les autres États de l'Europe; 3° de six mois pour ceux demeurant hors de l'Europe, en-deçà du cap de Bonne-Espérance; 4° et d'un an pour ceux demeurant au-delà. C. pr. 73.

**52.** Ils ne doivent jamais être augmentés à raison des distances : la disposition de l'art. 73 C. pr. est tout-à-fait distincte de celle de l'art. 72. Colmar, 19 fév. 1828, D, 28, 67; 1er août 1812, D. 7, 767.

**53.** Lorsqu'une assignation à une partie domiciliée hors de France est donnée à sa personne en France, elle n'emporte que les délais ordinaires, sauf au trib. à les prolonger s'il y a lieu. C. pr. 74.

**54.** Mais il en est autrement de l'assignation donnée à un étranger au domicile par lui élu en France. Bruxelles, 15 sept. 1815. — *Contrà*, Trèves, 22 oct. 1812.

**55.** Le *délai* est *extraordinaire* lorsqu'il n'est pas d'une huitaine franche. Il peut résulter :

1° *De la loi* dans quelques matières spéciales; par exemple, lorsqu'il s'agit de vérification d'écriture, le défendeur peut être assigné à trois jours. C. pr. 193.

2° *D'une ordonnance du juge*. Dans les cas qui requièrent célérité, le président, par ordonnance rendue sur requête, permet d'assigner à *bref délai*. — *V.* ce mot.

L'ordonnance est donnée par le président du trib. où la demande est portée, et, en cas d'empêchement, par le juge qui le supplée dans ses fonctions.

Cette abréviation du délai ordinaire est fondée sur ce que la loi ayant accordé un temps plus considérable que celui réellement nécessaire au défendeur pour prendre un parti sur la demande, il ne fallait pas qu'il pût profiter aux gens de mauvaise foi capables d'en abuser.

**56.** Le juge peut permettre d'assigner à bref délai toutes personnes, même celles domiciliées en pays étranger. Pau, 15 nov. et 22 déc. 1824; Aix, 3 août 1852. — *Contrà*, Colmar, 12 nov. 1830.

**57.** L'art. 72 C. pr. n'exige pas que l'assignation à bref délai soit donnée par un huissier commis. Besançon, 25 mai 1812; Colmar, 17 avr. 1817. — Mais dans l'usage le président en désigne un.

Au reste, la signification par un huissier autre que celui commis n'est pas nulle, s'il est démontré que le défendeur a reçu la copie. Paris, 8 fév. 1834.

**58.** On a validé une réassignation donnée aux défaillans après un jugement de défaut profit joint rendu sur une assignation à bref délai autorisée par le président. Nîmes, 15 mai 1807. — Il est plus prudent d'observer les délais ordinaires, ou de solliciter une nouvelle ordonnance.

**59.** Il peut arriver, contrairement à la règle posée au n° 29, que le jour de la comparution compte dans la supputation du délai de l'ajournement (Cass. 30 juill. 1828, D. 28, 361); c'est seulement lorsque le président a autorisé le demandeur à assigner à *jour fixe*. S'il n'a fait qu'abréger le délai en indiquant le nombre de jours entre la signification et la comparution, en disant, par exemple : Permettons *d'assigner à trois jours* ; ils doivent être francs. Bruxelles, 12 juill. 1809, S. 12, 39.

60. Les délais de distance doivent toujours être les mêmes ; le président du trib. n'a pas le droit de les abréger : l'art. 72 n'a rapport qu'au délai de huitaine. Il faut donner à l'ajourné le temps de se rendre au lieu du trib. ; les délais accordés à cet effet sont calculés sur une journée de marche : en priver le défendeur, ce serait le mettre dans la nécessité d'avoir recours à des moyens de transport trop onéreux et qu'on ne doit pas le forcer à prendre. En outre, la loi ne mettant aucune limite à la réduction que le président a le droit d'apporter au délai, il serait possible qu'il ne laissât même pas au défendeur le temps de venir ou d'envoyer un pouvoir par la poste. Cass. 25 vend. an 12 ; Dijon, 5 mars 1830, D. 31, 204 ; Bruxelles, 12 juill. 1809 ; 21 janv. 1824 ; Berriat, 148 ; Pigeau, *Comm.* 1, 202.

61. Toutefois, lorsque l'ajournement sur l'appel d'un jugement qui maintient l'emprisonnement d'un débiteur, a été donné *à bref délai*, en vertu de la permission du juge, il n'y a pas lieu d'ajouter un jour par trois myriamètres de distance entre le domicile élu et le domicile réel du créancier : ici ne s'applique pas l'art. 1033. C. pr. Paris, 28 fév. 1807 ; Bordeaux, 1er déc. 1831 ; D. 32, 54. — V. *sup.* n° 50.

62. Le magistrat qui délivre une ordonnance sur requête est seul juge de l'urgence des cas ; en conséquence, sa décision à cet égard ne peut être réformée : vainement on objecte que le président parviendrait ainsi à soustraire au préliminaire de conciliation des causes qui y seraient soumises ; l'ordonnance rendue dans ce cas est en effet une dispense légale, une mesure réglementaire plutôt qu'un jugement, et dès lors elle n'est susceptible d'être attaquée ni par opposition, ni par appel. — *Contrà*, Rome, 2 mai 1811, S. 11, 298 ; Bourges, 20 déc. 1831 ; Arg. Cass. 29 janv. 1838 (Art. 1170 J. Pr.) ; Thomine, art. 72 ; Boncenne, 2, 165.

Si devant le trib., le défendeur prouve que la demande n'a rien d'urgent, il peut obtenir une prorogation de délai, mais non faire annuler l'ordonnance du président, ni l'ajournement. Toulouse, 13 juill. 1827 ; 6 juill. 1830, S. 50, 350 ; Besançon, 17 mars 1827 ; Douai, 4 mai 1855 ; 31 oct. 1835 (Art. 201 J. Pr.) ; Carré, art. 72.

63. Une assignation donnée à un délai plus court que celui fixé par l'ordonn. du président est nulle. Cass. 5 prair. an 12. — V. toutefois *sup.* n° 39.

64. Mais il en est autrement de l'assignation donnée à un délai plus long que celui autorisé. — V. *sup.* 41.

65. Copie de l'ordonn. est donnée en tête de l'exploit. — Bruxelles, 21 janv. 1824 ; — Mais non à peine de nullité ; —

S'il est suffisamment indiqué qu'une ordonn. a été obtenue ;
— Par exemple si l'on assigne à comparaître sur les lieux contentieux *où le juge de paix se trouvera à l'heure indiquée.* Cass. 4
fév. 1829, S. 29, 197.

### Art. 4. — *Indication du tribunal compétent.*

**66.** L'indication du trib. auquel la demande doit être portée
est prescrite, *à peine de nullité* (C. pr. 61, 4°). Sans cette indication, il n'y aurait véritablement pas ajournement, et le défendeur serait dans l'impossibilité de se faire représenter par un
avoué. Il ne suffit pas que le trib. soit indiqué, il faut encore
qu'il soit compétent pour connaître de la demande. —V. *Trib.
de 1re inst.*

**67.** Lorsque, dans la même ville, il existe à la fois un trib. de
1re inst. et un trib. de comm., faut-il, dans l'exploit d'assignation, indiquer devant lequel des deux le défendeur devra comparaître ? — Pour la négative, on dit : les parties ne peuvent
ignorer les lois régulatrices de la compétence, et l'objet de la
demande étant indiqué, le défendeur doit par cela seul connaître le trib. devant lequel il faut qu'il se présente. Mais
cette opinion nous paraît inadmissible dans des termes aussi
généraux. Une demande en paiement d'un billet, par exemple, sur lequel se trouve une signature commerciale, doit, en
général, être portée au trib. de comm.; cependant elle peut aussi
l'être devant un trib. civil ; il n'y a pas incompétence *ratione
materiæ*, et ce trib. peut juger, à moins que le déclinatoire ne
soit opposé par le défendeur. Dans ce cas, et d'autres semblables, il faut indiquer positivement le trib. saisi de l'affaire,
puisqu'il pourrait arriver que le demandeur obtînt défaut à l'un
des deux trib. tandis que le défendeur requerrait et obtiendrait
devant l'autre défaut-congé de la demande.

**68.** Mais le défaut d'indication du local et de l'heure auxquels le trib. tient ses audiences n'entraîne pas la nullité de
l'ajournement : la loi ne prescrit pas leur énonciation (Arg. C.
pr. 61, nos 4 et 1030); cependant, en pratique, il est bon de
ne pas l'omettre. Turin, 20 flor. en 11; Boncenne, n° 2, 155.
—V. *sup.* n° 27.

### Art. 5. — *Objet de la demande; exposé sommaire des moyens; signification des pièces à l'appui.*

**69.** Le défendeur, pour préparer sa défense, a besoin de connaître, 1° quel est l'objet de la demande formée contre lui ;
2° quels sont les moyens sur lesquels elle est fondée et s'ils sont
justes; 3° quelles sont les pièces qui peuvent lui servir de preuves;
4° et, enfin, si la demande peut être produite devant le trib.
que le demandeur veut saisir de l'affaire.

En conséquence, l'ajournement doit contenir, *à peine de nullité*, l'indication de l'objet de la demande et l'exposé sommaire des moyens. C. pr. 61, 4°.

**70.** *L'objet.* Il faut qu'il soit indiqué clairement, de manière que le défendeur ne puisse commettre aucune méprise.

**71.** S'il s'agit de matières réelles ou mixtes (—V. *Action*), une indication spéciale est en outre nécessaire pour qu'il n'y ait pas d'erreur possible sur l'identité de l'objet de la demande. Il faut alors, *à peine de nullité*, énoncer la nature de l'héritage, la commune, et, autant que possible, la partie de la commune où il est situé, et deux au moins des tenans et aboutissans; s'il s'agit d'un domaine, corps de ferme ou métairie, il suffit d'en désigner le nom et la situation. C. pr. 64. — Dans ce dernier cas, la désignation de chaque pièce par sa nature, ses tenans et aboutissans, ne serait qu'embarrassante et inutile.

**72.** Néanmoins il n'y a pas nullité de l'ajournement, encore bien qu'il ne contienne pas l'énonciation textuelle des tenans et aboutissans, si l'héritage est d'ailleurs suffisamment indiqué. Les termes de l'art. 64 ne sont point sacramentels, et il ne faut point, en matière d'ajournement, pousser trop loin la rigueur quant aux nullités. Il suffit que le but de la loi soit rempli par un équivalent. Cass. 10 déc. 1806, S. 6, 475; — 1er janv. 1816; Paris 24 juill. 1835 (Art. 358 J. Pr.); Pigeau, 1, 187, note; Delaporte, 1, 72; Carré, art. 65.

Ainsi, l'énonciation des tenans et aboutissans peut être suppléée, 1° par l'énonciation de la rue et du numéro d'une maison située dans une ville; 2° par l'énonciation du contrat d'acquisition de l'immeuble dont il s'agit, 3° par la mention qu'il est donné copie en tête de l'exploit d'un acte où les héritages sont suffisamment désignés. Metz, 24 juill. 1821; Bordeaux, 16 juin 1828; Toulouse, 9 fév. 1828; D. 29, 95; Nîmes, 14 juill. 1829; D. 52, 170.

**73.** La désignation des biens, omise dans l'acte introductif d'instance, suffirait dans l'acte en reprise signifié avant que la nullité ne fût proposée. Montpellier, 14 janv. 1830; D. 30, 213.

**74.** Mais l'ajournement est nul s'il n'indique pas la commune où se trouvent les immeubles réclamés, quoiqu'il soit accompagné de la copie d'un bail énonçant leurs tenans et aboutissans, mais non la commune dans laquelle ils sont situés. Nîmes, 5 avr. 1833, D. 33, 74.

**75.** Au surplus, l'obligation d'indiquer les tenans et aboutissans de l'immeuble litigieux n'existe que dans le cas où la demande a précisément pour objet la réclamation de cet immeuble ou d'un droit réel sur cet immeuble.

Ainsi, elle cesse, 1° lorsqu'il s'agit d'une demande en partage de succession, quoique ce soit une action mixte, ou bien de l'exercice de droits universels sur les biens du défendeur. Cass. 10 déc. 1806, S. 6, 515; Liége, 21 juin 1810; D. 7, 749; Besançon, 21 juin 1809; Limoges, 24 déc. 1811; S. 11, 64; Bourges, 27 déc. 1826; Thomine, 1, 163; Berriat, 201, note 27; Merlin, *Rép.*, v° *Aboutissans.*

2° Lorsqu'il résulte du procès que les parties sont fixées sur l'objet du litige. Liége, 8 déc. 1820, D. 7, 749; Cass. 10 déc. 1806.

76. *L'exposé sommaire des moyens.* Ces expressions indiquent par elles-mêmes le vœu de la loi. Le demandeur n'est pas obligé de donner à ses moyens, dans l'ajournement même, tout le développement dont ils sont susceptibles; mais il faut qu'il indique d'une manière précise au défendeur les motifs sur lesquels il appuie sa prétention. L'exploit est nul s'il est motivé d'une manière si obscure qu'on ne puisse pas reconnaître l'objet de la demande. Cass. 27 juin 1831.

77. Toutefois, il n'est pas nécessaire que l'exploit renferme absolument dans une partie les moyens, et dans l'autre l'objet: ce serait une répétition souvent inutile dans les affaires simples.

78. Ainsi, on indique à la fois et l'objet et les moyens de la demande en assignant une personne en paiement d'une somme de... montant d'un billet par elle souscrit à telle date, et payable tel jour; en demandant à un colon le paiement de la rente convenancière qu'il doit sur la ferme qu'il exploite. Rennes, 31 juill. 1810; — en énonçant que l'on veut faire déclarer des offres réelles nulles comme insuffisantes dans telle partie et trop fortes dans telle autre. Poitiers, 14 juill. 1819, D. 10, 578; — en disant que la demande en rescision de partage est fondée sur le dol et sur une lésion de plus du quart, Bruxelles, 3 fév. 1812.

79. L'énonciation des moyens est encore valablement suppléée par la signification, soit d'un procès-verbal de non conciliation renfermant lui-même les moyens (Poitiers, 12 mai 1817, D. 7, 748; Toulouse, 9 fév. 1828; Carré, n° 312; Pigeau, *Com.* 1, 182; Boncenne, 2, 153); — soit d'une requête motivée, au pied de laquelle se trouverait l'ordonnance d'assigner à bref délai. Dans ce dernier cas, l'assignation est valablement donnée en ces termes : *pour procéder aux fins de la requête.* Nîmes, 23 avr. 1812. — Spécialement s'il s'agit d'une demande déjà débattue devant l'autorité administrative. Limoges, 5 juill. 1816.

80. Mais n'est pas suffisamment motivée l'assignation donnée devant un trib. *pour voir statuer sur la compétence.* Cass. 27 fruct. an 11, S. 4, 2, 53.

81. Toutefois, après un premier jugement d'incompétence,

il suffit, dans l'exploit de demande portée devant un autre tribunal, de se référer aux conclusions de la première demande. Pigeau, *Comm.*, art. 170.

82. *Signification des pièces justificatives.* Le défendeur, pour vérifier si la demande est bien ou mal fondée, a besoin de lire les titres de l'adversaire ; il faut qu'il puisse peser les expressions de ces titres, en découvrir les vices qui seraient de nature à les annuler ou à en empêcher l'exécution.

Aussi le demandeur doit-il, avec l'ajournement, faire donner copie des pièces ou de la partie des pièces sur lesquelles la demande est fondée. C. proc. 65.

A moins que, 1° la signification n'en ait été déjà faite. — Dans ce cas, les frais d'une double signification devraient rester à la charge de l'officier ministériel comme frustratoires. Thomine, 1, 165 ;

2° Que le défendeur n'ait aucun intérêt à recevoir cette copie. Bruxelles, 14 avr. 1827.

83. Jugé qu'une assignation par laquelle on demande le partage d'un immeuble ne doit pas nécessairement contenir copie des titres qui servent de base à l'action. Besançon, 21 juin 1809.

84. Si les pièces sont signifiées par extrait, cet extrait doit contenir toutes les énonciations propres à établir la régularité de l'acte en la forme, telles que le préambule, la date, le nom et la qualité des parties contractantes, les noms des témoins et des notaires, et la mention de l'enregistrement. Carré, n° 336.

85. Ces extraits sont suffisans, si le défendeur a pu y voir sur quoi la demande est fondée.

86. Quand il est trop difficile de faire un extrait des pièces, peut-on en offrir communication par la voie du greffe ? — Une déclaration de 1564 sur l'ordonnance de Roussillon, art. 3, autorisait cette communication ; mais l'art. 65 n'accordant pas la même faculté, il semble que le défendeur pourrait se refuser à prendre communication. Chauveau, 13, n° 388.

87. Dans tous les cas, si le demandeur signifie des copies trop courtes ou incomplètes, les supplémens de copies ou les nouvelles copies, qu'il est tenu de signifier plus tard, n'entrent pas en taxe.

Au contraire, si les copies sont trop multipliées ou trop longues, on retranchera de la taxe, comme écritures frustratoires, tout ce qui aura été inutile.

Le juge doit même laisser à la charge du demandeur non seulement, comme le dit expressément le Code, les frais des significations tardives, mais encore les frais des nouvelles requêtes nécessitées par ces significations tardives. Arg. Ordonn. de 1667, art. 6, tit. 1. — A moins que des incidens imprévus n'aient nécessité de nouvelles significations : par exemple, dans le cas de demande reconventionnelle.

**88.** Lorsque les pièces justificatives à signifier avec la demande sont écrites en langues étrangères, faut-il donner copie du titre original ? — La négative résulte de ce que, d'après la loi du 22 frim. an 7, il ne peut être fait usage d'une pièce sans que préalablement elle ait été enregistrée. Or, les receveurs de l'enregistrement n'enregistrent que des pièces écrites en *langue française* ( — V. ce mot) : une traduction préalable est donc indispensable. En outre, les officiers ministériels qui signifient des actes certifient, par leur signature, l'exactitude de la copie, et il ne peut en être ainsi que lorsque les actes sont écrits en langue française : d'ailleurs, la copie signifiée dans la langue étrangère serait-elle plus exacte ? ne peut-il pas au contraire être commis une foule d'erreurs involontaires. Au surplus, il est bien certain que le défendeur aurait toujours le droit de demander communication de la pièce originale ; mais il ne pourrait en exiger la copie aux frais du demandeur, comme si elle n'avait point été signifiée. Arg. C. proc. 65. Pigeau, 1, 189.

**89.** La signification des pièces à l'appui de la demande n'est pas prescrite à peine de nullité. Le demandeur peut ne pas avoir entre ses mains ces pièces, surtout si ce sont des actes notariés, dont les expéditions n'aient pas été levées, et être à la veille de voir une prescription s'accomplir. La seule peine attachée à l'omission de la signification des pièces justificatives est de ne pouvoir répéter les frais de la signification qu'on serait forcé de faire dans le cours de l'instance, sur la demande du défendeur. Ces frais n'entrent point en taxe. C. proc. 65.

**90.** La loi veut encore que copie du procès-verbal de non conciliation ou de la mention de non comparution soit signifiée avec l'exploit d'ajournement, lorsque l'affaire n'est pas dispensée de ce préliminaire. Cette formalité est même prescrite à peine de nullité (C. pr. 65). C'est là une conséquence de l'art. 48. — V. *Conciliation*.

**91.** La copie du procès-verbal de non conciliation doit être donnée en entier et non pas seulement par extrait. Carré, n° 335. — Néanmoins, il n'y a pas nullité si l'extrait reproduit fidèlement ce qui s'est passé devant le juge de paix, et si l'on a seulement retranché les inutilités d'une rédaction vicieuse. Cass. 27 flor. an 10. — A plus forte raison, la simple omission faite dans la copie de la date du procès-verbal de non conciliation ne rend pas nul l'ajournement. Le vœu de la loi est rempli, lorsqu'il est prouvé qu'il y a eu préliminaire de conciliation. Rennes, 27 fév. 1811.

**92.** Peu importe, du reste, que la copie du procès-verbal de non conciliation soit donnée en tête ou à la suite de celle de

l'ajournement. Carré, n° 335 ; Berriat, 201, note 51 ; Boncenne, 2, 100.

Mais il faut qu'elle soit signifiée avec cet acte; celle donnée
séparément de l'exploit d'assignation ne serait point régulière.
Carré, *ib.* — *Contrà*, Thomine, 1, 164.

**93.** Mention doit être faite dans l'ajournement de la signification du procès-verbal de non conciliation prescrite par la loi,
à peine de nullité : peu importe que cette mention n'ait pas été
exigée par une disposition expresse de la loi. — Il est de principe que l'ajournement doit constater l'accomplissement de
toutes les formalités nécessaires à sa validité (— V. *Exploit*) ;
Carré, n° 334.

**94.** Enfin, il faut encore donner copie de l'ordonnance du
juge qui a permis d'assigner à bref délai — V. cependant *sup.*
n° 65.

**95.** Lorsque plusieurs parties sont assignées sur la même
demande, il doit être donné à chacune d'elles copie des mêmes
pièces. — Il ne suffit pas de donner copie à l'une d'elles, avec
sommation aux autres d'en prendre connaissance dans ses mains
(Carré, n° 357 ; Lepage, 1, 139. — *Contrà*, Delaporte, 1, 75),
— ou avec offre de les communiquer au greffe. — V. *sup.* n° 86.

### Section III. — *Signification de l'ajournement.*

**96.** Aucune règle spéciale n'est prescrite pour la signification des ajournemens. Il faut se conformer à celles établies
pour la signification des *exploits* en général. — V. ce mot.

### Section IV. — *Effets de l'ajournement.*

**97.** L'ajournement a plusieurs effets : les uns sont une conséquence naturelle de l'acte ; les autres résultent d'une disposition du droit civil.

**98.** La première classe comprend: 1° l'obligation des parties de
comparaître, l'une pour présenter sa demande, l'autre pour y
répondre, sous les peines du défaut. — V. *Jugement par défaut.*

Le défendeur n'est pas dispensé de se présenter sous le prétexte de l'incompétence du trib. devant lequel il a été assigné;
il faut qu'il vienne pour demander son renvoi : c'est au juge
qu'il appartient de prononcer sur sa compétence. L. 5, D. *de
Judiciis.* Boncenne, 2, 244.

**99.** 2° La suspension des poursuites du demandeur, jusqu'à
l'expiration du délai fixé pour la comparution ; en outre, les
deux parties restent en instance jusqu'au jugement définitif,
ou jusqu'au désistement du demandeur, ou l'acquiescement
du défendeur. Cass. 2 vend. an 7, Merlin, *Rép.*; v° *Compte*, § 2.

Mais le défendeur peut constituer avoué dans le délai, par

conséquent avant l'expiration du délai de l'assignation , et poursuivre aussitôt l'audience. Arg. C. pr. 75, 154 ; Berriat, 208 ,
note 48.

**100.** 3° L'attribution de la cause au trib. devant lequel elle
est portée , et l'obligation pour le juge de statuer ( C. civ. 4), à
péine d'être poursuivi comme coupable de *Déni de justice*. C.
pén. 185. — V. ce mot.

**101.** 4° La fixation de la valeur de la demande principale,
laquelle sert à déterminer si les juges doivent statuer en premier
ou en dernier ressort. — V. ce mot.

**102.** 5° Enfin la preuve ( jusqu'à inscription de faux ) de
l'exactitude des énonciations faites par l'huissier dans l'exploit et
qui rentrent dans son ministère : par exemple , de celles relatives à la date ou à la remise et à l'exécution de l'acte. Ainsi ,
il y a présomption légale que le défendeur a reçu la copie ; cette
présomption ne peut être détruite que par une procédure de
faux. — V. *Exploit , Faux , Huissier.*

**103.** Les effets de l'ajournement, d'après le droit civil ,
sont , 1° l'interruption de la prescription , même lorsqu'il est
donné devant un juge incompétent (C. civ. 2246), et par un mandataire au nom de son mandant décédé , mais dont il aurait
ignoré la mort. Cass. 6 nov. 1852.

L'interruption est réputée non avenue, s'il y a nullité de
forme, désistement , péremption , ou rejet de la demande. C.
civ. 2247.

La nullité de l'ajournement, à l'égard d'un débiteur solidaire ne profite pas au débiteur assigné valablement , lors même
que les deux assignations auraient été données par le même
exploit. Toulouse , 25 juill. 1829, S. 30, 167.

**104.** L'ajournement proroge-t-il l'action temporaire pendant
les trois ans de la *péremption ?* — V. ce mot.

**105.** 2° La fixation de l'époque à compter de laquelle les
intérêts commencent à courir au profit du demandeur ( C.
civ. 1153, 1155, 1207, 1479, 1682, 1904); — alors même que
l'assignation n'est pas suivie d'un jugement de condamnation.
Cass. 17 nov. 1807, P. 6, 345.

**106.** Faut-il y avoir conclu ? L'affirmative résulte des termes
de l'art. 1153 C. civ. : Les intérêts ne courent que *du jour de la*
*demande*, ce qui ne s'entend que du jour où le créancier a conclu
aux intérêts ; car le législateur ne dit pas du jour de la demande
du *principal ;* et comme il ne parle que des intérêts , ce n'est
qu'aux intérêts que l'on peut rapporter ces expressions. Arg.
C. civ. 1207. Merlin , *Rép.*, v° *Intérêts* , § 4, n. 16 ; Toullier,
6 , n° 272 ; Berriat , 209 , note 55. — *Contrà.* Delvincourt, 2,
534, note 7. — V. d'ailleurs *Tribunal de commerce.*

Conséquemment, si les intérêts sont demandés par des conclusions postérieures à l'exploit introductif d'instance, ils ne courent que du jour de ces conclusions. — Au contraire, suivant M. Mazerat, 2, n° 579, il suffit que le demandeur conclue aux intérêts pendant l'instance pour qu'ils courent à dater de la citation en conciliation ou en justice.

Le jugement qui adjuge des intérêts en l'absence de conclusions spéciales peut être réformé sur requête civile pour *ultrà petita*.

Du reste, peu importe que l'ajournement indique un juge incompétent. Arg. C. civ. 2246. Paris, 27 juin 1846.

**107.** 3° La constitution en mauvaise foi du possesseur de l'objet revendiqué : il ne peut plus faire les fruits siens. Arg. C. civ. 549, 550. — V. *Fruits*.

**108.** Souvent la loi accorde des prérogatives à la partie la plus *diligente*. — V. ce mot.

### Section V. — *Enregistrement*.

**109.** Les exploits d'ajournement sont soumis au droit fixe d'enregistrement de 2 fr. L. 28 avr. 1846. — Ce droit est acquitté par l'huissier dans les quatre jours de la date de l'acte, à peine de nullité de l'*exploit*. L. 22 frim. an 7, art. 20, 29, 34. V. — ce mot.

### Section VI. — **FORMULES.**

FORMULE I.

*Modèle d'ajournement ordinaire.*

(C. civ. 61. — Tarif, 27. — Coût, 2 fr., orig. 50 cent. chaque copie.)

L'an mil huit cent trente-huit et le premier août, à la requête du sieur Pierre Benoît, employé (1), demeurant à Paris, rue Saint-Denis, n° 350, pour lequel domicile est élu en l'étude de M⁰ François, avoué près le tribunal civil de première instance de la Seine, sise à Paris, rue Saint-Fiacre, n° 2, lequel occupera pour le requérant sur l'assignation ci-après :

J'ai, Claude-Michel, huissier près le tribunal civil de première instance du département de la Seine, séant à Paris, y demeurant, rue Montmartre, n° 15, patenté pour la première année, le 3 avril dernier, n° 151, 3⁰ classe ;

Soussigné donné assignation au sieur Gabriel Montchenu, rentier, demeurant à Paris, rue du Faubourg-Saint-Honoré, n° 310, en son domicile (2), où étant et parlant à (3) une femme à son service ainsi déclarée :

---

(1) Si le demandeur est marchand ou négociant, et qu'il agisse à raison de son commerce, outre sa profession on énonce ici sa patente. — Patenté à
le                     de tel mois, n°            , telle classe.

Si le demandeur n'agit pas en son nom personnel, mais seulement comme représentant un incapable, par exemple, un mineur, on ajoute : ledit sieur
agissant au nom et en qualité de tuteur (*Nom et prénoms du pupille*).

(2) Si la signification est faite dans un lieu distant de la demeure de l'huissier de plus d'un demi-myriamètre, l'huissier le mentionne ainsi : en son domicile distant de ma demeure de            et où je me suis exprès transporté.

(3) Dans le cas où la copie est laissée à un voisin (— V. *Exploit*), l'acte est rédigé ainsi : « En son domicile, auquel je n'ai trouvé ni le défendeur, ni aucun

A comparaître d'hui à huitaine franche, délai de la loi, à l'audience et par-devant MM. les président et juges du tribunal civil de première instance du département de la Seine, séant au Palais-de-Justice à Paris, première chambre, neuf heures et demie du matin, pour

Faute par les parties de s'être conciliées, ainsi qu'il résulte (1) du procès-verbal dressé par M. le juge de paix du premier arrondissement de Paris, le douze juillet dernier, enregistré, et, dont il est en tête de celle des présentes donné copie;

Attendu que, par acte passé devant Me Denis, qui en a gardé minute, et son collègue, notaires à Paris, le vingt-six janvier mil huit cent vingt, enregistré, ledit sieur Montchenu s'est reconnu débiteur envers le requérant d'une somme de quinze mille francs, productive d'intérêts à cinq pour cent l'an, et stipulée payable le vingt-six janvier de la présente année;

Attendu que cette somme n'a pas été remboursée à son échéance;

Que même, depuis quatre ans, ledit sieur Montchenu n'a fait aucun paiement d'intérêts;

Attendu qu'aux termes de l'article 1154 du Code civil, les intérêts peuvent être capitalisés lorsqu'ils sont dus pour une année entière:

S'entendre, ledit sieur Montchenu, condamner à payer au demandeur la somme de dix-huit mille francs, composée: 1° de celle de quinze mille francs, montant en principal de l'obligation susénoncée; 2° de celle de trois mille francs pour lesdites quatre années d'intérêts, aux intérêts du tout suivant la loi, et aux dépens; à

A ce que pareillement ledit sieur Montchenu n'en ignore, je lui ai, domicile étant et parlant comme dessus, laissé copie tant desdites pièces que du présent.
Le coût est de                                             (*Signature de l'huissier.*)

### FORMULE II.
#### *Modèle d'ajournement à bref délai.*

*Notá.* En tête de l'ajournement, il faut donner copie de la requête au pied de laquelle se trouve l'ordonnance qui permet d'assigner à bref délai. — V. *Requête.*

La formule de l'ajournement dans ce cas, est la même que celle donnée plus haut, sauf les modifications suivantes:

Soussigné, donné copie au sieur

1° D'une requête présentée à M. le président du tribunal civil de,          le...
2° De l'ordonnance étant au bas de ladite requête                          enregistrée;

de ses parens et domestiques; pour quoi je me suis adressé au sieur          , demeurant dans ladite maison (ou autre lieu), en sa qualité de voisin, lequel s'est chargé de la copie, promettant de la remettre au défendeur, et a signé le présent original.

Dans le cas de signification au maire:

En son domicile où étant et n'ayant trouvé ni le défendeur, ni aucun de ses parens et domestiques, non plus qu'aucun voisin qui voulût se charger de la copie, je me suis transporté auprès de M. le maire de *tel* arrondissement, de *telle* commune, demeurant à          (ou à l'hôtel de la mairie), et lui ai laissé copie du présent, qu'il a visé sur ma demande.

Si le défendeur n'a pas de domicile ni résidence connus:

En son domicile où étant et parlant à          ; lequel m'a déclaré que le sieur          n'habite plus dans cette maison depuis long-temps, et qu'il ignore le lieu où il demeure; et les informations prises par moi dans le quartier (ou la commune) ayant été infructueuses, de suite j'ai affiché une copie du présent à la principale porte de l'auditoire du tribunal de, etc., et en ai laissé une seconde, semblable à la première, à M. le procureur du roi près ledit tribunal, en son parquet, sis au Palais-de-Justice, parlant à          et requérant *visa*, à moi octroyé.

Pour la signification à faire à une personne demeurant hors de France:

Au sieur          , demeurant à          , au domicile de M. le procureur du roi près le tribunal, etc., étant à son parquet, parlant à          et requérant *visa* à moi octroyé.

(1) Si le défendeur n'a pas comparu sur la citation devant le juge de paix, il faut mettre: de la mention de défaut mise par le greffier de la justice du arrondissement (ou canton), le          tel mois, telle année, en marge de la citation en conciliation, donnée au sieur          par exploit de          huissier à          en date du          enregistré.

portant permission au requérant d'assigner ledit sieur      à      jours
(ou tel jour);

A ce que le susnommé n'en ignore, et en vertu de ladite ordonnance et à pareilles requête, demeure, etc., (comme à la formule n° 1);

A comparaître d'hui à       jours (ou le       tel jour, le tout dans les termes de l'ordonnance), à l'audience et par-devant, etc.

Pour procéder sur et aux fins de ladite requête;

En conséquence, s'entendre condamner à

*Nota.* On pourrait reproduire aussi les moyens de la demande, mais cela n'est pas nécessaire.

— V. *Action*, *Appel*, *Exploit*.

ALGER. — V. *Colonies*.

ALIÉNÉ. — V. *Interdiction*.

ALIMENS. Ce mot comprend tout ce qui est nécessaire à la vie, savoir: la nourriture, le logement, le vêtement.

**1.** Les alimens sont dus par suite des dispositions de l'homme, ou de la loi.

**2.** *Par la disposition de l'homme.* Ces alimens sont ceux contenus dans les donations ou testamens; ils sont insaisissables de leur nature, sans qu'il soit besoin de les déclarer tels par l'acte constitutif. C. pr. 581-4°.

**3.** Cependant ils peuvent être saisis en vertu d'une permission du juge, et pour une portion qu'il détermine, par les créanciers postérieurs à l'ouverture de la donation ou du legs. C. pr. 582.

**4.** Les tribunaux n'ont pas le droit de permettre la saisie de la *totalité* d'un legs alimentaire. Cass. 18 avr. 1836 (Art. 373 J. Pr.).

**5.** Si les trib. ont ordonné que la saisie serait continuée d'année en année, tous les droits du saisi doivent être réservés pour le cas où les revenus du fonds deviendraient insuffisans pour satisfaire à la fois aux droits des créanciers et aux alimens du débiteur. Cass. 15 fév. 1825, S. 25, 291.

**6.** *Par la disposition de la loi.* Dans les circonstances où elle accorde des alimens, elle laisse aux trib. la faculté de déterminer le montant de la pension alimentaire, d'après les besoins de celui qui la réclame, et les moyens de celui qui est obligé de la fournir. — C. civ. 203, 205, 207, 762. — V. d'ailleurs *Femme mariée*.

**7.** La dette d'alimens est-elle indivisible et solidaire? — Trois systèmes se sont élevés sur ce point.

Selon les uns, elle est indivisible et solidaire. — Aix, 6 avr. 1807; Colmar, 24 juin 1812, 25 fév. 1813; Amiens, 11 déc. 1821; Riom, 15 mars 1830, D. 33, 125; Grenoble, 19 avr. 1831, D. 32, 142; Rennes, 30 mars 1833, D. 34, 100; Toulouse, 3ᵉ ch., 15 avr. 1834; Pothier, *Mariage*, n° 391; Proudhon, t. 1, p. 255; Toullier, 2, n° 643; Favard, v° *Alimens*. — Selon d'autres, elle n'est au contraire, ni indivisible, ni solidaire. Paris, 30 frim. an 14; Metz, 5 juill. 1823; Lyon, 3 janv. 1832; Toulouse, 2ᵉ ch., 14 déc. 1833; Vazeille, 2, n° 493. — D'autres enfin la considèrent comme indivisible et non solidaire, en ce sens que dans le cas d'insolvabilité de l'un des débiteurs les autres restent chargés de la dette. Nancy, 20 avr. 1826; Rouen, 14 juill. 1827, D. 27, 165; Caen, 17 janv. 1827; Duranton, 2, n° 424; Rolland de Villargues, v° *Alimens*, n°ˢ 57 et 58.

Nous pensons que les tribunaux peuvent, suivant les circonstances, régler la quotité et les proportions de la pension alimentaire, et déclarer indivisible et solidaire la dette des alimens, s'ils le jugent convenable. Cass. 3 août 1857 (Art. 1175; J. Pr.).

Il y a lieu d'assigner seulement les parens qui sont en état de fournir des alimens, sauf à ces derniers à demander la mise en cause des autres parens, s'ils le jugent convenable.

8. L'aïeul doit des alimens à son petit-fils et réciproquement. Cass. 28 oct. 1807; S. 8, 45.

9. La demande, soit qu'elle soit formée par des ascendans, ou par des descendans, doit toujours être adressée graduellement et non *omisso medio*. — Ainsi le grand père actionnera le fils avant le petit-fils; le petit-fils actionnera le père avant l'aïeul.

Toutefois, des petits-enfans, représentant leur père décédé, ne peuvent être dispensés de contribuer aux alimens dus à leur ascendant dans le besoin, sous le prétexte que celui-ci aurait des enfans en état de les fournir en totalité. Amiens, 11 déc. 1821, S. 22, 305.

10. Les provisions alimentaires ne peuvent être saisies que pour cause d'alimens. C. pr. 582.

Une pension alimentaire est insaisissable, même pour les frais de l'instance par suite de laquelle elle a été adjugée. Trib. Seine 7ᵉ ch., 23 déc. 1835; Paris, 8 juill. 1036 (Art. 474 J. Pr.).

11. Les demandes d'alimens, à cause de l'urgence, sont dispensées du préliminaire de conciliation (C. pr. 49), et instruites sommairement. C. pr. 404. — V. *Conciliation, Saisie, Sommaire.*

12. Les juges de paix connaissent des demandes en pension alimentaire n'excédant pas 150 fr. par an, et seulement lorsqu'elles sont formées en vertu des art. 205, 206 et 207 C. civ. Loi 25 mai 1858, art. 6 (Art. 1166 J. Pr.).

13. La loi fixe elle-même la quotité des alimens que doit fournir le créancier à son débiteur incarcéré. — V. *Contrainte par corps.*

ALLIANCE. Lien qui unit l'un des époux aux parens de l'autre époux. On appelle *alliés* ceux entre lesquels existe cette union.

**1.** Les parens du mari sont les alliés de la femme, et les parens de la femme sont alliés du mari ; réciproquement on a pour alliés les maris de ses parentes, et les femmes de ses parens.

**2.** Pour qu'il y ait alliance entre deux personnes, il faut en général qu'il existe ou qu'il ait existé un mariage entre l'une d'elles et un parent de l'autre. Toutefois, il y a alliance, soit entre le fils naturel du mari et la femme de ce dernier, soit entre la sœur naturelle de la femme et le mari de celle-ci. Dans le premier cas, il y a une affinité naturelle, qui a sa source dans le mariage existant ou précédemment contracté entre le père et la femme du père de l'enfant naturel ; dans le second cas, il y a également une affinité naturelle, qui a sa source dans le mariage existant ou précédemment contracté entre le mari et la sœur de la fille naturelle du père de l'une ou de l'autre. Merlin, *Rép.*, v° *Affinité.* Mais il n'y a point d'affinité entre les parens du mari et ceux de la femme : *affinis affinem non generat.* Un frère n'est pas l'allié de la belle-sœur de son frère, ni un père l'allié de la femme dont son fils aura épousé la fille. Cass. 5 prair. an 13, P. 4, 560.

**3.** L'alliance continue-t-elle après la mort de l'époux qui l'a produite ? Oui, lorsqu'il existe des enfans issus du mariage dont résulte l'alliance. Delvincourt, 1, p. 225. — Mais il en est autrement s'il n'y a point eu, ou s'il n'existe plus d'enfans du mariage (L. 5, § 1, *de Postul.*). On doit s'arrêter aux affinités présentes, sans égard à celles qui ne sont plus. Arg. C. civ. 206.

**4.** Cependant, quelques-uns des effets de l'alliance survivent à sa dissolution : par exemple, les empêchemens au mariage, aux fonctions de témoin dans un testament notarié (Dijon, 6 janv. 1827, S. 27, 85), le droit de faire partie d'un conseil de famille. Bruxelles, 11 juin 1812, S. 13, 220.

**5.** L'alliance produit, à certains égards, les mêmes effets que la parenté, ainsi : 1° les prohibitions de mariage (C. civ. 161 et suiv. ; 2°) les causes de *Récusation* ( V. ce mot ) contre les juges et les experts ; — 3° de reproches contre les témoins (V. *Enquête*) ; — 4° de *Renvoi* (—V. ce mot) devant un autre tribunal ; 5° de prohibition d'instrumenter prononcée contre *certains officiers* publics : l'huissier ne peut notifier d'ajournement pour ses alliés et ceux de sa femme, en ligne directe à l'infini, et ses alliés collatéraux jusqu'au degré de cousin issu de germain inclusivement, à peine de nullité. C. pr. 66 (V. *Exploit*). — La prohibition est moins étendue en matière de citation. C. pr. 4. — De même le notaire ne put recevoir d'acte intéressant ses proches parens ou alliés (—V. *Notaire*).
— V. d'ailleurs *Contrainte par corps*.

**ALLOCATION.** Se dit de l'approbation que l'on donne aux articles d'un compte. — *Allouer*, en matière de taxe, est synonyme de passer en taxe ( — V. *Taxe*). — *Allocation* se dit encore du rang où sont placés les divers créanciers privilégiés, hypo-thécaires ou chirographaires, dans un ordre ou dans une con-tribution ; mais alors on se sert plutôt du mot *collocation*.

ALLONGE. Papier ajouté à celui d'une lettre de change en-tièrement couvert d'endossemens pour recevoirles négociations ultérieures. — L'allonge est censée ne faire qu'un tout avec la lettre, et l'usage seul peut déterminer les précautions à prendre pour éviter les abus. Pardessus, 2, n. 343.

AMBASSADEUR. — V. *Ministre public.*

AMENDE. Peine pécuniaire infligée par le juge, pour in-fraction à la loi.

1. Il existe diverses espèces d'amendes en matière civile. Les unes sont prononcées contre les officiers ministériels, pour contravention aux obligations qui leur sont imposées ; par exemple, pour défaut ou tenue inexacte de répertoire, dans les cas déterminés par la loi ; omission des formalités exigées pour la rédaction et la remise des exploits. — V. *Avoué, Copie de pièces, Enregistrement, Exploit, Greffier, Huissier, Notaire, Répertoire, Timbre.*

2. Les autres sont infligées à la partie qui ne comparaît pas au bureau de conciliation, ou qui succombe dans certaines pro-cédures. — V. *Appel, Cassation, Conciliation, Faux, Prise à partie, Récusation, Requête civile, Tierce-opposition, Vérification d'écritures.*

3. Les amendes ne peuvent être appliquées qu'en vertu d'un texte précis ; on ne saurait les exiger par induction. Déc. min. fin. 9 nov. 1814.

4. Mais toutes les fois que la loi en prononce, il faut l'exécuter à la rigueur. Cette peine n'est jamais comminatoire.

5. Les tribunaux ne peuvent accorder ni remise ni modéra-tion des amendes, ni en suspendre le recouvrement. L. 22 frim. an 7, art. 59 ; Cass. 3 flor., 19 pluv. an 2, S. 20, 458 ; 11 nov. 1812. S. 13, 151. — Ce n'est pas le cas d'examiner l'in-tention des contrevenans, ou de recourir à des motifs d'équité. Cass. 11 nov. 1812.

6. Mais les parties peuvent agir par voie de pétition auprès du ministre des finances, pour demander remise ou modération des amendes.

7. Le ministère public a seul qualité pour requérir et pour-suivre la condamnation aux amendes en matière civile.

8. Les trib. civils sont seuls compétens pour connaître des amendes qui n'ont aucun caractère de pénalité. Turin, 6 avr. 1808.

Ils ont le droit de prononcer la contrainte par corps, comme moyen d'exécution de leurs jugemens. L. 30 mars 1793.—

Excepté dans le cas d'amendes infligées à des officiers ministériels, pour contravention à la loi du 22 frim. an 7. — Cette
loi n'autorise dans aucune circonstance cette voie rigoureuse.

L'amende encourue par des officiers ministériels, pour contraventions à des dispositions fiscales, par exemple, pour contraventions aux lois du timbre et de l'enregistrement, peut être
poursuivie par voie de contrainte, sans condamnation préalable. L., 23 brum., an 10.—Il en est autrement de l'amende
encourue par les notaires pour défaut de dépôt de l'extrait du
contrat de mariage d'un commerçant, dans les lieux indiqués
par la loi. Il faut un jugement de condamnation, rendu sur la
poursuite du ministère public, et non pas seulement à la requête de l'administration de l'enregistrement. Cas. 10 déc. 1822,
S. 23, 156.

9. En général, les amendes ne peuvent être recouvrées
contre les héritiers de celui qui les a encourues, lorsqu'il n'y a
pas été condamné pendant sa vie. Cons. d'Et. 9 fév. 1810.

10. Les amendes prononcées par les trib. civils se prescrivent par 50 ans.—Celles qui ne sont pas encore prononcées, mais
seulement encourues, se prescrivent par l'espace de temps déterminé pour la poursuite de la contravention qui les motive.
— La prescription est suspendue par des demandes signifiées
et enregistrées avant l'expiration du délai ; mais elle est irrévocablement acquise si les poursuites commencées sont interrompues pendant une année, sans qu'il y ait d'instance devant les
juges compétens, quand même le premier délai pour la prescription ne serait pas expiré. L. 22 frim. an 7, art. 61.

AMI. — V. *Command, Enregistrement, Vente.*

AMIABLE COMPOSITEUR. Arbitre dispensé par les parties de se conformer aux règles du droit. V. *Arbitre.*

AMOVIBILITÉ. — V. *Organisation judiciaire.*

AMPLIATION. — V. *Grosse.*

AN. — V. *Date, Délai, Terme.*

ANCIENNETÉ. — Priorité de réception dans un corps,
une compagnie.

1. L'ancienneté procure la qualification honorable de *doyen.*

Elle attribue aussi certains avantages aux avoués, dans quelques procédures.—V. *Chambre des avoués, Communication de pièces,
Compte, Distribution, Ordre, Saisie-arrêt, Scellés.*

2. L'ancienneté se détermine par l'époque de la prestation
de serment. C'est en effet le serment qui confère la qualité
d'officier ministériel. Il en résulte que, dans le cas où un officier ministériel passe d'une résidence à une autre, il ne conserve pas, à l'égard de ses nouveaux confrères, le droit d'ancienneté qui lui était acquis par sa première admission.

ANNONCE. — V. *Affiche, Avis imprimé.*

ANTICIPATION. — V. *Action possessoire.*

APOSTILLES. Annotation à la marge d'un acte.

**1.** L'art. 15 L. 25 vent. an 11 emploie ce mot dans le sens de renvoi. — V. *Renvoi.*

**2.** Pour les apostilles qui ont lieu en cas de délivrance de grosses ou d'expéditions.—V. *Copie, Grosse.*

APPEL (1). Recours à un tribunal supérieur pour faire réformer le jugement d'un tribunal inférieur.

## DIVISION.

---

(1) Cet article est de M. Bertin, avocat à la cour royale de Paris.

Section I. — *Origine de l'appel ; ses différentes espèces.*

**1**. *Historique.* Dans l'ancien droit romain, les jugemens n'étaient point sujets à appel. — Le préteur avait établi deux espèces de recours contre la sentence *inique* du juge : 1° il accordait la *restitutio in integrum* au mineur et même au majeur, s'il n'avait pas été défendu (*L. 4, D. de in integr. restit. L. 1, quib. ex caus. maj. rest.*) ; 2° si le jugement était expressément contraire à la loi, ou s'il contenait quelque erreur de calcul, il était réputé non avenu (*L. 19, D. de appell. l. 1, et tot tit. quæ sentent. sin. appell.*) ; l'action pouvait être de nouveau intentée ; si l'une des parties opposait devant le préteur l'exception de la chose jugée, l'autre pouvait demander la *réplique de dol. L. 49 , § ult. de re jud. LL.* 9 *et* 25, *de dol. mal.*

**2**. Les empereurs permirent d'appeler du juge au magistrat qui l'avait nommé (*L. 1, pr. quis à quo appell.*), et du magistrat inférieur au magistrat supérieur (*L. 17, C. de appell.*), ou même au prince. *L.* 13, *Cod. tit.*

Le préfet du prétoire était le seul magistrat qui jugeât en dernier ressort. *L. 12, C. appell.*

**3**. On pouvait appeler non seulement des jugemens, mais encore de la nomination à la tutelle et autres charges publiques. *L.* 1, *D. de vac. et exc. mun.*

**4**. L'appel était valablement formé de vive voix, pourvu que ce fût à l'audience même et aussitôt après le jugement rendu. S'il avait lieu postérieurement, il devait être rédigé par écrit. *L.* 5, *de appell.*

Il n'était pas permis d'appeler deux fois dans la même cause. *L.* 1, *C. ne liceat in un. ead. caus.*

**5**. En France, et sous la première race, on appelait au roi des jugemens rendus par le comte ou le seigneur.

**6**. Charlemagne, pour rendre la voie de l'appel plus facile, créa des fonctionnaires qui, sous le titre d'*envoyés royaux*, visitaient les provinces de France, et tenaient quatre fois l'an des séances appelées *assises*, dans lesquelles ils révisaient les jugemens. Boncenne, 1, 409.

7. Sous Charles-le-Chauve, les seigneurs cessèrent de reconnaître la juridiction des envoyés royaux, et leurs sentences devinrent souveraines ; la partie condamnée se serait adressée vainement à l'autorité royale pour les faire réformer.

8. Plus tard l'appel fut remplacé par le combat judiciaire, que saint Louis abolit dans ses domaines. Il ordonna que le plaideur qui se croirait mal jugé se pourvoirait par appel devant un tribunal supérieur.

9. C'est à cette époque que le parlement commença à devenir cour de justice, et à s'occuper des appels des jugemens rendus par les tribunaux inférieurs.

Un seul parlement suffit pour l'expédition des affaires jusqu'à Philippe-le-Bel qui en créa plusieurs. Ordonn. 23 mars 1302, art. 62 ; Boncenne, 111.

10. L'assemblée constituante, par le décret du 1er mai 1790, a établi en matière civile deux *degrés de juridiction.*—V. ce mot. sauf les exceptions qui pourraient être déterminées .

11. Cette règle a été consacrée par le Code de procédure.

12. *Différentes espèces d'appels.* L'appel est ou principal ou incident. *Principal*, il est interjeté le premier par l'une des parties. *Incident*, il est dirigé contre le même jugement par l'autre partie, pendant l'instruction de l'appel principal. —On nomme *appelant* celui qui demande la réformation du jugement ; *intimé*, celui contre qui cette réformation est demandée. Les parties sont en même temps appelantes et intimées, lorsqu'elles demandent respectivement la réformation et la confirmation de certains chefs du jugement attaqué.

13. L'appel est l'une des voies ordinaires contre les jugemens.

14. Il est dévolutif et en général suspensif.— V. *inf.* sect. VI.

SECTION II. — *Jugemens et ordonnances dont on peut appeler.*

15. On peut appeler des jugemens et ordonnances rendus en premier ressort, et qui n'ont pas acquis force de chose jugée. — V. *Acquiescement, Degré de juridiction, Exécution, Jugement.*

§ 1. — *Des Jugemens.*

16. L'appel est en général recevable contre toute espèce de jugemens, provisoires, interlocutoires (—V. *inf.* n° 140) ou définitifs.

17. Spécialement, 1° contre un jugement d'adjudication préparatoire : il n'est pas un simple procès-verbal ou acte d'instruction, mais bien un véritable jugement. —Peu importe qu'il n'ait prononcé sur aucun moyen de nullité (Bourges, 18 juin 1824, S. 25, 294 ; Cass. 14 fév. 1827, S. 27, 289); — et qu'il n'ait statué sur aucune contestation. — *Contrà*, Toulouse, 7

déc. 1824, S. 25, 410 ; Agen , 22 avr. 1826 , S. 29, 1 , 67 ;
Grenoble , 20 juill. 1827, S. 28 , 61 ; Rennes, 18 fév. 1828 ,
S. 28, 86 ; consultation de MM. Toullier et Carré. — Ces
arrêts ont été rendus en matière de saisie immobilière.

Ainsi, il a été décidé que le jugement d'adjudication préparatoire devait être signifié , à peine de nullité. Cass. 14 fév.
1827 ; 25 juill. 1828, S. 28, 287. — *Contrà*, Grenoble , 20
juill. 1827 ; Rennes, 18 fév. 1828.

18. 2° Contre les jugemens rendus sur requête non communiquée , mais, dans le cas où la demande du requérant n'a pas
été complètement accueillie : ce dernier peut seul interjeter
appel. — V. *Acte de l'état civil* , n° 68.

Ceux qui n'ont pas été parties au jugement n'ont que la voie
de la tierce-opposition ( Colmar, 15 avr. 1807, S. 6 , 29 );—
ou de l'intervention. — V. *ib.* , n. 69.

19. Certains actes, quoique émanés de l'autorité du magistrat , ne peuvent être considérés comme de véritables jugemens
et ne sont pas susceptibles d'appel :

Spécialement, 1° les actes qui ne nuisent point aux parties ,
ou qui se bornent à consacrer leur commun consentement.
Paris, 15 mars 1811 , S. 14, 364 ;

20. 2° La décision par laquelle un trib. ordonne le changement de résidence d'un de ses huissiers. Metz , 4 juin 1833 ,
D. 34 , 196.

21. 3° La décision du président statuant sur l'opposition aux
qualités d'un jugement ; cette décision a pour but de déterminer des circonstances de fait ; elle est étrangère au dispositif du
jugement. Orléans, 28 déc. 1831, D. 33 , 70. — V. d'ailleurs
*Jugement.*

22. Les motifs d'un jugement ne sont pas susceptibles d'appel , lorsqu'on n'attaque pas le dispositif. Cass., ch. crim. , 7
mars 1828 , S. 28, 264.

Ainsi, une imputation diffamatoire, consignée dans un considérant contre la partie à qui ce dispositif fait gagner son procès , a été considérée comme n'ayant pas un caractère de décision
qui autorisât le pourvoi en cassation , attendu que les motifs
des jugemens ne sont autre chose que des raisonnemens et des
opinions, qu'ils n'ordonnent rien , ne jugent rien, que conséquemment ils ne disposent ni de l'honneur , ni de la fortune
des citoyens. Cass. 29 janv. 1824 , S. 24, 544.

Lorsque les motifs d'un jugement sont de nature à constituer
un véritable délit, la partie lésée a le droit de se pourvoir,
mais contre le juge et non contre le jugement , par les voies ordinaires et non par la voie de la cassation. *Même arrêt.*

Toutefois, il a été jugé qu'une partie qui a acquiescé à un
jugement peut encore en interjeter appel pour le faire réformer

dans l'un de ses motifs, lorsque, d'ailleurs, ce motif est inutile pour justifier la condamnation portée par ce jugement. Colmar, 5 mai 1812, S. 14, 361.

**23.** L'appel est ou n'est pas recevable, selon la nature de la contestation. On n'a plus, comme autrefois (V. *Ressort*), égard à la qualification donnée au jugement par le trib. La compétence des trib. est d'ordre public; il n'appartient pas au juge d'étendre ou de restreindre les pouvoirs que la loi lui a confiés. Cass. 1 et 9 juill. 1812, S. 12, 251; 13, 47.

Conséquemment, sont sujets à l'appel les jugemens qualifiés en dernier ressort, lorsqu'ils ont été rendus par des juges qui ne pouvaient prononcer qu'en premier ressort. C. pr. 453.

Sont, au contraire, affranchis de l'appel les jugemens rendus sur des matières dont la connaissance en dernier ressort appartient aux premiers juges, mais qu'ils ont omis de qualifier ou qu'ils ont qualifiés en premier ressort. *Ib.*

Cette règle s'applique aux sentences de juges de paix.

**24.** Le trib. d'appel ne peut connaître, même du consentement de toutes les parties, d'une contestation sur laquelle il a été statué en dernier ressort par les premiers juges. — Si les plaideurs ont le droit de renoncer à un recours devant un degré supérieur, il ne leur appartient pas d'étendre la juridiction pour attribuer aux juges un pouvoir que la loi n'a pas voulu leur donner. L'ordre public est intéressé à ce que ce qui a été décidé souverainement par un trib. ne puisse être remis en question devant un autre, le premier ne reconnaissant pas d'autorité supérieure à la sienne en cette matière. Toulouse, 19 août 1857 (Art. 1020 J. Pr.).

**25.** Par les mêmes motifs, la fin de non recevoir, résultant de ce que le jugement frappé d'appel a été rendu en dernier ressort, est opposable en tout état de cause et doit même être suppléé d'office. Cass. 17 niv. an 13, S. 5, 2, 115; Toulouse, 24 nov. 1825, S. 24, 92.

**26.** On peut appeler des jugemens rendus en premier ressort, quelle que soit d'ailleurs la condamnation, ne portât-elle que sur les dépens. Cass. 8 août 1808, S. 7, 74; Rennes, 2 juill. 1810, P. 8, 426; Poncet, 1, 135; Chauveau, *Tarif,* 1, 199, n° 41. — *Contrà*, Besançon, 16 août 1808, P. 7, 92.

**27.** Il y a lieu à appel, alors même que le fond du procès est de nature à être jugé en dernier ressort, — 1° quant à la disposition qui prononce la *contrainte par corps.* — L. 17 avr. 1852, art. 20. — V. ce mot;

**28.** 2° Relativement au chef qui statue sur la compétence. C. pr. 454.

Peu importe de quel trib. le jugement soit émané; la généralité des termes de l'art. 454 ne permet aucune distinction.

Cass. 22 avr. 1811, S. 11, 162; Cass. 22 juin 1812; Henrion, *Compétence*, 59.

On doit considérer comme statuant sur la compétence la décision par laquelle un juge de paix, après une enquête et des conclusions respectivement prises, renvoie les parties devant le tribunal de première instance pour se faire juger au fond. Il n'y a pas, dans ce cas, déni de justice, mais jugement qui remplit le premier degré de juridiction. Cass. 27 août 1804, 16 avr. 1810, D. 10, 565.

**29.** Peut-on interjeter appel, à raison de l'incompétence, lorsque cette exception n'a pas été opposée en première instance et que le jugement a été rendu en dernier ressort? — Il faut distinguer :

Si l'incompétence est personnelle seulement, elle doit être présentée avant toute défense ( C. pr., art. 168, 169); — elle le serait tardivement pour la première fois en appel.

Si, au contraire, il s'agit d'une incompétence, *ratione materiæ*, elle est proposable en appel et peut être présentée *en tout état de cause*. — *Contrà*, Grenoble, 12 avr. 1826, S. 26, 302.

**30.** On ne saurait appeler d'un jugement sur l'incompéence duquel le tribunal supérieur a déjà statué. Dans ce cas, le second degré de juridiction ayant été épuisé par la sentence rendue, il ne peut en intervenir une seconde. Paris, 14 juill. 1809, P. 7, 684.

**31.** Le jugement entaché de nullité doit être attaqué par appel devant l'autorité supérieure, et non par voie d'action en nullité devant le tribunal même qui l'a rendu. — *Contrà*, Berriat, 406, note 11). Tant qu'une sentence n'a pas été déclarée nulle, elle doit produire tous ses effets, et notamment celui d'épuiser, lorsqu'elle est définitive, le premier degré de juridiction.— Bruxelles, 7 janv. 1808, P. 6, 430; Cass. 26 therm. an 4, P. 1, 114; 25 fév. 1812, S. 12, 207 ; 7 oct. 1812, D. 13, 97; Merlin, — *Rép.*, v° *Nullité*, § 7, n° 4.

Toutefois, si le jugement était entaché d'une nullité tellement radicale qu'il n'eût pas d'existence comme jugement, par exemple s'il avait été rendu par des individus sans caractère, les parties pourraient plaider de nouveau, et si l'existence d'une première décision leur était opposée, elles soutiendraient avec raison qu'elle doit être considérée comme non avenue.

## § 2.—*Jugemens par défaut.*

**32.** La voie de l'opposition et celle de l'appel ne peuvent exister simultanément : celle-ci n'est ouverte que lorsqu'il n'est plus possible d'obtenir la réformation du jugement par la première ( C. pr. 445, 455 ; Berriat, p. 406, 407 ). L'appel d'un jugement par défaut n'est pas recevable, tant que les délais d'opposition ne sont pas écoulés, ou tant qu'il n'a pas été statué sur l'opposition. Metz, 30 av. 1813.

Peu importe qu'il s'agisse d'un jugement exécutoire par provision : l'art. 455 ne fait aucune distinction; l'art. 449, qui permet dans la huitaine l'appel de toute espèce de jugement exécutoire par provision, ne s'applique qu'aux jugemens contradictoires : en effet il n'autorise l'appel du jugement non exécutoire par provision qu'après le délai de huitaine; ce qui ne concerne évidemment que cette sorte de jugemens. Il n'existe, d'ailleurs, aucun motif pour que la loi ait dérogé, dans cette circonstance, au principe que l'appel n'est recevable qu'autant que l'opposition a cessé de l'être, puisque l'on peut obtenir par cette dernière voie le même résultat que par la première. Metz, 30 janv. 1811 et 26 mai 1820; Cass. 17 juin 1817, S. 18, 319. — *Contrà*, Paris, 27 juin 1810, S. 15, 11; Berriat, 412, note 29.

**53.** Si le jugement contient deux chefs distincts, et qu'il ait été statué sur l'un par défaut et sur l'autre contradictoirement, celui-ci pourra être frappé d'appel à l'expiration de la huitaine de la prononciation du jugement, tandis que le premier ne donnera lieu à appel qu'après l'expiration du délai d'opposition. Nancy, 10 janv. 1812, S. 14, 341; Agen, 6 juill. 1812, D. A. 7, 725.

**54.** L'appel interjeté huit jours après l'opposition est recevable, si cette opposition n'a pas été réitérée par une requête : en effet, dans ce cas l'opposition est nulle. Paris, 11 nov. 1813. — V. *Jugement par défaut.*

**55.** Les règles qui viennent d'être données s'appliquent-elles aux jugemens par défaut en matière commerciale? La négative résulte des termes de l'art. 645 C. comm., portant: *L'appel pourra être interjeté le jour même du jugement.* Cette disposition n'est pas restreinte aux jugemens contradictoires; l'art. 645 ne distingue pas. On conçoit, d'ailleurs, qu'en matière commerciale, la loi ait voulu épargner aux parties les frais et les longueurs de l'opposition, et leur ait permis de se pourvoir immédiatement par appel. Liége, 20 juill. 1809, P. 7, 702; Besançon, 14 déc. 1809, P. 7, 925; Paris, 7 janv. 1812, S. 12, 148; Cass. 24 juin 1816, S. 16, 409; Metz, 8 déc. 1819; Rennes, 22 mars 1820; Bordeaux, 14 fév. 1817, S. 17, 272; 5 juin 1829, S. 29, 261; Caen, 12 janv. 1830, S. 30, 213; Bourges, 19 mars 1831, S. 32, 33; Poitiers, 24 mai 1832, S. 32, 362; Montpellier, 13 nov. 1834, S. 35, 359; Pau, 10 fév. 1836, Paris, 22 mars 1836 (Art. 544 et 545 J. Pr.); Berriat, 411; Carré, art. 443 et 455. — *Contrà*, Colmar, 31 déc. 1808, S. 14, 387; Paris 18 mai 1809, S. 14, 388; Limoges, 15 nov.

1810, S. 14, 588 ; Paris, 7 janv. 1812 ; Montpellier, 31 août
1813 ; 20 juill. 1824 ; Pardessus, 5, 86.

56. Peut-on appeler d'un jugement par défaut sans appeler
en même temps d'un jugement qui a statué sur l'opposition
formée à l'exécution du premier? — Il faut distinguer :

Si le dernier jugement déclare l'opposition non recevable,
comme n'ayant pas été formée en temps utile, ou nulle à raison d'un vice de forme, l'appel du second jugement, qui ne
décide rien au fond et ne fait qu'ordonner l'exécution du premier, n'est pas nécessaire.

Mais, si l'opposition est déclarée recevable et mal fondée, il
faut attaquer les deux jugemens ; tous deux portent condamnation au fond ; et si le premier seulement était infirmé, l'autre
n'en subsisterait pas moins ; ce qui produirait une contrariété
de jugemens, qui ne se rencontre pas dans la première hypothèse. Cass. 25 juin 1811, S. 11, 241 ; Poitiers, 4 mai 1824,
D. 25, 89 ; Bourges, 6 août 1824, D. 25,89. — *Contrà*, Metz,
6 mai 1822.

Mais pour prévenir toute difficulté, la prudence suggère
d'interjeter appel dans tous les cas de l'un et de l'autre jugement.

57. Les jugemens de défaut-congé sont-ils susceptibles
d'appel ?

En faveur du droit d'appel on argumente de la généralité des
termes des art. 443 et 455 C. pr. ; d'ailleurs, l'art. 434 C.
pr. dispose que : « si le demandeur ne se présente pas, le trib.
donnera défaut et renverra le défendeur *de la demande.* » D'où il
semble résulter que le trib. peut, et même doit connaître du
fond même de la contestation. Enfin le jugement de défaut-
congé, alors même qu'il ne statuerait pas sur le fond de la contestation, causerait au demandeur, si le droit d'appel lui était
refusé, un préjudice irréparable, si son action était prescriptible
dans l'intervalle qui s'est écoulé entre la demande et le jugement. Nîmes, 14 nov. 1825, S. 26, 229 ; Poitiers, 14 fév. 1857
(Art. 978 J. Pr.); Carré, n° 635 ; Pigeau, *Comm.*, art. 154 ;
A.D., v° *Jugement par défaut*, n° 21.

M. Thomine, 1, 292, restreint le droit d'appel au cas où
l'action serait prescriptible dans l'intervalle de la demande au
jugement, et M. Berriat, 257, note 14, à celui où le jugement aurait statué au fond.

Dans le système contraire on considère le défaut du demandeur comme une renonciation, *quant à présent*, à *l'exercice* de
l'action ; comme un désistement de *l'instance* ; l'office du juge
doit donc se borner, dans ce cas, dit-on, à donner acte de ce
désistement sans examiner le fond de la contestation dont il est
dessaisi par le retrait de la demande. Si le juge ne peut faire
autre chose que donner acte du fait du désistement sans statuer,

il est évident que cette décision n'épuise pas le premier degré de juridiction et ne peut même être qualifiée *jugement*, puisque les magistrats n'ont rien jugé. Le demandeur serait donc recevable à renouveler sa demande et non pas à interjeter appel de la décision qui a prononcé défaut contre lui. Cette doctrine toujours admise n'a pu être abrogée par l'art. 434 C. pr. relatif aux jugemens rendus en matière de commerce, qui ne se trouve pas reproduit dans le titre consacré à l'appel et où les principes généraux ont été posés ; rien n'indique d'ailleurs dans les procès-verbaux du Conseil d'État et dans les discours prononcés à l'occasion des dispositions concernant la procédure devant les tribunaux de commerce qu'on ait voulu, quant à l'appel des jugemens de défaut-congé déroger aux anciens principes. Enfin ces expressions de l'art. 434 : *renverra le défendeur de la demande* peuvent recevoir une toute autre explication que celle présentée dans le système contraire. Cet article ne dit pas que le renvoi sera ordonné *à tout jamais :* on a voulu dire que ce renvoi ne serait *prononcé que quant à présent.* Peu importe le préjudice résultant pour le demandeur de la déchéance du droit d'appel si dans l'intervalle de la demande au jugement son action est prescrite : il est le résultat de sa négligence. C. pr. 154, 443 et 455 ; C. civ. 2247.—Turin, 23 août 1809, S. 10, 64 ; Bruxelles, 26 avr. 1810, S. 14, 44 ; Besançon, 4 déc. 1816 ; Dijon, 8 juill. 1830, S. 32, 153.

La Cour de Dijon a jugé le 12 mars 1829 (D. 30, 170), par application de ce dernier système, que lorsque le trib., au lieu de se borner à donner défaut et à renvoyer le défendeur purement et simplement de la demande a apprécié la demande *au fond* et a statué à cet égard, le demandeur est recevable à appeler du jugement qui, dans ce cas, doit être non pas *réformé*, mais annulé en ce qu'il y a eu *examen du fond.*

Nous croyons devoir adopter un système mixte.

Lorsqu'une demande est formée en justice et que le défendeur se présente pour la repousser, il y a un contrat judiciaire qui ne peut être rompu par la volonté de l'une des parties ; ainsi il ne dépend pas du demandeur, en se désistant de sa demande formellement, ou tacitement par son absence, d'anéantir la contestation qu'il a soulevée pour la renouveler et perpétuer à loisir les inquiétudes du défendeur. Ce dernier pourra donc, suivant nous, malgré le désistement formel ou tacite du demandeur, suivre l'audience et conclure à ce que sa demande soit déclarée *mal fondée.* Dans ce cas le tribunal devra *nécessairement* statuer au fond. Alors le premier degré de juridiction aura été épuisé et le demandeur aura le droit d'interjeter appel. Merlin, *Quest. dr.*, v° *Défaut*, § 1 bis.

Si, au contraire, le défendeur demande seulement que le

défaut congé soit prononcé et ne prend pas de conclusions sur le fond, il est présumé avoir accepté le désistement et par conséquent la rupture du contrat judiciaire. Il en résulte que l'instance doit être anéantie complètement, et que le tribunal doit se borner à donner acte du désistement en prononçant le défaut sans statuer sur le mérite de la demande.

Dans ce cas le premier degré de juridiction n'a pas été épuisé, il n'existe pas même de jugement ; la demande peut donc être renouvelée, et il n'y a lieu ni à opposition ni à appel. — V. d'ailleurs nos observations (Art. 962 J. Pr.).

**58.** Les sentences rendues par défaut par les juges de paix sont susceptibles d'appel comme les jugemens émanés des trib. de 1ʳᵉ inst. Les articles 16 et 443 ne distinguent point. Cass. 8 août 1815, 7 nov. 1820, S. 15, 506 ; 21, 82. — Il en était autrement sous la loi des 18 et 26 oct. 1790.

### § 3.—Ordonnances.

**59.** Il n'y a lieu à l'appel des ordonnances qu'autant qu'elles ont le caractère de jugement.

**40.** Sont susceptibles d'appel :

1° Les ordonnances de référé, pourvu que la demande à raison de laquelle elles sont intervenues ait pour objet une chose d'une valeur supérieure à 1,500 fr. Arg. C. pr. 809 ; L. 11 avr. 1838, art. 1; Turin, 19 août, 16 oct. 1807 ; Poitiers, 16 fév. 1817 ; Cass. 12 avr. 1820 ; Bordeaux, 10 fév. 1832 ; Paris, 28 juill. 1825 ; 29 août 1836, P. 1837, 1, 608 ; Carré, art. 809 ; Thomine, 2, 399 ; Berriat, 543. — *Contrà*, Paris, 24 août 1831. —Dans l'ancienne législation, on pouvait appeler des ordonnances de référé, lors même qu'elles avaient pour objet l'exécution d'un jugement rendu en dernier ressort. Paris, 15 niv. an 13, P. 4, 325.

Il n'est pas nécessaire que l'ordonnance de référé ait été préalablement soumise au trib. de 1ʳᵉ inst.. Le mot *jugement* inséré deux fois dans l'art. 809 C. pr. ne suffit pas pour autoriser une procédure si contraire au but des référés, à la prompte expédition des affaires. D'ailleurs le magistrat rend ici un véritable jugement. Poitiers, 16 fév. 1807, P. 5, 680 ; Cass. 12 avr. 1820, D. A. 1, 444 ; Carré, 2, 574.

**41.** 2° L'ordonnance du président du trib. de comm. accordant permission de saisir les meubles et effets d'un débiteur ; cette ordonnance, porte l'art. 417 C. pr. est exécutoire *nonobstant opposition ou* APPEL. Coffinière, Encyclopédie du droit, v° *appel*, n° 37. — *Contrà*, Bruxelles, 17 mars 1812, S. 14, 369. — Cet arrêt n'admet que l'opposition.

**42.** 3° L'ordonnance rendue par le président d'un trib. de commerce (sur requête), portant nomination d'experts pour procéder à une vérification. La voie de l'opposition n'est pas recevable. Poitiers, 5 août 1850, S. 51, 156.

—V. d'ailleurs *Ajournement, Arbitrage, Bref délai, Distribution par contribution, Ordonnance, Ordre, Saisie-arrêt,* etc.

## Section III.—*Personnes qui peuvent appeler.*

**45.** Le droit d'appeler d'un jugement n'appartient qu'à ceux qui y ont été parties ou qui sont représentans ou ayant-cause de l'une des parties. Berriat, 413; Merlin, *Quest. Dr.,* v° *Appel,* § 2; Proudhon, *Usufruit,* 5, 552; Carré, art. 466.

Toutes autres personnes n'ont que la voie de la *tierce-opposition* ou de l'*intervention.* — *V.* ces mots.

### § 1. — *Parties.*

**44.** Les parties qui ont figuré en première instance, soit en leur nom personnel, soit par des représentans, peuvent appeler du jugement qui repousse tout, ou partie de leurs prétentions.

**45.** Spécialement, 1° celui qui est intervenu en première instance, bien que la partie principale ait acquiescé au jugement. Bourges, 2 avr. 1828, S. 29, 248; Cass. 15 nov. 1855, S. 54, 25.

**46.** 2° L'interdit relativement au jugement qui prononce son interdiction (C. pr. 894): les faits qui ont motivé l'interdiction peuvent n'avoir pas été bien appréciés par les premiers juges.

**47.** 5° Les codébiteurs solidaires quoiqu'ils n'aient pas été personnellement en cause : ils sont censés s'être réciproquement donné mandat de se représenter; le jugement rendu contre l'un d'eux est applicable aux autres. — Peu importe même que les délais de l'appel soient écoulés, si l'un des co-intéressés s'est pourvu en temps utile. — V. *inf.* n° 152.

**48.** Ces règles s'appliquent, 1° aux associés en nom collectif : ils sont débiteurs solidaires des dettes de la société. C. comm. 22.

2° A la caution qui s'est obligée solidairement avec le débiteur principal, ou qui a renoncé au bénéfice de discussion. C. civ. 2021.

**49.** Mais lorsque la caution n'est pas solidaire, les jugemens obtenus contre elle sont étrangers au débiteur principal, qui ne peut en conséquence en appeler. C. civ. 2029, 2051.

**50.** Il en est de même à l'égard des associés civils ou commanditaires; dans ce cas, il n'y a pas de solidarité, et par conséquent pas de mandat réciproque. Les condamnations qui interviennent sont donc étrangères aux associés qui n'ont pas figuré dans l'instance, et ne sauraient leur être opposées. C. civ. 1862.

**51.** Un propriétaire par indivis peut-il appeler d'un juge-

ment qui condamne son co-propriétaire à souffrir l'exercice
d'une servitude qui grève le fonds commun ? — Pour la négative, on dit : un propriétaire par indivis n'est ni le représentant, ni l'ayant-cause de son co-propriétaire.—Mais on répond
qu'en matière indivisible, les co-intéressés sont liés par une
communauté d'intérêts qui les rend mandataires les uns des
autres. Le propriétaire qui, en première instance, a seul défendu à l'action intentée contre lui, à l'occasion de la chose
commune, a agi tant en son nom personnel, qu'en celui de son
co-propriétaire ; il est donc inexact de dire que celui-ci n'a pas
été représenté dans cette instance ; d'ailleurs la propriété d'une
chose ou d'un droit indivisible qui, comme dans l'espèce, n'est
pas susceptible d'une jouissance partielle, ne peut exister vis-à-
vis d'un individu, et ne pas exister vis à-vis d'un autre. Dès lors
celui qui n'a pas nommément figuré en première instance,
n'obtiendrait pas, par la tierce-opposition, un second jugement
contraire au premier, puisque l'exécution simultanée de ces
deux jugemens serait impossible; or, si la voie de la tierce-
opposition lui est refusée, il doit nécessairement avoir celle de
l'appel pour faire réformer un jugement qui lui est applicable.
— V. *inf.* n° 148.

**52.** L'héritier qui vient recueillir une succession en possession de laquelle se trouvait un autre héritier, ou qui était gé-
rée, comme vacante, par un curateur nommé à cet effet, peut
appeler des jugemens obtenus contre ceux-ci. Les tiers ne doivent pas éprouver de préjudice de ce que le véritable héritier ne
s'est présenté que tardivement ; ils sont en conséquence recevables à lui opposer les jugemens qu'ils ont obtenus contre celui
qui était en possession de la succession : d'où il suit que celui-ci a le droit d'appeler de ces mêmes jugemens. C. civ. 790,
1240.

**53.** Ceux qui ont été représentés en première instance, parce
qu'ils étaient incapables d'agir : par exemple, le mineur, l'interdit, la femme mariée, l'absent, peuvent attaquer en leur
nom personnel les jugemens rendus contre eux, lorsque les
motifs qui les rendaient incapables ont cessé.

## § 2. — *Représentans.*

**54.** On entend par *représentans* tous ceux qui sont revêtus d'un
mandat, soit légal, soit conventionnel, pour agir en justice au
nom des individus dont les intérêts leur sont confiés.

**55.** Les représentans sont recevables à appeler des jugemens
qui ont repoussé les prétentions de ceux qu'ils représentent,
lors même qu'ils n'ont pas figuré eux-mêmes en première instance.

**56.** Toutefois, ce droit est, dans certaines circonstances, et

pour certains représentans, subordonné à la nécessité de l'autorisation. — V. *Commune*, *Etablissemens publics*.

### Art. 1er. — *Représentans légaux*.

**57.** Les représentans légaux sont les tuteurs et subrogés-tuteurs, les curateurs, les maris, les syndics, les administrateurs,
les maires, les préfets et le ministère public.

**58.** *Tuteur.* Il peut interjeter appel au nom et dans l'intérêt
du pupille.

L'autorisation du conseil de famille n'est même pas nécessaire, —soit qu'il s'agisse de droits mobiliers, — soit qu'il
s'agisse de droits immobiliers.

Cette autorisation n'est exigée que quand il s'agit d'*introduire
en justice* une action immobilière (C. civ. 464). Or, l'appel
n'est que la défense à une action déjà engagée, un moyen de
faire réformer une décision qui *lèse* des droits déjà considérés
comme légitimes par le conseil de famille. Cass. 17 nov. 1813,
D. 14, 32; Coffinière, *ib.*, n° 79.

**59.** *Subrogé-tuteur.* Lorsque les intérêts du tuteur sont en opposition avec ceux du mineur. C. civ. 420. —A défaut du subrogé-
tuteur c'est un tuteur *ad hoc* qui interjette appel.

Le père tuteur, à défaut du tuteur *ad hoc,* a droit de former
appel au nom de ses enfans quoique ses intérêts soient contraires aux intérêts de ceux-ci. Paris, 31 août 1810, S. 17, 397.

**60.** Le subrogé-tuteur peut-il appeler du jugement rendu
contre le mineur, lorsque les intérêts de celui-ci ne sont pas contraires à ceux du tuteur? En faveur de l'appel, on soutient
que l'art. 444 C. pr. exigeant que le jugement rendu contre
le mineur soit signifié, tant au tuteur, qu'au subrogé-tuteur,
on doit en conclure que le législateur a voulu donner au mineur une double garantie que l'appel serait interjeté dans les
délais de la loi. Mais on répond que le tuteur est le seul représentant du mineur; que lui seul a le droit d'agir en justice au
nom de celui-ci. Les fonctions du subrogé-tuteur sont limitées
à la surveillance des actes du tuteur; la loi ne lui donne le droit
d'agir au nom du mineur que dans un seul cas, celui où les intérêts de ce dernier sont contraires à ceux de son tuteur (C.
civ. 420). Ce cas excepté, il ne peut donc former aucune demande. Dans cette circonstance, son droit se borne donc à
prendre, auprès du tuteur, et du conseil de famille, toutes les
mesures nécessaires pour que l'appel soit interjeté, s'il y a lieu :
mais il ne saurait le former lui-même. Limoges, 30 avr. 1810,
P. 8, 276; Favard, v° *Appel*, sect. 1, § 2, n° 15; Carré, art.
444. — *Contrà*, Montpellier, 19 janv. 1832, S. 33, 58.

**61.** *Curateur.* Dans quels cas peut-il interjeter appel. —V.
*Curateur*.

**62.** *Mari.* Il a qualité pour interjeter appel des jugemens relatifs :

1° Aux biens de sa femme, — lorsqu'il s'agit de la dot sous le régime dotal (C. civ. 1549) ; — et des actions mobilières et possessoires sous les autres régimes. C. civ. 1428.

2° Aux biens qui sont entrés en communauté : il les administre. C. civ. 1421.

La femme interjette appel en son nom, avec l'autorisation du mari, pour les actions immobilières qui lui sont propres. C. civ. 215.

**63.** *Syndics.* Les syndics définitifs d'une faillite ont également le droit d'interjeter appel dans l'intérêt de la masse des créanciers ; l'autorisation du juge-commissaire ne leur est même pas nécessaire dans ce cas. C. comm. 494 ; Paris, 23 avr. 1812, S. 14, 31 ; Cass. 18 juin 1823. —V. *Faillite.*

Le failli peut-il, après que le syndic s'est désisté de son appel, au nom des créanciers, et nonobstant ce désistement, poursuivre l'instance d'appel en son nom personnel ?

Pour la négative, on dit : les syndics représentant la masse des créanciers et le failli, leurs actes sont opposables à celui-ci aussi bien qu'à la masse ; d'ailleurs le failli est privé de l'administration de ses biens ; il ne peut figurer dans une instance que par l'entremise des syndics ; ce mode de représentation n'étant plus possible après le désistement donné par ceux-ci, l'appel est non recevable (C. comm. 442, 494).

Mais il faut remarquer que les syndics représentent à la fois deux personnes différentes, le failli et la masse des créanciers ; d'où il résulte que les actes qu'ils déclarent faire au nom de l'un de ces deux intérêts ne nuisent point à l'autre : dès lors le désistement donné au nom des créanciers laisse subsister l'appel par rapport au failli. Si le failli est déchu de l'administration de ses biens, il a cependant un intérêt dans les contestations où figurent les syndics : il est vrai que ces syndics sont ordinairement ses représentans obligés ; mais à défaut de ceux-ci, il a le droit de défendre lui même ses intérêts. Cass. 19 avr. 1826, S. 27, 198.

Par le même motif, le failli pourrait interjeter en son nom personnel, appel du jugement qui n'a pas été attaqué par ses syndics.

Il peut, à plus forte raison, former appel toutes les fois qu'il s'agit de contestations étrangères à l'administration de ses biens. Bruxelles, 13 mars 1810, D. A. 1, 445 ; Pardessus, n° 1117.

**64.** *Administrateurs.* Ils peuvent appeler au nom de ceux qu'ils représentent ; tels sont : 1° les envoyés en possession provisoire des biens de l'*absent.* C. civ. 125, 134. — V. ce mot, n° 61.

**65.** 2° Le maire, s'il est autorisé.—V. *Commune.*

**66.** 5° Le préfet. — *V.* ce mot.

**67.** *Le ministère public.* Le ministère public en matière civile, peut appeler des jugemens qui intéressent l'ordre public.

Spécialement, 1° d'un jugement qui a déclaré valable un mariage dont il a demandé la nullité. Bruxelles 15 août 1808, S. 8, 273.

2° Des décisions rendues en matière de discipline, dans certains cas. — V. *Discipline.*

### Art. 2. — *Représentans conventionnels.*

**68.** La partie qui veut interjeter appel peut agir par un mandataire, pourvu que ce dernier agisse au nom et à la requête de son mandant, et non pas en son nom personnel. Aix, 18 fév. 1808, S. 8, 109. — V. *Exploit.*

Le mandataire, dans ce cas, doit être muni d'un pouvoir spécial. Rennes, 23 avr. 1811, P. 9, 280.

**69.** Ce pouvoir est même nécessaire :

1° Au fils de la partie condamnée. Dijon, 21 janv. 1808, P. 6, 456.

2° A l'avoué qui a occupé devant le trib. de 1^{re} inst. ; — Le mandat qu'il reçoit de la partie est exclusivement relatif au premier degré de juridiction. Merlin, *Qu. dr.*, v° *Appel*, § 3 ; Berriat, 373. — *Contrà*, Poncet, *jugement*, 496.

**70.** La mention du pouvoir spécial doit se trouver dans l'acte d'appel, à peine de nullité. Cass. 24 brum. an 9, P. 2, 38; 16 prair. an 12, S. 4, 2, 545.

Cependant, si la nullité n'a pas été opposée avant toute défense au fond, elle est couverte. Cass. 28 brum. an 12, S. 4, 282.

### § 3. — *Ayant-cause.*

**71.** On appelle *ayant-cause* ceux qui représentent des tiers, comme tenant d'eux leur droit, et qui, dans leur intérêt personnel, exercent les actions qui appartiennent à ces tiers. C. civ. 820, 1166, 1446, 1464, 2090, 2225, 778.

**72.** Les ayant-cause ont le droit d'appeler des jugemens rendus contre ceux qu'ils représentent, à moins qu'il ne s'agisse de droits exclusivement attachés à la personne du représenté. C. civ. 1166.

**73.** *Héritiers.* Les héritiers profitent de l'appel interjeté par leur auteur.

Si l'appel n'a pas été formé, et que le délai ne soit pas encore expiré, ils peuvent appeler.

L'appel, dans ce cas, ne profite qu'à ceux qui l'ont interjeté, à moins que la contestation n'ait pour objet une chose indivisible. Cass. 24 brum. an 7, P. 1, 250; Bordeaux, 4 avr. 1829, S. 29, 342. — V. *inf.* n. 149, 189.

Peu importe, suivant nous, que l'héritier ait interjeté appel
en son nom seulement, où qu'il l'ait formé à sa requête et au
nom de ses cohéritiers; dans ce dernier cas il n'a agi que comme
mandataire, et s'il n'est pas muni d'un pouvoir spécial à cet
effet ( — V. *sup.* n° 68 ) ses cohéritiers ne sauraient se prévaloir de cet appel. —*Contrà*, Angers, 22 mai 1817, S. 19, 181.

Par les mêmes motifs, l'héritier ne peut pas appeler d'un
jugement rendu contre son cohéritier, à l'occasion de la succession qui leur est échue.

**74.** Les héritiers qui interjettent appel d'un jugement rendu
contre leur auteur doivent faire connaître leur qualité, et
énoncer dans l'acte d'appel les actes dans lesquels ils ont pris
cette qualité. Nîmes, 29 janv. 1811, S. 11, 454.

**75.** *Créanciers.* Le créancier peut demander la réformation
de la sentence rendue contre son débiteur. C. civ. 1166; Poitiers, 6 juill. 1824, S. 25, 329; Bordeaux, 7 déc. 1829, S. 30,
65; Cass. 7 fév. 1832, S. 32, 689; Lyon, 21 déc. 1831,
S. 32, 398; Toulouse, 16 janv. 1835 (Art. 214 J. Pr.).

**76.** L'acquéreur peut appeler du jugement rendu contre son
vendeur, sur une contestation antérieure à la vente. C. pr. 185.

**77.** Mais il en est autrement si la contestation est postérieure
à la vente. Dans ce cas, le quasi-contrat judiciaire n'étant pas
formé lors de la vente le vendeur n'a pu défendre régulièrement à une demande relative à un droit de propriété qui ne
lui appartenait plus. Le jugement intervenu sur cette demande
n'est pas opposable au véritable propriétaire. Montpellier, 26
mars 1836 (Art. 693 J. Pr.).

Le tiers acquéreur a le droit d'interjeter appel d'un jugement qui détermine les droits d'un créancier hypothécaire inscrit sur l'immeuble dont ce tiers a fait l'acquisition, encore
bien qu'il n'ait pas été partie au jugement de 1re inst. Poitiers,
6 juill. 1824, D. 25, 120.

**78.** Le donataire a le droit d'appeler, dans les circonstances où ce droit appartient à l'acquéreur.

**79.** Il en est de même du cessionnaire qui a fait signifier
son transport à l'égard du jugement qui condamne son cédant.
Poitiers, 28 déc. 1836 (Art. 979 J. Pr.).

**80.** Ceux qui ne tiennent pas leurs droits de l'une des
parties qui ont été en cause en première instance, sont non
recevables à appeler du jugement dans lequel ils n'ont pas
figuré, bien que ce jugement ait attribué à un tiers la propriété de la chose qui leur était commune avec la partie condamnée, à moins qu'il ne s'agisse d'une chose indivisible ou
d'une dette solidaire (—V. *sup.* n°s 47 et suiv.). Ce jugement
leur est étranger; ils peuvent en anéantir l'effet en y formant
*tierce-opposition.* Merlin, *Qu. Dr.,* v° *Appel,* § 2. — V. ce mot.

**81.** L'usufruitier a-t-il le droit d'appeler du jugement qui attribue à un tiers la propriété de la chose dont l'usufruit lui a été légué, lorsqu'en première instance l'héritier du sang seul a été en cause? Pour l'affirmative, on prétend que l'usufruitier est, quant à son usufruit, créancier de la succession, et que conséquemment il peut appeler du jugement rendu contre cette succession. Mais on répond avec avantage que l'usufruitier n'est pas créancier, mais bien propriétaire de l'usufruit qui lui a été légué. Il ne saurait donc en être dépouillé que par une condamnation personnelle. L'héritier nu-propriétaire est sans caractère pour défendre un droit qui ne lui appartient pas, et le jugement rendu contre lui ne peut être opposé à l'usufruitier.

**82.** Ne peut pas non plus interjeter appel, le légataire qui n'a pas été partie au jugement prononçant la nullité du testament qui l'institue. *Ib.*

**83.** *Contre qui peut-on appeler?* Contre ceux qui ont été parties dans la cause ou contre leurs représentans. — V. *Action, Ajournement, Reprise d'instance.*

SECTION IV. — *Délai d'appel.*

§ **1.** — *Délai ordinaire d'appel.*

**84.** Le délai ordinaire d'appel pour les jugemens soit contradictoires, soit par défaut, est de trois mois. C. pr. 445; C. comm. 645.

**85.** Cette règle s'applique 1° aux jugemens de compétence comme aux autres jugemens. L'art. 425, portant que ces jugemens pourront *toujours* être attaqués par la voie de l'appel, doit s'entendre uniquement en ce sens que l'appel interjeté dans les délais de la loi relativement à la compétence, est recevable, bien qu'il s'agisse d'une contestation de nature à être jugée au fond en dernier ressort par les premiers juges. Cass. 25 fév. 1812, S. 12, 207.

2° Aux sentences arbitrales. — V. *Arbitrage.*

**86.** Mais l'appel des sentences des juges de paix doit être interjeté dans les trente jours, depuis la loi du 25 mai 1838, art. 13. — V. *Juge de paix.*

**87.** Les délais ordinaires d'appel sont encore abrégés dans quelques matières spéciales, à raison du peu d'importance de certains jugemens, ou de la nécessité de terminer promptement certaines contestations. — V. *Distribution par contribution, Ordre, Récusation, Renvoi pour cause de parenté, Référé, Saisie immobilière.*

**88.** A moins d'une exception formelle, le délai de trois mois est accordé. — V. *Contrainte par corps, Distribution par contribution, Surenchère.*

**89.** Le délai de trois mois est augmenté pour ceux qui de-

meurent hors de la France continentale, du délai des ajournemens, réglé par l'art. 73 C. pr. — V. *Ajournement.*

Cette règle s'applique aux étrangers comme aux Français :
la loi ne fait aucune distinction. Carré, art. 445.

**90.** Ceux qui sont absens du territoire européen du royaume,
pour service de terre ou de mer, ou employés dans les négociations extérieures pour le service de l'Etat, ont, pour interjeter appel, outre le délai de trois mois, celui d'une année —C. pr. 446.

**91.** Si la mission est non authentique et contestée, le délai
d'une année n'est accordé que dans le cas où le gouvernement
s'explique par la voie du ministre dans le département duquel
est placée la mission alléguée comme motif de prolongation de
délai. Arg. C. civ. 429 ; Pigeau, 1, 665.

**92.** Suffit-il, pour qu'il y ait lieu à prolongation de délai,
que les personnes dont parlent les art. 445, 446 C. pr., soient
absentes du territoire au moment de la signification du jugement ?
— M. Carré, art. 446, invoque le silence de la loi pour l'affirmative. — Cependant, si le fonctionnaire est rentré sur le territoire français et a terminé sa mission, il n'existe plus aucun
motif pour lui accorder une prolongation de délai ; il est donc
plus conforme à l'esprit de la loi de n'accorder qu'un délai de
trois mois, à dater de la rentrée en France, — ou, selon quelques-uns, à partir de la signification du jugement faite depuis
la rentrée en France et la fin de la mission. — La prudence doit
suggérer cette dernière marche.

**93.** Le délai d'appel n'est jamais sujet à augmentation à
raison des distances pour ceux qui demeurent en France. L'art.
444 déclare qu'il emporte déchéance, et les art. 445 et 446
C. pr. énoncent le seul cas où il peut être augmenté : on ne
saurait donc lui appliquer l'art. 1033 relatif aux ajournemens.
En effet, aucun des délais, prorogés par cet article évidemment
dans l'intérêt du défendeur, n'est prescrit à peine de nullité,
tandis que le délai d'appel est de rigueur, et que son expiration
opère, en faveur de celui au profit duquel le jugement a été
rendu, une espèce de prescription dont le bénéfice ne doit pas
lui être enlevé. Bordeaux, 16 fév. 1808, S. 8, 155 ; Cass. 8
août 1809, S. 9, 406 ; Nanci, 20 nov. 1812 ; D. A. 1, 486 ;
Bourges, 26 fév. 1830, S. 30, 165 ; Berriat, p. 152, note 18,
n° 3 ; Carré, art. 443.

**94.** Doit-on ajouter au délai de trois mois le jour *à quo* et le
jour *ad quem* ? L'affirmative est constante non seulement pour
le jour *à quo*, c'est-à-dire pour celui où est intervenu l'acte,
mais encore pour le jour *ad quem*, ou celui de l'échéance. L'art.
1033 C. pr. porte en effet que ni le jour de la signification ni
celui de l'échéance ne sont comptés dans le délai général fixé
pour les ajournemens, les citations, sommations et autres actes
faits à personne ou domicile ; or, l'appel devant contenir assi-

gnation à l'intimé, et lui être notifié à personne ou domicile, est évidemment régi par cet art. Nîmes, 30 juill. 1806, P. 5, 439; Cass. 9 nov. 1808, P. 7, 91; Pau, 20 mars 1810, S. 10, 254; Turin, 2 oct. 1811, S. 14, 120; Cass. 22 juin 1813, S. 14, 227, 15 juin 1814, S. 14, 232; 20 nov. 1816, S. 17, 192; 9 juill. 1817, S. 17, 334; 4 déc. 1822; Riom, 9 janv. 1830, D. 32, 158; Lyon, 25 juin 1831, D. 32, 18; Poncet, 1, S. 520; Hautefeuille, p. 249; Carré, art. 443. — *Contrà*, Gênes, 25 juill. 1809, S. 12, 74; Bruxelles, 5 juin 1807, S. 7, 302. — V. *Ajournement*.

95. Le délai de trois mois s'entend de trois mois tels qu'ils sont déterminés par le calendrier grégorien, et non de trois fois trente jours. Si telle avait pu être l'intention du législateur, il aurait fixé le délai par jours et non par mois. Sénatus-consulte 22 fruct. an 13; Cass. 27 déc. 1811, S. 12, 199; 12 mars 1816, S. 16, 331; Carré, art. 443; Pigeau, 1, 664, n° 2. — *Contrà*, Turin, 19 mai 1806; Colmar, 16 fév. 1810, S. 14, 153. — V. *Ajournement*.

Peu importerait que le dernier jour du délai fût férié, l'appel interjeté le lendemain serait nul. Toulouse, 14 mars 1833, S. 33, 48.

96. L'appel est régulièrement formé après les délais fixés par le Code, lorsqu'il s'agit d'un jugement rendu sous l'empire d'une loi qui déterminait un délai plus long; d'ailleurs, il est indifférent que la signification de ce jugement ait eu lieu avant ou depuis le Code. — V. toutefois *Effet rétroactif*.

97. Ainsi, l'appel d'un jugement rendu par défaut au moment où l'ordonnance de 1667 était en vigueur, est recevable pendant dix années, à compter de la signification. Ordonn. 1667, tit. 27, art. 25; Avis Cons. d'Ét. 16 fév. 1807; Cass. 4 mars 1812, S. 12, 194; 1er mars 1820, S. 20, 228; Toulouse, 1er mai 1827, S. 27, 148.

98. Mais celui qui a été rendu sous le Code de procédure doit être régi par les dispositions de ce Code, lors même que la procédure est antérieure. Bruxelles, 13 mai 1807, P. 6, 87; Cass. 11 oct. 1809, P. 7, 842.

99. Les délai d'appel emportent déchéance. La partie qui ne s'est pas pourvue avant leur expiration, est réputée avoir acquiescé au jugement qui la condamne. — V. *Acquiescement*.

100. La fin de non recevoir résultant de cet acquiescement tacite peut être proposée par l'intimé en tout état de cause; elle est d'ordre public. Turin, 6 juill. 1808, P. 7, 8; Lyon, 7 fév. 1834, D. 34, 128; Coffinières, *ib.*, n° 87.

101. Peut-elle être prononcée d'office par la Cour, bien que l'intimé ait conclu au fond? — Le doute naît de ce que les juges n'ont pas le droit de suppléer d'office les prescriptions (C. civ.

2223).— Mais un appel tardif est censé non avenu et ne saisit pas régulièrement le juge ; il n'appartient point aux parties de remettre en question ce qui a été jugé définitivement. Nîmes, 12 déc. 1820, D. A. 1, 512 ; Poncet, *Jugement*, 1, n° 281, 514. — *Contrà*, Colmar, 18 nov. 1815, D. A. 1, 467 ; Favard, 175.

Toutefois, il est difficile que les juges puissent d'office et sans aucun débat préalable s'assurer que le jugement a été régulièrement signifié, que le délai d'appel a couru, qu'il n'a été ni prolongé ni suspendu pour aucune cause, et qu'il est réellement expiré.

Ainsi, ne doit pas être cassé l'arrêt qui a admis un appel interjeté plus de trois mois après la signification du jugement, lorsque rien ne justifie que cette nullité ait été opposée en appel, ni même qu'il ait été donné connaissance au juge de la signification. Cass. 3 juin 1811, S. 9, 361.

**102.** Mais le trib. de 1re inst. peut-il passer outre malgré un appel tardif ? — V. *inf.* sect. VI.

### § 2. — *Temps pendant lequel on ne peut pas interjeter appel.*

**103.** Les parties ne sont pas obligées d'attendre la signification du jugement pour interjeter appel. Cass. 25 vend. an 5, P. 1, 126 ; 1er août 1808, P. 7, 56.

Mais il leur est interdit de le former pendant la huitaine à dater du jour de la prononciation du jugement, s'il est *non exécutoire par provision*.

L'appel interjeté dans ce délai, doit être déclaré non recevable, sauf à le réitérer si les délais ne sont pas encore expirés. C. pr. 449. — Le législateur a voulu que les parties eussent le temps d'apprécier la décision qui les condamnait, avant de pouvoir la déférer au trib. supérieur.

**104.** Pendant ce même délai de huitaine, l'exécution du jugement est suspendue (C. pr. 450) ; — spécialement en matière de séparation de corps. Caen, 6 mai 1825, S. 26, 207.

**105.** Toutefois, la défense d'appeler d'un jugement dans la huitaine de sa date, ne s'applique pas au cas où le jugement a été exécuté, malgré la prohibition de la loi ; la défense d'interjeter appel avant le délai déterminé par la loi, n'a eu lieu qu'à la condition que le jugement ne serait pas exécuté ; si cette condition disparaît, elle entraîne avec elle la prohibition de la loi. — D'ailleurs, la partie qui a exécuté son jugement, nonobstant la défense du législateur, est non recevable à critiquer un acte qui peut être le résultat de l'erreur dans laquelle sa conduite a entraîné son adversaire. Cass. 19 avr. 1826, S. 27, 199.

**106.** Mais les parties peuvent interjeter appel d'un jugement *provisoirement exécutoire*, aussitôt qu'il a été rendu. Pigeau, 1, 596; Poncet, *Jugement*, 1, 523, n° 348; Carré, n° 1467.

**107.** Le délai de huitaine doit être franc; on n'y comprend ni le jour du jugement, ni celui de l'échéance. C. pr. 1033; Caen, 6 mai 1825, S. 26, 207.

**108.** La nullité résultant de ce que. l'appel a été interjeté dans la huitaine du jugement, non exécutoire par provision, ne constitue pas une nullité d'ordre public : elle peut être couverte par la défense au fond de l'intimé. Bordeaux, 21 déc. 1832, D. 33, 73. — V. *Exception*.

### § 3. — *Époque à compter de laquelle court le délai d'appel.*

#### Art. 1er. — *Jugemens contradictoires et définitifs.*

**109.** Le délai d'appel des jugemens contradictoires et définitifs court du jour de la signification de ces jugemens. C. pr. 443; C. comm. 645.

**110.** Toutefois, bien qu'un jugement n'ait pas été signifié, il n'est plus susceptible d'appel, s'il a été exécuté depuis plus de trente ans : il y a prescription. Arg. C. civ. 2262; Cass. 14 nov. 1809, P. 7, 874; 12 nov. 1832, S. 33, 396; Carré, n° 1563.

**111.** Le délai d'appel court, en général, de la signification à personne ou à domicile. C. pr. 443; C. comm. 645. — Et, dans certains cas, de la signification à avoué. C. pr. 669, 767, 723, 754. — V. *Distribution par contribution, Ordre, Saisie-immobilière.*

**112.** La signification à partie fait-elle courir le délai d'appel, quoique le jugement n'ait pas été signifié à avoué?

Pour l'affirmative l'on dit : si l'art. 147 C. pr. exige la signification à avoué, c'est bien moins afin que la partie reçoive les conseils de l'officier ministériel sur le parti qu'elle a à prendre relativement à l'appel, que pour mettre l'avoué à portée de faire, sur l'exécution du jugement, les actes que la loi lui prescrit implicitement, en l'obligeant, par l'art. 1038, à occuper sur l'exécution des jugemens définitifs, lorsqu'elle a lieu dans l'année de la prononciation. D'ailleurs l'art. 443 C. pr., spécial à l'appel, n'exige pas la signification à avoué, mais seulement celle à personne ou domicile. Cette dernière est donc seule indispensable pour faire courir le délai d'appel. Liége, 22 déc. 1808, P. 7, 275; Bruxelles, 29 juill. 1809, P. 7, 722; Montpellier, 27 mai 1829, S. 30, 137; Cass. 25 avr. 1831, D. 31, 145; Berriat, 416, note 42; Carré, n° 1558; Thomine, art. 443.

Toutefois, dans l'opinion contraire, l'on insiste sur ce que les conseils de l'avoué sont surtout utiles à la partie, lorsqu'il s'agit de l'éclairer sur les conséquences de la signification du jugement, de la prémunir contre tout acte qui pourrait entraîner un acquiescement, contre la déchéance qui résulterait de l'expi-

ration du délai d'appel. En effet, signifier à avoué à une époque
où l'exécution du jugement sera devenue inévitable, parce que
tous les moyens de recours seront perdus, n'est-ce pas manquer
au but que s'est proposé le législateur par l'art. 147 ?

Ce dernier système, consacré par plusieurs arrêts et par plusieurs auteurs (Metz, 27 juill. 1824, S. 25, 354 ; Dijon, 12 mai
1827, D. 31, 1, 145 ; Pigeau, 668, n° 2 ; *Prat. franc.*, 5, 199 ;
Boncenne, 2, 464), nous paraît préférable. — Au reste, la prudence suggère de faire la double signification.

Jugé que le défaut de mention de la signification qui a été
faite à l'avoué, dans l'acte de signification à partie, n'empêche
pas le délai de courir. Riom, 27 déc. 1808, P. 7, 280 ; 24 fév.
1821, D. A. 1, 495.

**113.** La signification à partie doit être faite à personne ou au
domicile réel.

Conséquemment ne ferait pas courir le délai d'appel, la signification du jugement au domicile élu : en effet, toutes les fois
que dans les diverses dispositions de nos Codes, cette expression *domicile* se trouve employée seule et sans être suivie de
celle-ci : *élu*, c'est du domicile de droit qu'il est question, et non
de celui qui peut être le résultat d'une convention. D'ailleurs,
l'élection de domicile dont parle l'art. 111 cesse du moment où
la contestation est terminée par un jugement définitif. Ce jugement constitue un droit indépendant de la convention. Carré,
n° 608 ; Thomine, 1, 276. — *Contrà*, Pigeau, 1, 667 ; Delvincourt, 1, 80, note.

Ainsi jugé à l'égard de la signification faite au domicile élu :

1° Dans une transaction. Colmar, 17 mai 1828, S. 28, 247.

2° Dans un acte de vente. Toulouse, 11 août 1836 ( Art.
856 J. Pr. ).

5° Dans une lettre de change ou dans l'acte d'acceptation.
Trèves, 26 fév. 1840, P. 8, 156 ; Colmar, 20 mars 1840, S.
8, 190.

Cette élection de domicile ne rentre point dans l'application de l'art. 111 C. civ. et doit être restreinte au paiement de
la lettre de change et aux poursuites en première instance.
Turin, 29 nov. 1809, S. 14, 595 ; Agen, 6 fév. 1810, S.
8, 82 ;

Il en serait autrement si l'on avait stipulé formellement que
le domicile était élu pour y recevoir cette notification. Colmar,
24 mai 1832.

Ne fait pas non plus courir le délai d'appel la signification
du jugement faite au domicile élu : 1° dans l'exploit d'ajournement : cette élection est faite pour le procès ; elle cesse par le
jugement définitif. Pigeau, 1, 667 ; Demiau, 520.

2° Dans les actes signifiés pendant l'instance.

**114.** En est-il de même de la signification du jugement définitif, faite, conformément à l'art. 422 C. pr., au domicile élu dans le lieu où siège le trib. de comm., — ou, à défaut d'élection de domicile dans ce lieu, au greffe du même trib. ? — V. *Tribunal de commerce.*

*Quid,* de la signification du jugement qui prononce la mainlevée d'une *inscription hypothécaire ?* — V. ce mot.

**115.** Une signification régulièrement faite peut seule faire courir les délais d'appel. Cass. 5 août 1807, S. 7, 128 ; Toulouse,11 mai 1837 ( Art. 756 J. Pr. ) ; Carré, art. 443.

**116.** Ainsi, ne fait pas courir le délai d'appel : 1°. l'exploit de signification dont la copie est tronquée et imparfaite : par exemple, si elle ne contient qu'un extrait du jugement, ou si les qualités y ont été omises. Turin, 30 janv. 1811, D. 12, 6 ; Bruxelles, 13 fév. 1822, D. A. 11, 445 ; Carré, *ib.* ; ou s'il y a eu omission de la formule exécutoire du jugement. Besançon, 12 fév. 1810, P. 8, 97.

**117.** 2° La signification faite à la requête d'une personne morte naturellement ou civilement. Cass. 23 nov. 1808, S. 9, 43 ; Limoges, 9 janv. 1827, S. 28, 48. — V. toutefois *Ajournement.*

**118.** 3° La signification faite à la requête d'un individu se disant héritier de la partie qui a obtenu le jugement, sans contenir justification de cette qualité. Bruxelles, 8 juill. 1808, S. 7, 14 ; Turin, 30 janv. 1812 ; Carré, *ib.*

**119.** 4° La signification faite à la requête de l'avoué : son mandat finit avec l'instance dans laquelle il occupait. Bruxelles, 14 janv. 1812, S. 14, 361 ; Carré, *ib.* — V. *sup.* n° 69.

**120.** La copie laissée doit avoir été faite sur la grosse du jugement. Arg. C. pr. 146, 545, 1040.

**121.** *Quid,* de la signification d'un jugement faite par une partie, sur la copie qui lui a été notifiée par une autre partie?

Selon les uns, cette signification est insuffisante sous un double rapport, pour faire courir le délai d'appel en sa faveur : 1° une copie de copie ne peut, relativement aux tiers, suppléer la représentation du titre ou de la grosse primitive. C. civ. 1334, 1335 ; — 2° d'après les art. 146, 545 et 1040, elle n'autorise aucune exécution : or la signification d'un jugement est un commencement d'exécution. Toulouse, 12 déc. 1808 (Art. 1090 J. Pr.) ; Besançon, 17 janv. 1829, S. 32, 1, 689.

Mais on répond avec raison : — si un acte d'exécution proprement dit, spécialement une saisie-exécution, faite en vertu d'une copie d'expédition de jugement doit être annulé, — il n'en est pas de même d'une simple signification de jugement : cette signification n'ayant pour but que de donner à l'adversaire connaissance de la sentence et de faire courir le délai d'appel, ne

constitue point un acte d'exécution. Il est indifférent sous ce
rapport que l'expédition du jugement ait été délivrée à la partie
qui signifie ou à toute autre qui ait figuré au procès. — Le système contraire entraînerait dans des frais inutiles. — Selon
M. Berriat, 506, note, on était jadis dans l'usage de permettre
l'exécution sur la copie notifiée d'une expédition. Parlement de
Grenoble, 29 août 1674. — Les art. 1334 et 1335 C. civ. ne
s'expliquent en aucune manière sur le point de savoir si une
copie d'acte faite sur une autre copie peut être valablement signifiée; l'art. 1334 exige bien, en cas de contestation sur la régularité de la copie, la production du titre même, mais il reste
complètement muet sur les conditions de la signification. Lorsque la copie de cette copie ne reproduit pas exactement les dispositions du jugement, la nullité doit être prononcée; si, au contraire, elle est exacte, quel préjudice aura pu éprouver celui
auquel elle a été signifiée? Que lui importe qu'elle ait été
transcrite sur la grosse ou de toute autre manière? Montpellier,
27 mai 1829, S. 30, 133; Caen, 26 juin 1837 (Art. 1090 J. Pr.).

**122.** La mention expresse que le jugement a été signifié, et
que la copie a été laissée à la partie, à son domicile, est indispensable. Cass. 3 nov. 1848, S. 19, 129; Carré, ib.

**123.** La signification fait-elle courir le délai à compter de sa
date, lorsque le jugement n'a prononcé de condamnation qu'à
la charge d'une prestation de serment, et que cette prestation
de serment n'a lieu que postérieurement à la signification?

Pour la négative on dit : La partie condamnée par un jugement de cette nature ne l'est pas d'une manière définitive; elle
n'éprouvera aucun préjudice, si son adversaire ne prête pas le
serment qui lui est déféré : Pourquoi la forcer d'appeler de ce
jugement tant que la prestation n'a pas eu lieu?

Mais on répond : Bien que l'effet de ce jugement soit suspendu jusqu'à la prestation du serment de la partie, il n'en est pas
moins définitif, en ce sens que les juges n'ont plus rien à décider,
et qu'ils ne peuvent plus revenir sur leur sentence, comme
à l'égard d'un interlocutoire; celui qui n'en interjette pas appel
doit donc être réputé y acquiescer, c'est-à-dire se soumettre à
exécuter les condamnations qu'il prononce dans le cas où la condition imposée par le juge viendrait à se réaliser. Bruxelles,
8 juill. 1808, S. 10, 539; Carré, n. 1429.

**124.** La connaissance que peut avoir une partie du jugement
rendu contre elle, par toute autre voie que par une signification
régulière, est insuffisante. Ainsi la partie dont l'appel a été déclaré nul a le droit d'appeler de nouveau, encore bien que le
délai de trois mois se soit écoulé, à compter du premier exploit
d'appel, lorsque, d'ailleurs, il n'y a pas eu de signification.
Cass. 10 janv. 1826, D. 26, 191.

**125.** La mention de l'enregistrement de l'exploit de signification ne supplée pas le défaut de présentation de l'original de
cet exploit : à supposer que cette mention suffise pour prouver
l'existence de l'exploit, elle ne peut en établir la régularité.

**126.** Mais il n'est pas indispensable que le mot *signifié* soit
dans l'acte qui donne connaissance du jugement à la partie
condamnée. Un commandement fait en vertu de ce jugement,
et en contenant copie, produirait le même effet qu'une signification. Cass. 19 niv. an 12, P. 3, 573; Carré, *ib.*

**127.** Les délais d'appel ne courent qu'au profit de ceux qui
ont fait signifier le jugement, et contre ceux à qui la signification a été faite. Cass. 2 flor. an 7, P. 1, 572 ; 4 prair. an 11,
S. 3, 313 ; 17 prair. an 12, P. 4, 34 ; Turin, 24 mars 1806 ;
Metz, 7 déc. 1810, 8 mai 1811; Paris, 18 fév. 1811, S. 11, 244;
Carré, 2, 46 ; Berriat, 416 ; Poncet, 1, 532 ; Merlin, *Quest. dr.*
v° *Délai,* § 1, — V. toutefois *sup.* n°s 47 à 51 , et *inf.* n°s 149,
150, 186.

Ainsi les parties au profit desquelles a été rendu un jugement
commun, ne sauraient se prévaloir de la signification de ce jugement faite par l'une d'elles. Cass. 17 prair. an 12.

De même, la signification au mari seulement d'un jugement
portant condamnation contre lui et sa femme, séparée de biens,
ne fait pas courir les délais d'appel contre cette dernière (Paris,
15 juin 1807, P. 6, 145), — surtout lorsque le mari n'a pas
comparu en 1re inst. pour défendre un intérêt à lui personnel,
mais seulement pour autoriser et assister sa femme. Cass. 10
janv. 1826, S. 26, 334.

**128.** Les réserves dans l'acte de signification sont nécessaires
pour empêcher l'acquiescement que l'on pourrait induire de
cette signification, et pour conserver le droit d'appel. — V. *Acquiescement,* n°s 87, 88, 143.

**129.** A l'égard des mineurs non émancipés, les délais d'appel
ne courent que du jour où le jugement a été signifié, tant au tuteur qu'au subrogé-tuteur, encore que ce dernier n'ait pas été
en cause. C. pr. 444.

La partie qui a obtenu un jugement contre un mineur non
émancipé, et qui veut faire courir les délais d'appel, doit prendre
les mesures nécessaires pour que le mineur, s'il ne l'est déjà,
soit pourvu d'un tuteur et d'un subrogé-tuteur. Rennes, 29 août
1814; Carré, art. 444 ; Pigeau, 1, 668.

**130.** A défaut de signification au tuteur et au subrogé-tuteur,
il faut, pour faire courir les délais d'appel contre le pupille devenu majeur, que le jugement soit signifié à ce dernier : la signification irrégulièrement faite pendant la minorité de la partie
condamnée n'est point validée par sa majorité; elle ne doit pas

encourir une déchéance qu'elle a pu ignorer. Carré, art. 444 ; Favard, v° *Appel*, 175.

**131.** Mais si la signification a été faite au tuteur et au subrogé-tuteur, le mineur se trouve soumis aux mêmes déchéances qu'un majeur, sauf son recours contre qui de droit, s'il établit que le jugement qui lui préjudicie contenait un mal jugé, et que c'est par dol ou négligence qu'il n'y en a pas eu appel. C. pr. 444 ; Angers, 11 avr. 1811 ; Carré, art. 444 ; Pigeau, 1, 667.

**152.** Toutefois la décision du conseil de famille, portant qu'il n'y a pas lieu à appel, homologuée par le trib., décharge le tuteur et le subrogé-tuteur de toute responsabilité, lors même que le mineur établirait ultérieurement que le défaut d'appel lui a causé un préjudice. Pigeau, *ib.*

**155.** Le jugement rendu au profit du tuteur contre son mineur doit être signifié non seulement au subrogé-tuteur, mais encore au tuteur *ad hoc*. Angers, 2 août 1822, S. 23, 22 ; Toulouse, 4 fév. 1825, S. 25, 147 ; Colmar, 13 janv. 1831, S. 51, 181 ; Cass. 1er avr. 1853, D. 35, 169.

**154.** L'interdit est soumis aux mêmes règles que le mineur. C. civ. 509.

**155.** Pour le mineur émancipé, il faut distinguer : s'agit-il d'un jugement relatif à un objet dont il ait la libre disposition, une simple signification à personne ou domicile est suffisante ; au contraire, le jugement a-t-il statué sur une action immobilière, ou prononcé des condamnations de nature à emporter hypothèque sur ses biens, la signification doit être faite tout à la fois à lui et à son curateur. Arg. C. civ. 482, 484.

**156.** La même distinction s'applique au jugement rendu contre une personne pourvue d'un conseil judiciaire. Carré, art. 444 ; Pigeau, 1, 668. — V. ce mot.

**157.** Si le jugement a été signifié avant l'interdiction ou la nomination d'un conseil judiciaire, il n'est pas nécessaire de faire une nouvelle signification au tuteur ou au conseil judiciaire, peu importe que la partie condamnée ait été interdite ou pourvue d'un conseil judiciaire avant l'expiration du délai d'appel. Paris, 2 janv. 1836 (Art. 346. J. Pr.).

**Art. 2.** — *Jugemens par défaut, préparatoires, interlocutoires et de provision.*

**158.** *Jugement par défaut.* Les délais d'appel ne courent pour les jugemens par défaut que du jour où l'opposition n'est plus recevable. C. pr. 443, 157, 158. — V. *Jugement par défaut.*

**159.** Courent-ils de plein droit à l'égard d'un jugement *par défaut* contre avoué, à compter de l'expiration de la huitaine de la signification à avoué ? ou bien une signification à partie est-elle nécessaire pour produire cet effet ?

La première opinion semble résulter de la disposition de l'art.

443, portant que, pour les jugemens par défaut, l'appel court du jour où l'opposition n'est plus recevable, sans exiger d'autre condition.

Mais la signification à personne ou domicile est exigée par le commencement de l'art. 443, pour faire courir le délai d'appel, et par l'art. 147, pour l'exécution des jugemens, dans la prévoyance du cas où la partie ignorerait la signification faite à son avoué. D'ailleurs, la déchéance du droit d'appel étant fondée sur l'acquiescement de la partie, ne peut être encourue que lorsqu'il est certain que cette partie a eu une connaissance personnelle du jugement. Ainsi jugé par arrêt de Cass., du 18 déc. 1815, ainsi motivé :

Vu les art. 147 et 443 C. pr., considérant que ces deux art. consacrent le principe général et de tout temps, que les jugemens doivent être signifiés à la partie, soit pour faire courir le délai de l'appel, soit pour leur acquérir le droit d'ê re mis à exécution ; que si la loi a jugé utile de faire à ce principe quelques exceptions en petit nombre, comme en matière de saisie immobilière et d'ordre, elle les a établies par des dispositions formelles, et elle les a rendues communes aux jugemens contradictoires et aux jugemens par défaut faute de plaider ; qu'admettre entre ces jugemens une distinction que le législateur n'a indiquée d'aucune manière, et prétendre que le délai pour appeler de ceux-ci courra sans signification à personne ou domicile, c'est vouloir ajouter à la loi, rompre l'harmonie qui existe entre les diverses dispositions relatives au droit d'appeler, et contrarier le vœu qu'elle manifeste partout de conserver ce droit aux parties, à l'abri des surprises, des infidélités et même de certaines négligences, d'où il résulte que les arrêts attaqués renferment contravention aux art. 147 et 443 C. pr.; — *Casse.*

Conformes : Paris, 3 fév. 1810, P. 8, 77 ; Nanci, 9 juill. 1811 ; Colmar, 18 nov. 1815 ; Cass. 24 avr. 1816, S. 16, 585 ; 12 mars 1816, S. 16, 331 ; Poitiers, 20 fév. 1827, S. 27, 228 ; Bordeaux, 26 mai 1827, S. 27, 171 ; Toulouse, 17 déc. 1832, S. 33, 263 ; Nanci, 16 juill. 1833, D. 34, 133 ; Bastia, 25 fév. 1834, D. 34, 109 ; 20 nov. 1836 (Art. 647 J. Pr.) ; Rauter, n° 251 ; Berriat, 416, note 43, n° 2 ; Poncet, 1, 515. — *Contrà*, Cass. 5 août 1813, S. 13, 446 ; 2 déc. 1814, S. 15, 528 ; Bordeaux, 7 août 1813, S. 14, 279 ; Paris, 5 janv. 1825, S. 26, 66 ; Nîmes, 7 fév. 1832, S. 32, 659 ; Nîmes, 23 avr. 1833 (Art. 573 J. Pr.) ; Carré, art. 443.

**140.** *Jugement préparatoire.* L'appel d'un jugement préparatoire ne peut être interjeté qu'après le jugement définitif, et conjointement avec l'appel de ce jugement : le délai d'appel ne court donc que du jour de la signification de ce dernier (C. pr. 451). Cette disposition a pour but d'épargner aux parties des frais inutiles, en les empêchant de déférer aux juges supérieurs des décisions qui ne leur causent aucun préjudice avant la décision sur le fond : en effet les jugemens préparatoires sont rendus pour l'instruction de la cause, et tendent à mettre le procès en état de recevoir jugement définitif.

**141.** La fin de non recevoir contre l'appel des jugemens préparatoires est opposable en tout état de cause, et doit même être suppléée d'office par le juge. Cass. 24 brum. an 12, P. 3, 497.

**142.** *Jugemens interlocutoires.* Les mêmes motifs n'existent plus pour les jugemens interlocutoires, c'est-à-dire pour ceux par lesquels le trib. ordonne, avant faire droit, une preuve, une vérification, ou une instruction qui préjuge le fond (C. pr. 452). Aussi la loi permet-elle d'en interjeter appel avant le jugement définitif. C. pr. 451. — V. *Jugement.*

**143.** Le délai d'appel d'un interlocutoire court-il du jour de la signification de ce jugement, ou seulement du jour de celle du jugement définitif?

Dans la première opinion, on soutient que la loi n'a fait exception au principe général qu'en faveur des jugemens préparatoires; que par conséquent les délais d'appel des interlocutoires sont régis par l'art. 443 C. pr., et doivent courir de la signification du premier jugement.

Mais on répond : la première disposition de l'art. 451 C. pr. ne distingue pas, et embrasse les interlocutoires comme les simples préparatoires. — D'ailleurs, cet art. accorde bien la faculté d'appeler de l'interlocutoire avant le jugement définitif : mais il n'en impose pas l'obligation. D'où il résulte que les délais d'appel de ce jugement ne courent véritablement qu'en même temps que ceux du jugement définitif.—Enfin, un jugement interlocutoire ne lie point irrévocablement le juge; souvent il ne cause aucun préjudice à la partie à laquelle il paraissait défavorable, il serait donc injuste de la forcer d'en appeler, sans attendre le jugement définitif qui peut lui donner gain de cause. On conçoit que le législateur ait permis d'appeler immédiatement des interlocutoires, à raison de l'influence qu'ils exercent sur la décision du fond; mais les parties peuvent toujours renoncer à un droit introduit en leur faveur. C'est ce qu'a décidé la C. de cass. le 26 juin 1826 :

Attendu que les juges du trib. d'Argentières n'étaient pas liés par le jugement interlocutoire du 26 déc. 1819, nonobstant lequel ils pouvaient, en statuant sur le fond, juger, s'il y avait lieu, qu'il n'était pas dû de supplément de légitime; qu'ainsi ce jugement rendu avant faire droit, et sous la réserve des droits et exceptions des parties, ne pouvait pas être rangé, comme la Cour l'a supposé, dans la classe des jugemens définitifs dont on est tenu d'appeler dans les trois mois de la signification à personne ou domicile; qu'à la vérité le demandeur avait la faculté d'interjeter appel du jugement interlocutoire; mais que cette faculté dont il était maître d'user ou de ne pas user, à sa volonté, qui n'a pas changé la nature de ce jugement, qui n'a toujours été qu'un jugement interlocutoire, dont, depuis la publication du Code de procédure, de même que sous l'empire de la loi de brumaire an 2, il lui a été permis de ne pas appeler avant le jugement définitif, qui pouvait en rendre l'appel inutile. D'où il suit qu'en jugeant que la faculté d'appeler du jugement interlocutoire du 26 déc. 1819, avait cessé à l'expiration des trois mois de la signification à personne ou à domicile, avant qu'il fût intervenu jugement définitif, et en déclarant, par ce motif, le demandeur non-recevable dans son appel, la C. roy. a commis un excès de pouvoir, fait une fausse application des art. 443 et 444 C. pr., et expressément violé les art. 451 et 452 du même Code : — *Casse,*

Besançon, 10 fév. 1809, P. 7, 368; 8 janv. 1812; Paris,
16 mai 1809; P. 7, 566; Colmar, 6 avr. 1811, S. 14, 380;
Trèves, 1er août 1810, S. 11, 225; Nanci, 28 juill. 1817,
S. 18, 89; Bourges, 23 juill. 1823; S. 24, 360, et 2 fév 1824,
S. 24, 362; Grenoble, 6 déc. 1823, S. 24, 319; Cass. 22
mai 1822; S. 24, 396; Caen, 2 août 1826, S. 27, 225;
Toulouse, 10 juill. 1827, S. 28, 236; Aix, 15 fév. 1832,
D. 33, 36. — *Contrà*, Cass. 25 nov. 1816, S. 18, 182; Angers, 21 août 1821, S. 24, 360; Berriat, 410; Demiau,
p. 325; Hautefeuille, 255, 256; Carré, art. 451; Pigeau, 1,
p. 674.

**144.** L'exécution d'un jugement interlocutoire, avec des réserves n'est point une fin de non recevoir contre l'appel : la
disposition qui permet ce recours contre le jugement interlocutoire avant le jugement définitif étant facultative, il est convenable de ne pas faire résulter de l'exécution donnée avec réserves
au jugement interlocutoire un acquiescement qui rendra plus
tard l'appel non recevable, autrement on obligerait les parties,
sous peine de compromettre leurs droits, de parcourir les deux
degrés de juridiction sur toutes les décisions interlocutoires.
Coffinières, *Encyclopédie du Droit*, v° *Acquiescement*, n° 98.

**145.** Mais l'exécution du jugement interlocutoire, sans
réserves, emporte-t-elle acquiescement tacite ?

Pour la négative on insiste sur la nature du jugement interlocutoire qui ne lie point le juge (—V. *Jugement*), et qui contient
une réserve implicite des droits des parties.

Mais on répond : le dernier § de l'art. 451, après avoir fixé
l'époque où l'appel des jugemens préparatoires peut être reçu,
ajoute : « il sera recevable, encore que ce jugement ait été exécuté sans réserves. » Cette addition ne se trouve point dans le
second § qui concerne les jugemens interlocutoires. Ne doit-on
pas penser que si l'intention du législateur eût été qu'une restriction semblable s'appliquât aux jugemens interlocutoires
comme aux jugemens préparatoires, il en aurait fait l'objet
d'un 3e §, contenant sur ce point une disposition générale? Ne
doit-on pas penser encore que la disposition a été limitée aux
jugemens préparatoires, parce que, dans le cas du jugement interlocutoire, les parties ayant la faculté d'en interjeter appel
avant le jugement définitif, doivent,—au lieu d'exécuter une
décision dont elles ont ou croient avoir à se plaindre,—commencer par soumettre leurs griefs aux juges d'appel, seul
moyen d'éviter des retards et des frais,—ou du moins n'exécuter
qu'avec des réserves. Cass. 19 nov. 1829, S. 29, 405; 12 janv.
1836 (Art. 349 J. Pr.). —*Contrà*, Colmar, 5 mai 1809, P. 8,
542; Trèves, 1er août 1810, P. 8, 507; 6 avr. 1811, P. 9,
243; Bourges, 2 fév. 1824, S. 24, 562; Toulouse, 10 fév. 1827,

S. 28, 235; Bordeaux, 29 nov. 1828, S. 29, 140; —V. *Enquête, Expertise.*

Il n'y a point à distinguer ici si le jugement est ou non exécutoire par provision.

**146.** *Jugement de provision.* L'appel des jugemens qui accordent une provision est recevable avant le jugement définitif : ils ne préjugent pas le fond, mais ils peuvent causer un préjudice irréparable à la partie condamnée. C. pr. 451.

### § 4. — *Cas où l'appel est recevable après l'expiration des délais ordinaires.*

**147.** Dans certains cas, l'appel est encore recevable après les délais ordinaires.

**148.** Ainsi, l'appel interjeté en temps utile par un débiteur solidaire profite à ses codébiteurs, qui peuvent se porter appelans en tout état de cause. C. civ. 1206, 1207, 2249. Colmar, 11 mars 1807, S. 7, 281; Bourges, 23 déc. 1825, S. 26, 255; Poitiers, 24 juin 1831, S. 31, 295; Poncet, *Jugemens*, 1, nº 305; Favard, vº *Appel*, 1, 171; Carré, nº 1433.—V. *sup.* nº 46.

**149.** Le même principe s'applique à l'appel interjeté par les codébiteurs d'une chose indivisible. Montpellier, 27 juill. 1825, S. 26, 147; Toulouse, 2 fév. 1828, S. 50, 85; Bordeaux, 4 avr. 1829, S. 29, 342; Cass. 30 mars 1825, S. 25, 417; 27 mai 1829, S. 50, 64; 13 juill. 1830, S. 31, 54; Poncet, 1, 468; Favard, 1, 171; Demiau, 345; Carré, nº 1565; Thomine, 1, 673. — *Contrà*, Bourges, 30 nov. 1830, D. 31, 70.— V. *sup.* nº 51.

**150.** De même, en matière indivisible ou solidaire, l'appel interjeté en temps utile contre quelques-unes des parties, conserve le droit d'appeler contre les autres, même après l'expiration du délai. Cass. 20 juill. 1835; Caen, 26 juin 1837 (Art. 404 et 1090 J. Pr.).

**151.** En matière de garanti formelle, le garanti peut encore se rendre appelant après les délais, lorsque le garant s'est pourvu en temps utile. Arg. C. pr. 182; Toulouse, 6 nov. 1825, S. 26, 277.

**152.** Mais, en général, l'appel formé par un *litis consors* n'empêche pas la déchéance à l'égard de ses co-intéressés. Vainement oppose-t-on la L. 10, *D. de appell.*, qui décide le contraire : cette loi n'a jamais été mis en vigueur en France. D'ailleurs, les art. 443 et 444 C. pr., par leur généralité, repoussent toute distinction. Le délai d'appel est de rigueur, et le même pour tous. Cass. 21 brum. an 7, P. 1, 250; Merlin, *Quest. dr.* vº *Nation*, § 2. — *Contrà*, Turin, 28 fév. 1810, S. 11, 453.

**153.** Les délais d'appel sont suspendus par la mort de la partie condamnée.

**154.** Ils ne reprennent leur cours qu'après la signification du jugement, faite au domicile du défunt, avec les formalités prescrites en l'art. 61, et à compter de l'expiration des délais pour faire inventaire et délibérer, si le jugement a été signifié avant que ces délais soient expirés. C. pr. 447. — Cette exception à l'art. 2259 C. civ. qui fait courir la prescription pendant ces mêmes délais se justifie par la brièveté du délai d'appel ; d'ailleurs il pourrait s'accomplir pendant ceux accordés pour faire inventaire, et il serait souvent impossible à l'héritier qui ignore les affaires de la succession, de profiter du bénéfice de l'appel.

**155.** La signification peut être faite au domicile du défunt, aux héritiers collectivement, et sans désignation de noms et qualités. C. pr. 447.

Toutefois, cette disposition s'applique seulement au cas où les héritiers n'ont pas figuré personnellement en première instance ; autrement la signification doit être faite à chacun d'eux séparément. Cass. 7 août 1818, S. 19, 123 ; Orléans, 25 mars 1831, D. 31, 163.

Lorsqu'un seul héritier a figuré en première instance, ou lorsqu'un seul est connu de la partie au profit de laquelle le jugement a été rendu, la signification fait courir les délais d'appel vis-à-vis de tous les héritiers, lorsqu'elle a été faite à l'un d'eux, tant pour lui que pour ses cohéritiers, au domicile du défunt : s'il avait fallu faire des significations individuelles, des recherches longues et difficiles auraient absorbé le délai. Bruxelles, 30 août 1810, S. 14, 378 ; Carré, n° 1603.

**156.** Elle peut être faite au successeur à titre particulier de la chose litigieuse. Pigeau, 1, 669.

Celle faite à l'héritier apparent est également valable. Arg. C. civ. 462, 790, 1240. Carré, art. 447 ; Pigeau, *ibid.*

**157.** Le jugement, rendu contre une société de commerce ou une union de créanciers, peut être signifié seulement pour le premier cas au gérant de la société ou même à l'un des associés, et pour le second à l'un des syndics ou directeurs ; et le délai d'appel court contre tous. Cass. 11 therm. an 12, P. 4, 115 ; Favard, 1, 171.

**158.** Jugé que les délais sont suspendus pendant la durée du compromis. — En conséquence, si ce compromis se trouve anéanti par une cause quelconque, l'appel du jugement de première instance est recevable, à compter du jour où ce compromis a pris fin et pendant un espace de temps égal à celui qui restait à courir jusqu'à l'expiration du délai, au moment où le compromis a eu lieu. Riom, 4 août 1818, S. 19, 37.

**159.** Dans le cas où le jugement a été rendu sur une pièce fausse, les délais d'appel ne courent que du jour où le faux a été reconnu, ou juridiquement constaté. C. pr. 448.

**160.** Par le mot *reconnu*, la loi entend l'aveu fait, soit par l'auteur du faux, soit par celui auquel la pièce fausse a profité. Berriat, 417, note 46 ; Carré, art. 448 ; Pigeau, 1, 672.

**161.** Que faut-il entendre par ces mots *juridiquement constaté?* Le délai ne court-il qu'à partir des actes qui servent à constater la découverte du faux, tels que l'inscription, le rapport d'experts, etc., ou seulement à dater du jugement qui déclare l'acte faux?

En faveur du premier système, on dit : — Le Code a abrégé le délai de l'appel. L'augmentation accordée dans le cas dont il s'agit est motivée sur ce que l'ignorance du faux est présumée avoir seule empêché l'appel de la partie condamnée. Lorsque cette ignorance vient à cesser, le motif qui a dicté l'art. 448 disparaît, et le délai d'appel doit par conséquent courir, ainsi que le voulait l'art. 11, tit. 35, ordonn. 1667, où a été puisé l'art. 448. C. pr. Décider autrement, c'est donner à la partie qui a intenté la procédure en faux le droit d'éterniser les délais d'appel, puisqu'il lui suffira de prolonger l'instance en faux. Berriat, 417, note 47.

Mais on répond : Ces expressions, *juridiquement constaté*, indiquent évidemment qu'on n'a pas entendu parler de la découverte du faux, mais bien du jugement déclaratif de son existence : en effet, l'instruction qui précède le jugement peut être insuffisante pour constater le faux. Cette constatation n'a lieu juridiquement que par le jugement qui déclare fausse la pièce attaquée. — Le changement de rédaction qu'a éprouvé l'art. 448 ne laisse aucun doute à cet égard : le projet énonçait que les délais d'appel courraient du jour où le faux aurait été découvert ; et sur les observations du tribunat et de la Cour de Turin, qui pensèrent que ces expressions n'étaient pas assez précises, on y substitua celles qui s'y trouvent aujourd'hui. — D'ailleurs, si l'on pouvait appeler d'un jugement rendu sur pièce, dont la fausseté n'aurait pas encore été déclarée par jugement, la Cour serait nécessairement obligée de surseoir à l'instruction de l'appel jusqu'à ce que l'autorité compétente eût statué sur le faux, et conséquemment on n'obtiendrait aucune économie de temps. Favard, v° *Appel*; Carré, n° 1607 ; Demiau, 525 ; Pigeau, 1, 672. — V. d'ailleurs *Faux*.

**162.** Les délais d'appel ne courent même, dans ce cas, du jour où le faux a été constaté par jugement, que si la partie condamnée a figuré dans la procédure de faux ; autrement ils ne prennent naissance que du jour où elle a eu connaissance du jugement. Pigeau, *ib.*

**163.** Si la partie a été condamnée, faute de représenter une pièce décisive qui était retenue par son adversaire, le délai d'ap-

pel ne court que du jour où cette pièce a été recouvrée, pourvu
qu'il y ait preuve par écrit du jour où la pièce a été recouvrée,
et non autrement. Arg. C. pr. 480, 488.

Peu importe que la pièce appartienne à la partie qui l'a retenue, ou à toute autre, si la production de la pièce ayant été ordonnée par jugement, cette partie a nié l'avoir en sa possession.
Paris, 29 mai 1832, D. 32, 217.

**164.** Ce principe s'applique-t-il au cas où le jugement a été
obtenu par suite de manœuvres frauduleuses de l'adversaire?
L'affirmative résulte par analogie de la disposition de l'art. 480,
§ 1, C. pr., qui le décide ainsi pour la requête civile. Speciale-
ment, lorsque, sur une demande en déclaration affirmative, le
tiers saisi a déclaré ne rien devoir au saisi, et que jugement est
intervenu en conséquence, le saisissant peut appeler de ce jugement dans les trois mois qui suivent la preuve par lui acquise,
que le tiers saisi était bien réellement débiteur du saisi au moment où l'opposition a été faite à sa requête. Berriat, 417,
note 49; Pigeau, 1,672.

## Section V. — Acte d'appel.

### § 1. — Formalités de l'ajournement communes à l'acte d'appel.

**165.** L'acte d'appel doit contenir assignation à comparaître
devant le juge du second degré (C. pr. 456); il est, par conséquent soumis en général aux mêmes formalités que l'ajournement. — V. ce mot.

**166.** *Date.* La copie, comme l'original, doit, *à peine de nullité,* contenir la triple date, du jour, du mois et de l'année auxquels l'acte d'appel a été signifié. C. pr. 456, 61; Cass. 4 déc.
1811, S. 12, 59; Colmar, 28 août 1812, S. 14, 392; Bastia,
31 mars 1835 (Art. 25 J. Pr.).

**167.** Il est nul, si l'énonciation du jour ne s'y trouve pas,
encore bien qu'il soit constant que l'appel eût été interjeté en
temps utile pendant tout le mois indiqué : en admettant que l'é-
nonciation du mois soit suffisante pour établir que l'appel a été
interjeté en temps utile, elle ne peut l'être pour constater si l'exploit a été signifié régulièrement, par exemple, un jour non
férié. Metz, 18 juin 1819, S. 20, 62; Rennes, 20 fév. 1828,
S. 28, 161.

**168.** Toutefois il n'y a pas nullité si la date, quoique énoncée
irrégulièrement, peut être déterminée d'une manière précise,
par les énonciations mêmes de l'acte, ou par d'autres actes signifiés en même temps. Besançon, 28 déc. 1819; Bourges 29
avr. 1823, S. 24, 54; 17 nov. 1830, S. 31, 150; Cass. 7 mars
1833, S. 33, 384; Toulouse, 14 fév. 1838 (Art. 1120 J. Pr.).

**169.** *Noms, profession et domicile de l'appelant.* Ces énonciations sont exigées, *à peine de nullité.* Arg. C. pr. 61 ; Cass. 9 mars 1825, S. 26, 34. — V. *Ajournement , Exploit.*

**170.** Toutefois, l'erreur dans les noms et qualités de l'appelant ne vicie pas un acte d'appel, s'il a agi en première instance sous les mêmes noms et qualités. Grenoble, 21 déc. 1820.

**171.** L'acte d'appel est également valable, quoique la copie ne contienne pas le nom de l'appelant, si les énonciations de l'acte l'indiquent de telle manière qu'il soit impossible à l'intimé de se méprendre sur la personne qui interjette appel. Cass. 20 avr. 1810 ; 7 nov. 1821, S. 22, 139.

**172.** *Constitution d'avoué.* L'acte d'appel doit contenir, *à peine de nullité*, constitution d'un avoué près le trib. compétent [ our] connaître de l'appel. C. pr. 61 ; Turin, 14 juin 1807, S. 7, 677 ; Pau, 22 juill. 1809, S. 10, 52 ; Lyon, 29 mai 1816, S. 19, 109, et 25 août 1828, S. 29, 13 ; Amiens, 10 nov. 1821, S. 22, 246. — V. *Ajournement,* sect. II, § 2, art. 1.

**173.** La constitution d'avoué peut-elle être remplacée par des équipollens, et notamment par une élection de domicile ? — V. *ib.*, n° 21 et suiv.

**174.** *Election de domicile pour l'appelant.* — V. *Ajournement,* sect. II, § 2, art 2.

**175.** *Noms, demeure, et immatricule de l'huissier.* — V. *Exploit.*

**176.** *Noms et demeure de l'intimé.* — V. *Ajournement,* sect. II, § 1 ; *Exploit.*

**177.** *Personnes à qui l'acte d'appel doit être signifié.* L'acte d'appel doit être signifié à personne ou domicile. C. pr. 64, 456. — V. *sup.* n° 111.

**178.** Il s'agit ici du domicile *réel* de l'intimé. Paris, 11 avr. 1829, S. 29, 239 ; Bordeaux, 21 avr. 1831.

Est nul, en conséquence, l'acte d'appel signifié au domicile de l'avoué qui a occupé en 1re inst. Turin, 21 août 1807, P. 6, 275.

**179.** Néanmoins, l'acte serait valablement signifié au domicile élu pour la contestation sur laquelle le jugement est intervenu.

**180.** Mais l'élection de domicile faite dans la signification du jugement n'autorise pas l'appelant à signifier son appel à ce domicile. L'élection est, en effet, spéciale pour l'exécution du jugement, et ne concerne pas les actes étrangers à cette exécution. C. pr. 456 ; Cass. 26 vend. an 12, S. 4, 97 ; Poitiers, 13 niv. an 15, P. 4, 521 ; Cass. 15 mai 1807, S. 7, 746 ; Paris, 2 fév. 1808, S. 7, 784. — *Contrà.* Pau, 30 nov. 1809, S. 12, 349.

**181.** Cependant la signification de l'appel d'un jugement a valablement lieu au domicile élu dans le commandement fait en vertu de ce jugement, et tendant à saisie-exécution. C. pr. 584.

— V. *Saisie-exécution*, et, d'ailleurs, *Distribution par contribution, Contrainte par corps, Ordre, Saisie immobilière.*

**182.** L'acte d'appel, lorsqu'il peut être signifié à un domicile élu, doit, *à peine de nullité*, indiquer le domicile réel de l'intimé. Turin, 11 mai 1811, S. 14, 127.

**183.** Il a été jugé que l'assignation donnée à un étranger devant une Cour d'appel doit être signifiée non pas au parquet du procureur du roi, mais à celui du procureur général. C. pr. 69, n° 9; Trèves, 30 janv. 1811, S. 11, 398; Colmar, 25 nov. 1815, S. 16, 126; Douai, 31 déc. 1819; Montpellier, 16 juin 1828, S. 28, 308; Cass. 4 juin 1830, S. 50, 225; Carré, art. 456.

Toutefois, dans l'opinion contraire, les appelans disaient : les membres du parquet de 1re inst. sont les substituts du procureur général; ils sont placés sous la dépendance de ce magistrat; toutes les fonctions se trouvent réunies dans la main du procureur général. L'acte notifié au procureur du roi du trib. de 1re inst., qui a rendu le jugement, doit être considéré comme s'il était notifié au parquet du procureur général lui-même. Le procureur du roi peut, comme le ferait le procureur général, envoyer la copie au ministre des affaires étrangères. Arg. C. pr. 69. — L'avocat général à la C. de Montpellier avait adopté ce système.

**184.** En général, il doit être laissé copie de l'acte d'appel à chaque partie séparément. Turin, 6 juill. 1808, P. 7, 8.

**185.** Cependant, s'il a été signifié par une seule copie à plusieurs, la nullité qui en résulte ne peut plus être opposée lorsque les parties assignées ont constitué un avoué en nom commun et comparu devant la Cour. Limoges, 22 déc. 1812, S. 14, 374. — V. *Exception.*

**186.** En matière indivisible ou solidaire, l'acte d'appel peut être signifié collectivement.

L'appel signifié à un débiteur solidaire produit son effet à l'égard des autres codébiteurs. Rennes, 14 juill. 1810, S. 14, 134; Carré, art. 456. — V. *sup.* n° 148 et suiv.

**187.** Il en est de même lorsque les parties qui ont signifié le jugement ont déclaré procéder conjointement et solidairement. Caen, 8 janv. 1827, S. 28, 21.

**188.** *Mention de la personne à laquelle copie est laissée.* — V. *Ajournement.* sect. II, § 1. *Exploit.*

**189.** *Indication du tribunal qui doit connaître de l'appel*, et *du délai de la comparution.* — V. *Ajournement*, sect. II, § 2, art. 4.

**190.** L'appel doit être porté devant le tribunal supérieur dont relève celui qui a rendu le jugement attaqué. — V. *Organisation judiciaire.*

L'acte d'appel indique, à peine de nullité, quel est ce tribunal.

**191.** Il contient également, à peine de nullité, assignation devant lui, dans les délais de la loi. C. pr. 456. — V. *Ajournement*, sect. II, § 2. art. 3.

**192.** *Objet de la demande, exposé sommaire des moyens.* L'acte d'appel doit désigner le jugement dont on demande la réformation, et indiquer si l'on attaque toutes ses dispositions ou seulement quelques-unes d'elles.

**193.** Faut-il qu'il contienne l'énonciation des griefs? Pour l'affirmative, on argumente de l'analogie qui existe entre l'acte d'appel et l'ajournement. Or, l'art. 61 C. pr. exige que ce dernier acte contienne l'exposé sommaire des moyens.

Mais l'on répond : en première instance, le défendeur ignorerait l'objet de la réclamation formée contre lui, si l'ajournement ne le lui faisait connaître. L'acte d'appel, au contraire, ne fait que continuer un procès déjà commencé; la demande et les moyens sont nécessairement, devant la Cour, à peu près ce qu'ils ont été devant les premiers juges; il n'y a donc pas même raison de décider. — D'ailleurs, le C. pr. ne prononce pas la nullité de l'acte d'appel qui ne contient pas les griefs, et les nullités ne peuvent se suppléer (C. pr. 1032); loin de là, on a supprimé dans l'art. 456 l'obligation d'énoncer sommairement les griefs, obligation prescrite par l'art. 450 du projet; et l'art. 462, en disposant que l'appelant fera signifier ses griefs dans la huitaine de la constitution de l'intimé, suppose évidemment que ces griefs peuvent ne pas avoir été énoncés dans l'acte d'appel. Cass. 19 frim. an 8; Turin, 14 août 1807; Cass. 26 fév. 1808; Besançon, 4 déc. 1809, P. 7, 898; Cass. 1er mars 1810, P. 8, 146; Turin, 13 août 1811; Besançon, 2 déc. 1814; Agen, 1er mai 1830, S. 30, 346; Pigeau, 1,597; Favard, v° *Ajournement*, § 2, n° 5; Merlin, *Quest. dr.*, § 10, art. 1, n° 2; Carré, n° 1648; — *Contrà*, Demiau, 327.

**194.** A plus forte raison l'acte d'appel est-il valable lorsqu'il y est énoncé que l'appelant s'en réfère aux moyens qu'il a présentés devant les premiers juges. Bourges, 7 mars 1810, P. 8, 157; Metz, 10 nov. 1819; Paris, 14 août 1829; Bourges, 18 mai 1830; 283; S. 30, 297.

**195.** Peu importe que l'affaire soit sommaire, si les griefs ne sont pas signifiés dans le cours de l'instance, ils sont présentés verbalement à l'audience; d'ailleurs la loi ne distingue pas. Cass. 11 mai 1831, S. 31, 243. — Ainsi jugé en matière électorale. *Même arrêt.*

**196.** En est-il de même en matière d'*ordre*. — *V.* ce mot.

**197.** *Visa.* L'acte d'appel, comme celui d'ajournement, doit, à peine de nullité, contenir la mention du visa dans tous les cas où ce visa est exigé par la loi. Arg. C. pr., 69 et 70; Liège, 2

juill. 1840, S. 42, 2; Paris, 8 janv. 1836, S. 36, 163. — V.
*Commune, Établissemens publics, Exploit.*

§ 2. — *Formalités particulières à l'acte d'appel.*

**198.** L'appel doit être interjeté par un acte exprès et séparé
signifié par l'huissier à l'intimé.

**199.** Il ne suffirait pas de la déclaration d'interjeter appel
mise par la partie condamnée au bas de la signification du ju-
ment de première instance (Cass. 5 avr. 1813, S. 13, 385); — ou
d'un commandement alors même qu'elle énoncerait constitution d'avoué et assignation dans le délai de la loi. Bordeaux,
12 fév 1813, S. 13, 303.

**200.** Mais est valable comme acte d'appel la déclaration faite
devant notaire qu'on entend appeler d'un jugement, et signifiée
ensuite par huissier avec assignation dans le délai légal. Pau,
16 août 1809, P. 7, 781.

**201.** L'appel serait nul, si l'acte était signifié par le notaire
lui-même. Pau, 19 mai 1806, P. 5, 340.

**202.** L'acte d'appel doit énoncer par quel tribunal et à
quelle date le jugement dont est appel a été rendu.

Si ces énonciations sont fausses ou incomplètes, il y a nullité
(Rennes, 12 fév. 1813; 24 août 1814; 3 juin 1813, D. A., 7,
725); — à moins que l'intimé ne puisse se méprendre sur le jugement frappé d'appel. Paris, 28 août 1813, S. 14, 261; Limoges, 19 août 1818, S. 18, 339; Amiens, 9 nov. 1821, S.
23, 32; Colmar, 31 janv. 1826, S. 26, 212; Bordeaux,
23 mars 1836 (Art. 480 J. Pr.).

**203.** Ainsi est valable l'appel dans lequel on déclare appeler d'un jugement rendu par un trib. civ., quoique ce jugement
émane du trib. de comm., lorsque la nature et la qualité de ce
jugement sont suffisamment indiquées par d'autres énonciations. Rennes, 3 janv. 1811, P. 9, 9.

**204.** Si deux jugemens ont été rendus le même jour, contre
la même personne, au profit du même demandeur, l'acte d'appel par lequel la partie condamnée déclare se rendre appelante
d'un *jugement rendu ledit jour* est nul pour énonciation insuffisante. Bordeaux, 11 mars 1831, D. 33, 158.

**205.** Le mot *appeler* n'est pas sacramentel; il peut être
remplacé par des termes équipollens. Cass. 2 vent. an 9, P. 2,
111; Carré, art. 456.

**206.** Les nullités de l'acte d'appel ne sont pas d'ordre public;
les parties peuvent, en conséquence, renoncer à les opposer.
Orléans, 7 juin 1820, D. A., 9, 960. — V. *Acquiescement,
Exception.*

**207.** La partie dont l'appel a été déclaré nul n'est pas déchue de son droit d'appel, à moins que les délais ne soient expirés. Paris, 4 janv. 1812, D. A. 1, 461.

### Section VI. — *Effets de l'appel.*

**208.** L'appel a deux principaux effets : un effet dévolutif, et un effet suspensif.

**209.** *Effet dévolutif.* L'appel saisit le juge supérieur compétent, et lui transmet la connaissance des chefs remis en question dans l'acte d'appel.

**210.** On peut attaquer en tout ou en partie les chefs qui ont été soumis aux premiers juges : — spécialement la disposition relative aux dépens. Colmar, 29 mai 1855, D. 54, 195.

**211.** L'appel interjeté pour les torts et griefs que porte la sentence, et notamment pour un objet déterminé, ne doit pas être restreint à cet objet, mais s'étend à toutes les dispositions du jugement. Besançon, 15 juill. 1808, P. 7, 21; Bordeaux, 28 mars 1851, D. 51, 149.

**212.** Cependant, si le jugement contient deux dispositions distinctes, dont l'une est entièrement favorable à l'appelant, l'appel ne peut être considéré comme s'appliquant à celle-ci. Rennes, 1er août 1810, P. 8, 504. — V. toutefois *inf.* n° 401.

**213.** Les premiers juges sont complètement dessaisis par leur jugement; ils ne peuvent en conséquence, même du consentement des parties, connaître de l'appel.

**214.** *Effet suspensif.* L'appel suspend l'effet du jugement, soit interlocutoire soit définitif, et, jusqu'à ce qu'il y ait été statué, les choses demeurent dans l'état où elles étaient au jour où il a été interjeté. C. pr. 457. — V. toutefois *inf.* n° 218.

Tous les actes d'exécution postérieurs à l'appel sont nuls. Turin, 8 août et 14 sept. 1810, D. A. 1, 524; Berriat, p. 425; Carré, art. 457. — Ils peuvent donner lieu à des condamnations de dommages-intérêts au profit de la partie contre laquelle ces actes ont été dirigés.

**215.** Ainsi, le délai accordé par un jugement pour faire une option est suspendu du jour de l'appel, et ne reprend son cours qu'à dater de la signification de l'arrêt confirmatif. Cass. 12 juin 1810, P. 8, 569; Poitiers, 7 déc. 1823, D. 25, 1, 259; Bordeaux, 30 nov. 1831, S. 32, 259; Cass. 10 juill. 1832, S. 52, 669; Carré, n° 1653; Berriat, p. 425, note 81. — *Contrà,* Grenoble, 25 juin 1825, D. 25, 186.

**216.** L'appel suspend l'exécution des condamnations accessoires, aussi bien que celle des condamnations principales.

L'avoué qui a obtenu distraction à son profit des dépens de 1re inst., ne peut donc en poursuivre le paiement postérieurement à l'appel, sans s'exposer à des dommages-intérêts envers l'appelant. Bourges, 20 avr. 1818, S. 19, 191.

**217.** Cette suspension a lieu, lors même que l'acte d'appel

est nul, soit par le vice de forme, soit pour avoir été interjeté
après les délais. Les juges qui ont rendu la sentence attaquée
ne peuvent pas, quoique la nullité de l'acte d'appel leur pa
raisse incontestable, ordonner l'exécution provisoire de leur
sentence; l'appréciation de sa validité ne leur appartient dans
aucun cas; elle est toujours réservée au trib. auquel la sentence est déférée. Turin, 8 août et 14 sept. 1810, S. 14, 422;
Rennes, 20 fév. 1828, S. 28, 161; Paris, 27 mars 1830, D.
30, 182; Cass. 19 janv. 1829, S. 29, 113; Limoges, 20 juill.
1832, S. 32, 594.—*Contrà*, Toulouse, 3 fév. 1832, S. 32, 601.
— V. *Distribution*, *Ordre*, *Saisie immobilière*.

**218.** Mais en matière de commerce, les jugemens sont de plein
droit exécutoires, nonobstant appel. Il n'est pas nécessaire que
le jugement le déclare. Arg. C. pr. 439; C. comm. 647; Rouen,
3 nov. 1807, P. 6, 335; Nîmes, 31 août 1809, P. 7, 819;
Bordeaux, 28 août 1827, D. 28, 42; Lyon, 27 nov. 1832, D.
34, 51; Cass. 2 avr. 1817, S. 17, 280; Carré, art. 1547;
Thomine, art. 482. — *Contrà*, Bruxelles, 9 déc. 1807, P. 6,
379; Poncet, *Jugemens*, 1, 438; *Praticien*, 2, 484.

Cette exécution de plein droit n'a lieu qu'à la charge de
donner caution. C. pr. 439. *Mêmes autorités*; Pardessus, n° 1383.

Il n'est nécessaire de prononcer l'exécution provisoire que
s'il y a lieu à dispenser de la caution. — *Mêmes autorités*.

Ni les trib., ni les C. roy. ne peuvent prononcer un sursis à
cette exécution provisoire, lors même que le jugement est attaqué sous prétexte d'incompétence (C. comm. 647); — et que les
trib. de comm. l'ont prononcée sans caution dans des cas où
une caution est exigée par la loi. Paris, 6 fév. 1813. — *Contrà*,
Bruxelles, 6 mars 1810, D. A. 1, 523.

La première disposition de l'art. 439 C. pr. porte, que les
trib. de comm. pourront ordonner l'exécution provisoire, nonobstant appel, et sans caution, s'il y a titre non attaqué. D'où
l'on avait, conclu que l'exécution provisoire devait, dans tous
les cas, être ordonnée; mais la seconde disposition montre que
la nécessité de prononcer l'exécution provisoire n'a lieu que
lorsqu'il s'agit de l'ordonner sans caution : en effet, le mot
*pourra*, invoqué dans l'opinion contraire, ne s'applique évidemment qu'au droit qu'a le juge d'ordonner l'exécution, avec ou sans
caution. Ce qui le démontre, c'est que ce mot se trouve dans
la partie de l'art. relative à l'exécution des jugemens rendus
sur titre non attaqué, ou condamnation précédente, et que, dans
ce cas, il n'est pas facultatif pour le juge d'accorder ou de refuser l'exécution nonobstant appel, même en matière civile. Il est
d'ailleurs impossible d'équivoquer sur les termes de cet article,
en présence de l'art. 647 C. comm., qui défend, dans tous les
cas, aux Cours royales, à peine de nullité, et même de dom-

mages-intérêts, s'il y a lieu, d'accorder des défenses et de surseoir à l'exécution des jugemens des trib. de comm. — Enfin,
l'ancienne législation n'accordait pas d'effet suspensif à l'appel
en matière commerciale, et l'on ne peut pas supposer que le
Code ait voulu déroger à ces principes, puisqu'il ne l'a pas fait
d'une manière expresse. Ord. 1563, 1673; L. 24 août 1790,
tit. 12, art. 4.

**219**. Toutefois, l'appel relatif au chef de la contrainte par
corps, d'un jugement du trib. de comm. rendu en dernier ressort, n'est pas suspensif, encore que l'exécution provisoire n'ait
pas été prononcée par le jugement et que le créancier n'offre
pas caution. L. 17 av. 1832, art. 20; Paris, 27 août 1836 (Art.
981 J. Pr.).

**220**. L'appel cesse d'être suspensif et ne produit qu'un effet
dévolutif, 1° lorsque la sentence est exécutoire par provision.
C. pr. 457. — Cependant, si l'opposition formée à un jugement par défaut, déclaré exécutoire par provision, est régulière
et recevable, et que le trib. se borne à ordonner purement et
simplement l'exécution de son premier jugement, sans statuer
de nouveau sur l'exécution provisoire, l'appel de ce jugement
est suspensif, l'opposition a tout remis en question. Bordeaux,
20 août 1852, S. 33, 68.

**221**. 2° Lorsque le jugement attaqué a été mal à propos
qualifié en dernier ressort, ou si l'exécution provisoire a été
ordonnée hors des cas prévus par la loi. C. pr. 457, 459.

**222**. 3° A l'égard de la disposition relative à la *contrainte
par corps*, en cas de jugement rendu en dernier ressort. L. 17
avr. 1832, art. 20. — V. ce mot.

### Section VII. — *Procédure d'appel. Amende.*

#### § 1. — *Procédure d'appel.*

**223**. Les règles établies pour l'instruction des affaires devant les trib. de 1ʳᵉ inst. s'appliquent à celles de l'appel, sauf
les exceptions indiquées ci-après. C. pr. 470. — V. *Audience,
Instruction*.

**224**. Dans le droit ancien, on appointait à informer par
écrit tous les appels des jugemens qui avaient été instruits de
cette manière en 1ʳᵉ inst. Cet usage, que le C. a abrogé, entra-
vait la marche des affaires, en contraignant les juges d'appel à
adopter un mode de procéder tout-à-fait inutile dans les cas où
l'affaire leur paraissait suffisamment éclairée, ou réduite à des
points assez simples pour être discutés à l'audience.

**225**. Aujourd'hui tout appel même de jugement rendu sur
instruction par écrit, est porté à l'audience, sauf au trib. ou à
la C. à ordonner l'instruction par écrit s'il y a lieu. Carré, art.
461; Pigeau, 1, 686.

**226.** L'appel d'un jugement qui a statué sur une demande à fin d'autorisation formée par une femme contre son mari, doit, comme tout autre, être porté à l'audience, et non à la chambre du conseil. — V. *Femme mariée.*

**227.** Les juges ne peuvent, sur de simples conclusions, mettre la cause en délibéré; ce mode d'instruction ne doit être ordonné que lorsque la nécessité en a été démontrée par des plaidoiries faites à l'audience. Rennes, 15 juill. 1808; Carré, art. 461.

**228.** Si l'intimé ne constitue pas avoué, l'appel est porté à l'audience sur un simple acte. C. pr. 465.

**229.** S'il intervient jugement ou arrêt infirmatif, l'intimé peut y former opposition. — V. *Jugement par défaut.*

**230.** Si l'intimé constitue avoué, et que l'affaire soit ordinaire, l'appelant fait signifier ses griefs contre le jugement dans la huitaine de la constitution. C. pr. 462.

L'intimé répond dans la huitaine suivante. C. pr. 462.

Toutefois, ces griefs et réponses peuvent être signifiés après le délai de huitaine. Thomine, 1, 703; Carré, art. 462.

Dans la pratique, ils ne sont signifiés qu'après que les conclusions ont été respectivement prises à l'audience de la chambre à laquelle l'affaire a été distribuée, et la mise au rôle de cette chambre.

**231.** L'intimé qui est présumé avoir le plus d'intérêt à faire statuer promptement sur l'appel, après avoir constitué avoué, peut suivre l'audience et faire à ce sujet tous les actes nécessaires. — Il n'est pas obligé d'attendre l'expiration des délais indiqués dans l'acte d'appel. — Cass. 29 mai 1834, D. 34, 259.

**232.** Les griefs et réponses sont facultatifs. Les parties peuvent, en conséquence, se dispenser d'en signifier. Pigeau, 1, 689; Thomine : 1, 703; Carré, art. 462.— V. *sup.* n° 193.

**233.** Toute pièce d'écriture qui n'est que la répétition des moyens ou exceptions déjà employés par écrit, soit en 1re inst., soit en appel, ne passe point en *taxe.* C. pr. 465. — *V.* ce mot.

Si la pièce contient à la fois de nouveaux moyens ou exceptions, et la répétition des anciens, on n'alloue que la partie relative aux nouveaux moyens ou exceptions. C. pr. 465.

**234.** Après la signification des griefs et réponses, l'audience est poursuivie sans autre procédure. C. pr. 462.

**235.** Si l'affaire est sommaire, elle est portée à l'audience sur un simple acte sans autre procédure. C. pr. 463.

**236.** Les appels des jugements en matière commerciale sont instruits et jugés devant les Cours, comme appels de jugemens en matière sommaire. C. comm. 648.

§ 2. — *Nécessité pour l'appelant de consigner une amende.*

**237.** L'appelant doit consigner une amende de 5 fr. s'il s'agit d'une sentence du juge de paix, et de 10 fr. s'il s'agit d'un jugement du trib. de 1re inst. ou de comm. Arg. C. pr. 471.

**238.** Peu importe que l'affaire soit ordinaire ou sommaire. Cass. 10 janv. 1838 (Art. 1099 J. Pr.).

**239.** La consignation précède l'audience : — l'art. 471 C. pr. se borne à prononcer cette amende contre l'appelant qui succombe, sans exiger expressément qu'elle soit consignée avant le jugement; mais la nécessité de la consignation préalable résulte de l'art. 90 du tarif, qui alloue une vacation pour consigner l'amende, et une autre pour la retirer, dans le cas d'infirmation du jugement. Cass. 8 mai 1809, S. 9. 253; Pigeau, 1, 686 ; Carré, art. 471; déc. min. fin., 12 sep. 1809, S. 10, 2, 12.

**240.** L'avoué qui poursuit et obtient un jugement sur l'appel sans consignation préalable de l'amende de fol appel, est passible d'une amende réduite de 500 fr. à 50 fr. Décl. 21 mars 1671, art. 6; arrêté 10 flor. an 11, art. 3; L. 16 juin 1824, art. 10; déc. min. just. 31 juill. 1809, min. fin. 12 sept. 1809; Favard, v° *Appel*, sect. 1, § 5; Trouillet, v° *Amende*, n° 5 ; Cass. 8 mai 1809, P. 7, 547; 10 janv. 1838 (Art. 1099 J. Pr.) — *Contrà*, Pigeau, *ib.*

**241.** Le greffier qui expédie les jugemens ainsi obtenus sans qu'il lui soit justifié de la consignation de l'amende est passible de la même peine. Cass. 8 mai 1809.

**242.** Toutefois, il n'est pas nécessaire de consigner l'amende avant l'appel, comme dans le cas de *requête civile*. Pigeau, Carré, *ib.* — *V.* ce mot.

**243.** Au reste, dans le silence de la loi, on ne pourrait prononcer de fin de non recevoir ou de nullité, ni refuser l'audience, sur le fondement de défaut de consignation de l'amende. Coffinières, *ib.*, 165.

**244.** Dans l'ancien droit la quittance de l'amende devait être signifiée à la partie adverse de celle qui l'avait consignée; mais le tarif ne parlant pas d'une signification de cette nature, on peut se dispenser de la faire aujourd'hui. Pigeau, *ib.*

**245.** L'appelant qui succombe est condamné à l'amende par lui consignée. — *V. sup.* n° 237.

**246.** Mais il ne doit pas d'amende, si le jugement est réformé dans un seul de ses chefs, bien que tous les autres soient confirmés. Dans ce cas le premier juge avait en effet mal jugé, et il y avait lieu d'appeler de sa décision. Arg. C. pr. 248; Demiau, 353; Berriat, 438, note 24; Carré, art. 471; Pigeau, 1, 697.

**247.** Jugé cependant que l'appelant condamné à l'amende bien que le jugement ait été réformé en partie ne peut se pourvoir utilement en cassation relativement à cette condamnation contre l'intimé. Cass. 8 déc. 1836 (Art. 650 J. Pr.).

**248.** L'appelant qui se désiste de son appel, dans le cours de l'instance, peut-il demander la restitution de l'amende consignée ? — La négative a été jugée avec raison : en effet, s'il faut, pour condamner à l'amende l'appelant, que ce dernier succombe (C. pr. 471); il faut pour que l'amende consignée soit restituée, que, suivant l'art. 7 arrêté du 10 flor. an 11, l'appel soit déclaré fondé; or, le désistement empêche la Cour de statuer sur le mérite de l'appel et les choses doivent rester dans l'état où elles se trouvent. Arg. Bruxelles, 9 déc. 1806, P. 5, 579. — *Contrà*, Bruxelles, 28 janv. 1808, P. 7, 925; Rennes, 14 déc. 1809, 8 janv. 1810, P. 8, 15; Coffinières, *ib.*, n° 162. —La question est maintenant fixée par la jurisprudence en matière de *cassation*. — V. ce mot.

**249.** Il en est de même, à plus forte raison, lorsque le désistement est signifié, postérieurement aux plaidoieries : l'appelant reconnaît par cela même le mal fondé de son recours et par conséquent il succombe. Carré, n° 1693; Coffinières, *ib.*— *Contrà*, Favard, Rép., v° *Appel*, sect. 1, § 5.

**250.** Les tribunaux ne peuvent décharger de l'amende les contrevenans sous le prétexte qu'au moment où la contravention a été constatée, la régie aurait été désintéressée par le versement de l'amende et qu'il n'y aurait pas eu dessein de frauder. Cass. 8 mai 1809, P. 7, 547.

**251.** Mais l'omission d'avoir condamné à l'amende ne donne pas ouverture à cassation dans l'intérêt des parties.

SECTION VIII. — *De ce qui peut être demandé en appel.*

**252.** Les trib. d'appel ne sont institués que pour réformer les erreurs d'appréciation de fait ou du droit, commises par les juges inférieurs. Leurs fonctions se réduisent donc à examiner si le trib. de 1re inst. a bien ou mal jugé.

**253.** Toutefois les erreurs de calcul, contenues au jugement de 1re inst., ne constituant pas un mal jugé, ne sauraient en motiver l'appel. C'est aux premiers juges qu'il faut s'adresser pour obtenir la rectification de ces erreurs. C. pr. 541; Berriat, 412, note 30, n° 3; Carré, art. 443.

**254.** Une autre conséquence de ce principe, c'est que les premiers juges ne pouvant statuer que sur les demandes qui leur ont été soumises, ou qui se trouvaient implicitement comprises dans celles-ci, les juges d'appel n'ont le droit d'examiner le bien ou le mal jugé que par rapport à ces mêmes demandes; l'on est non-recevable à leur en soumettre de nouvelles (V. Tou-

tefois les exceptions ci-après nᵒˢ 256, 289 et suivans). Cela résulte en outre de la règle qui veut que toute cause parcoure
deux degrés de juridiction. C. pr. 464. Cass. 22 juill. 1809, S.
9,594; Berriat, 427, 428. — V. *Degrés de juridiction.*

### § 1. — *Demandes sur le provisoire.*

**255.** On peut présenter en appel : 1ᵒ toutes les demandes
provisoires soumises aux premiers juges.

2ᵒ Celles qui n'auraient pas été soulevées en 1ʳᵉ inst., pourvu
qu'elles soient motivées sur des faits postérieurs au premier jugement; elles sont un accessoire de la demande principale. Cass.
5 juill. 1809, S. 9, 409; Bordeaux, 5 janv. 1826, S. 26, 202;
Carré, art. 464; Berriat, 428, note 96.

**256.** Les juges d'appel peuvent, par les mêmes motifs, tout
en confirmant le jugement de 1ʳᵉ inst., accorder une provision
plus forte que celle prononcée par ce jugement, s'ils se fondent
sur des circonstances survenues depuis l'appel. Cass. 14 juill.
1806, S. 6, 563.

**257.** Jugé que la femme est recevable à demander en appel
une provision pour ses besoins et les frais du procès, quoiqu'elle
n'y ait pas conclu en 1ʳᵉ inst. Bordeaux, 5 janv. 1826, S. 26, 202.

**258.** Mais si les faits sur lesquels la provision est motivée sont
antérieurs au premier jugement, la demande ayant pu être
formée en 1ʳᵉ inst., est non recevable en appel. Cass. 14 vent.
an 6, P. 1, 189; Rennes, 18 mars 1809, Carré, nᵒ 1675.

### Art. 1. — *Cas où l'on peut demander des défenses.*

**259.** Si le jugement a été mal à propos qualifié en dernier
ressort, l'exécution de ce jugement ne peut être suspendue
qu'en vertu de défenses obtenues, par l'appelant, à l'audience
de la C. roy., et sur assignation à bref délai. C. pr. 457.

**260.** Cette assignation n'est donnée qu'en vertu d'une ordonnance rendue par le président du trib. devant lequel est porté
l'appel : les assignations à bref délai ne sont dispensées d'autorisation que lorsqu'un délai plus court que le délai ordinaire a
été déterminé par la loi. Pigeau, 1, 681. — V. *Bref délai.*

**261.** Si au jour indiqué l'intimé se présente et demande la
remise, les juges peuvent, en l'accordant, ordonner que les
choses resteront en état jusqu'au jour où il sera statué sur les
défenses. L'appelant qui aurait pu obtenir des défenses le jour
où la cause venait utilement à l'audience, ne doit pas souffrir un
préjudice du retard de la décision, occasioné par l'intimé.
Pigeau, 1, 682.

**262.** Les juges ne doivent pas renvoyer à prononcer sur la
demande à fin de défenses en même temps que sur le fond : ce
mode de procéder serait évidemment contraire au texte et à
l'esprit de la loi, qui veut qu'il soit statué provisoirement sur

cette demande. C. pr. 457, 458, 459. Carré, art. 459; Pigeau, 1, 680.

**263.** Cependant, si la cause sur le fond était en état, il serait inutile de statuer sur la demande, à fin de défenses, puisque la suspension ou la continuation de l'exécution de la sentence des premiers juges doit nécessairement résulter de l'infirmation ou de la confirmation de cette sentence. Carré, art. 459; Berriat, 426, note 86.

**264.** Les défenses ne doivent être accordées qu'à l'audience et sur requête signifiée à la partie adverse; il n'en est jamais donné sur requête non communiquée. C. pr. 459. Orléans, 18 juill. 1835 (Art. 245 J. Pr.); Carré, art. 459; Pigeau, ib.; Demiau, 329.

**265.** Il est également interdit, par les mêmes motifs, d'arrêter l'exécution provisoire autrement que par des défenses accordées à l'audience.

Ainsi, l'on ne peut, en permettant d'assigner sur la demande à fin de défenses, ordonner que jusqu'au jour de la décision toutes choses demeureront en état. C. pr. 459, 460. Carré, art. 459; Pigeau, ib. — Cette hypothèse diffère de celle indiquée n° 205. Ce n'est plus ici par le fait de l'intimé que la décision est retardée, l'appelant n'a pas le droit, sur simple requête et avant que la cause soit appelée contradictoirement de faire suspendre provisoirement l'exécution.

**266.** Lorsque des défenses sont obtenues, la partie qui a été contrainte de l'exécuter par un paiement total ou partiel, demande et obtient la restitution de ce qu'elle a remis. La mainlevée provisoire des saisies-arrêts qui ont été pratiquées, est également prononcée. Pigeau, 1, 683. — V. *Saisie-arrêt.*

**267;** Hors des cas qui viennent d'être énoncés, il n'est accordé de défenses ni rendu aucun jugement tendant directement ou indirectement à arrêter l'exécution de la sentence attaquée, à peine de nullité. C. pr. 460.

Art. 2. — *Cas où l'on peut demander l'exécution provisoire du jugement.*

**268.** Lorsque l'exécution provisoire n'a pas été prononcée dans les circonstances où elle est autorisée, l'intimé peut, sur un simple acte, la faire ordonner à l'audience, avant le jugement de l'appel (C. pr. 458), soit contradictoirement, soit par défaut. Bruxelles, 20 janv. 1813, Toulouse, 21 janv. 1824, 21 nov. 1823, S. 25, 91.

**269.** Il en est de même, à plus forte raison, à l'égard des jugemens qui devaient être rendus en dernier ressort, et qui n'ont pas été qualifiés ou l'ont été en premier ressort. C. pr. 457, 459.

**270.** Le premier juge est incompétent pour ordonner cette exécution par une décision nouvelle. Pigeau, 1, 684.

**271.** On peut demander sur l'appel l'exécution provisoire, lors même qu'on n'y a pas conclu en 1ʳᵉ inst. — V. *inf.* nº 304.

### § 2. — *Demandes sur le fond.*

**272.** Sont susceptibles du second degré de juridiction toutes les contestations jugées en premier *ressort.* — V. ce mot.

Art. 1. — *Conclusions du demandeur.*

**273.** Le demandeur peut conclure devant le trib. d'appel à l'admission des prétentions qui ont été repoussées par les premiers juges ; mais il ne saurait présenter *des demandes nouvelles*, alors même qu'elles se rattacheraient à la première demande.

**274.** Ainsi ne peuvent être portées de prime abord devant le trib. d'appel : 1º les contestations qui s'élèvent à l'occasion d'une transaction survenue après un jugement de 1ʳᵉ inst. Cass. 16 fév. 1810.

**275.** 2' La demande en rectification des erreurs commises dans un compte qu'on s'est borné à écarter en 1ʳᵉ inst , sous prétexte qu'il n'était que provisoire, et qu'on devait en fournir un nouveau : la seconde prétention est évidemment étrangère à la première. Nanci , 2 mai 1826 , S. 26 , 249.

**276.** 3º La demande en rescision de la cession d'une succession autre que celle qui a été l'objet du litige en 1ʳᵉ inst. Cass. 26 nov. 1833 , D. 34 , 29.

**277.** 4º La demande en séparation de corps sur l'appel d'un jugement qui n'a eu à statuer que sur une séparation de biens. Cass. 26 nov. 1828 , D. 28 , 192.

**278.** 5º La demande en subrogation aux poursuites de *saisie-immobilière* ( — V. ce mot), alors qu'il n'a été conclu en 1ʳᵉ inst. qu'à la nullité de la saisie.

**279.** 6º La demande tendant à obtenir la propriété d'un immeuble dont on réclamait seulement l'usufruit en 1ʳᵉ inst. Cass. 13 fruct. an 8 , P. 1, 730 ; 27 déc. 1824 , D. 25 , 95.

**280.** 7º La demande à fin d'établissement d'une servitude de passage dans un endroit autre que celui où on prétendait la faire établir en 1ʳᵉ inst. Grenoble, 23 fév. 1829, D. 29 , 114.

**281.** 8º La demande à fin de partage de la communauté , alors que les premiers juges ont eu à statuer seulement sur l'action en nullité de la renonciation à cette communauté. Cass. 3 brum. an 7 , P. 1, 232.

**282.** 9º La demande en licitation lorsqu'il n'a été statué en 1ʳᵉ inst. que sur la jouissance de la propriété indivise. Nanci , 20 fév. 1826, D. 26 , 123.

**283.** 10º La demande à fin de partage définitif alors qu'il n'a été requis en 1ʳᵉ inst. que la rescision pour cause de lésion d'un partage antérieur. Cass. 5 nov. 1807 , D. A. 790.

**284.** 11° La demande en résolution de la vente d'un immeuble dont le prix seul avait été l'objet de la contestation devant les premiers juges. Amiens, 27 nov. 1824, D. 25, 117; Caen, 9 déc. 1824, D. A. 9, 259.

**285.** 12° La demande en paiement d'une rente viagère résultant d'un contrat dont la validité avait été l'objet unique de la contestation en 1re inst. Cass. 6 juin 1831, D. 31, 316.

**286.** 13° La demande à fin d'enlèvement des matériaux fournis par des entrepreneurs qui, devant les premiers juges, avaient conclu à leur collocation privilégiée sur le prix de l'immeuble. Bordeaux, 26 mars 1834, D. 34, 186.

**287.** Non seulement le demandeur ne peut former en appel de demandes nouvelles, mais encore il ne saurait agir dans une autre qualité que celle qu'il a prise en 1re inst. Cass. 11 déc. 1833, D. 34, 335.

Par exemple, celui qui a été renvoyé de la demande formée contre lui en son nom personnel, ne peut être assigné en appel en qualité d'héritier. Bruxelles, 9 mars 1811, S. 11, 321.

**288.** Mais il en est autrement si celui qui a agi en 1re inst. dans une double qualité, ne figure plus en appel qu'en l'une d'elles. Ainsi, la partie qui a formé une demande tant en son nom personnel qu'en celui d'un tiers, peut restreindre cette demande dans son seul intérêt : dans ce cas, il n'y a pas, comme dans celui qui précède, substitution d'une qualité à une autre. Cass. 1er sept. 1813, S. 14, 67.

**289.** Toutefois, il ne faut pas considérer comme *nouvelle* toute demande qui modifie les conclusions prises en 1re inst. ou même devant le trib. d'appel, par exemple lorsque les objets réclamés se trouvent compris dans ceux demandés précédemment. Les parties ont le droit de restreindre leurs conclusions. Berriat, 428, note 93; Pigeau, 1, 693; Carré, art. 465.—V. *inf.* nos 290 *et suiv.*

**290.** Ainsi est recevable en appel la demande qui n'est que la suite ou la restriction de la demande principale. Cass. 22 mai 1822, S. 22, 301.

Par exemple, 1° la demande d'un passage à pied et à cheval seulement, substituée à celle d'un passage de voitures. Cass. 14 juill. 1824, S. 25, 250.

**291.** 2° La demande d'une servitude sur un pré que l'on revendiquait comme propriétaire devant les premiers juges. Cass. 7 mars 1826, S. 26, 324.

**292.** La demande de nomination d'un conseil judiciaire pour la personne, dont l'interdiction avait été sollicitée en 1re instance. Paris, 26 therm. an 12, P. 4, 146.

**293.** Le créancier d'une succession a de même le droit de demander la séparation des patrimoines en tout état de cause,

cette action n'étant que la suite de la demande principale.
Liège, 10 fév. 1807, S. 7, 697 ; Cass. 8 nov. 1815, S. 16, 137.

**294.** La règle qui défend de former aucune demande nouvelle en appel, reçoit encore une exception lorsqu'il s'agit d'accessoires dépendant indirectement de la demande primitive, tels
que des intérêts, arrérages, loyers ou fruits échus, et des dommages-intérêts soufferts depuis le premier jugement. C. pr. 464.
— V. *Dommages-intérêts.*

Ces dommages-intérêts peuvent même être accordés pour le
préjudice causé depuis le jugement sur l'appel. Ainsi, les juges
qui liquident les dommages-intérêts adjugés par un arrêt, comprennent valablement dans leur liquidation ceux qui ont couru
depuis l'arrêt jusqu'à cette liquidation. Cass. 12 avr. 1817, S.
17, 262 ; 13 nov. 1833, D. 34, 150.

Dans ces différentes circonstances, les premiers juges, reconnaissant le mérite de la réclamation principale, ont implicitement statué sur les accessoires de cette réclamation : par exemple, le trib. qui a déclaré un individu créancier d'une somme
d'argent, a par là même décidé qu'il aurait droit aux intérêts
produits postérieurement par cette somme. Il était donc juste,
pour économiser le temps et les frais, de permettre de porter
de semblables demandes directement en appel. C'est d'ailleurs
la conséquence du principe, que l'accessoire suit le sort du
principal. Berriat, 428, note 95 ; Pigeau, 1, 690.

Dans tous les cas, le droit accordé aux parties de réclamer
en appel les accessoires de la demande principale ; n'est que facultatif ; elles peuvent, si elles le préfèrent, s'adresser d'abord
aux premiers juges. Cass. 18 fév. 1819, S. 19, 304.

**295.** A plus forte raison, on ne doit pas considérer comme
demande *nouvelle* les nouveaux moyens employés par l'appelant.
Cass. 25 juill. 1817 ; Rennes, 11 et 19 août 1817 ; Carré, art.
464 ; Pigeau, 1, 601 ; Berriat, 429.

**296.** Ainsi l'on peut demander pour la première fois en
appel, une *enquête*, un rapport d'*experts*, un *interrogatoire sur
faits et articles*, ou toute autre voie d'instruction. C. civ. 500 ;
Cass. 24 juin 1837 (Art. 984 J. Pr.). — V. ces mots.

**297.** L'héritier qui, en 1<sup>re</sup> inst., a prétendu nul un legs
d'usufruit, en soutenant la nullité du testament qui le constituait, est recevable en appel à demander cette nullité, par le
motif que le testateur n'était pas propriétaire du domaine grevé.
Cass. 5 niv. an 13 ; Carré, art. 464.

**298.** Il est loisible de substituer à la demande en nullité
d'un testament pour vice de forme, celle résultant de l'abrogation par un second testament. Cass. 23 janv. 1810, P. 8, 55.
— Ou à la demande en nullité pour cause d'imbécilité du tes-

tateur, une demande en inscription de faux. Montpellier, 28 fév. 1810; Paris, 30 août 1810, P. 8, 142, 579.

**299.** La donation critiquée en 1<sup>re</sup> inst., pour défaut d'insinuation, peut être attaquée en appel pour caducité. Cass. 22 janv. 1822.

**300.** De même, le mariage attaqué en 1<sup>re</sup> inst. comme contracté par violence, peut l'être en appel, par le motif que l'un des deux conjoints n'avait pas l'âge voulu par la loi. Cass. 4 nov. 1822.

**301.** On est également recevable à demander en appel 1° un droit de passage sur le fondement, que le fonds en faveur duquel la servitude est réclamée est enclavé, alors qu'il a été soutenu en 1<sup>re</sup> inst., que la servitude était due en vertu de la prescription. Dans ce cas, ainsi que dans ceux qui précèdent, l'action reste devant la Cour ce qu'elle était en 1<sup>re</sup> inst. : les moyens seuls ont changé. — *Contrà*, Amiens, 31 juin 1823; D. A. 4, 799.

**302.** 2° Le rapport à la masse contre l'un des copartageans; il n'y a là qu'un nouveau moyen d'arriver aux compte, liquidation et partage demandés en 1<sup>re</sup> inst. Agen, 8 janv. 1824; Bourges, 3 mai 1824, S. 25, 210.

**303.** Enfin, il est loisible de substituer à la demande en nullité d'une inscription hypothécaire pour défaut de mention d'exigibilité, celle résultant de la prescription de l'hypothèque. Toulouse, 22 mars 1821. — L'action en rescision à l'action en nullité soumise aux premiers juges et *vice versà*, pourvu toutefois que l'une et l'autre aient le même but, l'anéantissement du contrat; dans ce cas la demande reste la même, les moyens seuls changent. Montpellier, 28 fév. 1810, P. 8, 142. — *Contrà*, Cass. 8 pluv. an 13, S. 7, 890.

**304.** L'exécution provisoire peut-elle être demandée en appel lorsqu'elle ne l'a pas été en 1<sup>re</sup> inst. dans les cas où elle est autorisée par la loi?

Le doute naît à cet égard de ce que l'exécution provisoire n'ayant pas été demandée, il semble qu'on ne saurait se plaindre de ce qu'elle n'a pas été ordonnée; — mais l'exécution provisoire des jugemens est d'ordre public : c'est un devoir pour le juge de l'ordonner, lors même qu'elle n'est pas demandée, et conséquemment on est recevable à la réclamer en appel. En outre, l'art. 458 C. pr. permet, d'une manière générale, à l'intimé de faire ordonner l'exécution provisoire sur l'appel, lorsqu'elle n'a pas été prononcée par les premiers juges. Il n'y a donc pas lieu de distinguer entre le cas où elle a été demandée en 1<sup>re</sup> inst., et celui où elle ne l'a pas été. Toulouse, 24 janv. 1821 et 21 nov. 1823, S. 25, 91; Limoges, 11 juin 1828, S. 28, 307; Montpellier, 25 août 1828, S. 28, 307. — *Contrà*, Bruxelles, 14 déc. 1808, S. 9, 55; 25 juin 1811, S. 14, 240; Limoges, 15 mars 1816, S. 24, 24.

**305.** La nullité résultant de ce qu'une demande nouvelle a été formée en appel, n'est pas d'ordre public; elle est créée uniquement dans l'intérêt de la partie contre laquelle la demande est formée; elle est, en conséquence, couverte par son consentement exprès, et même par sa défense au fond. Cass. 18 août 1818, S. 19, 33; 14 juillet 1806 et 16 juin 1824; Carré, art. 464 — V. *Exception*.

Art. 2. — Conclusions du défendeur.

**306.** Le défendeur peut, pour la première fois, en appel, présenter toutes les demandes nouvelles qui ne sont qu'une défense à l'action principale. C. pr. 464.

Par exemple, sur une demande à fin d'exécution d'un contrat de vente, après avoir sollicité la rescision de ce contrat, soutenir que la vente est nulle pour défaut de prix. Cass. 2 juill. 1806, P. 5, 598.

**307.** Conclure à l'annulation d'un acte qui a servi de fondement aux condamnations prononcées en 1re inst. Paris, 17 juill. 1840, P. 8, 467; Rennes, 9 août 1817; Grenoble, 5 mars 1825, S. 26, 143; Carré, art. 464.

**308.** Demander le retrait litigieux; cette demande constitue une défense péremptoire à l'action principale. Cass. 28 janv. 1836 (Art. 457 J. Pr.).

**309.** Demander la nullité de l'inscription d'un créancier dont la collocation a été contestée par d'autres motifs devant les premiers juges. Cass. 26 oct. 1808, D. 8, 517; 3 fév. 1824, D. 24, 59.

**310.** Présenter l'exception de prescription, à moins qu'il ne résulte des circonstances, que la partie qui l'invoque y a renoncé. C. civ. 2224.

**311.** Il en est de même de toutes les exceptions péremptoires qui ne sont que des moyens de défense. Cass. 12 frim. an 10, S. 2, 101; Carré, art. 464; Merlin, v° *Exception.*—V. *Exception*.

Telles que la compensation; — la fin de non recevoir, fondée sur ce que le beau-père n'a pas qualité pour provoquer l'interdiction. Paris, 23 mai 1835 (Art. 117 J. Pr.).

**312.** Mais s'il s'agit d'une exception fondée sur une nullité de procédure, elle ne peut être présentée en appel qu'autant qu'elle n'a pas été couverte. C. pr. 173; Carré, art. 464.

En conséquence, est non recevable la demande en nullité d'une enquête ou d'un exploit qui n'a pas été attaqué en 1re inst. C. pr. 173; Cass. 6 oct. 1806, P. 5, 507; Colmar, 20 fév. 1811, S. 14, 505; Bruxelles, 6 déc. 1830, S. 31, 58. —V. *Exception*.

**313.** Celui qui n'a pas assigné en garantie en 1<sup>re</sup> inst. peut-il le faire en appel? Le doute naît de ce qu'on pourrait regarder cette action comme une défense à la demande principale, puisqu'elle tend évidemment à procurer une défense et de nouveaux moyens contre cette action. Mais il est évident que l'art. 464 C. pr. n'entend parler que des demandes incidentes que les parties peuvent former les unes contre les autres, et non de celles contre les tiers. En outre, cette demande qui peut être la défense à l'action dirigée contre le garanti, est principale à l'égard du garant. Elle doit conséquemment subir les deux degrés de juridiction. Cass. 20 germ. an 12, S. 20, 460; 7 mess. an 12, S. 4, 721; 26 mars 1811, P. 9, 213; 11 fév. 1819, S. 19, 305; 27 fév. 1821, S. 23, 322; Paris, 5 mars 1812, S. 13, 17; 7 fév. 1824, S. 25, 196; Berriat, p. 431, note 104; Pigeau, 1, 690. — *Contrà*, Trèves, 16 juill. 1810, S. 11, 257; Bastia, 31 mars 1835 (Art. 25 J. Pr.).—V. *Degré de juridiction*.

Cependant, si le garant est en cause, la demande en garantie peut avoir lieu en appel. Cass. 9 déc. 1829, S. 30, 8.

**314.** Est également non recevable la demande en sous-garantie. Grenoble, 28 janv. 1837 (Art. 847 J. Pr.).

**315.** Peu importe que les faits sur lesquels la demande en garantie ou en sous-garantie est formée soient postérieurs au jugement de 1<sup>re</sup> inst., dans le cas, par exemple, où la procédure d'appel étant nulle par la faute de l'huissier qui a omis d'indiquer la date de l'exploit d'appel, l'appelant actionne celui-ci en garantie. — *Contrà*, Bastia, 31 mars 1835 (Art. 25 J. Pr.).

**316.** L'art. 464 C. pr. ne s'applique pas seulement aux demandes nouvelles formées par le défendeur à l'action principale, mais encore à celles que le demandeur peut lui-même former contre les demandes incidentes de son adversaire. Ainsi Pierre a demandé 1,200 fr. à Paul, qui lui a opposé en 1<sup>re</sup> inst. une compensation de 300 fr., montant d'un billet; il est recevable à demander, en appel, la nullité de ce billet. Pigeau, 1, 690.

**317.** Les nouvelles demandes, soit de l'appelant, soit de l'intimé, ne peuvent être formées que par de simples actes de conclusions motivées. C. pr. 465.

**318** Cependant, si elles l'ont été verbalement, elles ne sont pas nulles de plein droit; la nullité peut en être couverte par le silence de l'adversaire. C. pr. 465, 1030. Cass. 1<sup>er</sup> sept. 1843, S. 14, 67.

### § 3. — *Intervention.*

**319.** L'apparition d'une nouvelle partie constitue en général une demande nouvelle, et ne peut conséquemment avoir lieu en appel.

**520.** Cependant, si cette partie avait dû être appelée en 1re inst., et avait le droit de former *tierce-opposition* au jugement, son *intervention* en appel serait recevable. C. pr. 466. — V. ces mots.

## Section IX. — *Évocation.*

**521.** Les juges d'appel sont institués pour réparer l'injustice des décisions rendues en 1re inst. Ils peuvent donc prononcer sur toutes les demandes présentées devant le juge inférieur, lors même que celui-ci n'y a pas statué, ou qu'il y a statué irrégulièrement : dans l'un et l'autre cas, il n'a pas été donné une décision juste sur le fond de la cause.

**522.** Ils ont le droit, en infirmant un jugement, de prononcer à la fois sur le fond définitivement par une seule décision. C. pr. 473. — Cette dérogation à la règle des deux degrés de juridiction, est motivée par l'intérêt des parties. Elle prévient un circuit de procédure qui pourrait occasioner des frais et des retards inutiles. — V. *inf.* n° 336.

**523.** Le droit d'évocation appartient, soit aux C. roy., soit aux trib. d'appel. *Ib.*

La Cour devant laquelle une affaire a été renvoyée, après cassation, a les mêmes pouvoirs que celle dont l'arrêt a été cassé. Cass. 4 déc. 1827, S. 28, 206.

**524.** Trois conditions sont requises pour qu'il y ait lieu à évocation ; il faut, 1° que la matière soit disposée à recevoir une décision définitive ; — 2° que le trib. d'appel statue en même temps sur le fond par un seul et même jugement ; — 3° que le jugement soit infirmé. C. pr. 473.

**525.** La matière est disposée à recevoir une décision définitive, lorsque l'instruction sur le fond a été faite devant les premiers juges, et qu'ils ont été à même de statuer. Carré, art. 473.

Ainsi il n'y a pas lieu à évocation lorsque la sentence des premiers juges est infirmée pour avoir statué sur chose non demandée. Rennes, 4 juill. 1820 ; 21 mars 1835 (Art. 254 J. Pr.) ; consultation de M. Boncenne.

Il en est de même 1° lorsqu'il n'y a eu aucune défense au fond, et que le jugement a statué uniquement sur une demande en nullité d'exploit formée par le défendeur. Cass. 9 oct. 1811, S. 12, 15.

2° Lorsque la contestation a porté seulement sur le point de savoir si le désaveu formé par l'une des parties était fondé. Cass. 1er fév. 1820, S. 20, 346.

3° Lorsque les premiers juges ont statué sur une question préalable qu'ils ne pouvaient joindre au principal. Cass. 29 niv. an 10 ; Carré, art. 473 ; Berriat, p. 433, note 112.

**326.** L'obligation où est le tribunal d'appel de statuer sur le premier jugement et sur le fond par une seule décision, ne s'oppose pas à ce qu'il ordonne un avant faire droit, pour éclairer sa religion. Cass. 22 déc. 1824, S. 25, 195; Thomine, n° 523.

Spécialement, une C. roy. avant de statuer sur le mérite d'un jugement qui ordonne la mise en cause d'une tierce personne, peut ordonner une expertise sur un fait d'anticipation, et si elle est suffisamment éclairée au moyen de cette opération, par un seul et même arrêt, infirmer le jugement interlocutoire et déclarer n'y avoir pas eu anticipation. *Même arrêt.*

**327.** Le jugement d'évocation n'est valable qu'autant qu'il prononce en même temps l'infirmation de la sentence de 1re inst. Cass. 25 nov. 1818, S. 19, 201; 23 avr. 1823, S. 23, 290, et 2 fév. 1824, S. 24, 251. — V. *sup.* n° 324.

Ainsi, il ne peut être statué sur l'appel du jugement interlocutoire, et remis à un autre jour pour le jugement du fond. Cass. 12 nov. 1816, S. 17, 400; 28 avr. 1823, D. 23, 225; 7 août 1833, D. 23, 325. — *Contrà*, Cass. 9 mars 1809, D. 9, 595.

**328.** Peu importe le motif de l'infirmation. Que ce soit un mal jugé en fait, ou en droit (Rennes, 17 avr. 1812, D. A, 11, 41), ou une nullité de forme. Par exemple le jugement a été rendu pendant les vacances (quoique l'affaire ne fût ni sommaire ni urgente). Cass. 13 juin 1815, D. A., 4, 752; Metz, 15 juin 1824, D. A· 10, 840; ou bien il est émané d'un trib. irrégulièrement composé. Cass. 5 oct. 1808, P. 7, 154; Nîmes, 19 août 1824, D. A. 11, 71; Toulouse, 24 janv. 1825, D. 25, 25; Colmar, 3 mars 1825, D. 25, 25; Riom, 31 janv. 1828, S. 28, 251; Cass. 20 déc. 1836 (Art. 706 J. Pr.).—*Contrà*, Montpellier, 22 mars 1824, S. 24, 209; Riom, 20 août 1825, S. 26, 113. Même décision, lorsque le trib. a statué en chambres réunies, hors les cas prévus par la loi. (Cass. 28 fév. 1828; S. 28. 190); ou bien en la chambre du conseil, en matière de discipline contre un notaire. Requêtes, 6 janv. 1835 (Art. 15 J. Pr.).

**329.** Il en est de même lorsque les premiers juges se sont déclarés à tort incompétens. Vainement on oppose que le premier degré de juridiction n'a pas été épuisé; le but de l'art. 473 C. pr., a été d'apporter une exception à la règle des deux degrés. Carré, n° 1704. — *Contrà*, Pigeau, *Comm.*, art. 473.

Ainsi jugé, en matière réelle, 1° dans le cas où un juge de paix avait refusé de statuer, sous prétexte qu'il s'agissait d'une action pétitoire (Cass. 11 janv. 1809, P. 7, 309); —ou par le motif qu'il avait déjà connu de l'affaire (Cass. 3 déc. 1828, D. 29, 49); 2° dans le cas où le trib. de l'ouverture d'une succession avait renvoyé devant celui de la situation des immeubles mis en vente pour rectifier les clauses du cahier des charges. Nîmes, 28 janv. 1840, S. 8, 67. 5° Dans le cas où le trb. civil avait renvoyé mal à propos devant l'autorité administrative pour interpréter un acte de vente. Cass. 16 nov. 1825, D. 26, 66..

330. Le tribunal d'appel peut encore évoquer le fond, lorsque les premiers juges ont statué quoiqu'ils fussent incompétens,—à raison de la personne.

331. Ou même à raison de la matière :

Dans le système contraire on dit : un trib. incompétent, à raison de la matière, ne peut juger une affaire, même du consentement des parties, et les juges d'appel ne sont institués que pour faire ce que les premiers juges auraient dû faire, il en résulte qu'ils ne sauraient connaître d'une contestation qui n'a pas subi le premier degré de juridiction.

Mais on répond : l'art. 473 ne distingue point, il exige uniquement, pour l'évocation, que le jugement de 1re inst. ait été infirmé, soit pour vice de forme, *soit pour toute autre cause*, et que l'affaire soit en état de recevoir une décision au fond. Le trib. supérieur a la plénitude de la juridiction. Carré, n° 1704; Thomine, n° 523. — *Contrà*, Cass. 12 prair. an 8, P. 1, 646; 27 frim. an 11, S. 3, 2, 378; 7 frim. an 12, S. 5, 2, 476. Berriat, 434, note 113; Merlin, *Qu. dr.*, v° *Appel*, § 14, n° 4.

Ainsi jugé, 1° dans le cas où le trib. de comm. se déclare à tort compétent. Cass. 23 janv. 1811, S. 11, 134; Poitiers, 26 août 1828, S. 29, 88; Paris, 25 fév. 1829, S. 29, 130; rejet, ch. civ., 2 janv. 1837 (Art. 633 J. Pr.).

2° Dans le cas où le trib. civil connaît d'un compte en matière de société commerciale. Nanci, 20 déc. 1825, S. 26, 185. — V. *Arbitrage*.

5° Dans le cas où le trib. civ. juge commercialement une affaire civile. Requêtes, 7 fév. 1826, D. 26, 157.

4° Dans le cas où le juge des référé a annulé un commandement. Cass. 24 août 1819, S. 20, 106. — V. *Référé*.

Mais il a été décidé que le trib. de 1re inst. qui avait annulé la sentence d'un juge de paix, pour avoir statué au pétitoire, n'avait pu, en évoquant, connaître de la question de propriété. Cassation, ch. civ. 30 nov. 1814, S. 15, 246; 29 août 1836 (Art. 639 J. Pr.).

332. Toutefois les juges d'appel qui annulent pour incompétence ne peuvent retenir le fond, si le trib. qu'ils reconnaissent compétent n'est pas dans leur ressort : en effet ils n'exercent leur autorité que par dévolution de l'autorité des juges inférieurs qui sont soumis à leur censure. Arg. C. pr. 363; Denevers, 1809, p. 17, note; Carré, n° 1705.

**533.** L'évocation ne peut pas non plus avoir lieu, lorsque la contestation était de nature à être jugée en dernier ressort par le trib. de 1<sup>re</sup> inst. Les motifs d'ordre public qui ont fait déclarer les juges d'appel incompétens pour statuer sur des contestations de cette espèce, s'opposent à ce qu'ils puissent en connaître à l'aide de l'évocation. Cass. 22 juin 1811 , S. 12 , 368 ; Poitiers, 29 juill. 1824 , S. 26 , 69 ; Paris , 26 août 1825, S. 26 , 44 ; Lyon , 21 juin 1826 , S. 27, 256 ; Douai , 14 fév. 1827 , S. 28 , 79 , Carré, n° 1705 , note. — *Contrà*, Lyon , 8 août 1827 , S. 27, 258 ; Nîmes , 31 juill. 1832 , D. 33 , 79.

**534.** Peu importe l'espèce du jugement qui a été infirmé , qu'il soit interlocutoire ou définitif. C. pr. 473.

Ainsi, le premier juge a mal à propos ordonné une enquête, seul moyen de preuves qu'eût le demandeur. Le trib. d'appel, s'il trouve la cause en état , peut déclarer en même temps la preuve non recevable et l'action mal fondée.

Il en serait de même s'il n'a été statué que sur un incident, spécialement, sur une demande en péremption d'instance, qui a été mal à propos accueillie ; le trib. supérieur, en rejetant cette exception peut statuer sur le fond par un seul et même jugement. Thomine , n° 523.

**535.** Il a été jugé que l'évocation peut être autorisée par les parties, même hors des cas prévus par la loi. Thomine , 525. — *Contrà*, Cass. 9 oct. 1811 , P. 9 , 647.

Spécialement lorsque le trib. d'appel a confirmé un jugement qui accueillait une fin de non recevoir. Cass. 11 janv. 1837 (Art. 869 J. Pr.).

L'acquiescement des parties résulte suffisamment de la position réciproque de conclusions au fond. Même arrêt ; Cass. 1er juill. et 8 août 1818 , S. 19 , 33 et 258 ; Poitiers, 2 avr. 1830 , S. 30 , 246 ; Cass. 24 déc. 1833 , D. 34 , 70.

A plus forte raison la nullité provenant de ce que les juges d'appel ont statué sur une affaire qui n'a pas subi le premier degré de juridiction est couverte lorsque l'arrêt est passé en force de chose jugée. Cass. 16 juin 1819 , S. 20 , 109.

**536.** Au reste l'évocation est facultative pour les juges d'appel , en ce sens qu'ils peuvent, quoique la cause soit en état et susceptible de recevoir une décision sur le fond, renvoyer les parties devant les premiers juges. Colmar, 11 fév. , 3 et 25 mars 1825, D. 25, 250 ; Cass. 9 mars 1825 , S. 25, 122, 22 avr. 1828, D. 28 , 223 ; Rennes, 28 mars 1835 (Art. 254 J. Pr.). — La loi, a dit l'orateur du gouvernement, *s'en rapporte à la sagesse des juges*, pour décider si, dans le cas où ils infirment, il ne serait pas inutile, s'il ne serait même pas préjudiciable aux parties de leur faire parcourir deux degrés de juridiction.

**537.** Mais si les juges d'appel statuaient sur une matière qui ne serait pas disposée à recevoir une décision définitive, ou bien par un jugement séparé de celui qui aurait infirmé; il y aurait violation de la loi, et par conséquent ouverture à cassation. Carré, n° 1702.

### Section X. — *Jugement et arrêt sur l'appel.*

#### § 1er. — *Règles à suivre pour le jugement.*

**338.** Les dispositions de la loi sur les lieu, jour et heure où doit être rendu le jugement de première instance, sont applicables au *jugement* (*V.* ce mot.) sur l'appel.

**339.** Il en est de même de celles qui déterminent la manière de procéder au jugement. — V. *Ibid.*

**340.** S'il se forme plus de deux opinions, les juges plus faibles en nombre sont tenus de se réunir à l'une des deux opinions émises par le plus grand nombre. C pr. 467.

**341.** Toutefois, la réunion à l'une des deux opinions adoptées par le plus grand nombre n'est exigée que lorsque les voix ont été recueillies deux fois. La loi ne s'explique pas à cet égard au titre de l'appel; mais il y a lieu d'appliquer par analogie l'art. 117 C. pr., qui prescrit cette formalité pour le jugement de 1re inst. Pigeau, 1, 695; Carré, art. 467.

**342.** Les arrêts des C. roy. ne peuvent, en matière civile, être rendus par moins de sept conseillers. L. 27 vent an 8, art. 7.

**343.** Le nombre est plus considérable lorsqu'il s'agit d'affaires qui sont jugées en *audience solennelle.* Cass. 1 déc. 1813, S. 14, 121. — *V.* ce mot.

**344.** En cas de partage dans une C. roy., on appelle pour le vider un ou plusieurs conseillers qui n'ont pas connu de l'affaire, et toujours en nombre impair. C. pr. 468.

**345.** Cependant, si, par suite du décès ou de l'empêchement de l'un des conseillers, la C. se trouvait, après le partage, composée d'un nombre impair, les conseillers ou les avocats appelés pour vider le partage devraient l'être en nombre pair; autrement il pourrait y avoir lieu à un nouveau partage : ce que le législateur a voulu éviter. Cass. 12 avr. 1810, P. 8, 248.

**346.** Les conseillers sont appelés selon l'ordre du tableau. Si des motifs quelconques empêchent que cet ordre soit suivi, ces motifs doivent, à peine de nullité, être énoncés dans l'arrêt. C. pr. 468; Cass. 4 juin 1822, S. 22, 254, 22 mai 1832; 11 fév. 1835 (Art. 108 J. Pr.).

**347.** Lorsque tous les conseillers composant la C. ont connu de l'affaire, ou que ceux qui n'y ont pas assisté se trouvent empêchés, on appelle trois anciens jurisconsultes. C. pr. 468.

**348.** L'affaire est de nouveau plaidée, ou de nouveau rapportée, s'il s'agit d'une instruction par écrit. C. pr., *ib.*

**349.** Les conseillers peuvent, après les nouvelles plaidoiries et les nouveaux rapports, embrasser une opinion autre que celle qu'ils avaient adoptée hors de l'état de partage. Lettre min. just. 28 mai 1810; Agen, 21 juin 1810, P. 8, 24 et 394.

**350.** La C. ne peut ordonner que plusieurs conseillers-auditeurs qui ont assisté aux plaidoiries d'une affaire ne participeront pas au jugement, parce qu'en leur absence la C. eût été en nombre suffisant pour statuer, et que leur vote peut amener un partage : le vote de tous les juges qui ont assisté aux débats d'une affaire est acquis aux parties. Cass. 14 avr. 1830, S. 30, 279.

**351.** La contestation qui a été l'objet d'un partage ne peut être jugée que selon le mode indiqué par la loi pour cette circonstance. Peu importerait que la chambre qui a rendu l'arrêt de partage eût subi des modifications dans sa composition, soit par le roulement annuel, soit par le décès de l'un des membres qui avaient rendu le premier arrêt. La décision intervenue sans que les formalités exigées aient été remplies est radicalement nulle. Cette nullité est proposable, quoique les parties aient plaidé devant la chambre irrégulièrement composée. Cass. 15 juill. 1829, S. 29, 316; 11 fév. 1835 (Art. 108 J. Pr. ).

**352.** Les juges d'appel ont le droit de refuser de statuer jusqu'à ce qu'on leur ait produit une expédition régulière de la sentence attaquée. Cette expédition ne peut être délivrée régulièrement tant qu'il n'a pas été statué sur l'opposition formée aux *qualités* ( — V. ce mot). Colmar, 27 nov. 1840; P. 8, 664; Berriat, 437, note 118.

**353.** Lorsque l'appelant fait défaut, le jugement de 1ʳᵉ inst. *doit* être confirmé sans vérification préalable des conclusions de l'intimé. L'examen des conclusions n'est exigé que lorsque le défaut est prononcé contre le défendeur. Arg. C. pr. 150, 470; Cass. 11 fév. 1811, P. 9, 86; 18 avr. 1820, S. 22, 224; 17 avr. 1837 (Art. 789 J. Pr.).—*Contrà*, Metz, 27 déc. 1811, P. 9, 809.

Il a été jugé que, dans ce cas, le jugement *peut* être confirmé sans autre vérification. Cass. 14 et 26 fév. 1828, S. 28, 153 et 343. — V. *Jugement par défaut*.

La jurisprudence ne paraît attacher aucune importance au point de savoir si l'appelant a été défendeur ou demandeur en 1ʳᵉ inst. L'arrêt du 26 fév. 1828 a été rendu dans le premier cas, et les arrêts des 18 fév. 1820, 14 fév. 1828, 17 fév. 1836, 17 avr. 1837, dans le second.

§ 2. — *De ce que prononce le jugement.*

**354.** Il ne doit pas être statué sur tous les moyens présentés en

1re inst. mais seulement sur ceux invoqués devant la Cour.
Cass. 20 janv. 1835 (Art. 7 et 8 J. Pr.).

**555.** Il faut distinguer entre le cas où l'appel est nul ou
non recevable, et celui où il est régulier et recevable.

**556.** Si l'appel est nul, soit parce que l'assignation contient
une nullité, soit pour toute autre cause, le juge d'appel doit se
borner à en prononcer la nullité. Pigeau, 1, 695 ; Berriat, 435.

**557.** Il ne peut entrer dans l'examen du fond, dont il n'est
saisi que par un appel régulier.

En conséquence, si, après avoir prononcé la nullité de l'appel, il ajoute que le jugement de 1re inst. sortira son plein et
entier effet, ce n'est que par une formule surabondante et
oiseuse.

**558.** Il en est de même lorsque l'appel est non recevable,
soit pour avoir été interjeté dans la huitaine du jugement de
1re inst., non exécutoire par provision, soit pour toute autre
cause.

**559.** Au contraire, si l'appel est régulier et recevable, le
tribunal doit, pour y faire droit, examiner le jugement attaqué.

**560.** Dans ce cas, si l'intimé a soutenu que l'appel était nul
ou non recevable, le juge commence par déclarer qu'il le reçoit. Ensuite il statue au fond.

Si l'appel ne lui paraît pas juste, il confirme purement et
simplement le jugement de 1re inst., il en ordonne l'exécution.

Dans le cas opposé, il reconnaît que l'appel est bien fondé,
en partie ou en totalité.

En conséquence, si le jugement de 1re inst. est mal fondé
en partie, il le réforme quant aux chefs mal jugés, décharge
l'appelant des condamnations prononcées contre lui par cette
partie du jugement, ou admet ses prétentions qui ont été
repoussées et confirme les autres dispositions. Si le jugement a
mal jugé sur le tout, il statue de la manière suivante :

Lorsque le jugement est irrégulier en la forme et injuste au
fond, il prononce son annulation, et statue sur la cause par jugement nouveau.

Quand il est régulier en la forme, mais injuste, il l'infirme, et
y substitue de nouvelles dispositions.

**561.** Par cela seul que les juges d'appel accueillent une demande rejetée par le jugement de 1re inst., ils prononcent l'infirmation de ce jugement. Il n'est pas nécessaire que l'arrêt porte
les expressions d'usage : *met l'appellation et ce dont est appel au
néant.* Cass. 18 juill. 1820, S. 21, 97.

**562.** Enfin, lorsque le jugement est seulement irrégulier,
mais juste au fond, on l'annule encore ; mais on en reproduit
les dispositions dans le nouveau jugement.

**363.** Si le jugement de 1ʳᵉ inst. a bien décidé, mais par de mauvais motifs, on le confirme, en lui substituant des motifs nouveaux.

**364.** Lorsque le jugement est interlocutoire, les juges d'appel doivent en l'infirmant renvoyer les parties devant les premiers juges pour qu'il y soit statué sur le fond, dans le cas où la matière n'est pas en état. C. pr. 473.

Dans le cas où la matière est en état, ils peuvent évoquer le fond et le juger définitivement. C. pr. 473.—V. *sup.* sect. IX.

**365.** Si le fond a été décidé par les premiers juges, ils peuvent réformer en même temps le jugement interlocutoire et le jugement définitif.

**366.** Si l'interlocutoire leur paraît avoir été mal rendu, ils peuvent, après l'avoir réformé, ordonner, avant faire droit, les mesures convenables pour les mettre à même de connaître et d'apprécier le fond. Pigeau, 1, 699.

**367.** Si le jugement est provisoire, ils ont le droit de le réformer et de statuer en même temps sur le fond, dans le cas où la contestation a reçu en 1ʳᵉ inst. une décision définitive. Pigeau, 1, 701.

**368.** L'appelant ou l'intimé qui succombe est condamné aux dépens. C. pr. 130.

Si le jugement de 1ʳᵉ inst. est confirmé en partie et réformé en partie, les dépens peuvent être compensés. C. pr. 131. — V. *Dépens*.

L'appelant dont l'appel est rejeté est en outre condamné à une amende. — V. *sup.* sect. VII, § 2.

### § 3. — *Effets du jugement.*

**369.** Lorsque le jugement est confirmé ou infirmé en tout ou en partie le second degré de juridiction est épuisé et la partie qui a succombé ne peut plus se pourvoir que par la voie de *cassation*. — V. ce mot.

**370.** Si l'appel est déclaré nul ou non recevable, la procédure d'appel est anéantie, et le jugement de 1ʳᵉ inst. peut être exécuté.

**371.** Toutefois l'appel est déclaré non recevable pour avoir été interjeté dans la huitaine de la prononciation du jugement. Il peut être réitéré si l'on est encore dans le délai. C. pr. 449.

Il en est de même dans tous les cas où l'appel est déclaré *quant à présent* non recevable. Arg. C. pr. 445 ; Pigeau, 1, 696. —Ou lorsqu'il a été annulé pour vice de forme (—V. d'ailleurs *Désistement.*) Arg. C. pr. 449 ; Paris, 4 janv. 1812, S. 14, 385 ; Pigeau, 1, 695 ; Berriat, 419, note 60.

**372.** Mais l'appel ne peut plus être renouvelé dans le cas où il a été déclaré *purement et simplement* non recevable. Pigeau, 1, 696.

**573.** Si l'appel est déclaré mal fondé, il est anéanti, et le jugement de 1$^{re}$ inst. reprend toute sa force.

SECTION XI. — *Tribunal auquel appartient l'exécution du jugement, ou de l'arrêt d'appel.*

**574.** *Si le jugement est confirmé*, l'exécution appartient au tribunal qui a rendu ce jugement. C. pr. 472. — La Cour ne peut ni évoquer l'exécution, ni la renvoyer devant d'autres juges. L'effet dévolutif de l'appel cesse ; cet obstacle mis à l'exécution du jugement est levé, la cause retourne à ses juges naturels, comme s'il n'y avait pas eu d'appel.

**575.** Ce principe est général. Il n'y a pas à distinguer si le jugement est interlocutoire ou définitif, s'il émane de tel trib. ou de tel autre. — Ainsi, c'est devant le trib. qui a ordonné une preuve par témoins ou prononcé des dommages-intérêts, que les parties feront leur enquête ou procèderont à la liquidation. Thomine, 1, 714.

**576.** Toutefois il a été jugé que la Cour peut, même en confirmant, liquider les dommages-intérêts accordés par le jugement de 1$^{re}$ inst. : on a considéré cette liquidation plutôt comme le complément que comme l'exécution de la première condamnation. Rome, 26 janv. 1811, P. 9, 56.

**577.** A plus forte raison, la Cour qui adjuge des dommages-intérêts pour des faits postérieurs au jugement de 1$^{re}$ inst. pourrait-elle liquider elle-même sans renvoyer à cet effet devant le trib. de 1$^{re}$ inst. Arg. L. 3 brum. an 2, art. 7; C. pr. 464. Cass. 14 niv. an 9, P. 2, 75.

Il en est de même à l'égard des dommages-intérêts courus depuis l'arrêt définitif. C. pr. 464; Cass. 12 avr. 1817, S. 17, 262.

**578.** Si le jugement émane d'un trib. de comm., et que ce jugement soit définitif, l'exécution n'appartient pas à ce trib. : les juges de commerce sont incompétens pour connaître de l'exécution de leurs jugemens. C. pr. 442; Pigeau, 1, 703; Thomine, 1, 714.

La même solution s'applique aux jugemens rendus par les *juges de paix.* — V. ce mot.

**579.** Il en est autrement s'il s'agit d'un jugement interlocutoire prescrivant une enquête, un rapport, etc. Ce mode d'exécution, que le trib. de comm. a jugé nécessaire pour statuer définitivement, et dont il aurait connu s'il n'y avait pas eu d'appel, doit rester dans ses attributions lorsque le jugement qui l'ordonnait a été confirmé. Pigeau, *ibid.*

**580.** Mais dans les cas où le trib. ne peut connaître de l'exécution de sa sentence, à qui appartient cette exécution ? Sera-ce au trib. de 1^re inst., parce qu'aux termes de l'art. 472 C. pr., la Cour ne doit retenir l'exécution de ses arrêts qu'autant qu'ils sont infirmatifs ?

Nous pensons que la Cour connaîtra de cette exécution : en effet, si la loi n'a pas permis en général aux juges d'appel de retenir l'exécution d'un jugement confirmé, c'est uniquement parce que cette exécution est un droit pour le trib. qui a rendu le jugement : rien ne s'oppose donc à ce que cette exécution soit retenue lorsqu'elle ne peut appartenir au trib. dont émane le jugement. Carré, art. 472. — *Contrà*, Pigeau, *ibid.*

**581.** Il n'est pas nécessaire d'assigner en reprise d'instance : l'instance n'a été que suspendue par l'appel et non interrompue. Après avoir fait signifier l'arrêt tant à l'avoué occupant sur l'appel qu'au domicile de la partie condamnée, — on le fait signifier également par l'un des avoués de 1^re inst. aux autres avoués. Thomine, n° 521.

**582.** *Si le jugement est infirmé*, l'exécution n'appartient plus au premier trib. L'effet dévolutif de l'appel ne cesse point. La loi ne veut pas que les parties puissent craindre ou soupçonner que le juge, dominé par sa première opinion, ne cherchât quelques tempéramens, quelques modifications dans l'exécution.

Cette exécution appartient à la C. roy. qui aura prononcé, ou à un autre trib. qu'elle aura indiqué par le même arrêt. C. pr. 472.

**583.** *Quid*, dans le cas où le jugement de 1^re inst. est confirmé dans quelques-unes de ses dispositions et infirmé dans les autres? La question est très controversée.

Selon les uns, la Cour doit retenir ou renvoyer à un autre trib. l'exécution des chefs sur lesquels il y a eu infirmation ; et renvoyer aux premiers juges l'exécution des autres chefs. Paris, 18 janv. 1825, S. 25, 544 ; Rennes, 1^er juill. 1827, S. 28, 45.

D'autres répondent que le plus souvent l'exécution ne peut être scindée ; et que d'ailleurs la division de l'exécution, dans les cas où elle est possible, entraîne des frais et des longueurs. Bourges, 26 avr. 1824, S. 25, 103.

Les partisans de ce second système ne sont même pas d'accord entre eux.

Ceux-ci voient un motif de préférence en faveur des premiers juges ; ils ont déjà, de droit commun, la connaissance de l'exécution. C'est par exception que l'art. 472 la leur enlève en cas d'infirmation. Carré, n° 1697.

Ceux-là pensent que la Cour doit retenir l'exécution pour le tout. Angers, 10 juill. 1816, S. 19, 133 ; Bordeaux 15 avr. 1829, S. 29, 236 ; — ou la renvoyer à un autre trib. Rejet, 24 juill. 1837 (Art. 967 J. Pr.) ; — A l'exclusion des premiers juges. Le motif de l'art. 472 conserve une grande partie de sa force même au cas d'infirmation partielle. Il est encore à craindre que quelque partialité ne vienne influencer les premiers juges dans la connaissance des questions d'exécution soulevées par un arrêt rendu contre leur avis sur plusieurs points, ou que du moins les parties ne soient pas convaincues de l'impartialité des premiers juges. Or, la loi veut même éviter ces motifs de méfiance.

M. Thomine, 1, 714, induit avec raison, du silence de la loi, qu'elle s'en remet sur ce point à la sagesse des magistrats, qui retiendront l'exécution ou s'en démettront selon les circonstances. Cass. 22 janv. 1828, S. 28, 262.

Nul doute, lorsque les chefs sur lesquels il y a eu infirmation ont été volontairement exécutés, que l'exécution des autres chefs n'appartienne aux premiers juges, comme s'il y avait eu confirmation complète, Amiens, 15 juin 1822, S. 23, 350.

**384.** Une C. roy. peut retenir l'exécution, en annulant un jugement pour vice de forme, quoiqu'elle en adopte le dispositif au fond. Cass. 29 janv. 1818, S. 19, 133. — Ou renvoyer à un trib. cette exécution quoiqu'elle se borne à déclarer la partie demanderesse, *quant à présent*, non recevable en sa demande. Cass. 22 janv. 1828, S. 28, 262.

**385.** Par *autre tribunal* on entend un trib. composé de juges autres que ceux qui avaient connu de l'affaire en 1$^{re}$ inst.

Il ne suffirait pas de renvoyer devant une autre section du même trib. composée d'autres juges. L'esprit de corps ou de localité qui peut animer cette autre section exige que l'on renvoie à un autre tribunal. — *Contrà*, Thomine, n° 522.

**386.** La Cour peut elle renvoyer l'exécution au tribunal qui a rendu le jugement complètement infirmé ?— D'une part, on dit : le droit donné aux C. roy. de retenir ou de renvoyer à un autre trib. l'exécution de leurs arrêts infirmatifs, leur a été accordé pour le cas où elles auraient lieu de craindre les préventions du trib. qui a rendu le jugement ; or, dès qu'elles ne redoutent pas ces préventions, il n'y a aucun motif pour ne pas lui renvoyer l'exécution de l'arrêt infirmatif. — Mais on répond que les termes de l'art. 472 sont trop formels pour admettre cette interprétation ; la Cour *doit* renvoyer à un *autre tribunal* ; celui qui a rendu le jugement infirmé ne saurait donc être choisi. Carré, art. 472. — *Contrà*, Pigeau, 1, 704.

**387.** Lorsqu'une C. roy., avant de statuer au fond, ordonne une enquête rejetée par le trib. de 1$^{re}$ inst., elle peut retenir l'exécution de cet interlocutoire, ou la renvoyer à un trib. autre que celui qui a rendu le jugement dont est appel pourvu que l'affaire soit en état. C. pr. 473. On serait mal fondé à prétendre que, par cela seul qu'il n'y a pas encore infirmation sur le fond, l'exécution appartient nécessairement au trib. de 1ʳᵉ inst. : il ne s'agit en effet que d'un acte d'instruction dont la Cour a le droit de connaître. On ne peut d'ailleurs argumenter contre l'arrêt qui a retenu l'exécution de son interlocutoire, de ce que le jugement attaqué a été confirmé ultérieurement. Cass. 4 janv. 1820, S. 20, 160 ; 17 janv. 1826, S. 26, 266 ; Thomine, 1, 716.

**588.** Lorsqu'il est intervenu un arrêt infirmatif, et que la C. a retenu ou n'a pas renvoyé l'exécution, toutes les demandes relatives à cette exécution doivent être portées devant elle. Telles seraient : 1° la demande en prorogation de délai pour accepter ou répudier la communauté, formée par une femme après un arrêt infirmatif prononçant la séparation de corps. Cass. 29 janv. 1818, S. 19, 133.

2° La demande en radiation d'hypothèque prise en veʳ d'un jugement infirmé. — *Contrà*, Paris, 23 mars 1817, S. 18, 20.

**589.** La C. doit également apprécier la validité des actes dont l'effet est d'entraver l'exécution d'un arrêt infirmatif. Carré, art. 472.

**590.** Mais on ne peut lui soumettre : 1° ni une demande en restriction d'intérêts accordés par un arrêt infirmatif. C'est en effet demander la modification et non l'exécution de cet arrêt. Cass. 18 déc. 1815, S. 16, 205.

**591.** — 2° Ni l'exécution d'un partage de succession. Bordeaux, 2 juin 1831, D. 31, 186 ; Limoges, 20 mai 1833, D. 34, 234. — V. *Partage*.

Toutefois il a été jugé que la demande en partage de biens litigieux et dans lesquels la C. roy. a, par infirmation, fixé la quotité des droits des parties, doit être portée devant cette Cour et non devant le trib. dont la décision a été réformée. Liège, 27 juill. 1808, P. 7, 47.

Mais il faut se garder de confondre ce qui est, ou peut être à faire, pour qu'un jugement produise ses effets, avec les demandes qui pourraient se rattacher à l'objet de ce jugement, qui pourraient même être fondées sur la décision qu'il renferme, sans l'empêcher de recevoir son exécution. Carré, art. 472.

**592.** *Entre les mêmes parties.* L'art. 472 qui attribue exceptionnellement les questions d'exécution à la Cour, ne s'applique qu'aux parties qui étaient en cause, et non aux tiers : ce serait les forcer de venir plaider devant la Cour, leur enlever le premier degré de juridiction ; les forcer à se présenter devant un trib. délégué, ce serait les priver du bénéfice de la compétence du trib. ordinaire.

Si l'arrêt ordonne que des cohéritiers ou autres per-

sonnes soient appelés au procès, pour être statué contradictoirement avec eux, comme s'il annule une poursuite en partage,
pour avoir été dirigée contre quelques-uns des intéressés et non
contre tous, la Cour sera tenue de renvoyer devant le trib. de
1ʳᵉ inst. Thomine, n° 522.

593. La retenue ou le renvoi de l'exécution ne peuvent avoir
lieu dans tous les cas où la loi attribue juridiction. C. pr. 472.

Tels sont, 1° les demandes en nullité d'emprisonnement ; 2°
les expropriations forcées ; 3° les ordres ; 4° les contributions ;
5° les liquidations. Cass. 12 juin 1806, P. 5, 375. — V. *Con-*
*trainte par corps, Distribution, Ordre, Partage, Reddition de compte,*
*Saisie immobilière.* — V. d'ailleurs *sup.* n° 591.

Les exécutions qui exigent une élection de domicile sur le
lieu, comme les saisies mobilières, sont aussi des expropriations
forcées. Ces tiers y sont presque toujours intéressés, et la connaissance en appartient spécialement au trib. d'arrondissement.
Thomine, 1, 715.

Les référés, par les mêmes motifs, doivent être portés devant
le président de ce tribunal. Thomine, *ib.*

594. Lorsque l'une des parties présente, en appel, de nouveaux moyens, soit à l'appui de sa demande, soit contre la demande de son adversaire, par exemple, une preuve par témoins
qu'elle n'avait pas proposée en 1ʳᵉ inst., la C. qui l'ordonne,
avant faire droit sur l'appel, peut commettre un trib. ou même
un juge de paix pour entendre les témoins. — Mais ce n'est
qu'à la charge du renvoi des procès-verbaux d'enquête pour
qu'elle statue elle-même sur les résultats. Elle ne peut se des-
saisir et renvoyer les parties comme en état de 1ʳᵉ inst., devant
un autre trib. pour y être jugées : ce serait leur faire parcourir au-delà de deux degrés de juridiction. Thomine, n° 522.

595. La nullité résultant de ce que les contestations qui se
sont élevées à l'occasion de l'exécution d'un jugement n'ont pas
été portées devant le juge compétent, est ou non susceptible
d'être couverte selon qu'elle est considérée comme étant ou
non d'ordre public. — V. *Exception.*

596. Les trib. d'arrondissement, lorsqu'ils infirment des
jugemens de la justice de paix, se conforment aux dispositions
de l'art. 472, dans les cas où elles sont applicables. Si la loi
n'en a pas parlé, c'est, dit M. Thomine, n° 522, que ces jugemens sont en général exécutoires par provision, et qu'en les
infirmant il y a presque toujours lieu à l'évocation du principal.

## Section XII. — *Appel incident.*

597. L'appel est incident toutes les fois qu'il est interjeté
postérieurement à un autre appel du même jugement. En conséquence, lorsque deux parties ont interjeté appel d'un juge-

ment, le premier de ces appels est principal, et l'autre incident.

Peu importe d'ailleurs que le premier n'attaque qu'une disposition accessoire du jugement : par exemple, celle des dépens ; tandis que le second porte sur les chefs principaux.

Ce n'est pas l'importance, mais la priorité des appels qui en
détermine la nature. Rennes, 5 juill. 1815; Colmar, 20 fév.
1820, S. 20, 177; Carré, 2, 280 ; Boitard, 5, 48. — Toutefois
le contraire semble résulter des motifs d'un arrêt de C. cass. du
19 fév. 1838 (Art. 1134 J. Pr.) — V. *ib.* à la note, nos observations.

**398.** Il importe de ne pas confondre l'appel principal et
l'appel incident : en effet ce dernier, à la différence du premier,
n'est soumis ni à la formalité de l'assignation à personne ou
domicile, ni aux délais de trois mois. — V. *inf.* n° 414 et 424.

**399.** *Quels jugemens peuvent être attaqués par appel incident.*
L'appel incident ne peut avoir lieu que contre le jugement dont
est appel. L'intimé est non recevable à appeler incidemment de
tous autres jugemens qui lui sont opposés par l'appelant; la
condition essentielle, pour interjeter un appel incident, est
d'être intimé (— V. *inf.* n° 405). Or, cette condition n'existe
pas par rapport aux jugemens dont il n'y a pas appel. Aix, 24
mai 1808, P. 6, 704; Rennes, 5 fév. 1808, 2 juill. 1810, P.
8, 426 ; Montpellier, 30 avr. 1811, S. 14, 361 ; Berriat, 380,
n° 67 ; Carré, n° 1573. — *Contrà*, Nîmes, 7 janv. 1812, S.
14, 371.

**400.** L'appelant ne peut, par les mêmes motifs, interjeter
incidemment appel d'un jugement dont l'intimé argumente
contre lui, et dont il n'y a pas appel principal. Rennes, 5 fév.
1808, S. 8, 107, et 24 fév. 1809; Cass. 13 août 1827, S.
28, 74.

**401.** L'intimé a le droit d'appeler incidemment, non seulement des chefs sur lesquels il y a appel principal, mais de tous
ceux contenus aux jugemens attaqués. — Il est vrai que les jugemens sont divisibles, et qu'il y a autant de jugemens que de
dispositions contenues dans la décision qui les renferme; d'où il
semblerait résulter que l'intimé n'est relevé de l'acquiescement
donné à ces différentes dispositions que par rapport à celles qui
sont l'objet de l'appel principal. — Mais le texte de l'art. 443
C. pr. ne limite pas le droit de l'intimé à l'appel des dispositions attaquées par l'appelant. Il est d'ailleurs possible que l'intimé ait sacrifié une partie de ses droits pour éviter un nouveau procès; et du moment que le jugement auquel il a acquiescé est attaqué sur un point, il est juste qu'il puisse à son
tour le critiquer dans les dispositions qui lui sont contraires.
Plusieurs chefs de demande, bien qu'ils soient sans connexité,

sans liaison dans le principe, par cela seul qu'ils ont été réunis
dans un même exploit, dans un même débat, deviennent un
seul tout ; et les dispositions du jugement qui intervient, ainsi
que celles d'un contrat, sont la condition les unes des autres.
Rennes, 11 mars et 20 août 1817 ; Amiens 29 mars et 10 mai
1822, S. 23, 523 et 524; Cass. 13 janv., 16 juin, 8 juill. 1824,
S. 24, 166, et 22 mars 1826, S. 26, 369 ; Agen, 10 juin 1824,
S. 24, 357, et 15 janv. 1825, S. 26, 129 ; Thomine; n° 495
Berriat, 419, note 57, n° 1.

Toutefois il a été jugé à tort selon nous, que tout appel relevé dans le cours d'un premier appel est principal, à moins
qu'il n'ait pour objet la même disposition déjà attaquée par le
premier appel ;—que lorsqu'un jugement contient plusieurs dispositions distinctes et qu'une partie interjette purement et simplement appel sans déclarer si elle se borne à attaquer un seul
chef du jugement, ou si elle prétend se pourvoir contre le jugement, en entier, il suffit qu'elle n'ait à se plaindre que d'un
seul chef, et qu'elle ne critique par les autres, pour qu'elle soit
réputée n'en attaquer qu'un, et que l'intimé ne soit pas recevable à former incidemment appel des autres chefs du même jugement. Nîmes, 18 mai 1806, S. 9, 119 ; Rennes, 1er août 1810,
S. 14, 368 ; Carré, n° 1574.

**402.** Si en matière d'ordre entre créanciers, l'appel relatif
à un objet de collocation ne peut remettre en litige par voie
incidente, l'état d'ordre tout entier ( Thomine, n° 495 ), c'est
moins à raison de la divisibilité des dispositions du règlement,
qu'à raison des différentes parties intéressées.

**403.** Ainsi l'appel incident ne peut porter 1° ni sur les chefs
du jugement relatifs à une partie qui ne s'est pas rendue appelante : à son égard, l'acquiescement donné par l'intimé doit
produire tous ses effets. Cass. 27 juin 1820, S. 21, 4 ; Agen,
10 mars 1836 (Art. 655 J. Pr.).

**404.** 2° Ni sur les motifs seuls du jugement de 1re inst. : en
effet on ne peut appeler que du dispositif du jugement.
( — V. *sup.* n° 22). — D'ailleurs l'intimé n'est pas tenu de se
rendre appelant incidemment, il lui est permis de demander
par ses conclusions que la C. confirme le jugement, sans s'arrêter aux motifs des premiers juges, en se fondant sur des motifs
nouveaux qu'il indique. Bourges, 23 avr. 1825.

**405.** *Personnes qui peuvent interjeter appel incident.* L'intimé
seul est admis à interjeter appel incident. L'appelant n'a
pas ce droit, quant aux chefs qu'il n'a pas cru devoir attaquer
d'abord, et qui l'ont été par l'intimé. Par cela seul qu'il a restreint son appel à une partie du jugement, il est présumé avoir
reconnu le bien jugé du surplus, et y avoir donné son acquiescement. Turin 1er avril 1812; Cass. 26 mai 1814, S. 14, 258;

13 août 1827, S. 28, 74 ; 27 avr. 1855, D. 55, 544 ; Thomine, n° 496.

**406.** Est considéré comme intimé le garant qui a été condamné à indemniser le garanti des condamnations prononcées contre lui, lorsque, sur l'appel interjeté par celui-ci contre le demandeur principal, non seulement il a été mis en cause, mais que, dans l'exploit qui lui a été signifié, la qualité d'intimé lui a été donnée, et qu'il lui a été annoncé qu'il aurait à répondre aux conclusions qui pourraient être prises contre lui. Cass. 11 janv. 1832, S. 32, 159.

**407.** La partie qui n'a pas été intimée sur l'appel d'un jugement dans lequel elle a figuré, peut-elle, en intervenant, appeler incidemment de ce jugement ?— On peut dire, en faveur de cette partie, qu'elle ne saurait souffrir un préjudice de ce qu'elle n'a pas été intimée, et qu'elle ne peut être privée d'un droit qu'elle aurait eu si elle l'avait été.— Mais l'appel ne produit d'effet qu'entre l'appelant et l'intimé ; par rapport aux autres parties, c'est chose tout-à-fait étrangère, qui ne saurait ni leur préjudicier, ni leur donner aucun droit. La partie intervenante n'a donc, dans ce cas, que la voie de l'appel principal, si elle se trouve encore dans les conditions de la loi pour interjeter cet appel. Cass. 10 juill. 1827, S. 27, 407 ; 15 janv. 1833.— Contrà, Cass. 26 oct. 1808, P. 7 , 185 ; Carré, art. 443.

**408.** Il en est autrement si l'intervenant a été condamné solidairement avec l'intimé. Dans ce cas, l'appel principal produit son effet contre lui ( — V. *sup.* n° 186 ). Il peut interjeter incidemment appel. Amiens, 11 déc. 1821 , S. 22, 305.

Les mêmes principes s'appliquent au cas où l'intervenant est le cointéressé de l'intimé dans une contestation où il s'agit d'une chose ou d'un droit indivisible.

**409.** Toutefois l'intervenant n'est pas recevable à interjeter appel incident, lorsque son intervention a précisément pour but, de contester la solidarité ou l'indivisibilité. Montpellier, 30 avr. 1811, P. 9, 291.

**410.** Si au lieu d'intervenir l'une des parties est appelée en cause, pour voir déclarer commun avec elle l'arrêt à intervenir, dans ce cas, elle a droit d'interjeter appel incident parce qu'alors elle est en réalité intimée. — Ainsi jugé dans une espèce où le défendeur originaire ayant été condamné en 1re inst., sauf son recours contre un garant, avait mis en cause celui-ci, sur l'appel qu'il avait interjeté. Cass. 11 janv. 1832, S. 32, 159

**411.** *Contre qui l'appel incident peut être dirigé.* L'appel incident ne peut être interjeté que contre l'appelant ; il ne saurait l'être par un intimé contre un autre intimé. — Il est vrai que l'art. 443 paraît ne pas distinguer ; d'où l'on serait tenté de conclure que l'intimé a le droit d'appeler incidemment vis-à-vis de toutes les parties en cause. — Mais il est facile de se convaincre que la distinction se trouve implicitement dans cet art., puisqu'il exige formellement la qualité d'intimé dans celui qui a le droit d'interjeter un appel incident, et que cette qualité n'existe qu'à l'égard de l'appelant principal. Paris, 9 août 1810; Montpellier, 50 avr. 1811, P. 9, 291; Gênes, 11 avr. 1812; Rennes, 9 juin 1815; Cass. 26 mai 1814, et 18 juill. 1815; Bourges, 12 fév. 1823, S. 23, 528; Toulouse, 31 mars 1828, S. 28, 224; Berriat, p. 405, note 7. — *Contrà*, Colmar, 19 mai 1826, S. 29, 155; Pigeau, 1, 657.

**412.** A plus forte raison, l'appel incident n'est-il pas recevable contre une partie qui n'est pas en cause. Cass. 15 janv. 1833, D. 33, 142.

Ainsi, celui qui a été condamné, sauf son recours contre son garant, ne peut former un appel incident sur l'appel interjeté par celui-ci contre le demandeur principal. Cass. 18 juill. 1815, S. 15, 385.

**413.** Il ne peut être interjeté contre l'appelant que dans la qualité qu'il a prise dans son acte d'appel. Conséquemment, lorsqu'un individu a agi en 1$^{re}$ inst., tant en son nom personnel que comme tuteur, et qu'il s'est borné à interjeter appel en cette dernière qualité, il n'y a pas lieu pour l'intimé à se porter incidemment appelant des dispositions du jugement qui statuent sur les demandes personnelles à l'appelant, et qui n'ont pas été attaquées par lui. Limoges, 4 déc. 1815.

**414.** *Quand l'appel incident est recevable.* L'appel incident est recevable, en tout état de cause (C. pr. 443); — même après les trois mois de la signification du jugement qui lui a été faite par l'appelant. Cass. 26 oct. 1808, P. 7. 183; Turin, 9 fév. et 19 mars 1808, P. 6. 495, et 568; Colmar, 19 mai 1826, D. 28, 206; Thomine, 677; Carré, n° 1575. — *Contrà*, Praticien, 3, 51.

En effet l'appel principal n'est souvent interjeté que dans les derniers jours du délai; dès lors il serait injuste de ne permettre l'appel incident que pendant les trois mois de la signification du jugement. Ce serait empêcher le défendeur de présenter une réclamation que l'inaction antérieure de son adversaire l'engageait à négliger.

**415.** L'ordonn. de 1667 disposait formellement qu'on ne pouvait appeler d'un jugement auquel on avait acquiescé. L'art. 443 C. pr. ne pose aucune règle à cet égard; il se borne à déclarer l'intimé recevable à interjeter appel en tout état de cause, *quand même il aurait signifié le jugement sans protestation.* Cependant on ne doit pas en conclure que le C. de pr. ait complètement abrogé les dispositions de l'ordonn. de 1667, et que l'intimé puisse, nonobstant toute espèce d'acquiescement au jugement de 1re inst. se rendre incidemment appelant.

L'acquiescement donné par l'intimé *antérieurement*, ne produit d'effet qu'autant que la partie adverse se conforme elle-même au jugement.

Mais l'appel incident est non recevable toutes les fois que l'acquiescement est postérieur à l'appel : en effet, l'intimé ne peut prétendre, dans ce cas comme dans le premier, que c'est pour éteindre toute contestation, et à la condition de jouir des avantages que lui accordait le jugement, qu'il a renoncé à attaquer les chefs de ce jugement qui lui sont défavorables. Carré, art. 443 ; Thomine, 12, 497.

**416.** En conséquence l'appel incident est recevable, 1° quoique l'intimé ait signifié le jugement sans réserves, avec sommation d'y satisfaire. Cass. 10 mai 1820, S. 20, 458. — V. *Acquiescement*, n° 61.

**417.** 2° Quoique l'intimé ait poursuivi l'exécution du jugement, antérieurement à l'appel principal. Montpellier, 14 janv. 1833, S. 33, 441 ; Carré, n° 1576. — Spécialement quoiqu'il ait reçu le montant des dépens. Bordeaux, 19 juill. 1831, S. 33, 46. — Dans l'espèce les actes antérieurs à la quittance renfermaient des réserves.

**418.** Il a même été jugé qu'un étranger qui avait consenti à consigner pour la caution du jugé d'abord une somme de 500 fr. à laquelle il avait été condamné par les premiers juges, puis une somme de 1,500 fr. réclamée par l'adversaire depuis l'instance d'appel, avait pu interjeter appel incident. Metz, 26 mars 1821, S. 23, 126.

**419.** L'appel incident est-il recevable lorsque l'intimé a conclu à la confirmation pure et simple du jugement de 1re inst. ? — Il faut distinguer :

Si les conclusions ont été prises *sans réserves*, elles emportent *acquiescement* et s'opposent à l'appel incident. Toulouse, 23 nov. 1824, S. 25, 415 ; Bourges, 19 fév. 1834, S. 34, 602. — V. ce mot, n° 55 et suiv.

Mais des réserves empêcheraient-elles l'acquiescement ? — Le doute vient de ce qu'une formule vague, insérée dans tous les actes de procédure semblerait ne pas pouvoir détruire la présomption résultant de conclusions formelles. — Toutefois il serait injuste de dépouiller l'intimé du droit d'appel, s'il n'est constant qu'il a voulu acquiescer ; or, les réserves indiquent une intention contraire. — Ainsi jugé par la C. de cass. le 17 avr. 1833, S. 33, 468, en ces termes :

Attendu qu'aux termes de l'art. 443 C. pr., la faculté d'interjeter incidemment appel, en tout état de cause, d'un jugement de 1re inst. ne peut être couverte que par un acquiescement formel, ou par des actes qui supposent nécessairement l'intention de l'exécuter postérieurement à l'appel principal ; — Attendu, dans l'espèce, que si les demandeurs ont conclu à la confirmation du jugement par requête du 27 avr., rappelée dans les motifs mêmes de l'arrêt attaqué, ils ont aussi formellement déclaré qu'ils se contentaient, *quant à présent et sous toutes réserves*, de demander cette confirmation ; — Que les choses étaient encore entières et qu'il n'était pas intervenu de contrat judiciaire entre les parties, lorsque, dès le lendemain 28 avr., les demandeurs voulant soumettre à la C.roy. la cause tout entière, telle qu'elle avait été agitée devant les premiers juges, déclarèrent interjeter appel incident du jugement du 13 août 1829 ; — Attendu que loin qu'il résulte de ces actes un acquiescement absolu et définitif audit jugement, les expressions *quant à présent et sous toutes réserves* écartent et excluent toutes idées semblables; que dans un tel état de choses, l'arrêt attaqué n'a pu déclarer les demandeurs non recevables dans leur appel incident, sans contrevenir formellement à l'art. 443 C. pr. — *Casse.*

— V. dans le même sens, Besançon, 6 nov. 1810 ; Cass. 12 nov. 1812 ; 26 août 1825, S. 25, 51 ; 10 déc. 1830, S. 52, 516. — *Contrà*, Caen, 25 août 1836 (Art. 678 J. Pr.) — Lors de ce dernier arrêt, les réserves générales n'étaient pas dans le libellé des conclusions, mais seulement dans l'acte de signification par l'huissier.

Enfin il n'y a pas acquiescement lorsqu'un jugement de jonction d'instance a prononcé *tous appels incidens demeurant réservés.* Cass. 30 déc. 1824, S. 25, 116.

**420.** Le droit d'appeler incidemment est acquis pour l'intimé du moment où l'appel principal est interjeté. Aucune circonstance postérieure à cet appel ne peut l'en dépouiller malgré lui.

Le désistement de l'appelant, s'il n'est pas accepté par l'intimé, n'empêche pas ce dernier d'interjeter appel incident. Paris, 8 août 1809, S. 14, 457 ; Amiens, 15 déc. 1821, S. 22, 305 ; Thomine, n° 497. — Ni, à plus forte raison, de poursuivre l'appel incident déjà interjeté.

Ce désistement serait seulement considéré comme non avenu, et l'appelant pourrait demander l'adjudication de ses conclusions. *Mêmes arrêts.*

Mais si l'intimé déclare accepter le désistement, le jugement de 1re inst. reçoit son exécution. Poitiers, 16 janv. 1824, D. 25, 87.

**421.** Il a été jugé que l'appel incident peut être interjeté tant que le juge n'a pas statué, encore bien que le ministère public ait pris la parole et que l'affaire ait été mise en délibéré. Bourges, 19 fév. 1838 (Art. 1154 J. Pr.) — V. Toutefois *Conclusions, Délibéré, Ministère public.*

**422.** L'appelant peut-il, après l'expiration du délai de trois mois, tout en maintenant son appel comme valable, se porter subsidiairement, pour le cas où il serait déclaré nul, appelant incidemment à un appel déjà interjeté par l'intimé ?

Pour l'affirmative, on dit : si l'appel principal est annulé, l'appel incident doit avoir le même sort, à moins que celui-ci n'ait une existence propre et indépendante de l'appel principal. Autrement il faudrait reconnaître contrairement à tous les principes, qu'un acte d'appel nul produit des effets, en ce qu'il servirait de base et de fondement à l'appel incident, et en ce qu'il aurait épuisé pour l'appelant le droit d'appel. Il faut donc reconnaître que l'acte d'appel nul est comme non avenu et est censé n'avoir jamais existé, et que l'appel incident devient principal dans ce cas particulier : conséquemment l'appelant dont l'exploit est nul ou annulé peut renouveler son appel par voie d'appel incident.

Pour la négative on soutient que l'appel incident de l'intimé ne change pas de nature par suite d'une nullité commise par l'appelant, et que celui-ci ne saurait, alors que son appel est rejeté à raison de cette nullité, le reproduire et dans les mêmes termes à l'aide d'un appel incident. — On fait d'ailleurs remarquer que l'appelant, la nullité une fois prononcée contre lui, pourrait se trouver dans une position plus favorable que si son appel eût été maintenu; qu'en effet, après l'expiration des délais d'appel il n'aurait pu, l'appel principal étant valable, interjeter appel incident des dispositions qui n'auraient pas été attaquées par lui (Cass. 27 avr. 1835, S. 35, 421), tandis qu'il aurait ce droit dans le cas où, après l'annulation de son appel principal, on lui reconnaîtrait le droit d'appeler incidemment. — Enfin on invoque la maxime *incident sur incident ne vaut.*

Cette dernière opinion résulte d'un arrêt de Cass. du 19 fév. 1838 (Art. 1134 J. Pr.). Toutefois la première nous paraît plus conforme à l'équité et aux principes. — V. Rennes, 10 juin 1831, et nos observations, *ib.*

423. L'intimé peut renoncer à son appel incident pour le cas où l'appel principal serait déclaré irrégulier, et lorsque cette condition se réalise il n'y pas lieu de statuer sur l'appel incident. Poitiers, 13 août 1824, S. 25, 337.

424. *Formes.* L'appel incident peut être formé : 1° par acte d'avoué à avoué: il est recevable en tout état de cause, il constitue une demande incidente (Arg. C. pr. 443, 337). — Dès lors les formes de l'exploit à personne ou domicile, prescrites pour l'appel principal (C. pr. 456) ne lui sont pas applicables. —Cass. 12 fév. 1806, P. 5, 480; 26 oct. 1808, P. 7, 183; Turin, 14 août 1809, P. 7, 776; Colmar, 19 mai 1826, D. 28, 206; Thomine, 1,678; Carré, n° 1572; Berriat, 380; Poncet, *Jugemens*, 1, 34.

425. 2° Par des conclusions prises à l'audience, Pau, 1er avr. 1810; carré, *ib.*; Thomine, n° 497. — V. *Conclusions.*

Mais il ne saurait être formé verbalement à la barre du tribunal. Toutefois, la nullité résultant de l'emploi de ce mode

est couverte par le silence de la partie adverse. Cas. 7 fév. 1832
S. 52, 689.

## Section XIII. — *Enregistrement.*

**426.** L'acte d'appel d'un jugement de justice de paix est assujetti à un droit fixe de 5 fr. L. 28 avr. 1816, art. 68, § 4,
n° 3.

**427.** Celui d'une sentence arbitrale, ou d'un jugement des
trib. civils et de comm., est passible du droit fixe de 10 fr. *Ib.*,
§ 5.

**428.** Il est dû un droit pour chaque demandeur ou défendeur, en quelque nombre qu'ils soient dans le même acte, mais
les copropriétaires, les cohéritiers, les cointéressés, les débiteurs, ou créanciers associés, ou solidaires, les séquestres, les
experts et les témoins, ne sont comptés que pour une seule
et même personne, soit en demandant, soit en défendant dans
le même original d'acte, lorsque leurs qualités y sont exprimées.
L. 22 frim. an 7, art. 68, § 2, n° 30, L. 27 vent. an 9, art. 13.

**429.** L'enregistrement est de 50 cent. pour tous les actes
d'avoué à avoué, qui sont signifiés pendant l'instruction de l'appel interjeté devant un trib. de 1re inst., et de 1 fr. pour tous
ceux qui ont lieu devant une C. roy. L. 28, 1816, tit. 7,
art. 41, n° 1, et art. 42.

**430.** Il est de 3 fr. pour les ordonnances rendues sur requête par le président du trib. de 1re inst. L. 28 avr. 1816,
art. 44, tit. 7, n° 10.

**431.** De 5 fr. pour celles rendues par le président de la C.
roy. *Même loi*, art. 45, tit. 7, n° 6.

**432.** Et de 3 fr. pour les exploits et autres actes du ministère des huissiers, relatifs aux procédures devant les C. roy.,
jusques et y compris la signification des arrêts définitifs. En exceptant toutefois les déclarations d'appel, et les significations
d'avoué à avoué. L. 28 avr. 1816, tit. 7, art. 44, n° 7.

— V. D'ailleurs *Enregistrement, Exploit.*

## SECTION XIV. — FORMULES.

**FORMULE I.**

*Acte d'appel.*

(C. pr. 456. — Tarif, 29. — Orig. 2 fr., copie, 2 fr. 50.)

L'an          le                      à la requête
de            pour lequel domicile est élu en l'étude de Me
            lequel occupera pour le requérant sur l'appel et assignation

ci-après,

J'ai          soussigné, signifié et déclaré au sieur

que le requérant est appelant comme de fait il déclare formellement interjeter ap-

pel d'un jugement (1) contradictoirement rendu entre les parties, par le trib. de
en date du                                                    ledit jugement
enregistré et signifié le
à ce qu'il n'en n'ignore et à mêmes requête, demeure, élection de domicile et constitution d'avoué que dessus, j'ai, huissier susdit et soussigné, donné assignation
audit sieur                          en parlant comme dessus
à comparaître d'huy à huitaine franche, suivant la loi, à l'audience et par-devant
MM. les premier président, président et conseillers composant la première chambre
de la C. roy. de Paris ;
  Pour, — Attendu que le sieur
est débiteur envers le requérant d'une somme de
            que c'est à tort que le trib. de 1$^{re}$ inst. a déclaré que cette créance était
prescrite, etc.,
  Voir dire qu'il a été mal jugé, bien appelé dudit jugement; ce faisant que ledit
jugement sera mis au néant;
  Émendant et faisant droit au principal, voir ordonner que le sieur
sera condamné à payer au requérant la somme de
                                                        pour les
causes ci-dessus, et le condamner en outre aux dépens des causes principale et d'appel                          et je                          lui ai à domicile et
parlant comme dessus, laissé copie du présent dont le coût est de

                      (*Signature de l'huissier.*)

— V. d'ailleurs pour les *parlant à*                  *visa*, etc. les formules
d'*ajournement* et d'*exploit*.


                    FORMULE II.

    *Conclusions de l'intimé en réponse à celles de l'appelant.*
   ( C. pr. 463. — Tarif, 72, 147. — Coût, 3 fr. par rôle, copie, 75 c.)
                    *Conclusions.*
      A MM. les premier président, président et conseillers.
  P. M.
  C. M.
  Plaise à la Cour,
  Attendu, et
  Par ces motifs et autres qu'il plaira à la Cour suppléer de droit et d'équité,
  Statuant sur l'appel interjeté par le sieur                  du jugement,
contradictoirement rendu entre les parties par la deuxième chamb. du trib. civ. de
1$^{re}$ inst. de la Seine, en date du
enregistré;
  Mettre l'appellation au néant, ordonner que ce dont est appel sortira son plein
et entier effet, condamner le sieur                  en l'amende et aux dépens
des causes principale et d'appel, dont distraction est requise par M$^e$
avoué qui la requiert aux offres de droit, comme en ayant fait l'avance de ses propres deniers;
  Sous les réserves les plus expresses de modifier et même changer les présentes
conclusions, en tout état de cause (2),
  Et vous ferez justice.
                      ( *Signature de l'avoué* ).

---

  (1) *Si le jugement est par défaut, non susceptible d'opposition, on met :* d'un
jugement par défaut rendu contre le requérant, par le tribunal, etc.
  *S'il y a eu jugement de débouté d'opposition à un premier jugement par
défaut, on met :* d'un jugement rendu par défaut contre le requérant, ainsi que d'un
second jugement également par défaut (ou contradictoirement rendu entre les
parties), lequel déboute ledit requérant de l'opposition par lui formée à celui-ci ;
lesdits jugemens rendus par                  — V. d'ailleurs *sup.* n. 36.
  (2) Ces réserves générales ont été jugées suffisantes pour conserver le droit
d'appeler *incidemment ;* il est néanmoins plus prudent d'ajouter : *et même d'interjeter incidemment appel des chefs dudit jugement, qui font griefs à l'intimé.* — V. d'ailleurs *sup.*, n° 419.

### Conclusions de l'intimé contenant appel incident.

( C. pr. 443. — Tarif, 72, 147. — Coût, 3 fr. par rôle , copie , 75 c.

#### Conclusions. — V. sup., formule II.

Recevoir le sieur                              incidemment appelant du jugement contradictoirement rendu entre les parties par le trib. de
le                              enregistré et signifié, en ce que par ledit jugement
il a été condamné au paiement de la somme de                              envers
le sieur

Attendu, etc.

Par ces motifs et autres qu'il plaira à la Cour suppléer de droit et d'équité,

Mettre le jugement dudit jour , quant aux chefs du présent appel incident au
néant ;

Émendant                              décharger le sieur                              desdites condamnations contre lui prononcées par ledit jugement ;

Statuant au principal déclarer le sieur                              purement et simplement non recevable en sa demande de                              pour les causes susénoncées , en tout cas mal fondé en icelle , et l'en débouter ;

Dire et ordonner que le surplus du jugement sortira son plein et entier effet , ordonner la restitution de l'amende consignée par l'intimé
et condamner , etc.
— V. formule II.

### Requête à l'effet d'avoir permission d'assigner pour obtenir des défenses d'exécuter un jugement déclaré exécutoire par provision.

( C. pr. 457, 459. — Tarif, 77, 147; — Coût, 4 fr. 50 c.)

A.    le premier président

Le sieur

A l'honneur de vous exposer

Que sur les demandes contre lui formées par le sieur                              , il est intervenu, à la date du              un jugement du trb. de                              qui l'a condamné au paiement de la somme de                              montant d'une prétendue
obligation souscrite par le sieur                              et que cette condamnation a été déclarée exécutoire par provision et sans caution ;

Que cependant il n'y avait pas lieu d'ordonner l'exécution provisoire des condamnations ci-dessus, puisque le requérant ne reconnaissait pas l'existence de la
dette , et que le demandeur ne représentait pas le titre de la prétendue créance.

Que cette exécution provisoire , si elle avait lieu, causerait un préjudice irréparable à l'exposant, l'insolvabilité de son adversaire le mettant à l'abri de toute
espèce de recours ;

Que dans ces circonstances il y a nécessité pour lui d'obtenir promptement des
défenses d'exécuter le jugement dudit jour ;

Pourquoi , il vous supplie, monsieur le premier président , lui permettre, en
appelant dudit jugement, de faire assigner au premier jour le sieur
pour voir dire que par provision , et en attendant l'arrêt sur ledit appel , défenses
provisoires seront faites d'exécuter ledit jugement , à peine de nullité , dommages
et intérêts et dépens                              et vous ferez justice.

( Signature de l'avoué.)

#### Ordonnance du président.

Vu la requête ci-dessus , autorisons le sieur                              à faire assigner
le sieur                              aux fins de ladite requête à l'audience de la première chambre de la Cour , pour etc.

Fait en notre cabinet, au Palais-de-Justice , ce

( Signature du président.)

FORMULÉ V.

*Assignation à l'effet d'obtenir des défenses.*

( C. pr. 457, 459. — Tarif, 29. — Coût, Paris, 2 fr.)

L'an                          en vertu d'une ordonnance délivrée par M. le premier président de la C. roy. de Paris, en date du
enregistrée, étant en suite d'une requête à lui présentée le même jour ; desquelles requête et ordonnance copie est donnée en tête de celle des présentes, et à la requête ( *la suite comme Formule I.*);

Voir dire que l'exécution du jugement dudit jour                    sera suspendue jusqu'à ce qu'il ait été statué sur le présent appel ;

En conséquence, faire défense au sieur, de le mettre à exécution, avant que ledit appel soit définitivement jugé, et ce à peine de dommages-intérêts ;

Et pour, en outre, répondre et procéder, comme de raison, à fin de dépens ; et j'ai, etc.

                                        (*Signature de l'huissier.*)

FORMULE VI.

*Acte pour faire déclarer exécutoire, nonobstant appel, un jugement à tort qualifié en premier ressort.*

( C. pr. 457. — Tarif, 77, 147. — Coût, 4 fr. 50 c.)

A la requête du sieur                          ayant Me
pour avoué,

Soit sommé Me                          avoué près la C. roy. de Paris, et du sieur

De comparaître et se trouver le                          à l'audience et par-devant MM. les premier président, président et conseillers de la C. roy. de Paris, séant en ladite ville, première chambre, pour

Attendu que les trib. de 1re inst. doivent juger en dernier ressort toutes les contestations qui ont pour objet une chose d'une valeur déterminée de 1,500 fr. et au-dessous ;

Attendu que la demande formée par le sieur                    contre le sieur
était évidemment de nature à être jugée en dernier ressort, puisque le requérant concluait à ce que le sieur                    fût condamné à lui restituer une partie de récolte, qui lui avait été indûment enlevée par celui-ci, sinon et faute par celui-ci de ce faire, dans la huitaine du jugement à intervenir, à lui payer 500 fr. à titre de dommages-intérêts ;

Attendu que c'est donc par erreur que le jugement du                    qui a accueilli la demande du sieur                    a été déclaré rendu en premier ressort, qu'il appartient à la Cour de réparer cette erreur;

Voir ordonner conformément à l'art. 457 C. pr. civ., que le jugement dudit jour sera exécuté, nonobstant l'appel interjeté par le sieur

A ce que le dit Me                          n'en ignore, dont acte, sous toutes réserves.

                                        (*Signature de l'avoué.*)

FORMULE VII.

*Acte pour faire déclarer exécutoire par provision, et nonobstant appel, un jugement dont l'exécution provisoire n'a pas été ordonnée.*

( C. pr. 458. — Tarif, 77, 147. — Coût, 4 fr. 50 c.)

*La formule de cet acte est la même que la précédente, seulement on énonce dans le libellé les causes qui permettent d'ordonner l'exécution provisoire.*

*Le coût doit être réduit dans le cas où l'affaire est pendante devant un trib. de 1re inst.*

Pour les formules de *constitution, avenir, sommation, qualités, jugement, signification, exécutoire de dépens.* — *V.* ces mots.

APPEL *de la cause*. Il se fait par l'huissier audiencier sur le *rôle* de la chambre à laquelle l'affaire a été distribuée, ou sur le *placet* de la partie poursuivant l'*audience*. — V. ces mots.

APPOINTEMENT. — V. *Instruction par écrit*.

APPORT *de minute au greffe*. —V. *Enquête, Faux, Vérification d'écriture*.

APPORT *de livres*. — V. *Tribunal de commerce*.

APPOSITION *de placards*. — V. *Saisie*.

APPOSITION *de scellés*. — V. *Scellés*.

APPRENTISSAGE. —V. *Juges de paix, Prud'homme*.

ARBITRAGE. Juridiction conférée par les parties ou par la loi à de simples particuliers, pour juger une contestation spéciale.

On nomme *arbitres* les personnes investies de cette juridiction.

On appelle *compromis* la convention par laquelle les parties instituent les arbitres; — et aussi l'acte destiné à constater la convention.

## DIVISION.

§ 2. — *Exécution des jugemens rendus par des arbitres forcés.*

Section XII. — *Voies pour faire réformer le jugement arbitral.*

§ 1. — *Voies contre les jugemens rendus par des arbitres volontaires.*

Art. 1er. — Appel.

Art. 2. — Requête civile.

Art. 3. — Opposition à l'ordonnance d'exécution.

§ 2. — *Voies contre les jugemens rendus par des arbitres forcés.*

Section XIII. — *Timbre et enregistrement.*

Section XIV. — *Formules.*

Section I. — *Origine de l'arbitrage ; ses différentes espèces. — Caractère des arbitres.*

1. L'arbitrage est volontaire ou forcé.

2. L'arbitrage volontaire, autorisé par le droit romain ( D lib. 4 , tit. 8, *de receptis* ; C. lib. 2, tit. 51), et par l'ancien droit français ( édits 1535, 1560 ), fut indiqué aux parties par le législateur de l'an 8, comme la première juridiction à laquelle elles dussent avoir recours. L. 22 frim. an 8, art. 60.

Aujourd'hui les plaideurs peuvent, en général, soumettre à des arbitres de leur choix toutes les contestations qui s'élèvent entre eux. — V. *inf.* § 1, art. 1.

3. L'arbitrage volontaire se divise en arbitrage légal ou ordinaire, et en arbitrage d'équité.

Dans l'arbitrage *légal*, les arbitres remplacent les juges ordinaires, et doivent, comme eux, baser leur décision sur les règles du droit. C. pr. 1019.

Dans l'arbitrage *d'équité*, au contraire, ils peuvent se départir des règles tracées par la loi, et se décider d'après des considérations d'équité.

4. L'arbitrage forcé remonte aux constitutions des empereurs romains, qui établirent les évêques arbitres nécessaires des causes entre les clercs et les laïques. D'Héricourt, *Lois ecclésiastiques de France.*

5. Il fut introduit dans notre législation, d'abord pour certaines contestations entre parens, par l'édit de 1560 et l'ordonn. de Moulins, ensuite pour toutes les contestations entre associés, et pour cause de société commerciale, par l'ordonn. de 1673, et plus tard pour tous les différends entre conjoints, père et fils, grand-père et petits-fils, frères et sœurs, oncles et neveux, par la loi du 24 août 1790.

Enfin, la Convention l'étendit à une foule de contestations nées des lois d'exception, notamment en matière de biens communaux. L. 10 juin 1793.

6. Mais les abus qui résultèrent de ces dispositions amenèrent bientôt la suppression de l'arbitrage forcé pour tous les cas, excepté celui prévu par l'ordonn. de 1673. L. du 9 vent. an 4.

7. Aujourd'hui l'arbitrage n'est plus obligatoire que pour

20

les contestations entre associés, et à raison de sociétés commerciales. C. comm. 51.—V. *inf.* n° 66.

8. Les associés sont même libres de substituer l'arbitrage volontaire à l'arbitrage forcé. — V. *inf.* n° 85.

9. La juridiction des arbitres volontaires n'est pas exclusivement contentieuse, elle peut avoir pour objet le règlement d'une opération, par exemple : le prix d'une vente. Lyon, 24 août 1826, D. 29, 48; Cass. 18 mai 1814, D. A. 1, 754, — V. *inf.* n° 35.

10. Peu importe que les parties donnent aux arbitres la qualification d'experts; c'est aux pouvoirs, et non pas à la dénomination, conférés par les parties aux arbitres, qu'il faut s'attacher pour déterminer leur caractère.

11. Ainsi, il y a *arbitrage* dans le cas où deux personnes sont convenues, dans un bail, de s'en rapporter à *des experts*, qui jugeront sans appel, et sans recours en cassation, les difficultés qui pourront les diviser. Amiens, 15 juin 1824, D. 26, 61.

Et réciproquement, l'arbitre auquel les parties ont imposé l'obligation de prendre l'avis d'un tiers, avant de rendre sa sentence n'est en réalité qu'un expert. Bordeaux, 9 janv. 1832, D. 32, 152.

12. Quelquefois les parties donnent à des personnes qu'elles choisissent le pouvoir de transiger en leur nom sur des contestations qui les divisent. Cette convention ne constitue pas un arbitrage, mais bien une transaction par mandataire.

Elle est en conséquence réglée par les principes relatifs au mandat et à la transaction : ceux qui concernent les arbitrages ne lui sont pas applicables.

13. Les arbitres doivent-ils être considérés comme les mandataires des parties qui les ont choisis *et soumis* aux règles du mandat ?

La négative est évidente : les arbitres tiennent bien leurs pouvoirs des personnes qui les ont nommés, mais ils n'agissent pas au nom de ces personnes, ils ne les représentent pas, et ils oublieraient leur premier devoir s'ils se croyaient appelés à défendre les intérêts de la partie qui les a choisis, plutôt que ceux de son adversaire; ils sont de véritables juges; et doivent statuer avec la plus scrupuleuse impartialité. — V. *inf.* n° 323.

Cependant il intervient entre la partie et l'arbitre qu'elle nomme un contrat qui tient du mandat sous plusieurs rapports.

Ainsi l'arbitre est obligé d'accomplir la mission qu'il a acceptée, et ne peut plus se déporter une fois les opérations de l'arbitrage commencées.—V. *inf.* n° 214.

De son côté, la partie doit rembourser à l'arbitre les avances et les frais qu'il a faits pour l'arbitrage, et lui payer ses honoraires lorsqu'elle lui en a promis.— V. *inf.* n° 509.

Enfin quelques-unes des causes qui mettent fin au mandat font également cesser le compromis. — V. *inf.* Sect. VI.

Mais les points de dissemblance sont beaucoup plus importans que ceux de ressemblance entre les arbitres et les mandataires, et c'est principalement aux juges qu'ils doivent être assimilés, surtout lorsqu'il s'agit d'arbitrage forcé.

14. Ont-ils un caractère public? — A l'égard des arbitres volontaires, la question ne présente pas de sérieuses difficultés.— S'ils exercent les fonctions de juges, c'est uniquement en vertu de la volonté des parties ; leur mission est restreinte à une seule contestation et aux points qui leur sont spécialement soumis ; ils ne sont pas institués par la loi pour juger tous les procès d'une certaine nature qui peuvent s'élever entre une ou plusieurs classes d'individus, ils ne reçoivent aucune investiture du pouvoir exécutif, leur sentence n'est pour ainsi dire qu'un avis, tant que l'ordonnance du président du trib. civ. ne lui a pas communiqué la force exécutoire. Ils n'ont donc évidemment qu'un caractère privé.

15. Mais en est-il de même des arbitres forcés ? Pour l'affirmative on dit que ces arbitres tiennent tous leurs pouvoirs, comme les arbitres volontaires, du choix des parties. — Ils n'ont pas l'institution de la puissance publique sans laquelle il n'y a pas de véritables juges ; enfin aucune des garanties établies par les lois, soit en faveur des juges, contre les justiciables, soit en faveur des justiciables contre les juges, ne leur est applicable. On ne saurait par conséquent les considérer comme dépositaires de l'autorité publique.

1° *Ils tirent leurs pouvoirs de la volonté des parties.* En effet, cette qualification dont on se sert habituellement, *arbitres forcés,* n'est pas celle employée par la loi : ce ne sont pas les arbitres qui sont forcés de juger, mais les associés commerçans qui sont obligés de recourir à l'arbitrage pour faire décider leurs différends ; c'est uniquement la juridiction arbitrale qui est obligatoire, mais les parties restent toujours libres de choisir pour arbitres les hommes en qui elles ont le plus de confiance. Il ne faut pas confondre la faculté de juger et le mandat en vertu duquel cette faculté s'exerce. Sans doute l'arbitre a le droit de juger les questions du procès comme le ferait le magistrat, et c'est ici le point de ressemblance ; mais il existe une différence essentielle quant au mandat en vertu duquel chacun d'eux est appelé à exercer ce droit : le magistrat est le délégué de l'autorité publique, il est le juge de tous les citoyens et non pas de quelques-uns, le juge de tous les procès et non pas d'une affaire unique. L'arbitre, au contraire, n'est que le délégué de quelques particuliers et ne peut juger qu'eux et leur affaire, il ne tient son pouvoir que d'hommes privés comme lui, tandis que le magistrat reçoit le sien de la société tout entière. Peu importe que, sur le refus des parties, les arbitres aient été nommés par le trib. ; car, dans ce cas, le trib. ne délègue point son propre pouvoir à l'arbitre, il se substitue seulement au fait de la partie pour une désignation matérielle : cela est si vrai que la partie reste toujours maîtresse de révoquer les arbitres désignés par le trib. et de leur en substituer d'autres. Les arbitres forcés ne remplacent pas le trib. de commerce avec plus de plénitude que dans les cas ordinaires les arbitres volontaires ne remplacent le juge de paix ou le trib. de 1re inst., s'ils statuent sur les mêmes questions que le trib. de comm. Ils restent toujours des juges privés, et quelle que soit l'étendue des pouvoirs qu'on leur a donnés, leur décision ne produit pas d'effet tant que *l'exequatur* du magistrat ne leur a point conféré le caractère public qui leur manquait.

2° *Ils n'ont pas l'institution de la puissance publique.* L'institution du souverain fait seule le véritable magistrat. Ce principe posé par la Constitution de 1791 (art. 1 et 2), consacré par toutes les lois postérieures, a été reproduit dans l'art. 48 de la charte constitutionnelle ; la nomination seule ne fait pas le juge, il faut encore l'institution ; aussi quand un juge est nommé à la place d'un autre qui passe à d'autres fonctions, celui-ci continue d'exercer, malgré la nomination connue de son successeur, et celui-ci ne peut exercer qu'après son installation ; tous les actes auxquels il se livrerait jusque là, tous les jugemens auxquels il participerait seraient entachés d'une nullité absolue. Cass. 12 janv. 1809. — Or, les arbitres ne reçoivent, dans aucun cas, l'institution de la puissance publique ; ils ne sont que les simples délégués des parties, ils restent donc toujours hommes privés.

3° *Les garanties établies, soit en faveur des juges, soit contre eux, ne sont pas applicables aux arbitres.* Des conditions d'âge, de sexe, de nationalité, de capacité sont exigées pour la nomination aux fonctions de juges, aucune de ces conditions ne sont requises des arbitres (— V. *Organisation judiciaire*). Une fois nommés, les arbitres, à la différence des juges, n'ont aucunes des marques distinctives d'une juridiction; ainsi, pour eux, pas de prétoire, pas de costume, pas de greffier pour recueillir leurs décisions, pas d'huissier pour citer les parties, pas de publicité pour leur audience, et par suite pas d'autorité sur les assistans, pas de droit de police d'audience. — S'il s'agit de poursuivre ou un seul juge, ou un trib. pour crimes ou délits relatifs à ses fonctions, une procédure particulière est instituée par les art. 479 et suiv. C. inst. crim. Or, qui prétendrait que ces dispositions sont applicables à des arbitres comme elles le seraient à un trib. de commerce, et cependant il faudrait aller jusque là s'il était vrai que les arbitres ne jugent pas seulement au lieu et place et à la décharge du trib. de commerce, mais encore qu'ils jugent au même titre. —Enfin, ce qui prouve combien les arbitres diffèrent des fonctionnaires publics, c'est qu'ils sont dans l'usage de recevoir des *honoraires:* l'art. 177 C. pén. punit de la dégradation civique tout fonctionnaire qui reçoit un salaire pour un acte même juste de sa fonction. Si donc les arbitres étaient de véritables juges cet article leur serait applicable; il faudrait non seulement reconnaître (ce qui est controversé en jurisprudence), que l'arbitre n'a pas le droit d'exiger des honoraires en l'absence de toute convention à cet égard, mais encore le forcer à restituer ceux qu'il aurait reçus, le condamner en outre à une peine infamante. Les conséquences d'un pareil système en démontrent toute l'absurdité. Paris 21 avr. 1855 (Art. 441 J. Pr.); Req. de M. le proc. gén. Dupin, 12 mai 1838, aff. Parquin (Art. 1161 J. Pr.); M. de Vatimesnil, *Encyclopédie du droit*, v° *Arbitrages*, n° 165.

Mais on répond, dans l'opinion opposée : — Par les lois constitutionnelles et par les lois organiques de l'État, l'exercice du pouvoir judiciaire est confié à diverses juridictions dont la compétence est réglée en raison des matières ou des personnes; et tous ceux qui, à quelque titre, à quelque degré que ce soit, sont investis du droit d'exercer une partie du pouvoir judiciaire, agissent dans un caractère public : à cet égard il n'y a aucune distinction à faire sur la nature, l'origine, et l'étendue de la délégation; en effet, soit que les pouvoirs émanent du prince, soit qu'ils émanent de la loi, du droit d'élection, ou du choix des parties, ils donnent à ceux qui en sont investis la même autorité et le même caractère; ainsi le magistrat inamovible, ou révocable, le juré, le juge consulaire élu à temps, l'avocat, ou l'avoué appelé momentanément sur le siége, exercent tous le pouvoir judiciaire. Or, il en doit être de même des arbitres forcés en matière de société de commerce. Ces arbitres constituent, en effet, une juridiction instituée par la loi, et sont investis par l'art. 51 C. comm. d'une attribution spéciale et exclusive pour laquelle ils sont substitués au trib. de comm. sur les registres duquel on transcrit leurs décisions. — Peu importe, du reste, qu'une ordonnance du président de ce trib. soit indispensable pour donner au jugement arbitral la force exécutoire, car cette ordonnance, aux termes de l'art. 61 du même Code doit être rendue pure et simple, sans aucune modification, et dans le délai de trois jours du dépôt au greffe. Il résulte donc seulement de cette disposition toute de forme, que les arbitres forcés ne sont dépositaires à ce titre, d'aucune portion de l'autorité publique, mais ils n'en agissent pas moins avec la plénitude du pouvoir de juge, en vertu d'une mission légale, et les actes de cette mission

participent nécessairement du caractère public dont elle est
revêtue. Cass., ch. crim., 15 juill. 1836 (Art. 441 J. Pr.);
Rouen, 4 mars 1857 ; Amiens, 14 août 1857 (Art. 950 J. Pr) ;
Cass., ch. réunies, 12 mai 1858 (Art. 1161 J. Pr.).

Il résulte de ces principes que les dispositions des lois
de la presse, qui punissent la diffamation contre les dépositaires
ou agens de l'autorité publique, doivent être invoquées pour ou
contre les arbitres forcés, et, par suite, que les C. d'assises sont
seules compétentes pour connaître de l'action en diffamation
intentée par eux contre les parties qui les avaient institués, et
que ceux-ci sont recevables à se justifier en faisant la preuve
des faits par elles allégués. *Mêmes arrêts.*

16. Les arbitres peuvent-ils être pris à partie ?—Il faut encore distinguer entre les arbitres volontaires et les arbitres forcés.
—Les premiers, tenant uniquement leurs pouvoirs des parties,
ne sont revêtus que d'un caractère privé; sous ce rapport ils diffèrent des juges, contre lesquels la loi permet la prise à partie
(C. pr. 505) ; les plaideurs auxquels leur conduite a causé un préjudice, n'ont contre eux que l'action ordinaire en dommages-
intérêts.—Mais les arbitres forcés, quoique nommés par les parties, n'en forment pas moins, pour les causes qui leur sont
soumises, un véritable trib. temporaire qui remplace nécessairement le trib. de commerce, et auquel la loi a attribué
une compétence exclusive ; ils doivent donc être assimilés aux
membres des trib. de commerce, et poursuivis comme eux
par la voie de la prise à partie, dans les cas prévus par la loi.
Cass. 7 mai 1847, S. 17, 247; Prat, 5, 402; Merson, p. 52.

## § 1. — *Arbitrage volontaire.*

### Art. 1. — *Choses sur lesquelles on peut compromettre.*

17. Le compromis est un véritable contrat; en conséquence,
il produit tous les effets, et il est soumis à toutes les règles des contrats en général. Toullier, 6, n° 827 ; Carré, p. 389.

18. Il a beaucoup d'analogie avec la transaction ; cependant
il en diffère en ce que, dans la transaction, les parties sont leur
propre juge ; tandis que, dans le compromis, elles se soumettent
d'avance à ce qui sera décidé par les arbitres.

19. Toute matière est en général susceptible de compromis.

20. Cependant il faut excepter celles qui intéressent l'ordre
public : c'est une conséquence de la nature du compromis et des
principes généraux des contrats.

21. Ainsi l'on ne peut pas compromettre, 1° sur les questions d'état, les mariages, les séparations, soit de corps, soit de
biens, C. pr. 1004. — Peu importe que, lors de la discussion
au Cons. d'État on n'ait parlé que des séparations de corps et
non des séparations de biens : toute séparation volontaire est

nulle (C. civ. 1445). La cause est communicable au ministère public; l'ordre public y est intéressé. De Vatimesnil, n° 152.

**22.** 2° Sur les dons et legs d'alimens, logemens et vêtemens : on a craint que le donataire ne se laissât dépouiller avec trop de facilité. Le donateur a pu attacher à sa libéralité telle condition que bon lui a semblé. C. pr. 1004; L. 8, D. de *Transact.*

Il en est autrement si les alimens ne résultent pas d'un don ou d'un legs : l'art. 1004 C. pr. ne parle que de ces derniers, et les exceptions ne doivent pas être étendues. Carré, n° 3263 ; Berriat, 40, note 11.

En conséquence, peuvent être l'objet d'un compromis, les contestations relatives : à l'engagement que prennent les père et mère, par contrat de mariage, de nourrir gratuitement leurs enfans son conjoint et les enfans à naître du mariage. (Cass. 7 fév. 1826, S. 27, 161); — aux joyaux, douaire et droit d'habitation assurés à une veuve par son contrat de mariage (Besançon, 18 mars 1828, S. 28, 255); — aux alimens que l'on s'est assuré soi-même. Thomine, n° 1208.

**23.** La prohibition de compromettre sur les dons d'alimens ne s'étend pas aux arrérages échus : ils ont perdu leur nature d'alimens, il n'existe plus aucune raison pour ne pas les soumettre à un arbitrage; — à moins que le créancier n'établisse qu'il a été obligé d'emprunter pour vivre. Merlin, *Rép.*, v° *Aliment*, § 8 ; Carré, n° 3264; de Vatimesnil, *ib.* n° 151.

**24.** 5° Sur toutes les causes sujettes à communication au ministère public. C. pr. 1004 ; (— excepté dans le cas de requête civile où le ministère public doit être entendu et pour lequel néanmoins l'art. 1010 autorise expressément l'arbitrage). Permettre l'arbitrage pour les affaires de cette nature, ce serait donner aux parties un moyen facile de se soustraire à l'examen du ministère public, que l'on a cependant jugé nécessaire dans un intérêt d'ordre général.

**25.** En conséquence, ne peuvent être soumises à des arbitres : les contestations concernant l'État, le domaine, les communes, les établissemens publics, les dons et legs au profit des pauvres; celles relatives à l'état des personnes et les tutelles, les déclinatoires sur incompétence, les règlemens de juges, les récusations et renvois pour parenté et alliance, les prises à partie, les causes où l'une des parties est défendue par un curateur, celles intéressant les personnes présumées absentes, celles des femmes non autorisées par leurs maris, ou même autorisées, lorsqu'il s'agit de leur dot, et qu'elles sont mariées sous le régime dotal. C. pr. 83. — V. *Ministère public.*

**26.** Une sentence arbitrale sur une cause sujette à communication au ministère public n'est pas toujours absolument nulle : on distingue les causes qui intéressent l'ordre public et celles qui ne l'intéressent pas directement. A l'égard des premières, le compromis peut être annulé à la requête de toutes les parties. Au contraire, à l'égard de celles qui concernent les mineurs, les interdits, les femmes mariées, le compromis est seulement rescindable sur la demande de l'incapable en faveur duquel la communication est ordonnée, et les autres parties sont non recevables à en poursuivre la nullité. Bordeaux, 22 mai 1832, S. 32, 537. — V. *inf.* n° 59.

**27.** La femme mariée sous le régime dotal, même autorisée de son mari, ne peut compromettre sur le partage des biens faisant partie de sa constitution. Montpellier, 15 nov. 1830, D. 31, 154. — Peu importe qu'elle se soit réservé la faculté d'aliéner sa dot. Nîmes, 26 fév. 1812, D. A. 1, 616; Lyon, 20 août 1828, D. 28, 212. — A plus forte raison, le mari seul ne peut-il pas avoir ce droit. Montpellier, 27 juill. 1825, D. 26, 50.

Mais le mari ne compromet pas sur la dot de sa femme, lorsque, assigné en dommages-intérêts à raison de l'écroulement d'un mur situé sur le fonds dotal de la femme, il donne mission aux arbitres (chargés de statuer sur cette contestation) de rechercher les limites reconnues de l'héritage et de replacer au besoin les bornes. Cass. 31 déc. 1834, S. 35, 541.

**28.** La C. de Riom a jugé, le 8 juin 1809 (S. 10, 235), que la nullité du compromis consenti par le mari sur des biens dotaux, ne pouvait jamais être demandée par lui, et qu'elle ne pouvait être exercée par la femme elle-même qu'après la dissolution du mariage. Elle s'est fondée sur ce que le mari ayant l'administration et l'usufruit des biens dotaux de sa femme, pouvait compromettre, sans nuire aux intérêts de cette dernière, qui, à la dissolution du mariage, a le droit d'exercer toutes les actions qu'elle juge convenables contre les actes faits à son préjudice par son mari. — Nous ne saurions adopter entièrement cette opinion : le mari peut bien compromettre sur les revenus et les objets relatifs à l'administration des biens dotaux, l'art. 1549 C. civ. lui en accorde la disposition ; mais, dès qu'il s'agit du fond du droit, il est sans capacité. En effet, il est douteux qu'il ait caractère pour procéder seul en justice sur les actions immobilières de sa femme, la disposition de l'art. 1549, qui lui accorde la faculté de poursuivre les détenteurs des biens dotaux, paraissant devoir être restreinte aux actions possessoires et conservatoires ; autrement, la femme mariée sous le régime dotal serait dans une position pire que la femme commune, le mari ne pouvant exercer sans elle ses actions immobilières (C. civ. 1428). En outre, compromettre, c'est aliéner, et non seulement les biens dotaux sont inaliénables pendant le mariage (C. civ. 1554); mais la loi permet expressément au mari de demander la révocation des aliénations qu'il aurait faites (C. civ. 1560). Le compromis consenti par le mari ne peut donc subsister sous ce rapport. Enfin, l'arbitrage est interdit à l'égard des causes sujettes à communication, et celles concernant les dots des femmes mariées sous le régime dotal y sont expressément assujetties par l'art. 83 C. pr. sans distinction entre le cas où les femmes sont parties dans l'instance, et celui où le mari figure seule au contrat. — Quant au droit incontestable qu'a la femme de demander la nullité du compromis consenti par son mari, pourquoi serait-il suspendu jusqu'à la dissolution du mariage. Si l'imprescriptibilité des biens dotaux lui assure un moyen efficace à cette époque, nulle loi ne la force d'attendre jusque là, et ne l'empêche d'exercer son action dans un temps plus rapproché, afin d'éviter les pertes qui pourraient résulter d'une mauvaise administration. Carré, Lois d'organ., 2, 242.

**29.** La prohibition de la loi, qui défend de compromettre sur les questions intéressant l'ordre public ou l'état des personnes, ne s'applique pas aux intérêts pécuniaires nés de ces questions, spécialement, 1° aux réparations civiles résultant d'un délit : dans ce cas, la sentence arbitrale n'entrave nullement l'action du ministère public; la société ne souffre aucun préjudice. C. civ. 2046.

2° A l'indemnité réclamée par suite du dommage que cause à un voisin l'exploitation d'une mine, lorsque aucune expertise n'a été ordonnée : l'art. 89 L. 21 avr. 1810 portant que, lorsqu'il y a lieu à expertise, le ministère public sera entendu, est inapplicable dans ce cas. Cass. 14 mai 1829, D. 29, 245.

**30.** De même si une question d'État ne se présente que d'une manière préjudicielle, et que le motif de la contestation ne soit qu'un intérêt pécuniaire, rien n'empêche la justice de s'en rapporter à des arbitres.

Ainsi, un individu prétend avoir des droits dans une succession, en qualité d'enfant légitime, cette qualité lui est contestée par des parens du défunt qui soutiennent qu'il ne peut être admis à prendre part qu'en qualité d'enfant naturel reconnu. Il peut compromettre sur la portion à lui revenir dans la succession, en déclarant que, nonobstant la solution à donner sur la question de savoir s'il est enfant naturel ou légitime, il entend néanmoins se soumettre à ne prendre part que suivant la quotité qui sera fixée par les arbitres : dans ce cas, le jugement arbitral, n'aura statué que sur une question d'argent, et non sur la question d'État, qui restera entière, et pourra être discutée plus tard devant les trib. ordinaires.

Des arbitres chargés de décider à qui appartient la succession d'un enfant, ont également le droit de prononcer sur la question de savoir si cet enfant est né viable, et s'il a survécu à sa mère : on ne doit entendre par *état d'une personne* que sa condition civile, en tant qu'elle est enfant naturel ou légitime, mariée ou non mariée, vivante ou morte, et par conséquent il est bien évident que la question préjudicielle que les arbitres ont à décider dans l'espèce, ne présente aucun des caractères d'une question d'État. Bruxelles, 26 fév. 1807, S. 7, 187 ; Denisart, v° *État* ; Carré, n° 3267 ; Pigeau, 1, 58, note 1 ; C. pr. art. 1004.

Mais il en serait autrement si des parties qui se disputent une succession soumettaient expressément à des arbitres la question de savoir si leur auteur a été marié, et si les arbitres, avant de statuer sur les droits successifs, décidaient qu'aucun mariage civil n'a existé. Bastia, 22 mars 1831, S. 52, 579.

**51.** Il résulte de ces principes que l'on compromet valablement sur les difficultés relatives à l'exécution d'un acte administratif, lorsqu'elles ne concernent que l'intérêt personnel des parties qui compromettent : ainsi, des arbitres peuvent décider les contestations existantes entre cohéritiers, dont l'un est amnistié, et relativement à une succession dont le mode de partage a été fixé par un acte du gouvernement représentant le cohéritier émigré. Cass. 17 janv. 1811, S. 14, 125 ; Nîmes, 16 mars 1821 ; Carré, n° 3266.

**32.** Il n'est pas nécessaire, pour la validité du compromis, que le différend soumis aux arbitres présente des difficultés sérieuses. L'ignorance de la loi qui garantit les droits de l'une des partie n'est pas une cause de nullité. L'erreur de fait vicie seule en général la convention. Cass. 17 janv. 1809, D. A, 1. 609.

**33.** Une obligation naturelle est donc une cause valable du compromis. *Même arrêt.*

**34.** Mais le compromis est nul s'il n'a été souscrit que par suite du dol de l'un des contractans. Cass. 5 fév. 1807, D. A. 1, 611.

**35.** L'existence d'une contestation entre les parties n'est pas nécessaire pour la validité du compromis (— *Contrà*, Turin, 4 août 1806, D. A. 1, 629 ; Carré, 3, 588. — V. toutefois Merlin, Pardessus, Pigeau, Favard.) — Il suffit qu'il y ait indétermination de droits entre deux individus ; que le litige soit né ou à naître, prochain ou éloigné, peu importe, la loi ne distingue point. Les parties ont le droit de remplacer, avant le litige, la juridiction ordinaire par une juridiction de leur choix. A. Dalloz, v° *Arbitrage*, n° 253.

Ainsi le simple règlement d'une opération quelconque, par exemple, la condition d'une vente ou d'un échange peut être l'objet d'un compromis. Cass. 10 nov. 1829, S. 29, 38.

Art. 2. — *Personnes qui peuvent compromettre.*

**36.** Le compromis étant une renonciation anticipée aux prétentions que les arbitres jugeront mal fondées, il faut avoir la

libre disposition des droits sur lesquels on compromet.
C. pr. 1003.

La loi exige en outre que la cause ne soit pas sujette à
communication au ministère public. C. pr. 1004.

**37.** Ainsi ne peuvent jamais compromettre, 1° l'interdit.
C. civ. 509.

**38.** 2° Le mineur non émancipé. C. civ. 481; de Vatimesnil,
n° 79. — Toutefois MM. Toullier, 6, n° 106; Proudhon,
6, p. 282, soutiennent que le compromis ne serait rescindable
qu'en cas de lésion.

**39.** Le mineur émancipé aurait capacité pour compromettre
sur des contestations relatives à des actes de pure administration:
il peut intenter ces actions sans l'assistance de son curateur
(C. civ. 482); il est, sous ce rapport, réputé majeur. La cause,
dans ce cas, n'est plus nécessairement sujette à communication
au *ministère public* (—V. ce mot). Thomine, n° 1207; de Vatis-
mesnil, n° 85. — *Contrà*, Pigeau, 1, 57.

Le mineur commerçant compromet valablement sur tout ce
qui est relatif à son commerce. C. civ. 1308; Pigeau, *ib.*;
Pardessus, n° 1388.

**40.** 3° La femme commune en biens. C. civ. 217. — V.
*Femme mariée.* — A moins qu'elle ne soit marchande publique.
Dans ce cas elle a seulement besoin des autorisations de son
mari. Pardessus, n° 1388.

**41.** La femme séparée, soit de corps, soit de biens seulement,
et l'individu pourvu d'un conseil judiciaire peuvent, au contraire, compromettre sur les droits dont ils ont la libre dispo-
position. Pigeau, 1, 57 note; Carré, n° 3262; Thomine,
n° 1287.

Toutefois ils ont besoin de l'autorisation soit du mari, soit
du conseil; cette autorisation leur est nécessaire pour plaider.
Montpellier, 17 juill. 1827. D. 31, 187. — M. Thomine, *ib.* et
1007 pense que la femme séparée de corps peut se passer de
cette autorisation pour les objets qu'elle aurait droit d'aliéner.
La nécessité de l'autorisation est, en effet, prescrite dans le
désir d'empêcher des dissentions dans le ménage, or, dans le
cas de séparation de corps, loin de les empêcher, elle pourrait
les faire naître. — Mais cette opinion nous paraît s'accorder
difficilement avec la disposition générale de la loi qui défendait à
la femme séparée soit de corps, soit de biens, de plaider sans
autorisation, et nous croyons que l'autorisation du mari ou de
la justice est indispensable pour valider le compromis.

**42.** 4° Le tuteur, même avec l'autorisation du conseil de
famille, et en remplissant les formalités prescrites par l'art.
467 C. civ. pour les transactions. Peu importerait qu'il ne s'a-
gît que d'objets mobiliers. Les termes de l'art. 1003 C. pr. sont

formels : ils n'accordent la faculté de compromettre qu'à ceux qui ont la libre disposition de leurs droits ; peu importe l'analogie qui existe entre le compromis et la transaction : d'ailleurs cette analogie n'est pas complète, et le compromis ne saurait présenter les mêmes garanties pour le mineur. En effet, dans la transaction, les conditions de l'accommodement sont connues, et le tribunal ne les homologue que sur l'avis de trois jurisconsultes, et sur les conclusions du ministère public ; tandis que la sentence arbitrale n'est soumise qu'à la simple formalité d'une ordonnance d'*exequatur*. Enfin, les causes qui intéressent les mineurs ou les interdits, doivent toujours être soumises au ministère public ; et l'art. 1004 C. pr. prohibe le compromis, dans toutes les contestations sujettes à communication.

Les mineurs peuvent jouir des avantages que présente l'arbitrage, dans des affaires compliquées, en remettant leurs titres à un ou plusieurs jurisconsultes, qui rédigent leurs avis en forme de transaction, et en faisant ensuite homologuer cette transaction par le tribunal, sur les conclusions du ministère public, après avoir consulté le conseil de famille, et pris l'avis de trois jurisconsultes désignés à cet effet. Pigeau, 1, 57, note ; Cass. 4 fruct. an 12, S. 5, 54 ; Carré, n° 5254. Berriat, p. 40 ; note 9 ; de Vatimesnil, n° 79. — *Contrà*, Turin, 19 vent. an 11, Demiau, p. 672 ; Boucher, *Man. des arbitres*, 483.

**43.** 5° Le curateur aux biens d'un absent ou à une succession vacante, à moins qu'il ne soit dûment autorisé : il n'est en effet qu'un simple administrateur, et n'a pas qualité pour aliéner les biens dont la gestion lui est confiée. Cass. 5 oct. 1808 ; Carré, n° 5257 ; Berriat, 40, note 9 ; Pigeau, 1, 57 note ; Demiau, 672.

**44.** 6° Les envoyés en possession provisoire des biens de l'absent. Pigeau, *ib.* — Excepté pour les actes d'administration, *Ib.*

**45.** 7° Le liquidateur d'une société de commerce, bien qu'il ait eu, avant la dissolution de la société, la qualité d'associé gérant : il n'est qu'un mandataire investi d'une procuration générale ; il ne doit faire que des actes d'administration. Cass. 15 janv. 1812, S. 12, 113 ; Pigeau, *ib.* ; de Vatimesnil, n° 117.

**46.** Par suite, le compromis consenti par un associé en son nom personnel et comme se portant fort pour les associés, n'oblige pas cet associé. Cass. 16 août 1819, D. A. 1, 620.

**47.** 8° Le failli : il est dessaisi de l'administration de tous ses biens. — V. *Faillite*.

**48.** 9° L'individu qui a fait cession de biens : il se trouve dans une position analogue à celle du failli.

**49.** 10° Les syndics à l'égard des intérêts du failli. Cass. 15 fév. 1808, 6 avr. 1818, S. 18, 526 ; Carré, *Lois d'organis.*

2, 248; Boullay-Paty, 1, 430; Pardessus, 5, 93; Pigeau, 1; p. 57 note.

Cependant les syndics définitifs ont qualité pour compromettre, lorsque, dans les actes dont l'exécution est réclamée, il a été expressément convenu, entre le tiers et le failli, que toutes les difficultés seraient soumises à des arbitres : Dans ce cas, en effet, le compromis est indispensable. Cas. 6 fév. 1827, S. 27, 105.—V. *inf.* n° 90.

**50.** 11° L'héritier bénéficiaire, sous peine de perdre sa qualité de bénéficiaire, si la contestation est relative à un acte qui excède les limites de l'administration. De Vatimesnil, n° 93.

**51.** Au reste, même dans ce dernier cas, le compromis est valable, car on peut toujours abdiquer la qualité d'héritier bénéficiaire, pour prendre celle d'héritier pur et simple; et l'héritier qui fait un acte en opposition avec la première qualité, doit être réputé y avoir renoncé. Cass. 3 juin 1808, S. 8, 209; 20 juill. 1814; Merlin, *Rép.*, v° *Bénéfice d'inventaire*, n° 26; Berriat, 720; Delvincourt, 2, 96; Carré, n° 3253.

**52.** 12° Les maires et les administrateurs des hospices et des établissemens publics. Avant le Code ils le pouvaient avec une autorisation spéciale. Cass. 22 janv. et 9 déc. 1806; Berriat, 669.—V. *Commune, Etablissement public.*

**53.** 13° Le condamné par contumace à une peine emportant la mort civile, même pendant le délai de cinq ans, qui lui est accordé pour se représenter. En effet, s'il n'est pas mort civilement, il est privé de l'exercice de tous les droits civils (C. civ. 28). La loi, dans l'espoir de le forcer à se représenter, lui refuse toute protection, et ce serait évidemment lui accorder celle de l'autorité judiciaire, que de lui permettre de soumettre une contestation à des arbitres dont la sentence serait rendue exécutoire par l'ordonnance du président d'un trib. Arg. C. pén. 47; Paris, 27 déc. 1834, S. 36, 201; Locré, 1, 421; Delvincourt, 1, 24; Carré, n° 3255, 3256; Pigeau, 1, 57, note.

**54.** 14° Le mort civilement : il ne peut procéder en justice que sous le nom et par le ministère d'un curateur spécial (C. civ. 25). Le ministère public doit nécessairement être entendu dans les causes où il est partie (C. pr. 83); par conséquent le compromis lui est interdit (C. pr. 1004); on n'échapperait pas à cette prohibition en nommant un curateur pour souscrire le compromis, figurer au jugement arbitral et demander l'ordonnance d'*exequatur*. Pigeau, 1, 57, note; de Vatimesnil, n° 100. — *Contrà*, Carré, n° 3256.

**55.** 15° Le condamné à une peine afflictive et infamante pendant la durée de sa peine : c'est une conséquence de l'état d'interdiction dans lequel il est placé par la loi. C. pén. 29. — V. d'ailleurs C. pr. 83 et 1004.

Jugé que l'émigré qui était en cette qualité représenté par la nation, n'avait pas le droit de compromettre. Cass. 25 juin 1810, D. A. 1, 672.

Cependant il en était autrement de l'émigré rentré en France, en vertu du sénatus-cons. du 6 flor. an 10, quoique son certificat d'amnistie ne lui eût pas été délivré. Cass. 17 janv. 1809, D. A. 1, 609.

**56.** 16° Le mandataire, à moins qu'il ne soit porteur d'un pouvoir spécial (C. civ. 1988). Le pouvoir de transiger ne renferme pas celui de compromettre. C civ. 1989.

Quand bien même il autoriserait à transiger par médiation d'arbitres ; ou bien à faire tout arrangement devant un conciliateur, car une transaction par la médiation d'arbitres, n'est toujours qu'une transaction, et jamais un jugement que les parties ne puissent refuser, tandis qu'une médiation peut être refusée par elles, si les bases ne leur en conviennent pas. Aix, 6 mai 1842, S. 13, 205 ; Turin, 7 fév. 1810. D. A. 1, 712.

Toutefois, le compromis passé en vertu d'un mandat ne contenant que le pouvoir de transiger, est valable, s'il résulte, des lettres écrites au mandataire par le mandant, que celui-ci a autorisé le premier à compromettre ; dans ce cas, les lettres constituent un véritable mandat spécial. Cass. 15 fév. 1808.

**57.** La nullité résultant du défaut de mandat spécial est également couverte par la comparution du mandant devant les arbitres, et son adhésion aux opérations de l'arbitrage. (Toulouse, 8 mai 1820, S. 20, 305. Besançon, 18 déc. 1811, D ; A, 1, 745).

Mais cette adhésion ne peut être constatée que par des actes émanés de la partie ; le procès-verbal signé par les arbitres seuls ne saurait l'établir suffisamment : n'ayant pas été nommés légalement, ils n'ont aucun caractère à cet effet. Toulouse, 29 avr. 1820, S. 20, 313.

**58.** La sentence arbitrale rendue sur un compromis passé entre deux individus étrangers à la contestation, mais qui se portent forts pour les parties intéressées, ne peut être annulé par cela seul que l'une des parties n'a ratifié le compromis que postérieurement à la sentence. Cette ratification a un effet rétroactif au jour du compromis. Cass. 18 mars 1829, D. 29, 189 ; Toulouse, 25 juin 1831, D. 31, 215.

**59.** Le compromis passé de bonne foi entre un mandataire spécial et des tiers, depuis la révocation du mandat, est valable, et la sentence rendue par les arbitres, en vertu de ce compromis et dans l'ignorance de la révocation, produit tous ses effets. Arg. C. civ. 2005, 2008, 2009 ; Cass. 15 fév. 1808.

**60.** La nullité du compromis consenti par un incapable

peut-elle être demandée par la partie capable qui a contracté avec lui ?

Il faut distinguer : s'il s'agit d'un compromis passé avec un mineur, un interdit, ou une femme mariée, la nullité n'est que relative, et les personnes capables sont non recevables à opposer l'incapacité de leurs adversaires ; elles doivent s'imputer d'avoir contracté trop légèrement avec eux. C. civ. 1125 ; Cass. 1ᵉʳ mai 1811, S. 11, 244; et 28 août 1812; Paris, 6 juill. 1826 ; Riom, 26 nov. 1826, S. 29, 174 ; Nîmes, 17 nov. 1828, S. 29, 148 ; Toulouse, 3 juin 1828 et 5 mars 1829, S. 29, 341, 80, 167 ; Bordeaux, 22 mai 1832, S. 32, 537 ; Thomine, n° 1209. — *Contrà*, Grenoble, 5 avr. 1831, S. 32, 41.

Au contraire, s'il s'agit d'autres incapables, par exemple d'une commune, d'un établissement public, comme ils ne méritent pas la même faveur, et que la nécessité de l'autorisation administrative, ou de l'audition du ministère public, a été prescrite dans un intérêt général, le compromis étant un contrat synallagmatique, doit être considéré comme entièrement nul, et toutes les parties peuvent se prévaloir de la nullité. Berriat, 40 ; Carré, n° 3258. — V. *sup.* n° 56.

**61.** La C. cass. a jugé, le 5 oct. 1808, S. 9, 71, qu'il devait en être ainsi dans une espèce où le compromis avait été signé par le curateur aux biens d'un absent, et la même doctrine a été admise à l'égard d'un compromis passé par un mandataire qui n'avait pas de pouvoir spécial. Toulouse, 29 avr. 1820, D. 21, 38.

**62.** Mais, une partie ne peut point demander la nullité du compromis qu'elle a librement consenti sur la propriété d'un terrain, sous le prétexte que l'autre contractant était propriétaire indivis, et par moitié avec une commune, du terrain litigieux, lorsque cette commune n'a point été partie à la contestation et n'élève aucune réclamation. Cass. 24 août 1829, D. 29, 345.

**63.** A plus forte raison la partie majeure qui a passé un compromis ne peut-elle en demander la nullité, sous le prétexte qu'un mineur a un intérêt éventuel à la contestation, lorsque ce mineur est constamment demeuré étranger au compromis et ne l'attaque en aucune façon. Paris, 13 av. 1810.

**64.** La partie capable a-t-elle le droit, tant que la sentence arbitrale n'est pas rendue, de demander que le compromis soit ratifié ou qu'il reste sans effet ?—D'une part on soutient qu'il est toujours permis de régulariser une procédure, lorsque les choses sont entières. Mais on répond avec raison que les choses ne sont plus entières dans le cas dont il s'agit : par le compromis, la partie capable s'est engagée à se soumettre à la décision des arbitres ; son consentement est désormais acquis à son adversaire : le contrat est par conséquent parfait, et il n'existe pas plus de raisons pour le rompre avant qu'après la sentence rendue. — *Contrà*, Carré, n° 5259 ; *Prat.*, t. 5, p. 543.

**65.** L'annulation du compromis entraîne nécessairement la nullité de tous les actes qui en sont la suite, sans néanmoins rien préjuger sur le fond de la contestation. Cass. 4 fév. 1807, S. 7, 254 ; Carré, n° 5261.

### § 2.—*Arbitrage forcé.*

Art. 1. — *Cas où l'arbitrage est forcé.*

**66.** L'arbitrage est forcé en matière commerciale pour toutes les contestations qui peuvent s'élever entre les associés, leurs veuves, héritiers ou ayant-cause, relativement à leur société. C. comm. 51, 62.

**67.** *Entre les associés.* — Peu importe que la société soit en commandite, en nom collectif, ou anonyme. Cass. 19 fév. 1817 ; Pardessus, n° 1409.

**68.** La même compétence s'applique-t-elle aux associations en participation ?—Le doute naît de ce que le Code distingue ces associations des sociétés ordinaires, qu'il les dispense des formalités prescrites pour les autres sociétés, et qu'il ne nomme que ces dernières lorsqu'il parle de l'arbitrage. En outre, les co-intéressés sont le plus souvent de domiciles différens, et l'association n'ayant pas de siége, il n'existe aucun trib. compétent pour nommer les arbitres : d'où il résulte qu'il faudrait contraindre l'une des parties à prendre un arbitre hors de son domicile.— Cependant la généralité de ces mots : *toutes contestations entre associés,* nous paraît comprendre les difficultés qui s'élèvent entre les associés en participation, comme celles qui divisent tous autres associés. La loi ne fait aucune distinction : peu importe qu'elle dispense les associations en participation des formalités établies pour les autres sociétés, car la compétence des arbitres ne saurait être considérée comme une *formalité ;* conséquemment la question reste entière. La juridiction àrbitrale offre d'ailleurs les mêmes avantages aux associés en participation qu'aux autres associés. Bruxelles, 27 déc. 1810 ; Turin, 26 fév. 1814 ; Cass. 28 mars 1815, S. 15, 154 ; 7 janv. 1818 ; Toulouse, 5 janv. 1824 ; Bordeaux, 4 juill. 1831, D. 33, 62 ; Berriat, 46, note 31 ; de Vatimesnil, n° 22 ; Pardessus, n° 1409. — *Contrà,* Gênes, 29 déc. 1808 ; Vincens, 1, 200.

**69.** Le procès n'est pas entre associés lorsqu'il s'agit : — 1° d'une action personnelle intentée par les créanciers d'une société en commandite tombée en faillite, contre le gérant de cette société. Paris, 23 fév. 1833, S. 33, 503.

2° Des difficultés élevées sur un projet de liquidation de société par un créancier de l'un des associés *agissant en son nom personnel.* Paris, 17 déc. 1833, D. 34, 30.

5° Des contestations survenues entre deux agens d'assurances qui se sont obligés à partager entre eux les droits de courtage provenant de leurs opérations. Cass. 29 nov. 1831, D. 52, 401.

4° De la demande formée par certains actionnaires d'une société anonyme en dommages-intérêts contre les anciens administrateurs, à raison d'actes faits par ceux-ci dans leur intérêt personnel au préjudice de ces actionnaires : une semblable action n'intéresse pas la société, et les administrateurs d'une société anonyme, nommés par l'assemblée générale ne doivent compte du mandat qu'ils ont accepté qu'à la société représentée par les nouveaux administrateurs. A l'égard des actionnaires agissant individuellement il ne sont pas considérés comme *des associés.* Paris, 31 janv. 1833, D. 33, 291.

5° Du règlement des bénéfices entre un négociant et son commis qui a pour traitement un intérêt dans les bénéfices de la maison, le trib. de comm. est seul compétent. Cass. 31 mai 1831 (Art. 365 J. Pr.).

**70.** La faillite de l'un des associés ne change rien à la compétence arbitrale. Bordeaux, 4 juill. 1831; Paris, 7 août 1833, S. 33, 513.

**71.** Il serait indifférent que la société eût été contractée avant la promulgation du C. de comm. et sous l'empire de lois qui n'exigeaient pas l'arbitrage. Les lois sur la compétence *rétroagissent* sur les affaires qui ont précédé leur mise en activité. Turin, 8 juill. 1809, S. 10, 44.

**72.** La C. de Rouen a décidé, le 27 juin 1828, D. 29, 194, que le droit d'être jugé par arbitres forcés est personnel aux associés et incessible; quemême si, après le renvoi devant arbitres, le gérant de la société cède à un tiers la créance qui donne lieu au litige, le cessionnaire est non recevable à continuer l'instance, et, par exemple, à requérir le remplacement d'un arbitre démissionnaire. — Cette doctrine nous paraît inadmissible : le cessionnaire des associés prend la place de son cédant, la position respective des parties contestantes reste donc la même, la nature du procès ne subit aucune modification et les raisons qui ont fait introduire l'arbitrage en matière de société subsistent avec toute leur force. De Vatimesnil, n° 24.

**73.** *Relativement à la société.* — Les associés restent soumis à la juridiction ordinaire pour toutes les contestations étrangères à la société.

**74.** Si l'existence même de la société est l'objet de la contestation, cette question n'est plus du ressort des arbitres ; les parties ne sont leurs justiciables qu'en qualité d'associés, et par conséquent cette qualité doit être préalablement reconnue par les trib. ordinaires. Trèves, 5 fév. 1810, S. 14, 154; Cass. 6 déc. 1821; 30 nov. 1825, S. 26 185; Lyon, 21 avr. 1823, S. 23, 257.

18 mai 1823, S. 24, 221; 15 fév. 1827, S. 27, 143; et 50 juill. 1852; Toulouse, 5 janv. 1824; Paris, 20 janv. 1830, D. 30, 45; Poitiers, 24 nov. 1830, D. 31, 33; Aix, 14 déc. 1827, D. 28, 45; Cass. 17 avr. 1834, S. 34, 276; 5 août 1836 (Art. 502 J. Pr.); Pardessus, n° 1409.

**75.** Néanmoins la nullité de la société, résultant du défaut de publication de l'acte social dans les délais légaux, ne soustrait pas les parties à l'arbitrage forcé pour les faits antérieurs au jugement qui prononce cette nullité : l'art. 42 C. comm. permet bien aux associés de faire rompre la société pour l'avenir; mais il en consacre à leur égard tous les effets pour le passé. Cass. 13 juin 1852, D. 32, 251.

Au surplus cette nullité est couverte par la renonciation des parties à s'en prévaloir, par l'exécution de la société, et sa dissolution volontaire; elle ne peut être prononcée d'office. Bordeaux, 16 déc. 1829, S. 30, 229.

**76.** Les arbitres sont compétens 1° pour connaître d'une demande en dissolution de société, fondée sur l'inexécution des engagemens de l'un des associés, ou sa mauvaise gestion : réclamer la dissolution d'une société, c'est en effet en reconnaître implicitement l'existence. Les arbitres n'ont pas d'ailleurs à prononcer sur l'existence même de la société ou sur la validité de l'acte qui la constitue, mais sur une contestation sociale résultant de l'inexécution des engagemens pris par l'un des associés à l'égard des autres. Lyon, 21 avr. 1823, D. A. 1, 646; 6 juill. 1829; Cass. 21 août 1828, S. 29, 52; 6 juill. 1829, S. 30, 507. — *Contrà*, Lyon, 22 août 1825, D. 26, 63; Corse, 15 fév. 1827, D. 27, 67; Lyon, 18 mai 1823, D. 24, 123; Cass. 26 nov. 1835 (Art. 250 J. Pr.).

2° Pour juger si une société a été dissoute, et, par suite, pour apprécier les dommages-intérêts auxquels cette dissolution peut donner lieu. Paris, 28 fév. 1829, S. 29, 228; Cass. 10 janv. 1851, S. 32, 207.

3° Pour désigner lequel des associés sera liquidateur. Lyon, 22 août 1825, D. 26, 66.

**77.** Toutefois, le trib. de comm. devient compétent, s'il s'agit : 1° d'une contestation élevée entre associés, sur la liquidation d'une société, lors de la dissolution de laquelle ils ont réglé leurs droits respectifs. Lyon, 26 fév. 1828, S. 29, 111. — *Contrà*, Colmar, 24 août 1808, D. A. 1, 846.

A moins cependant que la contestation ne portât sur des redressemens de compte faits par des arbitres qui auraient réglé la liquidation sociale. Auquel cas il faudrait faire juger de même par des arbitres ces redressemens; mais ce serait parce que toute demande en redressement de compte doit être portée devant le juge qui a fait le compte. Cass. 28 mars 1815; Pardessus, n° 1409.

2° D'une contestation relative à un engagement contracté par un associé individuellement envers la société; il n'y a plus là réunion des deux caractères exigés par la loi pour soustraire les parties à la juridiction ordinaire, c'est-à-dire une contestation entre associés, et *relative à la société*. Metz, 29 avr. 1817, D. 1, 645; Bordeaux, 31 août 1831; S. 32, 19.

**78.** Cependant il a été jugé que, si par jugement passé en force de chose jugée, des associés avaient été envoyés en matière commerciale autre que de société devant des *arbitres-juges* qu'ils auraient acceptés pour tels, il y aurait chose jugée sur ce point, et l'on ne pourrait décider que de tels arbitres étant seulement des arbitres volontaires, l'ordonnance d'*exequatur* a été incompétemment rendue par le président du trib. de comm. Cass. 28 av. 1829, D. 29, 228. (*Aff.* Frossard).

**79.** Mais les arbitres ont sans aucun doute qualité pour connaître des contestations entre associés sur le paiement de lettres de change, souscrites pour mises sociales, bien qu'elles soient causées valeur reçue comptant. Paris, 18 mars 1833, D. 34, 39.

**80.** La décision portant que, *tels débats* sont étrangers à la société, n'échappe pas à la censure de la Cour suprême. La constatation des faits est souveraine; mais leur qualification peut être appréciée par la Cour de cassation. — V. *Cassation*.

**81.** L'incompétence des trib. de comm., à l'égard des contestations déférées aux arbitres, est absolue; les parties peuvent donc la proposer en appel, et les tribunaux ont même le droit de l'ordonner d'office. Les termes de l'art. 51 C. comm. sont impératifs. Colmar, 24 août 1807, S. 7, 1203; Cass. 7 janv. 1818, S. 18, 129; Toulouse, 5 janv. 1824; Paris, 25 fév. 1829, S. 29, 130; Bordeaux, 21 mars 1832; Vincens, 1, 200. — Il en était autrement sous l'empire de l'ordonn. de 1673. Paris, 1er germ. an 11; Cass. 22 therm. an 11, S. 7, 372; 14 juin 1815.

**82.** Toutefois, il a été jugé qu'elle ne pouvait être proposée pour la première fois devant la C. de cass. Cass. 5 juill. 1837 (Art. 937 J. Pr.).

**83.** Quoi qu'il en soit, les tribunaux civils peuvent prononcer valablement sur des contestations entre associés, lorsque aucune partie ne décline leur compétence : ils ont la plénitude de la juridiction; l'art. 51 C. comm., qui restreint la compétence exceptionnelle des trib. de comm., ne leur est point applicable. Cass. 9 av. 1827, S. 27, 328. — *Contrà*, Pardessus, n° 1409.

**84.** Mais le consentement des parties serait insuffisant pour conférer aux trib. de comm. le droit de réduire les arbitres aux fonctions de simples rapporteurs, en se réservant le droit

de prononcer sur la contestation. Paris, 5 juill. 1810, S. 14,
141 ; Pardessus, *ib*.

**85.** Les associés commerçans conservent le droit de soumettre
leurs contestations à des arbitres volontaires dont ils déterminent les pouvoirs : l'arbitrage forcé remplace pour eux le
trib. de comm.; mais ils ne sont pas plus obligés d'employer
cette voie, que les autres citoyens ne sont contraints de recourir
aux trib. civils. Cass. 16 juill. 1817 ; 6 avr. 1818 ; Poitiers, 13
mai 1818 ; 1ᵉʳ mai 1822 ; 20 avr. 1825, S. 26, 133 ; 24 avr.
1834, D. 34, 209.

**86.** Ils peuvent aussi, sans changer la nature de l'arbitrage,
étendre les pouvoirs des arbitres forcés, en renonçant 1° à l'appel. C. comm. 52 ; Cass. 26 mai 1813, S. 14, 4 ; 28 avr. 1829,
S. 29, 185 ; Paris, 18 avr. 1833, D. 33, 133.— V. *inf.* n° 151.

2° Au pourvoi en cassation. C. comm. 55 ; Cass. 7 mars 1832,
S. 22, 242 ; 7 mai 1828, S. 28, 501 ; 28 avr. 1829 ; Aix, 6
mars 1829, S. 29, 303 ; Paris, 16 août 1852, S. 32, 545 ; 11
avr. 1825, D. 25, 161.

3° A la requête civile, et à toutes les autres voies de droit.
Cass. 8 août 1825, D. 25, 388 ; 7 mai 1828 ; 28 avr. 1829 ;
21 nov. 1832, D. 33, 61 ; Lyon 14 juill. 1828, D. 28, 194.
— V. *inf.* n° 153.

Ou bien encore en autorisant les arbitres à ne pas suivre les
formes tracées par la loi (Cass. 21 nov. 1832, D. 33, 65). Ces
stipulations ne font pas perdre à l'arbitrage forcé son caractère
primitif.

**87.** Mais en est-il de même de la clause par laquelle les arbitres sont institués amiables compositeurs ?

Pour l'affirmative, on dit : Les arbitres constituent pour les
associés la juridiction commerciale au premier degré (C. comm.
51) ; ils peuvent, du consentement des parties, devenir juges
souverains (C. comm. 52).—Pourquoi la faculté qui, de droit
commun, appartient aux justiciables d'étendre le pouvoir des
arbitres jusqu'à l'amiable composition, n'aurait-elle pas lieu en
matière d'arbitrage forcé ? Cette faculté est éminemment de l'essence des relations commerciales, elle rentre dans l'application
des art. 51 et 52 C. comm., mais les associés n'en restent pas
moins dans ce cas en arbitrage forcé, selon la loi commerciale,
et ils doivent, pour l'organisation et la régularisation de l'arbitrage, procéder devant le trib. de comm.

Toutefois, on répond : La faculté de proroger la juridiction
légale n'est pas sans limites. Ainsi, il est permis d'étendre les
pouvoirs conférés à un trib. en l'autorisant à juger en dernier
ressort une contestation qu'il n'aurait été appelé à connaître
qu'à la charge d'appel ; mais lui soumettre une difficulté étrangère aux matières placées dans ses attributions, ce serait non pas

seulement augmenter, mais créer une juridiction. Comment conférer à un trib. d'appel le droit de statuer sur une affaire comme trib. de 1ʳᵉ inst., ou à un trib. de 1ʳᵉ inst. celui de juger un appel? L'ordre public s'oppose à un pareil renversement des institutions. (— V. *Prorogation de juridiction*). — A plus forte raison. est-il impossible d'admettre que les parties aient le droit de dispenser un trib. d'obéir au devoir qui lui est imposé, et de l'autoriser à juger contrairement aux lois qu'il a mission expresse de faire respecter et d'appliquer dans toutes les occasions. Aussi n'est-il jamais entré dans l'idée de personne qu'on pût conférer à un trib. civil ou de commerce les pouvoirs d'amiables compositeurs. Comment donc serait-il permis de les déléguer à des arbitres forcés, qui, en matière de contestations entre associés, sont les juges nécessaires des parties et constituent un trib. placé par la loi sur la même ligne que les trib. de commerce? — L'art. 52 C. comm. autorise seulement la renonciation à l'appel et au pourvoi en cassation: il ne va pas jusqu'à affranchir les arbitres de l'obligation de juger conformément à la loi, obligation résultant pour eux, sans aucune exception du caractère dont ils sont revêtus. La qualité d'amiable compositeur est donc incompatible avec celle d'arbitre forcé. Des associés ne peuvent en investir les personnes appelées à juger les contestations survenues entre eux qu'en vertu du droit essentiel et primitif qui leur appartient, comme à tous les autres citoyens, de ne pas recourir aux trib. réguliers et de se faire juger par des arbitres de leur choix; mais alors l'arbitrage change complètement de nature et cesse d'être forcé pour devenir volontaire. Il se trouve par suite soumis à d'autres règles, en ce qui concerne les formes, l'exécution et les effets de la sentence.

Cette opinion, admise par tous les auteurs, avait été consacrée par de nombreux arrêts: Montpellier, 27 août 1824, 7 mai 1828, D. 28, 257; Lyon, 14 juill. 1828, D. 28, 194; Cass., ch. civ., 16 juill. 1817, S. 17, 305; 6 avr. 1818, S. 18, 326; ch. req., 1ᵉʳ mai 1822, S. 23, 56; ch. civ., 4 mai 1830, S. 30, 164; ch. crim., 29 avr. 1837, S. 37, 278. Même dans les cas où les arbitres avaient été choisis par le trib. de comm. Montpellier, 25 avr. 1831, D. 32, 56; Toulouse, 13 juill. 1833, D. 34, 75. — V. *inf.* n° 151.

Mais le système opposé, déjà adopté par les considérans d'un arrêt ch. req. 22 août 1832, et par un arrêt C. Amiens, 14 août 1837 (Art. 930 J. Pr.), a prévalu, le 12 mai 1838, devant les chambres réunies de la C. cass.

La critique devient superflue en présence d'une décision qui, d'après notre législation a presque l'autorité de la loi. Toutefois nous regrettons vivement que la Cour se soit abstenue de donner les motifs qui ont déterminé sa conviction.

L'arrêt porte : — « Attendu, en droit, que la faculté donnée à des *arbitres-juges*, créés par l'art. 52 C. comm., de prononcer comme *amiable compositeur*, surtout lorsqu'elle est contenue dans un traité antérieur à toute contestation entre les parties, proroge, sans la dénaturer, la juridiction ou la mission de ces arbitres ultérieurement nommés par le trib. comm. »

88. Au reste, la faculté d'étendre les pouvoirs des arbitres forcés, n'appartient qu'aux associés, maîtres de disposer de leurs droits. Cass. 6 av. 1818, S. 18, 326. — Cet arrêt a annulé un compromis, par lequel les syndics de l'un des associés avaient nommé des arbitres amiables compositeurs, — « attendu que si les syndics avaient le pouvoir de nommer des arbitres forcés, ils n'auraient pu, conformément à l'art. 1003, nommer des arbitres volontaires qu'en vertu d'une autorisation spéciale qui ne leur avait pas été conférée. » — Il semble résulter de ces considérans, que les syndics auraient valablement conféré aux arbitres la qualité d'amiables compositeurs, s'ils en avaient reçu l'autorisation des créanciers, mais ce serait à nos yeux une grave erreur. Les causes qui intéressent les faillites doivent être communiquées au ministère public, et d'ailleurs la majorité des créanciers ne peut imposer à la minorité une juridiction qui n'est pas établie par la loi.

89. Des syndics ne peuvent également conférer aux arbitres le droit de prononcer en dernier ressort : il y a même motif pour leur appliquer l'art. 63 C. comm. qui interdit au mineur la renonciation à l'appel. — *Contrà*, Limoges, 28 avr. 1813, D. A. 1, 619. — V. *sup.* n° 49.

90. Mais si des associés majeurs étaient convenus, dans l'acte de société, de faire juger, sans appel, toutes les contestations qui pourraient s'élever entre eux, cette stipulation aurait-elle son application même au cas où l'un des associés serait tombé en faillite, ou serait décédé laissant des enfans mineurs ?

Pour la négative, on invoque l'incapacité où est le tuteur ou le syndic de passer un compromis (—V. *sup.*|n°ˢ 42 et 49). Il est vrai que les contestations entre associés et relatives à une société commerciale doivent, d'après la loi, être jugées par des arbitres, sans qu'un compromis préalable soit nécessaire ; mais cette obligation légale est soumise à un mode d'exécution et susceptible de modifications, de clauses accessoires qui dépendent de la convention des parties. Le législateur l'a fort bien compris, aussi a-t-il répondu à cette distinction entre le compromis et la convention dans l'art. 60 C. comm., puisqu'il parle de compromis même dans l'arbitrage forcé. D'ailleurs pour être jugées sans appel par ces arbitres, les parties ont évidemment besoin d'être unies par un contrat (C. comm. 52). Or, qu'est-ce que ce contrat, sinon un compromis ? Alors ne dérogent-elles

pas à l'ordre légal des juridictions, soit en soumettant à des
arbitres une contestation qui ne leur est pas dévolue, soit en
leur conférant, lorsqu'ils tiennent leur compétence de la loi elle-
même, des pouvoirs qui excèdent la limite qu'elle a posée? Si
l'art. 1122 C. civ. rend obligatoire, pour *les héritiers* des contractans capables ou incapables, une convention légalement formée,
la loi elle-même soumet ce principe aux modifications résultant de la nature de la convention ; spécialement l'art. 1013 C.
pr. décide que le compromis souscrit par un majeur n'oblige
pas ses héritiers mineurs.

Les intérêts des mineurs, surtout dans nos Codes, ont attiré
la sollicitude du législateur, le ministère public doit être entendu dans toutes les causes qui les intéressent et de là est venue
la disposition de cet art. 1013, qui les dégage d'un arbitrage
consenti par leur auteur.

Il est bien vrai que, dans l'intérêt du commerce, ce principe a
fléchi, l'art. 62 C. comm. appliquant la règle écrite dans l'art.
426 C. pr. soumet les veuves et héritiers des associés à l'arbitrage même quand des mineurs sont héritiers d'une personne
qui avait fait partie de quelque société; cette circonstance
n'empêche point d'exécuter l'art. 51 C. comm. , mais le jugement des arbitres n'est pas en dernier ressort, l'art. 63 le décide
expressément. Les mineurs retrouvent donc leur garantie devant la Cour où ils sont défendus par le ministère public. La
mort ne détruit pas l'obligation légale d'arbitrage, elle détruit
seulement l'obligation conventionnelle d'être jugé sans appel.
Cette théorie fait la part convenable entre les obligations légales
et les obligations conventionnelles. Lyon, 21 avr. 1823,
S. 23, 257.

M. Pardessus, n° 1002, adopte entièrement cette doctrine
en ce qui concerne le mineur ; mais, au n° 1391, il professe
l'opinion contraire à l'égard des syndics, sans donner aucune
raison de cette différence qui ne nous semble nullement fondée.

Les partisans du système opposé à celui que nous venons de
développer distinguent avec raison la clause par laquelle des
parties renoncent, dans un acte de société, à se pourvoir contre
la décision des arbitres, et un compromis ordinaire. Dans ce
cas, en effet, la clause compromissoire se confond avec les
autres stipulations insérées au contrat ; elle peut avoir été la
clause déterminante de la convention principale à laquelle les
autres parties n'auraient pas accédé sans cette condition ; elle ne
doit donc pas être séparée des autres clauses de l'acte social, et
dès lors le décès de l'un des contractans ne suffit pas pour
l'anéantir au préjudice des autres parties. Tous les héritiers
sont liés par les stipulations émanées de leurs auteurs (C. civ.
1122). S'il en était autrement une clause fréquente, éminem-

ment utile dans les sociétés par actions, sans lesquelles on ne saurait réaliser les grandes entreprises d'utilité publique, deviendrait sans application, car il est impossible que, pendant une longue période d'années et parmi un si grand nombre d'actionnaires, il ne se trouve pas toujours quelques mineurs. — D'ailleurs les art. 6, tit. 4, L. 24 août 1790, et 639 C. comm. autorisent les parties à renoncer à la faculté d'appeler des jugemens du trib. civ. ou de comm. qui prononcent alors en premier et en dernier ressort ; cette renonciation, faite par les parties capables de s'obliger, constitue une convention légalement formée obligatoire pour les contractans et leurs héritiers (C. civ 1122, 1134) ; la minorité de l'un ou de l'autre des contractans n'apporte aucune modification à la stipulation. Or, l'art 51 C. comm. soumet toutes les contestations entre les associés au jugement d'arbitres qui sont des juges forcés pour les associés et remplacent à leur égard les trib. de comm.. Dès lors, la renonciation à se pourvoir contre leurs décisions doit produire le même effet que si elle eût été consentie dans un trib. civ. ou de comm., et par suite elle est obligatoire pour les héritiers même mineurs des associés. L'art. 63 C. comm. que l'on oppose, ne s'applique qu'au cas où le tuteur stipule lui-même les intérêts du mineur héritier de l'associé et n'est que la conséquence des dispositions restrictives du pouvoir du tuteur et spécialement de l'art. 467 C. civ. Mais, lorsque la renonciation à l'appel a été faite par l'associé lui-même, le tuteur qui en subit la loi pour les mineurs de cet associé ne fait, au nom dudit mineur, aucun abandon, aucune stipulation nouvelle, il demeure seulement lié par une convention préexistante et obligatoire. Paris, 20 juin 1817, S. 18, 95 ; 1er mai 1828, S. 28, 231 ; 10 nov. 1835 (Art. 380 J. Pr.), Cass. 8 mai 1827 (Art. 750 J. Pr.) ; de Vatimesnil, n° 145 et suiv.

**91.** La même solution s'appliquerait au cas où les arbitres auraient été nommés amiables compositeurs. — V. *inf.* n° 159.

Art. 2. — *Nomination des arbitres.*

**92.** La nomination des arbitres se fait soit par un acte sous signature privée, notarié, ou extrajudiciaire, soit par un consentement donné en justice. C. comm. 53.

**93.** Chaque associé a le droit de nommer son arbitre. C. comm. 55. — V. toutefois *inf.* n° 97.

Cette disposition donne lieu à de graves abus ; chaque arbitre se regarde souvent comme spécialement chargé de défendre les intérêts de la partie qui l'a choisi. — Pour prévenir cet inconvénient dans la plupart des actes de société l'on stipule que tous les arbitres seront nommés par les parties d'accord, et en cas de dissentiment par le tribunal.

Le cessionnaire de l'associé remplace ce dernier. Paris, 4 avr. 1835. S. 35, 261. — *Contrà*, Rouen, 27 juin 1828, S. 29, 242. — Si la cession est partielle, il concourt avec le cédant à la nomination de l'arbitre.

**94.** Si un associé n'use pas du droit de nommer son arbitre, le trib. de comm. lui en nomme un d'office. C. comm. 55.

Néanmoins l'associé peut faire un autre choix, tant que les opérations de l'arbitrage ne sont pas commencées : la désignation du trib. n'est faite que subsidiairement. Paris, 25 mars 1813, S. 16, 86; 7 juin 1814, D. A., 1, 783.

**95.** Mais la nomination d'office, faite contradictoirement, a le caractère d'un jugement définitif, et ne peut être révoquée que du consentement de toutes les parties. Cass. 14 janv. 1831, D. 31, 232; Carré, art. 1008, note 1. — *Contrà*, Bordeaux, 15 nov. 1827, D. 28, 192.

**96.** Les parties, quand elles sont toutes d'accord, peuvent nommer le nombre d'arbitres qu'elles jugent convenable.

Mais lorsque le trib. de comm. fait d'office la nomination, il est tenu d'en choisir un pour chaque partie ayant un intérêt distinct. Peu importe que par suite les arbitres se trouvent en nombre pair. Turin, 26 fév. 1814, D. A., 1, 667.

La disposition du C. de pr. qui ordonne de nommer un ou trois arbitres pour l'examen de comptes, pièces et registres, n'est relative qu'aux arbitres rapporteurs et non aux arbitres-juges. Cass. 5 juin 1825, 9 avr. 1816, D. A., 1, 669.

S'il n'y a que deux associés, le trib. ne peut, à peine de nullité, nommer trois arbitres. Bordeaux, 15 nov. 1827, D. 28, 192. — Toutefois cette nullité ne serait plus opposable par les parties qui auraient acquiescé à ce jugement en posant des conclusions au fond devant les arbitres, Cass. 23 juill. 1833; D. 33, 314; 23 juill. 1833, S. 33, 877.

**97.** C'est au trib. à décider si plusieurs associés qui prétendent avoir des intérêts distincts n'ont en réalité que le même intérêt et à fixer le nombre d'arbitres qu'ils peuvent désigner. Pardessus, n° 1412.

**98.** Si à défaut de désignation individuelle on était convenu dans un acte, qu'en cas de contestations les arbitres seraient choisis dans *telle* classe de personnes, cette clause serait obligatoire pour le tribunal chargé de nommer les arbitres d'office. Paris, 6 août 1840, S. 16, 82; Merson, 28; Carré, n° 3275.

**99.** De même, la stipulation par laquelle les parties se sont engagées, dans l'acte de société, à se soumettre à des arbitres jugeant en dernier ressort ou même comme amiables compositeurs, doit recevoir son exécution, encore bien que les arbitres soient ultérieurement nommés d'office. Cass. 15 juill. 1818,

S. 19, 1; Grenoble, 13 juill. 1824, D. 25, 102; 4 mai 1825, D. 25, 213. — *Contrà*, Bordeaux, 20 fév. 1827, D. 27, 186. —V. *sup.* n° 87.

**100.** La clause qui défère la décision des contestations à naître aux arbitres *domiciliés dans telle ville*, est attributive de juridiction au tribunal de cette ville pour la nomination des arbitres dont les parties ne peuvent pas convenir à l'amiable.— Peu importe que ce tribunal ne soit pas celui du domicile de la partie contre laquelle la demande en nomination d'arbitre est dirigée. Cass. 6 fév. 1833, S. 33, 767.

**101.** Le refus de l'une des parties, d'user du droit de nommer son arbitre, ne préjudicie pas aux autres parties qui désirent en user; le tribunal ne doit donc en désigner d'office que pour celle qui n'a pas fait connaître son choix. L'art. 55 C. comm. n'exige pas que la nomination des arbitres soit faite d'un commun accord entre les parties, ni acceptée par elles; il résulte au contraire des termes et de l'esprit de cet article, que la nomination peut avoir lieu individuellement de la part de chaque associé, puisqu'elle est valablement constatée par un acte unilatéral; c'est donc un droit appartenant à chacune des parties, et indépendant de la volonté des autres. — Le système contraire aurait l'inconvénient de donner à une partie le moyen d'éloigner de l'arbitrage des arbitres contre lesquels il n'y aurait aucun motif légitime de récusation. —Enfin, on opposerait vainement la disposition de l'art. 429 C. pr. relative à la nomination des arbitres experts; car cette nomination est régie par des principes tout différens, et ne saurait s'appliquer en aucune façon à celle des arbitres juges. Cass. 5 juin 1815, 9 et 10 avr. 1816, S. 15, 384; 17, 135; Lyon, 21 avr. 1825, S. 25, 250, D. et 28 août 1825, D. 25, 35; Bordeaux, 25 nov. 1827, D. 28, 42; Locré, *Esp. C. comm.* 1, 213; Delvincourt, 2, 64; Pardessus, 5, n° 1412; Berriat, 47, note 31; Carré, n° 3279; Metz, 11 janv. 1833; — *Contrà*, Montpellier, 8 juill 1813; Rouen, 24 août 1813, D. A. 1, 669.

**102.** Cependant, lorsque l'un de plusieurs associés ayant un intérêt commun, refuse d'accéder à la nomination de l'arbitre choisi par ses coassociés, le trib. doit nommer l'arbitre pour tous les coassociés, encore bien que le choix ait été fait par la majorité : en effet, il serait injuste que, dans un tribunal, un seul intérêt fût représenté par plusieurs arbitres, et, d'un autre côté, aucun texte ne force la minorité des associés à se soumettre au choix de la majorité. Cass. 10 avr. 1816, S. 16, 203; Merson, n° 32; Pardessus, n° 1412.

**103.** La partie qui nomme un arbitre incapable ou hors de la classe désignée dans le compromis, est considérée comme n'en nommant point, et le trib. en désigne un pour elle. Pardessus, n° 1412. — V. Cass. 5 juin 1815, 9 avr. 1816, S. 15 384 ; 17, 135.

**104.** En cas de décès de l'un des arbitres nommés d'accord par les associés, il y a lieu, non seulement au remplacement de l'arbitre décédé, mais encore au renouvellement de tous les arbitres. Bruxelles, 30 mai 1810, D. A. 1, 715. — En cas de désaccord des parties sur la nomination du nouvel arbitre, le trib. doit composer tout le trib. arbitral, mais les parties peuvent se borner à remplacer l'arbitre décédé si elles désirent maintenir les autres; dans tous les cas elles peuvent les renommer, et le trib. peut également les choisir.

**105.** La nomination des arbitres doit être faite suivant les lois suisses si l'on s'est soumis à ces lois par le compromis passé en Suisse. Paris, 19 mars 1830, D. 30, 177.

Section II. — *Forme du compromis.*

**106.** Le compromis, et à plus forte raison la simple convention de passer un compromis (Bruxelles, 28 mai 1821, D. 21, 851), doivent nécessairement être rédigés par écrit. C. pr. 1005, 1006. — Peu importe qu'il s'agisse d'arbitrage volontaire ou forcé.

**107.** Le compromis a lieu par acte notarié, ou sous seing privé. C. pr. 1005.

**108.** Il est assujetti aux formes requises pour la validité des actes en général. En conséquence, s'il est rédigé par acte sous seing privé, il doit être fait en autant d'originaux qu'il existe de parties ayant un intérêt différent, et cette circonstance doit être mentionnée. C. civ. 1325; Bourges, 23 janv. 1824; Prat., t. 5, p. 358; Carré, n° 3272; Thomine, n° 1211.

Toutefois il n'est pas nécessaire de répéter la mention du fait *double*, lorsqu'il ne s'agit que d'une simple addition ou rectification mise par renvoi à la suite de l'acte : le renvoi fait partie essentielle et intégrante de l'acte, il est protégé par la mention générale qui s'y trouve énoncée.

Peu importe même que le renvoi contienne une clause tout-à-fait distincte, et qu'il ne soit apposé que plusieurs mois après la rédaction complète de l'acte.

Ainsi la C. de Grenoble (1er juin 1831, D. 302, 201) a validé un renvoi, placé après la mention de fait double, et contenant la substitution de nouveaux arbitres à ceux qui avaient été précédemment nommés.

**109.** Dans tous les cas, la nullité résultant du défaut de mention du nombre d'originaux, ou même de l'insuffisance de ce nombre, est couverte par l'exécution du compromis. Arg. C. civ. 1338. — Spécialement, par la comparution des parties devant les arbitres, par la remise du compromis à ces derniers, ou

par des conclusions prises devant eux. Cass. 12 fév. 1812 ; 15
fév. 1814 ; Pau, 19 juin 1828, D. 50, 145 ; Aix, 6 mars 1829,
D. 29, 157 ; Cass. 4 mars 1850 ; Toullier, 8, n° 558 ; Carré, *ib.*

110. Toutefois, la comparution ne saurait être prouvée par
le seul témoignage des arbitres irrégulièrement nommés. Trèves,
15 nov. 1811 ; Cass. 8 frim. an 11, S. 4, 662.

111. La nullité, résultant du défaut de signature de l'une
des parties, est également couverte par le concours de cette partie à l'arbitrage. Cass. 5 juill. 1852, S. 55, 522 ; 11 fév. 1824,
D. A. 1, 736.

112. Le compromis peut encore être fait, 1° par procès-
verbal devant les arbitres choisis. C. pr. 1005.

Mais il faut, dans ce cas, que les parties sachent signer ; autrement les arbitres seraient témoins dans leur propre cause.
Ils ne peuvent recevoir le compromis qu'en qualité d'arbitres ;
il est donc indispensable que cette qualité soit prouvée par la
signature des parties. Thomine, n° 1211.

113. La nomination du tiers-arbitre émanée des parties devant les arbitres qui ont déclaré être partagés, est valablement
constatée par ces derniers. Grenoble, 15 juill. 1825, D. 25, 214.
—V. *inf.* Sect. IX.

114. 2° Par un procès-verbal de conciliation : le juge de
paix, chargé d'amener les parties à un arrangement ou à un
compromis, a nécessairement qualité pour constater leurs conventions. C. pr. 54 ; Toulouse, 21 déc. 1813, 29 avr. 1820,
25 juin 1851, D. 51, 215 ; Grenoble, 17 janv. 1822 ; Cass. 11
fév. 1824, S. 25, 209 ; Bordeaux, 5 fév. 15 juill. 1830, D. 50,
162 ; Carré, n° 5271.

La signature des parties n'est pas nécessaire, pourvu que le
procès-verbal indique pourquoi elles n'ont pas signé. *Mêmes arrêts.*

Si quelques-unes des parties intéressées au partage, sur lequel
le compromis a eu lieu, n'ont pas été présentes au bureau de
paix il suffit que les copartageans présens se portent forts pour
les absens et représentent la ratification de ces derniers. Toulouse, 25 juin 1851, D. 51, 215.

115. Les parties qui sont en instance devant les juges ordinaires, peuvent aussi compromettre, en se désistant de cette
instance, et en obtenant acte, tant de leur désistement que de
leur déclaration de soumettre leur différend à des arbitres
qu'elles désignent : le jugement prouve la convention d'une
manière authentique ; ce qui suffit pour la validité du compromis. Bourges, 24 mai 1857 (Art. 897 J. Pr.); Carré, n° 5271.

116. Sous l'ancienne législation, plusieurs auteurs et certains parlemens, pensaient que les pouvoirs des arbitres pouvaient être constatés par la mention faite, dans la sentence arbitrale, d'un compromis verbal, ou même par la remise des

titres. — L'énonciation des pouvoirs donnés aux arbitres, mise en tête de la sentence, serait encore suffisante aujourd'hui, pourvu qu'elle fût signée des parties; car elle constituerait un véritable procès-verbal; mais la simple remise des titres ne saurait jamais équivaloir à un compromis, qui doit nécessairement être rédigé par écrit, aux termes de l'art. 1005; Carré, art. 1005. — V. *sup.* n° 106.

**117.** Toutefois, l'existence du compromis est suffisamment justifiée entre les parties par l'enregistrement, la comparution des parties devant les arbitres, constatée par leurs signatures, et la transcription du compromis dans la sentence arbitrale. Cass. 3 janv. 1821, S. 22, 199; Mongalvy, n° 223.

**118.** Il peut être compromis par un seul et même acte sur deux affaires, l'une en 1$^{re}$ inst., l'autre en appel. Toulouse, 3 juin 1828, D. 29, 268.

**119.** Un notaire est-il compétent pour recevoir un compromis dans lequel une des parties le choisit pour arbitre? — La négative a été jugée sous l'ancienne législation ( Parl. Paris, 2 mai 1687); et l'on soutient encore aujourd'hui dans le même sens que le notaire nommé arbitre par l'une des parties devient son mandataire, et perd ainsi son caractère d'officier public désintéressé. — D'ailleurs, la loi du 25 vent. an 11 défend aux notaires de recevoir des actes contenant des dispositions en leur faveur.

Cependant on oppose que les incapacités ne se suppléent pas; aucune loi ne défend aux notaires de recevoir des compromis où ils sont nommés arbitres, et une telle clause ne peut être considérée comme leur étant favorable.

D'ailleurs, le notaire n'est point réellement partie dans un acte, par suite duquel il devient juge, chargé de statuer sur les contestations qui divisent les contractans. Toulouse, 17 juill. 1826, S. 27, 70; Lyon, 9 fév. 1836 (Art. 531 J. Pr.).

**120.** Dans tous les cas la nullité, si elle existait, serait couverte par la comparution de la partie devant le notaire nommé arbitre. Cass. 26 mars 1829; Lyon, 9 fév. 1836.

**121.** Quant au juge de paix chargé de concilier les parties, la prohibition de la loi du 25 vent. an 11 ne lui est évidemment pas applicable; il a donc sans aucun doute qualité pour recevoir le compromis par lequel il est nommé arbitre. Arg. C. pr. 54; Colmar, 21 déc. 1813; Grenoble, 17 janv. 1822. — V. *sup.* n° 114.

**122.** Peut-on compromettre, sous forme de procuration, en remettant de part et d'autre à des tierces-personnes des blancs-seings, que celles-ci remplissent par une transaction?

Ce mode de contracter, autorisé dans l'ancien droit, comme l'attestent Duparc-Poullain, Rodier et Denisart, serait encore

valable sous le Code : aucun texte ne le prohibe; et s'il est de
l'essence des contrats que chaque partie sache à quoi elle s'engage, il est évident que celui qui souscrit un blanc-seing sait
parfaitement qu'il s'en remet à la libre volonté de celui à qui
il en confie l'usage. Rennes, 28 avr. 1825; Pigeau, 1, 76.

Mais un semblable engagement ne constitue en réalité qu'une
transaction, qui doit être régie par les règles spéciales à cette
espèce de contrat, et non un compromis, dont il ne renferme
aucun des élémens essentiels ( — V. *inf.* sect. III ). Duparc-
Poullain, t. 8, p. 443; Rodier, Comm., tit. 26; Ordonn. 1667;
Denisart, v° *Transaction;* Carré, n° 5268.

Ainsi, la partie qui a confié un blanc-seing à une tierce-personne a constamment le droit de le retirer d'entre ses mains,
malgré l'opposition de son adversaire; la remise de ce blanc-
seing n'est autre chose qu'un mandat que le mandant peut toujours révoquer à volonté. C. civ. 2003.

Section III. — *Clauses que doit, ou peut renfermer le compromis.*

§ 1. — *Clauses que doit renfermer le compromis.*

**123.** Le compromis doit désigner, *à peine de nullité,* les objets en litige, et les noms des arbitres. C. pr. 1006. — Les arbitres ne sont pas des juges ordinaires, et n'ont aucun caractère
public, il est nécessaire que le compromis leur donne un titre,
et aux parties une garantie contre tout excès de pouvoir.

**124.** *Désignation des objets en litige.* Il faut indiquer d'une
manière précise tous les points de contestation soumis aux arbitres.

Cependant il suffit de déclarer qu'on désire faire statuer sur
les difficultés qui se sont élevées à l'occasion de tel contrat,—ou
sur celles qui seraient présentées par état signé des parties aux
arbitres, pourvu que cet état leur soit réellement soumis.
Bourges, 14 juill. 1830, D. 30, 250; Turin, 4 avr. 1808, S. 9,
265; Berriat, *ib.;* Carré, n° 3274; Pardessus, n° 1391; Pigeau,
*Comm.,* art. 1006, note 2; — Ou bien sur toutes les difficultés
relatives aux opérations de banque intervenues entre les parties
depuis *telle* époque jusqu'à *telle* autre époque. Cass. 29 nov.
1831, D. 31, 566; — Enfin, sur un procès pendant devant tel
trib. : dans cette hypothèse, comme dans les précédentes, la
contestation sur laquelle intervient le compromis est désignée
d'une manière certaine, et c'est la seule chose qu'exige l'art.
1006. Rennes, 13 déc. 1809; Paris, 13 avr. 1810; Bordeaux,
22 mai 1832, D. 32, 143, Carré, *ib.*

**125.** Toutefois, en cas d'arbitrage forcé, la désignation de
l'objet en litige n'est pas indispensable : l'arbitrage ayant lieu
de plein droit, un compromis préalable n'est pas nécessaire,

les conclusions prises devant les arbitres fixent les points de la contestation. Mais il est utile d'indiquer les points litigieux, afin que les arbitres ne se livrent pas à des opérations inutiles, à des discussions d'objets non contestés. Pardessus, n° 1391.

126. Peut-on convenir d'une manière générale de s'en rapporter à des arbitres sur toutes les contestations futures qui pourront s'élever à l'occasion d'un contrat ?

D'un côté, l'on argumente de la loi 46, D. *de receptis*, qui ne permet de soumettre aux arbitres que les contestations nées au moment du compromis, et des dispositions de l'art. 1006 C. pr. S'il est vrai, dit-on, que la loi autorise toutes personnes à compromettre sur les droits dont elles ont la libre disposition, ce n'est qu'à la charge de se conformer aux formalités prescrites pour la validité du compromis ; or, au nombre de ces formalités se trouve expressément exigée, à peine de nullité, la désignation du nom des arbitres et des objets en litige : la stipulation dont il s'agit ne contenant ni le nom des arbitres, ni l'objet de la contestation, ne doit donc produire aucun effet.

Mais nous ne saurions adopter cette opinion : il ne faut pas confondre l'engagement éventuel de se faire juger par des arbitres, qui ne constitue qu'une simple promesse de compromettre, et par conséquent une convention ordinaire que la loi n'a assujettie à aucune formalité particulière, avec le compromis lui-même, dont l'objet est de déterminer la difficulté à décider, et la constitution du tribunal arbitral. L'art. 1006 est donc inapplicable.

Décider, autrement, ce serait enlever aux parties un moyen facile d'éviter les lenteurs et les frais d'un procès public, et conséquemment méconnaître la volonté du législateur qui a favorisé les arbitrages. Il n'y a point à craindre que l'une des parties n'élude la stipulation en refusant de nommer son arbitre, lorsqu'une contestation sera survenue ; car l'adversaire a le droit de le faire désigner d'office par le trib. Vainement objecterait-on que les arbitres volontaires ne peuvent être choisis que par les parties : les conventions légalement formées tiennent lieu de loi à ceux qui les ont faites ; et la partie qui a consenti à se faire juger par des arbitres est toujours maîtresse d'en avoir un de son choix, en ne se refusant pas à exécuter l'engagement qu'elle a pris. La C. de cass. (15 juill. 1818, S. 19, 1) a implicitement adopté cette doctrine en décidant que, lorsque des associés étaient convenus dans l'acte de société de faire juger les contestations qui pourraient s'élever entre eux par des amiables compositeurs, les arbitres nommés d'office par le tribunal, faute par les parties d'en avoir désigné dans les délais, étaient revêtus de ces pouvoirs, et que leur sentence n'était susceptible d'aucun recours. Cass. 2 sept. 1812, D. A. 1, 665 ; Amiens, 5 août 1825,

S. 26, 61; Colmar, 24 août 1835 (Art. 435 J. Pr.); Mongalvy, n° 246; Pardessus, n° 1391; de Vatimesnil, n° 49. — *Contrà*, Limoges, 24 nov.1832, S. 33, 111; Merlin, *Quest. dr.*, v° *Arbitrage*, § 15; Thomine, n° 1212.

**127.** Dans le cas du numéro précédent l'arbitrage devient obligatoire pour les parties. La nomination des arbitres, et la constitution du tribunal, sont dès lors soumises aux règles de l'arbitrage forcé.

Toutefois le trib. civil est seul compétent pour connaître de tous les incidens qui s'élèvent pendant le litige; — Et les voies de recours contre la sentence des arbitres sont uniquement celles ouvertes contre les sentences rendues par des arbitres volontaires : l'arbitrage ne change pas de nature.

Les parties sont seulement tenues de nommer des arbitres, parce qu'elles s'y sont obligées volontairement.

**128.** En conséquence lorsqu'il a été stipulé entre un avoué et son successeur que les contestations qui s'élèveraient entre eux sur l'exécution de leur traité seraient soumises à la chambre des avoués, jugeant comme tribunal arbitral, cette chambre est régulièrement saisie par la comparution des parties et par leurs conclusions respectives, sans qu'il soit nécessaire qu'un procès-verbal distinct de la sentence arbitrale mentionne l'acceptation et le nom des arbitres. Cass. 17 mai 1856 (Art. 585 J. Pr.).

**129.** Quand des parties sont convenues de faire juger les différends qui naîtraient à l'occasion d'un acte par deux arbitres, et que ces deux arbitres déclarent être partagés, doit-on nommer un tiers-arbitre, ou recourir à la juridiction ordinaire?

Dans le premier système, on dit : Les contractans s'étant engagés à s'en rapporter à des arbitres, le partage met bien fin au compromis, mais il n'éteint pas la clause compromissoire, et dans aucun cas il ne saurait être loisible aux parties de renoncer à la juridiction ordinaire; cependant, si chacune d'elles persistait à choisir un arbitre qui lui fût dévoué, le procès n'aurait pas d'issue, aux termes de l'art. 1135 C. civ. Les conventions obligent non seulement à ce qui y est exprimé, mais encore à toutes les suites que l'équité donne à l'obligation d'après sa nature; dans le cas de partage il y a donc nécessité de procéder à la nomination d'un tiers-arbitre.

Mais on répond : Les parties étant convenues de soumettre leur différend à *deux* arbitres et non pas à *des* arbitres, doivent être réputées n'avoir entendu être liées par la sentence arbitrale que dans le cas où elle serait prononcée à l'unanimité, se réservant, s'il y avait partage, la faculté, soit de nommer un tiers-arbitre, soit de recourir à la justice ordinaire, selon qu'elles le jugeraient convenable. La clause compromissoire a donc reçu tout son effet, et il y a lieu d'appliquer l'art. 1012 C. pr. d'après lequel le désaccord des deux arbitres qui n'ont pas reçu pouvoir d'appeler un tiers pour se départager, met fin à l'arbitrage. Paris, 20 nov. 1837 (Art. 1224 J. Pr.).

**130.** La clause qui autorise des arbitres à statuer sur toutes les difficultés auxquelles l'exécution d'un traité pourra donner lieu, leur confère le droit de prononcer sur la demande en dommages-intérêts pour inexécution de ce traité par l'une des parties : du moins l'arrêt qui le décide ne fait qu'une interprétation du contrat. Cass. 8 mai 1833, D. 34, 175.

**131.** Mais la clause d'un acte de société civile portant que les contestations qui pourraient naître sur l'exécution de cet acte seraient décidées par des arbitres, ne s'étend pas aux difficultés survenues entre quelques-uns des associés après la dissolution de la société opérée par le décès de l'un des contractans. Cass. 15 avr. 1834, S. 34, 659.

**132.** Du reste, si, après être convenues que les contestations qui s'élèveraient sur l'exécution d'un marché, seraient décidées par des arbitres-juges, les parties ont, devant le trib. de comm., consenti à la nomination d'arbitres rapporteurs, et ont procédé volontairement devant eux, elles sont présumées avoir renoncé à leur première convention, et sont dès lors non recevables à critiquer, pour cause d'incompétence, le jugement intervenu après le rapport des arbitres fait à l'audience. Cass. 7 mai 1833, D. 33, 247.

**133.** La clause compromissoire est obligatoire pour les héritiers des parties contractantes comme pour les parties elles-mêmes. Bordeaux, 4 avr. 1829, D. 29, 216.

**134.** Peu importe que ces héritiers soient mineurs ou en état de faillite. — L'art. 1013 qui déclare le compromis éteint par le décès de l'une des parties laissant des héritiers mineurs (—V. *inf.* n° 255.) est inapplicable : —Le compromis sur une contestation née et actuelle, constitue l'abandon d'un droit acquis, et par suite n'est pas obligatoire pour des héritiers mineurs ; mais lorsque la juridiction arbitrale forme une des clauses du contrat, elle devient une condition *sine quà non* de la convention principale dont elle ne peut plus être séparée. Paris, 6 juillet 1827, S. 27, 202. — V. *sup.* n° 49.

**135.** *Mention du nom des arbitres.* — Cette mention n'est prescrite que pour investir les arbitres du droit de juger la contestation qui leur est soumise : elle peut donc être suppléée par toute autre désignation de qualité déterminant la personne d'une manière positive. Pigeau, 1, 59 ; Carré, n° 3275 ; Pardessus, n° 1391.

**136.** Si l'arbitre est désigné par une qualité qu'il perd après le compromis, la personne qui lui succède en cette qualité lui est-elle nécessairement subrogée? — Il faut interpréter l'intention des parties.

Lorsque l'on désigne dans une contestation née, le juge de paix de tel canton, c'est évidemment la personne qui exerce actuellement ces fonctions qui remplira celles d'arbitre.

Au contraire, si, dans un acte quelconque, l'on convient de soumettre les contestations qui pourront survenir à l'occasion de cet acte, à des arbitres, au nombre desquels seront certains fonctionnaires ; par exemple, le bâtonnier de l'ordre des avocats, le président de la chambre des notaires ou des avoués ; comme on doit présumer que la confiance des parties a été déterminée par la qualité dont seraient revêtues telles ou telles personnes, ce seront, sans aucun doute, ceux qui exerceront ces fonctions au moment où s'élèvera la contestation, qui concourront à l'arbitrage. Carré, n° 5276.

**157.** Néanmoins, si, dans ce dernier cas, la personne revêtue de la qualité à laquelle les parties ont attaché leur confiance ne pouvait ou ne voulait pas accepter la fonction d'arbitre, elle ne serait pas remplacée par celui qui, dans l'ordre des fonctions que supposerait sa qualité, viendrait immédiatement après elle : les parties n'ont, en effet, entendu choisir que tel fonctionnaire, et non tel autre qui ne leur présente pas les mêmes garanties de mérite et de capacité. Rennes, 15 mars 1825, D. A. 1, 662 ; Carré, n° 5277. — *Contrà*, Merson, p. 29.

**158.** Cependant il en serait autrement, s'il s'agissait du doyen d'une compagnie, ou de toute autre personne dont la qualité n'établit aucune présomption particulière de capacité ou de mérite que l'on pût supposer avoir déterminé le choix des parties. Carré, *ib.*

**159.** Les parties peuvent convenir de tel nombre d'arbitres qu'elles jugent convenable, mais il leur est plus avantageux de les prendre en nombre impair, afin d'éviter les désagrémens résultant d'un partage.

§ **2.** — *Clauses qui peuvent être insérées dans le compromis.*

**140.** Le compromis peut fixer le délai dans lequel les arbitres sont tenus de juger ; mais s'il ne le fait pas, il n'en est pas moins valable : seulement il est limité à trois mois. C. pr. 1007, 1012.

**141.** Le compromis qui affranchit les arbitres de l'obligation de prononcer dans le délai légal, est réputé ne pas déterminer les délais de l'arbitrage et conséquemment les arbitres doivent, à peine de nullité, prononcer dans les trois mois de leur nomination. Toulouse, 15 déc. 1833, S. 34, 249.

**142.** Les délais courent du jour de la date du compromis ; peu importe l'époque de l'acceptation des arbitres, ou même la nomination de nouveaux arbitres par suite du refus d'acceptation des premiers. — Surtout si ces nouveaux arbitres ont été nommés par ceux restans, sans que toutes les parties aient été présentes ou appelées. Cass. 11 nov. 1829, S. 30, 36.

**143.** Toutefois cette disposition n'est pas applicable lorsque les arbitres ont été nommés pour décider les difficultés qui pourraient s'élever sur l'exécution d'un contrat. Lyon, 26 avr. 1826, S. 28, 14.

Dans ce cas, le délai commence à courir du jour où l'une des parties a fait assigner l'autre à comparaître devant les arbitres.

Quant au tiers-arbitre le délai court du jour de son acceptation. Pardessus, n° 1408.

**144.** En matière d'arbitrage forcé, la loi ne détermine pas la durée du compromis. Le délai pour le jugement est fixé par les parties lors de la nomination des arbitres, et si elles ne peuvent tomber d'accord, il est réglé par le trib. de comm. C. comm. 54.

**145.** Dans ce cas, le délai ne court que du jour de la remise des mémoires et pièces : jusque là les arbitres ne peuvent rien faire, et aucun délai ne court contre une personne qui se trouve dans l'impossibilité d'agir. Turin, 8 mars 1811, D. A. 1, 744. — Il suffit que les pièces soient remises par l'une des parties; car autrement il dépendrait de la volonté de son adversaire d'empêcher le jugement, en ne produisant jamais ses titres; ce qui est inadmissible.

**146.** La date de la remise des pièces se prouve par la déclaration des arbitres. *Même arrêt.*

**147.** Lorsque le compromis impose aux amiables compositeurs l'obligation de statuer dans les deux mois de leur acceptation par écrit, la sentence qu'ils rendent plus de trois mois après la date du compromis, et sans que leur acceptation soit constatée par aucun acte, est nulle. Paris, 3 juill. 1833, D. 34, 166.

**148.** Les parties ont le droit de proroger les délais du compromis, par acte séparé, ou d'autoriser les arbitres à les proroger sans déterminer elles-mêmes le terme de la prorogation. — V. *inf.* n° 237.

**149.** Le trib. de comm. peut-il proroger les délais de l'arbitrage forcé? — V. *inf.* n° 236.

**150.** Les parties ont la faculté de renoncer par le compromis à une ou plusieurs des voies de recours ouvertes contre les sentences arbitrales. — V. *inf.*

**151.** Ainsi elles peuvent s'interdire le droit de se pourvoir par l'appel. C. pr. 1010.

Cette renonciation n'a pas même besoin d'être littéralement exprimée. Elle s'induit par équipollence des termes du compromis. Nîmes, 3 avr. 1819.

Elle résulte également de la constitution des arbitres comme amiables compositeurs : la qualité d'amiables compositeurs, donnée aux arbitres, annonce l'intention des parties de s'en rapporter à leur conscience pour recevoir d'eux une décision qui a tous les caractères d'une transaction ; et cette commune intention, qui doit faire la loi des parties, ne produirait jamais son effet, si l'appel était recevable.

D'ailleurs les juges du second degré n'étant institués que pour réparer les erreurs de ceux du premier degré doivent nécessairement prendre les mêmes élémens pour base de leur décision. Or, cela serait impossible dans l'espèce puisque les arbitres, d'après la volonté expresse des parties, auraient pu s'écarter de la rigueur du droit et consulter seulement l'équité, tandis que la C. roy. serait forcée de faire fléchir l'équité devant les dispositions de la loi écrite. Limoges, 3 avr. 1855, S. 35, 422 ; Bourges, 24 mai 1837. Nîmes, 9 janv. 1813, S. 13, 284 ; Cass. 31 déc. 1816, S. 18, 38 : Nancy, 26 déc. 1825. S. 26, 151 ; Thomine, nᵘˢ 1225, 1245 ; Carré, n° 3296.—*Contrà*, Metz, 22 juin 1818, S. 19, 21 ; Rouen, 22 avr. 1854, S. 34, 599 ; Mongalvy, n° 521. — Surtout si les parties ont renoncé expressément à l'appel pour le cas de nomination d'un tiers-arbitre. Toulouse, 5 mars 1825, S. 27, 153 ; Bordeaux, 13 janv. 1827, D. 33, 147 ; — Ou si elles se sont expressément réservé l'appel. Aix, 12 août 1856 (Art. 792 J. Pr.).

**152.** Mais la renonciation au droit d'appeler de la sentence arbitrale ne rend pas non recevable l'appel des jugemens susceptibles d'être attaqués par cette voie, qui statuent sur des incidens élevés pendant le cours de l'arbitrage : elle n'a d'effet qu'à l'égard du jugement arbitral. Paris, 10 juin 1812, D. A. 1, 808 ; Cass. 15 juill. 1818, S. 19, 1.

**153.** Les parties peuvent encore renoncer à la voie de la requête civile : cette renonciation est implicitement autorisée par l'art. 1010, qui permet de donner toute l'extention possible au pouvoir des arbitres. Cass. 18 juin 1816, S. 17, 85 ; Carré, n° 3297 ; Thomine, n° 1225. — *Contrà*, Pardessus, n° 1408.

Cependant il faut excepter le cas où la requête civile est motivée sur le dol : alors l'action est fondée sur des causes qui intéressent l'ordre public, et auxquelles on ne peut déroger par des conventions particulières. Colmar. 26 mai 1855, S. 34, 53 ; Malepeyre, *Sociétés commerciales*, 432 ; Thomine, n° 1251.

**154.** La renonciation à la requête civile résulte-t-elle suffisamment des mots *renonçant à toutes voies devant les tribunaux?*

Quelques auteurs pensent qu'une semblable clause est trop générale pour exclure la voie de la requête civile, et ils s'appuient sur ce que les motifs qui autorisent l'emploi de cette voie sont de telle nature qu'il n'est pas permis d'en supposer l'abandon sans une convention formelle, et qu'en général les renonciations vagues sont censées faites aux voies ordinaires seulement, c'est-à-dire à l'opposition à l'appel, et non aux voies extraordinaires; autrement ce serait ouvrir la porte au dol et à la fraude.

Cependant cette opinion ne saurait être adoptée. Du moment que les parties déclarent renoncer à *toutes voies* contre la sentence arbitrale, sans réserve aucune, il est impossible de supposer qu'elles n'ont entendu parler que de l'appel, et l'on doit bien plutôt présumer qu'ayant choisi pour les juger des personnes investies de leur confiance, elles ont voulu s'en rapporter définitivement à leur décision. Cass. 31 déc. 1816, S. 18, 38; Carré, n° 3297.

**155.** Mais, à la différence de l'appel, nous croyons que la requête civile est recevable contre une sentence rendue par des amiables compositeurs : les moyens qui donnent ouverture à cette voie extraordinaire sont trop graves pour supposer que les parties y aient renoncé, par cela seul qu'elles ont donné aux arbitres le pouvoir de les juger comme amiables compositeurs.

Toutefois, il a été jugé que la requête civile n'était plus admissible lorsque les parties avaient déclaré dans le compromis que la sentence vaudrait comme transaction sur procès. Cass. 11 vent. et 15 therm. an 11.

**156.** Dans aucun cas on ne peut renoncer à l'opposition à l'ordonnance d'exécution. La loi laisse bien aux parties la plus grande latitude et leur permet de considérer la sentence arbitrale comme une espèce de transaction; mais par cela seul qu'elles compromettent, elles annoncent l'intention d'obtenir un jugement arbitral, et il impliquerait contradiction qu'elles fussent obligées de considérer comme tel un acte qui n'en a pas les caractères, lorsqu'il est infecté des vices qui donnent ouverture à l'opposition en nullité; il s'agit d'ailleurs d'une question de juridiction qui intéresse l'ordre public. Lorsque les arbitres ne se conforment pas aux dispositions de l'art. 1028, les actes qui émanent d'eux sont improprement qualifiés de sentence arbitrale; ils sont frappés d'une nullité absolue que ni l'ordonnance d'exécution du président du trib., ni le *consentement des parties* ne sauraient effacer ou couvrir. Bastia, 22 mars 1831, D. 32, 197; Cass. 21 juin 1831, S. 31, 290; Toulouse, 23 mai 1832, S. 32, 414; Pau, 3 juill. 1832, S. 34, 34; Grenoble, 14 août 1834, S. 35, 202; Pardessus, n° 1408. — *Contrà*, Cass. 10 fév. 1817, S. 18, 58; Besançon, 18 mars 1828, S. 28, 255; Montpellier, 8 juill. 1828, S. 28, 348; Malepeyre, *ib.*; Carré, n° 3297.

L'arrêt de Montpellier a même jugé que la renonciation à l'opposition pouvait être implicite et s'induire de cette clause :

*renonçant au droit de récuser les arbitres avant et après le jugement;*
*les arbitres devant juger souverainement et en dernier ressort.*

**157.** Quoi qu'il en soit, l'action en nullité, fondée sur ce que
les arbitres ont jugé hors des termes du compromis, peut toujours être exercée, quoiqu'il ait été convenu que les arbitres
décideraient comme amiables compositeurs, sans appel ni recours en cassation : l'art. 1028 pose une règle générale, sans
distinguer les jugemens rendus par des arbitres ordinaires, des
jugemens rendus par des arbitres amiables compositeurs; quels
que soient les pouvoirs des arbitres, ils ne s'étendent pas à des
questions qui ne leur sont pas soumises et sur lesquelles les parties n'ont pas voulu compromettre. Cass. 23 juin 1819, S. 20, 35.

**158.** Les parties peuvent aussi, sans renoncer à aucun recours,
stipuler une peine contre celle qui ne s'en tiendra pas à la décision arbitrale : cette peine, qui se résout toujours en dommages-intérêts, doit être payée par le contrevenant, quoi qu'il
puisse arriver. Pigeau, 1, 61.

**159.** Elles sont encore maîtresses de donner, par le compromis, pouvoir aux arbitres de les juger comme amiables compositeurs, en prenant l'équité pour règle. C. pr. 1019.

**160.** On peut stipuler que le compromis continuera, malgré
le décès, refus, déport ou empêchement d'un des arbitres.
Alors on convient, ou qu'il sera passé outre à l'instruction,
sans qu'il soit besoin de nommer un nouvel arbitre, ou que son
remplacement sera au choix des parties, ou à celui des arbitres
restans.

**161.** Lorsque, dans un compromis, les parties ont stipulé
qu'en cas d'empêchement d'un ou de plusieurs arbitres, le remplacement serait fait par les arbitres restans, si un premier
remplacement a déjà été opéré, et qu'ensuite il y ait lieu à un
nouveau, il peut être fait non seulement par ceux des arbitres
restans primitivement nommés, mais encore par ceux des arbitres restans qui ont été choisis pour le premier remplacement. Cass. 22 vent. an 12, D. A. 1, 660.

**162.** Si les parties ont déclaré s'en rapporter au juge de paix
pour remplacer les arbitres par elles nommés qui n'accepteraient
pas la mission qu'elles leur confiaient, la nomination n'a lieu, sur
la poursuite de l'une d'elles, qu'après avoir appelé les autres pour
être présentes à cette nomination. Cass. 10 nov. 1829, D. 29, 377.

**163.** On peut encore régler le mode d'instruction devant les
arbitres, notamment à quel nombre les arbitres rendront valablement leur sentence (Arg. C. pr. 1028-3°). A défaut de convention à cet égard, on doit suivre les formes prescrites devant
les tribunaux.

**164.** Quand les arbitres sont nommés amiables compositeurs,
avec la clause qu'ils ne prendront pour base de leur décision que

des actes non suspectés des parties, mais sans désignation des actes prétendus suspects : l'indication des pièces appartient aux arbitres constitués amiables compositeurs.

Leur décision ne peut être critiquée sous le prétexte qu'*elle est basée sur des actes* d'une nature suspecte aux parties. Cass. 20 juill. 1814, D. A. 1, 614.

**165.** Si le compromis est passé à l'étranger, on peut convenir que les formes d'arbitrage qui y sont usitées seront suivies. Paris, 19 mars 1830, D. 30, 177.

**166.** Enfin, il est loisible aux parties d'insérer toute autre espèce de clauses qu'elles jugent convenables, pourvu qu'elles ne soient contraires ni à l'ordre public, ni aux lois, ni aux bonnes mœurs.

Section IV. — *Personnes qui peuvent être nommées arbitres.*

**167.** Toute personne peut en général être choisie par les parties, ou nommée *par le tribunal* pour arbitre, encore bien qu'elle ne réunisse pas les conditions de capacité exigées pour les juges ordinaires.

**168.** Cependant certains individus, à raison de leur âge, de leur sexe, de leurs infirmités, de leur ignorance, de leur immoralité, ou de leur position sociale, sont incapables d'exercer ces fonctions. L. 9, § 1, D. *de receptis*; Domat, Merlin, *Rép.*, v° *Arbitrage*, p. 332.

**169.** Ainsi, ne peuvent pas être arbitres :

1° Le mineur : il ne jouit pas de l'exercice de tous les droits civils ; et ne présente point, sous le rapport de la responsabilité, (*V. inf.* n° 179.) les mêmes garanties qu'un majeur. Pardessus, n° 1389.

— Peu importe qu'à raison de ses études, de sa profession, et de son âge approchant de vingt-un ans, il puisse être présumé avoir toute la capacité désirable dans un juge. Pigeau, 1, 59. — *Contrà*, Berriat, 42 ; Carré, n° 3260. — V. Toutefois *inf.* n° 179.

Mais la majorité simple suffit : la loi de ventôse an 8 qui exige l'âge de 25 ans accomplis pour les juges ordinaires, et l'art. 620 C. comm. l'âge de 30 ans pour les juges de commerce, sont inapplicables aux arbitres. De Vatimesnil, *ib.* n° 157. — *Contrà*, Merson, n°s 74, 75.

**170.** 2° Les femmes : elles ne jouissent point de la plénitude des droits civils, par exemple, du droit d'être témoins dans un acte, et sont, dans tous les cas, incapables d'exercer aucune fonction publique. L. Ult. C. *de receptis*; Berriat, Pigeau, Carré, *ib.*, Thomine, 2, 646 ; Pardessus, n° 1389. — V. Toutefois *inf.* n° 180.

**171.** 3° L'interdit. Pardessus, n° 1389.

**172.** 4° L'individu pourvu d'un conseil judiciaire.

**173.** 5° Celui qui ne sait ni lire ni même signer son nom ,
( par exemple l'aveugle) : il ne peut ni vérifier les pièces par
lui-même, ni satisfaire à l'art. 1016 qui exige que le jugement
soit signé par chacun des arbitres. De Vatimesnil, *ib.* n° 160.
— V. toutefois *inf.* n° 182.

**174.** 6° Celui qui ne connaît point la langue des parties :
les juges doivent énoncer eux-mêmes leur opinion et non par
interprète, ni truchement ou autre personne intermédiaire, qui
pourrait substituer facilement sa propre décision à celle  du
juge. Cass. 7 flor. an 5 ; P. 1 , 154.

**175.** 7° Le sourd-muet : il se trouve dans l'impossibilité
d'entendre les explications données par les parties , et la plai-
doierie de leurs conseils.

**176.** 8° L'étranger  non admis à fixer son domicile en
France. — Vainement oppose-t-on que la convention de compromettre est du droit des gens , que l'incapacité de l'étranger
pour remplir les fonctions de juge résulte uniquement du droit
politique, qu'elle dérive de ce que la justice se rend au nom du
roi, et que les mêmes raisons de décider n'existent plus à l'é-
gard des fonctions d'arbitres même forcés. — Les arbitres
exercent en effet une espèce de magistrature, et la jouissance des
droits civils doit nécessairement être exigée de ceux auxquels on
confie de semblables attributions. Cass. 7 flor. an 5 ; Paris , 3
mars 1828 , D. 28 , 31 ; Bergognié, v° *Arbitre*, 1, 44 ; Pardessus , n° 1389 ; Goubeau , n° 91 ; Legat, 275 ( V. d'ailleurs
*sup.* , n° 15). — *Contrà*, Montgalvy, n° 118 ; Carré , n° 3259 ;
Guichard , *Droits civils*, 56 ; de Vatimesnil, *ib.* , n° 163 ; Réquisitoire de M. Dupin. (Art. 1161 J. Pr.).

**177.** 9° L'individu qui a été condamné à une peine afflictive
ou infamante, celui qui a été privé de l'exercice des droits mentionnés dans l'art. 42 C. pén., il est réputé indigne de déposer devant les tribunanx, à plus forte raison doit-il l'être de rendre lui-
même la justice. Thomine , 2 , p. 646 ; Carré , n° 3260 ; Pardessus , n° 1389 ; Merlin , *Rép.* v° *Arbitrage*, p. 552.

**178.** Le failli au contraire conserve la jouissance et l'exercice
de ses droits civils ; il n'est privé que de la faculté d'être agent de
change ou courtier et de se présenter à la bourse ( C. comm. 83,
614); il est donc capable d'exercer les fonctions d'arbitre. Rennes,
25 juin 1840 , D. A. 1, 679 ; Domat, liv. 1 , tit. 14 ; Carré,
n° 3260 ; Boucher , p. 128 ; de Vatimesnil, n° 1161.

**179.** Du reste l'incapacité de certaines personnes peut,
lorsqu'elle a été connue de toutes les parties , être couverte par
un consentement unanime.

Ainsi, sont valablement choisis d'un commun accord :

1° Les mineurs : dans certains cas ils présentent toutes les garanties désirables , et d'ailleurs  la loi permet de les constituer

mandataire quand ils sont émancipés. C. civ. 1990; de Vatimesnil, *ib.*, nᵘ 156 ; Réquisit. de M. Dupin (Art. 1161 J. Pr.).

**180.** 2° Les femmes : elles peuvent également être mandataires et possèdent, dans une foule de circonstances, les lumières
nécessaires pour décider les contestations qui divisent les parties;
par exemple, s'il s'agit de prononcer sur des difficultés survenues entre des ouvriers ou des marchands sur des objets relatifs à
leur profession. Dupin, *ib.*, — *Contrà*, de Vatimesnil, *ib.* n°
158; Carré, art. 1004.

**181.** 3° L'individu qui n'a été pourvu d'un conseil judiciaire que pour cause de prodigalité.

**182.** 4° Celui qui ne sait pas écrire, s'il a été autorisé à
s'adjoindre quelqu'un pour écrire sa sentence. Arg. C. pr. 317.
S'il y a trois arbitres nommés, il n'est pas indispensable de permettre à l'arbitre qui ne sait pas écrire de s'adjoindre une tierce-
personne ; il suffit que la sentence soit signée par la majorité
des arbitres. Grenoble, 21 mai 1832, S. 33, 169.

**183.** 5° Celui qui ignore la langue des parties, s'il a été autorisé à prononcer sur titres et mémoires traduits ;

**184.** 6° Le sourd-muet, si l'on est convenu qu'il jugerait sur
pièces écrites.

**185.** 7° L'étranger : aucune indignité ne pèse sur lui. Pigeau, *Comm.*, art. 1006, note 1; Pardessus, n° 1390. — *Contrà*,
Paris, 3 mars 1828. — Cet arrêt a été rendu en matière d'arbitrage forcé.

**186.** Les juges naturels des parties peuvent être choisis pour
arbitres : la loi 9 D. *de receptis* qui le leur interdisait a été abrogée ( C. pr. 1041); et l'objection tirée de la possibilité où se
trouverait le juge de connaître de sa propre décision, tombe
devant la disposition de l'art. 378, § 8, C. pr., qui prévoit précisément ce cas, et permet alors la récusation. En outre deux
décrets des 20 prair. et 15 mess. an 13, relatifs à l'administration de la justice dans les ci-devant états de Parme et de Plai-
sance, et dans les départemens réunis de Gênes et de Montenotte,
portent que les juges ne pourront demander aucun salaire *lorsqu'ils auront été choisis pour arbitres.* Trèves 24 juin 1812, S. 13,
201 ; Agen, 5 janv. 1825, S. 26, 258; Carré, n° 2260, Merlin,
*Rép.*, v° *Arbitre*; Berriat, p. 42, note 18 ; Pardessus, n° 1390;
Thomine, 2, 646 et 647. — *Contrà*, Pigeau, 1, 59. Toutefois
les convenances exigent que les juges refusent en général la
mission d'arbitres.

**187.** Peu importerait que le juge eût déjà commencé à connaître de la contestation en sa qualité de magistrat; il est de
l'intérêt des parties d'avoir pour arbitre un homme qui a déjà
pris connaissance du différend avec impartialité du magistrat.
Carré, *ib.*

**188.** Mais un trib. ne peut recevoir des parties le droit de prononcer comme amiable compositeur sur un procès dont il est saisi. Les principes du droit public s'opposent à ce que des juges étendent le pouvoir qu'ils tiennent de la loi hors des limites qu'elle leur a fixées, et statuent à la fois comme délégués du prince et mandataires des parties. Cass. 30 août 1813, D. A. 1, 682; Pardessus, n° 1390. — Le jugement ainsi rendu en dernier ressort, peut être attaqué par la voie de l'appel. *Même arrêt.*

**189.** Du reste, pourvu que le trib. entier ne soit pas constitué en trib. arbitral, aucune limitation n'est apportée au choix des parties. Ainsi elles peuvent prendre deux juges dans un trib. composé de trois magistrats. Vainement on opposerait 'que, dans ce cas, le trib. se trouverait décomposé par les récusations indispensables, si quelque incident était soulevé pendant l'arbitrage et devait être porté devant les juges ordinaires : la loi a prévu cette hypothèse ( — V. *Récusation*), et des craintes souvent imaginaires ne doivent pas faire apporter des entraves au libre choix des parties.

**190.** Quant au juge de paix, il est valablement choisi pour arbitre d'un différend dont la connaissance lui est déférée comme juge : le compromis le dessaisit en sa qualité de juge, et ne l'institue arbitre que comme homme privé ; la sentence est nécessairement soumise à l'ordonnance d'*exequatur*, tandis que, s'il eût prononcé comme juge, elle aurait été exécutoire par elle-même. Carré, art. 1004. — *Contrà*, Paris, 14 mai 1829, S. 29, 153.

**191.** Un juge de paix peut encore, *à fortiori*, connaître comme arbitre d'une contestation portée devant lui en conciliation : ses fonctions se bornent alors à essayer de rapprocher les parties, et n'ont rien de commun avec celles du juge proprement dit. Colmar, 24 déc. 1813, S. 14, 290.

**192.** Lorsqu'une partie s'en rapporte à son adversaire pour la décision du différend, il n'y a pas arbitrage, mais renonciation valable à des droits litigieux. de Vatimesnil, n° 162.

SECTION V. — *Révocation, récusation et déport des arbitres.*

§ 1. — *Révocation des arbitres.*

**193.** La révocation des arbitres entraîne l'annulation du compromis; elle ne peut donc avoir lieu que du consentement unanime des intéressés. C. pr. 1008.—Une seule des parties n'a pas le droit de porter, aux tribunaux ordinaires, une question du différend, pendant la durée de l'arbitrage. Cass. 12 juill. 1809.

**194.** Mais tant que les arbitres n'ont pas été admis par toutes les parties. Chacune est libre de révoquer celui qu'elle a choisi et d'en désigner un autre à son lieu et place. Cass. 13 fruct. Pardessus, n° 1413.

**195.** Les arbitres peuvent être révoqués expressément ou tacitement.

*Expressément*, si les parties leurs déclarent leur volonté, soit par acte extrajudiciaire signé d'elles, soit par lettre missive. Cass. 23 pluv. an 11, S. 4, 681.

*Tacitement*, lorsqu'elles font un acte duquel résulte nécessairement leur intention de révoquer les arbitres; par exemple, si elles transigent sur la contestation qui faisait l'objet de l'arbitrage, si elles la soumettent à de nouveaux arbitres, ou si elles prennent la voie de conciliation au bureau de paix. Bruxelles, 4 fruct. an 12, S. 5, 535.; Cass. 23 pluv. an 12; Carré, n° 3286.

Ainsi la partie assignée devant le trib. civ., depuis le compromis, peut s'opposer au renvoi devant le trib. arbitral que solliciterait plus tard le demandeur : la révocation proposée par ce dernier, une fois acceptée du défendeur, devient définitive. Cass. 24 avr. 1834, D. 34, 209.

**196.** La révocation opérée de l'une de ces manières produirait même son effet, quoique postérieure au jugement arbitral, si ce jugement était ignoré des parties, et n'avait pas acquis force de chose jugée au moment de la révocation. Arg. C. civ. 2056; Merson, 40; Carré, n° 3286.

**197.** Les arbitres forcés sont révocables comme les arbitres volontaires : la loi ne distingue pas, et l'on a déjà vu qu'à défaut d'une dérogation expresse du C. de comm., les principes relatifs à l'arbitrage volontaire sont applicables à l'arbitrage forcé. Cependant les parties ne peuvent user du droit de révocation qu'autant qu'elles s'accordent sur le choix des nouveaux arbitres; car le trib. ne saurait être contraint d'en désigner d'autres, et la révocation des premiers n'autorisant pas les parties à porter leur contestation devant le trib. de comm. dont l'incompétence est absolue (— V. *sup.* n° 84), il en résulterait qu'elles se trouveraient dans l'impossibilité d'être jugées. Merson, 35; Pardessus, n° 1413; Locré, art. 64 C. comm.

### § 2. — *Récusation des arbitres.*

**198.** Les arbitres sont de véritables juges; ils peuvent donc être récusés comme les juges ordinaires pour les mêmes causes et de la même manière. Cass. 16 déc. 1828, D. 29, 66; 28 fév. 1838; Pigeau, Carré, n° 3316; Berriat, 45, note 20; Thomine, n° 1234; Pardessus, n° 1394. — V. *Récusation.*

**199.** Néanmoins, comme les parties les ont choisis librement et spontanément, elles n'ont le droit de les récuser que pour causes survenues depuis le compromis. C. pr. 1014.

**200.** Il a même été jugé que l'arbitre, créancier d'une des parties antérieurement au compromis, ne pouvait être récusé sous prétexte qu'il était de nouveau devenu créancier de la même partie, pour une autre cause, postérieurement au compromis : l'accroissement de sa créance ne change pas sa position ; elle ne constitue pas un nouveau motif de récusation, et les parties sont non recevables à en invoquer un auquel elles ont déjà renoncé. Metz, 12 mai 1818, S. 19, 104.

**201.** Toutefois, il y a lieu à récusation lorsque les causes qui la motivent, quoique antérieures au compromis, n'ont pu être connues des parties que depuis : en général, l'ignorance d'un fait est une cause de rescision des contrats ; et d'ailleurs il serait contraire à l'équité de forcer une partie d'accepter pour juge une personne contre laquelle elle aurait un motif fondé de récusation, auquel elle ne saurait être réputée avoir volontairement renoncé. Prat. t. 5, p. 363 ; Thomine, n° 1235. — *Contrà*, Carré, n° 3516.

**202.** Les arbitres forcés, lorsqu'ils ne sont pas choisis par les parties, peuvent être récusés pour des causes antérieures à leur nomination, si d'ailleurs elles autorisent la récusation à l'égard des juges.

Mais la circonstance que les nouveaux arbitres nommés par un associé sont les mêmes que ceux qu'il avait déjà nommés et dont les pouvoirs avaient pris fin par l'expiration du délai sans rendre le jugement n'est pas un motif de récusation. Lyon, 29 août 1825, D. 26, 67.

**203.** Le délai pour exercer la récusation court du jour où la nomination de l'arbitre a été connue des parties. Carré, n° 3519.

**204.** Ce délai est de trois jours, suivant M. Pardessus (n° 1413), par application des règles de l'expertise. — Il est de quinze jours, selon MM. Carré (n° 3517) et Merson (p. 47), par argument du décret du 2 oct. 1793, relatif aux causes de récusation des arbitres dans les contestations qui intéressaient les communes : quant à nous, le délai de trois jours nous semble trop court pour prendre des informations, et se décider à un acte aussi important qu'une récusation. Et nous croyons que le Code ne fixant aucun terme, la récusation est recevable tant que les parties n'ont pas fait un acte duquel résulte leur renonciation à ce moyen.

Quoi qu'il en soit, ce point important nous paraît, dans le silence de la loi, entièrement abandonné à la prudence des Cours royales, dont les décisions ne pourraient jamais être cassées, comme ayant violé un texte positif.

Ainsi il a été jugé que la récusation était admissible même après la déclaration des arbitres constatant le partage, et jusqu'au jugement du tiers arbitre. Cass. 16 déc. 1828, D. 29, 66.

**205.** Les arbitres n'ayant pas de greffier, l'acte de récusation doit nécessairement leur être notifié à eux-mêmes.

Il contient les motifs et les moyens de récusation (Arg. C. pr. 45, 384). Il est signé sur l'original et sur la copie par la partie ou par son fondé de procuration spéciale et authentique. Copie de la procuration reste annexée à l'acte, qui est visé par l'arbitre, ou à son défaut, par le procureur du roi près le trib. de son domicile. Arg. C. pr. 1039 ; Merson, 50 ; Carré, n° 3548.

La récusation non signée de la partie ou de son fondé de pouvoir est comme non avenue ; les arbitres peuvent, malgré cette récusation et sans qu'il y soit statué, passer outre au jugement de la cause dont ils sont saisis. Montpellier, 26 juin 1834, S. 35, 191.

**206.** Par qui doit être jugée la récusation?

M. Pigeau, *Comm.*, art. 1014, note 29, distingue deux cas : celui où quelques-uns des arbitres sont autorisés à juger en l'absence des autres et celui où ils ne peuvent juger qu'autant qu'ils sont réunis. Dans le premier cas les arbitres non récusés peuvent connaître de la récusation et juger le différend, soit seuls, si la récusation est admise, soit conjointement avec l'arbitre qu'on avait récusé, si elle a été rejetée ; dans le second cas, le trib. qui aurait dû connaître de la contestation mise en arbitrage, doit connaître de la récusation, et si cette récusation est admise, comme alors le compromis finit, l'affaire revient devant les juges naturels des parties.

M. Armand Dalloz (v° *Arbitrage*, n° 522), refuse dans tous les cas aux arbitres le droit de juger la récusation dirigée contre l'un d'eux. Toute stipulation des parties, quelque expresse qu'elle fût, serait même inefficace pour leur conférer de pareils pouvoirs. Ce serait, dit-il, surtout quand l'arbitrage est en dernier ressort, renoncer d'avance à exercer toute récusation, et l'ordre public ne saurait autoriser une renonciation de cette nature.

Selon nous, il est impossible d'accorder aux arbitres, en l'absence d'une convention expresse et formelle, le droit de juger la récusation dont ils sont l'objet. Paris, 17 mai 1843, S. 14, 247; Toulouse, 23 mai 1832 ; Cass. 1er juin 1812, S. 12, 349; 1er fév. 1837 (Art. 816 J. Pr.) ; Carré, n° 3320.

Mais lorsque les parties ont clairement manifesté leur intention et ont déclaré s'en rapporter aux arbitres sur cet incident comme sur le fond, nous ne voyons aucun motif pour empêcher leur volonté de recevoir exécution. Peu importe en effet à l'ordre public que les causes de récusation soient appréciées par les juges ordinaires ou par des arbitres investis de la confiance des parties. Vainement oppose-t-on que ce serait renoncer à faire valoir toute récusation; car, d'une part, il faudrait supposer que les arbitres seraient tous récusés en masse, et, d'un autre côté, qu'ils seraient assez prévaricateurs pour refuser de se démettre de leurs fonctions, quand ils reconnaîtraient en eux un motif légitime de récusation.

**207.** Le trib. compétent pour statuer sur la récusation, dans le cas où les arbitres n'ont pas reçu de pouvoirs à cet effet, est en général celui qui aurait été appelé à connaître de la contestation s'il n'y avait pas eu d'arbitrage. Carré, 1014, n° 3321; Thomine, n° 1204.

**208.** Cependant il a été décidé que la demande en récusation devait, en matière de commerce comme en matière civile, être portée devant le trib. civ., excepté dans le cas d'arbitrage forcé : il résulte de la combinaison des art. 1020 et 1021 C. pr. avec ceux de la sect. II, tit. III, C. comm., que l'intention du législateur a été de n'attribuer aux trib. de comm. le droit, soit de rendre exécutoires les sentences arbitrales, soit de connaître des incidens et des difficultés de tout genre qui peuvent s'élever entre les parties à l'occasion de l'arbitrage, que dans l'unique cas d'arbitrage forcé; excepté cette seule hypothèse, les trib. ordinaires sont seuls compétens pour juger toutes ces contestations, Paris, 30 déc. 1813; Metz, 12 mai 1818, S. 19, 104.

**209.** La récusation signifiée à l'arbitre n'a pas pour effet nécessaire d'empêcher le trib. arbitral de passer outre au jugement du fond de la contestation : autrement il dépendrait de l'une des parties d'arrêter indéfiniment, à l'aide de récusations absurdes, l'exécution d'un arbitrage; une fois la notification faite, elle resterait en effet dans l'inaction, et comme aucun délai n'est fixé pour le jugement des récusations formées contre des arbitres, le litige principal demeurerait sans solution. Le juge de paix ou tout autre magistrat récusé ne cesse de pouvoir connaître de l'affaire qu'à partir du jugement qui ordonne que la récusation lui sera communiquée (C. pr. 387); il doit en être de même des arbitres. D'ailleurs il n'y a aucun inconvénient à ce que les arbitres passent outre au jugement du fond; les parties conservent toujours la faculté de faire juger devant les trib. et par action principale, la validité de la récusation, et par suite, la nullité, s'il y a lieu, de la sentence arbitrale. Cass. 1er fév. 1837 (Art. 816 J. Pr.); Agen, 10 juill. 1833, D. 54, 80. — Contrà, Cass. 7 juin 1808, P, 6,732.

**210.** A plus forte raison, les jugemens des arbitres récusés, rendus pendant le temps de l'appel de la décision qui a rejeté la récusation dirigée contre eux, ne sont point nuls, si cette décision est exécutoire par provision et surtout s'il n'a pas été formé de demande pour en arrêter l'exécution provisoire. Cass. 12 juill. 1831, D. 31, 247.

## § 3.— *Déport des arbitres.*

**211.** On entend par déport la démission qu'un arbitre donne
de ses fonctions.

**212.** Ces fonctions étant entièrement libres, les arbitres
peuvent les refuser ou s'en démettre lorsqu'ils le veulent, pourvu
que l'intérêt des parties n'en souffre pas.

**213.** Les arbitres forcés jouissent à cet égard de la même faculté que les arbitres volontaires, ils peuvent refuser la mission
qui leur est confiée sans faire agréer leurs motifs par l'autorité
judiciaire. — *Contrà*, Bruxelles, 22 août 1810, S. 14, 43;
Carré, art. 1014. — Ils sont de véritables juges, c'est uniquement à ce titre que les parties sont tenues de leur soumettre
leurs différends. Vainement dirait-on que, dans le cas de refus
de tous les arbitres désignés par le trib., les parties se trouveraient dans l'impossibilité d'être jugées : le choix des trib. n'é-
tant pas limité à une certaine classe de personnes, cette supposition est évidemment inadmissible, et ne peut faire violer le principe en vertu duquel nul n'est tenu d'accepter une fonction malgré
lui, hors des cas expressément prévus par la loi. Enfin, personne n'a contesté jusqu'ici que l'on pût refuser les fonctions
de membre d'un tribunal de commerce, et cependant il y a évidemment même raison de décider.

**214.** Mais du moment que les opérations de l'arbitrage sont
commencées, leur retraite nuirait aux parties, soit à cause de
la connaissance qu'ils ont déjà acquise de leurs affaires, soit à
cause du retard que cela apporterait à la reddition du jugement :
ils ne peuvent donc plus se déporter à compter de cette époque.
C. pr. 1014.

A moins toutefois qu'ils n'aient un motif légitime.

Les motifs légitimes de déport sont : 1° toutes les causes qui
autorisent une récusation (—V. *sup.* n° 198); 2° celles qui constituent un empêchement : par exemple, l'âge avancé, des ma-
ladies, des infirmités, l'acceptation, depuis le compromis, de
fonctions publiques, ou la survenance d'affaires personnelles
réclamant tous les soins de l'arbitre. Arg. C. pr. 1012; Pardessus, n° 1392; Pigeau, 1, p. 64, Berriat, 43, note 21; Carré,
n°s 3312, 3313.

**215.** Il n'existe aucun moyen de forcer un arbitre à exécuter
la mission qu'il a acceptée; mais comme dans le cas de refus
non motivé, il contrevient à une *obligation de faire* par lui contractée, il doit être condamné à des dommages-intérêts envers
les parties. C. civ. 1142.

Peut-il être pris à partie ? — V. sup. n° 16.

Section VI. — *Manières dont finit le compromis.*

**216.** Les principales causes d'extinction du compromis sont :
1° le décès, refus, déport ou empêchement d'un des arbitres,
s'il n'y a clause qu'il sera passé outre, ou que le remplacement
sera au choix des parties, ou au choix de l'arbitre ou des arbitres restans ; 2° l'expiration du délai stipulé, ou de celui de
trois mois, s'il n'en a pas été réglé; 3° le partage, si les arbitres
n'ont pas le pouvoir de prendre un tiers-arbitre. C. pr. 1012.

§ **1.** — *Décès, refus, déport ou empêchement de l'un des arbitres.*

**217.** Le compromis finit par le décès, refus, déport ou empêchement d'un des arbitres. En effet, les parties n'ont donné
pouvoir de les juger qu'à tous les arbitres réunis ; si donc l'un
d'eux ne peut plus exercer les fonctions qui lui ont été confiées,
le compromis se trouve nécessairement anéanti. Cass. 2 sept. 1811.

**218.** Peu importe même que le décès, le refus, le déport
ou l'empêchement de l'arbitre n'ait été connu que de l'une des
parties. Cass. 24 déc. 1817, D. A. 1, 688.

**219.** Mais les arbitres n'ayant pas le droit de se déporter à
leur volonté, il est clair que l'empêchement doit être légitime.
— V. *sup.* n° 214.

**220.** Ce mode d'extinction du compromis a-t-il lieu en
matière d'arbitrage forcé ? — La négative a été jugée à tort, selon nous, par la C. de Bruxelles, le 30 mai 1810, par le motif
que l'art. 1012 ne s'occupait que des arbitrages volontaires :
il est bien vrai en effet que les parties ne pourront pas recourir
aux tribunaux ordinaires, et d'après la nature de leur contestation, elles seront contraintes de se soumettre à un nouvel
arbitrage. Mais le compromis qui pouvait renfermer des conventions particulières, et déroger à la rigueur du droit, se trouvera nécessairement anéanti. Ainsi, dans l'hypothèse où les
parties auraient donné aux arbitres le pouvoir de les juger
comme amiables compositeurs, cette stipulation ayant pu être
motivée par la confiance inspirée par la personne des arbitres,
cesserait, sans aucun doute, d'être obligatoire, le décès ou le
déport de l'un des arbitres arrivant. Paris, 15 déc. 1807, S. 7,
788. — Il est encore certain, et l'arrêt de Bruxelles l'a lui-même
reconnu, que, dans le cas où il devient nécessaire de remplacer
un arbitre, les arbitres restans sont soumis à une nouvelle investiture, parce que le choix de tous les arbitres a pu être déterminé par la réunion des qualités personnelles des différentes
personnes sur lesquelles la confiance des parties s'est fixée, et
que cette base venant à manquer, il est juste de rendre aux
parties le droit de faire un nouveau choix. — Enfin, une con-
sequence rigoureuse de ces principes, à laquelle la C. de Bru-

xelles s'est encore rendue, c'est qu'à moins d'une stipulation formelle, insérée dans le compromis, tous les actes d'instruction faits par les arbitres avant le décès ou le déport de leur coarbitre, seraient considérés comme non avenus. — Il en résulte donc que le compromis ne produit aucun effet, et qu'il est annulé, comme dans le cas d'arbitrage volontaire ; seulement les parties continuent d'être soumises à la juridiction arbitrale, et doivent constituer un nouveau tribunal qui, à leur défaut, est nommé par les juges consulaires. Thomine, n° 1225. — V. *sup.* Sect. I, § 2, art. 2.

**221.** Toutefois, il est loisible aux parties de convenir que le décès, refus, déport ou empêchement de l'un des arbitres, ne mettra pas fin au compromis. Dans ce cas, elles peuvent stipuler, ou qu'il sera passé outre, c'est-à-dire que l'instruction sera continuée, et la sentence rendue par les arbitres restans ; ou que l'arbitre empêché sera remplacé, soit par elles, soit par les autres arbitres.

**222.** Dans ce dernier cas, si les arbitres restans ne s'accordaient pas sur le choix du nouvel arbitre, il devrait être nommé par le président du trib. compétent pour ordonner l'exécution de la décision arbitrale. En effet, l'art. 1017 lui attribue expressément le droit de désigner le tiers-arbitre, lorsque les arbitres autorisés à le choisir ne peuvent tomber d'accord, et il y a ici parité de motifs.

**223.** Si les parties s'étaient réservées personnellement la nomination de l'arbitre, la question présenterait plus de difficultés ; car l'on pourrait dire qu'elles ont manifesté l'intention de ne s'en rapporter qu'à elles-mêmes, et que l'on n'a pas le droit de leur imposer un arbitre qui ne soit pas de leur choix. Cependant nous pensons que le président serait compétent dans cette hypothèse, comme dans la précédente, pour nommer l'arbitre, dont les parties ne pourraient pas convenir. La stipulation par laquelle elles sont convenues que le compromis ne finirait pas par l'empêchement d'un arbitre, doit produire son effet, et elle deviendrait purement illusoire, s'il dépendait de l'une d'elles de se refuser à la nomination d'un nouvel arbitre.

**224.** Néanmoins, il a été jugé que si les parties sont convenues que, dans le cas de retraite ou de refus de l'un des arbitres pour une *cause quelconque*, il serait procédé à son remplacement, cette clause doit s'entendre uniquement d'une démission donnée en temps utile, et que par conséquent le compromis est nul, si un arbitre se démet depuis le commencement des opérations. Paris, 8 mai 1824, S. 25, 170.

Mais il nous semble que l'on ne peut, sans violer la convention qui fait la loi des parties, créer une distinction que cette convention n'a pas établie. — La C. s'est probablement décidée

25.

par des circonstances de fait qui ne sont pas rapportées, et
d'où elle aura conclu que l'intention des parties avait été de
n'autoriser le remplacement de l'arbitre qu'avant le commencement des opérations.

**225.** Dans un arbitrage passé à l'étranger on doit, en cas de
déport de l'un des arbitres, se conformer, pour le remplacement,
aux lois du pays. En conséquence la partie française est non
recevable à se plaindre de ce que le trib. du lieu nomme un
nouvel arbitre à la place de celui qui s'était déporté. Paris,
19 mars 1850, D. 30, 177.

**226.** Si, pour fixer le prix d'une vente, des parties ont nommé
deux arbitres, et en cas de discord un tiers-arbitre qui pourra
prononcer sans être tenu de se réunir à l'avis de l'un des arbitres, le refus que fait l'un des arbitres, après les opérations
commencées, de constater par un procès-verbal le discord qui
existe entre lui et son collègue n'est point un déport et ne met
pas obstacle à ce que le tiers-arbitre, sur le seul procès-verbal
dressé par l'arbitre non refusant, fixe valablement le prix de la
vente. Cass. 18 mai 1814, S. 15, 28. — V. *inf.* n° 566.

**227.** Le déport n'empêche pas le délai de l'arbitrage de
courir. Lyon, 6 nov. 1809, D. A. 1, 701.

### § 2. — *Expiration du délai du compromis.*

**228.** L'expiration du délai stipulé par les parties, ou fixé
par la loi (— V. *sup.* sect. III, § 2), est une cause d'extinction
du compromis. — Les arbitres ne tiennent leur autorité que
de la volonté des parties. Ils ne peuvent la prolonger au-delà du
terme fixé par le compromis. La sentence qu'ils rendraient
après l'expiration de ces délais, serait donc considérée comme
non-avenue.

**229.** Le trib. ne peut, contre la volonté des parties, les renvoyer devant des arbitres qui n'ont pas jugé dans le délai du
compromis sous prétexte qu'elles ont manifesté l'intention
d'être jugées par des arbitres, si toutefois il n'y a pas eu clause
compromissoire insérée dans un acte, mais compromis sur des
difficultés nées et actuelles. Cass. 25 juill. 1827, S. 27 491;
Thomine, n° 1218. — V. *sup.* n° 126.

**230.** Toutefois la sentence rendue après l'expiration du
délai du compromis ne saurait invalider celle rendue antérieurement sur une partie du litige, à moins que le compromis
ne portât que les parties voulaient être jugées sur toutes leurs
contestations dans un délai déterminé. Cass. 6 nov. 1845, S.
16. 113.

**231.** Il a même été jugé que le serment ordonné par une
sentence arbitrale devait être prêté devant le trib. chargé de
l'exécution de cette sentence, si à l'époque de la prestation le

compromis était expiré. Il serait injuste de faire tourner au préjudice de la partie qui a gagné son procès, une circonstance qu'il était difficile de prévoir, et de la priver ainsi du bénéfice du jugement. Pau, 24 avr. 1823.

**252.** Les pouvoirs des arbitres forcés cessent-ils, comme ceux des arbitres volontaires, à l'expiration des délais fixés pour le jugement?

D'un côté, l'on dit : les lois spéciales dérogent aux lois générales; d'ailleurs, le C. de comm. est postérieur au C. de pr., c'est donc dans le premier qu'il faut puiser les raisons de décider. Or, on n'y rencontre aucun texte qui défende aux arbitres de prononcer après les délais fixés par les parties ou le trib. En matière d'arbitrage volontaire, les parties n'ayant renoncé que momentanément à leurs juges naturels pour se donner des juges de leur choix, il est juste que les pouvoirs des arbitres expirent avec les délais du compromis. Mais dans le cas d'arbitrage forcé, les mêmes motifs de décider n'existent plus : les parties seront toujours forcées de recourir à un arbitrage; et le seul avantage qu'elles retireront sera d'augmenter les frais, et de prolonger les contestations qui les divisent.

Mais on répond avec raison que, si les dispositions de l'art. 1012 ne se trouvent pas textuellement reproduites au C. de comm., il ne faut pas en conclure qu'elles sont inapplicables en matière d'arbitrage forcé. Non seulement l'art. 18 porte que le contrat de société se règle par le *droit civil*, par les lois particulières au commerce, et par les conventions des parties, mais encore on lit dans l'exposé des motifs, approuvé par le Conseil d'Etat, et présenté au corps législatif le 1er sept. 1807, que si, dans les sociétés de commerce, il survient des contestations, la loi en ordonne le jugement par arbitres, et qu'*indépendamment des dispositions sur l'arbitrage, portées au Code de procédure, elle établit un mode particulier.* Il faudrait donc une exception formelle pour que l'art. 1012 ne régît par les arbitrages forcés comme les arbitrages volontaires; et, loin qu'il en soit ainsi, l'obligation de circonscrire les pouvoirs des arbitres dans un délai fixé, à l'expiration duquel ils cessent d'être juges, est prescrite en termes aussi absolus dans l'art. 54 C. comm., que dans l'art. 1007 C. pr. Dès lors rien ne peut conduire à penser qu'il ait été dans l'intention du législateur de vouloir que le délai soit de rigueur dans un cas, et simplement comminatoire dans l'autre. Peu importe que les parties soient contraintes de se faire juger par des arbitres : il ne faut pas confondre cette obligation avec le compromis. Il est certain que l'expiration des pouvoirs des arbitres ne sera pas une raison pour qu'on porte la cause devant les tribunaux ordinaires; au contraire, la nomination de nouveaux arbitres sera indispensable; et, par cela même, il est évident qu'à moins de motifs particuliers, les parties s'empresseront de proroger les pouvoirs des arbitres; mais, si elles ne l'ont pas fait, ils perdront le caractère de juges, qui ne leur était conféré que pour un temps limité, et ne pourront plus rendre de sentence obligatoire. — La C. de cass. le 22 avr. 1823, S. 23, 228, a consacré cette doctrine par les motifs suivans qui sont féconds en conséquences :

« Attendu que les dispositions du C. de pr. civ. sont applicables aux trib. de comm. lorsqu'il n'y a pas été dérogé par le Code commercial; qu'ainsi les art. 1012 et 1028 du C. de pr por ant que *le compromis finit par l'expiration du délai fixé*, et qu'on peut demander la nulli'é des jugemens rendus sur *compromis expiré*, doivent être appliqués aux arbitrages forcés comme aux arbitrages vol ntaires; Qu'on peut d'autant mioins en douter, que l'obligation de circonscrire les pouvoirs des arbitres dans un délai fixé à l'expiration ouquel ils cesseraient d'être juges, est prescrite en termes aussi absolus dans l'art. 54 C. comm. que dans l'art. 1007 C. pr., et que dès lors rien ne peut conduire à penser qu'il ait été dans l'intention du législateur de vouloir que le délai soit de rigueur dans un cas, et simplement comminatoire dans l'autre. — Qu'au surplus, si comme l'ont dit les défenseurs, il y a quelque différence entre les arbitres nommés dans un compromis forcé, et ceux qui l'ont été dans un compromis volontaire, notamment en ce qu'au cas où les pouvoirs des premiers sont expirés, les parties sont encore obligées de se laisser juger par des arbitres; cette considération, dont le législateur n'a pas été frappé, serait toujours insuffisante pour autoriser les tribunaux soit à créer entre les arbitres dont les pouvoirs sont conçus dans les mêmes termes, une distinction qui n'a pas été faite par la loi, soit à imposer aux parties, comme l'a fait la Cour royale, l'obligation que la loi ne leur a pas imposée, de provoquer la nomination de nouveaux arbitres, pour faire cesser les pouvoirs de ceux auxquels elles n'en ont donné et dû donner que pour un temps expressément limité. — Casse. »

Bordeaux, 28 juin 1818, S. 18, 243 ; Toulouse, 12 avr. 1823, S. 23, 213 ; Angers, 23 juin 1823; Cass. 2 mai 1827, S. 27, 290; consultation de M. Pardessus, S. 18, 2, 243. — *Contrà*, Paris, 8 avr. 1809; Riom, 25 avr. 1820; Rennes, 13 mai 1820; Grenoble, 12 août 1826, D. 50, 121; Carré, n° 3305; Thomine, n° 1227; consultation de M. Locré, S. 18, 2, 243.—V. *sup.* n° 220.

**233.** Toutefois, il faut bien remarquer que l'acte par lequel des associés ont nommé des arbitres sans fixer le délai de l'arbitrage, ne prend pas fin par l'expiration du délai de trois mois, il y a seulement lieu à se pourvoir devant le trib. pour le faire régler. En matière d'arbitrage forcé il n'y a en effet aucun délai fatal déterminé par la loi, le terme dans lequel le jugement doit être rendu est toujours fixé par les parties ou par le trib. C. comm. 54; Bruxelles, 1er mars 1840; 50 mai 1840; Limoges, 20 mai 1817, D. A. 1, 745, 716. — *Contrà*, Bourges, 19 fév. 1825, S. 26, 172.

**234.** Lorsque des arbitres nommés pour juger définitivement, dans le délai de deux mois, les contestations d'une société ont, après avoir statué sur le compte régulier de l'un des associés, accordé un délai de quatre mois, pour la présentation d'un nouveau compte, un tel délai ne rentre pas dans les cas prévus par l'art. 1028 et ne constitue aucun excès de pouvoir. Aix, 13 mai 1835, D. 34, 184.

**235.** La nullité du compromis résultant du défaut de sentence dans les délais déterminés, exempte les associés de la nécessité d'un nouvel arbitrage, mais elle révoque la clause par laquelle les parties auraient dispensé les arbitres des formes ordinaires, ou bien auraient renoncé à l'appel, etc.; en un mot auraient modifié l'arbitrage forcé tel qu'il est institué par la loi. Pardessus, n° 1414.

**236.** Il résulte des principes posés *sup.* n° 232, que le trib. de comm. ne saurait, sans le consentement de toutes les parties, proroger les délais de l'arbitrage après leur expiration; il pourrait seulement renommer les mêmes arbitres. Pardessus, n° 1414; Bordeaux, 28 juin 1848; Toulouse, 12 avr. 1823.

Mais en serait-il de même avant cette expiration?

D'un côté, l'on soutient qu'en établissant l'arbitrage forcé, le législateur a créé une juridiction spéciale, parallèle à celle du trib. de comm., n'ayant, comme lui, de supérieurs que la C. roy. et la C. de cass.; que conséquemment le trib. de comm. concours bien à organiser le trib. arbitral; mais, du moment que celui-ci a commencé ses opérations, il est entièrement indépendant du premier, et son existence ne saurait être ni modifiée, ni prorogée par lui. Vainement dirait-on que la mauvaise foi d'une partie pourra éterniser les procès; car tout le temps écoulé pendant les incidens mal fondés, ne compte pas pour les délais du compromis (— V. *inf.* n° 250); et d'ailleurs, les trib. étant libres de fixer la durée de l'arbitrage, auront toujours soin d'accorder un espace de temps suffisant pour décider les contestations sur lesquelles les arbitres auront à statuer.

Mais on réfute facilement cette argumentation. En effet, si les parties ne sont pas d'accord pour la fixation du délai de l'arbitrage, il est réglé par le trib. (C. comm. 54), qui se trouve ainsi appelé à déterminer ce délai, sans connaître les difficultés que pourra présenter la contestation dont les arbitres sont saisis, et par conséquent sans pouvoir déterminer l'espace de temps nécessaire pour l'instruire et la juger. Il répugnerait donc que le premier délai fixé fût définitif, et que le trib. n'eût pas le droit d'accorder une prorogation demandée par l'une des parties, lorsqu'il reconnaît qu'elle est dans l'intérêt de la justice. Cette faculté, loin d'être prohibée par aucun texte, semble, au contraire, s'induire de l'art. 58 C. comm. qui permet formellement d'étendre les délais de production de pièces; et elle résulte d'ailleurs suffisamment du droit qu'a le trib. de fixer le délai primitif puisqu'il y a évidemment même raison de décider, et que la prorogation ne peut, au surplus, avoir d'autre but que d'économiser le temps et les frais. Lyon, 11 mars 1826,

S. 27, 144; Cass. 25 mars 1817, S. 27, 241; Cass. 3 août 1825, D. 25, 387; Pardessus, n° 1414. —*Contrà*, Colmar, 17 juill. 1832, D. 33, 33; Malpeyre, 411.

**257.** La nullité résultant de ce que le trib. a prorogé les pouvoirs des arbitres après l'expiration du délai fixé pour l'arbitrage, est couverte par la comparution des parties sans réserves devant les arbitres. Cass. 23 juill. 1833, S. 33, 877.

**258.** M. Thomine, n° 1228, reconnaît que le pouvoir de proroger le délai est une conséquence du droit de le déterminer. Cependant il propose une distinction. Dans le cas où l'arbitrage n'est pas terminé par la négligence des arbitres, il est juste de satisfaire les parties qui s'en plaignent et d'en nommer des nouveaux.

Au contraire, si c'est par maladie, ou accident, que le délai s'est écoulé, il est de l'intérêt des parties de maintenir les arbitres afin que le jugement intervienne plus promptement.

**259.** Même en matière d'arbitrage volontaire, le pouvoir de nommer des arbitres *en cas de difficultés entre les parties*, confère au trib. civ., alors qu'il est reconnu que les arbitres qu'il a nommés ne peuvent prononcer, dans les trois mois, le droit de proroger l'arbitrage sur la demande qui en est faite par l'une des parties avant l'expiration du délai, et cela nonobstant le refus de la partie adverse. Cass. 14 juin 1830, D. 30, 285.— V. *sup.* n° 236.

**240.** Les parties peuvent, en matière d'arbitrage forcé, comme en matière d'arbitrage volontaire, proroger les délais de l'arbitrage, même après leur expiration. Dans ce cas, il y a transaction pour tout ce qui s'est fait pendant les délais du compromis primitif.

**241.** Leur consentement à la prorogation doit en général être constaté dans la même forme que le compromis, c'est-à-dire par procès-verbal des arbitres, par une déclaration faite en justice, par acte notarié, ou par acte sous signatures privées. C. pr. 1005 (— V. *sup.* n° 92 et suiv.)

Dans ce dernier cas l'acte doit nécessairement être fait double. Bourges, 14 juill. 1830, D. 30, 250. — A moins, cependant, qu'il ne soit mis à la suite de l'un des doubles du compromis primitif et déposé entre les mains des arbitres. Florence 5 juin 1811, D. A. 11, 652.—Il constitue en effet un véritable contrat synallagmatique, un nouveau compromis qui remplace celui qui existait précédemment.—*Contrà*, Thomine, n° 1214.

**242.** Quelquefois l'intention des parties de proroger les délais peut, en l'absence d'un acte exprès, s'induire de certains faits émanés d'elles. — *Contrà*, Bourges, 19 fév. 1825, S. 26, 72; Angers, 23 juin 1823, S. 24, 205.

Mais il faut que ces faits soient constatés par écrit et tels qu'ils opèrent un lien réciproque de droit entre les différens intéressés. Le défaut de pouvoir des arbitres forme une nullité absolue, il ne saurait dépendre de l'une des parties de couvrir cette nullité au préjudice des autres, en s'en tenant au jugement après qu'il a été rendu. Cass. 2 mai 1827, S. 27, 290.

**243.** En conséquence, la comparution de toutes les parties et leurs plaidoieries respectives devant les arbitres, depuis l'exration des délais du compromis, font suffisamment présumer leur volonté de proroger l'arbitrage et les rendent non recevables à demander la nullité de la sentence intervenue postérieurement. Grenoble, 12 août 1826 ; Bourges, 14 juill. 1830 ; Bordeaux, 3 fév. 1823, S. 23, 220 ; 9 fév. 1827, S. 27, 190 ; Cass. 17 janv. 1826, S. 26, 380 ; 12 mai 1828, S. 28, 204 ; 23 juill. 1833, D. 33, 314 ; Pardessus, n° 1414.

Mais il en est autrement si une seule partie a comparu et pris des conclusions devant les arbitres ; le lien de droit réciproque n'existant pas dans ce cas, il y a lieu pour tous les intéressés, même pour ceux qui ont continué à procéder devant les arbitres dont les pouvoirs avaient cessé, à provoquer la nullité de la sentence. Cass. 2 mai 1827, S, 27, 290 ; Lyon, 2 mai 1827, D. 27, 224.

**244.** Les parties ont encore le droit d'autoriser les arbitres à proroger les délais de l'arbitrage. Mais si elles ont usé de cette faculté, sans déterminer elles-mêmes le terme de la prorogation, les arbitres ne peuvent, à moins d'une autorisation spéciale, le porter à plus de trois mois. Bourges, 23 janv. 1824, D. 25, 74 ; Pigeau, 1, 60 ; Carré, n° 3282 ; Thomine, n° 1215.

Cette autorisation doit être expresse ; les arbitres ne sauraient la faire résulter de l'interprétation du compromis. Cass. 21 fév. 1826, S. 26, 215 ; 25 juill. 1827, S. 27, 491.

Par exemple, de la dispense qui leur aurait été accordée de suivre les formes ordinaires. Rennes, 24 juin 1816.

**245.** Un mandataire peut, comme les parties, consentir une prorogation de délai ; mais il lui faut un pouvoir spécial donné séparément, ou compris dans le mandat à l'effet de compromettre. En effet, c'est pour ainsi dire un nouveau compromis qu'il consent, puisque le premier deviendrait nul pour n'avoir pas été suivi de jugement dans les délais convenus. Boucher, 345 ; Carré, n° 3284.

**246.** Lorsque, avant l'expiration du délai accordé aux arbitres pour rendre leur jugement, ils ont nommé, en vertu des pouvoirs qui leur étaient conférés, un tiers arbitre auquel ils ont fixé un délai, leurs pouvoirs se trouvent par là nécessairement prorogés pour tout le temps accordé au tiers-arbitre, puisque celui-ci doit conférer avec eux avant de rendre sa sentence. Cass.

17 mars 1824, S. 24, 424; Cass. 16 déc. 1828, D. 29, 66;
Lyon, 14 juill. 1828, D. 28, 194.

**247.** Si l'un des arbitres est empêché, et que les délais de
l'arbitrage soient expirés au moment où l'on demande à un trib.
qu'il nomme un autre arbitre à sa place, le trib. peut-il faire
droit à cette demande sur le motif que, pendant ce délai, l'arbitre restant l'avait prorogé? Il faut distinguer : si le compromis
donne à l'arbitre restant le pouvoir de proroger seul des délais,
l'affirmative n'est pas douteuse. Au contraire, si ce droit n'est
délégué qu'à tous les arbitres, le tribunal arbitral ayant cessé
d'exister du jour où les délais fixés pour le compromis sont expirés, il est évident que la demande doit être déclarée non recevable. Cass. 6 nov. 1809, S. 10, 39.

**248.** Toutes les fois qu'il s'élève un incident qui force les
arbitres à renvoyer les parties devant les tribunaux ordinaires,
les délais du compromis sont suspendus, et ne recommencent à
courir qu'à dater du jour du jugement de l'incident. C. pr. 1015.

**249.** A plus forte raison lorsque sur l'appel d'un jugement
portant nomination d'arbitres, la Cour a renvoyé la cause à un
autre jour, le renvoi suspend de plein droit le délai de l'arbi-
rage, s'il est ordonné du consentement des parties toutes choses
demeurant en état.

Les remises ultérieures qui sont prononcées successivement en
l'état de surséance où est l'affaire, sont présumées ordonnées sous la
même condition et ont le même effet. Cass. 1er juill. 1823, D. 714.

**250.** Il a même été jugé que la partie qui, par son fait, em-
pêchait les arbitres de prononcer dans le délai du compromis,
en faisant naître des incidens mal fondés, était non recevable à
exciper de l'expiration des pouvoirs des arbitres, et qu'elle ne
pouvait compter, dans les délais du compromis, le temps qui
s'était écoulé pendant la durée de cet incident. Metz, 12 mai
1818, S. 19, 103. Thomine, n° 1217.

**251.** Mais le délai de l'arbitrage n'est suspendu ni par la maladie ni par l'absence des arbitres, ni même par des événemens
fortuits. Thomine, n° 1217. — V. sup. n° 228.

**252.** Les actes faits pour l'instruction d'un arbitrage non terminé dans les délais du compromis, peuvent-ils produire leur
effet, lorsqu'ils constatent un aveu de l'une des parties ou la
preuve d'un fait?

On argumente vainement pour la négative, de l'art. 401,
d'après lequel la péremption emporte extinction de la procédure, sans qu'on puisse jamais opposer aucun des actes de la
procédure éteinte ni s'en prévaloir; en effet, il n'y a pas analogie entre ces deux cas : l'art. 401 annule tous les actes de la
procédure première, parce qu'il serait contradictoire qu'une
procédure anéantie pût produire quelque effet. Mais l'art. 1012

ne déclare point périmée la procédure faite devant les arbitres; il se borne à prononcer l'extinction du compromis; et si cette extinction entraîne l'annulation de la sentence rendue par des arbitres qui se trouvent alors sans pouvoirs, il n'en est évidemment pas de même des actes d'instruction faits antérieurement, à une époque où le compromis avait toute sa force, et où les arbitres étaient compétens pour les recevoir. Jousse, p. 707; Cass. 6 nov. 1815, S. 16, 113; Merlin, *Rép.*, v° *Arbitrage*, n° 32; Pardessus, 1599; Thomine, n° 1218; Boucher, 140; Carré, n° 5310.

§ 3. — *Partage et autres manières dont finit le compromis.*

**253.** Le compromis finit encore, 1° par le partage, si les arbitres n'ont pas le pouvoir de prendre un tiers-arbitre. En effet, dans ce cas, il n'y a pas de jugement possible, puisque les parties ne sauraient être jugées que par les arbitres qu'elles ont choisis, et que ceux-ci ne peuvent tomber d'accord.

**254.** 2° Par la récusation, la révocation ou le déport des arbitres. — V *sup.* n°s 193, 198, 217.

**255.** 3° Par le décès de l'une des parties, lorsqu'elle laisse un ou plusieurs héritiers mineurs. En effet, les causes intéressant les mineurs sont sujettes à communication au ministère public, et ne peuvent par conséquent faire la matière d'un arbitrage. C. pr. 1013. — V. *sup* n° 39.

**256.** Si les héritiers sont tous majeurs le compromis subsiste, mais il est juste d'en suspendre l'effet pendant le délai pour faire inventaire et délibérer, afin que les héritiers puissent prendre connaissance de l'affaire, l'instruire et la mettre en état. Thomine, n° 1250.

**257.** Lorsque les arbitres ont sciemment, ou par ignorance, prononcé leur sentence, après le décès de l'une des parties, sans que ses héritiers aient repris l'instance, cette sentence est-elle nulle? — Il faut distinguer :

Si l'affaire était en état au moment du décès de la partie, la sentence est régulière. — Mais il en est autrement dans la seconde hypothèse. Thomine, n° 1252. — V. *Reprise d'instance.*

**258.** 4° Par l'interdiction de l'une des parties, prononcée depuis le compromis; il y a mêmes motifs de décider que dans le cas de minorité des héritiers. — V. *sup* n° 255.

**259.** Néanmoins, les règles qui viennent d'être exposées souffrent une exception pour le cas d'arbitrage forcé; car alors les arbitres sont, à proprement parler, les juges naturels des parties. Seulement le tuteur du mineur ou de l'interdit ne peut renoncer à la faculté d'appeler du jugement arbitral. C. comm. 63. — V. *sup.* n°s 39, 42.

**260.** Les arbitres doivent également continuer leurs opérations et prononcer dans les limites qui leur ont été assignées par les parties, malgré le décès de l'une d'elles, laissant des héritiers mineurs, dans le cas où l'arbitrage n'est que la conséquence d'une clause compromissoire insérée originairement dans le contrat à l'occasion duquel se sont élevées les contestations. — V. *sup.*, n° 133.

**261.** Que faut-il décider dans le cas où l'une des parties est tombée en faillite depuis la signature du compromis ?

M. Berriat, qui se borne à énoncer la question, cite, comme l'ayant résolue négativement, un arrêt de Nîmes du 17 août 1806 ; mais c'est évidemment par erreur : cet arrêt ne s'est pas occupé de cette difficulté, et a seulement jugé, en s'appuyant sur les art. 2005, 2008 et 2009 C. civ., que les arbitres nommés par le mandataire du failli avaient pu valablement statuer sur la contestation qui leur était soumise, s'ils avaient ignoré, ainsi que le mandataire, l'existence de la faillite.

Nous pensons que la faillite enlevant au failli *le droit* d'aliéner et de transiger, le compromis se trouve annulé comme dans le cas d'interdiction. — Il en serait autrement s'ils s'agissait d'une contestation qui, d'après sa nature, dût nécessairement être soumise à des arbitres.

**262.** Enfin, le compromis est encore éteint par toutes les causes qui anéantissent les contrats en général : par exemple, par le consentement mutuel des parties, par la perte de la chose qui fait l'objet du compromis, ou par l'extinction de l'obligation pour laquelle on s'est soumis à l'arbitrage. Pigeau, 1, 66.

### Section VII. — *Instruction. Pouvoir des arbitres.*

**263.** Les parties et les arbitres doivent, dans l'instruction, observer les délais et les formes établies pour les trib. qui auraient connu de la contestation, à moins que les parties n'en soient autrement convenues ( C. pr. 1009 ) ; — ou que la nature de l'arbitrage ne s'y oppose. — V. *inf.* n°s 267, 275.

**264.** La dispense de suivre les formalités ordinaires n'a pas besoin d'être expresse ; elle s'induit des stipulations renfermées au compromis ; — par exemple de la clause qui nomme les arbitres amiables compositeurs. Besançon, 18 déc. 1811 ; Colmar, 29 mai 1813 ; Thomine, n° 1220. — *Contrà*, Boucher, 259. — Dans ce dernier cas le tiers-arbitre peut juger sans conférer préalablement avec les arbitres divisés. Agen, 20 janv. 1832, D. 33, 203.

**265.** Le ministère des avoués n'est jamais nécessaire devant les arbitres. Ces officiers ministériels ne sont établis qu'auprès des trib. ordinaires ; et les habitans des communes qui ne sont pas chefs-lieux d'arrondissement, se trouveraient privés des bienfaits de l'arbitrage, ou forcés de choisir leurs arbitres aux chefs-lieux ; ce qui gênerait la liberté, et serait évidemment contraire à l'intention du législateur. Turin, 7 fév. 1810, D. A. 1. 712 ; Gênes, 15 fév. 1811, S. 11, 139 ; Berriat, p. 43, note 24 ; Demiau et Carré, n° 3289 ; Thomine, n° 1221.

**266.** Il n'y a pas non plus lieu de donner un ajournement régulier, il suffit que les parties comparaissent devant les arbitres ou soient sommées de le faire.

Mais il faut observer pour l'instruction les délais prescrits devant les trib. ordinaires. Cass. 12 fév. 1812, D. A, 1, 655 ; Thomine, n° 1221.

**267.** Cependant il a été jugé que des arbitres forcés sont dispensés d'observer les formes prescrites en matière d'enquête, ( par exemple la rédaction d'un jugement interlocutoire, l'assignation des témoins et des parties), si les parties sont présentes et assistent à l'audition des témoins qu'elles on telles-mêmes amenés. Riom, 23 janv. 1829, D. 31, 109.

**268.** Souvent les parties déterminent dans le compromis les pièces, les moyens, le genre de preuves et le délai dans lequel ils doivent être produits. — Ces indications sont alors obligatoires pour les arbitres.

**269.** A défaut de stipulation de cette nature chacune des parties est tenue de produire ses défenses et pièces, quinzaine au moins avant l'expiration des délais du compromis. C, pr. 1016.

**270.** Ils ont le droit d'ordonner tous les actes d'instruction qu'ils croient utiles pour éclairer leur conscience : par exemple, des enquêtes, des expertises, des visites de lieux, des interrogatoires sur faits et articles, des vérifications d'écriture, seulement leur jugement n'est exécutoire qu'en vertu de l'ordonnance du président du trib. C. pr. 1020.

Mais s'ils ont été dispensés de suivre les formes ordinaires, la partie qui a exécuté le jugement interlocutoire avant qu'il fût revêtu de l'ordonnance du président, est non recevable à en demander la nullité. Aix, 15 juin 1808. — V. *inf.* sect. XII.

**271.** Ils procèdent tous ensemble à ces différens actes, ainsi qu'à la rédaction des procès-verbaux de leurs opérations, à moins que les parties ne leur aient donné le droit de déléguer l'un d'eux. C. pr. 1011.

Chaque arbitre, quoique nommé séparément par l'une et l'autre des parties, est cependant institué par les deux pour prendre part tant à l'instruction qu'au jugement. Les actes faits par un seul, sans autorisation des parties, doivent donc être annulés comme émanés d'une personne ayant agi sans pouvoir. Les parties se sont soumises à la décision du trib. arbitral tout entier, et non pas à celle de l'un ou de plusieurs des arbitres. Carré, 3, 418.

**272.** Néanmoins la partie qui assiste sans protestation à une opération faite par un seul des arbitres, est non recevable à en demander plus tard la nullité. Sa présence vaut consentement. Cass. 12 mai 1828, S. 28, 202.

**273.** Au reste l'obligation de procéder conjointement est restreinte aux actes d'instruction et procès-verbaux du ministère des arbitres : ils ne sont pas tenus d'assister à l'expertise et à la rédaction du rapport des experts. Thomine, n° 1224.

**274.** Il a même été jugé qu'en matière d'arbitrage forcé, le trib. arbitral peut déléguer un arbitre pour procéder à une visite de lieux, de même qu'un trib. déléguerait un de ses membres (Paris, 21 août 1824, D. 28, 245); — mais l'art. 1014 C. pr. nous paraît repousser cette distinction entre les pouvoirs des arbitres forcés et ceux des arbitres volontaires. — V. sup. n° 267.

**275.** On suit en général pour les *enquêtes*, les *expertises*, et autres mesures d'instruction, les règles tracées par le C. (—V. ces mots), — sauf quelques modifications.

Ainsi les arbitres n'ont pas qualité pour recevoir le serment des experts ou des témoins, contraindre les témoins qui ne paraîtraient pas, les condamner à l'amende. Il suffit que les procès-verbaux des experts soient réguliers, que les dépositions des témoins soient reçues par les arbitres réunis, etc. Thomine, n° 1224.

**276.** Dans tous les cas, les arbitres ne sont, pas plus que les juges ordinaires, liés par leurs jugemens interlocutoires; ils peuvent par exemple dispenser de l'interrogatoire une personne dont ils ont d'abord ordonné l'interrogatoire sur faits et articles et qu'ils reconnaissent être sans intérêt dans la contestation. Paris, 23 juill. 1810, D. A. 1, 819.

**277.** Ont-ils le droit de décerner une commission rogatoire à un juge de paix, conformément à l'art. 1035 C. pr.? — Le doute naît de ce que les arbitres institués par de simples particuliers, dans leur intérêt privé, ne peuvent faire aucun acte de souveraineté ;—mais ils sont de véritables juges, l'art. 1035 ne distingue pas; d'ailleurs leur sentence ne peut être exécutée qu'après avoir été revêtue des ordonnances du président du trib.

Vainement on objecterait que les arbitres ne peuvent commettre l'un d'eux; qu'à plus forte raison ils ne peuvent désigner un juge, et qu'il faut qu'ils fassent eux-mêmes tous les actes d'instruction. En effet, les motifs qui s'opposent à la délégation d'un des arbitres n'existent plus lorsqu'il s'agit d'un juge, dans ce dernier cas, l'éloignement mettant un obstacle à ce que les arbitres vaquent par eux-mêmes aux actes d'instruction, il est de l'intérêt des parties qu'ils usent de la faculté accordée par l'art. 1035, afin d'économiser les frais ; ce qui est un des buts principaux que s'est proposés le législateur en instituant l'arbitrage. Jousse, *de l'Adm. de la Just.*, p. 699; Carré, art. 1011, n° 5298; Thomine, n° 1221.

**278.** Ils peuvent prononcer des jugemens définitifs sur quelques points de la contestation en état de recevoir décision, et des jugemens interlocutoires sur d'autres. Paris, 26 mai 1814; Aix, 51 mai 1855, S. 34, 201.

Peu importerait qu'ils eussent reçu des parties le droit de terminer par un seul jugement toutes les contestations énoncées au compromis; cette clause ne leur accorderait qu'une faculté, dont ils seraient libres de ne pas user s'ils le jugeaient convenable. Cass. 11 fév. 1806.

Mais si les parties leur ont imposé l'obligation de ne statuer que par un seul jugement, cette stipulation forme une condition *sine quâ non* du compromis, à laquelle ils ne peuvent manquer sans rompre le compromis lui-même.

**279.** A plus forte raison, lorsque des arbitres ont été investis par le compromis du droit de juger toutes les contestations nées ou à naître entre les parties à raison d'une société ayant existé entre elles, peuvent-ils, après avoir rendu une sentence sur certains chefs, en prononcer une nouvelle sur d'autres chefs, pourvu qu'ils soient encore dans les délais du compromis. Cass. 21 nov. 1852, S. 53, 65.

**280.** De même un arbitre volontaire chargé de prononcer sur une action en réintégrande et sur une action de propriété peut ne statuer que sur la première et laisser la seconde indécise sur le refus des parties de proroger les délais du compromis. Surtout si c'est par la faute des parties de produire les titres justificatifs de leurs droits que la question de propriété n'a pas été résolue. Agen, 5 janv. 1825, D. 25, 165.

**281.** Chacune des parties est tenue de produire ces défenses et pièces, quinzaine au moins avant l'expiration du délai du compromis. C. pr. 1016.

**282.** Toutefois, ce délai n'étant pas prescrit à peine de déchéance, les parties peuvent produire tant que la sentence n'est pas rendue. La sanction de l'art. 1016 C. pr. consiste dans le préjudice qui pourra résulter, pour la partie en retard de produire, de ce que les arbitres auront eu moins de temps pour examiner ses pièces, et peut-être de ce qu'ils refuseront, comme ils en ont le droit, d'en prendre connaissance après les délais fixés par la loi. — Pigeau, *Com.* art. 1016; Thomine, n° 1237.

**283.** Lorsque les parties n'ont pas produit, la sentence arbitrale ne peut pas être rendue avant l'expiration des délais accordés pour la production; mais après cette époque, les arbitres jugent valablement sur ce qui a été produit. C. pr. 1016.

**284.** Les règles précédentes relatives aux délais accordés aux parties, pour présenter leur défense et les pièces à l'appui, ne sont applicables qu'aux arbitrages volontaires; en matière d'arbitrage forcé, les arbitres ne sont astreints à aucune formalité : les parties leur remettent simplement leurs pièces et mémoires. (C. comm. 56.)—sans procédure, ni requête signifiée. Besançon, 18 déc. 1811, D. A. 1, 745.

**285.** La partie en retard de produire est sommée de le faire dans les dix jours. C. comm. 57.

Les arbitres peuvent, suivant l'exigence des cas, proroger le délai pour la production des pièces. C. comm. 58; Besançon, 18 déc. 1811.

**286.** Le trib. qui renvoie des associés devant arbitres dépasse les limites de sa compétence et empiète sur les attributions des arbitres, s'il ordonne que les parties remettront dans tel délai les livres, titres, papiers et document de la cause aux arbitres, et s'il les condamne à des dommages-intérêts, au cas d'inexécution. Metz, 11 janv. 1833, D. 34, 154.

**287.** Lorsque, après un premier jugement rendu par des arbitres forcés et accordant un délai de dix jours pour produire des pièces, de nouveaux arbitres sont nommés, l'arbitrage ne change pas de nature et les parties doivent suivre les anciens erremens. En conséquence les nouveaux arbitres ne violent pas la loi en refusant un nouveau délai de dix jours et en accordant seulement 24 heures pour produire. Cass. 22 août 1832, D. 32, 379.

**288.** S'il n'y a renouvellement de délai, ou si le nouveau délai est expiré, les arbitres jugent sur les seules pièces et mémoires remis. C. comm. 59.

**289.** La C. d'Aix a jugé, le 13 mai 1833 (D. 34, 184), que les arbitres forcés, nommés par le trib. de comm. pour juger, dans un délai de deux mois, toutes les contestations nées ou à naître entre les parties, pouvaient, après avoir statué définitivement dans cet intervalle sur une partie du compte, accorder un terme de quatre mois pour fournir une pièce à l'appui d'une autre partie du compte relative à des opérations faites au Sénégal. — Cet arrêt peut s'expliquer par les circonstances dans lesquelles il a été rendu. — Mais en droit, il est évident que les arbitres ne sauraient accorder aux parties pour produire leurs pièces, un délai plus long que celui fixé par le jugement pour rendre la sentence, puisque après l'expiration de ce délai, ils sont sans qualité pour juger. — V. sup. n° 232.

**290.** Du moment qu'une pièce a été produite aux arbitres, elle devient commune à toutes les parties; par conséquent, elle ne peut plus être retirée à volonté par celui qui l'a fournie, et elle doit rester au procès pour servir ce que de droit à chacun. Paris, 14 thermidor an 10, S. 7, 1104.

Celui qui se rendrait coupable de la soustraction d'une pièce produite serait passible d'une amende de 25 à 300 fr. (C. pén. 409). Mais cette amende ne pourrait pas être prononcée par les arbitres (— V. *inf.* n° 313). Le délinquant serait, pour ce fait, justiciable des trib. de police correctionnelle. — V. *Abus de confiance.*

**291.** Les arbitres peuvent donner communication de toutes les pièces aux parties ; mais ils doivent avoir soin d'en exiger des récépissés. Arg. C. pr. 188.

D'après l'usage, c'est l'arbitre le plus âgé qui demeure dépositaire des pièces. C'est également chez lui que se tiennent les séances ; le plus jeune est chargé du rapport.

**292.** L'instruction et le jugement ont lieu dans le cabinet des arbitres et à huis-clos à la différence des jugemens ordinaires. Cass. 22 nov. 1827, D. 28, 30.

**293.** Les arbitres ont la faculté de se réunir et de rendre leur sentence dans un lieu autre que celui où ils ont été constitués en tribunal. La juridiction dont ils sont investis est attachée à leur personne et non au territoire. Paris, 2 janv. 1834, S. 34. 303.

**294.** Les arbitres, ne tenant leurs pouvoirs que de la volonté des parties, ne peuvent, en général, statuer que sur les contestations qui leur sont expressément soumises par le compromis.

**295.** Ils n'ont donc pas le droit de prononcer sur des demandes incidentes susceptibles d'être détachées de la contestation qui fait l'objet de l'arbitrage, et de nature à recevoir un jugement séparé : par exemple, une demande en garantie ou en intervention. Carré, n° 3291.

A plus forte raison, des arbitres investis du droit de juger des contestations relatives à l'exécution d'un traité, seraient incompétens pour connaître de la demande en nullité de ce traité. Cass. 2 mai 1832, S. 32, 346.

Mais il en serait différemment si les arbitres avaient reçu mission de statuer sur *tout ce qui pourrait se rapporter à un acte*, ils seraient alors compétens pour prononcer sur la validité de cet acte et des conventions qu'il renferme. Paris, 18 mai 1833, S. 33, 310.

**296.** Les arbitres sont au contraire sans qualité pour juger, 1° les difficultés relatives à leur nomination. Paris, 25 mars 1814, D. A. 1, 667. — Ils ne tiennent le droit de juger que d'une nomination régulière et ne peuvent se faire un titre à eux-mêmes.

**297.** 2° Un incident criminel, ou même une demande en inscription de faux purement civile : dans ces différens cas, l'ordre public se trouve intéressé, et le ministère public doit être entendu. Ils délaissent les parties à se pourvoir, et les délais du compromis ne continuent à courir que du jour du jugement de l'incident. C. pr. 1015.

**298.** Toutefois, si l'action publique est éteinte ou jugée, et que l'inscription de faux soit purement civile, alors l'intérêt privé existant seul, et tout intérêt public cessant, les arbitres en connaissent sans pouvoir spécial, comme d'un accessoire à l'objet principal du compromis. Arg. C. civ. 2046; Pigeau, *Comm.* 1015, note 1.

**299.** Les trib. devant lesquels sont renvoyés les incidens ne sont pas autorisés à les juger en dernier ressort, parce que les parties avaient renoncé à l'appel dans le compromis. Cass. 15 juill. 1818.

**300.** Quoi qu'il en soit, les arbitres ne sont dessaisis du litige qu'autant qu'il y a déclaration formelle de s'inscrire en faux de la part d'une des parties; une simple allégation serait insuffisante pour empêcher les arbitres de statuer : l'art. 1015 ne les dessaisit que dans le cas d'une *inscription formée*, et non dans celui d'une dénonciation qui ne doit être considérée que comme un doute. En vain on prétendrait que décider ainsi ce serait fournir aux parties le moyen de cacher leur crime au ministère public, ce que le législateur a voulu éviter en prescrivant la communication de toute transaction sur la poursuite d'un faux ; car on peut transiger sur l'intérêt civil résultant d'un délit, et la transaction n'a besoin d'être soumise au ministère public que lorsqu'il existe une inscription de faux faite, conformément à l'art. 248 C. pr.; ce qui n'a pas lieu, lorsque des parties soumettent, comme simple exception, aux arbitres, la question de savoir si une pièce doit être admise ou rejetée. Cass. 18 juin 1816, S. 17, 85 ; Boucher, p. 202 ; Carré, n° 3323.

**301.** Lorsqu'une vérification d'écriture est nécessaire, y a-t-il lieu de renvoyer les parties devant les trib. civils ?

Si l'arbitrage est forcé, l'affirmative ne souffre aucun doute sérieux : les arbitres remplacent en effet le trib. de comm. et ne peuvent jouir de droits plus étendus que ce tribunal.

Mais en matière d'arbitrage volontaire rien ne s'oppose à ce que les arbitres retiennent la vérification s'ils le jugent convenable. Thomine, n° 1236.

**302.** Ils sont également compétens pour reconnaître de tous les incidens qui se trouvent nécessairement liés à la cause principale, et sans lesquels elle ne pourrait pas recevoir de décision : par exemple, une compensation, une prescription. En se soumettant à leur juridiction, les parties sont réputées leur avoir donné les pouvoirs suffisans pour décider les contestations qu'elles leur déféraient. Aix, 3 fév. 1817, S. 17, 415 ; Nîmes, 13 janv. 1834, D. 34, 111.

Ils ont encore droit de statuer sur la question de savoir si l'une des parties a contrevenu à une clause pénale stipulée dans le compromis, contre celle qui retarderait par sa faute la sentence arbitrale. Cass. 12 juill. 1809 , S. 9, 594.

503. Peuvent-ils connaître d'une demande en renvoi devant les trib. ordinaires fondée sur ce que la question agitée devant eux sort des limites tracées par le compromis ?

Pour la négative on dit : Les arbitres ne peuvent juger que les contestations énoncées dans le compromis ; d'ailleurs le ministère public doit être entendu dans les questions de compétence. C. pr. 83, 1004.

Mais on répond que, dans l'espèce, les parties n'ont pas compromis sur une question de compétence sujette à communication au ministère public ; il s'agit uniquement d'interpréter le compromis, et de savoir si elles ont entendu soumettre aux arbitres le point en litige : ce qui rentre essentiellement dans leurs attributions, puisqu'ils sont des juges pour ceux qui les ont nommés, et que tout juge, même d'exception, peut statuer sur sa compétence. S'il en était autrement, il dépendrait de l'une des parties liées dans un arbitrage, de s'y soustraire à son gré, en déclinant la juridiction des arbitres, qui, au surplus, n'entraîne aucun inconvénient, puisque les parties ont le droit de demander, par voie d'opposition à l'ordonnance d'exécution (C. pr. 1028), l'annulation de toute sentence arbitrale rendue hors des termes du compromis. Cass. 28 juill. 1818, S. 19, 22 ; Carré, n° 3284.

Plusieurs arrêts de C. roy. ont décidé d'une manière opposée dans le cas d'arbitrage forcé ; mais il n'existe aucune raison de distinguer, et la Cour suprême a, comme nous l'avions prévu dans notre première édition, adopté, en matière d'arbitrage forcé, la même solution qu'en matière d'arbitrage volontaire. Cass. 8 mai 1833, D. 34, 175. — Contrà, Paris, 25 mars et 13 déc. 1808, S. 9, 188, 189 ; Turin, 25 janv. 1813, S. 14, 24 ; Vincens, 1, 185.

504. Les arbitres ont, sans aucun doute, capacité pour prononcer sur les dépens ; à défaut de conventions spéciales des parties, ils doivent suivre les art. 130, 131 C. pr.—V. Dépens.

505. Mais peuvent-ils les liquider eux-mêmes ?

Si l'affaire soumise à l'arbitrage est sommaire, l'affirmative ne souffre aucune difficulté : la liquidation doit être faite par le jugement qui adjuge les dépens. C. pr. 543.

Au contraire, lorsque l'affaire est ordinaire, et que les parties n'ont pas dispensé les arbitres des formes prescrites par la loi, l'art. 543 devient inapplicable, et la taxe doit être faite par

le président du trib. qui rend l'ordonnance d'*exequatur*. Ce
moyen, indiqué par Rodier, sur l'art. 2 du tit. 51 de l'ordonnance, concilie seul le principe, que les arbitres ne connaissent
pas de l'exécution de leur jugement, avec la nécessité de taxer
les dépens auxquels ils auraient condamné, sans en faire la liquidation.

**306.** Les parties peuvent du reste prévenir toute difficulté
en ayant soin d'autoriser les arbitres à liquider tous les dépens.
Carré, n° 3332.

**307.** Lorsqu'une sentence intervenue sur procès condamne
l'une des parties aux dépens faits devant le trib., l'un des juges
de ce trib. est compétent pour taxer ces dépens. En tout cas,
ce ne serait pas là une cause de nullité de la sentence arbitrale.
Bordeaux, 22 mai 1852, D. 52, 145.

**308.** Doit-on, dans les dépens, comprendre des honoraires
pour les arbitres?

D'un côté, l'on dit : Si les juges ne sont pas payés par les
parties, c'est qu'ils reçoivent un traitement de l'État. L'exception relative aux membres des trib. de comm., ne peut être
étendue. D'ailleurs, les arbitres ne sont pas, à proprement
parler, des juges, surtout en matière d'arbitrage volontaire. Il y
a donc lieu de leur appliquer le principe, que toute peine mérite un salaire.

Mais on repousse facilement cette argumentation. En effet,
en matière d'arbitrage forcé, les arbitres sont de véritables
juges; les parties ne peuvent se soustraire à leur juridiction
pour les contestations qui leur sont déférées par la loi; ils sont
donc, en réalité, des annexes des trib. de comm., et leurs fonctions doivent être gratuites, comme celles des membres de ces
trib.; autrement, les associés commerçans se trouveraient placés
hors du droit commun, et eux seuls, en France, seraient contraints de payer leurs juges.

Quant aux arbitres volontaires, s'ils ne peuvent être assimilés aux juges, ainsi que les arbitres forcés, ils ne sauraient être
considérés que comme les mandataires des parties; et le mandat étant essentiellement gratuit, à défaut de conventions contraires, ils seraient également non recevables à réclamer des honoraires. D'ailleurs, il y aurait inconvenance morale à ce que
des arbitres se taxassent eux-mêmes et fussent ainsi juges et
parties dans leur propre cause : c'est cependant ce qui aurait
nécessairement lieu, du moins dans toutes les affaires sommaires. Parlem. Besançon, 27 fév. 1698; Toulouse, 12 avr.
1650 et 4 août 1749; Bruxelles, 22 août 1840; Montpellier,
50 juin 1827; Cass. 17 nov. 1850, S. 52, 28; Lyon, 2 août
1851; Caen, 20 nov. 1856; Paris, 17 juill. 1858. — *Contrà*,
Grenoble, 8 mars 1824; Bordeaux, 14 janv. 1826, S. 26, 247.

**509.** Toutefois, si l'arbitrage a donné lieu à des frais et des déboursés de la part des arbitres, il est hors de doute qu'ils ont une action pour se faire rembourser de leurs avances.

Ils peuvent même l'exercer solidairement contre toutes les parties. C. civ. 2002 ; Cass. 11 août 1813 et 17 nov. 1850, S. 32, 28.

**510.** Les arbitres ont-ils le droit de prononcer la contrainte par corps dans les cas où la loi permet aux juges de l'ordonner?

A l'égard des arbitres forcés, l'affirmative n'est susceptible d'aucun doute sérieux : ils tiennent leur investiture de la loi, et jouissent par conséquent des mêmes pouvoirs que les juges ordinaires. Cass. 5 nov. 1811, S. 12, 18 ; Paris, 20 mars 1812.

Pour les arbitres volontaires, la question présente plus de gravité. D'un côté, l'on dit que, même dans les cas où elle est formellement autorisée, la contrainte par corps ne peut jamais être appliquée qu'en vertu d'un jugement (C. civ. 2067), et que, par ces mots *juge* ou *jugement*, sans autre désignation, la loi n'entend parler que des trib. proprement dits. D'ailleurs, les arbitres ne reçoivent leur autorité que des parties, et celles-ci ne peuvent, en général, se soumettre à la contrainte par corps. Les arbitres ne sauraient donc l'ordonner que dans les cas très rares où elle peut être l'effet d'une convention.

Mais on répond que les arbitres sont de véritables juges des différends qui leur sont soumis, et que, bien qu'ils ne tiennent leur autorité que des parties, leur décision n'en produit pas moins tous les effets d'un jugement ordinaire, lorsqu'elle est revêtue de l'ordonnance d'exécution, la qualification de *jugement* lui est même donnée par le législateur, dans les différentes dispositions du titre des arbitrages : on ne saurait donc tirer aucun argument de l'art. 2067 C. civ. D'ailleurs, l'ancienne législation accordait aux arbitres le droit de prononcer la contrainte par corps ; et si les rédacteurs du Code avaient eu l'intention d'introduire une nouvelle jurisprudence à cet égard, ils n'auraient pas manqué de la consacrer par un texte positif. Le mot *jugement* n'a évidemment été employé dans l'art. 2067 que pour établir que la contrainte par corps n'aurait lieu qu'en vertu d'un acte ayant le caractère de jugement, contrairement à ce qui se passait sous l'ancienne jurisprudence, et non pas pour signifier exclusivement les décisions rendues par les trib. Et que l'on ne dise point que les parties ne pouvant se soumettre à la contrainte par corps, n'ont pas la faculté de conférer aux arbitres le droit de les y condamner ; car elles ne donnent pas aux arbitres le droit de prononcer la contrainte par corps, s'ils le jugent convenable, et quant bien même la loi n'aurait pas attaché ce mode d'exécution à la condamnation qu'ils pronon-

ceront ; mais elles les investissent du droit de statuer sur le différend qui les divise, comme auraient pu le faire les juges ordinaires ; si la nature en est telle que la condamnation à intervenir contre l'une d'elles soit, d'après un texte formel, exécutoire par voie de contrainte, il est donc juste de dire que le droit
de la prononcer est donné aux arbitres par la loi, et non par
les parties. S'il en était autrement, il en résulterait que l'arbitrage présenterait moins de garantie que la juridiction ordinaire, et par conséquent, le législateur qui a voulu l'entourer
de la plus grande faveur, et en multiplier les occasions, en aurait cependant détourné les parties dans une foule de circonstances : ce qui ne saurait être admis. Paris, 20 mars 1812, S.
12, 522 ; Rennes, 24 août et 28 oct. 1816 ; Pau, 4 juill. 1821,
S. 24, 12 ; Cass. 5 nov. 1811, S. 12, 18 ; 1er juill. 1825, S.
24, 5 ; Carré, art. 1016, n° 3327, 3334. — *Contrà*, Toulouse,
9 janv. 1809, S. 9, 239 ; Boucher, 176 ; Berriat, 1, 45 ; Delvincourt, 2, 255 ; Pardessus, n° 1404.

**311.** Les arbitres peuvent prononcer l'exécution provisoire
de leur sentence dans les cas où la loi accorde cette faculté aux
juges ordinaires. C. pr. 1024. — V. *Exécution*, *Jugement*.

**312.** En matière de commerce, les sentences arbitrales sont
même susceptibles d'exécution provisoire, quoique cette exécution n'ait pas été prononcée par la sentence ; car dans ce cas,
les jugemens sont de plein droit exécutoires par provision, en
donnant caution ( C. pr. 459), et par conséquent, le juge n'a
aucune autorisation à donner pour cette exécution. Rouen, 5
nov. 1807.

**313.** Mais, dans aucune circonstance, ils n'ont le droit de
condamner les parties à des amendes. En effet, une amende
est une espèce de peine, et il n'appartient qu'à la puissance publique de la prononcer. D'ailleurs, elle ne profite qu'au fisc,
et les arbitres ne connaissent que des intérêts privés des
parties.

**314.** Ils peuvent recevoir le serment supplétoire ou décisoire
qu'ils ont ordonné par leur sentence. — Et cela, même avant
que l'ordonnance d'exécution ait été rendue. Paris, 14 mai 1825,
D. 25, 207.

Mais il en serait autrement si les délais du compromis étaient
expirés avant la prestation de serment. Cass. 5 juill. 1834, D.
34, 569.

**315.** Ils doivent assister tous à la prestation du serment
qu'ils ont ordonné. Nanci, 15 déc. 1832, S. 34, 1, 568. —
V. *sup.* n° 314.

Du reste l'irrégularité de la prestation du serment n'entraîne
pas la nullité de la sentence. Le serment peut être prêté de nouveau devant les trib. ordinaires. *Ib.*

**316.** Les arbitres forcés sont compétens pour procéder au partage des biens immeubles comme à celui des biens meubles dépendans de la société. Ils peuvent en conséquence, dans le cas où le partage en nature est impossible, renvoyer les parties devant le trib. de 1re inst. pour procéder à la licitation. Cass. 31 juill. 1832, D. 32, 363.

**317.** Mais ils sont incompétens pour interpréter leur sentence, sur la demande d'une partie, après l'expiration du délai du compromis : leurs pouvoirs ont cessé, ils n'ont plus aucune autorité pour juger les parties, à moins qu'un nouveau compromis ne leur en donne le droit. Carré, n° 3511; Thomine, n° 1218.

**318.** Néanmoins, dans le cas d'arbitrage forcé, l'action en redressement d'erreurs qui se seraient glissées dans le jugement, doit être nécessairement portée devant les arbitres qui l'ont rendue, ou devant d'autres, si ceux-ci sont empêchés : il s'agit de statuer sur une contestation entre associés, et le trib. de comm. ne peut en connaître. Cass. 25 mai 1818.

**319.** Peu importe que les arbitres aient été constitués amiables compositeurs, si du reste l'arbitrage était forcé dans l'origine. Cass. 28 mars 1815, D. A. 1, 777.

**320.** Ainsi, la décision par laquelle, sur le renvoi qui lui en a été fait par la Cour, un arbitre qui avait rendu une sentence en dernier ressort, statue sur les omissions et erreurs alléguées contre cette sentence, n'est point un simple rapport d'expert; mais un véritable jugement rendu avec le même pouvoir que la sentence antérieure, quoique après le délai du compromis et sans compromis nouveau. Bordeaux, 13 juill. 1826, D. 27, 239.

SECTION VIII. — *Règles que doivent suivre les arbitres relativement au jugement ; formalités du jugement.*

**321.** Les arbitres remplacent les juges ordinaires : ils doivent en général se décider d'après les règles du droit. C. pr. 1019.

**322.** Cependant, lorsque les parties leur ont donné, par le compromis, la faculté de prononcer comme amiables compositeurs, ils peuvent se départir des règles du droit et suivre l'équité naturelle. C. pr. 1019.

**323.** Les arbitres ne sont point les représentans d'une partie plutôt que d'une autre; ils manqueraient à leur premier devoir s'ils ne jugeaient pas d'après leur conscience, et s'ils favorisaient celui qui les a nommés.

**324.** Les sentences arbitrales sont de véritables jugemens : les formalités prescrites pour ceux-ci leur sont donc en général applicables.

**325.** Le jugement est rendu à la majorité des voix.

Mais il n'en résulte pas que sur trois arbitres deux puissent procéder seuls au jugement en l'absence du troisième. — V. *inf.* n° 331.

526. Lorsqu'il y a plusieurs arbitres en nombre impair, la majorité décide, sans distinguer si les parties qui ont nommé un arbitre ont des intérêts communs ou différens. C'est une conséquence du principe, que les arbitres sont les juges, et non les défenseurs de ceux qui les ont choisis. Cass. 23 nov. 1824, S. 25, 170; Toulouse, 9 août 1833, S. 34, 272; 1er mars 1834, D. 34, 154; Pardessus, n° 1412; Montgalvy, n° 337. — V. *sup.* n° 523.

Pour les règles à suivre en cas de partage. — V. *inf.* sect. IX.

527. Le jugement doit contenir les qualités des parties, leurs conclusions, l'exposition sommaire des points de fait et de droit, les motifs et le dispositif des décisions. C. pr. 141; Pigeau, 1, 69.

528. Cependant, si les arbitres ont été dispensés de suivre les formes de la procédure, le jugement n'est pas nul faute de contenir les conclusions des parties. Bordeaux, 22 mai 1832, D. 32, 143.

Même dans le cas où les conclusions tiennent lieu de compromis et déterminent seules les points litigieux, il suffit que les arbitres déclarent dans le jugement que ces conclusions sont annexées à la minute. Cass. 29 mars 1832, D. 32, 139.

529. Mais, à la différence des jugemens ordinaires, la sentence arbitrale peut être rendue un jour férié. Cass. 22 nov. 1827, S. 28, 194.

530. Elle est valablement prononcée hors de la présence des parties. Cette formalité (exigée autrefois par certains auteurs) n'est prescrite par aucune loi. Carré, n° 3338; Thomine, n° 1240. Elle n'est pas usitée dans la pratique.

M. Montgalvy pense que les parties doivent être prévenues du jour où la sentence sera prononcée, et il invoque à l'appui de son opinion un arrêt de Cass. du 7 brum. an 13 (S. 7, 737); mais cet arrêt s'est borné à annuler une sentence arbitrale rendue sans que l'une des parties eût été sommée de produire ses titres *devant les arbitres;* d'ailleurs, il serait aujourd'hui sans application à l'arbitrage volontaire pour lequel l'art. 1016 fixe le délai des productions, sans qu'il soit besoin d'aucune sommation.

531. Nous croyons, du reste, que, dans le silence de la loi, on ne saurait annuler la sentence, lorsque tous les arbitres qui ont concouru à sa rédaction ne sont pas présens lors de sa prononciation aux parties. — *Contrà,* Paris, 9 mai 1833, S. 34, 201.

532. Le jugement arbitral doit-il nécessairement être daté? Aucun texte ne prescrit l'accomplissement de cette formalité:

elle n'est donc pas indispensable, pourvu qu'il soit constaté d'une autre manière, par exemple, par l'enregistrement, ou le dépôt du jugement, ou le décès d'un de ceux qui l'ont signé, qu'il a été rendu avant l'expiration du compromis. Carré, n° 3359.

Néanmoins, pour prévenir toute difficulté, les arbitres doivent avoir soin de toujours apposer la date à leur sentence.

Un arrêt de C. Paris a décidé (16 août 1832 S. 32, 545), que l'avis des arbitres partagés devait, à peine de nullité, être daté : cette date étant nécessaire pour établir que les avis ont été émis avant l'expiration des pouvoirs des arbitres, et ne pouvant résulter que de l'acte lui-même. — Mais nous croyons que c'est là une erreur, car si l'on ne peut pas prouver, à l'aide de simples présomptions, que les arbitres ont statué dans les délais, il n'en est pas moins vrai que, dans certains cas, cette preuve résulte d'un fait matériel autre que la date apposée par les arbitres eux-mêmes à leur sentence. C'est ce qui arrive par exemple lorsque le tiers-arbitre a statué avant l'expiration du terme accordé originairement aux premiers arbitres.

**333.** Il est convenable que les arbitres visent toutes les pièces sur lesquelles ils basent leur décision ; cependant cette obligation ne leur est pas imposée à peine de nullité. Colmar, 14 prair. an 11, S. 3, 585.

**334.** Le jugement n'est pas nul faute de mentionner l'acte de prorogation du compromis, si d'ailleurs cette prorogation a été connue des arbitres. Florence, 3 juin 1841, D. A. 1, 652.

**335.** Les arbitres peuvent, au lieu d'établir eux-mêmes le compte, et de donner le motif de leur décision, se référer à un jugement par défaut intervenu précédemment entre les parties, et en ordonner l'exécution. — Surtout si la partie condamnée par ce jugement, n'a produit aucune pièce. Bourges, 4 août 1831, D. 32, 30.

**336.** Ils ont seulement le droit, après avoir posé les bases des comptes respectifs que se doivent les parties, de les renvoyer devant un notaire pour régler arithmétiquement les calculs qui en résultent et fixer le débet de l'une des parties. Ce n'est pas là déléguer leur mission. La sentence continue de produire son effet, bien que le notaire n'ait pas terminé son travail dans les délais du compromis. Cass. 26 juin 1833, S. 33, 603.

**337.** Il n'est pas indispensable que les sentences portent une condamnation expresse. Par exemple, l'acte par lequel des arbitres arrêtent le reliquat d'un compte social à une certaine somme, ne perd pas son caractère de jugement, parce qu'il se termine par ces mots *fait et jugé*, sans condamner formellement l'associé débiteur à payer le reliquat. Colmar, 24 juill. 1810.

**538.** La sentence doit être écrite en français, cependant elle ne serait pas nulle, si elle était rédigée dans un idiome usité dans la province où elle serait prononcée : le décret du 2 therm. an 11 (30 juin 1794) se borne à prononcer des peines contre les fonctionnaires publics qui rédigent des actes autrement qu'en français. Cass. 1er mars 1830, S. 30, 85, Pardessus, n° 1398.

**539.** La sentence est réputée acquise aux parties du moment que le procès-verbal d'une délibération constate les opinions respectives des arbitres ; peu importe que le procès-verbal ne contienne pas les motifs de la sentence et que la rédaction en ait été ajournée à une autre séance. Arg. Paris, 17 juin 1836 (Art. 419 J. Pr.). — V. *inf.* n° 347.

**540.** Les sentences doivent être signées par chacun des arbitres. C. pr. 1016.

Toutefois, s'il y a plus de deux arbitres, et que la minorité refuse de signer, les autres arbitres en font mention, et la sentence a le même effet que si elle avait été signée par tous les arbitres. *Ib.*

**541.** Il est indispensable, dans ce cas, qu'il soit constaté que les arbitres qui n'ont pas signé ont cependant assisté et concouru à toutes les délibérations, à moins que le compromis n'autorise la majorité à juger en l'absence des autres. Autrement il suffirait qu'un seul des arbitres n'eût pas été présent pour que la décision fût nulle, et la sentence doit nécessairement relater l'accomplissement de toutes les formalités nécessaires res à sa validité. Cass. 4 mai 1809 ; 2 sept. 1814, D. A. 1, 687 ; 5 juill. 1832, S. 33, 322.

**542.** Mais lorsque la sentence ayant été arrêtée à cette précédente séance où tous les arbitres se trouvaient rassemblés, l'un d'eux refuse de se réunir à ses collègues au jour indiqué pour rédiger le jugement, son absence ne vicie pas la sentence qui est rendue par la majorité des arbitres. Paris, 17 juin 1836, (Art. 419 J. pr.).

**543.** L'attestation des arbitres, que l'un d'eux a été empêché de signer par une paralysie à la main, ou toute autre cause, fait foi jusqu'à inscription de faux. Elle n'est pas détruite par un acte notarié dressé postérieurement, et par lequel l'arbitre déclarerait n'avoir pas participé aux délibérations. Cass. 5 juill. 1832 , S. 33, 322 ; Paris, 17 juin 1836.

**544.** Cependant, il a été jugé que, lorsqu'après un partage entre deux arbitres, un tiers a été appelé, sa réunion aux arbitres divisés, et sa présence à la rédaction et à la prononciation de la sentence, ne peuvent être légalement constatées que par sa signature. Paris, 17 fév. 1808, S. 8, 189.

**545.** S'il n'y a que deux arbitres, dont l'un refuse de signer, ou si, étant en plus grand nombre, ceux qui refusent de signer forment la moitié, il est indispensable, pour obtenir l'exécution du compromis, de se reporter aux motifs du refus des arbitres. Si ce refus provient d'une division d'opinions, il faut nommer un tiers-arbitre, ou le compromis se trouve anéanti ; s'il vient, au contraire, de ce que les arbitres ne veulent plus remplir leur mission, il constitue un déport, et par conséquent le compromis prend encore fin, sauf l'action des parties en dommages-intérêts contre l'arbitre qui n'aura pas de motifs légitimes pour se déporter. Enfin, si les arbitres refusent de signer sans donner aucun motif, il faut nécessairement les assigner devant le tribunal pour les forcer à s'expliquer, et agir ultérieurement suivant leur réponse. Carré, n° 3329.

**546.** C'est en général la signature des arbitres qui donne la vie à la sentence : tant que cette formalité n'a pas été accomplie, le jugement n'est pas considéré comme rendu, et ne peut produire aucun effet. Merlin, Rép. v° *Compromis*; Carré, n° 3328.

Ainsi, il a été jugé que la sentence datée et signée par un arbitre le lendemain de sa révocation, était nulle, encore bien qu'il eût déclaré antérieurement à cette révocation qu'il était prêt à prononcer son jugement et qu'il eût indiqué un jour aux parties pour assister à la prononciation. Cass. 17 mars 1806, S. 6, 918.

**547.** Néanmoins, le défaut d'apposition des signatures des arbitres dans le délai du compromis n'entraîne pas la nullité de la sentence s'il résulte de certaines circonstances qu'elle a été réellement convenue à une époque antérieure. — Par exemple s'il en a été donné lecture par les arbitres aux parties. Arg. Cass. 8 vend. an 8, S. 2, 526 ; Carré, art. 1008, note 1. — V. *sup.* n° 237, 241. — Surtout si le retard apporté à la signature a été causé par des changemens faits sur la minute, à la demande des parties. Paris, 3 avr. 1838, aff. Blum C. Catalan.

## Section IX. — *Tiers-arbitre et sur-arbitre.*

**548.** On appelle tiers-arbitre ou sur-arbitre celui qui est nommé pour départager des arbitres divisés d'opinions.

Le plus ordinairement on désigne par la qualification de *tiers-arbitre* celui qui est appelé à départager des arbitres volontaires, et par celle de *sur-arbitre* celui qui est choisi pour départager des arbitres forcés.

**549.** En cas de partage, les arbitres autorisés à nommer un tiers sont tenus de le faire par la décision qui prononce le partage. S'ils ne peuvent en convenir, ils le déclarent sur le procès-verbal, et le tiers est nommé, sur requête présentée par la partie la plus diligente, par le président du trib. qui doit ordonner l'exécution de la décision arbitrale (—V. *inf.* sect. XII).

Il n'est pas permis aux arbitres de s'en remettre au sort. Aix, 2 août 1826, S. 27, 205.

Dans les deux cas, les arbitres divisés sont tenus de rédiger leur avis distinct et motivé, soit dans le même procès-verbal, soit dans des procès-verbaux séparés. C. pr. 1017.

**350.** Toutefois le dissentiment des arbitres peut être valablement constaté autrement que par un procès-verbal : par exemple, 1° par la remise au tiers-arbitre de leurs opinions signées d'eux. Turin, 11 janv. 1806, S. 6, 907 ;

2° Par la comparution ultérieure des parties devant les trois arbitres réunis. Bordeaux, 9 mars 1830 ; S. 30, 572 ;

3° Par le jugement rendu par le tiers, après en avoir conféré avec les arbitres : la rédaction d'un procès-verbal contenant l'avis distinct des arbitres n'a pour but que de faire connaître au tiers l'opinion des deux arbitres, et de le mettre à portée d'adopter celle qu'il juge la meilleure, dans le cas où les arbitres refuseraient de se réunir à lui, pour développer les motifs de leur décision ; du moment que tous les arbitres ont conféré ensemble, elle devient donc superflue. Cass. 5 déc. 1810, S. 11, 135 ; Grenoble, 1er juin 1831, S. 33,242 ; Agen, 20 janv. 1832, 10 juill. 1833, D. 33, 205, 54, 80 ; Cass. 30 déc. 1834, S. 35, 541.

Peu importerait même que, sur le refus de l'un des arbitres, la sentence ne fût signée que de l'arbitre dont l'opinion a triomphé, et du tiers : la loi accorde foi aux arbitres sur les faits constatés par la majorité dans le jugement. Cass. 3 janv. 1826. S. 26, 281.

**351.** Mais si l'un des arbitres n'avait pas été appelé à conférer avec le tiers-arbitre, le défaut de rédaction d'un procès-verbal contenant son avis motivé entraînerait la nullité de la sentence rendue par le tiers. Dans ce cas, celui-ci n'a pu apprécier les raisons qui ont déterminé le défaillant, et par conséquent il s'est trouvé dans l'impossibilité de choisir avec connaissance de cause l'avis de l'un des arbitres. Carré, n° 3352.

**352.** Il résulte de ces principes que si un des arbitres refusait de rédiger son avis, sauf à en faire part au tiers-arbitre, il ne serait pas réputé s'être déporté, et le tiers n'en procéderait pas moins valablement. Cass. 8 mai 1814, S. 15, 23 ; Thomine, n° 1241.

Mais l'une des parties pourrait s'opposer à la nomination du tiers-arbitre et forcer les deux premiers à s'expliquer, attendu que le partage doit être constant, et que le tiers doit être mis à portée de choisir entre les deux opinions. Poitiers, 13 mars 1818, S. 18, 201 ; Thomine, *ib.*

**553.** Dans le cas où les arbitres ont qualité pour choisir le tiers-arbitre, il faut qu'ils concourent tous à sa nomination. Toulouse, 11 janv. 1833, D. 33, 171.

**554.** Leurs pouvoirs sont épuisés dès qu'ils ont fait cette nomination, encore bien que le tiers-arbitre ait été plus tard récusé. — Ce sont alors les parties ou le trib. qui seuls sont compétens pour nommer un nouvel arbitre. Paris, 22 mai 1826, D. 29, 66.

**555.** Lorsque les arbitres ne sont divisés que un sur certain point du litige, ils peuvent, sans attendre la décision du tiers-arbitre, juger définitivement tous les chefs sur lesquels ils sont d'accord, et leur sentence peut être rendue de suite exécutoire par le président du trib. Paris, 27 janv. 1836. (Art. 585 J. Pr.).

**556.** En matière d'arbitrage forcé, les arbitres divisés nomment d'office un sur-arbitre; s'ils ne s'accordent pas sur le choix, ce sur-arbitre est désigné par le trib. de comm. C. comm. 60.

**557.** Le trib. compétent est celui au greffe duquel la sentence peut être déposée pour obtenir l'ordonnance d'exécution. V. *inf.* n° 432. — Peu importe que ce ne soit pas lui qui ait renvoyé les associés devant arbitres et que ceux-ci aient constitué le trib. arbitral dans un autre ressort. Cass. 11 fév. 1826, D. 26, 160.

**558.** La nomination est faite par le trib., et non pas par son président seul comme en matière d'arbitrage volontaire, Montgalvy, n° 329.

**559.** Toutefois le trib. de comm. n'est lui-même compétent qu'à défaut de conventions contraires des parties. Elles peuvent stipuler que la nomination sera faite par *tel* qui leur convient, notamment par le président du trib. civ. Paris, 6 août 1829, D. 30, 107.

**560.** Dans tous les cas, le tiers-arbitre peut être nommé, sur la demande de l'une des parties, avant que les arbitres divisés aient rédigé leur avis séparé. Paris, 8 avr. 1809; D. A. 1, 728.

**561.** Il n'est même pas indispensable que cet avis soit rédigé postérieurement. Il suffit que les arbitres fassent connaître au tiers-arbitre les points qui les divisent, afin qu'il les départage. Cass. 5 déc. 1810; Pardessus, n° 1416. — V. *sup.* n° 342; *inf.* n° 566.

**562.** Le tiers-arbitre nommé par les arbitres en vertu des pouvoirs à eux conférés a, dès ce moment, qualité pour constater les faits relatifs à l'exercice de sa mission et pour leur imprimer un caractère légal de confiance, notamment pour attester qu'il a conféré avec les arbitres divisés. Agen, 10 juill. 1833, D. 34, 80; Cass. 23 mai 1837 (Art. 775, J. Pr.).

**563.** Il peut connaître du procès et prononcer sa sentence sans que l'acte par lequel les arbitres ont déclaré être partagés

et le nommer pour vider ce partage ait été revêtu de l'ordonnance d'exécution du président du trib. et signifié aux parties.
Cass. 23 mai 1857 (Art. 775 J. Pr.)

564. Mais lorsque des arbitres ont à juger s'il y a instruction
suffisante, et, en cas d'affirmative, à statuer sur le fond, si l'un
des arbitres déclare qu'il n'y a pas instruction suffisante, et si
l'autre décide le contraire et se prononce sur le fond, il y a lieu
de nommer un tiers-arbitre. Cass. 23 mai 1857 (Art. 775 J. Pr.).

565. Pour qu'il y ait partage susceptible d'autoriser la nomination d'un tiers-arbitre, il ne suffit pas qu'un des arbitres
déclare qu'il ne peut avoir d'avis sur l'affaire : il est indispensable qu'il se prononce sur la contestation ; le tiers devant adopter l'opinion de l'un des deux arbitres, il faut nécessairement
que tous aient émis la leur. — Vainement dirait-on qu'il dé-
pendra d'un arbitre d'anéantir l'arbitrage et d'en ravir les bienfaits aux parties : il a toujours cette faculté en se déportant, et
son refus de juger constitue un véritable déport ; d'ailleurs,
les parties trouvent une garantie contre cet inconvénient dans
l'action en dommages-intérêts qu'elles peuvent exercer contre
l'arbitre qui se déporte, sans motif légitime, depuis que les
opérations de l'arbitrage sont commencées. ( – V. *sup.* n° 214)
Poitiers, 13 mai 1848, S. 18, 201 ; Toulouse, 15 mars 1829,
S. 30, 167 ; Cass. 16 juill. 1817, D. A., 1,633.

566. Lorsqu'il n'y a que deux arbitres, il est nécessaire que
chacun d'eux signe le procès-verbal qui contient son avis. Le
procès-verbal dressé par un seul arbitre ne fait foi que des faits
qui lui sont personnels, et par conséquent est insuffisant pour
constater le partage. Cela résulte de la combinaison des art.
1016 et 1017 C. pr., portant que, dans le cas de partage, les
arbitres divisés rédigent leur avis distinct et motivé, et que *s'il
y a plus de deux arbitres*, et que la minorité refuse de signer le
jugement, les autres arbitres en font mention, et qu'alors le
jugement a la même force que s'il était signé par tous. Toulouse, 11 janv. 1833, D. 33, 171.

La C. de cass., le 18 mai 1814 (S. 15, 28), a bien jugé que
le désaccord des arbitres était suffisamment constaté par le rapport rédigé par l'un d'eux ; mais, dans l'espèce, les parties
étaient convenues qu'en cas de discord le tiers pourrait prononcer
cer, sans être tenu de se réunir à l'avis de l'un des arbitres,
et par conséquent il n'y avait pas lieu à appliquer les principes
que nous venons de rappeler.

567. Si les arbitres sont quatre, ou un plus grand nombre,
et qu'il se forme plus de deux opinions, il faut, avant de déclarer partage, que les arbitres plus faibles en nombre se joignent à l'une des deux opinions qui a réuni le plus de voix :
aux termes de l'art. 1009, les arbitres doivent suivre les formes

établies pour les trib., et la loi ne reconnaît de partage que lorsque les juges sont divisés également entre deux opinions (C. pr. 117) : d'ailleurs, les motifs de cette disposition s'appliquent aux arbitres comme aux juges ordinaires. En effet, elle est fondée sur ce que tout jugement doit être le résultat de la majorité absolue des voix ; et si le tiers arbitre pouvait adopter l'une ou l'autre des opinions manifestées par moins de la moitié des arbitres, son opinion ne formerait pas une majorité, et par conséquent ne pourrait pas constituer un jugement. Berriat, 44 ; Carré, n° 3334. — *Contrà*, Malpeyre, 416.

**568.** L'intervention du tiers-arbitre n'ayant pour but que de départager les arbitres, il ne peut, sans l'autorisation des parties, concourir dès le principe, et avant qu'il y ait partage, au jugement de leurs contestations. Vainement dirait-on que cette décision contrarie la jurisprudence, d'après laquelle il n'est pas indispensable que les arbitres dressent un procès-verbal constatant leur partage (— V. *sup.* n° 561) ; parce que, s'il n'y a pas de procès-verbal, et si le tiers est nommé par les arbitres eux-mêmes, on ne pourra pas savoir s'il y a eu réellement partage, et si le tiers-arbitre n'a point été admis dès l'origine à leurs délibérations. En effet un principe ne cesse pas d'exister parce que son application est quelquefois difficile ; et d'ailleurs il peut se rencontrer des circonstances telles, qu'il soit évident ou que le tiers n'a été appelé qu'après le partage, ou au contraire qu'il a participé dès le principe aux opérations des arbitres. Les trib. doivent donc apprécier ces circonstances, et lorsqu'une fois ils ont constaté le fait, lui appliquer les règles qui viennent d'être posées. Rennes, 7 avr. 1810, P. 8,255 ; Carré, n° 5344.

**569.** En matière d'arbitrage forcé, lorsqu'il y a eu partage entre les arbitres, mais que, depuis la déclaration de partage, un des arbitres a cessé ses fonctions et a été remplacé par un autre, il n'y a pas lieu de recourir au sur-arbitre : l'arbitre remplacé ne peut plus conférer avec le tiers pour soutenir son opinion ; et d'ailleurs les choses ne se trouvent plus dans le même état, puisqu'on ignore quelle serait l'opinion du nouvel arbitre. Paris, 14 janv. 1808, S. 8, 71.

**570.** En serait-il de même en matière d'arbitrage volontaire, dans le cas de décès de l'un des arbitres ?

Le doute naît des termes de l'art. 1018, portant que le tiers-arbitre décide seul si les arbitres ne se réunissent pas : d'où l'on conclut qu'il n'est pas nécessaire que les arbitres concourent avec le tiers, et que, s'il en était autrement, on priverait les parties du bénéfice du partage qui leur est acquis. Mais cette difficulté disparaît devant le § 1er de l'art. 1018, qui veut que le tiers-arbitre confère avec les arbitres divisés, ce qui est impossible dans l'espèce ; et devant l'art. 1012, qui décide que le compromis finit par le décès de l'un des arbitres : la nomination du tiers-arbitre est une suite du compromis qui lui donne ses pouvoirs ; il serait donc contradictoire qu'il pût agir lorsque le compromis n'existe plus. En outre, le partage n'attribue aucun droit aux parties, et il est plus juste de leur conserver l'avantage qui peut résulter pour elles d'une conférence du tiers avec les arbitres. Carré, n° 3342.

**571.** Le tiers-arbitre est tenu de juger dans le mois du jour de son acceptation, à moins que ce délai n'ait été prolongé par l'acte de nomination. C. pr. 1018.

**572.** Peu importe du reste que le délai fixé pour les premiers arbitres ne soit pas encore expiré. Ce délai a fini par le partage, et l'on ne doit prendre en considération que le temps qui s'est écoulé depuis la nomination du tiers-arbitre. Pigeau, 1, 68 ; *Comm.* 1018, note 1 ;— *Contrà*, Rouen ; 21 déc. 1808, D. A. 1,738.

**573.** Réciproquement, la sentence rendue par le tiers-arbitre, dans le mois de sa nomination, est régulière, encore bien que les délais imposés primitivement aux arbitres fussent expirés au moment où cette sentence a été prononcée. Riom, 8 juin 1809, D. A. 1, 617 ; Carré, n° 5287. — *Contrà*, Nîmes, 29 mars 1816.

**574.** La loi ne limite pas la faculté qui peut être exercée par l'acte de nomination. Les parties, ou même les arbitres, autorisés à choisir un tiers pour les départager, peuvent donc accorder à ce tiers le délai qu'ils jugent convenable, encore bien qu'il dépasse celui de leurs propres pouvoirs.

Dans ce cas, l'arbitrage se continue jusqu'à l'expiration des pouvoirs du tiers-arbitre. Cass. 17 mars 1824, S. 24, 421. — V. *sup.* n° 246.

**575.** A défaut d'une semblable prolongation, le tiers-arbitre ne peut-il, sous peine de nullité, prononcer sa sentence après le mois de son acceptation ? — D'un côté, l'art. 1018, ne déclare pas le tiers-arbitre déchu de plein droit de toute mission après le mois de son acceptation : d'où l'on conclut que les parties qui ne le révoquent pas sont censées lui accorder une prolongation de délai (Rouen, 21 déc. 1808, S. 9, 64). — Mais les termes impératifs de l'art. 1018 repoussent une semblable interprétation ; la nomination du tiers-arbitre constitue en quelque sorte un second compromis, et le délai qui lui est fixé doit être aussi fatal que celui du premier compromis. Nîmes, 50 janv. 1812 ; Paris, 30 nov. 1811, S. 14, 21 ; Bordeaux, 3 fév. 1825, S. 25, 220 ; Pigeau, 1, 685 ; Carré, n° 3349 ; Berriat, 44, note 25 ; Thomine, n° 1242.

**576.** Le délai d'un mois, accordé par la loi au tiers-arbitre pour rendre sa sentence, est applicable en matière d'arbitrage forcé, comme en matière d'arbitrage volontaire. C'est une conséquence du principe, que toutes les règles prescrites pour les arbitrages ordinaires régissent les arbitrages forcés, à moins d'une dérogation formelle du C. de comm. (—V. *sup.* n° 324). Seulement le défaut de prononciation de la sentence dans le délai légal n'entraîne pas la nullité de l'arbitrage ; les parties n'ont que le droit de demander le remplacement du sur-arbitre. Paris, 30 nov. 1811, S. 14, 21 ; Metz, 12 mai 1819, D. 23, 34 ; Montpellier, 31 mai 1824, D. 25, 95. — *Contrà*, Paris, 19 janv. 1825, S. 25, 345 ; 22 mai 1813, D. A. 1. 730. —V. *sup.* n° 232 et suiv.

**577.** Le tiers-arbitre, avant de prononcer sur la contestation, doit sommer les arbitres divisés de se réunir à lui pour en conférer. C. pr. 1018.

**578.** Si les arbitres partagés se réunissent au tiers, ils rendent tous un jugement à la pluralité des voix ; chacun d'eux peut abandonner son premier avis pour en adopter un nouveau. —Vainement essaierait-on de prétendre que leur mission comme juges est expirée ; que s'ils doivent conférer avec le tiers-arbitre, c'est uniquement pour éclairer sa religion, et que lui seul a le droit de statuer définitivement en adoptant l'opinion de l'un d'eux : l'art. 1018 porte que le tiers-arbitre ne peut prononcer qu'après avoir conféré avec les arbitres divisés ; ce qui suppose nécessairement un délibéré et une décision commune entre tous ; autrement la réunion des arbitres au tiers serait inutile. La loi ne leur a évidemment ordonné de conférer ensemble que parce qu'elle a pensé que le nouvel examen qu'ils feraient du litige pourrait les amener à modifier leur première opinion. C'est ce qui résulte des observations du Tribunat : « Lorsque les arbitres confèrent avec le tiers, y est-il dit, il est raisonnable qu'ils ne soient pas liés par leurs avis précédens. Il est possible, et l'expérience le prouve, que les observations du tiers-arbitre ramènent les arbitres à un nouvel avis, il est possible aussi que le tiers ramène un des arbitres à un parti mitoyen : il faut donc, dans ce cas, que les arbitres puissent changer d'avis, et c'est surtout lorsqu'il s'agit de toute autre chose que d'un point de droit simple, et que les arbitres sont autorisés à prononcer comme amiables compositeurs, qu'il est important de leur laisser cette latitude. » — Cette interprétation ressort encore des derniers termes de l'art. 1018 relatifs à l'absence des arbitres : et *néanmoins il sera tenu de se conformer à l'un des avis des autres arbitres ;* expressions dont la loi se sert, dit M. Berriat, parce qu'on considère le trib. comme formé de la réunion des arbitres, et que l'on obtient *la majorité des suffrages* par son adhésion à l'un des avis, autrement il deviendrait arbitre unique, tandis que les parties doivent être jugées par une pluralité. Mais cette disposition n'a plus de motifs dans l'hypothèse où il y. a réunion des arbitres divisés avec le tiers, car alors il y a nécessairement une majorité. Enfin le système contraire serait opposé à ce qui se pratiquait avant le Code en matière d'arbitrage, et à ce qui a encore lieu aujourd'hui dans le cas de partage devant les trib. ordinaires ; et il ne tombe pas sous le sens que le législateur ait voulu déroger, sans une disposition expresse, à tous les principes généraux et spéciaux relatifs à la matière. Paris, 22 mars 1813, D. A. 1, 750 ; Grenoble, 31 juill. 1830, D. 30, 121 ; Lyon, 14 juill. 1828, S. 29, 85 ; Grenoble, 1$^{er}$ juin 1831 ; Carré, n° 3546 ; Berriat, 44, note 25 ; Pigeau, 1, 69 ; Pardessus, n° 1401 ; Favard, v° *Arbitrage,* sect. I, § 3, n° 4. — *Contrà,* Metz, 12 mai 1819, S. 20, 62 ; Grenoble, 12 août 1826, D. 50 ; Merson, Locré, *Esp. C. comm.,* art. 60 ; Vincens, t. 1, p. 188.

**379.** Toutefois, si les premiers arbitres ne modifient pas leur opinion, le tiers peut, après avoir conféré avec eux, juger en leur absence. Metz, 12 mai 1819, D. 23, 34 ; Cass. 26 mai 1829, D. 29, 253. —V. *sup.* n° 342. — Mais ne peut être annulé, sous prétexte qu'il n'a pas été délibéré, le jugement rendu *après avoir entendu les parties, leurs conseils et les arbitres.* Paris, 15 nov. 1814, D. A. 1, 730.

**380.** Lorsque tous les arbitres ont conféré ensemble, le tiers-arbitre peut également prononcer seul, sans être obligé de conférer de nouveau avec les autres arbitres, bien que les parties se soient depuis rendues chez lui, si elles ne l'ont fait que dans le dessein de s'y concilier, et non pour s'y livrer à des discussions sur leurs intérêts. Cass. 11 fév. 1824, D. A. 1, 736.

**381.** Si tous les arbitres ne se réunissent pas pour conférer avec le tiers, celui-ci prononce seul ; mais il est tenu de se conformer à l'un des avis des autres arbitres : le partage a acquis aux parties un droit éventuel qui doit être irrévocablement fixé par la décision du tiers ; le pouvoir de juger ayant été donné aux premiers arbitres, le jugement réside dans l'une de leurs opinions ; la fonction du tiers ne consiste qu'à démêler laquelle de ces deux opinions est la plus conforme aux règles : il ne peut concourir à une autre décision qu'autant qu'elle est l'ouvrage de tous les arbitres sans exception. Paris, 2 déc. 1829, S. 30, 116 ; Grenoble, 12 août 1826, S. 30, 126 ; Montpellier, 31 mai 1824, D. 25, 95 ; Cass. 26 mai, 1829 ; Pardessus, n° 1401 ; Cass. 17 nov. 1836 (Art. 576 J. Pr.).

**382.** Toutefois, si l'un des arbitres se rend à la convocation, le tiers a le droit de conférer avec lui. Il faut seulement qu'il adopte en entier son avis ou celui de son collègue. Cass. 29 mars 1827, D. A. 1, 187 ; Paris, 2 janv. 1834, S. 34, 302.

**383.** Si la modification apportée par le tiers-arbitre à l'avis de l'arbitre qu'il adopte est favorable à la partie qui succombe, cette partie est non recevable, par défaut d'intérêt, à demander la nullité de la sentence. Cass. 29 mars 1827, D. 27, 187; Paris, 5 déc. 1831, D. 32, 87.

**384.** Néanmoins le tiers-arbitre n'est pas forcé d'adopter, intégralement, l'avis de l'un des arbitres; il est libre de prendre de chaque opinion ce qui lui semble devoir former sa décision : il y a autant de jugemens que d'objets distincts, et il est impossible de penser que l'intention du législateur ait été de contraindre le tiers-arbitre à sanctionner des erreurs ou des injustices. Cass. 11 fév. 1824, 1er août 1825, 17 nov. 1830, S. 25, 209, 418; Toulouse, 6 août 1827, S. 28, 197; Paris, 5 déc. 1831, D. 32, 87; Carré, n° 3347; Pardessus, n° 1401.

**385.** En matière de compte le tiers-arbitre peut même diviser l'avis des arbitres sur un même chef de demande se composant de plusieurs articles distincts, et adopter alternativement l'avis de l'un ou de l'autre arbitre sur chaque article. Nanci, 15 déc. 1832, D. 34, 369; Arg. Cass. 3 juill. 1834, S. 34; 568.

**386.** Il n'est pas contraint de se servir des mêmes expressions que l'arbitre dont il adopte l'avis, pourvu qu'il y ait identité dans sa décision. Paris, 19 nov. 1817, S. 18, 169; Agen, 20 janv. 1832, D. 33, 205.

**387.** Cette décision est suffisamment motivée par les mots : *adoptant l'avis de tel arbitre*, lorsqu'il y a eu procès-verbal motivé de cet avis. Cass. 21 juin 1831, D. 31, 211; Rouen, 26 nov. 1824, D. 30, 67.

**388.** Le tiers-arbitre ne devant prononcer que sur les avis motivés des arbitres discordans, peut ne pas rappeler dans son jugement les conclusions des parties. Lyon, 14 juill. 1828, D. 28, 194.

**389.** Il a été jugé qu'il n'était pas nécessaire qu'il conférât simultanément avec les arbitres divisés, et qu'il suffisait qu'il les entendît tous deux, quoique séparément. Paris, 15 nov. 1814, S. 15, 107. — Cette décision nous paraît juste en ce sens, que l'on ne pourrait pas annuler une sentence arbitrale, sous prétexte que le tiers-arbitre n'aurait pas entendu simultanément les deux arbitres : l'art. 1018 lui permet de statuer sur le procès-verbal contenant leur opinion motivée. — Mais il nous semble qu'on ne saurait en induire que le tiers-arbitre peut se dispenser de sommer les arbitres divisés de se réunir à un jour et une heure indiqués, autrement il serait impossible qu'ils délibérassent en commun et à la pluralité.

**390.** En tout cas, il est certain que, dans l'hypothèse dont il s'agit, la sentence ne serait valable qu'autant que le tiers aurait adopté l'opinion de l'un des arbitres. — V. *sup.* n° 381.

**591.** Toutefois, les parties peuvent valablement convenir que le tiers-arbitre jugera sur le vu des opinions écrites des arbitres divisés, sans pouvoir conférer avec eux ; cette clause n'a même pas besoin d'être exprimée en termes formels : ainsi, elle s'induirait suffisamment de la stipulation que le tiers-arbitre statuera sur les opinions écrites des arbitres, et les pièces produites par les parties qui dérogent à cet égard à toutes les lois à ce contraires. Paris, 10 août 1809, P. 7, 758. — Ou bien encore du pouvoir donné aux arbitres de statuer comme *amiables compositeurs*, avec *dispense de toute espèce de forme*. Cass. 31 déc. 1816, D. A. 1, 798.

**592.** Comment doit-on constater la présence des arbitres aux conférences ? — La manière la plus naturelle est de faire signer les procès-verbaux des séances par tous les arbitres ; cependant, comme la loi n'exige pas cette formalité, on ne pourrait pas attaquer la sentence rendue par le tiers-arbitre, sous le prétexte que la réunion des arbitres ne serait attestée que par sa seule signature. Un procès-verbal de cette nature ne pourrait même pas être contredit par un acte extrajudiciaire donné par un des arbitres long-temps après le dépôt du jugement ; l'arbitre ne serait recevable à le critiquer qu'en rédigeant et déposant, à l'époque du jugement, un procès-verbal contraire. Rennes, 12 déc. 1809 ; Cass. 23 mai 1857 (Art. 775 J. Pr.) ; Carré, n° 3351.

**593.** Si le tiers a prononcé sans qu'il soit constaté dans son jugement qu'il a conféré avec les arbitres, la sentence est nulle. Cass. 21 juin 1831, D. 31, 211.

**594.** L'annulation de la sentence du tiers-arbitre entraîne celle des avis des arbitres divisés ; il y a lieu de procéder à un nouvel arbitrage. Montpellier, 31 mai 1824, D. 25, 95.

**595.** Les dispositions des art. 1017 et 1018 sont-elles applicables aux arbitrages forcés comme aux arbitrages volontaires ?

La négative a été jugée par deux arrêts de C. Paris, des 8 avr. 1809 et 22 mai 1813, S. 14, 118, 152, qui ont décidé : le premier, que la nomination du tiers-arbitre n'était pas nulle, faute par les arbitres d'avoir dressé procès-verbal de leur dissentiment ; et le second, que les arbitres divisés devaient se réunir pour procéder, délibérer et décider en commun avec le sur-arbitre.

Mais ces deux décisions, qui sont justes au fond, nous semblent pécher doublement par leurs motifs, en ce qu'elles donnent à entendre qu'elles ne seraient pas applicables en matière d'arbitrage volontaire, et en ce qu'elles se fondent sur ce que les dispositions des art. 1017 et 1018 ne régissent pas les arbitrages forcés. — En effet, si l'art. 60 C. comm. ne prescrit pas textuellement l'observation des règles contenues au C. pr., il n'en autorise pas l'omission ; la seule modification qu'il y apporte, c'est que les arbitres forcés peuvent nommer d'office le sur-arbitre, s'il n'est nommé par l'acte de leur institution; tandis que les arbitres ordinaires n'ont ce droit que lorsqu'il leur est accordé par le compromis; et l'on a déjà vu, qu'à moins d'une dérogation expresse, les art. du C. pr. sont applicables aux arbitrages forcés. Carré, n° 3355.

## SECTION X. — *Effets du jugement arbitral.*

**596.** Le jugement arbitral produit en général, à l'égard des parties, les mêmes effets que s'il émanait des trib. ordinaires.

**597.** Ainsi, 1° il constitue l'autorité de la chose jugée.

Conséquemment il n'y a plus lieu de demander qu'il soit procédé à un nouveau compte, lorsqu'il en a été rendu un premier sur lequel les parties ont fait statuer en dernier ressort par des arbitres; spécialement en ce qui touche une pièce qui a fait l'objet de leur examen, et qui est entrée dans les élémens de leur décision. Cass. 16 avr. 1840.

Lorsque, dans un arbitrage entre associés portant sur des chefs distincts, il y a eu deux nominations successives d'arbitres, par suite du décès de l'un d'eux, les arbitres derniers nommés ne peuvent remettre en question les points décidés par les premiers, lesquels n'avaient pas été astreints à prononcer par un seul et même jugement. —(V. *sup.* n° 278). Bruxelles, 30 mai 1810, D. A. 1, 715. — C'est aux arbitres remplaçans et non au trib. de comm. qu'il appartient de déterminer quels sont les points qui ont été fixés par les premiers arbitres. *Même arrêt.*

Dans le cas où un associé a été déclaré créancier d'une somme déterminée par une sentence arbitrale, mais qu'on a omis d'ajouter une condamnation au paiement de cette somme, si, par suite de cette omission, de nouveaux arbitres ont été nommés, ils ne peuvent sans violer l'autorité de la chose jugée rectifier la liquidation. Bordeaux, 27 juill. 1829, D. 33, 198.

Enfin, l'individu qui a été condamné par une sentence arbitrale à exécuter une obligation, n'est plus recevable à déférer le serment décisoire à son adversaire sur l'existence de cette obligation. Turin, 5 avr. 1809.

**598.** 2° Il confère une hypothèque générale sur tous les biens de la partie condamnée. — Seulement, comme il n'acquiert d'autorité que par l'ordonnance d'exécution, on ne peut prendre inscription avant qu'elle ait été rendue. C. civ. 2123; Cass. 21 pluv. an 10; 25 prair. an 11; Pardessus, n° 1404.

**599.** 3° Il est exécutoire par provision, dans le cas où les jugemens rendus par les tribunaux réguliers jouissent de cette faveur, par exemple en matière commerciale. Cass. 2 avr. 1817; Pardessus, *ibid.*

**400.** 4° Il fait foi de sa date par lui-même, et indépendam-

ment de l'enregistrement, vis-à-vis des parties. Cela résulte de
ce que les arbitres, quoique nommés par les parties, sont revêtus à leur égard d'une espèce de caractère public. Cass. 1er niv.
an 9, 14 therm. an 11, 6 frim. an 14, 51 mai 1809, S. 9, 353;
5 juill. 1820 et 15 juill. 1812; Paris, 11 juill. 1809, S. 12,
174; Lyon, 20 août 1828; Bordeaux, 15 juill. 1850, S. 30,
565 ; Paris, 17 juin 1856 (Art. 419 J. Pr.).

Ainsi, une sentence dont la date remonte à une époque antérieure à l'expiration du compromis, est valable, bien que
le dépôt au greffe et l'enregistrement n'aient lieu qu'après cette
expiration. Cass. 31 mai 1809 et 15 juill. 1812 ;

Toutefois, une décision arbitrale qui porte une date antérieure
à celle du compromis, n'est pas nulle s'il résulte des faits appréciés souverainement par la C. roy. que la date du compromis est antérieure à la sentence et contient une erreur matérielle qui a pu être facilement rectifiée. —Peu importe que le
compromis n'ait pas été enregistré. Ce n'est qu'à l'égard des
tiers que l'enregistrement est indispensable pour donner une
date à l'acte. Cass. 24 août 1829, D. 29, 345.

A l'égard de la régie la sentence non enregistrée n'est qu'un
acte privé de la classe de ceux énumérés dans les art. 42 et
47. L. 22 frim. an 7, Cass. 3 août 1813, D. A. 1, 767.

**401.** Les arbitres ne peuvent, dans aucun cas, changer la
date d'une sentence par un acte extrajudiciaire postérieur.
Cass. 1er niv. an 9, S. 1, 517.

**402.** 5° Le jugement arbitral, s'il émane d'arbitres régulièrement nommés (Toulouse, 29 avr. 1820, D. A 1,658), fait
en outre foi, jusqu'à inscription de faux, à l'égard des parties,
des mentions et déclarations qui y sont insérées.

Par exemple de l'énonciation qu'ils ont vu les mémoires pièces et notes produites par les parties. L'une d'elles n'est pas recevable à soutenir que le jugement a été rendu sans qu'elle ait
été entendue. Besançon, 18 déc. 1811, D. A. 1, 745.

**403.** La déclaration des arbitres que les parties ont fait tels
aveux, ou qu'il a été transigé entre elles de telle ou telle manière sur l'objet de la contestation, fait même foi sans qu'il
soit besoin de la signature des parties. Bruxelles, 12 déc. 1809,
P. 7, 918; Pardessus, n° 1404.

**404.** Mais vis-à-vis des tiers, la sentence arbitrale n'est considérée que comme une convention privée et ne produit en général d'effet que relativement à l'hypothèque qu'elle confère
sur tous les biens de la partie condamnée.

**405.** Ainsi elle ne peut, dans aucun cas, être opposée aux
tiers, qui n'ont même pas besoin de se pourvoir par tierce-
opposition pour la faire tomber (C. pr. 1022). La sentence n'é-
tant que le résultat de conventions privées, on doit appli-

quer le principe, que les conventions n'ont d'effet qu'entre les parties contractantes, et ne peuvent jamais nuire aux tiers (C. civ. 1165). D'ailleurs, la tierce-opposition principale est nécessairement portée devant les juges qui ont rendu le jugement attaqué (C. pr. 475), et l'on ne saurait forcer des tiers à se faire juger par des arbitres qui n'auraient pas leur confiance. Carré, n° 3567; Pigeau, 1, 72; Berriat, 46; Thomine, n° 1248.

406. En conséquence un jugement arbitral qui déclare une vente simulée ne peut être regardé comme un commencement de preuve suffisante pour faire admettre la preuve testimoniale de la simulation, à l'égard des tiers qui n'ont pas été parties dans ce jugement. Cass. 8 janv. 1817, S. 17, 151.

407. Par suite des mêmes principes, le tiers qui n'était point partie dans l'instance portée devant les arbitres, est non recevable à former opposition à l'ordonnance d'exécution du jugement arbitral, et à en demander la nullité. Aix, 3 fév. 1817, S. 17, 415.

408. Ces règles s'appliquent aux sentences rendues en matière d'arbitrage forcé. Les arbitres ont bien dans ce cas une juridiction légale; mais elle n'est que momentanée, et cesse avec l'affaire qui lui a donné naissance. D'ailleurs, n'est-il pas possible, qu'au moment où la tierce-opposition serait formée, un ou plusieurs arbitres fussent empêchés? Vainement soutiendrait-on que, dans tous les cas, la tierce-opposition serait portée devant le trib. de comm., qui aurait été compétent pour connaître de la contestation s'il n'y avait pas eu arbitrage. Ce serait violer l'art. 1022, qui veut que jamais une sentence arbitrale ne puisse être opposée à des tiers; et d'un autre côté aucun texte n'attribue dans cette circonstance une juridiction au trib. de comm. Carré, n° 3567; Merson, 103 — Contrà, Vincens, 1, 185.

409. Le jugement arbitral n'ayant pas plus de force qu'une convention privée, il est encore évident qu'à la différence des jugemens ordinaires, il ne saurait être opposé à la caution, ou même au codébiteur solidaire qui n'y aurait pas été partie. Carré, ib.; Prat. t. 5, p. 400.

410. Néanmoins il suffirait pour interrompre la prescription à leur égard; car il constitue une véritable poursuite de la part du créancier, et doit être assimilé à une interpellation judiciaire. C. civ. 1206, 2249, 2250.

411. Mais si le jugement déclarait la dette acquittée, il profiterait aux codébiteurs et à la caution, parce qu'ils ont le droit d'opposer toutes les exceptions qui résultent de la nature de l'obligation, ainsi que celles communes à tous les codébiteurs. C. civ. 1208, 2036.

412. Un jugement arbitral rendu à l'étranger contre un étranger, au profit d'un Français, par des arbitres volontaires

étrangers, peut être exécuté en France, pourvu qu'il soit revêtu de l'ordonnance d'exécution par un juge français, et sans qu'il soit nécessaire de remettre en question ce qui a été décidé par les arbitres étrangers; il suffit de constater que la sentence ne contient aucune disposition contraire à ce qui est d'ordre public en France. En effet, une semblable décision n'étant que la conséquence et le résultat d'une convention libre des parties, appartient entièrement au droit des gens, et par conséquent, ne saurait être régie par les principes relatifs aux sentences prononcées par des tribunaux étrangers. Paris, 16 déc. 1809, P. 7, 928. — V. *Exécution*.

413. La même solution s'applique évidemment à une sentence rendue à l'étranger entre deux étrangers. Paris, 7 janv. 1833.

Mais il en est autrement s'il s'agit d'un jugement rendu par des arbitres forcés. Tenant alors leurs pouvoirs de la loi étrangère, et non de la volonté des parties, ils sont en effet de véritables juges. Paris, 27 juill. 1807.

414. Du reste, le traité du 27 sept. 1803 entre la France et la Suisse, qui déclare exécutoire de plein droit dans chaque pays les jugemens rendus par les tribunaux respectifs de chaque nation, régit les sentences arbitrables comme les jugemens rendus par les tribunaux ordinaires. Paris, 19 mars 1850 . D. 50, 177.

415. Est également inapplicable, même aux décisions des arbitres forcés, l'art. 156 C. pr. qui déclare périmés, faute d'exécution dans les six mois, tous les jugemens rendus par défaut. Les parties ne peuvent en effet ignorer la constitution du tribunal arbitral, puisque si elles n'ont pas concouru elles-mêmes à la nomination des arbitres, le choix, fait d'office par le tribunal, a dû leur être notifié par huissier commis, et dès lors les raisons qui ont fait prohiber l'opposition aux sentences arbitrales rendues non contradictoirement doivent faire repousser la péremption dont il n'est du reste question dans aucun des articles relatifs à l'arbitrage. — *Contrà*, Orléans, 21 fév. 1827, D. 28, 54.

416. Lorsque plusieurs sentences ont été successivement rendues par les mêmes arbitres, dans la même affaire, la nullité de l'une de ces sentences n'entraîne pas celle de toutes les autres. —V. *sup*. n° 384.

417. De même lorsqu'un associé signataire d'un compromis a déclaré agir tant en son nom qu'en celui de son coassocié, si celui-ci ne ratifie pas, la sentence n'en est pas moins obligatoire pour le signataire s'il s'agit d'une somme d'argent ou de toute autre chose divisible. Cass. 8 avr. 1825, D. 25, 389. — V. *sup*. n° 56.

418. Mais les différens chefs renfermés dans la même sentence

ne peuvent pas être divisés comme ceux compris dans les jugemens ordinaires.

L'excès de pouvoirs commis par les arbitres à l'égard d'un
seul suffit donc pour faire prononcer la nullité de la sentence
entière.

**419.** Les différens effets attachés au jugement arbitral ne
peuvent être produits que par la représentation de la minute
ou de l'expédition régulière de ce jugement. Un extrait d'enregistrement ne suffirait par pour en prouver l'existence. En
effet, les receveurs de l'enregistrement sont institués pour percevoir des droits purement fiscaux, et non pour donner aux
actes qui leur sont présentés un caractère de vérité qu'ils n'ont
pas : d'ailleurs, les certificats qu'ils délivrent, constatent bien
l'existence d'un acte ; mais ils n'en établissent pas la sincérité
et la régularité. Besançon, 1er août 1809. — V. Toutefois
*Jugement*

### Section XI. — *Exécution du jugement arbitral.*

§ 1. — *Exécution des jugemens rendus par des arbitres volontaires.*

**420.** Les arbitres, n'étant revêtus d'aucun caractère public,
ne sauraient donner à leurs décisions une force exécutoire, qui
ne peut émaner que des délégués du souverain. Il faut nécessairement que l'exécution en soit ordonnée par le président du
trib. de 1re inst. dans le ressort duquel elles ont été rendues.
C. pr. 1020.

**421.** Aucun jugement arbitral, même préparatoire, ne
peut être exécuté avant l'accomplissement de cette formalité.
C. pr. 1021.

**422.** Cependant la partie qui aurait exécuté un interlocutoire non revêtu de l'ordonnance du président, serait non recevable à demander la nullité des opérations faites en vertu de
cet interlocutoire. Arg. C. civ. 1338 ; Aix, 15 juin 1818.

**423.** Mais si l'une des parties se refusait à l'exécution de
l'interlocutoire, elle ne pourrait pas y être contrainte, car aucune exécution ne peut être forcée sans l'autorité du magistrat.
Carré, art. 1021, n° 3365.

**424.** Toutefois, celui qui a demandé sans succès devant la
C. roy. la réformation d'une sentence qui statuait sur un incident, est non recevable à se prévaloir devant la C. de cass.,
de ce que cette sentence n'avait pas été suivie de l'ordonnance
d'exécution. L'arrêt qui a confirmé la sentence arbitrale lui a
en effet donné force exécutoire, et dans ce cas la nullité proposée
n'a d'autre but que d'être admis à présenter de nouveau des
moyens qui ont déjà été rejetés. Cass. 8 mai 1833, D. 34, 175.

**425.** Pour obtenir l'ordonnance d'exécution, la minute du jugement arbitral doit être déposée dans les trois jours au greffe du tribunal. C. pr. 1020.

**426.** L'art. 1020 C. pr. dit que ce dépôt sera fait par l'un des arbitres; cependant, comme il ne prescrit pas cette formalité à peine de nullité, et que les nullités ne se suppléent pas, il peut valablement être effectué par un tiers. C. pr. 1030; Turin, 1er mai 1812, D. A. 1, 766; Paris, 28 mai 1810, D. A. 1, 762; Carré, n° 3562.

Toutefois le greffier aurait le droit de refuser le dépôt qui ne serait pas fait par un des arbitres en personne. *Ib.*; Nancy, 28 mai 1833, D. 34, 229.

**427.** Il résulte également du même motif que le dépôt peut avoir lieu après les trois jours; peu importe qu'il s'agisse d'arbitrage forcé ou volontaire. Paris, 22 mai 1813, D. A. 1, 750; Cass. 22 mai 1813; S. 14, 118; Grenoble, 1er juin 1831, S. 33, 212; Paris, 18 mai 1833; Nancy, 13 déc. 1832, S. 33, 310, 34, 477; Lyon, 29 juill. 1824, D. 25, 46; 5 juill. 1820, D. 26, 60; Paris, 11 juill. 1809, D. A. 1, 763; Lyon, 1er juin 1831, D. 32, 54; Cass. 29 mars 1832, D. 32, 159; 5 juill. 1834, D. 54, 369; Carré, n° 3364; Thomine, n° 1246.

**428.** Le dépôt d'une sentence arbitrale qui se borne à rejeter un déclinatoire, peut n'avoir lieu qu'avec le dépôt de la sentence qui statue sur le fond de la contestation. Paris, 18 mai 1833, S. 33, 310.

**429.** Le délai de trois jours est en dehors du compromis; le dépôt est valablement fait après son expiration. Cass. 15 janv. 1812, D. A. 1, 716.

**430.** Il a lieu au greffe du trib. de 1re inst. dans le ressort duquel la sentence a été rendue (C. pr. 1020), peu importe que ce tribunal ne soit pas celui du domicile des parties. Cass. 26 janv. 1824, 17 nov. 1830, S. 31, 146.

Toutefois, l'incompétence de ce dernier tribunal n'est pas d'ordre public; elle est en conséquence couverte par le consentement des parties. Cass. 17 nov. 1830. — V. *Exception.*

Au contraire, l'incompétence du trib. de comm. étant *ratione materiæ*, ne saurait, dans cette circonstance, être couverte par le même consentement. Cass. 14 juin 1831. — V. *Exception.*

**431.** Lorsque le jugement ne forme qu'un seul contexte avec le compromis, que ce compromis contient l'indication de la demeure de l'arbitre devant lequel les parties ont comparu, que le jugement porte qu'il a été prononcé à l'instant même aux parties, ces circonstances indiquent suffisamment que la décision a suivi immédiatement le compromis et qu'elle a été rendue dans la demeure de l'arbitre. — Par suite, le président du trib. de l'arrondissement où demeure l'arbitre est compétent pour donner à la sentence la force exécutoire. Nancy, 28 mai 1833, D. 34, 229.

**432**. Dans le cas où la sentence d'un tiers-arbitre est datée d'une ville autre que celle dans laquelle les arbitres ont opéré et se sont réunis pour conférer, cette sentence peut être considérée comme rendue au lieu où se sont passées les opérations de l'arbitrage et par suite elle est valablement déposée au greffe du tribunal de ce lieu. Paris, 2 janv. 1854, S. 34, 502.

**433**. Le dépôt doit être fait au greffe du trib. civil, encore bien que l'arbitrage ait pour objet une contestation commerciale; la loi ne distingue pas, et il n'y a d'exception que dans le cas d'arbitrage forcé. Rennes, 9 mars et 19 nov. 1810, 4 juill. 1811; Riom, 26 janv. 1810, S. 12, 88; Paris, 6 mars 1812, S. 12, 521; Cass. 18 mai 1824, D. A. 1, 522; 4 mai 1850, S. 30, 164; Cass. 14 juin 1831; Carré, n° 5556; Pardessus, n° 1402; Thomine, n° 1246.

**434**. Peu importe même qu'avant d'être mise en arbitrage la contestation ait été soumise au trib. de comm. Bordeaux, 4 mars 1828, D. 28, 166.

**435**. Mais s'il a été compromis sur l'appel d'un jugement ou sur requête civile dirigée contre un arrêt, le dépôt est fait au greffe de la C. roy. dans le ressort de laquelle la sentence a été prononcée, et l'ordonnance d'exécution est rendue par le président de cette Cour. C. pr. 1020.

**436**. Toutefois, lorsque des arbitres choisis dans le ressort d'une C. roy., autre que celle dans le ressort de laquelle la contestation était pendante, ont déposé leur sentence au greffe de la C. roy. du ressort dont le président a rendu l'ordonnance d'exécution, il n'en résulte pas que les contestations élevées entre les parties sur des points laissés indécis par la sentence arbitrale, doivent être portées nécessairement devant cette dernière Cour, elles le sont valablement devant le tribunal originairement saisi. Bordeaux, 30 nov. 1825, D. 30, 153.

**437**. Si, en appel, les parties renoncent à l'effet du jugement de 1re inst. et soumettent la contestation à des arbitres, le compromis est réputé avoir lieu sur le fond de l'affaire, et non sur l'instance d'appel. En conséquence, c'est le président du trib. de 1re inst. qui devient compétent pour rendre l'ordonnance d'exécution. Cass. 5 août 1813, S. 15, 178, 17 juill. 1817; 28 janv. 1855 (Art. 74 J. Pr.).

**438**. Mais si les parties se bornent à transiger sur certains points et à mettre les autres en arbitrage sans renoncer au jugement de 1re inst., le compromis doit être regardé comme existant sur appel, et l'ordonnance d'exécution doit être apposée par le président de la C. roy. Cass. 2 déc. 1828, D. 29, 48.

**439**. Lorsqu'il a été compromis tout à la fois sur une affaire susceptible d'être portée en 1re inst. et sur l'appel d'un jugement, quel est le président compétent pour apposer l'ordonnance d'*exequatur ?*

Comme l'art. 1020, dit avec raison M. Carré, n° 3557, ne donne pouvoir au président d'appel qu'en ce qui concerne la sentence arbitrale rendue sur l'appel d'un jugement, nous croyons qu'il est conforme au vœu de la loi de faire deux originaux de la sentence, et de les déposer, l'un au greffe de 1re inst., et l'autre au greffe de la Cour, afin que chaque président y appose l'ordonnance pour la partie qui le concerne. Toulouse, 3 juin 1828, D. 29, 268. — Nous pensons même qu'il y aurait nullité de l'ordonnance apposée par un président d'appel, à la décision rendue sur une affaire qui n'aurait subi que le premier degré de juridiction ; car il résulterait de là que la Cour aurait à prononcer sur l'opposition à l'ordonnance ; et comme le jugement sur une telle opposition est sujet à l'appel, il arriverait que la Cour statuerait tout à la fois en premier et en dernier ressort ; ce qui est contraire aux règles de l'administration de la justice. Grenoble, 4 août 1834, S. 35, 330.

**440.** Cependant il a été jugé que la sentence pouvait être rendue exécutoire en son entier par le premier président de la C. roy., lorsqu'elle statuait principalement sur des objets qui déjà avaient fait la matière de jugemens ou arrêts. Cass. 26 juin 1833, S. 33, 603.

**441.** S'il s'agit d'une contestation qui aurait été de la compétence du juge de paix, la sentence arbitrale ne peut pas être déposée au greffe de la justice de paix : l'art. 1020 n'accorde le droit d'apposer l'ordonnance d'*exequatur* qu'aux présidens des trib. de 1re inst. et des C. roy. ; et, en outre, l'art. 1023 dispose que l'appel des jugemens arbitraux sera porté devant les trib. de 1re inst. pour les matières qui auraient été, soit en premier, soit en dernier ressort, de la compétence des juges de paix : d'où il résulte que ces magistrats sont incompétens pour tout ce qui est relatif aux arbitrages. Carré, n° 3559.

**442.** La nullité, résultant de ce que l'ordonnance d'exécution aurait été apposée par le président d'un trib. de 1re inst. ou d'une C. roy. incompétent n'est pas absolue. Elle ne peut plus être proposée après une défense au fond. Toulouse, 6 août 1827, D. 28, 169 ; Cass. 17 nov. 1830, D. 31, 330.

**443.** Mais il en est autrement si une sentence d'arbitres volontaires a été rendue exécutoire par le président d'un trib. de comm. Dans ce cas la nullité est absolue et peut être opposée en tout état de cause. Cass. 16 juin 1831, D. 31, 211.

La Cour suprême a pourtant décidé, le 18 mai 1824 (D. 24, 322) qu'elle ne serait pas proposable pour la première fois en cassation.

**444.** Quoi qu'il en soit, la partie qui a déclaré s'en rapporter à justice sur la question de savoir si c'est le président du trib. civ. ou celui du trib. de comm. qui est compétent, a, sans aucun doute, le droit de se prévaloir de l'incompétence en appel : la déclaration de s'en rapporter à justice ne constitue pas un acquiescement au jugement à intervenir. Riom, 26 janv. 1810, D. A. 1, 786.

**445.** L'ordonnance du président est mise au bas ou en marge de la minute de la sentence arbitrale, sans qu'il soit besoin d'en communiquer au ministère public. Elle est expédiée en suite de l'expédition de la décision. C. pr. 1021.

**446.** En cas d'absence ou d'empêchement du président, l'ordonnance peut être délivrée par le juge le plus ancien, et, à son défaut, par un autre juge, même par un suppléant. Mais le soin de rendre de telles ordonnances étant spécialement confié au président, son empêchement et celui des juges titulaires doivent être mentionnés dans l'ordonnance, qui peut seule faire preuve de la compétence de celui qui l'a signée. La nullité résultant de l'omission de cette mention est d'ordre public, et proposable en tout état de cause. Poitiers, 9 mars 1830, S. 30, 145.

**447.** La minute de l'ordonnance doit-elle nécessiarement être signée par le greffier ?

D'un côté, l'on dit : cette ordonnance est évidemment comprise dans la disposition générale de l'art. 1040 C. pr., portant que tous les actes du ministère du juge seront faits au lieu où siége le trib., et que le juge y *sera toujours assisté du greffier*, qui gardera les minutes et délivrera les expéditions. Or, la signature du greffier est la seule garantie légale de l'observation de ces formalités.

Mais on répond qu'aucune loi n'exige, à peine de nullité, la signature du greffier sur la minute de l'ordonnance, et que la signature du président constate suffisamment que la sentence a reçu la sanction qui la rend exécutoire. Bourges, 4 août 1831, S. 32, 569 ; Limoges, 14 juin 1832, S. 32, 471; Paris, 18 mai 1833, S. 33, 310. — *Contrà*, Poitiers, 9 mars 1830, S. 30, 145. — Dans l'usage le greffier signe.

**448.** Le président du trib. ou de la C. peut-il refuser l'ordonnance d'*exequatur?*

Le doute naît de ce que les arbitres ne sont pas institués pour donner un simple avis, et que l'autorité judiciaire n'est pas appelée à approuver ou réformer leur décision. Cependant on peut dire que si, en général, le président ne doit pas s'immiscer dans le bien ou le mal jugé de la sentence arbitrale, il ne doit pas néanmoins être contraint de rendre exécutoire une décision contraire à l'ordre public ou aux bonnes mœurs. Il semble donc

que, dans ce cas, il a le droit de refuser l'ordonnance qu'on lui
demande. Cass. 6 pluv. an 11; Rennes, 13 et 51 mai 1813;
Paris, 14 mai 1829, S. 29, 153; Pigeau, 1, 71; Carré,
n° 3360; Thomine, n° 1247.

MM. Thomine, Pigeau et Carré (*ut suprà*), pensent que le
président doit encore refuser l'ordonnance d'*exequatur*, lorsque
le compromis a été consenti par des personnes qui n'étaient pas
maîtresses de disposer de leurs droits. Mais nous ne saurions
adopter cette solution; dans ce cas la sentence n'est entachée
que d'une nullité relative que l'incapable seul peut proposer,
s'il le juge convenable (—V. *sup.* n° 39), et par conséquent loin
de lui être utile, le refus du président pourrait lui causer le plus
grand préjudice.

**449.** En cas de refus du président d'apposer l'ordonnance
d'exécution, nous pensons qu'il y a lieu de se pourvoir devant
la Cour par la voie d'appel : il est indispensable de suppléer au
silence de la loi par l'analogie, la raison et les convenances. Or,
l'analogie prescrit l'emploi du moyen autorisé contre les ordonnances de référé qui sont, comme celles d'exécution, rendues
par le président du trib. de 1$^{re}$ inst.; et la raison, ainsi que les
convenances ne permettent pas d'admettre la voie de l'opposition devant le trib. de 1$^{re}$ inst., puisque le président, auteur de
l'ordonnance, qui, dans la circonstance dont il s'agit, a tous
les caractères d'une décision judiciaire, serait nécessairement
forcé de s'abstenir. Rennes, 13 et 21 mai 1813; Paris, 14 mai
1829, S. 29, 153; Carré, n° 3364.

**450.** Mais si l'ordonnance d'exécution a été apposée par un
juge incompétent, on doit, pour la faire réformer, se pourvoir
par la voie d'opposition à cette ordonnance devant le trib. : cette
ordonnance, à la différence de celle dont on parle dans le numéro précédent, n'est que de pure forme, et ne contient aucune
décision; elle n'est donc pas, à proprement parler, un jugement,
et ne saurait conséquemment être susceptible d'appel. Vainement on objecterait que ni l'art. 1028 C. pr., ni aucun autre
texte, n'autorise l'opposition à l'ordonnance d'exécution pour
le cas dont il s'agit; seulement, dans cette hypothèse, le trib.
doit se borner à prononcer la nullité de l'ordonnance, sans annuler l'acte qualifié jugement arbitral, qui peut encore être attaqué par la voie de l'opposition. Bourges, 20 mars 1830, S. 32,
145; Carré, n° 3364; Douai, 15 mai 1833, S. 33, 568; Poitiers, 9 mars 1830, D. 30, 185.

**451.** La connaissance de l'exécution du jugement appartient au trib. dont le président a rendu l'ordonnance. C. pr.
1021.

§ 2. — *Exécution des jugemens rendus par des arbitres forcés.*

**452.** On a vu que les arbitres forcés pouvaient être assimilés à de véritables juges. Cependant, comme ils ne tiennent pas leur investiture directement du souverain, ils n'ont pas caractère suffisant pour rendre leur sentence exécutoire, et ils sont contraints, de même que les arbitres volontaires, d'avoir reurs a u présiden du tribunal.

**453.** En conséquence, ils doivent déposer la minute de leur décision au greffe du trib. de comm. dans le ressort duquel ils ont procédé. C. comm. 61; C. pr. 1020.

**454.** Peu importerait qu'un autre trib. leur eût donné acte de leur nominatiou : l'art. 1020 ne distingue pas, et le Code de commerce, u'y faisant aucune exception, il y a lieu de l'appliquer. Carré, n° 3358.

**455.** A défaut de trib. de comm., le dépôt est effectué au greffe du trib. de 1re inst., qui en remplit les fonctions. C. comm. 640.

**456.** Ces règles sont applicables, encore bien que les parties aient renoncé à l'appel, à la requête civile et au recours en cassation. L'art. 61 C. comm. ne fait pas de distinction : le jugement arbitral rendu sur les contestations élevées entre associés doit donc être déposé au greffe du trib. de comm., quels que soient les termes du compromis par lequel les arbitres ont été nommés. Cass. 28 avr. 1829, S. 29, 185; 22 août et 21 nov. 1832, S. 33, 65; Paris, 18 avr. 1833, S. 33, 226; Lyon, 14 juill. 1828, D. 28, 194; Aix, 6 mars 1829, D. 29, 157; Montpellier, 12 janv. 1830, D. 30, 155; Paris, 18 avr. 1833, D. 33, 153. — *Contrà*, Paris, 28 mai 1810, D. A. 1, 762.

**457.** Une jurisprudence constante admettait qu'il en est autrement, si les parties ont donné aux arbitres le droit de les juger comme amiables compositeurs; attendu que, dans ce cas, l'arbitrage change de nature, il devient volontaire et se trouve régi par le C. pr. Riom, 26 janv. 1810; Paris, 6 mars 1811; Poitiers, 13 mars 1818, S. 18, 201; Montpellier, 25 avr. 1831, S. 32, 63; Cass. 4 mai 1830, D. 30, 234; Toulouse, 15 juill. 1833, D. 34, 75.

**458.** Mais un arrêt solennel de la C. cass. a décidé (comme on l'a vu plus haut, n° 15) que l'arbitrage conservait dans cette circonstance son caractère d'arbitrage forcé, et il en résulte évidemment que le dépôt de la sentence doit avoir lieu au greffe du trib. de comm.

**459.** Le président est tenu, dans les trois jours du dépôt du jugement arbitral, d'y apposer une ordonnance pure et simple d'exécution. C. comm. 61.

**460.** Le jugement est ensuite transcrit, sans aucune modification, sur les registres du trib., et reste annexé aux minutes des jugemens ordinaires. C. comm. 64.

**461.** Le président peut-il refuser l'ordonnance d'exécution, comme dans le cas d'arbitrage volontaire?

La négative résulte des termes mêmes de l'art. 61 C. comm. : le président *est tenu* d'apposer une ordonnance *pure* et *simple.* Ce n'est donc qu'une formalité qu'il doit remplir, sans s'enquérir du mérite de la décision. D'ailleurs, les arbitres forcés forment un trib. que la loi met sur la même ligne que le trib. de comm. Il ne doit donc pas dépendre du président de paralyser leurs décisions. Merson, n° 110; Rennes, 25 juill. 1810, D. A. 1, 811.

**462.** L'exécution de la sentence appartient au trib. civ. dans le ressort duquel elle a été rendue : les trib. de comm. ne pouvant statuer sur l'exécution de leurs propres jugemens, ne sauraient, à plus forte raison, s'occuper de celle des jugemens arbitraux. Rennes, 15 déc. 1809, P. 7, 923.

Section XII. — *Voies pour faire réformer le jugement arbitral.*

§ 1. — *Voies contre les jugemens rendus par des arbitres volontaires.*

**463.** Il y a trois moyens de se pourvoir contre les jugemens arbitraux : savoir, l'appel, la requête civile, et l'opposition à l'ordonnance d'exécution.

**464.** La simple opposition n'est recevable dans aucun cas (C. pr. 1016); la partie qui signe le compromis s'engage implicitement à être jugée, sans avoir été entendue, à défaut de production de ses pièces et mémoires, dans les délais déterminés. Poncet, *Jugemens*, n° 171.

**465.** Peu importerait que le jugement arbitral n'eût pas encore été déposé au moment où l'opposition serait formée. Le texte de l'art. 1016 est positif et n'admet aucune exception. Carré, n° 3341 ; Delaporte, 2, 483.

**466.** Il en est de même de la tierce-opposition ; cette voie n'est en effet ouverte qu'aux personnes qui n'ont pas été parties dans l'instance, et l'on a vu, *sup.* n° 405, que les sentences arbitrales ne leur étaient jamais opposables.

**467.** Le recours en cassation est également interdit contre les sentences arbitrales ; il ne peut avoir lieu que contre les jugemens des trib., rendus, soit sur requête civile, soit sur appel d'un jugement arbitral. C. pr. 1028. Cass. 18 déc. 1810, S. 11, 86; 20 mars 1817, D. 17; 560.

**468.** Les parties ont la faculté de renoncer lors ou depuis le compromis, à l'appel et à la requête civile, si ce n'est toutefois

pour cause de dol.—V. *sup.* nᵒˢ 151, 153. Mais elles ne peuvent
point s'interdire le droit de se pourvoir par opposition à l'ordonnance d'exécution dans les cas prévus par la loi. — V. *sup.*
nᵒ 156 et *inf.* 491.

ART. 1. — *Appel.*

**469.** Les parties peuvent appeler des sentences arbitrales,
toutes les fois qu'elles n'ont pas renoncé à cette voie ; — A moins,
toutefois, que l'arbitrage ne soit sur appel ou requête civile.
C. pr. 1010. — V. *sup.* sect. III. § 2.

**470.** Ainsi, la renonciation à l'appel est indispensable pour
conférer aux arbitres le droit de juger en dernier ressort une
contestation qui aurait été décidée sans appel par le juge de
paix. La faculté du dernier ressort est de droit étroit. C. pr.
1023 ; Pigeau, *Comm.*, art. 1010, note 1.

**471.** Mais la renonciation une fois faite ne peut plus être
révoquée par l'une des parties, tant que l'arbitrage subsiste.
Cass. 14 oct. 1806 ; Pardessus, nᵒ 1406. — Vainement préten-
drait-elle que les arbitres ont excédé leurs pouvoirs : elle doit
alors avoir recours à l'opposition à l'ordonnance d'exécution.
Cass. 5 janv. 1833, D. 33, 67.

**472.** Si la sentence arbitrale constate que les parties ont demandé, par leurs conclusions, à être jugées en dernier ressort,
l'énonciation contenue dans le dispositif, qu'elles ont investi les
arbitres du droit de statuer en définitive, ne rend pas l'appel
recevable. Cass. 22 août 1831, D. 31, 302.

**473.** L'appel est recevable avant que la sentence arbitrale
ait été revêtue de l'ordonnance d'exécution : Cette sentence
constitue en effet un véritable jugement ; elle est complète du
moment qu'elle est signée des arbitres ; et si l'ordonnance du
président est exigée pour la rendre exécutoire, c'est uniquement parce que la force publique ne peut être contrainte
d'obéir à de simples particuliers, qui ne tiennent aucun pouvoir du chef du gouvernement. C. pr. 1016, 1020 ; Aix, 22 mai
1828, S. 28, 269. — V. *sup.* nᵒˢ 420 et suiv.

**474.** L'appel est porté devant les trib. de 1ʳᵉ inst. pour les
matières qui, s'il n'y eût point eu d'arbitrage, eussent été, soit
en premier, soit en dernier ressort, de la compétence des trib.
de 1ʳᵉ inst. C. pr. 1023.

**475.** M. Pardessus pense que si l'arbitrage porte sur une
matière de la compétence, soit en premier, soit en dernier ressort, des conseils de prud'homme, l'appel est porté devant le
trib. de comm. — Et devant la C. roy. si le trib. de comm.
eût été compétent en premier ressort. Pardessus, nᵒ 1406.

Mais il nous paraît difficile d'admettre cette opinion. Les
trib. de comm. sont en effet des trib. d'exception dont la ju-

ridiction ne saurait être étendue sous prétexte d'analogie, et nulle disposition de loi ne les investit du droit de statuer sur des sentences rendues par des arbitres volontaires. Nous croyons donc que le trib. de 1$^{re}$ inst. ou la C. roy. seraient seuls compétens dans les cas que nous venons d'indiquer.

**476.** L'appel doit être jugé par le trib. ou la Cour, dans le ressort duquel la sentence a été rendue. Arg. C. pr. 1020.

**477.** Néanmoins, les parties ont le droit de stipuler qu'il sera porté à tel trib. qu'elles jugent convenable de choisir. — V. *inf.* n°479.

**478.** Elles peuvent même convenir, soit dans le compromis, soit depuis, que l'appel sera jugé par d'autres arbitres. Cela a lieu très souvent dans la pratique.

**479.** La C. roy. à laquelle des parties ont attribué, par compromis, la connaissance de l'appel d'une sentence à intervenir entre elles dans un autre ressort où elles sont domiciliées, peut, malgré les conclusions du ministère public et celles de l'une des parties, retenir la connaissance de cet appel pour lequel elle ne serait incompétente que *ratione loci*. Lyon, 15 mai 1835, D. 54, 6.

**480.** Mais il en serait autrement si le trib. désigné comme juge d'appel était incompétent à raison de la valeur du litige. Par exemple, si l'on avait choisi un trib. de 1$^{re}$ inst. pour statuer comme juge d'appel sur une contestation d'une valeur indéterminée ou supérieure à 1,500 fr. Vainement objecterait-on que l'art. 5 tit. 1$^{er}$ de la loi du 16-24 août 1790 autorise à proroger la juridiction des trib. de 1$^{re}$ inst. : cette disposition toute exceptionnelle, a, en effet, pour but unique de diminuer les frais et les lenteurs du procès, en supprimant le second degré de juridiction ; ce qui n'aurait pas lieu dans l'espèce. Et d'ailleurs, autre chose est d'accorder à un trib. le droit de prononcer tout à la fois en premier et en dernier ressort sur une contestation, ou de le constituer juge d'appel d'une décision rendue par un autre trib. Turin, 9 juill. 1808, S. 12, 415; Thomine, n° 1249.—*Contrà*, Pigeau, *Comm.*, art. 1023, note 1$^{re}$.

**481.** L'appelant qui succombe est condamné à une amende de 5 fr., lorsque l'appel est rejeté par un trib. de 1$^{re}$ inst., et de 10 fr., lorsqu'il l'est par une C. roy. C. pr. 471, 1025. — V. *Appel,* n$^{os}$ 250 et suiv.

**482.** Le trib. arbitral remplace le trib. de 1$^{re}$ inst., et remplit le premier degré de juridiction ; en conséquence la C. roy., saisie de l'appel d'un jugement arbitral, peut évoquer le fond dans tous les cas où ce droit lui est accordé, à l'égard des jugemens rendus par les trib. ordinaires. Cass. 6 déc. 1821. — V. *Appel,* sect. IX.

**483.** Il peut être formé appel incident comme en toute autre matière. — V. *Appel.*

### Art. 2. — *Requête civile.*

**484.** La requête civile est recevable contre les jugemens arbitraux dans les délais, formes et cas désignés pour les jugemens des trib. ordinaires. C. pr. 1026. — V. *Requête civile.*

**485.** Cependant, ne peuvent être proposés pour ouverture :

1° L'inobservation des formes ordinaires, si les parties n'en sont autrement convenues ;

2° Le moyen résultant de ce qu'il aurait été prononcé sur choses non demandées. C. pr. 1027.

**486.** Il n'y a pas non plus ouverture à requête civile, lorsque les arbitres ont déclaré, dans leur sentence, qu'ils ne se sont abstenus de prononcer sur un chef de conclusions que par le fait des parties, qui ne leur ont pas fourni les documens nécessaires pour éclairer leur religion. Cass. 30 déc. 1834, S. 35, 194.

**487.** La requête civile serait encore inadmissible contre un jugement que les parties seraient convenues de considérer comme transaction sur procès : les parties qui ont fait une telle stipulation sont nécessairement présumées avoir renoncé à cette voie, la requête civile ne pouvant jamais être admise contre une transaction. Cass. 15 therm. an 11, S. 4, 26. — *Contrà,* Carré, n° 3372. — V. *sup.* sect. III, § 2.

**488.** La requête civile est portée devant le trib. qui eût été compétent pour connaître de l'appel. C. pr. 1026.

### Art. 3. — *Opposition à l'ordonnance d'exécution.*

**489.** Il y a lieu de se pourvoir par opposition à l'ordonnance d'exécution dans les cas suivans :

1° Si le jugement a été rendu sans compromis ;

2° S'il l'a été hors des termes du compromis ;

3° S'il l'a été sur compromis nul ;

4° S'il l'a été sur compromis expiré ;

5° S'il n'a été rendu que par quelques arbitres non autorisés à juger en l'absence des autres ;

6° Si le tiers-arbitre a statué sans en avoir conféré avec les arbitres partagés, et sans les avoir sommés de se réunir à cet effet. C. pr. 1018 ;

7° Enfin, s'il a été prononcé sur chose non demandée. C. pr. 1028.

En effet, dans ces différentes circonstances, les arbitres ont évidemment excédé les pouvoirs qui leur avaient été donnés par les parties, et leur juridiction toute spéciale n'étant jamais susceptible de s'étendre au-delà des limites fixées par le com-

26.

promis qui lui a donné naissance, il en résulte que leur décision n'est pas un jugement, mais uniquement une violation
du contrat intervenu entre eux et les parties, et qu'en conséquence elle doit être annulée, sans qu'il soit besoin de recourir
aux formalités établies pour la réformation des jugemens. Cass.
30 avr. 1806, 14 août 1811, 12 fév. 1813.

**490.** La partie qui serait non recevable à interjeter appel
d'une sentence arbitrale, pourrait donc néanmoins en demander la nullité par opposition à l'ordonnance d'exécution. Cass.
27 mai 1818, S. 19, 121.

**491.** Peu importerait que les parties eussent donné aux arbitres le pouvoir de les juger comme amiables compositeurs.
— V. *sup.* n° 156.

Et même qu'elles eussent formellement renoncé à se pourvoir par opposition à l'ordonn. d'exécution. — **V.** *sup. ib.*

**492.** L'appel interjeté dans un cas où cette voie ne serait pas
ouverte, n'empêcherait point à plus forte raison de se pourvoir
en nullité. Lorsque deux actions existent simultanément, l'option faite en faveur de l'une peut bien en effet rendre l'autre
non recevable; mais du moment qu'un seul recours est autorisé
par la loi, on ne saurait en être privé, parce que l'on en aurait
à tort choisi un qui n'était pas permis. Cass. 27 mai 1818, **D. A.**
1, 796; Thomine, 1257.

**493.** L'opposition à l'ordonn. d'exécution, étant une voie
extraordinaire, ne peut être employée que dans les cas prévus
par l'art. 1028. Ainsi elle ne serait pas ouverte pour inobservation des formes ordinaires. Cela résulte évidemment de ce
que l'art. 1027, portant que, dans ce cas, la requête civile ne
peut être admise, ne renvoie cependant pas à l'art. 1028,
comme pour celui où il a été prononcé sur choses non demandées. Nîmes, 22 juill. 1833, D. 34, 159; Carré, n° 3371. —
*Contrà*, Pigeau, *Comm.*, art. 1027, note 1re.

**494.** Mais il en serait autrement à l'égard de l'inobservation
des formes prescrites par les parties; car alors les arbitres auraient jugé hors des termes du compromis. Pigeau, 1, 75.

**495.** La même solution s'appliquerait encore, 1° au cas où
le tiers-arbitre ne se serait pas conformé à l'avis des autres arbitres : en effet, lorsque les parties nomment un tiers-arbitre,
elles ne lui donnent pouvoir que de départager les arbitres divisés, en adoptant l'une ou l'autre de leurs opinions; s'il en
choisit une troisième, il juge donc hors des termes du compromis. Pigeau, *ib.*; Carré, n° 3388.

2° A celui où les arbitres auraient jugé, sans s'arrêter à la
récusation de l'un d'eux, et sans en attendre le jugement. Cass.
1er juin 1812, S. 12, 549.

5° A celui où le compromis aurait été signé par un man-

dataire sans pouvoirs suffisans. Besançon, 18 déc. 1811, D. A.
1, 745.

**496.** Au contraire l'opposition ne saurait être admise, 1° sur
le motif que les parties n'ont pas été entendues ou qu'elles
n'ont pas été mises à portée de fournir leurs pièces et mémoires. Paris, 19 juin 1828, D. 30, 144; Cass. 17 oct. 1810,
S. 11, 57 ; Carré, n° 3387.

2° Sur le prétexte que les arbitres ont indûment prononcé
la contrainte par corps. Une semblable décision ne constituerait qu'un mal jugé, et non un excès de pouvoir. Toulouse, 17
mai 1825 , S. 25, 420.

5° Sur la raison que les arbitres se sont abstenus de prononcer sur un chef de conclusions, si ce chef n'est pas indivisible
des autres chefs qui leur étaient soumis; les parties ne sauraient se pourvoir que par requête civile. Angers, 4 juill. 1833,
S. 35, 1, 194; Toulouse, 5 juin 1828, D. 29, 268.

**497.** Enfin l'opposition est encore non recevable, 1° dans le
cas où un serment ordonné par la sentence arbitrale a été irrégulièrement prêté : l'irrégularité de la prestation de ce serment
n'entraîne pas la nullité du jugement. Cass. 5 juill. 1834, D.
34 , 369.

2° Dans celui où les arbitres ont statué sur un chef qui ne
leur avait pas été expressément soumis par le compromis, mais
sur lequel les parties ont pris des conclusions pendant la durée
de l'arbitrage. Aix, 5 janv. 1817, D. A. 5, 794.

**498.** L'action en nullité serait-elle recevable contre une
sentence mal à propos qualifiée en dernier ressort? — Le doute
naît de ce qu'on pourrait prétendre que les arbitres, ayant excédé leurs pouvoirs, ont jugé hors des termes du compromis.
— Mais les arbitres ont moins commis un excès de pouvoir
qu'une erreur, en donnant à tort à leur décision la qualification de dernier ressort; d'ailleurs, les parties n'ont aucun intérêt à en demander la nullité sur ce motif, puisqu'elles
peuvent la faire réformer par la voie de l'appel; l'action en
nullité ne pourrait donc être admise. C. pr. 453, 454; Rennes,
10 nov. 1810, *Prat.* t. 5, p. 413; Carré, n° 3389.

**499.** La décision qui annule une sentence arbitrale, comme
rendue hors des termes du compromis, ne contient qu'une appréciation de faits, qui ne peut donner ouverture à cassation.
Cass. 25 juin 1819, S. 20, 35.

**500.** La demande en nullité, par voie d'opposition à l'ordonnance d'exécution, est portée devant le tribunal dont le
président a rendu la sentence arbitrale exécutoire. C. pr. 1028.

**501.** Elle ne saurait donc être portée de prime abord
devant la C. roy. quand l'ordonnance a été rendue par le président d'un tribunal. Grenoble, 8 mars 1824, D. 25, 247.

**502.** Elle peut se former avant l'exécution : alors on assigne l'autre partie pour voir dire, attendu que la décision arbitrale est nulle par tel motif, qu'on y sera reçu opposant, et qu'elle sera déclarée nulle. Pigeau, 1, 75; Pardessus, n° 1408.

**503.** Elle peut également avoir lieu lors de l'exécution, par déclaration sur l'acte d'exécution, comme l'art. 162 le permet pour l'opposition aux jugemens par défaut rendus contre partie, sauf à assigner ensuite pour être reçu opposant, ainsi que le prescrit le même article.

Toutefois, on n'est pas forcé, à peine de nullité, de le faire dans la huitaine. Cette disposition n'est pas reproduite pour le cas qui nous occupe, et les nullités ne peuvent pas se suppléer. Turin, 7 fév. 1810, D. A. 1, 712; Cass. 1er juin 1812. D. A. 1, 691; Colmar, 22 janv. 1815 ; Paris, 17 mai 1813; S. 14, 247; Pardessus, ib.; Pigeau, ib.

**504.** Enfin, on se rend valablemnet opposant après l'exécution commencée; pourvu qu'on ne l'ait pas laissé consommer sans faire de réserves; car on serait alors présumé y avoir acquiescé. Pigeau, ut suprà; Thomine, n° 1258. — V. Acquiescement.

**505.** Mais l'opposition ne saurait, dans aucun cas, avoir lieu par acte d'avoué à avoué. On ne peut assimiler l'ordonnance d'exécution à un jugement par défaut; et d'ailleurs, nulle instance n'existant, la partie adverse n'a pas d'avoué qui la représente, et à qui la signification puisse être faite. Rennes, 13 mai 1812, S. 15, 101 ; Carré, n° 3584.

**506.** Peu importerait qu'on déclarât s'opposer au jugement arbitral, au lieu d'énoncer que c'est à l'ordonnance. La loi ne prescrit aucuns termes sacramentels, et s'opposer à la sentence, c'est évidemment s'opposer à l'ordonnance qui ne fait qu'un seul et même acte avec elle. Romé, 5 oct. 1810, S. 11, 465.

**507.** Carré (Anal. Quest. 296) énonce, sans donner aucun motif à l'appui de son opinion, que le ministère public doit nécessairement être entendu sur la demande en nullité de l'acte qualifié jugement arbitral. Cependant aucun texte ne prescrit la communication de ces sortes d'affaires, et il ne semble pas qu'on puisse les considérer comme intéressant l'ordre public. — V. Ministère public.

**508.** L'opposition à l'ordonnance d'exécution d'un jugement arbitral rendu en dernier ressort, en suspend-elle l'exécution ?

Pour la négative, on dit que la demande en nullité, s'identifiant avec l'opposition à l'ordonnance d'exequatur, est, comme la requête civile, une voie extraordinaire qui ne peut suspendre l'exécution d'un jugement rendu en dernier ressort.—Toutefois on répond qu'en général toute opposition est suspensive de sa nature; que s'il en est autrement de la requête civile, c'est que là loi l'a décidé d'une manière positive. Mais le principe n'en subsiste pas moins, et il est applicable à l'espèce qui nous occupe, puisqu'elle ne se trouve rangée dans aucune exception. — D'ailleurs, le législateur a formellement exprimé son intention que l'action en nullité fût suspensive, en la qualifiant, *opposition à l'ordonnance d'exécution.* Que serait, en effet, une *opposition* à un ordonnance d'*exécution* qui ne pourrait ni prévenir, ni arrêter cette exécution ? Bruxelles, 4 mai 1809 S. 9, 257 ; Rome, 5 oct. 1810 S. 11, 465 ; Paris, 9 nov. 1812, S. 13, 515. ; Pigeau, 1, 75 ; Carré, n° 5586 ; — *Contrà,* Paris, 14 sept. 1808, S. 8, 283.

509. Toutefois, M. Thomine, n° 1258, pense que, dans le cas où la sentence est exécutoire par provision, il faut faire une distinction.

Selon lui, si l'on soutient que les arbitres ont agi sans aucun pouvoir, l'exécution doit être suspendue jusqu'à ce qu'il apparaisse un compromis.

Au contraire s'il existe un compromis reconnu par les parties, et que l'on argumente seulement d'un excès de pouvoir, l'opposition, remplaçant en quelque sorte l'appel, ne peut empêcher l'exécution provisoire.

510. L'opposition à l'ordonnance d'exécution suspend-elle les délais de l'appel ?

Le doute naît de l'art. 1028. Dans sa première disposition, cet article porte qu'il *ne sera besoin de se pourvoir par appel* dans les cas qu'il détermine ; puis, dans la seconde disposition, il ajoute que les parties se *pourvoiront* par *opposition,* et demanderont la nullité de l'acte qualifié jugement arbitral. Or, appeler de la décision arbitrale avant d'avoir formé l'opposition à l'ordonnance d'exécution, c'est reconnaître implicitement que cette décision a le caractère d'un jugement, et se rendre non recevable à l'attaquer sous ce rapport. D'un autre côté, se pourvoir par appel après avoir formé l'opposition, c'est évidemment renoncer à cette voie. Les délais d'appel ne peuvent donc courir que du jour où il est définitivement jugé que la décision arbitrale a véritablement la force d'un jugement. Vainement dirait-on que l'on peut présenter cumulativement en appel tous les moyens que l'on a fait valoir contre la sentence. L'action en nullité est une action principale qui doit nécessairement subir deux degrés de juridiction ; et d'ailleurs il y aurait une contradiction choquante à soutenir en même temps qu'un acte arbitral n'est pas un jugement, et à l'attaquer néanmoins comme jugement.

Toutefois, ces argumens ne paraissent pas sans réplique. Il est bien vrai, en effet, qu'une partie qui interjette purement et simplement appel d'une décision arbitrale peut être considé-

rée, par cela seul, comme renonçant à se pourvoir contre cette
sentence par voie d'opposition, ou même comme se désistant
de l'opposition qu'elle y aurait précédemment formée. Mais
rien ne l'empêche de faire des réserves dans son appel, et alors
il est évident que ses droits se trouvent conservés. Il n'est donc
pas indispensable d'attendre le jugement à intervenir sur l'opposition, pour interjeter appel, et il n'existe par conséquent
aucun motif pour apporter une exception à l'art. 443 C. pr. qui
fixe les délais de l'appel d'une manière générale, sans faire de
distinction pour l'hypothèse qui nous occupe. Seulement il
est certain que, dans le cas où un jugement arbitral a été attaqué simultanément par les deux voies de l'opposition et de
l'appel, la question de savoir s'il y a réellement un jugement
arbitral est préjudicielle, et doit nécessairement être jugée
avant que l'on statue sur l'appel ; mais ce n'est pas une raison
pour proroger les délais pendant lesquels cet appel peut être
formé, et donner ainsi aux parties de mauvaise foi un moyen
d'éterniser les contestations. Carré, art. 1028, n° 3382.

511. Lorsque les arbitres ont jugé hors des termes du compromis, leur sentence doit-elle être annulée pour le tout ?

Dans le cas où les différens chefs de la sentence sont connexes, l'affirmative ne peut souffrir aucune difficulté ; mais la
question devient délicate quand le jugement statue sur plusieurs points distincts et de nature à recevoir des solutions indépendantes les unes des autres.

D'une part, en effet, on invoque la maxime *tot capita tot
sententiæ* ; cette maxime, consacrée en termes formels par l'art.
482 C. pr., en matière de requête civile, est, dit-on, applicable aux jugemens arbitraux comme aux autres jugemens. La
nature de ces sentences n'est pas en effet exclusive de ce principe, puisque le pouvoir des arbitres dérive d'un mandat et
que, dans son exécution, le mandat est essentiellement divisible,
de telle sorte qu'il y a lieu de valider ce qui a été fait dans ses
limites et d'annuler ce qui a été fait au-delà ou en dehors de ses
termes.

Mais on répond avec raison que la règle suivant laquelle les
divers chefs que contient un jugement sont considérés comme
autant de jugemens différens indépendans les uns des autres,
ne saurait en général être appliquée aux sentences rendues par
des arbitres volontaires. Le compromis a en effet beaucoup
d'analogie avec la transaction. C'est ordinairement dans la pensée
de terminer de suite et sans éclat tous les différends qui les divisent que les parties l'ont consenti, et si quelque point demeure indécis, s'il faut sur un chef quelconque recourir à la
juridiction ordinaire, la condition sous laquelle le contrat est
intervenu semble défaillir, et dès lors il est juste d'annuler

tous les effets de l'arbitrage. L'art. 1028 C. pr. confirme du reste cette interprétation de la manière la plus positive, en déclarant que, dans tous les cas où l'opposition à l'ordonnance d'exécution est recevable, les parties devront demander la nullité *de l'acte* qualifié jugement arbitral; ce qui embrasse évidemment la décision dans son entier, et ne permet aucune exception. Gênes, 2 juill. 1810, S. 11, 209; Rennes, 14 avr. 1812; Bastia, 22 mars 1831, S. 32, 197; Carré, n° 3383; Montgalvy, n° 501. — *Contrà*, Pardessus, n° 1407; Thomine, n° 1256.

La C. cass., le 31 mai 1809, D. A. 1, 756, a bien consacré l'opinion opposée à celle que nous sontenons, mais l'espèce dans laquelle cet arrêt est intervenu était régie par la loi de 1790, et la Cour a eu soin de déclarer dans ses motifs qu'il n'y avait point lieu, à raison de cette circonstance, de s'occuper de l'argument que l'on tirait des termes ci-dessus rappelés de l'art. 1028 du C. pr.

On invoque également un arrêt de C. Paris, du 11 avr. 1825, D. 25, 161, mais cet arrêt, rendu en matière d'arbitrage forcé, n'a nullement tranché la difficulté, il s'est en effet borné à décider que, dans le cas où par une première sentence les arbitres ont jugé plusieurs chefs d'une contestation, et que par une seconde ils ont prononcé irrégulièrement sur un autre chef distinct du premier, la nullité de cette seconde sentence n'entraîne pas celle de la première. Or, non seulement il s'agissait comme on le voit, de deux sentences distinctes et non pas seulement d'une sentence unique, renfermant différens chefs, mais, ce qui était plus décisif encore, les sentences critiquées avaient été rendues par des arbitres forcés, et dès lors le motif tiré de l'intention des parties, de ne pas soumettre une portion seulement de leurs contestations aux tribunaux ordinaires, ne pouvait recevoir aucune application, puisque la juridiction arbitrale était la seule possible et que les parties se trouvaient liées irrévocablement par la loi au lieu de l'être seulement par un compromis émané de leur libre volonté.

Toutefois les règles que nous venons de tracer devraient recevoir une exception, si la nullité de la sentence arbitrale était fondée sur ce que les arbitres auraient prononcé la contrainte par corps contre l'une des parties sans que son adversaire y eût conclu. — Ou sur ce que les arbitres se seraient alloué des honoraires.

Dans ce cas en effet toutes les difficultés soumises aux arbitres ont reçu une solution définitive, il n'y a plus lieu de recourir à la juridiction ordinaire, la sentence rendue est maintenue en son entier pour tout ce qui est relatif au fond de l'affaire, et l'annulation prononcée porte uniquement sur un mode d'exécution ou un accessoire parfaitement distinct de la décision proprement dite. Paris, 30 mai 1837 (Art. 871 J. Pr.); 17 juill. 1838.

**512.** Le jugement rendu sur l'opposition à l'ordonn. d'exécution est susceptible d'appel, bien que cette voie ne fût pas ouverte contre la sentence arbitrale et qu'il s'agît d'une valeur inférieure à 1,500 fr. Arg. Grenoble, 13 juill. 1825, D. 25, 214.

§ 2. — *Voies contre les jugemens rendus par des arbitres forcés.*

**513.** Les arbitres forcés sont considérés par la loi comme de véritables juges, et forment, pour les contestations entre associés, une espèce de tribunal de commerce spécial : il résulte de ce principe que leurs décisions peuvent être attaquées par les voies ouvertes pour la réformation des jugemens ordinaires, excepté toutefois l'opposition. En effet, si le jugement a été rendu après les délais accordés pour produire, il est juste que la partie négligente ne soit pas reçue à s'en plaindre, et s'il l'a été avant l'expiration de ces délais, la nullité peut être invoquée, sans recourir à la voie d'opposition. Pardessus, n° 1405.

A défaut de stipulation contraire, leurs décisions sont soumises à l'appel et au recours en cassation. C. comm. 52.

**514.** Les arbitres forcés, ayant la même compétence que les trib. de comm., prononcent en dernier ressort sur toutes les contestations qui n'excèdent pas ce taux. Lyon, 21 mars 823, S. 23, 247. — V. *Ressort.*

**515.** Mais lorsque les parties ont renoncé à l'appel, cette voie cesse de leur être ouverte, même dans les cas prévus par l'art. 1028; elles doivent alors se pourvoir devant la Cour de cassation. Cass. 12 août 1834, S. 35, 205 ; Limoges, 14 fév. 1835, S. 35, 239.

**516.** Si la renonciation à l'appel avait été consentie dans un acte de société nul, elle ne produirait pas effet. Les arbitres ne tiendraient plus, dans ce cas, leur pouvoir de l'acte mais bien de la loi, qui soumettrait à un arbitrage forcé ordinaire les contestations survenues à l'occasion de la participation en laquelle aurait dégénéré la société.

**517.** La renonciation à l'appel ne se présume pas, et ne saurait s'étendre d'un cas à un autre. En conséquence, s'il s'élève une contestation relative à la formation du trib. arbitral, le jugement qui intervient sur cet incident est susceptible d'appel, encore bien que les parties y aient renoncé dans le compromis. Cass. 15 juill. 1818, S. 19, 1.

**518.** A plus forte raison, la renonciation à l'appel n'emporte pas renonciation au recours en cassation.

**519.** L'appel, lorsqu'il est recevable, est porté devant la C. roy., à moins que les parties n'en soient autrement convenues. — V. *sup.* n°ˢ 476 et suiv.

**520.** La Cour compétente est celle dans le ressort de laquelle se trouve le trib. qui a nommé les arbitres, ou qui les aurait nommés si les parties ne les avaient choisis elles-mêmes. Il est indifférent que la sentence arbitrale ait été déposée au greffe du ressort d'une autre Cour. En effet, les arbitres forcés ne sont que les auxiliaires des trib. chargés de présider à leur choix ; ils en forment une émanation et s'identifient avec eux ; l'instance, quoique renvoyée à des arbitres, est toujours véritablement existante devant le trib. à qui elle a été portée d'abord, et qui seul est compétent pour statuer sur tous les incidens qui peuvent s'élever durant la durée de l'arbitrage. La Cour appelée à prononcer sur le jugement est donc celle dans le ressort de laquelle se trouve ce trib., et il ne saurait dépendre de la volonté des arbitres de changer sa juridiction, en allant rendre leur sentence dans un lieu ressortissant d'une autre Cour. Caen, 21 mai 1827, S. 28, 129.

**521.** Lorsque la Cour réforme le jugement arbitral, en ce que les arbitres, au lieu de se borner à statuer sur la liquidation d'une société, ont annulé la société elle-même ; la Cour n'est point obligée de renvoyer la contestation à d'autres arbitres ; elle peut la juger sans violer la règle des deux degrés de juridiction ; elle peut aussi prononcer sur la liquidation sans contrevenir à l'art. 51 C. comm. Cass. 25 nov. 1824, D. 24, 502.

**522.** La requête civile est-elle admissible contre les jugemens d'arbitres forcés ?

D'un côté, l'on dit : ce recours serait impraticable dans les contestations relatives aux comptes et liquidations d'une société commerciale. Le législateur, en soumettant les affaires de cette nature à des arbitres, a eu en vue d'épargner aux parties les longueurs et les frais d'un procès ordinaire ; or, l'admission de la requête civile entraînerait nécessairement ces deux inconvéniens. D'ailleurs, la requête civile doit être portée devant les juges qui ont rendu la décision attaquée, et les arbitres ayant perdu tout pouvoir, du moment qu'ils ont prononcé leur sentence, sont évidemment sans caractère pour en connaître. Enfin, l'art. 52 C. comm. est limitatif, et l'on ne saurait admettre, contre les jugemens arbitraux, d'autres voies de réformation que cels qu'il énonce positivement. — Mais on répond que le législateur ne s'est pas montré plus jaloux d'économiser les frais pour les contestations entre associés, que pour celles de toute autre nature entre négocians ; et du reste, l'instruction devant les arbitres n'est pas moins coûteuse que celle devant les trib. de comm. ordinaires ; cependant il est hors de doute que leurs décisions peuvent être attaquées par la voie de la *requête civile* (— V. ce mot) ; cette considération n'est donc d'aucune importance pour la décision de la question. —

Peu importe de même que la mission des arbitres se trouve
terminée par la reddition de leur sentence ; car lorsque la loi
exige que la requête civile soit portée devant le trib. qui l'a rendue, elle n'entend pas dire qu'il faudra nécessairement qu'elle
soit jugée par les mêmes individus, puisque le plus souvent
cela serait impossible, surtout pour les membres des trib. de
comm. qui ne siégent que temporairement. L'on remplirait
donc suffisamment son vœu en renvoyant les parties devant un
trib. composé, soit des mêmes arbitres, soit d'autres, désignés
à leur défaut par les parties ou le trib. — En outre l'art. 1026
a prévu cette difficulté, en décidant que, par exception à la
règle générale, la requête civile contre un jugement arbitral
serait portée devant le trib. qui eût été compétent pour connaître de l'appel. — Enfin, il n'est pas juste de dire que
l'art. 52 C. comm. est limitatif des voies à prendre contre les
jugemens arbitraux ; il ne s'occupe que des voies ordinaires de
réformation, et l'on a déjà vu qu'on ne saurait en induire qu'il
proscrit toute voie extraordinaire, puisqu'il est reconnu par la
C. de cass. que la prise à partie est admissible contre les arbitres
forcés, comme à l'égard des membres des autres tribunaux. Il
est donc beaucoup plus naturel d'appliquer les règles ordinaires, et de conclure que les arbitres forcés constituant un
véritable trib., leurs sentences peuvent, dans les cas établis
par la loi, être attaquées par toutes les voies permises contre
les jugemens ordinaires. Lyon, 31 août 1825, S. 26, 198 ;
Colmar, 26 mai 1853, S. 54, 5 ; Carré, n° 3573. — Contrà,
Merson, p. 106.

523. Toutefois les parties peuvent renoncer à se pourvoir par
requête civile ; excepté dans le cas de dol. — V. sup. n° 135.

Ainsi, les jugemens des arbitres forcés dispensés de toute
forme ne sont pas attaquables par la voie de la requête civile
pour inobservation des formes. Besançon, 18 déc. 1811, D. A.
1, 745.

524. L'opposition à l'ordonn. d'exécution est-elle recevable ?

D'un côté, l'on soutient qu'à moins d'une dérogation expresse, les règles relatives aux arbitrages volontaires sont applicables à l'arbitrage forcé, et que le C. de comm. n'exclut pas
la demande en nullité du jugement arbitral. D'ailleurs, les
mêmes motifs existent pour admettre cette action dans les deux
espèces d'arbitrage ; et si l'on se reporte aux discussions préparatoires du Code, on acquiert la conviction que telle a été l'intention du législateur. Locré, C. comm. 1, 222, 266.

Mais on répond que, s'il était utile d'admettre l'opposition
à l'ordonnance d'exécution dans le cas d'arbitrage volontaire,
parce que les arbitres ne tenant leurs pouvoirs que des parties,
ne pouvaient pas les dépasser sans perdre immédiatement tout

caractère de juge, il n'en est pas de même à l'égard des arbitres forcés, qui constituent un tribunal, et dont la décision ne peut en conséquence être attaquée que par les voies ouvertes contre les jugemens.—Il n'y aurait en outre aucune utilité à autoriser l'opposition à l'ordonnance d'exécution ; car les parties arrivent facilement au même résultat par la voie de l'appel ou de la cassation. Rennes, 7 avr. et 25 juill. 1810, S. 12, 404 ; Turin, 8 mars 1811, S. 11, 409 ; Cass. 30 déc. 1812, S. 13, 415 ; Bourges, 23 janv. 1824, D. 25, 74 ; 19 fév. 1825, S. 26, 72; Paris, 6 août 1824, D. A. 1, 813; Grenoble, 8 mars 1824, D. 25, 217 ; Cass. 26 mai 1813, 6 déc. 1821, 7 mai 1828 ; Limoges, 14 fév. 1835, S. 35, 238 ; Pardessus, n° 1417. — Contrà, Aix, 13 mai 1833, D. 34, 184, 6 mars 1829, S. 29, 1303, Paris, 16 août 1832, S. 32, 545 ; 9 mai 1833, S. 34, 201.

525. Peu importerait que les parties eussent renoncé à l'appel : cette renonciation ne change pas la nature de l'arbitrage, et elles peuvent d'ailleurs se pourvoir en cassation dans le cas d'excès de pouvoirs de la part des arbitres. Cass. 26 mai 1813, S. 14, 4; 28 avr. 1829, S. 29, 185 ; Toulouse, 30 mai 1833, S. 34, 202 ; Carré, n° 337; Pardessus, n° 1417.

526. En serait-il de même dans le cas de renonciation à l'appel et au recours en cassation ?

Le doute naît de ce qu'alors les parties sembleraient n'avoir aucun moyen de faire réformer une sentence qui contiendrait un excès de pouvoirs manifeste des arbitres.

Cependant un examen attentif prouve que, même dans cette hypothèse, la voie de l'opposition à l'ordonnance d'exécution est inutile, et peut être suppléée par d'autres moyens légaux.

En effet, 1° en matière de société commerciale, le compromis étant écrit dans la loi, le jugement ne peut jamais être rendu sans compromis ni sur compromis nul, et les deux premières ouvertures de nullité établies par l'art. 1028 se trouvent ainsi sans application.—2° Les arbitres étant compétens pour statuer sur toutes les difficultés relatives à la société, ne peuvent juger hors des termes du compromis, que s'ils prononcent sur une affaire étrangère à la société ; mais dans ce cas, leur incompétence devient évidente, et par conséquent on peut appeler de leurs décisions, nonobstant toute renonciation (Arg. C. pr. 454); les parties ont bien, en effet, le droit de proroger, mais non de changer la juridiction. 3° Elles ont encore un moyen d'empêcher les arbitres de prononcer après les délais fixés par le jugement, en provoquant la nomination de nouveaux arbitres ; et si elles n'usent pas de cette faculté, elles doivent subir les conséquences de leur négligence. 4° Quant à l'hypothèse où la décision a été rendue par quelques arbitres en l'absence des au-

tres, ou par un sur arbitre, sans en avoir conféré avec les arbitres partagés, l'infraction à la règle qui veut que les arbitres
délibèrent en commun, constitue un déni de justice, et il y a
lieu à la prise à partie (C. pr. 505). 5° Enfin, s'il a été prononcé
sur chose non demandée, ou si les formes prescrites n'ont pas
été observées, la requête civile est évidemment admissible
(C. pr. 480, n°s 2 et 3). Il n'existe donc aucun motif pour admettre l'action en nullité dans l'espèce dont il s'agit, plus que
dans celle du numéro précédent. C'est ce qui a été décidé par
une foule d'arrêts, notamment par un arrêt de la C. cass., du
7 mars 1832, S. 32, 242, ainsi conçu :

« Attendu que l'action en nullité, par voie d'opposition à
« l'ordonnance d'*exequatur* des sentences arbitrales, admise
« pour excès de pouvoir en arbitrage volontaire, par l'art. 1028
« C. pr., n'est applicable à l'arbitrage forcé qu'autant que les
« parties ont valablement renoncé à toutes les voies légales
« établies pour se pourvoir contre les jugemens des tribunaux
« ordinaires ; que dans l'espèce les parties ont bien renoncé à
« la voie ordinaire de l'appel et du recours en cassation, mais
« qu'elles ne se sont pas interdit expressément aucune des
« autres voies légales. » — Rejette.

Paris, 4 déc. 1828, S. 29, 76 ; Cass. 7 mai 1828, S. 28,
300 ; 28 avr. 1829, S. 29, 185 ; 5 janv. 1833, D. 33, 67 ;
Carré, art. 1028, n° 3375 ; Thomine-Desmazures, t. 2, p. 686.
*Contrà.* — Paris ; 16 août 1832, S. 32, 545 ; Pardessus,
n° 1417.

527. Mais la voie de l'opposition est ouverte aux parties
lorsqu'elles ont renoncé non seulement à l'appel et au pourvoi
en cassation mais encore à tous autres recours légaux.

Vainement soutiendrait-on qu'elles se trouvent alors dans la
même position que si elles étaient convenues devant un tribunal ordinaire de s'en rapporter au jugement à intervenir, et que
l'arbitrage n'a pas perdu son caractère d'arbitrage forcé, puisque
les arbitres n'ont pas reçu les pouvoirs plus étendus d'amiables
compositeurs. On ne saurait en effet, dans aucune circonstance,
refuser aux parties tout moyen de faire réprimer un excès de
pouvoir commis par des arbitres. Cass. 8 août 1825, D. 25,
389 ; Arg. Cass., 7 mars 1852 ; Lyon, 14 juill. 1828. D. 28,
194 ; Pardessus, n° 1417.

528. L'opposition doit alors être portée devant le trib. de
comm. dont le président a rendu l'ordonnance d'exécution.
Gênes, 24 avr. 1809, D. A. 1, 811 ; Cass. 16 juill. 1817,
D. A. 1, 634 ; Poitiers, 15 mai 1818, D. A. 1 655 ; Lyon, 14
juill. 1828, D. 28, 194 ; Aix, 6 mars 1829, D. 29, 157 ; Paris, 9 mai 1833, D. 33, 205.

529. Si les parties avaient donné aux arbitres le pouvoir de

les juger comme amiables compositeurs, l'opposition à l'ordonnance d'exécution serait, à plus forte raison, recevable,
sans aucun doute. Cass. 16 juill. 1817, S. 17, 505; 6 avr.
1818, S. 18, 326; 23 juin 1819, S. 20, 35; 28 avr. 1829,
S. 29, 185; Carré, n° 3376.

Elle devrait être portée devant le tribunal de 1re inst. Si
on admettait que cette stipulation changeât le caractère de l'arbitrage en le transformant en arbitrage volontaire. — V. *sup.*
n° 87. — *Contrà*, Pardessus, n° 1417.

**550.** Dans aucun cas la tierce-opposition n'est recevable. Les
sentences rendues par des arbitres forcés ne peuvent, pas plus
que celles prononcées par des arbitres volontaires, être opposées à ceux qui n'y ont pas été parties. — V. *sup.* n°s 404. —
*Contrà*, Pardessus, n° 1417.

Section XIII. — *Timbre et enregistrement.*

**531.** Le compromis doit, ainsi que tous les actes faits par
les arbitres, être rédigé sur papier timbré, à peine de 20 fr.
d'amende pour chaque contravention. L. 13 brum. an 7, art.
12, 17, 26, etc.; L. 16 juin 1824, art. 10.

**532.** Les arbitres ne peuvent, sous la même peine, prononcer sur un acte ou registre non timbré, ou visé pour timbre.
En cas d'inobservation de cette règle, ils seraient même passibles des droits de timbre. L. 13 brum. an 7, art. 24, 26.

**533.** Le compromis qui ne contient aucune obligation de
sommes ou valeurs donnant lieu à un droit proportionnel, est
sujet à un droit fixe de 3 fr. L. 28 avr. 1816, art. 44, n° 2.

**534.** Mais la convention par laquelle des parties qui font
un contrat quelconque, s'engagent, en cas de contestation, à se
faire juger par un arbitre qu'elles désignent, ne doit être considérée que comme une condition du contrat, et par conséquent
ne donne ouverture à aucun droit particulier.

Il n'est rien dû pour les nominations d'arbitres faites par
procès-verbal de conciliation devant un juge de paix. Décis.
min. fin. 10 sep. 1823.

**535.** La sentence arbitrale doit être enregistrée, et faire mention de l'enregistrement des pièces qu'elle relate (L. 22 frim.
an 7, art. 48). Cette mention doit contenir le montant du droit
payé, la date du paiement, et le nom du bureau où il a été
acquitté, autrement le receveur a la faculté d'exiger le droit,
si l'acte n'a pas été enregistré à son bureau, sauf restitution, si
l'on justifie de l'enregistrement. *Même loi*, art. 48.

**536.** Toute infraction à cette règle rend les arbitres personnellement responsables des droits. L. 22 frim. an 7, art. 47;
Décis. min. fin. 2 mars 1846.

**537.** La sentence arbitrale doit être enregistrée sur **minute,**

et non sur expédition, alors même que les condamnations qu'elle prononce ne sont pas fondées sur des conventions enregistrées. L. 22 frim. an 7, art. 43, 44 et 47; Cass. 3 août 1813, S. 15, 178.

**558.** Cependant elle peut être déposée avant d'être enregistrée. C. pr. 1020; Cass. 3 août 1815, S. 15, 178; Lettre min. just. 28 oct. 1808.

**559.** Mais elle ne saurait être revêtue de l'ordonnance d'*exequatur* avant l'accomplissement de cette formalité. C. pr. *ib.*; L. 22 frim. an 7, art. 42, 47; *même arrêt.*

**540.** L'enregistrement devient exigible dans les vingt jours à compter de l'acte de dépôt, qui doit lui-même être enregistré avec la sentence. D. 22 frim. an 7, art. 20.

**541.** Quant au montant des droits d'enregistrement des actes et jugemens des arbitres, il est le même que celui des actes et jugemens des tribunaux ordinaires. L. 22 frim. an 7, art. 69; L. 28 août 1816, art. 44 et 45. — V. *Jugement.*

**542.** L'acte de dépôt des sentences arbitrales au greffe du tribunal, et l'ordonnance d'exécution délivrée par le président, sont soumis chacun au droit fixe de 3 fr. L. 22 frim. an 7, art. 68, § 2, nos 6 et 7.

L'opposition à l'ordonnance d'exécution est passible du droit fixe de 2 fr., établi pour tous les exploits en général. L. 22 frim. an 7, art. 68, § 2, n° 1.

## SECTION XIV. — FORMULES.

### FORMULE I.

#### *Modèle de compromis sous signatures privées.*

Les soussignés,

1° M. Jean Gauthier, propriétaire, demeurant à Paris, rue de Bussy, n° 5,
d'une part ;

2° Et M. Louis-Joseph Leblanc, négociant, demeurant à Paris, rue Louis-le-Grand, n° 14, d'autre part ;

Ne voulant pas porter devant les tribunaux les difficultés qui les divisent, relativement au testament du sieur Charles Leblanc, que le sieur Louis-Joseph Leblanc soutient être nul, comme n'étant pas régulièrement daté (*Indiquer avec détails, s'il y a lieu, la nature de la difficulté.*)

Sont convenus de ce qui suit :

#### Art. 1er.

Les parties, d'un commun accord, sont convenues de faire décider cette difficulté par des arbitres, et ont nommé, par ces présentes, pour leurs arbitres, M. J.
, avocat à la C. roy. de Paris, y demeurant, rue
et M. F.  , aussi avocat, demeurant  ,
à l'effet de prononcer sur la contestation qui s'est élevée entre eux sur la validité du testament, par lequel M. Charles Leblanc a institué M. Jean Gauthier son légataire universel.

#### Art. 2.

Les arbitres nommés jugeront le différend qui divise les parties (*en premier ou en dernier ressort. — Les parties peuvent aussi convenir que les arbitres jugeront comme amiables compositeurs*).

## Art. 3.

Ils seront tenus de prononcer leur sentence arbitrale dans le délai de deux mois, à compter de ce jour (— *Si on ne fixe pas de délai, il faut prononcer dans les trois mois*).

Fait double, à Paris, le

(*Signature des parties*).

*Nota*. Dans l'usage les parties conviennent que le trib. arbitral se composera d'un ou de trois arbitres. — Lorsque chaque partie nomme son arbitre, il y a de graves inconvéniens signalés. — *Sup*. nº 93.

### FORMULE II.

#### *Ouverture du procès-verbal.*

L'an mil huit cent trente-huit, le dix novembre, heure de            , pardevant nous Jean-Michel B..., avocat, demeurant à Paris, rue Montmartre, nº 15, et Louis C...            , avocat, demeurant également à Paris, rue Bossuet, nº 2, réunis dans le cabinet de mon dit sieur B...            , sont comparus, 1º M.            (*noms, demeure et qualités*), et 2º M.
(*noms, demeure et qualités*);

Lesquels nous ont dit (*désigner l'objet de la contestation, la nomination des arbitres faite par les parties, et les clauses dont elles sont convenues, comme dans la formule précédente*).

Desquels comparution, dire et réquisition, nous avons donné acte aux parties, et après avoir accepté les pouvoirs qui nous sont par elles conférés, nous nous sommes constitués en tribunal arbitral, à l'effet de juger la contestation qui nous est soumise conformément auxdits pouvoirs; et avons signé avec les parties après lecture faite.

(*Signature des arbitres et des parties*).

*Nota*. Souvent on se présente devant les arbitres, sans compromis antérieur : en ce cas, le procès-verbal tient lieu de compromis, et il faut avoir soin de mentionner toutes les clauses essentielles de cet acte.

### FORMULE III.

#### *Constitution du tribunal arbitral par défaut.*

L'an            (*an, jour et heure*)            par-devant nous (*indiquer les prénoms, noms, qualités et domiciles des arbitres*), et dans le cabinet de            l'un de nous

A comparu M.            lequel a dit que par (*jugement ou compromis*), en date du ...enregistré... nous avons été nommés arbitres-juges de la contestation existante entre lui et le sieur            (*noms, qualité, domicile du défendeur*);

Que, sur notre indication, il a fait sommation audit sieur par exploit de            en date du            enregistré, d'avoir à se présenter par-devant nous, à ces jour, lieu et heure, à l'effet d'assister à la constitution du tribunal arbitral qui doit juger la cause pendante entre les parties, et de faire toutes les réquisitions qu'il jugera convenables;

Et attendu que l'heure fixée est écoulée; et que le sieur            ne se présente pas, il a requis défaut, et, pour le profit, qu'il nous plaise accepter les fonctions à nous déférées, et nous constituer en tribunal arbitral. Après quoi sera fait droit, et a signé après lecture.

(*Signature du comparant*.)

Sur quoi nous soussignés, vu (*le jugement ou le compromis*);
Vu la sommation donnée au sieur
Considérant qu'il est (*indiquer l'heure écoulée*)
Considérant que toutes les pièces sont régulières,
Donnons défaut contre le sieur            non comparant ni personne pour lui et pour le profit, déclarons accepter les fonctions à nous conférées, et nous constituer en tribunal arbitral pour juger conformément au (*jugement ou com-*

*promis* ), et, pour faire droit, renvoyons la cause et les débats au (*indiquer jour et heure*) , ordonnant qu'une nouvelle sommation sera faite au sieur
et avons signé après lecture.

(*Signature des arbitres.*)

*No'a.* A la suite du procès-verbal de constitution du tribunal arbitral, on mentionne le dépôt, et l'annexe des conclusions, la production des pièces, avec mention de l'enregistrement, les dires et comparutions des parties, etc.
en un mot tous les actes de procédure qui ont été faits.
La sentence arbitrale se met à la fin de ce procès-verbal.

FORMULE IV.

*Modèle d'un jugement arbitral.*

Et du                     (*jour et heure* )
Nous arbitres, prénommés et qualifiés réunis dans le cabinet de M.
l'un de nous, avons rendu la sentence suivante :
Entre le sieur                              d'une part,
Et le sieur                       d'autre part,
l a cause présente à juger au point de droit les questions suivantes : 1°
2°        (*énoncer les questions de fait et de droit résultant du procès.*)
Vu        (indiquer toutes les pièces, avec mention de l'enregis rement, du bureau d'enregistrement du droit perçu et de la date,
*et si les parties ont été entendues de vive voix,* après avoir entendu leurs observations (*ou plaidoiries*) respectives ; et...
Considérant, sur la première question,
            sur la seconde question,
Par ces motifs, nous arbitres susdits et soussignés, après en avoir délibéré jugeant (*en premier ou en dernier ressort*);
Disons, ordonnons, ou condamnons, etc.;
Condamnons M.              aux dépens liquidés à la somme de
(ou dépens compensés ; )
Et, sur les autres demandes, fins et conclusions des parties, les mettons respectivement hors de cause, et avons signé après lecture.

(*Signature des arbitres* ).

FORMULE V.

*Ordonnance d'*exequatur.

Nous, président du tribunal de                     assisté du greffier du même tribunal ;
Vu la minute du jugement arbitral ci-dessus enregistrée ;
Attendu que ledit jugement arbitral ne contient rien de contraire aux lois et à l'ordre public;
Ordonnons que ledit jugement sera exécuté selon sa forme et teneur.
Fait à Paris, au Palais-de-Justice, le              (*jour, mois et an*) et
nous avons signé avec le greffier.

(*Signature du président et du greffier.*)

FORMULE VI.

*Demande en nullité d'un acte qualifié jugement arbitral.*

( C. pr. 1028. — Tarif, 27. — Coût : Orig., 2 fr.; copie, 50 c.)
L'un, etc.                     à la requête de M.                     demeurant à
                  pour lequel              (*élection de domicile et constitution d'avoué*) j'ai        (*immatricule*) soussigné, donné assignation à              , à comparaître, etc. (—*V.* les *Formules d'ajournement* ).
Pour, attendu ( *déduire les motifs*),
Voir donner acte au requérant de ce qu'il est opposant comme par ces présentes il s'oppose formellement à l'ordonnance d'exécution apposée par M. le président

du trib. de 1re inst. de , le , en suite de l'acte qualifié jugement arbitral, rendu par MM. le par suite
du compromis fait sous seing privé le entre le requérant et ledit
sieur , enregistré :

En conséquence, voir dire et ordonner que ledit acte sera déclaré nul et de nul effet, et que les parties seront remises au même et semblable état où elles étaient avant ledit acte, et pour, en outre, procéder comme de raison à fin de dépens : à ce qu'il n'en ignore, etc.

Nota. *La requête à fin de nomination d'un tiers-arbitre, a lieu dans la forme ordinaire.* — *V. Requête.*

*Il en est de même de la sommation faite aux arbitres de se réunir au tiers-arbitre ;*

*Et de celle faite à la partie de produire ses mémoires dans le délai fixé.* — *V. Sommation.*

V. *Appel, Cassation, Compétence, Jugement, Opposition, Requête civile, Prise à partie.*

**ARBITRATEUR.** — V. *Amiable compositeur.*

**ARBITRE-RAPPORTEUR.** On appelle ainsi des tiers devant lesquels les trib. de comm. peuvent renvoyer les parties pour examiner des comptes, pièces ou registres.

**1.** Ces arbitres sont nommés d'office par le trib. à moins que les parties n'en conviennent à l'audience.

On doit en désigner un ou trois. C. pr. 429.

**2.** L'arbitre-rapporteur entend les parties, essaie de les concilier, et, s'il ne peut y parvenir, donne son avis dans un rapport qu'il dépose au greffe du trib. C. pr. 429, 431.

**3.** Toutefois, la nullité, tirée de ce que l'arbitre aurait fait son rapport verbalement à l'audience, au lieu de le déposer au greffe du trib. n'est pas proposable pour la première fois devant la C. de cass. : cette irrégularité n'est point d'ordre public. Cass. 7 mai 1833.

**4.** Dans aucun cas, ce rapport ne lie le trib., qui doit y avoir tel égard que de raison.

**5.** C'est un simple avis, semblable à celui d'un expert. Le Code ne donne la qualification d'*arbitre* au tiers-rapporteur que pour le distinguer des hommes de l'art, chargés d'une visite ou estimation, qu'il désigne sous le nom d'expert. Mais leurs attributions sont les mêmes, et n'ont aucune analogie avec celles des arbitres-juges. — V. *Arbitrage.*

**6.** Les arbitres rapporteurs sont-ils tenus de prêter serment, lorsque leur mission renferme implicitement des opérations d'*expertise*. — *V.* ce mot.

**7.** La récusation des arbitres rapporteurs ne peut, comme celle des experts, être proposée que dans les trois jours de leur nomination. C. pr. 430. — V. *Expertise, Récusation.*

**8.** *Enregistrement.* Les rapports des arbitres ne sont sujets à l'enregistrement que quand on veut en faire usage. Inst. gén. 4 juill. 1809.

**ARBRE.** — V. *Juge de paix.*

**ARCHITECTE.** — V. *Expert.*

ARPENTAGE. — V. *Bornage.*

ARRÉRAGES. — V. *Intérêts.*

ARRÊT. Se dit des jugemens rendus par la C. de cass., la C. des comptes et les C. roy. — V. *Appel, Cassation, Cour, Jugement.*

ARRÊT DE DENIERS. — V. *Saisie-arrêt.*

ARRÊT DE RÈGLEMENT. — V. *Organisation judiciaire.*

ARRÊTÉ *de compte.* — V. *Reddition de compte.*

ARRONDISSEMENS. — V. *Compétence, Ressort.*

ARTICULATION DE FAITS. — V. *Enquête.*

ASSEMBLÉE DE FAMILLE. — V. *Conseil de famille.*

ASSEMBLÉE DE PARENS. — V. *Ib.*

ASSESSEURS. — V. *Juge de paix, organisation judiciaire, Suppléant.*

ASSIGNATION. Acte par lequel un huissier dénonce une demande au défendeur, avec sommation de comparaître, dans un certain délai, devant le juge compétent. — Se dit aussi de la sommation faite à un témoin de venir déposer en justice

**1.** Nul ne doit être condamné s'il n'a pu se défendre ; d'où la nécessité d'un avertissement préalable, donné au défendeur par le demandeur.

**2.** A Rome, dans l'origine, rien de plus simple que l'assignation, *in jus vocatio.* Le demandeur avait le droit, lorsqu'il rencontrait son adversaire, de le sommer de comparaître devant le préteur, *ambula in jus ;* en cas de résistance, le défendeur pouvait y être contraint par la force, *obtorto collo.*

**3.** En Angleterre, la contrainte par corps est accordée contre tout débiteur ; — à moins qu'il ne donne caution ou ne justifie d'insolvabilité.

**4.** Les édits des préteurs et les interprétations des prudens distinguèrent plusieurs classes de personnes.

Il n'était pas permis d'appeler en jugement les magistrats supérieurs, durant l'exercice de leurs charges, les consuls, les préfets, les préteurs, les proconsuls, et tous ceux qui avaient le droit de donner des ordres d'arrestations. L. 2, *D. de in jus voc.* (Toutefois les édiles et les questeurs pouvaient être ajournés. Aulugelle, liv. 13, chap. 13) ; les pontifs, durant les sacrifices ; le juge siégeant sur son tribunal ; les plaideurs devant le préteur ; ceux qui suivaient un convoi funèbre, ou qui voyageaient aux frais de l'État ; enfin les époux qui célébraient leurs noces. L. 2 et 3 *ib.*

Il était défendu d'ajourner, sans la permission des préteurs, les ascendans du demandeur, les patrons et les enfans ou parens des patrons. L. 4, §§ 1 et 2, *ib.*

Pouvaient être ajournées, mais sans violence, les mères de famille, c'est-à-dire toutes les femmes de condition honnête, mariées ou non mariées, ingénues ou affranchies. L. 46, *de verb. signif.*

On ne pouvait arracher un citoyen de son foyer et de l'autel de ses dieux domestiques pour le traîner au tribunal (L. 24, D. *de in jus vocat.*). Mais si le défendeur ouvrait sa porte ou se faisait voir au dehors, on pourrait lui crier : *In jus te voco.* L. 19, *ib.*

5. Sous Justinien, tout demandeur devait rédiger ou faire rédiger ses prétentions, les faire notifier au défendeur, avec sommation de comparaître en jugement. Les officiers chargés de cette notification s'appelaient *executores.* Le défendeur signait le libelle, en faisant mention du jour où il lui était remis. Un délai de vingt jours lui était accordé pour préparer ses moyens de défense, ou tenter des voies de transaction. *Novell.* 112, *cap.* 2; 53, *cap.* 3.

6. En France, l'assignation fut successivement appelée *mannition, bannition, semonce.* Elle se faisait de vive voix, en présence de deux témoins ou recors. Boncenne, 2, 75.

7. En Normandie, la clameur de *haro* obligeait le *clamé* de suivre le *clamant*, et de comparaître de suite devant le juge.

8. Plus tard, les assignations cessèrent d'être verbales. L'ordonnance de 1539 porte, art. 22 : « Que de toutes commissions et ajournemens, seront tenus les sergens de laisser copie aux ajournés ou à leurs gens et serviteurs, ou de les attacher à la porte de leurs domiciles, et en faire mention par exploit. »

9. *L'assignation* se dit en général de l'acte introductif de la demande devant un trib. quelconque; — et spécialement de la demande soumise soit au trib. de comm., soit au président du trib. civil en référé, soit à la C. de cass. — V. *Cassation, Référé, Tribunal de commerce.*

10. L'assignation, quelle qu'elle soit, est soumise, quant à la forme, aux règles générales des *exploits* (— *V.* ce mot); elle est en outre soumise, suivant son espèce, à des formes spéciales. — V. *Ajournement, Appel, Cassation, Citation, Référé, Tribunal de commerce.*

11. Les effets de l'assignation, considérée comme acte introductif d'une demande, sont en général les mêmes que ceux de *l'ajournement.* — *V.* ce mot, sect. IV.

12. Envisagée comme sommation faite, soit à un témoin de venir déposer en justice sur un fait dont il a connaissance, soit à la partie que ce témoignage intéresse, à l'effet d'être présente à la déposition, l'assignation est soumise à des règles spéciales, et produit des effets particuliers. — V. *Enquête.*

ASSOCIÉ. — V. *Société.*

ATERMOIEMENT. — V. *Faillite.*

AUDIENCE. Assistance des juges au trib., à l'effet d'entendre les plaidoieries et prononcer les jugemens.—Se dit aussi du lieu même où la justice se rend. En ce sens, l'*audience* se nomme aussi l'*auditoire*. Denizart, v° *Audience*.

*Division.*

§ 1. — *Publicité des audiences.*
§ 2. — *Formalités pour faire venir une cause à l'audience.*
§ 3. — *Police des audiences.*

### § 1. — *Publicité des audiences.*

**1.** La justice doit, en général, se rendre dans les bâtimens publics consacrés à cet usage. Il est défendu aux juges de prononcer leurs sentences dans leurs habitations particulières (Ord. d'Ys-sur-Thille, art. 12, chap. XII, art. 94), ni d'y faire aucun acte de leur ministère. C. pr. 1040.

**2.** Cependant cette règle n'est pas applicable aux sentences des juges de paix, aux référés urgens, aux requêtes, et aux actes d'instruction qui exigent un déplacement. C. pr. 8, 808, 1040.

**3.** En principe, toute audience et toute plaidoirie doivent être publiques. C. pr. 8, 87, 111, 470.

**4.** Néanmoins le trib. peut ordonner que les plaidoiries se feront à huis-clos, dans le cas où la discussion publique serait susceptible d'entraîner du scandale ou des inconvenances graves. Alors il doit en délibérer, et transmettre sa délibération au procureur-général près la C. roy.; et si la cause est pendante en C. roy., au ministre de la justice. C. pr. 87. — Sans toutefois être forcé d'attendre le consentement du procureur-général ou du ministre. Carré, art. 87. — Mais il faut qu'il déclare, à peine de nullité, par un jugement, que la publicité serait dangereuse pour l'ordre ou les mœurs. Cass. 17 mars 1827, S. 27, 479. — Il ne suffirait pas de citer l'art. 55 de la Charte qui autorise les débats à huis-clos. Cass. 9 sept. 1830, S. 31, 186.

**5.** La distribution de billets de faveur aux audiences n'est pas considérée comme une atteinte à la publicité, mais comme une mesure d'ordre et de police. Cass. 6 fév. 1842, S. 42, 108.

**6.** Les jugemens peuvent être délibérés en chambre du conseil; mais ils doivent être prononcés publiquement dans la salle d'audience, même lorsque l'affaire a été plaidée à huis-clos. L. 24 août 1790, tit. II, art. 14; L. 20 avr. 1840, ch. 1er, art. 7; C. pr. 116; Carré, art. 87.

Ils doivent faire mention de la publicité de l'audience dans les causes ordinaires, et dans celles instruites à huis-clos, énoncer qu'ils ont été rendus publiquement. Cass. 3 nov. 1806; 19 mars 1843, S. 14, 112. — V. *Jugement.*

**7.** Sont cependant dispensés d'être prononcés en public, 1° les jugemens d'adoption rendus par les trib. de 1re inst. — V. *Adoption*, n° 18.

2° Ceux relatifs aux fautes de discipline des officiers ministériels. — V. *Discipline*.

Pour ceux d'autorisation de *femme mariée*. — *V*. ce mot.

L'art. 779 C. pr. semble encore dispenser de la publicité les jugemens rendus sur subrogation en matière d'ordre; mais il est permis de penser que ce n'est que par l'effet d'une précipitation dans la rédaction de la loi. — V. *Ordre*.

**8.** Les audiences des différens trib. ont lieu aux jours et heures fixés par les lois et règlemens. — V. *Organisation judiciaire*.

§ **2.** — *Formalités pour faire venir une affaire à l'audience.*

**9.** Avant d'être appelées à l'audience, toutes les affaires civiles doivent être inscrites au greffe, dans l'ordre de leur présentation, sur un registre, ou rôle général, coté et paraphé par le président du trib. Décr. 30 mars 1808, art. 55. — Cette inscription a pour but principal la perception du droit d'enregistrement. — Elle sert aussi pour les états sémestriels qui doivent être fournis au garde des sceaux, conformément à l'art. 80. *Même décret.*

**10.** Dans les trib. composés de plusieurs chambres, il est tenu un rôle particulier pour les causes relatives aux droits d'enregistrement, aux loteries, aux droits d'hypothèque, de greffe, et en général aux contributions. — Ces causes sont portées, par ordre de numéros, à la chambre indiquée par le président pour ces sortes d'affaires. *Ib*. art. 56.

**11.** L'inscription au rôle général se fait sur la présentation d'une *réquisition d'audience* appelée *placet* (—*V*. ce mot), signée de l'avoué, et contenant, 1° les noms et demeures des parties; 2° ceux de leurs avoués, quand il y a eu constitution de la part du défendeur; 3° l'objet de la demande; 4° enfin les conclusions de celle des parties qui poursuit l'audience.

**12.** *Usage à Paris.*—S'il n'y a pas eu constitution d'avoué, le placet est appelé de droit à la première chambre du trib. où se prennent tous les jugemens par défaut contre partie.

**13.** Si le défendeur a constitué avoué, le président distribue l'affaire à une des chambres du trib. — V. *Distribution des causes.*

Cette affaire est inscrite sur un rôle particulier, extrait pour chaque chambre du rôle général, et où sont portées toutes les causes distribuées ou renvoyées à cette chambre. *Ib.* 62.

**14.** Le jour auquel l'avoué poursuivant a donné *avenir* (—*V.*

ce mot) à son adversaire, elle est appelée par l'huissier audiencier à l'ouverture de l'audience, d'après le rôle de la chambre à laquelle elle a été distribuée, et dans l'ordre de son placement.

**15.** *Usage en province.* — S'il y a plusieurs chambres, on procède comme à Paris, soit pour la distribution des causes, soit pour prendre les jugemens par défaut.

**16.** Dans les trib. d'arrondissement s'il n'y a qu'une seule chambre, il n'y a pas lieu à distribution des causes.

**17.** Si le défendeur a constitué avoué, le placet est remis au greffier pour l'inscrire au rôle, autant que possible la veille de l'audience.

**18.** On le dépose ensuite dans la salle d'audience sur le bureau de l'huissier qui fait l'appel des causes, en commençant par les affaires nouvelles.

**19.** *Règles communes aux tribunaux de Paris et de la province.* Les affaires ou *placets* se divisent ordinairement en trois classes :

**20.** 1° Les *placets nouveaux*, c'est-à-dire ceux qui n'ont pas encore été appelés, et sur lesquels on demande défaut contre l'avoué, dans le cas où il ne poserait pas de conclusions pour sa partie.

Lorsque l'on pose sur ces *placets* des conclusions portant sur le fond de l'affaire, ils sont mis au *rôle particulier* de la chambre, où ils restent, sans venir à l'audience, jusqu'à l'épuisement des causes qui les ont précédés, à moins d'un cas d'urgence.

C'est surtout dans les Cours royales que cet usage est suivi avec le plus d'exactitude.

**21.** 2° Les *placets* appelés d'*exception*. Ce sont aussi des *placets* nouveaux, sur lesquels le défendeur a posé des conclusions qui ne portent pas sur le fond, mais qui tendent soit à empêcher, soit à retarder l'effet de l'action dirigée contre lui ; par exemple, en opposant un déclinatoire, ou en demandant une communication de pièces. — V. *Exception*.

Ces causes sont ordinairement ou retenues par *observation* jusqu'à ce qu'il ait été statué sur l'incident, ou remises, pour donner le temps de satisfaire aux communications demandées.

**22.** 5° Enfin, les *placets du rôle*, c'est-à-dire des affaires dans lesquelles on a posé des conclusions portant sur le fond, et qui, étant sorties du rôle, sont retenues par le trib. pour être plaidées à l'audience du jour, sauf le cas de remise.

— V. d'ailleurs *Appel*, *Cassation*, *Tribunal de commerce*.

## § 5. — *Police de l'audience.*

**23.** Le nombre, la durée des audiences et leur affectation aux différentes natures d'affaires, sont fixés, dans chaque trib., par un règlement qui est soumis à l'approbation du garde des sceaux. L. 11 avr. 1838 (Art 1141 J. Pr.).

**24.** La police des audiences appartient au juge qui les préside. Il a le droit de prendre des mesures contre ceux qui ne se tiennent pas découverts, dans le respect et le silence (C. pr. 88); et contre ceux qui se permettent des voies de fait, des marques d'approbation ou d'improbation, ou qui excitent au tumulte, de quelque manière que ce soit. C. pr. 89.

**25.** Les parties, assistées de leurs avoués, peuvent se défendre elles-mêmes, cependant le trib. a la faculté de leur interdire ce droit s'il reconnaît que la passion ou l'inexpérience les empêche de discuter leur cause avec la décence convenable ou la clarté nécessaire pour l'instruction des juges. C. pr. 85.

**26.** Les femmes, comme les hommes, ont la faculté de plaider leurs causes personnelles : la loi ne fait aucune exception à leur égard. Carré, art. 85; Boncenne, 2, 297.

Mademoiselle Gracieux de Lacoste, admise à plaider en audience solennelle devant la C. de cass. une affaire civile qui l'intéressait, fit preuve d'un si beau talent que pendant toute une audience elle excita l'attention de la Cour et d'un concours immence d'auditeurs. Malheureusement elle perdit sa cause ! Cass. 31 mars 1807, P. 5, 767.

**27.** Les parties qui n'usent pas de la faculté qui leur est accordée de se défendre elles-mêmes, ne peuvent se faire représenter que par des *avocats*, ou, dans certains cas, par des *avoués*. — V. ces mots. — Les trib. civils doivent les empêcher de se faire défendre par un ami, ou un parent. Cass. 22 août 1822, S. 23, 66.

**28.** Elles ne peuvent charger de leur défense, soit verbale, soit par écrit, même à titre de consultation, les juges en activité de service, procureux-généraux, avocats-généraux, procureurs du roi, substituts des procureurs-généraux et du roi, même dans les trib. autres que ceux près desquels ils exercent leurs fonctions. C. pr. 86.

Cependant il n'y a pas nullité du jugement rendu sur leur plaidorie. C. pr. 1030. Rennes, 31 août 1810, P. 8, 587.

**29.** Ces différens magistrats ont néanmoins le droit de plaider, dans tous les trib., leurs causes personnelles et celles de leurs femmes, parens ou alliés en ligne directe, et de leurs pupilles. C. pr. 86.

**30.** Le président peut faire cesser les plaidoiries, lorsque les juges trouvent la cause suffisamment entendue. Décr. 30 mars 1808, art. 34.

Les décisions des juges à cet égard sont souveraines. En conséquence, une partie ne peut se faire un moyen de cassation de ce qu'une C. roy. n'aurait accordé qu'une seule audience à son avocat et lui aurait refusé la réplique. Cass. 30 avr. 1807, P. 6, 58.

Toutefois, le droit des magistrats ne va pas jusqu'à refuser absolument la parole à une partie ou à son défenseur. Merlin, Rép., v° *Chose jugée*, § 15; Carré, art. 88, note 1; Berriat, 236, note 5.

D'après l'usage et la justice, les magistrats n'interrompent point un avocat, à moins qu'il ne tombe dans des répétitions et dans des détails inutiles et étrangers à la cause, ou qu'ils ne lui fassent gagner son procès.

**31.** Tout ce que le président ordonne pour le maintien de l'ordre est exécuté ponctuellement et à l'instant. C. pr. 88.

La même disposition est observée dans les lieux où, soit les juges, soit les procureurs du roi, exercent des fonctions de leur état. *Ib.*

**32.** Si un ou plusieurs individus, quels qu'ils soient, interrompent le silence, donnent des signes d'approbation ou d'improbation, soit à la défense des parties, soit aux discours des juges ou du ministère public, soit aux interpellations, avertissemens, ou aux ordres du président, juge-commissaire ou procureur du roi, soit aux jugemens ou ordonnances, causent ou excitent du tumulte, de quelque manière que ce soit, et si, après l'avertissement des huissiers, ils ne rentrent pas dans l'ordre sur-le-champ, il leur est enjoint de se retirer, et les résistans sont saisis et déposés à l'instant dans la maison d'arrêt pour 24 heures : ils y sont reçus sur l'exhibition de l'ordre du président, qui est mentionné au procès-verbal de l'audience C. pr. 89.

Dans le cas de tumulte, le délinquant peut être expulsé sans avertissement préalable. C. crim. 504; Carré, n° 428.

Si le fait qui donne lieu au dépôt d'un individu dans la maison d'arrêt s'est passé dans un lieu où la police appartenait à un juge-commissaire ou à un procureur du roi, l'ordre d'arrestation est signé par ce magistrat, au lieu de l'être par le président. Pigeau, 1, 352; Carré, n° 427.

**33.** Si le trouble est causé par un individu remplissant une fonction près le trib., par exemple, un avoué, un greffier, un huissier, il peut, outre la peine énoncée au numéro précédent, être suspendu de ses fonctions. La suspension, pour la première fois, ne peut excéder le terme de trois mois. — Le jugement est exécutoire par provision, ainsi que dans le cas du numéro précédent. C. pr. 90.—Cette disposition est applicable aux avocats chargés par les parties de défendre leurs intérêts. Quoique leurs fonctions diffèrent de celles des officiers ministériels, ils n'en exercent pas moins une près le trib. Décr. 14 déc. 1810, art. 58, 59; Carré, n° 429. — V. *Avocat.*

**54.** Les juges ont le droit, dans cette circonstance, d'appliquer cumulativement l'emprisonnement et la suspension, ou seulement une de ces deux peines. Orléans, 25 fév. 1829, S. 29, 227.

**55.** Ceux qui outragent par gestes ou menaces les juges ou officiers de justice dans l'exercice de leurs fonctions, sont, sur l'ordonn. du président, du juge-commissaire ou du procureur du roi, chacun dans le lieu dont la police lui appartient, saisis et déposés à l'instant dans la maison d'arrêt, interrogés dans les 24 heures, et condamnés, sur le vu du procès-verbal constatant le délit, à une détention d'un mois à deux ans, si l'outrage a eu lieu à l'audience d'une C. ou d'un trib. et d'un mois à six mois s'il a eu lieu partout ailleurs.

Si l'outrage résulte de paroles tendantes à inculper l'honneur ou la délicatesse des magistrats, la durée de l'emprisonnement est de deux à cinq ans, si l'outrage a eu lieu à l'audience d'une C. ou d'un trib.; et d'un mois à deux ans, s'il a été commis dans un autre endroit. C. pr. 91; C. pén. 222, 223.

Toutefois une partie a pu, en en administrant la preuve, dire, écrire et plaider que le jugement attaqué contenait des faits faux, des erreurs manifestes, des marques de prévention, sans qu'on ait dû supprimer sa requête et sa défense comme injurieuse pour les premiers juges. Rennes, 7 janv. 1811, P. 9, 12.

**56.** Lorsque les peines encourues par le délinquant sont correctionnelles ou de simple police, elles peuvent être, séance tenante, et immédiatement après que les faits sont constatés, prononcées, savoir : — Celles de simple police, sans appel, de quelque tribunal ou juge qu'elles émanent; — Et celles de police correctionnelle, à la charge de l'appel, si la condamnation a été portée par un trib., sujet à appel, ou par un juge seul. C. I, crim. 505.

**57.** Quand il s'agit d'un crime commis à l'audience d'un juge seul, ou d'un trib., sujet à appel, le juge ou le trib. après avoir fait arrêter le délinquant et dressé procès-verbal des faits, envoie les pièces et le prévenu devant les juges compétens. C. crim. 506.

**58.** A l'égard des voies de fait qui auraient dégénéré en crimes, ou de tous autres crimes flagrans, et commis à l'audience de la C. de cass., d'une C. roy., la C. procède au jugement, de suite et sans désemparer. — Elle entend les témoins, le délinquant et le conseil qu'il a choisi ou qui lui a été désigné par le président, et, après avoir constaté les faits et ouï le procureur-général ou son substitut, le tout publiquement, elle applique la peine par un arrêt qui est motivé. C. crim. 507.

**59.** Le même droit appartient aux C. d'assises, même de-

puis la loi du 4 mars 1831. —Le doute vient de ce que la réduction qu'a subi le nombre des magistrats composant les C. d'assises rend impossible la formation de la majorité de quatre voix
exigée par l'art. 508 C. crim. pour la condamnation; et de
ce que le jury est aujourd'hui juge unique du fait.— Mais l'art.
508 C. crim., relatif à la majorité de quatre voix a été implicitement abrogé par la loi de 1831, et d'un autre côté le droit
accordé aux magistrats de réprimer les fautes commises à leur
audience ne doit pas dépendre des modifications que la législation a pu apporter dans la composition des C. d'assises. — *Contrà*, Foucher, édition de Carré, t. 4.

**40**. Les outrages ou menaces faits à un avocat dans l'exercice de ses fonctions sont considérés comme adressés aux magistrats, et doivent être réprimés de la même manière.—(V. *sup.*
n° 35). — Il est vrai, l'art. 91 C. pr. ne parle que des juges
et des *officiers de justice.* — Mais les avocats exercent des fonctions qui tiennent essentiellement à l'administration de la justice. Or, le mot *officier de justice* ne doit pas s'entendre ici dans
le sens attaché au mot *officier ministériel.* L'art. 37, décr. 14 déc.
1810, défend aux avocats de se livrer à des injures et à des per-
sonnalités offensantes envers les parties ou leurs défenseurs.
Carré, n° 430 ; Thomine, n° 112.

Jugé que la répression des injures proférées à l'audience par
l'une des parties contre l'avocat de l'autre appartient à la police de l'audience ; — Que c'est devant le trib. saisi de la cause
principale que l'avocat injurié doit en demander aussitôt la
répression; qu'il est présumé y avoir renoncé et n'est plus recevable à en faire l'objet d'une plainte ultérieure en injures
verbales. Cass. 16 août 1806, P. 5, 460.

Même décision à l'égard d'un avoué injurié dans la plaidoirie
et dans les mémoires de l'adversaire. Cass. 3 brum. an 10,
P. 2, 545.

Les faits diffamatoires étrangers à la cause peuvent seuls
donner lieu à une action ultérieure, encore faut-il qu'elle ait
été réservée. L. 17 mai 1819, art. 23. (Art. 1032 J. Pr.).

Ce serait porter atteinte à la liberté de la défense, que de
laisser à d'autres juges qu'à ceux de la cause le soin d'apprécier
si les faits avancés ne rentraient pas dans les bornes d'une légitime défense.

— V. d'ailleurs, *Avocat, Discipline.*

**41**. L'art. 91 C. pr. est également applicable à des injures
proférées contre l'une des parties.

AUDIENCE SOLENNELLE. On nomme ainsi les audiences des C. roy. et de Cass. qui, à raison de l'importance des
causes qu'on y débat, appellent ordinairement l'assistance et le
concours d'un plus grand nombre de juges. — Dans l'ancien

droit, on désignait sous le nom de *solennelles* toutes les audiences publiques, par opposition à celles tenues à *huis-clos*.

**1.** Les contestations débattues en audiences solennelles des C. roy. sont principalement : — 1° Celles sur l'état civil des citoyens. Décr. 30 mars 1808, art. 22. — V. *Conseil judiciaire*. — À moins qu'elles ne doivent être décidées à bref délai ou avec des formes particulières que ne comporte par une instruction solennelle. *Ib.* — Telles sont les affaires à l'égard desquelles le huis-clos a été ordonné : En effet, la publicité est un des élémens constitutifs des audiences solennelles, et elle est exclue par le huis-clos. Cass. 16 nov. 1825, S. 26, 453. — Lorsqu'une question d'état ne s'élève dans une cause qu'incidemment à une instance principale, telle qu'une demande en pétition d'hérédité, et toutes les fois que l'état des parties litigantes n'est pas contesté il n'y a pas lieu à audience solennelle. Cass. 23 mars 1825, S. 26, 229.

**2.** Les causes de séparation de corps doivent-elles être jugées en audience solennelle? — Cette question, qui a partagé la jurisprudence, a été résolue négativement par une ordonnance royale du 16 mai 1855 (Art. 94 J. Pr.). Cette ordonn. est obligatoire. Cass. 11 janv. 1857 (Art. 868 J. Pr.).

**3.** 2° Les prises à partie. C. pr. 509.

**4.** 3° Les renvois après cassation d'un premier arrêt. Décr. 30 mars 1808, art. 22. — Si le deuxième arrêt est cassé pour les mêmes motifs que le premier, la C. roy. statue en audience ordinaire, à moins que la nature de l'affaire n'exige qu'elle soit jugée en audience solennelle. L. 1er avr. 1857, art. 2 et 3 (Art. 762 J. Pr.). — Cette loi est applicable même aux faits antérieurs à la promulgation. Cass. 6 oct. 1857 (Art. 923 J. Pr.).

La demande en péremption d'une instance sur le renvoi devant une C. roy. doit être jugée en audience solennelle. Cass. 24 mars 1835 (Art. 266 J. Pr.).

**5.** Il y a nullité, lorsqu'une affaire de nature à être jugée en audience solennelle est portée à une audience ordinaire ; et réciproquement, lorsqu'une affaire que la loi ordonne de juger en audience ordinaire est portée en audience solennelle.

Cette nullité est d'ordre public, et peut être proposée devant la C. de cass., encore bien que les parties aient plaidé à l'audience solennelle, sans protestations ni réserves. Cass. 10 nov. 1830, S. 30, 385; 13 mars 1833, S. 33, 302; 14 mars 1836, (Art. 374 J. Pr); Rennes, 27 avr. 1836 (Art. 667 J. Pr.); Cass., 29 août 1836 (Art. 504 J. Pr.) ; 19 juin 1837 (Art. 905 J. Pr.).

**6.** Les audiences solennelles des C. roy. se tiennent à la chambre que préside habituellement le premier président, en y appelant la deuxième chambre dans les Cours composées de deux chambres, et alternativement la deuxième et la troisième chambre dans les Cours qui se divisent en trois chambres. Décr. 30 mars 1808, art. 22.

**7.** Dans les Cours où il n'existait qu'une chambre civile, les audiences solennelles étaient régulièrement tenues par cette seule chambre. Le président pouvait se dispenser d'y appeler la chambre des appels en matière de police correctionnelle. Arg. décr. 6 juill. 1810, art. 7; Cass. 26 fév. 1816, S. 16, 373; 27 déc. 1819, S. 20, 177; 13 mai 1824, S. 25, 59.—Peu importait qu'il existât une chambre temporaire jugeant les affaires civiles. Cass. 4 déc. 1827, S. 28, 206.

**8.** Dans ce cas, il suffisait que le nombre de conseillers prescrit pour une audience ordinaire assistât à l'audience solennelle. Il n'était pas nécessaire que tous les conseillers composant la chambre civile fussent présens ou remplacés. Cass. 23 fév. 1825, S. 25, 272.

**9.** Mais si le président jugeait convenable d'adjoindre à la chambre civile celle des appels en matière de police correctionnelle, il fallait qu'il s'adjoignît cette chambre tout entière, et non pas seulement quelques uns des membres qui la composaient. Le mot *chambre*, employé par la loi, est un terme collectif qui exprime le nombre de juges nécessaires pour qu'une chambre puisse juger, c'est-à-dire sept, s'il s'agit d'une chambre civile, cinq, s'il s'agit d'une chambre d'appel en matière de police correctionnelle. Cass. 21 juin 1820, S. 20, 374; 19 août 1822, S. 22, 440; 20 janv. 1826, 4 nov. 1835 (Art. 356 J. Pr.).

Mais depuis l'art. 5 ordonn. du 24 sept. 1828, l'adjonction de de la chambre des appels de police correctionnelle à la chambre civile est obligatoire.

**10.** Lorsque, dans une audience solennelle, deux chambres sont réunies, la présence de deux frères n'annule pas l'arrêt, si le nombre des magistrats excède d'un le nombre voulu par la loi. Cass. 20 janv. 1826 4 nov. 1835 (Art. 356 J. Pr.).

**11.** En matière civile, la C. de cass. statue en audience solennelle : 1° sur les prises à partie contre les C. d'assises, les C. roy., ou l'un de leurs membres. — V. *Prise à partie.*

2° Sur toutes espèces d'affaires, lorsqu'après la cassation d'un premier arrêt ou jugement en dernier ressort, le deuxième arrêt ou jugement rendu dans la même cause, entre les mêmes parties, est attaqué par les mêmes moyens que le premier. L. 1er avr. 1387 (Art. 762 J. Pr.).

**12.** Les audiences solennelles de la C. de cass. se composent des trois chambres réunies, — présidées par le premier président. — V. *Cassation.*

AUDIENCE *des criées.* —V. *Saisie immobilière, Vente.*

AUDITOIRE. — V. *Audience.*

AUTEUR. — V. *Brevet d'invention, dessin de fabrique.*

**AUTHENTICITÉ.** — V. *Acte authentique, Exécution.*

**AUTORISATION.** — V. *Action, Commune, Établissement public, Femme mariée.*

**AUTORITÉ JUDICIAIRE.** — V. *Organisation judiciaire.*

**AVAL.** — V. *Effet de commerce.*

**AVANCES.** — V. *Arbitre, Avoué, Faillite.*

**AVANT FAIRE DROIT.** — V. *Jugement.*

**AVENIR.** Se dit de l'acte par lequel un avoué somme son confrère de se présenter à une audience qu'il lui indique pour poser des conclusions, ou plaider l'affaire dans laquelle il est constitué.

1. Il n'est admis en taxe qu'un avenir pour chaque partie sur chaque demande. C. pr. 82.

2. Lorsque les conclusions prises par le défendeur sont exceptionnelles, quand il a été statué sur l'exception, on donne un nouvel avenir pour plaider au fond, s'il y a lieu.

Il en est de même, 1° lorsqu'après un jugement préparatoire, ou interlocutoire, l'audience est poursuivie sur un simple acte, ce qui doit s'entendre d'un nouvel avenir. C. pr. 286, 521!

2° Toutes les fois que la cause est portée à l'audience, sur un incident, ou une intervention.

3. Mais il n'est pas nécessaire de donner un nouvel avenir dans le cas où il y a jugement de remise à un jour indiqué. Paris, 20 août 1814.

4. L'avenir est, comme tous les actes d'avoué à avoué, signifié par un huissier audiencier

5. Il doit y avoir un jour franc entre celui de la signification de l'avenir, et celui indiqué pour la comparution.

FORMULE.

(C. pr. 79, 80. — Tarif, 70, 156. — Coût : A l'avoué, orig., 1 fr. 25 c., copie. — A l'huissier, 30 c.)

A la requête du sieur                          , ayant Me                              , pour avoué.

Soit sommé Me                          , avoué du sieur,

De comparaître et se trouver le mardi dix novembre présent mois, dix heures du matin, à l'audience et par-devant MM. les président et juge du trib. de 1re inst. séant à                          chambre                          au Palais-de-Justice, pour y plaider la cause d'entre les parties (1);

Lui déclarant que faute de comparaître, il sera pris avantage.

A ce qu'il n'en ignore.                          — Dont acte :

(*Signature de l'avoué.*)

(1) *Si l'avenir est donné après jugement sur exceptions, on met :* pour y plaider, au fond, la cause d'entre les parties.

*Si l'avenir est donné sur un incident, on met :* pour plaider sur tel incident (*on l'indique*).

*S'il s'agit d'homologuer un rapport d'expert, on peut mettre :* pour voir homologuer le rapport d'expert signifié le ..etc...

: Signifié, laissé copie à Mⁱᵉ avoué à domicile, par moi huissier audiencier soussigné. Coût : trente centimes. Paris, le

*(Signature de l'huissier.)*

AVERTISSEMENT — V. *Conciliation, Discipline.*

AVEU. Reconnaissance par une partie de la vérité d'un fait ou d'une obligation.

1. L'aveu est judiciaire ou extrajudiciaire.

Il est *judiciaire*, lorsqu'il a lieu en présence des magistrats, pendant le cours du procès, soit qu'un *interrogatoire sur faits et articles* ait été demandé, soit que le trib. ait ordonné la *comparution des parties* à l'audience, pour y être interrogées. — V. ces mots.

Il peut aussi être fait spontanément par la partie dans les écritures ou dans les plaidoiries.

L'aveu fait devant un trib. incompétent est-il judiciaire? Il faut distinguer : — Si le trib. est incompétent, seulement à raison des personnes, l'affirmative est évidente. La partie qui avoue consent, par cela même, à suivre la juridiction du trib. saisi de la contestation. — Il en est autrement dans le cas d'incompétence, à raison de la matière. Les juges sont alors sans caractère pour connaître du litige, et par conséquent l'aveu fait devant eux ne peut être considéré que comme extrajudiciaire. Merlin, *Rep.*, v° *Confession*; Duranton, 13 n° 562.

Jugé que l'aveu fait dans une instance peut être opposé entre les mêmes parties dans une autre instance. Cass. 9 mai 1834, D. 34, 242; Duranton, 13, n. 552. — M. Merlin, *Qu. dr.*, v° *Confession*, § 1 exige qu'il s'y joigne d'autres adminicules.

— V. d'ailleurs *Arbitre, Conciliation, Liquidation.*

2. L'aveu est *extrajudiciaire*, lorsqu'il résulte d'une lettre missive, ou d'un acte n'ayant pas pour objet de prouver l'obligation, ou enfin d'une déclaration verbale de la partie, faite hors de la présence du juge.

3. Une lettre missive, contenant un aveu, fait pleine foi contre le débiteur, si elle a été adressée au créancier, ou à un tiers chargé de la lui communiquer. — Adressée à un tiers non chargé de la communiquer, elle aurait moins de force aux yeux des magistrats; mais elle pourrait également être invoquée par le créancier.

L'aveu verbal ne peut être prouvé que par témoins. En conséquence, l'allégation d'un semblable aveu est tout-à-fait inutile, lorsqu'il s'agit de plus de 150 fr., à moins qu'il n'y ait un commencement de preuve par écrit. C. civ. 1341, 1347.

4. Mais ne serait point réputé aveu le silence d'une partie, ou son refus de répondre aux interpellations qui lui sont adressées par l'adversaire; elle n'est pas tenue d'y répondre. — Il en

serait autrement des interpellations adressées par le magistrat. Toullier, 10, n° 299; Merlin, *Quest. dr.*, v° *Faux.*

5. L'aveu ne peut être fait que par la partie capable, ou par son fondé de pouvoir spécial. C. civ. 1356.

Cependant les reconnaissances émanées de l'avoué, pendant l'instance, même sans mandat spécial, sont valables, et pour en arrêter l'effet la partie est obligée de prendre la voie du *désaveu.* — V. ce mot.

Le pouvoir de se concilier renferme celui de transiger et de reconnaître la dette jusqu'à concurrence de la demande. — Douai, 13 mai 1836 (Art. 478 J. Pr.).

6. L'aveu peut-il être rétracté, tant que l'adversaire ne l'a pas accepté, ou n'en a pas demandé acte? La négative résulte de ce que l'aveu n'a pas pour effet de former ou de résoudre le contrat, mais bien de fournir la preuve de son existence ou de sa dissolution. On ne saurait donc lui appliquer les principes relatifs à la formation des obligations; du moment qu'une partie a reconnu librement la vérité d'un fait, il demeure acquis au procès, et rien ne peut plus le soustraire à l'appréciation des magistrats. — *Contrà*, Merlin, *Quest. dr.*, v° *Confession.*

Toutefois, lorsqu'il s'agit d'un simple aveu verbal, qui peut avoir été fait légèrement, les trib. doivent se montrer moins rigoureux sur les raisons susceptibles de motiver sa révocation.

7. L'aveu forme, contre la partie dont il émane, la preuve la plus complète; il lie irrévocablement la décision des juges, qui ne peuvent s'empêcher de reconnaître le fait avoué comme constant.

8. La preuve qui résulte de l'aveu n'est pourtant pas telle qu'on ne puisse la détruire, s'il y a erreur; mais c'est alors à celui qui a fait l'aveu de prouver l'erreur, d'une manière évidente. Dans le doute, il succomberait : *in dubio, error nocet erranti.* L'erreur de fait seule autorise la révocation de l'aveu. En vain on alléguerait une erreur de droit (C. civ. 1356). Il n'y a que l'erreur sur le motif déterminant qui annule l'aveu, et il est impossible de prouver qu'il n'y a eu d'autre motif déterminant que l'erreur de droit. Toullier, 10, n° 310.

9. Toutefois, l'erreur de droit suffirait pour faire révoquer l'aveu, si cette erreur avait été produite par le dol de l'autre partie. Le dol pourrait être prouvé par témoins. *Ibid.*, n° 311.

10. L'aveu ne fait pleine foi que du fait, et non de la validité de la convention. La partie qui a fait l'aveu peut encore prouver la nullité de la convention : par exemple, s'il s'agit d'une dette de jeu, elle serait recevable, après l'avoir avouée, à soutenir que cette dette n'est pas obligatoire.

11. L'aveu est indivisible. L'adversaire ne saurait se préva-

loir d'une partie de l'aveu, et en rejeter une autre. Il faut qu'il l'accepte ou le repousse en son entier. C. civ. 1356. Montpellier, 6 mars 1828, S. 29, 18; Riom, 25 juill. 1827, S. 30, 12; Cass. 4 déc. 1827, S. 28, 42.

Peu importe qu'il soit extrajudiciaire. Il y a, en effet, même raison de décider. Cass. 17 mai 1808, P. 6, 690. —V. d'ailleurs *Comparution de parties, interrogatoire sur faits et articles.*

**12.** Néanmoins, il a été jugé que l'aveu n'est pas tellement indivisible, que les magistrats ne puissent, sur deux faits reconnus, tenir pour constant l'un de ces faits, et écarter l'autre, lorsque les deux faits ne sont aucunement connexes, et que le fait écarté se trouve détruit, soit par les contradictions de la partie, soit par des présomptions graves, précises et concordantes. Cass. 20 juin et 8 août 1826, S. 26, 450, 27, 47; Paris, 6 avr. 1829, S. 29, 154.

**AVIS DE PARENS. —** V. *Conseil de famille.*

## AVIS DU CONSEIL-D'ÉTAT.

**1.** Les avis émis depuis l'an 8 jusqu'en 1814, par les comités réunis du Conseil-d'État, sur la provocation des consuls ou de l'empereur, et approuvés par le chef de l'État, forment un complément essentiel de la législation.

Ces avis, insérés au *Bulletin des Lois*, comme les lois et décrets, ont cet avantage sur les dispositions législatives proprement dites, qu'ils sont ordinairement précédés de considérans qui en font connaître les motifs et l'esprit.

**2.** Le Conseil-d'État, créé par la Constitution de l'an 8, n'avait d'abord d'autres attributions que celles de rédiger les projets de lois et les règlemens d'administration publique. art. 52.

Le droit de rendre des avis interprétatifs de la loi lui fut dévolu par l'art. 11 d'un arrêté des consuls, du 5 niv. an 8, portant qu'il développerait le sens des lois sur le renvoi, qui lui serait fait par les consuls, des questions qui leur auraient été présentées.

**3.** Il est difficile de ne pas voir dans cette disposition une atteinte portée à la Constitution de l'an 8. En effet, le Conseil-d'État se trouvait investi, par un simple arrêté, d'un pouvoir vraiment législatif, puisqu'il était appelé à développer le sens pes lois par des décisions générales, qui, pour offrir quelque utilité réelle, devaient être revêtues, non pas d'une autorité durement doctrinale, mais d'une force obligatoire pour les trib. Cependant, le Conseil-d'État dépassa encore ces limites, non seulement il interpréta plusieurs articles de nos Codes : par exemple, l'art. 696 du C. pr., par un avis du 18 juin 1809 (—V. *Saisie immobilière*), et l'art. 1041 du même Code, par deux avis, des 16 fév. et 1er juin 1807 (1). Mais encore, dans plus d'une circonstance, il étendit l'application d'une loi, ou combla les lacunes que présentait la législation. C'est ainsi qu'un avis du 25 janv. 1808 appliqua au Trésor de la Couronne les art. 2098 et 2121 C. civ., et la loi du 5 sept. 1807, et qu'un autre avis du 20 mars 1810 décida que le 1er janv. de chaque année serait désormais un jour férié, dans lequel on ne pourrait faire aucun protêt. Toutefois, il est juste de reconnaître que ces empiétemens du Conseil-d'État, quelques répréhensibles qu'ils puissent paraître en principe, ont produit les résultats les plus avantageux, en prévenant une foule de contestations.

4. Au reste, l'illégalité originelle des avis du Conseil-d'État a été couverte, et ne peut plus être invoquée aujourd'hui. D'abord, l'art. 5 de l'arrêté de l'an 8 s'est trouvé légitimé par le silence du Tribunat et du Sénat-Conservateur, en vertu des art. 21 et 28 de la Constitution. Il a donc imprimé force de loi à tous les avis purement interprétatifs. Quant à ceux qui se sont écartés de ce but, et qui dès lors ne trouvent plus leur appui dans l'arrêté du 5 niv., ils doivent être rangés dans la même catégorie que les décrets impériaux, dont ils ne diffèrent que par la forme, puisqu'ils sont tous revêtus de l'approbation de l'empereur; et, comme tels, ils sont encore protégés par les articles précités de la Constitution de l'an 8.

Enfin, ceux qui, postérieurs à la suppression du Tribunat, n'ont pu puiser leur autorité dans le silence approbateur de cette assemblée, ont reçu leur sanction de cette espèce d'amnistie générale pour le passé, prononcée par l'art. 68 de la Charte de 1814, évidemment applicable à toutes les dispositions qui, d'une manière ou d'une autre, avaient emprunté le caractère de la loi.

5. On a vu que le Conseil-d'État était chargé, par la Constitution de l'an 8, de rédiger les réglemens d'administration publique. C'est ainsi qu'il se trouva investi, par la loi du 16 sept. 1807, d'un nouveau droit d'interprétation des lois, qui consista, non plus à prévenir les doutes par l'explication des dispositions ambiguës, mais à terminer des contestations déjà jugées diversement par les trib. En exécution de cette loi, les art. 586, 484 et 62 C. pén., furent interprétés par trois avis en date des 10 oct. 1811, 8 fév. 1812 et 18 déc. 1813.

6. La Charte de 1814, en posant de nouveau les bornes du pouvoir exécutif, avait implicitement abrogé ce droit d'inter-

---

(1) Ces dates et toutes celles citées sous ce mot, se rapportent à l'approbation donnée aux avis par le chef de l'État. Ce sont celles qui servent à désigner tous les avis du Conseil d'État dans la table chronologique du *Bulletin des Lois*.

prétation générale et réglementaire, qui résultait, pour le Conseil-d'État, de l'arrêté du 5 niv. an 8 ; mais elle n'était point incompatible avec la loi du 16 sept. 1807, restreinte dans ses effets à la décision des contestations judiciaires qui pouvaient motiver son application. Av. Cons.-d'État, 17 déc. 1823.

Aussi la loi de 1807 a continué, depuis 1814, de recevoir son exécution. Elle a donné lieu à plusieurs décisions interprétatives, et notamment à une ordonnance du 23 janv. 1828, relative à une disposition du Code pénal militaire de 1793.

7. Mais elle a été remplacée par la loi du 30 juill. 1828, qui laissait à l'autorité judiciaire le soin de résoudre en dernier ressort les questions diversement jugées, et se bornait à appeler un nouvel examen de la puissance législative sur la loi que les incertitudes de la jurisprudence avaient signalée comme obscure, et par conséquent susceptible de réformation.

8. Enfin la loi du 30 juill. 1828 a été abrogée par celle du 1er avr. 1837 (Art. 762 J. Pr.). — V. *Cassation*, *Loi*.

9. Les différens comités du Conseil-d'État émettent souvent des avis dans le seul but d'éclairer le ministre qui les a provoquées. Ces avis n'ont aucune autorité officielle jusqu'à ce que le ministre se les soit appropriées par son approbation. Ils deviennent alors de véritables décisions ministérielles.

10. Tout projet de loi ou d'ordonnance, portant réglement d'administration publique, qui a été préparé dans l'un des comités du Conseil-d'État, doit ensuite être délibéré en assemblée générale, tous les comités réunis et tous les ministres secrétaires d'état ayant été convoqués. Les ordonnances, ainsi délibérées, peuvent seules porter dans leur préambule ces mots : *Notre Conseil-d'État entendu*. Ordonn. 5 nov. 1828, art. 14.

AVOCAT [1]. C'est le titre donné aux licenciés en droit, qui, après avoir satisfait aux conditions prescrites par les lois et ordonnances, se consacrent à défendre les citoyens devant les trib., de vive voix ou par écrit, et à les éclairer de leurs conseils.

## DIVISION.

---

(1) Cet article est de M. Lauras, avocat à la Cour royale de Paris.

### § 1. — *Historique.*

**1.** L'ordre des avocats est aussi ancien que la magistrature. ses droits, ses devoirs, ses prérogatives, sa discipline ont été souvent réglés par les édits et ordonnances qui statuaient sur l'administration de la justice. Établiss. de Saint-Louis, 1270; ordon. 23 oct. 1274; Bourges, 17 nov. 1318, 1344; Hesdin, déc. 1563; Paris, nov. 1364; 16 déc. 1364; Montils-les-Tours, 28 oct. 1446; avril, 1453; Paris, juill. 1493; 4 mars 1543, Orléans, janv. 1560; Blois, mai 1579; Saint-Germain en Laye, 11 déc. 1597; Paris, 17 juill. 1693; Versailles, 18 mars 1774.

L'ordre des avocats disparut avec les anciens corps de magistrature. Sa suppression définitive fut prononcée par la loi du 11 sept. 1790, art. 10.

**2.** Depuis cette époque, les parties furent défendues devant les trib. par des *défenseurs officieux,* qui étaient tenus de justifier au président et de faire viser par lui les pouvoirs de leurs clients, à moins qu'ils ne fussent assistés de la partie ou de l'avoué. L. 6, 27 mars 1791, art. 36.

**3.** La loi du 22 vent. an 12 mit fin à cet état de choses, elle ordonna la formation d'un tableau des avocats exerçant près les trib. (Art. 29). Cette loi préparait la réorganisation de l'ordre des avocats, qui fut l'œuvre du décret du 14 déc. 1810.

**4.** Enfin ce décret a été abrogé par l'ordonnance du 20 nov. 1822, qui est encore en vigueur, sauf les modifications qu'elle a reçues de celle du 27 août 1830. Cette dernière ordonn. promet la révision définitive des lois et réglemens concernant l'exercice de la profession d'avocat. Cependant les avocats attendent encore (1838) cette organisation définitive qui devait satisfaire *à de justes et nombreuses réclamations,* et à laquelle il devait *être procédé dans le plus court délai possible.* — *V.* Ord., 27 août 1830, Préambule, et art. 5.

**5.** La profession d'avocat n'est pas seulement régié par les dispositions écrites dans la loi. L'ordre des avocats est dépositaire d'une antique tradition sur ses droits, ses devoirs et sa discipline. C'est le droit *non écrit* de la profession, reconnu d'ailleurs par l'ord. de 1822, qui l'a continué dans sa force et vigueur (art. 45).

**6.** Il résulte de cette disposition de l'ordonnance, que le décret de 1810, quoique abrogé (art. 45), subsiste encore, mais seulement comme raison écrite, dans celles de ses dispositions qui consacrent des usages toujours observés et maintenus. Merlin, *Rép.*, *hoc v°*, § 5, note. — C'est en ce sens que nous citerons quelquefois le décret dans le cours de cet article.

### § 2. — Conditions d'admission.

**7.** Pour être avocat, et jouir de la plénitude des droits et prérogatives attachés à ce titre, il faut, 1° *être reçu avocat par une C. roy.* ; 2° *avoir fait un stage;* 3° *être inscrit au tableau.*

ART. 1. — *Réception des avocats par les Cours royales.*

**8.** Pour être reçu avocat par une C. roy., il faut, 1° être né ou naturalisé Français ; c'était une doctrine constante sous l'ancien droit. Les degrés que prenaient les étrangers dans les universités du royaume, ne pouvaient leur servir en France. Décl. 26 janv. 1680 ; Merlin, *Rép.*, v° *Étranger*, § 1, n° 5.

Cette condition est encore plus de rigueur aujourd'hui que les licenciés en droit, pour être reçus avocats, sont tenus de prêter serment de fidélité au roi et d'obéissance à la charte constitutionnelle, serment incompatible avec la qualité de sujet d'un gouvernement étranger. Les avocats étant appelés, dans certains cas, à suppléer les juges et les officiers du ministère public. (V. *inf.* n° 69), il répugne qu'un étranger puisse concourir en France à l'administration de la justice, qui se rend au nom du roi, soit comme juge, soit comme remplaçant les officiers du ministère public. — *Arrêté du Cons. de discipline de Grenoble*, S. 52, 96; Arg. Toulouse, 31 mai 1856. (Art. 604 J. Pr.).

Le barreau de Paris refuse d'admettre au stage les étrangers. Cependant les conseils de discipline ont seuls veillé jusqu'à ce jour à l'accomplissement de cette première condition, qui devrait être exigé d'abord par le ministère public, sur les conclusions duquel ont lieu la réception, la prestation de serment et l'enregistrement du diplôme. — V. *inf.* n° 12.

Par les mêmes motifs, la jouissance des droits civils et civiques est nécessaire. Joyc, p. 158.

**9.** 2° Etre licencié en droit. L. 22 vent. an 12, art. 24.

L'étranger qui a été naturalisé Français ne peut se servir du diplôme obtenu dans son pays d'origine qu'après l'avoir fait reconnaître et confirmer par le conseil royal de l'instruction publique. — V. *Étranger.*

**10.** 3° Présenter au procureur-général près la C. roy., devant laquelle se fait la réception, le diplôme de licencié. L. 22 vent. an 12, art. 24; Décr. 14 déc. 1810, art. 13.

**11.** 4° Prêter le serment prescrit par l'ordonn. de 1822, art. 58. La formule aujourd'hui en usage est celle-ci :— « Je jure d'être fidèle au roi des Français, et d'obéir à la Charte constitutionnelle et aux lois du royaume, de ne rien dire ou publier, comme défenseur ou conseil, de contraire aux lois, aux règlemens, à la sûreté de l'Etat et à la paix publique, et de ne jamais m'écarter du respect dû aux trib. et aux autorités publiques. »

**12.** La réception a lieu à l'audience publique de la C. roy., sur la présentation d'un ancien avocat (ou de l'avocat qui plaide la première cause appelée, pourvu qu'il soit sur le tableau. Joye, p. 158.), et sur les conclusions du ministère public. Décr. 14 déc. 1810, art. 14.

**13.** Le greffier dresse du tout procès-verbal sommaire sur un registre tenu à cet effet; et il certifie, au dos du diplôme, la réception, ainsi que la prestation de serment. Décr. 14 déc. 1810, art. 14.

**14.** La présentation et l'enregistrement du diplôme et la prestation du serment se font devant la C. roy. du domicile ou de la résidence du licencié, ou devant la C. près de laquelle ou dans le ressort de laquelle il veut exercer.

**15.** La réception n'est pas une simple formalité. Les C. roy. peuvent, pour des causes graves, refuser d'admettre à la prestation du serment un licencié porteur d'un diplôme régulier. Il importe à l'ordre des avocats que des hommes indignes ne puissent pas, en portant le titre d'avocat, le compromettre dans la considération publique. Il est des cas où un avocat peut être appelé à compléter une C. roy., les magistrats qui la composent ont dès lors intérêt à écarter le licencié dont l'honneur aurait déjà reçu de graves atteintes. (— V. d'ailleurs, *sup.* n° 8). Nîmes, 20 déc. 1857 (Art. 1096 J. Pr.). —Un pourvoi en cassation a été formé contre cet arrêt.

**16.** Il est perçu un droit de 25 fr. sur chaque prestation de serment des avocats reçus à la C. de Paris (Décr. 3 oct. 1811). Des décrets successifs ont étendu cette disposition aux C. roy. ci-après : Nanci, 7 août 1812; Montpellier, 7 fév. 1813; Colmar, 2 oct. 1813; Nîmes et Agen, 6 nov. 1813; Bordeaux, 5 mars 1814. — Le produit de cette somme est spécialement affecté, 1° aux dépenses de la bibliothèque des avocats et du bureau de consultation gratuite; 2° aux secours que l'ordre des avocats juge convenable d'accorder à d'anciens confrères qui seraient dans le besoin, ainsi qu'à leurs veuves et orphelins. Décr. 3 oct. 1811.

La perception de ce droit est faite par le greffier en chef de la Cour qui en remet le produit au trésorier de l'ordre. *Ib.*, art. 3.

17. Un mineur peut être reçu avocat. Cela résulte de la combinaison des art. 12 de l'ordonn. du 27 fév. 1821, qui fixe à 16 ans l'âge auquel on peut être admis au grade de bachelier-es-lettres, et 3 L. 22 vent. an 12, suivant lequel le cours ordinaire des études de droit est de trois ans. Il en était de même lorsque la majorité était fixée à 25 ans. Merlin, *R. hoc v°* § 9, n° 4.

Art. 2. — *Stage.*

18. On appelle stage le temps d'épreuve auquel sont soumis : 1° les licenciés en droit reçus avocats par une C. roy. avant leur inscription au tableau ;

2° Les avoués licenciés en droit qui, après avoir donné leur démission, se présentent pour être admis dans l'ordre des avocats (Ord. 20 nov. 1822, art. 37 ); même ceux qui, après avoir quitté la profession d'avocat pour être avoués, demandent ensuite à être inscrits au tableau. Cass. 1er mars 1827, S. 27, 533.

Ce cas excepté, les anciens avocats qui veulent reprendre l'exercice de leur profession sont dispensés du stage.

19. Pour être admis au stage, il faut, 1° justifier du titre de licencié en droit, et de la prestation de serment devant une C. roy. ; il n'est pas nécessaire que le serment ait été prêté devant la Cour du ressort dans lequel on veut exercer; — Conséquemment le stagiaire qui change de ressort n'est pas obligé de prêter un nouveau serment. — Il en est de même de l'avocat inscrit au tableau. 2° Etre né ou naturalisé Français, v° *sup.* n° 8 ;

20. La durée du stage est de trois ans (Ord. 1822, art. 30) ; mais elle peut être prolongée par les conseils de discipline. *Ib* 52.

21. Le stage peut être fait en diverses Cours ; mais il ne peut être interrompu pendant plus de trois mois. *Ib.*, art 51.

Le stage fait auprès d'un trib. de 1re inst. compte-t-il pour l'inscription au tableau des avocats d'une Cour royale ? — La négative résultait du décret de 1810. Depuis l'ordonn. du 27 août 1830, plusieurs pensent qu'il en est autrement. Mais à Paris ce stage n'est jamais admis.

22. Le stage se fait en suivant exactement les audiences des C. et trib., les conférences tenues par le bâtonnier pour l'instruction des stagiaires, et les assemblées du bureau gratuit de consultation. Décr. 14 déc. 1810., art. 15, 24.

23. L'admission au stage confère le droit de plaider, d'écrire et de consulter dans toutes les affaires, sauf les cas où la loi exige

spécialement le ministère d'avocats inscrits au tableau. — V. *inf.* n°ˢ 45, 69, 71, 72.

Les art. 33 *in fin.* 34, 35, 36, de l'ordon. de 1822, tit. 3, sur l'inscription des avocats stagiaires à la suite des colonnes, et sur leur droit de plaider ou décrire, déjà abrogés par l'usage; l'ont été depuis implicitement par l'ord. du 27 août 1830.

### ART. 3. — *Tableau.*

**24.** On nomme tableau la liste dressée par le Conseil de discipline, des avocats qui, ayant accompli le stage et satisfait aux conditions voulues par la loi, exercent près d'une C. ou d'un trib, la profession d'avocat avec la plénitude des droits et prérogatives qui y sont attachés.

**25.** Pour être inscrit au tableau, il faut, 1° avoir fait un stage (—.V. *sup.* n° 7); 2° satisfaire aux conditions d'honneur et de délicatesse qui doivent distinguer la profession d'avocat; 3° résider dans le lieu où siége la C. ou le trib. devant lequel on veut exercer cette profession, et y occuper une habitation convenable et décente. Aix, 2 avr. 1822, S. 22, 298; D., v° *Défense*, sect. III, art. 1ᵉʳ, n° 4.

**26.** Le tableau doit être dressé tous les ans par le Conseil de discipline au commencement de chaque année judiciaire, et déposé au greffe de la C. ou du trib. auquel les avocats inscrits sont attachés (Ordon. 1822, art. 6). —V. *inf.* n° 122.

Les art. 1, 2, 3, 4, de l'ordonn. de 1822, relatifs à la répartition de l'ordre des avocats en colonnes sont implicitement abrogés par l'ordon. du 27 août 1830. En effet, dans le système de l'ord. de 1822, la répartition des avocats inscrits au tableau en colonnes ou sections avait pour but principal la composition des Conseil de discipline (Ordon., art. 7). Aujourd'hui ces Conseils étant renouvelés par voie d'élection, on ne peut considérer comme maintenue cette répartition qui se trouve sans objet.

Le conseil, en dressant le tableau de l'ordre, omet les avocats qui ont quitté le siége ou accepté des fonctions incompatibles.

Il ne faut pas confondre cette *omission* avec la *radiation* infligée à titre de pénalité.

Un magistrat ou un conseiller d'état honoraire ne peut être porté au tableau des avocats. Arg. Ordon. Roy., 20 nov. 1822, art. 5. Circ. 6 janv. 1823. — *Contrà*, Joye, p. 160.

**27.** L'inscription au tableau après l'expiration du stage donne rang à l'avocat inscrit, à la date du jour auquel le stage a commencé, et non pas seulement à la date du jour où le stage est terminé. — *Lettres sur la profession d'avocat*, Dupin, Éd. 1833, 2, 719.—*Contrà*, Bourges, 10 nov. 1819, S. 23, 185.

**28.** Le tableau des avocats près une C. ou un trib. a un caractère légal, en ce que la date de l'inscription établit entre les avocats le rang d'ancienneté qui confère certaines prérogatives. — V. *inf.* n^os 45, 69, 71, 72; et d'ailleurs *avocat à la C. de cassation*, n. 23.

L'avocat de C. roy. qui s'établit près d'un trib. de 1^re inst. du ressort y a rang du jour de son inscription au tableau de la C. roy. Déc. 14 déc. 1810, art. 11. Joye, 159.

Mais l'avocat qui change de ressort ou celui qui quitte un trib. de 1^re inst., pour s'établir au chef-lieu de la Cour prend place au dernier rang du tableau. Il en est de même de l'avocat qui, après avoir été omis au tableau de la Cour, y est réintégré. — V. d'ailleurs *sup.* n° 24.

Le magistrat qui se retire reprend au tableau des avocats le rang qu'il y occupait, pourvu que sa retraite n'ait aucun motif fâcheux. — Mais, nous ne pensons pas que l'on doive accorder la même faveur au notaire ni à l'avocat à la C. de cass. le privilége accordé à l'ancien magistrat qui rentre dans le sein de l'ordre des avocats, est fondé sur l'honneur qu'a fait rejaillir sur la profession, son élévation aux fonctions de la magistrature. Cette raison n'est pas applicable au notaire ni à l'avocat à la C. cass. *Contrà*, Dalloz, v° *Défense*, sect. 3, art. 1^er n° 7. Joye, p. 160. — A Paris, ce droit est même contesté aux anciens magistrats.

### § 3. — *Droits, devoirs et prérogatives des avocats.*

#### Art. 1. — *Plaidoirie, Défense.*

**29.** Tout avocat inscrit au tableau peut plaider devant toutes les C. roy. et tous les trib. du royaume, sans avoir besoin d'aucune autorisation, sauf les dispositions de l'art. 295 C. inst. crim., ordon. 27 août 1830, art. 4. — Sont abrogés les art. 39 *in fine* et 40 de l'ordon. du 20 nov. 1822.

**30.** Il résulte de l'ordon. 27 août 1830, art. 4, que les avocats stagiaires ne peuvent, sans autorisation, plaider hors du ressort de la C. ou du trib. près duquel ils exercent; cependant l'autorisation n'est pas d'usage.

**31.** Tout avocat inscrit au tableau d'une C. ou d'un des trib. du royaume peut exercer son ministère devant la C. des pairs. Ordon.; 30 mars 1835, art. 1 (art. 145 J. Pr.).—V. *inf.* n° 56.

**32.** Il jouit alors des mêmes droits et est tenu des mêmes devoirs que devant les C. d'assises. *Ib.* art. 2.

**33.** Les avocats ont le droit de défendre les accusés traduits devant les Conseils de guerre. Cass. 13 juill. 1825, S. 25, 418.

**34.** Les avocats inscrits au tableau ou admis au stage ont seuls le droit de plaider les causes portées à l'audience des

C. roy. ou trib. de 1re inst. Décr. 2 juill. 1812, art. 1, 3;
Pr. de l'ordon. du 27 fév. 1822; même les causes sommaires.

**55.** Cette règle souffre cependant plusieurs exceptions :

1° Les avoués qui, en vertu de la loi du 22 vent. an 12, jusqu'à la publication du décret du 2 juill. 1812, ont obtenu le
grade de licencié, peuvent devant le trib. auquel ils sont attachés, et dans les affaires où ils occupent, plaider et écrire dans
toute espèce d'affaires, concurremment et contradictoirement
avec les avocats, L. 25 vent. an 12, art. 32; décr. 2 juill.
1812, art. 9; ordon. 27 fév. 1822, art 1.

**56.** 2° Les avoués non licenciés, et ceux qui ne l'ont été que
depuis la publication du décret du 2 juill. 1812, peuvent plaider les causes dans lesquelles ils occupent, dans les trib. où le
nombre des avocats inscrits sur le tableau, ou stagiaires exerçant et résidant dans le chef-lieu, est jugé insuffisant pour la
plaidoirie et l'expédition des affaires. Ord. 1822, art. 2. —
V. *Avoué.*

**57.** Hors ces cas, les avoués non licenciés ont le droit, 1° de
plaider, dans les affaires où ils occupent, devant les Cours ou
tribunaux; les demandes incidentes qui sont de nature à être
jugées sommairement, et tous les incidents relatifs à la procédure. Ord. 27 fév. 1822, art. 5;

2° De plaider tant en C. roy. qu'en 1re inst. et sur l'autorisation de la Cour ou du tribunal, en l'absence ou sur le refus des
avocats de plaider. Décr. 2 juill. 1812, art. 5.

**58.** Les avoués non licenciés ont encore le droit de plaider,
dans les affaires où ils occupent, 1° lorsqu'au moment de l'appel de la cause, l'avocat est engagé à l'audience d'une autre
chambre du trib., ou de la C. séant dans le même temps, *ibid,* 7;

2° Lorsque l'avocat chargé de l'affaire ne peut, pour cause de
maladie, se présenter le jour où elle doit être plaidée, et lorsque l'affaire n'a pas été remise au plus prochain jour. Décr. 2
juill. 1812, art. 6.

**59.** Depuis l'ord. du 27 fév. 1822, les avoués exerçant près
les trib. de 1re inst., séant aux chefs-lieux des C. roy., des C.
d'assises et des départemens, ont perdu le droit de plaider les
causes sommaires que leur accordait l'art. 3 du Décr du 2 juill.
1812. C'est ce qui a été jugé par la C. de cass., chambres réunies, le 8 avr. 1857 sur les conclusions conformes de M. Dupin
(Art. 741 J. Pr.). Ce dernier arrêt semble devoir fixer la jurisprudence. — V. d'ailleurs *Avoué.*

**40.** Quand l'avocat chargé d'une affaire, et saisi des pièces,
ne peut, pour cause de maladie, se présenter le jour où elle doit
être plaidée, il doit en instruire le président par écrit avant
l'audience, et renvoyer les pièces à l'avoué. Décr. 2 juill. 1812,
art. 6.

L'obligation de l'avocat est la même, lorsqu'au moment de l'appel de la cause, il est engagé à l'audience d'une autre chambre du même trib. ou de la C. roy. séant dans le même temps. *Ibid.* art. 7.

**41.** Hors ces deux cas, lorsque par la faute de l'avocat chargé et saisi des pièces qui ne se sera pas trouvé à l'appel, l'affaire a été retirée du rôle, et n'a pu être plaidée au jour indiqué, l'avocat peut être condamné personnellement aux frais de la remise, et aux dommages intérêts du retard envers la partie, s'il y a lieu. *Ibid* 8.

**42.** Toutefois, l'usage a prévalu sur les art. 6, 7 et 8 du décret du 2 juill. 1812, que l'expérience avait déjà démontrés impraticables. Le plus souvent les C. et trib. accordent la remise que sollicite l'avocat empêché par une des causes énoncées aux art. 6 et 7.

**43.** Les avocats plaident debout et couverts; mais ils se découvrent lorsqu'ils prennent des conclusions ou lisent des pièces du procès. Décr. 14 déc. 1810, art. 35, implicitement maintenu par l'art. 45 de l'ordonn. du 20 nov. 1822. — Lorsque l'avocat prend des conclusions ou lit des pièces du procès, il remplit les fonctions d'avoué.

**44.** L'avocat a le droit de refuser son ministère, — même dans les affaires qu'il a conseillées, dès le principe. Riom, 11 juill. 1828, S. 28, 233.

**45.** Mais ce droit de l'avocat ne peut devenir une cause suffisante pour l'affranchir de toute responsabilité, dans le cas où, par l'effet d'une négligence volontaire, ou d'un refus tardif de sa part, les intérêts de ses clients se trouveraient compromis, et où ceux-ci en éprouveraient quelque préjudice. Cass. 6 juill. 1812, S. 13, 419.

**46.** Le ministère des avocats est spécialement requis dans plusieurs cas déterminés par la loi :

1° La demande en requête civile est non recevable, s'il n'est signifié en tête une consultation de trois avocats exerçant depuis dix ans au moins près un des trib. du ressort de la C. roy. dans lequel le jugement a été rendu. C. pr. 495. — V. *Requête civile.*

2° Le tuteur ne peut transiger au nom du mineur ou de l'interdit qu'après y avoir été autorisé par le conseil de famille, et de l'avis de trois jurisconsultes désignés par le procureur du roi près le trib. de 1re inst. C. civ. 467, 2045.

3° Les communes ne transigent avec des particuliers sur des droits de propriété, qu'après une délibération du conseil municipal, prise sur la consultation de trois jurisconsultes désignés par le préfet du département. Arr. 21 frim. an 12, art. 1.

**47.** Les parties ont le droit de se faire assister par leurs avocats dans les enquêtes qui se font devant un juge-commissaire. Rouen, 26 déc. 1827, S. 28, 156.

**48.** Il a été jugé que le mari cité à la chambre du conseil, pour déduire les motifs de son refus d'autoriser sa femme, peut faire exposer ses motifs par un avocat. Pau, 30 juin 1837 (Art. 1065 J. Pr.).

**49.** L'avocat n'est pas responsable de ce qu'il écrit et plaide pour son client avec son autorisation. Paris, 23 prair. an 13, P. 4, 595; — Ou en sa présence, lorsque le client assis à ses côtés ne désavoue pas sur-le-champ les faits plaidés. Rouen, 7 mars 1835 (Art. 34 J. Pr.).

Dans ces cas, la partie seule est responsable des faits plaidés. Cependant il est du devoir de l'avocat de prévenir son client des conséquences fâcheuses auxquelles il s'expose en adoptant pour système de défense l'allégation de faits qui peuvent porter atteinte à l'honneur et à la considération de l'adversaire. *Même arrêt.*

**50.** L'avocat plaidant, assisté de l'avoué de sa partie, la représente, et les aveux qu'il peut faire dans la plaidoirie sont censés faits par la partie elle-même. Il peut être désavoué. Cass. 16 mars 1814, S. 14, 296. — V. *Désaveu.*

Mais il faut que ce désaveu se forme sur-le-champ et verbalement par la partie ou par l'avoué (Cass. 9 avr. 1838, art. 1176 J. Pr.) qui sont censés présens à l'audience, sans quoi l'avocat est présumé n'avoir rien avancé que de leur consentement. Merlin, *Rép.*, h. v° § 8, n° 2.

Cependant il a été jugé que l'avocat n'est pas susceptible d'une action en désaveu. Colmar, 22 déc. 1820, S. 21, 256.

Il nous semble que les circonstances doivent exercer une grande influence sur la solution de cette question.

**51.** A plus forte raison la partie ne peut désavouer l'avocat qui a fait pour elle et en sa présence à l'audience une soumission contre laquelle elle n'a élevé aucune réclamation. Besançon, 4 août 1808, P. 7, 69.

**52.** L'avocat ne peut, en plaidant, donner un désistement de conclusions, s'il ne le fait en présence et sans contradiction de l'avoué et de la partie. Arg. Bruxelles, 29 juin 1808, P. 6, 769.

— Dans ce dernier cas, le désistement ne peut être attaqué par la partie ou par l'avoué qui étaient présens à l'audience, et qui n'ont pas réclamé. Cass. 8 déc. 1829, S. 30, 8.

**53.** Le dol de l'avocat à l'audience est réputé le dol de la partie, et constitue le dol personnel qui donne ouverture à la *Requête civile.* Arg. C. civ. 1384; Bruxelles, 23 juill. 1810, P. 8, 478; Pigeau, 1, 603. — V. ce mot.

Art. 2. — *Défense d'Office.*

**54.** Les présidens de la C. d'assises ou le juge par lui délégué doivent, dans le délai fixé par la loi, faute par l'accusé d'avoir fait choix d'un conseil, lui en désigner un sur-le-champ à peine de nullité. C. Inst. Crim. 294.

**55.** Ce conseil ne peut être désigné que parmi les avocats ou avoués de la C. roy. ou de son ressort, à moins que l'accusé n'obtienne du président de la C. d'assises la permission de prendre pour conseil un de ses parens ou amis. *Ib.* 295.

**56.** Les avocats près la C. de Paris peuvent seuls être désignés d'office par le président de la C. des pairs. Ord. 1er avr. 1835, art. 1. (Art. 145 J. Pr.)

**57.** Mais l'avocat nommé d'office pour la défense de l'accusé ne peut refuser son ministère, sans faire approuver ses motifs d'excuse ou d'empêchement par les C. d'assises, qui prononcent, en cas de résistance l'une des peines déterminées par l'art. 18. Ord. 20 nov. 1822, art. 41.

L'ord. du 30 mars 1835, art. 2, rend cette disposition applicable aux avocats désignés d'office par le président de la C. des pairs.

Il est impossible de concilier la prescription de l'art. 41, ord. 20 nov. 1822 avec les devoirs de l'avocat. Les motifs qui le portent à s'abstenir peuvent être tels que les révéler serait compromettre la défense de l'accusé.

Toutefois, l'art. 41 de l'ord. de 1822 n'est pas applicable aux avocats nommés d'office pour défendre un accusé traduit devant un trib. militaire; sauf à l'avocat à soumettre les motifs de son refus au conseil de discipline de son ordre, s'il en est requis. Cass. 15 juill. 1825, S. 25, 418.

**58.** Les trib. ne sont pas obligés de désigner un avocat d'office pour assister le prévenu traduit devant la police correctionnelle. Dans ce cas, l'avocat désigné d'office peut s'abstenir sur le refus du prévenu et sans avoir à rendre compte des motifs qui le portent à s'abstenir. Orléans, 28 mars 1858 (Art. 1190 J. Pr.).

**59.** En matière civile, l'avocat nommé d'office a le droit de refuser son ministère, sans être tenu de rendre compte des motifs qui déterminent son refus. Riom, 11 juill. 1828, S. 28, 233; Merlin, *Rép.*, h. v°, § 5.

### Art. 3. — *Honoraires.*

**60.** Les avocats ont une action contre leurs clients pour le paiement de leurs honoraires. Grenoble, 30 juill. 1821; Bourges, 26 avr. 1830, S. 22, 145; 30, 159.

**61.** Cette action n'est pas sujette à la prescription de deux ans établie par l'art. 2273 C. civ. pour les avoués. L'action des avocats dure trente ans. Grenoble, *ibid;* Pau, 7 juin 1828, S. 29, 85; Troplong, art. 2273.

**62.** L'art. 80 du tarif, ne fixe pas les honoraires dus à l'avocat par son propre client. Cet art. détermine seulement la somme que la partie qui a gagné peut répéter contre l'adversaire pour les plaidoiries de son avocat. Grenoble, 30 juill. 1821; Limoges, 10 août 1829, S. 22, 145; 29, 286.

**63.** Jugé que si la plaidoirie d'une cause se continue pendant plusieurs jours, il doit être passé en taxe pour l'avocat autant de droits de plaidoirie qu'il y a eu d'audiences dans lesquelles la cause a été plaidée. Bourges, 24 août 1829, S. 30, 4.

**64.** L'action en paiement d'honoraires, est personnelle et mobilière; elle doit être portée devant le trib. du domicile du défendeur, et par conséquent, devant le juge de paix, si la quotité de la demande n'excède pas le taux fixé par la loi. L'art. 60 C. pr. civ., qui désigne les officiers ministériels, ne peut s'appliquer aux avocats.

Jugé cependant que cette demande est de la compétence du trib. devant lequel la défense a eu lieu; et ainsi qu'elle peut être portée *de plano* devant C. roy., surtout si elle se rattache à l'action en paiement de frais faits par l'avoué. Arg. C. pr. 60; Pau, 7 juin 1828, S. 29, 85; Cass. 6 avr. 1830; Chauveau, 39, 293.

**65.** L'avoué qui a payé les honoraires dus à l'avocat est réputé avoir eu mandat de le faire, et il est fondé à en réclamer le remboursement de son client. Pau, 7 juin 1828; Limoges, 10 août 1829; Bourges, 26 avr. 1830, S. 29, 85, 286; 30, 159. — Sauf, à la partie, à se pourvoir devant le conseil de discipline, si elle trouve que les déboursés réclamés par l'avoué sont excessifs. Rouen, 17 mai 1828, S. 29, 30; Bourges, *ibid.*

**66.** Telle est la jurisprudence sur l'action des avocats en paiement de leurs honoraires. Cependant, le plus grand nombre des barreaux de France, s'est depuis long-temps interdit l'exercice de cette action. Il était de règle, au parlement de Paris, que tout avocat qui demandait des honoraires en justice, encourait *ipso facto* la radiation du tableau. Merlin, *h. v°,* § 13, *v° honoraires,* § 1; nouveau Denizart, *h. v°* § 13, n° 13. — Cette tradition s'est invariablement maintenue au barreau de Paris.

**67.** L'avocat ne doit ni exiger, ni taxer, d'avance, s s honoraires.

Mais cette règle doit recevoir exception lorsqu'il s'agit d'une affaire pour laquelle le client demande à l'avocat de se déplacer, d'abandonner son cabinet pour un temps plus ou moins long, et d'aller le défendre devant un trib. autre que celui près duquel il exerce; dans ce cas, il s'agit autant d'indemnités et de déboursés que d'honoraires. Grenoble, 1838. (Art. 1177 J. Pr.)

**68.** Les avocats ne donnent jamais de *récépissé* des pièces qui leur sont remises par les clients, ou communiquées par leurs confrères : il a été jugé, 1° qu'un avocat doit être cru sur sa simple affirmation à l'égard de la remise des pièces qui lui ont été confiées. Arr. Parl. Paris, 28 déc. 1784 ; Merlin, R. *h.* v°, § 11, n° 5 ; Nouveau Denizart, *h.* v°, § 7, n° 13.

2° que l'avocat perdait cette prérogative et pouvait être soumis au serment décisoire sur le fait de restitution des pièces, s'il formait contre son client une demande judiciaire en paiement de ses honoraires. — Aix, 12 mars 1834, D. 34, 189. — Cependant l'exercice d'un droit ne peut faire perdre à l'avocat une des prérogatives de sa profession.

Art. 4. — *Droit de suppléer les magistrats.*

69. Les avocats sont appelés, selon l'ordre du tableau, en l'absence des suppléans, à suppléer les juges et les officiers du ministère public, tant en C. roy. qu'en 1ᵉ inst., — et ils ne peuvent s'y refuser sans motifs d'excuse ou d'empêchement. L. 22 vent. an 12, art. 30 ; décr. 30 mars 1808, art. 49 ; décr. 14 déc. 1810, art 35. — V. *Jugement.*

70. Le droit qu'ont les avocats de suppléer les officiers du ministère public à défaut de suppléans est établi par les dispositions formelles de la loi de vent. an 12, — et par la jurisprudence. Il n'a point été abrogé par l'art. 84 C. pr. — Besançon, 1ᵉʳ juin 1809 ; Nîmes, 11 fév. 1822 ; 16 juin 1830, P. 7, 593 ; S. 31, 105 ; Carré, art. 84 ; Merlin, R., *h.* v°, § 6. — *Contrà*, Aix, 16 mai 1824, S. 25, 506.

71. En cas de partage dans une C. roy., et dans le cas où les juges qui devraient être appelés auraient connu de l'affaire, il est appelé pour le jugement trois anciens jurisconsultes (C. pr. 468). L'ancienneté doit être au moins de dix ans de tableau. Arg. C. pr. 495.

72. En cas de partage dans un trib. de 1ᵉʳ inst., à défaut de suppléant, on appelle, pour le vider, un avocat attaché au barreau, selon l'ordre du tableau. C. pr. 118.

73. Lorsque les avocats sont appelés à remplacer les juges, le jugement doit constater, à peine de nullité : 1° l'absence ou l'empêchement des juges et des juges suppléans (Cass. 19 janv. 1825, S. 25, 280) ; et 2° que l'avocat appelé est le plus ancien des avocats inscrits au tableau, présens à l'audience (Cass. 17 mai 1831). Si le trib. avait appelé un avoué, le jugement devrait constater l'absence ou l'empêchement des avocats. Cass. 16 juin 1824, S. 24, 284. — V. *Jugement.*

74. Les avocats appelés à siéger, tant au civil qu'au criminel, ne peuvent être en plus grand nombre que les juges. Arg. L. 30 germ. an 5, art. 16 ; Merlin, *Quest. dr.*, *h.* v°, § 2 ; Cass. 11 prair. an 13, 7 janv. 1806, 30 oct. et 27 déc. 1811 ; Boncenne, 2, 575. — V. *Jugement.*

**75.** Une C. roy. peut appeler des avocats pour se compléter, lorsqu'elle tient une audience solennelle. Cass. 8 déc. 1813; Merlin, *Quest. Dr.*, *h.* v° § 5.

Une C. d'assises peut aussi appeler un avocat pour se compléter, mais l'arrêt doit constater, à peine de nullité, l'empêchement des magistrats qui, suivant l'art. 264 C. inst. crim. doivent d'abord être appelés les uns au défaut des autres. Cass. 24 avr. 1854, S. 34, 526.

**76.** L'avocat appelé à siéger comme juge pour compléter un trib. doit, 1° avoir vingt-cinq ans accomplis. Arg. L. 20 avr. 1810, art. 64; Toulouse, 31 mai 1836 (Art. 601 J. Pr.).

2° Prêter le serment exigé des magistrats par la loi du 31 août 1830, à peine de nullité des jugemens auxquels il concourt. Cass. 22 mars 1831, S. 31, 113. — A moins qu'il n'ait déjà prêté ce serment comme avocat. Cass. 8 déc. 1813; 21 août 1835, S. 21, 280 (Art. 215 J. Pr.).; Colmar, 25 fév. 1834, S. 35, 45.

Le serment doit aussi être prêté lorsque l'avocat est appelé à remplir les fonctions d'officier du ministère public.

**77.** Il a été jugé que l'avocat appelé dans ce cas à siéger pouvait être nommé juge commissaire à une enquête. Grenoble, 22 juin 1832 (Art. 215 J. Pr.).

Art. 5. — *Devoirs de l'avocat.*

**78.** Indépendamment des devoirs qui sont retracés aux avocats par leur serment, il en est qui leur sont plus particulièrement imposés par les traditions religieusement conservées dans l'ordre, et qui dérivent de la nature des relations qui s'établissent entr'eux et leurs clients.

**79.** L'avocat qui a reçu des révélations, à raison de ses fonctions, ne peut, sans violer les devoirs de sa profession et la foi due à ses clients, déposer en justice de ce qu'il a appris de cette manière. Cass. 20 janv. 1826, S. 27, 76.

**80.** Il suit de là que l'avocat, appelé en justice à déposer sur des faits dont il a eu connaissance, dans l'exercice de son ministère, peut, avant de prêter le serment prescrit par la loi de dire la vérité, annoncer qu'il ne se considérera pas comme obligé par ce serment, à déclarer, comme témoin, ce qu'il ne sait que comme avocat. Dans ce cas il n'est point passible de l'amende, faute d'avoir voulu prêter un serment pur et simple. C. inst. crim. 80, 355 ; C. pén. 378, *même arrêt.*

**81.** Les juges peuvent aussi restreindre la déposition à faire par l'avocat appelé comme témoin, aux faits qui sont venus à sa connaissance, autrement que dans l'exercice de sa profession. Cass. 14 sept. 1827, S. 28, 391. — Et si cette distinction ne peut être faite, l'avocat doit être dispensé de prêter serment et de déposer. C. d'assises de Rouen, 9 juin 1825, S. 27, 44.

**82.** La question de savoir si la déposition a le caractère d'une révélation confidentielle, est livrée à la conscience de l'avocat, car en référer à une autorité quelconque, serait déjà porter atteinte à l'inviolabilité du secret.

**83.** Le devoir de discrétion imposé à l'avocat ne s'applique qu'aux choses confidentielles, et aux cas où la déposition serait une révélation et une trahison du secret du cabinet. Rouen, 5 août 1816, S. 16, 384.

**84.** Ce devoir cesse pour l'avocat, lorsque son client ne lui a montré frauduleusement de la confiance que pour écarter son témoignage. Merlin, *Rép.*, *h.* v°, § 2.

**85.** Les avocats ne peuvent devenir cessionnaires des procès, droits et actions litigieux qui sont de la compétence du trib. dans le ressort duquel ils exercent leurs fonctions. L'art. 1597 C. civ. qui ne désigne que les défenseurs officieux, est applicable aux avocats. Trib. de Châtillon, 30 juill. 1828, S. 32, 2, 364.

### Art. 6. — *Droits politiques, Jury.*

**86.** Les avocats inscrits au tableau et âgés de trente ans accomplis doivent être portés :

1° Sur la liste du jury. C. inst. crim. 381, 382. — Mais ce droit n'appartient pas aux stagiaires Bastia, 24 nov. 1836 (Art. 822 J. Pr.).

2° Sur les listes des électeurs, des membres des conseils généraux de département et des conseils d'arrondissement. L. 25 juin 1833, art. 3, 22.

3° Ils sont appelés à l'assemblée des électeurs communaux. L. 21 mars 1831 art. 11.

**87.** Dans le département de la Seine, les avocats inscrits au tableau depuis dix années non interrompues, sont appelés aux assemblées électorales qui nomment les membres du conseil général. L. 20 avr. 1834, art. 3, 7°; — Dans chaque arrondissement du département, aux assemblées électorales qui nomment les conseillers d'arrondissement. *Ib.*, art. 8; — Et, à Paris, aux assemblées d'électeurs qui nomment les candidats aux fonctions de maires et adjoints des arrondissemens municipaux. *Ib.*, art. 13.

### § 4. — *Professions incompatibles avec celle d'avocat.*

**88.** D'après l'art. 42 de l'ordonn. de 1822, la profession d'avocat est incompatible, 1° avec toutes les fonctions de l'ordre judiciaire, à l'exception de celles de suppléant. Cependant les magistrats peuvent plaider dans tous les trib. leurs causes personnelles et celles de leurs femmes, parens ou alliés en ligne directe, et de leurs pupilles. C. pr., 86;

2° Avec les fonctions de préfet, de sous-préfet et de secrétaire général de préfecture;

3° Avec celles de greffier, de notaire et d'avoué;

L'avocat, devenu notaire ou avoué, ne peut prendre, dans les actes de son ministère, le titre d'avocat notaire, ou d'avocat avoué.

4° Avec les emplois à gages et ceux d'agent comptable;

5° Avec toute espèce de négoce;

6° Enfin, sont exclus de la profession d'avocat, toutes personnes exerçant la profession d'*agent d'affaires.*—V. ce mot. n° 7.

**89.** Ces incompatibilités sont les seules énoncées dans l'ordonn. de 1822, art. 42; mais cet article n'est pas limitatif, et les conseils de discipline l'ont toujours interprété en ce sens. Sous l'ancien droit, il était de principe que la profession d'avocat, est, en général, incompatible avec toute profession qui peut faire l'occupation capitale d'un homme, avec les charges érigées en titres d'offices, avec les places qui rendent subalterne, et auxquelles il y a des gages attachés. Nouveau Dénisart, *h. v°*, § 8, n° 1.

Les raisons de ces incompatibilités sont que l'avocat doit donner à ses concitoyens tout le temps que la défense de leurs droits exige, que les devoirs forcés qu'ils s'imposeraient ont quelque chose de contraire à la liberté, qui est l'âme de la profession d'avocat, et que les fonctions salariées dérogent à sa noblesse.

Ces motifs toujours subsistans ont dicté l'art. 42 de l'ordonn.; ils indiquent la règle pour déterminer les incompatibilités que cet article n'a pas énumérées.

Nous citerons, pour exemple, plusieurs fonctions reconnues incompatibles avec la profession d'avocat, telles sont, 1° les fonctions de conseiller d'état;

2° Celles de maître des requêtes;

3° Celles de conseiller de préfecture;

En effet, les conseillers d'état, ceux du moins qui font partie du comité du contentieux, et les conseillers de préfecture sont de véritables juges dans l'ordre administratif. Les arrêtés du Conseil-d'État et ceux des conseils de préfecture ont le caractère et l'effet des jugemens (Av. Cons. d'État, 16 therm. an 12, 4e série; Bullet. 429, n° 7899). Les uns et les autres reçoivent un traitement. Les fonctions de conseiller de préfecture sont d'ailleurs incompatibles avec celles d'avoué. Av. Cons. d'État, 8 juill. 1809, appr. le 5 août 1809.

4° Celles d'auditeur au Conseil d'État. En effet le temps pendant lequel les auditeurs sont attachés au Conseil d'État est

29.

un temps d'épreuve et de stage (Ordonn. , 26 août 1824 , art.
23). or, ce stage ne peut concourir, ni avec le stage exigé
pour être inscrit au tableau , ni avec l'exercice de la profession
d'avocat.

**90.** La profession d'avocat n'est pas incompatible avec celle
de professeur en droit. Parlem. Paris, 6 sept. 1777.

### § 5. — *Discipline, Conseil de discipline, Élections.*

Art. 1.—*Conseil de discipline, Élections.*

**91.** Le conseil de discipline est la réunion d'un certain
nombre d'avocats qui exercent, dans l'intérêt de l'ordre, et pour
le maintien de sa considération, de ses droits, de ses prérogatives
et de sa discipline, les attributions déterminées par les règlemens.

**92.** Sous l'empire de l'ord. de 1822, le Conseil de discipline
se composait, 1° des avocats qui avaient déjà exercé les fonctions de bâtonnier ; 2° des deux plus anciens de chaque colonne,
suivant l'ordre du tableau ; 3° d'un secrétaire choisi indistinctement parmi les avocats âgés de trente ans accomplis, et qui
avaient au moins dix ans d'exercice (D. Ord. art. 7). Le bâtonnier et le secétaire étaient nommés par le Conseil de discipline
à la majorité absolue des suffrages. Id. art. 8.

Lorsque le nombre des avocats portés sur le tableau était inférieur à vingt, les fonctions des Conseils de discipline étaient
remplies, pour les avocats exerçant près d'une C. roy., par le
trib. de 1re inst. de la ville où siégeait la C. ; dans les autres
cas, par le trib. auquel étaient attachés les avocats inscrits au
tableau (D. Ord. art. 10). Les trib. ainsi chargés des fonctions
de Conseils de discipline nommaient annuellement, le jour de
de la rentrée, un bâtonnier qui devait être choisi parmi les avocats compris dans les deux premiers tiers du tableau, suivant
l'ordre de leur inscription. — *Ib.*, art. 11.

**93.** Ce mode de composition du Conseil de discipline a été
changé par l'ord. du 27 août 1830. Aujourd'hui les Conseils de
discipline sont élus directement par l'assemblée de l'ordre composée de tous les avocats inscrits au tableau. Ord. 27 août 1830,
art. 1.

**94.** Suivant l'ordonnance, les conseils de discipline sont composés de 5 membres dans les siéges où le nombre des avocats
inscrits est inférieur à 30, y compris ceux où les fonctions des
Conseils de discipline ont été jusqu'à ce jour exercées par les
trib. ; de 7, si le nombre des avocats inscrits est de 30 à 50 ; de
9, si ce nombre est de 50 à 100 ; de 15, s'il est de 100 et au-
dessus ; de 21 à Paris (*ibid.* art. 2), le tout y compris le bâtonnier.

**95.** Les art. 1 et 2, de l'ord. du 27 août 1830 , abrogent les art. 7 et 8 de l'ord. de 1822, relatifs à la composition des conseils de discipline.

96. Doit-on considérer aussi comme abrogés les art. 10 et 11, de l'ord. du 20 nov. 1822, relatifs aux cas où les fonctions de conseils de discipline étaient exercées par les trib. ? Les termes formels de l'art. 2, ord. du 27 août 1830, ont pu autoriser à le penser. Cependant il résultait de cette interprétation, que l'ordonn. de 1830 était inapplicable dans les trib. où le nombre des avocats n'était pas supérieur au moindre nombre dont les Conseils de discipline doivent être composés, par exemple l'élection était impossible là où ne se trouvaient que cinq avocats. Dans ces circonstances, les art. 10 et 11, de l'ord. du 20 nov. 1822, doivent recevoir exécution, mais seulement lorsque le nombre des avocats rendra l'élection impossible, en sorte que l'élection devra toujours avoir lieu lors qu'elle sera possible, et quand même le nombre des avocats serait inférieur à vingt. Cass. 18 juin 1834, S. 34, 455 ; Orléans, 4 mars 1837, S. 37, 254.

Ces motifs nous ont déterminé à modifier l'opinion que nous avions émise sur cette question dans la première édition.

97. L'élection a lieu par scrutin de liste et à la majorité relative des membres présens. Ordonn. 27 août 1838, art. 1.

98. Le bâtonnier de l'ordre est élu par la même assemblée et par scrutin séparé, à la majorité absolue, avant l'élection du conseil de discipline (*ibid*, art. 3). Le secrétaire est choisi par le conseil parmi ses membres.

99. Les élections générales ont lieu vers la fin de l'année judiciaire. Le bâtonnier et le Conseil nouvellement élus entrent en fonctions à la rentrée des tribunaux.

100. Les avocats inscrits au tableau sont convoqués à l'assemblée par lettres du bâtonnier. Grenoble, 7 janv. 1836 (Art. 322 J. Pr.).

101. Les règlemens ne fixent pas le délai qui doit exister entre les lettres de convocation et le jour indiqué pour l'élection. Néanmoins il doit y avoir un délai moral suffisant, à peine de nullité ; Agen, 20 fév. 1838. — Ainsi est irrégulière la convocation faite pour le lendemain, et les élections qui en ont été la suite peuvent être annulées. Décr. 14 déc. 1810, art. 19 ; Grenoble, 10 déc. 1835 (Art. 270 et 271 J. Pr.).

102. Les avocats inscrits au tableau ont seuls le droit de concourir aux élections. Arg. Ord. 27 août 1830, art. 1. — Les élections auxquelles des avocats stagiaires auraient pris part, sont nulles. Bourges, 13 mars 1834, S. 34, 668 ; Agen, 17 ma 1837 (Art. 884 J. Pr.).

103. Il est également procédé par voie d'élection au remplacement du bâtonnier, ou des membres du conseil,

**104.** La validité de l'élection peut être contestée, d'office, par le procureur-général. Bourges, 12 mars 1834, S. 34, 668 ; — et par les membres de l'ordre.

**105.** Les C. roy. connaissent de la validité des élections. Grenoble, 10 déc. 1855 ; Agen, 17 mai 1857 (Art. 271 et 884 J. Pr.).

Les C. roy. sont saisies par la plainte des membres de l'ordre, — et par le procureur-général, non par la voie de l'appel, cette voie n'étant employée que contre les décisions juridiques, mais par voie réglementaire. Arg. D. 30 mars 1808, art. 79 ; Bourges, 30 mai 1822, S. 23, 185 ; Orléans, 4 mars 1857, S. 57, 254.

**106.** La Cour connaît de la demande en nullité des élections en chambre du conseil comme en matière de discipline et non en audience publique. Bourges, 13 mars 1834, S. 54, 668.

**107.** Jugé que la partie qui, dans ce cas, attaque l'élection et en requiert la nullité, n'est pas tenue d'appeler et de mettre en cause le bâtonnier et les membres du conseil. *Même arrêt.* Agen, 17 mai 1857 (Art. 884 J. Pr.). — Cependant, suivant l'arrêt de Bourges, 13 mars 1834, le bâtonnier et les membres élus du conseil ont été jugés *recevables* à former opposition à la décision de la Cour qui a annulé leur élection par le motif qu'ils se prétendaient lésés individuellement et personnellement.

**108.** Dans le cas de conflit entre un trib. de 1ʳᵉ inst. et l'ordre des avocats près ce trib., relativement à la formation du tableau de l'ordre et aux élections, le procureur-général a le droit de saisir la C. roy., par action directe, de la connaissance de ce conflit. Orléans, 4 mars 1857, S. 57, 254.

Art. 2. — *Bâtonnier, Conseil de Discipline, Attributions.*

**109.** Le bâtonnier est chef de l'ordre ; il préside le conseil de discipline ( ord. 20 nov. 1822, art. 9), les conférences établies pour l'instruction des avocats stagiaires, et les séances du bureau gratuit de consultation en faveur des indigens.

**110.** Les attributions des Conseils de discipline consistent : 1° à statuer sur l'admission au stage des licenciés en droit qui ont prêté le serment d'avocat. (Ord. 20 nov. 1822, art. 13), et sur l'inscription au tableau des avocats stagiaires après l'expiration de leur stage (*ibid*) ; le conseil peut, selon les cas, prolonger la durée du stage, *ibid*, 32.

**111.** 2° A surveiller les mœurs et la conduite des stagiaires, *ibid*, 14 ;

**112.** 3° A dresser tous les ans le tableau de l'ordre, et, par suite, statuer sur les difficultés relatives au rang d'inscription, *ibid*, 6, 12, 13 ;

**113.** 4° A exercer la surveillance que l'honneur et les intérêts de l'ordre rendent nécessaire, et à maintenir les sentimens de fidélité à la monarchie et aux institutions constitutionnelles, et les principes de modération, de désintéressement et de probité, sur lesquels repose l'honneur de l'ordre des avocats, *ibid,* 12-2°, 14 ;

114. 5° A réprimer d'office, ou sur les plaintes qui leur sont adressées, les infractions commises par les avocats inscrits au tableau ou admis au stage, *ibid,* 15 ;

115. 6° A appliquer, lorsqu'il y a lieu, les mesures de discipline autorisées par les règlemens, *ibid,* 12-5° ;

116. Le ministère public ne peut citer un avocat devant un trib. faisant fonctions de conseil de discipline, il ne peut que le dénoncer, car son action ne commence qu'après la décision du trib. Ord. 20 nov. 1822. art. 15, 20, 21, 22, 23 ; Trib. d'Auxerre, 24 déc. 1827, D. 54, 5, 34. — De là il suit qu'il n'a pas le droit de donner des conclusions, lorsque le trib. remplit ces fonctions. — *Contrà,* Riom, 50 avr. 1829.

117. Jugé que la présence des deux tiers au moins des membres du conseil est nécessaire pour que ses délibérations soient valables. Arg. constitution de l'an 8, art. 90 ; Caen, 8, janv. 1850, S. 51, 77.

118. Le pouvoir disciplinaire du conseil n'est pas restreint aux infractions commises par l'avocat dans l'exercice de sa profession, il s'étend aux faits qui y sont étrangers, mais dont la notoriété peut nuire à la considération de l'avocat. La compétence du conseil pour connaître des faits de ce genre, dérive de la nature même du pouvoir disciplinaire, dont le but est de maintenir, par une sorte de censure et de surveillance, l'honneur et la dignité des compagnies. Caen, 8 janv. 1850, S. 51, 77. — V. d'ailleurs *Discipline.*

119. Aucune peine de discipline ne peut être prononcée sans que l'avocat inculpé ait été entendu ou appelé, avec délai de huitaine. Ordon. 20 nov. 1822, art. 19.

120. A Paris, dans l'usage, la citation de l'avocat se fait par lettre du bâtonnier ou du secrétaire.

121. Lorsque l'avocat cité devant le conseil, comparaît au délai de huitaine et propose des exceptions préjudicielles, le conseil peut, après avoir écarté ces exceptions, statuer au fond, sans qu'il soit besoin de donner à l'avocat une nouvelle citation, pour qu'il ait à se défendre au fond. Ord. 20 nov. 1822, art. 19 ; Caen, 8 janv. 1850, S. 51 ; 77.

122. Lorsque le fait imputé à l'avocat constitue à la fois un délit et une faute disciplinaire, l'avocat traduit devant le conseil de discipline n'est pas recevable à se plaindre de ce qu'on aurait pris contre lui la voie la plus douce, et à décliner la compétence du Conseil. Cass. 21 fév. 1858 (Art. 1124 J. Pr.).

**123.** Les avocats, pour fait de postulation, sont-ils justiciables des trib. ordinaires? — V. *Avoué*, n° 62.

**124.** Les peines de discipline sont : l'avertissement, la réprimande, l'interdiction temporaire, la radiation du tableau. Ordon. 20 nov. 1822, art. 18.

L'interdiction temporaire ne peut excéder le terme d'une année. *Ibid.*

**125.** Toute décision emportant interdiction temporaire ou radiation, doit être transmise, dans les trois jours, au procureur-général, qui en assure et en surveille l'exécution. *Ibid*, 21.

**126.** Le procureur-général peut, quand il le juge nécessaire, 1° requérir qu'il lui soit délivré une expédition des décisions emportant avertissement ou réprimande. *Ibid*, 22 ;

2° Demander expédition de toute décision par laquelle le conseil de discipline aurait prononcé l'absolution de l'avocat inculpé. *Ibid*, 23.

Ce droit n'appartient qu'au procureur-général, qui ne peut l'exercer que dans les cas prévus par l'ordonnance ; — à l'exclusion du procureur du roi.. — *Contrà*, Aix, 14 avr. 1836, S. 36, 459.

**127.** L'avocat rayé du tableau par une délibération du conseil, ne peut plus prendre la qualité d'*avocat à la Cour royale*, il n'a que le droit de prendre la qualité d'*avocat*. Lyon, 14 fév. 1834, S. 34, 359. — *V.* toutefois *sup.* n° 88.

**128.** L'exercice du droit de discipline ne met point obstacle aux poursuites que le ministère public ou les parties civiles se croiraient fondés à intenter devant les trib., pour la répression des actes qui constitueraient des délits ou des crimes. Ord. 1822, art. 17.

**129.** Les avocats n'ont le droit de se réunir en assemblée générale que pour l'élection du bâtonnier et du conseil de discipline. Nanci, 4 mai 1835 (Art. 587 J. Pr.). — La C. d'Aix a jugé que les avocats peuvent se réunir en assemblée générale pour les objets relatifs à l'exercice de leur profession. Aix, 14 avr. 1836, *ibid*.

**130.** Tous les ans, les avocats présens à l'audience solennelle de rentrée des C. roy. renouvellent le serment prêté par les licenciés au moment de leur réception. Décr. 6 juill. 1810, art. 35. — A Paris, ce serment est prêté seulement par les membres du conseil de discipline présens à l'audience.

Aucune disposition législative ou réglementaire n'oblige les avocats près des trib. de première instance à renouveler leur serment.

§ **6.** —*Recours contre les décisions du conseil de discipline.*

**151**. Le droit d'appeler des décisions rendues par les conseils de discipline appartient à l'avocat condamné et au procureur-général, mais avec une distinction.

**152**. Le droit d'appeler appartient à l'avocat condamné, seulement dans les cas d'interdiction à temps ou de radiation (ord. 1822, art. 24), et au procureur-général, dans les cas d'infraction et de fautes commises par les avocats inscrits au tableau (*ibid*, art. 25) ; d'où il résulte que le droit d'appel, limité pour l'avocat, ne l'est pas pour le procureur-général.

**153**. L'appel, soit du procureur-général, soit de l'avocat condamné, n'est recevable qu'autant qu'il a été formé dans les dix jours de la communication qui leur a été donnée par le bâtonnier de la décision du conseil de discipline. *Ibid*, 26 ; Cass. 23 juin 1828.

**154**. Celui de l'avocat, pour être recevable, doit en outre être notifié par exploit au procureur-général, qui est le contradicteur légitime. La fin de non-recevoir, résultant du défaut de cette notification, est d'ordre public. La déclaration d'appel, dans une lettre au bâtonnier, n'est pas suffisante. Nîmes, 30 juill. 1825, S. 26, 68.

**155**. L'appel des décisions du conseil de discipline est porté devant la Cour auprès ou dans le ressort de laquelle l'avocat inculpé exerce ses fonctions.

**156**. Les Cours statuent sur cet appel en assemblée générale et dans la chambre du conseil, ainsi qu'il est prescrit par l'art. 52 de la loi du 20 avr. 1810, pour les mesures de discipline qui sont prises à l'égard des membres des Cours et trib. Ordon, 1822, 27.

Il y a nullité des arrêts rendus en cette matière, si la Cour ne se trouve pas composée d'un nombre de magistrats, tel que chacune des chambres qui concourt à l'assemblée générale, réunisse elle-même le nombre de magistrats nécessaire pour sa composition légale. Cass. 5 août 1831, S. 31, 593 ; 12 fév. 1838 (art. 1098, J. Pr.)

**157**. La C. roy. qui annule, pour violation ou omission de formes, une délibération du conseil de discipline peut évoquer le fond. Caen, 8 janv. 1830, S. 31, 77.—*Contrà*, Grenoble, 7 juill. 1827.

**158**. Sur l'appel interjeté par l'avocat condamné, les Cours peuvent, quand il y a lieu, prononcer une peine plus forte, quoique le procureur-général n'ait pas lui-même appelé. Ord. nov. 1822, art. 28.

**159**. La répartition de l'ordre des avocats en colonnes n'ayant plus lieu, par suite de l'abrogation implicite des art. 1, 2, 3, 4, de l'ord. du 20 nov. 1822, l'art. 29 de ladite ord., d'après lequel l'avocat qui avait encouru la peine de la réprimande ou de l'interdiction devait être inscrit au dernier rang de la colonne, se trouve sans application. *Ibid*, 29.

**140.** Les décisions prises par le conseil sur les difficultés relatives à l'admission d'un avocat sur le tableau ne peuvent être frappées d'appel par le ministère public.

Plusieurs arrêts établissent cette doctrine : ils consacrent en principe que la composition de l'ordre des avocats n'appartient qu'à lui seul : l'ordre cesserait d'exister si une autorité quelconque pouvait lui imposer ou lui contester l'admission de ses membres. D'ailleurs, le droit d'appeler des décisions du conseil de discipline est limité, pour le ministère public, par l'art. 25, de l'ord. précitée. Grenoble 17 juill. 1823, S. 23, 266; Cass. 23 juin 1828, 3 fév. 1829, S. 28, 333; P. 1830, 1, 18; Orléans, 4 mars 1837, S. 37, 234.

Toutefois la partie intéressée peut interjeter appel de la décision qui refuse son admission au stage. Caen, 11 janv. 1837 (Art. 835 J. Pr.) et dissertation. *Ibid.*

**141.** C'est en vertu du même principe que le ministère public ne peut intervenir sur les difficultés relatives à la formation du tableau. Cass. 3 fév. 1829.

**142.** Il n'y a pas lieu non plus à appeler de la décision du conseil qui prolonge le stage : une décision de ce genre est souveraine, comme celle qui refuse l'admission au tableau ou au stage.

**143.** N'est pas recevable l'appel d'une décision du conseil de discipline qui réduit les honoraires d'un avocat : l'art. 24 limite les cas d'appel. Nîmes, 30 juill. 1825, S. 26, 67.

**144.** Les mesures de discipline exercées comme police d'audience par les Cours et trib. envers les membres du barreau ne peuvent être l'objet de la censure du conseil de discipline. Est illégale et doit être annulée, la délibération d'un conseil de discipline qui censure une mesure disciplinaire de cette nature. Grenoble, 24 mars 1836 (art. 465 J. Pr.).

### § 7. — *Action disciplinaire des tribunaux.*

**145.** Les tribunaux ont le droit de réprimer les fautes commises à leur audience par les avocats. Ord. 1822, art. 16; C. pr. 90.

Mais, dans ce cas, les lois et règlemens ne soumettent à la juridiction des trib. que les faits qui troublent l'ordre et la dignité de l'audience, et qui, par cela même, provoquent une répression instantanée; « il faut que le public apprenne que l'offense envers la justice est punie aussitôt qu'elle est commise, » disait l'orateur du tribunal sur le liv. du Code de pr. civ.

La compétence du trib. ne s'étend donc pas à des paroles et à des discours qui n'ont pas été entendus par les magistrats, qui ne leur ont pas été révélés par le trouble de l'audience, qui ne l'ont été qu'après coup par un compte rendu de journal ; le conseil de discipline est seul compétent pour connaître de ces faits. Arg. décr. 14 déc. 1810, art. 39 ; Grenoble, 7 juill. 1827, S. 28, 2, 62.—*Contrà*, Cass. 24, déc. 1836 (Art. 605 J. Pr.).

146. Toute attaque qu'un avocat se permettrait de diriger dans ses plaidoiries ou dans ses écrits contre la religion, les principes de la monarchie, la charte, les lois du royaume ou les autorités établies, doit être réprimée immédiatement, sur les conclusions du ministère public, par le tribunal saisi de l'affaire, lequel prononce l'une des peines disciplinaires, sans préjudice des poursuites extraordinaires, s'il y a lieu. Ord. 20 nov. 1822, art. 43.

147. Les discours prononcés ou les écrits produits devant les trib., ne donnent lieu à aucune action en diffamation ou injures, mais les juges saisis de la cause peuvent, en statuant sur le fond, prononcer la suppression des écrits injurieux ou diffamatoires produits devant eux, et condamner qui il appartient à des dommages-intérêts. L. 17 mai 1819, art. 23. Cette disposition s'applique et aux avocats et aux parties qui proféreraient des discours injurieux contre les adversaires ou contre les avocats.

148. Les juges peuvent aussi, dans le même cas, faire des injonctions aux avocats, ou même les suspendre de leurs fonctions. La durée de cette suspension ne peut excéder six mois ; en cas de récidive elle est d'un an au moins, et de cinq ans au plus. L. 17 mai 1819, art. 23.

149. La disposition qui limite à six mois la durée de la suspension pour une première infraction n'est applicable qu'aux cas de discours prononcés ou d'écrits produits devant les trib. contenant des faits diffamatoires à l'égard des parties en cause. Toute autre infraction commise par l'avocat à l'audience peut être punie de la suspension d'un an, suivant les art. 18 et 43, ordonn. 20 nov. 1822. Cass. 25 janv. 1834, S. 34, 84.

150. Avant même la loi de 1819, il a été jugé que la répression des injures proférées à l'audience par l'une des parties contre l'avocat de l'autre, appartient à la police de l'audience, que c'est devant le trib. saisi de la cause principale, que l'avocat injurié doit en demander aussitôt la réparation, et qu'à défaut de réclamation, l'avocat, présumé de droit y avoir renoncé, n'est pas recevable à en faire l'objet d'une plainte ultérieure en injures verbales. Cass. 16 août 1806, P. 5, 460.

**151.** Les faits diffamatoires étrangers à la cause peuvent donner ouverture, soit à l'action publique, soit à l'action civile des parties, lorsqu'elle leur aura été réservée par les trib. et dans tous les cas à l'action civile des tiers. L. 17 mai 1819, art. 23.

**152.** Les dispositions des art. 16, 43, ordon. 20 nov. 1822', et 23, L. 17 mai 1819 déterminent les cas auxquels s'applique l'action disciplinaire des trib.

Toute autre infraction à la discipline est de la compétence du conseil.

Une grave controverse s'est élevée sur ce point ; on a soutenu que l'art. 103, décr. 30 mars 1808, autorisait les trib. à prendre contre des avocats des mesures de discipline pour des fautes autres que celles qui sont commises à l'audience ; que cet art. n'avait pas été abrogé par les décr. et ordonn. qui ont été depuis rendus sur la profession d'avocat ; qu'en conséquence les C.roy. avaient le droit de statuer disciplinairement sur les fautes imputées à des avocats *omisso medio*, soit d'office, soit sur la réquisition des procureurs-généraux. Cass. 22 juill. 1834, S. 34, 457 ; 8 janv. 1838 ; Nanci, 4 mai 1835 (Art. 587 J. Pr.) ; Orléans, 6 avr. 1837 (Art. 1058 J. Pr.).

On cite à tort, comme favorable à l'opinion contraire, un arrêt de la C. d'Aix, du 17 mars 1836 (Art. 569 J. Pr.). — Cet arrêt écarte, il est vrai, l'application de l'art. 103 décr. 30 mars 1808 qu'il considère comme abrogé ; mais prévoyant le cas où un conseil de discipline négligerait d'exercer le pouvoir disciplinaire, la C. d'Aix a pensé que la C. roy. peut alors agir d'office et poursuivre *de plano* l'avocat inculpé, en appliquant par analogie l'art, 54 L. 20 avr. 1810, suivant lequel les C. roy. exercent sur les magistrats les droits de discipline attribués aux trib. de 1<sup>re</sup> inst., lorsque ceux-ci ont négligé de les exercer.

Ces nombreuses autorités ne nous paraissent pas détruire les argumens sur lesquels s'appuie l'opinion contraire.

L'art. 103 Décr. 30 mars 1808 renferme une disposition générale qui, selon nous, a été applicable aux officiers ministériels et aux avocats, mais qui a cessé de l'être du moment qu'une législation spéciale a réglé la discipline du barreau. Or, tel était le but du décret du 14 déc. 1810, qui contient *règlement sur l'exercice de la profession d'avocat et la discipline du barreau* et qui a pour objet *d'assurer à la magistrature la surveillance qui doit naturellement lui appartenir sur la profession d'avocat*. Préambule du décr. 14 déc. 1810. Ce décret qui est spécial, et qui forme la loi de la matière, a donc abrogé l'art. 103, suivant la maxime : *In toto genere juri per speciem derogatur, et illud potissimum habetur quod ad speciem directum est* ( L. 80, D. de Reg. Juris.). L'ord. du 20 nov. 1822 est plus précise encore sur la matière, car elle veut *rendre aux avocats la plénitude du droit de discipline*. Cette ordonn. fixe la compétence des conseils de discipline, des C. roy. juges d'appel, des trib. en général, pour connaître des fautes commises à leur audience et des délits ou crimes. Ordonn. 1822, art. 16, 43. Ces motifs, si explicites de la loi, et les dispositions qui en sont la suite ne peuvent s'accorder avec l'art. 103. Si cet art. a encore force et vigueur, « les conseils de discipline ne sont plus juges que sous le bon plaisir des cours, pouvant toujours être dépouillés par évocation, et jugeant, non plus les fautes dont la loi leur a confié directement la répression, mais seulement celles des fautes dont il ne plaira pas aux magistrats de leur enlever la connaissance en premier ressort » (Réq. de M. le proc. gén. à la C. de cass., S. 34, 457.). Ces conséquences directes de l'application de l'art. 103 décr. 30 mars 1808, nous semblent inconciliables avec l'ord. 20 nov. 1822.

Remarquons enfin que le décret de 1810 contenait d'ailleurs assez de précautions et de réserves pour que l'on n'eût pas à s'effrayer de l'étendue de la compétence des conseils de discipline. (V. D. Décr. *Passim*), et qu'en présence des dispositions de l'ord. du 20 nov. 1822, sur les pouvoirs confiés au juge d'appel et au ministère public, il n'est guère permis de craindre de la part des conseils de discipline ni déni de justice ni faiblesse dans la répression. — V. d'ailleurs le réquisitoire de M. Dupin, S. 34, 457.

153. L'avocat poursuivi disciplinairement devant un trib. peut exercer la récusation contre les membres du trib. qui doit prononcer sur la poursuite. Bourges, 13 déc. 1808, P. 7, 254. — Il aurait le même droit de récusation contre les juges saisis de l'appel d'une décision du conseil de discipline ou du tribunal.

154. Les avocats plaidant leur propre cause doivent être considérés uniquement comme parties, et dès lors, les dispositions de la loi relatives aux injonctions à faire aux avocats, cessent de leur être applicables. Metz, 20 mai 1820. Cette doctrine nous paraît préférable à celle d'un arrêt de C. Grenoble (26 déc. 1828, S. 29, 212), suivant lequel l'avocat qui plaide sa propre cause est soumis à l'action disciplinaire, s'il s'écarte du respect dû au trib., comme s'il défendait un étranger.

155. L'avocat déjà condamné par un trib. exerçant son droit de police, à raison d'outrages envers ce trib., peut être poursuivi pour le même fait devant le même trib. agissant comme conseil de discipline. Il n'y a pas là violation de la maxime *non bis in idem*. Grenoble, *ibid*.

156. Il est enjoint aux C. roy. de se conformer exactement à l'art. 9 L. 20 avr. 1810, d'après lequel la C. doit faire con-

naître, chaque année, au garde-des-sceaux ministre de la justice, ceux des avocats qui se seront fait remarquer par leurs
lumières, leurs talens, et surtout par la délicatesse et le désintéressement qui doivent caractériser cette profession. Cette
disposition doit être exécutée le premier mercredi après la rentrée, ou dans une autre séance indiquée dans la même semaine.
Ord. 20 nov. 1822, art. 44; L. 20 avr. 1810, art. 9.

Cette injonction n'est pas exécutée.

### § 8. — *Recours contre les décisions disciplinaires rendues par les tribunaux.*

**157.** L'avocat frappé d'une peine disciplinaire pour fait d'audience par jugement d'un trib. de 1$^{re}$ inst. peut interjeter appel de ce jugement.

**158.** Dans ce cas, l'appel doit être jugé par la Cour en audience
publique et non en assemblée générale et à huis-clos. La C. ne
peut pas connaître en chambre du conseil d'un jugement rendu
publiquement. Nîmes, 28 avr. 1836 (Art. 532 J. Pr.)

**159.** Le jugement est-il susceptible d'appel, quand même il
n'y aurait eu contre l'avocat qu'un simple avertissement ou
une réprimande?

La C. de Cass. a jugé la négative, en se fondant sur l'art. 24
de l'ord. du 20 nov. 1822 (17 mai 1828, S. 28, 331). Cependant il n'y a pas de parité à établir entre les trib. usant du droit
créé par les art. 90 C. pr., 16 ord. de 1822, et les conseils de discipline, dont les décisions ne sont susceptibles
d'appel que quand elles prononcent l'interdiction à temps ou la
radiation.

Cette doctrine se fortifie du droit commun, contre lequel on
ne peut opposer qu'une assimilation qui n'est pas exacte. En
effet, la position de l'avocat est loin d'être la même dans les
deux cas. Les décisions du conseil de discipline, n'ont pas la
publicité, le retentissement d'une audience publique; elles ne
portent pas à l'avocat condamné le préjudice qui résulte pour
lui de la solennité du jugement.

D'ailleurs l'appel des décisions disciplinaires est de droit
hormis les cas qui sont formellement exceptés par la loi,
trib. d'Evreux, 9 janv. 1835 (Art. 261 J. Pr.). Or, la loi qui
excepte certaines décisions des conseils de discipline ne peut
s'étendre aux jugemens des trib.

**160.** C'est par suite de ce principe que la C. de Rouen a
reçu l'intervention d'un avocat à la C. de cass. dont une consultation produite devant les premiers juges avait été par eux cen-
surée et supprimée. Rouen, 11 juill. 1827.

**161.** L'avocat condamné par défaut, par un trib., à une

peine de discipline est recevable à attaquer le jugement par voie d'opposition. Cass. 20 fév. 1823 , S. 23,179.

**162.** Le pourvoi en cassation contre un arrêt rendu en matière disciplinaire, doit être fait dans la forme prescrite pour les affaires civiles , cass. 1er déc. 1829 , S. 30 , 20 ; 7 juill. 1836 ( Art. 508 J. Pr.).

Ce pourvoi n'est pas suspensif. Grenoble , 7 janv. 1836 ( Art. 522 J. Pr. ).

**163.** Le recours en cassation est-il ouvert contre les arrêts de C. roy. rendus sur appel des décisions des conseils de discipline ?

L'affirmative nous semble évidente : en effet, le pourvoi est de droit commun : il ne peut être interdit que par une dérogation spéciale. Or, cette dérogation n'est écrite nulle part.

Cependant la C. de cass. a jugé le contraire ( 20 avr. 1830 , S. 30 , 197), par des motifs puisés dans la loi du 20 avr. 1810, à laquelle se réfère l'art. 27 de l'ord., et en assimilant les décisions par forme de discipline, concernant des magistrats, aux arrêts rendus sur l'appel des décisions des conseils de discipline.

Toutefois, ces motifs ne nous paraissent pas solidement établis. Il existe une notable différence entre les décisions rendues, en matière disciplinaire, par les C. roy., aux termes des art. 50 et suiv. de la loi du 20 avr. 1810 , et les arrêts des C. roy. rendus sur appel des décisions des conseils de discipline , dans les termes des art. 24, 25 , 26., 27 et 28 de l'ord. de 1822.

Il suffit, pour s'en convaincre, d'examiner la loi du 20 avr. 1810 : elle exige (art. 56) que, dans tous les cas, il soit rendu compte au ministre de la justice, par les procureurs-généraux , de la décision prise par les C. roy., et que, quand elles auront prononcé ou confirmé la censure avec réprimande, ou la suspension provisoire, la décision ne soit mise à exécution qu'après avoir été approuvée par le ministre de la justice. Or, dans ce dernier cas, le pouvoir conféré au ministre, d'annuler ou de confirmer, ne peut se trouver en concours avec celui de la Cour suprême : autrement ce serait élever entre deux autorités supérieures, un conflit que rien ne pourrait vider. Aussi la C. de cass. a-t-elle, par ce motif, rejeté le pourvoi d'un magistrat condamné à des peines de discipline par décision d'une C. roy. Cass. 26 janv. 1830, S. 30, 69.

Mais il n'y a rien de semblable en ce qui concerne l'ordre des avocats. Ce n'est pas en vertu de la loi du 20 avr. 1810, que les C. roy. statuent sur les matières disciplinaires concernant les avocats ; c'est en vertu du droit commun , que l'ord. de 1822 n'a fait qu'appliquer. Ce ne sont pas seulement des *décisions* qu'elles rendent, ce sont des jugemens sur l'appel, soit du procureur-général, soit de l'avocat; et si l'art.27 de l'ord. de 1822 se réfère à l'art. 52, L. 20 avr. 1810, le texte de cet art. 27 indique assez qu'il ne s'agit que de la réunion de la C. en assemblée générale.

Au moins le pourvoi serait-il recevable pour cause d'incompétence ou d'excès de pouvoir.Arg. Cass. 22 juill. 1854,S. 34, 457.

### § 9. — *Timbre et Enregistrement.*

**164.** Les consultations d'avocat sont par elles-mêmes, et, indépendamment de leur production en justice, soumises à la formalité du timbre. L. 13 brum. an 7, art. 123. — Il suffit que la consultation soit de nature à être produite en justice. Décis. du grand-juge, 28 janv. 1809, Instr. 417. — Alors même qu'elle serait gratuite. Décis. min. fin., 17 août 1827, Instr. 1303, § 19.

**165.** Ainsi, doit être réputé avis pouvant être produit pour la défense du client, et comme tel soumis au timbre : — 1° Tout écrit signé par un avocat, et ayant pour objet d'éclairer un client sur la nature et l'étendue de ses droits. La circonstance que la consultation est la réponse à une lettre du client, ne suffit pas pour lui donner le caractère d'écrit confidentiel, affranchi du timbre. Cass. 23 nov. 1824, S. 25, 119;

**166.** 2° Un écrit signé par un avocat et intitulé avis, bien qu'il ne soit qu'un simple modèle de conclusions motivées à prendre par l'avoué, suivant Cass. 8 janv. 1821, S. 22, 208.

**167.** Mais une consultation négative n'étant qu'un écrit confidentiel, n'est pas de nature à être produite en justice, et n'est pas sujette au timbre. Cass. 14 juin 1808, P. 6, 745. — Merlin, R. v° *Timbre*, 14, 8.

**168.** Est soumise au timbre une consultation déposée au greffe avec les pièces d'une demande tendante à être admis à une distribution de deniers. Cass. 6 fév. 1815, S. 15, 272.

**169.** Il a été jugé par le trib. d'Autun que l'avocat est personnellement passible de l'amende lorsqu'il a délivré une consultation sur papier non timbré, attendu que c'est lui seul, créateur de l'acte, qui a commis la contravention.

Le pourvoi contre ce jugement a été admis. Cass. 14 août 1858 (Art. 1174 J. Pr.). — *V.* d'ailleurs la protestation du barreau de Dijon du 28 fév. 1835 (Art. 342 J. Pr.).

**170.** L'acte de prestation de serment d'avocat est soumis à un droit d'enregistrement de 15 fr. Décr. 31 mai 1807.

AVOCAT *aux conseils du roi et à la Cour de cassation* (1).

## DIVISION.

### § **1.** — *Historique.*

**1.** Avant 1790, les conseils du roi avaient la connaissance des affaires administratives, et le droit de prononcer la cassation dans les affaires judiciaires. Les avocats qui y étaient attachés portaient le titre d'avocats aux conseils, et étaient chargés de la défense des parties dans ces deux sortes d'affaires. Merlin, *Rép.*, v° *Avocat aux conseils.* — Ces conseils furent supprimés, ainsi que les charges d'avocats aux conseils par la loi des 14-27 avr. 1791, art. 5.

**2.** La partie judiciaire dont connaissait la section des conseils du roi appelé *conseil privé* ou *conseil des parties*, ayant été dévolue *à la C. de cass.*, la loi du 27 vent. an 8, art 93, établit près de cette Cour, sous le titre d'avoués, des officiers chargés d'y remplir les fonctions que les avocats aux conseils exerçaient près du Conseil privé. — La dénomination d'avoué leur fut donnée parce qu'à cette époque l'ordre des avocats était supprimé dans toute la France. — Mais le titre d'avocat leur fut rendu par le décret du 25 juin 1806.

**5.** La partie administrative dont étaient chargés les conseils du roi ayant été attribuée au Conseil-d'État, le décret du 11 juin 1806 (art. 53) créa un ordre d'avocats près ce conseil.

Ces avocats reprirent le titre d'avocats aux conseils du roi. Ordonn. 9 juin 1814.

**4.** Enfin, les avocats à la C. de cass., et les avocats aux conseils du roi ont été réunis en un seul ordre sous le titre d'*Ordre des avocats* aux conseils du roi et à la Cour de cassation. Ordonn. du 10 sept. 1817.

**5.** La diversité et la gravité des matières que ces avocats ont à traiter, l'obligation dans laquelle ils sont de posséder des connaissances toutes spéciales, ont forcé de limiter le nombre des membres de cet ordre, qui a été fixé à 60. *Ib.*

---

(1) M. Cet article est de M. Legé, avocat aux Conseils du roi et à la Cour de cassation.

§ 2. — *Conditions d'admission.*

**6.** Plusieurs conditions d'admission sont exigées : 1° la qualité de Français ; — V. *Avocat*, n° 8.

**7.** 2° L'âge de 25 ans ; — V. *Avoué*, n° 17. Arg. L. 25 vent.
an 8. Il ne peut être accordé de dispenses: Décision du ministre
de la justice.

**8.** 3° Le titre d'avocat exerçant au barreau depuis trois ans,
justifié par un certificat de stage pendant ce temps. Règlem.
28 juin 1738, tit. 17, art. 1 et 2 ; arrêté C. cass., 1er mai 1817,
combinés avec un arrêté du Conseil de l'ordre, du 15 févr. 1827.

En conséquence, un licencié en droit, reçu au serment
d'avocat depuis deux ans, ne peut être admis. Délib. Cons. de
l'ordre, 12 mars 1818.

**9.** 4° L'absence d'une profession incompatible.

Il y a incompatibilité avec toutes les fonctions de l'ordre
judiciaire, à l'exception de celle de suppléant, avec celle de
préfet et de sous-préfet, de greffier, de notaire et d'avoué, avec
les emplois à gages, et ceux d'agent comptable, avec toute espèce de négoce, avec la profession d'agent d'affaires. Arg. ord.
20 déc. 1822, art. 42.

Déjà l'édit de 1645 excluait des fonctions d'avocats aux conseils les procureurs aux parlemens et tous autres. Isambert,
1817, p. 252, note.

Aucun avocat aux conseils ne peut faire fonction de secrétaire, clerc ou commis de ceux qui ont entrée, séance et voix
délibérative au conseil, ni, pareillement, être agent de quelque
personne que ce soit, à peine de destitution s'ils sont déjà en
exercice. Règlem. 1738, tit. 17, art. 6.

**10.** 5° La réception par le Conseil de l'ordre. Le Conseil
après avoir pris des renseignemens sur le candidat et lui avoir
fait subir un examen, lui délivre un certificat de moralité et de
capacité. Règlem. 1738, tit. 17, art. 3; arrêté de la Chambre,
6 brum. an 11.

L'examen consiste dans les épreuves suivantes :

Le candidat subit un interrogatoire sur les formes de procédure à observer soit devant le Conseil-d'État, soit devant la
C. cass. ; et sur la nature des attributions de ces deux juridictions. — Puis, le dossier d'une affaire ressortissant soit au
Conseil d'Etat, soit à la C. de cass. est remis au candidat qui,
dans la huitaine suivante, doit déposer entre les mains de l'un
des membres du conseil désigné à cet effet, un mémoire dans
lequel il a discuté les moyens que le pourvoi lui a paru présenter. A la huitaine suivante, ce mémoire est lu en Conseil,
et le candidat est invité à développer oralement les moyens qu'il
a fait valoir par écrit. — Le conseil peut lui adresser des obser-

vations auxquelles il doit répondre immédiatement. Délib. du Cons. 14 fév. 1838.

**11.** 6° L'avis favorable de la C. de cass. L. 27 vent. an 8, art. 93.

La réception du candidat par le conseil de l'ordre, et l'avis favorable de la C. de cass. bien qu'ils ne soient exigés qu'à titre consultatif, ont cependant un tel poids que l'on ne peut citer aucun exemple d'une nomination faite malgré un avis défavorable de la Cour, ou une opposition de la part du Conseil.

**12.** 7° La nomination par le roi. L. 25 vent. an 8, art. 95; décr. 11 juin 1806; art. 34.

**13.** 8° Un cautionnement de 7,000 fr. L. 28 avr. 1816, art. 88, état n° 8. — V. *Cautionnement*.

Il y a lieu à remplacement du titulaire, s'il ne fournit pas le cautionnement. L. 1816, art. 95.

**14.** 9° Enfin, la prestation du serment devant le Conseil d'État siégeant en audience publique, et devant la C. de cass., les sections réunies. Ordonn. 10 sept. 1817, art. 15; Ordonn. du 2 fév. 1831; Délib. de la chambre du 25 therm. an 9; Godart de Saponnay, *Manuel de la C. de cass.*, p. 145.

**15.** Les nouveaux titulaires ne peuvent être admis au serment qu'en produisant l'expédition de leur ordonnance de nomination, revêtue de la formalité de l'enregistrement. L. fin. 21 avr. 1832, art. 34.

§ 3. — *Droits et Devoirs, Règlemens.*

**16.** Les avocats à la C. de cass. et aux conseils du roi ont à instruire et à plaider des affaires devant les deux juridictions les plus élevées de l'ordre judiciaire et de l'ordre administratif; ils doivent avoir une connaissance approfondie de toutes les parties du droit civil, commercial et criminel, du ressort de la C. de cass. et de toutes les parties du droit administratif du ressort du Conseil d'État et des différens ministères, régies et administrations. Isambert, *Notes sur l'ordonn.* du 10 sept. 1817. —Nous ne nous occuperons ici que de ce qui les concerne comme avocats à la C. de cass.

**17.** Devant cette Cour, leur ministère est obligatoire pour les parties en matière civile ou de petit criminel; il est facultatif en matière de grand criminel. Règl. 1738. art. 1, tit. 4, art. 2; Godard, p. 20 et 145.

**18.** Toutefois ils ne peuvent être contraints de se charger d'un pourvoi qu'ils jugent mauvais. Vainement on objecterait qu'ils sont officiers ministériels; avant toute autre qualité, ils ont celle d'avocat, et comme tels, ils ne peuvent rien faire de contraire à leur honneur et à leur indépendance. Cass. sect. réun. 6 juill. 1813; Merlin, *Rép., hoc verbo.*

Ils ont même le droit, comme les autres avocats, d'abandonner la cause, si un examen plus approfondi la leur fait trouver insoutenable. *Ib.*

19. Cependant si, par l'effet d'une négligence ou d'un refus tardif de se charger du pourvoi, les intérêts de leurs cliens se trouvaient compromis, et si ceux-ci en éprouvaient quelque préjudice, ils pourraient être condamnés à des dommages-intérêts. *Ib.*; C. civ. 1382, 1383.

20. Ils ont seuls le droit, 1° de postuler et de conclure devant la C. cass. L. 27 vent. an 8. art. 94.

Les moyens et conclusions sont pris et développés, d'abord par écrit, et ensuite par plaidoirie en audience publique. Ord. 15 janv. 1826, art. 25 et 37.

21. 2° De signer et faire imprimer des requêtes ou mémoires dans les affaires portées à la Cour. Arr. du Cons. rapportés par Isambert; *Notes sur l'ordon.* du 10 sept. 1847.

En conséquence, il est défendu d'imprimer et de distribuer aucun mémoire ou consultation non signés d'eux, dans les affaires de leur ressort. Arr. du Conseil 25 fév. 1758, 18 mars 1774.

D'un autre côté, il est défendu aux avocats à la C. de cass. de prêter leurs noms à qui que ce soit, et d'apposer leurs signatures sur des consultations, mémoires ou écritures qu'ils n'auraient pas faits ou délibérés. Arr. du Conseil du mois d'oct. 1681. et autres dont le dernier est du 2 juill. 1786. — Aussi, règl. de 1758, tit. 17, art. 4, arrêté de la chambre du 2 mess. an 9, art. 4. Décr. 14 déc. 1810, art. 36.

22. 3° De *surveiller* les affaires dans lesquelles le pourvoi a été introduit, et dont l'instruction se poursuit devant la chambre des requêtes.

Ce droit de *surveillance* ne leur donne pas cependant la faculté de présenter aux conseillers des mémoires signés d'eux, avant que l'arrêt de soit-communiqué ait été signifié au défendeur; ils peuvent seulement faire et signer des consultations, que la partie fait imprimer et distribuer. Arr. du Cons. du 18 déc. 1775, 29 août et 4 nov. 1769. Décr. du 5 fév. 1810.

23. Ils ont le droit, concurremment avec les autres avocats :
1° De faire des consultations sur quelque matière de droit que ce soit ;
Dans ces consultations ainsi que dans les conférences, les avocats à la C. de cass. et les avocats aux C. roy. gardent le rang d'ancienneté de réception au titre d'avocat. Arr. de 1670. 1683; Décl. du 6 fév. 1809. — Isambert, 1847, p. 232; Dalloz, v° *Défense*, sect. 3, art. 4, p. 608.

24. 2° De plaider devant toutes les Cours et tous les trib. de France. Arr. du Cons. des 22 fév. et 24 juill. 1774; Argum. de

l'ord. du 20 nov. 1822; ord. 27 août 1830, art. 4. Dalloz. *Ibid.*

Cependant ils s'abstiennent de plaider devant la C. roy. de Paris; et une délibération prise en 1826, par le Conseil de discipline de l'ordre, leur recommande de ne point se présenter devant les trib. de 1ʳᵉ inst., et devant les juridictions inférieures. Dalloz, *ibid.*

Enfin, ils ont comme les autres avocats, le droit d'exercer leur ministère devant la C. des Pairs; — Mais ils ne peuvent pas être nommés d'office, ni forcés de plaider devant cette Cour. Ord. 3 mars et 1ᵉʳ avr. 1855 (Art. 145 J. Pr.).

**25.** Ils sont déchargés des pièces envers les parties dans les instances jugées, après cinq ans à compter du jour où ils les ont retirées du greffe. Règlement 1738, tit. 14, art. 4.

**26.** L'art. 32, tit. 16, règl. 1738, leur donnait le droit, pendant cinq ans, d'intenter une action en paiement de leurs frais et honoraires. Arr. du Cons. 22 sep. 1770.

**27.** Mais un réglement de discipline leur défend d'user du bénéfice de cet arrêt quant aux honoraires; et quant aux frais et déboursés ne le permet qu'après avoir épuisé tous les moyens de conciliation, et en cas de préjudice notable. Dalloz, *ib.* — Jamais ils n'usent de ce droit même à l'égard des frais.

**28.** Ils ne peuvent être assignés, pour faits de leurs profession, que devant la C. de cass. Arr. du cons. 19 mai 1712; 11 août 1742; 28 juill. 1759; arr. des cons 13 frim. an 9, art. 2, 3; Cass. 15 juill. 1812.

**29.** En cas d'assignation devant les trib. civ. et de rejet du déclinatoire, l'avocat doit se pourvoir devant la C. de cass. en règlement de juges. Cass. *Même arrêt.*

**30.** La Cour conserve la connaissance de l'affaire, mais au préalable renvoie les parties devant le conseil de l'ordre pour s'y concilier, sinon pour que le conseil donne son avis. *Même arrêt.*

**31.** Cet avis est soumis à la C. de cass., qui l'homologue ou refuse l'homologation. — La décision n'est pas susceptible d'appel. Ord. 10 sept. 1817; Cass. 6 juill. 1813.

**32.** La plupart des règles tracées pour les avocats près les C. roy. sont applicable aux avocats à la C. de cass., même délicatesse, même désintéressement, même liberté, même indépendance, doivent les distinguer. Dalloz 4, 607.

**33.** Les règlemens et ordonnances actuellement existans, et concernant l'ordre des avocats près les C. roy., et les fonctions des conseils de discipline, sont observés par l'ordre des avocats aux Conseils et à la C. de cass., en tout ce qui n'est pas contraire aux anciens règlemens remis en vigueur par l'ord. de 1817, c'est-à-dire au règlement de 1738, 2ᵉ part., tit. 17, et autres analogues. Isambert, *Notes sur l'ord.* 1817.

**34.** En conséquence, cette ord. de 1817, combinée avec celle du 10 juill. 1814, a modifié à l'égard des avocats aux Conseils et à la C. de cass., le règlement du 13 frim. an 9, relatif aux avoués.

**35.** Jusqu'en 1822, on a dû suivre les règles du décret de 1810, pour les combiner avec les anciens règlemens. Mais depuis cette époque ce sont les ord. du 22 nov. 1822 et du 27 août 1830, qui sont applicables en tant qu'elles ne sont pas contraires aux anciens règlemens.

### § 4. — *Conseil de l'ordre.*

**36.** Il y a, pour la discipline intérieure de l'ordre, un conseil composé de neuf membres nommés par l'assemblée générale de l'ordre, à la majorité absolue des suffrages, et d'un préside nommé par le garde-des-sceaux sur la présentation de trois membres élus comme les membres du conseil. Ord. 10 sept. 1817.

Les fonctions du président et des membres du conseil, durent trois ans. *Même ord.*, art. 9.

L'assemblée générale a lieu tous les ans dans la fin du mois d'août. Elle est présidée par le président du conseil de l'ordre.

Elle ne peut voter si elle n'est pas composée au moins de la moitié plus un des membres de l'ordre. *Ib.*, art. 10 et 11.

Les membres élus du conseil en août n'entrent en fonctions qu'en novembre suivant. Délib. du 10 fév. 1818.

Le conseil de discipline peut valablement délibérer quand ses membres sont au nombre de six. Ord. 1817, art. 12.

**37.** Les attributions du conseil de discipline sont :

1º De maintenir la discipline intérieure entre les avocats et de prononcer l'application des censures de discipline ;

2º De prévenir ou concilier tous différends entre avocats sur des communications, remises ou retention de pièces, sur des questions de préférence ou concurrence, et en cas de non conciliation, d'émettre son opinion par forme de simple avis sur ces questions ou différends ;

3º De prévenir toutes plaintes et réclamations de la part des tiers, concilier, émettre son opinion par forme de simple avis sur les réparations civiles, réprimer par voie de censure et de discipline les infractions, sans préjudice de l'action des trib. ;

4º De donner son avis comme tiers sur la taxe des frais et honoraires demandés ;

5º De former dans son sein un bureau de consultations pour les pourvois ou défenses d'indigens et de faire suivre ces pourvois par avocats nommés d'office ;

6° De délivrer les certificats de moralité et capacité pour l'admission des candidats ;

7° De représenter tous les avocats collectivement sous le rapport de leurs droits et intérêts communs.

Toutes ces dispositions résultent de l'arrêté du gouvernement du 13 frim. an 9, art. 2, plusieurs ont été renouvelés dans l'ord. du 20 nov. 1822.

8° De dresser chaque année le tableau des membres de l'ordre. Délib. de la ch. du 2 mess. an 9, art. 11; ord. 1817, art. 5 ; ord. 1822, art. 6.

Chaque membre est inscrit sur ce tableau à la date de sa prestation de serment. Ord. 1817, art. 13.

Ce tableau est envoyé dans toutes les cours et tribunaux, et affiché dans leurs greffes et chambres d'audience ; il est aussi envoyé aux Chambres de discipline des avocats et des avoués, et dans tous les ministères et administrations, afin de faire connaître au public les noms des avocats chargés par la loi d'instruire seuls devant les autorités, et d'empêcher que des solliciteurs ou agens d'affaires, usurpant les droits et même le titre des avocats, et abusant de la crédulité des parties éloignées de la capitale, ne s'emparent de la poursuite des affaires, et qu'ils ne commettent ensuite d'autant plus d'abus et d'exactions qu'ils ne sont point soumis à la discipline de l'ordre et n'offrent aucune garantie. Délib. du 26 mess. an 10, 30 oct. 1806, 20 oct. 1814.

9° Enfin d'exercer la surveillance que l'honneur et les intérêts de l'ordre rendent nécessaire, et de maintenir les sentimens de fidélité à la monarchie et aux institutions constitutionnelles, et les principes de modération, de désintéressement et de probité, sur lesquels repose l'honneur de l'ordre des avocats. Ord. 1822, art. 12-2° et 14.

58. Les peines de discipline sont :

1° Le rappel à l'ordre. Arrêté 13 frim. an 9, art. 8.

2° La censure simple par la décision même, *ib.* ;

3° La censure avec réprimande par le président à l'avocat en personne dans la chambre assemblée, *ib.* ;

4° L'interdiction de l'entrée de la chambre, *ib.* ;

5° L'avertissement. Ord. 1822, art. 18.

6° La réprimande, *ib.* ;

7° L'interdiction temporaire qui ne peut excéder une année, *ib.* ;

8° La radiation du tableau.

59. Quand l'inculpation mérite la suspension, la chambre s'adjoint, par la voie du sort, un nombre d'avocats égal à celui du conseil ; elle émet son avis par oui ou par non. Les deux tiers des membres doivent être présens. Arr. 13 frim. an 9, art. 9.

Quand l'avis est pour la suspension, il est déposé au greffe;

expédition en est envoyée au procureur-général pour en faire l'usage voulu par la loi, *ib.*, art. 10.

**40.** Le conseil prononce définitivement lorsqu'il s'agit de police et de discipline intérieure. Ord. 1847, art. 13.

Il émet seulement un avis dans tous les autres cas. Cet avis est soumis à l'homologation du garde-des-sceaux, quand les faits out rapport aux fonctions d'avocat aux Conseils, et à l'homogation de la Cour, quand il s'agit de faits relatifs aux fonctions d'avocat à la Cour de cassation. Ces décisions ne sont pas susceptibles d'appel. *Ibid,* art. 13.

Ainsi l'interdiction perpétuelle et la radiation du tableau, sont hors de la compétence du conseil, qui ne peut qu'émettre un avis à ce sujet. Isambert, *ibid.*

La destitution ne peut être prononcée que par le roi, et seulement dans les cas prévus par la loi, après jugement. Isambert, notes sur l'art. 91, L. 28 avr. 1816, et l'ord. 18 août 1829; Arg. Ord. 1817, art. 13.

### § 5. — *Droit de présenter un successeur.*

**41.** Les avocats aux Conseils et à la Cour de cassation peuvent présenter des successeurs, pourvu qu'ils réunissent les qualités exigées par la loi. L. 28 avr. 1816, art. 91.

**42.** Il en est de même de leurs héritiers ou ayant-cause. *Ib.*

**45.** Toutefois, le titulaire destitué est privé de la faculté de présenter un successeur. *Ib.* — V. *Office.*

### § 6. — *Timbre et Enregistrement.*

**44.** Les ordonnances de nomination sont assujetties à un droit d'enregistrement de dix pour cent sur le montant du cautionnement. L. fin. 21 avr. 1832, art. 34.

Ce droit est augmenté du dixième, qui est perçu en même temps que le principal. L. 6 prair. an 7.

**45.** Il est perçu sur la première expédition de l'ordonnance dans le mois de sa délivrance, à peine de double droit. L. 21 avr. 1832, art. 34.

**46.** Les expéditions et ordonnances de nomination destinées aux parties sont assujetties au timbre. *Ibid.*

**47.** Les consultations des avocats à la Cour de cassation, requêtes et mémoires, sont aussi sujets au timbre. Le 13. brum. an 7, art. 12.

Mais les délibérations de la chambre n'étant que de simples actes d'administration, d'ordre et de discipline intérieure ou de simples avis, ne sont sujettes ni au timbre ni à l'enregis-trement.

AVOUÉ. Officier ministériel chargé de représenter les parties devant les Cours et tribunaux. — On appelait autrefois *avoués* des personnes notables, ordinairement nobles, que les églises choisissaient pour administrateurs du temporel. Laurière, *glossaire du droit français*, v° *Advouez.*

## DIVISION.

### § 1. — *Institution et organisation des avoués.*

**1.** A Rome, les parties pouvaient se faire représenter dans leurs affaires contentieuses par un mandataire qu'elles étaient libres de choisir et auxquelles elles donnaient une procuration. Ce mandataire devait réunir certaines qualités, et remplir certaines obligations. — V. D. *de postulando; de procurat. et défens.; de appell.*

**2.** En France, au quatorzième siècle, il y avait des procureurs au Châtelet (1327) et au Parlement de Paris (1341). A cette époque, ils formèrent une confrérie. — On ne pouvait être avocat et procureur en même temps. Lettres de Philippe VI, de 1327.

Les procureurs étaient nommés par les juges, le nombre n'en était pas d'abord limité.

Toutefois, Charles V réduisit ceux du Parlement de Paris à 40. Lettres du 16 juill. 1378. — Mais Charles VI ordonna qu'il serait loisible à chacun d'exercer la profession de procureur, à la seule condition de faire attester sa capacité au prévôt par trois ou quatre avocats notables.

Plus tard, sous Louis XII, François I<sup>er</sup> et François II, les fonctions des procureurs furent successivement érigées en *offices*, et leur nombre fut limité.

3. Les avoués ont été institués par les décr. des 29 janv., 11 fév. et 20 mars 1791, qui supprimèrent la vénalité et l'hérédité des offices ministériels auprès des trib. — Leurs attributions furent les mêmes que celles des anciens procureurs.

4. L'abolition de toute procédure prononcée, par le décr. du 3 brum. an 2, entraîna la suppression des avoués. L'art. 12 est ainsi conçu : « Les fonctions d'avoués sont supprimées, sauf aux parties, à se faire représenter par de simples fondés de pouvoirs, qui seront tenus de justifier de certificats de civisme; ils ne pourront former aucune répétition pour leurs soins ou salaire contre les citoyens dont ils auront accepté la confiance.»

5. Mais on sentit bientôt la nécessité de replacer auprès de chaque trib. des personnes chargées de faire les actes indispensables à l'instruction des affaires. En conséquence, les avoués furent rétablis par la loi du 27 vent. an 8. — « On ne fit en cela que céder aux vœux de tous les hommes qui sont instruits de la marche de la procédure; elle ne peut être régulière sans cette institution; c'est l'unique moyen de prévenir d'immenses abus, et, ce qui ne pourrait surprendre que ceux qui n'ont aucune expérience dans cette partie, de diminuer beaucoup les dépenses à la charge des plaideurs.» — Rapport de M. Eméri.

6. L'institution des avoués est aujourd'hui réglée par la loi du 27 vent. an 8, les arrêtés des 13 frim. an 9 et 2 niv. an 11, la loi du 22 vent. an 12, les C. de pr. civ. et d'ins. crim., les décrets des 16 fév. et 31 mai 1807, 6 juill. et 14 déc. 1810, la loi du 28 avr. 1816, et enfin par les ord. des 23 déc. 1814, 27 fév. 1822 et 12-14 août 1831.

7. D'après ces divers actes, il est établi près chaque C. roy. et près chaque trib. civ. de 1<sup>re</sup> inst., un nombre fixe d'avoués, réglé par ord. roy., rendues sur le rapport du garde-des-sceaux, après avoir pris l'avis des C. roy. Ce nombre est augmenté ou diminué selon les besoins du service. L. 27 vent. an 8, art. 95; décr. 6 juill. 1810, art. 114.

8. Les avoués sont nommés par le roi.

9. Ils ont le droit, ainsi que leurs veuves ou héritiers, de présenter à l'agrément du roi leurs successeurs, s'ils réunissent les conditions requises. Les titulaires destitués sont seuls déchus de cette faculté. L. 28 avr. 1816, art. 91.—V. *Office.*

10. Il y a près chaque C., ou trib., une chambre des avoués pour leur discipline intérieure; elle est composée de membres pris dans leur sein, et nommés par eux. — V. *Discipline.*

11. Quel est le rang des avoués dans les cérémonies publiques? —V. *Préséance.*

**12.** Ils peuvent, en cas d'absence des juges titulaires et suppléans, et des avocats inscrits au tableau, être appelés à compléter le trib. près lequel ils exercent leurs fonctions, et après dix ans d'exercice aux fonctions de juge, de procureur du roi ou de substitut. L. 22 vent. an 12, art. 2.—V. *Jugement.*

**13.** Du reste, les avoués n'exerçant aucune portion de l'autorité publique, ne peuvent être rangés parmi les fonctionnaires publics.

Conséquemment, les trib. correctionnels, à l'exclusion de la C. d'assises, sont compétens pour connaître des diffamations commises à leur égard. L. 26 mai 1819. art. 20. Cass. 14 avr. 1831, S. 31. 150; Paris, 23 juin 1836; Cass., ch. cr., 9 sept. 1836 (Art. 440, 500. J. Pr.); Joye, p. 170. — V. d'ailleurs *Audience*, n° 35.

**14.** Les avoués peuvent-ils être révoqués de leurs fonctions par une ordonnance royale? — Faut-il distinguer si la destitution a été ou non précédée d'une condamnation disciplinaire prononcée par les tribunaux? — V. *Discipline.*

Les art. 196 et 197, C. pén., leur sont-ils applicables? — V. *Ib.*

### § 2. — *Admission aux fonctions d'avoué.*

**15.** Pour être admis aux fonctions d'avoué, il faut:

1° Jouir de l'exercice des droits civils et de citoyen. Aujourd'hui il peut être suppléé aux anciennes cartes civiques *par un certificat du maire du domicile*, constatant que celui qui en est porteur n'est dans aucun cas de suspension ou de privation totale des droits civils ou politiques qui l'empêcherait d'exercer une fonction publique. Décis. du garde-des-sceaux, 20 déc. 1827.

**16.** 2° Avoir satisfait aux lois sur le recrutement. Décr. 17 therm. an 12.

Le candidat produit son congé ou un certificat de l'autorité administrative constatant sa libération définitive à l'époque du tirage. — Un aspirant désigné par son numéro pour faire partie du contingent assigné à son canton, mais qui n'a point été appelé, ne peut être nommé qu'après la libération de la classe à laquelle il appartient. — Ces justifications ne sont exigées que des candidats âgés de moins de trente ans. L. 21 mars 1832, art. 48. — V. d'ailleurs *Étranger.*

**17.** 3° Etre âgé de vingt-cinq ans accomplis. Décr. 6 juill. 1810, art. 115. — Cette disposition, dont le texte ne concerne que les avoués de C. roy., n'en est pas moins applicable aux avoués de 1re instance. —V. d'ailleurs L. 20 mars 1791, art. 6.

La loi n'autorise pas de dispense. — Avant 1818, le gouvernement en accordait quelquefois, notamment aux fils d'avoués qui succédaient à leurs pères décédés. Cet abus a été combattu par plusieurs instructions ministérielles. —V. *Décision,* 9 janv. 1857 (Art. 1040 J. Pr.).

En cas de non existence des registres, un acte de notoriété remplace l'acte de naissance; il n'est pas indispensable de recourir aux formalités prescrites par l'art. 46 C. civ. — V. *Notaire.*

**18.** 4° Représenter un certificat de capacité délivré dans une Faculté de droit, après examen, à celui qui a suivi, pendant une année, le cours de procédure civile et criminelle (L. 22 vent. an 12, art. 26 et 27.), et les leçons du professeur de droit civil, qui explique les deux premiers livres du Code. Décision du grand maître de l'université.

Le diplôme de bachelier en droit, et, à plus forte raison, celui de licencié, équivaut au certificat de capacité. Joye, 168. — Toutefois M. Carré, *Lois d'organisat.,* 1, 320, prétend que le titre de bachelier ne suppose pas assez de connaissance des formalités judiciaires; mais cette objection, également opposable pour le certificat de capacité, est sans fondement, puisqu'il faut en outre un certificat de stage.

A Paris, le diplôme de licencié est exigé par la Chambre des avoués, soit en première instance, soit à la Cour.

**19.** 5° Justifier d'un stage de cinq ans de cléricature chez un avoué. Décr. 6 juill. 1810, art. 115. — Cette condition, imposée par ce décret à ceux qui veulent postuler comme avoués près une C. roy., a été étendue aux candidats qui veulent obtenir une charge près le trib. de 1$^{re}$ inst., par une circulaire du garde-des-sceaux du 20 déc. 1827.

La même circulaire réduit le stage à trois ans pour les licenciés ou docteurs en droit. — V. d'ailleurs ord. 28 août 1837 (Art. 883 J. Pr.). —Toutefois, la chambre des avoués près le trib. de la Seine exige, même des licenciés en droit, cinq ans de cléricature, dont un an en qualité de principal clerc.

Le défaut de continuité du stage jusqu'à l'admission n'est point considéré comme un obstacle à la nomination du candidat. Tel est l'usage au ministère de la justice. — A plus forte raison, l'avoué qui a cessé ses fonctions depuis plusieurs années, peut-il aspirer de nouveau aux mêmes fonctions sans un nouveau stage.

**20.** 6° Rapporter un certificat de moralité et de capacité donné par la chambre des avoués du trib. près lequel on veut occuper. L. 27 vent. an 8, art. 5.

Dans les trib. où il n'existe que trois ou quatre avoués, le certificat est délivré par la compagnie tout entière, qui remplit les fonctions de la chambre.

Dans l'usage on exige un certificat de bonnes vie et mœurs délivré, tant par le maire du domicile du postulant, que par le maire du domicile de ses père et mère.

Ces divers certificats doivent être légalisés. — V. d'ailleurs *inf.* § 7.

**21.** 7° N'exercer aucune profession incompatible avec les fonctions d'avoués. — V. *inf.* n. 96.

**22.** 8° Etre présenté par un titulaire, sa veuve ou ses héritiers. L. 28 avr. 1816, art. 91. — A moins qu'il n'y ait une vacance : alors, la présentation est faite par le trib. devant lequel l'avoué doit exercer et adressée au garde-des-sceaux par le procureur-général près la C. roy. du ressort qui donne en même temps son avis. L. 27 vent. an 8, art. 93 ; décr. 13 fruct. an 9, art. 2.

**23.** 9° Etre nommé par ordonnance du roi. L. 27 vent. an 8, art. 93. — La commission est adressée au trib. de 1$^{re}$ inst. dans le ressort duquel le pourvu a sa résidence.

**24.** 10° Justifier du versement d'un *cautionnement* (L. 28 avr. 1816, art. 92, 96. — V. ce mot.), et de l'acquit des droits d'enregistrement. — V. *inf.* § 7.

Toutes les pièces justificatives, sont soumises au procureur du roi (s'il s'agit d'un trib. de 1$^{re}$ inst.) et transmises avec l'avis de ce magistrat au ministre de la justice par l'intermédiaire du procureur-général. — V. d'ailleurs *Office.*

**25.** 11° Enfin prêter serment devant le trib., près lequel on occupe. LL. 22 vent. an 12, art. 31; 31 août, 2 sept. 1830 (Art. 297 J. Pr.).

Une circulaire ministérielle du 8 janv. 1831 a décidé que le serment politique prescrit par la loi du 31 août 1830 serait prêté par les avoués, et que ceux qui s'y refuseraient seraient réputés démissionnaires.

La C. de Nîmes (12 déc. 1831) avait jugé que les avoués n'étaient pas soumis au serment, attendu que n'ayant aucune sorte de juridiction, n'exerçant aucun pouvoir, n'étant que de simples mandataires des parties qui leur donnent leur confiance, ils n'avaient aucun caractère de fonctionnaires publics. Cet arrêt a été annulé. Cass. 16 fév. 1833, M. Dupin, concl. conformes.

La circulaire ministérielle réservait à l'officier ministériel, dans ce cas, le droit de présenter un successeur. —Toutefois un avoué requis de faire cette présentation dans un délai fixé, et qui avait laissé passer encore plus de neuf mois sans la faire, a été considéré, par suite de cette inaction, comme entièrement déchu du droit de présenter un successeur. Agen, 23 mai 1836 (Art. 1220 J. Pr.).

**26.** Les avoués ne sont admis au serment qu'après avoir justifié du versement du cautionnement. — V. *sup.* n. 24.

§ 3. — *Fonctions des avoués; cas où leur ministère est nécessaire,*
*facultatif ou interdit.*

**27.** Les fonctions d'avoués près les trib. civils, et celles d'a-
voués près les trib. criminels ont été, pendant quelque temps,
séparées, et exercées par des individus différens. — Cette distinction a été abolie par une loi du 29 pluv. an 9, qui admet les
avoués de 1re inst. et d'appel à exercer leur ministère près des
trib. criminels, et permet aux avoués des trib. criminels d'exercer près d'un trib. d'appel ou de 1re inst., en fournissant un
supplément de cautionnement. — Aujourd'hui, il n'y a plus
d'avoués spécialement attachés aux trib. criminels ; ce sont les
avoués des trib. de 1re inst. et des C. roy. qui en remplissent
les fonctions. Décr. 6 juill. 1810, art. 112 et suiv.

Art. 1. — *Matières civiles.*

**28.** Les avoués exercent en matière civile deux espèces de
fonctions :

1º Ils *représentent* les parties dans les affaires contentieuses, et
peuvent les défendre dans certaines circonstances.

2º Ils poursuivent les ventes qui ont lieu en justice, et font
tous les actes nécessaires pour arriver à l'adjudication ; ils ont
seuls le droit d'enchérir lors des adjudications préparatoires et
définitives, aux audiences des criées. —V. *Vente.*

**29.** La *représentation* comprend le droit de postuler et de
conclure. L. 27 vent. an 8, art. 94 ; 20 mars 1791, art. 3.

**30.** *Postuler,* c'est faire tout ce qui est nécessaire à l'instruction d'un procès, rédiger et faire signifier les actes et requêtes ;
enfin, remplir les formalités prescrites par la loi pour éclairer
le juge et le mettre en état de prononcer en connaissance de
cause. Les avoués ont *seuls* caractère pour signer les requêtes
signifiées durant les instances dans lesquelles ils occupent.

**31.** *Conclure.* C'est présenter au trib. le résumé des réclamations d'une partie.

Les avoués doivent poser les conclusions que leur indique la
partie, quoiqu'elles leur paraissent dénuées de fondement. —
A moins, cependant qu'elles ne soient évidemment mal fondées,
et réprouvées par une loi précise ou par des pièces non attaquées.
Pigeau, 1, 134.

**32.** L'avoué représente tellement sa partie, que les actes qui
lui sont signifiés ou communiqués sont, en général, censés
l'être à son client. — Ainsi, l'opposition à un jugement par défaut faute de plaider ( C. pr. 160), l'appel d'un jugement en
matière de contribution et d'ordre (*ib.* 669, 763), l'assignation
pour assister à une enquête (*ib.* 261), n'ont besoin d'être signi-

fiés qu'à l'avoué. La constitution d'avoué emporte élection de domicile chez l'avoué constitué (*ib*. 61).

Lorsque la loi exige la communication directe à la partie, par exemple, pour la signification des jugemens contradictoires, elle ordonne en même temps qu'elle soit faite préalablement à l'avoué. C. pr. 147. — V. toutefois *Appel*, n° 112.

**53.** Réciproquement, certains actes faits par l'avoué sont réputés l'être par la partie. — Ainsi, en matière de *vérification d'écriture*, il a caractère, pour signer la pièce contestée, et constater son état. C. pr. 196, 198. — V. ce mot.

**54.** Il est réputé, par la loi, maître du procès pour tout ce qui concerne l'instruction de l'affaire. L. 22 et 23 C. *de procurat*. Rodier, *tit*. 31 *ord., art*. 12.

**55.** Les aveux et concessions faits par lui sont acquis à l'adversaire, et lient sa partie jusqu'à *désaveu*. — V. ce mot.

**56.** Enfin, le décès ou la cessation de fonctions de l'avoué, lorsque l'affaire n'est pas en état, interrompent l'instance. — V. *Reprise d'instance*.

**57.** *Plaidoirie.* Le droit accordé aux avoués par l'art. 12, L. 27 vent. an 8, de plaider concurremment avec les avocats dans toutes les causes où ils occupent, a été successivement restreint par les décr. des 14 déc. 1810 et 2 juill. 1812, et par l'ordonn. du 27 fév. 1822.

**58.** Aujourd'hui, les avoués, même ceux des chefs-lieux de département, ne peuvent plaider que les *incidents de procédure* et *les demandes incidentes* susceptibles d'être jugées sommairement. Ordonn. 27 fév. 1822, art. 5. — Il ne faut pas confondre les *affaires sommaires* avec les *incidents de procédure* et les *demandes incidentes*, qui doivent être jugés *sommairement*. — V. *Sommaire*. — V. Toutefois *inf*. n° 80.

**59.** D'après la jurisprudence de la C. de cass. les avoués n'ont plus le droit de plaider concurremment avec les avocats les affaires sommaires dans lesquelles ils occupent.

Cette solution résulte notamment d'un arrêt rendu par la C. de cass., chambres réunies, le 8 avr. 1837 (Art. 741 J. Pr.), en ces termes :

Attendu que les fonctions d'avoué établies dans l'ordre judiciaire actuel, par l'art. 93 L. 27 vent. an 8, sont définies par l'art. 94 et sont restreintes formellement par le dern. art. *au droit exclusif de postuler et de prendre des conclusions dans les trib. près lesquels ils seront établis.* — Attendu que ledit article non seulement ne leur attribue le droit de plaider, ni à titre exclusif, ni à titre de concurrence avec les avocats; mais qu'au contraire il déclare formellement que les parties pourront toujours se défendre elles-mêmes verbalement, et par écrit, et faire proposer leur défense par qui elles jugeront à propos; — Attendu que ces dispositions constitutives de la profession d'avoué séparent nettement le droit exclusif de postuler et de conclure du droit de plaider qui est resté, après la loi du

27 vent. an 8, susceptible des dispositions réglementaires que le législateur croirait devoir prendre ultérieurement ; — Attendu que si la loi du 22 vent. an 12,
relative aux écoles de Droit, donne, par son art. 23, aux avoués licenciés le droit
de plaider et d'écrire dans les affaires où ils occuperont, et ce, concurremment
avec les avocats, cette disposition qui a pour objet d'attribuer une prérogative au
grade de licencié, ne doit pas être séparée de l'art. 38 de la même loi qui charge
le gouvernement de faire des règlemens d'administration publique, afin de pourvoir à l'exécution de ladite loi ; — Attendu que la même mission de faire des règlemens sur cette matière est conférée de nouveau au gouvernement par l'art. 1042
C. pr. civ. promulgué le 9 mai 1806 : — Attendu que ce droit réglementaire du
gouvernement a compris le pouvoir de *régler* l'exercice de la plaidoirie entre le
corps des avocats et celui des avoués, puisque la plaidoirie fait partie nécessaire de
la discipline du barreau, et que, d'ailleurs, la faculté de plaider n'avait été attribuée aux avoués par l'art. 32 L. an 8, que sauf les modifications et restrictions qui
pourraient résulter plus tard des règlemens organiques dont l'art. 38 autorisait
la confection ; — Attendu que c'est en vertu de cette mission réglementaire que le
gouvernement a successivement pourvu à la taxe des frais par le décret du 16 fév.
1807 ; à l'organisation du tableau des avocats par celui du 14 déc. 1810, et à la
régularisation de l'exercice de la plaidoirie par un autre décret du 2 juill. 1812 ;—
Attendu que si ces divers décrets ont complètement statué sur les matières qui y sont
réglées, il s'ensuit que le gouvernement a pu en modifier les dispositions, puisque
ces matières ayant été une fois dévolues au pouvoir réglementaire par des lois précédentes, n'auraient pu cesser d'être dans la compétence de ce pouvoir qu'en vertu
de lois ultérieures qui les auraient réservées à l'autorité législative ; — Attendu que,
d'après l'art. 14 charte 1814 reproduit quant à ce par l'art. 13, charte revisée en
1830, le roi a le droit de *faire les règlemens et ordonnances nécessaires pour*
*l'exécution des lois*, et que dès lors il a pu modifier ou rapporter les décrets et
actes émanés des gouvernemens précédens, sur les matières à l'égard desquelles les
lois lui donnaient la mission de statuer ;—Attendu que, par conséquent, l'ordon.
roy. du 27 fév. 1822 a été constitutionnellement rendue, et a pu modifier le décret du 2 juill. 1813, comme l'ordonn. du 20 nov. 1822 a modifié le décret
impérial du 14 déc. 1810, organique du tableau des avocats, et a été elle-même
modifiée par une ordonn. nouvelle du 27 août 1830 ; — Attendu que cette ordonn.
du 27 fév. 1822 ne blesse aucun droit acquis, ainsi que le démontrent les considérans qui la précèdent ; — Attendu que la loi de finances du 28 avr. 1816, en
assujettissant les avoués à un supplément de cautionnement, leur en a donné l'é-
quivalent en leur attribuant le droit de présenter leurs successeurs, mais n'a pu
impliquer ni de la part du gouvernement, ni de la part de la législature, la renonciation au droit inaliénable de l'état de modifier, dans des vues d'intérêt général,
la répartition des fonctions des divers officiers publics : — D'où il suit qu'il *est*
*constant en droit*, par la combinaison des art. 2 et 5 de l'ordonn roy. du 27 fév.
1822 et de l'art. 38 L. 22 vent. an 12 avec les art. 1, 2, 3, du décret du 2 juill.
1812, que les avoués, licenciés ou autres des chefs-lieux de départ., n'ont pas le
droit de plaider les causes sommaires, et qu'en décidant que ce droit leur appartient l'arrêt attaqué a violé l'ordon. roy. du 17 fév. 1822 et l'art. 38 L. 22 vent.
an 12 ; — Casse.

— V. dans le même sens, Metz, 26 nov. 1823, S. 26, 28 ;
Cass. 11 déc. 1826, 11 janv. 1827, S. 27, 79, 225 ; 18 juill.
1827, Aix, 31 mai 1826 ; Montpellier, 7 mars 1826 ; Nanci,
26 juill. 1827, S. 28, 159 ; 15 janv. 1829 ; Cass. 15 déc. 1834
(Art. 35 J. Pr.) ; 18 mars 1835 (Art. 160 J. Pr.) ; 23 juin 1835
(Art. 98 J. Pr.).—*Contrà*, Amiens, 31 déc. 1824, S. 25, 190 ;
24 avr. 1825, Aix, 2 août 1825, S. 26, 255 ; trib. Apt. 5 juin
1832, S. 33, 2, 69 ; Riom, 26 janv. 1836, dissertation de
M. Lacan (Art. 403 J. Pr.) ; Glandaz, *Encyclopédie du droit*,
v° *Avoué*, n° 39.

**40.** La prohibition de plaider ne s'applique pas aux avoués qui, en vertu de la loi du 22 vent. an 12, ont obtenu le grade de licencié en droit avant la publication du décret du 2 juill. 1842. Ordonn. 1822, art. 1er.

**41.** Elle souffre encore exception à l'égard de tous les avoués, 1° dans le cas de maladie, absence ou refus de plaider, de la part des avocats, ou lorsqu'ils sont engagés à l'audience d'une autre chambre séant en même temps. Le trib. peut alors autoriser l'avoué à plaider en toute espèce de cause. Décr. 2 juill. 1812, art. 5.

**42.** 2° Lorsque le nombre des avocats inscrits au tableau ou stagiaires, exerçant et résidant dans le chef-lieu, est jugé insuffisant pour la plaidoirie et l'expédition des affaires, les avoués, même non licenciés, peuvent, dans ce cas, plaider toutes les affaires dans lesquelles ils occupent. Ordonn. 27 fév. 1822, art. 2. — V. *Avocat*, n° 34 à 42.

**43.** Chaque année, dans la première quinzaine du mois de novembre, les C. roy. arrêtent l'état des trib. de 1re inst. de leur ressort, où les avoués peuvent jouir de cette faculté. *Ibid*, art. 3.

**44.** Les délibérations des Cours en exécution de cette disposition, sont prises à la diligence des procureurs-généraux, sur l'avis motivé des trib. de 1re inst.; elles sont soumises à l'approbation du garde-des-sceaux, et reçoivent provisoirement leur exécution. *Ib.*, art. 4. — Mais une fois que la délibération de la Cour a reçu la sanction du ministre de la justice, les trib. sont forcés de s'y conformer. Nîmes, 20 juill. 1832.

Il a été jugé qu'un avoué est recevable à attaquer par voie d'appel la délibération d'un trib. prise en conformité d'un arrêté de la C. roy., qui lui refuse le droit de plaider; qu'on ne peut lui opposer comme fin de non recevoir qu'il n'a pas dénoncé l'arrêté de la Cour au garde-des-sceaux. Grenoble, 27 mai 1834 (Art. 36 J. Pr.).

**45.** Les contestations entre le ministère public et les avoués, sur l'exercice du droit de plaidoirie conféré à ces derniers, doivent être jugées en audience publique, et par la juridiction ordinaire; on ne peut procéder par voie réglementaire en la chambre du conseil. Amiens, 31 déc. 1824.

Les avoués n'ont point qualité pour intervenir dans un débat où l'on conteste à l'un d'eux le droit de plaider certaines causes. Aix, 2 août 1825, S. 26, 235. — V. *Intervention*.

**46.** L'arrêt qui maintient les avoués d'un trib. dans le droit de plaider les causes sommaires, droit qui leur est contesté par le ministère public, renferme un excès de pouvoir à raison de son application à des faits futurs. Cass. 27 avr. 1837 (Art. 777 J. Pr.).

**47.** *Cas où le ministère des avoués est nécessaire, facultatif, ou interdit.* Le ministère des avoués est, suivant les circonstances, nécessaire, facultatif ou interdit.

**48.** *Nécessaire.* Les avoués ont *exclusivement* le droit de postuler et de prendre des conclusions devant le trib. près lequel ils sont établis. L. 27 vent. an 8, art. 94.

Conséquemment, les parties sont en général obligées de se faire assister par eux dans toutes les affaires portées devant les trib. civils de 1re inst. et les C. roy. Peu importe qu'elles plaident elles-mêmes leur cause. C. pr. 85.

**49.** Tous les actes exigés pour arriver à l'adjudication sont de la compétence *exclusive* des avoués, en matière de ventes de rentes sur particuliers, et de toute espèce de ventes d'immeubles adjugés à l'audience du trib.

**50.** L'assistance des avoués est nécessaire à toutes les époques de l'instance d'ordre. Paris, 25 mars 1835 (Art. 228 J. Pr.).

**51.** Il en est de même pour les acceptations sous bénéfice d'inventaire, et les répudiations, soit de succession, soit de communauté, faites au greffe. Leur présence est en effet nécessaire pour certifier au greffier l'identité des parties. Arg. tar. 94.

**52.** *Quid*, en matière de *référé*, et d'*expropriation* pour utilité publique. — *V.* ces mots.

**53.** La postulation exercée au préjudice des avoués est un délit.

**54.** Il peut être commis par un avocat. Limoges, 23 août 1824; Bordeaux, 5 janv. 1830; Cass. 5 déc. 1836 (Art. 606 J. Pr.). — *Contrà*, Cass. 28 déc. 1825, S. 26, 102. — V. *inf.* no 62.

**55.** Mais le délit n'existe pas à l'égard de l'avocat qui a rédigé les qualités d'un jugement, s'il ne s'en est pas attribué le produit, et s'il a enjoint à l'huissier de ne les signifier qu'après les avoir fait signer par l'avoué. Bruxelles, 21 avr. 1813, S. 15, 43.

**56.** L'appréciation des faits de postulation est laissée à l'arbitrage des juges; leur décision échappe à la censure de la C. de cass. Cass. 13 janv. 1835 (Art. 18 J. Pr.).

Ainsi, le délit peut être considéré comme ne résultant ni de l'acte par lequel un avoué au trib. civil et un agréé au trib. de commerce s'associent et conviennent de partager le produit de toutes les affaires civiles et commerciales dont ils seront chargés, ni de l'existence, entre les mains de cet agréé, d'un certain nombre de dossiers civils, et dans ces dossiers, d'un petit nombre d'actes de procédure émanés de lui. *Même arrêt.*

**57.** Tout individu convaincu de se livrer à la postulation est condamné, par corps pour la première fois, à une amende qui ne peut être au-dessous de 200 fr., ni au-dessus de 500 fr., et pour la deuxième fois, à une amende qui ne peut être au-dessous de 500 fr., ni excéder 1,000 fr. Il est de plus déclaré incapable d'être nommé aux fonctions d'avoué.

Dans tous les cas, le produit de l'instruction faite en contravention est confisqué au profit de la chambre des avoués, et applicable aux actes de bienfaisance exercés par cette chambre. Décr. 19 juill. 1810, art. 1er.

58. L'avoué convaincu de complicité du délit de postulation est, pour la première fois, puni d'une amende qui ne peut être au-dessous de 500 fr. ni excéder 1,000 fr., applicable comme il est dit au n° 57; et, pour la deuxième fois, d'une amende de 1,500 fr., et de destitution de ses fonctions. *Ib.*, art. 2.

59. Mais un avoué peut, sans encourir de reproches, signer des actes de son ministère rédigés par d'autres personnes. En effet, il se les approprie par sa signature et s'en rend responsable. *Même arrêt*; Carré, *Lois*, 3, 705.

60. Les peines prononcées contre les postulans et leurs complices, le sont sans préjudice des dommages-intérêts et autres droits des parties qui se trouvent lésées par l'effet de ces contraventions. *Même décr.*, art. 3.

61. C'est aux trib. civils, et non aux trib. correctionnels qu'appartient la connaissance du délit de postulation. Arg. du 19 juill. 1810; Cass. 20 juill. 1821.

62. L'avocat est-il également justiciable du trib. civil, pour le délit de postulation?

Pour la négative, on dit : — Le décret du 19 juill. 1810 n'est pas applicable aux avocats; ce décret, d'après son préambule, a pour but de renouveler les dispositions des anciennes ordonnances; or l'édit de Henri II, du 29 juin 1549 s'élève « contre le grand nombre et effrénée multitude de clercs, solliciteurs et autres, la plupart inexperts dans l'art de procureur, lesquels, néanmoins, tiennent bancs destinés aux avocats et procureurs. » Il a été publié à une époque où le nombre des avoués avait été considérablement réduit; et pour empêcher les avoués supprimés de se livrer à la postulation. (Voir la délibération de la chambre des avoués du trib. de 1re inst. de la Seine du 7 juill. 1808).

Les perquisitions domiciliaires autorisées pour constater la postulation seraient contraires à l'inviolabilité du *secret* que la loi consacre dans l'intérêt des cliens, non seulement comme un droit, mais encore comme un devoir; l'incapacité d'exercer jamais les fonctions d'avoué, prononcée contre les coupables serait dérisoire pour les membres du barreau. — Enfin, le décret de 1810, eût-il été dans l'origine applicable aux avocats, a été abrogé implicitement par l'ordonn. de 1822. Cette ordonn. a établi les conseils de discipline pour juger toutes les fautes et infractions des avocats; les crimes et les délits et fautes commises à l'audience sont attribués, par exception, à la connaissance des trib. Mais la postulation illicite n'est pas un délit. L'amende qui la punit est prononcée par les trib. civils, tandis que la répression des faits constitutifs d'un délit est confiée aux trib. correctionnels. D'ailleurs, la postulation est incompatible avec la profession d'avocat, et, sous ce rapport, elle viole les règles de l'ordre et constitue un fait essentiellement disciplinaire : — Il est vrai, l'avoué complice de l'avocat restera justiciable des trib. ordinaires, les poursuites seront distinctes et pourront aboutir à une contrariété de jugemens. Mais le ministère public a une garantie contre cet inconvénient : il peut, tout à la fois, déférer à la C. roy. le jugement du trib. civil et la décision du conseil de discipline ; les deux affaires se trouveront ainsi réunies devant le juge supérieur. Le principe d'après lequel, en cas de concours de deux juridictions différentes, l'une exceptionnelle et l'autre ordinaire, celle-ci doit prévaloir et attirer à elle, celui qui n'en était pas justiciable, est ici sans application. En effet, en matière disciplinaire, la juridiction du droit commun appartient non pas aux trib. civils, mais aux Cours et trib. procédant en assemblée générale dans la chambre du Conseil (Décr. 30 mars 1808). La juridiction ordinaire ne doit pas toujours l'emporter sur la juridiction exceptionnelle. Ainsi, par exemple, l'art. 637 C. comm., dans le cas où un billet à ordre est souscrit par des commerçans et des non commerçans, défère tous les signataires, sans distinction à la juridiction consulaire. Arg. Cass. 28 déc. 1825, S. 26, 102.

Mais l'on répond, dans l'opinion contraire :

La disposition de l'art. 1er, décr. 19 juill. 1810, est applicable généralement à tous les individus convaincus de se livrer à la postulation ; ce décret ne renferme aucune exception en faveur des avocats ; et conséquemment ils sont passibles des peines déterminées par l'art. 1er. — Les règlemens organiques de la discipline du barreau, et notamment l'ordonn. roy. du 20 nov. 1822, ne contiennent pareillement en faveur des avocats aucune exception aux dispositions pénales du décr. du 19 juill. 1810. A la vérité, aux termes de l'art. 15 de cette même ordonn., les conseils de discipline répriment les infractions et les fautes commises par les avocats; mais, aux termes de l'art. 17 de la même ordonn., l'exercice du droit de discipline ne met point obstacle aux poursuites que le ministère public se croit fondé à intenter devant les trib., pour la répression des actes qui constituent des délits ou des crimes ; la postulation est un véritable délit, puisque le coupable est passible d'une peine correctionnelle, et que l'attribution donnée aux trib. civils, par l'art. 7, décr. 19 juill., de connaître de cette nature de contravention, ne lui enlève pas le caractère du délit, parce que le caractère de l'infraction dépend de la nature de la peine dont elle est susceptible, et non du trib. chargé de l'appliquer. La juridiction exceptionnelle, en cette matière, est motivée sur cette considération unique, que les trib. civils, qui sont les seuls devant lesquels la postulation peut s'exercer, sont plus à portée que les trib. correctionnels d'apprécier les faits qui peuvent la constituer. La compétence attribuée aux conseils de discipline n'est pas plus exclusive de celle des trib. civils pour le délit de postulation qu'elle ne l'est de celle des trib. correctionnels ou criminels pour les autres crimes ou délits commis par des avocats; l'admission du système contraire conduirait à cette conséquence bizarre qu'un avocat doublement coupable pour avoir contrevenu au décret de 1810 et aux règlemens de l'ordre, en se livrant à la postulation, serait cependant puni d'une peine moindre, parce qu'il serait soumis à une juridiction particulière. Si, dans quelques circonstances déterminées, certaines personnes peuvent réclamer le bénéfice d'une juridiction spéciale, elles n'en restent pas moins soumises à la pénalité ordinaire. — Ainsi jugé par la Cour de Limoges, le 23 août 1834. —Attendu que les dispositions pénales du décret de 1810, subsistant dans toute leur vigueur, contre les avocats, comme contre tous autres individus, se livrant à la postulation, elles ne peuvent point être appliquées par les conseils de discipline, puisqu'elles consistent particulièrement dans deux condamnations pécuniaires ; qu'il n'est permis, en aucun cas à ces conseils de prononcer, et que, conséquemment, l'application de ces dispositions est de la compétence des trib. ordinaires.

La compétence du trib. civ. a été consacrée dans une espèce où l'avocat était poursuivi conjointement avec un avoué complice du délit de postulation. Cass. 5 déc. 1836 (Art. 606 J. Pr.).

**63.** La contravention peut être poursuivie, soit d'office par les procureurs généraux et leurs substituts, soit sur la plainte de la chambre des avoués. *Même décr.*, art. 4 et 5.

**64.** Elle est constatée par voie de perquisitions faites en présence d'un juge de paix ou d'un commissaire de police, par saisie des papiers (*Ib.*, art. 4 et 6.), et par la preuve testimoniale. Montpellier, 6 mars 1826, S. 27, 52.

**65.** Le jugement qui intervient est toujours susceptible d'appel. *Même décr.*, art. 7.

**66.** *Facultatif.* Certaines parties sont dispensées de la nécessité de se faire représenter par des avoués devant les trib. de 1re inst. et les C. roy.

**67.** Tels sont 1° les préfets agissant au nom de l'*État*, dans les affaires domaniales.—V. ce mot; et d'ailleurs *inf.* n° 75.

**68.** 2° La régie des *contributions indirectes*, et la partie plaidant contre elle ; les frais extraordinaires qui peuvent être **la**

conséquence de la constitution d'un avoué dans ces sortes d'affaires, n'étant pas nécessaires et forcés, demeurent à la charge de ceux qui les ont faits. LL. 22 frim. an 7, art. 65; 5 vent. an 12, art. 88; 27 vent. an 9, art. 17; Cass. 26 mars 1827, S. 27, 264.—V. ce mot.

**69.** 3° La régie du timbre et de l'enregistrement. Elle est soumise aux mêmes règles que la régie des douanes. L. 25 vent. an 9, art. 17; 22 frim. an 7, art. 65; 27 vent. an 9, art. 17; Rennes, 11 avr. 1814; Cass. 20 mars 1826, 26 mars 1827.— V. *inf.* n° 71.

Les avoués peuvent prendre et déposer des conclusions, la plaidoirie seule est interdite. Cass. 1er août 1856. (Art. 620 J. Pr.)

**70.** Peu importe qu'il s'agisse d'une contestation élevée à l'occasion de la taxe des salaires dus à un gardien établi lors d'une saisie pratiquée par la régie pour le paiement d'une contrainte décernée contre un redevable (Cass. 23 août 1830, S. 30, 576), ou d'une demande en validité d'une saisie-arrêt, si la déclaration du tiers saisi n'est pas contestée. Cass. 7 janv. 1818, S. 18, 199; 27 juin 1823, S. 23, 342.

**71.** Mais il en est autrement dans le cas où la déclaration du tiers est contestée. Les règles spéciales tracées par la loi du 22 frim. an 7, ne s'appliquent qu'aux instances entre la régie et le redevable; lorsque des tiers s'y trouvent engagés, il faut nécessairement recourir aux formes ordinaires. L. 27 vent. an 9, art. 17; Avis Cons.-d'Etat, 12 mai 1807; Cass. 29 avr. 1818.

**72.** Les mêmes raisons existent à l'égard des contestations élevées à un ordre ou à une contribution, aussi la régie est-elle, dans ces circonstances, forcée de constituer avoué. Bruxelles, 11 avr. 1810, S. 11, 449.—V. *Enregistrement.*

**75.** 4° La régie des douanes. Elle est dispensée d'employer le ministère des avoués lorsqu'elle se borne à une instruction sur simple mémoire. Cass. 1er germ. an 10, S. 7, 2, 801; 16 mes. an 13, S. 20, 489. — Au contraire, il en est autrement, lorsqu'elle veut faire présenter ses agens à la barre, prendre des conclusions et plaider. Cass. 10 déc. 1824, S. 22, 267.— V. *Douane.*

**74.** Mais aucune loi spéciale n'ayant soustrait la caisse des invalides à l'obligation générale de constituer avoué, elle ne saurait se passer du ministère de ces officiers ministériels dans les instances relatives aux droits dont la perception lui est confiée. Cass. 12 août 1818, S. 19, 225.

**75.** Au reste, la plupart des administrations publiques, même dans le cas où elles sont dispensées de procéder avec l'assistance des avoués, appréciant l'utilité de leur concours, sont dans l'usage d'employer leur ministère.

**76.** Le ministère des avoués est facultatif à l'égard de toutes les parties :

1° S'il s'agit de demandes en restitution de pièces produites. C. pr. 107.—V. *Communication de pièces.*

2° En matière de discipline, devant les trib. civ. Douai, 15 juin 1855 (Art. 165 J. Pr.).

Il a été jugé qu'en matière de vente renvoyée devant notaire, la rédaction du cahier des charges et les autres actes qui précèdent la vente, peuvent être faits, soit par les parties elles-mêmes, soit par le notaire délégué, ou toutes autres personnes de confiance que les parties voudraient charger de cette mission. Cass. 25 juin 1828, S. 28, 305. —V. Toutefois, *Vente judiciaire.* — Dans le même cas, les enchères sont reçues de la part de toutes personnes, à moins qu'une clause contraire n'ait été insérée dans le cahier des charges.

**77.** *Interdit.* Le ministère des avoués est interdit : 1° dans toutes les affaires de la compétence des trib. de paix, des trib. de commerce, et des trib. de 1re inst. jugeant commercialement. Les avoués ne peuvent se présenter dans ces sortes d'affaires que comme simples mandataires et en vertu d'un pouvoir spécial. C. comm. 627. —V. D'ailleurs *prud'homme;*

2° Dans le cas d'*interrogatoire sur faits et articles*, la partie interrogée ne peut répondre avec l'assistance d'un conseil. C. pr. 333. —V. ce mot.

3° En matière de *séparation de corps*, lors de la comparution des époux devant le président. C. pr. 877.—V. ce mot.

### Art. 2. — *Matières criminelles.*

**78.** Les avoués remplissent, en matière criminelle, la double fonction de *conclure* et de *plaider* pour les parties.

**79.** Dans les affaires relatives à des délits n'entraînant pas la peine d'emprisonnement, ils peuvent même représenter les prévenus; néanmoins, le trib. a le droit d'ordonner la comparution de ceux-ci en personne. C. inst. crim. 185.

**80.** Les avoués n'ont-ils le droit de plaider devant les trib. correctionnels et la C d'assises, que dans les circonstances où il leur est permis de plaider devant les trib. civils? —La négative résulte des termes de l'art. 295 C. instr. crim.

« Le conseil de l'accusé ne pourra être choisi par lui, ou désigné par le juge, que parmi les avocats ou *avoués* de la C. roy. ou de son ressort. » Cet article, attributif du droit de plaidoirie aux avoués, ne contient aucune des restrictions établies pour les matières civiles; et les ordonn. des 27 fév. et 20 nov. 1822 ne lui ont apporté aucune modification; on ne saurait donc, sans porter atteinte au droit sacré de la défense, et aux prérogatives des avoués, leur interdire, dans aucun cas, la plaidoire de-

vant les trib. criminels. Paris, 21 juill. 1826, S 26, 239; Cass.
25 juin 1827, 12 et 25 janv. 1828, S. 28, 231; Riom, 15
nov. 1827, S. 28, 6.; Glandaz, n° 40.

81. Néanmoins, il ne faut pas induire des termes généraux
de l'art. 295 C. inst. crim. que les avoués puissent plaider devant tous les trib. de la Cour dans le ressort de laquelle ils occupent ; ils n'ont le droit de se présenter que devant la Cour ou
le trib. près lequel ils exercent leurs fonctions. Arg. L. 27
vent. an 8, art. 93, 94; décr. 29 pluv. an 9, art. 1, 2; Cass.
3 oct. 1822, S. 22, 394; 7 mars 1828, S. 28, 264.

82. Toutefois, dans les lieux où il n'y a pas de C. roy., les
avoués près le trib. de 1$^{re}$ inst, peuvent exercer leur ministère
devant la C. d'assises. Décr. 6 juill. 1840, art. 113.

83. Le ministère des avoués est nécessaire pour les prévenus
d'un délit n'entraînant pas la peine de l'emprisonnement, qui
ne comparaissent pas en personne. L'art. 185 C. inst. crim. ne
leur permet pas de se faire représenter par d'autres mandataires.

84. En est-il de même lorsque le' prévenu comparaît en
personne, soit devant un trib. correctionnel, soit devant une
C. d'assises ?

La négative est évidente, quand le prévenu, se renfermant
dans sa défense, qui est de droit naturel, se borne à repousser
l'accusation dirigée contre lui.

Mais s'il réclame des dommages-intérêts contre une partie
civile, la question devient plus délicate.

Le ministère d'un avoué avait long-temps été considéré comme
indispensable. Cette doctrine, enseignée par de graves autorités
(Circulaire du min. de la justice, 10 avr. 1815; Orléans, 5 mai
1829, S. 30, 39; Favard, v° *Dépens*, n° 10; Legraverend, 2,
340, 389, note 3; Chauveau, 5, 386, n° 117) repose sur les
raisons suivantes : — L'art. 93, L. 27 vent. an 8, avait établi des avoués près le trib. de cassation, près de chaque trib.
d'appel, près de chaque trib. criminel, près de chacun des trib.
de 1$^{ie}$ inst. L'art. 94, même loi, dispose : que les avoués auront
exclusivement le droit de postuler et de prendre des conclusions
dans le trib. près lequel ils seront établis. Les affaires de police correctionnelle étaient alors jugées par les trib. de 1$^{re}$ inst.,
et, sur appel, par les trib. criminels (Art 7 et 33). La loi du
29 pluv. an 9 porte que, dans les communes où sont établis
un trib. criminel et des trib. de 1$^{re}$ inst. ou d'appel, les avoués
immatriculés aux trib. d'appel ou de 1$^{re}$ inst. pourront exercer
leur ministère près le trib. criminel ; et que les avoués déjà reçus près les trib. criminels pourront exercer près un des deux
trib., soit d'appel, soit de 1$^{re}$ inst. L'art. 113, L. 6 juill. 1840,
reconnaît aux avoués le droit d'exercer leur ministère près la
C. d'assises ; or, ce ministère, d'après la loi du 27 vent. an 8,

est de postuler et conclure exclusivement; il eût été inutile de s'occuper du placement des avoués près des trib. criminels, s'ils n'avaient eu aucunes fonctions de leur ministère à exercer. — Le C. inst. crim. n'a point abrogé ces dispositions. Il avait pour objet de tracer les règles de procédure spéciales aux matières correctionnelles ou criminelles, et non de modifier les attributions des avoués. — Peu importe que l'art. 138 C. inst. crim. oblige la partie civile à faire, dans la citation, élection expresse de domicile ; cette élection peut aussi avoir lieu en matière civile, dans un lieu différent de celui de l'avoué (C. pr. 61.), et l'on conçoit que la loi ait exigé cette élection d'une manière plus rigoureuse en matière correctionnelle. — Les conclusions à fins civiles, prises devant les trib. criminels, constituent une véritable instance civile, qui suppose nécessairement le ministère des avoués.

Toutefois la C. de cass., dans plusieurs arrêts (14 août 1823, S. 25, 5 ; 17 fév. 1826, S. 26, 516 ; 25 nov. 1831, S. 32, 681. — V. dans le même sens Chauveau, *Tarif*, 1, 85, note ; Joye, 169.), a constamment décidé que le ministère des avoués, pour prendre des conclusions à fins civiles, était purement facultatif. L'arrêt du 17 fév. 1826 est ainsi motivé : Les règles de procédure pour les trib. criminels et correctionnels ont été tracées dans le C. inst. crim.; c'est donc d'après les dispositions de ce Code que doivent être déterminées les fonctions que les avoués ont à y exercer. — Les art. 185, 295, 417 et 468 dudit Code, les seuls où il soit fait mention d'avoué, ne contiennent aucune disposition qui oblige les parties d'employer leur ministère ; — Les art. 185, 468 l'excluent même formellement dans les cas y prévus ; il s'ensuit donc que hors ce cas leur ministère est purement facultatif ; ainsi, les parties ont toutes la liberté de s'en servir ou de ne pas s'en servir. Cette faculté résulte encore de l'art. 185 du même Code, qui oblige la partie civile à faire, dans son acte de citation, élection de domicile dans la ville où siége le trib., obligation qui serait superflue, si la citation devait, comme l'exige le C. de pr., en matière civile, contenir constitution d'avoué, puisqu'elle emporterait de droit élection de domicile chez l'avoué désigné. — Le même droit facultatif résulte également de la forme d'instruction prescrite par l'art. 190 dudit Code(1), ainsi que de l'art. 3, § 1er, décr. 18 juin 1811, relatif aux frais de procédure en matière correctionnelle et de police. — On ne peut tirer aucune induction contraire de l'art. 13 décr. 6 juill. 1840 ; cet article ne prescrit aucune forme de procédure,

---

(1) Cet article porte : la partie civile, ou son défenseur, exposeront l'affaire. — P us loin il est dit : le prévenu et la personne civilement responsable présenteront leur défense. — D'où il résulte que les parties ont l'option de se présenter seules ou assistées d'un défenseur. (Art. 772 J. Pr.).

il s'occupe seulement du placement des avoués alors attachés aux trib. de chefs-lieux de département, ou qui précédemment l'avaient été aux Cours de justice criminelle qui venaient d'être supprimées et remplacées par les C. d'assises.

Enfin la C. de cass a décidé *implicitement* la question, le 7 avr. 1837, en validant l'acte d'appel d'un jugement de simple police qui ne contenait pas constitution d'avoué (Art. 801 J. Pr.).

La partie civile peut, par les mêmes motifs, se dispenser de l'assistance d'un avoué, soit devant les trib. correctionnels, soit devant les C. d'assises. — Glandaz, 8.

85. Dans tous les cas, la partie civile, l'accusé ou le prévenu, peuvent faire présenter leur demande ou défense par un avocat. Mais le prévenu qui ne comparaît pas en personne, doit en outre être représenté par un avoué. — V. *sup.* n° 83.

86. Les avoués n'ont pas qualité pour présenter au serment les gardes particuliers : ce droit n'appartient qu'au ministère public. Cass. 15 juill. 1836 (Art. 859 J. Pr.).

### § 4. — *Devoirs et responsabilité des avoués.*

87. Les avoués sont tenus : — 1° De maintenir complet leur *cautionnement.* — V. ce mot.

88. 2° D'avoir leur domicile dans la ville où siége le trib. auquel ils sont attachés. Ils ne peuvent postuler auprès de deux trib. différens. L. 20 mars 1791, art. 9.

89. 3° De porter dans toutes leurs fonctions, soit à l'audience, soit au parquet, soit aux comparutions et aux séances particulières, devant les commissaires, le costume prescrit. Décr. 30 mars 1808, art. 105. — Ce costume consiste en une toge de laine, fermée par-devant, à manches larges, avec toque noire, et la cravatte pareille à celle des juges. Arrêt. 2 niv. an 11, art. 6. — Les avocats seuls portent la chausse. Décr. 2 juill. 1812, art. 12.

90. 4° De s'abstenir, soit dans leurs écritures, soit dans leurs plaidoiries, de tout acte irrévéventiel pour les magistrats ou injurieux pour les parties et leurs défenseurs. — V. *Avocat,* n° 147 à 154. — Réciproquement, comme officiers de justice, ils sont protégés, dans l'exercice de leurs fonctions, d'une manière spéciale, contre les outrages et les menaces. C. pr. 91. — V. *Audience,* § 3.

91. 5° De mentionner, sous peine d'amende, la *patente* des particuliers, dans les actes relatifs à l'exercice de la profession qui y est soumise. V. ce mot.

— V. d'ailleurs *Calendrier, Copie de pièces, Enregistrement, Langue française, Monnaie, Poids et mesures, Timbre.*

92. 6° D'avoir un registre timbré, coté et paraphé par le président du trib. auquel ils sont attachés, ou l'un des juges par

lui commis, sur lequel ils inscrivent eux-mêmes, par ordre de date, et sans aucun blanc, toutes les sommes qu'ils reçoivent de leurs cliens. Décr. 16 fév. 1807, art. 151.

Ils sont forcés de produire ce registre à la réquisition, soit de leur client, soit de l'adversaire, lorsque le client prétend leur avoir payé des frais qu'ils réclament. — V. *inf.* n° 156, 201.

Ce registre peut être opposé en justice, quoiqu'il ne soit pas sur papier timbré, surtout lorsqu'il est relié, écrit de suite, et visé par un juge de trib. Pau, 19 nov. 1821.

Mais, en général, il ne fait pas foi contre les tiers, surtout dans le cas où les mentions qu'il contient deviendraient un titre en faveur du client de l'avoué contre ces tiers. Paris. 22 juill. 1815, S. 16, 532.

Des avoués sont en outre dans l'usage d'inscrire sur un autre registre les causes et les noms des personnes par lesquelles ils ont été chargés. Glandaz, n° 43.

**93.** 7° De prêter leur ministère aux parties qui le réclament ; c'est une conséquence du principe qui veut que l'on ne puisse se présenter devant les trib. sans leur assistance. — V. *sup.* n° 48.

Cette règle reçoit cependant quelques exceptions : par exemple, 1° s'il s'agit d'une demande que la loi défende de former, telle qu'une prise à partie intentée sans permission préalable. C. pr. 510. — V. *Prise à partie.*

2° Si la demande est dirigée contre un des proches parens de l'avoué. Pigeau, 134.

En cas de difficulté à cet égard entre l'avoué et la partie, on s'adresse à la *chambre des avoués* (— V. *Discipline*), ou au président du trib. près lequel exerce l'avoué.

**94.** 8° De remplir envers leurs cliens les obligations d'un mandataire. Cass. 2 août 1813, S. 13, 445 ; Berriat, 72.

Ainsi l'avoué constitué doit agir en homme de bien comme le ferait le client lui-même ; — restituer tout ce qu'il a reçu à l'occasion de la cause ; — rendre les titres qui lui ont été confiés.

L'avoué est déchargé des pièces cinq ans après le jugement du procès. C. civ. 2276.

Est-il contraignable par corps pour la restitution de titres à lui confiés, ou pour les sommes reçues par ses cliens, par suite de ses fonctions ? — V. *Contrainte par corps.*

**95.** 9° De supporter les dommages-intérêts dans certains cas, spécialement les dépens des procédures nulles et les frais frustratoires.

Toutefois, la responsabilité de l'officier ministériel n'est engagée que par ses fautes grossières ou son dol.

La loi ayant eu soin de déterminer, dans une foule d'occasions, les effets de cette *responsabilité*, on doit être très réservé, lorsqu'il s'agit de l'appliquer par interprétation à des cas non prévus. — V. ce mot.

**96.** 10° De ne point exercer les fonctions incompatibles avec celles d'avoué : — telles sont celles de receveur des finances. Angers, 8 déc. 1830, S. 31, 87.—De conseiller de préfecture. Av. Cons.-d'Etat, 5 août 1809.—De préfet, ou sous-préfet.— De greffier, notaire et huissier.— Les emplois administratifs auxquels est attaché un traitement. Joye, 169.— Les fonctions de l'ordre judiciaire autres que celles de juge-suppléant. Arg. ordonn. 20 nov. 1822, art 42.— Quoique la loi n'établisse pas d'incompatibilité de parenté entre les magistrats et les officiers ministériels, on évite de nommer aux fonctions d'avoué le fils ou le proche parent d'un membre de la C. ou du trib. Joye, *ib.*

**97.** 11° De s'abstenir de toute acquisition des procès, droits et actions litigieux de la compétence du trib. dans le ressort duquel ils exercent leurs fonctions, à peine de nullité, et des dépens, dommages et intérêts (C. civ. 1597). Leur institution a pour but de faciliter la dispensation de la justice : il ne doit donc pas leur être permis de trafiquer des procès; il serait d'ailleurs à craindre que, par leur position, ils n'exerçassent une certaine influence sur l'esprit des magistrats.—V. *Droits l-gieux.*

Mais il n'est pas interdit à un avoué d'acquérir des droits litigieux de la compétence d'un autre trib. que celui dans le ressort duquel il exerce ses fonctions.

Peu importe que ce trib. soit du ressort de la même Cour : la loi ne fait aucune distinction ; d'ailleurs, les mêmes motifs de décider n'existent plus : un avoué exerçant près d'un trib. de 1re inst. ne peut avoir aucune influence sur les magistrats composant la Cour dont ce trib. ressortit. Ordonn. 1629; Colmar, 11 mars 1807; S. 9, 255 ; Trèves, 24 juin 1807 ; — *Contrà*, Amiens, 11 prair. an 13, S. 9, 252.

Dans aucun cas, le ministère public n'a d'action pour demander la nullité d'une cession de droits litigieux consentie à un avoué. Cass. 29 fév. 1832, S. 32, 364.

**98.** L'avoué qui est en contravention aux lois et règlemens peut, indépendamment de la condamnation aux *dépens*, en son nom personnel, et aux *dommages-intérêts* envers la partie (—*V.* ces mots), être puni, suivant la gravité des circonstances, 1° par des injonctions d'être plus exact et plus circonspect à l'avenir, et par des défenses de récidiver ; 2° par la suspension de ses fonctions pendant un temps déterminé. Dans ces deux cas, l'impression, et même l'affiche du jugement peuvent être ordonnées à ses frais; 5° enfin, par la destitution de ses fonctions, s'il y a lieu. Décr. 30 mars 1808, art. 102.—V. *Discipline.*

§ 5. — *Constitution de l'avoué.*

Art. 1. — *Nécessité d'un pouvoir pour l'avoué.*

**99.** Les avoués ne peuvent, sous peine de *désaveu* (—V. ce mot.), occuper pour les parties que lorsqu'ils ont reçu d'elles le pouvoir de conclure en leur nom.

**100.** Ce pouvoir est quelquefois limité à certains actes : ainsi, il arrive qu'un avoué soit constitué seulement pour opposer un déclinatoire, sans aucun pouvoir de plaider au fond. Cass. 18 janv. 1830, D. 30, 65.

**101.** Quelque général que soit le pouvoir donné à un avoué, il ne renferme, à moins d'une stipulation précise, que la faculté de faire les actes qui dépendent de son ministère. Bordeaux, 30 juill. 1829, S. 30, 7.

**102.** Un pouvoir exprès est nécessaire :

1° Pour faire ou accepter des offres, aveux ou consentement. C. pr. 352.

En est-il de même pour un acquiescement ?—La solution de cette question dépend de la nature de l'*acquiescement.*—V. ce mot, n° 38 et *Désaveu.*

**103.** 2° Pour donner quittance des sommes qu'il est chargé de recouvrer : c'était un point constant dans la jurisprudence des anciens parlemens. Colmar, 18 avr. 1806, P. 5, 290 ; Merlin, *Rép.* v° *Paiement,* § 3.

En conséquence, un avoué a été déclaré responsable de la dépréciation du papier monnaie resté entre ses mains. *Même arrêt.*

Ainsi, la remise d'un bordereau de collocation, et la quittance donnée au débiteur par l'avoué du créancier, n'établissent pas suffisamment sa libération, lorsque le créancier nie avoir profité du paiement fait à son avoué, et que le contraire n'est pas établi. Dans ce cas, l'avoué ne peut être réputé le mandataire de son client. Cass. 23 juill. 1828, S. 28, 308.

**104.** 3° Pour interjeter *appel* au nom de sa partie.—V. ce mot, n° 69 et 119.

Le mandat de poursuivre l'affaire *jusqu'à jugement définitif,* ne suffirait pas (—*Contrà,* Merlin, *Qu. dr.,* v° *Appel,* § 3) : il ne faut pas confondre un jugement *définitif* avec un jugement *en dernier ressort;* et, à moins d'une clause expresse, la partie est présumée ne s'en rapporter à l'avoué que pour les actes qui précèdent le jugement qui termine l'instance devant les premiers juges. Au surplus, dans la pratique, les avoués près le trib. de la Seine ont soin d'exiger un pouvoir spécial.

Toutefois, lorsque les délais d'appel se trouvent abrégés, et qu'ils courent de la signification à avoué, cet officier ministériel a droit de notifier l'appel : en effet, s'il en était autrement, le

temps pourrait lui manquer pour consulter la partie. — Ainsi
jugé, en matière de police correctionnelle. Arg.C. inst. crim.
204 ; Bourges , 6 déc. 1821 , 14 avr. 1825, 5 mars 1826.—
En matière d'ordre. Metz, 28 août 1821. — Toutefois, ce
dernier arrêt ne se fonde pas sur la brièveté des délais.—
V. d'ailleurs nos observations (Art. 95 J. Pr.).

105. 4° Pour déférer le *serment* décisoire.—V. ce mot.

L'avoué chargé de produire dans un *ordre* ou dans une *distribution par contribution*, a-t-il besoin d'un pouvoir spécial pour
contester?—V. ces mots.

106. Les avoués peuvent exercer pour toutes personnes,
même pour eux, leur femme, leurs enfans, leurs parens les plus
proches. Pigeau, 1, 133.

170. *Durée des pouvoirs.* Les fonctions de l'avoué finissent
comme celles de tout mandataire : 1° Par sa révocation ; 2° par
sa renonciation au mandat; 5° par la mort naturelle ou civile ,
l'interdiction ou la déconfiture, soit du client, soit de l'avoué ;
4° par le jugement, ou la transaction, qui termine le procès. C.
civ. 2003.

108. 1° *Par sa révocation.* La révocation d'un avoué se fait
par un acte de l'avoué nouvellement constitué à celui qu'il remplace et aux autres avoués en cause. Arg. C. pr. 75.

Si la révocation n'est pas accompagnée de la constitution d'un
nouvel avoué, elle est sans effet à l'égard des tiers; les procédures faites, et les jugemens obtenus contre l'avoué non remplacé,
sont valables. *Ib.*

Ainsi, l'avoué peut, malgré la révocation, occuper sur l'opposition formée contre l'arrêt de défaut qu'il a obtenu. Cass. 1er
août 1810 , S. 14, 81 ; Carré, n° 1297. — Mais il n'est plus
tenu que d'avertir son client des poursuites. Berriat, 74, note
25 , n° 1.

La révocation est valable, quoique non enregistrée. Toulouse,
13 mai 1826.

109. L'avoué qui a occupé en 1re inst. pour un saisi, n'est
pas révoqué par le fait seul de l'appel, interjeté par ce dernier,
du jugement d'adjudication préparatoire : il faut une révocation
ou un désaveu exprès. Cass. 5 janv. 1837 (Art. 951 J. Pr.).

110. Après le jugement définitif, les parties peuvent-elles
révoquer leurs avoués et les remplacer pour le règlement des
qualités, et pour recevoir la signification de ce jugement ? — La
négative a été décidée. Cass. 24 mai 1830, S. 20, 226.—V. toutefois *Jugement.*

111. 2° *Par sa renonciation au mandat.* Le droit romain n'accordait pas cette faculté au représentant de la partie après la
litis-contestation ; à moins d'empêchement légitime, que le préteur appréciait selon les circonstances, et il refusait la même

faculté au client. Cette réciprocité n'existant pas dans le Code,
en l'absence d'un texte précis, il n'y a aucun motif d'empêcher
l'avoué de répudier le mandat, surtout pour motif légitime,
pourvu cependant que ce soit en temps opportun, et que cela ne
puisse pas nuire au client. Berriat, 74, note 25, n° 2.—*Contrà*,
Pothier, *Mandat*, n° 142.

·Jugé que l'avoué nommé d'office ne peut obtenir l'autorisation de renoncer au mandat du client, sans avoir appelé ce dernier. Caen, 23 mai 1837 (Art. 989 J. Pr.).

**112.** Si le refus de l'avoué est mal fondé, le président du trib.
peut lui enjoindre de prêter son ministère au client qui le réclame. Pigeau, 1, 134.

**113.** *Par la mort naturelle ou civile.* La mort naturelle ou civile, soit de la partie, soit de l'avoué, ou leur changement d'é-
tat, entraîne la révocation des pouvoirs donnés à l'avoué, lorsque l'affaire n'est pas encore en état. C. pr. 342.

Cependant il ne faut pas confondre le décès de la partie, et
celui de son avoué, à l'égard des tiers. En effet, l'adversaire
pouvant ignorer le décès de la partie, continue valablement ses
poursuites tant qu'il ne lui a pas été signifié ; tandis que le décès
de l'avoué, étant nécessairement connu de son confrère, n'a pas
besoin d'être notifié à l'adversaire. Nîmes, 2 fév. 1825, S. 25,
294 ; Montpellier, 17 janv. 1831, S. 31, 271. — V. *Reprise
d'instance* et nos observations (Art. 1008 J. Pr.).

**114.** Le décès du client ne rend pas nuls les actes que l'avoué
a faits de bonne foi en son nom : ainsi est valable la reprise d'instance faite au nom d'un client décédé. Arg. C. civ. 2008 ; C. pr.
345 ; Nîmes, 5 janv. 1825, S. 25, 135.

**115.** Jugé toutefois que la signification d'un arrêt d'admission faite à la requête d'un individu décédé cinq mois auparavant est nulle, malgré la bonne foi de l'avocat à la C. de cass.
qui a fait préparer les copies. Cass. 19 déc. 1837 (Art. 1079
J. Pr.).

Mais cette solution a été déterminée principalement par le
motif que la signification de l'arrêt d'admission est introductive
d'instance, et que cet acte doit être fait directement au nom de
la partie.

**116.** La démission ou destitution de l'avoué a le même effet
que son interdiction ou son décès. Rodier, art. 26, Ordonn.
1667. Merlin, *Quest. de dr.*, v° *Avoué.*

**117.** La démission ou destitution est réputée connue, sans
qu'il soit nécessaire de la signifier, quand le successeur a présenté requête à fin d'être reçu, et qu'il est intervenu une ordonnance de soit communiqué au ministère public. Pigeau,
1, 431.

**118.** Ni la mort, ni le changement d'état des parties, n'en-

pêchent le jugement d'une cause lorsqu'elle est en état. C. pr.
342.

**119.** 4° *Par le jugement ou la transaction qui termine le procès.*
Le mandat donné à l'avoué étant spécial pour le procès, il est
naturel qu'il finisse avec lui ; l'appel interjeté de ce jugement
ne saurait le faire revivre. Grenoble, 20 août 1825, S. 26,
165.

**120.** Toutefois, s'il est intervenu un *jugement définitif,* l'avoué
constitué par une partie, *est tenu* d'occuper *sur l'exécution* de ce
jugement, sans nouveau pouvoir, pourvu qu'elle ait lieu *dans
l'année* de la prononciation du jugement. C. pr. 1058.

**121.** Cette disposition a pour but d'épargner aux parties des
frais et des lenteurs.

Ainsi le défendeur ne peut pas entraver l'exécution en ne
constituant pas immédiatement avoué sur les difficultés qu'elle
entraîne.

**122.** Le demandeur est dispensé d'assigner en reprise d'instance ou en constitution de nouvel avoué. Thomine, n° 1276.

Il suffit de saisir le trib., — par un acte d'avoué à avoué : la
procédure qui a lieu sur l'exécution du jugement n'est pas considérée comme une instance nouvelle, mais comme une suite de
la même instance. Thomine, *ib.* — *Contrà,* Carré, n° 3429.

Avant le Code on a jugé que l'avoué qui avait obtenu un arrêt définitif était tenu d'occuper sur la demande en nullité
d'une saisie pratiquée en vertu de cet arrêt et moins *de trois ans*
après. Nîmes, 17 messidor an 13, P. 4, 642. — Mais qu'il
pouvait exiger que la requête contenant la demande en nullité
fût signifiée préalablement à sa partie. — *Même arrêt.*

**123.** Il n'est pas non plus nécessaire d'observer les délais de
l'ajournement. Thomine, *ib.* — *Contrà,* Carré, n° 3429. — Si
l'avoué du défendeur a remis les pièces à son client, ou a besoin
de s'entendre avec lui, il sollicitera et obtiendra du trib. une
remise.

Une assignation à domicile à comparaître dans les délais de
l'ajournement, entraînerait des frais et des lenteurs que la loi
a eu précisément pour but d'éviter.

**124.** Toutefois, si l'on a suivi cette dernière marche, il n'y
a pas nullité. — Mais les frais sont frustratoires et restent à la
charge de ceux qui les ont faits. Thomine, n° 1276.

**125.** *Jugement.* L'art. 1058 C. pr. ne s'applique pas au cas
où l'instance est terminée par une transaction, un acquiescement, un désistement, ou de toute autre manière que par un
jugement : il n'y a plus les mêmes motifs. Berriat, 74, note 26.

**126.** Le jugement par défaut faute de plaider, non suivi
d'opposition dans le délai de huitaine, termine-t-il tellement

l'instance que l'avoué du défendeur perde immédiatement le pouvoir de le représenter? — V. *Jugement par défaut.*

**127.** *Définitif.* Si le jugement est préparatoire ou interlocutoire, il y a un motif de plus pour continuer les pouvoirs de l'avoué.

**128.** *Est tenu.* Le mandat légal existe lors même que la partie a fait une révocation expresse, à moins qu'elle n'ait constitué un nouvel avoué. Arg. C. pr. 75, 1038.

Peu importe que les pièces aient été remises au client, et que les frais aient été réglés. Cass. 1er août 1810, P. 8, 501; Carré, n° 3427; Thomine, n° 1276.

**129.** L'avoué peut-il refuser le mandat légal, en prouvant que son client ne lui a fourni aucune provision et qu'il est insolvable?

A l'égard de l'adversaire, le mandat n'en existe pas moins : la procédure est contradictoire. Autrement le but de la loi serait manqué. — V. *sup.* n° 123.

Mais la responsabilité de l'officier ministériel est couverte à l'égard du client, s'il le prévient de l'incident qui s'élève et de l'intention dans laquelle il est de ne signifier aucune écriture, de ne poser aucune conclusion, en un mot de ne faire aucun déboursé, tant qu'il n'aura pas reçu une provision suffisante.

Pour conserver, autant que possible des traces de cet avis, l'avoué fera recommander à la poste la lettre adressée au client, et il lui sera délivré un bulletin qui constatera la remise.

L'avoué n'est pas obligé de prêter son ministère gratuitement à un client insolvable; à moins qu'il ne soit nommé d'office, alors la chambre des avoués lui tient compte de ses déboursés. — V. *Indigent.*

**130.** *Sur l'exécution.* L'obligation de l'avoué n'est relative qu'aux actes de procédure et à ceux de son ministère proprement dits : — telle est la demande en nullité d'une saisie-exécution formée, soit à la requête de ses cliens, soit contre eux. Orléans, 26 juill. 1827, D. 28, 65.

**131.** L'avoué qui a occupé sur une expropriation forcée est-il constitué de plein droit sur l'ordre qui en est la suite? V. *Ordre.*

**132.** L'avoué du demandeur qui a obtenu un arrêt par défaut faute de comparaître, a dû occuper sur l'opposition à cet arrêt. Cass. 1er août 1810, P. 8, 501. — Il ne peut être désavoué par son client, alors surtout qu'il n'a exercé son ministère qu'en déférant aux ordres de la Cour. *Même arrêt.*

A l'inverse, l'avoué du défendeur occupera sur l'opposition formée par son client au commandement qui a lieu en exécution du jugement ou de l'arrêt lors de l'obtention duquel il était déjà chargé. Nîmes, 23 fév. 1808, P. 6,526.

**153.** Sous l'ordon. de 1667, l'avoué était constitué de droit, sans nouveau pouvoir, sur la liquidation des dommages-intérêts. Ordonn. tit. 27, art. 2, et tit. 32, art. 4. — Aujourd'hui on peut admettre cette constitution, en considérant la liquidation comme une exécution du jugement; seulement il faut la restreindre à un an. Berriat, p. 495. Glandaz, n° 22.

**154.** Mais l'avoué n'est pas tenu de provoquer des poursuites, telles que commandement et autres actes qui doivent se faire à la diligence et à la poursuite de la partie elle-même. Orléans, 26 juill. 1827, D. 28, 65.

Spécialement, lorsqu'un avoué, qui a obtenu au profit de son client, des condamnations définitives, pratique entre les mains de la partie condamnée une saisie-arrêt du montant de ses avances, le client ne peut en demander la main-levée, sous le prétexte que l'avoué est tenu de procéder à l'exécution des jugemens contre la partie condamnée, et que ce moyen seul peut lui assurer le paiement de ses avances. *Même arrêt.*

**155.** Jugé que l'art. 1038 C. pr. n'autorise pas l'avoué à faire des significations sans réserves qui peuvent renfermer un *acquiescement.* Bruxelles, 25 sept. 1821, D. 5, 123. — *V.* ce mot, n° 87.

—V. D'ailleurs, *Appel*, n° 60, et *sup.*, n° 104.

**156.** L'art. 1038 C. pr. suppose le cas où la connaissance de l'exécution du jugement appartient au trib. qui l'a rendu. Pigeau, 2, 111.

Ainsi cet art. devient inapplicable : — 1° Lorsque la loi attribue une juridiction particulière au trib. dans l'arrondissement duquel l'exécution est suivie. C. pr. 675, 786;

2° Lorsque par suite d'infirmation la Cour a retenu ou renvoyé à un autre trib. la connaissance de l'exécution. C. pr. 472. — V. *Appel*, n°⁵ 382 et suivans. — *V.* d'ailleurs, *Référé.*

**157.** *Dans l'année*, après ce délai, la demande relative à l'exécution se forme : — par exploit à personne ou domicile, — avec constitution d'avoué, — et en observant les délais ordinaires, à moins que les circonstances ou la loi ne prescrivent des délais plus courts. Pigeau, comm. art. 1038; Boitard, 3, 548. — *V.* d'ailleurs *sup.* n° 122 et *Requête civile.*

**158.** Toutefois, lorsqu'il s'agit de l'exécution d'un jugement non définitif (tant qu'il n'y a pas péremption), l'avoué a qualité pour occuper sur l'exécution des jugemens préparatoires et interlocutoires. Boitard, 3, 548.

ART. 2. — *De quels actes résulte le pouvoir.*

**159.** *A l'égard du client,* le mandat d'occuper est exprès, tacite, ou légal.

*Exprès*, il résulte d'un acte notarié ou sous seing privé, même d'une lettre missive, où de la signature de la partie, apposée au bas des actes de procédure signifiés par l'avoué. Grenoble, 9 déc. 1815.

140. Le mandat exprès peut encore être donné verbalement. Dans ce cas, la preuve testimoniale est admissible, s'il ne s'agit pas d'une valeur au-dessus de 150 fr., ou s'il y a un commencement de preuve par écrit. Arg. C. civ. 1985 ; Berriat, 70.

141. *Tacite*, lorsque le client fait un acte dont s'induit nécessairement son intention de constituer l'avoué : par exemple, lorsqu'il remet à l'avoué, ou lui fait remettre par son fondé de pouvoir spécial, soit les titres nécessaires à l'instruction de l'affaire. (Carré, n° 582 ; Berriat, 70, note 16), — soit la copie de l'assignation qu'il a reçue. Grenoble, 9 déc. 1815.

142. Il a été jugé que la remise des pièces formant titre commun, faite par une partie, emporte pouvoir d'occuper pour les autres parties ayant un intérêt identique ; si chacune d'elles n'a pu faire une remise séparée et particulière. Parlem. Paris, 9 fév. 1743. — Cette décision est controversable.

143. Le pouvoir résultant de la remise des pièces n'a pas seulement pour objet tous les actes de la procédure relatifs à la demande principale, il comprend en outre le droit de former une demande reconventionnelle. — La compensation est opposée valablement pour la première fois en appel. C. pr. 464.

Elle s'opère de plein droit (C. civ. 1290). Les demandes reconventionnelles s'agitent entre les mêmes parties ; elles n'augmentent guère les frais du procès ; elles ne donnent pas naissance à des obligations particulières (Art. 95 J. Pr.).

144. En est-il de même des demandes en garantie ?

La C. de cass. le 25 juin 1835 (Art. 95 J. Pr.), a jugé que le mandat de faire des demandes récursoires doit être exprès à raison des engagemens qui peuvent en résulter de la part du commettant, et qui consistent notamment dans la nécessité d'établir des droits à l'égard des appelés en garantie, et de répondre des frais et dommages-intérêts auxquels l'action peut donner lieu. Alors, en effet, il s'agit d'introduire une nouvelle instance contre une nouvelle partie, de s'exposer à un nouveau procès ; à de nouveaux frais ; la question à débattre n'est plus précisément la même. Ainsi, dans l'espèce, il suffisait aux demandeurs principaux de prouver qu'ils avaient été victimes d'un pillage, pour que la ville de Château-Thierry fût responsable du dommage qu'ils avaient éprouvé ; ce fait établi, peu importait de savoir quels étaient les auteurs du pillage ; au contraire, ce dernier fait était le fondement de l'action récursoire. La demande en garantie n'est donc pas à proprement parler une défense à l'action principale, puisque si le succès de cette demande en garantie a pour résultat d'indemniser le défendeur principal des condamnations pononcées contre lui, au profit du demandeur originaire, le défendeur au principal n'en reste pas moins exposé à ces condamnations, malgré la demande en garantie; la demande récursoire ne se lie donc pas nécessairement à la demande principale. Toutefois, en matière de garantie formelle, pour les matières réelles ou hypothécaires, nous pencherions à croire que la remise de la copie de l'assignation autorise suffisamment l'avoué à appeler garant, parce que ce dernier étant une fois en présence du demandeur principal, le défendeur peut obtenir sa mise hors de cause. C. pr. 182. — V. *Exception*.

Au reste la décision de la C. de cass. ayant été rendue dans une espèce où l'avoué avait fait une procédure monstrueuse, et réclamait des frais énormes, a peut être moins d'autorité, en doctrine, que si l'officier ministériel s'était présenté dans une circonstance plus favorable; il est des cas d'urgence où l'avoué agira prudemment dans l'intérêt du client, en introduisant une demande récursoire s'il craint que sa partie ne soit condamnée au principal, et que les élémens de preuve contre les garans ne disparaissent; c'est d'ailleurs un moyen d'abréger les procédures, et par conséquent, d'économiser les frais; mais l'officier ministériel devra s'empresser d'obtenir de son client une ratification de ce qu'il aura pu faire en dehors de son mandat.

**145.** La présomption de constitution, tirée de la remise des pièces, peut être détruite par une preuve contraire, établissant que cette remise a eu lieu dans un autre but : tel que celui de prendre conseil. Rennes, 15 avr. 1816; Nîmes, 22 janv. 1822; Lyon, 30 août 1824, S. 25, 106; Caen, 28 mai 1828, S. 30, 320.

Toutefois, l'avoué, à raison de son caractère, semble mériter plus de confiance que la partie, et devoir, dans le doute, en être cru sur son affirmation, surtout si les délais de constituer et de fournir les défenses sont passés : il n'est pas présumable que la partie eût laissé expirer les délais, sans retirer ses pièces, si elle ne les avait confiées à l'avoué que pour le consulter. Berriat, 70, note 16.

**146.** Quoi qu'il en soit, la simple remise du dossier à un avoué, dans une affaire dans laquelle un autre avoué est constitué, n'autorise pas le premier à révoquer celui-ci, s'il n'a pas un pouvoir spécial. Riom, 19 août 1826.

**147.** La présence de l'avoué à l'affirmation d'un compte par une partie, suffit pour établir sa constitution. Pigeau, 2, 599.

**148.** L'élection de domicile chez l'avoué vaut-elle pouvoir?

La négative est certaine à l'égard des tiers: une jurisprudence, aujourd'hui constante, annule les ajournemens et actes d'appel qui ne contiennent qu'une élection de domicile chez un avoué, à moins qu'il n'y ait dans l'acte même des énonciations équipollentes à une constitution.—V. *Ajournement*, n° 21.

Il en est de même à l'égard de l'avoué; de ce qu'une partie consent à ce que l'on signifie à un avoué les actes qui devraient lui être remis à domicile, il n'en résulte aucunement qu'elle l'autorise à rester en jugement pour elle, et à prendre telles conclusions qu'il juge convenables.

**149.** Lorsque le mandat est simplement tacite, l'avoué doit être réputé l'avoir accepté, par cela seul qu'il a fait quelque acte en conséquence. Arg. C. civ. 1985.

L'avoué indiqué par un huissier comme étant constitué dans une assignation, et qui a fait quelqu'acte de procédure, justifie suffisamment du pouvoir qu'il a d'agir pour le demandeur, aussi long-temps que celui-ci n'a point désavoué l'huissier et fait juger le désaveu valable. Bruxelles, 21 sept. 1831; D. 34, 99.

**150.** Le mandat est *légal*, lorsque la loi désigne l'avoué, ou indique ceux parmi lesquels les parties le choisiront. Berriat. 71.

C'est ce qui a lieu en général, 1° dans les affaires où plusieurs parties ont un même intérêt.—V. *Distribution, Ordre, Scellés*.

2° Dans celles qui ne sont qu'une suite des causes primitives. Ainsi, l'avoué de la partie qui a obtenu le jugement attaqué dans les six mois de sa date, par voie de requête civile, est constitué de droit, sans nouveau pouvoir. C. pr. 496.

De même, lorsque la requête civile est admise, la nouvelle instance sur le fond est suivie par les mêmes avoués sans nouvelle constitution. Toulouse, 29 nov. 1808, S. 15, 6.—V. d'ailleurs *sup.* n° 119.

**151.** *A l'égard de l'adversaire*, l'avoué qui s'est constitué est toujours présumé avoir pouvoir de sa partie. Cette présomption ne peut être détruite que par un jugement qui valide le désaveu. Pigeau, 1, 133.

Jusque là l'avoué n'est point tenu de produire à l'adversaire le titre sur lequel il fonde sa constitution. Bruxelles, 27 avr. 1812; Grenoble, 9 déc. 1815; Pothier, n° 1271; Berriat, 71.

**152.** La constitution est faite pour le demandeur par l'assignation, et pour le défendeur par acte d'avoué à avoué.

Pour les délais dans lesquels elle doit avoir lieu, et les effets qu'elle produit.—V. *Ajournement, Appel, Constitution*.

§ 6. — *Emolumens et frais dus aux avoués.*

Art. 1. —*Action des avoués en paiement de leurs frais et émolumens.*

**153.** Le mandat de l'avoué est salarié : l'art. 1986 C. civ. ne lui est pas applicable; le salaire est la conséquence des conditions de capacité que la loi a exigées de lui, des devoirs et de la responsabilité auxquels elle l'a soumis.

Les avoués ne peuvent exiger, de la partie adverse condamnée aux dépens, que le remboursement de leurs avances et les émolumens fixés par le *tarif*.—V. ce mot.

154. A l'égard du client,—leurs droits ne sont pas, en général, plus étendus.

Ainsi l'avoué, pour les actes de son ministère, ne peut rien réclamer à titre de gratification ou supplément de taxe. Ord. 1667, tit. 31, art. 12; déc. 16 fév. 1807, art. 67 et 151.

A moins que le client n'ait pris envers lui l'engagement de lui payer des honoraires extraordinaires. Arg. Cass. 25 janv. 1813, S. 13 , 317; 16 déc. 1818, S 19, 72; 10 août 1831, S. 32, 574.—Les motifs de ce dernier arrêt portent seulement que les frais extraordinaires avaient été reconnus; mais, dans l'espèce, il y avait en outre promesse de payer des honoraires extraordinaires.

155. Toutefois, l'avoué, sans aucune promesse particulière du client, peut, s'il a fait des travaux considérables et des démarches multipliées en dehors des actes et vacations de son ministère, réclamer des honoraires extraordinaires, non plus à titre d'avoué, mais comme mandataire, *ad negotia*.

Dans le système contraire, on disait :—La disposition finale de l'art 67, décr. du 16 fév. 1807, porte qu'au moyen de la fixation faite par ce tarif, il ne sera passé aucun autre honoraire *pour aucun acte et sous aucun prétexte*. L'art. 151 ajoute : les avoués ne pourront exiger de plus forts droits que ceux énoncés au présent tarif, à peine de restitution, dommages et intérêts et d'interdiction, s'il y a lieu.— Donc , le législateur ne veut pas que sous l'apparence de travaux préparatoires, de démarches, de soins, de vacations prétendues extraordinaires, se rattachant aux affaires dont ils sont chargés, les avoués puissent exiger des droits qui ne seraient point prévus par le tarif; il a pensé que tous ces soins, dits extraordinaires, sont loin d'être perdus pour eux, qu'ils servent à étendre leur clientelle, et qu'en préparant les élémens des procédures dont ils restent chargés; ils trouvent plus tard, dans ces procédures mêmes et leurs développemens, un ample dédommagement de leurs peines.—La C. de cass., le 25 janv. 1813 ( S. 13, 319 ), a cassé un arrêt de la C. de Paris qui avait compris dans la taxe un émolument sous le titre de *vacations extraordinaires*.

Mais pour l'affirmative, on a répondu, avec raison :

Cet arrêt n'est point applicable à la question :—Il s'agissait d'un article du mémoire de l'avoué ainsi conçu : « Pour vacations, peines, soins et démarches extraordinaires, incalculables pendant environ dix ans, dans tous les procès soutenus sous les noms de......, devant tous les trib. civils et criminels, et en C. de cass. rédactions de divers mémoires instructifs, correspondances et conférences sans nombre avec M. Selves et ses avocats, etc. ci... 6,000 fr. » La C. roy. , attendu que les vacations extraordinaires, demandées par l'art. 1182 du mémoire général, sont dues à Boudard et reconnues par Selves lui-même, avait alloué en bloc la somme de 600 fr. ; — s'il avait été alloué une indemnité pour les travaux détaillés, constatés, et déclarés être en dehors des actes et vacations indiqués par le C. pr., il est probable que l'arrêt n'aurait pas été cassé.

Il ne faut pas confondre les actes du ministère de l'avoué avec ceux qu'il remplit comme mandataire *ad negotia*. — Le mandat cesse d'être gratuit lorsqu'il y a convention contraire, soit expresse, soit tacite; or, cette convention se présume toutes les fois qu'on emploie une personne à raison de ses fonctions ou de fonctions relatives à sa profession habituelle (Pothier, *Mandat*, n° 24 et 125). Le mandat participe alors du louage de services. Arg. Cass. 18 mars 1818, S. 18, 334.

Ces principes ont été consacrés par la jurisprudence, en faveur de plusieurs avoués : — 1° de M° Bazin , pour des honoraires concernant divers mandats étrangers à la postulation, détaillés par articles dans son mémoire. Cass. 16 déc. 1818, S. 19, 72 ; — 2° de M° Teste, pour défense devant le trib. de comm. Cass. 13 janv. 1819, S. 19, 379 ; — 3° de M° Semichon, pour plaidoiries et mémoires en matière administrative. Rouen, 10 juin 1834 (Art. 9 J. Pr.);—4° de M° Drouin, pour soins donnés à des affaires la plupart étrangères au trib. près lequel il occupait, et indiquées dans un chapitre particulier du mémoire de frais. Cass. ch. civ., 13 juin 1837, M. Tarbé , avocat général, conclusions conformes (Art. 774 et 808 J. Pr.). — Ce dernier arrêt est ainsi motivé :

Attendu que, s'il est vrai, en droit, que les avoués ne peuvent, dans leurs mémoires de frais, demander que ce qui est accordé par le tarif, et qu'ils ne sont autorisés à rien réclamer au-delà à titre de vacations extraordinaires ou de taxe, il n'est pas moins certain que lorsqu'il ne s'agit pas d'affaires qui aient donné lieu à quelques actes de leur ministère, ils peuvent demander la récompense de travaux étrangers aux actes pour lesquels les parties subissent l'empire de leur ministère; que, dans ce cas, ils agissent non comme avoués, mais comme mandataires *ad negotia* et que l'équité veut qu'ils puissent demander le dédommagement de leurs soins et de leurs peines; — Attendu que, dans l'espèce, le défendeur réclamait des honoraires pour les actes et travaux étrangers à son ministère; — Attendu qu'un premier arrêt, avait renvoyé les parties devant la chambre des avoués pour donner son avis sur la taxe, en distinguant l'avoué de l'homme d'affaires; que la chambre des avoués s'est conformée à cette prescription en signalant *spécialement* les frais de l'avoué et les travaux étrangers à son ministère; — Attendu au surplus, qu'après avoir vérifié les mémoires du défendeur et l'avis de la chambre des avoués, la C. et le trib. ont déclaré qu'en réduisant à 5, 500 fr. les travaux du mandataire, la taxe n'avait rien d'exagéré; — Qu'ainsi, en allouant cette somme pour les travaux extraordinaires, comme ils étaient *spécifiés*, pendant les douze années, que le défendeur a eu la confiance du demandeur l'arrêt n'a violé aucune loi. — *Rejette*.

Chaque jour, dit M. Glandaz, n° 52, la confiance des justi-ciables a agrandi le cercle des attributions des avoués. Chargés de l'instruction du procès, ils ont cherché à les concilier. Leurs efforts ont été souvent couronnés de succès; des transactions nombreuses sont devenues leur ouvrage. Admis dans le sein des familles, ils ont été appelés à éclairer leurs clients de leurs con-seils dans tous les actes de la vie civile. Ces nouveaux devoirs que la loi ne leur avait pas prescrits, mais qu'une confiance spontanée leur avait imposés, devaient-ils les accepter et les rem-plir gratuitement?...

**156.** L'action des avoués, en qualité de mandataires *ad negotia*, est régie par des règles particulières.

La prescription de 50 ans est seule opposable. — V. *inf.* n° 189, 190.

Il y a lieu au préliminaire de conciliation. — V. *inf.* n° 182.

Le trib. du domicile du défendeur est compétent; — A moins qu'il n'y ait connexité avec la demande formée par l'avoué en qualité d'officier ministériel. — V. *inf.* n 179.

La représentation du registre de recettes (— V. *sup.* n° 92) n'est point exigée. Cass. 16 déc. 1818; 13 janv. 1819, S. 19, 72, 379.

Les sommes dues pour avances portent intérêt du jour où elles ont été déboursées. C. civ. 2001. — V. *inf.* n° 163.

**157.** L'avoué qui a payé à l'avocat des honoraires excédant ceux réglés par le tarif, peut les répéter de son client. La fixa-tion des honoraires de l'avocat par le tarif n'a été faite que pour empêcher la partie qui a gagné son procès de réclamer des som-mes trop fortes de son adversaire. Dans la pratique, ces hono-raires se règlent à l'amiable, et d'après l'importance de l'affaire. Or, l'avoué, comme mandataire de son client, a le pouvoir de faire tout ce qui est nécessaire pour l'exécution de son mandat, conséquemment de choisir l'avocat, lorsque la partie n'en in-dique pas un elle-même. Il a donc le droit de payer des hono-raires dont il est même personnellement responsable envers le défendeur, par cela seul qu'il lui a remis le dossier (Cass. 6 avr. 1830, *affaire Lefebvre C. Pierrot*), et de les répéter, comme les autres avances qu'il a faites pour son client. Il est seulement tenu de représenter les pièces du procès, afin que le trib. soit à même de modérer les honoraires, s'ils sont excessifs. Pau, 7 août 1828; Rouen, 17 mai 1828, S. 29, 50-51, 85; Limoges, 10 août 1829, S. 29, 286; Bourges, 26 avr. 1830, S. 30, 159; Toulouse, 11 mai 1851, S. 52, 581. — *Contrà*, Bordeaux, 8 mars 1826, S. 26, 272; Rennes, 29 juill. 1833, 46, 225. — V. d'ailleurs Rouen, 10 juin 1854 (Art. 9 J. Pr.).

**158.** En matière criminelle, les avoués peuvent réclamer des honoraires des parties qui les ont employés.

Ceux qui considèrent leur ministère comme indispensable, mettent leurs émoluments à la charge de la partie adverse qui succombe. —V. dans ce sens, circulaire du 10 avr. 1843 ; Orléans, 5 mai 1829 ; Favard, Chauveau, 9, 312.

Mais ce ministère est simplement facultatif (—V. *sup.* n° 84); les émolumens de l'avoué doivent donc rester à la charge du client qui l'a constitué, et ne peuvent être compris dans les dépens que supportera l'adversaire. M. Chauveau, *Tarif*, 1, 85, note, paraît se ranger à ce dernier avis.

La C. de cass., ch. crim., a annulé, le 29 oct. 1824 (S. 25, 177), un jugement qui avait condamné l'administration des forêts à 15 fr., pour la plaidoirie du défenseur d'un prévenu. — Attendu que si, d'après ce règlement (l'art. 3 décr. 16 juin 1811), les honoraires des conseils et défenseurs des prévenus, ne peuvent, dans aucun cas, être au nombre des frais de justice criminelle, mis à la charge de l'État, la partie civile ne peut être passible que des mêmes frais qui auraient été à la charge de l'État, si la poursuite avait été faite en son nom ; que, d'ailleurs, les frais auxquels est condamnée une administration agissant dans l'intérêt de l'État lui-même, retombent nécessairement à la charge de celui-ci ; qu'on ne peut donc prononcer contre elle de condamnations de frais qu'avec les restrictions établies dans l'intérêt du trésor royal. — Cette dernière considération semble avoir déterminé la Cour, et laisse quelques doutes sur son opinion quant à la question générale.

Ces honoraires sont-ils réglés par le tarif du 16 fév. 1807, avec les distinctions établies par le C. pr. entre les matières sommaires et ordinaires ? — V. *Tarif, Taxe.*

159. Le droit de signer les copies de pièces et d'en percevoir les émolumens appartient aux avoués et aux huissiers concurremment pour les actes qui se rattachent à la postulation. — Le droit des *huissiers* est-il exclusif en matière purement extrajudiciaire. — V. ce mot.

160. Les avoués n'ont aucune action pour le remboursement des *frais frustratoires*. —V. ce mot.

Mais les actes signifiés sur la réquisition expresse des parties, ne peuvent être considérés comme tels, par cela seul qu'ils ne sont pas exigés par les lois ou règlemens ; il suffit qu'ils ne soient pas prohibées, pour que le client qui les a requis soit obligé d'en payer les frais. Cass. 7 mai 1823, S. 23, 375.

161. Tous les frais, salaires, vacations et déboursés dus aux avoués, sont susceptibles d'être taxés sur la représentation des pièces justificatives, à la réquisition des parties intéressées (— V. *Taxe*). Ils ne peuvent même rien toucher du tiers-saisi sans la participation de leur client, et sans avoir requis la taxe, et fait ordonner le paiement en justice. Paris, 9 mai 1810, P. 8, 295 ; Roger, *Saisie-arrêt*, n° 491.

**162.** La partie a le droit de réclamer contre toutes erreurs, dol ou fraude, encore bien qu'elle ait payé les frais, après les avoir réglés à l'amiable. Arg. C. civ. 1377. Amiens, 9 mai 1823, S. 25, 165. — Ainsi jugé à l'égard d'un notaire.

L'énonciation portée dans la quittance, que le paiement est fait sans garantie de restitution, et que les pièces ont été remises, ne dispense pas l'avoué de représenter la procédure, pour qu'il soit statué sur la taxe des frais. Paris, 9 mai 1810, P. 8, 295 ; Berriat, 162.

**163.** Les sommes dues pour avances des frais de procédure, et pour émolumens, ne produisent intérêt que du jour de la demande en justice. Cass. 23 mars 1819 ; Berriat, p. 162. — Ainsi jugé à l'égard d'un notaire pour l'avance des droits d'enregistrement. Cass. 30 mars 1830 (Art. 918 J. Pr.).

**164.** En matière ordinaire, les avoués jouissent, pour le paiement de leurs frais et émolumens, du privilége accordé en général aux frais faits pour la conservation d'une chose ; ils ont en conséquence un droit de préférence sur *l'objet* de la condamnation. C. civ. 2102, n° 3 ; Pigeau, 519 ; Glandaz, n° 33.

**165.** Dans quelques matières spéciales, la loi leur confère en outre un privilége particulier. Ainsi les frais de poursuites, de *distribution par contribution* sont acquittés avant toute créance, autre que celle pour loyers dus au propriétaire. C. pr. 662. — V. ce mot.

En matière de *saisie immobilière*, les juges peuvent ordonner le paiement des frais extraordinaires de poursuite par privilége sur le prix de l'adjudication. C. pr. 716. — V. ce mot.

En matière d'ordre, s'il n'y a pas de contestation, les frais de poursuites sont colloqués par préférence à toutes autres créances. C. pr. 759. — En cas de contestation, l'avoué qui a représenté les créanciers contestans, a un privilége sur les deniers qui restent à distribuer, déduction faite de ceux qui ont été employés à acquitter les créances antérieures à celles contestées. C. pr. 768.

**166.** La femme qui plaide en séparation de corps, peut, pendant le procès, obtenir contre le mari une provision pour subvenir, non seulement à son entretien, mais encore aux frais de l'instance. Arg. C. pr. 878 ; C. civ. 268. — V. *Séparation de corps*. Autrement le défaut de ressources personnelles l'empêcherait de former et de soutenir une demande qui peut être fondée ; elle n'offrirait aucune garantie aux mandataires dont le ministère lui est indispensable.

**167.** Mais après le jugement qui rejette la demande de la femme, l'officier ministériel n'est plus recevable à provoquer *contre le mari* une condamnation pour les frais. Cass. 11 juill.

1837 (Art. 879 J. Pr.). — La position n'est plus la même, il y a, dès lors, présomption légale que la femme a eu tort d'intenter l'action. Il ne s'agit plus pour elle d'obtenir un défenseur dont elle avait besoin ; le débat existe entre un mari qui a obtenu gain de cause, et un officier ministériel qui a négligé son droit, de demander en temps utile contre le mari, soit une provision, soit un supplément de provision.

Les frais peuvent être compensés par le juge entre les époux (C. pr. 131.) ; — Mais sauf cette exception, ils ne doivent pas être mis à la charge de la communauté. Arg. C. civ. 1426. Bruxelles, 5 juill. 1809 ; Paris, 11 mai 1815 ; Limoges, 28 avr. 1813, S. 14, 92 ; Chauveau, *Tarif*, 2, p. 365 ; — ils restent à la charge personnelle de la femme. Paris, 8 nov. 1827, S. 28, 247 ; — et sont acquittés sur ses biens paraphernaux. Cass. 5 mai 1821, S. 22, 263.

L'arrêt de 1837 est un avertissement pour l'avoué, constitué par une femme qui n'a pas de biens personnels, de solliciter pendant l'instance en séparation des provisions suffisantes.

**168.** L'avoué ne peut acquérir hypothèque pour les dépens, que par une inscription prise en vertu d'une reconnaissance spéciale du client, ou d'un jugement. Berriat, 73.

**169.** En toute manière, il a le droit de retenir, jusqu'au paiement de ses honoraires et déboursés, les actes de procédure qu'il a faits. Glandaz, n 34.

Mais peut-il retenir également les pièces qui lui ont été confiées par les parties?—Pour la négative, Pothier, *mandat*, n° 133, invoque une ordonn. de Charles VII de 1453. — M. Berriat, 73 note, autorise cette rétention; mais seulement jusqu'au remboursement des déboursés relatifs à ces titres faits par l'avoué. — On s'était fondé pour refuser aux avoués le droit de conserver les pièces, sur l'art. 17, L. 3 brum. an 2 ainsi conçu : « Les avoués ne pourront pas retenir les pièces par le défaut de paiement des frais ; ils seront tenus de les rendre aux parties, sauf à exiger d'elles une reconnaissance authentique du montant des susdits frais, etc. » — Mais, comme le remarque avec raison M. Glandaz, *ib.*, cet article fait partie d'une loi qui contenait suppression des avoués; c'est donc une disposition transitoire qui ne peut plus avoir d'effet depuis le rétablissement de ces officiers ministériels. — *Contrà*, Boncenne, 2, 257.

Art. 2. — *Contre qui l'action doit être dirigée.*

**170.** En toute matière, l'avoué, soit qu'il ait gagné ou perdu le procès dans lequel il occupait, a une action en paiement de ses frais contre son client.

**171.** Il peut réclamer contre son adversaire qui succombe les frais qu'il a faits dans sa propre cause, suivant les règles du tarif.

**172.** L'avoué constitué par plusieurs parties, ayant un intérêt identique, et ayant procédé collectivement, a contre chacune d'elles une action solidaire en remboursement de ses frais; Arg. C. civ. 2001; Paris, 28 déc. 1826; Liége, 2 avr. 1810, P. 8, 222; Rennes, 25 août 1812, 2 août 1803, 20 mars 1817; Orléans, 26 juill. 1827, S. 28, 159; Grenoble, 23 mars 1829, S. 29, 296; Berriat, p. 73. *Contrà.* — Besançon, 20 nov. 1809. — De même le notaire qui a avancé les frais d'enregistrement d'un acte de vente a une action, tant contre le vendeur que contre l'acquéreur, pour s'en faire rembourser. Caen, 7 juin 1837 (Art. 918 J. Pr.).

**173.** L'avoué a-t-il une action personnelle contre le tiers qui l'a chargé d'une affaire concernant une autre personne?

La négative doit, en général, être admise, en l'absence de tout engagement personnel du tiers ou de toute circonstance particulière; celui qui procure une affaire à un avoué est présumé lui laisser courir la chance de poursuivre le recouvrement de ses frais, en compensation du bénéfice qu'il peut faire

Ainsi jugé, — à l'égard du directeur d'une société anonyme, qui avait chargé un avoué d'occuper sur l'appel pour la société procédant en son nom, poursuite et diligence de M..., son directeur; ce dernier n'avait fait qu'un simple acte de gestion, qui ne pouvait entraîner aucune obligation, ni personnelle, ni solidaire; l'officier ministériel avait dû considérer plutôt la confiance que lui inspirait la société que son client. Cass. 6 mai 1835 (Art. 92 J. Pr.).

Au contraire, l'action de l'avoué a été admise, — 1° dans une espèce où le tiers se refusait à indiquer le véritable domicile de la partie (Paris, 18 nov. 1809, P. 7, 878; Berriat, 73.), et mettait ainsi, par son mauvais vouloir, l'officier ministériel dans l'impossibilité de poursuivre son client.

2° A l'égard du syndic d'une faillite; le syndic agit, non seulement comme mandataire de la masse, mais encore dans son propre intérêt, comme créancier; or, l'art. 2002 C. civ. fait peser sur tous les mandans l'obligation d'indemniser le mandataire établi pour une affaire commune (— V. *sup.* n° 172). Paris, 12 août 1830, S. 30, 356; Bordeaux, 24 avr. 1838 (Art. 1222 J. Pr.).

La question pourrait s'élever pour les affaires qui sont adressées à des avoués ou à des huissiers par des correspondans de Paris, en province, et *vice versà*, elle serait résolue d'après les circonstances.

Au reste, afin de prévenir toute difficulté, nous conseillons à l'officier ministériel, chargé par un mandataire d'occuper pour un tiers, de stipuler dans le pouvoir, que le mandataire sera personnellement responsable des frais envers lui, si la solvabilité du tiers ne lui offre pas une garantie suffisante; d'un autre côté, le mandataire qui voudra se mettre à l'abri de toute responsabilité personnelle, agira prudemment en indiquant dans le pouvoir qu'il n'entend pas garantir à l'avoué le paiement des frais.

**174.** Lorsque, pendant le cours d'une instance, une partie a cédé ses droits à un tiers, l'avoué a recours, pour le paiement de ses frais, contre le cessionnaire dans l'intérêt duquel les poursuites ont continué, bien que le cédant soit resté en nom dans l'instance; il conserve, en outre, son action contre le cédant, pour la portion des frais antérieurs à la cession, et même pour la totalité, si la cession ne lui était pas connue. Toulouse, 15 nov. 1831, S. 32, 393.

**175.** L'avoué qui a gagné le procès dans lequel il occupait peut encore demander au trib. de prononcer à son profit la distraction des dépens qu'il a avancés de ses deniers. Alors il a une action contre l'adversaire pour recouvrer le montant de ses frais. Si la distraction n'est pas prononcée, il est obligé d'agir contre son client. — V. *Dépens*.

Au reste, s'il n'est pas payé par l'adversaire, il conserve contre le client l'action directe, qu'il avait d'ailleurs la faculté d'exercer de prime abord.

**176.** Néanmoins il perd son recours contre son client, si l'adversaire est devenu insolvable, par suite de la négligence qu'il a mise à le poursuivre. — V. ce mot.

**177.** En matières de contributions indirectes et d'enregistrement, le ministère des avoués étant facultatif (—V. *sup.* n° 68.), leurs honoraires demeurent à la charge personnelle de la partie qui a cru devoir en constituer un, que ce soit la régie ou le particulier; ils ne peuvent, en aucun cas, être répétés contre celui qui succombe. L. 22 frim. an 7, art. 65; 27 vent. an 9, art. 47; 25 vent. an 12, art. 188. Cass. 26 mars 1827 et 8 juin 1827, S. 27, 474.

ART. 3. — *Devant quel tribunal l'action doit être portée.*

**178.** La demande est portée devant le trib. où les frais ont été faits. C. pr. 60.—Même lorsque ces frais ont été déjà fixés par une reconnaissance de la partie : la loi ne fait aucune distinction. Carré, art. 60. — V. *Tribunal de 1re instance.*

Peu importe que l'avoué ait cessé ses fonctions au moment où l'assignation est donnée. Paris, 3 oct. 1810, P. 8, 640; Berriat., 123.

**179.** La double créance d'un avoué pour acte de son ministère et pour plaidoiries et mémoires en matière administrative, peut, à raison de la connexité, être réclamée devant le trib. près duquel il occupe. Rouen, 10 juin 1834 (Art. 9 J. Pr.). — Décision analogue à l'égard d'un *huissier.*— *V.* ce mot.

**180.** A plus forte raison l'avoué d'appel peut-il porter directement devant la Cour la demande en remboursement d'honoraires payés à un avocat, avec celle de ses frais et salaires. La première n'est que l'accessoire de la seconde. Pau, 7 juin 1828; Toulouse, 11 mai 1831, S. 32, 581.

Il en est de même de la demande en paiement de ses frais et honoraires extraordinaires. Cass. 10 août 1851 (— V. *sup.* n° 154). — Toutefois, dans cette dernière espèce, le moyen de connexité ne pouvait être invoqué. La Cour avait uniquement à statuer sur la demande des frais extraordinaires : les frais de postulation avaient été payés précédemment.

**181.** Néanmoins, si l'avoué fait une saisie-arrêt au préjudice du client qui lui doit des frais, la demande en validité de cette saisie ne peut être portée qu'au trib. du domicile du débiteur saisi : l'art. 567 C. pr. n'admet point d'exception pour les cas prévus par l'art. 60. Cass. 17 fév. 1817, S. 17, 184.

### Art. 4. — *Dans quelle forme doit être intentée l'action.*

**182.** La demande en paiement de frais, dirigée par l'avoué contre son client, est formée par simple assignation, sans préliminaire de conciliation. C. pr. 49, n° 5. — Ce préliminaire était exigé par l'art. 13. L. 3 brum. an 2 pour frais relatifs aux affaires terminées sous l'ancien régime. Cass. 27 fruct. an 7. — *V.* toutefois *sup.* n° 156.

**183.** L'assignation contient copie de l'état des frais réclamés. Toutefois, l'omission de cette formalité n'entraîne pas nullité. L'avoué peut la réparer pendant l'instance, sauf à supporter les frais de l'assignation tardive.

Ces frais devraient même rester à la charge du client, si l'avoué prouvait qu'il l'a mis dans l'impossibilité de signifier son mémoire, en retenant les pièces du dossier qui lui étaient nécessaires pour l'établir. Amiens, 11 mars et 29 juin 1826, S. 27, 19 et 20; Lyon, 17 juill. 1826, S. 27, 27.

### Art. 5. — *Fins de non recevoir.*

**184.** Les trois principales fins de non recevoir contre l'action des avoués en paiement de leurs frais, résultent, 1° de la remise par eux faite des pièces de procédure à leur client ; 2° de leur silence prolongé pendant le temps requis pour la prescription ; 3° du défaut ou de la tenue irrégulière du registre prescrit par les règlemens. — *V.* d'ailleurs *Frais frustratoires.*

**185.** *Remise des titres.* Les avoués ayant le droit de retenir les pièces de procédure jusqu'au paiement de leurs déboursés et honoraires (— *V. sup.* n° 169.), il est naturel de présumer que la partie qui les a en sa possession s'est libérée envers eux, et que si elle ne peut pas représenter une quittance, c'est parce qu'elle l'a égarée. Amiens, 1er mars 1825 ; Pothier, *Mandat*, n° 138 ; Berriat, 162, note 10, n° 4.

**186.** Mais pour entraîner cette présomption, il faut que la remise soit volontaire. L'avoué est recevable à prouver, par tous les moyens de droit, que les titres lui ont été soustraits par le client, ou qu'il les lui a confiés pour un motif quelconque. — Ainsi, la remise, faite sur récépissé, par le dépositaire des dossiers d'un avoué décédé, ne peut être considérée que comme un dépôt, et l'on ne saurait en induire le paiement des frais. Cass. 26 juill. 1820.

**187.** *Prescription.* L'action des avoués pour le paiement de leurs *frais et salaires* se prescrit ; — par deux ans, à compter du *jugement* des procès ou de la *conciliation* des parties ; ou depuis la *révocation.* C. civ. 2273.

A l'égard des affaires non terminées, ils ne peuvent former de demandes pour leurs frais et salaires qui remonteraient à plus de cinq ans. *Ib.*

**188.** Sous l'ancienne jurisprudence, le terme requis pour la prescription de l'action des procureurs, en paiement de leurs honoraires, n'était pas uniforme. — Il était de trente ans dans le ressort du parlement de Toulouse. Pau, 19 nov. 1821 ; Nîmes, 28 avr. 1813, S. 16, 127. — De deux ou trois ans dans le ressort du parlement de Paris et dans le reste du royaume. Ordonn. 1446, art. 45 ; 1453, art. 44 ; 1507, art. 115 ; 1553, art. 32 ; règlem. 28 mars 1692, art. 1 et 2.

**189.** *Frais.* Ce qui s'applique à tous les déboursés susceptibles d'être compris dans la taxe des dépens en cas de gain du procès, — et que l'avoué peut réclamer en sa qualité d'officier ministériel, ainsi, non seulement ceux relatifs aux actes de procédure, mais encore ceux concernant les actes d'huissiers, les avances de droits d'enregistrement, les droits de greffe, etc.

Mais la prescription de l'art. 2273 C. civ. ne s'étend pas aux déboursés que l'avoué a pu faire, comme simple mandataire et qui n'entreraient pas dans la taxe des dépens ; — par exemple, au remboursement des honoraires payés par l'avoué à l'avocat. Grenoble, 30 juill. 1821, S. 22, 145 ; Riom, 24 mai 1838 (Art. 1205, J. Pr.) — *Contrà,* Vazeille, *Prescription,* n° 684 ; Troplong, *ib.*, n° 979. — V. *sup.* n° 157.

**190.** *Salaires.* Ce mot doit s'entendre des salaires dus à l'officier ministériel, et non pas des honoraires que l'avoué pourrait réclamer comme mandataire *ad negotia.*

Ainsi, les honoraires de l'avoué pour plaidoiries ou mémoires ne se prescrivent que par trente ans. Cass. 22 juill. 1835 (Art. 9 et 150 J. Pr.).

**191.** Le point de départ de la prescription de deux ans, varie suivant les circonstances :

*Jugement.* Le jugement définitif seul termine le procès, et tant que le procès n'est pas fini, la prescription ne peut s'acquérir que par cinq ans. *Ib.*

Ainsi, le délai de deux ans ne commence à courir contre l'avoué qui a occupé dans plusieurs instances relatives à la liquidation d'une créance, que du jour du jugement qui a statué définitivement sur la liquidation de la créance. Paris, 5 déc. 1835 (Art. 598, J. Pr.).

**192.** *Conciliation.* Le texte de la loi n'exige pas que la conciliation ait été connue des avoués; cependant l'équité ne permet pas de faire courir la prescription avant cette époque. Tant que l'avoué a cru que l'affaire n'était pas arrangée, il n'a pu réclamer le paiement de ses frais; il serait injuste de lui opposer une déchéance, lorsqu'il n'y a aucune négligence à lui reprocher. Carré, *Organisation*, 1, 338; Vazeille, *Prescription*, n° 630.

C'est au client à prouver que l'avoué a eu connaissance de la conciliation.

Cette preuve peut résulter de la correspondance et des actes de la procédure qui mentionneraient cette transaction.

La preuve testimoniale serait difficilement admise.

Les avoués ont soin, lorsqu'ils rédigent une transaction, de stipuler par qui les frais du procès seront supportés. — Cette clause produit en leur faveur une fin de non recevoir contre la prescription.

**193.** *Révocation.* La cessation des fonctions de l'avoué par suppression de son office, démission ou destitution, doit être assimilée à la révocation; il y a même raison de décider. Cass. 19 août 1816, S. 17, 378; Delvincourt, 2, 850; Carré, *ib.*

**194.** Les prescriptions de deux et de cinq ans ont lieu, quoique l'avoué n'ait pas cessé d'occuper pour le même client dans d'autres affaires ou dans la même affaire, s'il s'agit d'un procès non terminé dans les cinq ans. C. civ. 2274. — Mais la seule prescription de cinq ans, court à l'égard de tous les frais faits dans une affaire embrassant plusieurs chefs, et dont les uns ont été jugés définitivement, tandis qu'il n'a été prononcé que des interlocutoires sur les autres; dans ce cas, le procès n'est pas terminé. Parlem. Paris, 6 sept. 1700.

**195.** La prescription ne cesse de courir que lorsqu'il y a eu compte arrêté, cédule ou obligation, ou citation en justice non périmée. C. civ. 2274.

**196.** Par *compte arrêté*, il faut entendre un compte réglé par la partie elle-même; celui fixé par la chambre des avoués à laquelle il serait renvoyé conformément à l'art. 2, § 4, du décr. 15 frim. an 9, n'interromprait pas la prescription. Cass. 19 août 1816, S. 17, 378; Vazeille, 491, n° 638.

**197.** Mais la prescription cesse de courir à dater de la déclaration faite par le client, qu'il a payé plusieurs à-comptes sur les pièces remises par l'avoué à son mandataire, et qu'il entend terminer tout compte à cet égard. Amiens, 11 mars 1826, S. 27, 19. — Dans l'espèce, le client avait été interrogé sur faits et articles. — V. *inf.* n° 199.

**198.** De même, lorsqu'un individu, au lieu de se borner à opposer la prescription de deux ans, dont il pourrait exciper, propose cette fin de non recevoir, et soutient en même temps s'être libéré, et offre d'en rapporter la preuve, les juges peuvent écarter les exceptions de prescription, si la preuve offerte de la libération n'est pas rapportée. Cass. 9 déc. 1828, S. 29, 78.

**199.** L'avoué contre lequel on se prévaut de la prescription de cinq ou de deux ans, peut toujours déférer le serment, — à celui qui la lui oppose, sur la question de savoir si les frais ont été réellement payés. C. civ. 2275. Rouen, 10 juin 1831 (Art. 9 J. Pr.), — ou même aux veuves et héritiers, ou tuteurs de ce dernier, s'ils sont mineurs; pour qu'ils aient à déclarer s'ils ne savent pas que les frais sont encore dus. *Ib.*

Mais, on ne pourrait pas demander un interrogatoire sur faits et articles, à moins qu'il n'eût pour but de prouver un fait interruptif de la prescription, ou une renonciation à la prescription acquise. *Même arrêt.* Troplong, n° 995.

**200.** Ces prescriptions ne courent contre l'avoué, qu'au profit de ses cliens; son action directe contre l'adversaire, en paiement des frais dont il a obtenu la distraction dure 30 ans. Grenoble, 22 juill. 1814.

**201.** *Défaut de registre.* L'avoué qui ne représente pas, ou qui n'a pas tenu régulièrement le registre dont il est parlé, n° 92, est déclaré non recevable dans sa demande en remboursement de frais. Décret 16 fév. 1807, art. 151.

**202.** L'héritier d'un ancien procureur est également non recevable à actionner un client de son auteur, en paiement de frais faits pour lui, s'il ne représente un livre tenu par ce dernier dans les formes prescrites par les lois anciennes. Ordonn. avr. 1453, art. 44; Cass. 23 vent. an 10, P. 2, 497.

**203.** Néanmoins, la simple omission par l'avoué sur son registre, de quelques sommes reçues, ne suffit pas pour le rendre non recevable à réclamer le paiement de ses frais, lorsqu'il est de bonne foi. Grenoble, 13 vent. an 9, P. 2, 122. — V. D'ailleurs *sup.*, n° 156.

### § 7. — *Timbre et Enregistrement.*

**204.** Sont soumis au timbre :

1° Les certificats de civisme ( — V. *sup.* n° 15 ); — De libération ( — V. *sup.* n° 16); — De stage ( — V. *sup.* n° 19); De moralité et de capacité( — V. *sup.* n° 20);

2° La requête présentée au président par le candidat dans laquelle il expose qu'il veut être admis aux fonctions d'avoué;

3° La démission du titulaire ;

4° Le traité. ( — V. *Office* );

5° Le registre des recettes — (V. *sup.* n° 92) ;

6° Les actes des avoués et les copies ou expéditions qui en sont faites et signifiées, les consultations, mémoires, observations et précis par eux signés. L. 13 brum. an 7, art. 12. — V. *Timbre.*

**205.** Les secrétaires des chambres des avoués ne sont pas tenus de communiquer aux préposés de l'*enregistrement* leurs pièces et registres. — V. ce mot.

**206.** Les expéditions des ordonnances de nomination, destinées aux avoués sont soumises au droit d'enregistrement de 10 pour cent sur le montant du cautionnement. L. 21 avr. 1832, art. 34. — V. D'ailleurs, *Office.*

Ce droit est perçu sur la première expédition de l'ordonnance dans le mois de sa délivrance, sous peine d'un double droit.

Le nouveau titulaire ne peut être admis au serment qu'en produisant cette expédition revêtue de la formule de l'enregistrement. — En cas de délivrance d'une seconde ou de subséquentes expéditions, la relation de l'enregistrement est mentionnée sans frais par le receveur du bureau où la formalité a été remplie et les droits acquittés. *Même loi.* — V. *sup.* n° 24.

**207.** Les actes de prestation de serment des avoués sont soumis à l'enregistrement.

**208.** Pour la quotité des droits d'enregistrement des actes que l'avoué rédige ou signe, — V. *Exploit, Requête,* et les diverses procédures.

**209.** Les avoués ne peuvent rédiger un acte, en vertu d'un autre acte non enregistré, à peine d'une amende de 10 fr., et sous la responsabilité des droits, s'il s'agit d'un acte sous seing privé, ou passé soit en pays étranger, soit dans les colonies. L. 22 frim. an 7, art. 41, 42; L. 16 juin 1824, art. 11. — V. *Discipline, Office, Organisation judiciaire, Responsabilité des officiers ministériels.*

AYANT-CAUSE. — V. *Appel,* n° 71 et suiv. *Créancier.*

## B.

BAIL. — V. *Congé, Juges de paix.*
BARREAU. — V. *Avocat.*
BATONNIER. Chef de l'ordre des avocats.
BÉNÉFICE D'INVENTAIRE. — Avantage accordé par la

loi à un héritier, de recueillir une succession, sans être tenu des dettes au delà des biens dont elle se compose..

**1.** *Personne.* — En général, tout héritier, soit naturel, soit contractuel ou testamentaire, a le droit de n'accepter une succession qui lui est échue, que sous bénéfice d'inventaire seulement. C. civ. 774. Turin, 11 août 1809, S. 10, 229; Denizart, v° *Bénéfice d'inventaire*; Toullier, 4, n° 395; Merlin, *Rep.*, v° *Légataire*, § 1, n° 3, Chabot, art. 774, n° 14.

**2.** Cependant, sont déchus de cette faculté: 1° Celui qui s'est rendu coupable de recélé ou qui a omis, sciemment et de mauvaise foi, de comprendre dans l'inventaire des effets de la succession. C. civ. 801.

2° L'héritier institué auquel le testateur l'a interdite. Le droit de n'accepter que sous bénéfice d'inventaire est un privilège auquel on peut renoncer; et chacun est libre de mettre à sa libéralité les conditions qu'il lui plaît. Delvincourt, 2, 31, note 8; Duranton, 7, n° 15.—*Contrà*, Chabot, art. 774, n° 15.

**3.** Certaines successions ne peuvent jamais être acceptées que sous bénéfice d'inventaire.

Telles sont 1° les successions échues à des mineurs ou à des interdits. C. civ. 461, 509, 776. — Peu importerait qu'ils eussent diverti à leur profit des objets dépendans de la succession: sauf à rendre compte des objets divertis ou recelés. Limoges, 30 juill. 1827, S. 28, 3.

**4.** 2° Celles échues à des condamnés aux travaux forcés, à la détention ou à la réclusion. C. pén. 29. Duranton, 6, n° 421.

**5.** 3° Celles acceptées par des créanciers du chef de leur débiteur: la loi ne leur permet d'accepter que jusqu'à concurrence de leurs créances; l'inventaire est nécessaire pour connaître exactement les forces de la succession. Arg. C. civ. 788.

**6.** *Formalités.* — Autrefois les acceptations bénéficiaires pouvaient avoir lieu devant notaire.

**7.** Aujourd'hui, la déclaration d'un héritier qu'il entend ne prendre cette qualité que sous bénéfice d'inventaire, doit être faite au greffe du trib. de 1re inst. dans l'arrondissement duquel la succession s'est ouverte. Elle doit être inscrite sur le registre destiné à recevoir les actes de renonciation (C. civ. 793). La loi veut que cet acte soit public et d'une recherche facile: toute personne peut exiger du greffier la représentation du registre. Chabot, art. 784, n° 3.

**8.** Si, sur la poursuite d'un créancier, l'héritier a fait sa déclaration à un autre trib., il doit la renouveler au greffe du trib. compétent. Paris, 9 nov. 1813.

**9.** Elle est faite avec l'assistance d'un *Avoué*. — V. ce mot.

**10.** L'héritier peut se faire représenter par un mandataire. La procuration doit être spéciale; mais il n'est pas nécessaire qu'elle soit authentique. La loi n'ayant prescrit aucune forme particulière, il suffit qu'elle soit légalisée par le maire et le sous-préfet. Av. Cons.-d'État, 26 nov. 1809; Favard, v° *Renonciation*, § 1, n° 3; Duranton, 6, n° 472. — *Contrà*, Chabot, art. 793, n° 4. — La plupart des greffiers exigent une procuration authentique.

**11.** Si la procuration est en brevet, elle demeure annexée au registre contenant l'acceptation; si elle est en expédition, l'annexe n'en est pas exigée.

**12.** L'acte d'acceptation bénéficiaire n'a d'effet qu'autant qu'il est précédé ou suivi d'un inventaire fidèle et exact des biens de la succession dans les formes et les délais prescrits par la loi. C. civ. 794. —V. *Inventaire.*

**13.** En conséquence, deux actes sont nécessaires pour conférer à l'héritier le privilége de n'être pas tenu des dettes *ultrà vires*, savoir : 1° la déclaration au greffe qu'il n'entend prendre la qualité d'héritier que sous bénéfice d'inventaire; 2° la confection de cet inventaire.

Le testateur ne peut pas, même par une disposition expresse, dispenser l'héritier de l'accomplissement de ces mesures prescrites dans l'intérêt des créanciers pour les garantir contre la fraude. Chabot, art. 794, n° 8.

**14.** Cependant s'il existe un inventaire fait à la requête d'un autre héritier, il est superflu de procéder à un second; il suffit d'un procès-verbal de récolement dans lequel on comprend les objets omis dans le premier, et l'on constate le déficit de ceux qui ne se trouvent pas. Chabot, *ib.*

**15.** Mais si l'inventaire déjà existant n'est pas fidèle, l'héritier qui n'en purge pas les vices en partage la responsabilité avec celui qui en est l'auteur. Chabot, *ib.*

**16.** Il n'est pas nécessaire que l'inventaire soit précédé d'une apposition de scellés : l'art. 810 C. civ., porte que les frais d'apposition des scellés, *s'il en a été apposé*, seront à la charge de la succession. Néanmoins, l'héritier qui désire se mettre à l'abri de tout soupçon agit prudemment en provoquant l'apposition des scellés.

**17.** Les délais accordés pour faire inventaire sont de trois mois, à compter du jour de l'ouverture de la succession.

Il peuvent être prolongés par les trib. selon les circonstances, et l'héritier conserve, même après leur expiration, la faculté de faire inventaire, s'il n'a pas d'ailleurs fait acte d'héritier, et s'il n'existe pas contre lui de jugement passé en force de chose jugée, qui le condamne comme héritier pur et simple. C. civ. 795, 798, 800; C. pr. 174.

**18.** L'héritier a de plus, pour délibérer sur son acceptation ou sur sa renonciation, un délai de 40 jours, qui commence à courir du jour de l'expiration du temps donné pour faire l'inventaire, ou du jour de la clôture de cet inventaire, s'il a été fini avant l'époque fixée. C. civ. 795; C. pr. 174. — V. *Exception.*

**19.** Le choix du notaire appartient à l'héritier; le trib. n'a pas le droit de le désigner d'office. Turin, 14 août 1809, S. 10, 229.

**20.** L'héritier ou le légataire universel qui a fait procéder à l'inventaire doit-il, à peine de déchéance, appeler les héritiers directs ou collatéraux? — V. *Inventaire.*

**21.** L'inobservation des formalités prescrites par la loi rend l'inventaire irrégulier, et par conséquent entraîne contre l'héritier la déchéance du bénéfice d'inventaire. — A moins que les irrégularités ne proviennent des officiers instrumentaires; par exemple, si le notaire oublie d'y apposer sa signature. Toullier, 4, n° 365; Delvincourt, 2, 92, *note.*

**22.** S'il existe dans la succession des objets susceptibles de dépérir, ou dispendieux à conserver, l'héritier peut, pendant les délais accordés pour faire inventaire ou délibérer, en sa qualité d'habile à succéder, et sans qu'on puisse en induire de sa part une acceptation, se faire autoriser par justice à procéder à la vente de ces effets. — V. *Ventes.*

**23.** L'héritier bénéficiaire peut être tenu, si les créanciers ou autres personnes intéressées l'exigent, de donner caution de la valeur du mobilier compris dans l'inventaire, et de la portion du prix des immeubles non délégué aux créanciers hypothécaires.

Par *mobilier*, il faut entendre toutes les actions et obligations qui ont pour objet des choses exigibles, quelle qu'en soit l'origine. Bordeaux, 6 juin 1828, S. 28, 343.

Faute par lui de fournir cette caution, les meubles sont vendus, et le prix en est déposé, à Paris, à la caisse des dépôts et consignations, et dans les départemens, chez les préposés de cette caisse. C. civ. 807; ordonn. 3 juill. 1816, art. 2, 12.

**24.** Il est mis en demeure de fournir caution par une sommation faite par acte extrajudiciaire, signifié à personne ou à domicile. C. pr. 992.

Dans les trois jours de cette sommation, outre un jour par trois myriamètres de distance entre le domicile de l'héritier et la commune ou siége le trib., il est tenu de présenter caution au greffe du trib. de l'ouverture de la succession dans la forme prescrite pour les réceptions de *caution.* C. pr. 993. — *V.* ce mot.

S'il s'élève des difficultés relativement à la réception de la caution, les créanciers provoquans sont représentés par l'avoué le plus ancien. C. pr. 994.

**25.** Dans le cas où le premier cautionnement donné par l'héritier devient insuffisant, il peut être admis à en fournir un supplémentaire. Paris, 15 avr. 1820, S. 20, 201.

S'il ne trouve pas de caution, il est reçu à donner à sa place un gage en nantissement. C. civ. 2041.

Mais il ne peut pas se dispenser d'en fournir une, en alléguant qu'il possède des immeubles plus que suffisans pour la garantie des objets dépendans de la succession, s'il n'offre pas en même temps hypothèque. Paris, 28 janv. 1812, S. 12, 445.

26. Néanmoins il n'est pas forcé de consigner, la loi ne lui impose que l'obligation de donner caution. Aix, 28 nov. 1831, S. 32, 152.

27. *Effet.* — L'effet du bénéfice d'inventaire est de donner à l'héritier l'avantage,

1° De n'être tenu du paiement des dettes de la succession que jusqu'à concurrence de la valeur des biens qu'il a recueillis, même de pouvoir se décharger du paiement des dettes, en abandonnant tous les biens de la succession aux créanciers et aux légataires.

2° De ne pas confondre ses biens personnels avec ceux de la succession, et de conserver contre elle le droit de réclamer le paiement de ses créances. C. civ. 802.

La prescription ne court pas contre lui à l'égard de ses créances. C. civ. 2258.

Les actions dirigées par l'héritier bénéficiaire contre la succession, sont intentées contre les autres héritiers, et s'il n'y en a pas ou qu'elles soient formées par tous, contre un curateur. C. pr. 996. — V. *Curateur.*

28. *Gestion de l'héritier.* — L'héritier bénéficiaire est chargé d'administrer les biens de la succession.

Peu importe qu'il y ait un donataire universel de l'usufruit des biens du défunt. Paris, 25 juill. 1826, S. 27, 104. — *Contrà,* Paris, 26 août 1816, S. 18, 224.

Il doit rendre compte de son administration aux créanciers et aux légataires, dans les formes prescrites pour les *redditions de comptes* en général. C. civ. 803; C. pr. 995. — V. ce mot.

29. Il ne peut être contraint sur ses biens personnels qu'après avoir été mis en demeure de présenter son compte, et faute d'avoir satisfait à cette obligation.

Après l'apurement du compte, il n'est tenu, sur ses biens personnels, que jusqu'à concurrence seulement des sommes dont il se trouve reliquataire. C. civ. 803.

30. Cependant il a été jugé qu'il peut être forcé de payer immédiatement, et sans qu'il soit besoin d'attendre son compte de bénéfice d'inventaire, une provision accordée à un créancier dans une instance dirigée contre lui. — Surtout s'il est réputé nanti de sommes suffisantes provenant de la succession. Paris, 7 mai 1829, S. 29, 269.

**31.** Les créanciers de la succession bénéficiaire ont-ils le droit de former des oppositions entre les mains des tiers débiteurs de cette succession ? — V. *Saisie-arrêt.*

**52.** Peuvent-ils, en cas de négligence de l'héritier bénéficiaire, saisir les meubles et les immeubles de la succession ? — V. *Saisie-exécution, Saisie immobilière.*

**53.** L'héritier bénéficiaire n'est tenu que de ses fautes graves dans l'administration dont il est chargé. C. civ. 804.

**54.** Il ne peut vendre les meubles de la succession que par le ministère d'un officier public aux enchères, et après les affiches et publications accoutumées. — V. *Ventes.*

S'il les représente en nature, il n'est tenu que de la dépréciation ou de la détérioration causée par sa négligence. C. civ. 805.

Une autorisation préalable est nécessaire pour la *Vente des rentes* au-dessus de 50 fr. — V. ce mot.

**55.** Il ne peut vendre les immeubles que dans les formes prescrites par la loi sur la procédure ( C. pr. 987 et suiv.), et il doit en déléguer le prix aux créanciers hypothécaires qui se sont fait connaître. C. civ. 806.

**56.** S'il y a des créanciers opposans, il ne peut payer que dans l'ordre et de la manière réglée par le juge. — V. *Distribution par contribution, Ordre.*

Néanmoins, l'infraction à cette disposition n'entraîne pas contre lui la déchéance du bénéfice d'inventaire : elle le rend seulement passible de dommages-intérêts envers les créanciers qui n'ont pas été payés dans l'ordre légal, et d'après la quotité de leurs créances. Arg. Cass. 27 déc. 1820, S. 21, 385.

**57.** S'il n'y a pas de créanciers opposans, il paie les créanciers et les légataires à mesure qu'ils se présentent. C. civ. 808.

Le paiement fait sans fraude, avant toute opposition, par l'héritier bénéficiaire, à un créancier de la succession, est valable, définitif et irrévocable. Cass. 4 avr. 1832, S. 32, 309 ; Favard, v° *Bénéf. d'inv.,* n° 11; Toullier, 4, n° 333; Delvincourt, 2, 33; Duranton, 7, n° 55. — *Contrà,* Chabot, 3, 50; Malpel, n°ˢ 235, 236.

**58.** L'héritier bénéficiaire peut être condamné au paiement des legs, avant la fin de la liquidation de la succession, s'il n'y a pas d'opposition. Paris, 16 mars 1835 (Art. 58 J. Pr.).

**59.** Les créanciers non opposans qui ne se présentent qu'après l'apurement du compte et le paiement du reliquat, n'ont de recours à exercer que contre les légataires.

Ce recours se prescrit par trois ans, à compter de l'apurement du compte et du paiement du reliquat. C. civ. 809.

**40.** Les frais de scellés, s'il en a été apposé, d'inventaire et de compte, sont à la charge de la succession. C. civ. 810.

Quant aux *dépens* des procès soutenus par l'héritier bénéfi-ciaire dans l'intérêt de la succession, — V. ce mot.

**41.** *Enregistrement.* Les acceptations de succession sous béné-fice d'inventaire étaient assujetties au droit fixe de 1 fr. L. 22 frim. an 7, art. 68, § 1, n° 2.—Mais une décision du ministre des finances, du 13 juin 1823, les soumet à un droit fixe de 3 fr.

**42.** Il est dû un droit par chaque héritier acceptant, et pour chaque succession. L. 22 frim. an 7, *ib.*

**43.** Si la succession est échue à des négocians faillis et accep-tée par les syndics de leurs créanciers, il est dû autant de droits qu'il y a d'héritiers représentés par les créanciers.

**44.** L'héritier bénéficiaire est tenu, comme l'héritier pur et simple, d'acquitter les droits de mutation par décès, ou du moins d'en faire l'avance. L. 22 frim. an 7, art. 27, 30, 32; Cass. 12 juill. 1836; 28 août 1837 (Art. 488 et 987 J. Pr.).

**45.** L'acte d'abandon fait par l'héritier de tous les biens de la succession est passible du droit fixe de 1 fr. Cela résulte de ce qu'il ne s'opère, dans ce cas, aucune mutation.

## FORMULES.

### FORMULE I.

*Acte d'acceptation de succession sous bénéfice d'inventaire.*

(C. civ. 793. — Tarif, 91. — Vacation, 3 fr.)

Aujourd'hui, 　　　　　au greffe est comparu le sieur 　　　　, proprié-taire, demeurant à 　　　, rue 　　　(ou le sieur 　　　, demeu-rant 　　　, mandataire spécial du sieur 　　　, suivant procuration reçue par Me 　　　et son collègue, notaires à 　　　le 　　　laquelle est demeurée annexée aux présentes.)

Lequel, assisté de Me D..., avoué près ce tribunal, a déclaré que, connaissance par lui prise des forces et charges de la succession du sieur 　　　demeurant à 　　　rue 　　　où il est décédé le 　　　et dont le comparant est pré-somptif héritier pour un quart, il n'entendait accepter et comme en effet il n'ac-cepte ladite succession que sous bénéfice d'inventaire et non autrement ; jurant et affirmant qu'il n'a rien pris ni détourné des biens et effets de ladite succession.

De tout quoi le comparant a requis acte à lui octroyé et a signé avec ledit Me D...., son avoué, et nous, greffier, après lecture faite.

*(Signatures de la partie, de l'avoué et du greffier.)*

### FORMULE II.

*Acceptation par un créancier au nom de son débiteur.*

(C. civ. 788, 793. — Tarif, 91 par anal. — Vacation, 3 fr.

Et ledit jour, au greffe du tribunal de première instance de 　　　, est comparu le sieur 　　　, assisté de Me 　　　, avoué près ce tribunal, lequel, au nom et comme créancier sérieux et légitime du sieur 　　　, ainsi qu'il résulte d'un acte 　　　, et en vertu d'un jugement du tribunal de 　　　, en date du 　　　, enregistré, l'autorisant à cet effet, a déclaré que connaissance par lui prise des forces et charges de la succession du sieur 　　　, demeurant à 　　　, où il est décédé le 　　　et dont ledit sieur 　　　, débiteur du comparant, est présomptif héritier pour 　　　, il accepte ladite succession sous bénéfice d'inventaire et jusqu'à concurrence de sa créance, aux termes de l'art. 788 du Code civil; affirmant, etc.

*(La suite comme à la Formule, n° 1.)*

**BILLETS** *d'avertissement.* — **V.** *Préliminaire de conciliation.*

**BLANC, LACUNE, INTERVALLE.** Se dit de l'espace laissé dans un acte sans être couvert d'écriture.

En général, tous les actes doivent être écrits sans aucun blanc, afin de rendre impossibles les additions frauduleuses, qui pourraient y être faites après leur rédaction.

Cependant, l'usage des *alinéas* n'est pas interdit ; mais il est prudent de tirer des traits de plume à la fin de chaque *alinéa.*— **V.** *Exploit.*

**BORDEREAU** *de collocation.* — **V.** *Ordre.*

**BORDEREAU** *d'inscription.* — **V.** *Inscription hypothécaire.*

**BORNAGE.** L'action en bornage a pour but de faire ordonner la plantation de nouvelles *bornes,* — ou le rétablissement et la reconnaissance des anciennes.

**1.** Le bornage peut toujours être demandé, alors même que les voisins seraient restés plus de trente ans sans le réclamer. C. civ. 646, 2232.

**2.** L'action appartient à quiconque possède un fond comme propriétaire, sans qu'il soit tenu de justifier de ses droits de propriété. Merlin, *Rép.,* v° *Bornage,* n° 2 ; Fremy-Ligneville, *Code des architectes,* n° 96.

**3.** Mais il convient, pour rendre obligatoire le bornage à l'égard de tous, d'appeler les divers ayant-droit, tels que nus-propriétaire, usufruitier, etc.

**4.** Le bornage a lieu à l'amiable ou en justice, selon que les parties sont ou non d'accord, majeures, maîtresses de leurs droits.

**5.** *A l'amiable.* Les parties, par acte notarié ou sous seing privé, nomment un ou plusieurs experts arpenteurs, précisent les pouvoirs qui leur sont donnés et les héritages qu'il s'agit de limiter.

**6.** Les experts procèdent d'abord à l'examen des titres et renseignemens qui leur sont remis ; — puis à l'arpentage des terres et à la reconnaissance des anciennes bornes, s'il en existe.

**7.** Les limites sont *naturelles,* telles qu'une montagne, une rivière, un bois, une route ; — ou *mobiles,* telles que des bornes qui se déplacent facilement.

La forme des bornes mobiles varie suivant les lieux ; — ce sont des arbres, une haie, un fossé, un talus, ou un mur, etc.— Le plus souvent, ce sont des pierres d'une certaine grosseur, plantées aux angles des héritages et autour desquelles on place deux autres petites pierres qu'on appelle témoins, pour indiquer que ce sont des bornes et non pas des pierres ordinaires qui se trouvent là par hasard.

**8.** Le procès-verbal des opérations indique très exactement les limites et la place des bornes.

9. Si ce rapport convient aux parties, elles l'approuvent par un acte sous seing privé ou notarié.

10. *Bornage judiciaire.* Le juge de paix est compétent, lorsqu'il s'agit, 1° de statuer sur une action en rétablissement de bornes déplacées dans l'année. — V. *Action possessoire*, n° 67.

2° D'ordonner une plantation de bornes provisoires, pour prévenir de nouvelles entreprises ou de nouveaux troubles, surtout s'il a soin de déclarer que ces bornes ne pourront nuire à l'action pétitoire. Cass. 26 janv. 1823 ; Pardessus, *servitudes* n° 326. — V. d'ailleurs *Action possessoire*, n° 174.

3° De connaître d'une action en plantation de nouvelles bornes déplacées, même depuis plus d'une année, si la propriété ou les titres qui l'établissent ne sont pas contestés. L. 6 juin 1838, art. 6 (Art. 1166 J. Pr.). — V. *Juge de paix.*

Le *tribunal de* 1$^{re}$ *inst.* est seul compétent, lorsque la propriété est disputée entre les deux voisins. — V. ce mot.

11. L'action en bornage, lorsqu'elle est possessoire, est soumise au juge de la situation. — V. *Action possessoire,* n° 147.

Lorsqu'elle est pétitoire, à raison de son caractère mixte, elle peut être portée devant le juge de la situation, ou devant celui du juge du domicile du défendeur, au choix du demandeur. — V. *Action,* n° 31.

Toutefois, il est dans le vœu du législateur que le juge de paix de la situation connaisse de l'action en bornage, lorsqu'elle est de sa compétence. — V. L'art. 6, L. 6 juin 1838 (Art. 1166 J. Pr.), et l'exposé des motifs.

12. Le juge nomme les experts ; précise l'objet de leur mission ; — et homologue leur rapport. V. d'ailleurs *sup.* n° 6 à 8.

Le juge de paix, ordinairement, par une descente de lieux épargnera aux parties des frais d'expertise. — V. l'art. 6, L. 6 juin 1838 (Art. 1166 J. Pr.) et l'exposé des motifs.

13. Le bornage se fait à frais communs. C. civ. 646. — C'est-à-dire que chaque propriété contribue en proportion de son étendue.

Mais, en cas de contestations, les frais du procès-verbal restent à la charge du propriétaire qui succombe. Pardessus, n° 129.

14. L'art. 456 C. pén. punit le déplacement frauduleux ou la suppression des bornes de l'emprisonnement et d'une amende.

BOURSE DE COMMERCE. Réunion qui a lieu sous l'autorité du roi, des commerçans, capitaine de navire, agens de change et courtiers. C. comm. 71.

On appelle aussi *Bourse,* le bâtiment où se tient cette réunion. — V. *Agent de change, Courtier.*

BREF DÉLAI. Délai moindre que celui ordinairement accordé à une partie pour comparaître en justice.

1. La faculté pour le demandeur, d'assigner à bref délai, résulte, soit de la loi, soit d'une ordonnance accordée sur requête, par le président du trib. où la demande est portée.—V. *Ajournement*, n° 55 à 62.

2. La loi, lorsqu'il s'agit de vérification d'écriture, permet expressément d'assigner à trois jours. C. pr. 193. — *V.* d'ailleurs *Juge de paix*, *Référé*, *Tribunal de commerce*.

3. Quelquefois, elle se borne à autoriser une réduction des délais ordinaires, sans déterminer les limites de cette réduction. Par exemple, dans le cas de l'art. 457 C. pr., pour obtenir des défenses sur l'appel. Alors une ordonn. du président du trib. où l'*appel* est pendant, devient nécessaire pour indiquer le délai de la comparution. — *V.* ce mot, n° 260.

4. Le président du trib. peut, dans tous les cas qui requièrent célérité, abréger, par ordonn. rendue sur requête, les délais ordinaires de comparution. C. pr. 72.

5. Il permet d'assigner, soit à jour fixe, soit à un nombre de jours moindre que celui accordé pour les circonstances ordinaires.

Dans l'usage, il autorise habituellement à assigner à trois jours, à moins que l'affaire ne soit connexe à une autre, pendante à l'audience, auquel cas, l'assignation est donnée à jour fixe.

6. L'ordonnance qui permet d'assigner à bref délai ne peut être attaquée, ni par opposition, ni par *Appel*. — *V. Ajournement*, n° 62.

7. *Formules.* — V. *Ajournement*, formule II; *Cédule*.

BREVET (ACTES EN). Actes dont il ne reste pas de minute, et qu'on délivre en original. — V. *Minute*.

BREVETS *d'invention, de perfectionnement et d'importation* (COMPÉTENCE ET PROCÉDURE EN MATIÈRE DE) (1).

1. Les conditions auxquelles s'obtiennent ces brevets, le mode de leur exercice et leur durée, sont déterminés par les lois des 7 janv., 25 mai, 12 sept. 1791, 20 sept. 1792 ; arr. 3 oct. 1798, 5 vend. an 9 ; décr. 25 nov. 1806, 25 janv. 1807.

## DIVISION.

§ 1. — *Actions, Compétence.*
§ 2. — *Actions en contrefaçon, Procédure.*
§ 3. — *Exceptions.*
§ 4. — *Jugement, Condamnations.*
§ 5. — *Action principale en déchéance.*

---

(1) Cet article est de M. Lauras, avocat à la Cour royale de Paris.

§ 1. — *Actions, Compétence.*

**2.** La propriété d'un brevet constitue un droit privatif dont la violation donne lieu à l'action en contrefaçon. LL. 7 janv. 1791, art. 12, 25 mai 1791, art. 10.

D'un autre côté ceux à qui l'existence d'un brevet porte préjudice, ont le droit de faire déclarer le breveté déchu de son privilége au moyen de l'action en déchéance. L. 7 janv. 1791, art. 16.

**3.** L'action en contrefaçon est portée devant les trib. correctionnels., et l'action en nullité ou en déchéance, devant les trib. civ. de 1ᵉ inst. L. 25 mai 1858, art. 20.

**4.** Toutes autres contestations qui peuvent s'élever entre les prétendans à la propriété d'un brevet, sont, suivant les circonstances, de la compétence des trib. civils, des trib. de comm., ou des arbitres juges.

**5.** Les trib. sont compétens, 1° pour prononcer sur le mérite ou la réalité d'une découverte pour laquelle un brevet a été délivré, sans pour cela empiéter sur les attributions de l'autorité administrative. Grenoble, 12 juin 1850, S. 32, 11; Cass. 21 fév. 1857 (Art. 1186 J. Pr.).

**6.** 2° Pour régler l'effet que peut produire une prolongation de brevet entre les parties : ils n'ont pas le droit pour critiquer la légalité de cette prolongation. Paris, 10 oct. 1852, S. 32, 663.

§ 2. — *Action en contrefaçon, Procédure.*

**7.** La contrefaçon d'une industrie brevetée ne donne lieu qu'à l'action civile, et jamais à l'action publique.

**8.** L'action en contrefaçon appartient au propriétaire ou au cessionnaire d'un brevet qui est troublé dans l'exercice de son droit privatif. L. 25 mai 1791, tit. 2, art. 10 et 15; 7 janv. 1791, art. 14.

**9.** *Saisie.* Avant de porter l'action devant le trib. le premier soin à prendre par le breveté est d'assurer la constatation du fait de la contrefaçon, et de se munir à l'avance des preuves qui, à défaut de cette précaution, pourraient disparaître.

**10.** La notoriété peut quelquefois rendre cette constatation inutile, mais elle est le plus souvent indispensable, surtout pour conserver les droits du poursuivant, en assurant l'efficacité de la confiscation qui peut être prononcée.

Quel est, dans ce cas, le mode de procéder?

**11.** La loi du 7 janv. 1791 (art. 12, 13) permettait au propriétaire d'une patente, ou breveté, en donnant bonne et suffisante caution de *requérir la saisie des objets contrefaits.* Mais un décret sans date, promulgué toutefois avec celui du 25 mai 1791, et qui a force de loi, a supprimé, dans les art. 12 et 13, L. 7 janv. 1791, les termes relatifs à la saisie.

On ne prit pas garde alors que l'art. 12, tit. 2, L. 25 mai 1791, se référait au texte primitif des art. 12 et 13, L. 7 janv. 1791, puisqu'il commençait par ces mots : « Dans le cas où *une saisie juridique* n'aurait pu faire découvrir aucun objet ; etc., » et on le laissa subsister. Cette omission a donné lieu par la suite à quelques difficultés ; plusieurs années après, au Conseil des cinq cents, lorsqu'on songea à réviser la législation de 1791, on proposa de rétablir le texte primitif de la loi du 7 janv. 1791, et le rapporteur de la commission s'appuya de l'art. de la loi du 25 mai 1791, dans lequel on avait omis de supprimer les termes relatifs à la saisie, pour soutenir que le législateur avait entendu seulement dispenser le saisissant de la nécessité de fournir caution, et non lui interdire la faculté de saisir. Le projet qui fut alors proposé rétablissait le droit de saisie : mais il n'eut pas de suite, et la législation est restée dans l'état où elle se trouvait, à cette époque. — *V.* Renouard, p. 345 et suivantes.

Il ne peut d'ailleurs être procédé à la saisie des objets contrefaits en vertu du brevet, qui n'est pas un titre exécutoire, qui n'est que la présomption et non la preuve du droit.

12. Mais la jurisprudence a suppléé à cette lacune qui avait le danger de favoriser la fraude en assurant l'impunité de la contrefaçon.

Lorsque les actions concernant les brevets d'invention étaient de la compétence des juges de paix, l'usage fut quelque temps incertain. D'abord le breveté présentait requête au président du trib. de 1re inst., pour commettre un huissier à l'effet de constater les faits de contrefaçon ; sur l'autorisation contenue en l'ordonn. du président, l'huissier se transportait au lieu indiqué, constatait le nombre des objets argués de contrefaçon, et apposait son cachet sur un ou plusieurs de ces objets, ou se contentait d'en faire la description, laissant ces objets décrits ou mis sous cachet à la garde de celui contre qui il était procédé. Regnault, 152 ; Renouard, 339.

Mais, en 1823, le président du trib. s'étant déclaré incompétent, par le motif que la loi du 25 mai 1791 investissait les juges de paix de la connaissance des actions en contrefaçon (— *V.* espèces citées par Regnault, 153), cette jurisprudence prévalut définitivement, et les requêtes furent présentées aux juges de paix qui, tantôt autorisaient la saisie des objets par l'huissier commis, leur mise sous le scellé, et leur dépôt au greffe ou entre les mains du saisi constitué gardien judiciaire, tantôt se transportaient eux-mêmes pour constater l'état des objets argués de contrefaçon ; d'autres enfin nommaient des experts avec mission de décrire les objets argués de contrefaçon, ou chargeaient le commissaire de police de dresser le procès-verbal. Regnault, 154.

**15.** Aujourd'hui, et sous la loi du 25 mai 1838, le président du trib. dans le ressort duquel se trouvent les objets argués de contrefaçon, est seul compétent pour autoriser les mesures nécessaires pour la constatation et la répression du fait incriminé.

**14.** La saisie, au lieu de s'étendre à la totalité des objets argués de contrefaçon, peut se borner aux objets qu'il sera nécessaire de mettre sous la main de la justice; ce sera un acte d'instruction, et non pas une confiscation provisoire.

**15.** Si les objets argués de contrefaçon sont réunis à des objets non contrefaits, la saisie peut comprendre le tout. Cass. 2 mai 1822, S. 23, 45; 31 déc. 1822, S. 23, 223.

**16.** Il a été jugé, et avec raison, par M. le juge de paix du 3ᵉ arrondissement de Paris (5 juill. 1824, *affaire Frossard et Margéridon*, Renouard, p. 341), qu'il n'y avait pas lieu d'empêcher le voyage d'un bateau, dont le genre de construction avait soulevé un procès de contrefaçon, par le motif qu'une description faite sur le moment par des gens de l'art, remplaçait suffisamment le but de la saisie provisoire. M. le juge de paix ordonna en même temps que, par un mécanicien commis d'office à cet effet, le bateau saisi serait le jour même et sans désemparer, vu et visité, et autorisa les propriétaires du bateau, aussitôt après la description, à le faire naviguer.

**17.** Il importe que le procès-verbal constate le nombre des objets trouvés dans les lieux, et qui sont semblables aux objets saisis ou décrits. Cette constatation a de l'importance à raison de la confiscation qui est prononcée contre les contrefacteurs. L. 7 janv. 1791, art. 12. — V. *inf.* n° 35.

**18.** La constatation peut s'effectuer par les divers moyens indiqués non seulement chez le fabricant des objets argués de contrefaçon, mais aussi chez tout marchand, débitant, receleur ou gardien de ces objets, quand même ces détenteurs ignoreraient qu'il y a contrefaçon. Renouard, 345.

**19.** Le trib. de police correctionnelle est seul compétent pour connaître de la validité de la saisie et des demandes en dommages-intérêts qui peuvent s'y rattacher. Le trib. de comm. serait incompétent pour connaître d'une demande de ce genre. Arg. Paris, 16 oct. 1837 (Art. 995 J. Pr.).

**20.** Le président du trib. n'est pas tenu de faire droit à la requête; il peut refuser l'autorisation demandée, s'il résulte, pour lui, de l'examen qu'il a fait des circonstances de la cause, qu'il n'y a pas présomption suffisante de contrefaçon.

**21.** *Procédure.* L'action en contrefaçon est portée devant le trib. correctionnel du domicile du défendeur, s'il n'a pas de domicile devant le trib. de sa résidence, et, s'il a été pratiqué une saisie, elle peut être portée devant le trib. du lieu dans lequel cette saisie a été pratiquée. Blanc., *de la Contrefaçon,* 107.

**22.** La procédure à suivre sur l'action en contrefaçon est tracée par le C. d'inst. crim., n° 2, chap. 2 ; mais le trib. correctionnel ne peut être saisi que par une citation donnée directement au défendeur (C. inst. crim. 182). La loi nouvelle, en soumettant l'action en contrefaçon aux trib. correctionnels, n'a pas rangé la contrefaçon au nombre des délits, dont la poursuite appartient aux officiers de police judiciaire, et dont les trib. sont saisis par le renvoi des juges d'instruction—V. *sup.* n° 7.

**23.** Le défendeur a la faculté de se faire représenter par un avoué.

**24.** Le trib. peut néanmoins ordonner sa comparution en personne. Arg. C. inst. crim., 185.

**25.** La preuve testimoniale est admissible dans les procès en contrefaçon. L. 25 mai 1791, tit. 2, art. 11.

**26.** Cependant le trib. peut rejeter cette preuve, si elle ne lui paraît ni utile, ni pertinente, Cass. 24 déc. 1833, S. 34, 204.

### § 5. — *Exceptions.*

**27.** Indépendamment des exceptions de fait et de droit que le défendeur à l'action en contrefaçon peut puiser dans le droit commun (— V. *Exception*), plusieurs exceptions sont spéciales aux procès en contrefaçon.

Ainsi le défendeur aura à examiner s'il ne résulte pas pour lui quelques exceptions du défaut de validité du brevet, de la non identité entre les objets du litige et les objets dont l'exploitation exclusive appartient au breveté. Renouard, 374 ; Blanc, 16. — V. *inf.* n° 50.

**28.** La plus importante de ces exceptions est l'exception de déchéance. En effet, le breveté n'a plus d'action, s'il est déchu de son droit privatif, sa déchéance entraîne contre lui la perte de la qualité dans laquelle il agit.

**29.** La loi déclare déchu de sa patente, ou brevet, 1° tout inventeur convaincu d'avoir, en donnant sa description, recélé ses véritables moyens d'exécution ;

2° Tout inventeur convaincu de s'être servi dans ses fabrications de moyens secrets qui n'auraient point été détaillés dans sa description, ou dont il n'aurait pas donné sa déclaration pour les faire ajouter à ceux énoncés dans sa description ;

3° Tout inventeur, ou se disant tel, convaincu d'avoir obtenu une patente pour des découvertes déjà consignées et décrites dans des ouvrages imprimés et publiés ;

4° Tout inventeur, qui, dans l'espace de deux ans, à compter de la date de sa patente, n'a pas mis sa découverte en activité, et qui n'a point justifié des raisons de son inaction.

Cette déchéance n'est pas encourue par l'inventeur d'une mécanique, qui, dans l'intervalle des deux ans, a fait admettre une

de ses machines à l'exposition de l'industrie française, et en a
vendu une autre, si d'ailleurs il n'est pas établi que d'autres
commandes aient été faites à l'inventeur, et que celui-ci ait refusé d'y satisfaire. Cass.15 juin 1837 (Art. 1184 J. Pr.).

Il n'y a pas lieu non plus d'opposer la déchéance au breveté
qui a souffert pendant plusieurs années que d'autres se servissent de son procédé. Cass. 28 niv. an 11, P. 3, 113.

5° Tout inventeur qui, après avoir obtenu une patente en
France, est convaincu d'en avoir pris une pour le même objet en
pays étranger. L. 7 janv. 1791, art. 16.

**30.** Est aussi déchu le breveté qui n'a pas rempli au terme
prescrit sa soumission d'acquitter la totalité de la taxe. L. 25 mai
1791, tit. 2, art. 3 et 4.

**31.** Les cas de déchéance énumérés dans les lois des 7 janv.
et 25 mai 1791 ne sont pas les seuls qui puissent être opposés à
l'action en contrefaçon. Il en est un admis par la jurisprudence,
conforme d'ailleurs à l'esprit de la loi du 7 janv. 1791, et que
l'on doit considérer comme une extension du § 3 de l'art. 16 de
cette loi : c'est celui qui se fonde sur le défaut de nouveauté de
l'objet pour lequel il a été concédé un brevet, lorsque la prétendue découverte est connue et rendue publique par toute autre
voie que celle des ouvrages imprimés et publiés. En effet, le
vœu de la loi est de garantir la pleine et entière jouissance d'une
découverte ou *invention nouvelle* (L. 7 janv. 1791, art. 1), et
non d'une invention déjà connue et publiée.

**32.** Quelques trib. ont pensé que la loi du 7 janv. 1791,
art. 16, § 3, avait établi, pour le cas de déchéance provenant
du défaut de nouveauté, le seul genre de preuve résultant des
ouvrages imprimés et publiés, et qu'elle écartait, par cela même,
toutes les preuves autres que celle qui s'y trouve formellement
désignée. Mais cette doctrine a été constamment repoussée par
la C. de cass. qui, dans plusieurs arrêts, distingue entre
l'action principale en déchéance, et l'exception de déchéance.
Il résulte de cette jurisprudence que le demandeur en déchéance par action principale ne peut justifier l'action qu'il
puise dans le § 3 de l'art. 16, que par le genre de preuve qui
y est indiqué, tandis que le défendeur peut en outre invoquer
l'exception de déchéance pour défaut de nouveauté, sans être
circonscrit dans le genre de preuve déterminé par la loi. Le défendeur qui oppose le moyen de déchéance tiré du défaut de
nouveauté, peut donc être admis à prouver, par témoins, que
le brevet sur lequel se fonde son adversaire est nul, et n'a
été requis par lui que pour un procédé antérieurement acquis,
soit au domaine public, soit à quelque fabricant, ou enfin
que le procédé était connu et pratiqué avant le brevet. Cass. 22
frim. an 10, S. 2, 172; 29 mess. an 11, S. 4, 2, 44; 20 déc.

1808 , S. 9, 1, 209; 30 avr. 1810 , S. 10, 1, 229 ; 19 mai 1821 , S. 21 , 298; 8 fév. 1827 , S. 27, 107. — *Contrà*, Blanc , 118 et suiv.

**53.** C'est au défendeur qui oppose que l'invention n'est pas nouvelle à prouver sa publication antérieure, suivant la règle *reus excipiendo fit actor*. Cass. 25 mai 1829 ; Blanc, p. 117.

**54.** Le trib. correctionnel compétent sur l'action en contrefaçon ne l'est pas sur la demande en nullité ou en déchéance, formée incidemment à l'action en contrefaçon. La disposition de la loi du 25 mai 1838 est formelle et tranche la difficulté qui s'élevait autrefois sur cette question ; cette solution est d'ailleurs conforme aux principes généraux suivant lesquels les trib. correctionnels ne connaissent pas des exceptions préjudicielles de propriété qui sont élevées devant eux. Suivant la loi nouvelle, les trib. de 1$^{re}$ inst. connaissent des nullités et déchéances demandées incidemment , aussi bien que de celles qui font l'objet d'une demande principale. L. 25 mai 1838 , art. 20 ; exposé de motifs , *Monit.* du 12 mai 1857, p. 1157.

### § 4. — *Jugement, Condamnations.*

**55.** Si la contrefaçon est déclarée constante, le contrefacteur est condamné : 1° à la confiscation des objets contrefaits ; 2° à des dommages-intérêts proportionnés à l'importance de la contrefaçon ; 3° et en outre à verser dans la caisse des pauvres de l'arrondissement , une amende fixée au quart du montant des dommages-intérêts , sans toutefois que cette amende puisse excéder la somme de 3,000 fr. , et au double en cas de récidive. L. 7 janv. 1791 , art. 12.

**56.** Cependant il n'est pas toujours nécessaire que le juge reconnaisse la contrefaçon pour adjuger des dommages-intérêts ; ainsi, lorsque, sur une action en contrefaçon, le défendeur oppose une convention suivant laquelle le breveté avait permis l'importation des objets contrefaits, sous certaines conditions, le juge peut, tout en déclarant qu'il n'y a pas contrefaçon, prononcer des dommages-intérêts pour l'inexécution des conditions. Cass. 13 juin 1857 (Art. 1184 J. Pr.).

**57.** Dans le cas où la dénonciation de contrefaçon se trouve dénuée de preuves, l'inventeur doit être condamné envers la partie adverse, à des dommages-intérêts proportionnés au trouble et au préjudice qu'elle a pu en éprouver, et, en outre, à verser dans la caisse des pauvres de l'arrondissement, une amende fixée au quart du montant des dommages-intérêts, sans toutefois que l'amende puisse excéder la somme de 3,000 fr., et au double en cas de récidive. *Ib.* art. 13.

**58.** Si les objets contrefaits sont réunis à des objets non contrefaits, dont ils soient inséparables, la confiscation du tout doit être prononcée. Cass. 2 mai 1822, S. 23, 45 ; 31 déc. 1822, S. 23, 223.

**59.** La confiscation peut en outre comprendre les outils servant spécialement à la contrefaçon comme accessoire des objets contrefaits. Blanc, 137.

**40.** Le trib. peut ordonner l'affiche du jugement, sur les conclusions de l'une des parties. C. pr. 1036 ; Cass. 31 déc. 1822, S. 23, 225.

**41.** Il a été jugé que le débitant d'objets contrefaits peut, suivant les cas, être considéré comme complice du contrefacteur, et condamné solidairement avec lui aux dommages-intérêts. Trib. Paris, 5e ch., 26 août 1820 ; Regnault, 329.

**42.** L'appel et le pourvoi en cassation sont réglés par le C. d'inst. crim.

**45.** Le plaignant en contrefaçon, qui, en 1re inst., s'est plaint du trouble apporté à un brevet de perfectionnement, n'est pas recevable en appel à produire un brevet délivré antérieurement au brevet de perfectionnement. Cette production forme une demande nouvelle qui doit subir les deux degrés de juridiction. Cass. 8 fév. 1827, S. 27, 107.

**44.** Le jugement qui décide qu'il n'y a pas de contrefaçon, par le motif qu'il est constant et prouvé que le procédé était connu avant l'obtention du brevet, contient une déclaration de fait qui échappe à la censure de la C. de cass. Cass. 1er mars 1826, S. 26, 522.

**45.** La chose jugée au profit du breveté contre un contrefacteur n'est pas opposable à un autre prétendu contrefacteur. Arg. C. civ. 1351 ; Cass. 15 mars 1825, S. 26, 45.

### § 5. — *Action principale en déchéance.*

**46.** La déchéance d'un brevet peut être demandée par action principale.

**47.** Cette action appartient à tous ceux qui y ont intérêt, sans qu'il soit nécessaire pour cela d'être poursuivi en contrefaçon au moment où l'action en déchéance est exercée. Paris, 26 déc. 1825 ; *J. des aud. de la C. roy. de Paris*, 1825, 766 ; Renouard, 391.

**48.** Le défendeur à l'action en contrefaçon peut, pendant la poursuite, et en tout état de cause, introduire au principal l'action en déchéance. Blanc, 83.

Dans ce cas, le juge correctionnel doit surseoir à statuer jusqu'au jugement définitif de l'action en déchéance. Arg. L. 25 mai 1838, art. 20. — V. *sup*. n° 33.

**49.** Le défendeur à l'action en contrefaçon, peut, même après le jugement qui le condamne, introduire l'action principale en déchéance ; mais, dans ce cas, la déchéance qu'il fait prononcer ne l'affranchit pas des condamnations définitives qui auraient été prononcées contre lui. En conséquence, il doit payer les dommages-intérêts auxquels il a été condamné, bien que cette condamnation ait pris sa source dans un brevet qu'il a plus tard fait frapper de déchéance. Blanc, 84.

50. Le demandeur en déchéance peut, comme le défendeur, fonder son action sur une ou plusieurs des causes de déchéance indiquées dans l'art. 16. L. 7 janv. 1791 ; mais avec cette différence que le demandeur au principal ne saurait étendre par analogie les dispositions de l'art. 16 qui ont un caractère de pénalité, tandis que le défendeur qui oppose la déchéance par voie d'exception n'étant pas circonscrit dans le texte de la loi, est recevable à opposer au demandeur tous les moyens qui tendent à détruire son droit privatif. Blanc, 71.

51. Les parties ne peuvent, ni en demandant, ni en défendant, invoquer le moyen de déchéance fondé sur ce que l'objet du brevet serait contraire à la sûreté publique, aux lois de l'État, aux bonnes mœurs, ou aux règlemens de police. Dans ce cas, l'action n'appartient qu'au ministère public. C. inst. crim. art. 1; L. 25 mai 1791, tit. 2, art. 9.

52. Le moyen de déchéance tiré du défaut de paiement de la taxe (L. 25 mai 1791, tit. 2, art. 4) ne donne pas lieu à l'action principale des parties ; dans ce cas l'action appartient à l'administration qui, seule, a qualité pour exiger le paiement. Renouard, 590.

53. L'action en déchéance est portée devant les trib. de 1re inst. L. 25 mai 1838, art. 20.

54. Parmi les divers cas de déchéance, il en est un dont le jugement appartient à l'administration : c'est celui qui résulte du défaut d'acquittement de la taxe. Dans ce cas la déchéance est déclarée par ordonn. roy.—On en trouve plusieurs exemples au Bulletin des lois. V. Ordonn. 24 nov. 1824; 27 déc. 1833.

BULLETIN *des lois*. Recueil officiel des lois et actes du gouvernement, créé par la loi du 14 frim. an 2, et maintenu par celle du 12 vend. an 4. Un cahier des lois rendues est envoyé chaque trimestre au greffier de chaque trib., et déposé au greffe.

# C.

CAHIER DES CHARGES. Acte énonçant les clauses et conditions de la vente, et la mise à prix d'un objet mis aux enchères. — V. *Ventes*.

CAISSE DES DÉPOTS ET CONSIGNATIONS. Établissement public et permanent, destiné à recevoir les dépôts et consignations de sommes d'argent. —V. *Dépôt*.

CALENDRIER. Table contenant l'ordre et la suite des mois et des jours.

1. Le calendrier Grégorien, suivi en France depuis le sei-

zième siècle, a été remplacé, à dater du 22 septembre 1792, par une nouvelle distribution de l'année en douze mois de trente jours chacun, suivis de cinq jours complémentaires pour les années ordinaires, et de six pour les années bissextiles. L. 4 frim. an 2. —Les noms des mois étaient, pour l'automne, vendémiaire, brumaire, frimaire; pour l'hiver, nivôse, pluviôse, ventôse; pour le printemps, germinal, floréal, prairial; pour l'été, messidor, thermidor, fructidor.

**2.** Le calendrier Grégorien a été remis en usage à compter du 11 nivôse an 14 (1er janv. 1806). Sénat.-cons. 22 fruct. an 13.

**3.** Les notaires doivent se conformer aux lois concernant l'annuaire du royaume, sous peine d'amende. L. 25 vent. an 11, art. 17.

**4.** Les officiers ministériels observeront la même prescription dans les actes de leur ministère.

—V. D'ailleurs, appel, n° 95; *Cassation*, n° 8; *Date; Exploit.*

CARENCE. — V. *Procès-verbal de carence.*

CASSATION (1). Voie ouverte contre un jugement non susceptible d'être rétracté ou réformé.

## DIVISION.

(1) Cet article est de M. Legé, avocat aux conseils du roi et à la C. de cassation.

Art. 1. — *Délai de la signification.*
Art. 2. — *Forme de la signification.*

§ 13. — *Instruction devant la chambre civile.*
§ 14. — *Arrêt de la chambre civile ; ses effets.*
§ 15. — *Procédures diverses.*
§ 16. — *Enregistrement.*
§ 17. — *Formules.*

## § 1. — *De la Cassation en général.*

1. La cassation est, en général, l'action d'anéantir un acte quelconque. Les mots *cassation* et *annulation* indiquent la même idée ; mais le premier s'applique plus spécialement au jugement, le second à la procédure.

2. La cassation est la dernière des voies extraordinaires par lesquelles on peut attaquer les jugemens. De là plusieurs conséquences.

3. On ne peut se pourvoir contre un jugement en premier ressort. — V. toutefois *inf.* nᵒˢ 35 et 52.

Ni contre un jugement de défaut, tant que la voie d'opposition est ouverte. Merlin, *Rép.*, vᵒ *Cassation*, § 4, nᵒ 8. — Ou lorsque, sur l'opposition, l'exécution de ce jugement a été ordonnée par un autre jugement non attaqué en temps utile. Cass. 21 avr. 1807, P. 6, 36. — Quand même il serait qualifié en dernier ressort. Arg. C. pr. 453. — V. d'ailleurs *inf.* nᵒ 66.

4. Le même moyen ne peut en général servir à la fois d'ouverture de requête civile et de cassation.—V. toutefois *inf.* § 6.

5. Les ouvertures de cassation ne sauraient être étendues par analogie. Merlin, *Rép.*, vᵒ *Cassation*, § 3, nᵒ 8.

6. Le recours en cassation constitue une instance nouvelle, indépendante de celles qui l'ont précédée. De là plusieurs conséquences. — V. *inf.* nᵒ 47.

7. Ce recours ne forme point un troisième degré de juridiction : la cassation est un acte de surveillance, et non un acte de juridiction.

Il diffère de l'appel, en ce qu'il n'a pas pour but l'examen du *bien* ou *du mal jugé* au fond.

## § 2. — *De la Cour de cassation.*

8. La C. de cassation est établie pour maintenir l'unité dans la jurisprudence, et empêcher que les trib. n'étendent ou ne restreignent leurs attributions au-delà ou en-deçà du cercle que la loi leur a tracé.

9. Elle a succédé au conseil-privé des parties, qui connaissait des recours en cassation dirigés contre les sentences en dernier

ressort des juridictions inférieures, et contre les arrêts des parlemens.

**10.** Instituée par la loi du 1ᵉʳ déc. 1790, qui règle son organisation et ses' attributions, et, appelée d'abord *tribunal de cassation*, elle a reçu du sénat.-cons. 28 flor. an 12, art. 156, le titre de *Cour de cassation*.

Diverses modifications ont été apportées à la loi de 1790 par les actes législatifs des 1ᵉʳ vend. et 2 brum. an 4, 22 brum. et 27 vent. an 8, 16-17 therm. an 10, 28 flor. an 12, C. pr., C. inst. crim., Décr. 16 sept. 1807, 15 fév. 1815; enfin par l'ordonn. du 15 janv. 1826, qui coordonne toutes les dispositions législatives antérieures, et par la loi du 30 juill. 1828, qui a été abrogée et remplacée par celle du 1ᵉʳ avr. 1857 (Art. 762 J. Pr.).

Art. 1. — *Organisation de la Cour de cassation.*

**11.** La C. de cass. est unique. Décr. 12 août et 1ᵉʳ déc. 1790. —Elle siége à Paris. Constitutions, 1791, an 3, an 8.

**12.** Elle est composée d'un premier président, de trois présidens et de quarante-cinq conseillers, tous nommés par le roi et inamovibles. L. 27 vent. an 8; sénat.-cons., 28 flor. an 12, décr. 19 mars 1810, 28 janv. 1811, ordonn. 15-17; fév. 1815; Charte, art. 48 et 49.

**13.** Elle se divise en trois sections, savoir: *la chambre des requêtes* et la *chambre civile* pour les affaires civiles, et la *chambre criminelle* pour les affaires criminelles. L. 27 vent. an 8.

Ces trois chambres se réunissent en audience solennelle dans certaines circonstances.

Dans ce cas elles étaient présidées par le garde des sceaux (ordonn. 15 janv. 1826, art. 6); de sorte que l'on voyait un fonctionnaire essentiellement révocable participer à des arrêts qui ne peuvent être rendus que par des juges inamovibles. Cette inconséquence a cessé depuis les lois du 30 juill. 1828, et du 1ᵉʳ avr. 1857 (Art. 762 J. Pr.).

**14.** Chaque chambre est composée d'un président et de quinze conseillers. Le premier président siége à la chambre qu'il juge convenable. L. 27 vent. an 8, art. 60 et 65; décr. 28 janv. 1811, art. 1, 2, 5.

**15.** Il faut onze membres au moins dans chaque section pour rendre un arrêt. Ordonn. 15 janv. 1826, art. 5; et trente-quatre au moins s'il s'agit d'audience solennelle, toutes les chambres réunies. *Ib.*, art. 6.

**16.** Les arrêts sont rendus à la majorité absolue des suffrages. L. 27 vent. an 8, art. 63.

En cas de partage, on adjoint cinq membres, pris d'abord dans la section qui a rendu l'arrêt de partage; puis, en cas d'impossibilité, dans les autres sections, en suivant l'ordre du tableau.

L'affaire est de nouveau rapportée et discutée. *Ib.*, art. 64; ordonn. 15 janv. 1826, art. 5.

**17.** Lorsque les arrêts ont été prononcés, les rapporteurs remettent au greffe, chaque semaine, la rédaction des motifs et du dispositif des arrêts rendus sur leur rapport dans la semaine précédente. Ces motifs et ce dispositif sont écrits de leur main dans la minute des arrêts. Ordonn. 15 janv. 1826, art. 41. — La minute est signée du président, du rapporteur et du greffier. *Ib.*

**18.** Il y a, près de la C. de cass., 1° un procureur-général, six avocats-généraux amovibles, et un greffier, nommés par le roi. L. 27 vent. an 8, art. 70. — V. *Greffier.*

Nul ne peut être greffier à la C. de cass. s'il n'est licencié en droit, et s'il n'a vingt-sept ans accomplis. Ordonn. 15 janv. 1826, art. 73.

**19.** 2° Quatre commis-greffiers nommés par la Cour, sur la présentation du greffier qui peut les révoquer, et en est responsable. *Ib.*, art. 68.

Nul ne peut être commis-greffier s'il n'est licencié en droit, et s'il n'est âgé de vingt-cinq ans. *Ibid*, art. 75.

**20.** 3° Huit huissiers nommés par la Cour, qui peut les révoquer de leurs fonctions d'audienciers. Pour les procédures devant la C. de cass., ils instrumentent exclusivement à Paris, et concurremment avec les autres huissiers dans le département de la Seine. L. 27 vent. an 8, art. 70.

**21.** 4° La Cour a près d'elle un ordre d'avocats chargés de représenter et défendre les parties. — V. *Avocat à la Cour de cassation.*

**22.** Les audiences sont publiques. Ordonn. 15 janv. 1826, art. 25.

**23.** Il y a dans chaque chambre trois audiences par semaine; les jour et heure d'ouverture en sont fixés par une délibération de la Cour. *Ib.*, art. 26.

Les chambres peuvent, en outre, accorder des audiences extraordinaires. *Ib.*, art. 27.

**24.** Il n'y a pas d'audience du 1er sept. au 1er nov. de chaque année, temps des vacances. *Ib.*, art. 63.

Toutefois, d'après les art. 64, 66, 67 de l'ordonn., les affaires *urgentes* (— V. ce mot) doivent être jugées par la chambre des vacations, dont le service est attribué à la chambre criminelle qui n'a pas de vacances.

Sont considérées comme affaires urgentes les pourvois et réquisitoires du ministère public faits, en matière civile, dans l'intérêt de la loi. Cass. 1er et 29 oct. 1830, D. 31, 11.

Art. 2. — *Attributions de la Cour de cassation.*

**25.** La C. de cass. prononce, 1° sur les demandes en cassation contre les jugemens et arrêts en dernier ressort. Règl. 28 juin 1758, part.1re, tit. 5, art. 1; L. 1er déc. 1790, art. 1; Const. 1791, art. 19; 22 frim. an 8, art. 65.

**26.** 2° Sur les prises à partie contre un trib. entier. L. 1790, Const. 1791, 22 frim. an 8. — Ou contre un juge ou un trib. inférieur, lorsque la prise à partie est incidente à une affaire pendante à la Cour. Godart de Saponay, *Manuel de la Cour de cassation*, p. 77. — V. *Prise à partie.*

**27.** 5° Sur les règlemens de juges. L. 1790; Const. 1791, 22 frim. an 8. — V. *Règlement de juges.*

**28.** 4° sur les demandes en renvoi d'un trib. à un autre, pour cause de suspicion légitime ou de sûreté publique. *Ib.*

**29.** La C. de cass., en matière civile, ne connaît point du fond des affaires; mais elle casse les jugemens rendus sur des procédures dans lesquelles les formes ont été violées, ou qui contiennent quelque violation de la loi, et renvoie le fond du procès au trib. qui doit en connaître. *Ib.*

**50.** La C. de cass. a seule le droit, 1° de déclarer le pourvoi non recevable. Cass. 26 avr. 1811; P. 9, 284. — Ainsi, dans le cas où le pourvoi est suspensif, un trib. ne peut ordonner l'exécution, en déclarant que le pourvoi n'ayant pas été formé dans le délai et de la manière déterminée par la loi, il n'est pas recevable. *Même arrêt.*

2° De prononcer la cassation d'un arrêt. Cass. 13 avr. 1809, S. 7, 494. — V. toutefois *Tribunaux des colonies.*

5° De statuer sur les dépens des instances qui sont poursuivies devant elle. Cass. 12 mai 1812; 6 août 1818; Berriat, 2, 483, note 57.

Elle a le droit d'ordonner la suppression des mémoires injurieux. — Mais lorsqu'une demande en renvoi pour cause de suspicion légitime contient des termes outrageans et injurieux contre les magistrats qu'elle accuse, et qui sont étrangers à cette demande, ces magistrats doivent se pourvoir par les voies de droit. La C. de cass. ne peut sur leur réclamation en ordonner la suppression. Cass. 25 août 1825.

**51.** La *chambre des requêtes* : 1° statue sur l'admission ou le rejet des demandes en cassation dans les matières civiles ou en prise à partie. L. 2 brum. an 4, art. 5 ; 27 vent. an 7, art. 60. —Même en matière électorale. Cass. 9 avr. 1829, S. 29, 129.

**52.** 2° Elle prononce définitivement sur les demandes, soit en règlement de juges, soit en renvoi d'un trib. à un autre. *Ib.*

**55.** Elle connaît des crimes que les trib. de 1re inst. en corps et les membres de C. roy. individuellement commettent dans l'exercice de leurs fonctions, lorsqu'ils lui sont dénoncés par le procureur-général, d'après l'ordre qu'il en reçoit du gouvernement ; mais elle ne statue pas définitivement : elle ne fait que dénoncer les juges prévenus à la section civile, qui remplit à leur égard les fonctions de jury d'accusation, et, en cas d'accusation admise, les renvoie devant une C. d'assises. L. 27 vent. an 8, art. 80 et 81 ; C. inst. crim., art. 485 et suiv.

**54.** 4° Elle prononce encore dans le cas où la section civile ou la section criminelle lui ont dénoncé des délits résultant, contre les juges, des procédures dont elles sont saisies. L. vent. an 8. art. 82 ; C. inst. crim. 494.

**55.** 5° Enfin, elle prononce définitivement *sans préjudice des droits des parties*, sur les réquisitoires qui lui sont présentés par le procureur-général, de l'ordre exprès du gouvernement, pour faire *annuler*, soit les arrêts des C. roy., soit les jugemens en dernier ressort des trib. de 1re inst., soit les jugemens des mêmes trib. rendus à la charge de l'appel, soit les actes judiciaires quelconques qui, en matière civile, contiennent un excès de pouvoir. L. 27 vent. an 8, art. 80 ; Cass. 10 janv. 1827.

*Droits des parties.* — Peuvent-elles intervenir pour combattre ce réquisitoire ? — Nous ne le pensons pas. Le procureur-général n'agit pas en vue des intérêts privés, mais dans un but purement gouvernemental et afin de conserver la séparation des juridictions.

Les parties conservent-elles le bénéfice de l'arrêt ? Il ne peut pas exister non plus puisque l'arrêt est *annulé*, à la différence de ce qui est dit dans l'art. 88 où il s'agit du pourvoi dans l'intérêt de la loi et où on lit : *le jugement sera cassé sans que les parties puissent se prévaloir de la cassation pour éluder les dispositions de ce jugement.*

*Ces droits*, pour la partie qui a été condamnée par l'arrêt, sont de se pourvoir contre lui dans les délais, de demander la réparation du préjudice qu'elle a éprouvé par son exécution, de prendre les juges à parties ; mais non de faire exécuter une disposition anéantie. — D'ailleurs, l'art. 80 ne s'occupait que du droit d'attaquer le jugement, et non de celui de le conserver, de sorte que si en chargeant le procureur-général de l'attaquer, il a néanmoins ajouté *sans préjudice des droits des parties*, il n'a nécessairement entendu parler que de la faculté qu'avaient aussi les parties de le dénoncer au trib. supérieur.— V. *Req.* de M. Dupin procureur-général, et rapport de M. Brière de Valigny. Cass. 6 avr. 1837, D. 37, 336.

**56.** La *chambre civile* juge définitivement, 1° les demandes en cassation et en prise à partie qui ont été admises par la chambre des requêtes. L. 27 vent. an 8, art. 60 ; — et celles en *expropriation pour cause d'utilité publique*, sans qu'il soit besoin d'arrêt d'admission. L. 7 et 9 juill. 1833, art. 20 et 42. — *V.* ce mot.

**37.** 2° Les demandes en cassation que le procureur-général lui défère d'office en matière civile, à l'effet d'annuler les jugemens en dernier ressort qui violent les formes, ou renferment, soit un excès de pouvoir, soit une violation des lois sur le fond des affaires, le tout seulement dans l'intérêt de la loi. L. 1er déc. 1790, art. 88. Merlin, *Rép.*, v° *Cassation*, n° 4.

**38.** Le droit de casser, dans l'intérêt de la loi, n'appartient qu'à la C. de cass.; une C. roy. ou autre trib. d'appel n'en est jamais investi. Cass. 13 avr. 1809, P. 7, 491. — *V.* toutefois *Tribunaux des colonies.*

Il ne peut être exercé que quand les parties qui avaient la faculté d'attaquer l'arrêt y ont acquiescé, ou ont laissé expirer les délais sans se pourvoir. L. 27 vent. an 8, art. 88; Cass. 29 août 1827.

Si un jugement est cassé dans cet intérêt, c'est uniquement pour maintenir l'observation de la loi. Il conserve sa force à l'égard des parties, et les oblige comme une transaction. *Même loi.* Cass. 16 therm. an 11.

**39.** La *chambre criminelle* prononce définitivement sur les demandes en cassation en matières criminelle, correctionnelle et de police, sans qu'il soit besoin d'arrêt préalable d'admission. L. 27 vent. an 8, art. 60.

**40.** Les *chambres réunies* prononcent sur toute espèce de pourvoi, lorsque, après la cassation d'un arrêt ou jugement en dernier ressort, le deuxième arrêt ou jugement rendu dans la même affaire, entre les mêmes parties, est attaqué par les mêmes moyens que le premier. L. 1er avr. 1837, art. 1 (Art. 762 J. Pr.).

**41.** Elles ont, en outre, lorsqu'elles sont présidées par le garde-des-sceaux, le droit de censure et de discipline sur les C. roy., les C. d'assises et les magistrats. Sén.-cons. 16 therm. an 10; L. 20 avr. 1810, art. 56. — *V. Discipline.*

**42.** Chaque année la C. de cass. doit envoyer une députation au gouvernement pour lui indiquer les points sur lesquels l'expérience lui a fait connaître les vices ou l'insuffisance de la législation. L. 27 vent. an 8. art. 87.

## § 3. — *Personnes qui peuvent se pourvoir en cassation.*

**43.** Le droit de se pourvoir en cassation appartient, 1° aux parties, dans leur intérêt; 2° au procureur-général près la C. de cass., dans l'intérêt de la loi.

### Art. 1. — *Des parties.*

**44.** Ceux qui ont été parties dans un jugement, leurs représentans ou ayant-cause, peuvent seuls en demander la cassation. Poncet, *Jugemens*, n° 544.

Toutes autres personnes n'ont que la voie de la *tierce-opposition*, ou de l'*intervention*. — V. ces mots.

**45.** Quelles personnes peuvent être considérées comme *parties*, *représentans* ou *ayant-cause* ? — V. *Appel*, sect. III ; *Tierce-opposition*.

**46.** Plusieurs conditions sont, en outre, nécessaires.

Il faut, 1° que la partie ait *intérêt* à la cassation. — V. *Action*, n° 65 ; *Défaut d'intérêt*.

**47.** 2° Qu'elle soit *capable* d'agir par elle-même ou dûment autorisée : le recours en cassation est une instance nouvelle. — V. *Femme mariée*, *Mineur*, *Commune*, *Fabrique*.

**48.** 3° Qu'elle n'ait pas *acquiescé* au jugement. — V. *Acquiescement*, n° 98 à 100.

**49.** 4° Qu'elle n'ait *pas déjà recouru*. Ainsi, la partie dont un premier pourvoi a été rejeté ne peut plus en représenter un second, quoique le jugement qu'elle avait attaqué ne lui ait pas encore été signifié (Cass. 25 therm. an 12, P. 4, 142 ; Berriat, 473) ; qu'elle soit dans le délai (Cass. 19 fruct. an 11, P. 3, 450 ; Merlin, § 8, n° 4), et qu'elle présente des moyens autres que ceux qui appuyaient le premier pourvoi. *Ib.*

**50.** Toutefois cette règle reçoit exception : 1° lorsqu'on ne s'est pourvu que contre une partie d'un jugement, se réservant d'attaquer les autres, si l'on est encore dans le délai utile. Cass. 22 brum. an 13, S. 4, 255 ; Merlin, v° *Triage*, § 1.

2° Lorsque les pourvois rejetés ont été formés par des personnes qui ne représentaient pas précisément le second demandeur. — Ainsi, le rejet du pourvoi présenté par le créancier n'empêche pas le débiteur ou ses héritiers de recourir. Cass., 14 avr. 1806, S. 5, 279 ; Merlin, *Rép.*, v° *Cassation*, § 8, n° 3.

Le rejet du pourvoi, présenté au nom des héritiers *collectivement*, n'empêche pas un héritier de former un nouveau pourvoi en son nom personnel. Cass. 25 therm. an 12, P. 4, 142.

Le rejet du pourvoi du liquidateur d'une société commerciale contre un arrêt qui le condamne en sa qualité ne rend pas irrecevable le pourvoi des associés qui étaient eux-mêmes parties dans l'instance : le liquidateur d'une société ne la représente que comme mandataire et détenteur des valeurs sociales : Cass. 17 avr. 1837 (Art. 1225 J. Pr.).

3° Lorsque le pourvoi contre un arrêt dans lequel avaient paru plusieurs intimés, n'a été dirigé que contre celui d'entre eux qui avait signifié l'arrêt, le demandeur conserve le droit de former de nouveaux pourvois contre ceux qui n'ont pas fait de signification. Cass. 19 août 1833, D. 33, 396.

**51.** Si la partie est décédée, même pendant l'instance d'appel,

le pourvoi peut être fait en son nom : il doit l'être en celui des
héritiers ; — surtout si c'est à eux que la signification de l'arrêt
a été faite. Cass. 8 mai 1820, S. 20, 305.

### Art. 2. — *Du procureur-général.*

**52.** Le procureur-général près la C. de cass. peut attaquer
*en tout temps* les jugemens de tout genre qui contiennent un
excès de pouvoir. L. 27 vent. an 8, art. 80 et 88.

Peu importe qu'il ne s'agisse que d'un jugement rendu en
*premier ressort*, ou même d'un simple acte du premier juge.
Mais ses poursuites n'ont lieu que d'après les ordres du gouvernement, et dans l'intérêt de la loi. Art. 80.

**53.** Après l'expiration du délai légal sans recours des parties,
il peut également attaquer, mais seulement *dans l'intérêt de la loi,*
les jugemens en dernier ressort, tant pour excès de pouvoir que
pour violation des lois. L. 27 vent. an 8, art. 88; Cass. 11
juin 1810, P. 8, 366 ; 12 nov. 1832. — A lui seul appartient
ce droit. Cass. 7 déc. 1826. — Cependant il a été jugé que les
procureurs du roi près les autres Cours et trib. l'ont aussi, lorsqu'ils ont agi dans l'intérêt de l'ordre public. Cass. 3 nov. 1806 ;
27 mars 1817.

Un préfet n'a pas ce droit, même en matière électorale. Cass.
12 fév. 1838 (Art. 1224 J. Pr.).

**54.** Le délai légal est considéré comme expiré, lorsqu'il s'est
écoulé plus de trois mois depuis la signification, sans qu'il ait
été formé de pourvoi par les parties. Cass. 12 nov. 1832, D.
33, 109.

### § 4. — *Personnes contre lesquelles on doit diriger le pourvoi.*

**55.** Le pourvoi doit être dirigé contre les personnes dénommées dans les qualités des jugemens ou arrêts attaqués, et au
profit desquelles ces jugemens et arrêts ont été rendus ; — ou
contre leurs héritiers, représentans ou ayant-cause. — V. *sup.*
n<sup>os</sup> 44 et 45.

**56.** Mais quand devant la C. roy. le garant n'a pas pris fait
et cause pour le garanti, le demandeur qui a succombé dans son
action n'est tenu de diriger le pourvoi en cassation que contre
le garanti et non contre ce dernier et le garant simultanément.
Cass. 5 déc. 1836, D. 37, 71.

La C. de cass., le 25 août 1836 (D. 37, 100), a jugé qu'en
matière de garantie formelle la prise de fait et cause de la part
du garant n'empêche pas que le garanti (s'il n'a pas demandé
à être mis hors d'instance et s'il y est resté sans contestation) ne
puisse être considéré toujours comme le seul adversaire direct du
demandeur principal. On pourrait en conclure que, dans ce cas,

le pourvoi ne devrait être dirigé que contre le garanti, mais il est plus prudent de le diriger contre les deux.

**57.** Si, dans une instance en nullité de saisie immobilière, l'huissier est appelé en garantie par le saisissant, et que l'arrêt déclarant la saisie nulle mette les frais à la charge de l'huissier, celui-ci est recevable à diriger son pourvoi, non seulement contre le saisissant, mais même contre le saisi, et à demander la réformation de l'arrêt, tant au chef qui met les frais à sa charge qu'au chef qui déclare la saisie nulle. Cass. 20 avr. 1818.

### § 5. — *Jugemens contre lesquels on peut se pourvoir.*

**58.** On peut se pourvoir contre les *jugemens* ou *arrêts définitifs* rendus *en dernier ressort, par les trib.* de l'ordre judiciaire. L. 1er déc. 1790, art. 2; 14 sept. 1791, art. 19.

**59.** *Jugemens ou arrêts.* — Conséquemment ne sont pas susceptibles de recours en cassation, — 1° les décisions disciplinaires des Cours et trib. contre un ou plusieurs de leurs membres; 2° Les avertissemens donnés par les présidens, même en dehors des limites de leurs pouvoirs (—V. *Discipline*); 3° l'arrêté par lequel un trib. a tracé pour son ressort un règlement en matière d'ordre et de contribution. — La compagnie des avoués attachée à ce trib., et auxquels préjudicie cet arrêté, doit attendre qu'en vertu de ce règlement le trib. ait judiciairement prescrit une mesure illégale et attaquer alors cette décision par la voie de cassation si elle est en dernier ressort. Cass. 30 avr. 1834, S. 34, 670.

**60.** *Définitifs.* Le pourvoi en cassation étant une voie extraordinaire, ne peut être admis contre des décisions de nature à être réformées par les trib. ordinaires.

**61.** En conséquence, les jugemens préparatoires et d'instruction ne sont susceptibles d'être déférés à la C. de cass. qu'après le jugement définitif. Cass. 3 juin 1826, S. 27, 178; 5 juin 1828 (—V. *Jugement.*). L'exécution, même volontaire de ces jugemens, ne peut être opposée comme fin de non-recevoir. L. 2 brum. an 4, art. 14; Godard, p. 57; Merlin, *Rép.*, v° *Cass.*, § 3, n° 7. — V. *Acquiescement.*

**62.** Il en est de même des jugemens interlocutoires qui ne causent aucun préjudice irréparable à la partie condamnée; ils ne sont en effet, à proprement parler, que préparatoires. Cass. 12 avr. 1810, P. 8, 247; 13 janv. 1818.

Mais s'il contiennent un grief irréparable en définitive : par exemple, s'il s'agit de jugemens qui défèrent un serment à une partie, ou qui prononcent dans d'autres cas semblables, ils peuvent être attaqués par la voie de la cassation, avant le jugement définitif. Cass. 16 mai 1809, P. 7, 456; 25 nov. 1817; 28 déc. 1818; Godard, 27.

**63.** Le pourvoi est recevable contre un jugement qui admet une preuve testimoniale malgré l'opposition des parties. Ce jugement est réputé définitif. Cass. 29 mai 1827; 9 mai 1837, D. 37, 411.

**64.** Lorsqu'un arrêt interlocutoire contient une disposition définitive, et une autre purement interlocutoire, on a le droit de se pourvoir contre cet arrêt, mais seulement à l'égard de la disposition définitive. Cass. 28 mai 1827.

Il importe de distinguer le caractère des jugemens. Souvent en considérant un jugement comme préparatoire, et en remettant à se pourvoir lors de l'arrêt définitif, on perd le droit d'attaquer l'un et l'autre. Ainsi on ne peut se pourvoir en cassation contre un jugement définitif qui ne fait que se conformer à un jugement interlocutoire, auquel on a laissé acquérir l'autorité de la chose jugée. Cass. 4 janv. 1831, S. 32, 462.

**65.** Peut-on se pourvoir contre un arrêt rendu en matière de taxe de *Dépens* ? — V. ce mot.

**66.** *En dernier ressort.* Du moment que la voie ordinaire de l'appel est possible, on ne doit pas permettre celle extraordinaire de la cassation.

En conséquence le pourvoi n'est pas recevable contre un jugement susceptible d'appel. Cass. 10 mars 1825 ; 16 mai 1825, D. 25, 205, 327 ; — du moins quant à celle de ses dispositions qui est en premier ressort. Cass. 28 nov. 1831, D. 31, 369.

Mais le pourvoi est recevable, 1° si l'arrêt a été qualifié mal à propos en premier ressort. Cass. 22 juin 1835 (Art. 183 J. Pr.). — Notamment s'il s'agit d'un jugement en matière *d'enregistrement.* — V. ce mot.

2° Si un jugement en dernier ressort a rapporté une décision précédente également en dernier ressort. Cass. 21 avr. 1813, S. 15, 135.

**67.** Le procureur-général près la C. de cass. ne peut également déférer à la Cour que des jugemens en dernier ressort, notamment pour violation des formes. Cass. 29 août 1827 ; 24 juin 1829. — Excepté lorsqu'il y a excès de pouvoir. — V. *sup.* n° 52.

**68.** Mais les parties ne peuvent faire annuler les jugemens rendus en premier ressort, si ce n'est pour incompétence et en prenant la voie du *Règlement de juges.* — V. ce mot.

**69.** Au reste peu importe que le jugement soit contradictoire ou par défaut, pourvu que, dans ce dernier cas, l'opposition ne soit plus recevable. Règlem. 1738, part. 1, t. 4, art. 5.

**70.** On ne peut plus se pourvoir contre un jugement par défaut, si l'on n'a pas attaqué en temps utile le jugement de débouté d'opposition (Cass. 21 avr. 1087, P. 6, 361); — ou le jugement contradictoire. Cass. 24 nov. 1825, D. A. 2, 511 ; Merlin, *Qu. dr.*, *hoc* v°, § 8.

**71.** Mais le pourvoi est recevable alors même que l'on attaque seulement le jugement de débouté d'opposition. Si le jugement contradictoire est cassé, l'opposition au jugement par défaut subsiste, et le trib. auquel la connaissance du fond est renvoyée statue sur cette opposition. Cass. 22 therm. an 9 ; Merlin, *ib.* — Toutefois, dans l'usage, on se pourvoit aussi contre le jugement par défaut. — V. *Appel*, n° 36.

**72.** Lorsque la C. d'appel, devant laquelle l'appelant a fait défaut, au lieu de confirmer le jugement sans le vérifier ( — V. *Appel*, n°s 37 et 553), a statué sur un moyen de droit proposé par l'intimé, le pourvoi en cassation contre ce dernier chef de l'arrêt est recevable. Cass. 20 fév. 1833, D. 33, 156.

**73.** En est-il de même lorsque la C. roy. a débouté l'appelant de son appel, sans vérification. — La solution de cette question dépend des distinctions établies sous le n° 37, v° *Appel*.

**74.** *Par les tribunaux*, — ainsi peuvent être attaqués par la voie de la cassation les jugemens émanés, 1° des C. roy. Godart, 56. — V. toutefois *Discipline*.

**75.** 2° Des trib. civils de 1re inst., statuant, soit en dernier ressort, soit comme juges d'appel des jugemens rendus par les juges de paix, ou remplissant les fonctions de juges consulaires, statuant, soit en dernier ressort, soit comme juges d'appel des jugemens rendus par les conseils des prud'hommes en premier ressort. *ib.* ; — ou enfin prononçant l'expropriation pour utilité publique ; mais seulement pour incompétence, excès de pouvoir, ou vice de forme du jugement. L. 7 juill. 1833, art. 14 et 20. —V. *Expropriation*.

**76.** 3° Des trib. de comm. statuant, soit en dernier ressort, soit comme juges d'appel des jugemens rendus par les conseils de prudhommes en premier ressort. *Ib.*

**77.** 4° Des conseils de prudhommes statuant en dernier ressort. *Ib.*

**78.** 5° *Des juges de paix*, mais seulement pour excès de pouvoir. L. 25 mai 1838, art. 15 (Art. 1166 J. Pr.). — V. ce mot.

**79.** 6° Des arbitres forcés. — V. *Arbitrage*, n° 513.

Il en est autrement en matière d'*Arbitrage* volontaire. — *Ib.*, n° 467.

**80.** 7° Des trib. sur l'opposition à l'ordonnance d'*exequatur* apposée aux sentences d'arbitres volontaires. — V. *Ib.*

**81.** 8° Des trib. étrangers situés dans des pays réunis depuis à la France, si la voie de la cassation était connue dans ces pays. — Arg. Cass. 24 fruct. an 9, 2 juin 1808, P. 6, 724.

**82.** 9° Des jurys d'*expropriation pour utilité publique* et du directeur du jury dans certains cas. — V. ce mot.

**83.** Mais ne sont pas susceptibles de recours en cassation; — 1° Les arrêts de la C. de cass. Règlem. 1738, part. 1, tit. 4, art. 25 et 39; av. du Cons. d'État, 18 janv. 1806; — Même en se fondant sur des moyens de *requête civile*. Cass. 29 déc. 1832, S. 33, 8. — V. ce mot.

2° Les décisions administratives. — V. *Compétence.*

3° Les arrêts de la chambre des députés.

4° Ceux de la chambre des pairs.

Le greffier de la Cour s'est refusé, le 19 avr. 1833, à recevoir le pourvoi du journal *la Tribune.*

### § 6. — *Ouvertures de cassation.*

**84.** Les ouvertures de cassation contre les jugemens et arrêts en général, sont tirées : 1° de la violation de la loi; 2° de l'incompétence ou de l'excès de pouvoir; 3° de la violation des formes; 4° de l'*ultrà petita*; 5° de la contrariété des jugemens.

**85.** Il ne faut pas confondre la violation de la loi avec la violation des formes. La première n'est qu'un moyen de cassation, tandis que la seconde est tantôt une ouverture de cassation et tantôt une ouverture de requête civile. — V. *inf.* art. 3.

#### Art. 1. — *Violation de la loi.*

**86.** La violation de la loi motive la cassation des jugemens et arrêts; mais pour produire cet effet, il faut qu'elle réunisse plusieurs conditions. L. 1er déc. 1790, art. 3; 27 vent. an 8, art. 76; 20 avr. 1810, art. 7.

Ainsi, 1° elle doit être *expresse*; 2° *s'appliquer à une loi, au texte*, et non pas aux motifs de cette loi; 3° enfin se trouver dans le *dispositif* du jugement ou de l'arrêt attaqué.

**87.** Pour juger s'il y a ou non violation de la loi, la C. de cass. doit prendre comme constans, les faits attestés par le jugement attaqué, et voir si ce jugement leur a fait une juste application de la loi. Elle n'est pas instituée pour connaître du fond des affaires, mais seulement pour rectifier les erreurs de droit des différens trib. et les ramener à une saine interprétation de la législation. Av. Cons.-d'État, 18 janv. 1806, art. 51.

Les arrêts qui ne contiennent qu'une appréciation de faits ou d'actes ne donnent point ouverture à cassation. Même en matière électorale. Cass. 15 janv. 1838, D. 38, 63.

Il a été jugé (Cass. 11 avr. 1838, D. 38, 197) que les règles données par les art. 1156 et suiv. C. civ., pour l'interprétation des contrats, ne sont pas impératives, qu'elles ne sont que des conseils aux juges, et que par suite la violation ou la fausse application de ces règles ne donne pas ouverture à cassation.

Cette jurisprudence a besoin d'être confirmée.

**89.** Le principe posé *sup*, sous le n° 87, s'applique tant au pourvoi formé par les parties, qu'à celui interjeté dans l'intérêt de la loi, par le procureur-général. Cass. 26 août 1830, S. 30, 401.

**90.** Toutefois, lorsqu'un trib. décide que des faits qu'il reconnaît constans, constituent tel contrat, ou doivent produire tel effet légal, le mérite de sa décision peut être apprécié par la C. de cass.; il ne s'agit plus de savoir si ces faits se sont ou non passés d'une manière quelconque, mais bien s'ils produisent telle ou telle obligation, et si le juge erre sur ce point, il viole ouvertement la loi, en appliquant à un contrat les règles qui ont été posées pour un autre.

**91.** Le jugement portant que tel fait existe, peut même être cassé, — d'abord si cette déclaration en fait est le résultat ou la conséquence d'une erreur de droit (Cass. 26 mai 1835, D. 35, 358);—ensuite si la preuve contraire résulte d'un acte authentique non argué de faux, et produit devant les juges du fond : en effet, aux termes de l'art. 1319 C. civ., foi doit être ajoutée aux actes de cette nature, et le trib. qui contrevient à cette règle viole ouvertement la loi. Arg. L. 7 niv. an 5 ; Cass. 16 fév. 1813, S. 13, 313; 4 avr. 1821; 2 déc. 1835, D. 36, 71.

**92.** Mais il faut que l'acte authentique ait été produit devant le trib. — Autrement les juges n'en ayant pas eu connaissance, n'ont pu lui refuser la foi qui lui est due. Cass. 21 fév. 1814, S. 14, 177; 29 juin 1825. — Et que cet acte soit mis sous les yeux de la cour. Cass. 19 juill. 1837, D. 37, 428.

**93.** La C. de cass. peut, d'ailleurs, recourir aux actes de la procédure pour se fixer sur les faits des procès portés devant elle, même en ce qui touche les conclusions des parties ; il n'y a pas obligation pour elle de se renfermer dans les faits et les conclusions rapportés dans les jugemens attaqués. Cass. 13 nov. 1820; 29 déc. 1828, S. 21, 116, 70; 7 juin 1836, D. 36, 262.

Elle peut aussi entrer dans l'examen de ces actes de procédure, afin d'apprécier si les formalités dont l'absence est reprochée à ces actes ont ou non été suffisamment remplies. Par exemple si un exploit tendant à revendication d'un immeuble en indique bien ou mal les aboutissans. Cass. 6 déc. 1837, D. 58, 19.

**94.** Ainsi, il y a lieu de casser, 1° l'arrêt qui décide en fait, qu'une femme mariée n'avait point d'autorisation du mari, pour ester en jugement lorsque les actes de la procédure attestent l'existence de l'autorisation. Cass. 2 mai 1815, S. 15, 281.

2° Celui qui déclare qu'un acte d'appel n'a été signifié ni à la personne ni au domicile de l'intimé, quand on représente l'original de l'exploit de signification, portant la preuve que cette signification a été faite à personne et à domicile. Cass. 3 avr. 1820, S. 21, 40.

3° Celui qui annule un testament, comme ne contenant pas une mention exigée par la loi, si cette mention se trouve réellement dans le testament. Cass. 15 déc. 1819.

4° Celui qui en décidant que le demandeur réclamait un droit de passage l'a déclaré non recevable dans son action, attendu qu'elle n'avait pour objet qu'une servitude discontinue, lorsqu'il résulte des conclusions du demandeur qu'il réclamait la possession du terrain même sur lequel s'exerçait le droit de passage. Cass. 17 avr. 1837 (Art. 966 J. Pr.).

**95.** Il en est à plus forte raison de même de l'arrêt qui rejette un moyen d'incompétence personnel, sur le fondement que ce moyen n'a pas été proposé *in limine litis*, lorsqu'il est prouvé, par les actes relatés dans les qualités de l'arrêt, que cette déclaration est une erreur évidente et matérielle. Cass. 21 mars 1825.

**96.** Le principe que la C. de cass. ne connaît pas du fond des affaires reçoit-il quelques exceptions, notamment en matière *d'enregistrement?* — V. ce mot.

**97.** *Il faut que la violation de la loi soit expresse.* L'application trop rigoureuse de la loi, ou le défaut d'extension de son texte, même par identité de raison, ne donne pas ouverture à cassation. Berriat, 476, note 18.

Il en est de même de la fausse application de la loi, à moins qu'il n'en résulte une violation de la loi. Cass. 14 nov. 1826. —Et de la citation erronée qu'un arrêt fait d'un article de loi : cette erreur n'est pas une cause d'annulation, à moins que cette citation n'entraîne une erreur de droit. Cass. 19 août 1834, D. 34, 452.

**98.** *Il faut qu'il y ait violation d'une loi*, ou d'une coutume en vigueur à l'époque des faits appréciés par les premiers juges. Cass. 11 juin 1825, S. 25, 246; — ou d'une loi romaine non abrogée à la même époque. Merlin, *Rép.*, vᵒ *Cassation*, § 2.

Serait insuffisante la violation 1° d'une décision consacrée par la jurisprudence et par l'usage. Cass. 28 fév. 1825; 13 juill. 1830, S. 31, 54; 2 mai et 29 juin 1836, D. 36, 367, 406. — Même par un usage de commerce. Cass. 14 août 1817, — 2° celle d'un ancien arrêt de règlement, à moins qu'il n'eût été approuvé par le souverain, ou qu'il n'eût pour objet l'exécution d'une loi. Cass. 23 janv. 1816, 29 juin 1817; — 3° celle d'une décision ministérielle. Cass. 11 janv. 1816;—4° d'une loi étrangère; — alors qu'elle n'est pas devenue le principe et la source d'une contravention aux lois françaises. Cass. 28 avr. 1836, D. 36, 361.

**99.** La violation du *contrat* doit-elle être considée comme une contravention à la loi?

L'affirmative a d'abord été jugée d'une manière générale, par le motif que les conventions légalement formées tiennent lieu de loi à ceux qui les ont faites. Arg. C. civ. 1134; Cass. 30 prair., 5 therm. an 13.

Mais on a admis depuis une distinction. Si le jugement attaqué décide qu'une convention, reconnue pour avoir été légalement formée, n'oblige pas les contractans, il y a contravention expresse à l'art. 1134 C. civ. : ce n'est pas seulement la loi particulière du contrat, mais bien la loi commune, qui est violée, et par conséquent il y a lieu à cassation. Boncenne, t. 1, p. 488.

Il en est de même, 1° si le jugement, en appréciant, ou en interprétant un contrat, l'a dénaturé, et lui a donné un caractère et des effets, qui sont contraires à ceux que la loi lui accorde. Cass. 19 nov. 1834, D. 35, 1, 350; 5 et 13 mai 1835, D. 35, 145, 257; 15 juill. 1835, D. 35, 392. — V. *sup.* n° 77.

2° Si le jugement, après avoir reconnu en fait l'existence de tous les élémens constitutifs d'un contrat, a refusé de lui donner la qualification et les effets voulus par la loi. (Cass. aud. solen. 23 juill. 1823; Boncenne, t. 1, p. 490; Toullier, t. 6, n° 194) Par exemple, si, après avoir constaté que l'une des parties s'était engagée à livrer à l'autre qui l'avait acceptée, une chose déterminée pour un prix convenu, il a qualifié cette convention de louage au lieu de vente. Cass. 20 juin 1813, S. 13, 582.

3° Si, sous le prétexte d'interpréter une transaction, il en méconnaît les dispositions formelles; dans ce cas il viole l'autorité de la chose jugée, attribuée aux transactions, il doit donc être cassé. Cass. 21 août 1832, S. 32, 644; 21 janv. 1835, S. 35, 105; 6 juill. 1836, Ch. civ. (Art. 621 J. Pr.).

Au contraire, si le jugement s'est borné à interpréter la convention, ou bien à apprécier les actes d'après les circonstances, il a pu commettre une erreur qui lèse l'intérêt de l'une des parties, mais il n'y a pas là violation de la loi; il existe tout au plus un mal jugé qui échappe à la censure de la C. de cassation. En effet, si les conventions sont des lois, ce ne sont que des lois privées, et le recours en cassation n'a été introduit que pour le maintien des lois générales. D'ailleurs, la C. suprême est forcée de prendre les faits tels qu'ils lui sont attestés par le jugement; et si ce jugement a justement appliqué la loi à ces faits ainsi posés, il est nécessairement à l'abri de toute réformation. Cass., aud. solen., 2 fév. 1808, P. 6, 481; 23 fév. 1825; Merlin, *Rép.*, vᵒ *Société*, sect. 3, § 3, art. 2, n° 3; Poncet, 2, n° 527.

**100.** La violation du contrat judiciaire est soumise aux

mêmes règles. Conséquemment l'erreur des juges dans l'interprétation de leurs jugemens ne peut donner ouverture à cassation. Cass. 13 fév. 1827, S. 27, 153; 31 déc. 1834, D. 35, 82.

Mais si, sous prétexte d'interpréter leurs jugemens, ils ordonnent ce qu'ils avaient refusé par une première décision, et
qu'ils violent, soit les principes en matière de contrats, soit
l'autorité de la chose jugée, leur nouvelle décision peut être
cassée. Cass. 6 fév. 1838, . D. 38, 162.

**101.** D'après ces principes, il y a lieu à cassation, 1° lorsqu'un arrêt, au lieu de reconnaître dans un acte une transaction sur procès relatif à une rente féodale, le qualifie acte récog-
nitif du titre féodal. — Dans l'espèce il résultait de l'arrêt
attaqué que les parties avaient plaidé sur la question de savoir
si la rente était ou n'était pas féodale, qu'elles s'étaient rappro-
chées, que le débiteur avait promis de servir la rente; que, de
plus, il s'était soumis au paiement des frais du procès. C. civ.
2044 et 2052; Cass. 15 fév. 1815, S. 15, 183; 26 juill.
1823, S. 23, 378.

2° Lorsqu'un jugement convertit une donation entre vifs en
testament. Cass. 6 août 1827, S. 27, 488; — une servitude
en propriété commune. Cass. 13 juin 1814, S. 14, 153; — un
droit de retour en une substitution. Cass. 22 juin 1812, S. 13,
24; — un transport, ou une vente, en licitation ou partage,
pour éviter des droits d'enregistrement. Cass. 19 nov. 1834,
D. 35, 35.

3° Lorsqu'un trib. décide à tort, que, la désignation du débiteur dans le bordereau d'inscription était suffisante, et que,
par suite, le conservateur des hypothèques était responsable
du préjudice résultant de son erreur; la Cour suprême peut,
d'après les circonstances de la cause, décider que la désignation
n'était pas suffisante. Cass. 25 juin 1821, S. 21, 344.

4° Lorsque les juges, en prononçant la rescision d'une vente
pour cause de lésion, ont omis de tenir compte de l'un des
élémens du prix. Cass. 28 avr. 1835, D. 35, 271.

5° Enfin, dans un cas où une C. roy. valide une obligation
souscrite, sans autorisation, par une femme séparée de
biens, quoique cette obligation ne concerne pas l'administration de ses biens. Cass. 3 janv. 1831, S. 31, 22.

**102.** Peuvent encore être soumises, selon les circonstances,
à l'appréciation de la Cour de cass., les questions de savoir,
1° si un acte a opéré ou non une novation. Cass. 21 fév. 1826,
S. 27, 6.— V. toutefois *inf.* n° 105.

2° Si tels ou tels faits d'exécution emportent acquiescement.
Cass. 22 oct. 1811, S. 11, 564. — *Contrà,* Cass. 12 avr. 1840;
Merlin *Rép.* t. 5, p. 473.

3° Si les énonciations d'un testament constatent suffisamment l'accomplissement des formalités légales, et notamment de la lecture en présence des témoins. Cass. 24 mai 1814; 22 juill. 1829, S. 29, 343.

4° Si un notaire s'est rendu responsable envers ses cliens, d'un droit d'enregistrement frustratoire, en ce qu'il aurait pu rédiger leurs conventions de manière à éviter ce droit. Cass. 24 août 1825, S. 26, 2.

5° Si un désistement donné par l'une des parties, est relatif au fond de l'action, ou seulement aux poursuites. Cass. 16 mai 1821, S. 22, 6.

103. Au contraire, sont considérées comme des questions de fait et d'appréciation de circonstances, entièrement abandonnées à l'examen des trib. et des C. roy., les questions de savoir :

1° Si des présomptions sont graves, précises et concordantes. Cass. 27 avr. 1830 (S. 30, 186); Cass. 21 août 1837, D. 37, 438.

2° Si tels ou tels faits présentent des caractères de dol ou de fraude capables de faire annuler une convention. Cass. 2 fruct. an 15, 28 brum. an 14 (S. 7, 2, 814, 6, 2, 614.).

Si un contrat est simulé. Cass. 7 fév. 1824 ; — si des faits présentent des caractères de simulation. Cass. 21 août 1837, D. 37, 438 ; — ou s'ils constituent un stellionnat. Cass. 21 fév. 1827, S. 27, 337 ; — ou la violence dont parle l'art. 1112, C. civ.; Cass. 4 nov. 1835, D. 35, 358.

Mais dans la déclaration d'un arrêt portant qu'un acte a été fait en fraude des droits d'un tiers, sans énonciation d'aucuns faits de dol à l'appui de cette déclaration, le mot fraude peut n'avoir d'autre sens que celui de préjudice, résultant pour ce tiers de l'acte dont la validité est mise en question. En conséquence, si l'acte a été déclaré nul, on est fondé à soutenir que la nullité n'a été prononcée que par des motifs de droit, étrangers à la fraude, et que l'arrêt attaqué ne contient pas, sous ce rapport, une simple appréciation de faits échappant à la censure de la C. de cass. C. civ. 1116 et 1167 ; Cass. 8 fév. 1832, S. 32, 184.

3° S'il y a possession de bonne foi, dans le sens de l'art. 550 C. civ. Cass. 23 mars 1824, S. 25, 79 ; — ou possession à titre de propriétaire. Cass. 1er juin 1824 S. 32, 312 ; — en général si une partie est de bonne bonne foi. Cass. 14 avr. 1836, D. 36, 239.

4° Si tel fait constitue un trouble autorisant une action en complainte. Cass. 19 juill. 1825, S. 26, 166.

5° Si la prescription est accomplie en faveur de la partie qui l'invoque, ou si elle a été suspendue ou interrompue, en tant que la solution de cette question dépend uniquement d'une appréciation de faits et de circonstances de la cause ou de l'inter-

prétation des actes produits aux pièces. Cass. 13 nov. 1827,
S. 28, 96.

6° Si une femme n'a fait que détailler les marchandises du
commerce de son mari, ou si elle se livre à un commerce séparé.
Cass. 27 mars 1832, S. 32, 365.

7° Si un second testament renferme des dispositions incompatibles avec celle d'un premier, et susceptibles d'en opérer la
révocation. Cass. 18 janv. 1825; 29 mai 1832, S. 32, 436.

8° Si un legs est à titre universel ou particulier, et quelle est
son étendue. Cass. 13 août 1817, S. 18, 44; 24 juin 1828,
S. 28, 454.

9° Si le délit de postulation résulte ou non des faits et des
actes produits. Cass. 13 janv. 1835 (Art. 18 J. Pr.).

10° Si un traité, par lequel les notaires d'un canton non encore réduit au nombre légal conviennent d'indemniser de gré
à gré celui d'entre eux qui donnera volontairement sa démission
en faveur de la compagnie, doit être déclaré obligatoire, lorsque
la démission ayant été donnée, elle l'a été purement et simplement, et non en faveur de la compagnie, et peut même être considérée comme ayant été donnée dans l'intérêt d'un autre notaire et pour lui faciliter la transmission de son titre. Cass. 4
juin 1835 (Art. 97 J. Pr.).

11° Si un individu a eu ou non l'intention de changer
son domicile. Avis, Cons.-d'Etat 18 janv. 1816; C. cass. 29 déc.
1836 (Art. 126 J. Pr.).

12° Si des frais doivent être réputés frustratoires. Cass. 19
août 1835 (Art. 176 J. Pr.); — si le règlement des frais a été
régulièrement fait entre les parties succombantes. Cass. 31 janv.
1837 (Art. 873 J. Pr.); — et même si l'une des parties succombantes a pu être seule condamnée à tous les frais. Cass. 2 août
1836, D. 36, 434. — Mais la condamnation de la partie qui a
gagné au paiement des frais envers la partie qui a succombé est
une violation de l'art. 130, C. pr., et entraîne la cassation de
l'arrêt qui l'a prononcée. Cass. 22 juill. 1818; 25 avr. 1837,
D. 37, 343. — Cependant si l'arrêt n'a pas décidé laquelle des
deux parties devait supporter les dépens, il n'est pas sujet à
cassation, mais seulement à la requête civile. Cass. 4 mai 1825.

13° Si une pièce forme commencement de preuve par écrit,
si des présomptions sont plus ou moins décisives, si un aveu judiciaire a été ou non divisé. Cass. 23 déc. 1835, D. 36, 38. —
Si une société est en participation ou en nom collectif. Cass.
7 déc. 1836, D. 37, 219.

14° S'il résulte ou nom des termes d'un exploit qu'il en a été
donné une ou plusieurs copies. Cass. 14 mars 1821.

15° Si deux contrats sont ou non indivisibles, et si l'un d'eux
peut être exécuté indépendamment de l'autre. Cass. 28 fév. 1828.

16° Si un certificat de vie produit à l'appui des poursuites est valable. Cass. 8 fév. 1817.

104. Sont également à l'abri de toute censure de la Cour suprême les arrêts qui décident,

1° Que la désignation, dans un procès-verbal de saisie, de bâtimens situés à la campagne, est suffisante, bien que le procès-verbal ne désigne pas l'extérieur de ces bâtimens. Cass. 8 fév. 1832, S. 32, 596; — Arrêt analogue. Cass. 24 janv. 1825.

2° Que d'après les faits et circonstances du procès, un acte conventionnel a eu pour objet de remplir une obligation naturelle; que la charge imposée n'est pas sans cause, et que ce n'est pas une pure libéralité. Cass. 22 août 1826, S. 27, 152.

3° Qu'un chargé d'affaires a géré en qualité d'agent d'affaires, et non comme mandataire gratuit. Cass. 18 mars 1818, S. 18, 234.

4° Que des lettres-patentes contenant abandon ou concession par l'État à une compagnie, d'un canal et de ses rives, n'ont pas enlevé à ces objets leur caractère de domaine public. Cass. 29 fév. 1832, S. 32, 521.

5° Qu'il résulte des faits de la cause qu'une procuration donnée à un mandataire, emportait pouvoir de constituer avoué pour le mandant; que le mandataire a en effet usé de ce pouvoir; que le mandant a lui-même adhéré aux actes de procédure faits en son nom, et que, par suite, il est non recevable dans son action en désaveu contre l'avoué qui a occupé pour lui. Cass. 13 août 1827, S. 28, 74.

6° Qu'il résulte des faits qu'un acte sous seing privé contient une vente réelle et sérieuse quoiqu'on prétendît qu'il ne contenait dans la réalité qu'une donation. Cass. 23 déc. 1834, D. 35, 72.

7° Que les faits articulés par le demandeur pour prouver la démence du testateur, ne sont pas pertinens et admissibles; il importe peu que l'arrêt suppose d'ailleurs en droit, que la preuve de la démence devrait résulter des dispositions du testament. Cass. 6 avr. 1824, S. 25, 31.

Mais la Cour peut examiner les conséquences légales des faits sur lesquels les juges se sont fondés pour prononcer une interdiction, et décider si ces faits constituent ou non l'état habituel d'imbécillité. Cass. 6 déc. 1831, S. 32, 210.

105. Sont encore inattaquables : 1° l'arrêt qui ne reconnaît pas une substitution dans la *prière* de conserver et de rendre. Cass. 5 janv. 1809, S 9, 329.

2° Celui qui voit une novation dans le cas où des billets à ordre souscrits par le débiteur sont substitués à une première créance, résultant d'un arrêté de compte, avec remise de quittance du titre primitif. Cass. 16 janv. 1828 (S. 28, 294). — V. *toutefois* n° 90, 102.

3° Celui qui erre dans l'application de l'art. 131 C. pr., relatif à la compensation des dépens. Cass. 18 mai 1808, S. 8, 313; — Ou dans l'appréciation de ce qui constitue les excès, sévices ou injures graves. Cass. 12 fév. 1806, S. 6, 2, 769; 11 janv. 1837, D. 37, 225; — Ou bien dans la détermination du mode et de la quotité des prestations d'alimens. Cass. 14 germ. an 13, S. 5, 285; — Et dans la qualification de laboureur, au cas de l'art. 1326 C. civ. Cass. 25 fév. 1818, S. 19, 135.

4° Celui qui apprécie les caractères qui constituent le traitement médical. Cass. 9 avr. 1835, D. 35, 218; — Celui qui déclare qu'un marché, bien que conçu en apparence d'une manière pure et simple est cependant conditionnel. Cass. 7 juin 1836, D. 36, 588; — Celui qui déclare qu'une condition est devenue impossible. Cass. 8 fév. 1837, D. 37, 248; — Qu'il y a ratification. Cass. 23 fév. 1837, D. 37, 358.

5° Celui qui, en infirmant un jugement de 1re inst., a décidé en fait que la matière était disposée à recevoir jugement sur le fond par un seul et même arrêt. Cass. 27 nov. 1848.

6° Celui qui déclare qu'une sentence arbitrale est nulle comme rendue hors des termes du compromis. Cass. 23 juin 1849; — Celui qui a accordé ou refusé la comparution des parties à l'audience. Cass. 3 janv. 1832. — Celui qui déclare en fait que l'exécution d'une sentence est impossible. Cass. 29 mars 1827.

**105.** *Il faut qu'il y ait violation du texte, et non pas seulement des motifs de la loi.* En effet, les motifs de la loi sont toujours plus ou moins incertains, et l'on ne peut dire qu'un jugement qui en fait une fausse application, viole *expressément* la loi.

**107.** *La violation doit se trouver dans le dispositif du jugement.* L'erreur dans les motifs du jugement ne donne point ouverture à cassation si le dispositif est conforme à la loi. Le dispositif est en effet tout le jugement, et c'est seulement contre le jugement que l'on peut se pourvoir. Merlin, *Rép.* v° *Société*, sect. II, § 3, art. 2, n° 5; Cass. 2 fév. 1808; 15 mai 1846, S. 17, 226; 1er fév. 1836, D. 36, 84. — V. *Appel.* n° 22.

Par la même raison, peu importe l'incohérence ou la contradiction dans les motifs, si le dispositif est régulier. Cass. 2 déc. 1824; 16 août 1837, D. 37, 453.

Il en est de même d'un motif erroné en droit, alors que ce motif n'est pas nécessaire à la justification de la décision et qu'il n'est d'ailleurs développé que comme raisonnement à l'appui d'un point de fait constaté par l'arrêt. Cass. 23 août 1836, D. 37, 101; 8 fév. 1837, D. 37, 244. Si du reste le dispositif ffre une application exacte de la loi. Cass. 12 mars 1838, D. 38, 140.

La contradiction entre les qualités et les motifs d'un même arrêt sur la teneur d'un acte authentique, ne peut être tranchée devant la C. de cass. que par la production de l'acte authentique. Cass. 9 mars 1857, D. 57, 273.

**108.** Néanmoins, quoique le dispositif d'un jugement soit *littéralement* conforme au texte de la loi, il y a lieu à cassation, si ce dispositif est le résultat d'une fausse interprétation de la loi exprimée dans les motifs mêmes du jugement. Cass. 1er août 1825; 22 juin 1836, D. 25, 385, 56, 201.

Art. 2. — *Incompétence et excès de pouvoir.*

**109.** L'incompétence et l'excès de pouvoir donnent, dans tous les cas, ouverture à la cassation. L. 27 vent. an 8, art. 80, 88.

**110.** Le juge commet un excès de pouvoir lorsqu'il sort du cercle de ses attributions, et fait ce que la loi lui défend ou ne lui permet pas de faire.

On distingue deux sortes d'excès de pouvoir, l'incompétence et l'excès de pouvoir proprement dit.

**111.** Il y a excès de pouvoir *proprement dit* lorsque, dans les causes de sa compétence, le juge a statué au-delà des valeurs auxquelles la loi restreignait sa juridiction de dernier ressort, ou bien a créé des nullités, et admis des fins de non-recevoir non établies par la loi. Cass. 15 déc. 1806, P. 5, 589. Berriat, 477, note 20.

**112.** Il en est de même lorsque le juge ne se contente pas de décider les causes qui lui sont soumises, et se permet, en outre, de faire des règlemens généraux, ou d'intimer des ordres aux agens du pouvoir administratif. —V. *Compétence, Conflit, Discipline, Expropriation.*

**113.** Il y a incompétence lorsque le juge connaît d'une affaire que la loi attribue à un autre tribunal.

Art. 3. — *Violation des formes.*

**114.** La violation des formes prescrites à peine de nullité est un moyen de *requête civile.* Ordonn. 1667; C. pr. 480-2°.— V. *Ministère public, Requête civile.*

**115.** Toutefois elle donne encore ouverture à cassation, lorsqu'elle *provient du fait des juges*, et qu'elle s'applique à des formes tellement essentielles, que, sans elles, le jugement n'existe pas. Cass. 19 déc. 1831; Merlin, *Quest. dr.*, *hoc* v°, § 58; R. *ib.*, § 2, n. 9. Par exemple, s'il y a défaut de publicité. Cass. 5 déc. 1836, D. 37, 75;—de nombre compétent de juges, de motifs, de point de fait et de point de droit. Merlin, *ib.*; L. 20 avr. 1810; C. pr. 141.—Si le jugement a été rendu par des juges qui n'ont pas assisté à toutes les séances, ou qui n'ont pas la capacité légale. Godart, p. 58. — V. *Jugement.*

**116.** 2° Lors même que, provenant *du fait d'une partie*, cette violation a été relevée et opposée par l'autre partie, mais écartée par les juges. Cass. 19 juill. 1809, S. 15, 160. — Par exemple, lorsqu'un arrêt a débouté une partie de la demande en nullité d'un exploit d'assignation qui violait réellement des formes prescrites à peine de nullité. La requête civile n'est instituée que pour réparer les erreurs involontaires des juges, et ne doit être employée que quand la violation a eu lieu sans aucune réclamation des parties ; les juges alors n'ont pas été avertis, et ont pu commettre un oubli ; mais lorsqu'il y a eu réclamation, ce n'est plus par oubli, c'est par une volonté bien exprimée qu'ils n'y ont pas eu égard ; on ne peut donc pas se présenter de nouveau devant eux pour qu'ils réforment leur décision ; le recours en cassation est seul ouvert. Merlin, *ib.*

**117.** Il est nécessaire que la violation ait été articulée en termes exprès ; il ne suffit pas d'avoir demandé d'une manière générale la nullité de l'exploit et des pièces de la procédure. L. 4 germ. an 2. Cass. 24 août 1829.

### Art. 4. — *Ultrà petita.*

**118.** La condamnation *ultrà petita* est, en général, un moyen de *requête civile.* —V. ce mot.

**119.** Mais elle devient une ouverture de cassation lorsque la loi s'oppose à la condamnation, quand bien même il y eût été conclu par les parties. Cass. 8 mai, 18 juin 1840, P. 8, 381.

**120.** Il n'y a pas *ultrà petita* lorsqu'il résulte, soit des requêtes signifiées par les parties, soit des qualités du jugement, que des conclusions ayant pour objet une demande reconventionnelle ont été prises en 1re instance. Cass. 7 juin 1836, D. 36, 262.

### Art. 5. — *Contrariété de jugemens.*

**121.** La contrariété de jugemens donne ouverture à cassation, — 1° Lorsque les deux jugemens, directement opposés l'un à l'autre, ont été rendus entre les mêmes parties par deux *tribunaux différens.* C. pr. 504 ; Cass. 14 août 1811, P. 9, 555 ; Merlin, *Rép. h. v°,* § 2, n° 6 ; Poncet, *Jugemens,* n° 537 ; Carré, art. 504.

**122.** 2° Lorsque les jugemens ont été rendus par le même trib., si, lors du dernier, l'exception tirée de la chose jugée a été expressément opposée devant le tribunal. Cass. 8 avr. 1812, 18 déc. 1815. S. 16, 205 ; 19 janv. 1821. — Spécialement, lorsque le juge de paix rétracte expressément un jugement définitif par lui précédemment rendu. Cass. 21 avr. 1813, S. 15, 135.

**123.** Dans les autres cas, la contrariété de jugemens ne constitue qu'un moyen de *requête civile.* —V. ce mot.

**124.** Il n'y a pas ouverture à cassation, 1° lorsque la contrariété existe entre deux arrêts statuant l'un sur une exception, l'autre sur le fond du procès. Cass. 17 janv. 1838.

**125.** Dans tous les cas il faut que la sentence d'où l'on induit la contradiction soit produite en forme probante. Cass. 14 fév. 1837, D. 37, 252.

### § 7. — *Fins de non-recevoir.*

**126.** Les principales fins de non-recevoir contre le pourvoi sont : 1° l'expiration du délai, soit pour le dépôt du pourvoi devant la chambre des requêtes, soit pour la signification de l'arrêt d'admission devant la chambre civile.

**127.** En matière solidaire et indivisible, le pourvoi régulier de l'un des débiteurs profite à son co-débiteur, et relève ce dernier de la déchéance qu'il avait encourue pour avoir laissé expirer les délais. Cass. 17 avr. 1837, D. 37, 305.

**128.** La partie peut se pourvoir, quand même le jugement attaqué, en rejetant sa demande principale, lui aurait accordé une garantie qu'elle aurait exercée subsidiairement : ces deux actions n'ont rien d'incompatible. Cass. 25 janv. 1814.

**129.** Lorsqu'après un pourvoi formé valablement contre un arrêt, il est rendu plusieurs arrêts qui sont la suite et la conséquence du premier, la circonstance que ces arrêts n'ont point été attaqués en cassation dans le délai, ne doit pas faire rejeter le pourvoi formé contre le premier arrêt. — V. d'ailleurs *sup.* n° 70 et 71.

**130.** 2° L'inobservation des formalités prescrites, par exemple, le défaut de consignation d'amende, de mention de la loi violée, de signature par un avocat à la C. de cassation, etc.

Mais peu importe qu'un certificat d'indigence ait été délivré par complaisance au demandeur, si ce certificat émane de l'autorité compétente. Cass. 10 mai 1856. (Art. 456 J. Pr.).

**131.** 3° L'existence d'un autre recours ouvert contre le jugement attaqué.

**132.** 4° L'incompétence de la C. cassation ;

**133.** 5° *L'acquiescement* à l'arrêt attaqué, soit avant, soit après le pourvoi. — V. ce mot, n° 98 à 100.

**134.** 6° Le défaut de moyens contre le chef qui concerne la partie assignée. Cass. 30 mai 1837, D. 37, 409.

**135.** 7° La présentation d'un moyen nouveau. V. toutefois *inf.* n° 138. — En général on n'est pas recevable à proposer, pour la première fois, devant la C. de cassation, un moyen dont il n'a été parlé ni en 1re inst, ni en appel. Cass. 19 juill. ; 24 août 1809, P. 7, 796 ; 28 juin 1815 ; 21 fév. 1826 ; ou même proposé en 1re inst. ; mais non en appel. La C. de cass. dans les affaires susceptibles de deux degrés de juridiction ne peut prononcer que sur la décision rendue en appel.

Agir autrement, ce serait priver les parties de l'un des deux degrés de juridiction. Cass. 9 juin 1808, D. A. 3, 69. — Ce moyen n'est pas proposable, même lorsque l'appelant s'est laissé juger par défaut. Cass. 15 avr. 1834, D. 34, 227.

**136.** La C. de cass. ne pouvant consulter d'autres documens que les qualités de l'arrêt attaqué, ou les pièces produites pendant l'instruction devant les premiers juges, il s'ensuit que si elles ne constatent pas qu'un moyen, quoique respectivement invoqué par les parties dans les mémoires imprimés, a été proposé aux juges d'appel, on n'est pas recevable à se fonder sur ce moyen pour obtenir la cassation de l'arrêt. Cass. 29 juin 1825; 5 et 26 avr. 1827.

Ainsi une partie n'est pas recevable à se plaindre devant la C. de cass. de ce qu'une communication de pièces qu'elle a demandée en 1<sup>re</sup> inst. lui a été refusée, alors qu'il n'appert d'aucunes conclusions prises en appel que la même demande ait été formée devant la C. roy. Cass. 29 janv. 1838, D. 38, 83.

Le moyen pris de l'incompétence du juge qui a réglé les qualités n'est pas recevable, si le demandeur ne produit pas l'opposition à ces qualités. Cass. 22 nov. 1837, D. 38, 169.

**137.** Les pièces qui n'ont pas été produites devant une C. roy., ou qui sont d'une date postérieure à l'arrêt attaqué, ne peuvent être prises en considération par la C. de cass. Cass. 29 juin 1825; 4 fév. 1835, D. 35, 125; 14 juin 1836, D. 36, 393; 6 juin 1837 (Art. 1037 J. Pr). Ainsi décidé même en matière électorale, à l'égard de certificats justifiant que l'arrêt attaqué était erroné. Cass. 24 janv. 1838, D. 38, 120.

Une partie est même non recevable à prouver devant la C. de cass. qu'elle a été dans l'impossibilité de se procurer en temps utile une pièce exigée pour justifier sa réclamation, surtout si les juges du fait ont déclaré qu'il y avait eu négligence de sa part. Cass. 10 août 1835 (Art. 184 J. Pr.).

**138.** La règle que les moyens nouveaux ne sont pas proposables devant la C. de cass. reçoit exception : — 1° Lorsque le moyen a été apprécié d'office par les premiers juges. Cass. 28 nov. 1826; — 2° lorsqu'il intéresse l'ordre public. Cass. 26 août 1825. — V. d'ailleurs *Exception, Moyen nouveau.*

## § 8. — *Délai du pourvoi.*

**139.** Les délais du pourvoi se règlent d'après les lois en vigueur à l'époque où les jugemens ont été rendus. Merlin, *Rép.* v<sup>o</sup> *Cassation*, § 5, n° 10.

**140.** Le délai ordinaire en matière civile est 1° de trois mois pour tous ceux qui habitent en France. L. 1<sup>er</sup> déc. 1790, art. 14.

2° De six mois pour ceux qui habitent en Corse (L. 11 fév. 1793); — et pour ceux qui habitent hors de la France continentale (Arg. règl. 1738, p. 1, tit. 4, art. 13; décr. 11 fév. 1793; Cass. 22 mai 1838, 250 (Art. 1200 J. Pr.); Godart, p. 22), et qui ne sont pas compris dans les exceptions ci-après..

3° D'une année pour ceux qui habitent dans l'étendue des ressorts des anciens Conseils supérieurs de la Martinique, de la Guadelouppe. Règl. 1738, p. 1, tit. 4, art. 12; — et généralement pour les colons d'Amérique; — pour ceux qui habitent dans l'établissement du Sénégal et la Guiane française. Arr. 19 vend. an 12; — pour ceux qui sont absens de France pour cause d'utilité publique. Règl. 1738, p. 1, tit. 4, art. 11.

4° De deux années pour ceux qui habitent dans les établissemens de Pondichéry, l'île Bourbon. *Ibid.*, art. 12; — et généralement pour ceux qui demeurent au-delà du cap de Bonne-Espérance.

**141.** Ces délais s'entendent de mois tels qu'ils sont déterminés par le calendrier grégorien, et non d'un certain nombre de fois trente jours.—V. *Appel,* n° 95. —Lors du calendrier républicain les jours complémentaires n'y étaient pas compris. **Cass.** 7 août 1811, P. 9, 524.

**142.** Ils sont francs, c'est-à-dire qu'on ne doit y comprendre ni le jour de la signification, ni celui de l'échéance. L. 1er frim. an 2; règl. 1738, p. 2, tit. 4, art. 5; *Même arrêt;* Merlin, *Rép. add.,* v° *Cassation,* § 5, n° 7 *bis.*

Ainsi, le pourvoi contre l'arrêt signifié le 4 juin est valablement formé le 5 sept. suivant; mais il serait tardif, s'il n'était interjeté que le 6. Cass. 24 nov. 1823.

**143.** Ils ne sont jamais sujets à augmentation à raison des distances pour ceux qui demeurent en France. — V. *Appel,* n° 93.

**144.** En matière d'*expropriation* pour utilité publique (—V. ce mot), le délai est de trois jours ou de quinze jours, suivant les circonstances.

**145.** Le délai court en général à dater de la signification du jugement ou de l'arrêt. L. 1er déc. 1790, art. 14. — V. *Appel,* n° 109 et 110; et toutefois *inf.* n° 148.

Est recevable le pourvoi contre un arrêt qui a plus de 30 ans de date, s'il a été formé dans les trois mois de la signification, et avant l'exécution. Cass. 26 nov. 1834, D. 35, 37.

**146.** Au reste la partie condamnée n'a pas besoin d'attendre la signification pour se pourvoir; elle peut former son pourvoi dès le jour même de la condamnation.

**147.** Le délai court, en général, de la signification à personne ou domicile. L. 1er déc. 1790, art. 14. Règl. 1738, part. 1, tit. 4, art. 13. — V. *Appel,* n 113.

*A personne ou domicile.* — Serait insuffisante, 1° la signification faite à la partie au domicile de son avoué, même en matière d'*enquête*. Cass. 22 mars 1835 (Art. 84 J. Pr.). — V. ce
mot.

2° Celle au domicile élu pour la procédure d'appel (Cass. 2
flor. an 6), — quand même la partie habiterait hors de France :
dans ce cas, la signification doit être faite au domicile du procureur-général près la C. de cass. C. pr. 69 ; Cass. 3 août 1818.

**148.** Dans quelques cas particuliers le point de départ du délai est reculé, soit à cause de la nature du jugement, soit à cause
du caractère des personnes.

**149.** *Nature des jugemens.* — V. *Acquiescement,* n° 13.

**150.** *Caractère des personnes.* — Le délai ne court contre les
absens de France pour cause d'utilité publique qu'à dater de la
signification à leur dernier domicile. Règl. 1738, part. 1, tit. 4,
art. 11.

**151.** Les gens de mer absens du territoire français, en Europe, pour cause de navigation, sans avoir acquis ou fixé leur
domicile, soit dans les colonies françaises, soit en pays étranger, ont trois mois, à compter de leur retour en France, pour
se pourvoir en cassation des jugemens rendus contre eux pendant leur absence. La durée de l'absence et l'époque du retour
en France sont justifiées par des extraits en bonne forme des rôles
des bureaux des classes. L. 2 sept. 1793, art. 1 et 3.

Il faut d'ailleurs que la signification ait été faite ; autrement,
ils se trouveraient moins favorisés que toute autre personne,
puisqu'il pourrait arriver qu'ils n'eussent pas connaissance de
l'arrêt rendu contre eux.

**152.** Les défenseurs de la patrie, et autres citoyens attachés
au service de terre et de mer, pendant la guerre, ont trois mois
qui ne commencent à courir qu'un mois après la publication de
la paix genérale, ou après la signature du congé absolu, qui
peut leur être délivré avant cette époque.

Le délai d'un mois est étendu à trois pour les citoyens faisant
leur service hors du royaume, mais en Europe ; à huit pour ceux
qui le font dans les colonies en-deçà du cap de Bonne-Espérance ;
et à deux ans pour ceux employés au-delà. L. 6 brum. an 5,
art. 2.

**153.** Cette disposition portée pour la guerre d'alors, doit
être appliquée pour tous les cas de guerre : il y a même raison
de décider. Merlin, *Rép.,* v° *Cassation,* § 5, n° 10.

**154.** La suspension de délai accordée aux militaires en activité de service en temps de guerre, a lieu, même dans le cas
où, par événement, le militaire se trouvant dans son domicile,
la signification du jugement à attaquer lui est faite en personne
audit domicile. Cass. 26 pluv. an 11.

**155.** Cette décision s'applique aussi aux *gens de mer* employés dans les armées maritimes. L. 6 brum. an 5; Merlin, *Rép.*, v° *Cassation*, § 5, n° 10.

**156.** Les personnes qui sont dans le cas de se pourvoir contre des jugemens rendus par des trib. situés dans des départemens en révolte, ont trois mois, qui ne commencent à courir que quinze jours après la cessation des troubles, et l'entier rétablissement de l'ordre. L. 22 août 1795.

**157.** Quel est le délai pour se pourvoir contre une décision rendue par un trib. d'un pays étranger réuni à la France? Ce doit être le délai du pays étranger : en effet, ou le délai de la loi étrangère était expiré au moment de la réunion, ou il ne l'était pas.

Dans le premier cas, la partie ayant laissé passer le délai fixé par la loi qui la régissait, sans faire de pourvoi, le jugement avait acquis l'autorité de la chose jugée avant que la loi française pût être mise en vigueur. Il n'y a donc plus possibilité de former le pourvoi. Deux arrêts de la Cour de cassation, des 18 fév. et 15 avr. 1819, l'ont décidé ainsi dans deux espèces plus favorables, puisque c'était à l'occasion d'habitans de colonies françaises, qui, par suite de l'occupation des Anglais, avaient été régies momentanément par la loi anglaise.

Dans le second cas, la loi en vigueur. — ( V. *sup.* n° 159 ), était la loi étrangère, c'est donc le délai qu'elle fixe, qui doit être suivi. La partie n'a pas à se plaindre; car au moment où le jugement a été rendu, elle connaissait la loi qui la régissait, et ne pouvait compter sur ce qui serait ordonné par une autre loi. Il y a d'ailleurs chance égale pour elle; car si le délai peut être augmenté par la loi nouvelle, il peut aussi être diminué.

**158.** Une signification régulière fait seule courir le délai du pourvoi. Cass. 8 déc. 1806.

Mais équivaut à la signification le commandement fait en vertu du jugement dont copie est en même temps laissée à la partie condamnée. Cass. 19 niv. an 12.

**159.** Si la signification est nulle, elle doit être recommencée, et ce n'est qu'après les délais à partir de cette nouvelle signification qu'on est déchu du droit de se pourvoir.

Tant que le jugement n'a pas été régulièrement signifié, la partie condamnée est recevable à l'attaquer par la voie de la cassation. Cass. 31 janv. 1816.

**160.** Les délais du pourvoi ne courent qu'au profit de ceux qui ont fait signifier le jugement, et contre ceux à qui la signification en a été faite.

Ainsi, celui qui s'est pourvu en cassation d'un arrêt rendu dans l'intérêt commun de plusieurs individus, et qui n'a d'abord dirigé son pourvoi que contre quelques-uns de ses adversaires, peut, par une requête postérieure, appeler les autres en déclaration d'arrêt commun, sans que l'expiration du délai de pourvoi lui soit opposable, si ceux-ci ne lui ont pas fait signifier l'arret attaqué. Cass. 14 mars 1821. — V. *Appel*, n° 127. Les héritiers, successeurs et ayant cause (majeurs ou mineurs), de ceux qui décèdent étant encore dans le délai, sans avoir formé le pourvoi, ont un nouveau délai de trois mois, ou plus, selon l'endroit qu'ils habitent ( — V. *sup.* n° 140), à compter de la nouvelle signification, qui doit leur être faite à personne ou à domicile. Règl. 1738, p. 1, tit. 4, art. 14, modifié par la L. 1er déc. 1790, art. 14; Berriat, p. 480, note 28, n° 1.

Mais le pourvoi de l'un des héritiers fait en temps utile ne relève pas de la déchéance le co-héritier qui a laissé expirer le délai du pourvoi. Cass. 7 nov. 1821.—V. Toutefois *sup.* n° 127.

**161.** Les délais courent contre toute personne (L. 1er déc. 1790, art. 14; 2 brum. an 4, art. 15), même contre les mineurs, les communes, le domaine de l'État. Cass. 25 brum. an 10.—Merlin, *Rép.*, v° *Cassation*, § 5, n° 10; Favard, v° *Cour de cassation*, sect. IV, n° 1.

Mais si l'arrêt a été rendu avant la loi du 1er déc. 1790, le mineur n'est déchu que s'il a laissé passer trois mois à compter de la nouvelle signification qui doit lui être faite depuis sa majorité, d'après le règl. 1738, part. 1re, tit. 4, art. 13; Merlin, *Quest. Dr.*, v° *Cassation*, § 21.

**162.** Le pourvoi déposé après l'expiration du délai est déclaré non recevable, par la C. de cass., section des requêtes ou section civile. Cass. 29 nov. 1836, D. 37,192.

**163.** Il n'est donné de lettres de relief sous aucun prétexte. (L. 1er déc. 1790, art. 14; L. 2 brum. an 2, art. 4); — pas même pour les agens du gouvernement. Cass. 3 juill. 1826; — 8 fév. 1827.

### § 9. — *Du pourvoi.*

**164.** Le *pourvoi* est l'acte par lequel on défère un jugement ou un arrêt à la censure de la C. de cassation.

Il importe de transmettre promptement, et d'une manière complète, à l'avocat les pièces et renseignemens relatifs au pourvoi.

#### Art. 1. — *Forme du pourvoi.*

**165.** Le pourvoi contient, 1° les *noms*, professions et demeures du *demandeur* et du *défendeur*: on les prend textuellement dans l'arrêt ou dans les pièces; 2° l'*indication* de l'arrêt attaqué; 3° les *moyens* de cassation; 4° les *conclusions*; 5° l'énonciation qu'il a été joint au pourvoi la copie signifiée ou l'expédition de la décision attaquée, et la quittance de consignation de l'amende, lorsqu'il y a lieu à en déposer une. Règl. 1738, p. 1, tit. 4, art. 1, 4, 5; L. 2 brum. an 4, art. 17. — Et s'il n'y a pas lieu à consignation pour cause d'indigence, l'énonciation des pièces justificatives de l'indigence.

**166.** Il est, à peine de nullité, signé et présenté par un avocat à la C.' de cassation, Règl. *ib.*, art. 2. — V. toutefois *Elections, Etat.*

**167.** *Noms des demandeurs.* Le pourvoi fait au nom de plusieurs héritiers dénommés avec cette addition : *et autres*, ou *et consorts*, ne s'applique qu'aux héritiers dénommés. Cass. 25 therm. an 12.

**168.** *Noms des défendeurs.* Il n'est pas nécessaire de désigner par leur *nom* tous les défendeurs, il suffit que cette désignation soit assez précise pour qu'on ne puisse s'y méprendre, comme si, après avoir indiqué les noms de quelques-uns des adversaires, on ajoute : *et autres dénommés en l'acte dénoncé.* Cass. 25 mars 1816 ; 7 nov. 1821 ; 51 janv. 1827.

**169.** L'erreur relativement à la qualité d'un des défendeurs est suffisamment réparée, soit par l'assignation donnée à cette partie en sa véritable qualité, soit par la dénomination régulière que renfermait à son égard l'arrêt attaqué auquel se référait le mémoire. Cass. 31 janv. 1827.

**170.** Lorsque l'arrêt attaqué a été rendu au profit d'une partie dont le garant a été mis en cause devant les juges du fond, le pourvoi peut n'être dirigé que contre cette partie, si le garant n'a pas pris fait et cause pour le garanti. Cass. 5 déc. 1836 (Art. 825 J. Pr.). — V. d'ailleurs *sup.*, n° 56.

**171.** *Indication de l'arrêt.* L'erreur dans l'indication d'un arrêt préparatoire au lieu d'un arrêt définitif, quoique reproduite dans la quittance de consignation d'amende, est suffisamment rectifiée par l'expédition de l'arrêt définitif jointe au pourvoi, lorsque les moyens de cassation ne peuvent se rapporter qu'à lui. Cass. 2 fév. 1825, D. 25, 159.

**172.** *Moyens.* Le pourvoi doit être rejeté, s'il ne *cite aucune loi* qui ait été violée. Cass. 17 juill. 1827, D. 27, 310.

**173.** Il doit l'être s'il ne contient aucun *moyen* articulé, et ne fait que dénoncer l'arrêt pour contravention aux lois de la matière. Cass. 11 pluv. an 11, P. 3, 126 ;—ou pour violation des principes constans, sans indication du texte de la loi. Cass. 19 janv. 1835, D. 35, 1er cahier. — V. toutefois *Expropriation.*

Mais l'indication des moyens, sans développement, suffit. Cass. 15 déc. 1809 ; Merlin, *Quest. dr.*, v° *Inscrip. hypoth.* § 3.

**174.** Les *moyens* doivent s'appliquer au jugement attaqué. Cass. 17 déc. 1834, D. 35, 83.

**175.** Ils sont présentés dans un mémoire ; on ne pourrait, quand même on reproduirait comme *moyens* les griefs qu'on avait proposés devant les juges d'appel, se contenter de produire les écritures signifiées en appel, et contenant ces griefs. Cass. 15 déc. 1818.

**176.** Quand les *moyens* ne sont pas contenus au pourvoi, cette irrégularité peut être réparée par une requête d'ampliation présentée dans le délai fixé pour le recours en cassation. Cass. 7 pluv. an 11.

**177.** S'ils sont seulement indiqués, ils sont valablement développés dans un mémoire ampliatif présenté *après le délai du recours.* Ce mémoire peut même contenir des moyens qui n'auraient pas été énoncés dans le pourvoi, pourvu qu'on se soit réservé le droit de les présenter par la requête sommaire. Cass. 4 août 1818.

On y joint une copie lisible et correcte de l'arrêt ou du jugement attaqué, certifiée par l'avocat. Ordonn. 15 janv. 1826, art. 11.

Cette copie n'est nécessaire qu'autant que la copie signifiée, jointe au pourvoi, n'est pas lisible; elle peut être faite sur papier libre. Dans le cas où elle ne serait pas fournie, si elle était nécessaire, le greffier la ferait faire aux frais des avocats. Décision de la ch. des requêtes, 18 déc. 1811, insérée dans les délibérations du conseil de l'ordre du 20.

**178.** Le délai, pour présenter le mémoire ampliatif, est d'un mois pour les affaires urgentes, et de deux mois pour les affaires ordinaires, à dater de leur inscription sur le registre général des dépôts. Mais il peut être prorogé par le président sur la demande écrite et motivée de l'avocat du demandeur. *Ib.*

A défaut de dépôt du mémoire ampliatif dans les délais les affaires sont mises au rôle et, sans espoir de remise ; jugées en l'état où elles se trouvent. Arrêté de la Cour, inséré dans la délib. du conseil de l'ordre, 26 flor. an 13.

**179.** La Cour peut ordonner, même d'office, la suppression des mémoires produits devant elle, lorsqu'ils contiennent des expressions injurieuses pour les juges qui ont rendu l'arrêt attaqué ou pour les parties. Cass. 11 janv. 17 mars 1808, P. 6, 436, 561.

**180.** *Conclusions.* Elles doivent être prises en termes clairs et explicites. Elles s'appliquent aux demandes principales, accessoires, subsidiaires, et contiennent des réserves de les changer, modifier, augmenter ou restreindre.

**181.** *Enonciation de pièces jointes.* Ce défaut d'énonciation ne serait pas une nullité, si les pièces étaient réellement jointes. Cass. 27 pluv. an 11 ; 26 mars 1834, D. 54, 155.

**182.** L'expédition ou la copie signifiée de l'arrêt attaqué doit être jointe au pourvoi, à peine de nullité du pourvoi. Cass. 22 août 1836, D. 37, 424, — quand même l'arrêt est de compétence. Cass. 31 avr. 1830.

Il n'y a d'exception que quand l'arrêt est un acte d'instruction ; par exemple, s'il a refusé une remise de cause demandée verbalement , et qu'il n'ait pas été rédigé de qualités. Cass. 14 mai 1838 , D. 38 , 264.

**185.** Cette obligation existe même à l'égard des agens du gouvernement, spécialement d'un préfet agissant dans l'intérêt de l'État. Cass. 23 brum. an 10 , P. 2 , 357.

**184.** Le pourvoi contre deux arrêts, l'un interlocutoire , l'autre définitif ne dispense pas de joindre à la requête la copie signifiée ou une expédition de l'arrêt interlocutoire, bien que les motifs et le dispositif de ce dernier arrêt se trouvent transcrits dans les qualités de l'arrêt définitif. ( Bruxelles, 20 déc. 1821 ), et de même lorsque l'arrêt attaqué se réfère pour *ses motifs au jugement* de 1re inst. , il faut produire ce jugement en même temps que l'arrêt. Cass. 11 nov. 1828.

**185.** Lorsque le demandeur a produit une *expédition irrégulière*, il n'est pas déchu, si dans le délai , il en produit une autre revêtue de toutes les formalités. Cass. 22 mess. an 12.

**186.** La production d'une *signification nulle* n'en couvre pas la nullité, quand même il n'a été ni soutenu, ni même indiqué dans le pourvoi que cette signification fût nulle. Par conséquent le pourvoi est recevable. — Cass. 22 brum. an 13 ; 12 frim. an 14 ; Merlin , *Rép.* , vo *Acquiescement*, § 6.

**187.** Est nulle la *copie jointe* qui n'est revêtue d'aucune signature. Cass. 13 germ. an 12 , P. 3 , 685.

**188.** Il est nécessaire , à peine de nullité , que la *quittance de consignation* d'amende , ou les pièces justificatives de l'indigence , soient jointes au pourvoi quand on le dépose , autrement le greffier peut même refuser la requête. Règl. 1738 , p. 1 , tit. 47. — *Contrà*, Merlin, *Rép.*, vo *Cassation*, § 5 , no 12 ; Argum. Cass. 6 fruct. an 8 , et vo *Certificat d'indigence*, no 7 ; Arg. Cass. 1er fruc. an 9.

Mais le premier arrêt est rendu en matière correctionnelle , et le second ne se rapporte qu'au certificat d'indigence.

**189.** Si le pourvoi a été rejeté pour défaut de production de la quittance de consignation d'amende , on ne peut se faire restituer contre l'arrêt, même en justifiant que cette consignation a eu lieu en temps utile. Cass. 29 mess. an 8 ; Merlin , *ib.*

Mais si le rejet a été prononcé faute de consignation ou de certificat d'indigence, et que l'on découvre que le certificat existait réellement dans le dossier du demandeur , l'arrêt de rejet peut être rapporté. Cass. 17 août 1832.

**190.** L'indication de l'arrêt dont on demande la cassation est nécessaire dans la requête en pourvoi. Elle n'est pas requise dans la quittance de l'amende consignée. Cass. 28 juin 1830.

**191.** Lorsque le pourvoi est en règle, on le fait enregistrer, on le dépose ensuite avec les pièces jointes au greffe de la Cour de cassation. Il en est donné un récépissé par le greffier. —V. d'ailleurs *Expropriation*.

192 En cas de refus du greffier de recevoir la déclaration de recours, le refus peut être constaté, et le pourvoi valablement formé par la signification que l'on en fait au greffier.

193. Quand le pourvoi est déposé, la partie qui ne s'est pas pourvue peut y faire une *adhésion* valable, si elle a été formée dans les délais. Cass. 21 janv 1841.

ART. 2. — Amende.

194. Le demandeur en cassation, doit, en matière civile avant de déposer son pourvoi, consigner une amende de 150 fr. pour les arrêts ou jugemens contradictoires, et de 75 fr. pour ceux par défaut ou par forclusion. Règl. 1738, p. 1, tit. 4, art. 5.

Cette amende est augmentée du dixième, que l'on consigne en même temps : ainsi, pour les décisions contradictoires, l'amende s'élève à 165 fr.; pour celles par défaut, à 85 fr. 50 c. LL. 6 prair. an 7 ; 28 avr. 1816, art. 66.

Il n'y a d'exception, ni en matière de discipline de l'ordre des *avocats* ( — V. ce mot. ), ni en matière d'expropriation pour utilité publique. Cass. 2 janv. 1837 (Art. 618 J. Pr.).

195. Celui qui attaque un seul arrêt n'a qu'une amende à consigner, quand même cet arrêt renfermerait des dispositions particulières et distinctes en faveur de différentes personnes. Cass. 5 janv. 1814, D. A. 9, 293. — A moins qu'il ne les attaque successivement par pourvois séparés. Poncet, *Jugemens*, n° 548, D. A. 2, 271, note 2.

196. On doit consigner autant d'amendes qu'il y a de demandeurs agissant dans un intérêt séparé, quoique le pourvoi soit formé collectivement. Règl. 1738, part. 1, tit. 4, art. 5; Cass. 11 janv. 1808, S. 8, 128.

Sont considérés comme ayant un intérêt séparé :

Des créanciers produisant à un ordre, même quand leurs prétentions ont été rejetées par un seul arrêt. Cass. 1 brum. an 13, D. A. 1, 585 ; — Trois individus à qui un immeuble a été partiellement et divisément affermé par trois baux différens. Cass. 11 janv. 1808, D. A. 1, 586. —Deux parties, l'une demanderesse principale, l'autre intervenante, si l'intervenante attaque l'arrêt par des motifs qui lui sont particuliers. Cass. 21 nov. 1826.

197. Si une seule amende a été consignée pour divers individus ayant des intérêts distincts, ils sont tous déclarés non-recevables : chacun des demandeurs est présumé avoir concouru pour sa part à la consignation; elle est insuffisante à l'égard de tous. Si l'on supposait, d'ailleurs, que la consignation appartient à un seul, on ne pourrait savoir auquel. Cass. 1 brum. an 13,

D. A. 1. 385 et 586.—Il serait bon, pour le cas d'insuffisance, de déclarer que la consignation s'appliquera à celui des demandeurs que l'on désigne.

198. Mais une seule amende suffit, lorsque deux personnes se pourvoient par un seul mémoire contre un jugement, qu'elles ont le même intérêt à faire annuler. Règl. 1738, part. 1, tit. 4, art. 5; Cass. 24 mars 1807, D. A. 3, 83; 31 janv. 1827, D. 27, 128.—Et que le pourvoi est fondé sur les mêmes motifs et sur les mêmes moyens. Cass. 26 fév. 1823, D. A. 4, 658.—Ou au moins sur les mêmes motifs. Règl. 1738, *ib.*; Cass. 15 janv. 1821, D. A. 9, 710. — Ces deux derniers arrêts ont été rendus en matière criminelle. — Les demandeurs agissent dans un intérêt commun lorsque ce sont des héritiers (même de plusieurs lignes. Cass. 2 vent. an 11, P. 3, 625), des co-associés et des co-acquéreurs. Cass. 11 janv. 1808, S. 8, 128; 20 nov, 1816, S. 17, 61; 31 janv. 1827. — Des assureurs d'un chargement de marchandises, engagés par une même police d'assurance, et n'ayant qu'un même intérêt. Cass. 3 août 1825. — Des créanciers chirographaires ayant un intérêt commun à faire rejeter la collocation d'un autre créancier, et recourant par un même pourvoi. Cass. 20 germ. an 12. P. 3, 693; — Ou si, *quoiqu'ils agissent dans un intérêt distinct*, et en vertu d'un titre particulier, cependant leurs demandes n'ont qu'un seul et même objet, et ne présentent qu'une seule et même question, pourvu que le pourvoi contre l'arrêt qui les condamne ait été formé en nom collectif. Cass. 3 fév. 1819, 10 fév. 1813, D. A., 9, 275; 2, 272. — Ou des entrepreneurs de différens ouvrages relatifs à une même construction, qui attaquent un arrêt rejetant leurs réclamations par les mêmes motifs. Cass. 24 juin 1820, D. 20, 435.

199. Lorsque plusieurs parties ayant le même intérêt se sont pourvues contre un même arrêt, et n'ont déposé qu'une seule amende, le rejet de la requête de l'une d'elles ne détruit pas la valeur de la consignation originaire, et le pourvoi peut être admis au profit des autres parties, sans qu'elles soient obligées de faire de nouvelles consignations totales ou partielles. Cass. 20 janv. 1806, D. A. 5, 199.

200. On doit consigner autant d'amendes qu'il y a de jugemens attaqués, concernant des contestations distinctes et indépendantes. Règl. 1738, part. 1, tit. 4, art. 5; Godart, p. 48. Lorsque l'arrêt attaqué déclare qu'un jugement de 1re instance a prononcé en dernier ressort, si le demandeur attaque en même temps le jugement de 1re instance, quant au fond, pour le cas où la C. de cassation le considérerait comme rendu en dernier ressort, ce chef de la requête constitue un second pourvoi qui nécessite une consignation d'amende spéciale. Cass. 25 avr. 1835, D. A. 35, 268.

**201.** Mais une seule consignation d'amende suffit, 1° lorsque les jugemens attaqués dépendent les uns des autres, et sont relatifs à la même contestation, comme des jugemens préparatoires et des jugemens définitifs. *Ib.*, p. 47.

2° Dans le cas d'un pourvoi contre deux arrêts, dont le premier en statuant sur une partie du procès, a déclaré qu'il y avait partage sur une autre partie, et dont le second vide ce partage. Le dernier arrêt n'est que le complément du premier. Régl. 1738, p. 1, tit. 4, art. 5; Cass. 14 juill, 1835 (Art. 136 J. Pr.).

3° Dans le cas d'un double pourvoi formé contre deux arrêts qui ne statuent que sur un seul procès et ne constituent qu'une seule cause. Par exemple, dans le cas où une C. royale ayant rejeté une exception par un premier arrêt, prononce au fond le lendemain par un second arrêt. Cass. 21 nov. 1837, D. 38, 10.

**202.** Il en est autrement si les jugemens sont distincts, et si les pourvois n'ont été formés que successivement. Cass. 9 juill. 1828, D. 28, 322.

**203.** S'il a été consigné plusieurs amendes quand on pouvait n'en consigner qu'une, il n'y a lieu, au cas de rejet du pourvoi, qu'à la condamnation d'une seule amende; les autres doivent être restituées. Cass. 3 août 1825, S. 26, 136.

**204.** Sont exempts de la consignation et du paiement de l'amende, les agens publics pour affaires qui concernent directement l'administration des domaines ou des revenus de l'Etat. Régl. 1738, part. 1, tit. 4, art. 16; L. 2 brum. an 4, art. 17.

Tels sont les préfets (et même les receveurs-généraux poursuivant le recouvrement du prix d'adjudication de coupes de bois royaux) agissant pour l'Etat. Cass. 15 déc. 1829, D. 30, 37. — V. d'ailleurs *Élections*.

**205.** Les indigens joignent à leur requête, 1° un certificat d'indigence; 2° un extrait de leurs impositions. L. 14 brum. an 5, art. 2, et 28 pluv. an 8; — Mais ils doivent payer l'amende s'ils succombent. Cass. 28 déc. 1812. S. 13, 184.

L'état de faillite ne dispense pas de produire la quittance de consignation d'amende ou un certificat d'indigence. Cass. 15 juin 1836 (Art. 596 J. Pr.).

Est valable le certificat qui porte que le demandeur ne possède aucune espèce de propriété. Cass. 26 flor. an 12, P. 3, 745.

L'irrégularité d'un certificat d'indigence peut être rectifiée après le dépôt du pourvoi. Cass. 16 août 1837, D. 37, 453.

**206.** La consignation d'amende n'est requise que dans le cas où la requête est formée contre une décision pour en obtenir la cassation : la loi a voulu assurer à l'avance la punition de celuiqui inconsidérément attaque une décision définitive présumée conforme à la loi.

Mais dans tous les cas où la requête se rapporte aux autres attributions de la C. de cass., il n'y a pas lieu à consignation d'amende ( bien qu'elle puisse être encourue par celui qui succombe). Par exemple, pour les requêtes en prise à partie, en règlemens de juges, en renvoi d'un tribunal à un autre ; dans ces différens cas, il n'y a pas attaque dirigée contre une décision judiciaire, mais bien contre des personnes ou contre des tribunaux.

Il y a à Paris un receveur chargé spécialement de percevoir l'amende exigée pour la validité du pourvoi ; cependant tous les receveurs ont capacité pour le faire. Cass. 12 août 1831.

Le refus de recevoir l'amende dûment constaté équivaut à consignation. *Même arrêt.*

Ce refus peut être constaté par huissier.

**207.** En cas de non consignation d'amende ou de non certificat d'indigence, le rejet de la demande a lieu, non quant à présent, mais purement et simplement, lors même que le jugement attaqué n'aurait pas encore été signifié. Règl. 1738, part. 1, tit. 4, art. 5; LL. 27 nov. 1790 ; 8 juill. 1793 ; 14 brum. an 5. Cass. 11 frim. an 9; 29 nov. 1836 ; D. 37, 192.

Art. 3. — *Effets du pourvoi.*

**208.** En matière civile, le pourvoi ne suspend pas, en général, l'exécution de l'arrêt attaqué.

Si l'on excepte les cas cités *inf.*, sous les nos 209 à 212, on ne peut, sous aucun prétexte, accorder de surséance. L. 1 déc. 1790 ; — quand même le mal produit par l'exécution serait irréparable en définitive. — Par exemple, à l'égard d'un arrêt qui a fait main-levée d'une inscription hypothécaire. Bordeaux, 6 déc. 1832. D. 33, 152.—ou d'une opposition à mariage,—ou qui a prononcé une séparation de corps. Bordeaux, 17 mess. an 13, S. 6, 815; — ou qui a statué en matière disciplinaire. Grenoble, 7 janv. 1836 (Art. 322 J. Pr.).

En conséquence, la partie condamnée ne peut, sous le prétexte qu'elle va se pourvoir, ou qu'elle s'est pourvue en cassation, exiger qu'avant d'exécuter le jugement qui la condamne, son adversaire lui donne caution. Cass. 4 prair. an 7 ; — même lorsque cette partie est une commune. Cass. 28 juin 1825 ;— ou lorsque l'adversaire est un étranger. Cass. 4 prair. an 7.

Peu importe qu'il s'agisse d'une demande en renvoi pour cause de suspicion légitime. Cass. 19 déc. 1831, S. 32, 33 ; 21 fév. 1838 (Art. 1123 J. Pr.).

**209.** Toutefois, le pourvoi est suspensif dans plusieurs cas :

ainsi , 1° les jugemens et arrêts rendus en matière de faux incident civil ne peuvent être mis à exécution tant que le délai
pour se pourvoir en cassation n'est pas expiré. C. pr., art. 241,
242, 243.

**210.** 2° Ceux rendus contre l'Etat à fin de paiement de
sommes d'argent, ne peuvent, s'il y a pourvoi, être mis à
exécution tant que les personnes au profit desquelles ils ont été
rendus n'ont pas , au préalable, donné caution pour sûreté des
sommes à elles adjugées. L. 16 juill. 1793.

**211.** 3° Ceux qui ordonnent la main-levée d'objets saisis
pour contravention aux lois sur les douanes, ne peuvent aussi
être exécutés que s'il est donné caution de la valeur des objets
saisis. L. 9 flor. an 8 , tit. 4, art. 15; Godart, p. 65 et 66. —
V. d'ailleurs *Règlement de juges.*

**212.** Le pourvoi était encore suspensif quand il s'appli-
quait à un arrêt rendu en matière de divorce. C. civ., art. 63.

**213.** *Quid,* à l'égard d'un arrêt qui prononce la nullité d'un
mariage ? La loi ne contenant pas d'exception pour ce cas ,
comme pour celui du divorce, à la règle générale, qui refuse
au pourvoi tout effet suspensif; il faut , malgré l'identité des
motifs, appliquer le droit commun.—*Contrà*, Godart, n° 65.
Cet exemple fait voir le vice de cette règle et appelle de la part
du législateur, sinon son abolition complète, du moins une
modification.

**214.** Le pourvoi ne peut produire d'effet qu'à dater du dépôt. — V. *sup.* n° 191.

### § 10. — *Instruction devant la chambre des requêtes.*

**215.** La procédure de la C. de cass. est indiquée par le règlement du 28 juin 1738 et autres anciens règlemens, sauf les
modifications que les lois postérieures y ont apportées.
L. 1er déc. 1790, art. 18; L. 2 brum. an 4, art. 25 ; L. 27
vent. an 8 , art. 27; ordonn. 10 sept. 1817.

Lorsque le pourvoi a été déposé au greffe, le président de la
chambre des requêtes nomme, dans le mois, un conseiller pour
en faire le rapport. Ordonn., 15 janv. 1826 , art. 13.

**216.** Le rapporteur est tenu de remettre les pièces au greffe
avec son rapport écrit, savoir : pour les affaires urgentes, dans
le mois; et, pour les affaires ordinaires, dans les deux mois à
dater du jour de la distribution. *Ib.*, art. 14.

**217.** Dès le moment de la remise des pièces au greffe, les
affaires sont inscrites sur le rôle d'audience par ordre de date et
de numéro. *Ib.*, art. 18.

**218.** Le jour même de cette remise, les pièces sont envoyées
au procureur-général , qui les distribue aux avocats-généraux
pour préparer leurs conclusions. *Ib.*, art. 22.

Aussitôt ces conclusions préparées, les pièces sont rétablies au greffe trois jours au moins avant celui où l'affaire doit être portée à l'audience. *Ib.*, 23 et 24.

Dans l'usage, l'un des commis-greffiers avertit par lettre, les avocats, du jour auquel l'affaire doit venir.

**219.** A l'audience, le conseiller fait son rapport ; ensuite les avocats sont entendus, s'ils le requièrent. Les parties peuvent l'être aussi, après en avoir obtenu la permission de la Cour. *Ib.*, art. 36, 37.

**220.** Le ministère public est entendu dans toutes les affaires. Les avocats et les parties ne peuvent obtenir la parole après lui ; l'ordonn. excepte le cas où il est partie poursuivante et principale. *Ib.*, art. 44 et 58. — Mais cette disposition est tombée en désuétude ; le ministère public, ici, est exclusivement l'homme de la loi.

**221.** Après les conclusions du ministère public, et après en avoir délibéré, la Cour rend son arrêt, qui rejette ou admet la requête.

**222.** L'inscription de faux peut être nécessaire dans différens cas, afin d'arriver à un moyen de cassation ; par exemple, si un arrêt énonce faussement qu'il a été rendu par le nombre de juges voulus par la loi, qu'il a été rendu publiquement ; ou s'il contient des motifs, quoiqu'il ait été prononcé publiquement sans motifs.

La procédure est alors déterminée par le tit. 10, p. 2, règl. 1738, qui se réfère à plusieurs articles du titre du faux incident de l'ordonn. de juill. 1737.—V. d'ailleurs. *inf.*, § 15.

### § 11. — *Arrêt de la chambre des requêtes. Ses suites.*

**223.** Dans le cas où la chambre des requêtes rejette, l'arrêt est motivé. L. 4 germ. an 2, art. 6.

Mais il a dans la jurisprudence beaucoup moins de poids qu'un arrêt rendu par la chambre civile, parce que cette dernière statue toujours après avoir envisagé l'affaire sur tous les points, tandis que la chambre des requêtes n'entend jamais que le demandeur.

**224.** Le demandeur, par suite du rejet, est condamné à l'amende qu'il avait consignée. Règl. 1738, p. 1, tit. 4, art. 25.

L'arrêt de rejet n'est susceptible d'aucun recours. *Ib.*

**225.** S'il s'agit du rejet d'une requête en prise à partie, le demandeur est condamné à 500 fr. d'amende, sans préjudice des dommages-intérêts envers les parties, s'il y a lieu. C. pr. 515 ; Cass., 2 févr. 1825.

**226.** Si la chambre des requêtes admet, l'arrêt n'est pas motivé. Règl. 1738, p. 1, tit. 4, art. 28.

Il ordonne que la requête soit signifiée au défendeur, avec assignation à comparaître devant la chambre civile dans les délais du règlement. *Ib.*

C'est ce qui fait donner aussi à cet arrêt le nom d'arrêt de *soit-communiqué.*

**227.** L'arrêt d'admission n'est pas suspensif. *Ib.*, art. 29.

### § 12. — *Signification de l'arrêt d'admission.*

#### Art. 1. — *Délai de la signification.*

**228.** L'arrêt d'admission, dans le contexte duquel est insérée en entier la requête en pourvoi, doit être signifié dans les mêmes délais que ceux accordés pour former le pourvoi. Règl. 1738, part. 1, tit. 4, art. 30; Merlin, *Rép. h. v°*, § 6, n° 7.— V. *sup.* § 8.

**229.** Ces délais sont francs, comme ceux du pourvoi. Règl. 1738, part. 2, tit. 1er, art. 5. Ils ne comprennent ni le jour de l'arrêt, ni celui de la signification, ni sous le calendrier républicain, les jours complémentaires. Cass. 21.—therm. an 10, et 7 août 1811; Merlin, t. 15, p. 102, § 6, n° 6 *bis*; Cass. 21 vend. an 11, P. 3, 19.

**230.** Faute par le demandeur d'avoir fait la signification dans les délais, il est déchu de sa demande. Même règlement art. 30; Cass. 11 janv. 1831; 5 mars 1838, D. 38, 124.—Quand même il serait encore dans le délai du pourvoi par le défaut de signification du jugement attaqué. Cass. 19. fruct. an 11, p. 3, 450.

Sans que cette exception ait besoin d'être proposée par le défendeur. Arg. de cet article.

Quand même il aurait obtenu un arrêt de cassation par défaut contre les défendeurs, si ceux-ci se sont fait restituer contre cet arrêt. Cass. 23 janv. 1816.

**231.** S'il y a plusieurs défendeurs, cette déchéance ne profite pas aux défendeurs auxquels la signification a été faite en temps utile. Cass. 29. germ. an 11, P. 3, 245; 5 mars 1838; D. 38, 124. Merlin, *Rép.*, h. v°, § 6, n° 7.

**232.** Le délai accordé pour la signification de l'arrêt d'admission n'est même pas prorogé par cette circonstance, que les héritiers à qui la signification doit être faite, sont mineurs, et n'ont point encore de tuteurs. Cass. 2 fév. 1813.

**233.** Mais il est suspendu en cas de force majeure, notamment par suite de l'occupation de l'ennemi. Cette suspension a lieu tant que dure la force majeure : néanmoins la portion de temps qui s'est écoulée depuis la signification jusqu'au moment où a commencé la force majeure, doit être comptée dans le délai. Cass. 24 janv., et 14 fév. 1815.

**234.** Si la signification est nulle, elle doit, à peine de déchéance, être réitérée avant l'expiration du délai.

### Art. 2. — *Forme de la signification.*

**235.** La signification de l'arrêt d'admission est en général assujettie aux mêmes règles que les *exploits*. (— V. ce mot) ;— et particulièrement aux dispositions du règlement de 1738 ; en cas de concours entre les dispositions du C. de pr. et celles du règlement, ces dernières doivent prévaloir. Cass. 3 nov. 1807, P. 6, 535; 10 avr. 1811.

**236.** La signification doit contenir toutes les requêtes fournies par le demandeur en cassation ; pourtant dans le cas où l'une de ces requêtes n'y aurait pas été comprise il n'y aurait pas nullité si celles qui y sont insérées contiennent les faits, les moyens de cassation invoqués et la demande en cassation de l'arrêt attaqué. Cass. 6 juill. 1851.

**237.** Ainsi, — 1° aucun arrêt d'admission ne peut, *à peine de nullité et d'amende*, être signifié, si la copie de cet arrêt n'est signée d'un avocat à la Cour de cassation. Règl. 1738; part. 2, tit. 1, art. 17; arrêt du conseil, 16 juin 1746; Isambert, note 1, sur l'ordonn. du 10 sept. 1817. — Sans qu'il soit besoin qu'il ajoute à sa signature sa qualité d'avocat. Cass. 9 mars 1824.

**238.** 2° L'exploit de signification doit contenir également, à peine de *nullité* et d'amende contre l'huissier, le nom de l'avocat dont la partie demanderesse entend se servir. Règl. 1738, part. 2, tit. 1, art. 2; Cass. 17 brum. an 12. — Cependant la signature de l'avocat mise au bas de la requête signifiée et de l'arrêt, peut être considérée comme remplissant le vœu de la loi. Cass. 8 niv. an 13, 11 mars 1811, 16 mai 1815 ; Merlin, *Rép. v° Constitution de procureur.*

**239.** Cette obligation n'est pas imposée aux préfets agissant dans l'intérêt de l'État ; ils sont dispensés de l'assistance d'un avocat à la Cour de cassation (Règl. 1738, part. 2, tit. 1, art. 2; Cass. 22 therm. an 10.) — Mais dans l'usage ils y ont toujours recours.

**240.** La signification n'est pas nulle, quoiqu'elle n'énonce pas le domicile du demandeur, si d'ailleurs elle contient l'indication du domicile élu chez l'avocat à la Cour de cassation, chargé de sa défense. Cass. 10 août 1811.

**241.** 3° Si le demandeur décède après avoir formé le pourvoi, l'arrêt d'admission ou de rejet est rendu en son nom, mais la signification doit être faite au nom des héritiers : cette signification est le principe d'une instance nouvelle. Cass. 9 déc. 1834, D. 35, 66; 19 déc. 1837 ( Art. 1079 J. Pr.).

Toutefois, lorsque le pourvoi a été introduit par deux associés qui ont procédé conjointement, mais non pas en nom *social* et *collectif*, le décès de l'un d'eux survenu depuis l'introduction du pourvoi n'influe en rien sur la régularité de l'arrêt d'admission, ni sur la signification qui en a été faite par le survivant, dans les mêmes qualités. Cass. 18. nov. 1835 (Art. 317 J. Pr.).

L'héritier d'une personne décédée depuis l'admission de son pourvoi en cassation est recevable à se prévaloir du jugement d'admission lors même que la signification qui en a été faite à sa requête ne contient aucune qualité de sa part. Cass. 2. therm. an 9, P. 2, 259.

**242.** 4° La signification ne peut être faite qu'aux parties expressément dénommées dans l'arrêt d'admission. Cass. 3 fév. 1835 ( Art. 6 J. Pr. ); Merlin, *hoc v°*, § 6, n° 7, — et non a une personne qui n'a pas figuré dans le jugement attaqué, quand même elle aurait dû y être appelée. Cass. 4 vent. an 11; Merlin, *ib.*

**243.** Lorsque l'arrêt portant admission d'un pourvoi dirigé contre plusieurs parties ne permet d'assigner que quelques-unes d'entre elles devant la chambre civile, le demandeur peut même après avoir obtenu un arrêt de cassation contre elles, soit reprendre son pourvoi contre les autres, soit se pourvoir de nouveau contre ces dernières s'il est encore dans les délais. Cass. 19 août 1833.

**244.** Toutefois n'est pas nulle la signification faite au défendeur sous un nom qui n'est pas le sien, si l'erreur se trouve dans les qualités de l'arrêt attaqué, signifiées par le défendeur lui-même et ses consorts. Cass. 3 fév. 1835 ( Art. 6 J. Pr.).

**245.** Dans le cas où un pourvoi dirigé contre une partie principale, et d'autres appelées seulement en garantie, a été admis, l'arrêt d'admission doit être signifié à la partie principale; si la signification n'a été faite qu'au garant, le pourvoi est inadmissible; quand même on prétendrait que la partie principale est décédée, car dans ce cas, elle est représentée soit par les parens qui n'ont pas renoncé à sa succession, soit par un curateur à la vacance. Cass. 11 juin 1833.

**246.** Mais la signification au cessionnaire seul est valable, bien que la cession ait été faite pendant l'instance d'appel et que l'arrêt ait été rendu au profit du cédant resté en cause, si toutefois ce dernier a déclaré lui-même dans cette instance d'appel qu'il ne pouvait pas y figurer, à cause de cette cession. Cass. 28 janv. 1835, D. 35, 221.

**247.** L'arrêt d'admission doit être signifié à l'héritier bénéficiaire et non aux créanciers de la succession. Cass. 1er fév. 1830.

**248.** 5° La signification doit être faite à la personne ou au *domicile réel* du défendeur. Règl. 1738, part. 1, tit. 4, art. 30. — Elle est nulle si elle est faite *au domicile* qu'il avait lors de

l'instance et qu'il a quitté depuis, ou *à la résidence* ou *au domicile
élu* par lui pendant l'instruction qui a précédé le jugement
attaqué. Cass. 11 vend. an 7, P. 1, 214; 2 flor. an 9, P. 2,
165; 28 oct. 1811. — Même quand le défendeur est un étranger. 19 vent. an 11, P. 3, 14.

**249.** Toutefois elle est valablement faite; — *au domicile*
du défendeur indiqué par lui dans la signification de l'arrêt
attaqué, s'il n'a pas fait la déclaration légale de son changement
de domicile, soit qu'il n'eût fait connaître son nouveau domicile
par aucun acte, et que la copie ait été remise au notaire par
l'huissier, sur la réponse que le défendeur était absent, et sur
le refus des voisins de la recevoir. Cass. 3 mai 1837, D. 37,
307; — soit qu'il eût fait connaître son nouveau domicile dans
quelques actes de procédure relatifs à une autre instance engagée
contre la même partie. Cass. 30 mars 1836, D. 38, 75.

Ou à *la résidence* momentanée, lorsque dans l'instance la partie qui a obtenu l'arrêt attaqué n'a jamais indiqué d'autre domicile. Cass. 7 juin 1809; Merlin, *Quest dr.*, v° *Inscript. hypoth.*

Ou au *domicile élu* en 1$^{re}$ instance; si le défendeur n'a pas
fait connaître son véritable domicile. Cass. 16. mess. an 11,
P. 3, 353; Cass. 11 frim. an 9. 13 germ. an 12; Liége, 27
juill. 1816, *ib.*

Enfin, celle faite par un débiteur incarcéré, à ses créanciers, au *domicile élu* par eux dans l'acte d'écrou ou de recom-
mandation. Cass. 14 mars 1821.

**250.** 6° Quant aux significations à faire dans les colonies
françaises et hors de France, elles sont faites au procureur-général près la C. de cass. en son parquet, conformément à l'art.
69, § 9 du C. pr. Cass. 6 mars 1831; — et en outre on dépose au
parquet, en temps de guerre, deux copies de l'arrêt sur papier
libre. Ces copies sont certifiées par l'avocat et rappellent la date
de la signification. Décis. du proc.-gén. près la C. de cass. rappelée dans la séance du conseil de l'ordre, du 30 nov. 1820; —
en temps de paix une seule copie suffit. Circul. du cons. de
l'ordre. 11 janv. 1821.

Le procureur-général se charge de faire remettre la signification aux parties par la voie des ministres de la marine et des
affaires étrangères. Godart, p. 30.

Cette signification serait valable quand même le défendeur
serait mort avant l'admission. Cass. 21 déc. 1830.

**251.** 7° La signification quoique faite au domicile du défendeur que l'arrêt permet d'assigner est nulle, si ce défendeur est
décédé (— V. *sup.* n° 6). Ordonn. 1667, tit. 2, art. 3. Cass. 14
niv. an 11, P. 3, 101; 1$^{er}$ déc. 1829, S. 30, 24.—Quand
même le décès n'aurait pas été notifié à celui au nom duquel

est faite la signification, *même arrêt*; Cass. 2 fév. 1813, S. 13, 400.

Si le décès n'est pas légalement constaté, la signification faite au domicile de la personne serait valable. Cass. 9 sept. 1811, P. 9, 621. — Est nulle aussi la signification faite à un tuteur alors que le mineur est devenu majeur. Cass. 27 mai 1834, S. 34, 402.

**252.** 8° Dans le cas où le défendeur est décédé avant la signification, et où son décès est valablement constaté, on doit signifier l'arrêt d'admission à ses héritiers. Cass. 13 therm. an 12; Merlin, *Rép.*, *hoc v°*, § 5, n° 10, § 6, n° 7.—On peut le faire sans nouvelle permission de signification. *ibid.* Cass. 25 juin 1810.

**253.** Si l'une des héritières des défendeurs s'est mariée depuis l'arrêt d'admission, la signification qui lui est faite doit indiquer sa qualité de femme et le nom du mari, pour la validité. La signification qui ne lui serait faite que sous son nom de fille serait nulle, et cette nullité ne pourrait être couverte par une signification faite ensuite à son mari avant l'arrêt de la chambre civile, mais après les délais accordés pour faire la signification. Cass. 29 nov. 1836 ( Art. 615, J. Pr.).

**254.** Si le demandeur ne connaît que la résidence de l'héritier, la signification est valablement faite à cette résidence, lorsqu'au moment où elle y a été remise elle a été reçue comme au lieu du domicile, et lorsqu'en outre elle a été réitérée au parquet conformément à l'art. 69. § 8, C. pr. Cass. 17 avr. 1837 ( Art. 751. J. Pr.).

**255.** 9° La signification doit, en général, être faite par copie séparée, quand il y a plusieurs défendeurs. — V. *Femme mariée, Société, Succession.*

Mais il n'est pas nécessaire de signifier l'arrêt séparément à toutes les parties, lorsqu'il s'agit d'une action solidaire. Cass. 1er germ. an 10, P. 2, 540; 29 germ. an 11; Merlin,*Qu. dr.*, 1, 565, § 22; — ou indivisible. Cass. 31 janv. 1827.

**256.** 10° La signification doit, à peine de nullité, être faite par les huissiers de la Cour dans le lieu où elle siége. Cass. 1er fév. 1808, P. 6, 480 ; 8 nov. 1831.

Les copies doivent être lisibles. — V. *Huissier.*

**257** 11° Enfin l'original de la signification doit être enregistré, à peine de la nullité de la signification, et cette nullité entraîne la déchéance du pourvoi. L . 22 frim. an 8, art. 20, tit. 5, art. 34, tit. 6 ; Cass. 23 flor. an 10, P. 2, 485.

### § 13. — *Instruction devant la chambre civile.*

**258.** La signification de l'arrêt d'admission vaut assignation

devant la chambre civile. Règl. 1738, part. 2, tit. 1, art. 6 ;
Cass. 3 nov. 1807.

Ainsi, lorsque cette signification ont valable, le défendeur ne
peut se plaindre de ce que l'assignation faite dans le même acte
est irrégulière. *Même arrêt.*

**259.** Il faut justifier de la signification, en produisant l'original de l'exploit qui la contient. Cass. 13 fév. 1822. — A défaut de production de cet original, la Cour ne peut statuer sur
le pourvoi.

**260.** Si l'arrêt d'admission permet d'assigner plusieurs défendeurs, et que le demandeur ne dépose les originaux de signification qu'à l'égard de quelques-unes de ces personnes et non à
l'égard des autres, la Cour ne statue qu'à l'égard des premières.
Cass. 2 juill. 1833, D. 33, 295.

Mais cependant il n'y a pas déchéance, si, ensuite, le demandeur retrouve l'original égaré, et qu'il le produise ; il peut
faire statuer sur son pourvoi. Cass. 19 avr. 1837, D. 38, 244.

**261.** Le défendeur doit comparaître devant la chambre civile
dans les délais suivans : quinze jours pour les assignations don-
nées dans l'étendue de la ville de Paris et de dix lieues à la ronde.
Règl. 1738, part. 2, tit. 1, art. 3. — Un mois pour les lieux
compris dans les ressorts des anciens parlemens de Paris,
Rouen, Dijon, Metz et Flandre, ou du conseil d'Artois, *ib.* —
Deux mois pour ceux compris dans les ressorts des anciens par-
lemens et cours de Languedoc, Guyenne, Grenoble, Aix, Pau,
Besançon et Bretagne, et les conseils supérieurs d'Alsace et de
Roussillon. *Ib.* — Pour la Corse. Arg. C. pr. 73 ; 30 mai 1838,
D. 38, 232. — Un an pour la Martinique, la Guadeloupe, *ib.*
art. 4. — Quant aux anciens ressorts de Bourbon et de Pondi-
chéry, le délai d'assignation est réglé par l'arrêt d'admission, *ib.*
— Le règlement ne parlant pas du délai des assignations pour
Cayenne et le Sénégal, on doit par analogie suivre les règles
qu'il prescrit, d'après la comparaison des distances (Godart,
p. 30), ou le faire fixer lors de l'arrêt d'admission.

**262.** En matière électorale, la C. de cass. permet d'assigner
à trois jours. Cass. 21 juin 1850.

**263.** Le défendeur ne peut comparaître que par le ministère
d'un avocat à la Cour de cassation, qui rédige et signe un mémoire en défense, le signifie à l'avocat du demandeur, et le dépose ensuite au greffe avec les pièces justificatives. L. 2 brum.
an 4, art. 16 ; Godart. *ib.*

La simple remise de la copie de signification de l'arrêt d'admission faite à l'avocat, vaut pouvoir d'occuper pour le défendeur. Règl. 1738, part. 2, tit. 1, art. 12. — V. *Avoué.*

**264.** Lorsque la production du défendeur, signifiée à l'avocat du demandeur, est faite au greffe, ce dernier peut répliquer

et déposer à son tour, au greffe, la grosse de l'arrêt d'admission et son mémoire en réplique. L'affaire est alors en état. Ordonn. 15 janv. 1826, art. 10.

**265.** Dès que l'affaire est en état, la procédure est la même que pour arriver à l'arrêt de la chambre des requêtes. — V. *sup.* § 10.

**266.** Si le défendeur ne produit pas de défense, dans la huitaine du délai qui lui est accordé pour comparaître (— V. *sup.*, n° 261.), il peut être donné défaut contre lui. Règl. 1738, part. 2, tit. 2. art. 1er.

**267.** Pour obtenir l'arrêt par défaut, le demandeur lève au greffe un certificat de non production, qu'il joint à la grosse de l'arrêt d'admission, et produit le tout au greffe, l'affaire suit alors la marche ordinaire, *ib.*

**268.** Le défaut n'est cependant pas prononcé par cela seul que le défendeur ne comparaît pas ; l'affaire est examinée comme les autres, et même si la chambre civile n'estime pas le pourvoi fondé, elle le rejette. Dans ce cas le demandeur est condamné à l'amende de 300 fr. *ib.*, art. 8. — Si elle estime qu'il est fondé, elle prononce la cassation de l'arrêt attaqué. — Tant que cet arrêt, n'est pas rendu, le défendeur a encore le droit de produire ses défenses. Godart, 33.

### § 14. — *Arrêt de la chambre civile. Ses effets.*

**269.** Devant la chambre civile, à l'audience, le conseiller fait son rapport ; ensuite les avocats du demandeur et du défendeur sont entendus.

Les avocats ne peuvent soumettre à l'audience leurs observations sur le rapport, qu'après avoir fait signifier leur requête ou mémoire en défense, et produit les pièces dans les termes prescrits par les règlemens. Arrêté 2 mess. an 9, art. 8.

**270.** Devant la C. de cass. la cause doit s'instruire par écrit. L'instruction est réputée complète par les écritures. Aussi les plaidoiries, malgré leur importance sont-elles qualifiées d'*observations. Ib.*, art. 9. Le ministère public donne ensuite ses conclusions.

Enfin la Cour, après en avoir délibéré, rend son arrêt, par lequel elle rejette le pourvoi ou casse la décision attaquée.

**271.** En cas de rejet, le demandeur est condamné, 1° à 300 fr. d'amende, dans lesquels sont compris les 150 fr. d'amende consignés avant le dépôt du pourvoi ; — 2° à 150 fr. d'indemnité envers le défendeur, si l'arrêt attaqué est contradictoire, et à moitié de ces sommes, s'il est par défaut ou par forclusion ; — 3° et en outre, aux dépens de l'instance. Règl. 1738, part. 1, tit. 4, art. 35.

L'amende ne peut être remise ni modérée, mais elle peut

être augmentée. Règl. 1738, part. 1, tit. 4, art. 36. — La Cour n'use jamais de ce dernier droit.

**272.** En cas de désistement du pourvoi, la Cour en donne acte, sans examiner les moyens et sans statuer sur les conclusions.

**273.** Si c'est au contraire, le défendeur éventuel qui se désiste du bénéfice de l'arrêt attaqué, il y a lieu à statuer sur le pourvoi ; — Quoique la signification du désistement soit antérieure au pourvoi, lorsqu'à raison des distances le pourvoi a été formé dans l'ignorance du désistement, et quand surtout celui-ci n'est que conditionnel. Cass. 28 juill. 1824.

**274.** L'indemnité n'est pas due si le désistement précède la production du défendeur, et, à plus forte raison, la signification de l'arrêt d'admission. — Il en est autrement dans le cas contraire. Cass. 26 mai 1830.

**275.** Quant à l'amende, on peut dire pour la restitution que le règlement de 1738 ne condamne à l'amende que le demandeur qui succombe ; or, se désister n'est pas la même chose que succomber (au cas de transaction, par exemple). D'ailleurs, en matière criminelle, le désistement n'entraîne jamais la perte de l'amende ( C. inst. crim. 436). — Mais le contraire a été décidé par deux arrêts, l'un de la chambre des requêtes, l'autre de la chambre civile, attendu qu'aux termes du règlement de 1738, tit. 4, art. 37 et 38, il n'y a de remise d'amende qu'en vertu d'un arrêt de cassation. Cass. 24 fév. 1835 ; 22 juin 1836 (Art. 40 et 597 J. Pr.).

**276.** Le demandeur ne peut attaquer l'arrêt de rejet, ni par requête en cassation, ni par *requête civile*. Règl. 1738, *ib.*, art. 39.—V. ce mot.—Ni former un nouveau pourvoi, même en présentant de nouveaux moyens. Règl. 1738, tit. 4, art. 39.

**277.** Mais le demandeur est recevable à se pourvoir contre les dispositions de l'arrêt, non attaquées dans le premier pourvoi, s'il est encore dans les délais. Cass. 22 brum. an 13 ; Merlin, *Qu. dr.* 6, 462 et 471 ; Berriat, 2, 473, note 5.

**278.** Lorsque l'arrêt attaqué contient tout à la fois des dispositions préparatoires et des dispositions définitives, l'arrêt de rejet s'applique aux unes comme aux autres. Cass. 19 juin 1816.

**279.** Si deux parties se sont pourvues en cassation, le consentement que l'une d'elles donne à la cassation, demandée par son adversaire, ne produit aucun effet à l'égard de l'autre. Cass. 25 juill. 1806 ; Merlin, *Rép.*, *hoc.* v°, § 6, n° 11.

**280.** Lorsque la chambre civile casse l'arrêt attaqué, elle ordonne la restitution de l'amende consignée et des sommes qui peuvent avoir été perçues en exécution de cet arrêt ; elle remet les parties dans l'état où elles étaient avant l'arrêt cassé, et renvoie l'affaire devant un des trois tribunaux du même ordre, le plus voisin de celui dont la décision a été annulée, pour être procédé sur les derniers erremens qui n'ont pas été atteints par la C. de cass. L'indication du trib. auquel l'affaire est renvoyée a lieu en la chambre du conseil, après la prononciation de l'arrêt de cassation en audience publique. Régl. 1738, part. 1, tit. 4, art. 58. L; 1er déc. 1790, art. 21; L. 2 brum. an 4, art. 24; L. 27 vent. an 8, art. 87.

281. La cassation ne profite qu'à ceux qui se sont pourvus : ainsi, lorsque sur six héritiers deux seulement ont formé le pourvoi, la cassation ne profite qu'à ces derniers. Cass. 24 pluv. an 7.

Mais elle leur profite même lorsqu'elle a été motivée sur un moyen qu'ils n'avaient fait valoir ni devant les premiers juges ni devant la C. de cass. Merlin, *Rép*, *h. v°*, § 7, n° 4.

282. Pour obtenir la restitution de l'amende consignée, il faut remettre au receveur de l'enregistrement, auquel la consignation a été faite, 1° un extrait sur papier timbré de l'arrêt en ce qui concerne la cassation de l'arrêt attaqué et la restitution de l'amende, et énonçant en totalité l'enregistrement de l'arrêt ; 2° la quittance de consignation d'amende. Lettre du receveur de l'enregistrement de la C. de cass. 25 therm. an 9.

283. La restitution de l'amende et des sommes perçues, doit avoir lieu, quand même elle ne serait pas formellement exprimée dans l'arrêt de cassation. — La grosse de cet arrêt suffit pour la poursuivre. Cass. 16 janv. 1812; 22 janv. 1822; 28 août 1837, D. 37, 456.

284. La restitution ordonnée par l'arrêt ne donne droit qu'au capital des sommes payées, et non aux intérêts. Cass. 15 juin 1812. — A moins que la partie condamnée n'ait, lors du paiement, déclaré ne le faire que comme contrainte et forcée, sous la réserve de se pourvoir en cassation. Elle reçoit alors avec le capital les intérêts du jour du versement. Cass. 11 nov. 1828.

285. Le principe d'après lequel la cassation d'un arrêt entraîne la restitution de ce qui a été payé, est modifié par l'art. 1238 C. civ. — Ainsi ne sont pas restituables les sommes saisies sur un tiers, et reçues de bonne foi par les créanciers d'un individu au profit duquel a été rendu un arrêt qui lui a alloué ces sommes, bien que cet arrêt soit ultérieurement cassé. Cass. 13 mai 1825.

De même l'avoué qui s'est fait payer par la partie condamnée les dépens, dont la distraction a été ordonnée à son profit par un jugement, n'est point tenu, en cas de cassation de ce jugement, de restituer ces frais à cette partie. Cass. 16 mars 1807, P. 5, 737. — V. *Dépens*.

286. Les parties sont remises *au même état* qu'avant l'arrêt cassé ; de là plusieurs conséquences :

1° Tout acte d'exécution est rétracté de droit.

2º Tous droits de propriété qui reposeraient sur une qualité résultant de l'arrêt cassé sont anéantis.

3º Toute inscription hypothécaire prise depuis l'arrêt de cassation est non avenue.

4º Non seulement l'arrêt attaqué est annulé, mais encore tous ceux qui en ont été la suite et la conséquence, soit que l'arrêt de cassation ait ajouté ou non ces mots : *et tout ce qui s'en est suivi*. Cass. 25 oct. 1813; Merlin, *Rép. h. v° § 7, nº 4*.

**287.** La cassation d'un arrêt entraîne celle de l'arrêt intervenu sur son exécution. Cass. 13 fév. 1828; — Ainsi que la nullité des procédures faites pour arriver à cette exécution. Cass. 28 août 1837, D. 37, 456. — Mais la nullité de ces actes n'est pas tellement radicale qu'il soit inutile de la faire prononcer; par suite les frais faits dans ce but ne sont pas à la charge de celui qui a demandé cette nullité. *Id.*

**288.** La cassation d'un arrêt qui a validé une enquête entraîne celle de l'arrêt rendu sur le fond, en conséquence de l'enquête, sans qu'on puisse opposer devant la Cour suprême que l'arrêt se justifie par d'autres motifs que ceux tirés de l'enquête. Cass. 13 oct. 1812.—Et la cassation d'un arrêt qui a annulé une enquête entraîne la cassation de l'arrêt postérieur sur le fond, si ce dernier arrêt n'a pas déclaré qu'en supposant prouvés les faits dont la preuve avait été ordonnée, ils seraient tous sans influence sur le fond du procès. Cass. 28 fév. 1838 (Art. 1136 J. Pr.); Cass. 25 juin 1838, D. 38, 289.

**289.** Lorsqu'un arrêt a été cassé sans que la Cour ait établi aucune distinction entre les diverses dispositions qu'il renferme, il se trouve annulé dans toutes ses dispositions, quoique les motifs de l'arrêt de cassation paraissent ne se rattacher qu'à l'une d'elles. Cass. 15 janv. 1818.

**290.** Il arrive même que, dans le cas où la Cour casse spécialement une disposition principale d'un arrêt, cette cassation entraîne celle d'une disposition secondaire dont il n'a pas été parlé.

**291.** Ainsi la cassation d'un arrêt, quant à l'action principale, emporte la cassation de la disposition du même arrêt relative à une demande en garantie. Cass. 5 juin 1810, P. 8, 352.

**292.** Enfin, le jugement cassé pour défaut de motifs sur un chef, ne peut plus être invoqué sur d'autres chefs. Cass. 13 mars 1826, S. 28, 334.

**293.** Mais de ce que l'arrêt de cassation a pour effet d'anéantir l'arrêt attaqué il ne s'ensuit pas qu'un acte ou un arrêt qui aurait été déclaré illégal par l'arrêt cassé deviendrait légal par suite de l'arrêt de cassation. Cet acte devra être examiné et apprécié par la Cour de renvoi : la C. de cass. n'est pas instituée

37.

pour connaître du fond des affaires (—V. *sup.* n° 7). Cass. 17 mai 1836, D. 56, 573.

**294.** Le renvoi ne peut être fait à la Cour qui a rendu l'arrêt cassé. Cette Cour est formellement dessaisie de toute connaissance ultérieure de l'affaire. Cass. 12 nov. 1816.

Jugé cependant qu'elle peut en connaître du consentement des parties. Arg. Cass. 8 niv. an 7, P. 1, 295.

**295.** Bien que le renvoi doive être fait à un trib. du même ordre que celui qui a rendu le jugement, cependant, lorsque la C. de cass. casse un jugement d'un trib. de 1<sup>re</sup> inst., en ce qu'il a mal à propos connu d'une action qui aurait dû être déférée à une C. roy., elle peut renvoyer elle-même l'affaire devant cette Cour. Cass. 18 avr. 1827.

**296.** Lorsque la C. de cass. a ordonné le renvoi à un autre trib. d'une cause dans laquelle des faits de complicité des dilapidations commises par des avoués sont imputés aux premiers juges, ces magistrats peuvent, lorsqu'on leur signifie l'arrêt de renvoi, y former opposition. Cass. 25 août 1825.

**297.** Il n'y a pas lieu au renvoi : 1° lorsque l'arrêt cassé a mal à propos reçu l'appel d'un jugement en dernier ressort. Dans ce cas l'arrêt de cassation ordonne l'exécution du jugement dont l'appel a été illégalement reçu. Règl. 1738, part. 1, tit. 5, art. 19.

**298.** 2° Lorsque la cassation est prononcée pour contrariété d'arrêts ou de jugemens en dernier ressort, rendus par des Cours ou des trib. différens ; l'arrêt qui casse dans ce cas ordonne que, sans s'arrêter ni avoir égard au second arrêt ou jugement, le premier sera exécuté selon sa forme et teneur. *Ib.*, tit. 6, art. 6.

**299.** Les arrêts de cassation sont imprimés et transcrits sur le registre du trib., dont la décision a été cassée ( L. 1 déc. 1790, art. 22), et la notice, ainsi que le dispositif, en sont insérés chaque mois dans le bulletin des audiences de la Cour. L. 27 vent. an 8, art. 85.

**300.** La demande en interprétation d'un arrêt de la C. de cass. est présentée par requête à la chambre civile.

Il faut que cette requête ait pour objet un point sur lequel la C. de cass. ait eu à se prononcer. Cass. 28 avr. 1835, D. 35, 244.

Les frais occasionés par cette demande, à l'occasion de la restitution des sommes payées en vertu de l'arrêt cassé, doivent être supportés par la partie qui a refusé la restitution. Cass. 15 janv. 1812, 22 janv. 1822.

**301.** Si l'arrêt de cassation est contradictoire, il ne peut être mis à exécution avant d'avoir été *signifié* à l'avocat de la partie, *à peine de nullité* de toutes procédures et exécutions antérieures à cette signification (Règl. 1738, part. 2, tit. 13, art. 9, et arrêt du Conseil, 12 mars 1759), — quand même il aurait été signifié à la partie elle-même. *Ib.*

502. Si l'arrêt est par défaut, le défaillant peut se faire restituer en remplissant certaines formalités. — V. *Inf.* § 15.

503. L'arrêt de cassation peut avoir annulé la procédure ou la décision.

Si la procédure est annulée, elle est recommencée devant la nouvelle Cour, à partir du premier acte cassé.

Si c'est la décision, l'affaire est portée, sans nouvelle procédure, à l'audience, et l'on procède au jugement sans nouvelle instruction. L. 2 brum. an 4, art. 24.

Dans ce dernier cas, l'arrêt de cassation fait revivre la procédure ou instance, sur lesquelles la décision est intervenue ; ainsi elles sont désormais susceptibles de péremption, par le laps de temps ordinaire, encore bien qu'il n'y ait pas eu assignation devant les trib. ou Cours qui doivent juger de nouveau. Cass. 12 juin 1827, S. 27, 388.

504. Devant la nouvelle Cour, on ne peut assigner que les parties qui ont figuré dans les qualités de l'arrêt de cassation.

La partie qui n'a pas figuré dans les qualités devrait être renvoyée de l'intimation, encore bien qu'il ait été formé devant la C. de cass. une demande en rectification des qualités de l'arrêt de renvoi, et que cette Cour fût appelée à statuer sur une demande tendant à ce que ce même arrêt fût déclaré commun à cette partie. A l'égard de cette partie, l'arrêt de cassation est *res inter alios acta.* Cass. 17 nov. 1835, D. 36, 21.

505. La nouvelle Cour peut ordonner tout ce qui était dans les attributions de la première, dont l'arrêt a été cassé. Cass. 24 janv. 1826.

Toutefois, sa décision ne doit porter que sur la disposition cassée (Cass. 8 mars 1826), — et non sur des points jugés par l'arrêt cassé, et qui n'ont point été l'objet du pourvoi. Agen, aud. solenn. 12 juill. 1825. Non réformé par la C. de cass., aud. solenn. 8 juill. 1826.

Elle est compétente, 1° pour statuer sur une demande en restitution de sommes payées en exécution de l'arrêt attaqué. Cass. 1 déc. 1827.

2° Pour entendre des témoins, encore que la précédente Cour ait rendu un jugement non attaqué qui avait refusé leur audition. Colmar, 7 juin 1825.

3° Pour renvoyer la cause et les parties devant un trib. du ressort de la première Cour. Cass. 24 janv. 1826.

4° Pour confirmer le jugement de 1re inst. en adoptant un de ses motifs qui avait été écarté par la première C. roy., bien que l'arrêt de la C. roy. n'ait pas été cassé pour avoir écarté ce motif, mais pour toute autre cause, de sorte qu'à l'égard du rejet de ce motif, l'arrêt de la première Cour aurait pu être considéré comme ayant l'autorité de la chose jugée. Cass. 3 mars 1834.

**506.** Si la cassation a été prononcée contre un arrêt de débouté d'opposition, l'opposition se trouvant maintenue, c'est sur elle que le nouvel arrêt doit statuer. Cass. 22 therm. an 9. Merlin, *Quest. dr.*, *hoc v°*, § 8.

**507.** Devant la nouvelle Cour, les parties peuvent modifier les conclusions qu'elles avaient prises devant la première. Merlin, *Rép.*, *hoc v°*, § 7, n. 4 ; *Quest. v° Tribunal d'appel*, § 5. — Présenter, même pour la première fois, tous les moyens et exceptions que comporte la nature de l'affaire, notamment l'exception de prescription. Cass. 16 juin 1836, D. 37, 109. — Invoquer une qualité qu'elles avaient dès l'origine. Cass. 29 avr. 1837, ch. crim., D. 37, 352.

Mais elles ne peuvent y introduire leur action que contre le chef à l'égard duquel la cassation a été prononcée, et non contre celui à l'égard duquel le pourvoi a été rejeté. Cass. 10 nov. 1834, D. 37, 343.

**508.** Si le second arrêt est rendu dans le même sens que le premier, il faut, pour l'attaquer, présenter un pourvoi, consigner l'amende, obtenir un nouvel arrêt d'admission, le faire signifier, et le déposer, avec l'arrêt cassé et l'arrêt de cassation, au greffe de la Cour.

Le nouveau pourvoi peut contenir un moyen qui aurait été improuvé dans les motifs de l'arrêt de cassation, si le moyen n'a pas été rejeté par une disposition formelle. Merlin, *Rép.*, *hoc v°*, § 7, n° 4.

**509.** La chambre civile seule rend ensuite arrêt.

**510.** Elle renvoie devant toutes les sections réunies, si le jugement attaqué a été rendu dans la même affaire, entre les mêmes parties, procédant en la même qualité, et si les moyens sont les mêmes que lors du premier pourvoi. L. 1 avr. 1837, art. 1 (Art. 762 J. Pr.).

Cet arrêt est rendu, soit sur la plaidoirie des avocats, si l'une des parties s'oppose au renvoi ; soit sans plaidoiries, s'il y a consentement des deux parties. — Il n'a pas besoin d'être signifié. — Les chambres réunies sont saisies par le fait seul de cet arrêt, sans procédures.

Devant les chambres réunies, les formalités sont les mêmes que devant la chambre civile. A moins d'empêchement, le procureur-général y porte toujours la parole. L'audience est présidée par le premier président.

**511.** Il n'y a pas lieu de renvoyer devant les chambres réunies, 1° lorsque la nouvelle Cour ayant rendu un arrêt semblable à celui qui a déjà été cassé, il est proposé contre ce second arrêt, outre le moyen de cassation déjà accueilli par la C. suprême, un nouveau moyen non encore agité devant elle. Cass. 8 nov. 1825, 29 janv. 1829.

2° Lorsque le second arrêt dénoncé, mettant à l'écart la question résolue par le premier, s'est occupé d'une question différente, et dont la solution n'avait point été déférée à la C. de cass. Cass. 7 août 1815.

3° Lorsqu'enfin la question proposée n'a pas été résolue par des motifs semblables ; par exemple, si le premier arrêt n'était basé que sur des *présomptions*, et que le second le soit sur des *présomptions* et un *commencement de preuve par écrit*. Cass. 18 juill. 1827.

**512.** Si la chambre civile déclare qu'il n'y a pas lieu à renvoyer devant les sections réunies, elle garde la connaissance de l'affaire, et peut juger de suite après avoir entendu les plaidoiries.

**513.** Si le deuxième arrêt ou jugement est cassé pour les mêmes motifs que le premier, la C. roy. ou le trib. auquel l'affaire est renvoyée doit se conformer à la décision de la C. de cass. sur le point de droit jugé par cette Cour, L. 1er avr. 1837, art. 2 (Art. 762 J. Pr.).

**514.** La C. roy. statue en audience ordinaire, à moins que la nature de l'affaire n'exige qu'elle soit jugée en audience solennelle, *ib.*, art. 3.

### § 15. — *Procédures diverses.*

**515.** Parmi les procédures diverses que contenait le règlement de 1738, les unes sont encore en vigueur, les autres sont tombées en désuétude.

**516.** Les premières sont : 1° les *règlemens de juges.* — V. ce mot.

**517.** 2° Les *défauts.* Dans le cas où la partie ne comparaît pas dans le délai porté par l'arrêt de soit-communiqué, l'avocat du demandeur peut, huitaine après l'expiration du délai, remettre l'arrêt dûment signifié avec les pièces qui ont été visées, au greffe de la Cour, et sans qu'il soit besoin de sommation, ni d'autres procédures, ni formalités ; la Cour *prononce* le défaut. *Ib.* art. 8, 16.

**518.** Le demandeur ne peut être déchu de son pourvoi, par cela seul qu'il a laissé passer plus d'une année depuis la signification de l'arrêt d'admission, sans lever défaut contre le défendeur qui ne s'est pas présenté. *Ib.* Cass. 8 frim. an 11.

**519.** La prononciation du défaut n'entraîne pas de droit l'adjudication des conclusions du demandeur, ni par conséquent la cassation de l'arrêt ; l'affaire est examinée au fond comme les autres, et si la Chambre civile n'estime pas le pourvoi fondé, elle le rejette, condamne le demandeur à l'amende de 500 fr.

Si elle estime qu'il est fondé, elle prononce la cassation de l'arrêt attaqué, et ordonne la restitution de l'amende consignée.

Tant que cet arrêt n'est pas rendu, le défendeur a encore le droit de présenter ses défenses. Godard, p. 35.

**520.** La partie défaillante ne peut être restituée contre les arrêts par défaut, que par arrêt de la C. de cassation. Règl. 1738, part. 2, tit. 2, art. 9.

**521.** La partie qui veut se pourvoir par cette voie, est tenue d'offrir préalablement à l'avocat qui a obtenu l'arrêt par défaut la somme de cent francs, pour la *réfusion* des frais jusqu'au jour des offres ; en cas de refus, les deniers demeurent consignés entre les mains de l'huissier, qui en a fait l'offre aux risques de l'avocat qui l'a refusée. *Ib*. art. 10.

Cette disposition a paru, au conseil de l'ordre, devoir être maintenue, attendu que les avocats trouvent dans ces 100 fr. le moyen de se couvrir de leurs avances dont souvent il leur serait difficile de se faire rembourser par leurs propres clients. Délib. du 9 flor. an 10.

**522.** En rapportant la quittance de l'avocat ou l'acte d'offre portant consignation, la partie est restituée par arrêt, qu'elle est tenue d'obtenir et même de faire signifier à l'avocat de l'autre partie, dans les délais suivants, à compter du jour de la signification de l'arrêt par défaut faite à la personne ou au domicile du défaillant ; savoir : de trois mois quand l'assignation a été donnée à deux mois, de deux mois quand elle l'a été à un mois, et d'un mois quand elle l'a été à quinzaine, suivant la distinction énoncée au n° 140 — et à l'égard des parties domiciliées dans les colonies et hors de France, outre le délai des assignations ordinaires, il est accordé six mois de plus pour obtenir et faire signifier l'arrêt de restitution. *Ib.* art. 11.

**523.** Le défaillant qui laisse expirer ces délais sans remplir ces formalités, ne peut plus se faire restituer contre l'arrêt par défaut. *Ib.* art. 12.

**524.** Il n'est accordé aucune restitution contre les arrêts donnés par défaut contre quelques-unes des parties de l'instance, lorsqu'ils ont été rendus contradictoirement avec d'autres parties ayant le même intérêt que les parties défaillantes à l'égard desquelles ils sont réputés contradictoires. *Ib.* art. 10.

**525.** Les sommes payées pour la réfusion des frais, même pour ceux qui ont été faits à l'occasion de la restitution demandée, ne peuvent être répétées par le demandeur en restitution, quand même il lui aurait été adjugé des dépens par l'arrêt définitif, si ce n'est seulement lorsque la procédure sur laquelle le défaut a été obtenu, est déclarée nulle ; alors la somme lui est rendue. *Ib.* art. 15.

**526.** L'arrêt de restitution étant obtenu et signifié, l'instance se suit comme à l'ordinaire; mais si la partie qui a obtenu cet arrêt reste pendant trois ans à compter du jour de la prononciation, sans produire de défense au pourvoi, elle peut sur la demande de son adversaire être déclarée forclose. Cass. 11 juill. 1827.

**527.** 3° Les *Forclusions*.—La partie demanderesse qui n'a pas rémis sa production au greffe dans deux mois, à compter du jour de la signification de l'acte de produit de l'autre partie, contenant sommation de produire, demeure de plein droit forclose de produire; toute autre sommation ou procédure, serait nulle. Règ. 1758, part. 2, tit. 5, art 1er.

**528.** Sur un certificat du greffier constatant ce défaut de production dans les délais, et huitaine après son expiration, la Cour rend un arrêt par forclusion sur le vu de la seule production du défendeur et du certificat; toute autre écriture ou procédure serait nulle. *Ib.* art. 2-3.

**529.** Lorsque de plusieurs parties contre lesquelles le jugement d'une instance est poursuivi, les unes ont produit sans que les autres l'aient fait, l'instance ne peut être jugée contre celles qui n'ont pas produit que par l'arrêt qui est rendu contradictoirement avec la partie qui produit. *Ib.*, art. 4.

**530.** Les arrêts rendus par forclusion ont le même effet que s'ils avaient été rendus contradictoirement, et les parties forcloses ne peuvent être reçues à se pourvoir contre leurs dispositions par voie de restitution ou d'opposition. *Ib*, art. 5, ni autrement.

**531.** 4° *L'intervention*. Ce droit appartient à celui qui a été partie devant les premiers juges. Arg. Cass. 19 fév. 1830, S. 30, 273; 14 nov. 1832, S. 33, 297. — Ou dont les droits ont été exercés par une autre personne qui était en son lieu et place. — V. *Intervention*.

**532.** Au contraire, est non recevable, 1° l'intervention de celui qui n'a été partie ni en 1re inst. ni en appel, et qui, à cette époque, n'avait pas intérêt à y être appelé. *Ib.*—2° celle de l'individu qui, ayant été partie dans le jugement attaqué, a été renvoyé de la demande: il est alors sans intérêt. Cass., sect. réunies, 15 juin 1833;—3° l'intervention de celui qui pouvait se pourvoir directement et qui ne l'a pas fait: ainsi les syndics qui ne se sont pas pourvus en cassation contre l'arrêt rendu contre eux, n'ont pas qualité pour intervenir sur le pourvoi formé par le failli. Cass. 7 avr. 1830.

**533.** L'intervention a lieu par requête en forme de vu d'arrêt, contenant les conclusions; l'intervenant ne peut se réserver de prendre les conclusions après qu'il aura eu communication de l'instance. Règl. 1758, part. 2, tit. 8, art. 1er.

**534.** La requête déposée au greffe est remise au rapporteur de l'affaire principale, et l'on ne peut prononcer sur cette dernière qu'après avoir examiné la requête en intervention. *Ib.*, art. 2 et 5.

**555.** Il n'y a plus lieu de la part de la Cour à statuer sur une requête en intervention, présentée après que le ministère public a été entendu. Cass. 17 janv. 1826.

**556.** L'arrêt qui reçoit la partie intervenante ordonne qu'il sera fait droit, sur le surplus de sa demande, en jugeant l'instance principale. *Ib.*, art. 4.

**557.** Cet arrêt est signifié aux avocats de toutes les parties, et remis au greffe avec les pièces trois jours après la signification, autrement il est regardé comme non avenu, et il est passé outre au jugement de l'instance. *Ib.*, art. 5.

**558.** S'il n'y a pas de contestation sur l'arrêt qui a reçu l'intervention, l'instruction est faite à l'égard de la partie intervenante comme à l'égard des autres parties de l'instance qui doivent déposer leurs requêtes et pièces au greffe, où l'intervenant en prend communication, sans qu'il soit permis de faire aucune signification. *Ib.*, art 7.

**559.** 5° Le *Désaveu.*—V. ce mot.

**540.** 6° Le *Faux incident.*—V. ce mot.

**541.** Nous croyons devoir pour compléter notre travail, sous le point de vue historique, rappeler les autres procédures, telles qu'elles sont établies par le règlement de 1738, bien qu'elles soient tombées en désuétude; ce sont :

**542.** 1° Les *Demandes en contrariété d'arrêts.*— Le demandeur n'est assujetti ni aux délais, ni à la consignation d'amende, ni aux autres formalités prescrites pour les demandes en cassation d'arrêts. Régl. 1738, part. 1, t. 6, art. 2.

**545.** Il doit, à peine de nullité, former sa demande par une requête en forme de vu d'arrêt, à laquelle il est tenu de joindre les copies à lui signifiées, ou des expéditions en forme des arrêts qu'il soutient être contraires, *ib.*, art. 5.

**544.** Les dispositions prescrites en cas de demande en cassation, et relatives à la nomination du rapporteur et à la remise des pièces à ce rapporteur sont applicables. *ib.*, art. 4.

**545.** Lorsqu'il ne se trouve aucune contrariété d'arrêts, le demandeur est débouté de sa demande, ou déclaré non recevable s'il y échet ; et si ladite demande paraît mériter une plus grande instruction, il est ordonné qu'elle sera communiquée aux parties qui y seront intéressées pour y répondre dans les délais du règlement, *ib.*, art. 5.

**546.** Si, sur le rapport de l'instance introduite par l'arrêt de soit communiqué, il est jugé qu'il y a contrariété d'arrêts ou de jugemens, il est ordonné que, sans s'arrêter au dernier, le premier soit exécuté selon sa forme et teneur : et si le demandeur succombe en sa demande , il peut être condamné en tels dommages-intérêts qu'il appartient envers sa partie adverse , même en telle amende qu'il plaît au conseil d'arbitrer, *ib.*, art. 6.

**547.** 2°Les *Oppositions.* Ceux qui veulent s'opposer aux arrêts du conseil dans lesquels ils n'ont pas été parties ou dûment appelés, ne peuvent former leur opposition que par une requête contenant leurs moyens, leurs conclusions, et l'énonciation sommaire des pièces. — L'opposition ne peut être formée par un simple acte. Régl. 1758, part. 1, t. 10, art. 1er.

**548.** L'opposition n'est considérée que cómme une simple protestation et n'empêche pas l'exécution de l'arrêt aux risques de ceux qui l'ont obtenu, *ib.*, art. 2.

**549.** Si l'opposition est formée dans l'année à compter du jour de l'obtention de l'arrêt, la requête d'opposition est remise au greffier du conseil, afin qu'il soit nommé un rapporteur.

Cette nomination n'a lieu qu'après que l'opposant a déclaré à l'avocat qui occupait pour la partie lorsqu'elle a obtenu l'arrêt, qu'il s'est pourvu pour faire nommer un rapporteur ; cet avocat doit alors occuper sur l'opposition sans qu'il soit besoin d'un nouveau pouvoir., *ib.*, art. 3.

**550.** Lorsque le rapporteur est nommé, le greffier lui remet la requête en opposition, qui est répondue d'une ordonnance de soit communiqué au défendeur, au domicile de l'avocat, pour y fournir des réponses dans les délais du règlement ; ensuite l'instance d'opposition est instruite et jugée en la forme prescrite pour les instances introduites par arrêt de soit-communiqué, *ib.*, art. 4.

**551.** Lorsqu'une année s'est écoulée depuis l'obtention de l'arrêt, ou dans le cas où l'avocat qui l'a obtenu est décédé, l'opposant ne peut former son opposition que par une requête en forme de vu d'arrêt. — Cette requête est remise par le greffier à l'un de MM. les conseillers. La communication aux parties en est ordonnée sur son rapport ; — et leur réponse a lieu dans le délai du règlement, *ib.*, art. 5.

**552.** Lorsque ces oppositions sont formées incidemment à une instance pendante au conseil , elles sont introduites, ainsi qu'il est dit à l'art. des *incidens*, *ib.*, art. 6.—V. ce mot.

**553.** Le tiers opposant qui succombe dans son opposition, est condamné à 150 fr. d'amende, moitié envers l'État, et moitié envers la partie. — Cette amende peut même être augmentée lorsque le conseil le juge à propos., *ib.*, art. 7.

**554.** 3° Les *récusations.* — V. ce mot.

**555.** 4° Les *évocations* pour parenté. — V. *Renvoi d'un tribunal à un autre.*

## § 16.—*Timbre et enregistrement.*

**556.** Les originaux des pourvois et mémoires à produire sont écrits sur papier timbré à 1 f. 50 c., les copies sur papier à 35 ou à 70 c.

**557.** Le pourvoi en cassation est passible d'un droit fixe d'enregistrement de 25 f. L. 28 avr. 1816, art. 47, § 1.

**558.** Il est dû autant de droits qu'il y a de demandeurs, à moins qu'ils ne soient co-intéressés dans la cause. L. 22 frim. an 7, art. 68, § 1, n° 30 ; délib. 19 juin 1824.

**559.** Les arrêts de la C. de cass. n'étaient assujettis à l'enregistrement par la loi du 22 frim. an 7, que sur l'expédition ; maintenant ils doivent être enregistrés sur minute au droit de 10 fr. pour les arrêts d'admission et ceux qui sont simplement préparatoires ou interlocutoires, et de 25 fr. pour les arrêts définitifs. L. 28 avr. 1816, art. 46 et 47, n° 5.

Les pièces jointes doivent être timbrées et enregistrées. L. 13 brum. art. 22 ; lettre du proc.-gén. Merlin, 2 ven. an 11.

**560.** Les pourvois et arrêts sont enregistrés gratis, en matière d'*élection.* et d'expropriation pour *utilité publique.*—V. ces mots.

**561.** Le *délai* pour faire enregistrer les articles de la C. de cass. est de vingt jours.—V. *Enregistrement.*

— V. *Ajournement, Appel, Avocat à la C. de cass., Jugement, Règlement de juges, Utilité publique.*

## § 17. — FORMULES.

### FORMULE I.

#### *Pourvoi.*

Cour de cassation. — Chambre des requêtes.

Pourvoi — pour le sieur N. — contre le sieur L.

Le sieur N. demande la cassation d'un arrêt rendu entre lui et le sieur L. par la Cour royale de le Cet arrêt a fait une fausse application de l'art. de la loi du et violé l'art. du Code civil. En ce que ( énoncer en quoi la fausse application ou la violation a eu lieu. )

*Si l'on développe les moyens dans le pourvoi même, on le fait après avoir donné une analyse des faits. Les seuls faits reconnus vrais par la Cour sont ceux qui sont énoncés dans les qualités de l'arrêt. On termine l'énoncé des faits par la copie de l'arrêt. — Si au contraire on ne développe pas les moyens dans le pourvoi même, on ajoute :* — L'exposant se réserve de développer ses moyens de cassation dans un mémoire ampliatif, et d'en ajouter d'autres s'il y a lieu.

*Dans tous les cas, on termine par :* il conclut à ce qu'il plaise à la Cour casser et annuler l'arrêt susdaté de la Cour de remettre les parties au même et semblable état qu'avant ledit arrêt ; — Ordonner, s'il y a lieu, la restitution des sommes qui pourraient avoir été payées en vertu dudit arrêt, et celle de l'amende consignée ; — Renvoyer les parties devant telle autre Cour royale qu'il lui plaira indiquer, le tout avec dépens, sous toutes réserves de modifier, augmenter ou restreindre les présentes conclusions.

### Production.

1° La copie signifiée dudit arrêt attaqué ;
2° La quittance de la consignation d'amende.          ( *Signature de l'avocat.* )
*Nota* Le mémoire de l'avocat, constatant le pourvoi, est enregistré, avant d'être remis au greffe de la Cour. — Dans l'usage, le greffier n'en donne pas de récépissé il constate en marge du mémoire la date de la remise de ce mémoire. — Dans certains cas on obtient du greffier un certificat constatant le pourvoi, si on a intérêt à en justifier.

#### FORMULE II.

### Signification d'arrêt d'admission.

L'an                               (*jour, mois et an*), à la requête de
*nom, prénoms, profession et domicile*
                                                , pour lequel domicile est élu à
Paris, dans le cabinet de Me                      son avocat à la Cour de cassation,
demeurant à Paris, rue              , qui continuera de le défendre.
    Je (*nom, prénoms, immatricule et domicile de l'huissier*),
huissier susdit et soussigné, ai signifié et laissé copie au sieur (*nom, prénoms, profession et domicile du défendeur*), en son domicile, parlant à
de l'arrêt d'admission rendu par la chambre des requêtes, sur le pourvoi du requérant, le
    Et, en vertu dudit arrêt dûment en forme et enregistré, j'ai assigné ledit sieur
          à comparaître, dans les délais du règlement, devant la Cour de cassation, chambre civile, séante au Palais-de-Justice, à Paris, pour s'y défendre et voir adjuger au requérant ses conclusions, et je lui ai, audit domicile, parlant comme dessus, laissé copie tant dudit arrêt et des mémoires y insérés, que du présent, dont le coût est de
    *Observations.* Il importe de vérifier avec soin les changemens de qualités qui auraient pu survenir depuis l'arrêt attaqué, soit dans la personne des demandeurs, soit dans celle des défendeurs. —V. d'ailleurs *Exploit.*

#### FORMULE III.

### Signification d'avocat à avocat à la cour de cassation.

L'an            , à la requête de M.            , avocat à la cour de cassation, et du sieur,            je            huissier soussigné, audiencier à ladite Cour, ai signifié à M.          , avocat à ladite cour            , et du sieur            , copie de la défense ci-dessus (de l'arrêt ci-dessus).
    NOTA. On emploie la même formule pour les actes de procédure devant le Conseil d'État.

## CAUTION, CAUTIONNEMENT. — V. *Réception de caution.*

## CAUTION *judicatum solvi.* — V. *Exception.*

## CAUTIONNEMENT *des officiers ministériels.*

Somme que certains officiers ministériels sont tenus de verser au trésor pour la garantie des abus et prévarications qu'ils peuvent commettre dans l'exercice de leurs fonctions.

## DIVISION.

§ 1. — *Personnes soumises au cautionnement ; sa quotité.*

**1.** Les officiers ministériels appartenant à l'ordre judiciaire, que la loi assujettit au cautionnement, sont : 1° les avoués ; 2° les greffiers ; 3° les huissiers ; 4° les commissaires-priseurs ; 5° les gardes du commerce.

**2.** Les notaires, les conservateurs des hypothèques, agens de change et courtiers de commerce, les avocats à cour de cassation sont également assujettis à un cautionnement. Les règles relatives au cautionnement des officiers ministériels appartenant à l'ordre judiciaire, leur sont applicables. — V. *Agent de change, Notaire, Courtiers, Conservateur des hypothèques.*

**3.** La *quotité* des cautionnemens des différens officiers ministériels, après avoir éprouvé plusieurs variations, a été définitivement fixée par la loi du 28 avr. 1816.

**4.** *Avocats à la Cour de cassation.* — V. *inf. Tableau,* n° 1.

**5.** *Notaires.* La quotité du cautionnement qu'ils sont obligés de fournir varie d'après la résidence qu'ils occupent.

**6.** *Avoués.* Leur cautionnement est plus ou moins élévé, selon qu'ils sont attachés à un trib. de 1re inst. ou à une C. roy. et selon que le trib. ou la Cour est composé d'un plus ou moins grand nombre de sections. — V. *inf. Tableau* n° 1.

**7.** *Greffiers.* La quotité de leur cautionnement varie comme celle du cautionnement des avoués, d'après l'importance du trib. auquel ils sont attachés. — V. *inf. Tableau.* nos 1 et 2.

**8.** *Huissiers.* Le montant de leur cautionnement est également proportionné à l'importance du trib. près lequel ils exercent. — V. *inf. Tableau,* n° 1.

**9.** *Commissaires-priseurs.* Il en est de leur cautionnement comme de celui des huissiers. — V. *inf. Tableau,* n° 4.

**10.** *Gardes du commerce.* Ils sont soumis à un cautionnement de 6,000 fr. Décr. 14 mars 1808, art. 5.

§ 2. — *Versement du cautionnement.*

**11.** Le cautionnement est versé en une seule fois ; — et en numéraire. Il ne peut plus, comme autrefois, être fourni, par partie, soit en rente sur l'Etat, soit en immeubles. L. 28 avr. 1816, art. 97.

12. Il doit être remis au Trésor public, dans les caisses des receveurs de département ou d'arrondissement. *Même loi;* ordonn., 8 mai 1816.

13. Le versement du cautionnement précède la prestation de serment, et l'installation de l'officier ministériel. L. 28 avr. 1816, art. 96.

14. Un nouveau titulaire ne peut profiter du cautionnement de son prédécesseur; le transfert qui lui en serait fait ne lui donnerait que le droit d'en recevoir le remboursement. Cette mesure tient à ce que le cautionnement de l'ancien titulaire reste pendant trois mois, à partir de l'installation du successeur, affecté aux oppositions qui pourraient survenir. Circulaire du garde des sceaux, 31 oct. 1836 ( Art. 665 J. Pr. ).

15. Un nouveau cautionnement est également nécessaire dans le cas de changement de résidence. *Même circulaire;* — Et dans le cas où un greffier deviendrait notaire. Déc. garde des sceaux, 28 juin 1836 ( Art. 583 J. Pr. ).

Un nouveau versement est nécessaire pour la perception du droit d'enregistrement déterminé par l'art. 34. L. 21 avr. 1832. — D'ailleurs, l'ancien cautionnement pourrait être grevé d'oppositions.

16. Lorsque, par suite des condamnations prononcées contre un *notaire,* pour fait de charge, le montant du cautionnement a été employé en tout ou en partie, cet officier doit être suspendu de ses fonctions jusqu'à ce que le cautionnement ait été complété; et faute par lui de le rétablir dans son intégrité dans le délai de six mois, il est considéré comme démissionnaire, et remplacé. L. 25 vent. an 11, art. 33.

17. Cette suspension est prononcée sur la poursuite du procureur du roi par le trib. civil de l'arrondissement. Arg. art. 53, *même loi.*

18. Le remplacement est effectué par le gouvernement dès qu'il a vérifié que le cautionnement n'a pas été complété dans les six mois.

19. Du reste, tant que le notaire n'a point été remplacé, il est admis à rétablir ou à compléter son cautionnement.

20. Ces règles sont-elles applicables à tous les officiers ministériels par voie disciplinaire? — V. *Office.*

21. L'intérêt des cautionnemens est fixé à quatre pour cent par an, sans retenue. L. 28 avr. 1816, art. 94.

Il se paie aux titulaires, ou aux bailleurs de fonds, sur la quittance fournie par eux, et·dont la formule imprimée leur est remise de la part des payeurs du Trésor, par l'intermédiaire des maires de leurs communes.

Les titulaires des cautionnemens sont soumis pour les intérêts à la prescription de cinq ans. Av. Cons.-d'Etat 24 déc. 1808, approuvé le 24 mars 1809.

### § 3. — *Priviléges et actions sur le cautionnement.*

**22.** Le cautionnement,—en capital et intérêts (Cass. 1$^{er}$ juin 1814, S. 15, 256 ; 26 mars 1821, S. 21, 346.), est affecté spécialement et par privilége de premier ordre, à la garantie des condamnations prononcées contre le titulaire, pour faits relatifs à ses fonctions. LL. 25 vent. an 11, art. 55 ; 25 niv. an 13, art. 1 ; C. civ. 2102. — V. *Responsabilité.*

**23.** Le privilége ne s'étend pas aux amendes et peines pécuniaires. Paris, 21 janv. 1857 (Art. 776 J. Pr.).

**24.** Les créanciers, pour faits de charge, peuvent faire saisir le cautionnement du titulaire pendant son exercice, et sans attendre la vacance de son office. La loi autorise le versement dans les mains de la partie saisissante, sauf au titulaire à remplacer lesdits deniers dans le délai, et sous la peine prescrite par la loi. Cass. 26 mars 1821, S. 21, 346 ; 4 fév. 1822, S. 22, 341 ; Joye, 155.

Ce dernier arrêt est ainsi motivé :

La Cour,—Vu l'art. L. 1$^{er}$ 25 niv. an 13 ; Attendu qu'aux termes de cet art. le cautionnement des huissiers et autres officiers ministériels est spécialement affecté, par premier privilége, au paiement des condamnations prononcées contre eux à raison de l'exercice de leurs fonctions, et que pour l'exécution des dites condamnations, la loi autorise évidemment la saisie des deniers formant ledit cautionnement, et leur versement dans les mains de la partie saisissante, sauf au titulaire à remplacer lesdits deniers dans le délai, et sous les peines prescrites par ladite loi ; — Qu'en autorisant, dans l'espèce, la saisie du cautionnement Delanoe ; mais en différant son versement aux mains de la régie de l'enregistrement, jusqu'à l'événement du décès, ou de la démission de cet huissier, le jugement attaqué a violé l'art. précité de la loi du 25 niv. an 13 ; — *Casse.*

**25.** Le cautionnement est affecté, par second privilége, au remboursement des fonds prêtés au titulaire, pour le fournir en tout ou en partie, et subsidiairement au paiement, dans l'ordre ordinaire. de toutes les créances exigibles contre lui. L. 25 niv. an 13 ; Circ. garde des sceaux, 31 oct. 1856 (Art. 665 J. Pr.).

**26.** Le bailleur de fonds composant tout ou partie du cautionnement, conserve son privilége de second ordre par la dé-

claration émanée du titulaire, que les fonds lui ont été fournis
par le prêteur. L. 25 niv. an 13, art. 4.

**27.** Cette déclaration doit être faite par acte notarié dans la
forme tracée par le décret du 22 déc. 1812, et légalisée par le
président du trib. de l'arrondissement ( — V. *inf. Formule*).
Elle est, en outre, à peine de nullité, inscrite sur les registres
du Trésor. Décr. 28 août 1808, art. 3 ; décr. 4 déc. 1812, art. 4.

**28.** Si le versement au Trésor est antérieur de plus de huit
jours à la date de la déclaration, elle n'est valable qu'autant
qu'elle est accompagnée d'un certificat de non-opposition délivré par le greffier du trib. du domicile des parties, dont il doit
être fait mention dans la déclaration. Déc. 22 déc. 1812, art. 2.

**29.** S'il n'existe pas d'opposition au greffe du trib., mais
qu'il en ait été formé au Trésor, au moment de la présentation
de la déclaration du titulaire, cette déclaration est admise sous
la réserve des oppositions existantes. *Même décr. Ibid.*

**30.** A défaut de ces formalités, le bailleur de fonds conserve
encore son privilége par une opposition formée au Trésor, et
consignée au registre des oppositions. Décr. 28 août 1808.

Mais l'opposition par lui formée au greffe du trib., comme il
est dit ci-dessus, ne lui donnerait que les droits d'un créancier
ordinaire. Décr. 8 août 1808, art. 3 ; décr. 22 déc. 1812, art. 4.

**31.** Le titulaire d'un cautionnement peut-il céder, transporter les fonds de ce cautionnement à un tiers ?

La négative résulte des motifs d'un arrêt de C. Paris du 11
juill. 1836 (Art. 521 J. Pr.).

Nous pensons, au contraire, que cette cession est valable : en effet le cautionnement est exigé dans l'intérêt unique des créanciers
pour faits de charge. Le but de la loi du 15 nivose a été d'assurer
les droits des personnes qui fournissent les fonds du cautionne
ment et de veiller aux intérêts du trésor. Mais les créanciers
ordinaires du titulaire ont été laissés dans le droit commun. Or,
le droit commun pour des créanciers est d'être primés par un
cessionnaire qui a fait signifier son transport avant toute opposition. Dissertation de M. Delahaye, membre du trib. de la
Seine (Art. 714 J. Pr.).

**32.** Le titulaire peut-il subroger, dans le privilége de second
ordre, le prêteur, dont les deniers servent à rembourser le bailleur originaire des fonds du cautionnement ?

Pour la négative, on dit : ce privilége est restreint au fait
d'avoir fourni les fonds, il ne peut s'appliquer qu'à la personne
même du bailleur. L'intention du législateur résulte de l'obligation imposée par la loi du 25 niv. an 13, de faire la déclaration au profit du prêteur à l'époque même du versement.—Mais
on répond avec raison, selon nous : la transmission du privilége
en d'autres mains ne nuit en rien aux créanciers ordinaires.

Pourquoi la faculté de subroger, qui est de droit commun, serait-elle restreinte, sans une disposition expresse ?

—Or, loin de là, si le sens de la loi de nivôse pouvait être douteux, il serait expliqué par les décrets des 28 août 1808 et 22 déc. 1812, qui autorisent à faire une déclaration postérieure au versement.

Toutefois il importe de distinguer si cette déclaration a été faite ou non dans les huit jours.—Dans le premier cas, le privilége de second ordre est à l'abri de toute contestation ; dans le second, le prêteur vient en concurrence avec les opposans antérieurs.

Lorsque l'opposition a précédé toute déclaration, il serait injuste qu'une déclaration postérieure préjudiciât aux droits de l'opposant. Ce créancier a dû croire que le cautionnement était la propriété de son débiteur.

Mais lorsque la déclaration au profit du bailleur originaire a précédé toutes oppositions, les créanciers ordinaires ont été avertis que le cautionnement n'était pas le gage de leur créance ; qu'il était la garantie du bailleur ; — que ce bailleur ait conservé personnellement son privilége ou qu'il l'ait fait passer à un nouveau prêteur qui l'a remboursé, c'est un fait étranger aux opposans. Ce n'est pas un nouveau privilége, la personne seule est changée. M. Delahaye, *ib.*

53. La subrogation a lieu, en l'absence des formalités prescrites par l'art. 1250 C. civ. La déclaration du titulaire suffit pour établir que les deniers du nouveau prêteur ont servi à rembourser le précédent bailleur de fonds ; — sauf aux créanciers ordinaires à faire la preuve contraire. M. Delahaye, *ib.*

54. Lorsque le titulaire a fourni les fonds du cautionnement, ou que, par le remboursement du bailleur originaire, il est devenu propriétaire de ces fonds, il peut les céder, transporter à un tiers. — V. *sup.* n° 31.

55. Mais peut-il conférer ce privilége de second ordre à un tiers ? M. Delahaye (Art. 773 J. Pr.) pense que la déclaration faite par le titulaire au profit du prêteur, donne à ce dernier un droit de préférence sur tous les créanciers dont les oppositions sont postérieures.

Cette dernière solution nous paraît difficile à admettre : en effet il s'agit ici non plus de subroger un tiers dans un privilége déjà existant, mais de convertir un droit de propriété, en un droit de préférence au profit d'un tiers, de créer un nouveau privilége. — V. dans ce sens, Paris, 1er juill. 1837 (Art. 928 J. Pr.). — De même une fois que le prix a été payé, sans subrogation, l'acquéreur d'un immeuble, qui a bien le droit de conférer des hypothèques, ne peut plus faire renaître au profit d'un tiers le privilége du vendeur.

56. Les créanciers *ordinaires* peuvent saisir-arrêter les intérêts et le capital du cautionnement. Grenoble, 15 fév. 1825,

S. 23, 76; Bordeaux, 18 et 25 avr. 1835, S. 35, 462; Dalloz, Thomine, Chauveau, Rolland de Villargues, Joye, 155 ( — V. toutefois *inf.* n° 41).—Spécialement, le Trésor jouit de ce droit pour le recouvrement des amendes encourues par les officiers ministériels. Cass. 11 juin 1811, P. 9, 584.—V. *sup.* n° 23.

**57.** La saisie du cautionnement se fait par voie d'opposition motivée et signifiée, soit directement au Trésor, soit au greffe du trib. de 1$^{re}$ inst.,—ou de commerce, s'il s'agit du cautionnement des agens de change et des courtiers, — dans le ressort duquel l'officier ministériel exerce ses fonctions. L. 25 niv. an 13, art. 2.

**58.** L'original de l'opposition signifiée, soit au Trésor, soit au greffe, doit y rester déposé pendant 24 heures pour y être visé. On suit, au surplus, pour ces dispositions, les formalités de la *saisie-arrêt.* — V. ce mot.

**59.** Le Trésor est valablement libéré des intérêts du cautionnement payés au titulaire d'après ses ordonnances ou mandats, bien qu'il soit survenu à sa connaissance des oppositions dans l'intervalle de la délivrance de l'ordonnance ou mandat à celui où le paiement a été effectué. Av. Cons.-d'État 12 août 1807.

**40.** Les oppositions formées au Trésor affectent le capital et les intérêts échus et à échoir, à moins que mention expresse ne soit faite pour les restreindre au capital seulement ; mais les oppositions signifiées aux greffes des trib. ne peuvent valoir que pour les capitaux, et n'empêchent pas le Trésor de payer les intérêts des cautionnemens, tant qu'elles ne lui ont pas été dénoncées. *Même avis.*

**41.** Les créanciers ordinaires peuvent-ils réclamer la distribution du capital avant la cessation des fonctions de l'officier ministériel ? — V. *Distribution par contribution.*

**42.** Y a-t-il lieu à contribution pour la distribution des fonds d'un cautionnement, lorsqu'il existe un bailleur de fonds, et qu'il n'y a point de créanciers prétendant privilège de premier ordre à raison des faits de charge ? — V. *ib.*

§ 4. — *Remboursement du cautionnement.*

**43.** Lorsque les fonctions d'un titulaire viennent à cesser, par quelque cause que ce soit, lui, ou ses héritiers, sont obligés, avant de demander le remboursement du cautionnement au Trésor, de déclarer la cessation des fonctions au greffe du trib. de 1$^{re}$ inst., ou de la C. roy. de sa résidence, s'il s'agit d'un fonctionnaire de l'ordre judiciaire, ou au greffier du trib. de comm., s'il s'agit d'un agent de change ou courtier. Cette déclaration est affichée dans le lieu des séances de la C. ou du trib. pendant trois mois. L. 25 niv. an 13, art. 5.

Les agens de change et courtiers sont, en outre, tenus de faire afficher la déclaration de la cessation de leurs fonctions à

38.

la bourse près de laquelle ils les exercent. L'accomplissement de cette formalité est constaté par le certificat du syndic de la bourse. *Même loi*, art. 6.

**44.** Si la demande en remboursement est formée par le titulaire lui-même, il doit produire, 1° le certificat d'inscription du cautionnement, ou le récépissé définitif, délivré autrefois par la caisse d'amortissement, aujourd'hui par le Trésor ; à leur défaut, une déclaration faite sur papier timbré, et dûment légalisée, portant qu'il est adiré, que l'on renonce à s'en prévaloir, et qu'on s'engage à le renvoyer à l'administration, dans le cas où il viendrait à être retrouvé.

S'il n'y a pas eu de certificat d'inscription ou de récépissé définitif, on produit la quittance délivrée au titulaire, pour constater l'époque de son versement.

Ces pièces peuvent être remplacées par un certificat du receveur-général du département, constatant le montant et la date du paiement.

**45.** 2° Un certificat du greffier du trib. dans le ressort duquel le titulaire exerçait ses fonctions : ce certificat visé par le président, et constatant que la déclaration prescrite a été affichée durant le délai fixé ; que, pendant cet intervalle, il n'a été prononcé contre le titulaire aucune condamnation pour fait de charge, et qu'il n'a été formé aucune opposition au greffe du trib., ou bien qu'elles ont été levées. L. 25 niv. an 13, art. 5, 6, 7.

Toutefois, on exige des avoués à la C. roy., indépendamment du certificat délivré par le greffier de la Cour, de représenter encore un certificat de non-opposition du greffier du trib. civil de leur résidence. — On se fonde sur ce que la loi de nivôse ne parle pas de la C. roy. pour les oppositions, et sur ce qu'elles peuvent être formées au trib. de 1re inst. — Mais à l'époque de nivôse an 11, il n'y avait pas de Cour royale.

Il n'est pas probable qu'on forme opposition au greffe du trib., et non au greffe de la Cour, sur un avoué de la C. roy. L'affiche prescrite n'est exigée qu'au greffe de la Cour. Le certificat exigé ne peut être utile que pour les créanciers qui auraient formé opposition sans avoir connaissance de la démission.

**46.** Il faut, en outre, joindre à ces pièces une lettre de demande en remboursement, adressée au ministre des finances. Cette lettre doit énoncer les pièces produites, et indiquer le département et l'arrondissement de sous-préfecture où s'effectuera le remboursement.

**47.** Les commissaires-priseurs et huissiers doivent, en outre, rapporter un certificat de *quitus*, ou libération du produit des ventes dont ils ont été chargés. Ce certificat est délivré par leur chambre, sur le vu des quittances des produits de leurs ventes ou du récépissé de la caisse des consignations pour les sommes par eux versées à cette caisse, et visé par le procureur du roi du tribunal du ressort. Décr. 24 mars 1809.

Si les huissiers et commissaires-priseurs, ou leurs héritiers, ne peuvent produire les pièces nécessaires pour obtenir leur certificat de *quitus*, ils y suppléent en faisant constater cette impossibilité par une délibération motivée de leur chambre de discipline, visée par le procureur du roi. Ordonn. 22 août 1821.

Mais, dans ce cas, la déclaration de cessation de fonctions, outre l'affiche ci-dessus prescrite (— V. n° 43), doit être insérée pendant trois mois dans un des journaux imprimés au chef-lieu de l'arrondiss. du trib. ou au chef-lieu du départ. *Ibid.*, art. 2.

La même ordonnance (art. 4) permet, en outre, pour l'avenir, aux huissiers et commissaires-priseurs, de faire régler, chaque année, par les chambres de discipline, et, à défaut de chambre de discipline, par le procureur du roi du ressort, le compte de leur gestion antérieure, et de suppléer, par ce règlement annuel, au certificat de *quitus*.

A défaut de chambre de discipline près le trib. de l'arrondissement, le certificat de *quitus* est délivré par les huissiers audienciers de ce trib., qui font mention de la non-existence de la chambre. Décis. min. fin. 12 mai 1809.

**48.** Lorsque le cautionnement est devenu remboursable par suite du décès du titulaire, ses héritiers sont tenus, outre les justifications ci-dessus prescrites, de fournir un certificat de propriété contenant leurs noms, prénoms et domiciles, la qualité en laquelle ils procèdent et possèdent, l'indication de leurs portions dans le cautionnement à rembourser, et l'époque de leur jouissance. Décr. 18 sept. 1806, art. 1.

Ce certificat est délivré par le notaire détenteur de la minute, lorsqu'il y a inventaire, partage par acte public ou transmission à titre gratuit.

A défaut d'inventaire, il faut faire constater les qualités des héritiers par un acte de notoriété, en vertu duquel le notaire détenteur de la minute de cet acte délivre le certificat de propriété ci-dessus prescrit.

Dans ce dernier cas, le certificat de propriété peut être délivré par le juge de paix du domicile du défunt sur l'attestation de deux témoins.

Quand la propriété de tout ou partie du cautionnement est constatée par un jugement, le certificat est délivré par le greffier dépositaire de la minute du jugement. *Même décret.*

### § 5. — *Timbre et enregistrement.*

**49.** Tous les officiers ministériels doivent, avant d'entrer en fonctions, payer un droit de dix pour cent de leur cautionnement. L. 21 avr. 1852, art. 34.

Au moyen du paiement de ce droit, si le traité contenant

cession de l'office est sou ꞏ ꞏs à l'enregistrement, il ne doit être perçu qu'un droit fixe d'un franc. — V. *Office*.

**50.** Le droit d'enregistrement de la déclaration faite par le titulaire ( son héritier ou son légataire universel. Délib. rég. 30 juin 1824 ) du cautionnement, que les fonds lui ont été fournis par un tiers, est de un fr. Décr. 22 déc. 1812, art. 3.

**51.** Peu importe que la déclaration ait ou n'ait pas été précédée d'un acte d'emprunt enregistré ; elle n'est, dans aucun cas, sujette au droit proportionnel. Cass. 4 déc. 1821 ; décis. min. fin. 23 mars 1822.

**52.** Les certificats, délivrés par des greffiers, constatant qu'il n'existe pas d'opposition sur les cautionnemens, doivent être écrits sur papier au timbre de 35 cent. Ils sont passibles du droit d'enregistrement de 2 fr.

### § 6. — FORMULE ET TABLEAUX.

FORMULE.

*Modèle de déclaration par les titulaires en faveur de leurs bailleurs de fonds.*

Par-devant, etc.,       fut présent Louis Laroche, nommé avoué à demeurant à

Lequel a déclaré par ces présentes que la somme de      qu'il a versée à la caisse      pour la ( *totalité ou partie* ) du cautionnement auquel il est assujetti en sadite qualité, appartient, en capital et intérêts, à M.    ( *noms, qualités et demeure*), ou à MM.

savoir : à M.      jusqu'à la concurrence de la somme de    ,
et à M.      jusqu'à concurrence de celle de

Pour quoi il requiert et consent que la présente déclaration soit inscrite sur les registres de la caisse de l'administration des cautionnemens, afin que lesdits sieurs    aient le privilége du second ordre sur ledit cautionnement, conformément à la loi du 25 niv. an 13 et du décr. du 28 août 1808. Dont acte, etc.

Nota. *Cette déclaration doit être légalisée par le président du tribunal.* — V. *sup.* n° 27.

TABLEAU N° 1. — *Cautionnement des avoués, greffiers des trib. et huissiers.*

| | AVOUÉS. | | GREFFIERS. | | HUISSIERS. | |
|---|---|---|---|---|---|---|
| | Ancien. | Nouveau. | Ancien. | Nouveau. | Ancien. | Nouveau. |
| Tribunaux de 1re inst., avant 1810, où il y avait trois juges et deux suppléans. . . . | 800 | 1,800 | 1,067 | 4,000 | 267 | 600 |
| *Idem*, quatre juges et trois suppléans. . . | 1,200 | 2,600 | 1,600 | 5,000 | 400 | 900 |
| *Idem*, sept juges et quatre suppléans. . . | 1,600 | 3,000 | 2,133 | 5,300 | 533 | 1,200 |
| *Idem*, dix juges et cinq suppléans. . . . | 2,000 | 5,000 | 2,667 | 6,500 | 667 | 1,600 |
| A Paris. . . . . . . . . . . . . . . | 3,600 | 8,000 | 4,800 | 10,000 | 1,200 | 3,000 |
| C. roy. avant 1810, où il y avait 12, 13 et 14 juges. . . . . . . . . . . . . | 2,400 | 4,000 | 3,200 | 12,000 | 800 | » |
| *Idem*, vingt, vingt-un ou vingt-deux juges. | 2,800 | 5,000 | 3,733 | 14,000 | 933 | « |
| *Idem*, trente-un juges. . . . . . . . . | 3,200 | 6,000 | 4,267 | 16,000 | 1,067 | » |
| A Paris. . . . . . . . . . . . . . . | 6,000 | 10,000 | 8,000 | 20,000 | 2,000 | » |
| Tribunaux de commerce, dans tous les dépts | » | » | 1,333 | 3,000 | 333 | » |
| A Paris. . . . . . . . . . . . . . . | » | » | 5,333 | 8,000 | 1,333 | » |
| | Avocats | | | | | |
| Cour de cassation. . . . . . . . . . . . | 4,000 | 7,000 | 5,333 | 8,000 | 1,333 | » |

TABLEAU N° 2. — *Cautionnement des greffiers des justices de paix.*

| | Ancien. | Nouveau. |
|---|---|---|
| A Paris. . . . . . . . . . . . . . . . . . . . . . . . . . | 6,400 | 10,000 |
| A Bordeaux, Lyon et Marseille. . . . . . . . . . . . . . . | 4,800 | 6,000 |
| Dans les communes de 50,001 à 100,000 habitans. . . . . . | 3,200 | 4,000 |
| Idem 50,001 à 50,000 | 2,400 | 3,000 |
| Idem 10,001 à 50,000 | 1,600 | 2,400 |
| Idem 5,001 à 10,000 | 1,067 | 1,800 |
| Idem 5,000 et au-dessous. | 533 | 1,200 |

TABLEAU N° 3. — *Cautionnement des commissaires-priseurs.*

| | |
|---|---|
| 2,500 habitans et au-dessous. . . . . . . . . . . . . . . . | 4,000 fr. |
| 2,501 à 3,000. . . . . . . . . . . . . . . . . . . . | 4,200 |
| Même progression jusqu'à 6,501 inclusivement à 7,000. . . . . | 5,800 |
| 7,001 à 8,000. . . . . . . . . . . . . . . . . . . . | 6,000 |
| Même progression jusqu'à 19,001, inclusivement à 20,000. . . | 8,400 |
| 20,001 à 25,000. . . . . . . . . . . . . . . . . . | 8.600 |
| Même progression jusqu'à 35,001, inclusivement à 40,000. . . . . | 9,200 |
| 40,001 à 50,000. . . . . . . . . . . . . . . . . . | 9,400 |
| Même progression jusqu'à 70,001 inclusivement à 80,000. . . . . | 10,000 |
| 80,001 à 100,000. . . . . . . . . . . . . . . . . . | 12,000 |
| 100,001 et au-dessus. . . . . . . . . . . . . . . . | 15,000 |
| A Paris. . . . . . . . . . . . . . . . . . . . . . . | 20,000 |

**CÉDULE.** Permission accordée par le juge de paix, à l'effet de citer à bref délai, ou d'exécuter un jugement préparatoire ou interlocutoire.

**1.** S'il y a urgence, le juge de paix, — qui doit connaître de la contestation, permet de citer aux jours et heures indiqués. C. pr. 6.

**2.** Il n'est pas nécessaire que la cédule soit écrite par le juge de paix; la loi n'exige que sa signature, peu importe qu'elle soit de la main du greffier, ou de toute autre personne, même de la partie qui la requiert. Carré, art. 6.

**3.** La cédule délivrée par le juge de paix, pour citer à bref délai un individu alors existant, ou dont le décès est ignoré, s'applique de droit à ses héritiers; elle leur est valablement notifiée. Paris, 27 août 1807. P. 6, 286 ; Carré, *ib.*

**4.** Doit-on laisser copie de la cédule au défendeur? — Pour l'affirmative, on soutient qu'à défaut de cette copie, le défendeur est fondé à considérer la citation comme donnée, sans permission, et par conséquent comme nulle. — Mais la loi n'exige pas cette formalité, et les nullités ne peuvent se suppléer.

Au reste, il est suffisamment donné connaissance de la cédule, lorsque la citation est à comparaître sur les lieux contentieux, et qu'il y est énoncé que le juge de paix se trouvera sur les lieux à l'heure indiquée. Cass. 4 fév. 1829.

5. Toutes les fois qu'une expertise a été ordonnée, la délivrance d'une cédule est nécessaire pour citer les experts commis par le jugement. C. pr. 29.

6. Cette cédule, remise à la partie qui la requiert, mentionne le lieu, le jour et l'heure auxquels doit avoir lieu l'expertise, les faits, les motifs, et la disposition du jugement relative à l'opération ordonnée. C. pr. 29 ; *Même arrêt.*

Ces dernières énonciations, font connaître aux experts l'objet de leur mission ; elles dispensent de lever le jugement.

7. Si le jugement ordonne une enquête, la cédule énonce seulement la date de ce jugement, le lieu, le jour et l'heure auxquels les témoins cités devront comparaître. C. pr. 29, § 2. —V. *Enquête.*

## FORMULES.

### FORMULE I.

*Cédule pour citer devant le juge de paix les membres d'un conseil de famille.*

(C. civ. 405, 406, 409, 410. — Tarif, 7. — Coût, il n'est rien alloué. )

Nous                    , juge de paix du canton de                    arrondissement
de                        département de                    , autorisons le sieur
Joseph Perin, marchand papetier, demeurant à                    ce requérant,
à faire citer par le ministère de                    , huissier près notre tribunal,
    1° M.                    ( *Noms, prénoms, profession, domicile.*)
    2° M.                    3° M.
Les susnommés, comme étant les plus proches parens du côté paternel du sieur
                    , mineur ;
    4° M.                    5° M.
Ces deux derniers étant avec le sieur Perin, requérant et susnommé, les plus proches parens du côté maternel dudit mineur,
    A comparaître et se trouver le                    heure de                    en notre cabinet, à
Pour, — Attendu que, par suite du décès de la dame                    sa mère; arrivé le                    ledit mineur se trouve orphelin, et sans tuteur légal;
Se constituer sous notre présidence en conseil de famille, à l'effet de procéder à la nomination d'un tuteur et d'un subrogé-tuteur audit mineur.
Fait et délivré en notre hôtel, le
                    ( *Signature du juge de paix.*)
*Nota.* Si la cédule est donnée à l'effet de citer un expert ou des témoins, elle est rédigée dans la même forme et doit contenir les énonciations prescrites, *sup.* n°ˢ 6 et 7.

### FORMULE II.

*Signification de la cédule et sommation de comparaître.*

(Tarif, 21. — Coût, 1 fr. 50 c.)

L'an                    le                    , en vertu d'une cédule
délivrée par M. le juge de paix du                    en date du                    ,
enregistrée, dont copie est donnée en tête de celles des présentes ; et à la requête
du sieur                    j'ai                    (immatricule.)

Soussigné, fait sommation, 1° au sieur ˙        , en son domicile, parlant à                     2° etc.

A comparaître et se trouver aux jour, lieu et heure indiqués dans la cédule qui précède.

Leur déclarant que faute par eux de comparaître en personne, ou par un fondé de pouvoir spécial, ils encourront l'amende prononcée par la loi (C. civ. 413, 414.)                              (*Signature de l'huissier.*)

*Cédule pour abréger les délais.*

(C. pr. 6. — Tarif, 7.—Coût, *nihil.*)

Nous,            , juge de paix du
Sur ce qui nous a été exposé par le sieur Marchand,
Mandons à l'huissier-audiencier de notre justice de paix,
De, à la requête dudit sieur Marchand, citer le sieur Renard,

A comparaître aujourd'hui à midi, par-devant nous, en notre demeure, sise à

Pour, et attendu que le sieur Renard étant sur le point de partir, il est urgent d'obtenir contre lui la condamnation du dommage par lui causé, se voir condamner à payer audit sieur Marchand la somme de cinquante francs, à laquelle le demandeur évalue le dégât causé par le sieur Renard, et pour, en outre, répondre et procéder, comme de raison, à fin d'intérêts et de dépens.

Fait et délivré en notre demeure, le
                              (*Signature du juge de paix.*)

Nota. La citation donnée en vertu de la cédule est rédigée dans la forme ordinaire, elle doit seulement énoncer la cédule en vertu de laquelle elle est donnée, et être datée de l'heure : la copie de la cédule doit être remise à la personne citée. Toutefois, l'omission de cette formalité n'entraine pas la nullité de la citation. — V. *sup.* n° 4, et *Citation*, n° 2.

# CÉLÉRITÉ. — V. *Bref délai*, *Urgence.*
# CESSATION DE FONCTIONS. — V. *Reprise d'instance.*
# CESSION DE BIENS. — Abandon qu'un débiteur fait de tous ses biens à ses créanciers, lorsqu'il est hors d'état de payer ses dettes.

**1.** — La cession de biens est volontaire ou judiciaire.

*Volontaire*, elle est acceptée par les créanciers. Ses effets sont réglés par la convention.

**2.** *Judiciaire*, elle a lieu en justice ; elle affranchit le débiteur de la contrainte par corps. C. civ. 1270.

**3.** La loi ne l'accorde qu'au débiteur malheureux et de bonne foi. C. civ. 1268.

**4.** C'est au débiteur à justifier de ses malheurs et de sa bonne foi. Aix, 30 déc. 1817 ; Bordeaux, 30 août 1821, S. 18, 357 ; 22, 60.

**5.** Ne sont pas admis au bénéfice de cession les étrangers, les stellionataires, les personnes condamnées pour vol ou escroquerie, les personnes comptables, tuteurs, administrateurs ou dépositaires. C. pr. 905 ; — Les commerçans. Art. 541 L. 16 avr. 1838 (Art. 1160 J. Pr.). — V. *Faillite.*

**6.** Il en est de même : 1° Du saisi, gardien volontaire de ses meubles et effets, qui ne représente pas les objets commis

à sa garde. C'est un dépositaire judiciaire. Pau, 16 avr. 1840,
S. 10, 256. — *Contrà*, Cass. 29 oct. 1812, S. 13, 190.

2° De l'*Agent de change*. ( — V. ce mot, n° 2 ); soit qu'on
le considère comme commerçant ; — ou qu'on l'assimile à un
banqueroutier frauduleux. Arg. C. pr. 905; C. com. 89.

3° Du mort civilement. Arg. C. civ. 25 ; Proudhon, t. 1,
p. 79.

7. Il en est autrement ; — 1° De l'étranger autorisé à jouir
en France des droits civils. Arg. C. civ. 13 ; Pigeau, t. 2,
p. 559 ; Pardessus, t. 4, p. 557. — Ou qui a eu un établissement de commerce et des propriétés en France. Arg. C. civ. 11
et 13 ; Trèves, 24 fév. 1808, S. 8, 110 ; Pardessus, n° 1328 ;
Carré, art. 905.

2° Du Français à l'égard de ses créanciers étrangers. Cass.
19 fév. 1806, S. 6, 2, 773.

5° De celui qui s'est livré à des opérations de contrebande.
Caen, 23 janv. 1826, S. 26, 235.

8. Le créancier ne peut opposer au débiteur qui demande la
cession de biens sa qualité de stellionataire qu'autant que le
débiteur l'a été à son égard. Turin, 21 déc. 1812, S. 14, 4 ;
Montpellier, 21 mai 1827, S. 28, 213; Pardessus, 4, 358
et 359. — Il en est de même des autres causes d'exclusion.

9. Le créancier qui, appelé sur une demande en cession de
biens, ne s'y oppose point, ne peut plus, lorsque cette demande est accueillie par le trib., exercer la contrainte par corps
pour cause d'un stellionat que le débiteur aurait antérieurement commis à son préjudice. Arg. C. civ. 1270. Cass.; 15 avr.
1819, S. 20, 50; Pardessus, n° 1329.

10. Le débiteur admis au bénéfice de cession de biens est
privé du droit de cité. Constit. 22 frim. an 8, art. 5. — Mais
il conserve le droit d'ester en jugement. Bruxelles, 25 mai 1822,
D. A. 2, 813.

11. *Procédure.* Le débiteur est tenu de déposer au greffe du
trib. où la demande est portée, son bilan, ses livres et titres
actifs ( C. pr. 898 ), — à peine de nullité. Biret, *Nullités,* 547;
Perrin, 200.

12. Le dépôt du bilan est fait par un avoué. Arg. tarif, 92.

13. La demande est portée devant le trib. du domicile du
débiteur. C. pr. 899.

14. Doit-elle être formée par requête ou par assignation sans
requête ? On argumente avec raison, contre la première opinion, du silence du Code et du tarif à l'égard de la requête.
Grenoble, 11 juill. 1829, S. 50, 306; Demiau, 606.

C'est seulement lorsque le demandeur assigne à bref délai
pour demander la suspension des poursuites à diriger contre lui

( —V. *inf.* n° 19 ) qu'il doit s'adresser au président pour en obtenir une ordonnance.

**15.** Le débiteur doit-il, à peine de nullité du jugement d'admission de la cession de biens, mettre en cause ses créanciers ?

Pour la négative on dit : Les créanciers n'ont à cette époque, aucun intérêt à se trouver en cause ; le Code n'exige par leur présence. La demande en cession ne suspend pas l'effet de leurs poursuites : elle n'est définitivement accueillie que lorsque la cession est réitérée par le débiteur en personne à l'audience. C'est alors que les créanciers, qui doivent être présens, peuvent s'opposer à l'admission de la cession de biens.

Mais on répond que la nécessité d'appeler les créanciers, pour obtenir le jugement qui admet la cession, résulte des principes généraux et de l'obligation de déposer le bilan et les titres au greffe, afin de mettre les créanciers, véritables contradicteurs, à portée de discuter la bonne foi et les malheurs du débiteur ; Colmar, 24 nov. 1807. S. 15, 208. — *Contrà*, Toulouse, 30 avr. 1821, S. 22, 105 ; à supposer que la demande ne doive pas être formée contre *tous* les créanciers, sauf à ceux qui ne seraient pas appelés à se pourvoir par tierce-opposition contre le jugement qui admettrait la cession de biens (Grenoble, 11 juill. 1829, S. 30, 306 ),—du moins doit-on appeler, à peine de nullité, tous les créanciers qui ont fait incarcérer le débiteur. Arg. Toulouse, 17 nov. 1808, P. 7, 209.

**16.** L'assignation contient sommation de venir prendre communication du bilan déposé au greffe. Dans l'usage, on donne en tête de cette assignation copie de l'acte de dépôt.

**17.** On observe les délais de distance.

**18.** La demande est communiquée au ministère public. C. pr. 900.

**19.** Elle ne suspend l'effet d'aucune poursuite, sauf au trib. à ordonner, parties appelées, qu'il y sera sursis provisoirement. C. pr. 900.

Mais si le débiteur est déjà détenu, il ne peut être mis provisoirement en liberté avant le jugement définitif sur la demande en cession de biens. Toulouse, 7 nov. 1808, S. 9 ; 240 ; Paris, 11 août 1807, S. 15, 207 ; Carré, art. 900.

Avant le Code, les juges ne pouvaient pas surseoir à l'exécution de la contrainte par corps pendant l'instance en cession de biens. Cass. 23 fév. 1807, S. 7, 170.

**20.** L'affaire doit être jugée à la première audience, sans remise, ni tour de rôle. Carré, art. 900.

**21.** Le jugement qui admet à la cession de biens vaut pouvoir aux créanciers, à l'effet de faire vendre, jusqu'à concurrence de leurs créances, les biens, meubles et immeubles du débiteur, — avec les formes prescrites aux héritiers bénéficiaires. C. civ. 1269; C. pr. 901. — V. *Vente.*

**22.** Les biens échus au débiteur, pendant l'instance, doivent être compris dans la masse abandonnée aux créanciers, et vendus devant le même trib. Cass. 2 déc. 1806 ; S. 7, 42.

**23.** Le débiteur est tenu de réitérer sa cession en personne, et non par procureur ( même s'il est détenu ), ses créanciers appelés, à l'audience du trib. de comm. de son domicile, et, s'il n'y en a pas, à la maison commune, un jour de séance. Dans ce dernier cas, la déclaration du débiteur est constatée par procès-verbal de l'huissier signé du maire. C. pr. 901.

**24.** Si le débiteur est détenu, le jugement ordonne son extraction avec les précautions en tel cas requises et accoutumées, à l'effet de faire sa déclaration. C. pr. 902.

**25.** L'extraction a lieu par l'entremise d'un huissier ( commis. arg. tar. 65.),qui dresse procès-verbal de la sortie de prison, de l'acte de réitération et de la rentrée. Tar. 65.

**26.** Le jugement qui admet au bénéfice de cession n'est pas nul pour n'avoir pas ordonné la comparution du débiteur à l'audience, afin d'y réitérer sa cession en personne, alors surtout que le débiteur offre de remplir cette formalité. Colmar, 17 janv. 1812, S. 14, 22.

**27.** On peut appeler du jugement qui, en donnant au demandeur en cession un délai pour produire ses registres au greffe, lui accorde un sauf-conduit pour se présenter en personne à l'audience. Un jugement préparatoire sur l'objet principal de la contestation est susceptible d'appel dans les dispositions définitives qu'il renferme ; et, dans l'espèce, le jugement est définitif, en ce qu'il met provisoirement le débiteur à l'abri de la contrainte par corps. Trèves, 24 fév. 1808, P. 6, 230.

**28.** La réitération de la cession de biens faite par le débiteur à l'audience, ne constitue pas une exécution du jugement, qui emporte acquiescement, à l'égard des créanciers qui, n'ont pas été présens, et qui puisse faire rejeter l'appel par eux interjeté le jour même de la réitération faite à l'audience. Nîmes, 1 janv. 1811, P. 9, 22.

**29.** Le débiteur en retard de réitérer sa cession peut-il être emprisonné par ses créanciers, nonobstant le jugement? Le bénéfice du contrat judiciaire ne peut lui être enlevé que par un nouveau jugement. Les créanciers devraient donc le sommer de faire sa réitération dans un certain délai, et l'attaquer devant le trib., pour voir dire qu'il a perdu le bénéfice du jugement qui admettait la cession. — *Contrà*, Demiau, p. 607.

**30.** Les noms, prénoms, profession et demeure du débiteur sont insérés dans un tableau public à ce destiné, placé dans l'auditoire du trib. de comm. de son domicile, ou du trib. de 1re inst., qui en fait les fonctions, et dans le lieu des séances de la maisou commune. C. pr. 903.

**51** Cet extrait est rédigé par un avoué. Art. 92.

**52.** Il est inséré dans un journal (Art. 92.). L'insertion peut êtr- réitérée au bout d'un an. Carré, n° 3051 ; Pigeau, 2, 364.

**53.** Il n'y a pas lieu à nommer un curateur aux biens du débiteur admis à la cession ; c'est aux créanciers eux-mêmes que la loi donne le pouvoir de vendre et administrer les biens ; ils peuvent, au reste, nommer un mandataire, des actes duquel ils répondent envers le débiteur. Toullier, 7, 268 ; Carré, *ib*.

**54.** *Enregistrement.* La cession de biens ne transfère pas la propriété aux créanciers ; elle ne dispense donc pas les héritiers du cédant de payer, après sa mort, le droit de mutation, si les biens cédés n'ont pas encore été vendus au profit des créanciers. C. civ. 1269 ; Cass. 27 juin 1809 ; S. 10, 254.

## FORMULES.

### FORMULE I.

#### Demande en cession.

(C. pr. 899, 900. — Arg. Tarif, 29. — Coût, 2 fr. : orig. 50 c., copie.)

L'añ                          le                          (— V. *Ajournement*, formule II.)

Pour, attendu que le sieur M.                    , afin de satisfaire à la loi sur la cession, a déposé au greffe du trib. de 1re inst. du                    et par acte du                    , dont est, avec celle des présentes, donné copie, son bilan et ses titres actifs ; — Attendu que ses malheurs et sa bonne foi lui donnent droit d'être admis au bénéfice de cession ;

Voir dire et ordonner qu'il lui sera donné acte de la cession et de l'abandon qu'il entend faire à ses créanciers de tous ses biens, meubles et immeubles, le tout détaillé dans son bilan : lequel bilan il offre d'affirmer sincère et véritable, comme aussi qu'il n'a détourné ni fait détourner directement ou indirectement aucun de ses biens ni effets, aux offres que fait ledit sieur M.                    de réitérer ses cessions et abandon, en présence de ses créanciers, ou eux dûment appelés, au tribunal de commerce de

Et voir dire et ordonner pareillement qu'après l'observation de ces formalités, ledit sieur M                    sera et demeurera déchargé de toutes poursuites et contraintes par corps prononcées ou à prononcer contre lui au profit de qui que ce soit pour raison des dettes passives énoncées audit bilan ;

Ordonner que le jugement à intervenir sera exécuté par provision nonobstant opposition et appel et sans y préjudicier ;

Et pour, en outre, répondre et procéder comme de raison, à fin de dépens, et j'ai, à chacun des susnommés, domiciles et parlant comme dessus, laissé copie certifiée ; etc., de l'acte de dépôt susénoncé et du présent exploit dont le coût est de

(*Signature de l'huissier.*)

### FORMULE II.

#### Extrait de la demande en cession.

(Arg. Tarif, 92. — Coût, 6 fr.)

D'un exploit de B                    huissier à Paris, en date du enregistré, il appert que le sieur M                    a formé contre ses créanciers une demande à fin de bénéfice de cession, et que M D. avoué au trib. de                    , etc.,                    a été constitué pour occuper sur ladite demande.

Pour extrait certifié sincère et véritable par moi soussigné avoué près le trib. de 1re inst. de la Seine, et du sieur M. *(Signature de l'avoué.)*

### FORMULE III.

*Sommation aux créanciers d'être présens à la réitération de la cession au trib. de comm.*

(C. pr. 901. — Arg. Tarif, 29. — Coût, 2 fr. Orig. 50 c. Copie.)

L'an, etc.                     à la requête du sieur M.        etc.

j'ai          *(immatricule de l'huissier)* soussigné signifié et avec celle des présentes laissé copie ( *aux créanciers* ),

D'un jugement rendu en la 2e ch. du trib.                     enregistré, etc. signifié à avoué le          par lequel l'exposant a été admis au bénéfice de cession, à la charge de réitérer cette cession au trib. de comm., à ce que du contenu audit jugement les susnommés n'ignorent et à pareilles requêtes, demeure, élection de domicile que dessus, j'ai, huissier susdit et soussigné, fait sommation aux susnommés en leurs domicile, et parlant comme dessus, de comparaître le
( *heure de* ) à l'audience du trib. de comm. de
séant à                     pour, si bon leur semble, être présens à la réitération de la déclaration de cession de ses biens, à laquelle il a été admis par le jugement susénoncé, à ce que pareillement les susnommés n'ignorent, leur déclarant qu'il sera procédé à tout ce que dessus, tant en absence qu'en présence et j'ai, à chacun des susnommés, en son domicile, et parlant comme dessus, laissé copie certifié du jugement susénoncé et du présent exploit dont le coût est de
*(Signature de l'huissier.)*

### FORMULE IV.

*Procès-verbal de réitération de cession à la maison commune.*

(C. pr. 901. — Tarif, 64. — Coût, 4 fr.)

L'an                     , heure de                     , à la requête du sieur ( *prénoms, profession* ) demeurant à                     , lequel fait élection de domicile en sa demeure,

Je, soussigné, commis à cet effet par le jugement ci-après énoncé, me suis transporté avec le sieur M.                     à la maison commune de           , lieu ordinaire des séances de la mairie, et par-devant monsieur le maire de ladite commune, pour, par le sieur M.                     , réitérer, aux termes de la loi, la cession de biens à laquelle il a été admis par jugement du tribunal de en date du                     , rendu entre ledit sieur M. et ses créanciers; ledit jugement dûment enregistré et signifié aux créanciers qui y sont parties, avec sommation de comparaître à ces jour, lieu et heure, pour être présens, si bon leur semblait, à la réitération de la cession qu'entendait faire le sieur M.                     aux termes du jugement susdaté, avec déclaration qu'il y serait procédé tant en absence qu'en présence.

Et, après avoir attendu depuis                heure jusqu'à                heure sonnée, sans qu'aucun des créanciers dudit sieur M.                     se soit présenté, le sieur M.                     m'a requis de donner défaut contre eux, ce que j'ai fait; et il a ensuite déclaré à haute et intelligible voix, ses nom, prénoms, qualités et demeure, et qu'il réitérait la cession de biens à laquelle il avait été admis par jugement du           . Ce fait, j'ai dressé du tout le présent procès-verbal, qui a été signé par M. le maire, ledit sieur M.                     et moi, huissier. Le coût du présent est de
*(Signatures).*

### FORMULE V.

*Extrait du jugement qui admet au bénéfice de cession.*

(C. pr. 903. — Tarif, 92. — Coût pour toutes les insertions, 6 fr.)

D'un jugement contradictoirement rendu par le trib. de le                     , dûment enregistré, scellé, collationné et signifié,

Il appert que le sieur Pierre-Alexandre M.                     , sans profession, demeurant à                     , a été admis au bénéfice

de cession, et qu'il a réitéré cette cession au trib. de comm. de
le

Pour extrait certifié sincère et véritable par moi, soussigné, avoué près le trib. de 1re inst. de                        , et du sieur M.

(*Signature de l'avoué.*)

**CHAMBRE** *des Avoués.* Réunion d'un certain nombre d'avoués nommés par leurs confrères pour représenter la corporation.

Il est établi près de chaque C. roy. et près de chaque trib. de 1re inst. une chambre des avoués, composée de membres pris dans leur sein et nommés par eux. Arrêté 13 frim. an 9, art. 1. — V. *Discipline.*

**CHAMBRE** *du Conseil.* Lieu où les juges se retirent pour délibérer sur les causes plaidées à l'audience (C. pr. 116), ou sur celles qui sont instruites et jugées à huis-clos (*ib.* 87, 93, 380, 861, 876), ou pour s'occuper de matières réglementaires ou disciplinaires. —V. *Discipline, Femme mariée, Récusation.*

En général, tous les jugemens sur requête sont prononcés en la chambre du conseil. —V. *Actes de l'état civil,* n° 60; *Audience,* n. 6 et 7.

**CHAMBRE** *de Discipline.* —V. *Discipline.*

**CHAMBRE** *temporaire,* —V. *Organisation judiciaire.*

**CHAMBRE** *des Vacations.* C'est une portion de la C. ou du trib. qui siége pendant les vacances pour l'expédition des affaires *sommaires,* et de celles qui requièrent célérité. Décr. 30 mars 1808, art. 44, 78. — V. ce mot, et *Vacations.*

**CHAMBRES** *réunies.*—1. *Cours royales.* Réunies en assemblée générale, en la chambre du conseil; elles prononcent les peines disciplinaires contre les juges et officiers du ministère public. Décr. 20 avr. 1810, art. 52; ordonn. 20 nov. 1822, art. 27.— Et contre les avocats. Cass. 18 sept. 1823, S. 24, 101.

**2.** L'assemblée générale de la C. roy. doit, à peine de nullité, être composée d'un nombre de magistrats tel que chacune des chambres qui concourt puisse elle-même réunir le nombre de magistrats nécessaire pour sa composition légale. Cass. 8 août 1831, S. 31, 393.

**3.** *Cour de cassation.* —V. *Audience solennelle, Cassation.*

**CHANGEMENT D'ETAT.** —V. *Reprise d'instance.*

**CHEMIN** *de fer.* —V. *Expropriation, Société.*

**CHIFFRE.** —V. *Abréviation,* n°s 1 et 3; *Date, Exploit, Lettre, Ligne.*

**CHOSE JUGÉE.** C'est ce qui est décidé par un jugement qui ne peut plus être attaqué par aucune voie ordinaire.

L'autorité de la chose jugée n'a lieu qu'à l'égard de ce qui fait l'objet du jugement. Il faut que la chose demandée soit la même, que la demande soit fondée sur la même cause, que la demande soit entre les mêmes parties, et formée par elles et contre elles en la même qualité. C. civ. 1351. —V. *Jugement.*

CIRCONSTANCES ET DÉPENDANCES. Accessoires de la chose. Se dit surtout de ce qui fait partie d'un immeuble, et dispense des détails d'intérieur, s'il s'agit de la vente d'une maison. — V. *Vente.*

CIRCUIT D'ACTIONS. Cette expression indique le recours que dirigent successivement l'une contre l'autre des parties tenues conjointement ou solidairement.

CIRCULAIRE. Les circulaires, comme les avis imprimés, sont soumises au timbre; mais celles qu'un officier ministériel adresse pour donner connaissance de sa nomination, de la prestation de son serment, et de sa demeure, en sont exemptes. Délib. rég. 7 avr. 1824.

CIRCULAIRE MINISTÉRIELLE. Instruction en forme de lettre, adressée par les ministres aux divers fonctionnaires de leur département.—Ces circulaires, expression de l'opinion particulière du ministre de qui elles émanent, n'ont point de caractère légal : c'est ce qui a été reconnu, notamment à l'égard d'une circulaire du 21 fév. 1817, relative aux ventes d'offices. Cass. 11 juin 1816, 20 juin 1820, et 28 fév. 1828.—V. *Office.*

CITATION. Assignation à comparaître devant un juge de paix, ou devant une chambre de discipline.

1. On distingue trois espèces de citations, savoir : 1° la citation donnée devant le juge de paix pour les matières de sa compétence. — V. le mot suivant ; — 2° celles pour comparaître devant le juge de paix tenant le bureau de conciliation. — V. *Préliminaire de conciliation* ; — 3° enfin, celles données devant une chambre de *discipline.* — V. ce mot.

CITATION *au tribunal de paix.*

1. La citation devant le juge de paix, dans les causes de sa compétence, est, en général, soumise aux mêmes règles que l'ajournement ; les mêmes motifs les ont fait établir, sauf quelques modifications qui tiennent à la nature spéciale de l'institution des justices de paix. Ainsi, la modicité des intérêts, le peu de difficultés des questions qui s'agitent en général devant cette juridiction, réclamaient des formes plus simples, plus rapides, moins dispendieuses, que celles qui sont exigées devant les tribunaux ordinaires. — V. *inf.*

2. L'omission des formalités prescrites pour la citation entraîne-t-elle nullité? — Il faut distinguer : 1° entre les formalités spéciales à la citation et celles communes à tous les exploits; 2° entre le cas où le défendeur comparaît et celui où il ne se présente pas.

L'omission des formalités spéciales à la citation ne vicie point cet acte; la nullité n'ayant pas été prononcée par le Code de procédure, pour ce cas comme pour celui d'*ajournement* (—V. ce mot ), le juge de paix ne peut pas la suppléer. Arg. C. pr. 5. 1030; Carré, art. 1, 5.

Mais la citation n'est pas valable, si l'omission est de nature à faire perdre à l'acte son caractère légal. Si, par exemple, elle n'est pas signée de l'huissier; dans ce cas, en effet, il n'y aurait pas de citation. La citation est un exploit, et, comme telle, elle est soumise aux formalités générales prescrites pour cette sorte d'actes. Thomine, art. 1.

Toutefois, si le défendeur comparaît, il ne peut demander la *nullité* de la citation ; le fait de sa comparution prouve qu'il a été averti : en cette matière, *point de nullités sans griefs*.

Dans le cas de non comparution, le juge de paix doit se borner à ordonner que le défendeur soit réassigné. Le demandeur supporte les frais de la première citation. Arg. C. pr. 5 ; Carré, art. 4, 5, et n° 3392 ; Berriat, p. 129. Merlin, *Rép.*, v° *Nullité.*

Mais si, à la date de la seconde citation, une prescription ou une déchéance est encourue par le demandeur, le défendeur peut avec succès en tirer avantage.

**3.** *Mentions que la citation doit contenir.* L'art. 1 C. pr. détermine les différentes mentions que la citation doit spécialement contenir; ce sont : 1° *La date des jours, mois et an* (—V. *Exploit*). L'indication de l'heure de la signification est inutile.

**4.** 2° *Les noms, profession et domicile du demandeur.*—V.*Exploit.*

**5.** 3° *Les noms, demeure et immatricule de l'huissier.*—V. *ib.*

**6.** 4° *Les noms et demeure du défendeur.* — V. *ib.*

L'énonciation des prénoms du défendeur n'est point exigée, non plus que celle du domicile. Lorsqu'il est ignoré du demandeur, la citation est régulièrement faite au lieu de la demeure de la partie citée.

**7.** La mention du nom de la personne à laquelle la copie est laissée n'est pas expressément exigée, comme en matière d'ajournement, mais il ne faut pas en conclure qu'elle ne doive pas avoir lieu : c'est une partie intégrante de tout exploit; sans elle, rien ne prouverait que le défendeur a reçu la citation. Carré, art. 1; Levasseur, *Manuel des Justices de paix*, n° 76.

Le juge de paix devrait donc ordonner la réassignation.

**8.** 5° *L'énonciation sommaire de l'objet et des moyens de la demande* — V. *Ajournement*, n° 69 et suiv.

**9.** La signification des pièces à l'appui de la demande ordonnée en matière d'ajournement par l'art. 65, n'est pas exigée pour les citations : l'économie dans les frais, qui est de l'essence de la procédure en justice de paix, rendait cette disposition inutile. D'ailleurs, les causes à porter devant ce tribunal sont ordinairement simples ; les parties peuvent prendre, à l'au-

dience même, communication des pièces dont le demandeur
veut faire usage; et souvent aussi la contestation n'est appuyée
sur aucun document écrit.

**10.** 6° *L'indication du juge de paix qui doit connaître de la demande.* C. pr. 2. — V. *Ajournement,* n° 66 ; *Juge de paix.*

**11.** 7° *Enfin, l'indication du jour et de l'heure de la comparution.*
La mention corrélative dans l'ajournement n'a pas besoin d'être
positive; il suffit d'indiquer, dans ce dernier cas, le délai fixé
pour comparaître (C. pr. 61-4°). Un double motif justifie cette
différence : d'abord les juges de paix peuvent indiquer pour
leurs audiences tel jour et telle heure que bon leur semble
(C. pr. 8); ces audiences ne sont pas invariablement fixées,
comme le sont ordinairement celles des tribunaux. En second
lieu, les parties pouvant ignorer facilement le jour d'audience,
et n'étant pas dans la nécessité de se faire représenter par un officier public, comme dans le cas d'une demande devant un tribunal de première instance, elles pourraient être exposées, soit
à ne pas se présenter, soit à se déranger inutilement. Il faut donc
avoir soin de mentionner dans la citation le jour de la comparution, et même l'heure, encore bien qu'elle soit donnée pour
comparaître à l'audience ordinaire. L'art. 1 ne fait aucune distinction. Carré, art. 1.—*Contrà,* Delaporte, *Comm.* t., 1, p. 3.

L'expression vague : *à comparaître dans les délais de la loi,* suffisante pour l'ajournement ( — V. ce mot, n° 53), serait une
irrégularité dans une citation. Carré, *ib.*

**12.** Le délai de la citation est ordinaire ou extraordinaire.

*Ordinaire.* C'est celui qui s'observe dans la presque totalité des
affaires. Il est d'un jour *franc* (C. pr. 1033), c'est-à-dire qu'il
doit y avoir un jour au moins entre celui de la citation et celui
indiqué pour la comparution. C. pr. 5-1°.

**13.** Cependant il y a augmentation de délai, lorsque le défendeur demeure au-delà de trois myriamètres de distance du
lieu de la comparution (C. pr. 5-2°, 1033) ( — V. *Ajournement,*
n° 47 et suiv.), quand même l'huissier remettrait la copie au
défendeur lui-même, qu'il rencontrerait, soit au lieu où il doit
comparaître, soit dans un rayon de trois myriamètres. —
V. *Ib.* n° 48.

**14.** A plus forte raison, la même augmentation aurait-elle
lieu, si la partie citée demeurait hors de France. On suivrait
alors l'art. 73 C. pr.

**15.** En cas d'augmentation de délai à raison de la distance,
si le nombre de myriamètres, divisé par trois, donne une fraction restante, cette fraction doit-elle motiver l'allocation d'un
jour supplémentaire? — V. *Ib.* n° 47.

**16.** Un délai plus long que celui fixé par l'art. 5 C. pr. peut
être indiqué dans la citation; le demandeur y est autorisé par

les expressions de l'article : *il y aura un jour au moins;* et d'ailleurs le défendeur ne peut s'en plaindre.

**17.** Mais si les délais n'ont point été observés, et que le défendeur ne comparaisse pas, le juge ordonne qu'il sera réassigné, et les frais de la première citation sont à la charge du demandeur. C. pr. 5.

**18.** L'irrégularité de la citation est couverte par la comparution du défendeur ; seulement il peut demander une remise en justifiant que le temps lui a manqué pour préparer ses moyens de défense, et se procurer les pièces nécessaires.

**19.** *Le délai extraordinaire* a lieu dans les cas urgens. Le juge donne alors une *cédule* (—V. ce mot) pour abréger les délais, et peut permettre de citer même dans le jour et à l'heure indiqués (C. pr. 6), encore bien que ce jour soit férié, ou que la signification doive se faire à une heure de nuit. C. pr. 8, 1037.

Quel juge de paix doit délivrer la *cédule ?*—V. ce mot, n. 1.

**20.** Plusieurs formalités sont encore prescrites pour la validité des ajournemens, mais le Code n'a pas cru devoir les rendre obligatoires pour la simple citation. Ce sont : 1° la constitution d'avoué : elle est tout-à-fait inutile ; 2° l'élection de domicile pour le demandeur : elle n'est pas nécessaire : elle serait sans importance, à cause de la rapidité et de la simplicité de la marche de la procédure en justice de paix ; les parties sont toujours en présence, et agissent personnellement ; toutefois dans la pratique on fait cette élection de domicile ; 3° le coût de la citation : cependant il faut l'indiquer, cette mention devant être faite dans tous les exploits (Arg. C. pr. 67), à peine de 5 fr. d'amende contre l'huissier, payables en même temps que l'enregistrement. —V. *Exploit.*

**21.** *Signification de la citation.* La citation est signifiée par un huissier exerçant dans le canton où est domicilié le défendeur. L. 25 mai 1838, art. 16 (Art. 1141 J. Pr.)

Les villes divisées en plusieurs justices de paix sont considérées comme ne formant qu'un même canton. *Ib.*

**22.** Dans toutes les causes, excepté celles où il y a péril en la demeure, et celles dans lesquelles le défendeur est domicilié hors du canton, ou des cantons de la même ville, le juge de paix peut interdire aux huissiers de sa résidence de donner aucune citation en justice, sans qu'au préalable il ait appelé, sans frais, les parties devant lui. *Ib.*, art. 17.

Lorsqu'une semblable interdiction a été faite par le juge de paix, il a le droit de défendre à tout huissier de son canton qui ne s'y est point conformé de citer devant lui pendant un délai de 15 jours à 3 mois.

Cette peine est prononcée sans appel, et sans préjudice de

l'action disciplinaire du trib., et des dommages-intérêts des parties s'il y a lieu. *Ib.* art. 19.

Le juge de paix est seul compétent pour décider s'il y avait *péril en la demeure*, et si l'on a pu valablement donner une citation sans qu'un avertissement préalable ait été adressé au défendeur ; l'huissier doit donc le consulter toutes les fois qu'un cas lui paraît urgent et qu'il a le temps de prendre son avis ; mais si ce temps lui manque ; si, par exemple, il s'agit d'interrompre une prescription sur le point de s'accomplir, il doit apprécier lui-même l'urgence et signifier immédiatement la citation, s'il y a lieu. Dans ce cas la justification se trouvant dans les faits mêmes qui caractérisent l'urgence, c'est seulement à lui à les bien peser et à n'engager qu'avec discernement sa responsabilité.

**23.** La citation donnée par un huissier étranger au ressort est valable ; mais l'huissier peut être condamné à l'amende par le juge de paix, et en outre suspendu du droit de citer devant lui pendant un délai de quinze jours à trois mois (—V. *sup.* n° 22). —Discussion à la Ch. des députés. *Moniteur* du 26 avr. 1838, p. 1029.

**24.** Si tous les huissiers du canton se trouvent empêchés, le juge de paix en commet un autre parmi ceux qui résident dans l'arrondissement. C. pr., art. 4.

**25.** L'empêchement peut avoir pour cause : 1° la suspension et l'interdiction de l'huissier ; 2° sa parenté à certain degré, ou son alliance avec le demandeur ( — V. *Exploit*). L'huissier ne peut instrumenter pour ses parens et alliés en ligne directe à l'infini, comme lorsqu'il s'agit d'ajournement. C. pr. 4.—En ligne collatérale, la prohibition est moins étendue que celle faite aux huissiers ordinaires ; elle est restreinte aux frères, sœurs et alliés au même degré. Cette différence vient de ce que les affaires de la compétence des juges de paix étant généralement peu importantes, il y a moins à redouter que la bienveillance de l'huissier pour le demandeur le porte à manquer à ses devoirs. En outre, dans beaucoup de circonstances, il serait empêché d'exercer ses fonctions, à cause du grand nombre de parens qu'il pourrait avoir dans le canton, et l'obligation de faire commettre un autre huissier donnerait lieu à des retards et à des dépenses inutiles.

**26.** L'*alliance* détruite, l'incapacité qu'elle avait produite lui survit-elle ?—V. ce mot, n° 3.—Peut-il exister d'autres espèces d'incapacités pour cause de suspicion légitime de bienveillance envers le demandeur ? — V. *Exploit, Huissier.*

**27.** Dans le cas où il est nécessaire de faire commettre un huissier, c'est au juge de paix du domicile de la partie défenderesse qu'il faut s'adresser. Ce juge peut seul, en effet, permettre d'exploiter dans le ressort de sa juridiction, et d'ailleurs le juge qui doit connaître de la difficulté est présumé ignorer les noms des huissiers étrangers à son canton.

La commission doit au surplus être toujours donnée par écrit. Carré, art. 6.

**28.** Quant aux jour et heure auxquels peut se faire la signification, il faut suivre les règles générales.—V. *Exploit.*

Le juge peut néanmoins autoriser l'huissier à notifier sa citation un jour férié, ou après l'heure légale. C. pr. 6, 1037.

**29.** *A qui doit être faite la signification?* Elle doit l'être au défendeur, s'il a capacité pour répondre à la demande, ou, s'il est incapable, à son représentant.—V. *Exploit.*

**30.** Copie en est laissée à la partie citée ( C. pr. 4 ), ou à chacune des parties citées, si elles sont plusieurs.—V. *Ib.*

**31.** La signification est faite à personne, ou à domicile. C. pr. 68.

**32.** Si l'huissier ne trouve au domicile de la partie citée aucune des personnes ayant caractère ou capacité pour recevoir la copie, il la remet au maire ou à l'adjoint de la commune, qui vise l'original sans frais. C. pr. 4.— V. *Ib.*

L'art. 5 L. 1790 ordonnait, dans ce cas, d'afficher copie de la citation à la porte de la maison du défendeur; mais l'expérience a démontré le peu d'efficacité de cette mesure.

**33.** Si le maire, l'adjoint ou le membre du conseil municipal, auquel la copie est présentée refuse de viser l'original, l'huissier la remet au procureur du roi, qui appose alors son visa. —V. *Ib.*; Carré, art. 4.

L'art. 4 diffère de l'art. 68 C. pr., en ce que l'huissier, avant de faire la remise au maire ou à l'adjoint, n'est pas obligé de la présenter au voisin.

**34.** Le titre 1 C. pr., *des Citations,* ne s'occupe pas du cas où le défendeur aurait à diriger une demande de la compétence du juge de paix contre l'État, le Trésor royal, les administrations ou établissemens publics, les communes, les sociétés de commerce, les unions de créanciers, les personnes n'ayant ni domicile ni résidence connus en France, habitant le territoire français hors du continent, ou établies chez l'étranger. Dans ces différens cas, il faut faire la citation de la manière indiquée au titre de l'ajournement : c'est là que sont tracées les règles générales applicables à tous les exploits ( —V. *Exploit* ). Le juge de paix ne pourrait donner défaut au demandeur, et lui adjuger ses conclusions, si une pareille citation était faite d'une autre manière que celle prescrite pour les ajournemens; elle devrait être réputée n'exister pas. La loi, par un motif d'ordre public exige, dans ces différentes circonstances, une forme spéciale.

**55.** *Effets de la citation.* —Ils sont les mêmes que ceux de l'ajournement. Ces deux actes sont effectivement de même nature, et doivent par conséquent avoir les mêmes conséquences ( —V. *Ajournement,* sect. IV), sauf quelques légères différences auxquelles donne naissance le caractère particulier de chacun de ces actes.

**56.** *Enregistrement.* Le droit d'enregistrement des citations est d'un franc.

Il est dû plusieurs droits s'il y a plusieurs demandeurs ou défendeurs ayant des intérêts distincts. LL. 22 frim. an 7, 28 avr. 1816, art. 43, n° 13. —V. *Exploit.*

## FORMULES.

### FORMULE I.

*Citation devant le juge de paix.*

(C. pr., 4. — Tarif, 21. — Coût, 1 fr. 50 c. Orig. : le quart pour chaque copie.)

L'an           à la requête du sieur

Lequel fait élection de domicile

J'ai             *(immatricule de l'huissier.)*

soussigné, cité le sieur        domicilié à        en son domicile (1), où étant (2) et parlant à

A comparaître le        onze heures du matin, devant M. le juge de paix du        dans le local ordinaire de ses audiences, sis à

Pour, attendu que le requérant est créancier du sieur        , d'une somme principale de soixante-quinze francs, ainsi qu'il en sera justifié en cas de déni, s'entendre condamner, mondit sieur        , à payer au requérant ladite somme de soixante-quinze francs, et les intérêts tels que de droit, et de se voir en outre condamner en tous les dépens. A ce qu'il n'en ignore, je lui ai, en son domicile susdit, étant et parlant comme ci-dessus, laissé, sous toutes réserves, copie du présent. Le coût est de

(*Signature de l'huissier.*)

— V. *Ajournement aux formules.*

### FORMULE II.

*Citation par huissier commis en vertu de la cédule.*

(Tarif, 21; coût, 1 fr. 50 c.)

L'an     le        en conséquence de la cédule délivrée cejourd'hui par M. le juge de paix du     ; etc., dont il est, avec celle des présentes donné copie ;

Et à la requête, etc.

J'ai, soussigné, commis à cet effet par la cédule sus énoncée, etc.

Pour répondre et procéder sur et aux fins des conclusions contenues en la cédule

_____

(1) *Si le domicile de la partie citée est éloigné de la demeure de l'huissier de plus d'un demi-myriamètre, il le mentionne ainsi :* En son domicile, distant de ma demeure, de     myriamètres, où je me suis exprès transporté ; et où étant, etc.

(2) *En cas d'absence du défendeur, où de ses parens et serviteurs, on met :* Où étant, et n'ayant trouvé ni ledit sieur     ni aucun de ses parens et serviteurs, j'ai de suite remis la copie à M. le maire (adjoint ou membre du conseil municipal)     parlant à     et requérant visa qui a été apposé sur l'original.

susénoncée; et j'ai, au susnommé, en son domicile et parlant comme dessus, laissé copie de ladite cédule et du présent, dont le coût est de.
— V. *Cédule*.

CLERC. On nomme ainsi celui qui travaille habituellement dans l'étude d'un officier ministériel. — V. *Stage*.

Un officier ministériel est-il responsable de ses clercs? — V. *Responsabilité*.

CLIENT, CLIENTELLE. Le mot *client* se disait, chez les Romains, de ceux qui se plaçaient sous le patronage des patriciens. Aujourd'hui l'on donne le nom de *client* aux parties qui confient leurs intérêts aux avocats, avoués ou autres officiers ministériels. On appelle *clientelle* l'ensemble des cliens. — V. *Office*.

CODE DE COMMERCE. Recueil de lois sur le commerce.

**1.** Le Code de commerce, décrété et promulgué du 10 au 24 septembre 1807, n'a été déclaré exécutoire qu'à compter du 1er janvier 1808. Décr. 25 sept. 1807, art. 1.

Depuis cette époque, toutes les anciennes lois touchant les matières commerciales, et sur lesquelles il est statué par ce Code, ont été abrogées. *Ib.*, art. 2.

**2.** Le Code de commerce a été modifié par la loi du 16 avr. 1838, sur les faillites et banqueroutes (Art. 1160 J. Pr.).

**3.** Il se divise en quatre livres. Le dernier, intitulé : *De la Juridiction commerciale*, se rattache surtout à la procédure. — V. *Actes de commerce, Faillite, Tribunal de commerce*.

CODE DE PROCÉDURE CIVILE. Recueil des lois sur l'instruction des affaires civiles et commerciales.

**1.** L'origine de notre procédure se trouve dans les capitulaires, les établissemens de Saint-Louis, les écrits des anciens praticiens, et surtout dans les règles ecclésiastiques; mais elle ne prit une véritable consistance qu'à compter des édits de 1539, 1560, 1570, 1629. Elle fut à peu près fixée par l'ordonnance de 1667, complétée elle-même par les ordonnances antérieures, et les arrêts des Cours souveraines

**2.** L'Assemblée constituante décréta que « cette ordonnance serait incessamment réformée, qu'elle serait rendue plus simple, plus expéditive et moins coûteuse. » L. 24 août 1790, tit. 2, art. 20.

Les formes de l'ancienne procédure furent provisoirement maintenues. LL. 19 oct. 1790, art. 3 ; 27 mars 1791, art. 34; — seulement les procureurs furent remplacés par les avoués. L. 11 fév. 1791, art. 54 ; Locré, 1, 142.

**3.** La Convention conserva les juges, supprima les avoués, et avec eux toute la procédure, par le décret du 5 brum. an 2.

**4.** Ce décret introduisit un désordre général dans l'adminis-

tration de la justice ; et bientôt le rétablissement de l'ordonnance fut provisoirement ordonné, d'après de vives sollicita-
tions. L. 18 fruct. an 8. — V. *Avoué*, n° 5.

5. Enfin, après la promulgation du Code civil, un projet de
Code, rédigé par MM. Treilhard, conseiller-d'état ; Séguier,
premier président ; Try, commissaire du gouvernement ; Ber-
thereau, ancien président ; Pigeau, professeur de procédure,
fut successivement proposé à l'examen des Cours souveraines,
et discuté par la section de législation, l'assemblée générale du
Conseil-d'État, le Tribunat et le Corps-Législatif.

6. Les divers livres du Code de procédure furent successivement décrétés par le Corps Législatif, et promulgués par l'empereur, dans le mois d'avril et dans les premiers jours de mai
1806, pour être exécutoires le 1er janv. suivant. C. pr. 1041.

7. Toutes les lois, coutumes, usages et règlemens relatifs à
la procédure civile ont été abrogés à compter de cette époque.
C. pr. 1041.

8. Tous les procès intentés depuis la promulgation du Code,
doivent être instruits conformément à la loi nouvelle, encore
que l'action dont ils sont nés soit plus ancienne. Il est de principe que tout ce qui touche à l'instruction des affaires, tant
qu'elles ne sont pas terminées, se règle d'après les formes
nouvelles, sans blesser la non-rétroactivité, que l'on n'a jamais
appliquée qu'au fond du droit. Arr. 6 fruct. an 9 ; C. pr. 1041.
— V. *Effet rétroactif.*

9. Toutefois, l'abrogation prononcée par le Code ne s'applique pas aux lois spéciales ; elles doivent être préférées à la
loi générale, lorsque celle-ci n'y a pas formellement dérogé.
L. 80, D. R. J. ; av. Conseil-d'État, 1er juin 1807, S. 7, 111.

Ainsi les actions introduites par la régie de l'enregistrement
et des domaines doivent être jugées sur simples mémoires et
sans plaidoiries, conformément à l'art. 65 L. 22 frim. an 7. Av.
Conseil-d'État, 1er juin 1807 ; Cass. 10 août 1814 ; 17 juill.
1827, S. 7, 111-15, 17 — 28, 75. — V. *Enregistrement.*

10. Le Code se divise en deux parties : la première partie
est relative à la procédure proprement dite, ou procédure judiciaire. Elle comprend : 1° toutes les voies d'instructions nécessaires pour arriver au jugement, tant devant les justices de paix
que devant les trib. ordinaires ; 2° l'exécution des jugemens,
liquidations de fruits, dommages, dépens, les saisies pratiquées
sur les biens de toute nature d'un débiteur, même sur sa personne, etc. — Un titre particulier ( p. 1, liv. 2, tit. 25 ) détermine la manière de procéder devant les trib. de commerce.

La deuxième partie a pour objet les procédures particulières,
la forme de certains actes extra-judiciaires, tels que la consignation, la saisie-gagerie, l'envoi en possession des biens d'un absent,

l'autorisation de la femme mariée, les séparations de biens et de corps, l'interdiction, la cession de biens (liv. 1), les formalités relatives à l'ouverture des successions (liv. 2), et enfin les arbitrages (liv. 3). — Ce livre contient aussi quelques dispositions générales sur toute la procédure.

11. La C. de cass. et quelques C. d'appel auraient désiré qu'on fît un premier livre, intitulé : *de l'administration de la justice en général*, dans lequel on aurait trouvé l'énumération des actions les plus usuelles, l'indication des juges compétens, et quelques règles générales sur les attributions des divers trib.; mais le législateur a pensé que la théorie de la procédure ne devait pas faire partie du Code.

12. La direction des faillites est traitée dans la loi du 16 avr. 1838 (Art. 1160 J. Pr.) qui a modifié le C. de commerce.

13. Certaines dispositions du Code de procédure complètent ou modifient le Code civil.—*V.* art. 126, 800, 834.

14. Plusieurs articles, notamment les art. 878 (—V. *Séparation de corps*, 965 ; *Vente*, 1027 ; *Requête civile*), renferment évidemment des erreurs de rédaction.

15. Il y a lieu de suppléer au Code de procédure par les lois postérieures, ou les décrets interprétatifs. Le tarif du 16 fév. 1807 est souvent d'une très grande utilité, sous ce rapport.

16. Dans le C. civil, il suffit d'exprimer le principe pour en déduire toutes les conséquences. Au contraire, le C. de procédure doit tout prévoir, tout prescrire. Un acte de procédure n'est pas toujours la suite nécessaire d'un autre acte; la forme de chacun d'eux doit être indiquée (Treilhard, *Observ. sur le projet*); et ces actes ne peuvent être déclarés nuls, si la nullité n'en est pas formellement prononcée par la loi. C. pr. 1030.

17. Aujourd'hui la loi ne prescrit aucune formule ni expression sacramentelle. On peut se servir, dans les actes de procédure, de tous les termes qui expriment également les formalités exigées par le Code.

Toutefois, il convient d'employer les termes mêmes de la loi, ou du moins des termes *équivalens*, dans toutes les circonstances où elle attribue à certaines expressions un sens particulier, autre que celui que leur donne l'usage.

18. L'administration de la justice est de droit public; les particuliers ne peuvent y déroger que dans les cas où la loi leur en a laissé la faculté; tels sont ceux où il s'agit de l'incompétence *ratione personæ*, des délais pour l'exercice des actions, pour la confection de certains actes. Merlin, *Rep.* v° *Droit public*.

19. L'étranger qui plaide devant les trib. français est soumis, comme le Français, aux lois de la procédure.

COLLATION DE PIÈCES. Action de comparer les copies des pièces avec *leurs originaux.*—V. *Compulsoire*.

COLLOCATION.—V. *Distribution par contribution, Ordre.*

COLONIES *françaises.*—V. *Tribunaux des Colonies* (1).

COMMAND.—V. *Déclaration de command.*

COMMANDEMENT. Exploit signifié par un huissier en vertu d'un jugement, ou autre titre portant exécution parée, par lequel il enjoint, au nom de l'autorité publique, de satisfaire aux condamnations ou engagemens énoncés dans le titre.

**1.** Tout acte d'exécution doit, en général, être précédé d'un commandement.—V. *Acte d'exécution*, n° 6 ; *Exécution , Saisie.*

**2.** Cependant le commandement n'est plus nécessaire, s'il s'agit d'une saisie foraine, ou d'une saisie gagerie, faite en vertu d'une ordonnance du juge. C. pr. 819-2°, 822.

**3.** Un seul commandement de payer, sous peine d'y être contraint par les voies de droit, suffit pour faire successivement plusieurs saisies de différentes espèces, pourvu qu'elles aient toutes le même objet, et que le produit des premières n'ait pas acquitté la créance. Turin, 7 août 1809; S. 15, 15; Cass. 27 mars 1821; Pigeau, 2, 81, note; Carré, art. 585 ;—ou lorsque d'autres objets ont été substitués aux anciens dans l'intervalle du commandement et de la saisie. Orléans, 24 janv. 1817.

**4.** Le commandement fait à l'héritier du débiteur doit être précédé, huit jours au moins à l'avance, de la signification du titre constitutif de la créance. Arg. C. civ. 877.

Cette signification peut-elle être suppléée par la copie du titre, transcrite en tête du commandement ?

Pour l'affirmative, on dit : L'art. 877 C. civ. ne prononce pas la nullité des poursuites faites avant la signification du titre aux héritiers du défunt ; d'ailleurs, le commandement tendant à saisie ne doit pas être considéré comme un acte de poursuite, mais seulement comme une formalité préalable de la saisie, de telle sorte que s'il s'écoule un intervalle de huit jours entre la saisie et le commandement notifié avec la copie du titre aux héritiers du débiteur, le but de la loi, qui a été de le prévenir de l'imminence des poursuites, se trouve atteint. Cass. 12 mai 1815; Grenoble, 12 avr. 1826; Carré, art. 673.

Mais on répond : La disposition de l'art. 877 est conçue en termes prohibitifs : *les créanciers ne pourront poursuivre que huit jours*; elle doit être réputée prescrite à peine de nullité. — On ne saurait, en outre, considérer comme un équivalent de la notification du titre la signification qui en est faite avec le commandement. La loi exige que les héritiers aient une connaissance certaine des actes exécutoires contre leur auteur avant que ces actes puissent être exécutés contre eux. Or, si un comman-

_____

(1) Le bruit d'un projet d'organisation nouvelle des colonies nous détermine à renvoyer notre travail, sur cette matière, au dernier volume.

dement n'est pas, rigoureusement parlant, une exécution ; il n'est pas moins vrai qu'il ne peut être fait qu'en vertu d'un titre exécutoire, et l'on ne saurait réputer tel à l'égard de l'héritier l'acte qui ne lui a pas encore été notifié. Si les poursuites étaient dirigées contre le débiteur direct, on ne pourrait procéder à la saisie qu'après un commandement ; lorsqu'on agit contre ses héritiers, il faut donc que ce commandement soit lui-même précédé de la signification du titre. Cass. 3 août 1825 ; Bruxelles, 10 mai 1810 ; Pau, 3 sept. 1829 ; Colmar, 11 mars 1835 (Art. 26 J. Pr.) ; Chabot, art. 877, n° 2 ; Duranton, 7, n° 516. — V. *Poursuite, Saisie immobilière.*

5. Quant au délai qui doit s'écouler entre le commandement et la saisie, —V. *Emprisonnement, Saisie.*

6. Le commandement contient les formes ordinaires des *exploits.* —V. ce mot.

7. Il est, en outre, soumis à des formalités particulières, selon l'espèce de saisie qu'il précède.—V. *Saisie-brandon, Saisie-exécution, Saisie immobilière,* etc.

8. Il mentionne pour quelle cause il est fait ; il ne peut l'être que pour une créance certaine et liquide. C. pr. 551 ; Merlin, *Rép.,* v° *Commandement,* n° 4.

9. Cependant il n'est pas nécessaire de signifier un nouveau commandement pour les intérêts échus depuis le premier ; il suffit qu'il ait été signifié avec réserve de répéter les intérêts à écheoir. Orléans, 29 août 1816 ; D. A. 11, 648.

10. Le commandement qui demande au-delà de ce qui est dû n'est pas, par cela seul, entaché de nullité.

11. Il n'est plus signifié, comme dans l'ancienne jurisprudence, avec assistance de témoins. Dans aucun cas, la loi n'exige aujourd'hui leur présence. L. 11 brum. an 7, art. 2 ; C. pr. 673.

12. Dans le commandement, on donne au débiteur l'alternative de payer entre les mains du créancier ou entre celles de l'*huissier.* —V. ce mot.

13. Une fois dessaisi des pièces, l'huissier n'a plus pouvoir de recevoir et de donner quittance.

14. Le débiteur doit, pour sa sûreté, faire mentionner par l'huissier, dans son commandement, qu'il a payé, et se faire remettre le titre ; ou, s'il ne paie qu'une partie de la somme due, y faire constater le paiement partiel. Pigeau, t. 2, p. 83, note 1.

15. Le commandement est interruptif de prescription. C. civ. 2244.

16. Toutefois, le simple commandement de payer une dette ou des intérêts échus ne fait pas courir de nouveaux intérêts. Cet acte n'est point la demande judiciaire voulue par l'art. 1154

C. civ. Grenoble, 9 mars 1825 ; Cass. 16 nov. 1826 ; D. 27, 57.

**17.** Le commandement fait en vertu d'un jugement, dont copie est en même temps délivrée à la partie condamnée, équivaut à un exploit de signification de ce jugement. Berriat, 508, note 8, 4°. — V. *Appel*, n° 126.

**18.** L'exploit par lequel l'huissier signifie un jugement et fait commandement de payer n'est pas nul, par cela que l'huissier a commis une erreur dans l'énonciation de la date de ce jugement. Cass. 31 janv. 1821, D. A. 7, 618.

**19.** La demande en nullité du commandement peut être également portée devant le trib. qui a rendu le jugement que le commandement tend à faire exécuter, ou devant le trib. du lieu dans le ressort duquel la saisie doit être pratiquée. — V. *Tribunal de première instance.*

**20.** *Enregistrement.* Le commandement est passible du droit fixé pour les *exploits.* — V. ce mot, et *Saisies.*

### FORMULE.

*Commandement qui précède une saisie-exécution.*

(C. pr. 583 et 584. — Arg. tarif, 29. — Coût, 2 fr.)

L'an            , le                    , en vertu de la grosse en forme exécutoire d'un jugement rendu par le trib. de 1re inst. de
le                    , dûment signé, scellé, enregistré et signifié tant à avoué qu'à partie, dont il est avec celle des présentes laissé copie (*ou précédemment signifié*), et à la requête du sieur                    , pour lequel domicile est élu, jusqu'à la fin de la poursuite, en la demeure de
J'ai           (*immatricule de l'huissier*), soussigné, fait commandement, de par le roi, la loi et justice, au sieur                    , en son domicile, en parlant à
De, dans vingt-quatre heures pour tout délai, payer au requérant, ou actuellement à moi huissier pour lui porteur de pièces et titres, la somme totale de
, composée, savoir de 1° celle de                    de capital, et 2° celle de                    pour intérêts et frais, liquidés par ledit jugement, sans préjudice de tous autres droits, actions, intérêts, frais, dépens et mises à exécution.
Déclarant que, faute par lui de ce faire, dans ledit délai et icelui passé, il y sera contraint par toutes voies de droit, et notamment par la saisie-exécution de ses meubles et effets. A ce que le susnommé n'en ignore, je lui ai, en son domicile où étant et parlant comme dessus, laissé, sous toutes réserves, copie du présent exploit, dont le coût est de

Nota. Pour les formules des commandemens qui doivent précéder les autres saisies, — V. *Emprisonnement, Saisie immobilière,* etc.

**COMMERÇANT.** C'est celui qui fait des actes de commerce, sa profession habituelle. Cette qualification s'applique aux négocians, marchands, fabricans, et banquiers. — V. *Acte de commerce, Ajournement,* n° 39; *Agent de change, Courtier; Emprisonnement, Faillite, Patente, Poids et mesures, Tribunal de commerce, Société.*

**COMMINATOIRE.** Se dit de la peine établie par une loi ou par un jugement, mais qui n'est point exécutée rigoureusement.

**1.** L'art. 1029 C. pr. a enlevé aux juges la faculté qu'un long usage leur avait acquise, de considérer dans beaucoup de cas comme seulement comminatoires les nullités, amendes et déchéances prononcées par la loi.

**2.** Toutefois, sont encore réputées comminatoires les amendes laissées à la prudence du juge, comme celles dont il est question dans les art. 71, 268, 1030 et 1039 C. pr.

**3.** Il en est autrement de celles qui sont prononcées d'une manière absolue, comme dans les art. 67, 264, 390, 471 et 513.

**4.** Peut-on réputer comminatoires, sans violer la chose jugée, les dispositions d'un jugement qui déclare une partie déchue d'un droit, faute par elle d'avoir fait un acte quelconque dans un délai fixé? — V. *Jugement.*

**COMMISSAIRE** *de police.* — V. *Emprisonnement, saisie-exécution.*

**COMMISSAIRE-PRISEUR.** Officier public dont les fonctions consistent à priser, et à vendre aux enchères les meubles et effets mobiliers.

**1.** Les commissaires-priseurs ont été institués par la loi du 27 vent. an 9, et leur organisation a été déterminée par un règlement du 29 germ. an 9; ils remplacent les huissiers-priseurs, supprimés par la loi du 26 juill. 1790.

Il existe des commissaires-priseurs dans les villes où siègent les trib. de 1re inst., et dans celles qui n'ayant ni sous-préfecture ni trib., renferment une population de 5,000 âmes et au-dessus. Ordonn. 28 juin 1816, art. 1. Leur nombre est fixé par ordonn. du roi; il est de 80 pour le département de la Seine.

**2.** *Conditions d'admission :* — Il faut, 1° être âgé de 25 ans accomplis. — Cependant, le roi peut accorder des dispenses d'âge. Joye, p. 175;

2° Jouir de l'exercice des droits civils et de citoyen ;

3° Etre libéré du service militaire ;

4° Justifier d'un stage semblable à celui qu'il faut pour être huissier. — En cas d'impossibilité, il suffit que la capacité de l'aspirant soit attestée par le procureur du roi et par le procureur-général, qui transmettent la demande. Joye, p. 175.

5° Etre présenté par un titulaire, s'il n'a pas été destitué, ou par ses héritiers ou ayant-cause. — V. *Office.*

La présentation par le trib. n'est pas indispensable. Joye, 175. — A Paris, il faut joindre à l'avis du trib. celui de la chambre de discipline.

6° Justifier du versement d'un *cautionnement* (—V. ce mot);

et de l'acquit du droit d'enregistrement. — V. *Office*, § 7; 7° Prêter serment.

3. *Incompatibilités*. Les fonctions de commissaire-priseur sont incompatibles, avec toutes les fonctions de l'ordre judiciaire, à l'exception de celles de greffier de justice de paix ou de tribunal de police et d'huissiers, dans les résidences autres que la ville de Paris. L. 8 juin 1792; ordonn. 26 juin 1816; — avec les fonctions de notaire. L. 25 vent. an 11, ordonn. 31 juill. 1822; — et avec les fonctions ou emplois administratifs auxquels il est attaché un traitement. Arg. av. Conseil-d'Et. 5 août 1809; Joye, p. 175.

Il est interdit aux commissaires-priseurs d'exercer la profession de marchand de meubles, de marchand fripier ou tapissier, ni de s'associer à aucun commerce de cette nature, à peine de destitution. Ordonn. 26 juin 1816, art. 12.

4. *Attributions*. Les commissaires-priseurs ont, dans le chef-lieu de leur établissement, le droit exclusif de procéder aux prisées de meubles et aux ventes publiques aux enchères d'effets mobiliers; mais à l'égard des autres parties de la circonscription dans laquelle ils exercent, ils n'ont qu'un droit de concurrence avec les notaires, les greffiers et les huissiers. LL. 27 vent. an 9, art. 1, 8; 28 avr. 1816, art. 89; Arg. L. 17 sept. 1793. — V. *Prisée*, *Vente de meubles*.

Les commissaires-priseurs résidant au chef-lieu du département ont le droit exclusif d'exercer dans ce chef-lieu, et de plus la concurrence dans toute l'étendue de l'arrondissement, excepté dans les villes où réside un commissaire-priseur. La concurrence, pour les commissaires-priseurs établis dans les villes qui ne sont pas chef-lieu d'arrondissement, se borne à l'étendue de leur canton. Les justices de paix des faubourgs, et celles désignées sous le nom d'*extrà-muros*, sont considérées comme faisant partie des villes dont elles dépendent. Ordonn. 26 juin 1816, art. 1, 3.

5. Dans les villes où il existe des monts-de-piété, des commissaires-priseurs choisis parmi ceux résidant dans ces villes, et par les administrateurs de ces établissemens, sont exclusivement chargés de toutes les opérations de prisées et de ventes y relatives. Ordonn. 26 juin 1816, art. 5.

6. Les commissaires-priseurs conservent-ils le droit exclusif de procéder aux ventes volontaires de mobilier, quand bien même un délai a été accordé pour le paiement des objets adjugés?—L'affirmative résulte d'un arrêt de Cass. du 8 mars 1837 (Art. 687 J. Pr.).

7. Le droit exclusif attribué aux commissaires-priseurs ne doit pas être étendu aux prisées des fonds de commerce ou d'achalandage, ni aux choses fongibles.—Leur caractère d'officiers

publics ne les dispense pas de prêter serment pour l'estimation de ces objets, dans le cas de l'art. 455 C. civ.

8. Ils sont incompétens pour procéder aux adjudications de récoltes ou coupes de bois sur pied, de matériaux provenant de démolition ou d'extraction à faire lors de la vente, et de tous objets réputés immeubles à cette époque, ainsi que de tous les droits mobiliers incorporels. Cass. 11 mai 1837 (Art. 829 J. Pr.). —Contrà, Paris, 6 août 1835 (Art. 459 J. Pr.).

9. Ils sont encore sans qualité pour procéder aux ventes faites aux enchères, à la Bourse, des marchandises comprises dans le tableau dressé par le trib. de commerce, conformément au décr. du 17 avr. 1812. Elles ne peuvent être faites que par les courtiers de commerce judiciairement autorisés. Cass. 10 juin 1823, S. 23, 287.

A moins qu'ils ne remplacent les courtiers de commerce dans un lieu où il n'en n'existe pas, et à la charge de remplir les obligations imposées à ces derniers. Bourges, 5 avril 1817 (Art. 754 J. Pr.); Cass. 13 fév. 1838 ( Art. 1102 J. Pr.).

10. Mais les courtiers de commerce peuvent se trouver en concurrence avec les commissaires-priseurs, ou, à leur défaut, avec les notaires, greffiers et huissiers, pour la vente des marchandises et effets mobiliers appartenant à des faillis : ils n'ont pas le droit exclusif de vendre ces objets; il appartient aux syndics de choisir le lieu où les marchandises seront vendues. Cass. 27 fév. 1828, D. 28, 146. — V. *Faillite*.

11. Les commissaires-priseurs peuvent-ils prêter leur ministère à un marchand-colporteur pour procéder à la vente purement volontaire aux enchères et en détail des marchandises neuves faisant l'objet de son commerce?—V. *Vente de marchandises neuves*.

12. Leurs procès-verbaux ne font preuve que du fait de la vente. Ils sont sans force pour constater les conventions des parties, même relativement à la vente. Ils n'emportent ni hypothèque, ni exécution parée.

13. Ils peuvent recevoir toutes déclarations concernant les ventes auxquelles ils procèdent, recevoir et viser toutes oppositions qui y sont formées, introduire devant les autorités compétentes tous référés auxquels leurs opérations peuvent donner lieu, et citer à cet effet les parties intéressées devant ces autorités. Ordonn. 26 juin 1816, art. 6.

14. Ils ont la police dans les ventes et peuvent faire toutes réquisitions pour y maintenir l'ordre. *Ib.*, art. 8.

15. *Obligations.* Ils sont assujettis à une patente. Ordonn. 16 janv. 1822.

16. Leurs procès-verbaux doivent être inscrits jour par jour

dans un répertoire coté et paraphé par le président du trib. Ordonn. 26 juin 1816, art. 13. — V. d'ailleurs *Discipline*, *Responsabilité*, *Vente de meubles*.

**17.** Il y a une bourse commune entre les commissaires-priseurs d'une même résidence ; ils sont tenus d'y verser la moitié de leurs droits et honoraires. Ordonn. 18 fév. 1815, art. 1er ; 26 juin 1816, art. 4. — Ceux qui sont chargés des opérations des monts-de-piété versent à la bourse commune la portion de leurs honoraires fixée par le décret du 10 mars 1807. Ordonn. 26 juin 1816, art. 5.

**18.** Les honoraires des commissaires-priseurs sont à Paris, pour frais de prisée, 6 fr. par vacation de trois heures. L. 27 vent. an 9, art. 6. — Dans les départemens, par vacation de trois heures 4 fr., et pour visa d'opposition 15 cent., les deux tiers de ce qui est alloué à ceux de Paris. LL. 17 sept. 1793, 28 avr. 1816, art. 89 ; Cass. 13 juin 1825.

**19.** A Paris, il leur est en outre alloué, pour tous frais de vente, vacations à la vente, rédaction de minute et première expédition du procès-verbal, droits de clercs et tous autres droits, non compris les déboursés faits pour annoncer la vente et en acquitter les droits : 8 p. °/₀ si le produit de la vente s'élève jusqu'à 1,000 fr., 7 p. °/₀ quand le produit s'élève à 4,000 fr., et 5 p. °/₀ si le produit dépasse 4,000 fr. *Même loi*, art. 7.

**20.** Dans les départemens, les commissaires-priseurs ne peuvent percevoir que 2 sous 6 deniers par chaque rôle de grosse des procès-verbaux de vente (Décr. 26 juill. 1790, art. 3). Néanmoins, rien ne s'oppose à ce que les parties leur accordent un droit proportionnel sur le prix des ventes. Décis. min. fin. 14 sept. 1828. — V. *Inventaire*, *Saisie*, *Vente*.

Toutefois, dans les liquidations où des mineurs sont intéressés, le juge taxateur peut réduire les honoraires du commissaire-priseur, à l'évaluation des vacations employées pour procéder à la vente.

**COMMISSION** *de justice*. Mandat qu'un tribunal ou même un juge confère à un officier public.

**COMMISSION** *rogatoire*. Commission donnée par un tribunal à un juge d'un autre siège.

**COMMISSION** (*Nomination*). Acte ou brevet de nomination à des fonctions publiques. Les officiers ministériels obtiennent du roi leur commission. Ils ne sont admis à prêter serment qu'en la représentant avec la quittance de leur cautionnement.

**COMMUNE.** C'est le corps des habitans d'une ville ou d'un village, considérés collectivement sous le rapport de leurs intérêts communs.

**1.** Une commune ne peut plaider, soit en demandant, soit en défendant, sans une autorisation du conseil de préfecture. art.

49, L. 18 juill. 1857 (Art. 880 J. Pr.); — Excepté dans le cas d'une action possessoire, d'un acte conservatoire ou interruptif de déchéance. *Même loi,* art. 55.

Mais la loi ne fait point d'exception pour les matières mobilières.

Jugé que l'autorisation n'est pas nécessaire pour poursuivre une commune dans les cas de responsabilité prévus par la loi du 10 vend. an 4. Cass. 17 juin 1817, 19 nov. 1821, 28 janv. 1826; — Ni en matière correctionnelle. Cass. 3 août 1820 ; Grenoble, 3 avr. 1824; av. Cons.-d'Et., 22 fév. 1821 ; Cass. 24 juill. 1837 (Art. 892 J. Pr.).

2. L'autorisation est donnée, après l'avis motivé du conseil municipal (*Ib*. art. 49), et du sous-préfet.

3. La décision du conseil de préfecture portant refus d'autorisation doit être motivée. *Même loi,* art. 52.

Elle peut, en vertu d'une nouvelle délibération du conseil municipal, être attaquée, — dans les trois mois à dater de la notification, — devant le Conseil d'Etat. *Ib*. art. 50.

Le pourvoi est introduit et jugé en la forme administrative. *Ib.*

4. Si la commune est défenderesse, le demandeur est tenu d'adresser au préfet un mémoire exposant les motifs de la réclamation ; il lui en est donné récépissé. — La présentation du mémoire interrompt la prescription de toutes déchéances. *Même loi,* art. 51.

5. Le conseil municipal, convoqué par le préfet, donne son avis. *Ib.*

6. Le conseil de préfecture doit statuer dans les deux mois de la remise du mémoire. *Ib.,* art. 52.

7. A défaut de décision dans le délai, ou en cas de refus d'autorisation, le demandeur peut prendre un *jugement par défaut.* Arg. *même loi,* art. 54. — V. ce mot.

8. La commune, en vertu d'une nouvelle délibération du conseil municipal, peut se pourvoir devant le Conseil-d'Etat, contre la décision qui lui refuse l'autorisation. *Ib.,* art. 53.

9. Ce pourvoi est suspensif. *Ib.,* art. 54.

10. Le Conseil-d'Etat doit statuer dans les deux mois de l'enregistrement du pourvoi au secrétariat. Art. 53. *même loi.*

La loi nouvelle ne prescrit pas de prendre l'avis de trois jurisconsultes.

11. Le Conseil-d'Etat doit toujours refuser l'autorisation lorsque le conseil municipal a, par trois délibérations successives, déclaré à l'unanimité que la commune était dépourvue de titres pour intervenir dans une instance. Arr. Cons. 9 juin 1830 ; Macarel, 1830, p. 295.

12. L'arrêté qui accorde l'autorisation n'est qu'un acte de rme, tendant à régulariser l'action de la commune. L'adver-

saire de celle-ci ne peut donc pas s'en plaindre ni l'attaquer au fond. Décr. 2 juill. 1807 ; 26 nov. 1808 ; 24 déc. 1810 ; 23 déc. 1813 ; Ordonn. 6 nov. 1817 ; 11 fév. 1820.

**13.** L'autorité administrative est seule compétente pour juger si l'autorisation existe dans les formes légales. Les trib. civils ne peuvent en connaître ; il doit leur suffire que les actes d'autorisation en présentent les élémens constitutifs. Cass. 29 juill. 1823, S. 24, 89.

**14.** Lorsqu'une section plaide contre la commune, il est formé, pour cette section, une commission syndicale de trois ou cinq membres, choisis par le préfet, parmi les électeurs municipaux, et à leur défaut, parmi les citoyens les plus imposés (*Même loi*, art. 56),—non intéressés dans la contestation. *Ib.*

**15.** Cette commission et le conseil municipal réunis à la sous-préfecture, essayent de concilier les parties.

**16.** A défaut de conciliation, le procès-verbal de l'assemblée, tendant à obtenir l'autorisation de plaider, est adressé, avec l'avis du conseil municipal, au conseil de préfecture, qui prononce.

**17.** L'action est suivie par l'un des membres désigné par la commission syndicale. *Même loi*, art. 56.

**18.** On procède de la même manière, si une section plaide contre une autre section de la même commune. *Même loi*, art. 57.

**19.** Tout contribuable inscrit au rôle de la commune, a également le droit d'exercer, à ses frais et risques, avec l'autorisation du conseil de préfecture, les actions qu'il croirait appartenir à la commune ou à la section qui, préalablement appelée à en délibérer, aurait refusé ou négligé de l'exercer. La commune ou section est mise en cause, et la décision à intervenir a son effet à son égard. *Même loi*, art. 49.—V. d'ailleurs *sup.*, n° 3.

**20.** Lorsqu'un particulier plaide contre une commune ou une section de commune, on suit les formes indiquées *sup.* n° 4 et suiv.

**21.** Des habitans qui ont des droits distincts de ceux de la commune dont ils font partie, n'ont pas besoin d'autorisation pour l'exercice de ces droits, *ut singuli*. Cass. 20 août 1833, D. 33, 341.

**22.** L'autorisation doit désigner les noms des parties et l'objet de la contestation.

**23.** Celle accordée pour intenter ou soutenir une action, s'étend aux incidens auxquels peut donner lieu cette action. Cass. 7 janv. 1835 (Art. 156 J. Pr.) ; — par exemple à une demande en péremption. Cass. 10 janv. 1810, S. 10, 122.

**24.** Une nouvelle autorisation est nécessaire pour se pourvoir devant un autre degré de juridiction. Loi de 1837, art. 49 ; — spécialement en appel et en *cassation* ; ce dernier recours forme une instance nouvelle. — V. ce mot, n° 47 ; — ou devant un autre trib. devant lequel est renvoyé le procès, si l'objet de la demande est changé, par exemple, si la réclamation d'un droit de propriété a été substituée à la demande d'un droit d'usage. Cass. 19 pluv. an 7, P. 1, 527.

**25.** Mais elle n'est pas nécessaire pour former opposition à un jugement par défaut. Colmar, 18 fév. 1824.

**26.** L'autorisation ne se présume pas : elle est censée ne pas exister, par cela seul qu'elle n'est pas mentionnée dans le jugement ni dans les pièces. Cass. 28 brum. au 6, 2 mai 1808, S. 9, 168 ; 5 juin 1813 et 28 janv. 1824, S. 24, 258.

**27.** Toutefois, dans les instances anciennes, la preuve de l'autorisation peut résulter de présomptions et de simples énonciations, contenues dans les actes anciens. Cass. 2 juill. 1827, S. 27, 588.

**28.** L'absence de l'énonciation de l'autorisation dans le jugement, n'est point une nullité absolue. — On peut obliger à rapporter un certificat négatif du préfet.

**29.** Le défaut d'autorisation emporte nullité.

Cette nullité, introduite dans l'intérêt de la commune, peut être proposée par elle, non seulement pendant l'instance, mais même après le jugement, en tout état de cause, en appel, — et même pour la première fois devant la C. de cass. Cass. 24 mai 1829, D. 29, 279 ; Merlin, v° *Commune*, § 7.

Jugé cependant que cette règle reçoit exception, — 1° lorsque la commune, non autorisée en 1re inst., a obtenu l'autorisation d'interjeter appel. Cass. 18 fév. 1835 (Art. 87 J. Pr.) ; — 2° lorsqu'elle a défendu au fond, devant la C. roy., étant régulièrement autorisée, sans demander la nullité de la décision des premiers juges. Cass. 1er août 1837 (Art. 986 J. Pr.).

**50.** La commune peut se pourvoir par toutes les voies légales, d'opposition, d'appel, de cassation et même de *requête civile*, s'il y a lieu. — Excepté la *tierce-opposition*. — V. ces mots.

**51.** Elle doit exercer son recours dans les délais légaux, autrement, le jugement peut acquérir l'autorité de la chose jugée.

**52.** L'adversaire de la commune n'est pas recevable à proposer la nullité en tout état de cause.

Il peut se refuser à plaider avec la commune, si elle n'est pas pourvue d'autorisation ; les jugemens rendus avec elle, sans cette formalité, seraient attaquables. Mais s'il n'a pas opposé cette exception, il n'a plus le droit de l'invoquer postérieurement. C'est un point aujourd'hui constant en jurisprudence. Cass. 7 mai 1829 ; 23 juin 1835 ; 4 mai, 2 juin 1836 ; 30 mai 1837 (Art. 101, 475, 591, 863, J. Pr.) — Ainsi jugé au profit d'un hospice. Cass. 8 fév. 1837 (Art. 941 J. Pr.).

**53.** L'acquiescement de la commune non autorisée à la demande de l'adversaire n'est pas obligatoire. Cass. 11 janv. 1809, P. 8, 508; 27 janv. 1829, S. 29, 107.

**54.** Toutefois la commune peut, avant l'autorisation, faire des actes conservatoires. — V. *sup.* n° 1. — Par exemple, sur une action en reconnaissance de bornes et de droit de servitude, constituer avoué, et sommer l'adversaire de communiquer ses titres.

L'incident tendant à faire déclarer nulles ces constitution et sommation, est sans intérêt si l'autorisation est signifiée avant le jugement sur l'incident. Douai, 4 mai 1836 (Art. 476 J. Pr.).

**55.** La commune est représentée en justice, soit en demandant, soit en défendant, par le *maire*. — L. 18 juill. 1837, art. 10-8° (Art. 880 J. Pr.). — V. ce mot, et *Exploit*.

**56.** Les causes qui concernent les communes sont dispensées du *préliminaire de concialiation*, et doivent être communiquées au *ministère public*. — V. ces mots.

**57.** Quant aux formes de l'expropriation d'un bien communal pour cause d'utilité publique, — V. *Expropriation*.

**58.** La section qui obtient une condamnation contre la commune ou contre une autre section n'est point passible des charges ou contributions imposées pour l'acquittement des frais et dommages qui résultent du procès. — Il en est de même à l'égard de toute partie qui a plaidé contre une commune ou une section de commune. Loi de 1837, art. 58.

COMMUNE (femme). — V. *Femme mariée*.

COMMUNE *renommée*. Espèce d'enquête où les témoins sont appelés pour déposer sur la valeur des biens que quelqu'un possédait à une certaine époque, d'après ce qu'ils ont vu par eux-mêmes ou entendu dire. — V. *Enquête, Inventaire*.

COMMUNICATION *au ministère public*. — V. ce mot.

COMMUNICATION *de pièces*. — V. *Exception*.

COMPARAISON *d'écritures*. — V. *Faux, Vérification d'écritures*.

COMPARUTION DE PARTIES. **1.** La comparution des parties a lieu, en matière civile ou commerciale, le plus ordinairement dans les affaires qui consistent en faits, et lorsque le juge ne peut s'éclairer par l'instruction ordinaire.

**2.** Tout tribunal peut l'ordonner, soit d'office, soit sur la demande des parties. C. pr. 119, 428.

Ce moyen d'instruction est abandonné à l'arbitrage du juge, qui l'admet ou le rejette, sans que sa décision à cet égard donne ouverture à cassation. Cass. 3 janv. 1832, S. 32, 552.

**3.** Le tribunal ne doit pas ordonner d'office la comparution de personnes autres que les parties. C'est à ces dernières à de-

mander la mise en cause d'une tierce-personne ou une enquête.
Thomine, *ib.* — V. *Jugement.*

4. Il ne peut pas, à peine de nullité du jugement, ordonner la
comparution de l'une des parties seulement, malgré la réclamation de l'autre. Cette dernière a intérêt à donner aussi des
explications aux magistrats ; la loi s'est servie du pluriel. —
V. toutefois Thomine, 1, 235.

5. Les parties qui comparaissent, doivent, en général, avoir
la libre disposition de leurs droits ; les explications qui suivent
la comparution peuvent amener des aveux de nature à entraîner
une condamnation.

6. Le jugement indique le jour de la comparution. C. pr.
119. — Il peut être prorogé, en cas d'empêchement légitime.
Bruxelles, 11 fév. 1809, P. 7, 372.

7. Ordinairement on se dispense de lever le jugement. Arg.
C. pr. 28 ; Pigeau, 1, 514.—Les avoués se chargent respectivement de prévenir leurs clients par lettres. — Quelquefois on
somme l'adversaire de comparaître.

Toutefois il est prudent de signifier ce jugement, si l'on
craint que l'adversaire ne veuille pas comparaître. Il peut arriver que ce jugement soit attaquable pour quelque cause de
nullité qu'il importe de ne pas couvrir ou qu'une exception d'incompétence, une fin de non recevoir soient compromises par
la comparution. Il est bon que la partie soit prévenue par son
avoué qu'un défaut de comparution pourra laisser au tribunal
des doutes sur sa bonne foi et faire ajouter plus de confiance
aux explications de l'adversaire.

Quoique le tarif n'indique aucun salaire, aucune vacation
pour assistance, signification ou sommation, il pourra en être
alloué suivant les circonstances.

8. Quelquefois, lorsque les parties sont présentes à l'audience, la comparution est ordonnée et a lieu immédiatement.

9. En matière de commerce, la comparution a lieu à l'audience ou à la chambre du conseil, et, en cas d'empêchement ,
devant un juge commis, ou devant un juge de paix, qui dresse
procès-verbal des déclarations. C. pr. 428. — Mais elle a toujours lieu à l'audience en matière civile.

10. Lorsque les parties comparaissent, le président les in-
terroge en présence l'une de l'autre.

11. Les parties doivent répondre en personne, sans pouvoir
lire aucun projet de réponse par écrit.

12. Il n'est point dressé procès-verbal des déclarations. —
V. toutefois *sup.* n° 9.

13. Les parties entendues , l'audience continue, et la discussion s'engage sur les inductions que l'on peut tirer de leurs
déclarations.

**14.** Les réponses forment un *aveu* judiciaire. —*V.* ce mot, n° 1.

**15.** La C. de cass. le 15 fév. 1812 (S. 12, 241) a jugé, par argument de l'art. 330 C. pr., qu'un trib. peut tenir pour avérés les faits allégués contre le défaillant. Cette solution paraît être adoptée par MM. Pigeau et Berriat.

Toutefois nous croyons qu'il ne faut pas confondre l'interrogatoire sur faits et articles avec la comparution des parties : le jugement qui ordonne la comparution ne dit pas ce que l'on demandera aux parties.

Il ne doit donc résulter de la non comparution ou du silence d'une partie qu'une *présomption* plus ou moins grave suivant les circonstances. Le juge pourrait s'en autoriser pour déférer à l'autre partie le serment supplétoire. Thomine, 236.

Il est à remarquer que l'arrêt du 15 fév. 1815 a été rendu en matière commerciale.

**16.** Si le jugement qui intervient est fondé sur quelques éclaircissemens fournis par l'interrogatoire, il en est fait mention dans les motifs.

Cette énonciation était exigée même sous l'ancienne législation, où l'insertion des motifs n'était pas obligatoire, afin qu'en cas d'appel on pût opposer à la partie ce qu'elle avait déclaré à l'audience. Pigeau, 1, 314.

**17.** COMPARUTION *volontaire.* —*V. Juge de paix.*

### FORMULE.

*Jugement qui ordonne la comparution.*

Attendu que les parties sont divisées sur les faits de la cause, et qu'il est nécessaire de les entendre,

Le tribunal ordonne que les parties comparaîtront en personne à l'audience du       pour répondre sur les faits sur lesquels elles seront interrogées : dépens réservés.

— *V. Interrogatoire sur faits et articles, Jugement.*

**COMPÉTENCE.** Ce mot a plusieurs acceptions.

Il signifie, en général, la mesure du pouvoir attribué par la loi à chaque fonctionnaire public (—*V. Greffier, Huissier, Juge de paix, Notaire*). Dans un sens moins étendu, c'est le droit que la loi défère au juge d'exercer sa juridiction sur certaines matières spécifiées par elle.

La *juridiction* est le pouvoir donné au juge d'exercer ses fonctions. Les règles qui déterminent à quelles conditions, envers quelles personnes, sur quelles matières il doit les exercer, fixent la compétence du juge. En d'autres termes, la juridiction est le pouvoir de juger ; la compétence est la mesure de la juridiction. Carré, *Compétence*, 1, 465.

**1.** Les usurpations des parlemens avaient confondu le pouvoir législatif et le pouvoir judiciaire ; mais la séparation de ces deux autorités, posée en principe par l'Assemblée constituante (L. 24 août 1798, tit. 2, art. 3), a été consacrée par l'art. 5 C. civ. : « Il est défendu aux juges de prononcer par voie de disposition générale et réglementaire sur les causes qui leur sont soumises. »

**2.** Cette défense est sanctionnée par l'art. 127 C. pén. qui déclare coupables de forfaiture les juges qui se seraient immiscés dans l'exercice du pouvoir législatif.

**3.** Ainsi un tribunal excède ses pouvoirs :—1° En délivrant des arrêtés en forme d'actes interprétatifs du sens de quelque article de coutume ou de loi.—V. *Acte de notoriété*, n° 5.

2° En faisant dans un arrêté pris par la chambre du conseil des injonctions à ses justiciables. Cass. 12 août 1791. 14 pluv. an 12.

3° En faisant un règlement sur la procédure civile à suivre dans l'étendue de son ressort. Cass. 24 prair. an 9, P. 2, 214.

4° En décidant, par voie générale et réglementaire, qu'en matière de faillite le ministère public ne pourra à l'avenir assister aux assemblées des créanciers du failli, ni déplacer ses livres et papiers. Cass. 20 août 1812.

5° En prescrivant à des maires des actes étrangers à leurs attributions : par exemple, en leur ordonnant de fournir à un particulier l'état des redevables d'une rente. Cass. 23 oct. 1809. P. 7, 852.

**4.** De même un trib. de comm. est incompétent pour prendre un arrêté qui ordonne la transcription d'un ouvrage sur ses registres, l'impression d'un certain nombre d'exemplaires, et l'envoi à tous les trib. de comm. ainsi qu'à la C. de cass. Cass. 4 pluv. an 12, P. 3, 592.

**5.** Les tribunaux n'ont le droit de prendre des arrêtés que sur la police de leurs audiences. *Même arrêt.*

**6.** L'autorité judiciaire ne doit pas seulement s'abstenir de tout empiètement sur le pouvoir législatif; elle doit encore respecter les actes de l'autorité administrative; il lui est défendu expressément de s'en attribuer la connaissance sous aucun prétexte. Les fonctions judiciaires, porte la loi du 24 août 1790, art. 13, sont distinctes, et demeureront toujours séparées des fonctions administratives. Les juges ne pourront, à peine de forfaiture, troubler de quelque manière que ce soit, les opérations du corps administratif, ni citer devant eux les administrateurs pour raison de leurs fonctions.

**7.** Mais la difficulté consistait à déterminer d'une manière précise les limites entre l'autorité et le pouvoir judiciaire. La ligne de démarcation, imparfaitement tracée par la loi du 16 septembre 1790, disparut au milieu des orages de la révolution, et l'administration usurpa une partie des attributions des tribunaux.

**8.** Toutefois la jurisprudence a posé quelques règles.

Ainsi, 1° les trib. civils sont forcés de s'abstenir de statuer sur toute contestation précédemment réglée par des actes ou arrêtés administratifs, alors même que ces arrêtés auraient été incompétemment rendus. Ils doivent surseoir, même d'*office*, jusqu'à ce qu'ils aient été infirmés par l'autorité supérieure. Bourges, 19 avr. 1837 (Art. 817 J. Pr.).

2° Lorsque la décision du procès est subordonnée à l'interprétation d'un acte émané de l'autorité administrative, ils sont tenus de renvoyer les parties devant cette autorité, afin de faire éclaircir le sens de l'acte.

5. Les tribunaux sont encore obligés de suspendre toute délibération, lorsqu'un arrêté de conflit leur est légalement notifié. — V. *Conflit.*

4° Enfin, lorsqu'une plainte est portée contre un fonctionnaire public, la partie poursuivante doit, avant de requérir qu'il soit procédé à l'interrogatoire de l'agent inculpé, et qu'il soit décerné contre lui un mandat de dépôt ou d'arrêt, demander au Conseil-d'État, par l'organe du procureur-général, l'autorisation nécessaire pour la mise en jugement. Const. 22 frim, an 8, art. 75; Cormenin, *Quest. dr. adm.*, v° *Tribunaux.*

Mais lorsque le sens d'un acte administratif ne présente ni obscurité ni ambiguïté, les tribunaux peuvent, sans s'arrêter à l'exception de l'une des parties, qui prétend que l'acte n'a pas le sens que lui prête l'adversaire, juger eux-mêmes le litige. Cass. 20 déc. 1836 (Art. 706 J. Pr.).

9. La juridiction peut être envisagée sous quatre aspects principaux. Elle est : 1° propre ou déléguée ; 2° ordinaire ou extraordinaire ; 3° naturelle ou prorogée ; 4° enfin, de premier ou de dernier ressort.

10. *Propre* ou *déléguée.* La juridiction est *propre* lorsqu'elle est exercée par le souverain, à qui seul elle appartient ; *déléguée*, lorsqu'elle est confiée par lui à des juges chargés de le représenter.

Toute justice émane du roi ; elle s'administre en son nom par des juges qu'il nomme et qu'il institue. Charte, art. 48.

Les juges, n'étant investis que d'une juridiction déléguée, ne peuvent pas transférer le droit de juger à des individus sans caractère. Ils n'ont que la faculté de déférer à d'autres juges les actes d'instruction qui exigeraient un déplacement considérable. Henrion, *Aut. jud.*, ch. 15; Orléans, 7 juin 1837 (Art. 875 J. Pr.).

Le consentement des parties ne pourrait même autoriser le magistrat commis pour procéder à quelque acte d'instruction, à excéder les bornes de sa commission. Carré, *Organisation*, 1, p. 687.

Conséquemment les règles de compétence sont violées lorsqu'un tribunal confie l'exécution d'un acte de la procédure à un juge incompétent. Cass. 7 fruct. an 9.

Mais un tribunal qui, en nommant son président pour une liquidation de communauté, lui attribue le pouvoir de juger les contestations qui s'élèveraient, ne commet aucun excès de pouvoir, s'il résulte de l'ensemble du jugement qu'il n'a entendu lui conférer que les fonctions de commissaire. Cass. 50 nov. 1851, D. 51, 571.

11. *Ordinaire* ou *extraordinaire.* La juridiction *ordinaire* est celle qui embrasse dans une circonscription déterminée toutes les affaires pour lesquelles la loi n'a pas formellement établi des juges spéciaux.

La juridiction *extraordinaire* ou *d'exception* est celle qui n'est investie que de la connaissance de certaines affaires spéciales. A cette distinction se rattache la division de l'incompétence en *personnelle* et *matérielle.* — V. *Exception.*

12. Les trib. qui exercent la juridiction ordinaire connaissent : 1° de toutes les affaires civiles qui n'ont pas été spécialement attribuées à d'autres juges ; 2° des contestations relatives aux injonctions ou défenses contenues dans leurs jugemens, et de l'exécution des décisions rendues par les trib. d'exception. — V. *inf.* n° 14.

Toutefois, dans le cas où le jugement de 1$^{re}$ inst. a été réformé en appel, la connaissance des contestations qui s'élèvent sur l'exécution de l'arrêt appartient à la Cour qui l'a rendu, ou au trib. de 1$^{re}$ inst. qu'elle charge de cette exécution. C. pr. 472. — V. *Appel*, section XI.

Si un même titre donne naissance à plusieurs actions, dont quelques-unes seulement sont dévolues à un tribunal d'exception, l'action doit être portée devant le tribunal ordinaire, qui ne peut scinder la demande, et doit prononcer sur tous les chefs. Paris, 8 août 1807, S. 14, 109. — Dans l'espèce, il s'agissait d'une action de la compétence du juge de paix, et d'une autre de la compétence du trib. de 1$^{re}$ inst.

15. Les trib. qui n'ont qu'une juridiction extraordinaire ne peuvent statuer que sur les matières qui leur sont expressément attribuées par la loi, et doivent se déclarer d'office incompétens, nonobstant le consentement exprès ou tacite des parties. Henrion, *ib.* ch. 16 et 17.

14. Les trib. d'exception n'ont pas le droit de connaître de l'exécution de leurs jugemens. — V. *sup.* n° 12.

Mais interpréter un jugement n'est pas connaître de son exécution. Si un jugement rendu par un trib. d'exception présente quelque ambiguité, c'est à ce trib. qu'il appartient de l'expliquer. Caen, 17 mai 1826 ; Horson, n° 209.

Il peut de même statuer sur les oppositions ou tierces-oppositions formées à son jugement. *Ibid.* — Ainsi que sur la régularité d'opérations d'expertises, comptes, etc., faits en vertu de ses jugemens interlocutoires. *Ibid.*

**15.** La juridiction ordinaire appartient, pour les matières civiles, aux trib. de 1<sup>re</sup> inst. et aux C. roy. ; la juridiction extraordinaire aux trib. de comm., aux juges de paix, aux conseils de prud'hommes, à tous les trib. administratifs.

**16.** Les trib. correctionnels, et en général tous les trib. d'exception, n'ont le pouvoir de prononcer une condamnation civile qu'autant qu'ils appliquent une peine, et accessoirement à l'exercice de leur juridiction répressive.

Néanmoins les C. d'assises connaissent des dommages-intérêts respectivement demandés, même en cas d'acquittement de l'accusé. C. inst. crim. 366.

**17.** Dans le doute, la règle générale domine l'exception : la juridiction ordinaire l'emporte sur la juridiction exceptionnelle.

**18.** *Naturelle* ou *prorogée.* La juridiction *naturelle* est celle attribuée par la loi ; la juridiction *prorogée* est celle conférée par les parties, dans les cas où la loi le permet, à un trib. qui, à défaut de conventions particulières, aurait été incompétent, soit en raison du domicile des parties, soit en raison de la situation ou de la valeur de l'objet litigieux. La loi elle-même proroge, dans certaines circonstances, la compétence ordinaire des tribunaux. — V. *Prorogation de juridiction.*

**19.** *De premier* ou *de dernier ressort.* Le juge de premier ressort est celui qui statue le premier sur une contestation.

En général, cette première décision peut être soumise par les parties à un tribunal supérieur qui prononce en dernier ressort ; mais, dans certains cas, le premier juge prononce en dernier ressort, c'est-à-dire que sa décision est inattaquable, si ce n'est pour vices de forme ou pour violation expresse de la loi. — V. *Cassation.*

Le premier et le dernier ressort forment les deux *degrés de juridiction.* — V. ce mot, et *Ressort.*

La Cour de cassation ne forme point un troisième degré de juridiction. — V. *Cassation.*

**20.** Chaque tribunal a son territoire circonscrit, au-delà duquel il est incompétent.

**21.** Un magistrat appelé, par le caractère que lui a conféré la loi, à exercer alternativement deux juridictions différentes, ne peut les exercer simultanément sur une même citation. — V. *Juge de paix.* — A moins qu'il n'y ait prorogation de juridiction.

**22.** Tout tribunal est compétent pour ordonner les mesures autorisées par la loi et qu'il juge nécessaires pour l'instruction de l'affaire. L. 2, D. de *juridiction*, lib. 2, tit. 1.

**23.** Néanmoins les trib. de paix et de comm. sont tenus de renvoyer aux juges ordinaires l'instruction et le jugement des incidens en vérification d'écriture ou inscription de faux. C. pr. 11, 14, 427.

Ainsi que de toute demande à raison de laquelle ils ne seraient pas compétens à raison de la matière : en ce cas, il est sursis au jugement de la cause principale. En effet, les demandes de cette nature ne pourraient être attribuées aux trib. d'exception que par une prorogation légale de juridiction, et cette prorogation ne peut avoir lieu lorsque l'incompétence est absolue.

Toutefois, il faut excepter le cas où il s'agit d'une demande reconventionnelle formée par le défendeur comme exception à la demande principale ; car autrement il dépendrait du caprice d'une partie de se soustraire à la juridiction exceptionnelle établie par la loi. — V. *ib.*

**24.** Lorsque les faits de la cause donnent lieu à une action civile et à une action criminelle, et que l'on poursuit séparément ces actions, il ne peut être statué sur la première avant le jugement de la seconde. C. pr. 240, 250 ; C. inst. crim. 3 ; C. civ. 235 ; Cass. 22 mess. an 7. — Si ce n'est lorsqu'il s'agit d'une question d'état : alors la question civile est *préjudicielle* à l'action criminelle. C. civ. 327.

**25.** Un tribunal incompétent pour statuer au principal ne peut ordonner aucune mesure provisoire. Cass. 19 fév. 1800.

Il ne peut pas davantage statuer sur les frais. Arrêté des consuls, 13 brumaire an 11, — ou sur les dommages-intérêts réclamés par le défendeur. 13 juill. 1831, D. 32, 173.

**26.** Tout tribunal régulièrement saisi d'une affaire, ne peut refuser d'en connaître, à moins qu'il ne soit autorisé à déclarer son incompétence, soit d'office, soit sur la demande du défendeur. C. civ. 4 ; Carré, *Compétence*, art. 251. — V. *Exception.*

Mais une Cour royale qui s'est déclarée incompétente pour statuer sur une question d'état, peut, par suite, sans commettre un déni de justice, refuser de statuer sur une demande relative à un aveu judiciaire qui se rapporte à la question principale. Cass. 14 mai 1834, D. 34, 245.

**27.** Nul événement postérieur à l'assignation n'a pour effet de dépouiller de la connaissance d'une affaire le tribunal qui en a été régulièrement saisi ; pas même le changement arrivé, soit dans la condition où le domicile des parties, soit dans les lois relatives à la compétence et aux formes de procéder, à moins d'une disposition formelle de ces lois. Carré, art. 253 ; L. 30, D., *de judiciis.* — Autrement il y aurait un double préjudice pour les parties, savoir : la perte des frais déjà faits, et le retard du jugement. Cass. 4 mess. an 12, 29 mars 1808, S. 8, 318; 14 août 1811 S. 11, 353; Merlin, *Rép.*, v° *Compétence.*

**28.** Le juge est saisi lorsque les parties lui ont régulièrement soumis la contestation.—V. *Ajournement, Audience.*

**29.** Ainsi, le décès d'une partie survenu après l'assignation qui lui a été donnée, ne peut attribuer juridiction au trib. de l'ouverture de la succession. Cass. 27 août 1807, P. 6, 285; Berriat, P. 35.

La cessation de la qualité de commerçant n'enlève pas au trib. de comm. la connaissance d'un billet souscrit pendant le commerce. Paris, 28 germ. an 13. — V. *Acte de commerce*, n° 16.

Un tribunal valablement saisi d'une affaire comme étant le juge du défendeur, reste compétent, quoique, par une loi promulguée avant l'exploit introductif, mais qui n'est devenue obligatoire que depuis, le domicile du défendeur ait été distrait du ressort du tribunal, et joint à l'arrondissement d'un autre. Pau, 14 juin 1831, D. 32, 120.

Enfin, lorsqu'un trib. de comm. s'établit dans un arrondissement où il n'en existait pas, le trib. civil continue à juger consulairement les causes de commerce pendantes devant lui. Carré, 1, 553. — *Contrà*, Bruxelles, 21 déc. 1812, S. 14, 214.

**30.** Quand la même cause, ou une autre cause connexe a été portée devant deux tribunaux différens, il y a lieu à *règlement de juges.*—V. ce mot.

**31.** Aucun trib. n'a le droit d'annuler sa première décision, lors même qu'elle aurait été surprise (Cass. 10 janv. 1806); si ce n'est dans le cas de recours légal (—V. *Requête civile*).

Le jugement une fois prononcé appartient aux parties, et ne peut plus être réformé ou rétracté que par les voies légales.

**32.** Tout tribunal a la police de ses audiences, et tout juge, procédant isolément, a également celle du lieu où il remplit un acte de juridiction. — V. *Audience*, § 3.

**33.** L'incompétence du trib. produit une exception. Mais à quelle époque et par qui peut-elle être proposée? qui peut la prononcer?—La solution de ces questions varie selon que l'incompétence est à raison de la personne ou de la matière. — V. *Exception.*

**34.** Indépendamment des règles générales qui viennent d'être exposées, certaines règles spéciales régissent la compétence des différens tribunaux tant ordinaire qu'extraordinaire. Elles sont tracées sous les mots auxquels elles se rapportent.— V. *Cassation, Cour royale, Juge de paix, Prud'homme, Tribunal de commerce, Tribunal de première instance.*

COMPLAINTE. — V. *Action possessoire*, § 1, art. 1.

COMPROMIS. — V. *Arbitrage.*

COMPTE (*Reddition de*). — V. *Reddition de compte.*

**COMPULSOIRE.** Voie prise par un tiers, dans le cours d'une instance pour se faire délivrer, par un notaire ou autre dépositaire public, expédition ou copie d'un acte dans lequel il n'a pas été partie, mais qui peut conduire à la décision de l'instance engagée.

1. Celui qui veut se faire délivrer expédition ou extrait d'un acte dans lequel il n'a pas été partie, est tenu de demander un compulsoire. C. pr. 846.

En effet, l'art. 23 L. 25 vent. an 11 défend aux notaires de délivrer expédition, et même de donner connaissance des actes qu'ils reçoivent, à d'autres qu'aux parties intéressées en nom direct, leurs héritiers ou ayant-cause, à peine de dommages-intérêts, d'une amende de 100 fr., et, en cas de récidive, de suspension de leurs fonctions pendant trois mois.

Par le même motif, l'art. 8 L. 22 frim. an 7 défend aux receveurs de l'enregistrement de délivrer des extraits des registres, bien que ces registres ne contiennent qu'une mention sommaire des actes à d'autres qu'aux parties contractantes ou leurs ayant-cause, à moins d'une ordonnance du juge de paix.

Jugé que celui qui n'a pas accepté régulièrement une indication de paiement faite par un acte de vente ne peut se faire délivrer une expédition de cet acte de vente : il n'est pas censé partie dans l'acte. Toulouse, 12 mars 1838 (Art. 1162 J. Pr.).

2. Mais le compulsoire est inutile, — 1° à l'égard des actes de l'état civil, des registres des conservateurs des hypothèques, des jugemens ou autres actes judiciaires : leurs dépositaires sont tenus d'en délivrer expédition, copie ou extrait à tout requérant, à la charge de leurs droits, à peine de tous dommages-intérêts. C. pr. 853; C. civ. 2196.

2° Lorsqu'un acte est produit au procès par la partie adverse : il suffit d'en demander la communication. — V. d'ailleurs *inf.* n° 22, et *Exception.*

3. Le compulsoire ayant pour effet de porter à la connaissance des tiers des secrets de famille, est une mesure exorbitante du droit commun.

4. Cette voie ne peut être employée qu'à l'égard des actes existant entre les mains de dépositaires publics.

Elle doit être refusée, 1° à l'égard des actes sous seing privé appartenant à des particuliers. Rennes, 21 juin 1811; P. 9, 409; Rouen, 13 juin 1827, D. 27, 164; Carré, art. 846.

2° A l'égard des actes notariés passés en brevet et en la possession d'un simple particulier. Si le dépositaire se refusait au compulsoire, il faudrait procéder contre lui par voie de contrainte personnelle et de perquisitions domiciliaires, moyens odieux qui ne peuvent être employés qu'en vertu d'une loi formelle.

3° A l'égard des papiers compris dans les cotes d'un inventaire : ce sont des actes privés; ils ne font pas partie des minutes du notaire. Trib. de la Seine, 31 janv. 1838 (Art. 1100 J. Pr.).

5. Il faut que le titre dont on demande la communication ait un rapport direct à l'objet du litige, et qu'il soit de nature à exercer de l'influence sur la décision du procès. Rennes, 27 juill. 1809, P. 7, 718; Carré, art. 846.

6. C'est au demandeur à établir le mérite et la nécessité du compulsoire, par de fortes présomptions. Arg. Cass. 10 juin 1833, D. 33, 254.

Toutefois, il a été jugé qu'il n'est pas indispensable de spécifier précisément le jour où l'acte a été passé et l'officier public qui l'a reçu. Paris, 1er mars 1809, p. 7, 418.

7. *Forme.* La demande d'un compulsoire doit être formée dans le cours d'une instance; elle ne pourrait plus l'être comme autrefois par action principale : l'art. 846 C. pr. introduit un droit nouveau : le titre où il se trouve placé renfermant un système complet sur les compulsoires, a remplacé toutes les dispositions antérieures sur la matière. Paris, 4 juill. 1809, et 8 fév. 1810, P. 7, 659; 8, 90; Pigeau, 2, 361; Carré, art. 846. — *Contrà*, Berriat, 660, n° 16.—V. *inf.* n° 11.

Mais le juge peut, en tout état de cause, ordonner un compulsoire incidemment demandé : la loi n'a point assigné de terme fatal. Rennes, 6 janv. 1814.

8. Le compulsoire est demandé par requête d'avoué à avoué. C. pr. 847.

Cette requête peut être grossoyée; mais elle ne doit pas excéder six rôles. Tar. 75.

9. L'avoué de la partie adverse peut signifier en répons une requête de la même étendue. Tar. 73.

10. La demande en compulsoire ne doit point, en général, retarder le jugement du procès : la partie doit s'imputer de l'avoir sollicité trop tard.

Mais si le compulsoire a été ordonné par un jugement contradictoire comme une mesure d'instruction préalable, il suspend nécessairement le jugement. Ordonn. 1555, art. 2, chap. 15; Berriat, 661, note 20; Carré, art. 847.

11. L'affaire est portée à l'audience sur un simple acte, et jugée sommairement sans aucune procédure et sans préliminaire de conciliation. C. pr. 847.

Le compulsoire est ordonné par le tribunal, — et non par le président : c'est à tort que l'on tire un argument *à contrario* de l'art. 25, L. 25 vent. an 11, portant que les notaires ne pourront délivrer, *sans l'ordonnance du président*, expédition des actes à d'autres qu'aux parties intéressées.

Toutefois, si le président a ordonné la délivrance d'une expédition *à un tiers intéressé,* le notaire ne peut pas refuser d'y obtempérer. Il n'a pas qualité pour discuter le mérite de l'ordonnance, qui lui offre d'ailleurs une garantie suffisante. Rouen, 13 mars 1826, D. 26, 198.

12. Le jugement est exécutoire par provision, nonobstant opposition ou appel. C. pr. 848.

Toutefois, le dépositaire peut toujours se refuser à délivrer l'expédition, s'il n'a pas été payé des frais et déboursés de la minute de l'acte, outre ceux d'expédition. C. pr. 851.

13. Le jugement doit être signifié, non seulement à la partie adverse et à son avoué, mais encore au dépositaire de l'acte. Carré, n° 2883.

14. Il doit l'être, en outre, suivant MM. Pigeau, 2, 394 et Carré, n° 2883, à toutes les personnes intéressées dans l'acte, encore qu'elles ne soient pas en cause; elles ont le même intérêt à conserver leurs affaires secrètes. — Mais on répond avec raison : La loi n'a point exigé cette signification; elle n'est prescrite qu'à l'égard des parties en cause, et contre lesquelles on veut exécuter le jugement. Dalloz, v° *Compulsoire,* 701, note 5. D'ailleurs la partie qui est en cause pourrait donner connaissance de l'acte sans le consentement des autres parties intéressées. Le compulsoire peut donc être ordonné contre cette partie, en l'absence des autres.

Nous refusons même aux autres parties le droit d'intervenir pour contester la convenance et l'utilité du compulsoire. Dalloz, *ib.*

15. Le procès-verbal de compulsoire est dressé, et l'expédition, la copie ou l'extrait est délivré par le notaire ou autre dépositaire de l'acte, à moins que le tribunal, par crainte de refus ou d'inexactitude de ce dépositaire, ne juge convenable de commettre à cet effet un de ses membres, ou tout autre juge du trib. de 1re inst., ou un autre notaire. C. pr. 849; L. 25 vent. an 11, art. 24.

16. Si le compulsoire est fait par un juge, on ne peut le provoquer qu'en vertu de son ordonnance, rendue sur requête à lui présentée, et indicative des jour et heure de la comparution.

17. Cette requête et cette ordonnance sont signifiées par la partie poursuivante aux parties intéressées, avec sommation de se trouver aux jour et heure indiqués par l'ordonnance dans le cabinet du juge, pour y être présentes à la rédaction du procès-verbal, auquel elles ont droit d'assister. La bienséance exige que le juge ne soit pas obligé de se transporter dans l'étude du notaire. Arg. C. pr. 1040; Favard, v° *Expédition,* n° 5; Carré, n° 2885.

18. Si c'est un notaire qui doit procéder au compulsoire,

on lui fait sommation, ainsi qu'aux parties qui doivent comparaître, de se trouver en l'étude aux jour et heure indiqués par
le poursuivant.

**19.** Les parties comparaissent assistées de leurs avoués. Tar.
92; Pigeau, t. 2, p. 595; Carré, n° 2888.

Elles peuvent faire insérer au procès-verbal tels dires qu'elles
jugent convenables.

**20.** Après la délivrance de l'expédition, les parties ont le
droit de faire la collation de cette expédition avec la minute.
La lecture de la minute est faite par le notaire. C. pr. 852.

Les parties suivent la lecture sur l'expédition.

Lorsqu'elles prétendent que le notaire n'a pas fait une lecture exacte de la minute, elles introduisent un référé.

Le président ordonne que la minute et l'expédition lui seront
remises, et il en fait lui-même la collation. C. pr. 852.

**21.** Le procès-verbal de collation en référé doit être dressé
par le juge, et non par le dépositaire de la minute, parce qu'é-
tant accusé de ne pas avoir délivré une expédition ou copie
conforme à la minute, il n'est pas présumé avoir l'impartialité
nécessaire pour la rédaction de cet acte. Carré, n° 2890.

**22.** Lorsque, pendant le cours d'une instance, une expédition que l'on a lieu de croire inexacte est produite, on peut,
au lieu de suivre la voie rigoureuse de l'inscription de faux,
demander au trib. d'ordonner l'apport de la minute.

**23.** Si le défendeur ne comparaît pas aux jour et heure indiqués pour le compulsoire, il est procédé en son absence dans
les formes ordinaires. Mais dans l'usage on surseoit pendant une
heure au moins après l'échéance de l'heure fixée pour la comparution; il en est fait mention dans le procès-verbal. Ordonn.
1667, art. 2, tit. 12; Carré, art. 858.

**24.** Les frais du procès-verbal, ainsi que ceux du transport
du dépositaire de la minute devant le juge en référé, doivent
être avancés par le requérant. C. pr. 852.

**25.** *Timbre.* Le procès-verbal du compulsoire, fait en brevet,
doit être sur papier à expédition.

S'il est fait en minute, il peut être sur tout papier de dimension.

**26.** *Enregistrement.* Le procès-verbal de compulsoire est passible du droit fixe de 2 fr. L. 28 avr. 1816, art. 43, n° 16.

L'expédition ou la copie de la pièce compulsée, délivrée séparément du procès-verbal de compulsoire, n'est pas soumise à
l'enregistrement.

**27.** Lorsque la collation a lieu par le président, il n'est dû
aucun droit particulier d'enregistrement, si la collation est constatée par le procès-verbal du dépositaire. Mais s'il est rédigé
une ordonnance de collation, elle est passible du droit fixe de

5 fr. L. 22 frim. an 7, tit. 7, art. 68, § 2, nᵒˢ 6 et 7 ; L. 28 avr. 1816, art. 44, nᵒ 10.

## FORMULES.

### FORMULE I.

#### Requête à fin de compulsoire.

(C. pr. 846, 847. — Tarif, 75. — Coût, 2 fr. par rôle.)

A MM. les président et juges du tribunal de,

Le sieur C...                     , demeurant à                    défendeur
au principal, demandeur aux fins des présentes, ayant Me            , pour
avoué ;

Contre le sieur P...                , demeurant à                    demandeur au principal, défendeur aux fins des présentes, ayant Me
pour avoué ;

A l'honneur de vous exposer (*rapporter les faits et les moyens.*)

Par tous ces motifs et autres, à suppléer de droit et d'équité, plaise au tribunal recevoir l'exposant incidemment demandeur aux fins de la présente requête, et statuant sur icelle, avant faire droit à la demande principale, l'autoriser à faire compulser par-devant tel de MM.                     qu'il plaira au tribunal commettre à cet effet, ou par-devant Me                     , notaire à
l'acte de vente fait entre les sieurs                     , le
et reçu par Me                     , notaire à                     , qui en a
la minute ; en conséquence, ordonner que ledit Me                     , notaire,
sera tenu d'en délivrer une expédition en bonne forme au requérant, aux offres par lui faites de payer audit notaire tous frais et honoraires qui lui seraient légitimement dus ; et vous ferez justice.

(*Signature de l'avoué.*)

### FORMULE II.

#### Procès-verbal de compulsoire.

(C. pr. 849. — Tarif, 168. — Coût par vacation de trois heures, 9 fr.)

L'an                     , le                     heures du matin,
en l'étude de Me                     , notaire à                     , et devant
son collègue et lui,

Est comparu M...                     , assisté de Me                     , son
avoué ;

Lequel a dit que, par jugement du tribunal de                     , rendu
contradictoirement entre lui et M...                     , enregistré et signifié,
il a été autorisé à se faire délivrer par compulsoire extrait d'un contrat passé devant Me                     , l'un des notaires soussignés, qui en a minute,
et son collègue, le                     , portant vente par M...,
à M...                     , d'une maison sise à                     , à la
charge notamment de servir au comparant une rente ;

Qu'en conséquence de ce jugement, il a fait sommation par exploit de
                    , huissier à                     , en date du
                    , au sieur                     , de se trouver en
l'étude, à ces jour et heure, pour être présent à la délivrance qui lui serait faite de l'extrait dont il s'agit ;

Qu'il représente la grosse du jugement et l'original de l'exploit de sommation, pour demeurer annexés au présent procès-verbal ; et qu'il requiert que, dans le cas où le sieur                     ne comparaîtrait pas, ni personne pour lui, il soit donné défaut, et passé aussitôt à la délivrance de l'extrait du contrat susénoncé.

Et le comparant a signé, après lecture faite, avec Me                     , son
avoué.

(*Signature de la partie et de l'avoué.*)

Est à l'instant comparu M...        ci-devant prénommé, qualifié et domicilié ;

Lequel a dit qu'il comparaît pour satisfaire à la sommation qui lui a été donnée, comme il est dit ci-dessus, et assister à la délivrance demandée : se réservant de faire tels dires et réquisitions qu'il avisera ; et il a signé après lecture faite.

(*Signature.*)

Sur quoi les notaires soussignés ont donné acte aux sieurs de leurs comparution et dires ; il a été annexé au présent procès-verbal la grosse du jugement et l'original de l'exploit susénoncé, après que dessus mention de leur annexe a été faite par les notaires soussignés.

Mᵉ      , l'un des notaires soussignés, a immédiatement produit la minute du contrat du      , ci-dessus relaté, et fait sur cette minute, l'extrait littéral de la stipulation par laquelle M... a été chargé du service d'une rente de      , due à M...

Après quoi il a été collationné par les parties et les notaires et ledit extrait remis au sieur      qui l'a reconnu (1).

De tout ce que dessus, les notaires soussignés ont dressé le présent procès-verbal, auquel il a été vaqué depuis l'heure de      , jusqu'à celle de      par vacation ; et les comparans et leurs avoués ont signé après lecture faite.

> *Cas où la partie sommée ne comparaît pas.*

Et, après avoir attendu jusqu'à      , sans que le sieur      soit comparu, ni personne pour lui, les notaires soussignés ont donné défaut contre lui ; et, obtempérant à la réquisition du sieur      , ils ont, en vertu du jugement précité, fait et collationné sur la minute du contrat du      ci-dessus relaté, l'extrait littéral de la stipulation, par laquelle le sieur      a été chargé du service d'une rente de      envers le sieur      et de suite délivré cet extrait, après l'avoir certifié conforme, au sieur      qui l'a reconnu.

De tout ce que dessus, les notaires ont dressé le présent procès-verbal, auquel il a été vaqué, etc., et le sieur      , et son avoué, ont signé avec les notaires, après lecture faite.

(*Signatures.*)

## CONCILIATION. — V. *Préliminaire de conciliation.*

**CONCLUSIONS.** Exposé sommaire des prétentions des parties.

**1.** Les conclusions forment la partie la plus importante de la procédure. On ne saurait apporter trop de soins à la rédac-

---

(1) *Ou*      A cet instant M...      a dit qu'il protestait du défaut de conformité entre l'extrait et la minute, attendu que le mot *francs*, placé dans l'extrait à la suite des mots trois cents, ne se trouve pas en entier dans la minute ; qu'après le mot trois on voit seulement les lettres *frns*, ou à peu près, et s'opposait à la délivrance de l'extrait avec ces mots ; et a signé, lecture faite.

(*Signature.*)

Par M...      , a été dit qu'il reconnaît l'exactitude de l'extrait, le mot *francs* existant dans la minute, quoique tracé en caractère peu nets ; en a requis la délivrance et a signé, lecture faite.

(*Signature.*)

Attendu le reproche de non conformité, nous avons annoncé aux parties qu'il en serait référé par nous à M. le président du trib. civ. de l'arrondissement, en son cabinet, au Palais-de-Justice, demain à midi, heure, jour et lieu, auxquels les parties ont promis de comparaître, sans qu'il soit besoin de sommation ; et de tout ce que dessus lecture faite, les comparans et leurs avoués ont signé avec les notaires.

tion des actes dans lesquels elles sont consignées, on doit y trouver en résumé l'objet de la demande et de la défense.

2. Les conclusions sont ou principales ou subsidiaires.

*Principales*, elles contiennent dans toute leur latitude les prétentions des parties, quant au fond des droits contestés.

*Subsidiaires*, elles indiquent, soit les prétentions auxquelles on se réduit pour le cas où le juge ne voudrait pas adjuger les conclusions principales, soit des preuves que l'on demande à faire à l'appui des conclusions principales qui ne sont pas suffisamment justifiées. Ainsi un créancier conclut *principalement* au paiement d'une obligation, et *subsidiairement* à être admis à la preuve de cette obligation.

3. Les conclusions se divisent encore en conclusions *exceptionnelles* et conclusions *au fond*. Les premières sans s'occuper du fond des affaires tendent à obtenir une mesure préjudicielle : Par exemple un renvoi devant un autre trib., une communication de pièces, la mise en cause d'un garant, etc. (—V. *Exception*). Les dernières, au contraire, sont relatives à la demande en elle-même, et tendent, soit à la faire admettre, soit à la faire déclarer mal fondée.

A Paris, la cause n'est mise au *rôle particulier* de la chambre à laquelle l'affaire est distribuée, que lorsque les parties ont posé respectivement des conclusions au fond. —V. *Audience*, § 2.

4. Enfin on distingue les conclusions *écrites* et les conclusions *verbales*. Les premières sont prises dans les exploits, d'assignation et les actes signifiés d'avoué à avoué; les secondes le sont à l'audience.

5. En matière criminelle des conclusions verbales sont suffisantes. —V. *Avoué*, n° 84.

Il en est autrement en matière civile, les avoués doivent déposer des conclusions, signées par eux, sur le bureau.

6. On appelle *conclusions motivées* celles que les avoués se signifient pendant le cours d'une instance et auxquelles on joint des moyens sommaires. C. pr. 406, 465, 972.

La loi les prescrit, au lieu de *requête* (— V. ce mot.) dans certaines affaires dont l'instruction demande peu de développement; elles sont grossoyées.

Il y a encore d'autres conclusions qu'on appelle *actes de simples conclusions*.

Elles sont prescrites pour les demandes incidentes. C. pr. 337; tar. 72. —En matière de reproches de témoins, *ib.* 289; — de récusation d'expert, *ib.* 509. —Ces conclusions ne peuvent être grossoyées.

On signifie quelquefois de simples conclusions, en matières sommaires, mais elles peuvent être rejetées de la taxe.

7. Les avoués seuls ont le droit de conclure pour les parties

41.

qu'ils représentent(—V. *Avoué*, n° 48). L'avocat ne peut changer ou modifier les conclusions déjà prises qu'autant qu'il est assisté de l'avoué à l'audience.

8. Les conclusions définitives des parties doivent être signifiées trois jours au moins avant l'audience où l'on doit se présenter pour plaider, ou même pour poser les qualités, c'est-à-dire prendre verbalement les conclusions. Décr. 30 mars 1808, art. 70. — A Paris, ce délai est peu observé ; dans l'usage, on signifie souvent des conclusions avant l'audience.

L'adversaire peut s'opposer à ce qu'il soit statué sur des conclusions nouvelles signifiées et déposées tardivement à l'audience, — ou du moins solliciter une remise.

Le procureur du roi a le même droit : peu importe que les parties consentent à l'inobservation du délai prescrit. Cass. 30 août 1836 (Art. 1207 J. Pr.).

9. Au jour de l'audience, il faut, avant de réitérer de vive voix les conclusions, les remettre signées au greffier. —Ces formalités sont exigées pour déterminer l'état du différend.

Les parties sont réputées s'en tenir aux conclusions prises dans cette forme et renoncer aux précédentes. *Ib.* art. 68, 73 ; Berriat, n° 240.

10. Il n'y a de conclusions qui puissent être analysées dans les qualités d'un jugement, que celles qui ont été signifiées, ou celles prises sur la barre par l'avocat ou la partie assistée de l'avoué et dont il a été demandé et donné acte. Paris, 12 avr. 1813

11. On peut considérer les conclusions par rapport au demandeur, et par rapport au défendeur.

12. *Demandeur*. Il doit prendre littéralement des conclusions dans l'exploit introductif d'instance : ce sont en effet les conclusions qui précisent le point en litige. — V. *Ajournement*, *Assignation*, *Citation*, *Préliminaire de conciliation*.

13. Toutefois, le demandeur peut expliquer et modifier par la suite les conclusions contenues dans l'exploit introductif d'instance ; mais il faut que celles qu'il prend se trouvent implicitement contenues dans les conclusions primitives, ou qu'elles en soient l'accessoire. — Sont considérées comme telles celles tendantes à être admis à une preuve.

Toute demande nouvelle lui est interdite. — V. *Appel*, n° 273 et suiv.; *Demande nouvelle*.

Il a été jugé que les intérêts du prix d'une vente ne peuvent être réclamés incidemment à une demande en rescision. Cass. 14 avr. 1836 (Art. 797 J. Pr.) ; mais que le demandeur renonce valablement par de simples conclusions à un des chefs de la demande, sans avoir besoin de signifier un acte de désistement. Poitiers, 5 avr. 1837 (Art. 877 J. Pr.).

14. Les conclusions peuvent être modifiées, en tout état de

cause, même après les plaidoiries. En effet, l'art. 72 décr. 30 mars 1808, autorise à les prendre à la barre, sauf à les signer et à les remettre au greffier. Rennes, 28 mai 1817 ; Carré, art. 142.

**15.** Mais il en est autrement lorsque le ministère public a été entendu. Décr. 30 mars 1808, art. 87 ; Toulouse, 31 déc. 1849 ; Poitiers, 9 janv. 1823 ; Paris, 25 juin 1825 ; — ou lorsque le trib. a clos les débats. Grenoble, 3 juin 1825 ; Rennes, 3 août 1825 ; — spécialement, s'il est retiré en la chambre du conseil. — On a seulement la faculté de remettre sur-le-champ de simples notes. C. Pr. 111.

**16.** Peut-on signifier de nouvelles conclusions entre le jugement qui ordonne un délibéré et celui qui le vide.—V. *Délibéré*.

**17.** *Défendeur*. Il n'était pas autrefois tenu de prendre des conclusions expresses, il lui suffisait de présenter ses moyens de défense pour faire déclarer le demandeur non recevable. Ordonn. 1667, tit. 2, art. 2 ; Cass. 8 niv. an 11 ; Berriat, 240.

Aujourd'hui, il doit, comme le demandeur, prendre des conclusions avant et pendant l'audience. Décr. 30 déc. 1808, art. 68, 73.

Les règles précédentes lui sont applicables. — Seulement il n'est pas indispensable qu'il déduise les motifs et moyens de défense ; il lui suffit de conclure à ce que le demandeur soit déclaré non recevable en tout ou en partie.

**18.** La rédaction du jugement doit contenir les conclusions des parties. — V. *Jugement, Qualités*.

**19.** Les conclusions produisent trois effets principaux :

1° Elles servent à déterminer la compétence du tribunal. — V. *Ressort*.

2° Lorsqu'elles ont été prises respectivement à l'audience, la cause est réputée *en état*, et le jugement *contradictoire*. — V. *Jugement, Reprise d'instance*.§— Cet effet ne s'applique pas aux conclusions sur exception. Le défaut contre avoué peut être prononcé si le défendeur ne pose pas des conclusions au fond, lorsque le demandeur a satisfait aux exceptions. — V. *sup.* n° 5 ; *Exception*.

5° Le juge doit statuer sur tous les points de la contestation et ne peut statuer sur d'autres ; autrement, il y aurait ouverture à *requête civile* (— V. ce mot.). — On conçoit dès-lors combien il importe de ne rien omettre dans les conclusions. Toutefois le juge a le droit de prononcer sur les réclamations qui se trouvent implicitement dans les conclusions. Berriat, n° 241.

**20.** Pour l'effet de la déclaration des parties de s'en rapporter à justice. — V. *Prorogation de juridiction*.

**21.** Une partie peut-elle se pourvoir en appel ou en cassation contre un jugement ou arrêt qui lui a adjugé ses conclusions subsidiaires ? — V. *Acquiescement*, n° 53.

**22.** *Timbre.* Toutes les conclusions signifiées doivent être écrites sur papier timbré. — Celles déposées sur le bureau pour être jointes au placet sont seules dispensées de cette formalité.

**23.** *Enregistrement.* L'acte de signification des conclusions est soumis au même droit d'enregistrement que tous les autres actes d'avoué à avoué, c'est-à-dire au droit fixe de 50 cent. devant les trib. de 1ʳᵉ inst. et de 1 fr. devant les C. roy. L. 28 avr. 1846, art. 41, 42.

## FORMULES.

### FORMULE I.

#### *Conclusions à joindre au placet.*

(Décr. 30 mars 1808, art. 69, 71. — Coût d'après l'usage 3 fr. en matière ordinaire, 2 fr. en matière sommaire.)

*Conclusions.*

| | | | |
|---|---|---|---|
| 2ᵉ ch. | Pour le sieur D... | défendeur. | *Nom de l'avoué.* |
| N° du rôle. | Contre le sieur L... | demandeur. | *id.* |

Plaise au tribunal,

Attendu (*énoncer succinctement les moyens.*)

Déclarer le sieur L... purement et simplement non receva-ble en sa demande, ou tout au moins mal fondé en icelle et l'en débouter, et le condamner en outre aux dépens, dont distraction à Mᵉ avoué, qui la requiert, aux offres de droit, comme les ayant avancés de ses deniers sous toutes réserves ; et vous ferez justice.

(*Signature de l'avoué.*)

Noᴛᴀ. *Si les conclusions tendent seulement à communication de pièces*, on met :

Attendu que tout demandeur est tenu de justifier sa demande, ordonner, avant faire droit, que le sieur sera tenu de communiquer à l'amiable et sur récépissé d'avoué à avoué, ou par la voie du greffe, tous les titres et pièces à l'appui de ses prétentions et notamment dépens réservés.

*Quelquefois l'on ajoute :* Et très subsidiairement pour le cas où, par impossi-ble, le tribunal ordonnerait qu'il sera passé outre,

Attendu que ledit sieur ne justifie d'aucunes pièces à l'ap-pui de ses prétentions.

(*Ou encore*) Attendu que ladite demande du sieur n'est point justifiée,

Le déclarer purement et simplement non recevable, etc.

### FORMULE II.

#### *Conclusions motivées.*

(C. pr. 77, anal. — Tarif, 72. — Coût, 2 fr. par rôle orig., 50 c. copie.)

À Messieurs les président et juges composant la chambre du trib. de 1ʳᵉ inst. de

#### *Conclusions motivées.*

Pour M... propriétaire, demeurant à

Défendeur aux fins de l'assignation à lui donnée par exploit du ministère de, huisssier à , en date du

Demandeur aux fins des présentes, ayant Mᵉ , pour avoué.

Contre M... , employé, demeurant à
Demandeur aux fins de l'assignation susénoncée
Défendeur aux fins des présentes, ayant M°          pour avoué.
Elles tendent à ce qu'il plaise au tribunal,
Attendu en fait (*rapporter les faits.*)
Attendu en droit (*énoncer les moyens*).
Par tous ces motifs et autres à suppléer de droit et d'équité,
Déclarer, etc. (*comme à la formule précédente.*)
                            (*Signature de l'avoué.*)

CONCLUSIONS *du ministère public.* — V. ce mot.

CONCORDAT. — V. *Faillite.*

CONCUSSION. Crime que commet un fonctionnaire ou officier public, en exigeant des droits plus forts que ceux que les règlemens lui ont attribués.

1. Le fonctionnaire ou officier public concussionnaire est puni de la réclusion, et d'une amende dont le *maximum* est le quart des restitutions et des dommages-intérêts, le *minimum*, le douzième. C. pén. 174.

2. Cette disposition s'applique-t-elle aux officiers ministériels? —V. *Responsabilité des officiers ministériels.*

3. La concussion est une cause de *prise à partie.* C. pr. 505. —V. ce mot.

CONDAMNATION, CONDAMNÉ. Le mot *condamnation* se dit du jugement qui condamne, et de la chose à laquelle on est condamné. Le *condamné* est celui contre lequel il a été prononcé une condamnation en matière civile ou criminelle.

1. Les condamnations sont définitives ou provisoires, contradictoires ou par défaut ( — V. *Jugement*), pécuniaires ou par corps. —V. *Emprisonnement.*

2. On appelle *condamnations civiles* les dommages et intérêts, ou autres réparations, auxquelles l'accusé est condamné envers la partie plaignante.

3. Les condamnés à une peine afflictive ou infamante ne peuvent ester en jugement que par l'intermédiaire de leurs tuteurs ou curateurs. —V. *Action, Exploit.*

4. Les condamnés à une simple peine correctionnelle pour vol peuvent être reprochés comme témoins (C. pr. 283), et récusés comme experts. *Ib.* 310. —V. *Enquête, Expertise.*

A plus forte raison ne sauraient-ils être choisis pour arbitres. —V. *Arbitrage*, n° 177.

Ils sont incapables d'exercer aucune fonction publique. — V. *Office.*

CONFESSOIRE (ACTION). Action par laquelle on veut faire reconnaître un droit réel : par exemple, une servitude, un usufruit, par opposition à l'action *négatoire* que l'on intente pour faire déclarer que son adversaire n'a pas tel ou tel droit réel.

**CONFLIT.** Espèce de contestation sur la compétence.

**1.** Le conflit est positif ou négatif : *positif*, lorsque deux trib. veulent retenir la connaissance d'une cause ; *négatif*, lorsqu'ils refusent de la juger.

**2.** Le conflit qui s'élève entre deux trib. civils s'appelle conflit de *juridiction ;* il doit être porté devant le trib. supérieur. — V. *Règlement de juges.*

**5.** Quand il existe entre un trib. civil et un trib. administratif, on lui donne le nom de conflit d'*attribution.* Il est jugé au Conseil-d'État sur le rapport d'un ministre. La décision du Conseil est convertie en ordonnance. L. 14 oct. 1790, art. 5; L. 24 frim. an 5, art. 27.

**4.** Autrefois le conflit d'attribution pouvait être élevé par les préfets, même après le jugement définitif rendu par l'autorité judiciaire ; mais cet abus a été réformé. — Aujourd'hui il ne peut plus être élevé après des jugemens en dernier ressort ; ou acquiescés, ni après des arrêts définitifs. — Ordonn. 1$^{er}$ juin 1828, art. 4.

**5.** Dans les autres cas, si le préfet estime qu'une question portée devant un trib. est du ressort de l'administration, il peut, lors même que celle-ci ne serait pas en cause, demander le renvoi devant l'autorité compétente ; mais il faut qu'il adresse au procureur du roi un mémoire dans lequel est rapportée la *disposition législative qui attribue à l'administration la connaissance du litige.* Le procureur du roi requiert le renvoi, si la revendication lui paraît fondée. *Ibid.*, art. 6.

Un conflit ne peut être élevé devant le juge de paix, mais seulement sur l'appel devant le trib. civil. Ordonn. Cons.-d'Ét. 5 sept. 1856 (Art. 974 J. Pr.).

**6.** Lorsque le trib. a statué sur le déclinatoire, le procureur du roi adresse au préfet, dans les cinq jours qui suivent le jugement, copie des conclusions et du jugement rendu sur la compétence. Ordonn. 1828, art. 7.

**7.** En cas de rejet du déclinatoire, dans la quinzaine de cet envoi, pour tout délai, le préfet peut élever le conflit, s'il estime qu'il y a lieu. Quand le déclinatoire est admis, il est de même autorisé à élever le conflit dans la quinzaine qui suit la signification de l'acte d'appel, si la partie appelle du jugement.

Le conflit peut être élevé dans ce délai, quand bien même le trib. aurait, avant son expiration, passé outre au jugement du fond. *Ibid.*, art. 8.

**8.** Dans tous les cas, l'arrêté par lequel le préfet élève le conflit et revendique la cause, doit viser le jugement intervenu, et l'acte d'appel, s'il y a lieu ; *la disposition législative qui attri-*

*bue à l'administration la connaissance du point litigieux doit y être textuellement insérée. Ibid., art. 9.*

9. Quand le préfet a élevé le conflit, il est tenu, dans le délai de quinzaine, de faire déposer au greffe du trib. son arrêté et les pièces qui y sont visées; ce délai passé, le conflit ne peut plus être élevé devant les juges saisis de l'affaire. Ib., art. 10,11.

10. Lorsque le dépôt de l'arrêté a été fait au greffe en temps utile, le greffier le remet au procureur du roi, qui le communique au trib. réuni dans la chambre du conseil, et requiert qu'il soit sursis à toute procédure judiciaire. Ibid., art. 12.

11. L'arrêté du préfet et les pièces sont rétablis au greffe, et y restent déposés pendant quinze jours. Le procureur du roi en prévient de suite les parties ou leurs avoués, lesquels peuvent en prendre communication sans déplacement, et remettre, pendant le même délai de quinzaine, au parquet du procureur du roi, leurs observations sur la question de compétence, avec tous les documens à l'appui. Ibid., art. 13.

12. Ce magistrat informe immédiatement le garde-des-sceaux de l'accomplissemrnt des formalités précédentes, transmet en même temps la citation, les conclusions des parties, le mémoire par lequel le préfet propose le déclinatoire, le jugement de compétence, l'arrêté de conflit. Ib. art. 14; ordonn. 12 mars 1831, art. 6.

13. Dans les vingt-quatre heures de la réception, le garde des sceaux, — adresse au procureur du roi un récépissé énonciatif des pièces envoyées, lequel est déposé au greffe du trib., — et transmet les pièces au secrétaire-général du Conseil-d'État. Ib.

14. Il doit être statué dans les deux mois de la réception des pièces au ministère de la justice. — Si, un mois après l'expiration de ce délai, le trib. n'a pas reçu la notification de l'ordonn. roy. rendue sur le conflit, il peut procéder au jugement de l'affaire. Ordonn. 1831, art. 7.

15. L'ordonn. roy. approbative du conflit, rendue plus de deux mois après la réception des pièces au ministère de la justice, oblige néanmoins les trib. si elle a été notifiée dans les trois mois à dater de cette réception. Cass. 31 juill. 1857 (Art. 1208 J. Pr.). — Et même le défaut de cette notification autorise seulement les trib. à passer outre au jugement. Mais ils sont tenus de s'y conformer lorsqu'elle leur est communiquée avant la prononciation de leur jugement. Cass. 30 juin 1835 (Art. 52, J. Pr.).

16. Les revendications formées et les déclinatoires proposés par les préfets doivent être, tant en première instance qu'en appel, examinés et jugés comme affaires urgentes, et requérant célérité. Circ. min. just. 5 juill. 1828.

**17.** Néanmoins les délais pour interjeter appel du jugement sur le déclinatoire ou le renvoi requis ou proposé, sont régis par le droit commun.

**18.** Le trib. qui est saisi d'une affaire dont la connaissance appartient à l'autorité administrative, doit se déclarer d'office incompétent, encore bien que ni les parties ni le préfet ne présentent l'exception; dans ce cas, en effet, son incompétence est absolue, et à raison de la matière. —V. *Exception.*

**19.** Les préfets, lorsqu'ils demandent le renvoi devant l'autorité administrative, ne peuvent être condamnés aux dépens. Cass. 12 août 1835 (Art. 187, J. Pr.). —V. *Trib. administratifs.*

CONGÉ. (*Défaut.*) C'est le jugement qui renvoie le défendeur de la demande lorsque le demandeur ne s'est pas présenté pour la justifier.—V. *Jugement par défaut.*

CONGÉ. (*Louage.*) Acte par lequel l'une des parties déclare à l'autre qu'elle entend faire cesser le louage.

**1.** *Délais du congé.* Ils sont réglés par l'usage des lieux; la loi n'en détermine aucun. C. civ. 1736.

**2.** La déclaration de l'usage local appartient exclusivement aux trib. du lieu; leur décision est à l'abri de la cassation. Cass. 23 fév. 1814, S. 16, 395.

**3.** A Paris, le délai est de six semaines pour les logemens au-dessous de 400 fr.; de trois mois pour ceux au-dessus de 400 fr.; à quelque somme que le loyer s'élève (—V. toutefois *inf.* n° 5); et de six mois pour une maison, un corps-de-logis entier ou une boutique. Delvincourt, 3, p. 100, note 3; Duvergier, *Louage,* 2, n. 39;

Ou si le locataire est un commissaire de police, un instituteur; Duvergier, *ib.*—pourvu que l'instituteur ait un diplôme de l'université. Cass. 23 fév. 1814.—M. Pigeau pense que les juges de paix ont les mêmes raisons (la difficulté de trouver un logement), pour réclamer l'application de l'usage.

**4.** Quel est le délai pour les appartements de 400 fr.?— Il devait être de trois mois pour les appartemens de 500 livres; d'après l'usage du Chatelet. Denisart, *v° congé,* n. 6 et 7; — ce délai a été appliqué aux appartements de 400 fr. dans les motifs d'un arrêt de la C. de cass. du 23 fév. 1814, S. 16, 395. *Dictionnaire du notariat, v° Congé,* n. 5.

Au contraire, le délai de six semaines a été considéré comme suffisant pour les appartements de 400 fr. par MM. Pigeau, 2, 444; Delvincourt, 3, 195 note; Duvergier, *Louage,* 2 n° 39; Armand Dalloz, *Louage,* n° 593.—Et il est suivi dans la pratique.

**5.** Jugé que le congé d'un appartement loué 4,000 fr. doit être assimilé à celui d'un corps de bâtiment entier, et doit être donné, par le propriétaire, à six mois. Paris, 12 oct. 1821, Palais, 65,

273 ; — mais dans l'espèce, il y avait eu une promesse de bail de la part de ce propriétaire.

6. Le congé ne peut être donné que pour un terme d'usage ; d'où il suit que le délai ne court que du jour qui précède ce terme de six semaines, de trois mois ou de six mois. Ainsi, s'agit-il d'un logement de 300 fr., à Paris, les termes d'usage étant dans cette ville les 1er janv., avr., juill. et oct., si le congé n'a été donné que le 1er déc., le délai de six semaines ne courra toujours que du 15 fév., et le bail ne cessera qu'au 1er avr. Pigeau, 2, 445.

7. Le locataire a un délai de huit jours s'il s'agit d'un logement au-dessous de 400 fr., et de quinze jours s'il paie un loyer plus élevé, après l'échéance du terme de sortie, pour rendre les clefs ; ce délai de grâce est accordé par l'usage, pour avoir le temps de terminer d'enlever tous les meubles, et de faire faire les réparations locatives, Denizart. v° *Congé*.

Le délai sera de huit jours ou de quinze jours pour les appartemens de 400 fr., selon que le délai du congé de ces appartements sera considéré comme étant de six semaines ou de trois mois.—V. *sup.* n° 4.

8. Ces principes ne s'appliquent qu'aux baux à loyer ; les baux à ferme sont soumis à des règles spéciales. C. civ. 1774, 1775.

9. *Forme du congé.* Le congé peut être donné verbalement ou par écrit.

10. *Verbalement.* Ce mode est sujet à des inconvénients : l'une des parties pouvant nier le congé, et la preuve testimoniale n'étant pas admissible en cette matière, même lorsque le loyer annuel n'excède pas 150 fr. Arg. C. civ. 1715 ; Toullier, 9, n° 36 ; Pigeau, 2, 449 ; Cass. 12 mars 1816, D. 16, 176 ; 15 nov. 1826, D. 27, 134.

11. *Par écrit.* Il est valablement donné, soit par acte notarié, ou sous seing privé, soit par exploit d'huissier.

12. Lorsqu'il a lieu par acte sous seing privé, il doit être fait double : il a, en effet, le même caractère que le bail qu'il tend à dissoudre. Il constitue une convention synallagmatique qui ne peut être valable qu'autant qu'il y a un original pour chaque partie ayant un intérêt distinct. C. civ. 1325 ; Pigeau, *ibid.*

Néanmoins, dans l'usage, l'on se contente le plus souvent de donner le congé sur la quittance du loyer du précédent terme ; mais ce mode présente des dangers pour le propriétaire qui ne se fait pas remettre un double de la quittance ; elle peut en effet être égarée ou supprimée par le locataire.

13. Quand le congé est donné par huissier, il est soumis aux règles prescrites pour les *exploits* en général.—V. ce mot.

14. Il doit être signifié, soit au locataire, soit au propriétaire,

à personne ou à domicile, lors même que ce domicile n'est pas
aux lieux dont on veut faire cesser la location. La loi ne contient
pour ce cas aucune exception au principe général. Le système
contraire entraînerait d'ailleurs des inconvénients, la partie
qui ne serait pas à sa résidence pouvant n'avoir pas connaissance du congé; vainement on argumenterait d'une prétendue
élection de domicile tacite; la loi ne la reconnaît que lorsqu'elle est expresse, et l'on ne saurait l'induire du seul fait de
la location.

Le congé signifié, à la requête du propriétaire, au locataire,
en parlant au portier est-il valable?—*Quid*, dans le cas inverse?
—V. *Exploit.*

**15.** Il n'est pas nécessaire que le congé contienne assignation
pour en voir prononcer la validité, et ordonner l'expulsion du
locataire. Ce n'est que dans le cas où le bailleur prévoit l'opposition de la part de celui-ci à la fin du bail, qu'il devient utile
pour lui de former cette demande. Le plus souvent elle a lieu à
l'occasion d'une action en paiement de loyers.

**16.** S'il s'élève entre le propriétaire et le locataire des contestations qui ne soient pas terminées au terme pour lequel le
congé est donné, le juge, en les décidant, déclare le congé pour
tel terme, bon pour tel autre. Pigeau, 2, 447.

**17.** Le juge de paix connaît sans appel, jusqu'à la valeur de
100 fr.,—et à la charge d'appel, lorsque les locations verbales
ou par écrit n'excèdent pas annuellement, à Paris, 400 fr, et
200 fr. partout ailleurs,—des actions en paiement de loyers ou
fermages, des congés, des demandes en résiliation de baux, fondées sur le seul défaut de paiement des loyers ou fermages, des
expulsions de lieux et des demandes en validité de saisie-gagerie,
art. 3, L. 25 mai 1838 (Art. 1166 J. Pr.).

Ainsi, le juge de paix ne statue pas sur les contestations relatives à des baux d'une valeur supérieure à 400 fr. à Paris, ou
à 200 fr. en province.

**18.** Mais lorsque la location est d'une valeur inférieure, le
juge de paix a une compétence illimitée en premier ressort,
encore bien que, par suite d'une accumulation de loyers arriérés,
les sommes réclamées s'élevassent au-delà de 200 ou de 400 fr.

— Ainsi, un juge de paix incompétent à Paris pour statuer sur
une demande en paiement d'une somme de 500 fr. prix d'une
année de loyer, pourrait connaître d'une demande en paiement
de 2,000 fr. pour cinq années de loyers.

**19.** Lorsque, la location étant de 500 fr. par an, le propriétaire réclame seulement un terme au locataire, c'est-à-
dire une somme de 125 fr, le juge de paix peut en connaître,
non pas en vertu de l'art. 3 mais bien en vertu de l'art. 1er. L.
25 mai 1838, qui attribue juridiction d'une manière générale

au juge de paix pour toutes les causes personnelles ou mobilières d'une valeur inférieure à 200 fr. — Mais alors le juge de paix se trouve apte à prononcer les condamnations sans pouvoir valider la saisie-gagerie, ni connaître de la demande en expulsion.— Il ne serait donc pas de l'intérêt du propriétaire de porter la cause devant lui.

**20.** Le droit accordé au juge de paix de prononcer la résiliation du bail (— V. *sup.*, n° 17), est restreint au cas où cette résiliation est provoquée pour défaut de paiement de loyers : du moment où il s'agit d'interpréter le contrat et d'apprécier les conditions du louage, il y a nécessité de recourir aux trib. ordinaires, quelque modique que soit le prix de la location. Rapport de M. Gasparin à la chamb. des pairs.

**21.** Si le prix principal du bail consiste en denrées ou prestations en nature, appréciables d'après les mercuriales l'évaluation en est faite sur celle du jour de l'échéance, lorsqu'il s'agit du paiement des fermages ; dans tous les autres cas elle a lieu suivant les mercuriales du mois qui précède la demande. Si le prix principal du bail consiste en prestations non appréciables, d'après les mercuriales, ou s'il s'agit de baux à colons partiaires, le juge de paix détermine la compétence en prenant pour base du revenu de la propriété le principal de la contribution foncière de l'année courante multiplié par cinq. *Même loi*, art. 3.

**22.** Le juge de paix compétent pour statuer sur la demande en validité de congé est celui du domicile du défendeur.

**23.** Il n'est pas besoin d'obtenir de jugement quand le congé a été convenu entre les parties, ou accepté par celle à laquelle il a été donné. Pigeau, 2, 249.

**24.** Quant au mode d'exécution du congé, il diffère suivant que le congé a été prononcé par jugement, ou convenu entre les parties.

Lorsque le congé a été prononcé par jugement, le jour où le locataire doit quitter les lieux étant arrivé, s'il s'y refuse, ou si le bailleur l'empêche de sortir, chacune des parties peut faire mettre le jugement à exécution. Denizart, v° *Congé.*

**25.** Au contraire, quand le congé a été convenu entre les parties, ou accepté par celle à laquelle il a été donné, si, le jour arrivé, l'une d'elles refuse de tenir la promesse, on ne peut l'y contraindre en vertu de cette seule convention ; mais comme c'est un cas qui requiert célérité, l'adversaire a le droit de l'assigner en référé devant le juge de la situation du lieu, qui, sur le vu de l'acte contenant acceptation du congé ordonne par provision qu'il sera exécuté. Denizart, *ib.*; Pigeau, *ib.* — V. *Référé.*

Si toutefois c'est le locataire qui se refuse à sortir des lieux, il est plus régulier de constater le refus par un procèsverbal de tentative d'expulsion avant d'assigner en référé; par ce moyen la compétence du président des référés, est fixée d'une manière plus précise, il est alors appelé, suivant ses attributions, à statuer sur une contestation relative à l'exécution d'un acte.

Cette voie est plus économique et plus prompte pour le propriétaire, que de faire prononcer la validité du congé par le trib. — Ces ordonn. s'exécutent le plus souvent sur la [minute. — Telle est la jurisprudence du président du trib. de la Seine, confirmée par arrêts de la C. de Paris. des 4 fév., 26 avr. 1820; 26 janv. 1821; 5 nov. 1822. — V. d'ailleurs *sup.* n° 17.

**26.** Si le propriétaire refuse d'exécuter le congé, le juge ordonne de laisser sortir le locataire avec tous les meubles garnissant les lieux.

Si c'est le locataire, il ordonne son expulsion, et permet, en cas de refus d'ouverture des portes, de les faire ouvrir par un serrurier, en présence du juge de paix, du commissaire de police ou du maire, en la manière accoutumée.

— Lorsque les portes sont ouvertes, l'huissier fait commandement au locataire d'exécuter l'ordonnance, et, en cas de refus, il l'exécute en l'expulsant, et en mettant ses meubles sur le carreau. Pigeau, 2,445. — V. *Expulsion.*

**27.** Si le locataire ne paie pas, on fait saisir et séquestrer ses meubles; s'il paie, et ne fait point faire les réparations locatives, l'huissier dresse un état de ces réparations, et le somme de les faire faire sur-le-champ, ou de laisser somme suffisante à cet effet, et s'il refuse on l'assigne en référé devant le juge qui l'y condamne par provision et ordonne que faute par lui d'obéir, ses meubles seront séquestrés, comme étant le gage de l'exécution du bail.

Le juge du référé peut refuser l'expulsion, si le locataire prétend qu'il y a bail ou promesse de bail, ou renonciation au congé; il faut que la contestation paraisse fondée. Le fait seul de la contestation ne suffirait pas pour empêcher le juge de statuer, à cause de l'urgence.

**28.** *Enregistrement.* Le congé est soumis au droit fixe de 1 fr. lorsqu'il est fait par acte notarié ou signature privée. L. 22 frim. an 7, art. 58, n° 51.

Il est passible du droit de 2 fr. quand il a lieu par exploit d'huissier. L. 28 avr. 1816, art. 43.

**29.** Si le congé, convenu à l'amiable, fait cesser la jouissance avant l'époque fixée par le bail, il produit l'effet d'une rétrocession: le droit proportionnel est dû sur les années restant à courir.

## FORMULES.

### FORMULE I.

#### *Congé par acte sous seing privé.*

Entre les soussignés
M. *(noms, prénoms, qualité et demeure)* d'une part,
Et M. *(id.)* d'autre part,
A été fait et arrêté ce qui suit :
M. donne par ces présentes congé à M. ,
qui l'accepte pour le terme de , de l'appartement par lui occupé
dans la maison dudit , rue , s'engageant,
M. , à sortir des lieux loués à l'époque ci-dessus énoncée,
à justifier du paiement de ses contributions, à faire les réparations locatives à sa
charge, et à remplir toutes les obligations d'un locataire sortant.
Fait double entre les parties, le

(*Signature des parties.*)

### FORMULE II.

#### *Exploit de congé.*

(C. civ. 1736. — Tarif, 29. — Coût, 2 fr. orig., 50 c. copie.)
L'an , j'ai signifié et déclaré à
(—V. *Exploit.*)
Que le requérant conne congé audit sieur des
lieux qu'il occupe en ladite maison, sise à pour le terme
du
A ce qu'il n'en ignore, et ait en conséquence à vider les lieux à lui loués pour
ladite époque, faire place nette, les réparations locatives, justifier du paiement
de ses impositions, payer les loyers par lui dus, remettre les clés, et satisfaire
généralement à toutes les obligations d'un locataire sortant : et je lui ai, en son
domicile susdit, en parlant comme dit est, laissé, sous toutes réserves, copie du présent, dont le coût est de (*Signature de l'huissier.*)
— V. d'ailleurs *Expulsion des lieux.*

CONNEXITÉ. État de deux affaires qui, par leurs rapports,
nécessitent un jugement commun. — V. *Exception.*

CONSEIL *de discipline.* — V. *Discipline.*

CONSEIL *d'état.* — V. *Tribunaux administratifs.*

CONSEIL *de famille* (1). Assemblée de parens ou d'amis réunis sous la présidence du juge de paix, pour délibérer sur ce
qui intéresse la personne ou les biens d'un mineur, d'un interdit ou d'un absent. On appelle *avis de parens* la délibération du
conseil de famille.

## DIVISION.

§ 1. — *Composition, convocation et délibération.*
§ 2. — *Attributions du conseil de famille.*
§ 3. — *Mode de se pourvoir contre les délibérations.*
§ 4. — *Homologation des délibérations.*
§ 5. — *Timbre et Enregistrement.*

_____

(1) Cet article est de M. Martin Saint-Ange, avocat à la Cour royale de Paris.

§ 6. — *Formules.*

### § 1. — *Composition, convocation et délibération.*

**1.** *Composition.* Le conseil de famille se compose du juge de paix et de six personnes prises, moitié parmi les parens ou alliés du côté paternel, moitié parmi les parens ou alliés du côté maternel, en suivant l'ordre de proximité, pour empêcher l'influence d'une ligne sur l'autre. C. civ. 407.

**2.** Le nombre des membres du conseil ne peut excéder celui de six, sans compter le juge de paix. C. civ. 407.

**3.** Sont seuls exceptés de cette limitation les frères germains du mineur ou de l'interdit, et les maris des sœurs germaines. — Quand bien même ils seraient veufs, pourvu qu'ils aient des enfans de leur premier mariage. (Cass. 16 juill. 1840, P. 8, 463). — S'ils sont six ou au delà, ils sont tous membres du conseil de famille, qu'ils composent seuls avec les veuves d'ascendans et les ascendans valablement excusés, s'il y en a. C. civ. 408.

**4.** Les parens doivent être pris tant dans la commune où la tutelle est ouverte, que dans la distance de deux myriamètres, afin que les intérêts du pupille ne souffrent pas du retard que pourrait occasionner l'éloignement des autres parens. C. civ. 407.

**5.** Lorsqu'il ne se trouve pas sur les lieux, ou dans la distance de deux myriamètres, un nombre suffisant de parens ou alliés de l'une des deux lignes, le juge de paix appelle, soit des parens ou alliés domiciliés à de plus grandes distances, soit dans la commune même, des citoyens connus pour avoir eu des relations habituelles d'amitié avec le père ou la mère du mineur. C. civ. 409.

**6.** Les amis qui ne résident pas dans la commune où s'assemble le conseil, peuvent se faire excuser.

**7.** Le juge de paix peut, lors même qu'il y a sur les lieux un nombre suffisant de parens ou alliés, permettre de citer, à quelque distance qu'ils soient domiciliés, des parens ou alliés plus proches en degrés, ou de même degré que les parens ou alliés présens; de manière toutefois que cela s'opère en retranchant quelques-uns de ces derniers, et sans excéder le nombre de six. C. civ. 440.

**8.** Les parens plus proches, domiciliés hors du rayon de deux myriamètres, ne peuvent le forcer à les admettre au conseil. Rouen, 29 nov. 1816, S. 17, 76. — *Contrà*, Besançon, 26 août 1808, S. 7, 865.

**9.** Les membres du conseil, autres que la mère et les ascendantes, doivent être mâles et majeurs. C. civ. 442.

**10.** Ils comparaissent en personne ou par un mandataire

spécial, qui ne peut représenter plus d'une personne (412), afin qu'il y ait toujours six votans. Le membre qui se fait représenter n'est pas obligé d'émettre son vœu par sa procuration. Metz, 24 brum. an 13 , P. 4 , 241,

**11.** Un membre du conseil ne peut assister à la fois comme membre et comme représentant d'un autre membre. Turin, 20 févr. 1807, S. 7, 652.

**12.** Tout individu qui a été exclu ou destitué d'une tutelle ne peut être nommé membre d'un conseil de famille ( C. civ. 445) dans cette tutelle ; mais il peut l'être en certains cas dans une autre : par exemple, s'il n'a été exclu qu'à l'occasion d'un procès avec le mineur. Toullier, 2 , n° 1168.

L'art. 445 C. civ. est limitatif et non démonstratif. Besançon, 26 août 1808, S. 7, 865 ; Toullier, 2, n<sup>es</sup> 1169 , 1171 ; Berriat , 683, note.

**13.** La renonciation à une tutelle légale , ou l'inconduite , ne sont pas des motifs d'exclusion. Besançon, 26 août 1808, P. 7, 118.

**14.** Peuvent également être appelés à composer le conseil :

1° L'époux remarié qui a des enfans de sa première femme. Cass. 16 juill. 1810, P. 8, 462.—Peu importe qu'il n'existe pas d'enfant issu du premier mariage. Bruxelles, 11 juin 1842, S. 13, 220. — *Contrà*, Duranton , 3, 458 ; Arg. art. 206; C. civ. 378; C. pr.

2° Ceux qui ont donné précédemment leur avis sur l'objet de la délibération. Paris, 27 janv. 1820 , S. 20, 293.

3° Le subrogé-tuteur, lorsque les intérêts du pupille ne sont pas en opposition avec ceux du tuteur. Cass. 3 sept. 1806; P. 5 , 490.

4° Le parent qui provoque la destitution du tuteur. Cass. 12 mai 1830 , S. 30 , 326.

**15.** Le juge de paix et les membres qui ont pris part aux délibérations d'un premier conseil , dont les opérations ont été annulées , ne sont point exclus du conseil convoqué pour réparer ces irrégularités. Cass. 13 oct. 1807 , P. 6 , 315 ; Paris, 27 janv. 1820 , S. 20 , 293 ; Toullier, n° 1169.

**16.** Jugé que la veuve peut faire partie du conseil de famille assemblé pour délibérer si la tutelle doit lui être conservée en cas de convol. Bordeaux, 17 août 1825.

**17.** Il est peu convenable qu'un fils soit appelé à décider si son père doit être exclu , pour cause d'incapacité , de la tutelle de ses enfans mineurs ; mais ce n'est pas là une cause de nullité de la délibération. Cass. 16 déc. 1829 , S. 30, 156.

**18.** Le conseil de famille appelé à délibérer sur les intérêts d'un enfant naturel est composé d'amis ; les parens du père ou de la mère ne le sont point de l'enfant. Cass. 3 sept. 1806 , S. 6 , 474 ; 7 juin 1820 , S. 20 , 366 ; Toullier, t. 2 , p. 526.

**19.** Les enfans admis dans les hospices , à quelque titre et sous quelque dénomination que ce soit, sont sous la tutelle des commissions administratives de ces maisons, lesquelles désignent un de leurs membres pour exercer, le cas advenant, les fonctions de tuteur ; les autres membres forment le conseil de tutelle. L. 15 pluv. an 13, art. 1 ; décr. 19 janv. 1811, art. 15.

**20.** La loi ne prononce pas expressément de nullité pour les contraventions aux règles sur la composition ou la convocation des conseils de famille ; elle laisse en général aux trib. la faculté de décider si les circonstances impriment à ces contraventions un caractère de gravité suffisant pour entraîner la nullité des actes où elles ont été commises. Agen , 10 déc. 1806 , P. 5, 582; Riom, 25 nov. 1828 , S. 29 , 118 ; Toullier, n° 1119.

Ainsi la délibération d'un conseil de famille, dans la composition duquel le parent n'a pas été préféré à l'allié du même degré, peut n'être pas annulée. Cass. 22 juill. 1807; P. 6, 220.

Toutefois, la nullité a été prononcée dans plusieurs cas. Turin , 10 avr. 1811 , S. 12, 281 ; Lyon , 15 fév. 1812 , S. 13 , 289 ; Colmar, 27 avr. 1813 , S. 14, 48 ; Angers, 29 mars 1821, S. 21, 260 ; Rouen, 7 avril 1827 , S. 27, 196 ; Toulouse , 5 juin 1829 , S. 29 , 313.

Mais il n'y a évidemment pas nullité si le parent le plus proche , non convoqué, était inconnu lors de la convocation du conseil. Bruxelles, 15 mars 1806, S. 7, 866.

**21.** *Mode de convocation.* Le conseil de famille est convoqué, soit sur la réquisition et à la diligence des parens du mineur , de ses créanciers ou autres intéressés , soit même d'office, et à la poursuite du juge de paix compétent (—V. *inf.* n° 22).Toute personne peut dénoncer au juge de paix le fait qui donne lieu à la nomination du tuteur. C. civ. 406.

Le ministère public n'a pas le droit de requérir d'office la convocation du conseil de famille , ni de provoquer la nullité de sa délibération. Cass. 27 frim. an 13, P. 4 , 292 ; 11 août 1818 ; Orléans , 23 fév. 1837 (Art. 944 J. Pr.).

Mais il peut prévenir le juge de paix des faits qui sont à sa connaissance, et l'engager à convoquer le conseil de famille.

**22.** Le domicile du mineur, au moment de l'ouverture de la première tutelle , détermine la compétence du juge de paix pendant la tutelle, pour le remplacement du premier tuteur décédé , ou pour toute autre cause. Cass. 29 nov. 1809 , P. 7, 889 ; 23 mars 1819, S. 19, 325 ; Toullier, 2, n° 1114 ; Duranton, 3, n° 453 ; Berriat, 678, note ; Delvincourt, 1, 431 ; Magnin, *des Minorités*, n. 78.—Peu importe le changement de domicile du tuteur.

**23.** Il en est autrement s'il s'agit du père ou de la mère. L'amour des parens est une garantie contre les inconvéniens que l'on pourrait craindre d'un changement de domicile. Duranton, *ibid*.

**24.** Ainsi le conseil de famille d'un mineur peut être régulièrement convoqué au lieu du domicile du dernier décédé de ses père et mère. Cass. 10 août 1825, S. 26, 159.

**25.** Lorsqu'un jugement, commettant un juge de paix étranger au domicile du mineur pour présider le conseil de famille, a été exécuté sans contestation, on ne peut plus demander l'annulation de la délibération de ce conseil, sur le motif qu'il aurait dû être présidé par le juge de paix du domicile du mineur. Metz, 20 avr. 1820, S. 21, 559.

**26.** C'est chez le juge de paix, ou dans le lieu et à l'heure par lui indiqués, que le conseil de famille doit s'assembler.

**27.** Si les parens ne sont pas sur les lieux, ou ne veulent pas comparaître volontairement, ils sont assignés de manière qu'il y ait toujours, entre la citation notifiée et le jour indiqué pour la réunion du conseil, un délai de trois jours au moins, quand toutes les parties résident dans la commune, ou dans la distance de trois myriamètres. Lorsque, parmi les parens cités, il s'en trouve de domiciliés au-delà de cette distance, le délai doit être augmenté d'un jour par trois myriamètres. C. civ. 411.

**28.** Tout parent, allié ou ami, convoqué en conseil de famille, et qui, sans excuse légitime, ne comparaît point, encourt une amende qui ne peut excéder 50 fr., et qui est prononcée, sans appel, par le juge de paix.

En cas d'excuse suffisante, s'il convient d'attendre ou de remplacer le membre absent, le juge de paix peut ajourner l'assemblée ou la proroger. C. civ. 413, 414.

**29.** *Délibération.* Le conseil de famille est présidé par le juge de paix, qui a voix délibérative et prépondérante en cas de partage. C. civ. 416.

**30.** La présence des trois quarts au moins des membres convoqués est nécessaire pour la délibération. C. civ. 415.

Toutefois, il n'est pas nécessaire que les trois quarts des membres délibèrent. Il suffit qu'ils soient présens. Bruxelles, 15 mars 1806, P. 5, 228.

**51.** Le vœu de la loi est rempli lorsqu'il a été convoqué trois parens de chaque ligne devant le juge de paix, quoique l'un des parens réunis n'ait pu prendre part à la délibération. Rouen, 17 nov. 1810, P. 8, 648.

Mais il en est autrement, si l'un des membres convoqués a été dispensé à l'avance. Agen, 26 mars 1840, P. 8, 207 ; Duranton, 3, 457, note.

**52.** La majorité absolue des suffrages est indispensable pour

42.

former la délibération. Bruxelles, 15 mars 1806 ; Metz, 16 fév. 1812, S. 12, 389 ; Delvincourt, 1, 435, note 1 ; Duranton, 3, n° 466. — *Contrà*, Toullier, 2, n° 1121.

**53.** La délibération est nulle, si le juge de paix n'y a pas concouru. Bordeaux, 21 juill. 1808, P. 7, 36 ; Pigeau, 2, 403, note.

**54.** L'amende que l'art. 413 C. civ. autorise le juge de paix à prononcer contre le parent, allié ou ami, qui, convoqué à un conseil de famille, ne comparaît point, ne peut être appliquée au parent, allié ou ami, qui a comparu, mais qui a refusé de délibérer, sous prétexte de l'irrégularité de la composition du conseil de famille. Cass. 10 déc. 1828, S. 29, 320.

Toutes les fois que les délibérations ne sont pas unanimes, l'avis de chacun des membres doit être mentionné dans le procès-verbal (C. pr. 883), excepté lorsque la délibération n'est pas sujette à homologation. Metz, 16 fév. 1812, S. 12, 389 ; Paris, 6 oct. 1814, S. 15, 215. — Cette formalité a en effet pour but de mettre le trib. a portée de connaître l'avis le plus utile au mineur, et elle se trouve par conséquent sans objet lorsqu'il n'y a pas lieu à homologation.

**55.** Mais il n'est pas, en général, nécessaire d'exprimer au procès-verbal les motifs des différens avis émis par les membres du conseil. — Lors même qu'il s'agit d'enlever la tutelle à la mère qui se remarie. Cass. 17 nov. 1813, S. 14, 74 ; — ou de confier à la mère la garde des enfans, par suite de séparation de corps. Paris, 11 déc. 1821.

Il n'y a d'exception à cette règle que dans le cas où la délibération a pour objet la destitution du tuteur. C. civ. 447.

**56.** La nomination d'un tuteur, faite en son absence, lui est notifiée, à la diligence du membre de l'assemblée désigné par elle dans les trois jours de la délibération, outre un jour par trois myriamètres de distance entre le lieu où s'est tenue l'assemblée et le domicile du tuteur. C. pr. 882.

Cette notification fait courir les délais dans lesquels le tuteur peut proposer ses excuses. C. civ. 439.

**57.** Elle est nécessaire lors même que le tuteur a été représenté par un mandataire au conseil de famille qui l'a nommé, si le mandat ne contient pouvoir de proposer ses excuses dans le cas où il serait nommé tuteur. Carré, art. 882 ; Locré, C. civ. 1, 200. — *Contrà*, Demiau, art. 882.

**58.** Le membre du conseil qui néglige de faire la notification dont il a été chargé, peut être condamné à des dommages-intérêts, s'il en résulte un préjudice pour le mineur. Carré, *ib.*

**59.** Toute partie intéressée peut, à défaut de celui qui a été désigné par le conseil, faire faire cette notification. Arg. C. civ. 406 ; Carré, *ib.*

**40.** Le conseil de famille délibère sur, la nomination des tuteurs, subrogés-tuteurs, co-tuteurs et curateurs (C. civ. 395, 405, 480); leur destitution ou leur exclusion (*id.* 446); la tutelle officieuse (*id.* 361); la confirmation du tuteur élu par la mère remariée qui a été maintenue dans la tutelle (*id.* 400); la fixation des dépenses du mineur et les frais d'administration (*id.* 454); l'obligation d'employer l'excédant des revenus (*id.* 455); l'autorisation à donner au tuteur pour prendre à ferme ou acheter les biens du mineur (*id.* 450); aliéner ou hypothéquer les mêmes biens (*id.* 467); accepter ou répudier les successions ou donations (*id.* 461, 463); introduire une action relative aux droits immobiliers du mineur, ou y acquiescer (*id.* 464); provoquer un partage (*id.* 465, 817); transiger (*id.* 467); faire détenir le mineur par voie de correction (*id.* 468); l'émancipation (*id.* 478); la révocation de l'émancipation (*id.* 485); la réduction de l'hypothèque légale du mineur (*id.* 2141, 2143); les consentement, avis ou autorisation pour les mariages des mineurs (*id.* 160); l'opposition à y former (*id.* 175); l'interdiction (*id.* 494); la nomination d'un conseil judiciaire (*id.* 514); la manière de régler les conventions matrimoniales des enfans d'un interdit (*id.* 513); enfin sur tous les actes qui ne sont pas d'une administration ordinaire. — V. *Absence, Emancipation, Interdiction, Licitation, Partage, Vente.*

**41.** Mais il commet un excès de pouvoir, lorsqu'il statue sur les contestations élevées entre le tuteur et le subrogé-tuteur, relativement aux comptes de tutelle. Arg. C. civ. 473; Turin, 5 mai 1810, P. 8, 289.

**42.** Les parens sont quelquefois appelés à donner leur avis, sans être constitués en conseil de famille : ainsi la mère survivante et non remariée ne peut faire détenir son enfant que sur l'avis des deux plus proches parens paternels. L'hypothèque générale de la femme sur les immeubles de son mari ne peut être réduite qu'après avoir pris l'avis de ses quatre plus proches parens. C. civ. 381, 2144.

**43.** Les membres du conseil de famille ne sont point responsables de la gestion du tuteur qu'ils ont nommé de bonne foi. Leroy, *Rapport au tribunat;* Toullier, t. 2, n° 1119.

§ **3.** — *Mode de se pourvoir contre les délibérations.*

**44.** Les tuteur, subrogé-tuteur ou curateur, même les membres de l'assemblée, peuvent se pourvoir contre la délibération, si elle n'a pas été unanime. C. pr. 883.

Ce droit appartient, en outre, aux personnes qui n'ont point

été appelées à la délibération, mais qui auraient dû l'être ; quand
même l'avis aurait été unanime. Paris, 24 avr. 1857 (Art. 824
J. Pr.) ; Carré, art. 883.

**45.** L'annulation de la délibération, motivée sur la composition irrégulière du conseil, est valablement demandée par un des
membres de l'assemblée qui n'aurait pas fait rédiger séparément
son avis, ni insérer au procès-verbal aucune protestation. Liége,
4 janv. 1811, S. 11, 533.

**46.** Jugé que si le tuteur, qui doit toujours être appelé à la
délibération ayant pour objet de prononcer sur son exclusion ou
sa destitution (C. civ. 447), adhère à la délibération, il en est
fait mention , et le nouveau tuteur entre de suite en fonctions.
C. civ. 448. — Son silence est considéré comme une adhésion,
et le rend non recevable à se pourvoir contre la délibération.
Bruxelles, 18 juill. 1810, P. 8, 471 ; Lyon , 30 nov. 1857, P.
1858, 1, 215. — V. toutefois *Acquiescement*, n° 22.

**47.** La demande est intentée contre les membres qui ont été
de l'avis de la majorité , sans préliminaire de conciliation. C.
pr. 883.

**48.** Le tuteur exclu ou destitué doit former sa demande contre le subrogé-tuteur, et non contre les membres du conseil qui
ont été d'avis de lui enlever la tutelle (— V. *inf.* n° 64). —
L'art. 883 C. pr. ne statue que pour les cas ordinaires, et ne déroge pas à l'art. 448 C. civ. Ceux qui ont requis la convocation
du conseil de famille, ont seulement le droit d'intervenir dans
l'instance. C. civ. 449 ; Carré, art. 883 ; Berriat, p. 679, note
3 ; Demiau, art. 885 ; Arg. Paris, 6 oct. 1814 , S. 15, 215. —
*Contrà*, Toullier, 2, 419.

M. Proudhon approuve l'une et l'autre marche.

**49.** La demande ne peut être dirigée contre le juge de paix :
il n'agit qu'à raison de ses fonctions, et la loi ne rend le juge
responsable que lorsqu'il est coupable de fraude ou de dol. Cass.
29 juill. 1812. — V. *Prise à partie*.

**50.** Le trib. civil compétent est celui dans l'arrondissement
duquel l'assemblée a eu lieu : il ne s'agit que de l'exécution du
procès-verbal émané du juge de paix qui l'a présidée.

**51.** L'ajournement est donné en la forme ordinaire, avec copie de la délibération attaquée. — V. *Ajournement*.

La cause est jugée sommairement. C. pr. 884.

**52.** Les délibérations du conseil de famille peuvent être réformées ou modifiées par le trib. de 1re inst. Angers, 6 août
1819. — Mais elles ne sont pas susceptibles d'être attaquées *de
plano*, par la voie de l'appel. Le juge de paix qui préside le conseil de famille, ne fait pas un acte de juridiction, et ce conseil ne
saurait être considéré comme un tribunal. Cass. 15 vent. an 13 ;
Carré, art. 882.

**53.** Si le demandeur succombe, le trib. peut le condamner personnellement aux dépens, ou ordonner que les frais seront employés en dépenses d'administration. Carré, *ib.*; Toullier, 2, 419; Locré, C. pr., t. 2, p. 207.

§ 4. — *Homologation des délibérations du conseil de famille.*

**54.** L'homologation du trib. est indispensable lorsqu'il s'agit d'aliéner et d'hypothéquer les immeubles d'un incapable, ou d'emprunter pour lui. C. civ. 448, 457, 458, 467, 509.

**55.** Les délibérations d'un intérêt moins grave, par exemple, celles contenant nomination de tuteur, co-tuteur ou curateur, ou autorisation d'accepter une succession sous bénéfice d'inventaire, sont dispensées de cette formalité. Metz, 24 brum. an 12; Paris, 6 oct. 1814; Toulouse, 11 juin 1829, S. 30, 15.

Mais l'homologation est nécessaire, même pour les délibérations de cette nature, toutes les fois qu'un membre du conseil y forme opposition. C. civ. 448; Angers, 6 août 1819.

**56.** Le trib. est saisi, par assignation, de la demande en homologation. Lorsqu'il s'agit de destitution du tuteur qui proteste, on fait homologuer la délibération contradictoirement avec lui.

Toutefois, si la déclaration a été notifiée au tuteur avec sommation d'acquiescer ou de s'opposer à son homologation, et si, en réponse à cette notification, il a constitué avoué, en déclarant refuser d'acquiescer à cette délibération, on peut obtenir jugement contre lui; la signification qu'il a faite peut être considérée comme une intervention, et il ne peut opposer, en appel, que le jugement a été rendu sans qu'il ait été régulièrement assigné. Rennes, 4 juin 1835 (Art. 279 J. Pr.).

**57.** Quand il y a lieu à homologation, l'expédition de la délibération est présentée au président, qui met au bas une ordonn. de soit-communiqué au ministère public, et commet un juge pour en faire le rapport au jour indiqué. Le procureur du roi donne ses conclusions au bas de l'ordonnance; la minute du jugement d'homologation est mise à la suite des conclusions sur le même cahier. C. pr. 885, 886.

**58.** En cas de contestation, soit entre les différens membres du conseil, soit entre les membres et le tuteur, le jugement doit être rendu à l'audience. S'il s'agit d'un procès ordinaire, il faut suivre le droit commun.—V. *Audience.*

**59.** S'il s'agit seulement d'homologuer une délibération relative à un emprunt ou bien à une aliénation, et contre laquelle il n'existe aucune opposition, le trib. statue en la chambre du conseil : la publicité est inutile dans une affaire qui n'entraîne pas de discussion entre les parties. C. civ. 458; Carré, art. 886; Demiau, p. 589.—*Contrà*, Pigeau, 2, 406.

**60.** Si le tuteur ou autre chargé de poursuivre l'homologation ne le fait pas dans le délai fixé par la délibération , ou , à défaut de fixation, dans le délai de quinzaine, l'un des membres du conseil de famille peut poursuivre l'homologation contre lui et à ses frais sans répétition. C. pr. 887.

Ce délai de quinzaine n'est pas sujet à augmentation, en raison de la distance du domicile de la personne chargée de poursuivre l'homologation au lieu où siége le trib., il ne rentre pas dans les cas prévus par l'art. 1033 C. pr., et le délai de quinzaine suffit d'ailleurs pour présenter la délibération du conseil à la sanction du trib. Carré, art. 887.

L'homologation d'une délibération qui destitue un tuteur, ne peut être poursuivie que par le subrogé-tuteur, ou à son défaut par les membres du conseil de famille et non par le nouveau tuteur. Bruxelles, 12 nov. 1830.

**61.** Le membre en retard d'agir dans le cas de l'art. 887 C. pr. doit être assigné sur cette poursuite : il peut avoir des excuses.

La cause , étant de nature à faire naître une discussion , est portée à l'audience publique. Carré, art. 887. —*Contrà*, Demiau, art. 887.

**62.** Les membres du conseil de famille qui croient devoir s'opposer à l'homologation , le déclarent par acte extra-judiciaire à celui qui est chargé de la poursuite; s'ils n'ont pas été appelés, ils peuvent former opposition au jugement. C. pr. 888.

**63.** Cette opposition est recevable , tant que la délibération n'a pas été exécutée, la loi ne détermine aucun délai. Carré, art. 889 ; Delvincourt, 1, 437.

**64.** Les jugemens rendus sur délibération du conseil de famille sont sujets à l'appel (C. pr. 889; C. civ. 445, 446, 448.) Peu importe que l'objet de la délibération soit d'une valeur inférieure à 1,500 fr., la loi ne distingue pas. Carré, art. 889.

Cette voie ne peut pas être refusée aux membres d'un conseil de famille qui n'ont point formé opposition au jugement d'homologation, ou qui n'ont point comparu sur l'assignation à eux donnée par suite de leur opposition : les termes généraux de la loi ne permettent pas de distinction. Colmar, 27 avr. 1813.— *Contrà*, Carré, art. 889.

**65.** Toutefois, l'appel n'est recevable qu'autant que, par suite de réclamations de la part des intéressés, l'homologation est devenue contentieuse; autrement, elle constitue un acte de juridiction volontaire que les tiers doivent attaquer devant les premiers juges. Turin, 29 juill. 1809, S. 10, 227; Carré, art. 889. — Dans l'espèce , il s'agissait d'une délibération relative à une transaction qui n'avait pas été précédée d'avis de trois jurisconsultes.

**66.** Le ministère public ne peut appeler du jugement qui a homologué : il n'a pas la voie d'action. Turin, 26 août 1807, P. 6, 281 ; Carré, art. 889.

### § 5.—*Timbre et enregistrement.*

**67.** *Timbre.* Le procès-verbal de la nomination d'un tuteur doit être écrit sur papier timbré.—V. *Timbre.*

**68.** *Enregistrement.* Les avis des parens sont soumis au droit fixe de 2 fr. L. 28 avr. 1816, art. 43, n° 4.

Il n'est dû qu'un seul droit, encore bien que l'avis soit relatif à plusieurs objets, mais il en est autrement s'il constate l'accomplissement d'une opération pour laquelle il est dû un droit distinct, par exemple, la prestation de serment d'un expert nommé par le conseil de famille. Inst. gén. 29 juin 1825, n° 1166, § 4.

**69.** Il n'est dû aucun droit proportionnel : 1° pour la fixation des honoraires du tuteur ( Cass. 3 janv. 1827 ; *Inst. gén.* 30 juin 1827, n° 1210, § 3).—2° Pour l'autorisation de vendre des immeubles, afin de payer les dettes portées dans l'inventaire (*Délib. Rég.* 20 mars 1820, 21 avr. 1821 ). — Peu importe que l'on ait énoncé les noms des créanciers et les sommes dues à chacun d'eux. Cass. 16 mars 1825, 7 nov. 1826, 26 avr. 1827.

**70.** Mais il en est autrement : 1° dans le cas où le tuteur est autorisé à garder une certaine somme appartenant au mineur, à la charge d'en servir les intérêts ( *Inst. gén.* 31 août 1809, n° 449);—2° dans celui où le tuteur, qui conserve le reliquat de son compte entre ses mains, affecte spécialement des immeubles à la garantie de ce reliquat. Cass. 13 nov. 1820.

### § 6. — FORMULES.

#### FORMULE I.

*Citation aux membres qui doivent composer un conseil de famille.*

(C. civ. 406 et 411.—Tarif, 21.—Coût, 1 fr. 50 c. orig. le quart pour chaque copie.) — V. *Cédule*, *Citation.*

#### FORMULE II.

*Avis du Conseil de famille.*

( C. civ. 406. — Tarif, 4. — Coût, 5 fr., le juge de paix ne peut jamais prendre plus de deux vacations.)

L'an                    , le                              , en l'hôtel de la justice de paix, sis à                        et par-devant nous                    juge de paix du                   , assisté de Me                           , greffier,

Est comparue madame                        , veuve de décédé à                        au nom et comme tutrice légale du sieur Paul, son fils mineur;

Laquelle comparante a dit qu'en conséquence de notre indication verbale à ces jour, lieu et heure, elle a convoqué par-devant nous les parens et amis du mineur à l'effet de se réunir en conseil de famille avec nous et sous notre présidence, et donner leur avis sur la nomination d'un subrogé-tuteur;

Et attendu la présence de toutes les personnes appelées à concourir à la formation dudit conseil de famille, ladite comparante nous a requis de le constituer et a signé après lecture faite.

(Signature.)

Desquels comparution, dire, réquisition, nous, juge de paix, avons donné acte à madame veuve　　　　　　　　　　, qui s'est à l'instant retirée.

Sont aussi comparus, savoir :

Du côté paternel — 1° 　　　　　2° 　　　　　3°
Du côté maternel — 1° 　　　　　2° 　　　　　3°

Lesquels parens et amis réunis en conseil de famille avec nous, sous notre présidence, après avoir délibéré avec nous sur l'objet de la convocation,

Considérant que dans toute tutelle il doit y avoir un subrogé-tuteur nommé par le conseil de famille aux termes de l'article 480 du Code civil; que ce subrogé-tuteur doit être pris, hors le cas de frère germain, dans celle des deux lignes à laquelle le tuteur n'appartient point;

Le conseil a été unanimement d'avis de nommer, comme de fait il nomme par ces présentes, M...　　　　　　　　, subrogé-tuteur dudit mineur, à l'effet d'agir et de le représenter dans tous les cas où il se trouverait en opposition d'intérêts avec ceux de la dame　　　　　　　sa tutrice, comme aussi pour faire tous actes conservatoires et de procédure prescrits par la loi;

Et ledit sieur　　　　　　　, a déclaré accepter ladite qualité de subrogé-tuteur dudit mineur, que vient de lui déférer le conseil de famille, et a signé après lecture faite.

(Signature.)

Dont acte, et de tout ce que dessus, nous avons fait et rédigé le présent procès-verbal, que les membres du conseil de famille et madame veuve ont signé avec nous et le greffier, après lecture faite.

(Signature.)

FORMULE III.

*Notification de l'avis du conseil de famille au tuteur nommé, qui n'était pas présent à la délibération.*

(C. pr. 882. — Tarif, 21. — Coût, 1 fr. 50 c. orig. le quart pour la copie.)

L'an　　　　　　　, le　　　　　, à la requête du sieur　　　　　　, désigné par la délibération du conseil de famille ci-après énoncée, pour faire la présente notification, et pour lequel domicile est élu en sa demeure, j'ai (*immatricule de l'huissier-audiencier de la justice de paix*), soussigné, notifié et, avec celle des présentes, donné copie au sieur

D'une délibération du conseil de famille du mineur　　　　　　　, reçue par M. le juge de paix de　　　　　　, le　　　　　　, dûment enregistrée, par laquelle ledit sieur　　　　　　est nommé tuteur dudit mineur. A ce que du contenu en ladite délibération le susnommé n'ignore, et ait en conséquence, à entrer en exercice de la tutelle à lui déférée ; je lui ai, etc.

(*Signature de l'huissier.*)

FORMULE IV.

*Assignation pour faire réformer une délibération du conseil de famille qui n'a pas été unanime.*

( C. pr. 888. — Tarif, 29. — Coût, 2 fr. orig. le quart pour copie.)

L'an　　　　　　le　　　　　　　, à la requête du sieur　　　　　　　frère-germain de　　　　　　, fils mineur de　　　　　　　　　, et de　　　　　　　tous deux décédés, demeurant ledit sieur

à　　　　　et　　　　　　　(—V. *Ajournement, formule*), j'ai soussigné, donné assignation : 1° au sieur　　　　　　, au nom et comme tuteur dudit mineur　　　　　　, demeurant à

2° Au sieur　　　　　　, beau-frère dudit mineur, etc.

3º Et au sieur                    , appelé à défaut de parens, et connu pour avoir eu des relations habituelles d'amitié avec le père et la mère dudit mineur.

A comparaître, etc.          (—V. *Ib.*),

Pour, attendu que les susnommés qui ont fait partie du conseil de famille, convoqué à la requête du tuteur, sous la présidence de M. le juge de paix de          le                    , à l'effet de vendre une maison appartenant audit mineur          , sise à          , rue          ،  pour payer avec les deniers provenant de ladite vente les créanciers de la succession du sieur          père dudit mineur, ont été d'avis de la vente de la dite maison, tandis que le requérant et son frère ont été d'un avis contraire, mentionné dans ladite délibération ;

Attendu, au fond, qu'il est de l'intérêt du mineur                    de conserver l'immeuble dont il s'agit, et que les dettes de la succession de son père ne s'élevant qu'à une somme de                    , il sera plus avantageux pour lui de faire l'emprunt de cette somme, avec hypothèque sur la maison, que de la vendre ;

Attendu aussi qu'il est constaté par le compte sommaire présenté par le tuteur du mineur          à l'assemblée de famille que ledit mineur n'a aucune somme disponible, et que ses revenus sont insuffisans pour le paiement des dettes de la succession de son père ;

Voir dire et ordonner que la délibération du conseil de famille dudit mineur          , reçue par M. le juge de paix de          le          enregistrée, sera rejetée purement et simplement, et que le tuteur du mineur sera autorisé, par le jugement à intervenir, et sans qu'il en soit besoin d'autre, à emprunter à un intérêt qui ne pourra excéder cinq pour cent par an, et pour le terme de quatre ans, la somme de          pour son mineur, et à affecter et hypothéquer, à la garantie et au paiement de la somme empruntée, ladite maison sise à          ; rue          ،  appartenant audit mineur ; pour, avec les deniers ainsi empruntés, payer les créanciers sérieux et légitimes de la succession dudit sieur          , chacun suivant ses droits ;

Et pour, en outre, répondre et procéder comme de raison, à fin de dépens ; et j'ai, aux susnommés, en leurs domiciles, et parlant comme dessus, laissé à chacun séparément copie du présent ; dont le coût est de

*( Signature de l'huissier.)*

FORMULE V.

*Requête à fin d'homologation d'une délibération.*

(C. pr. 885. — Tarif, 78. — Coût, 7 fr. 50 c.)

A MM. les président et juges du tribunal de
Le sieur          , demeurant à          , au nom et comme tuteur de          , fils mineur de          et de          , son épouse, tous deux décédés, ayant Mᵉ          pour avoué ;

Requiert qu'il vous plaise

Attendu que la délibération du conseil de famille dudit mineur sous la présidence de M. le juge de paix de          en date du          , enregistrée          est régulière en la forme et juste au fond ;

Vu les art. 458 C. civ. 954 C. pr.

Homologuer pour être exécutée, suivant sa forme et teneur, ladite délibération des parens et amis dudit mineur, reçue par M. le juge de paix de          le          dûment enregistrée ; et vous ferez justice.

*( Signature de l'avoué.)*

FORMULE VI.

*Demande en homologation d'une délibération du conseil de famille, contre le tuteur.*

(C. pr. 887. —Tarif, 29. — Coût, 2 fr. orig. le quart pour copie.)

L'an                             , le                         , à la requête de
demeurant à                              , ayant fait partie du conseil de famille du
mineur ci-après nommé. etc.                        j'ai, etc.

— V. *Ajournement*, formule.

Pour, attendu que, par délibération des parens et amis dudit mineur
reçue par M. le juge de paix de                        , le                 , dûment
enregistrée, laquelle autorise à provoquer la licitation d'une maison dont le mineur est propriétaire pour moitié; il a été dit que le sieur
en sa qualité de tuteur dudit mineur, poursuivrait l'homologation de cette délibération dans la huitaine:

Attendu que plus de quinze jours se sont écoulés, et que le sieur
ne se met pas en devoir de faire prononcer cette homologation,

Voir dire et ordonner que la délibération susénoncée sera homologuée, pour
être exécutée se on sa forme et teneur: et pour, en outre, répondre et procéder
comme de raison, à fin de dépens, auxquels ledit sieur                          sera
personnellement condamné, et que sous aucun prétexte il ne pourra employer en
compte de tutelle; et je lui ai, en son domicile et parlant comme dessus, laissé
copie du présent exploit dont le coût est de          ( *Signature de l'huissier*.)

### FORMULE VII.

*Opposition à l'homologation d'une délibération du conseil de famille.*

(C. pr. 888. — Tarif, 29. — Coût, 2 fr. orig. le quart pour copie.)

L'an                 le                       , à la requête du sieur
ayant fait partie du conseil de famille dont sera ci-après parlé, demeurant à
                j'ai, etc.                                , soussigné, signifié et dé-
claré au sieur                       , au nom et comme tuteur du sieur
en cette qualité, désigné par la délibération du conseil de famille, ci-après énoncée, pour en poursuivre l'homologation, ledit sieur                        , demeurant
à                        , en son domicile, parlant à

Que le requérant entend contester la délibération du conseil de famille dudit
mineur                       , reçue par M. le juge de paix de
le                             , par laquelle le sieur                      , en sa qualité, a
été autorisé à provoquer la vente par licitation, d'une maison appartenant pour
moitié audit mineur                       , et en conséquence qu'il est opposant, comme
par ces présentes il s'oppose, à ce qu'autrement qu'en sa présence, ou lui dûment
appelé, le sieur                       en poursuive l'homologation; déclarant au
susnommé que ledit requérant proteste de nullité de tout ce qui serait fait au préjudice de ladite opposition; et je lui ai, etc.          (*Signature de l'huissier*.)

CONSEIL *judiciaire*. Conseil que la justice nomme à une personne dont la faiblesse d'esprit ou la prodigalité inspire des
craintes pour la fortune, et sans l'assistance duquel elle ne peut
plaider ni aliéner ses biens.

**1.** *Nomination du conseil judiciaire*. Elle peut être provoquée:
1° pour faiblesse d'esprit; 2° pour prodigalité. C. civ. 499, 513.

**2.** L'admissibilité des faits de prodigalité est abandonnée à
l'appréciation des tribunaux. — V. *Cassation*, n° 92 6°.

**3.** Par qui la nomination d'un conseil judiciaire peut-elle
être provoquée? Par ceux qui ont droit de demander *l'interdic-*
*tion*. C. civ. 514.—V. ce mot.

Excepté par le ministère public, qui se trouve sans intérêt
pour agir. Merlin, *R.*, v° *Interdiction*; Toullier, 2, n° 1572;
Duranton, 2, n° 803. — *Contrà*, Besançon, 25 août 1810;
Delvincourt, 1, p. 521; Arg. C. civ. 491.

**4.** *Quid,* si le prodigue lui-même demande qu'il lui soit nommé un conseil? — V. *Interdiction.*

**5.** La nomination d'un conseil judiciaire peut être faite d'office par le juge, sur une demande en interdiction non suffisamment justifiée. C. civ. 499.

**6.** La demande subsidiaire d'un conseil pour la personne dont on poursuit l'interdiction, est valablement faite pour la première fois en *appel.* — V. ce mot, n° 292.

**7.** *Forme de la demande.* La demande est instruite et jugée de la même manière que celle en interdiction. C. pr. 514.

**8.** Le conseil judiciaire est choisi par le tribunal ( C. civ. 513 ) ; le plus souvent d'après l'indication de la famille.

**9.** On nomme ordinairement des magistrats, des avocats, des notaires ou des avoués.

**10.** Peut-on nommer plusieurs conseils à la même personne? Ce serait compliquer outre mesure sa position ; cependant M. Toullier, 2 , n° 1377 , adopte l'affirmative.

**11.** Le jugement qui nomme un conseil est soumis à la même publicité que le jugement d'interdiction ; il ne peut être révoqué qu'en suivant les formalités prescrites pour la main-levée de *l'interdiction.* — V. ce mot.

**12.** L'*acquiescement* donné par un prodigue au jugement qui lui a nommé un conseil n'est pas obligatoire. — V. ce mot, 19. Ce jugement modifie son état civil d'une manière considérable. — V. *Inf.* n° 15.

**13.** Dans le cas de l'art. 499 du C. civ., l'appel du jugement doit être dirigé contre celui qui a provoqué l'interdiction. C. pr. 894.

**14.** L'appel interjeté par le provoquant ou par un des membres de l'assemblée, est dirigé contre celui à qui l'on veut faire nommer un conseil. *Ib.* — V. d'ailleurs *Appel,* n° 156, 157.

**15.** Cet appel doit être jugé en audience solennelle : la dation d'un conseil judiciaire modifie l'état civil d'une manière considérable. Cass. 14 mars et 29 août 1836.(Art. 374 et 504 J. Pr,). — V. *Audience solennelle,* 1.

**16.** *Effets de la nomination d'un conseil judiciaire.* Elle n'opère pas un changement d'état aussi complet que l'interdiction.

Seulement, l'individu qui a reçu un conseil, ne peut, sans l'assistance de ce conseil, plaider, transiger, emprunter, recevoir un capital mobilier, en donner décharge, aliéner, grever ses biens d'hypothèque. C. civ. 499 , 513. — Il doit attendre pour faire valablement cet acte la nomination d'un nouveau conseil, si le premier vient à cesser ses fonctions. Parlem. Paris, 7 juin 1760 ; 29 juill. 1762.

**17.** Au reste, ses actions doivent être intentées par lui directement ; le conseil ne fait que l'assister. Bruxelles, 13 avr.

1808, P. 6, 629. Cass. 20 mars 1816; Toullier, 2, n° 1582.

Il doit être assigné conjointement avec ce conseil par des copies distinctes.—V. *Exploit.*

**18.** Autorise-t-il valablement sa *femme?* — V. ce mot.

**19.** La contrainte par corps peut être prononcée contre un prodigue pourvu de conseil pour des effets souscrits avant la dation du conseil. Bruxelles, 15 avr. 1808, P. 6, 629.

**20.** Le billet souscrit par le prodigue pendant l'instance afin de nomination de conseil, n'est pas nul comme entaché de dol, par cela seul que celui au profit duquel il a été fait avait connaissance de ces poursuites. Orléans, 25 août 1857 (Art. 952. J. Pr.).

**21.** Quand le jugement portant nomination du conseil a été rendu public, conformément à l'art. 501 C. civ., l'interdiction est légalement notoire; elle opère nullité de tout engagement postérieur, en quelque lieu qu'il soit passé. Cass. 29 juin 1819, S. 20, 8.

**22.** L'antidate d'un billet à ordre ne se présume pas. C'est au prodigue et à son conseil à la prouver. Cass. 8 mars 1856; Orléans, 26 août 1857 (Art. 582 et 952. J. Pr.). — *Contrà*, Cass. 5 fév. 1855, S. 55, 85.

**25.** Si le jugement n'a pas reçu de publicité, les actes faits postérieurement sans l'assistance du conseil sont-ils valables? — V. *Interdiction.*

CONSEIL DE PRUD'HOMMES. — V. *Prud'homme.*

CONSEILLER. — V. *Cassation, Cour royale, Juge.*

CONSERVATEUR DES HYPOTHÈQUES. — V. *Exécution forcée, Inscription hypothécaire.*

CONSERVATOIRE (ACTE).—V. *Acte conservatoire.*

CONSERVATOIRE (ACTION). Action tendante à la conservation d'une chose ou d'un droit. — V. *Ib.*

CONSIGNATION. —V. *Dépôt, Offres réelles.*

CONSIGNATION *d'alimens.* — V. *Emprisonnement.*

CONSIGNATION D'AMENDES. — V. *Appel, Cassation, Requête civile.*

CONSIGNATION *des frais.* — V. *Partie civile.*

CONSORTS. Personnes qui ont le même intérêt dans une affaire : tels sont les créanciers et débiteurs solidaires, les copartageans, etc.

**1.** Les consorts doivent être assignés par copies séparées, et désignés individuellement dans l'assignation et dans les qualités du jugement. — V. *Cassation, Exploit, Jugement.*

**2.** Quel est l'effet de l'appel interjeté et de l'acquiescement donné par l'un des consorts?—V. *Acquiescement,* n° 142 et suiv. *Appel,* n° 47 et suiv.

**CONSTITUTION D'AVOUÉ.** C'est la désignation de l'a-
voué qui doit occuper pour une partie dans une instance.

**1.** Les parties sont en général obligées de se faire représenter
par un avoué dans les affaires soumises aux trib. civils de 1re
inst. et aux C. roy. — V· *Avoué*, n° 48.

**2.** La constitution d'avoué a lieu pour le demandeur par *l'a-
journement* ou *l'acte d'appel.—V.* ces mots.

Pour le défendeur, par un simple acte signifié d'avoué à
avoué. C. pr. 75.

**3.** Quelquefois la loi désigne elle-même l'avoué qui doit occuper.—V. *Avoué*, n° 150.

**4.** Le défendeur doit constituer avoué dans les délais de *l'a-
journement.* — V. ce mot, sect. II, § 2, art. 3.

**5.** Néanmoins, la constitution est valablement faite après
l'expiration de ces délais, tant que le jugement par défaut n'a
pas été obtenu. Carré, art. 75.

**6.** Mais elle est nulle lorsqu'elle a lieu après qu'un jugement
par défaut a statué sur la demande, et avant qu'une opposition
y ait été formée. Orléans, 16 mars 1809, P. 7, 448. — L'instance a été terminée par le jugement, elle ne peut revivre que
par l'opposition.

**7.** Lorsque la demande a été intentée à bref délai, le défendeur peut, au jour de l'échéance, faire présenter à l'audience
un avoué auquel il est donné acte de sa constitution.

Dans ce cas, l'avoué est tenu de réitérer sa constitution dans
le jour par acte signifié à l'avoué du demandeur. Faute par lui
de le faire, le jugement qui lui a donné acte de sa constitution
est levé à ses frais. C. pr. 76.

**8.** Ce mode de constitution n'est pas permis quand l'assignation a été donnée dans le délai ordinaire : il n'est en effet
accordé à la partie qu'en raison du peu de temps qu'elle a eu
pour se choisir un mandataire. Orléans, 2 déc. 1813, D. 14,
1, 64.—Dans l'usage cependant on ne refuse jamais à un avoué
de lui donner acte de sa constitution et de remettre la cause
lorsqu'il se présente au moment où l'on veut prendre défaut.

**9.** En matière de saisie immobilière, la partie saisie défaillante peut-elle constituer avoué au moment de l'adjudication
préparatoire? — V. *Saisie immobilière.*

**10.** Le défendeur ni le demandeur ne peuvent révoquer leur
avoué sans en constituer un autre. Les procédures faites et les
jugemens obtenus contre l'avoué révoque et non remplacé sont
valables. C. pr. 75.

**11.** Entre l'avoué et son client, la constitution produit en
général les effets du mandat — Toutefois ce mandat n'est pas
gratuit. — V. *Avoué*, § 6.

**12.** A l'égard de la partie adverse, la constitution a pour

résultat de la forcer à signifier à l'avoué tous les actes d'instruction. Il est le représentant légal de son client; c'est contre lui
que l'on doit procéder. Du moment qu'il y a constitution, aucun jugement par défaut ne peut plus être rendu contre la partie. Il ne peut intervenir qu'un jugement contradictoire, ou
par défaut contre l'avoué, s'il n'y a pas de conclusions au fond.
—V. *Jugement.*

13. L'avoué ne peut occuper pour une personne, que lorsqu'il a reçu pouvoir de conclure en son nom. — V. *Avoué*, § 5.

14. Mais à l'égard de l'adversaire, il est réputé avoir pouvoir de la partie du moment qu'il s'est constitué pour elle. —
Cette présomption ne peut être détruite que par un jugement
de *Désaveu.* — V. ce mot.

15. *Enregistrement.* L'acte de signification d'une constitution
d'avoué est soumis au même droit d'enregistrement que tous
les autres actes d'avoué à avoué, c'est-à-dire au droit fixe de
50 c. et d'un fr. devant les C. roy. L. 28 avr. 1816, art. 41, 42.

FORMULE.

( C. pr. 75. — Tarif, 70. — Coût, 1 fr. orig., le quart pour chaque copie.)
Me                        , avoué près le trib. de
Déclare à Me                   , avoué près le même trib. et du sieur
Qu'il a charge et pouvoir d'occuper et qu'il occupera pour le sieur
sur l'assignation à lui donnée à la requête du sieur            , par
exploit de                    , huissier à                , en date
du
Sans aucune approbation de ladite demande et sous la réserve au contraire de
tous moyens de nullité, fins de non recevoir et autres de fait et de droit.
A ce qu'il n'en ignore dont acte.

( *Signature de l'avoué.*)

—V. *Ajournement, Appel, Avoué, Jugement, Reprise d'instance.*

CONSTITUTION DE NOUVEL AVOUÉ. Il y a lieu de
constituer un nouvel avoué, soit de la part du demandeur, soit
de la part du défendeur, toutes les fois que les pouvoirs de l'a-
voué qui occupait dans une affaire viennent à cesser avant que
cette affaire soit en état. —V. *Avoué*, § 5; *Reprise d'instance.*

CONSULTATION. Avis qu'un avocat, un jurisconsulte,
donne dans une affaire ou sur une question qui lui est soumise.
— V. *Avocat*, n° 46 et § 9, *Timbre.*

CONTESTATION EN CAUSE. Se dit d'un procès dans
lequel les parties ont réciproquement contesté, et qui est en
état de recevoir un jugement.

CONTRADICTOIRE. Ce qui se fait en présence des parties intéressées. Le jugement contradictoire est celui qui a été
rendu lorsque toutes les parties ont posé des conclusions relatives au fond. —V. *Jugement.*

CONTRAINTE.—V. *Contributions publiques, Enregistrement.*

**CONTRAINTE PAR CORPS.** Voie d'exécution par laquelle un créancier prive son débiteur de sa liberté pour le forcer à remplir ses engagemens. — Ce mot désigne encore le droit de faire emprisonner son débiteur.

1. La loi des douze-tables permettait aux créanciers, après certains délais, de vendre leur débiteur, ou même de le mettre à mort.—Mais bientôt à cette législation barbare on substitua l'emprisonnement pur et simple du débiteur, et le partage de ses biens entre ses créanciers. Tite Live, VIII, 28.— Plus tard, on lui accorda même le bénéfice de la cession de biens. L. 4, C. *qui bon. ced. pos.*

2. En France, la contrainte par corps, exercée d'abord pour toute espèce de dettes, — restreinte par Philippe-le-Bel à ceux qui s'y seraient expressément soumis (Ordonn. 1304),—fut étendue de nouveau à tous les cas par l'Ordonn. de Moulins, 1566. Chancelier L'Hôpital.

Louis XIV distingua les dettes civiles et les dettes commerciales. L'ordonn. de 1667 détermine les cas où la contrainte par corps peut avoir lieu, et la prohibe dans tous les autres; elle règle les formes et le mode d'exécution. L'ordonn. de 1673 indique les actes commerciaux qui doivent nécessairement entraîner cette contrainte.

3. La Convention, le 9 mars 1793, prohiba la contrainte par corps, qu'elle rétablit contre les comptables de deniers publics, 21 jours après. — Son rétablissement pur et simple fut ordonné par la loi du 24 vent. an 5, et réglé par la loi du 15 germ. an 6.

Cette dernière loi était divisée en trois titres: le premier, relatif aux matières civiles, se trouve abrogé par le C. civil: le second, concernant les matières commerciales, fut maintenu par le C. de comm.; le troisième réglait le mode d'exécution des jugemens. Le C. de proc., qui contient plusieurs dispositions nouvelles sur le fond du droit, laisse subsister quelques règles de ce titre sur la procédure.—Deux autres lois, l'une du 4 flor. an 6; l'autre du 10 sept. 1807, assujettirent à la contrainte par corps les étrangers non domiciliés en France, et débiteurs de français, quels que fussent la nature et l'origine de la dette.

4. Enfin, la loi du 17 avr. 1832 fait cesser de graves dissentimens de jurisprudence, remplit de nombreuses lacunes, supprime plusieurs dispositions d'une rigueur inutile, adoucit le sort des détenus, et en diminue le nombre.

Par son art. 46 elle abroge les lois du 15 germ., du 4 flor. an 6, et du 10 sept. 1807; toutes les dispositions des lois antérieures relatives aux cas où la contrainte par corps peut être prononcée contre les débiteurs de l'Etat, des communes et des établissemens publics; mais elle maintient celles de ces dispositions qui concernent le mode de poursuites à exercer contre ces mêmes débiteurs, celles du tit. 15 du C. forestier, celles de la loi sur la pêche fluviale, ainsi que les dispositions relatives au bénéfice de cession.

5. La loi préfère la liberté d'un citoyen à l'avantage individuel d'un autre ; mais lorsque l'intérêt public se lie à l'intérêt du créancier, ou lorsque la conduite du débiteur a le caractère d'une faute grave, elle autorise tout ce qui tend à assurer l'exécution des engagemens. Gary, Rapport au Tribunat.

Elle se réserve de fixer les cas où la contrainte par corps peut ou doit avoir lieu, et d'en régler l'exécution.

6. La contrainte par corps n'est point une peine proprement dite ; elle est établie dans l'intérêt unique du créancier, il peut en faire remise, et elle cesse de plein droit aussitôt qu'il est satisfait.

Elle participe de la nature des peines, en ce qu'elle est la plus rigoureuse des voies d'exécution.

Elle ne peut être prononcée hors des cas formellement prévus par la loi ; en cette matière, on ne peut raisonner par analogie d'un cas à un autre.

Elle est purement personnelle à l'égard du débiteur.

7. En matière civile et de commerce, elle ne peut être prononcée d'office, il faut qu'elle soit requise par le créancier.

8. Les juges n'ont à examiner ni les ressources du débiteur, ni la moralité du fait, à moins que la loi n'exige que le fait soit accompagné de mauvaise foi.

9. La liberté est de droit naturel ; tout ce qui favorise le retour à ce droit naturel doit incontinent recevoir son application.

10. Ainsi la contrainte par corps ayant été abolie en 1793, les prisons furent immédiatement ouvertes aux détenus pour dettes et nulle condamnation ne fut prononcée en vertu de titres antérieurs.

11. De même, le créancier serait mal fondé à prétendre que la loi nouvelle, qui lui interdit d'exercer la contrainte par corps contre les septuagénaires, a un effet rétroactif.

12. L'art. 2063 C. civ., hors des cas déterminés par la loi, défend à tous juges de prononcer la contrainte par corps ; à tous notaires et greffiers de recevoir des actes dans lesquels elle serait stipulée, et à tous Français de consentir de pareils actes, encore qu'ils soient passés en pays étrangers : le tout à peine de nullité, dépens, dommages et intérêts.

— V. *Emprisonnement.*

CONTRARIÉTÉ *de jugemens.* Se dit de l'opposition qui se trouve entre deux arrêts ou jugemens rendus en dernier ressort dans deux trib. différens, ou dans deux chambres du même tribunal, et entre les mêmes parties, relativement au même objet et sur les mêmes moyens. C. pr. 480 et 504. — V. *Cassation*, *Requête civile*.

CONTRAT *judiciaire.* Accord de deux parties devant le juge.

1. Le contrat judiciaire est exprès ou tacite.

*Exprès*, il résulte d'actes positifs ; *tacite*, il résulte de la manière d'agir des parties.

Les contrats judiciaires exprès comprennent les conventions faites en présence du juge, ou au greffe, telles que les adjudications, et les cautionnemens présentés et acceptés pour l'exécution d'un jugement. — V. *Expédient*, *Jugement.*

2. Tant que le juge n'a pas donné acte aux parties de leurs déclarations, l'une d'elles peut-elle se rétracter ? La négative résulte de ce que le juge ne fait que constater la convention ; il n'ajoute rien au lien du contrat qui est formé par leur consentement respectif : il ne fait que le rendre exécutoire. — V. *Aveu*, n° 16.

3. Les transactions passées au bureau de paix ne sont pas des contrats judiciaires. — V. *Préliminaire de conciliation.*

CONTRAT *d'union.* — V. *Faillite.*

CONTREDIT. Ce mot désigne les écritures que fournit une des parties contre la production de l'autre, dans les affaires qui s'instruisent par écrit. — V. *Délibéré*, *Instruction par écrit*, *Ordre.*

CONTRE-ENQUÊTE. Enquête faite par opposition à une autre qu'elle a pour objet de contredire. — V. *Enquête.*

CONTRIBUTION *de deniers.* — V. *Distribution par contribution.*

CONTRIBUTIONS *publiques.*

1. Les contributions sont *directes* ou *indirectes.*

*Directes*, elles sont *foncières* ou *personnelles*, c'est-à-dire assises directement sur les fonds de terre, ou sur les personnes, comme la taxe des portes et fenêtres, les patentes.

*Indirectes.* Elles sont assises principalement sur les choses mobilières ; elles s'appliquent à la fabrication, à la vente, au transport et à l'introduction de plusieurs objets de commerce et de consommation ; elles comprennent les *douanes*, *l'enregistrement* et droits accessoires. — V. ces mots.

2. *Règles communes aux contributions directes et indirectes.* Le recouvrement de toutes les contributions se poursuit par une contrainte. — La contrainte est l'acte par lequel le percepteur fait commandement au débiteur de l'impôt de le payer. — Cet acte doit porter le visa du fonctionnaire public qui est chargé de la perception.

3. La voie de la contrainte appartient uniquement aux percepteurs des contributions ; elle ne pourrait être employée par

43.

le receveur d'un hospice. Bruxelles, 26 mai 1810, P. 8, 535.

4. Si le contribuable ne paie pas dans un bref délai, il y est contraint par différentes voies, notamment par la saisie et la vente de ses biens.

5. Sur l'opposition que l'on peut former à la contrainte, l'action s'engage devant les tribunaux. Ord. 11 juin 1817; Cass. 15 et 27 juill. 1813, 9 janv. 1815, 14 déc. 1819.

6. *Règles particulières aux contributions directes.* Le contribuable doit payer ses contributions directes de mois en mois et par douzièmes. L. 2 mess. an 7, art. 146.

7. Celui qui se croit trop imposé peut réclamer dans les trois mois de la publication du rôle; il doit joindre à sa pétition l'avertissement et la quittance des douzièmes échus à la date de sa réclamation. *Ib.*

La pétition est adressée au sous-préfet, qui ordonne l'instruction : le conseil de préfecture statue, sauf recours au Conseil-d'État. LL. 28 pluv. et 24 flor. an 8.

8. Les contraintes à fin de paiement de ces contributions sont décernées, contre les particuliers taxés dans des rôles rendus exécutoires par le préfet, et en retard de se libérer.

Elles sont visées par les sous-préfets, et transmises par des porteurs nommés par eux, et qui remplissent seuls les fonctions d'huissiers en cette matière.

9. Si l'avertissement est resté sans effet, le percepteur doit délivrer une sommation gratuite. Lorsque le redevable n'obéit pas à la première sommation, on lui en fait une seconde avec frais. L. 23 mars 1817, art. 72; régl. 26 août 1824.

10. Si les contraintes, avertissemens et sommations restent sans effet, le percepteur a le droit d'établir des garnisaires à la charge de ceux qui se refusent au paiement de leurs contributions. Règl. 26 août 1824.

11. L'emploi des garnisaires n'a pas lieu si la contribution ne dépasse pas 40 fr. Arr. 16 therm. an 8, art. 44.

12. Il peut y avoir autant de garnisaires que de redevables, ou un seul pour plusieurs.

Dans le premier cas, le garnisaire a droit au logement, à la nourriture et à une place au feu (*Ib.*). Il ne doit pas se loger à l'auberge, lors même que le contribuable y consentirait. *Ibid.*

Si le garnisaire est pour plusieurs, il n'a droit ni au logement, ni à la nourriture chez aucun; mais les frais qu'il occasione sont payés contributoirement par ceux à l'occasion desquels il a été établi. Règl. 26 août 1824.

Dans tous les cas, le garnisaire ne peut être établi pour plus de deux jours chez le redevable, et pour plus de dix jours dans la même commune. Arr. 16 therm. an 8, art. 51.

**13.** Le percepteur ne doit faire commandement de payer qu'après avoir fait donner une seconde contrainte, soumise aux mêmes formalités que la première. Régl. 26 août 1824.

**14.** Trois jours après le commandement, il peut être procédé, avec l'autorisation de l'administration, à la saisie des meubles et fruits de toute espèce, appartenant au redevable si ce n'est de ceux déclarés insaisissables par la loi, et ultérieurement à la vente. Règl. *ib.* — V. *Saisie.*

**15.** Ces saisies et ventes sont faites selon les formes, et par les fonctionnaires ordinaires. L. 2 oct. 1791, art. 12.

**16.** Le trésor a un privilége sur le prix de ces ventes, et même sur les sommes dues au contribuable par des tiers. L. 12 nov. 1808, art. 2; Cass. 2 avr. 1819.

**17.** Le contentieux des contributions directes, et l'exécution, sont de la compétence des conseils de préfecture. Arr. 12 brum. an 11; Merlin, *Rép.*, v° *Contrainte.*

**18.** Cependant sont portées devant les trib. ordinaires : 1° La revendication, faite par un tiers, des meubles saisis. L. 12 nov. 1808, art. 4; — 2° Les contestations relatives aux expropriations forcées, Merlin, *id.*; — 3° Les demandes en nullité de l'arrestation faite à la suite de contrainte. Décr. 31 mars 1807.

**19.** Le contribuable peut opposer la prescription au percepteur qui a laissé écouler trois années, à compter du jour où le rôle lui a été remis, sans faire aucune poursuite. L. 3 frim. an 7, art. 149; Cass. 11 juin 1829, S. 29, 359.

Mais il ne peut opposer cette prescription aux tiers qui ont payé les contributions en son lieu et place. Cass. 27 janv. 1828, S. 29, 35; Nanci, 21 août 1826, S. 29, 127.

**20.** *Règles particulières aux contributions indirectes.* La procédure est à peu près la même que celle indiquée ci-dessus. — V. *Douanes, Enregistrement.*

**21.** *Timbre.* Les rôles et les extraits qui en sont délivrés sont exempts du timbre. L. 13 brum. an 7, art. 16.

Il en est de même des quittances, et des ordonnances de décharge, remise, ou modération. *Ibid.*

**22.** L'administration exige que les réclamations ou pétitions des redevables soient faites sur papier timbré. Cet usage, conforme à la loi du 13 brum. an 7, semble contraire à celle du 26 mars 1831, qui, bien que placée sous le titre de la *Contribution mobilière*, paraît générale, et ne devrait pas être restreinte aux pétitions faites à l'occasion de cette espèce de contribution.

Pour les réclamations relatives à une cote moindre de 30 fr., il y a une dispense. L. 21 avr. 1832, art. 28.

**23.** *Enregistrement.* Les actes de poursuite sont exempts du droit d'enregistrement, s'ils ont pour objet des cotes au-dessous de 100 fr. L. 16 juin 1824, art. 6. — Peu importe la valeur des objets saisis. Délib. rég. 2 avr. 1825. — Si la cote excède 100 fr., le droit est de 1 fr. pour chaque acte.—*Même loi.*

CONTROLE *des actes.* Formalité qui consistait dans l'*enregistrement* par extrait des actes et contrats. —V. ce mot.

CONTUMACE. État de celui qui, ayant été mis en accusation, ne se présente pas dans le délai fixé, ou qui, ayant été saisi, s'évade avant le jugement. On appelle *contumax* celui qui se trouve dans cet état. —V. *Curateur.*

CONVERSION de vente sur *saisie immobilière.* —V. ce mot.

COPIE. C'est, en général, la transcription d'un écrit faite d'après un autre, que l'on nomme original ou minute.

## DIVISION.

§ **1.** — *Des différentes espèces de copies.*

§ **2.** — *Moyens d'obtenir copie d'un acte dans lequel on a été partie.*

ART. 1. — *Cas où le dépositaire de la minute en refuse expédition.*
ART. 2. — *Cas où l'acte est non enregistré ou resté imparfait.*
ART. 3. — *Cas où l'on veut avoir une seconde grosse.*

§ **3.** — *Timbre.*
§ **4.** — *Formules.*

### § 1. — *Des différentes espèces de copies.*

**1.** On distingue cinq sortes de copies des actes notariés :

1° Les premières *grosses* en forme exécutoire ;

2° Les premières expéditions, non revêtues de la formule exécutoire, comme la première grosse, elles font la même foi que l'original ;

3° Les copies qui sont tirées sur la minute par l'autorité du magistrat et du consentement des parties ;

4° Les copies ou expéditions ordinaires tirées sur la minute, sans l'autorité du magistrat, ou sans le consentement des parties, depuis la délivrance des premières expéditions, par le notaire qui a reçu l'acte, par son successeur ou autre dépositaire de la minute ;

5° Les copies tirées sur la minute de l'acte, par un notaire qui n'en est pas le dépositaire ;

6° Enfin, les copies de copies, c'est-à-dire celles faites par un notaire, non sur la minute, mais sur d'autres copies de la minute.

**2.** On appelle aussi *grosses*, en matière judiciaire : 1° les premières expéditions d'un jugement ; 2° l'original d'une requête grossoyée, celui d'un cahier de charges. — V. *Grosse, Jugement, Saisie, Ventes.*

Ces expressions sont improprement appliquées aux actes d'avoués : il n'y a pas minute de ces actes, mais seulement un original et une copie pour les requêtes, ou conclusions, pour les cahiers d'enchère; ils deviennent des minutes par leur dépôt au greffe ou en l'étude d'un notaire.

3. Toute personne a le droit de réclamer communication et copie des actes de l'état civil, des inscriptions hypothécaires, des matrices des rôles, des jugemens et autres actes judiciaires, dont les greffiers sont dépositaires. C. pr. 855 ; C. civ. 2196.

Les greffiers se refusent quelque fois à donner communication des minutes des jugemens et autres actes judiciaires, dont l'expédition n'a pas encore été délivrée. Ils s'opposent surtout à en laisser prendre copie. — Ce refus est-il fondé ?— V. *Greffier.*

4. Mais le greffier d'un tribunal ne peut pas être forcé de donner expédition ou même communication d'un acte judiciaire inscrit sur ses registres, lorsqu'il s'agit d'actes de pure discipline, et inscrits sur le registre destiné exclusivement aux délibérations d'une Cour. Aix, 11 janv. 1825.

5. Les actes notariés sont la propriété exclusive des parties qui y figurent, de leurs héritiers et ayant-cause. Le notaire dépositaire de la minute ne peut en donner communication à un tiers que du consentement des parties intéressées, ou en vertu d'une décision judiciaire. — Il en est de même des receveurs des droits d'enregistrement. —V. *Compulsoire.*

6. Les copies des exploits en remplacent l'original ou la minute (—V. *Exploit*). Elles doivent, en conséquence, être exactes, lisibles et complètes. Décr. 14 juin 1813, art. 42. —Sous peine d'être rejetées de la taxe. *Ibid.*, art. 43.

L'*huissier* qui a signifié une copie irrégulière est passible d'une amende. —V. ce mot.

7. Lorsqu'on donne une copie par extrait, elle doit contenir les parties générales de l'acte qui sont nécessaires pour le faire connaître tout entier, et constater sa régularité. Berriat, 233. —V. *Ajournement*, n° 84.

8. Si les pièces sont en langue étrangère, on n'est pas tenu de donner copie du texte original, sauf à l'adversaire à en demander communication. —V. *ibid.*, n° 88.

9. Pour les personnes auxquelles les huissiers doivent remettre copie des actes qu'ils signifient, et la manière dont ils sont tenus d'indiquer cette personne, —V. *Exploit.*

10. Peut-on faire la signification d'un jugement sur une copie d'expédition ?—V. *Appel*, n° 121.

§ 2. — *Moyens d'obtenir copie d'un acte dans lequel on a été partie.*

Art. 1. — *Cas où le dépositaire de la minute en refuse expédition.*

11. Le notaire ou autre dépositaire public d'un acte est

tenu d'en délivrer expédition ou copie, ou même une grosse, si l'acte est de nature à être exécuté sans jugement; aux parties intéressées en nom direct, à leurs héritiers ou ayant-droit. C. pr. 859.

12. Toutefois, cette obligation ne s'applique qu'aux actes passés en minute, et non à ceux reçus en brevet, à moins que les parties, ou l'une d'elles, ne rapportent l'original, en requérant le notaire d'en recevoir le dépôt et de le mettre au rang de ses minutes; il peut alors en être délivré expédition.

13. On entend par intéressés en nom direct ceux qui ont contracté pour leur propre compte. Ceux qui ont contracté pour autrui, ou dont il a été question dans l'acte, ne sont pas réputés tels, même lorsque l'acte contient reconnaissance ou obligation en leur faveur; conséquemment, ils ne peuvent en obtenir copie ou expédition qu'avec l'autorisation de justice. —V. *Compulsoire.*

14. Cependant un mandataire a droit de lever des expéditions des actes faits en conséquence de ses pouvoirs, s'il n'y a pas eu révocation : il ne peut souvent accomplir sa mission qu'en étant porteur des expéditions des actes passés en vertu du mandat. — Il convient d'indiquer dans la procuration le pouvoir de lever toutes expéditions d'actes ou jugemens, les signifier, en poursuivre l'exécution.

15. Toute partie contractante étant censée avoir stipulé, non-seulement pour elle, mais encore pour ses héritiers ou ayant-cause, à moins que le contraire ne soit exprimé ou ne résulte de la convention (C. civ. 1122), les héritiers, et même les successeurs universels ou à titre universel ont droit, comme la partie signataire, d'obtenir grosse ou expédition de l'acte. Pigeau, *ibid.* — Le notaire a droit d'exiger qu'on lui justifie de la qualité d'héritier, si elle ne lui est pas connue.

Il en est de même des légataires ou donataires à titre particulier, et des acquéreurs à l'égard des actes relatifs aux objets qui leur sont dévolus. Pigeau, *ib.*

16. Ces différentes personnes peuvent, en outre, forcer le notaire à représenter la minute dont il est dépositaire et à en laisser prendre lecture. Paris, 22 juill. 1809, P. 7, 705.

Mais, dans ce cas, le notaire a le droit d'exiger toutes précautions propres à la conservation de l'acte, par exemple, la présence du président du trib. L. 25 vent. an 11, art. 22 et 25; Pau 12 fév. 1835, D. 35, 199; — et en outre des honoraires et des vacations pour son déplacement. *Même arrêt.*

17. Si un légataire présumé prétend qu'il existe un testament en sa faveur à une date qu'il ne précise pas positivement, il peut faire sommation au notaire pour qu'il ait à déclarer si l'acte supposé n'existe pas. — Puis si la réponse n'est pas satis-

faisante, introduire un référé, pour faire ordonner les mesures convenables, par exemple l'examen du répertoire; — ou bien il demande un *compulsoire*. — V. ce mot.

On peut prouver par témoins que le notaire a réellement passé l'acte ou produire contre lui une lettre dans laquelle il a reconnu l'existence de cet acte. Agen, 16 fév. 1813, S. 14, 109.

Le dépositaire d'un acte qui refuse d'en délivrer aux ayant-droit copie, expédition ou une première grosse, peut être assigné à bref délai, en vertu de la permission donnée par le président du tribunal de première instance, et sans préliminaire de conciliation (C. pr. 59, 839.). Il n'est pas nécessaire de lui adresser sommation préalable; mais cette mesure est prudente et convenable. Carré, art. 840. — *Contrà*, Demiau, art. 840.

18. L'autorisation d'assigner à bref délai s'obtient, comme dans les cas ordinaires, sur requête présentée au président. C. pr. 72.

19. L'original de l'assignation peut être visé par le notaire ou le dépositaire public auquel elle est signifiée, ou, à son refus, par le procureur du roi. Arg. C. pr. 1039. — V. *Visa*.

Au reste cette formalité n'est pas indispensable.

20. La demande est portée devant le trib. du lieu où réside le notaire ou autre dépositaire : c'est, en effet, une action personnelle. Carré. *ib.* — V. *Tribunal de première instance*.

21. Si les frais et déboursés de la minute de l'acte sont dus au dépositaire, il peut refuser expédition tant qu'il n'est pas payé de ces frais, outre ceux d'expédition. C. pr. 851.

Lors même que ces frais sont à la charge de la partie contre qui on veut user de la grosse ou expédition : chaque partie est responsable des frais à l'égard du dépositaire. C. pr. 839, 851.

Mais la partie qui demande l'expédition d'un acte peut se borner à en offrir le coût, sans acquitter les frais d'autres actes plus anciens dont elle est encore débitrice. Arg. C. civ. 1253.

Toutefois, le tribunal de la Seine a décidé, le 9 janvier 1823, que la partie débitrice d'un acte de vente et de la quittance devait, pour obtenir expédition de la quittance, ne pas se contenter d'offrir le coût de cette quittance, mais encore le coût de l'acte de vente. En effet, la quittance du prix de la vente fait preuve de cette vente, et il ne peut pas dépendre de la partie de se borner à demander l'expédition de la quittance pour éluder le paiement du coût de l'acte de vente.

L'expédition délivrée fait présumer le paiement des frais de la minute. Cass. 18 nov. 1813 ; 13 avr. 1826.

22. Si le dépositaire de l'acte n'a aucun motif valable de se refuser à la délivrance de la copie, expédition ou grosse demandée, il doit être condamné par corps, C. pr. 839.

Il peut, en outre, suivant les circonstances, être condamné à des dommages-intérêts envers la partie. Demiau, art. 840.

**23.** L'affaire est jugée sommairement, et le jugement exécuté nonobstant opposition ou appel. C. pr. 840.

Il s'agit d'une matière d'une valeur indéterminée, l'appel est toujours recevable.

### Art. 2. — *Cas où l'acte est non enregistré ou resté imparfait.*

**24.** Les notaires ou dépositaires publics ne doivent pas délivrer même de simples copies d'un acte non enregistré. L. 22 frim. an 7, art. 44.

**25.** Cependant il peut arriver qu'une partie ait intérêt à obtenir et droit de demander la copie d'un acte semblable. Par exemple, le créancier au profit duquel le débiteur a souscrit une obligation qui n'a pas été enregistrée, soit parce que le notaire a négligé de remplir cette formalité, soit parce que le débiteur, qui devait avancer au notaire le montant des droits à acquitter, ne l'a pas fait, ne doit pas être privé par cette négligence du droit de s'en faire délivrer une simple copie.

**26.** Il est également défendu aux notaires et dépositaires publics de délivrer copie d'un acte resté imparfait.

Un acte peut être imparfait, 1° lorsqu'il n'est pas signé de toutes les parties qui y ont figuré ; 2° lorsqu'il n'est pas revêtu de la signature de l'officier qui l'a reçu ou des témoins instrumentaires ; 3° enfin, lorsqu'étant revêtu des signatures des parties, de l'officier et des témoins, il n'est pas authentique par l'incompétence ou l'incapacité de l'officier, ou par un défaut de forme.

**27.** Une partie peut néanmoins, dans ces diverses circonstances, avoir intérêt à se faire délivrer une copie, ou même une expédition de l'acte imparfait. Ainsi, dans le premier cas, l'acte imparfait à l'égard de quelques parties, comme n'étant pas revêtu de leur signature, peut être parfait, et former lien de droit entre celles qui ont signé. Dans le second et le troisième cas, l'acte nul comme acte authentique peut valoir comme acte sous signature privée. L'acte, tout imparfait qu'il soit, peut encore être invoqué comme commencement de preuve par écrit. Alors la loi permet au juge d'ordonner la délivrance d'une copie ou expédition de cet acte. C. pr. 844.

**28.** Dans tous les cas, pour obtenir la copie réclamée, on présente une requête au président du trib. de première inst. C. pr. 843.

**29.** Le juge y répond, s'il y a lieu, par une ordonnance au bas de la requête, portant autorisation de se faire délivrer copie de l'acte. C. pr. 842.

**50.** Le notaire dresse procès-verbal de la remise de la copie,

Il y annexe la requête présentée, ainsi que l'ordonnance du juge, dont il fait mention au bas de la copie. C. pr. 842.

**51.** Il n'est pas nécessaire d'appeler l'autre partie à la délivrance de la copie. En effet, cette pièce ne constitue qu'un simple renseignement, qui ne peut entraîner contre elle aucune exécution. Pigeau, 585.

**52.** La délivrance a lieu sans préjudice de l'exécution des lois et règlemens de l'enregistrement à l'égard de la minute de l'acte ou des grosses et expéditions qui peuvent en être tirées. C. pr. 841.

**53.** Si le notaire consent à délivrer l'acte, on doit lui laisser l'ordonnance rendue par le président du tribunal. En effet, il est tenu de faire mention de cette ordonnance sur la copie, d'où il résulte qu'il doit la conserver pour en justifier dans le cas où cela deviendrait nécessaire. Carré, art. 842.

**54.** Lorsque le notaire ou autre dépositaire refuse de délivrer la copie à l'amiable, on le somme d'en faire la délivrance, et, faute par lui d'obtempérer à la réquisition, il est statué en référé sur la contestation. C. pr. 843 ; Pigeau, *ibid.*

**55.** Dans ce cas, c'est la partie qui réclame la copie qui doit introduire le référé. Jusqu'à preuve contraire, le refus du notaire est réputé légitime. Carré, art. 843.

Art. 3. — *Cas où l'on veut avoir une seconde grosse.*

**56.** Le créancier peut avoir besoin d'une seconde grosse, soit parce que la première a été adirée, soit parce que la créance, qui appartenait d'abord à une seule personne, se trouve dévolue à plusieurs par un partage fait entre les héritiers des créanciers primitifs, ou par une transmission de la créance à plusieurs cessionnaires. Pigeau, 2, 581.

**57.** Cette seconde grosse est délivrée sur la minute de l'acte ou par forme d'ampliation sur la première grosse déposée entre les mains de l'officier public, ce qui a surtout lieu lorsque d'un seul créancier la créance est dévolue à plusieurs, et que celui d'entre eux resté détenteur du titre consent à en faire le dépôt. C. pr. 844, 854 ; Pigeau, *ibid.*

**58.** La délivrance de la seconde grosse ne peut être faite que du consentement du débiteur ou lui dûment appelé. La première grosse, en effet, a pu lui être remise par suite de sa libération, et la délivrance d'une seconde grosse l'exposerait à des poursuites qu'il doit être à même de prévenir. Pigeau, *ibid.*

Une seconde grosse délivrée sans l'accomplissement des formalités prescrites par la loi peut être déclarée nulle. Cass. 24 mars 1835 (Art. 24 J. Pr.).

Ne doit pas être considérée comme seconde grosse, celle délivrée depuis que la première a été annulée pour vice de forme par un jugement passé en forme de chose jugée. *Même arre.*

**39.** Lorsque les parties intéressées consentent à la délivrance, elle a lieu sans difficulté.

**40.** Le notaire ou le greffier constate cette délivrance par un procès-verbal. Pigeau, *ib.*

**41.** Au cas de refus du débiteur, le créancier présente requête au président du trib. de 1re inst., à l'effet d'obtenir l'autorisation de se faire délivrer une seconde grosse. C. pr. 844.

**42.** Le juge, s'il y a lieu d'autoriser la délivrance de la seconde grosse, rend une ordonnance conforme à la requête. C. pr. 844.

**43.** En vertu de cette ordonn., la partie poursuivante fait sommation au notaire dépositaire de la minute, s'il s'agit d'un acte authentique au greffier; s'il s'agit d'un jugement, de faire la délivrance à jour et heure indiqués, et aux parties intéressées d'y être présentes. C. pr. 844, 854.

**44.** On ne peut jamais se dispenser d'appeler les parties intéressées (*le débiteur*, notamment lorsqu'il s'agit d'un jugement de condamnation). Arg. C. pr. 844, 854. — Une ordonn. du président qui autoriserait purement et simplement cette délivrance serait irrégulière. Cass. 17 therm. an 13, S. 5, 542.

**45.** Mais lorsqu'un mandat a été donné par acte public, le notaire ne peut refuser la délivrance d'une seconde expédition de la procuration au mandataire, si le mandant ne s'y est pas formellement opposé. Paris, 2 mai 1808, S. 8, 977. — Et n'a pas fait connaître au notaire la révocation du mandataire.

**46.** La sommation doit laisser au dépositaire de la minute un temps moral suffisant pour satisfaire à ce qu'on lui demande, et aux parties un délai suffisant pour se rendre chez le notaire. Les auteurs pensent généralement que ce délai ne peut être moindre d'un jour, augmenté d'un jour par trois myriamètres, conformément à l'art. 1033. Carré, art. 845.

**47.** L'ordonn. de 1667, sur la procédure, accordait aux parties une heure de surséance pour comparaître; quoique le C. de pr. n'ait pas renouvelé cette disposition, il est encore d'usage de l'observer aujourd'hui. Demiau, art. 850.

**48.** Lorsque la créance est éteinte en partie ou n'appartient que pour portion à celui qui réclame une seconde grosse, le débiteur ne peut pas s'opposer, par ce motif, à la délivrance. Il a seulement le droit d'exiger qu'il soit fait mention par une *apostille* au bas de la seconde grosse de la somme qui reste due, et jusqu'à concurrence de laquelle on pourra exécuter. C. pr. 844, Pigeau, *ib.*

**49.** En cas de contestation, on se pourvoit en référé (C. pr. 845) devant le président du tribunal, sauf à ce magistrat à ren-

voyer à l'audince, s'il y a lieu. Carré, art. 845 ; Demiau, *ib.*;
Hautefeuille, ». 475. — *Contrà*, Delaporte, t. 2, p. 596 ; Prat.,
t. 5, p. 105.

S'il y a renvo à l'audience, l'affaire est jugée sommairement.
Carré, *ib.* — *Cotrà*, Demiau, *ib.*

50. Le notaie ne peut en référer lui-même au juge, ni
consigner sur son procès-verbal l'ordonn. rendue. C'est à la partie la plus diligen? à assigner son adversaire en référé, en suivant les formes ordnaires de cette procédure. Pigeau, *ib.*; Carré,
art. 843.

51. Toutes les fos qu'une seconde grosse est délivrée, il doit,
en outre, être fait kention par une *apostille* au bas de celle-ci
de l'ordonn. du juge portant autorisation d'en faire la délivrance. C. pr. 844.

## § 5. — *Timbre.*

52. Toutes les copies d'actes publics doivent être délivrées
sur papier timbré.

Les copies ne peuvent contenir plus de 55 lignes par page de
petit papier, 40 lignes par page de moyen papier, et 50 lignes
par page de grand papier, à pine de 25 fr. d'amende contre le
fonctionnaire qui les a signés. Décr. 29 août 1813.

## § 4. — FORMULES.

FORMULE I.

*Requête à fin d'assigner le dépositaire qui refuse copie d'un acte.*

(C. pr. 839. — Tarif, 78. — Coût, 7 fr. 50 c.)
A M. le président du tribunal de
Le sieur                , demeurant à                , ayant Me
pour avoué ;

Expose que, par acte passé devant Me                et son confrère,
notaires à                le                , dûment enregistré, il
a vendu au sieur                une maison et dépendances sises à
moyennant la somme principale de                , mais qu'encore que cet
acte soit parfait, et que tous les droits et honoraires légitimement dus, soient
payés audit Me                , notaire, celui-i refuse d'en délivrer une expédition à l'exposant;

Pourquoi il vous plaira, M. le président, permettre audit exposant de faire assigner ledit Me                à comparaître, à trois jours, à l'audience du
tribunal de

Pour, attendu que toute personne a le droit de se faire délivrer une expédition
d'un contrat où elle est partie, se voir ledit Me                condamner, même par
corps, à délivrer au requérant, dans les trois jours de la signification du jugement
à intervenir une expédition dûment en forme, de l'acte dont il s'agit, contenant
vente par ledit sieur                au sieur                , d'une maison sise
à                , enregistré, se réservant de réclamer tels dommages-
intérêts qu'il appartiendra ; et vous ferez justice.

(*Signature de l'avoué.*)

*Assignation au notaire à l'effet d'avoir copie de acte parfait.*

(C. pr. 839. — Tarif, 29. — Coût, 2 fr. orig., 0 c. copie.)

Cette assignation est donnée dans la forme ordinaire ès ajournemens à bref délai. Le demandeur conclut à ce qu'on lui adjuge les conclusions par lui prises dans la requête. — V. *Ajournement, formule* 11.

FORMULE III.

*Requête à fin d'obtenir une secondegrosse.*

(C. pr. 844. — Tarif, 78. — Coût, 7fr. 50 c.)

A M. le président du tribunal de

Le sieur                                          demeurant à

Expose que le sieur                  , demeurar à                          , est son débiteur d'une somme de                    , faisar avec celle de déjà payée, la somme totale de              ,montant d'une obligation par lui souscrite, par acte passé devant M<sup>e</sup>                , qui en a la minute, et son collègue, notaire à                    :                        , dûment enregistré, mais que la grosse de cette obligaticn1 été perdue par l'exposant;

Pour quoi il requiert qu'il vous plaise, M. le président, lui permettre de se faire délivrer une seconde grosse de l'obligation don sagit, parties intéressées présentes ou dûment appelées, en faisant mention de vdrs ordonnance, et que ladite grosse ne sera exécutée que pour              le surplus de l'obligation étant acquitté; et vous ferez justice.

( *Signature de l'avoué.* )

FORMUL? IV.

*Sommation au notaire de délivrer un seconde grosse, et aux parties inté-ressées a'être présedes à la délivrance.*

( C. pr. 844. — Tarif, 29. – Coût, 2 fr. orig., 50 c. copie.)

L'an, etc., en vertu de l'ordonnance·endue par M. le président du tribunal de                  le                        dûment enregistrée, étant au bas de la requête à lui présentée le mêm'jour, desquelles requête et ordonnance, il est avec celle des présentes donné core; et à la requête du sieur                                                                                        , demeurant à        j'ai, etc., oussigné, fait sommation, 1° à M<sup>e</sup> notaire à            y demeuran', en son domicile, en parlant à              ; 2° et au sieur                    dexeurant à              , etc.,

De, à l'égard de M<sup>e</sup>              , notaire, se trouver en son étude, mardi prochain,                        leure de                  , à l'effet de dé-livrer au requérant une seconde grosse, dûment en forme, d'un acte passé devant lui et son collègue, notaires, le                    dûment enregistré, portant obligation, au profit du requérax, par le sieur                  , de la somme de                  , et de fare mention dans ladite seconde grosse qu'elle ne sera exécutoire que pour              le surplus étant acquitté, et qu'elle a été délivrée en vertu de l'ordonnanœ susdatée;

Et à l'égard du sieur                  , de se trouver ledit jour, mardi pro-chain,                  heure è                  , en l'étude dudit M<sup>e</sup>              , sise à                  our, si bon lui semble, être présent à la délivrance qui sera faite au requérant de.a seconde grosse de l'acte susdaté, avec les mentions susdites,

Déclarant aux susnommé que, faute par ledit M<sup>e</sup>                  , notaire, de délivrer ladite secondegrosse, il y sera contraint par corps, et à l'égard du sieur                  qu'1 sera, tant en son absense qu'en sa présence, procédé à la délivrance de la gros dont s'agit. A ce que du tout chacun des susnommés n'ignore, et je leur ai, œ leur dit domicile et parlant comme dessus, laissé, à chacun sèprément, copïe, tant desdites requête et ordonnance susénoncées que du présent, dont le coû: est de

( *Signature de l'huissier.* )

FORMULE V.

*Procès-verbal de délivrance d'une seconde grosse.*

— V. *Compulsoire, formule* II.

Nota. Les requêtes, sommations et assignations, à l'effet d'avoir copie d'un acte resté imparfait ou non enregistré, sont faites dans la même forme que celles tendantes à la délivrance d'une seconde grosse.

## COPIE COLLATIONNÉE. — V. *Purge.*

COPIES DE PIÈCES. On appelle ainsi les copies signifiées en tête d'un exploit, ou d'un acte d'avoué à avoué, soit dans une instance, soit par acte extrajudiciaire.

**1.** Tout demandeur est tenu de donner avec l'exploit introductif d'instance copie des pièces ou de la partie des pièces sur lesquelles la demande est formée. — V. *Ajournement*, n° 82.

**2.** Le défendeur qui a égaré les copies à lui signifiées, peut en réclamer d'autres à ses frais. Berriat, 1, 234.

**3.** Les copies de pièces doivent être correctes et lisibles, à peine de rejet de la taxe. Tarif, art. 28.

Elles peuvent contenir toutes les abréviations qui ne rendent pas la phrase inintelligible.

Elles sont signées, suivant les circonstances, par l'avoué ou par l'huissier, qui répondent de leur exactitude. *Ib.* 28, 72. — V. *inf.* n° 7.

**4.** L'huissier qui signifie des copies illisibles est passible de l'amende de 25 fr., sauf son recours contre l'avoué qui les a faites. Décr. 29 août 1813, art. 2; Cass. 11 août 1835, 29 fév., 21 avr., 8 nov. 1836 (Art. 199, 402, 562, 676 J. Pr.).

**5.** Il est alloué aux officiers ministériels qui ont signé les copies de pièces, savoir : pour celles qui doivent être données avec l'exploit d'ajournement et autres actes, par rôle contenant vingt lignes à la page, et dix syllabes à la ligne, ou évalué sur ce pied, à Paris, 25 c. Partout ailleurs 20 c. Tarif, art. 28.

Pour celles données avec les défenses, ou qui peuvent être signifiées dans les causes, par rôle de vingt-cinq lignes à la page, et de douze syllabes à la ligne, ou évalué sur ce pied, à Paris, 50 c.; dans le ressort, 25 c. Tarif, art. 72.

**6.** Les avoués ont le droit de certifier les copies de pièces données avec les défenses, ou signifiées pendant le procès, et d'en percevoir les émolumens.

**7.** Mais peuvent-ils, concurremment avec les *huissiers*, signer celles données en tête des exploits signifiés en dehors de l'instance, et en percevoir les émolumens? — V. ce mot.

**8.** Les copies de pièces faites sur petit, moyen et grand papier, ne doivent contenir que le nombre de lignes fixé pour toutes les autres copies d'actes, jugement et pièces faites par les huissiers; c'est-à-dire trente-cinq lignes par page de petit papier, quarante par page de moyen , et cinquante par page de grand papier.

Tout officier ministériel qui contrevient à cette règle est passible d'une amende de 25 fr. ( Décr. 29 août 1815 , art. 1 et 2), réduite à 5 fr. L. 16 juin 1824 , art. 10.

9, Cette règle s'applique aux copies d'exploits comme aux copies de pièces. Trib. de la Seine , 8ᵉ ch., 21 déc. 1837; 1ᵉʳ fév. 1838 (Art. 1047 J. Pr.). — La chambre des requêtes, le 15 fév. 1837, a admis le pourvoi contre un jugement rendu en sens contraire par le trib. de Nogent-sur-Seine. — V. *Huissier*.

CORRESPONDANCE (*droit de*). — V. *Tarif*.

COSTUME. — V. *Avoué*, nº 89 , *Huissier, Juge*, etc.

COUR. Synonyme de tribunal souverain.

COUR DE CASSATION. — V. *Cassation*.

COUR ROYALE. Juridiction instituée pour connaître en appel des jugemens rendus par les trib. inférieurs. — V. *Organisation judiciaire*.

1. *Organisation*. Il existe 27 C. roy. Leur ressort et le lieu de leur résidence sont fixés par l'art. 21 ; L. vent. an 8.

2. Le nombre des membres de chaque cour varie d'après la population du ressort. Décr. 6 juill. 1810 , art. 1 ; Ordonn. 1ᵉʳ août 1821.

Il est en général de 24 conseillers au moins, y compris un premier président et autant de présidens que de chambres. *Ib.* et Décr. 30 mars 1808, art. 1, 2, 3.

Toutefois , la C. de Bastia n'est composée que de 20 conseillers ;—celle de Paris en a 56. *Même décret.*

Ce nombre peut être augmenté par le roi, pourvu qu'il n'excède pas à Paris 60, et dans les autres villes 40. L. 20 avr. 1810, art. 4, 5.

Mais il ne saurait être diminué par ordonnance : le principe de l'inamovibilité s'y oppose pendant la vie des magistrats nommés ; et après leur mort il doit être pourvu à leur remplacement, puisque le nombre des conseillers est fixé par une loi, et qu'une ordonnance ne saurait déroger à une disposition législative.

3. Les conseillers des C. roy. n'ont pas de suppléans comme les juges de 1ʳᵉ inst.—Autrefois ils étaient aidés dans leurs travaux par des conseillers-auditeurs; mais la loi du 10 déc. 1830 a décidé qu'il n'en serait plus nommé à l'avenir ;—seulement, ceux attachés aux différentes cours, lors de la promulgation de cette loi, ont conservé leurs fonctions. *Ib.* art. 2.

4. Les C. roy. sont divisées en chambres ou sections : celles de 24 membres forment trois chambres , dont une connaît des affaires civiles, une des mises en accusation , et une des appels de police correctionnelle. — Il y a deux chambres civiles dans

les cours composées de 50 conseillers, et trois dans celles qui ont 40 conseillers ou plus. Décr. 6 juill. 1810, art. 2, 5.

5. La première chambre civile est habituellement présidée par le premier président; les autres sections le sont par des présidens.

6. Si le besoin du service l'exige, une chambre temporaire peut être formée des conseillers désignés par le roi. Décr. 6 juill. 1810, art. 10.

7. Des conseillers d'une chambre ne peuvent être admis à juger dans une autre, si ce n'est en cas de nécessité. *Ib.*, art. 9.

Toutefois, il n'est pas nécessaire que l'arrêt énonce la cause d'empêchemens des juges non présens, ni qu'il constate que l'on a suivi l'ordre d'ancienneté. Cass. 2 niv. an 14.

La loi ne se montre sévère sur ce point que lorsqu'il s'agit d'appeler des juges pour vider un partage. C. pr. 468.

8. Les conseillers doivent faire alternativement le service dans toutes les chambres. A cet effet, il s'opère tous les ans un roulement, par suite duquel une partie d'une chambre passe dans une autre.—V. *Roulement.*

9. Le service de la chambre des vacations se fait par le président et les conseillers composant la chambre des appels de police correctionnelle; et, en cas d'absence ou d'empêchement, par les moins anciens conseillers de la chambre des mises en accusation, d'après l'ordre du tableau. Ordonn. 11 oct. 1820, art. 5.

10. Les fonctions du ministère public sont exercées auprès de chaque C. roy. par un procureur-général, qui peut se faire suppléer par des avocats-généraux et des substituts placés sous ses ordres.—V. *Ministère public.*

Il y a également auprès de chaque Cour un greffier en chef et des commis *greffiers.*—V. ce mot.

Ainsi qu'une compagnie d'*avoués* et une d'*huissiers.*—V. ces mots.

11. *Compétence.* Les C. roy. statuent sur les appels, 1° des jugemens des trib. civils et de commerce. L. 27 vent. an 8, art. 27; C. comm. 644.

2° Des sentences rendues par des arbitres forcés ou ordinaires.

3° Des ordonnances de *référé.*—V. ce mot.

4° Des jugemens des consuls les plus voisins de leur ressort. Ordonn. 1631, liv. 1, tit. 9, art. 18.

5° Des décisions rendues par les préfets en conseil de préfecture, en matière électorale. L. 2 juill. 1828, art. 18.

6° Des difficultés relatives au paiement des droits universitaires. Décr. 16 nov. 1811, art. 123.

Elles connaissent encore : 1° de l'exécution des jugemens, soit en premier, soit en dernier ressort, dans certaines circonstances. —V. *Appel,* sect. XI.

2° De la réhabilitation des faillis.—V. *Faillite*.

3° Des *prises à partie*.—V. ce mot.

4° Des fautes de *discipline*.—V. ce mot.

5° Des *règlemens de juges*, dans certains cas.—V. ce mot.

**12.** La C. roy. compétente est celle dans le ressort de laquelle se trouve placé le trib. dont la décision est attaquée.

**13.** Le premier président de chaque cour royale a quelques attributions particulières; ainsi, il statue 1° sur les requêtes en abréviation de délai présentées avant la distribution des causes (Décr. 30 mars 1808, art. 18); 2° sur les difficultés qui s'élèvent soit sur la distribution, soit sur la litispendance ou la connexité des causes (même décr., art. 25); 3° sur les réclamations faites par un enfant à fin de révocation ou de modification des ordres de détention donnés par les présidens des trib. civils (C. civ. 382); 4° sur la demande en indication du jour où il sera prononcé sur un jugement de rectification d'actes de l'état civil, quand il n'y a pas d'autres parties en cause que le demandeur en rectification (C. pr. 858).

Il est, en outre, chargé de la surveillance et de la direction du service intérieur de la Cour. Décr. 30 mars 1808; art. 19, 23, et 6 juill. 1810, art. 61, 65.

**14.** Le procureur-général a également une compétence spéciale en certaine matière.—V. *Discipline*, *Ministère public*.

**15.** *Instruction*. Les demandes portées devant les cours royales s'introduisent suivant les circonstances, par ajournement ou par requête.—V. *Appel*.

Les moyens d'instruction varient selon que l'affaire est *ordinaire* ou *sommaire*, en première instance ou en *appel*, simple, ou compliquée d'*incidens*. —V. ces mots.

**16.** L'arrêt est rendu soit par défaut soit contradictoirement. —V. *Appel, Jugement, Jugement par défaut*.

**17.** *Voies de recours*. Les voies par lesquelles les arrêts peuvent être attaqués, sont, suivant les différens cas, l'*opposition*, la *cassation*, la *requête civile*, la *tierce-opposition*. —V. ces mots et d'ailleurs *Jugement par défaut, prise à partie*.

COURS. Prix des effets publics et de commerce, d'après les négociations et transactions qui s'opèrent à la Bourse.

COURTIER *de commerce*. Agent intermédiaire qui fait le courtage.

**1.** Il y a des courtiers dans toutes les villes de commerce. C. comm. 75.—Ils sont nommés par le roi, et ont le droit de présenter un successeur à son agrément. *Ib*.

**2.** Les obligations et les prohibitions sont les mêmes pour le courtier que pour l'agent de change.—V. ce mot.

**3.** Toutefois, les courtiers ne sont pas tenus de garder le secret imposé aux agens de change; conséquemment, à la différence de ceux-ci, ils ne peuvent intenter en leur propre nom les demandes résultant des opérations dans lesquelles ils se sont entremis. Pardessus, n° 150.

4. Les courtiers doivent se borner au genre de commerce qui leur est attribué, à moins que l'ordonnance de leur institution ne les autorise à cumuler les fonctions d'agent de change et de courtier. C. comm. 84.

Cette autorisation n'est pas nécessaire pour les lieux où il n'y a ni agens de change ni courtiers commissionnés par le gouvernement. Av. Cons.-d'Et., 2 prair. an 10; Pardessus, n° 122.

5. Les courtiers de commerce sont divisés en quatre classes : 1° courtiers de marchandises ; 2° courtiers interprètes et conducteurs de navires ; 5° courtiers d'assurances ; 4° courtiers de transport.

6. 1° Courtiers de marchandises. Ils ont seuls le droit de faire le courtage des marchandises et d'en constater le cours ; ils font aussi le courtage des matières métalliques, concurremment avec les agens de change, sans avoir le droit d'en constater le cours. C. comm. 76 et 78.

Ils font, à l'exclusion des commissaires-priseurs, la vente aux enchères publiques des marchandises comprises dans les tableaux dressés par le trib. de comm., en exécution des décrets du 21 nov. 1811 et 17 août 1812.—V. Commissaire-priseur, Ventes.

A l'égard des ventes publiques des effets et marchandises d'un failli, ils n'ont que la concurrence avec les commissaires-priseurs, ou, à leur défaut, avec les notaires. C. comm. 492 ; Boulay-Paty, des Faillites.—Contrà, Pardessus, n° 151.

7. Ils ne peuvent libérer ceux à qui ils ont vendu sans un pouvoir spécial. Cass. 9 janv. 1823, Pardessus, n° 135.

Ni se faire représenter par d'autres courtiers. Même arrêt.

8. 2° Courtiers interprètes et conducteurs de navires. Ils font le courtage des affrètemens, c'est-à-dire du louage des vaisseaux. Ils ont le droit exclusif de traduire, en cas de contestation judiciaire, tous les actes de commerce rédigés en langue étrangère, de constater le cours du fret ou du nolis.

Dans les affaires contentieuses de commerce, et pour le service des douanes, ils servent seuls de truchement à tous étrangers, maîtres de navires, marchands, équipages de vaisseau et autres personnes de mer. C. comm. 80.

9. 5° Courtiers d'assurances. Ils négocient les contrats d'assurances, et les rédigent concurremment avec les notaires. Ils certifient seuls le taux des primes pour tous les voyages de mer et de rivière. C. comm. 79.

10. 4° Courtiers de transport. Ils négocient, à l'exclusion de tous autres, les contrats de transport par terre et par eau. C. comm. 82.

**11.** Le gouvernement peut permettre de cumuler les trois premières fonctions. C. comm. 81. — V. *sup.* n° 4. — Mais la quatrième doit toujours être exercée exclusivement.

**12.** Il existe à Paris seulement, des courtiers nommés *gourmets piqueurs de vins*. Ils servent, 1° à l'exclusion de tous autres, d'intermédiaires dans les ventes de vins en entrepôt, s'ils en sont requis; 2° d'experts en cas de contestation sur la qualité des vins, soit vendus, soit apportés par les voituriers. Décr. 15 nov. 1843.

Mais leur droit ne s'étend ni aux eaux-de-vie et autres liqueurs qui sont dans l'entrepôt, ni aux vins et autres boissons hors de l'entrepôt, dont l'achat et la vente sont attribués aux courtiers de commerce. *Même décret.*

Ces courtiers ne peuvent faire aucun achat ou vente pour leur compte, ni par commission. Pardessus, n° 135.

—V. *Agent de change, Cautionnement, Office, Vente.*

COUT. Se dit des frais qu'occasione un acte. — V. *Tarif.*

COUTS (*loyaux*). — V. *Loyaux-Coûts.*

COUVRIR. On couvre une enchère dans une *vente*, — une *péremption*, — une *exception*, — une *nullité.* — V. ces mots.

CRÉANCIER. C'est celui envers lequel on est tenu par une obligation quelconque. Ce mot est corrélatif de *débiteur*.

L'*ayant-cause* est celui à qui les droits d'une personne ont été transmis par legs, donation, vente, échange, etc. Les créanciers sont les ayant-cause de leur débiteur, en ce sens qu'ils exercent ses droits de son chef. — V. *inf.* n° 4.

**1.** Le créancier, suivant la nature de son titre, a différens moyens pour contraindre son débiteur ou ses héritiers à l'acquittement de l'obligation :

1° S'il a un titre exécutoire, il peut saisir les meubles ou les immeubles de son débiteur (—V. *Saisies*), et quelquefois même le faire emprisonner. — V. *Emprisonnement.*

2° Si son titre n'est pas exécutoire, il doit assigner son débiteur devant le tribunal compétent.

L'obligation de faire ou de ne pas faire autorise seulement le créancier à se pourvoir en justice pour faire condamner le débiteur à des *dommages-intérêts.* — V. ce mot.

**2.** Indépendamment des voies d'exécution, le créancier peut faire des *actes conservatoires*. — V. ce mot, *Faillite, Inventaire, Scellés.*

**3.** Les biens du débiteur sont le gage commun de ses créanciers, et le prix doit en être distribué entre eux proportionnellement au montant de leurs créances, à moins qu'il n'existe en faveur de quelques-uns des causes de préférence consacrées par la loi. C. civ. 2093. — V. *Distribution par contribution, Ordre.*

**4.** Les créanciers peuvent exercer tous les droits et actions de leur débiteur, à l'exception de ceux qui sont exclusivement attachés à sa personne. C. civ. 1166.—V. *Personnels (droits).*

Dans quelle forme?—V. *Subrogation.*

—V. d'ailleurs, *Absence*, *Acte conservatoire*, *Appel*, *Bénéfice d'inventaire*, *Cassation*, *Intervention*, *Requête civile.*

5. Ils peuvent aussi, en leur nom personnel, attaquer les actes faits par leur débiteur en fraude de leurs droits; C. civ. 1167.— V. *Révocatoire (action)*, *Séparation de biens*, *Séparation des patrimoines*, *Tierce-Opposition.*

CRIÉES. Se dit des adjudications qui se font en justice.

CRUE. Supplément de prix dû autrefois, outre le montant de la prisée des meubles, par ceux qui étaient tenus d'en rendre la valeur. La crue a été abolie par le C. de pr. 945, 1041.

CURATELLE. Charge conférée, soit par un conseil de famille, soit par la justice, à l'effet de veiller aux intérêts d'autrui. On nomme *curateur* celui à qui cette charge est confiée.

1. Le curateur, à la différence du tuteur, est donné plutôt aux biens qu'à la personne.

2. La curatelle est, comme la tutelle, une charge publique. Personne ne peut se soustraire à ses fonctions, à moins d'excuses légitimes.

3. Les causes et modes de nomination, de destitution et d'incapacité sont les mêmes pour les tuteurs et curateurs.

4. On distingue plusieurs espèces de curateurs.

5.—1° *Le curateur au mineur émancipé.* Ce curateur est nommé par le conseil de famille. C. civ. 480.—Toutefois, le père, la mère et les ascendans sont curateurs de droit (Delvincourt, 1, 314); mais ils ne peuvent donner un curateur à leur fils émancipé, sans l'assistance du conseil de famille. — Le mari est de droit le curateur de sa femme mineure. Merlin, *Rép*, v° *Curateur*, § 1. — Si le mari est mineur, la femme ne peut ester en jugement sans l'autorisation du juge.—V. *Femme mariée.*

6. Le curateur ne fait qu'assister le mineur émancipé, qui figure toujours, soit en demandant, soit en défendant, comme partie principale. C. civ. 480, 482.—V. *Mineur.*

Le mineur et le curateur sont assignés par des copies distinctes.—V. *Exploit.*

Le mineur a besoin de l'assistance du curateur pour interjeter appel.

7. Les condamnations judiciaires prononcées contre le mineur émancipé, non assisté de son curateur, sont nulles.

8. Celui qui a procédé avec le mineur, non assisté de son curateur, lorsque cette assistance était nécessaire, peut demander la mise en cause du curateur, mais non la nullité de la procédure faite par le *mineur.*—V. ce mot.

**9.** 2° *Le curateur au ventre.* Il est nommé par le conseil de famille, lorsqu'un individu est décédé laissant sa veuve enceinte. C. civ. 393.

S'il y a d'autres enfans, et qu'une seule tutelle suffise pour tous, le même tuteur remplit les fonctions de curateur à l'égard de l'enfant à naître.

**10.** Le curateur au ventre est chargé d'empêcher la supposition de part.—Il doit se borner aux actes d'administration indispensables.

**11.** Les fonctions de curateur cessent à l'accouchement de la veuve. Il devient de plein droit subrogé-tuteur. C. civ. 393.— Il rend son compte à la mère devenue tutrice par la naissance de son enfant; et si l'enfant ne naît pas viable, il le rend aux héritiers. *Ib.*

**12.** 3° *Le curateur à une succession vacante et aux biens vacans.* Il est nommé par le trib. dans l'arrondissement duquel la succession est ouverte, sur la demande des personnes intéressées, ou sur la réquisition du procureur du roi. C. civ. 812; C. pr. 998.

Si les héritiers les plus proches renoncent, les parties intéressées peuvent demander la nomination d'un curateur, sans qu'il soit besoin de sommer les héritiers du degré subséquent d'accepter ou de répudier la succession. Aix, 17 déc. 1806, S. 7, 667.—Il n'est pas même besoin de les mettre en cause. Paris, 31 août 1822, S. 23, 100.

**13.** La demande est formée par requête qui ne peut être grossoyée. Tarif, 77.—S'il y a plusieurs requêtes présentées, et plusieurs curateurs nommés par le même trib., le premier nommé est préféré, sans qu'il soit besoin de jugement. C. pr. 999.

Dans tous les cas, la nomination faite par le trib. du lieu de l'ouverture de la succession, doit prévaloir sur celles émanées d'autres trib., quand même celles-ci seraient antérieures. Carré, art. 999; Toullier, 2, 726; Berriat, 621, note 4.

Le jugement qui nomme le curateur est interlocutoire, et susceptible d'appel avant le jugement définitif. Cass. 7 fév. 1809, S. 9, 141; Turin, 13 avr. 1807, P. 6, 22; Carré, *ib.*

Celui qui soutient personnellement la validité de sa nomination de curateur, peut être condamné aux dépens. Cass. 7 fév. 1809, P. 7, 237.

**14.** Aucun texte n'oblige le curateur de faire au greffe déclaration de son acceptation des fonctions de curateur; Carré, n° 3246;—ni de prêter serment. Bordeaux, 4 avr. 1809, P. 7, 475; Carré, n° 3245; Delvincourt, 2, 55, Berriat, 725;—ni de donner caution, *exposé des motifs.* Carré, art. 1002; Thomine, n° 1199.

Toutefois, M. Pigeau, 2, 795, sous l'influence des anciens usages du Châtelet, exige l'acceptation du curateur.

**15.** L'acceptation résulte de l'accomplissement de l'obligation imposée au curateur, de faire constater l'état de la succession par un inventaire, et de faire vendre les meubles par un officier public. C. pr. 1000.—V. *Vente*.

Les immeubles et rentes sont vendus suivant les formes prescrites au titre du bénéfice d'inventaire. C. pr. 1001.—V. *ib.*

**16.** Le curateur a capacité pour répondre aux actions dirigées contre la succession, et pour intenter toutes celles qui la concernent (C. civ. 813; C. pr. 999); notamment pour contraindre les débiteurs de la succession à payer à la caisse des consignations. Cass. 6 juin 1809; P. 7, 601.

Ce droit résulte de l'obligation où il est lui-même de déposer à cette caisse les deniers appartenant à la succession dont l'administration lui a été confiée. Av. Cons.-d'Ét. 15 oct. 1809 (S. 11, 2, 3); Carré, *ib.*

Le curateur administre et rend son compte suivant les formes prescrites à l'héritier bénéficiaire. C. pr. 1002. — V. *Reddition de compte.*

**17.** 4° *Le curateur en cas de délaissement.* Sur la demande du plus diligent des intéressés, le tribunal de la situation d'un immeuble délaissé nomme à cet immeuble un curateur sur lequel la vente est poursuivie dans les formes prescrites pour les expropriations forcées. C. civ. 2174.—V. *Saisie immobilière.*

**18.** 5° *Le curateur au bénéfice d'inventaire.* Il peut être nommé; 1° Dans le cas prévu par l'art. 996, lorsqu'il s'agit d'intenter une action contre la succession de la part de l'héritier bénéficiaire; 2° Quand l'héritier bénéficiaire abandonne les biens de la succession aux créanciers; — Arg. C. civ. 802; C. pr. 996.

Il est nommé en la même forme que le curateur à une succession vacante. C. pr. 996.

**19.** Quelquefois aussi, on nomme pour gérer provisoirement la succession un administrateur, qui ne prend pas le nom de curateur.

Cette nomination est un acte purement conservatoire. Elle peut dès-lors être demandée par celui qui n'a pas encore fait acte d'héritier, et qui est seulement habile à succéder. C. civ. 779; Cass. 27 avr. 1825, S. 26, 422; — et être accordée pendant les délais pour faire inventaire et délibérer. C. civ. 795; *même arrêt.*

**20.** C'est contre le curateur, nommé en vertu de l'art. 996, que sont dirigées les actions de l'héritier bénéficiaire, s'il n'y a pas d'autre héritier, ou si tous les héritiers intentent la même action, *ib.*: Carré, art. 996.

Si, au contraire, quelques-uns des héritiers ont accepté purément et simplement la succession, ils peuvent être poursuivis par l'héritier bénéficiaire sans qu'il soit besoin de faire nommer un curateur.

**21.** Le curateur représente la succession, il défend les droits des créanciers de cette succession.

Les créanciers peuvent-ils néanmoins former *tierce-opposition* aux jugemens rendus avec le curateur? — V. ce mot.

**22.** 6° Le *curateur en matière criminelle.* — Le mort civilement ne peut procéder, soit en demandant, soit en défendant, que par le ministère d'un curateur spécial, qui lui est nommé par le trib. devant lequel l'action est portée. C. civ., 25.

**23.** Le condamné à la peine des travaux forcés à temps ou à la réclusion reçoit un tuteur et un subrogé-tuteur. C. pén. 1er mai 1832, art. 29.

**24.** Quant aux condamnés par contumace, d'après l'art. 28 C. civ., leurs biens doivent être administrés et leurs droits exercés de même que ceux des absens; mais l'art. 471 C. inst. crim. charge le directeur des domaines du domicile du condamné de régir ses biens comme biens d'absent, et un avis du Conseil-d'État du 20 septembre 1809 décide que pour l'exécution des art. 28 et 122 C. civ. l'administration des domaines est tenue de faire mettre sous le séquestre les biens et droits du contumace, et qu'elle doit gérer et administrer au profit de l'État jusqu'à l'envoi en possession en faveur des héritiers. — V. d'ailleurs *Saisie-arrêt.*

**25.** S'il y a lieu de réviser une condamnation, et que cette condamnation ait été portée contre un individu mort depuis, la C. de cassation crée un curateur à sa mémoire, avec lequel se fait l'instruction, et qui exerce tous les droits du condamné. C. Inst. crim. 447.

**26.** 7° Le *curateur aux biens du présumé absent.* — La nomination en appartient au tribunal. — V. *Absence*, nos 29 et suiv. C'est alors plutôt un administrateur, un mandataire, qu'un véritable curateur, *ib.*

**27.** Quant aux militaires absens. — V. *Absence*, § 6.